W0071623

Oxford Mini ENGLISH-HINDI Dictionary

मिनी अंग्रेज़ी–हिंदी शब्दकोश

Consultant Editor
कृष्ण कुमार गोस्वामी

OXFORD
UNIVERSITY PRESS

OXFORD
UNIVERSITY PRESS

Oxford University Press is a department of the University of Oxford. It furthers the University's objective of excellence in research, scholarship, and education by publishing worldwide. Oxford is a registered trade mark of Oxford University Press in the UK and in certain other countries.

Published in India
by Oxford University Press
22 Workspace, 2nd Floor, 1/22 Asaf Ali Road, New Delhi 110 002

First published in 2017
18th impression 2025

ISBN-13: 978-0-19-947430-1
ISBN-10: 0-19-947430-3

Typeset in Times New Roman, Helvetica and Shree_Dev_OTF_0708 by Vertex Designs, New Delhi 110030
Printed in India by Thomson Press, (India) Ltd.

प्रस्तावना

मिनी अंग्रेज़ी–हिंदी शब्दकोश ऑक्सफ़ोर्ड द्वारा प्रकाशित अंग्रेज़ी–हिंदी शब्दकोशों की परंपरा पर आधारित एक विशिष्ट शब्दकोश है। इस शब्दकोश का उद्देश्य मूल एवं सामान्य शब्दावली के अतिरिक्त अंग्रेज़ी के प्रचलित शब्दों को अद्यतन और सुसंबद्ध रूप में प्रस्तुत करना है। इसमें उन शब्दों को भी सम्मिलित करने का प्रयास किया गया है जो प्राय: विज्ञान एवं तकनीक, प्रिंट वइलेक्ट्रॉनिक मीडिया, वाणिज्य–व्यापार आदि के क्षेत्र में प्रयुक्त होते हैं, जैसे Android, blog, CD, email, GDP, megapixel, tattoo, twitter आदि। इसप्रकार इस शब्दकोश में विभिन्न स्रोतों से शब्द लिए गए हैं।

इस शब्दकोश में शीर्षशब्द एवं उपशीर्षशब्द सहित 20,000 से अधिक प्रविष्टियाँ हैं। शीर्षशब्दोंकी परिभाषा हिन्दी में सरल एवं सहज भाषा में स्पष्ट और बोधगम्य शैली में दी गई है। प्रत्येक प्रविष्टि का उच्चारण सटीक हिंदी में दिया गया है। उच्चारण के साथ ही उनके बलाघात भी दिखाए गए हैं। अंग्रेज़ी शब्दों के संज्ञा, विशेषण, क्रिया आदि शब्दवर्गों के संकेत भी दिए गए हैं। प्रविष्टियों की व्याख्या के साथ ही उनके हिन्दी पर्याय भी दिए गए हैं। शब्दकोश में शब्दोंकी व्याकरणिक विशिष्टताओं को यथासंभव दर्शाया गया है।जिन शब्दों की ब्रिटिश और अमेरिकी वर्तनी में अंतर मिलता है ऐसे शब्दों को कोष्ठक में दिखाया गया है।

अपनी इन विशिष्टताओं के कारण यह शब्दकोश अंग्रेज़ी सीखनेवालों के लिए अत्यंत उपयोगी और महत्वपूर्ण साबित होगा। इस शब्दकोश को कहीं भी बिना कठिनाई के ले जाया जा सकता है। इसे जेब में, बैग में या ब्रीफ़केस में आसानी से रखा जा सकता है। यह प्रयोक्ता–सापेक्ष शब्दकोश है और तत्काल अर्थ प्राप्त करने के लिए यह एक आदर्श शब्दकोश है। इस लघु शब्दकोश को अधिक उपयोगी बनाने के लिए आपके सुझावों का स्वागत है।

कृष्ण कुमार गोस्वामी

प्रयोग विधि

शीर्षशब्द अंग्रेज़ी में स्थूल अक्षरों में दिए गए हैं।

amoeba /अ'मीबा/ *n.* (*US* **ameba**) (*pl.* **amoebas** or **amoebae**) केवल एक कोशिका वाला अत्यंत सूक्ष्म जीव, अमीबा, जीवाणु

जहाँ **अमेरिकन वर्तनी** में भिन्नता मिलती है वहाँ कोष्ठक में *US* संकेत के बाद अमेरिकन वर्तनी दी गई है।

उच्चारण के तुरंत बाद शब्द की व्याकरणिक कोटि (*n., adj., prep.* आदि) का उल्लेख अंग्रेज़ी में तिर्यक अक्षरों में दिया गया है।

galaxy /'गैलक्सि/ *n.* (*pl.* **galaxies**) **1** बाह्य अंतरिक्ष में तारों का समूह **2** सूर्य और ग्रहों का तारापथ जो रात्रिकालीन आकाश में सुप्रकाशित पट्टी जैसा दिखता है, आकाशगंगा, मंदाकिनी

रूप-रचना में संज्ञा के अनियमित रूप कोष्ठक में दिए गए हैं।

Parkinson's disease /'पाकिन्सन्ज़् डिज़ीज़्/ *n.* मांसपेशियों के दुर्बल हो जाने के कारण अंगों के काँपने का रोग, काँपा, कँपनी, झूलन रोग, पार्किंसन्स डिज़ीज़

शीर्षशब्द सामान्यतया छोटे अक्षर से शुरू होते हैं किंतु व्यक्तिवाचक संज्ञा के रूप में आए शीर्षशब्द बड़े अक्षर से शुरू होते हैं।

कुछ अंग्रेज़ी शब्दों के एक से ज़्यादा रूप या **वर्तनी** हो सकते हैं। सामान्य तौर पर प्रयुक्त होने वाला रूप/वर्तनी शीर्षशब्द बनाया गया है। अतिरिक्त रूप/वर्तनी कोष्ठक में दिए गए हैं।

black box (*also* **flight recorder**) *n.* विमान दुर्घटना के कारणों सहित विस्तृत जानकारी देनेवाली एक छोटी मशीन, ब्लैक बॉक्स

abide /अ'बाइड्/ *v.* (**abide by sth**) क़ानून का पालन करना, निर्णय के अनुसार कार्य करना, निष्ठा रखना

ऐसे शब्द जिनके विशिष्ट प्रयोग होते हैं उन्हें मुख्य शब्द के बाद उनके सामान्य रूप से प्रचलित रूप को कोष्ठक में दिया गया है।

कुछ शीर्षशब्द एक से ज़्यादा **शब्दभेदों** के रूप में प्रयुक्त होते हैं। ऐसे शब्दों को उपशीर्ष शब्द के रूप में ▸ चिन्ह के बाद स्थूल अक्षरों में दिया गया है।

claim /क्लेम्/ *v.* **1** बिना प्रमाण प्रस्तुत किए सत्यता का दावा करना **2** स्वामित्व या अधिकार का दावा करना **3** मृत्यु का कारण बनना ▸ **claim** *n.* **1** बिना प्रमाण के किसी बात के सच होने का दावा **2** स्वामित्व का अधिकार

एक ही शब्द के एक से अधिक अर्थ हो सकते हैं। ऐसी स्थिति में अर्थोंको 1, 2, 3 आदि संख्याएँ लगाकर पृथक किया गया है।

शीर्षशब्द से व्युत्पन्न (प्रत्ययजनित) अथवा समासजनित शब्द, **उपशीर्ष शब्द** के रूप में ▸ चिन्ह के बाद स्थूल अक्षरों में दिया गया है।

absurd /अब्'सड्/ *adj.* जो बिल्कुल भी तर्कसंगत न हो, हास्यास्पद, बेतुका ▸ **absurdity** *n.* (*pl.* **absurdities**) बेतुकापन, असंगति, बेतुकी या असंगत बात ▸ **absurdly** *adv.* असंगत रीति से, बेतुके ढंग से

उपशीर्ष शब्द कीवर्तनीभेद, व्याकरण आदि की सूचना शीर्षशब्द के समान दी गई है।

क्रिया के विभिन्न कालों के द्योतक शब्दों को अंग्रेज़ी में कोष्ठक में *pt*, *pp* आदि संकेतों के बाद दिया गया है।

run /रन्/ *v.* (**running, ran, run**) **1** दौड़ना (टाँगों के सहारे, चलने से अधिक तेज़ गति करना) **2** किसी की व्यवस्था करना या दायित्व वहन करना, कोई सेवा उपलब्ध कराना **3** किसी पद के लिए चुनाव में खड़ा होना ▸ **run** *n.* **1** दौड़ **2** बेसबॉल और क्रिकेट में (स्कोर) रन

क्रिया की वर्तनी में जहाँ अंतिम व्यंजन का **द्वित्व** होता है वहाँ कोष्ठक में संकेत दिया गया है।

कुछ शब्दभेदों का **संक्षिप्त रूप** दिया गया है। संक्षिप्त रूपों का पूर्ण रूप संक्षिप्त सूची में पृष्ठ vi पर दिया गया है।

easy /'ईज़ि/ *adj.* (**easier, easiest**) **1** आसान, सरल **2** सुविधा-संपन्न, तनावरहित और निश्चित

विशेषण के तुलनात्मक और उत्तमावस्था रूप कोष्ठक में दिए गए हैं।

संक्षिप्तियाँ

abbr.	abbreviation	संक्षिप्त
adj.	adjective	विशेषण
adv.	adverb	क्रियाविशेषण
aux. v.	auxiliary verb	सहायक क्रिया
BrE	British English	ब्रिटिश अंग्रेज़ी
comb. form	combined form	संयुक्त रूप
conj.	conjunction	समुच्चयबोधक शब्द
contr.	contraction	संकुचन
det.	determiner	निर्धारक
fem.	feminine	स्त्रीलिंग
exclaim.	exclamation	विस्मयादिबोधक
modal v.	modalverb	वृतिवाचक क्रिया
pl.	plural	बहुवचन
pp	past participle	भूत कृदंत
prefix	prefix	उपसर्ग
pron.	pronoun	सर्वनाम
pt	past tense	भूतकाल
prep.	preposition	पूर्वसर्ग
US	United States	संयुक्त राज्य अमेरिका
TM	trademark	ट्रेडमार्क

Aa

a /ए/ *n.* (*pl.* **A's**; **a's** /एज़्/) **1** एक, अकेला **2** पहली बार किसी वस्तु या प्राणी के उल्लेख के लिए प्रयुक्त, अनिश्चयवाचक आर्टिकल, उपपद

aback /अंबैक्/ *adv.* (**taken aback**) अचंभित, चकित

abacus /'ऐबकस्/ *n.* (*pl.* **abacuses**) एक चौखटा (फ्रेम) जिसमें तारों पर गोलियाँ लगी होती हैं जो गिनने के काम आती हैं, गिनतारा, ऐबकस

abandon /अ'बैन्डन्/ *v.* **1** (उत्तरदायित्व) सदा के लिए छोड़ देना, त्याग देना **2** काम को अधूरा ही छोड़ देना, बहिष्कार करना ▸ **abandonment** *n.* परित्याग, बहिष्कार

abase /अ'बेस्/ *v.* अपमानित करना, नीचा दिखाना

abashed /अ'बैश्ट्/ *adj.* लज्जित, शर्मिंदा

abate /अ'बेट्/ *v.* कम होना या कम करना, धीमा होना, मन्द करना

abattoir /'ऐबट्वा(र्)/ *n.* क़साईख़ाना, बूचड़खाना

abbey /'ऐबि/ एक ईमारत जिसमें साधु–साध्वी समाज के सदस्य रहते हैं, विहार, मठ

abbot /'ऐबट्/ *n.* मठ प्रमुख (पुरुष), मठाधीश, महंत

abbreviate /अ'ब्रीविएट्/ *v.* संक्षिप्त करना, छोटा करना, सार निकालना ▸ **abbreviation** *n.* संक्षेप, सार

abdicate /'ऐब्डिकेट्/ *v.* **1** (सम्राट या साम्राज्ञी का) पद त्याग करना, गद्दी छोड़ देना **2** सत्ता का त्याग करना

abdomen /'ऐब्डमन्/ *n.* शरीर का वह भाग जिसमें पाचन अंग होते हैं, उदर, आमाशय (पेट)

abduct /ऐब्'डक्ट्/ *v.* भगाकर ले जाना, अपहरण करना ▸ **abduction** *n.* अपहरण

aberration /,ऐब'रेशन्/ *n.* स्वीकार्य या सामान्य से हटकर, असामान्य, असाधारण

abet /अ'बेट्/ *v.* (**abetting**, **abetted**) ग़लत काम के लिए प्रोत्साहित करना या सहायता करना, बहकाना

abide /अ'बाइड्/ *v.* (**abide by sth**) क़ानून का पालन करना, निर्णय के अनुसार कार्य करना, निष्ठा रखना

ability /अ'बिलटि/ *n.* (*pl.* **abilities**) **1** किसी कार्य को करने की शक्ति, क्षमता, प्रवीणता **2** प्रतिभा, योग्यता

abjure /अब्'जुअ(र्)/ *v.* मत अथवा आचरण का त्याग करना, छोड़ने की शपथ लेना, शपथपूर्वक त्यागना

able /'एबल्/ *adj.* (**abler**, **ablest**) **1** कुछ करने में समर्थ; सक्षम **2** प्रतिभाशाली, दक्ष

ablution /अ'ब्लूशन्/ *n.* स्नान, धोना, वज़ू करना

abnormal /ऐब्'नॉमल्/ *adj.* सामान्य नहीं, असामान्य, असाधारण

abnormality /,ऐब्नॉ'मैलटि/ *n.* (*pl.* **abnormalities**) सामान्य से भिन्न, असामान्यता, अनियमितता

a

aboard /अ'बॉड्/ *adv., prep.* रेलगाड़ी, जहाज़, विमान या बस पर सवार

abode /अ'बोड्/ *n.* निवास स्थान, घर, आवास

abolish /अ'बॉलिश्/ *v.* किसी क़ानून या प्रथा को आधिकारिक रूप से समाप्त करना, उन्मूलन करना

abolition /ˌऐब'लिशन्/ *n.* प्रथा का अन्त, उन्मूलन, समापन

Aborigine /ˌऐब'रिजनि/ *n.* 1 किसी देश या प्रदेश के मूल आदिवासी प्रजाति का सदस्य 2 ऑस्ट्रेलिया की मूल आदिवासी प्रजाति का सदस्य, ऑस्ट्रेलिया का मूल निवासी ▸ **aboriginal** *adj.* इन प्रजातियों से संबंधित

abort /अ'बॉट्/ *v.* 1 रद्द करना, निष्फल करना 2 गर्भपात करवाना, भ्रूणहत्या करना

abortion /अ'बॉशन्/ *n.* जानबूझकर गर्भ को समाप्त करने की क्रिया, गर्भपात

about /अ'बाउट्/ *adv.* 1 लगभग 2 क़रीब-क़रीब 3 चारों ओर 4 कुछ विशेष न करते हुए, यों ही 5 (किसी स्थान में) उपस्थित, विद्यमान ▸ **about** *prep.* 1 के विषय में, के बारे में, के संबंध में 2 विभिन्न दिशाओं और स्थानों पर, इधर-उधर 3 किसी व्यक्ति या वस्तु के स्वभाव में

above /अ'बव्/ *prep., adj., adv.* 1 उच्चतर स्थान में, ऊपर 2 (लिखित कथन के प्रसंग में) उपर्युक्त, पूर्वोक्त 3 अधिक ▸ **above board** *adj.* निष्कपट, निश्छल

abrasive /अ'ब्रेसिव्/ *adj.* 1 खुरदरा और खरोंचदार, अपघर्षी 2 रूखा, अशिष्ट और लड़ाका

abreast /अ'ब्रेस्ट्/ *adv.* 1 अगल-बग़ल, साथ-साथ 2 (**abreast of**) नवीनतम जानकारी का होना

abridge /अ'ब्रिज्/ *v.* किसी विवरण, पुस्तक आदि को छोटा करना, संक्षिप्त करना, छांटना

abroad /अ'ब्रॉड्/ *adv.* देश से बाहर, विदेश में, परदेश में

abrupt /अ'ब्रप्ट्/ *adj.* 1 आकस्मिक, अप्रत्याशित 2 (व्यवहार) रूखा, अशिष्ट

abscess /ऐब्सेस्/ *n.* मवाद भरा फोड़ा, व्रण

abscond /अब्'स्कॉन्ड्/ *v.* गुप्त रूप से फ़रार होना, प्रपलायन करना

absence /'ऐबसन्स्/ *n.* 1 अनुपस्थिति, ग़ैर-हाज़िरी 2 अभाव, कमी

absent /'ऐबसन्ट्/ *adj.* 1 अनुपस्थिति 2 बेध्यानी, अन्यमनस्क

absentee /ˌऐबसन्'टी/ *n.* अनुपस्थित या ग़ैर-हाज़िर व्यक्ति

absolute /'ऐबसलूट्/ *adj.* 1 पूरा, समूचा, संपूर्ण 2 असीम, परम ▸ **absolutely** *adv.* पूरी तरह से, संपूर्ण रूप से, निश्चय ही

absolution /ˌऐब्स'लूशन्/ *n.* औपचारिक क्षमादान, पापमुक्ति

absolve /अब्'ज़ॉल्व्/ *v.* अपराध, पाप, दोष आदि से मुक्त करना, दोषमुक्त करना, निरपराध ठहराना

absorb /अब्'ज़ॉब्,अब्'सॉब्/ *v.* 1 सोख लेना, अवशोषित करना 2 किसी बात को मन में लेकर समझना, आत्मसात करना 3 आघात के प्रभाव को कम करना

absorption /अब्'सॉप्शन्,-'ज़ॉप्शन्/ *n.* 1 अवशोषण की प्रक्रिया, अवशोषण 2 पूर्णतया तल्लीनता, तन्मयता

abstain /अब्'स्टेन्/ *v.* अपने को संयम में रखना, परहेज़ करना ▸ **abstention** *n.* संयम, परहेज़

abstinence /'ऐब्स्टिनन्स्/ *n.* भोग, विलास आदि से दूर रहने का आचरण, संयम, परहेज़

abstract /'ऐब्स्ट्रैक्ट्/ *adj.* विचार या कल्पना मात्र में कोई भौतिक या ठोस वस्तु नहीं, अमूर्त ▸ **abstract** *n.* **1** अमूर्त कला का उदाहरण **2** किसी दस्तावेज़ का लिखित सारांश

abstruse /अब्'स्ट्रूस, ऐब्'स्ट्रूस/ *adj.* जिसे समझना कठिन हो, गूढ़, दुर्बोध, जटिल

absurd /अब्'सड्/ *adj.* जो बिल्कुल भी तर्कसंगत न हो, हास्यास्पद, बेतुका ▸ **absurdity** *n.* (*pl.* **absurdities**) बेतुकापन, असंगति, बेतुकी या असंगत बात ▸ **absurdly** *adv.* असंगत रीति से, बेतुके ढंग से

abundant /अ'बन्डन्ट्/ *adj.* प्रचुर मात्रा में, अधिक, भरपूर ▸ **abundantly** *adv.* पर्याप्त रूप से, अधिक मात्रा में, भरपूर मात्रा में

abuse /अ'ब्यूज़्/ *v.* **1** बुरे या ग़लत ढंग से प्रयुक्त करना **2** अपशब्द कहना, गाली देना ▸ **abuse** *n.* **1** बुरी तरह या ग़लत तरीक़े से प्रयोग, दुरुपयोग **2** अशिष्ट शब्द, गाली

abusive /अ'ब्यूसिव्/ *adj.* **1** अभद्र भाषा का प्रयोग, अपमानजनक **2** उग्र एवं निर्दयी, अत्याचारपूर्ण

abysmal /अ'बिज़्मल्/ *adj.* बहुत बुरा, बहुत घटिया ▸ **abysmally** *adv.* बहुत बुरी तरह से, बेकार ढंग से

abyss /अ'बिस्/ *n.* बहुत गहरा गड्ढा, पाताल

AC /ˌए'सी/ *abbr.* **1** alternating current (प्रत्यवर्ती धारा) का संक्षिप्त रूप **2** air conditioning (वातानुकूलन) का संक्षिप्त रूप

a/c *abbr.* **1** account का संक्षिप्त रूप **2** air conditioning का संक्षिप्त रूप

acacia /अ'केशा/ *n.* पीले या सफ़ेद फूलों वाला पेड़ या झाड़ी, बबूल

academic /ˌऐक'डेमिक्/ *n.* विश्वविद्यालय या महाविद्यालय में शिक्षक या शोधक ▸ **academic** *adj.* **1** शिक्षा या अध्ययन से संबंधित, शैक्षिक **2** चिंतनप्रधान विषयों से संबंधित, वैदुषिक **3** अव्यावहारिक, वास्तविकता से संबंधित नहीं

academy /अ'कैडमि/ *n.* (*pl.* **academies**) **1** विशेष प्रशिक्षण देने वाली संस्था **2** कलाकारों या वैज्ञानिकों का मान्यता-प्राप्त अधिकारी वर्ग, अकादमी

accede /अक्'सीड्/ *v.* **1** किसी अनुरोध, माँग आदि को मान लेना **2** उच्चतर पद प्राप्त करना, कार्यभार संभालना ▸ **accession** *n.* राज्यारोहण, पदग्रहण

accelerate /अक्'सेलरेट्/ *v.* गति का बढ़ना, शीघ्रता करना

accelerator /अक्'सेलरेट(र)/ *n.* वाहन की गति को नियंत्रित करने के लिए पैर से दबानेवाला यंत्र, एक्सेलरेटर

accent /'ऐक्सन्ट्,-सेन्ट्/ *n.* **1** भाषा के उच्चारण का तरीक़ा, स्वराघात **2** बोलते समय शब्दविशेष या उसके किसी अंश पर दिया गया कुछ अधिक बल, ध्वनि-बल **3** विशेष महत्व

accept /अक्'सेप्ट्/ *v.* **1** स्वीकार या ग्रहण करना **2** सहमत होना, 'हाँ' करना ▸ **acceptance** *n.* स्वीकृति, सहमति

a

acceptable /अक्'सेप्टब्ल्/ *adj.* स्वीकार्य, संतोषप्रद ▸ **acceptability** *n.* स्वीकार्यता

access /'ऐक्सेस्/ *n.* **1** पहुँचने का रास्ता, प्रवेशमार्ग **2** किसी वस्तु को प्रयोग में लाने या प्राप्त करने का अवसर या अधिकार या किसी से मिलने की अनुमति या अधिकार

accessible /अक्'सेसब्ल्/ *adj.* जहाँ पहुँचना या प्रवेश करना संभव हो, सुगम ▸ **accessibility** *n.* पहुँच, सुगमता

accessory /अक्'सेसरि/ *n.* (*pl.* **accessories**) **1** पूरक या सजावट के रूप में जोड़ी गई वस्तु **2** (क़ानून में) ग़ैर-क़ानूनी काम में सहायक व्यक्ति

accident /'ऐक्सिडन्ट्/ *n.* दुर्घटना, घटना

accidental /ˌऐक्सि'डेन्टल्/ *adj.* बिना किसी योजना के, आकस्मिक ▸ **accidentally** *adv.* संयोगवश, जान-बूझकर नहीं

acclaim /अ'क्लेम्/ *v.* उत्साह के साथ प्रशंसा करना, अभिनंदन करना ▸ **acclaim** *n.* प्रशंसा, जय-जयकार

accolade /'ऐकलेड्/ *n.* विशेष सम्मान या पुरस्कार के रूप में प्राप्त वस्तु

accommodate /अ'कॉमडेट्/ *v.* **1** बैठने या ठहरने की व्यवस्था करना **2** मेल बिठाना

accommodation /अˌकॉम'डेश्न्/ *n.* रहने या ठहरने का स्थान, आवास

accompany /अ'कम्पनि/ *v.* **1** किसी के साथ-साथ जाना **2** स्वर संगत करना

accomplice /अ'कम्प्लिस्/ *n.* अपराध करने में सहायक व्यक्ति, सहापराधी

accomplish /अ'कम्प्लिश्/ *v.* किसी कठिन कार्य को करने में सफल होना, पाना, पूरा करना

accomplishment /अ'कम्प्लिश्मन्ट्/ *n.* **1** कोई काम सफलतापूर्वक पूरा करने की क्रिया, निपुणता **2** सफलतापूर्वक किया या सीखा गया कठिन कार्य, उपलब्धि, निपुणता

accord /अ'कॉड्/ *n.* औपचारिक समझौता या संधि ▸ **accord** *v.* **1** किसी व्यक्ति को कुछ प्रदान करना **2** किसी के साथ मेल खाना, सहमत होना

accordance /अ'कॉड्न्स्/ *n.* (**in accordance with**) अनुरूप, अनुसार

accordingly /अ'कॉडिङ्लि/ *adv.* **1** तदनुसार, उपयुक्त रूप से **2** अतः, इसलिए, इस कारण से

according to / अ'कॉडिङ्ट्, स्वर ध्वनियों के पूर्व टु/ *prep.* **1** के अनुसार, के संदर्भ में **2** के साथ मेल खाते हुए, के अनुसार

accordion /अ'कॉडिअन्/ *n.* दोनों हाथों से पकड़कर बजाया जाने वाला एक वाद्य यंत्र, अकॉर्डिअन

account /अ'काउन्ट्/ *n.* **1** घटना का विवरण, लेखा-जोखा **2** (ख़र्च या प्राप्त की गई राशि का) लेखा-जोखा, हिसाब-किताब **3** बैंक या कंपनी के साथ उधार लेन-देन की व्यवस्था, उधार-खाता ▸ **account** *v.* (**account for sth**) बताना, विवरण देना

accountable /अ'काउन्टब्ल्/ *adj.* किए गए कार्य आदि के लिए उत्तरदायी एवं स्पष्टीकरण हेतु अपेक्षित, ज़िम्मेदार, जवाबदेह

accountant /अ'काउन्टन्ट्/ *n.* व्यापार आदि का वित्तीय लेखा-जोखा रखनेवाला व्यक्ति, लेखाकार, एकाउंटेंट

accredit /अ'क्रेडिट्/ *v.* अधिकार-पत्र के साथ भेजना, प्राधिकृत करना

accrue /अ'क्रू/ *v.* बढ़ना, वृद्धि होना, देय होना

accumulate /अ'क्यूम्यलेट्/ *v.* **1** इकट्ठा कर लेना, संचय करना **2** बढ़ना, संचित होना ▸ **accumulation** *n.* संचय, संग्रह, ढेर

accurate /'ऐक्यरट्/ *adj.* सही, त्रुटिहीन, विशुद्ध ▸ **accuracy** *n.* विशुद्धता, यथार्थता ▸ **accurately** *adv.* ठीक-ठाक, यथार्थ रूप से

accuse /अक्यूज़्/ *v.* आरोप लगाना, क़ानून तोड़ने का दोषी ठहराना

ace /एस्/ *n.* **1** (ताश के पत्तों में) इक्का **2** (टेनिस में) ऐसी सर्विस जिसका विरोधी खिलाड़ी पलटवार न कर सके

acetate /'ऐसिटेट्/ *n.* **1** एक रासायनिक यौगिक जो प्लास्टिक बनाने में प्रयुक्त होता है, ऐसीटेट **2** रासायनिक पदार्थों से बना एक चिकना कपड़ा

acetic acid /अˌसीटिक् 'ऐसिड्/ *n.* सिरके में पाया जाना वाला अम्ल, असिटिक एसिड

acetylene /अ'सेट्लीन्/ *n.* चमकीली ज्वाला देने वाली एक गैस जो धातुओं को काटने या जोड़ने के काम आती है, एसेटलीन

ache /एक्/ *n.* ऐसा दर्द जो देर तक रहे, वेदना ▸ **ache** *v.* दर्द करना, पीड़ा होना

achieve /अ'चीव्/ *v.* किसी कार्य को मेहनत एवं कौशल द्वारा संपन्न करना, कुछ प्राप्त करना ▸ **achievement** *n.* सफलता, उपलब्धि

acid /'ऐसिड्/ *n.* एक पदार्थ जो लिटमस को लाल कर देता है, क्षार को निष्प्रभावित कर देता और धातुओं को घुला देता है, अम्ल, तेज़ाब

acknowledge /अक्'नॉलिज्/ *v.* **1** सचाई को स्वीकार करना, मान लेना **2** कुछ प्राप्त करने की पुष्टि करना, प्राप्ति सूचना देना **3** मान्यता देना

acne /'ऐक्नि/ *n.* त्वचा की एक बीमारी जिसमें मुँहासे निकलते हैं

acorn /'एकॉर्न्/ *n.* बलूत के पेड़ का फल, बाँजफल, वंजुफल

acoustic /अकूस्टिक्/ *adj.* **1** ध्वनि या सुनने की अनुभूति से संबंधित, ध्वानिक **2** (वाद्य-यंत्र) अविद्युतीय

acquaint /अक्वेन्ट्/ *v.* परिचित होना या करवाना, अवगत कराना

acquaintance /अक्वेन्टन्स्/ *n.* **1** परिचित व्यक्ति परंतु घनिष्ठ मित्र नहीं **2** हलकी-फुलकी जानकारी या परिचय

acquiesce /ˌऐक्वि'एस्/ *v.* बिना विरोध किए मानने को सहमत होना ▸ **acquiescence** /ˌऐक्वि'एस्न्स्/ *n.* मौन स्वीकृति, सम्मति

acquire /अक्वाइअ(र्)/ *v.* अर्जित करना या ख़रीदना

acquisition /ˌऐक्विज़िश्न्/ *n.* **1** अर्जित की गई वस्तु, प्राप्ति **2** अर्जित करने की क्रिया

acquisitive /अ'क्विज़टिव्/ *adj.* अर्जन की लालसा रखने वाला, संग्रहणशील

acquit /अ'क्विट्/ *v.* (**acquitting**, **acquitted**) **1** निर्दोष घोषित करना **2** आशा या अपेक्षा के अनुसार व्यवहार करना, कर्तव्य निभाना

acre /'ऐक(र्)/ *n.* ज़मीन के माप की ईकाई जो लगभग एक हेक्टेअर का 0.405वाँ भाग होता है, एकड़

acrid /'ऐक्रिड्/ *adj.* (गंध, स्वाद आदि) कड़वा, तीव्र और तीखा

a

acrobat /'ऐक्रबैट्/ *n.* विशेषतः सर्कस में काम करने वाला नट, क़लाबाज़

acronym /'ऐक्रनिम्/ *n.* किसी शब्द समूह के शब्दों के पहले अक्षरों से बना छोटा शब्द, आद्याक्षर शब्द, परिवर्णी

across /अ'क्रॉस्/ *adv., prep.* **1** एक ओर से दूसरी ओर, आर-पार **2** दूसरी तरफ़, उस ओर

acrylic /अक्रिलिक्/ *n.* एक कृत्रिम पदार्थ जो वस्त्र और पेंट बनाने में काम आता है, एक्रिलिक

act /ऐक्ट्/ *v.* **1** कुछ करना, कार्यवाही करना **2** कोई विशेष काम करना, विशेष कर्तव्य निभाना ▸ **act** *n.* **1** काम, कार्य, कर्म **2** नाटक या संगीत नाटक का एक प्रमुख खंड, अंक

action /'ऐक्शन्/ *n.* **1** सक्रियता, गतिविधि, क्रिया **2** किया गया कार्य

activate /'ऐक्टिवेट्/ *v.* सक्रिय करना, क्रियाशील बना देना

active /'ऐक्टिव्/ *adj.* **1** सक्रिय, क्रियाशील, चुस्त, फुरतीला **2** प्रभावशाली , सक्रिय

activist /'ऐक्टिविस्ट्/ *n.* राजनैतिक परिवर्तन लाने के लिए काम करनेवाला व्यक्ति, उत्साही कार्यकर्ता

activity /ऐक्'टिविटि/ *n.* (*pl.* **activities**) **1** सक्रियता, क्रियाशीलता **2** मनोरंजन के लिए नियमित रूप से की जाने वाली क्रिया

actor /'ऐक्ट(र्)/ *n.* नाटक या फ़िल्मों में अभिनय करनेवाला व्यक्ति, अभिनेता या अभिनेत्री

actress /'ऐक्ट्रस्/ *n.* किसी नाटक, फ़िल्म या टेलीविज़न के लिए काम करनेवाली महिला, अभिनेत्री

actual /'ऐक्चुअल्/ *adj.* असली, वास्तविक

actually /'ऐक्चुअलि/ *adv.* वस्तुतः, सचमुच

acumen /'ऐक्यमन्/ *n.* स्थिति को तुरंत और स्पष्टता से समझ लेने की योग्यता, कुशाग्रबुद्धि

acupuncture /'ऐक्युपङ्क्च(र्)/ *n.* शरीर में बारीक सूइयों से छेद करके रोग ठीक करने की चिकित्सा प्रणाली, एक्युपंक्चर

acute /अ'क्यूट्/ *adj.* **1** बहुत गंभीर, बहुत अधिक **2** (बीमारी) जो बहुत तेज़ी से ख़तरनाक बन जाए

AD /ˌएडी/ (*abbr.*) लैटिन शब्द **Anno Domini** का संक्षिप्त रूप, ईसा मसीह के जन्म के बाद के वर्षों का संकेत देने के लिए प्रयुक्त, ईसवी सन्

adage /'ऐडिज्/ *n.* कहावत, लोकोक्ति

adamant /'एडमन्ट्/ *adj.* अपने मत पर अटल, दृढ़, अड़ियल

Adam's apple /ˌऐडम्ज़्'ऐप्ल्/ *n.* गले के सामने स्थित उपास्थि पिंड, टेंटुआ

adapt /अ'डैप्ट्/ *v.* नए उद्देश्य या प्रयोग के लिए बदल देना या बदल दिया जाना, अनुकूलन बनाना ▸ **adaption** *n.* अनुकूलन, मेल

adaptable /अ'डैप्टब्ल्/ *adj.* नई परिस्थिति के अनुकूल, परिवर्तनीय, अनुकूलनीय

adaptor /अ'डैप्ट(र्)/ *n.* वह पुरज़ा जिससे विद्युत स्रोत बिंदु के साथ एकाधिक विद्युतीय उपकरणों को जोड़ा जा सकता है, अडैप्टर

add /ऐड्/ *v.* **1** जोड़ना, मिलाना **2** संख्याओं या राशियों का योग करना **3** कुछ और कहना, आगे कहना

adder /'ऐड(र्)/ *n.* एक छोटा ज़हरीला साँप, गेहुँअन

addict /ˈऐडिक्ट्/ *n.* वह व्यक्ति जिसे किसी चीज़ के सेवन की लत हो, व्यसनी ▸ **addiction** *n.* व्यसन, लत, आसक्ति
addition /अˈडिश्न्/ *n.* **1** जोड़ने की क्रिया, संयोजन, योग **2** जोड़ी गई वस्तु
additional /अˈडिशन्ल्/ *adj.* योजित, अतिरिक्त ▸ **additionally** *adv.* के अलावा, के अतिरिक्त
additive /ˈऐडटिव्/ *n.* कोई पदार्थ जिसे किसी वस्तु की गुणवत्ता में सुधार या उसे संरक्षित रखने के लिए उसमें मिलाया जाता है, संयोजी
address /अˈड्रेस्/ *n.* **1** पता, ठिकाना **2** संकेताक्षरों की वह शृंखला जिसकी सहायता से ई–मेल के गंतव्य की पहचान होती है **3** औपचारिक भाषण ▸ **address** *v.* **1** (पत्र आदि पर) पता लिखना **2** संबोधित करना, भाषण देना **3** किसी विशेष नाम या पदनाम से किसी व्यक्ति को संबोधित करना
adept /अडेप्ट्/ *adj.* कुशल, अत्यंत दक्ष, निपुण
adequate /ˈऐडिक्वट्/ *adj.* पर्याप्त, काफ़ी, स्वीकार्य ▸ **adequately** *adv.* पर्याप्त रूप से, उपयुक्त रूप से
adhere /अड्ˈहिअ(र्)/ *v.* **1** चिपक जाना, जुड़ जाना, संसक्त होना **2** दृढ़ रहना, पालन करना
adhesion /अड्ˈहीश्न्/ *n.* चिपकने की प्रक्रिया, चिपकाव, आसंजन
adhesive /अड्हीसिव्/ *n.* चिपकाने वाला पदार्थ (गोंद आदि), आसंजक
ad hoc /ˌऐड्ˈहॉक्/ *adj.* किसी विशेष उद्देश्य के लिए बनाया या किया गया, तदर्थ
adieu /अˈड्यू/ *exclam.* विदाई, अलविदा
adjacent /अˈजेसन्ट्/ *adj.* किसी के निकट या बग़ल में, आसन्न
adjective /ˈऐजिक्टिव्/ *n.* संज्ञा की विशेषता बताने वाला शब्द, विशेषण
adjoin /अˈजॉइन्/ *v.* से जुड़ा होना, लगा हुआ होना, आसन्न होना, जोड़ देना
adjourn /अˈजॉन्/ *v.* बैठक आदि को कुछ समय के लिए रोक देना, और बाद में पुनः आरंभ करना
adjunct /ˈऐजङ्क्ट्/ *n.* अतिरिक्त अंश, अनुलग्नक
adjust /अˈजस्ट्/ *v.* **1** मेल बैठना, समायोजित करना **2** नई परिस्थिति के साथ समायोजन हो जाना, अनुकूल बनना
adjutant /एˈजुटन्ट्/ *n.* (प्रशासनिक कार्यों में सहायता करनेवाला) सैनिक अधिकारी, ऐड्जुटेंट
ad lib /ˌऐड्ˈलिब्/ *adj.* & *adv.* बिना पूर्व तैयारी के किया गया या बोला गया
administer /अड्ˈमिनिस्ट(र्)/ *v.* **1** नियंत्रित करना, प्रशासन चलाना **2** किसी को दवा देना ▸ **administration** *n.* प्रशासन, व्यवस्था, संचालन
admirable /ˈऐड्मरब्ल्/ *adj.* प्रशंसनीय, श्रेष्ठ ▸ **admirably** *adv.* प्रशंसनीय रीति से या सराहते हुए
admiral /ˈऐड्मरल्/ *n.* नौसेना का सबसे उच्च अधिकारी, एडमिरल
admire /अड्ˈमाइअ(र्)/ *v.* प्रशंसा करना, किसी को प्रिय दृष्टि से देखना ▸ **admiration** *n.* प्रशंसा, सराहना
admission /अड्ˈमिश्न्/ *n.* **1** प्रवेश की अनुमति **2** प्रवेश शुल्क **3** स्वीकृत कथन, स्वीकरण
admit /अड्ˈमिट्/ *v.* (**admitting, admitted**) **1** अपनी ग़लती मान लेना

a

2 प्रवेश करने देना, भरती करना
ado /अ'डू/ *n.* परेशानी, कोलाहल, हड़बड़ी, हलचल
adolescent /ˌऐड'लेसन्ट्/ *n.* 13 से 17 की उम्र के बीच का लड़का या लड़की, किशोर, किशोरी
▸ **adolescence** *n.* किशोरावस्था, युवावस्था
adopt /अ'डॉप्ट्/ *v.* **1** किसी बच्चे को क़ानूनन गोद लेना **2** किसी विधि को अपनाना ▸ **adopted** *adj.* अंगीकृत, अपनाया हुआ, गोद लिया हुआ
▸ **adoption** *n.* दत्तक ग्रहण, अंगीकरण
adorable /अ'डॉरबल्/ *adj.* (बच्चों या पशुओं के लिए प्रयुक्त) स्नेह की भावना जगाने वाला, मनमोहक
adore /अ'डॉ(र्)/ *v.* **1** स्नेह और आदर की भावना से देखना **2** बहुत पसंद करना
▸ **adorning** *adj.* चाहने वाला, अत्यधिक स्नेह करने वाला
adorn /अ'डॉन्/ *v.* सजाना, संवारना
adrenal /अ'ड्रीनल्/ *adj.* गुर्दे संबंधी, एड्रेनलिन से संबंधित
adult /'ऐडल्ट्, अडल्ट्/ *n.* (व्यक्ति) वयस्क, बालिग़, (पशु) पूर्णतया विकसित
▸ **adult** *adj.* वयस्क ▸ **adulthood** *n.* वयस्कता
adulterate /अ'डल्टरेट्/ *v.* किसी खाद्य पदार्थ में मिलावट करना, अपमिश्रण करना ▸ **adulteration** *n.* मिलावट, अपमिश्रण
adultery /अ'डल्टरि/ *n.* परपुरुष या परस्त्री के बीच यौन संबंध, व्यभिचार
▸ **adulterous** *adj.* व्यभिचारी
advance /अड्'व़ान्स्/ *v.* **1** आगे बढ़ना **2** प्रगति करना या प्रगति में सहायक होना **3** अग्रिम धनराशि देना ▸ **advance** *n.* **1** किसी क्षेत्र में प्रगति **2** (राशि) पेशगी, अग्रिम
advanced /अड्'व़ान्स्ट्/ *adj.* **1** उच्चतर स्तर का **2** विकसित, उन्नत
advantage /अड्'व़ान्टिज्/ *n.* लाभ या फ़ायदे की स्थिति
advent /'ऐड्वेन्ट्/ *n.* **1** (किसी व्यक्ति या घटना का) आगमन **2** (ईसाई वर्ष में) क्रिसमस से पहले के चार सप्ताह
adventure /अड्'व़ेन्च(र्)/ *n.* असाधारण, उत्तेजक और संकटपूर्ण अनुभव या घटना ▸ **adventurous** *adj.* जोखिम से भरा, साहसिक
adverb /'ऐड्वब्/ *n.* समय, स्थान, कारण आदि के संबंध में अधिक जानकारी देने वाला या क्रिया, विशेषण, वाक्यांश या अन्य क्रियाविशेषण की श्रेणी को दर्शानेवाला शब्द, क्रियाविशेषण
adversary /'ऐड्वसरि/ *n.* (*pl.* **adversaries**) शत्रु, किसी स्पर्धा में विरोधी पक्ष, प्रतिपक्षी
adverse /'ऐड्वस्/ *adj.* प्रतिकूल, विरुद्ध
▸ **adversely** *adv.* प्रतिकूल रूप से
adversity /अड्'व़सटि/ *n.* (*pl.* **adversities**) कठिनाइयाँ, समस्याएँ, मुसीबतें, विपत्तियाँ
advertise /'ऐड्वटाइज़्/ *v.* **1** विज्ञापन करना, देना या लगाना **2** सार्वजनिक सूचना देना
advertisement /अड्'व़टिस्मन्ट्/ *n.* विज्ञापन, सार्वजनिक सूचना
advice /अड्'वाइस्/ *n.* परामर्श, राय, सलाह
advise /अड्'वाइज़्/ *v.* **1** सलाह या सुझाव देना **2** आधिकारिक रूप से निर्देश देना या सूचित करना
advocate /'ऐड्वकेट्/ *v.* (किसी योजना या कार्रवाई का) समर्थन करना, सिफ़ारिश

करना ▸ **advocate** *n.* 1 (किसी व्यक्ति, योजना या कार्रवाई का) समर्थक 2 (न्यायालय में) वकील, एडवोकेट
aeon /'ईअन्/ *n.* हज़ारों वर्षों का अत्यंत लंबा समय, युग
aerate /'एअरेट्/ *v.* 1 वायु को मिट्टी, पानी आदि में मिलाना 2 द्रव पदार्थ में गैस मिलाना ▸ **aerated** *adj.* वायुमिश्रित
aerial /'एअरिअल्/ *n.* कार या मकान पर लगी धातु की लंबी छड़ी जो रेडियो या टेलीविज़न तरंगें ग्रहण करती है, एरियल ▸ **aerial** *adj.* 1 हवा से या हवा में, हवाई 2 हवाई जहाज़ से या के द्वारा
aerobics /एअ'रोबिक्स/ *n.* संगीत की लय पर किया जाने वाला शारीरिक व्यायाम, एयरोबिक्स
aerodrome /'एअरड्रोम्/ *n.* छोटा हवाई अड्डा (प्रायः निजी विमानों द्वारा प्रयुक्त)
aerodynamics /ˌएअरोडाइ'नैमिक्स/ *n.* वायुगति विज्ञान, वायुगतिकी ▸ **aerodynamic** *adj.* वायुगतिक, वायुगति विज्ञान से संबंधित
aeronautics /ˌएअर'नॉटिक्स/ *n.* विमानों के निर्माण और उड़ान से संबंधित विज्ञान, विमानविज्ञान
aeroplane /'एअरप्लेन्/ *n.* हवाई जहाज़, विमान, वायुयान
aerosol /'एअरसॉल्/ *n.* दबाव पर पात्र में रखा गया पदार्थ जिसे फ़व्वारे के रूप में छिड़का जाता है, ऐरोसॉल
aesthetic /ईस्'थ़ेटिक्/ *adj.* सुंदरता और कला से संबंधित
affable /'ऐफ़ब्ल्/ *adj.* मिलनसार, प्रियभाषी, सुशील
affair /अ'फ़ेअ(र्)/ *n.* 1 मामला, प्रसंग, घटना, स्थिति 2 महत्वपूर्ण व्यक्तिगत, व्यावसायिक, राष्ट्रीय आदि मामले 3 नितांत निजी मामला, प्रेम संबंध
affect /अ'फ़ेक्ट्/ *v.* 1 प्रभावित करना, असर डालना 2 किसी को गहरा दुख, क्रोध आदि अनुभव कराना
affection /अ'फ़ेक्श्न्/ *n.* अनुराग, स्नेह
affectionate /अ'फ़ेक्शनट्/ *adj.* स्नेही, स्नेहशील ▸ **affectionately** *adv.* स्नेहपूर्वक, सानुराग
affidavit /ˌऐफ़'डेविट्/ *n.* लिखित कथन जिसके सच होने की शपथ ली गई हो, शपथपत्र, हलफ़नामा
affiliate /अ'फ़िलिएट्/ *v.* किसी बड़ी संस्था से संबद्ध होना
affinity /अ'फ़िनिटि/ *n.* (*pl.* **affinities**) 1 सहज लगाव व पसंद की प्रबल भावना, आकर्षण 2 दो या अधिक व्यक्तियों या वस्तुओं में समान गुण, समानता, सादृश्य
affirm /अ'फ़म्/ *v.* सार्वजनिक रूप से या दृढ़ता के साथ कहना, निश्चयपूर्वक समर्थन करना ▸ **affirmation** *n.* समर्थन, पुष्टि, दृढ़ कथन
affix /अ'फ़िक्स्/ *v.* चिपकाना, जोड़ना ▸ **affix** *n.* प्रत्यय या उपसर्ग
afflict /अ'फ़्लिक्ट्/ *v.* दुख देना, सताना, पीड़ित करना
affluent /'ऐफ़्लुअन्ट्/ *adj.* धनवान, समृद्ध ▸ **affluence** *n.* समृद्धि, अमीरी
afford /अ'फ़ॉड्/ *v.* 1 पर्याप्त धन या समय का होना 2 देना या उपलब्ध कराना ▸ **affordable** *adj.* आर्थिक पहुँच के भीतर, वहन करने योग्य
afforestation /अˌफ़ॉरि'स्टेश्न्/ *n.* जंगल के निर्माण के लिए किसी भूखंड पर वृक्षों का रोपण, वनरोपण
affray /अ'फ़्रे/ *n.* (सार्वजनिक स्थल पर) झगड़ा, विवाद या उग्र आचरण,

हंगामा, दंगा, फ़साद
affront /अफ्रन्ट/ *n.* अपमान, निरादर ▸ **affront** *v.* अपमान करना, निरादर करना
aficionado /अ,फ़िश'नाडो/ *n.* (*pl.* **aficionados**) किसी कार्य विशेष में रुचि रखने तथा उसके बारे में व्यापक जानकारी रखनेवाला व्यक्ति, शौक़ीन
afloat /अ'फ़्लोट/ *adj.* **1** पानी पर तिरता हुआ, प्रवाहित **2** क़र्ज़ या परेशानी की स्थिति में न होना
afoot /अ'फ़ुट/ *adj.* चाली, जारी
aforementioned /अ,फ़ॉ'मेनुशन्ड/ (*also* **aforesaid**) *adj.* पूर्व में कथित, पूर्वोल्लिखित
afraid /अ'फ्रेड/ *adj.* **1** डरा हुआ, भयभीत **2** किसी बात को लेकर आशंकित
afresh /अ'फ्रेश/ *adv.* पुनः, नए सिरे से
aft /आफ़्ट/ *adv.* & *adj.* जलयान या वायुयान के पिछले हिस्से पर या के समीप
after /'आफ़्ट(र)/ *prep.*, *conj.* & *adv.* **1** पश्चात, बाद में **2** बारंबार, बार-बार, बहुत समय से जारी
afterlife /'आफ़्टलाइफ़/ *n.* मृत्यु के बाद का जीवन, मरणोपरांत जीवन
afternoon /,आफ़्ट'नून/ *n.* दिन का तीसरा पहर, अपराह्न
afterwards /'आफ़्टवड्ज़/ *adv.* बाद में, पश्चात
again /अ'गेन/ *adv.* **1** एक बार फिर, दुबारा, फिर कभी **2** पहले की तरह, पहले जैसा **3** इसके अतिरिक्त, साथ ही
against /अ'गेन्स्ट, अ'गेन्स्ट/ *prep.* **1** के विरुद्ध (खेल आदि में) या (युद्ध में) शत्रु **2** से असहमत, के पक्ष में न होना
agate /'ऐगट/ *n.* स्फटिक का रूप जिसमें रंगीन धारियाँ होती हैं, गोमेद (रत्न)
age /एज/ *n.* **1** उम्र, आयु, वय, अवधि **2** वृद्धावस्था **3** इतिहास का कोई विशेष खंड, युग ▸ **age** *v.* वृद्ध होना या लगना, वृद्ध कर देना
aged /एज्ड/ *adj.* **1** अमुक आयु का **2 the aged** *n.* (*pl.*) अतिवृद्ध व्यक्ति
agency /'एजन्सि/ *n.* (*pl.* **agencies**) **1** विशेष सेवा प्रदान करने वाला संगठन, एजेंसी **2** कोई सरकारी विभाग, सरकारी एजेंसी
agenda /अजेन्डा/ *n.* विचारणीय विषयों की सूची, कार्यसूची, एजेंडा
agent /'एजन्ट/ *n.* **1** विशेष सेवा देने वाला व्यक्ति, अभिकर्ता, एजेंट **2** प्रभाव पैदा करनेवाली वस्तु या व्यक्ति
aggravate /'ऐग्रवेट/ *v.* **1** बिगाड़ देना, बदतर करना या होना, गंभीर बनाना **2** क्रोधित कर देना, परेशान करना
aggregate /'ऐग्रिगट/ *n.* कई अवयवों के जोड़ने से प्राप्त कुल, पूर्ण योग, कुल जोड़ ▸ **aggregate** *adj.* सकल, कुल
aggression /अग्रेशन/ *n.* **1** आक्रामक भावनाएँ या व्यवहार **2** बिना कारण लड़ाई या युद्ध आरंभ करने की कार्यवाही
aggressive /अ'ग्रेसिव/ *adj.* **1** लड़ाका, हमलावर, आक्रामक **2** सफलता पाने के लिए आक्रामक रुख अपनाने वाला, आक्रामक ▸ **aggressively** *adv.* आक्रामकता से
agile /'ऐजाइल/ *adj.* फुरतीला, चपल ▸ **agility** *n.* फुरती, चपलता
agitate /'ऐजिटेट/ *v.* **1** आंदोलन करना, उकसाना **2** उत्तेजित करना, परेशान करना ▸ **agitation** *n.* आंदोलन, उत्तेजना
agnostic /ऐग्'नॉस्टिक/ *n.* ईश्वर की सत्ता के विषय में संशय रखने वाला, संशयवादी, अज्ञेयवादी

agog /अ'गॉग्/ *adj.* अति-उत्कंठित, उत्सुक, आतुर

agony /'ऐगनि/ *n.* (*pl.* **agonies**) तीव्र वेदना, तेज़ पीड़ा, व्यथा, कष्ट

agrarian /अ'ग्रेअरिअन्/ *adj.* कृषि व कृषि भूमि से संबंधित

agree /अ'ग्री/ *v.* **1** सहमत होना, एकमत होना **2** किसी बात को सही या उचित मानना **3** से मेल खाना, के अनुकूल होना

agreeable /अ'ग्रीअबल्/ *adj.* **1** रुचिकर, सुखद, मनोहर **2** राज़ी, सहमत ▸ **agreeably** *adv.* सहमति से, स्वीकार्यता से

agreement /अग्रीमन्ट्/ *n.* **1** किसी बात या व्यक्ति से सहमति **2** अनुबंध-पत्र, क़रारनामा

agriculture /'ऐग्रिकल्च(र्)/ *n.* खेती, कृषि ▸ **agricultural** *adj.* कृषि-संबंधी, खेती से जुड़ा

aground /अ'ग्राउन्ड्/ *adv.* (जहाज़) छिछले पानी में फँसा

ahead /अ'हेड्/ *adv.* & *adj.* **1** से आगे, आगे, सामने **2** बढ़त में, अग्रसर **3** आने वाले समय में, भविष्य में

aid /एड्/ *n.* **1** मदद, सहायता **2** सहायक वस्तु, व्यक्ति या उपकरण **3** किसी देश या क्षेत्र को भेजी गई राहत सहायता सामग्री ▸ **aid** *v.* सहायता करना, मदद पहुँचाना

aide /एड्/ *n.* वरिष्ठ अधिकारी का परिसहायक, सहायक

AIDS /एड्ज़्/ *n.* शरीर की प्रतिरोधक क्षमता नष्ट करने वाला रोग, एड्स

ailing /'एलिङ्/ *adj.* बीमार, कमज़ोर

ailment /'एल्मन्ट्/ *n.* बीमारी जो बहुत गंभीर न हो

aim /एम्/ *n.* **1** लक्ष्य, उद्देश्य, अभिप्राय **2** निशाना बाँधने की क्रिया ▸ **aim** *v.* **1** लक्ष्य में रखना, उद्देश्य बनाना **2** किसी पर निशाना साधना

aimless /'एम्लस्/ *adj.* निरुद्देश्य, लक्ष्यहीन

ain't /एन्ट्/ *abbr.* am not, are not, is not, has not, have not का संक्षिप्त रूप

air /एअ(र्)/ *n.* **1** पृथ्वी के चारों ओर गैसों के मिश्रण का आवरण वायु, हवा **2** भूसतह के ऊपर ख़ाली स्थान **3** विमान द्वारा यात्रा या परिवहन ▸ **air** *v.* **1** कपड़े आदि को सुखाना, कपड़े आदि का सूखना **2** अपने विचार अभिव्यक्त करना, मन की बात कहना

airborne /'एअबॉन्/ *adj.* **1** हवा से उड़ाया हुआ, वायुवाहित **2** (हवाई जहाज़) आकाश में उड़ते हुए

air conditioning *n.* एक प्रणाली जो इमारत या गाड़ी के भीतर की हवा को ठंडा कर देती है, एअर कंडीशनिंग

aircraft /'एअक्राफ़्ट्/ *n.* (*pl.* **aircraft**) वायु में उड़ने वाला किसी भी प्रकार का यान, जैसे विमान

air force *n.* सशस्त्र सेना की वह टुकड़ी जो हवाई जहाज़ का प्रयोग करती है, वायुसेना

airlift /'एअलिफ़्ट्/ *n.* हवाई जहाज़ द्वारा परिवहन, हवाई परिवहन

airline /'एअलाइन/ *n.*नियमित विमान सेवा प्रदान करने वाली कंपनी, हवाई कंपनी

airmail /'एअमेल/ *n.* हवाई डाक सेवा

airport /'एअपॉट्/ *n.* हवाई अड्डा, विमान पत्तन

air raid *n.* हवाई जहाज़ द्वारा आक्रमण, हवाई हमला

a

airsick /'एअसिक्/ *adj.* विमान-यात्रा के दौरान जी मिचलाना, हवाई सफ़र से बीमार ▸ **airsickness** *n.* हवाई सफ़र से हुई बीमारी

airspace /'एअस्पेस्/ *n.* किसी देश की सीमा का आकाशीय क्षेत्र, हवाई क्षेत्र

airtight /'एअटाइट्/ *adj.* जिसमें न हवा जा सकती है और न ही निकल सकती है, वायुरुद्ध

airy /'एअरि/ *adj.* हवादार

aisle /आइल्/ *n.* चर्च, थिएटर आदि में सीटों के बीच का रास्ता, पार्श्ववीथि, मध्यवीथि

akin /अ'किन्/ *adj.* समान, सदृश

à la carte /ˌआ ला 'काट्/ *adj.* & *adv.* (रेस्तराँ में मिलने वाला वह भोजन) जिसमें व्यंजन की क़ीमत अलग-अलग होती है और थाली का हिसाब नहीं होता, व्यंजन सूची से

alacrity /अ'लैक्रटि/ *n.* अतिउत्साह, तत्परता, प्रफुल्लता

alarm /अ'लाम्/ *n.* **1** एकाएक उत्पन्न डर या चिंता, घबराहट **2** ख़तरे की चेतावनी **3** ख़तरे की चेतावनी देने वाला यंत्र (जैसे घंटी बजाकर) ▸ **alarm** *v.* **1** किसी को एकाएक भयभीत या चिंतित कर देना, डरा देना **2** ख़तरे की सूचना देना, चेतावनी देना

alarmist /अ'लामिस्ट्/ *adj.* अनावश्यक डर या चिंता फैलाने वाला, भयप्रसारक ▸ **alarmist** *n.* अनावश्यक या अकारण भय उत्पन्न करने वाला व्यक्ति या वस्तु

alas /अ'लैस्/ *exclam.* दुख या चिंता के उद्गार के लिए प्रयुक्त, आह

albatross /'एल्बट्रॉस्/ *n.* **1** श्वेत रंग की एक बड़ी समुद्री चिड़िया, एलबट्रॉस **2** बड़ी रुकावट, भारी अड़चन

albeit /ˌऑल्'बीइट्/ *conj.* यद्यपि, हालाँकि

album /'ऐल्बम्/ *n.* **1** एक सीडी या कैसेट आदि में संगृहीत गाने, एलबम् **2** ऐसी पुस्तक जिसमें डाक टिकट, फ़ोटोचित्र आदि संगृहीत होते हैं

albumen /'ऐल्ब्युमिन्/ *n.* (अंडे का) श्वेत पारदर्शी भाग जो पकाए जाने पर सफ़ेद हो जाता है, श्वेतक

alchemy /'ऐल्कमि/ *n.* **1** प्राचीनकालिक रसायनशास्त्र जिसमें साधारण धातुओं को सोने में बदलने की विधि की खोज की जाती थी **2** वस्तुओं को बदल देने वाली जादुई शक्ति ▸ **alchemist** *n.* रसायन बनानेवाला, कीमियागर

alcohol /'ऐल्कहॉल्/ *n.* **1** बिअर आदि मादक पेय **2** पेय जिसमें बिअर आदि मादक द्रव पाए जाते हैं

alcoholic /ˌऐल्क'हॉलिक्/ *n.* मादक पेय का आदी, शराबी, शराबख़ोर ▸ **alcoholic** *adj.* मादक

ale /एल्/ *n.* एक प्रकार की बिअर

alert /अ'लर्ट्/ *adj.* सतर्क, चौकन्ना, चौकस ▸ **alert** *n.* संभावित ख़तरे की चेतावनी ▸ **alert** *v.* ख़तरे के प्रति सावधान करना, चौकन्ना करना

algae /'ऐल्जी, 'ऐल्गी/ *n.* (*pl.*) मुख्यतः पानी में उगने वाली घास, शैवाल, सेवार

algebra /'ऐल्जिब्रा/ *n.* गणित की वह शाखा जिसमें वर्णों एवं आकृतियों के माध्यम से संख्याओं को दर्शाया जाता है, बीजगणित ▸ **algebraic** *adj.* बीजगणितीय

algorithm /'ऐल्गरिदम्/ *n.* गणितीय समस्याएँ हल करने के लिए कुछ निर्धारित नियम, प्रतीकगणित, ऐलगोरिद्म

a

alias /'एलिअस्/ *n.* प्राय: अपराधियों द्वारा प्रयुक्त फ़र्जी नाम, छद्मनाम, उर्फ़ ▸ **alias** *adv.* किसी को उपनाम देने के लिए प्रयुक्त

alibi /'ऐलबाइ/ *n.* (*pl.* **alibis**) अपराध के समय अन्यत्र उपस्थित होने का प्रमाण (यह सिद्ध करने के लिए की वह दोषी नहीं है), अन्यत्रता

alien /'एलिअन्/ *n.* **1** अन्य लोकवासी, दूसरे ग्रह का वासी **2** विदेशी व्यक्ति ▸ **alien** *adj.* **1** अन्यदेशीय, विदेशीय **2** विचित्र एवं अनजान, सर्वथा अपरिचित

alienate /'एलिअनेट्/ *v.* **1** अपने से दूर कर देना, अपनों को दूर कर देना **2** समर्थन या सहानुभूति खो देना

alight /अ'लाइट्/ *adj.* प्रदीप्त, जलता हुआ ▸ **alight** *v.* बस, रेलगाड़ी आदि से उतरना, नीचे आना

align /अ'लाइन्/ *v.* **1** पंक्तिबद्ध करना, सीध मिलाना **2** किसी दल, देश आदि के विचारों का समर्थन करना

alike /अलाइक्/ *adj.* & *adv.* **1** बहुत समान, सर्वथा सदृश **2** समान रूप से, समान रीति से

alimony /'ऐलिमनि/ *n.* तलाक़ के बाद पूर्व पति या पत्नी को क़ानूनन दिया जाने वाला धन, गुज़ारा भत्ता

alive /अ'लाइव्/ *adj.* **1** जीवित, ज़िंदा **2** जारी, विद्यमान, अमल में **3** सजीव, फुरतीला, ज़िंदादिल

alkali /'ऐल्कलाइ/ *n.* अम्ल के साथ अभिक्रिया करके लवण बनानेवाला एक रासायनिक पदार्थ, क्षार मान ▸ **alkaline** *adj.* क्षारीय

all /ऑल्/ *det.* & *pron.* **1** समस्त, समूचा, सारा **2** समूह या दल में सब, सभी ▸ **all** *adv.* **1** पूरी तरह से, सब कुछ, बहुत अधिक **2** (खेल में) बराबरी पर रहने पर

allay /अ'ले/ *v.* (पीड़ा, कष्ट, भय आदि की) तीव्रता या प्रबलता कम करना

allege /अ'लेज्/ *v.* आरोपित करना, अभियोग लगाना ▸ **allegation** *n.* आरोप, अभियोग

allegiance /अ'लीजन्स्/ *n.* निष्ठा, वफ़ादारी

allegory /'ऐलगरि/ *n.* (*pl.* **allegories**) कहानी, चित्र आदि जिसमें गूढ़ अर्थ होते हैं, रूपक कथा, रूपक ▸ **allegorical** *adj.* प्रतीकात्मक, लाक्षणिक, प्रतीक चित्रात्मक

allergic /अ'लर्जिक्/ *adj.* **1** किसी वस्तु से एलर्जी होना, प्रत्यूर्ज **2** एलर्जी से उत्पन्न

allergy /'ऐलर्जि/ *n.* (*pl.* **allergies**) किसी पदार्थ विशेष के प्रति असाधारण संवेदनशीलता से उत्पन्न बीमारी, प्रत्यूर्जता

alleviate /अ'लीविएट्/ *v.* (पीड़ा या कष्ट के) प्रभाव को कम करना, हलका कर देना ▸ **alleviation** *n.* उपशमन, कमी, राहत

alliance /अ'लाइअन्स्/ *n.* (समूहों, देशों आदि के बीच) मैत्री, संधि, समझौता, संबंध

allied /'ऐलाइड्/ *adj.* **1** संधि से बंधा हुआ, समर्थन करने के लिए संधिबद्ध **2** सहबद्ध, से संबंधित

alligator /'एलिगेट(र्)/ *n.* मगरमच्छ के समान एक रेंगनेवाला जन्तु, घड़ियाल

allocate /'ऐलकेट्/ *v.* किसी कार्य के लिए धनराशि आदि निर्धारित करना, हिस्से के रूप में बाँटना

allot /अ'लॉट्/ *v.* (**allotting**, **allotted**) हिस्सा नियत करना, अंश देना

a

allotment /अ'लॉट्मन्ट्/ *n.* बाँटा गया हिस्सा, बाँटने की प्रक्रिया, आवंटन

allow /अ'लाउ/ *v.* **1** कुछ करने की अनुमति देना, कुछ होने देना

allowance /अ'लाउअन्स्/ *n.* **1** वह मात्रा, राशि जिसे ले जाने आदि के लिए छूट मिली हो, छूट **2** नियमित रूप से मिलनेवाली धनराशि, भत्ता

alloy /'ऐलॉइ/ *n.* दो या अधिक धातुओं का मिश्रण, मिश्र धातु

all right *exclam., adv. & adj.* **1** ठीक, ठीक-ठाक **2** सकुशल, ठीक, सुरक्षित **3** माँगी गई सहायता के लिए सहमति जताना—ज़रूर, अवश्य ही, क्यों नहीं?

allude /अ'लूड्/ *v.* संक्षेप में या अप्रत्यक्ष रूप से उल्लेख करना, संकेत मात्र देना ▸ **allusion** *n.* संकेत, इशारा

allure /अ'लुअ(र्)/ *n.* प्रलोभन, आकर्षण

alluring /अ'लुअरिङ्/ *adj.* लुभावना व मोहक ▸ **alluringly** *adv.* सम्मोहक रीति से

ally /'ऐलाइ/ *n.* (*pl.* **allies**) **1** किसी व्यक्ति या देश की सहायता करने वाला अन्य देश या व्यक्ति **2** साथ देने वाला व्यक्ति, पक्षधर ▸ **ally** *v.* **1** सहायता करना **2** संबद्ध करना, संधि करना

alma mater /ˌऐल्म 'माट(र्), ˌऐल्म 'मेट(र्)/ *n.* स्कूल, कालेज या विश्वविद्यालय जहाँ शिक्षा प्राप्त की

almighty /ऑल्'माइटि/ *adj.* **1** सर्वशक्तिमान **2** बहुत बड़ा, अति विशाल ▸ **the Almighty** *n.* ईश्वर, परमात्मा

almond /'आमन्ड्/ *n.* बादाम

almost /'ऑल्मोस्ट्/ *adv.* लगभग, क़रीब-क़रीब

alms /आम्ज़्/ *n. (pl.)* निर्धनों को दिया गया दान (वस्त्र, भोजन, पैसा आदि)

aloe /'ऐलो/ *n.* मोटी पत्तियों वाला एक उष्णकटिबन्धीय पौधा, अगर, ऐलो

alone /अ'लोन्/ *adj. & adv.* **1** अकेला, बिना किसी अन्य व्यक्ति के **2** केवल, एकमात्र

along /अ'लॉङ्/ *prep. & adv.* **1** के साथ-साथ, एक सिरे से दूसरे सिरे तक या की ओर **2** के समानांतर, के किनारे **3** आगे, के साथ-साथ

alongside /अˌलॉङ्'साइड्/ *adv. & prep.* **1** बग़ल में, बराबर में **2** के साथ-साथ

aloof /अ'लूफ़्/ *adj.* **1** मेल-जोल न बढ़ाने वाला, अलग, दूर, भावशून्य **2** अलग-थलग

aloud /अ'लाउड्/ *adv.* सुनाई देने योग्य स्वर में

alpaca /ऐल्'पैका/ *n.* **1** दक्षिण अमेरिका में पाया जाने वाला एक जानवर जिसके लंबे बाल से बढ़िया ऊन बनाए जाते हैं, अल्पैका **2** अल्पैका की ऊन

alpha /'एल्फ़ा/ *n.* यूनानी वर्णमाला का पहला अक्षर, ऐल्फ़ा

alphabet /'एल्फ़बट्/ *n.* (किसी भाषा की) वर्णमाला

alpine /'ऐल्पाइन्/ *adj.* ऊँचे पहाड़ों का या ऊँचे पहाड़ों पर विशेषकर आल्पस क्षेत्र में पाया जाने वाला, अल्पाइन

already /ऑल्'रेडि/ *adv.* **1** बीती घटना की चर्चा के लिए प्रयुक्त **2** इतनी जल्दी

also /'ऑल्सो/ *adv.* साथ ही, भी, के अतिरिक्त

altar /'ऑल्ट(र्)/ *n.* किसी धार्मिक समारोहों में प्रयुक्त एक बड़ा टेबल, वेदी, वेदिका

altercation /ˌआल्ट'केशन्/ *n.* विवाद, झगड़ा, कहा-सुनी, अनबन

alternate /'ऑल्टनेट्/ *v.* **1** (दो प्रकार की परिस्थितियों, वस्तुओं आदि के लिए प्रयुक्त) नियमित रूप से एक के बाद दूसरा घटित होना या एक के पीछे दूसरा आना **2** बारी-बारी से रखना या करना ▸ **alternate** *adj.* **1** बारी-बारी से **2** एक एक छोड़कर, हर दो में से एक ▸ **alternately** *adv.* बारी-बारी से

alternate current *n.* प्रति सेकंड अनेक बार दिशा परिवर्तन करने वाली विद्युत धारा, प्रत्यावर्ती विद्युत धारा

alternative /ऑल्'टनटिव्/ *n.* विकल्प, दूसरी संभावना ▸ **alternative** *adj.* **1** वैकल्पिक, विकल्पी, दूसरा **2** वैकल्पिक, ग़ैर-पारंपरिक ▸ **alternatively** *adv.* विकल्पत: ; वैकल्पिक रूप से

alternator /'ऑल्टनेट(र्)/ *n.* एक डायनेमो जो प्रत्यावर्ती धारा उत्पन्न करता है, प्रत्यावर्तित्र, आल्टरनेटर

although /ऑल्'द़ो/ *conj.* **1** यद्यपि, हालाँकि **2** तथापि, परंतु

altimeter /'ऐल्टिमीट(र्)/ *n.* समुद्र तल से ऊँचाई मापने का यंत्र, तुंगतामापी, एल्टिमीटर

altitude /'ऐल्टिट्यूड्/ *n.* **1** समुद्र तल से ऊँचाई **2** समुद्र तल से ऊँचा स्थान

alto /'ऐल्टो/ *n.* (*pl.* **altos**) स्त्री का निम्नतम और पुरुष का उच्चतम गानस्वर, इस प्रकार के गानस्वर से युक्त पुरुष या स्त्री

altogether /ˌऑल्ट'गेद़(र्)/ *adv.* **1** पूर्णतया, पूरे तौर पर, बिलकुल ही **2** सब मिलाकर, कुल मिलाकर **3** सब बातों को ध्यान में रखकर, सामान्य रूप से

aluminium /ˌऐल'मिनिअम्/ *n.* (*US* **aluminum**) एक सफ़ेद हलकी धातु विशेष, अलूमिनियम

always /'ऑल्वेज़्/ *adv.* **1** सदा, हमेशा, नियमित रूप से **2** हमेशा से, निरंतर

Alzheimer's disease /'ऐल्ट्साइमज़् डिज़ीज़्/ *n.* मस्तिष्क को प्रभावित करने वाला एक रोग, मानसिक रोग, अल्ज़ाइमर रोग

AM /ˌए'एम्/ *abbr.* आयाम आवर्धन, रेडियो संकेत भेजने की एक पद्धति

a.m. /ˌए'एम्/ *abbr.* **amplitude magnification** का संक्षिप्त रूप, दोपहर के 12 बजे से पहले, पूर्वाह्न

amalgamate /अ'मैल्गमेट्/ *v.* एक कर देना, सम्मिश्रित करना, एकीकरण करना ▸ **amalgamation** *n.* एकीकरण, सम्मिश्रण

amass /अ'मैस्/ *v.* किसी वस्तु को बड़ी मात्रा में एकत्रित या संचित कर देना

amateur /'ऐमट(र्)/ *n.* **1** शौक़िया, अव्यवसायी **2** आवश्यक कौशल या अनुभव के बिना काम करने वाला व्यक्ति ▸ **amateur** *adj.* **1** शौक़ के रूप में (न कि आय के लिए) किया गया, शौक़िया तौर पर करने या होने वाला **2** आवश्यक कौशल या अनुभव के बिना किया गया

amaze /अ'मेज़्/ *v.* अत्यधिक चकित कर देना, किसी बात का अविश्वसनीय हो जाना

ambassador /ऐम्'बैसड(र्)/ *n.* राजदूत, विदेश में किसी देश का आधिकारिक प्रतिनिधि

ambidextrous /ˌऐम्बि'डेक्स्ट्रस्/ *adj.* दाएँ और बाएँ दोनों हाथों से समान रूप से काम कर सकने में समर्थ, उभयहस्तकुशल

a

ambience /'ऐम्बिअन्स्/ *n.* किसी स्थान का वातावरण, परिवेश, माहौल
ambiguous /ऐम्'बिगुयुअस्/ *adj.* जिसके एक से अधिक अर्थ निकाले जा सकें, अनेकार्थता ▸ **ambiguously** *adv.* अनेक अर्थ प्रकट करते हुए
ambit /'ऐम्बिट्/ *n.* (अधिकार या शक्ति की) सीमा, परिधि, विस्तार–क्षेत्र
ambition /ऐम्'बिशन्/ *n.* कुछ हासिल करने की तीव्र इच्छा, महत्वाकांक्षा
ambitious /ऐम्'बिशस्/ *adj.* **1** महत्वाकांक्षी, उच्चाकांक्षी **2** प्रयत्नसाध्य
ambivalent /ऐम्'बिवलन्ट्/ *adj.* मिश्रित या मिली–जुली भावनाओं से युक्त, उभयमुख
ambulance /'ऐम्ब्यलन्स्/ *n.* बीमार या दुर्घटनाग्रस्त व्यक्तियों को ले जाने वाला वाहन, रोगी–वाहन, एम्बुलेंस
ambush /'ऐम्बुश्/ *n.* घात लगाकर किया गया हमला ▸ **ambush** *v.* घात लगाना, छिपकर अचानक हमला करना
ameliorate /अ'मीलिअरेट्/ *v.* (स्थिति आदि) सुधारना, बेहतर करना, उन्नति करना
amenable /अ'मीनबल्/ *adj.* ख़ुशी से स्वीकार करने वाला, विनम्र, सहयोगी
amend /अ'मेन्ड्/ *v.* सुधारना, संशोधित करना, ठीक करना
amenity /अ'मीनटि/ *n.* (*pl.* **amenities**) किसी स्थान को अधिक आरामदेह बनाने के लिए सुख–साधन, सुविधाएँ
American /अ'मेरिकन्/ *adj.* संयुक्त राज्य अमेरिका का या उससे संबंधित, अमेरिकी
amiable /'एमिअबल्/ *adj.* मैत्रीपूर्ण और सौहार्दपूर्ण, मिलनसार, सुशील
▸ **amiably** *adv.* मिलनसार भाव से, सौजन्य से
amicable /'ऐमिकबल्/ *adj.* सौहार्दपूर्ण, स्नेही ▸ **amicably** /अब्लि/ *adv.* मित्रवत, मित्रभाव से
amid /अ'मिड्/ *prep.* के बीच में, के मध्य
amino acid /अ,मीनो'ऐसिड्/ *n.* कोई भी कार्बनिक यौगिक जिनसे प्रोटीन बनता है, अमीनो एसिड
amiss /अ'मिस्/ *adj., adv.* ग़लत, ख़राब ढंग से
amity /'एमटि/ *n.* मैत्री, मित्रता, दोस्ती
ammeter /'ऐमीट(र्)/ *n.* विद्युत धारा मापी यंत्र, ऐमीटर
ammonia /अ'मोनिआ/ *n.* तेज़ गंध–युक्त रंगहीन गैस जो सफ़ाई के काम आता है, अमोनिया
ammunition /,ऐम्यु'निशन्/ *n.* **1** गोला–बारूद, युद्ध–सामग्री **2** ऐसे तथ्य या सूचना जो किसी के विरोध में प्रयुक्त किए जा सकते हों
amnesia /ऐम्'नीज़िआ/ *n.* याद्दाश्त खो बैठने की अवस्था, स्मृति–लोप
amnesty /'ऐम्नस्टि/ *n.* (*pl.* **amnesties**) **1** सरकार द्वारा दिया गया क्षमादान, आम माफ़ी, सार्वजनिक क्षमादान **2** ग़ैर–क़ानूनी हथियारों के समर्पण के लिए लोगों को दी गई क्षमा–अवधि
amoeba /अ'मीबा/ *n.* (*US* **ameba**) (*pl.* **amoebas** or **amoebae**) केवल एक कोशिका वाला अत्यंत सूक्ष्य जीव, अमीबा, जीवाणु
amok /अ'मॉक्/ (or **amuck**) *adv.* (**run amok**) आवेश में, आपे से बाहर, उन्मत्ता से
among /अ'मङ्/ *prep.* **1** से घिरा हुआ, के बीच में **2** किसी विशेष वर्ग से

संबंधित, किसी विशेष वर्ग में सम्मिलित 3 (वर्ग के प्रत्येक सदस्य को) आपस में

amoral /ˌए'मॉरल्/ *adj.* (व्यक्ति व उनका आचरण) नैतिकता रहित, सदाचारविहीन

amorous /'ऐमरस्/ *adj.* कामुकतापूर्ण, प्रेमातुर

amorphous /अ'मॉर्फ़स्/ *adj.* बिना किसी निश्चित आकृति, रूप या संरचना के, अनाकार

amount /अ'माउन्ट्/ *n.* **1** मात्रा, राशि, परिमाण **2** कुल धनराशि ▸ **amount** *v.* **(amount to sth) 1** कुल योग होना **2** के बराबर होना

amp /ऐम्प्/ *n.* (*also* **ampere**) **1** विद्युत धारा मापने की इकाई, ऐम्पियर

ampersand /'ऐम्पसैन्ड्/ *n.* '&' का चिह्न जिसका प्रयोग 'और' के अर्थ में किया जाता है

amphibian /ऐम्'फ़िबिअन्/ *n.* जल और थल दोनों में रह सकने वाला प्राणी, जलस्थलचर

amphibious /ऐम्'फ़िबिअस्/ *adj.* जल और धरती दोनों में कार्यक्षम, उभयचर, जलस्थलचर

amphitheatre /'ऐम्फ़िथिअट(र्)/ *n.* गोलाकार या अंडाकार इमारत जिसमें किसी केंद्रीय क्षेत्र के चारों ओर दर्शक दीर्घाएँ बनी होती हैं, रंगभूमि, एम्फ़िथिएटर

ample /'ऐम्पल्/ *adj.* **1** पर्याप्त या पर्याप्त से अधिक, प्रचुर **2** विशाल, लंबा-चौड़ा, विस्तृत

amplify /'ऐम्प्लिफ़ाइ/ *v.* **(amplifying, amplified) 1** विद्युत उपकरणों द्वारा ध्वनि-शक्ति में वृद्धि करना **2** विस्तृत व्याख्या करना, विस्तार से कहना ▸ **amplification** *n.* प्रवर्धन, विस्तारण, विस्तार

amputate /'ऐम्प्यूटेट्/ *v.* (डॉक्टरी कारणों से) रोगी का हाथ, पैर आदि काटना, अंग भंग करना ▸ **amputation** *n.* अंगविच्छेदन, अंग भंग

amuse /अ'म्यूज़्/ *v.* **1** किसी को हँसाना, किसी बात का मज़ेदार लगना **2** किसी का जी बहलाना, मनोरंजन करना ▸ **amusement** *n.* मनोरंजन, मनबहलाव ▸ **amusing** *adj.* हास्यकर, विनोदी, मनोरंजक

an /अन, प्रबल रूप एन/ *adj.* स्वर ध्वनियों से पूर्व प्रयुक्त '**a**' का एक रूप, एक

anachronism /अ'नैक्रनिज़म्/ *n.* **1** पुरातनपंथी व्यक्ति या व्यवहार जो वर्तमान में अजीब लगे **2** कालदोषयुक्त प्रसंग ▸ **anachronistic** *adj.* कालदोषपूर्ण

anaconda /ˌऐन'कॉन्ड/ *n.* एक प्रकार का विशालकाय साँप, अजगर, अनाकोंदा

anaemia /अ'नीमिआ/ *n.* रक्त में लाल कणों की कमी, रक्ताल्पता, ख़ून की कमी, अरक्तता ▸ **anaemic** *adj.* अरक्तक, रक्ताल्पता से पीड़ित

anaerobic /ˌऐनेअ'रोबिक्/ *adj.* **1** जिसे ऑक्सीजन की ज़रूरत न हो, ऑक्सीजन-निरपेक्ष **2** ऐसे व्यायामों के लिए प्रयुक्त जिनमें ऑक्सीजन ग्रहण क्षमता बढ़ाना अभीष्ट नहीं होता

anal /'एनल्/ *adj.* गुदा-संबंधी

analgesic /ˌऐनल्'जीज़िक्/ *n.* पीड़ाहारी पदार्थ, पीड़ानाशक ▸ **analgesic** *adj.* पीड़ानाशक

analogous /अ'नैलगस्/ *adj.* आंशिक रूप से समरूप, अनुरूप, जिसकी तुलना की जा सके

analogue /'ऐनलॉग्/ *adj.* **1** आधार-सामग्री को मापने अथवा

संग्रहण करने के लिए उसके निरंतर परिवर्तनशील गुणों का उपयोग करने वाली इलेक्ट्रॉनिक पद्धति से संबंधित, ऐनलॉग 2 (घड़ी) जिसकी घूमती हुई सूइयों से अभीष्ट सूचना मिलती है

analogy /अ'नैलजि/ *n.* (*pl.* **analogies**) 1 समानता, तुलना, उपमा 2 आंशिक समानता

analysis /अ'नैलसिस्/ *n.* (*pl.* **analyses**) 1 विस्तृत जाँच या अध्ययन, विश्लेषण 2 मनोविश्लेषण

analytical /,ऐन'लिटिक्ल्/ *adj.* विश्लेषण से संबंधित, विश्लेषणात्मक ▸ **analytically** *adv.* विश्लेषणात्मक रूप से

anarchism /'ऐनकिज़म्/ *n.* वह राजनीतिक मत जो क़ानून और सरकार को आवश्यक नहीं मानती है, अराजकतावादी

anarchy /'ऐनकि/ *n.* शासनहीनता की स्थिति, अराजकता ▸ **anarchic** *adj.* अराजक, कुप्रबंधन संबंधी

anathema /अ'नैथमा/ *n.* घृणा पैदा करने वाली वस्तु या विचार, अभिशाप

anatomy /अ'नैटमि/ *n.* (*pl.* **anatomies**) 1 शरीर-रचना-विज्ञान 2 प्राणी की संरचना

ancestor /'ऐनसेस्ट(र्)/ *n.* पूर्वज, पुरखा, पूर्वपुरुष ▸ **ancestral** *adj.* पैतृक, पुश्तैनी

ancestry /'ऐन्सेसिट्रि/ *n.* (*pl.* **ancestries**) वंशावली, वंशक्रम

anchor /'ऐङ्क(र्)/ *n.* भारी वस्तु जिसे नाव से पानी में गिराकर नाव को चलने से रोका जाता है, लंगर ▸ **anchor** *v.* 1 लंगर डालना, लंगर डालकर नाव या पोत को एक स्थान पर रोके रखना 2 किसी वस्तु को कहीं पर मज़बूती से जमा देना

ancient /'एन्शन्ट्/ *adj.* 1 प्राचीन, पुरातन, हज़ारों वर्ष पुराना 2 काफ़ी वृद्ध

ancillary /एन्'सिलरि/ *adj.* 1 सहायक 2 गौण, आनुषंगिक

and /अन्ड्, प्रबल रूप ऐन्ड्/ *conj.* शब्दों, वाक्यांशों तथा वाक्यों को जोड़ने के लिए प्रयुक्त शब्द, और, एवं, तथा, व

android /'ऐन्ड्रॉइड्/ *n.* 1 विशेष रूप से टचस्क्रीन मोबाइलों जैसे स्मार्ट फ़ोन के लिए तैयार प्रचालन प्रणाली, एनड्राइड 2 मानवसदृश यंत्र

anecdotal /,ऐनिक्'डोट्ल्/ *adj.* (कहानियाँ) तथ्यों पर आधारित नहीं, क़िस्सा संबंधी

anecdote /'ऐनिक्डोट्/ *n.* सच्ची रोचक लघुकथा, क़िस्सा चुटकला, लतीफ़ा

anesthesia /,ऐनस्'थीज़िआ/ *n.* 1 बेहोश करने से उत्पन्न संवेदनहीनता, निश्चेतना 2 चेतनाशून्य कर देनेवाला पदार्थ जो प्रायः ऑपरेशन के पहले दिया जाता है

anew /अ'न्यू/ *adv.* फिर से, नए सिरे या भिन्न रीति से

angel /'एन्ज्ल्/ *n.* 1 ईश्वर के दूत के रूप में काम करनेवाला आध्यात्मिक व्यक्ति, देवदूत, फ़रिश्ता 2 सुंदर या दयावान व्यक्ति

anger /'ऐङ्ग(र्)/ *n.* क्रोध, गुस्सा, रोष ▸ **anger** *v.* क्रोधित करना, गुस्सा दिलाना

angina /ऐन्'जाइना/ *n.* हृदय तक पर्याप्त रक्त न पहुँचने के कारण उत्पन्न सीने में तीव्र दर्द, हृदयशूल

angle /'ऐङ्ग्ल्/ *n.* 1 (दो रेखाओं के बीच का) कोण 2 किसी वस्तु को देखने की दिशा-विशेष 3 दृष्टिकोण, नज़रिया

▸ **angle** *v.* **1** (किसी वस्तु को) कुछ टेढ़े रखना, मोड़ देना, घुमाव देना **2** विशेष दृष्टिकोण से पेश करना, किसी विशिष्ट व्यक्ति या वर्ग को लक्ष्य में रखना

Anglican /ˈऐङ्ग्लिकन्/ *n.* चर्च ऑफ़ इंग्लैंड या किसी अन्य अंग्रेज़ी भाषी देश के उससे जुड़े चर्च का सदस्य, आंग्ल या अंग्रेज़ी चर्च का सदस्य, एंग्लिकन

anglicize /ˈऐङ्ग्लिसाइज़्/ *v.* अंग्रेज़ीकरण करना

Anglo- /ˈऐङ्ग्लो/ *n.* इंग्लैंड या ब्रिटेन (और अन्य देश या देशों) से संबंधित, आंग्ल–

angora /ऐङ्ˈगॉरा/ *n.* एक प्रकार की नरम ऊन या कपड़ा जो लंबे बालोंवाले बकरे या ख़रगोश के रोंवे से तैयार किया जाता है, अंगोरा

angry /ˈऐङ्ग्रि/ *adj.* (**angrier, angriest**) क्रोधित, गुस्से में, नाराज़ ▸ **angrily** *adv.* क्रोधपूर्वक, गुस्से से, क्रोध से

angst /ऐङ्स्ट्/ *n.* चिंता और व्याकुलता की भावना

angstrom /ˈऐङ्ग्स्ट्रम्/ *n.* तरंगदैर्ध्य मापने की इकाई, एंगस्ट्राम

anguish /ˈऐङ्ग्विश्/ *n.* गहरी वेदना या पीड़ा, मनोव्यथा ▸ **anguished** *adj.* अति व्यथित

animal /ˈऐनिम्ल्/ *n.* **1** संवेदी अंगोंवाला कोई भी सजीव जो अपनी इच्छानुसार गति कर सकता है, जानवर, पशु **2** पक्षी, साँप मछली या कीड़े से भिन्न कोई भी स्तनधारी, पशु

animate /ˈऐनिमेट्/ *v.* **1** अनुप्राणित करना, जान व स्फूर्ति डाल देना, प्राण का संचार करना **2** किसी मॉडल, खिलौने आदि के चित्रों को एक फ़िल्म के समान सजीव चलता हुआ दिखाना ▸ **animate** *adj.* सजीव, जीवित–समान, जोशीला

animated /ˈऐनिमेटिड्/ *adj.* **1** रोचक और जोशीला **2** (चलचित्रों आदि) चित्रों को चलित रूप में दिखाने वाली प्रक्रिया का प्रयोग करते हुए

animation /ˌऐनिˈमेशन्/ *n.* **1** भरपूर जोश और उत्साह **2** ऐसी फ़िल्में, कंप्यूटर–खेल आदि बनाने की तकनीक जिसमें चित्र आदि चलते हुए दिखाए जाते हैं, एनीमेशन

animosity /ˌऐनिˈमॉसटि/ *n.* (*pl.* **animosities**) शत्रुता, वैरभाव, द्वेष

aniseed /ˈऐनसीड्/ *n.* मादक पेयों तथा मिठाइयों का स्वाद बढ़ाने के लिए प्रयुक्त सौंफ़ के पौधों के बीज, सौंफ

ankle /ˈऐङ्क्ल्/ *n.* टखना

anklet /ˈऐङ्क्लट्/ *n.* पायल, पाज़ेब, नूपुर

annals /ˈऐन्ल्ज़्/ *n.* (*pl.*) घटनाओं या गतिविधियों का आधिकारिक वार्षिक विवरण, ऐतिहासिक अभिलेख

annex /अˈनेक्स्/ *v.* अन्य देश पर बलपूर्वक अधिकार कर लेना, हड़प लेना ▸ **annexation** *n.* दूसरे देश को अपने देश में बलपूर्वक मिलाने की गतिविधि, समामेलन

annihilate /अˈनाइअलेट्/ *v.* पूरी तरह नष्ट या पराजित कर देना ▸ **annihilation** *n.* संहार, विध्वंस

anniversary /ˌऐनिˈवसरि/ *n.* (*pl.* **anniversaries**) वह दिन जब किसी महत्वपूर्ण या विशेष घटना के ठीक एक साल या कई साल पूरे हुए हैं, वर्षगाँठ

annotate /ˈऐनटेट्/ *v.* व्याख्यात्मक टिप्पणियाँ देना, व्याख्या करना ▸ **annotation** *n.* व्याख्या, टीका, नोट

a

announce /अ'नाउन्स/ *v.* **1** घोषणा करना, ऐलान करना **2** गंभीरतापूर्वक या दृढ़ता के साथ कहना ▸ **announcement** *n.* घोषणा, एलान, प्रकाशन

annoy /अ'नॉइ/ *v.* क्रोधित या नाराज़ करना, परेशान या तंग करना, गुस्सा दिलाना

annoyed /अ'नॉइड्/ *adj.* नाराज़, खीझा हुआ, दुखी

annoying /अ'नॉइइङ्/ *adj.* कष्टकर, कष्टप्रद, खीझ पैदा करने वाला

annual /'ऐन्युअल्/ *adj.* **1** वर्ष मे एक बार छपने वाली किताब, वार्षिक अंक **2** वर्ष भर की अवधि का, वार्षिक ▸ **annual** *n.* वार्षिक प्रकाशन, वार्षिक अंक

annuity /अ'न्यूअटि/ *n.* (*pl* **annuities**) प्रति वर्ष मिलनेवाली निश्चित धन राशि, वार्षिकी, वार्षिक भत्ता

annul /अ'नल्/ *v.* (**annulling, annulled**) (किसी क़ानून, समझौते आदि को) रद्द करना, निरस्त करना

anode /'ऐनोड्/ *n.* बैटरी अथवा अन्य विद्युतीय उपकरण में वह भाग जहाँ से विद्युत धारा प्रवेश करती है, धनाग्र

anodyne /'ऐनडाइन/ *adj.* नीरस, हानि न पहुँचाने वाला ▸ **anodyne** *n.* दर्द को हलका या दूर करनेवाली (दवा), दर्दनाशक

anoint /अ'नॉइन्ट्/ *v.* (धार्मिक संस्कार के रूप में) शरीर या सिर पर तेल या पानी लगाना

anomaly /अ'नॉमलि/ *n.* (*pl.* **anomalies**) स्तरीय या सामान्य से भिन्न, असामान्यता, असंगति ▸ **anomalous** *adj.* नियम से हटकर, अनियमित

anon /अ'नॉन्/ *adv.* शीघ्र, अभी

anonymous /अ'नॉनिमस्/ *adj.* **1** (व्यक्ति) अनाम, अज्ञात **2** गुमनाम व्यक्ति द्वारा किया या लिखा गया ▸ **anonymously** *adv.* अज्ञात रूप से, छुपे तौर पर, गुमनाम रूप से

anorexia /,ऐन'रेक्सिआ/ *n.* एक प्रकार का रोग जिसमें मोटे हो जाने के अस्वाभाविक डर के कारण रोगी खाना-पीना बंद कर देता है, क्षुधा-नाश ▸ **anorexic** *adj.* & *n.* क्षुधाअभाव से पीड़ित रोगी

another /अ'नद(र्)/ *det.* & *pron.* **1** अन्यतर, उसी प्रकार का दूसरा, एक और **2** दूसरी प्रकार का, कोई और

answer /'आन्स(र्)/ *v.* **1** उत्तर देना, जवाब देना **2** प्रतिक्रिया दिखाना **3** ज़िम्मेदारी स्वीकार करना, जवाबदेह होना ▸ **answer** *n.* **1** उत्तर, जवाब **2** किसी समस्या का समाधान, हल **3** (परीक्षा में) प्रश्न का सही उत्तर, हल

answerable /'आन्सरब्ल्/ *adj.* जवाबदेह, उत्तरदायी

ant /ऐन्ट्/ *n.* एक छोटा कीट जो अन्य कीटों के साथ संगठित रूप से रहता है, चींटी ▸ **anteater** *n.* चींटियों और दीमकों को खानेवाला एक स्तनधारी, चिंटी खानेवाला स्तनधारी

antacid /ऐन्ट्'ऐसिड्/ *n.* (विशेषकर पेट की) अम्लीयता को रोकने या कम करनेवाली दवा, अम्लरोग नाशक, अम्लतत्व नाशक, ऐंटासिड

antagonism /ऐन्'टैगनिज़्म्/ *n.* खुली शत्रुता, घृणा व विरोध की भावना

antagonist /ऐन्'टैगनिस्ट्/ *n.* प्रबल विरोधी, प्रतिद्वंद्वी, शत्रु

antagonize /ऐन्'टैग्नाइज़्/ *v.* विरोधी या दुश्मन बनाना, नाराज़ करना

Antarctic /ऐन्'टाक्टिक्/ *adj.* दक्षिणी ध्रुव के प्रदेश से संबंधित, दक्षिण ध्रुवीय

antecedent /ˌऐन्टि'सीडन्ट्/ *n.* **1** किसी अन्य घटना से पहले होने वाली घटना, पूर्ववर्ती **2** (*pl.* **antecedents**) पूर्वज, पुरखे ▸ **antecedent** *adj.* पूर्वगामी, पूर्वपद

antelope /'ऐन्टिलोप्/ *n.* (*pl.* **antelope** or **antelopes**) सींगों तथा लंबी, पतली टांगों वाला अफ्रीकी जानवर जो तेज़ दौड़ सकता है, बारहसिंगा

antenna /ऐन्'टेना/ *n.* (*pl.* **antennae**) **1** कीड़ों और सीपियों में रहने वाले कुछ जानवरों के सिर पर निकले स्पर्शक, शृंगिका **2** (*pl.* **antennas**) विद्युत्-ग्राहक, एरियल

anterior /ऐन्'टिअरिअ(र्)/ *adj.* आगे की ओर या आगे से पास, अग्रवर्ती या अगला

anthem /'ऐन्थम्/ *n.* **1** देशभक्ति की भावना की अभिव्यक्त के लिए किसी देश का चुना हुआ संगीत **2** धार्मिक अवसरों पर गाया जानेवाला संगीत, धर्म संगीत

anthology /ऐन्'थॉलजि/ *n.* (*pl.* **anthologies**) कविताओं, संगीत या लिखित रचनाओं का संकलन, संग्रह

anthrax /'ऐन्थ्रैक्स्/ *n.* गाय, बैलों और भेड़ों और कभी-कभी मनुष्यों तक फैल जाने वाला एक गंभीर रोग, ऐन्थ्रैक्स

anthropoid /ˌऐन्थ्र'पॉइड/ *adj.* मनुष्य से मिलता-जुलता जानवर, वन-मानुष, मानवाकार का, मानवसदृश

anthropology /ˌऐन्थ्र'पॉलजि/ *n.* मानव की उत्पत्ति, उसके विकास, प्रथाओं और विश्वासों का वैज्ञानिक अध्ययन, मानव-विज्ञान

anti- /'ऐन्टि/ *prefix* **1** विरोधी, के विरुद्ध, के विपरीत **2** रोधक या राहत देनेवाला

antibiotic /'ऐन्टिबाइ'ऑटिक्/ *n.* जीवाणुनाशक औषधि, प्रतिजैविक

antibody /'ऐन्टिबॉडि/ *n.* (*pl.* **antibodies**) रक्त में उत्पन्न होने वाला रोगनिरोधी पदार्थ, प्रतिरक्षी, प्रतिपिंड

anticipate /ऐन्'टिसिपेट्/ *v.* **1** (कुछ घटित होने की) प्रत्याशा करना (और उसके लिए तैयार रहना) **2** अपेक्षा करना या आगे की सोचना

anticlimax /ˌऐन्टि'क्लाइमैक्स्/ *n.* उच्च प्रत्याशा के विपरीत घटित निराशाजनक घटना, प्रतिकर्ष

anticlockwise /ˌऐन्टि'क्लॉक्वाइज़्/ *adv.* & *adj.* घड़ी की सूइयों के घूमने की विपरीत दिशा में

antics /'ऐन्टिक्स्/ *n.* (*pl.*) अजीब और बेतुकी हरकतें, मसख़रापन

anticyclone /ˌऐनटि'साइक्लोन्/ *n.* उच्च वायुमंडलीय दबाव वाला क्षेत्र जिसके चारों ओर हवा धीरे-धीरे चलती है, प्रतिचक्रवात

antidote /'ऐन्टिडोट्/ *n.* **1** विष के प्रभाव को रोकने वाली औषधि, विषहर औषधि **2** किसी भी अप्रिय प्रभाव से निपटने में सहायक कोई अन्य वस्तु, प्रतिकारक, प्रत्यौषध

antigen /'ऐन्टिजन्/ *n.* शरीर में रोगप्रतिरोध पैदा करनेवाला एक हानिकारक पदार्थ, प्रतिजन, एंटीजन

anti-hero *n.* कहानी, फ़िल्म आदि में वह मुख्य पात्र जो साधारण या अप्रिय होता है, प्रतिनायक

antihistamine /ˌएन्टि'हिस्टमीन्/ *n.* एलर्जी दूर करने वाली दवा, ऐन्टीहिस्टमीन

a

antimony /ˈऐन्टिमनि/ *n.* रुपहले-सफ़ेद रंग का धातु जो आसानी से टूट जाता है, अंजन, सुरमा

antioxidant /ˌएन्टिˈऑक्सिडन्ट्/ *n.* ऑक्सीकरण को रोकनेवाला पदार्थ, ऑक्सीकरण रोधी

antiperspirant /ˌएन्टिˈपस्परन्ट्/ *n.* पसीना कम करने के लिए लगाया जाने वाला तरल पदार्थ, एंटीप्रसपिरेंट

antiquarian /ˌऐन्टिˈक्वेअरिअन्/ *adj.* दुर्लभ किताबों और पुरानी चीज़ों के संग्रह से संबंधित, पुरातत्त्व संबंधी, पुरातात्त्विक

antiquated /ˈऐन्टिक्वेटिड्/ *adj.* पुराना, अप्रचलित, पुराने ढंग का

antique /ऐन्ˈटीक्/ *adj.* प्राचीनकाल की अतएव असाधारण तथा मूल्यवान

antiquity /ऐन्ˈटिक्वटि/ *n.* (*pl.* **antiquities**) **1** अति प्राचीनकाल **2** अति प्राचीन भवन या वस्तु

anti-Semitism /ˌऐन्टिˈसेमिटिज़म्/ *n.* यहूदियों के प्रति भेदभाव

antiseptic /ˌऐन्टिˈसेप्टिक्/ *n.* रोगाणु-रोधक मरहम या कोई तरल पदार्थ

antisocial /ˌऐन्टिˈसोशल्/ *adj.* **1** इस प्रकार से काम करते हुए जो दूसरों को स्वीकार्य न हो, समाज-विरोधी **2** असामाजिक, जिसे सामाजिक मेलजोल पसंद न हो

antler /ˈऐन्ट्ल(र्)/ *n.* नर हिरन के शाखादार सींग, मृग शृंग

antonym /ˈऐन्टनिम्/ *n.* विलोम शब्द, विपर्याय, विपरीतार्थक

anus /ˈएनस्/ *n.* गुदा, मलद्वार ▸ **anal** *adj.* गुदा-संबंधी

anxiety /ऐङ्ˈज़ाइअटि/ *n.* (*pl.* **anxieties**) भय, चिंता या अनिश्चय की भावना (विशेषतः भविष्य के प्रति), व्यग्रता

anxious /ˈऐङ्क्शस्/ *adj.* **1** चिंतित या डरा हुआ, व्याकुल **2** चिंताजनक **3** अतिउत्सुक ▸ **anxiously** *adv.* चिंतित रूप से, अति उत्सुकता से

any /ˈएनि/ *det.* & *pron.*& *adv.* **1** एक या कुछ **2** कुछ, कोई भी, किसी भी **3** जब कम या अधिक का निर्देश करना हो

anybody /ˈएनिबॉडि/ *pron.* **1** कोई व्यक्ति **2** कोई भी व्यक्ति, चाहे कोई भी

anyhow /ˈएनिहाउ/ *adv.* **1** किसी भी तरह, **2** लापरवाह तरीक़े से, जैसे-तैसे

anyone /ˈएनिवन्/ *pron.* कोई व्यक्ति, कोई भी, किसी को

anything /ˈएनिथिङ्/ *pron.* **1** कुछ, कुछ भी **2** कोई भी वस्तु, कुछ भी

anyway /ˈएनिवे/ *adv.* **1** (कही गई बात पर ज़ोर देने के लिए या विषय बदलने के लिए) जो कुछ भी हो, हर हालत में **2** किसी बात के बावजूद, तथापि

anywhere /ˈएनिवेअ(र्)/ *adv.* **1** कहीं भी, कहीं पर भी **2** किसी भी स्थान पर, चाहे कहीं भी

apart /अˈपाट्/ *adv.* **1** दूर, अलग **2** टुकड़ों में, टुकड़े-टुकड़े

apartheid /अˈपाथाइट्/ *n.* दक्षिण अफ़्रीका की पुरानी सरकारी नीति जिसके आधार पर लोगों के साथ जातीय भेदभाव किया जाता था, रंगभेद की नीति

apartment /अˈपाट्मन्ट्/ *n.* **1** एक खण्ड के कमरे, मंज़िल **2** बड़ी इमारत में उपलब्ध निजी कमरे

apathy /ˈऐपथि/ *n.* उदासीनता, अनिच्छा ▸ **apathetic** *adj.* बेपरवाह, निरुत्साह

ape /एप्/ *n.* एक प्रकार का बड़ा पूँछहीन बंदर, वानर ▸ **ape** *v.* नक़ल उतारना

(विशेषतः मज़ाक़ उड़ाने के लिए), अनुकरण करना

apex /'एपेक्स/ *n.* (*pl.* **apexes**) शिखर या उच्चतम बिंदु, शीर्ष

aphasia /अ'फ़ेज़िअ/ *n.* (मस्तिष्क रोग के कारण) बोलने या बोली समझने में असमर्थता, बोलने की शक्ति का ह्रास, वाचाघात

aphrodisiac /ˌऐफ़्र'डिज़िएक्/ *n.*कामोत्तेजना को बढ़ानेवाला कोई भी पेय, खाद्य या दवा, कामोद्दीपक (पदार्थ)

apiary /'एपिअरि/ *n.* (*pl.* **apiaries**) वह जगह जहाँ मधुमक्खियों को रखा जाता है, मधुवाटिका

apocalypse /अ'पॉकलिप्स्/ *n.* 1 संसार का पूर्ण विनाश 2 बाइबिल में प्रतिपादित सृष्टि का अंत 3 अति विनाशकारी स्थिति ▸ **apocalyptic** *adj.* विनाशकारी, सर्वनाश से संबंधित

apogee /'एपजि/ *n.* 1 पराकाष्ठा, चरमोत्कर्ष, शिरोबिंदु 2 वह बिंदु जब चंद्रमा अपनी कक्षा से पृथ्वी से अधिकतम दूरी पर होता है

apologetic /अˌपॉल'जेटिक्/ *adj.* क्षमा माँगते हुए, खेदपूर्ण, क्षमायाचक ▸ **apologetically** *adv.* क्षमा माँगते हुए

apologize /अ'पॉलजाइज़्/ *v.* क्षमा याचना करना, माफ़ी मांगना

apology /अ'पॉलजि/ *n.* (*pl.* **apologies**) 1 किसी काम के लिए पश्चाताप की भावना, क्षमापत्र, माफ़ीनामा 2 (**an apology for**) घटिया उदाहरण

apostle /अ'पॉस्ल्/ *n.* 1 ईसा मसीह द्वारा धर्मप्रचार के लिए नियुक्त बारह शिष्यों में से एक, धर्मदूत, प्रचारक 2 किसी विचार या अभियान का उत्साही समर्थक, प्रचारक

apostrophe /अ'पॉस्ट्रफ़ि/ *n.* 1 वर्णलोप का चिह्न 2 संबंधकारक का चिह्न, अपासट्राफ़ी

appal /अ'पॉल्/ *v.* (**appalling, appalled**) भयभीत या स्तब्ध कर देना, मानसिक आघात पहुँचाना ▸ **appalling** *adj.* भय और विस्मय उत्पन्न करने वाला

apparatus /ˌऐप'रेटस्/ *n.* किसी कार्य विशेष में प्रयुक्त उपकरणों आदि का सेट

apparel /अ'पैरल्/ *n.* 1 बिक्री हेतु दुकान में रखे गए कपड़े, परिधान, वस्त्र 2 विशेषकर औपचारिक अवसर पर पहने जानेवाले वस्त्र, पोशाक, वेश-भूषा

apparent /अ'पैरन्ट्/ *adv.* 1 वास्तविक जैसा लेकिन आवशयक रूप से वैसा नहीं, आभासी 2 स्पष्ट, प्रकट, प्रत्यक्ष ▸ **apparently** *adv.* ऊपरी तौर से, दृश्यमान रूप से

apparition /ˌऐप'रिशन्/ *n.* भूत-प्रेत, मृत व्यक्ति की छाया

appeal /अ'पील्/ *v.* 1 औपचारिक रूप से अनुरोध करना, निवेदन या याचना करना 2 किसी के प्रति आकर्षित होना, (विचार आदि) पसंद आना, अच्छा लगना ▸ **appeal** *n.* 1 प्रबल अनुरोध, गंभीर निवेदन 2 अनुरोध, निवेदन 3 आकर्षण, मोहक गुण

appear /अ'पिअ(र्)/ *v.* 1 प्रतीत होना, लगना 2 एकाएक दिखाई पड़ना, प्रकट होना ▸ **appearance** *n.* 1 व्यक्ति या वस्तु का बाहरी रूप, रूप-रंग 2 आगमन

appease /अ'पीज़्/ *v.* 1 शांत करना या संतुष्ट करना 2 युद्ध से बचने के लिए किसी देश को उसकी अभीष्ट वस्तु देकर

a

तुष्ट करना ▸ **appeasement** *n.* तुष्टीकरण

append /अ'पेन्ड्/ *v.* दस्तावेज़ के अन्त में जोड़ना, संलग्न करना, नत्थी करना

appendix /अ'पेन्डिक्स्/ *n.* **1** (*pl.* **appendixes**) उदर के निकट एक छोटा अंग, उंडुक पुच्छा, अपेंडिक्स **2** (*pl.* **appendices**) पुस्तक आदि के अंत में अतिरिक्त जानकारी देने वाला अतिरिक्त खंड, परिशिष्ट

appetite /'ऐपिटाइट्/ *n.* **1** भूख, क्षुधा, बुभुक्षा **2** स्वाभाविक इच्छा, रुचि, रुझान

appetizing /'ऐपिटाइज़िङ्/ *adj.* (खाद्य पदार्थ) भूख बढ़ानेवाला, क्षुधावर्धक

applaud /अ'प्लॉड्/ *v.* **1** तालियाँ बजाकर अनुमोदन प्रकट करना **2** (का) अनुमोदन करना या स्वीकृति व्यक्त करना ▸ **applause** *n.* सराहना, स्तुति, वाहवाही

apple /'ऐप्ल्/ *n.* गुदेदार गोल फल, सेब

appliance /अ'प्लाइअन्स्/ *n.* (घरेलू उपयोग का) उपकरण, सामान

applicable /'ऐप्लिकब्ल्, अ'प्लिकब्ल्/ *adj.* अनुकूल, उपयुक्त, उचित

applicant /'ऐप्लिकन्ट्/ *n.* आवेदन करनेवाला व्यक्ति, आवेदक, अभ्यार्थी, उम्मीदवार

application /ˌऐप्लि'केश्न्/ *n.* **1** किसी संस्था में प्रवेश या नौकरी के लिए आवेदन, औपचारिक अनुरोध **2** कंप्यूटर में एक विशिष्ट कार्य हेतु तैयार किया गया प्रोग्राम, एप्लिकेशन

applied /अ'प्लाइड्/ *adj.* **1** व्यावहारिक न कि सैद्धांतिक, प्रायोगिक **2** लागू किया गया

apply /अ'प्लाइ/ *v.* **1** लिखित माँग करना, आवेदन करना **2** (से) संबंधित होना, (पर) लागू करना

appoint /अ'पॉइन्ट्/ *v.* **1** किसी नौकरी या पद पर नियुक्त करना **2** निश्चित या नियत करना

appointment /अ'पॉइन्ट्मेन्ट्/ *n.* **1** पूर्वनियोजित भेंट **2** नियुक्ति, पद, नौकरी **3** नियुक्तिकरण

appraise /अ'प्रेज़्/ *v.* किसी वस्तु आदि का मूल्यांकन करना ▸ **appraisal** *n.* मूल्यनिर्धारण, मूल्यांकन, समी क्षा

appreciable /अ'प्रीशब्ल्/ *adj.* इतना बड़ा कि सहज ही दिखाई पड़े या महत्वपूर्ण लगे, पर्याप्त, अच्छा-ख़ासा, काफ़ी

appreciate /अ'प्रीशिएट्/ *v.* **1** व्यक्ति या वस्तु के महत्व को पहचानना, रसास्वादन करना **2** मूल्य बढ़ना या बढ़ाना ▸ **appreciation** *n.* प्रशंसा, आभार, मूल्य वृद्धि

apprehend /ˌऐप्रि'हेन्ड्/ *v.* **1** (पुलिस के संदर्भ में प्रयुक्त) पकड़कर गिरफ़्तार करना, अशंका करना, डरना **2** समझना, सीखना ▸ **apprehension** *n.* गिरफ़्तारी, शंका, समझ, बोध

apprehensive /ˌऐप्रि'हेन्सिव्/ *adj.* (भविष्य की किसी अप्रिय घटना के लिए) चिंतित, आशंकित ▸ **apprehension** *n.* संशय, भय, चिंता

apprentice /अ'प्रेन्टिस्/ *n.* हुनर-विशेष सीखने वाला व्यक्ति, प्रशिक्षु, प्रशिक्षार्थी ▸ **apprenticeship** *n.* प्रशिक्षुता

apprise /अ'प्राइज़/ *v.* अवगत कराना, आगाह करना, जानकारी देना, सूचित करना

approach /अ'प्रोच्/ *v.* **1** पास आना या पहुँचना **2** किसी व्यक्ति के पास अनुरोध या प्रस्ताव के साथ जाना, माँग पेश करना ▸ **approach** *n.* **1** कुछ

a

करने का तरीक़ा, दृष्टिकोण 2 (किसी के) अधिक निकट आने की क्रिया 3 आग्रह

approachable /अ'प्रोचब्ल्/ *adj.* 1 बातचीत में सहज तथा मित्रवत, मिलनसार 2 सुलभ, सरल

approbation /ˌए प्र'बेश्न्/ *n.* स्वीकृति, मंज़ूरी, अनुमोदन

appropriate /अ'प्रोप्रिअट्/ *adj.* उपयुक्त, उचित ▸ **appropriately** *adv.* उपयुक्त रीति से, उचित तरीक़े से ▸ **appropriation** *n.* विनियोग, अनुचित उपयोग

approve /अ'प्रूव्/ *v.* 1 किसी को पसंद करना या उससे संतुष्ट होना, स्वीकार्य समझना 2 औपचारिक रूप से सहमत होना या समर्थन करना ▸ **approval** *n.*अनुमोदन, स्वीकृति

approximate /अ'प्रॉक्सिमट्/ *adj.* लगभग सही, समीप ▸ **approximately** *adv.* लगभग

apricot /'एप्रिकॉट्/ *n.* छोटे आड़ू के समान नारंगी-पीला फल, ख़ूबानी

April /'एप्रल्/ *n.* (*abbr.* **Apr.**) वर्ष का चौथा महीना, मार्च के बाद आनेवाला महीना, अप्रैल

apron /'एप्रन्/ *n.* 1 कपड़ों के ऊपर पहना जाने वाला एक ढीला वस्त्र ताकि अंदर के कपड़े ख़राब न हों, ऐप्रन 2 हवाई अड्डा पर वह क्षेत्र जहाँ विमान को मोड़ा या सामान आदि लादा जाता है

apt /'ऐप्ट्/ *adj.* 1 किसी स्थिति में उपयुक्त या संगत 2 (किसी काम में) प्रवृत्त

aptitude /'ऐप्टिट्यूड्/ *n.* सहज अभिरुचि, रुझान, अभिक्षमता

aquarium /अ'क्वेअरिअम्/ *n.* (*pl.* **aquariums** or **aquaria**) 1 पानी से भरी शीशे की टंकी जिसमें मछली आदि जलजीवों को रखा जाता है, मछलीघर, जलजीवशाला 2 जलजीवागार, अक्वेरियम

aquatic /अ'क्वैटिक्/ *adj.* जल में या जल के निकट रहने या होने वाला

Arab /'ऐरब्/ *n.* अरब देश का वासी, अरब जाति का सदस्य जो अब मध्य-पूर्व तथा उत्तर अफ़्रीक़ा में भी वास करते हैं

Arabic /'ऐरबिक्/ *n.* अरब की भाषा, अरबी भाषा

arable /'ऐरब्ल्/ *adj.* (ज़मीन) खेती करने के लिए उपयुक्त, कृषि योग्य

arbitrary /'आबिट्रारि/ *adj.* 1 किसी तर्क, नियम या योजना पर आधारित नहीं, मनमाना, स्वेच्छाचारी 2 यादृच्छिक ▸ **arbitrarily** *adv.* मनमाने ढंग से, स्वेच्छाचारी ढंग से

arbitrate /'आबिट्रेट्/ *v.* किसी झगड़े में मध्यस्थता करना ▸ **arbitration** *n.* मध्यस्थता

arboreal /आ'बॉरिअल/ *adj.* वृक्ष संबंधी, वृक्ष का, वृक्ष पर रहनेवाला

arbour /'आब(र्)/ *n.* (*US* **arbor**) बग़ीचे में लताओं या वृक्षों से बनी छायादार जगह, मण्डपनिकुंज, कुंज, लतामंडप

arc /आक्/ *n.* 1 वृत्त की परिधि का एक अंश, वृत का एक अंश, वृत्तांश 2 दो बिंदुओं के चमकता हुआ विद्युतीय आवेश

arcade /आ'केड्/ *n.* 1 कोई बड़ा आच्छादित पथ जिसके एक या दोनों ओर दुकानें हों 2 वृक्षों से ढका हुआ मार्ग जिसके दोनों ओर दुकानें होती हैं

arcane /आ'केन्/ *adj.* गुप्त और रहस्यमय

a

arch /आच्/ *n.* 1 पुल, भवन या दीवार को सहारा देनेवाला एक वक्राकार ढाँचा, चाप 2 पैर के तलवे की चाप ▸ **arch** *v.* चाप बनाना ▸ **archway** *n.* मेहराब के नीचे का रास्ता, मेहराबदार पथ

archaeology /ˌआकि'ऑलजि/ *n.* (*US* **archeology**) ज़मीन के भीतर पाए गए प्राचीन वस्तुओं एवं भवनों के अवशेष पर आधारित अतीत का अध्ययन, पुरातत्व विज्ञान ▸ **archaeological** *adj.* पुरातत्व विज्ञान संबंधी, पुरातात्विक

archaic /आ'केइक्/ *adj.* पुरातनपंथी, वर्तमान में अप्रचलित

archer /'आच(र्)/ *n.* धनुर्धर, तीरंदाज़ ▸ **archery** *n.* तीरंदाज़ी, धनुर्विद्या

archetype /'आकिटाइप/ *n.* 1 आदर्श, प्रतिनिधि, प्रतिरूप 2 मौलिक आदर्श, मूलरूप आदर्श

archipelago /ˌआकि'पेलगो/ *n.* (*pl.* **archipelagos** or **archipelagoes**) द्वीपों का समूह (चारों ओर जल से घिरा), द्वीपसमूह

architect /'आकिटेक्ट्/ *n.* भवन-निर्माण की योजना बनाने वाला व्यक्ति, वास्तुशिल्पी, स्थापत्यविद

architecture /'आकिटेक्च(र्)/ *n.* 1 भवन की बनावट या निर्माण, वास्तुकला, स्थापत्यकला 2 भवन की शैली, वास्तुशैली, स्थापत्यशैली ▸ **architechtural** *adj.* वास्तुकला संबंधी

archive /'आकाइव़/ *n.* ऐतिहासिक उद्देश्य से संजो कर रखे गए दस्तावेज़, आंकड़ों आदि का संग्रह, ऐतिहासिक अभिलेख, पुरालेख

Arctic /'आक्टिक्/ *adj.* 1 उत्तरी ध्रुवक्षेत्र का, उत्तरध्रुवीय 2 बहुत ठंडा

ardent /'आड्न्ट्/ *adj.* उत्कट, जोशीला, उत्साही ▸ **ardently** *adv.* उत्साहपूर्वक, जोश के साथ

arduous /'आड्युअस्, -जुअस्/ *adj.* कठिनाइयों-भरा, दुष्कर; श्रमसाध्य

are /अ(र्)/ **be** देखिए।

area /'एअरिआ/ *n.* 1 किसी सतह, स्थान या वस्तु का हिस्सा, क्षेत्र, इलाक़ा 2 किसी सतह की सीमा या पैमाइश, क्षेत्रफल 3 विषय-क्षेत्र, कार्य-क्षेत्र

arena /अ'रीना/ *n.* 1 रंगस्थली, क्रीड़ांगन 2 आम जनता के किसी गतिविधि क्षेत्र-विशेष से संबंधित

aren't *contra.* **'are not'** का संक्षिप्त रूप

argon /'आगॉन्/ *n.* अत्यल्प मात्रा में हवा में मौजूद एक अक्रिय गैस जिसमें रासायनिक प्रतिक्रिया नहीं होती, आर्गन

arguable /'आग्युअब्ल्/ *adj.* 1 संभावित सत्य, तर्कणीय 2 संभवतः असत्य, विवादास्पद ▸ **arguably** *adv.* तार्किक रीति से

argue /'आग्यू/ *v.* 1 परस्पर विरोधी विचारों का रोषपूर्वक आदान-प्रदान करना, बहस करना 2 पक्ष या विपक्ष में तर्क प्रस्तुत करना, तर्क-वितर्क करना

argument /'आग्युमन्ट्/ *n.* 1 विवाद, झगड़ा, बहस 2 तर्क, दलील, युक्ति

arid /'ऐरिड्/ *adj.* (भूमि या जलवायु) सूखा, निर्जल, वर्षाहीन ▸ **aridity** *n.* शुष्कता, सुखापन, वर्षाहीनता

arise /अ'राइज़/ *v.* (**arising, arose, arisen**) 1 अस्तित्व में आना, प्रकट होना 2 के परिणामस्वरूप होना, सामने आना 3 उठना, जागना

aristocracy /ˌऐरि'स्टॉक्रसि/ *n.* (*pl.* **aristocracies**) उच्चतम सामाजिक वर्ग के सदस्य, जिन्हें प्रायः विशेष उपाधियाँ मिली होती हैं, कुलीन वर्ग

arithmetic /अ'रिथ्मटिक्/ *n.* गणित की वह शाखा जिसमें अंकों की गणनाएँ होती हैं (जोड़, घटाव, गुणा तथा भाग), अंकगणित

ark /आक्/ *n.* **1** (बाइबिल में) नूह द्वारा बाढ़ से बचने के लिए बनाई गई जहाज़ **2** यहूदी उपासनागृह में पवित्र मसौदे को रखनेवाला संदूक़

arm /आम्/ *n.* **1** बाँह, भुजा, बाहु **2** क़मीज़ आदि की आस्तीन ▸ **arm** *v.* युद्ध के लिए हथियार प्राप्त करना या कराना, शस्त्रयुक्त करना

armadillo /ˌआम'डिलो/ (*pl.* **armadillos**) *n.* दक्षिण अमेरिका का एक स्तनधारी जिसका बाहरी आवरण कठोर होता है, अर्माडिलो

armament /'आममन्ट्/ *n.* **1** युद्धसामग्री, विशेषतः तोप, बम, टैंक **2** युद्धसामग्री में वृद्धि करना (युद्ध की तैयारी के रूप में)

armchair /'आमचेअ(र्)/ *n.* गद्दी लगी कुरसी जिसके दोनों ओर बाज़ूओं को सहारा देने के लिए अवलंब बने होते हैं, हत्थेदार कुरसी, आराम कुरसी

armistice /'आमिस्टिस्/ *n.* युद्ध के बीच कुछ समय तक लड़ाई न करने की संधि, युद्धविराम

armour /'आम(र्)/ *n.* (*US* **armor**) **1** धातु का बना आवरण जो प्राचीन समय में सैनिक आत्मरक्षा के लिए पहनते थे, कवच, बख़्तर **2** सैनिक गाड़ी या जहाज़ को ढकनेवाला धातु का कठोर आवरण ▸ **armoured** *adj.* कवचवाला, बख़्तरबंद

armoury /'आमरि/ *n.* (*pl.* **armouries**) **1** वह स्थान जहाँ अस्त्र-शस्त्र का भंडारण किया जाता है, शस्त्रागार, आयुधागार **2** (किसी देश का अपना) अस्त्र-शस्त्र एवं सैनिक साज़ व सामान, शस्त्र भंडार

army /'आमि/ *n.* (*pl.* **armies**) **1** स्थल पर लड़ने के लिए संगठित सैनिक बल, थलसेना, फ़ौज **2** लोगों की बड़ी संख्या, दल, भीड़, समूह

aroma /अ'रोमा/ *n.* सुगंध, ख़ुशबू ▸ **aromatic** *adj.* ख़ुशबूदार, सुगंधित

aromatherapy /अˌरोम'थ़ेरपि/ *n.* चिकित्सा के उद्देश्य से सुगंधित प्राकृतिक तेलों का प्रयोग, सुगंध-चिकित्सा, एरोमाथेरपी

around /अ'राउन्ड्/ *adv.* & *prep.* **1** विभिन्न दिशाओं में, चारों ओर, इधर-उधर **2** चारों ओर, घेरा बनाते हुए

arouse /अ'राउज़्/ *v.* दूसरे व्यक्तियों में कोई प्रतिक्रिया विशेष जागृत करना, जगाना, उत्तेजित करना ▸ **arousal** *n.* उत्तेजना, जागरण

arraign /अ'रेन्/ *v.* दोषी को अदालत में पेश करना, मुक़दमे के लिए दोषी को अदालत में लाना ▸ **arraignment** *n.* दोषारोपण, अभियोग, अपराध

arrange /अ'रेन्ज्/ *v.* **1** व्यवस्थित करना, क्रम विशेष से सजाना **2** आयोजित करना, प्रबंध या इंतज़ाम करना

arrangement /अ'रेन्ज्मन्ट्/ *n.* **1** व्यवस्था, प्रबंध या इंतज़ाम, बंदोबस्त **2** समझौता **3** वस्तुओं आदि की व्यवस्था का ढंग, सजावट, विन्यास

arrears /अ'रिअज़्/ *n.* (*pl.*) बक़ाया राशि

arrest /अ'रेस्ट्/ *v.* **1** गिरफ़्तार करना, बंदी बनाना **2** रोकना या देर करना ▸ **arrest** *n.* गिरफ़्तारी, बंदीकरण **1** गिरफ़्तारी, बंदीकरण **2** अचानक रुकावट

a

arrival /अ'राइव़ल्/ *n.* **1** पहुँचने की प्रक्रिया, आगमन, पहुँच **2** पहुँचे हुए व्यक्ति, आगत वस्तुएँ

arrive /अ'राइव़/ *v.* **1** (किसी स्थान पर) यात्रा करके पहुँचना **2** आना, आ पहुँचना, होना **3** (**arrive at**) निर्णय या निष्कर्ष पर पहुँचना

arrogant /'ऐरगन्ट्/ *adj.* अक्खड़, घमंडी, अभिमानी ▸ **arrogance** *n.* अक्खड़पन, घमंड ▸ **arrogantly** *adv.* घमंड से, अक्खड़पन से

arrogate /'ऐरगेट्/ *v.* बिना अधिकार के दावा करना या लेना, झूठा दावा करना, अधिकार न होते हुए भी ले लेना

arrow /'ऐरो/ *n.* **1** तेज़ नुकीले सिरे वाली एक छड़ी जिसे धनुष से छोड़ा जाता है, तीर, बाण **2** इस तरह की आकृति (→) वाला कोई दिशानिर्देशक संकेत

arsenal /'आसनल्/ *n.* **1** युद्ध सामग्री का भंडार **2** वह स्थान जहाँ सैन्य सामग्री बनाई या जमा रखी जाती है, शस्त्रागार, आयुधनिर्माणशाला

arson /'आसन्/ *n.* घरों और दुकानों आदि सम्पत्ति में आग लगाने का अपराध, आग़ज़नी

art /आट्/ *n.* **1** रचनात्मक कौशल की दृश्य माध्यम के रूप में अभिव्यक्ति, कला, कलाकारी **2** कौशल या कौशलापेक्षी गतिविधि **3** भाषाएँ, साहित्य, सामाजिक-अध्ययन आदि पाठ्य विषय

artefact /'आटिफ़ैक्ट्/ *n.* (*US* **artifact**) मानव-निर्मित कलाकृति, मानवीय कलाकृति

artery /'आटरि/ *n.* (*pl.* **arteries**) **1** हृदय से शरीर के अन्य भागों में रक्त ले जाने वाली नली, धमनी **2** महत्वपूर्ण परिवहन मार्ग, मुख्य मार्ग ▸ **arterial** *adj.* धमनी-संबंधी, धमनीय

artesian well /आ'टीज़िअन् 'वेल्/ *n.* एक कुआँ जिसमें से प्राकृतिक दाब के कारण भूमिगत पानी बाहर आ जाता है, बुम्ब कूप, आर्टीसियन कूप

artful /'आट्फ़्ल्/ *adj.* चतुर, चालाक, संभवतः धूर्त तरीक़े अपनाने वाला ▸ **artfully** *adv.* चालाकी से, धूर्तता से

arthritis /आ'थ्राइटिस्/ *n.* हड्डियों के जोड़ में दर्द या सूजन की बीमारी, संधिवात, गठिया (रोग)

artichoke /'आटिचोक्/ *n.* मोटी हरी पत्तियों वाली एक गोल सब्ज़ी, हाथीचक, आर्टीचोक

article /'आटिक्ल्/ *n.* **1** कोई विशेष वस्तु, सामान **2** समाचार-पत्र या पत्रिका में कोई लेख **3** क़ानूनी दस्तावेज़ में कोई उपधारा, दफ़ा **4** उपपद, आर्टिकल

articulate /आ'टिक्यलट्/ *adj.* अपने विचारों को स्पष्ट रूप से व्यक्त करने में कुशल, अभिव्यक्ति-कुशल, अच्छा वक्ता ▸ **articulate** *v.* विचारों या भावों को स्पष्टतया व्यक्त करना, स्पष्ट रूप से कहना ▸ **articulation** *n.* अभिव्यक्ति, साफ़-साफ़ बोलना

artifice /'आटिफ़िस्/ *n.* धोखे के लिए छल-कपट का प्रयोग, चालबाज़ी

artificial /ˌआटि'फ़िश्ल्/ *adj.* **1** मानव द्वारा बनाया गया, न कि प्राकृतिक, कृत्रिम, नक़ली **2** बनावटी, छद्म ▸ **artificially** *adv.* दिखावटी तौर पर, नक़ली

artillery /आ'टिलरि/ *n.* **1** तोपख़ाना, तोपची सैन्य दल **2** युद्ध में प्रयुक्त एक बड़ी बंदूक़, तोप, तोपख़ाना

artisan /ˌआटि'ज़ैन्/ *n.* एक कुशल

कारीगर जो हाथों से सामान बनाता है, दस्तकार, शिल्पी

artist /'आटिस्ट्/ *n.* **1** एक कलाकार जो चित्रकारी करता है या नक़्शा बनाता है, कलाकार, कलाकृति-निर्माता **2** कोई भी रचनात्मक कलाकार

artiste /आ'टिस्ट्/ *n.* नर्तक, गायक आदि मनोरंजन करने वाला व्यावसायिक कलाकार

artistic /आ'टिस्टिक्/ *adj.* **1** रचनात्मक कौशल से युक्त, कला-संबंधी **2** कला या कलाकार से संबंधित, कलात्मक

as /अज़्,प्रबल रूप ऐज़्/ *conj., prep., adv.* **1** जिस समय **2** व्यक्तियों और वस्तुओं में तुलना करने के लिए प्रयुक्त, के बराबर, के जैसा, समान स्तर का, वैसा ही **3** (किसी के काम या उसकी भूमिका व्यक्त करने के लिए प्रयुक्त) के रूप में, के समान, के तौर पर

asafoetida /ˌऐस'फ़ेटिड/ *n.* (*also* **asafetida**) तीव्र गंध वाली एक राल जिसका प्रयोग भारतीय पाक कला में किया जाता है, हींग

asap /ˌए एस् ए 'पी/ *abbr.* **as soon as possible** का संक्षिप्त रूप, जितना जल्दी संभव हो, यथाशीघ्र

ascend /अ'सेन्ड्/ *v.* ऊपर चढ़ना, बढ़ना ▸ **ascending** *adj.* बढ़ते हुए क्रम में

ascendant /अ'सेन्डन्ट्/ *adj.* सत्ता या शक्ति में वृद्धि करते हुए, उदीयमान, बढ़ता हुआ, प्रभुत्वशाली ▸ **ascendancy** *n.* प्रभुत्व, प्रधानता

ascent /अ'सेन्ट्/ *n.* **1** ऊपर की ओर ढलान, चढ़ाव **2** चढ़ाई, आरोहण

ascertain /ˌऐस'टेन्/ *v.* कुछ पता लगाना, सुनिश्चित करना

ascetic /अ'सेटिक्/ *adj.* भौतिक सुख-सुविधाओं के बिना जीवन का चयन, संयम के साथ ▸ **ascetic** *n.* संन्यासी, तपस्वी

ascribe /अ'स्क्राइब्/ *v.* (**ascribe to**) कारण बताना, श्रेय देना, उत्तरदायी ठहराना

aseptic /ˌए'सेप्टिक्/ *adj.* हानिकर जीवाणु से रहित, कीटाणुहीन

asexual /ˌए'सेक्शुअल्/ *adj.* **1** यौन क्रिया या यौन अंग से रहित, जननेन्द्रियों से वंचित, अलिंगी **2** यौन लक्षणों से वंचित, यौन क्रिया का अनिच्छुक ▸ **asexually** *adv.* अलैंगिक रूप से

ash /ऐश्/ *n.* **1** (*pl.* **ashes**) राख, भस्म **2** दाह-संस्कार के अवशेष, भस्मावशेष **3** ठंडे देशों में उगने वाला एक प्रकार का वृक्ष जिसकी छाल सफ़ेद-भूरे रंग की होती है, ऐश वृक्ष

ashamed /अ'शेम्ड्/ *adj.* लज्जित, शर्मिंदा

ashen /'ऐश्न्/ *adj.* (चेहरे के लिए प्रयुक्त) बहुत पीला, बीमारी या भय के कारण बेरंग

ashore /अ'शॉ(र्)/ *adv.* तट पर, स्थल पर

ashram *n.* **1** एक हिंदू धार्मिक आश्रम या समुदाय, आश्रम **2** (हिंदू धर्म में) जीवन के चार चरणों में से एक, आश्रम

Asian /'एश्न्, 'एश्न्/ *n.* एशिया का मूल निवासी, एशियाई ▸ **Asian** *adj.* एशियाई, एशिया से संबंधित

aside /अ'साइड्/ *adv.* **1** एक ओर किनारे, दूर **2** (विशेष उद्देश्य से) अलग रखा गया ▸ **aside** *n.* **1** कलाकार द्वारा दर्शकों को बोले गए शब्द जिन्हें रंगमंच पर अन्य कलाकारों को नहीं सुनना होता, स्वगत **2** मुख्य विषय से हटकर कोई बात

a

ask /आस्क्/ *v.* **1** जानकारी के लिए प्रश्न पूछना **2** माँगना, निवेदन करना **3** कुछ करने के लिए अनुमति माँगना

askew /अ'स्क्यू/ *adv., adj.* सीधा और समतल, टेढ़ा, तिरछा

asleep /अ'स्लीप्/ *adj.* सोया हुआ, नींद में

asparagus /अ'स्पैरगस्/ *n.* सब्ज़ी जो किसी पौधे की शाखा होती है, शतावर, नागदौन

aspect /'ऐस्पेक्ट्/ *n.* **1** किसी विषय का एक हिस्सा या विशेषता **2** रूप या गुण **3** पहलू, पक्ष

aspersions /अ'स्पर्शन्ज़्/ *n.* निंदा, कलंक, बदनामी

asphyxia /ऐस्'फ़िक्सिआ/ *n.* साँस न ले पाने की स्थिति, जो बेहोशी या मृत्यु का कारण बन सकती है, श्वासरोध

asphyxiate /अस्'फ़िक्सिएट्/ *v.* (किसी की) साँस रोक देना या साँस रुक जाना ▸ **asphyxiation** *n.* सांस का रुक जाना, श्वासावरोध

aspirant /अ'स्पाइअरन्ट्/ *n.* कुछ करने या कुछ बनने का अकांक्षी व्यक्ति, अभिलाषी, महत्वाकांक्षी

aspiration /ˌऐस्प'रेश्न्/ आशा या आकांक्षा, उत्कट इच्छा

aspire /अ'स्पाइअ(र्)/ *v.* कुछ पाने की प्रबल अभिलाषा रखना, आकांक्षा करना ▸ **aspiration** *n.* प्रबल अभिलाषा, आकांक्षा

aspirin /'ऐस्प्रिन्, 'ऐस्परिन्/ *n.* ज्वर उतारने और दर्द कम करने की एक औषधि, ऐस्प्रिन

ass /ऐस्/ *n.* **1** गधा, गर्दभ **2** मूर्ख व्यक्ति

assassin /अ'सैसिन्/ *n.* हत्या करनेवाला व्यक्ति, हत्यारा, क़ातिल

assassinate /अ'सैसिनेट्/ *v.* किसी राजनीतिक या धार्मिक नेता की हत्या करना (धोखे से या छिपकर), क़तल करना, वध करना ▸ **assassination** *n.* (घात लगाकर या छिपकर) क़तल, वध, हत्या

assault /अ'सॉल्ट्/ *n.* अचानक हुआ हमला, प्रहार, धावा ▸ **assault** *v.* अचानक हमला करना, धावा बोलना

assemble /अ'सेम्ब्ल्/ *v.* **1** समूह के रूप में एकत्र करना या होना **2** किसी वस्तु के विभिन्न हिस्सों को जोड़ना

assembly /अ'सेम्ब्लि/ *n.* (*pl.* **assemblies**) **1** समागम, सभा, जमावड़ा **2** व्यक्तियों का समूह जिन्हें क़ानून बनाने की शक्ति होती है, सदन

assent /अ'सेन्ट्/ *n.* अधिकारिक स्वीकृति ▸ **assent** *v.* अधिकारिक स्वीकृति देना, सहमत होना

assert /अ'सर्ट्/ *v.* **1** (**assert yourself**) स्पष्ट रूप से और बलपूर्वक कुछ कहना **2** आत्मविश्वासपूर्ण व्यवहार करना ▸ **assertive** *adj.* दृढ़ता के साथ विचार व्यक्त करते हुए, दृढ़ निश्चयी

assess /अ'सेस्/ *v.* **1** राय बनाना, आँकना **2** मूल्य या क़ीमत निर्धारित करना, मूल्यांकन करना ▸ **assessment** *n.* सोचा-समझा अभिमत, मूल्यांकन, राय

asset /'ऐसेट्/ *n.* **1** उपयोगी व्यक्ति या वस्तु **2** (**assets**) परिसंपत्ति, माल, पूंजी, संपत्ति

assiduous /अ'सिड्युअस्/ *adj.* परिश्रमी, अध्यवसायी, मेहनती

assign /अ'साइन्/ *v.* **1** विशेष उद्देश्य से कुछ देना **2** किसी को नियुक्त करना, कार्यभार सौंपना

assignment /अ'साइन्मन्ट्/ *n.*

कार्यभार, नियत कार्य, नियुक्ति

assimilate /अ'सिमलेट्/ *v.* 1 सम्मिलित हो जाना या किसी अन्य को सम्मिलित कर लेना, समावेश करना 2 जान लेना, आत्मसात कर लेना

assist /अ'सिस्ट्/ *v.* सहायता करना, मदद करना, सहयोग करना ▸ **assistance** *n.* सहायता, मदद, सहयोग

assistant /अ'सिस्टन्ट्/ *n.* 1 किसी अधिक वरिष्ठ व्यक्ति की मदद के लिए नियुक्त व्यक्ति, सहायक 2 दुकान में वस्तुएँ बेचने वाला व्यक्ति, बिक्री सहायक

associate /अ'सोसिअट्/ *n.* व्यापार आदि कार्य में संगी या सहयोगी, सहभागी ▸ **associate** *v.* 1 अपने मस्तिष्क में व्यक्तियों या वस्तुओं के बीच संबंध स्थापित करना, संबद्ध करना 2 किसी के साथ समय बिताना, संबंध या संपर्क रखना

association /अ,सोसि'एशन्/ *n.* 1 सम्मिलित उद्देश्य के लिए काम करने के लिए बना व्यक्तियों का समूह, सहकारिता, संयोग 2 संस्था, सभा, समाज, संघ

assorted /अ'सॉर्टिड्/ *adj.* फुटकर, विविध, मिश्रित

assume /अ'स्यूम्/ *v.* 1 प्रमाण न होते हुए भी किसी बात को सत्य मान लेना 2 ज़िम्मेदारी या नियंत्रण लेना, अधिकारपूर्ण पद का भार ग्रहण करना

assumption /अ'सम्प्शन्/ *n.* 1 प्रमाण न होते हुए भी सत्य माना जाए, पूर्वमान्यता, पूर्व धारणा 2 सत्ता धारण करने या किसी महत्वपूर्ण कार्य को आरंभ करने की क्रिया

assurance /अ'शॉरन्स्/ *n.* 1 पूर्ण आश्वासन 2 आत्मविश्वास, अपने ऊपर पूरा भरोसा

assure /अ'शॉ(र्)/ *v.* 1 आश्वासन देना, भरोसा दिलाना, ढाढ़स बाँधना या बँधाना 2 निश्चित करना, सुनिश्चित करना

assured /अ'शॉर्ड्/ *adj.* 1 आश्वासित, आत्मविश्वासी 2 निश्चयी, आश्वस्त

asterisk /'ऐस्टरिस्क्/ *n.* तारा चिह्न विशेषतः किसी लेख में संकेतक के रूप में प्रयुक्त, तारक

asteroid /'ऐस्टरॉइड्/ *n.* सूर्य के चारों ओर घूमने वाले क्षुद्रग्रह, लघु ग्रह

asthma /'ऐस्मा/ *n.* एक तरह का श्वास रोग जिसमें श्वास लेने में कठिनाई होती है, दमा ▸ **asthematic** *adj.* दमा का रोगी, श्वास रोग संबंधी

astonish /अ'स्टॉनिश्/ *v.* विस्मयचकित कर देना, अचंभे में डाल देना ▸ **astonished** *adj.* आश्चर्यचकित, भौंचक्का, विस्मित ▸ **astonishment** *n.* आश्चर्य, विस्मय, अचंभा

astound /अ'स्टाउन्ड्/ *v.* भौंचक्का या आश्चर्यचकित कर देना, चकित करना

astray /अ'स्ट्रे/ *adv.* सही रास्ते से भटका हुआ, गुमराह

astride /अ'स्ट्राइड्/ *adv.* & *prep.* टाँगें आर-पार फैला कर

astrology /अ'स्ट्रॉलजि/ *n.* सौर-ग्रहों तथा तारों की स्थितियों एवं गतियों और उनका मानव जीवन और घटनाओं पर प्रभाव का अध्ययन, फलित ज्योतिष ▸ **astrologer** *n.* ज्योतिषी ▸ **astrological** *adj.* ज्योतिष संबंधी

astronaut /'ऐस्ट्रनॉट्/ *n.* अंतरिक्ष यान में यात्रा करने के लिए प्रशिक्षित व्यक्ति, अंतरिक्ष यात्री

a

astronomical /ˌऐस्ट्रˈनॉमिकल्/ *adj.* 1 खगोल विद्या से संबंधित, खगोलीय 2 अत्यधिक, बहुत ज़्यादा

astronomy /अˈस्ट्रॉनमि/ *n.* नक्षत्रों, सूर्य, ग्रहों तथा चंद्रमा का वैज्ञानिक अध्ययन, खगोल विज्ञान, गणित ज्योतिष ▸ **astronomer** *n.* खगोल विद्या विशेषज्ञ, खगोलज्ञ

astrophysics /ˌऐस्ट्रोˈफ़िज़िक्स्/ *n.* ग्रहों, तारे आदि की भौतिक तथा रासायनिक संरचना का वैज्ञानिक अध्ययन, खगोल-भौतिकी ▸ **astrophysicist** *n.* तारा-भौतिकविद्

asylum /अˈसाइलम्/ *n.* 1 किसी राज्य या देश द्वारा अन्य देश के नागरिक को दी गई शरण (विशेषतः राजनैतिक कारणों से) 2 मानसिक रोग चिकित्सालय, पागलखाना

asymmetrical /ˌएसिˈमेट्रिकल्/ *adj.* असम रूप, विषम रूप, असममित ▸ **asymmetry** *n.* विषम, असम

at /अट्, प्रबल रूप ऐट्/ *prep.* 1 पर, में (स्थान का संदर्भ) 2 में, पर (समय का संदर्भ) 3 मूल्य, गति, दर आदि बताने के लिए प्रयुक्त

atheism /ˈएथिइज़म्/ *n.* नास्तिकवाद, निरीश्वरवाद ▸ **atheist** *n.* नास्तिक, निरीश्वरवादी

athlete /ˈऐथ्लीट्/ *n.* 1 खेल-कूद प्रतियोगिताओं में भाग लेने वाला व्यक्ति 2 खेलकूद में माहिर व्यक्ति

athletic /ऐथ्ˈलेटिक्/ *adj.* 1 खेल-कूद या खिलाड़ी से संबंधित 2 (व्यक्ति) बलिष्ठ, पुष्टकाय ▸ **athletics** *n.* दौड़ प्रतियोगिता

atlas /ˈऐट्लस्/ *n.* (*pl.* **atlases**) मानचित्र की पुस्तक, मानचित्रावली, एटलस

atmosphere /ˈऐट्मस्फ़िअ(र्)/ *n.* 1 पृथ्वी या किसी अन्य ग्रह आदि के चारों ओर गैसों का आवरण, वायुमंडल 2 दाब की एक माप

atoll /ˈऐटॉल्/ *n.* छल्ले के आकार की प्रवाल भित्ति या द्वीपों की शृंखला, प्रवालद्वीप

atom /ˈऐटम्/ *n.* 1 किसी तत्व का सबसे सूक्ष्म भाग, परमाणु 2 बहुत ही छोटी मात्रा, ज़रा-सी ▸ **atomic** *adj.* आण्विक, अणु संबंधी

atom bomb *n.* अणुओं के टूटने से उत्सर्जित उर्जा द्वारा फटनेवाला वाला बम, एटम बम

atone /अˈटोन्/ *v.* प्रायश्चित करना, क्षतिपूर्ति करना ▸ **atonement** *n.* प्रायश्चित, क्षतिपूर्ति

atrocious /अˈट्रोशस्/ *adj.* 1 बहुत ख़राब या अप्रिय 2 अति निर्दयी और दहलाने वाला ▸ **atrociously** *adv.* बहुत बुरी रीति से, क्रूरतापूर्वक

atrocity /अˈट्रॉसटि/ *n.* (*pl.* **atrocities**) अति क्रूर व्यवहार, अत्याचार, पाश्विक कृत्य

attach /अˈटैच्/ *v.* 1 जोड़ना, लगाना, बाँधना 2 से संबद्ध करना या होना 3 किसी वस्तु में कोई विशेषता या गुण देखना

attaché /अˈटैशे/ *n.* दूतावास का वह अधिकारी जिसे विशेष दायित्व सौंपा जाता है, अटैशे

attachment /अˈटैच्मन्ट्/ *n.* 1 संलग्न वस्तु 2 किसी व्यक्ति या वस्तु से लगाव, जुड़ाव 3 ई-पत्र के साथ प्रेषित दस्तावेज़, फ़ोटो आदि सामग्री

attack /अ'टैक्/ *n.* **1** आक्रमण, हमला **2** कटु आलोचना **3** (किसी रोग का) दौरा **4** (खेल में) अंक प्राप्त करने का प्रयास, धावा ▸ **attack** *v.* **1** हमला या आक्रमण करना **2** हानि पहुँचाना

attain /अ'टेन्/ *v.* (किसी कार्य या वस्तु को) करने या पाने में सफल होना, विशेषतः काफ़ी प्रयत्न के बाद ▸ **attainment** *n.* उपलब्धि, दक्षता

attempt /अ'टेम्प्ट्/ *v.* (कोई कठिन कार्य) करने का प्रयत्न करना ▸ **attempt** *n.* **1** प्रयत्न, प्रयास, कोशिश **2** किसी व्यक्ति या वस्तु पर हमला करने या उसे मारने की कोशिश

attend /अ'टेन्ड्/ *v.* **1** (किसी स्थान पर) जाना या उपस्थित रहना **2** किसी की देखभाल करना, किसी कार्य को निपटाना ▸ **attendance** *n.* उपस्थिति, सेवा

attendant /अ'टेन्डन्ट्/ *n.* (सार्वजनिक स्थान पर) सेवक, परिचारक ▸ **attendant** *adj.* सहवर्ती, सहगामी, आनुषंगिक

attention /अ'टेन्शन्/ *n.* **1** ध्यान, मनोयोग **2** विशेष सावधानी या कार्रवाई **3** (सैनिक की) सावधान मुद्रा ▸ **attention** *exclam.* 'ध्यान दीजिए' के लिए प्रयुक्त शब्द

attentive /अ'टेन्टिव्/ *adj.* सावधान, सतर्क, चौकन्ना, एकाग्र ▸ **attentively** *adv.* सावधानी से, सतर्कता से

attenuate /अ'टेन्युएट्/ *v.* कमज़ोर करना या कम प्रभावशाली बनाना, प्रभाव कम करना

attest /अ'टेस्ट्/ *v.* **1** सत्यता को प्रमाणित करना, सत्यापित करना, तसदीक़ करना **2** किसी बात की गवाही देना

attic /'ऐटिक्/ *n.* घर के भीतर छत के बिल्कुल नीचे स्थित छोटी-सी जगह, अटारी

attire /अ'टाइअ(र्)/ *n.* वस्त्र, कपड़े, पोशाक

attitude /'ऐटिट्यूड्/ *n.* **1** सोचने, अनुभव करने का तरीक़ा विशेष, रुख़, मनोवृत्ति, दृष्टिकोण **2** शरीर की मुद्रा, हाव भाव **3** आत्म-विश्वासी या प्रतिकूल आचरण, रवैया

attorney /अ'टनि/ *n.* (*pl.* **attorneys**) **1** क़ानूनी मामलों में किसी अन्य के लिए काम करनेवाला व्यक्ति **2** (विशेषकर अमेरिका में) वकील

attract /अ'ट्रैक्ट्/ *v.* **1** आकर्षित करना, आकृष्ट करना, लुभाना **2** आकृष्ट होना ▸ **attraction** *n.* आकर्षण, खिंचाव, मोह

attractive /अ'ट्रैक्टिव्/ *adj.* **1** दिलचस्प, मोहक, रुचिकर **2** (व्यक्ति) आकर्षक, मोहक ▸ **attractively** *adv.* आकर्षक रूप से, लुभावने तरीक़े से

attribute /अ'ट्रिब्यूट्/ *v.* कारण ठहरना, उत्तरदायी मानना, श्रेय देना ▸ **attribute** *n.* गुण, विशेषता, लक्षण

attributive /अ'ट्रिब्यटिव्/ *adj.* संज्ञा के वर्णन के लिए संज्ञा से पहले प्रयुक्त, विशेषणात्मक ▸ **attributively** *adv.* विशेषणात्मक तरीक़े से, विशेषण की तरह

attrition /अ'ट्रिश्न्/ *n.* **1** दुर्बल बनाने की प्रक्रिया **2** किसी वस्तु के काफ़ी समय तक रगड़ खाने से क्रमिक क्षय की प्रक्रिया

auction /'ऑक्श्न्/ *n.* सार्वजनिक रूप से बेचने की प्रक्रिया जिसमें सबसे अधिक बोली लगाने वाले को माल मिलता है, नीलामी ▸ **auction** *v.* नीलाम करना, बोली लगाना

auctioneer /ˌऑक्श'निअ(र्)/ *n.* नीलाम करने वाला व्यक्ति, नीलामकर्ता

a

audacious /ऑ'डेशस/ *adj.* ख़तरा उठाने या स्तब्धकारी कार्य करने को तैयार, निर्भीक, दुःसाहसी ▸ **audaciously** *adv.* निडरता से, निर्भीकतापूर्वक

audible /'ऑडब्ल्/ *adj.* श्रव्य, सुनी जा सकने योग्य

audience /'ऑडिअन्स्/ *n.* **1** तमाशा देखनेवालों या सुननेवालों का समूह, श्रोतागण, दर्शकगण **2** किसी महत्वपूर्ण व्यक्ति के साथ औपचारिक भेंट, दर्शन

audio /'ऑडिओ/ *adj.* ध्वनि या ध्वनि की उत्पत्ति से संबंधित, ऑडियो

audio-visual *adj.* श्रव्य और दृश्य दोनों का प्रयोग करते हुए, दृश्य-श्रव्य

audit /'ऑडिट्/ *n.* किसी संस्था के हिसाब-किताब की आधिकारिक जांच, अंकेक्षण, लेखा-परीक्षण ▸ **audit** *v.* (**auditing, audited**) लेखा जांचना, ऑडिट करना ▸ **auditor** *n.* लेखा परीक्षक, ऑडिटर

audition /ऑ'डिशन्/ *n.* परीक्षण हेतु गायक, अभिनेता आदि का लघु कला-प्रदर्शन ▸ **audition** *v.* परीक्षणात्मक कला-प्रदर्शन करना या देखना

auditorium /ˌऑडि'टॉरिअम्/ *n.* (*pl.* **auditoriums** or **auditoria**) सिनेमा, रंगशाला आदि में दर्शकों के बैठने का स्थान, श्रोताकक्ष, प्रेक्षागृह

auditory /'ऑडट्रि/ *adj.* श्रवण संबंधी, श्रवणमूलक

augment /ऑग्'मेन्ट्/ *v.* किसी वस्तु का मूल्य, संख्या आकार आदि बढ़ाना

August /'ऑगस्ट्/ *n.* साल का आठवाँ महीना, अगस्त

august /ऑ'गस्ट्/ *adj.* सम्मान्य, श्रद्धेय, श्रद्धास्पद, प्रभावशाली

aunt /आन्ट्/ *n.* माता या पिता की बहन, माता या पिता के भाई की पत्नी; बुआ, ताई, चाची, मामी, मौसी

au pair *n.* बच्चों की देखभाल तथा घर के काम-काज में मदद करने के लिए नियुक्त विदेशी महिला, आया

aura /'ऑरा/ *n.* किसी व्यक्ति या वस्तु से जुड़ा विशेष गुण जो उसके भिन्न होने का आभास कराए, प्रभामंडल

aural /'ऑरल्/ *adj.* श्रवण-संबंधी, श्रव्य ▸ **aurally** *adv.* श्रवणगत रीति से, ज़ुबानी

auspices /'ऑस्पिसिज़्/ *n.* (*pl.*) (**under the auspices of**) की सहायता से या संरक्षण में, के तत्त्वाधान में

auspicious /ऑ'स्पिशस्/ *adj.* भविष्य में सफल होने की संभावना लिये, सौभाग्यशाली, मांगलिक, शुभ ▸ **auspiciously** *adv.* सौभाग्यशाली तरीक़ से, शुभ ढंग से

austere /ऑ'स्टिअ(र्)/ *adj.* **1** अति साधारण और सरल, आडंबरहीन, मितव्ययी **2** (व्यक्ति) अतिसंयमी और गंभीर **3** कठोर, सुख-सुविधा-रहित

authentic /ऑ'थ़ेन्टिक्/ *adj.* **1** प्रामाणिक, असली **2** सच्चा, सही ▸ **authenticity** *n.* प्रामाणिकता, असलियत, सच्चाई

authenticate /ऑ'थ़ेन्टिकेट्/ *v.* (सच्चाई या असलियत को) प्रमाणित करना, सच्चा साबित करना ▸ **authentication** *n.* प्रमाण, सत्यापन

author /'ऑथ़(र्)/ *n.* लेखक, रचयिता

authoritarian /ऑˌथ़ॉरि'टेअरिअन्/ *adj.* सत्ता के सख़्त अनुपालन की अपेक्षा करनेवाला, सत्तावादी, अधिकारवादी

authoritative /ऑ'थ़ॉरटटिव्/ *adj.* **1** अधिकारिक, आदेशात्मक,

आज्ञासूचक 2 प्रमाणपुष्ट, प्रामाणिक तथा विश्वसनीय

authority /ऑ'थॉरटि/ *n.* (*pl.* **authorities**) 1 आदेश देने और उसका पालन कराने का अधिकार, प्राधिकार 2 अधिकारी, प्राधिकारी, अधिकारी वर्ग 3 प्राधिकरण, सरकारी विभाग 4 (किसी विषय का) विशेषज्ञ

authorize /'ऑथ़राइज़/ *v.* कुछ करने का अधिकार देना, आधिकारिक रूप से अनुमति देना

autism /'ऑटिज़म्/ *n.* मानसिक दशा जिसमें व्यक्ति अन्य व्यक्तियों के साथ विचारों के आदान-प्रदान करने में कठिनाई अनुभव करता है, ऑटिज़म

auto- /'ऑटो/ *prefix* 1 अपने बारे में, स्वयं 2 स्वयं-चालित, स्वचालित

autobiography /ˌऑटबाइ'ऑग्रफ़ि/ *n.* (*pl.* **autobiographies**) आत्मकथा, आत्मचरित ▸ **autobiographical** *adj.* आत्मकथात्मक, आत्मचरितात्मक

autocracy /ऑ'टॉक्रसि/ *n.* (*pl.* **autocracies**) 1 सरकार जिसमें संपूर्ण सत्ता एक व्यक्ति के हाथों में केंद्रित होती है, एकतंत्र, तानाशाही 2 निरंकुश राज्य, एकतंत्रीय राष्ट्र

autocrat /'ऑटक्रैट्/ *n.* 1 पूर्ण सत्ता संपन्न शासक, स्वेच्छाचारी शासक, निरंकुश शासक 2 अन्य व्यक्तियों से पूर्ण आज्ञाकारिता की अपेक्षा रखने वाला व्यक्ति, अधिनायक, तानाशाह

autograph /'ऑटग्राफ़/ *n.* किसी प्रसिद्ध व्यक्ति के स्वाक्षर, हस्ताक्षर ▸ **autograph** *v.* स्वाक्षर करना

automatic /ˌऑट'मैटिक्/ *adj.* 1 (मशीन) बिना मानव नियंत्रण के कार्य करनेवाला, स्वयं-चालित 2 बिना पहले सोचे किया (काम), अविचारित (कार्य) 3 स्वयंभू ▸ **automatically** *adv.* यंत्रवत, अपने आप ▸ **automatic** *n.* स्वयं-चालित मशीन, बंदूक़ या कार

automobile /'ऑटमबील्/ *n.* मोटर-गाड़ी, वाहन, कार

autonomous /ऑ'टॉनमस्/ *adj.* स्वायत्त (शासन वाला), स्वशासी, स्वशासित ▸ **autonomy** *n.* स्वशासन, स्वायत्तता

autopilot /'ऑटोपाइलट्/ *n.* किसी भी विमान को स्वचालित रूप से प्रवाह में रखनेवाला उपकरण, ऑटोपायलट

autopsy /'ऑटॉप्सि/ *n.* (*pl.* **autopsies**) मृत्यु का कारण जानने के लिए की गई शव-परीक्षा

autumn /'ऑटम्/ *n.* शरद ऋतु और ग्रीष्म ऋतु के बीच का मौसम, पतझड़ (मौसम)

auxiliary /ऑग्'ज़िलिअरि/ *adj.* अतिरिक्त सहायता देते हुए, सहायक, पूरक, अतिरिक्त ▸ (*pl.* **auxiliaries**) *n.* सहायक व्यक्ति या वस्तु

avail /अ'वे़ल्/ *v.* (**avail yourself of**) फ़ायदा उठाना, लाभ लेना

available /अ'वे़लब्ल्/ *adj.* 1 उपलब्ध, (वस्तुएँ) 2 (व्यक्ति) बातचीत आदि के लिए उपलब्ध, सुलभ ▸ **availability** *n.* उपलब्धता, उपयोगिता

avalanche /'ऐवलान्श्/ *n.* (पहाड़ों पर से) गिरती हुई बर्फ़ की चट्टानें, हिम-स्खलन

avarice /'ऐवरिस्/ *n.* संपत्ति का लालच, अत्यधिक धन-लोलुपता ▸ **avaricious** *adj.* लालची, धन-लोलुप

avenge /अ'वे़न्ज्/ *v.* बदला लेना, प्रतिशोध लेना

a

avenue /'ऐवन्यू/ *n.* 1 चौड़ी सड़क जिसके दोनों ओर पेड़ या ऊँची इमारतें हों,एवन्यू 2 कुछ करने या पाने का तरीक़ा, उपाय

average /'ऐवरिज्/ *n.* 1 दो या अधिक संख्याओं के योग को जोड़ी गई संख्याओं के अंक से विभाजित करने से प्राप्त अंक, औसत संख्या 2 औसत या सामान्य मानक, मात्रा या गुण ▸ **average** *adj.* 1 (संख्या) औसत 2 सामान्य या साधारण ▸ **average** *v.* औसत निकालना, औसत होना

averse /अ'व़स्/ *adj.* प्रतिकूल, असहमत, विरोधी

avert /अ'व़ट्/ *v.* 1 अप्रिय घटना को घटने से रोक लेना, अप्रिय स्थिति का निवारण करना, टालना 2 नज़र फेर लेना, आँख मोड़ना

avian /'एविअन्/ *adj.* पक्षी संबंधी, पक्षियों का

aviary /'एविअरि/ *n.* (*pl.* **aviaries**) पक्षियों को रखने के लिए एक बड़ी बंद जगह, पक्षीशाला, चिड़ियाघर

aviation /,एवि'एशन्/ *n.* विमान बनाने और उड़ाने की विद्या, वैमानिकी

avid /'ऐविड्/ *adj.* 1 (किसी कार्य के प्रति) अत्युत्साही 2 कुछ पाने को अति-उत्सुक, अति-इच्छुक, उत्कंठित ▸ **avidly** *adv.* उत्कंठापूर्वक, उत्सुकतापूर्वक

avoid /अ'व़ॉइड्/ *v.* 1 कुछ होने से रोकना, कुछ करने से बचना 2 किसी व्यक्ति, वस्तु या स्थिति से बच कर रहना ▸ **avoidance** *n.* बचाव, परिहार ▸ **avoidable** *adj.* परिहार्य, टालने योग्य

avow /अ'व़ाउ/ *v.* दृढ़ता से खुले आम कुछ कहना, स्वीकार करना ▸ **avowal** *n.* स्वीकारोक्ति, स्पष्टोक्ति

await /अ'वेट्/ *v.* किसी की प्रतीक्षा करना

awake /अ'वेक्/ *v.* (**awaking, awoke, awoken**) नींद से जागना, जगाना ▸ **awake** *adj.* जगा हुआ, जागृत, सचेत

awaken /अ'वेकन्/ *v.* 1 नींद से जागना, जगाना 2 (भावनाओं, मनोवृति आदि को) जगाना, जागृत करना

award /अ'वॉड्/ *n.* 1 पुरस्कार, इनाम 2 न्यायालय के निर्णय के अनुसार किसी को दी गई धनराशि ▸ **award** *v.* पुरस्कार देना, धनराशि देना

aware /अ'वेअ(र्)/ *adj.* 1 किसी बात का जानकार, किसी बात के विषय में सचेत 2 इच्छुक और जानकार ▸ **awareness** *n.* जागरूकता, जानकारी

awash /अ'वॉश्/ *adj.* पानी में डुबा हुआ, जलप्लावित, परिपूर्ण

away /अ'वे/ *adv.* & *adj.* 1 भिन्न स्थान या दिशा में, दूर 2 एक स्थान से विशेष दूरी पर, दूर

awe /ऑ/ *n.* भय या प्रशंसा से प्रेरित आदर भाव ▸ **awe** *v.* डराना, विस्मयाकुल कर देना

awesome /'ऑसम्/ *adj.* 1 प्रभावशाली और कुछ डराने वाला-सा, अति विस्मयजनक 2 बहुत बढ़िया, शानदार, विस्मयकारी

awful /'ऑफ़्ल्/ *adj.* 1 बहुत बुरा, अत्यधिक अरुचिकर 2 भयावह, भयंकर, बहुत गंभीर 3 अत्यधिक ▸ **awfully** *adv.* अत्यधिक अरुचिकर ढंग से, भयावह रूप से

awkward /'ऑक्वड्/ *adj.* 1 निपटने में मुश्किल, कठिन, कष्टकर 2 असुविधाजनक 3 उलझनभरा, संकोच

में डालने वाला ▸ **awkwardly** *adv.* बेढंगे तरीक़े से

awl /ऑल्/ *n.* छेद बनाने का एक नुकीला औज़ार, सुआ

awning /ˈऑनिङ्/ *n.* छाया के लिए प्रयुक्त मोटे तिरपाल का ढाँचा, सायबान, तिरपाल

AWOL /ˈऐवॉल्/ *abbr.* **absent without leave** का संक्षिप्त रूप, बिना छुट्टी के ग़ैर–हाज़िर

awry /अˈराइ/ *adv. & adj.* ग़लत, गड़बड़, उलटा–पुलटा, अव्यवस्थित

axe /ˈएक्स्/ *n.* कका एक तेज़ धार वाला उपकरण, कुल्हाड़ी, कुल्हाड़ा ▸ **axe** *v.* **1** किसी वस्तु को हटा देना **2** निष्ठुरता के साथ रद्द करना या ख़ारिज करना

axiom /ˈऐक्सिअम्/ *n.* साफ़ साफ़ सच माना गया कथन, स्वयंसिद्ध कथन ▸ **axiomatic** *adj.* स्वतः सिद्ध, स्वयंसिद्ध

axis /ˈऐक्सिस्/ *n.* (*pl.* **axes**) **1** किसी वस्तु के मध्य भाग में से जाती काल्पनिक रेखा जिसके चारों ओर वह वस्तु घूमती है, अक्ष **2** ग्राफ़ पर माप अंकित करने के लिए प्रयुक्त स्थिर रेखा

axle /ˈऐक्स्ल्/ *n.* गाड़ी के दो पहियों को जोड़ने वाली कीली, धुरी

aye /आइ/ *exclam.* हाँ

azure /ˈऐश़(र्), ˈऐज़्युअ(र्)/ *adj.* आसमानी रंग या रंग वाला, नभोनील ▸ **azure** *n.* आसमानी रंग

Bb

BA /ˌबीए/ *abbr.* बी.ए., आर्ट्स विज्ञानेतर विषय के साथ कॉलेज या विश्वविद्यालय के पाठ्यक्रम की समाप्ति पर मिलने वाली उपाधि

babble /ˈबैब्ल्/ *n.* **1** एक साथ बहुत सारी आवाज़ों का शोर, बकबक **2** पत्थरों पर से बहते पानी की आवाज़, कलकल का शब्द ▸ **babble** *v.* **1** तीव्र गति से या इस प्रकार बोलना कि बात समझ में न आए **2** पत्थरों पर से बहते पानी की आवाज़ निकालना

babe /बेब्/ *n.* **1** कोई सुंदर युवती **2** शिशु, छोटा बच्चा

babel /ˈबेब्ल्/ *n.* कोलाहल, शोर-शराबा, हो-हल्ला

baboon /बˈबून्/ *n.* कुत्ते जैसे लंबे मुँह वाला अफ़्रीक़ी या एशियाई बंदर, बैबून

baby /ˈबेबि/ *n.* (*pl.* **babies**) **1** बहुत छोटा बच्चा, शिशु **2** बहुत छोटा जानवर या पक्षी

babysit /ˈबेबिसिट्/ *v.* (**babysitting, babysat**) माता-पिता की अनुपस्थिति में बच्चे की अल्पकालिक देखभाल करना, शिशु को संभालना

baccalaureate /ˌबैक्ˈलॉरिअट्/ *n.* उच्च शिक्षा के लिए अर्हता प्राप्त करने के लिए दी जानेवाली परीक्षा, स्नातक की उपाधि

bachelor /ˈबैचल(र्)/ *n.* **1** अविवाहित पुरुष, कुमारा **2** विश्वविद्यालय की प्रथम उपाधि पाने वाला व्यक्ति

bacillus /बˈसिलस्/ *n.* (*pl.* **bacilli**) बहुत छोटा जीवाणु, दंडाणु, ये जीवाणु बीमारी उत्पन्न कर सकते हैं

back /बैक्/ *n.* **1** मनुष्य के शरीर का पिछला हिस्सा या पशु के शरीर का ऊपरी भाग, पीठ **2** पीछे का भाग, पीछे की ओर ▸ **back** *adj.* **1** सबसे पीछे का **2** पिछले समय का, पहले का अवशिष्ट ▸ **back** *adv.* **1** पहले स्थान पर, जहाँ पहले थे वहीं **2** उलटी दिशा में, पीछे, पीछे की ओर **3** जवाब में, वापसी तौर पर ▸ **back** *v.* **1** स्वयं पीछे हटना, किसी वस्तु को पीछे हटाना **2** किसी को समर्थन करना, सहायता करना सहारा देना

backache /ˈबैकऐक्/ *n.* पीठ में होनेवाला निरंतर दर्द, कमर दर्द

backbiting /ˈबैक्बाइटिंङ्/ *n.* किसी व्यक्ति की अनुपस्थिति में ईर्ष्या भरी बातें करना, चुग़ली, चुग़लख़ोरी

backbone /ˈबैक्बोन्/ *n.* **1** रीढ़ की हड्डी **2** किसी वस्तु का सबसे महत्वपूर्ण अंश

back-breaking *adj.* (शारीरिक श्रम) बहुत कठिन एवं थकाऊ

backdate /ˌबैक्ˈडेट्/ *v.* चेक आदि दस्तावेज़ को पिछली तारीख़ से प्रभावी बनाना

backdrop /ˈबैक्ड्रॉप्/ *n.* (or **backcloth**) किसी रंगशाला के मंच के पीछे चित्रित कपड़ा, पृष्ठपट

backfire /ˌबैक्ˈफ़ाइअ(र्)/ *v.* अप्रत्याशित, अप्रिय और प्रायः विपरीत परिणाम आना

background /ˈबैक्ग्राउन्ड्/ *n.* 1 पृष्ठभूमि, चित्रभूमि 2 किसी परिस्थिति से संबद्ध तथ्य या घटनाएँ 3 (व्यक्ति का) सामाजिक स्तर, शिक्षा एवं अनुभव

backhand /ˈबैक्हैन्ड्/ *n.* (टेनिस में) उलटे हाथ का प्रहार, हथेली को अंदर की तरफ़ रखकर किया गया प्रहार

backing /ˈबैकिङ्/ *n.* 1 सहायता, समर्थन या प्रोत्साहन 2 किसी गायक को दी गई गीत या संगीत की संगति

backlash /ˈबैक्लैश्/ *n.* तीव्र प्रतिक्रिया, प्रतिघात

backlog /ˈबैक्लॉग्/ *n.* कार्य जिसे अब तक कर लिया जाना चाहिए था, अवशिष्ट कार्य

backpack /ˈबैक्पैक्/ *n.* यात्रा के दौरान पीठ पर ले जाया जाने वाला बड़ा थैला, बैकपैक ▸ **backpack** *v.* कपड़ों आदि से भरे बड़े थैले को पीठ पर ढोकर यात्रा करना ▸ **backpacker** *n.* इस तरह से यात्रा करनेवाला व्यक्ति

backside /ˈबैक्साइड्/ *n.* शरीर का वह भाग जिसपर बैठते हैं, नितंब

backslide /ˌबैक्सलाइड्/ *v.* पिछले अभद्र आचरण को दुहराना, फिर बिगड़ जाना

backstage /ˌबैक्ˈस्टेज्/ *adv.* रंगशाला का पीछे का भाग, नेपथ्य में

backstroke /ˈबैक्स्ट्रोक्/ *n.* पीठ के बल तैरने की शैली, बैकस्ट्रोक

backtrack /ˈबैक्ट्रैक्/ *v.* 1 पीछे लौट जाना, पीछे हट जाना 2 योजना, वायदे आदि पर विचार बदल लेना

backwards /ˈबैक्वड्ज़्/ *adv. & adj.* (*also* **backward**) 1 पीछे की ओर 2 विपरीत दिशा में 3 पीछे की ओर 4 सामान्य से कम उन्नति, पिछड़ा

backwash /ˈबैक्वॉश्/ *n.* (भूगोल में) समुद्रतट से टकराने के बाद लहर का लौटकर समुद्र की ओर प्रवाह, प्रतिगामी धारा

backwater /ˈबैक्वॉट(र्)/ *n.* 1 प्रगति आदि से अप्रभावित स्थान, पिछड़ा हुआ क्षेत्र 2 नदी में अप्रवाहित जल का एक क्षेत्र, अप्रवाहित जलक्षेत्र

bacon /ˈबेकन्/ *n.* सूअर का नमक लगा या भुना हुआ मांस, सूअर मांस

bacteria /बैक्ˈटिअरिआ/ *n.* (*pl.*) सूक्ष्म जीव जिन्हें विशेष प्रकार के उपकरण माइक्रोस्कोप की सहायता से देखा जा सकता है, बैक्टीरिया

bad /बैड्/ *adj.* (**worse, worst**) 1 बुरा, ख़राब, अप्रिय 2 घटिया, निम्नस्तरीय 3 (भोजन) बासी या खाने के अयोग्य, सड़ा हुआ

badge /बैज्/ *n.* धातु, कपड़े या प्लास्टिक से बना बिल्ला जिस पर कुछ अंकित होता है और जो वस्त्र पर लगाया जाता है, बैज

badger /ˈबैज(र्)/ *n.* एक बड़ा स्तनधारी जीव जो रात में सक्रिय रहता है, बिज्जू

badly /ˈबैड्लि/ *adv.* (**worse, worst**) 1 असंतोषजनक रूप से, ग़लत ढंग से 2 गंभीर रूप से, बहुत अधिक

badminton /ˈबैड्मिन्टन्/ *n.* दो या चार खिलाड़ियों के बीच रैकेट और शटलकॉक से खेला जाने वाला खेल, बैडमिंटन

baffle /ˈबैफ़्ल्/ *v.* चकरा देना, उलझन में डाल देना ▸ **baffled** *adj.* भ्रमित, उलझा हुआ

bag /बैग्/ *n.* 1 काग़ज़ या पतले प्लास्टिक से बना लिफ़ाफ़ा, थैली, थैला 2 थैलाभर या झोलाभर मात्रा ▸ **bag** *v.* (**bagging, bagged**) हथिया लेना, झपट लेना

b

bagel /'बेगल्/ *n.* बड़े छल्ले के आकार का एक ब्रेड रोल, बेगल

baggage /'बैगिज्/ *n.* यात्री का सामान (यात्रा के कपड़े और अन्य सामान हेतु सूटकेस, बक्सा आदि)

baggy /'बैगि/ *adj.* (वस्त्र) बड़ा, ढीला-ढाला

bagpipes /'बैग्पाइप्स्/ *n.* एक प्रकार का वाद्य यंत्र, मशक़बीन, बैगपाइप

baguette *n.* लंबी मोटी सोटे के आकार की एक प्रकार की रोटी या ब्रेड, बैगेट

bail /बेल्/ *n.* ज़मानत, प्रतिभूति ▸ **bail** *v.* 1 ज़मानत पर छोड़ना 2 परेशानी की हालत से निकालना

bailiff /'बेलिफ़्/ *n.* एक न्यायिक अधिकारी जो उधार न चुकाने वालों की संपत्ति ज़ब्त करता है, अमीन, बेलिफ़

bait /बेट्/ *n.* 1 मछली आदि को फँसाने के लिए चारा, चुग्गा 2 किसी को लुभाने या मनाने के लिए प्रयोग में लाई गई वस्तु, प्रलोभन, लालच

bake /बेक्/ *v.* 1 अँगीठी या चूल्हे में सूखे ताप से पकाना या पकना, सेंकना 2 ताप से कड़ा हो जाना या कर देना

baker /'बेक(र्)/ *n.* 1 नानबाई, बेचने के लिए केक, ब्रेड आदि बनाने वाला 2 नानबाई की दुकान

balance /'बैलन्स्/ *n.* 1 बक़ाया; बाक़ी रक़म, बचा पैसा 2 तराज़ू, तुला, काँटा ▸ **balance** *v.* 1 स्थिर या संतुलित स्थिति में करना या होना 2 बराबर होना या करना 3 तुलना द्वारा बराबरी पर लाना

balcony /'बैल्कनि/ *n.* (*pl.* **balconies**) 1 भवन की दीवार के बाहर ऊपरी मंज़िल पर चारों ओर दीवारों से घिरा अथवा रेलिंगयुक्त प्लेटफ़ार्म, छज्जा, बारजा 2 सिनेमा हाल या रंगशाला में सबसे ऊपर लगी कुरसियाँ, बालकनी

bald /बॉल्ड्/ *adj.* 1 (व्यक्ति) जिसके सिर पर बिल्कुल भी बाल न हो, गंजा 2 (कथन) बिना ब्योरे के, स्पष्ट, सीधा-सादा, अनलंकृत

balding /'बॉल्डिङ्/ *adj.* गंजा होता हुआ, धीरे-धीरे सिर पर बालों का कम होना

bale /बेल्/ *n.* काग़ज़, कपड़े या सूखी घास का एक बड़ा गट्ठा, गट्ठर ▸ **bale** *v.* गट्ठा बनाना, इकट्ठा करना

baleful /'बेल्फ़्ल्/ *adj.* हानिकर, अनिष्ट

ball /बॉल्/ *n.* 1 खेलने के लिए प्रयुक्त एक गोलाकार वस्तु, गेंद 2 गोला, गोल वस्तु, पिंड

ballad /'बैलड्/ *n.* 1 गाथा पर आधारित गीत या कविता, कथात्मक गीत या कविता 2 भावनात्मक गीत, प्रेम गीत

ballast /'बैलस्ट्/ *n.* 1 जहाज़ को स्थिर रखने के लिए उसमें रखा गया भारी सामान, स्थिरक भार 2 रेल या सड़क के आधार के लिए प्रयुक्त मोटे पत्थर, रोड़ी

ballerina /ˌबैल'रीना/ *n.* बैले में नृत्य करनेवाली महिला, नृत्यांगना, बैले-नर्तकी

ballet /'बैले/ *n.* संगीत की धुन पर किया जानेवाला कलात्मक नृत्य, संगीतात्मक नृत्यनाटिका, बैले

ballistic missile *n.* विशेष गति और कोण पर दाग़ा गया प्रक्षेपास्त्र ताकि वह निशाने पर गिरे, बैलिस्टिक मिसाइल

ballistics /ब'लिस्टिक्स्/ *n.* वायु में प्रक्षेपित होने वाली वस्तुओं का वैज्ञानिक अध्ययन, बैलिस्टिक

balloon /ब'लून्/ *n.* 1 खिलौने के रूप में प्रयुक्त हवा भरा जानेवाला रबर का एक छोटा थैला, गुब्बारा 2 (आकाश में

उड़ाया जाने वाला) गैस भरा बड़ा गुब्बारा जिसके नीचे लगी बड़ी टोकरी में लोग बैठते हैं

ballot /ˈबैलट्/ *n.* **1** गुप्त लिखित मतदान **2** काग़ज़ की एक पर्ची जिसपर लोग अपना मत व्यक्त करते हैं, मतपत्र, मतपरची ▸ **ballot** *v.* (**balloting, balloted**) मतदान करना, मत देना

balm /बाम्/ *n.* **1** सुगंधित मरहम **2** राहत देने या घाव को भरनेवाली एक दवाई, बाम

balmy /ˈबॉमि/ *adj.* (मौसम) सुखद रूप से गरम, सुहावना

balsam /ˈबॉलसम्/ *n.* सुगंधित गोंद जिसका प्रयोग इत्र या दवाई बनाने में किया जाता है, गुलमेंहदी, बालसम

balustrade /ˌबैलˈस्ट्रेड्/ *n.* पुल के किनारे निर्मित तथा शीर्ष से जुड़े खंभों की एक शृंखला, जंगला, वेदिका

bamboo /ˌबैम्ˈबू/ *n.* (*pl.* **bamboos**) घास कुल का लंबा ऊष्णकटिबंधीय पौधा जिसके तने खोखले होते हैं, बाँस का पेड़

ban /बैन्/ *v.* (**banning, banned**) प्रायः क़ानूनी तौर पर प्रतिबंध या रोक लगाना, आधिकारिक रूप से निषेध करना ▸ **ban** *n.* रोक, प्रतिबंध, निषेध

banal /बˈनाल्/ *adj.* मौलिक या दिलचस्प नहीं, अत्यंत साधारण, तुच्छ

banana /बˈनाना/ *n.* पीले छिलकेवाला चाप के आकार का एक फल, केला

band /बैन्ड्/ *n.* **1** लोकप्रिय संगीत बजाने वालों की टोली, बैंड **2** पट्टी, पट्टा, फ़ीता, बंद, प्रायः कुछ बाँधने के लिए प्रयुक्त ▸ **band** *v.* टोली बनाना

bandage /ˈबैन्डिज्/ *n.* घाव पर बाँधने के लिए पट्टी ▸ **bandage** *v.* पट्टी बाँधना

bandanna /बैन्ˈडैन/ *n.* सिर या गले पर बाँधा जानेवाला एक रूमाल, गुलूबंद

bandit /ˈबैन्डिट्/ *n.* यात्रियों पर हमला करने वाला सशस्त्र डाकू, लुटेरा

bandy /ˈबैन्डि/ *adj.* (व्यक्ति की टाँगों के लिए प्रयुक्त) धनुषाकार टाँगों वाला, धनुजंघी, वक्रपाद ▸ **bandy** *v.* (**bandying, bandied**)(किसी नाम, शब्द, कहानी आदि के लिए प्रयुक्त) बार–बार चर्चा करना

bane /बेन् / *n.* परेशानी का कारण, दुःख का कारण

bang /बैङ्/ *v.* **1** ज़ोर से प्रहार करते हुए तेज़ आवाज़ करना **2** अचानक किसी से टकरा जाना, ठोकर लगना ▸ **bang** *n.* **1** धमाका, धड़ाका **2** टक्कर जिससे व्यक्ति को चोट पहुँचे, ठोकर ▸ **bang** *adv.* बिलकुल सही, सीधे–सीधे, एकदम ठीक

bangle /ˈबैङ्ग्ल्/ *n.* धातु का बना कड़ा, चूड़ी, कंगन

banish /ˈबैनिश्/ *v.* **1** दंडस्वरूप देश–निकाला देना, निर्वासित करना **2** किसी व्यक्ति या वस्तु को निकाल देना

banisters /ˈबैनिस्ट(र्)/ *n.* सीढ़ियों के दोनों ओर सहारे के लिए लगे खंभे, जंगला, रेलिंग

banjo /ˈबैन्जो/ *n.* (*pl.* **banjos**) गोल आकार का गिटार जैसा एक वाद्य यंत्र, बैंजो

bank /बैङ्क्/ *n.* **1** ग्राहकों के पैसों को सुरक्षित रखने तथा उन्हें अन्य वित्तीय सुविधाएँ देनेवाला संगठन, बैंक **2** नदी या नहर का किनारा, तट ▸ **bank** *v.* **1** बैंक में खाता होना, बैंक में पैसा रखना **2** (**bank on sb/sth**)(किसी पर) भरोसा रखना, आश्रित होना

b

bankrupt /ˈबैङ्क्रप्ट्/ *adj.* आधिकारिक रूप से ऋण न चुका पाने की स्थिति में होना, घोषित दिवालिया
▸ **bankrupt** *v.* दिवालिया निकलना
▸ **bankrupt** *n.* दिवालिया व्यक्ति

banner /ˈबैन(र्)/ *n.* प्रायः दो डंडों पर लगा कपड़े का लंबा टुकड़ा जिस पर कुछ लिखा हो या प्रतीक चिह्न अंकित हो, बैनर

banquet /ˈबैङ्क्विट्/ *n.* औपचारिक सामूहिक भोज, प्रीतिभोज, दावत

bantam /ˈबैन्टम्/ *n.* एक प्रकार का नाटा मुर्ग़ा

banter /ˈबैन्ट(र्)/ *n.* हँसी-दिल्लगी, परिहास, ठट्ठा ▸ **banter** *v.* हँसी-मज़ाक़ करना, परिहास करना

baptism /ˈबैप्टिज़म्/ *n.* ईसाई चर्च का विधिवत सदस्य बनने का संस्कार, बपतिस्मा ▸ **baptize** *v.* बपतिस्मा करना, ईसाई धर्म की दीक्षा लेना

bar /बा(र्)/ *n.* **1** जलपानगृह जहाँ पेय, विशेषतः मदिरा, और खाद्य पदार्थ उपलब्ध हों, बार **2** वायुमंडल के दाब की एक माप ▸ **bar** *v.* (**barring, barred**) **1** सड़क, पथ आदि पर रोक लगाना **2** किसी कार्रवाई पर क़ानूनन रोक लगा देना, मनाही कर देना
▸ **bar** *prep.* के सिवाय, के अलावा

barb /बाब्/ *n.* **1** तीर या हुक की पीछे मुड़ी नोक **2** भावनाओं को आहत करने वाली बात, चुभने वाली बात

barbarian /बाˈबेअरिअन्/ *n.* असभ्य और कुसंस्कृत व्यक्ति, बर्बर

barbaric /बाˈबेरिक्/ *adj.* बहुत क्रूर और नृशंस, अति निष्ठुर ▸ **barbarism** *n.* अतिक्रूरता, अतिनृशंसता, अतिनिर्ममता

barbecue /ˈबाबिक्यू/ *n.* **1** खुले में आग पर रखकर भोजन पकाने में प्रयुक्त उपकरण या ढाँचा, धातु की छड़ **2** बाहर आयोजित प्रीतिभोज जिसमें खुली आग पर भोजन बनाया जाता है, बारबिक्यू
▸ **barbecue** *v.* खुले में आग पर भोजन पकाना

barbed /बाब्ड्/ *adj.* **1** कंटीला, कांटेदार **2** ईर्ष्यालु, द्वेषपूर्ण

barbed wire *n.* नुकीले कांटे से युक्त तार, कंटीले तार

barber /ˈबाब(र्)/ *n.* **1** पुरुषों की हजामत करने वाला व्यक्ति, नाई, हज्जाम **2** नाई की दुकान

barbiturate /बाˈबिचुरट्/ *n.* ऐसी औषधि जिसके सेवन से नींद आती है या शांति मिलती है, शमनकारक या निद्राकारक औषधि

barcode /ˈबाकोड्/ *n.* किसी भी उत्पाद के पीछे छपा मोटी-पतली रेखाओं का एक डिज़ाइन जो कंप्यूटर द्वारा पठनीय होता है, बारकोड

bard /बाड्/ *n.* कवि, शायर

bare /बेअ(र्)/ *adj.* **1** (शरीर का अंग) नग्न, खुला हुआ, वस्त्रहीन **2** आवरणहीन, अनढका **3** केवल, मात्र, निरा, सादा
▸ **bare** *v.* कपड़े आदि निकालना, उघाड़ना, नंगा करना ▸ **barely** *adv.* मुश्किल से, नाम मात्र को, केवल

bargain /ˈबागन्/ *n.* **1** कम क़ीमत पर ख़रीदी गई वस्तु, सस्ता सौदा **2** लोगों या समूहों के बीच परस्पर सहयोग का समझौता ▸ **bargain** *v.* समझौते की शर्तों पर चर्चा करना, मोल-भाव करना

barge /बाज्/ *n.* (नदी या नहर में) बोझा ढोने या लोगों को लाने-ले जाने वाली लंबी सँकरी नौका, बजरा ▸ **barge** *v.* लोगों को इधर-उधर ढकेलकर ज़बरदस्ती घुसना

b

baritone /ˈबैरिटोन्/ *n.* **1** पर्याप्त निम्न तान से गाने वाला पुरुष गायक **2** ऐसा पुरुष जिसकी आवाज़ ही पर्याप्त निम्न तान की हो

barium /ˈबेअरिअम्/ *n.* चाँदी-जैसी एक सफ़ेद मुलायम धातु, बेरियम

bark /बाक्/ *n.* **1** (पेड़ की) छाल, पेड़ का कठोर बाहरी आवरण, वल्कल **2** (कुत्ते की) भौंक ▸ **bark** *v.* **1** (कुत्ते का) भौंकना, कर्कश शब्द निकालना **2** कड़वे शब्दों तथा ऊँचे स्वर में कुछ पूछना

barley /ˈबालि/ *n.* **1** जौ या यव का पौधा जिसके बीज का प्रयोग खाने के लिए या शराब तथा अन्य पेय बनाने में किया जाता है **2** जौ, यव

barman /ˈबामन्/ *n.* (*US* **bartender**) मदिरालय में पेय परोसनेवाला व्यक्ति, बारमैन

bar mitzvah /ˌबा ˈमित्स्व/ *n.* एक धार्मिक अनुष्ठान जिसमें यहूदी बालक को 13 वर्ष की उम्र का हो जाने के बाद वयस्क के दायित्व स्वीकार करने होते हैं

barmy /ˈबामि/ *adj.* (**barmier, barmiest**) **1** झागदार, फेनिल **2** पागल, जोशपूर्ण

barn /बान्/ *n.* खेत में बना बड़ा कमरा जिसमें फ़सल आदि रखा जाता है, खलियान, भुसौरा

barnacle /ˈबानकल्/ *n.* कवचधारी प्राणी जो पानी के अंदर अन्य वस्तुओं के साथ स्वयं को स्थिर कर लेता है

barometer /बˈरॉमिट(र्)/ *n.* **1** वायु का दाब मापने वाला यंत्र, वायुदाबमापी **2** (किसी स्थिति, भाव, आदि की) दशा का संकेतक

baron /ˈबैरन्/ *n.* **1** कुलीन वर्ग में निम्न सामाजिक स्थिति का व्यक्ति, सामंत **2** बड़ा व शक्तिशाली उद्योगपति या व्यापारी

baroness /ˈबैरनस्/ *n.* **1** कुलीन वर्ग में निम्न सामाजिक स्थितिवाले पुरुष की पत्नी या विधवा, (बैरन) की पत्नी

baroque /बˈरॉक्/ *adj.* भवन-निर्माण, कला और संगीत की 17वीं और 18वीं शताब्दी के यूरोप में प्रचलित अति-अलंकृत शैली संबंधित, बराक

barrack /ˈबैरक्/ *v.* किसी कलाकार या वक्ता को अपमानजनक बातें सुनाना, मखौल उड़ाना ▸ **barrack** *n.* (*pl.* **barracks**) सैनिकों के रहने के लिए बनी इमारत, सेनावास, बैरक

barrage /ˈबैराश़्/ *n.* **1** बंदूक़ों से लगातार गोलियों की वर्षा **2** नदी के ऊपर बना कृत्रिम बाँध

barrel /ˈबैरल्/ *n.* **1** बेलनाकार पात्र, बैरल **2** (तेल की) एक माप-इकाई, बैरल **3** बंदूक़ की नाल, रिवॉल्वर की नली

barren /ˈबैरन्/ *adj.* **1** (भूमि) ऊसर, बंजर **2** (वृक्ष या पौधा) निष्फल, फलहीन **3** बच्चे जनने में असमर्थ, बाँझ,

barricade /ˌबैरिˈकेड्/ *n.* सड़क आदि पर अस्थायी रोक या बाधा, अवरोधक ▸ **barricade** *v.* मोर्चाबंदी करना, अवरुद्ध करना

barrier /ˈबैरिअ(र्)/ *n.* **1** आवागमन, पहुँच या प्रगति को बाधित करने वाली, अवरोधक, बैरियर **2** उलझन या रुकावट पैदा करने वाली वस्तु, बाधा, व्यवधान

barring /ˈबारिङ्/ *prep.* को छोड़कर, यदि कुछ न हुआ तो

barrister /ˈबैरिस्ट(र्)/ *n.* न्यायालय में वकालत के लिए प्रशिक्षित वकील, बैरिस्टर

b

barrow /ˈबैरो/ *n.* **1** फल, सब्ज़ियाँ आदि बेचने के लिए प्रयुक्त दो पहियों का छोटा ठेला **2** प्राचीन समाधि टीला, स्मारक

barter /ˈबाट(र्)/ *v.* रुपये आदि मुद्रा के बिना वस्तुओं, सेवाओं आदि का लेन-देन करना ▸ **barter** *n.* मुद्रा के प्रयोग के बिना किया गया लेन-देन, वस्तु-विनिमय, अदला-बदली

basalt /ˈबैसॉल्ट्/ *n.* ज्वालामुखियों से निकलनेवाला काला पत्थर, असिताश्म, बैसाल्ट

base /बेस्/ *n.* **1** किसी वस्तु आदि का आधार, नींव, तल **2** आधार-स्थल, संचालन केंद्र **3** सैनिक अड्डा **4** कोई पदार्थ जो तेज़ाब के साथ प्रतिक्रिया करके क्षार एवं जल बनाने में समर्थ होता है, क्षारक ▸ **base** *v.* एक स्थान को आधार-स्थल बनाना जहाँ से यात्रा आदि गतिविधियाँ की जा सकें, आधारित होना

baseless /ˈबेस्लस् / *adj.* तर्क या तथ्यों पर आधारित नहीं, तर्कहीन, निराधार, बेबुनियाद

basement /ˈबेस्मन्ट्/ *n.* भूमि स्तर के नीचे के कमरे या मंज़िल, भूमिगत मंज़िल

bash /बैश्/ *v.* **1** ज़ोर से टकरा जाना **2** तीखी आलोचना करना ▸ **bash** *n.* **1** ज़ोर का प्रहार **2** समारोह या उत्सव

bashful /ˈबैश्फ़ल्/ *adj.* शरमीला और झेंपू ▸ **bashfully** *adv.* शर्माते हुए, झेंप के साथ, लज्जा के साथ

BASIC /ˈबेसिक्/ *n.* कंप्यूटर प्रोग्रामिंग की उच्चस्तरीय भाषा, बेसिक

basic /ˈबेसिक्/ *adj.* **1** प्रारम्भिक, आधारभूत, बुनियादी **2** मूल, मूलवर्ती ▸ **basically** *adv.* बुनियादी रूप से, मौलिक रूप से

basil /ˈबैज़ल्/ *n.* खाना बनाने में प्रयुक्त एक बूटी, तुलसी का पौधा

basin /ˈबेस्न्/ *n.* **1** भोजन बनाने आदि का कढ़ाहीनुमा पात्र **2** भूमि का वह क्षेत्र जिसमें से होकर पानी नदी में जाता है, द्रोणी, नदी-नाला

basis /ˈबेसिस्/ *n.* (*pl.* **bases**) **1** विचारधारा, विश्वास आदि का आधार **2** (कुछ करने का) तरीक़ा या रीति-विशेष **3** आरंभिक बिंदु जहां से कुछ विकसित होता है, प्रवर्तन-बिंदु

bask /ˈबास्क्, ˈबैस्क्/ *v.* **1** किसी स्थान पर बैठकर या लेटकर गरमाहट का आनंद लेना **2** लोगों की प्रशंसा और शुभेच्छाओं से आनंदित होना

basket /ˈबास्किट्/ *n.* **1** डोलची, डलिया, टोकरी **2** बास्केट बाल कोर्ट के दोनों किनारे पर धातु-निर्मित छल्ले में लगा जाल

basketball /ˈबास्किट्बॉल्/ *n.* एक दलीय खेल जिसमें ऊँचाई पर कोर्ट के दोनों किनारे पर लगे धातु-निर्मित छल्ले में लगे जाल में गेंद फेंक कर स्कोर प्राप्त करते हैं, बास्केटबॉल

bastard /ˈबास्टड्, ˈबैस्-/ *n.* अविवाहित माता-पिता की संतान, जारज, नाजायज़

bastion /ˈबैस्टिअन्/ *n.* **1** क़िले की दीवार का बाहर निकला भाग, बुर्ज **2** मत या जीवनशैली (संकटग्रस्त) का संरक्षक, समर्थक **3** किसी सिद्धांत या गतिविधि का गढ़

bat *n.* **1** क्रिकेट, टेनिस या बेसबॉल का बल्ला **2** रात में उड़ने तथा शिकार करनेवाला एक स्तनधारी, चमगादड़ ▸ **bat** *v.* (**batting, batted**) **1** (खेल में) बल्लेबाज़ी करना **2** हाथ की

हथेलियों से प्रहार करना ▸ **batsman** *n.* (*pl.* **batsmen**) गेंद को प्रहार करनेवाला खिलाड़ी, बल्लेबाज़

batch /बैच्/ *n.* **1** टुकड़ी, दल, समूह **2** एक ही समय में उत्पादित या भेजी गई वस्तुओं की मात्रा

bated /'बेटिड्/ *adj.* (**with bated breath**)(प्रतीक्षा में) उत्कंठित, आशंकित, साँस रोककर

bath /बाथ्/ *n.* (*pl.* **baths**) **1** स्नान का टब **2** स्नान करने या नहाने की क्रिया **3** प्राचीन समय में सार्वजनिक स्नानगृह ▸ **bath** *v.* **1** नहलाना, स्नान कराना **2** नहाना, स्नान करना

bathe /बेद्/ *v.* **1** जल या तरल में डुबोना या हलके-से पोंछना, धोना **2** समुद्र, नदी, झील में तैरना ▸ **bathe** *n.*स्नान, तैराई

bathos /'बेथॉस्/ *n.* (साहित्य में) उत्कर्ष से अपकर्ष स्थिति में सहसा परिवर्तन, अचानक पतन

batik *n.* कपड़े पर मोम के द्वारा विभिन्न डिज़ाइन बनाने की विधि, इस विधि से डिज़ाइन किया वस्त्र-खंड, छींट, बाटिक

batman /'बैट्मन्/ (*pl.* **batmen**) *n.*(सशस्त्र सेना में) अधिकारी का व्यक्तिगत सहायक, अर्दली

baton /'बैटॉन्/ *n.* **1** आर्केस्ट्रा संचालक की छड़ी **2** रिले-दौड़ की छड़ी जिसे एक धावक टीम के दूसरे धावक को थमाता है

battalion /ब'टैलिअन्/ *n.* सैनिकों की बड़ी टुकड़ी जो एक बड़ी इकाई का हिस्सा हो, बटैलियन, पलटन

batten /'बैट्न्/ *n.* (इमारत बनाने में प्रयुक्त) लकड़ी की लंबी पट्टी, बत्ता, तख़्ता

batter /'बैट(र्)/ *v.* बार-बार ज़ोर से प्रहार करना, कूटना, तोड़ना ▸ **batter** *n.* **1** आटे, अंडे और दूध की लपसी जिसका प्रयोग खाना बनाने में किया जाता है **2** बेसबाल में बल्लेबाज़ी करनेवाला खिलाड़ी

battle /'बैट्ल्/ *n.* **1** संगठित सशस्त्र सेनाओं के बीच लड़ाई **2** लंबा कठिन संघर्ष, प्रतिस्पर्धा, लड़ाई ▸ **battle** *v.* सफलता के लिए संघर्ष करना, जी-तोड़ कोशिश करना

battlefield /'बैट्ल्फ़ील्ड्/ *n.* युद्ध का क्षेत्र, रण-क्षेत्र, रणभूमि

bauble /'बॉब्ल्/ *n.* **1** भड़कीला व सस्ता गहना **2** क्रिसमस वृक्ष पर लटकाने की सजावटी गेंदनुमा वस्तु

baulk /बॉक्/ *v.* (*US* **balk**) **1** स्वीकार करने से हिचकिचाना **2** रुकावट डालना, बाधित होना

bauxite /'बॉक्साइट्/ *n.* एक प्रकार की नरम चट्टान जिससे अल्यूमीनियम प्राप्त होता है, बॉक्साइट

bawdy /'बॉडि/ *adj.* (**bawdier, bawdiest**) मज़ाक़िया ढंग से अश्लील बातचीत की चर्चा करते हुए, फूहड़ ▸ **bawdiness** *n.*अश्लीलता, फूहड़पन

bawl /बॉल्/ *v.* **1** चिल्लाना, चीख़ना **2** ज़ोर से रोना या चिल्लाना

bay /बे/ *n.* **1** तट का वह भाग जहाँ भूमि चापाकार आकृति बनाती है, खाड़ी **2** एक प्रकार का छोटा पौधा जिसके पत्तों का खाना बनाने में प्रयोग किया जाता है, तेजपात का वृक्ष ▸ **bay** *v.* (कुत्ते का) भौंकना

bayonet /'बेअनट्/ *n.* बंदूक़ के सिरे पर लगा लंबा चाक़ू, संगीन, बेनट

bay window *n.* कमरे की खिड़की जो मकान की दीवार से बाहर उभरती है, खांचा खिड़की

b

BBC /ˌबी बी ˈसी/ *abbr.* ब्रिटिश ब्रॉडकास्टिंग कॉर्पोरेशन का संक्षिप्त रूप (ब्रिटेन की राष्ट्रीय रेडियो और टेलीविज़न कंपनी)

BC /ˌबी ˈसी/ (*abbr.* **before Christ**) ईसा मसीह की स्वीकृत जन्मतिथि से पहले की तारीख़ों का निर्देश करने के लिए प्रयुक्त, ईसा पूर्व

be /बि, प्रबल रूप बी/ *v.* (*sing. present* **am, are, is;** *pl. present* **are;** *pt.* **was, were;** *pp.* **been**) 1 होना, उपस्थित रहना, विद्यमान होना 2 घटित होना, हो जाना 3 विशिष्ट प्रकृति, स्थिति या अवस्था होना 4 अन्य क्रियाओं के काल रूप बनाने के लिए प्रयुक्त

beach /बीच्/ *n.* समुद्र के किनारे रेत या कंकड़ियों वाला क्षेत्र, समुद्र तट, बालू-तट, किनारा ▸ **beach** *v.* पानी से निकालकर तट पर लाना

beacon /ˈबीकन्/ *n.* 1 हवाई जहाज़ों या जहाज़ों को दिशा का संकेत देनेवाला प्रकाश स्तंभ 2 संकेत के रूप में पहाड़ पर जलती आग

bead /बीड्/ *n.* 1 लकड़ी, शीशे या प्लास्टिक के दाने जिसके भीतर बने छेद से धागा डालकर आभूषण बनाया जाता है, मनका 2 (*pl.* **beads**) मनकों की माला 3 (द्रव पदार्थ की) बूँद ▸ **beaded** *adj.* मनकों से सजा, मोतियों से सजा

beady /ˈबीडि/ *adj.* (किसी व्यक्ति की आँखें) छोटी, गोल और चमकीली, पैनी या सब ओर देखने वाली

beak /ˈबीक्/ *n.* 1 पक्षी की चोंच 2 दंडाधिकारी 3 टोंटी

beaker /ˈबीक(र्)/ *n.* 1 प्लास्टिक या काग़ज़ का प्रायः घुंडीरहित कप, चषक 2 वैज्ञानिक प्रयोगों के लिए प्रयोगशाला में प्रयुक्त शीशे का पात्र, बीकर

beam /बीम्/ *n.* 1 प्रकाश-रेखा, किरण, किरणपुंज 2 लकड़ी, धातु आदि का लंबा मोटा लट्ठा जो (फ़र्श या छत का) भार संभालने के लिए काम में लाया जाता है, शहतीर, धरन ▸ **beam** *v.* 1 रेडियो या टेलीविज़न के संकेत भेजना 2 प्रकाश और ऊष्मा का प्रसार करना

bean /बीन्/ *n.* 1 सब्ज़ी के रूप में प्रयोग किए जानेवाले आरोही पौधे की फली, सेम, बीन 2 कुछ अन्य पौधों, जैसे कॉफ़ी या कोको के बीज

bear /बेअ(र्)/ *n.* 1 एक बड़ा स्तनधारी जीव जिसके शरीर पर घने बाल होते हैं, भालू, रीछ 2 (व्यापार में) ऐसा व्यक्ति जो अपने शेयर इस आशा में बेचता है कि मूल्य गिरेगा और वह उन्हें फिर ख़रीद लेगा, मंदड़िया ▸ **bear** *v.* (**bearing, bore, borne**) 1 अप्रिय वस्तु या स्थिति से निपटने की योग्यता रखना 2 भार वहन करना, सँभालना 3 फल या फूल लगना, फूल या फल पैदा होना 4 (संतान को) जन्म देना, उत्पन्न करना ▸ **bearable** *adj.* सहने योग्य, सहनीय ▸ **bearer** *n.* वाहक, धारक

beard /बिअड्/ पुरुष के गालों एवं ठोड़ी पर उगनेवाले बाल, दाढ़ी ▸ **bearded** *adj.* दाढ़ी वाला, दाढ़ीदार

bearing /ˈबेअरिङ्/ *n.* 1 (व्यक्ति का) बर्ताव करने, चलने या खड़े होने का तरीक़ा-विशेष 2 एक ऐसी युक्ति जो दो हिस्सों को एक-दूसरे के साथ मिलकर घूमने एवं गतिशील रहने में मदद करती है, बेयरिंग

beast /बीस्ट्/ *n.* बड़ा पशु या जानवर 1 बड़ा पशु या जानवर 2 अति क्रूर या दुष्ट व्यक्ति

b

beastly /ˈबीस्ट्लि/ *adj.* अत्यंत अप्रिय, अमानुषिक, नृशंस ▸ **beastliness** *n.* पशुता, नृशंसता, पाशविकता

beat /बीट्/ *v.* (**beating, beat, beaten**) **1** किसी को हरा देना, पराजित करना **2** ज़ोर से पीटते जाना, लगातार प्रहार करना ▸ **beat** *n.* **1** घात, ठोक, प्रहार **2** संगीत की उग्र लय, ताल

beautician /ब्यूˈटिश्न्/ *n.* सौंदर्य उपचार के माध्यम से सौंदर्य निखारनेवाला व्यक्ति, सौंदर्य-विशेषज्ञ

beautiful /ˈब्यूटिफ़्ल्/ *adj.* **1** सुंदर, आकर्षक, रमणीय, प्रियकर **2** उत्कृष्ट, श्रेष्ठ ▸ **beautifully** *adv.* सुंदर ढंग से, आकर्षक ढंग से

beautify /ˈब्यूटिफ़ाइ/ *v.* (**beautifying, beautified**) सुंदर बनाना, सजाना, सौंदर्य बढ़ाना

beauty /ˈब्यूटि/ *n.* (*pl.* **beauties**) **1** इंद्रियों को सुखद लगनेवाले लक्षण, आकर्षण, सौंदर्य **2** सुंदर महिला

beaver /ˈबीव़(र्)/ *n.* कुतरनेवाला एक बड़ा जानवर जो आंशिक रूप से पानी में रहता है, बीवर

because /बिˈकॉज़्/ *conj.* क्योंकि, कारण से

beck /बेक्/ *n.* (**at someone's beck and call**) आदेश का पालन करने के लिए तत्पर

beckon /ˈबेकन्/ *v.* इशारे से पास बुलाना, संकेत से बुलाना

become /बिˈकम्/ *v.* (**becoming, became, become**) **1** कुछ हो जाना, कुछ बन जाना **2** बदल जाना

bed /बेड्/ *n.* **1** पलंग, चारपाई, शय्या **2** भूमि का वह क्षेत्र जहाँ फूल उगाए जाते हैं, क्यारी ▸ **bed** *v.* (**bedding, bedded**) (किसी वस्तु को किसी अन्य वस्तु में) मज़बूती से बैठाना या जमाना

bedding /ˈबेडिङ्/ *n.* बिस्तर, बिछौना, बिछावन

bedevil /बिˈडेवल्/ *v.* (**bedevilling, bedevilled**) किसी के साथ पैशाचिक व्यवहार करना, सताना, परेशान करना

bedlam /ˈबेड्लम्/ *n.* शोरग़ुल का वातावरण, कोलाहल की जगह

bedraggled /बिˈड्रैग्ल्ड्/ *adj.* बहुत गीला, मैला और बेढंगा

bedridden /ˈबेड्रिड्न्/ *adj.* बीमारी या बुढ़ापे की वजह से बिस्तर तक सिमट कर रह ज़ाना, शय्याग्रस्त

bee /बी/ *n.* पंखवाली मक्खी जो मोम और शहद बनाती है, मधुमक्खी

beech /बीच/ *n.* एक बड़ा पेड़ जिसके छाल भूरे होते हैं, बीच

beef /बीफ़्/ *n.* गाय, भैंस या बैल का मांस, गोमांस ▸ **beef** *v.* (**beef up**) बड़ा या मज़बूत बनाना

beefy /ˈबीफ़ि/ *adj.* मांसल और सुदृढ़ शरीर वाला

beehive /ˈबीहाइव़्/ *n.* वह ढाँचा जिसके भीतर मधुमक्खियाँ रहती हैं, मधुमक्खी का छत्ता

beep /बीप्/ *n.* लघु अवधि की ऊँचे स्वर में उत्पन्न आवाज़, जैसे वाहन के भोंपू या किसी इलेक्ट्रॉनिक उपकरण की आवाज़ ▸ **beep** *v.* **1** (इलेक्ट्रॉनिक यंत्र के लिए प्रयुक्त) लघु अवधि की ऊँचे स्वर में आवाज़ निकालना **2** कार का भोंपू बजना या बजाना

beer /बिअ(र्)/ *n.* **1** अनाज से बना एक प्रकार का मादक पेय, बियर **2** एक प्रकार की बियर या बियर-भरा गिलास

b

beet /बीट्/ *n.* एक प्रकार का पौधा जिसकी जड़ें मांसल होती हैं और जिसे खाया जाता है, इससे चीनी तैयार किया जाता है, चुकंदर (का पौधा)

beetle /ˈबीट्ल्/ *n.* एक प्रकार का कीट जिसका आवरण कड़ा और चमकीला होता है, भौंरा, भृंग

beetroot /ˈबीट्रूट्/ *n.* गहरे लाल रंग की एक सब्ज़ी जो एक प्रकार की जड़ होती है, चुक़ंदर, लाल शलजम

befall /बिˈफ़ॉल्/ *v.* (**befalling, befell, befelt**) (अशुभ के संदर्भ में) किसी को कुछ हो जाना, किसी पर कुछ आ पड़ना

befit /बिˈफ़िट्/ *v.* (**befitting, befitted**) उचित या उपयुक्त लगना, फ़बना, शोभा देना, ठीक होना

before /बिˈफ़ॉ(र्)/ *prep. & conj.* **1** किसी समय-बिंदु से पहले **2** किसी व्यक्ति या वस्तु के सामने या आगे

▸ **before** *adv.* पूर्व में, अतीत में, किसी समय से पहले, पहले ही

beforehand /बिˈफ़ॉहैन्ड्/ *adv.* किसी समय विशेष से पूर्व, पहले से

befriend /बिˈफ़्रेन्ड्/ *v.* मित्र बन जाना, दयालु होना

befuddled /बिˈफ़ड्ल्ड्/ *adj.* भ्रमित, चकराया हुआ

beg /बेग्/ *v.* (**begging, begged**) **1** विनम्रता के साथ कुछ माँगना **2** भीख माँगना

beget /बिˈगेट्/ *v.* (**begetting, begot, begotten**) प्रजनन करना, पैदा करना, जन्म देना

beggar /ˈबेग(र्)/ *n.* पैसे, खाना आदि माँगकर गुज़ारा करनेवाला व्यक्ति, भिखारी, भिक्षुक

begin /बिˈगिन्/ *v.* (**beginning, began, begun**) **1** (कोई काम) आरंभ करना, शुरू करना **2** कोई घटना शुरू होना, प्रारंभ होना, विशेषतः किसी ख़ास समय से **3** उत्पन्न होना, अस्तित्व में आना

begrudge /बिˈग्रज्/ *v.* **1** किसी के पास कुछ होने के कारण ईर्ष्या या डाह करना **2** बेमन से कुछ देना

beguile /बिˈगाइल्/ *v.* बहकाना, फुसलाना

behalf /बिˈहाफ़्/ *n.* (**on behalf of**) **1** के हित में, पक्ष में **2** की ओर से, के प्रतिनिधि के रूप में

behave /बिˈहेव्/ *v.* **1** विशिष्ट आचरण करना, व्यवहार करना **2** सही या उचित तरीक़े से पेश आना

behaviour /बिˈहेव्य(र्)/ *n.* (*US* **behavior**) आचरण, व्यवहार

▸ **behavioural** *adj.* आचरण संबंधी

behead /बिˈहेड्/ *v.* किसी का सिर काट देना, विशेषतः दंडस्वरूप

behemoth /बिˈहीमॉथ्/ *n.* विशालकाय और शक्तिशाली (संगठन)

behest /बिˈहेस्ट्/ *n.* (**at the behest of**) आदेश या आग्रह पर किया गया

behind /बिˈहाइन्ड्/ *prep. & adv.* **1** के पीछे, पीछे की ओर **2** (किसी अन्य से) प्रगति में पीछे, पिछड़ा हुआ **3** के पक्ष में, के समर्थन में

behold /बिˈहोल्ड्/ *v.* (**beholding, beheld**) (साहित्यिक) देखना, ध्यान देना

beholden /बिˈहोल्डन्/ *adj.* कृतज्ञ, अनुग्रहीत

beige /बेश़्/ *adj. & n.* हलके भूरे रंग का, मटियाला

being /'बीइङ्/ *n.* **1** अस्तित्व में होने की स्थिति, अस्तित्व, सत्ता **2** जीवधारी, सजीव प्राणी **3** स्वभाव, प्रकृति

belabour /बि'लेब(र्)/ *v.* (*US* **belabor**) आक्रमण, हमला

belated /बि'लेटिड्/ *adj.* विलंबित, विलंब से किया हुआ ▸ **belatedly** *adv.* विलंब से

belch /बेल्च्/ *v.* **1** ज़ोर से डकार लेना **2** (धुआँ आदि) वेग से बाहर फेंकना ▸ **belch** *n.* डकार

beleaguered /बि'लीगड्/ *adj.* **1** घिरा हुआ, घेरा डाला हुआ (शहर या व्यक्ति) **2** परेशानी में

belie /बि'लाइ/ *v.* (**belying, belied**) **1** किसी स्थिति को असत्य रूप में प्रस्तुत करना **2** झुठलाना, मिथ्या साबित करना

belief /बि'लीफ़्/ *n.* **1** यह भावना कि किसी चीज़ का अस्तित्व है, विश्वास, आस्था **2** धारणा, मंतव्य

believe /बि'लीव्/ *v.* **1** विश्वास करना, सही मान लेना **2** कुछ सही या संभव लगना यद्यपि निश्चित न होना **3** अनुमान करना, अटकल लगाना **4** धार्मिक विश्वास रखना, निष्ठा रखना ▸ **believer** *n.* विश्वास करनेवाला, समर्थक

belittle /बि'लिट्ल्/ *v.* तुच्छ समझकर ख़ारिज करना, महत्व घटाना, छोटा समझना

bell /बेल्/ *n.* **1** प्याले के आकार की धातु की वस्तु जिस पर प्रहार करने पर संगीतमय आवाज़ निकलती है, घंटा, घंटी **2** बिजली की घंटी जो स्विच दबाने पर बजती है

belladonna /ˌबेल'डॉन/ *n.* एक प्रकार का विषैला पौधा, बेलाडोना

belle /बेल्/ *n.* समुदाय में सबसे सुंदर स्त्री, सुंदरी

bellicose /'बेलिकोस्/ *adj.* युद्धप्रिय, लड़ाकू, युयुत्सु

belligerent /ब'लिजरन्ट्/ *adj.* **1** शत्रुतापूर्ण और आक्रामक, लड़ाका **2** (देश) युद्धरत ▸ **belligerence** *n.* आक्रामकता, शत्रुता ▸ **belligerently** *adv.* आक्रामक रूप से, शत्रुता से

bellows /'बेलोज़्/ *n.* (*pl.*) आग में हवा फूंकने के लिए प्रयुक्त एक उपकरण, धौंकनी, फूँकनी

belly /'बेलि/ *n.* (*pl.* **bellies**) पेट, उदर ▸ **bellyful** *n.* पेटभर

belong /बि'लॉङ्/ *v.* **1** (**belong to**) किसी की संपत्ति होना **2** (**belong to**) किसी वर्ग या संगठन का सदस्य होना **3** उचित स्थान या श्रेणी में होना

belongings /बि'लॉङिङ्ज़्/ *n.* (*pl.*) किसी व्यक्ति का निजी सामान, चल संपत्ति

beloved /बि'लव्ड्, बि'लविड्/ *adj.* परम प्रिय (यारा)

below /बि'लो/ *prep.* & *adv.* नीचे या निचले स्तर पर, से नीचे

belt /बेल्ट्/ *n.* **1** (कमर की) पेटी, कमरबंद, बेल्ट **2** विशिष्ट गुणों वाला भूक्षेत्र या विशेष वर्ग के लोगों का निवास क्षेत्र **3** (मशीन का) दो पहियों को जोड़नेवाला फीता ▸ **belt** *v.* **1** कसकर मारना, ज़ोर से मारना, आघात करना **2** दौड़कर या तेज़ चाल से कहीं जाना

bemoan /बि'मोन्/ *v.* दुःख करना, विलाप करना, शिकायत करना

bemused /बि'म्यूज़्ड्/ *adj.* उलझन में और स्पष्ट रूप से विचार करने में

b

असमर्थ, स्तब्ध, घबराया हुआ
▸ **bemusedly** *adv.* स्तब्ध रूप से, घबराए हुए

bench /बेन्च्/ *n.* **1** दो या अधिक व्यक्तियों के बैठने के लिए लकड़ी या लोहे की पट्टी, बेंच **2** (संसद में) दल विशेष के सदस्यों की सीटें **3** (**the bench**) न्यायाधीश या न्यायाधीश की कुरसी, न्यायाधीश का पद ▸ **benchmark** *n.* मानदंड, बेंचमार्क

bend /बेन्ड्/ *v.* (**bending, bent**) **1** मोड़ना, झुकाना, टेढ़ा करना **2** मोड़ खाना, घुमाव लेना **3** शरीर को आगे और नीचे की ओर झुकाना ▸ **bend** *n.* मोड़ या घुमाव, झुकाव जैसे सड़क में

beneath /बि'नीथ्/ *prep.* & *adv.* **1** किसी अन्य के नीचे, तले, नीचे की ओर **2** निम्नस्तर या मूल्य का, अनुपयुक्त, अयोग्य, अशोभनीय

benediction /ˌबेनि'डिक्शन्/ *n.* शुभ कामना, मंगल कामना, आशीर्वाद

benefactor /'बेनिफ़ैक्ट(र्)/ *n.* पैसे या अन्य सहायता प्रदान करने वाला व्यक्ति, दानी, उपकारी, परोपकारी

beneficent /बि'नेफ़िस्न्ट्/ *adj.* परोपकारी, हितकारी ▸ **beneficence** *n.* उपकार, उपकारिता

beneficial /ˌबेनि'फ़िश्ल्/ *adj.* लाभकारी, हितकर, फ़ायदेमंद
▸ **beneficially** *adv.* हितकारी ढंग से, लाभकारी रूप से

beneficiary /ˌबेनि'फ़िशरि/ *n.* (*pl.* **beneficiaries**) किसी चीज़ के परिणाम के रूप में लाभ प्राप्त करने वाला व्यक्ति

benefit /'बेनिफ़िट्/ *n.* **1** लाभ, हित, फ़ायदा **2** सरकारी आर्थिक सहायता
▸ **benefit** *v.* (**benefiting**, **benefited** or **benefitting**, **benefitted**) **1** लाभदायक या हितकारी प्रभाव होना, किसी का भला करना **2** लाभान्वित होना, फ़ायदा पहुँचना

benevolent /ब'नेवलन्ट्/ *adj.* दयालु, मित्रवत और परोपकारी
▸ **benevolence** *n.* परोपकारी, हितकामना

benign /बि'नाइन्/ *adj.* **1** (व्यक्ति) उदार या सौम्य **2** (रोग या बीमारी) हलकी, सुसाध्य रोग

bent /बेन्ट्/ *adj.* **1** मुड़ा, नत, टेढ़ा, झुका **2** (अधिकारी) बेईमान, भ्रष्ट
▸ **bent** *n.* रुझान, प्रवृत्ति, झुकाव

benzene /'बेन्ज़ीन्/ *n.* पेट्रोलियम (खनिज तेल) से प्राप्त एक रंगहीन द्रव जिससे प्लास्टिक और दूसरे विभिन्न रासायनिक पदार्थ बनते हैं, बेन्ज़ीन

bequeath /बि'क्वीद्/ *v.* वसीयत करना, वसीयत में देना, उत्तरदान करना

bequest /बि'क्वेस्ट्/ *n.* वसीयत, उत्तरदान

berate /बि'रेट्/ *v.* झिड़कना, भर्त्सना करना

bereaved /बि'रीव्ड्/ *adj.* **1** शोकाकुल, शोकसंतप्त **2** (**the bereaved**) *n.* शोकाकुल व्यक्ति, शोकसंतप्त व्यक्ति
▸ **bereavement** *n.* मृत्यु के कारण क्षति, वियोग, शोक

bereft /बि'रेफ़्ट्/ *adj.* **1** (**bereft of**) पूर्णतया रहित, से हीन या वंचित **2** (व्यक्ति) शोक से उदास और एकाकी

beret /'बेरे/ *n.* नरम गोल टोपी

beriberi /ˌबेरि'बेरि/ *n.* विटामिन बी की कमी से होने वाला रोग जिसमें उंगलियों में दर्द और शरीर में सूजन होती है, बेरीबेरी

berry /'बेरि/ *n.* (*pl.* **berries**) बेर

जैसा सरस फल जिसमें गुठलियाँ नहीं होती हैं, बेरी

berserk /ब'ज़क्/ *adj.* क्रोध से पागल, आपे से बाहर, सनकी, अत्यंत उत्तेजित

berth /बथ्/ *n.* **1** जहाज़ या रेलगाड़ी में बना शयन-स्थान, शायिका, बर्थ **2** जहाज़ के रुकने का स्थान, गोदी, लंगरगाह

beryl /'बरल्/ *n.* एक पारदर्शी हरा, नीला या पीला पत्थर जिसे आभूषण बनाने में प्रयोग किया जाता है, लहसुनिया

beryllium /ब'रिलिअम्/ *n.* एक सफ़ेद कठोर धातु जिससे अन्य मिश्र धातुएँ बनती हैं, बेरीलियम

beseech /बि'सीच्/ *v.* (**beseeching, besought** or **beseeched**) अनुनय करना, विनती करना, विनतीपूर्वक माँगना

beset /बि'सेट्/ *v.* (**besetting, beset**) परेशान करना, तंग करना, सताना

beside /बि'साइड्/ *prep. & adv.* **1** के बग़ल में, के पास **2** (**besides**) के अलावा, के अतिरिक्त **3** भी, साथ ही

besiege /बि'सीज्/ *v.* **1** सेना की सहायता से किसी स्थान को घेर लेना, घेराबंदी करना **2** घिर जाना (अप्रिय स्थिति का संदर्भ)

besotted /बि'सॉटिड्/ *adj.* किसी की प्रीत में मतवाला, पूर्णतया लीन, सम्मोहित

bespeak /'बिस्पीक्/ *v.* (**bespeaking, bespoke, bespoken**) सूचित करना, संकेत होना, प्रमाण होना

bespoke /बि'स्पोक्/ *adj.* ग्राहक की आवश्यकता के अनुरूप बना (उत्पाद)

best /बेस्ट्/ *adj.* सर्वोत्तम, श्रेष्ठ, अनुकूलतम ▸ **best** *adv.* सबसे अच्छा, सबसे अधिक ▸ **best** *n.* सर्वोत्तम गुणों वाला व्यक्ति या वस्तु, सर्वश्रेष्ठ

bestial /बेस्टिअल/ *adj.* जानवरों-जैसा, क्रूर, पशुवत ▸ **bestiality** *adv.* पशुता, क्रूरता

bestir /बि'सट(र्)/ *v.* (**bestirring, bestirred**) (**bestir yourself**) पुनः सक्रिय हो जाना, प्रेरित करना

bestow /बि'स्टो/ *v.* कुछ प्रदान करना विशेषतः आदर व्यक्त करने के लिए, अर्पित करना

bestride / बि'स्ट्राइड्/ *v.* (**bestriding, bestrode, bestridden**) (कुर्सी आदि पर) टांगें फैलाकर बैठना

bet /बेट्/ *v.* (**betting, bet** or **betted**) **1** घुड़दौड़ या जुए में परिणाम का पुर्वानुमान लगाना, दाँव लगाना **2** किसी बात के सत्य होने पर पूरा यक़ीन होना ▸ **bet** *n.* **1** दाँव, बाज़ी, शर्त लगाने की क्रिया **2** कोई राय, मत

bête noire / ˌबेट्'न्वा(र्)/ *n.* (*pl.* **bêtes noires**) ऐसा व्यक्ति या वस्तु जिसे आप नापसंद करते हैं, नापसंद व्यक्ति

betide /बि'टाइड्/ *v.* घटित होना, होना, किसी पर आ पड़ना

betoken /बि'टोकन्/ *v.* सूचित करना, पूर्वसूचना देना, संकेत होना

betray /बि'ट्रे/ *v.* **1** धोखा करना, रहस्य उजागर करना **2** विश्वासघात करना, किसी के विश्वास को तोड़ना **3** भावना या गुण अनचाहे प्रकट करना, दिखना ▸ **betrayal** *n.* विश्वासघात, धोखा

betrothed /बि'ट्रोथ्ड्/ *adj.* मंगेतर, वाग्दत्त, वाग्दत्ता ▸ **betrothal** *n.* सगाई, मंगनी

better /'बेट(र्)/ *adj.* **1** किसी अन्य से बेहतर, अधिक अच्छा या उपयुक्त

b

2 पहले से कम अस्वस्थ, बेहतर ▸ **better** *adv.* बेहतर ढंग से, अधिक या बेहतर कोटि का ▸ **better** *n.* बेहतर स्तर की वस्तु आदि, अधिक बढ़िया वस्तु, उन्नत

between /बि'ट्वीन्/ *prep. & adv.* **1** दो वस्तुओं, व्यक्तियों, स्थानों आदि के बीच में, मध्य **2** (दो दूरवर्ती स्थितियों, मापों, आयु, समय आदि के) मध्य में **3** दो व्यक्तियों, दलों या वस्तुओं में सम्मिलित या साझा

betwixt /बि'ट्विक्स्ट्/ *prep. & adv.* बीच

beverage /'बेवरिज्/ *n.* कोई पेय पदार्थ, पेय

bevy /'बेवि/ *n.* (*pl.* **bevies**) एक बड़ा समूह, मंडली, टोली

bewail /बि'वेल्/ *v.* शोक करना, विलाप करना, रोना-पीटना

beware /बि'वेअ(र्)/ *v.* (चेतावनी देने के लिए प्रयुक्त) सावधान रहना, सतर्क रहना, चौकस रहना

bewilder /बि'विल्ड(र्)/ *v.* उलझन और अचरज में डालना, किंकर्त्तव्यविमूढ़ करना ▸ **bewildered** *adj.* हक्का-बक्का, किंकर्त्तव्यविमूढ़

bewitch /बि'विच्/ *v.* जादू कर देना, मोहित कर लेना, लुभाना

beyond /बि'यॉन्ड्/ *prep. & adv.* **1** की दूसरी ओर, के परे **2** से आगे, के बाद **3** सामर्थ्य से बाहर

bi- /बाइ/ *prefix* दो, दो बार, दुगुना

biannual /बाइ'ऐनुअल् / *adj.* वर्ष में दो बार होनेवाला, अर्धवार्षिक

bias /'बाइअस्/ *n.* (*pl.* **biases**) **1** प्रायः किसी समूह के पक्ष अथवा विपक्ष में सहानुभूति या झुकाव, पूर्वाग्रह, पक्षपात **2** अपेक्षाकृत अधिक झुकाव, विशिष्टता ▸ **bias** *v.* (**biasing, biased** or **biassing, biassed**) अनुचित रूप से किसी को प्रभावित करना, पक्षपात करना, तरफ़दारी करना ▸ **biased** *adj.* पक्षपातपूर्ण, पूर्वाग्रहयुक्त

bib /बिब्/ *n.* खाते या पीते समय बच्चों के गले में बांधा जाने वाला कपड़े या प्लास्टिक का टुकड़ा, गतिया, बिब

the Bible /'बाइब्ल्/ *n.* **1** ईसाईयों और यहूदियों का धर्मग्रंथ, बाइबिल **2** (**bible**) विषय-विशेष पर महत्वपूर्ण जानकारी देने वाली पुस्तक, मैगज़ीन, आदि

bibliography /ˌबिब्लि'ऑग्रफ़ि/ *n.* (*pl.* **bibliographies**) **1** लेखक द्वारा लिखने के क्रम में अध्ययन की गई किताबों की सूची, संदर्भ-ग्रंथ सूची, संदर्भिका **2** किसी विषय-विशेष पर पुस्तक सूची, ग्रंथ सूची ▸ **bibliographic** *adj.* संदर्भ-ग्रंथ सूची संबंधी, ग्रंथ सूची संबंधी

bibliophile /'बिबलिअफ़ाइल्/ *n.* किताबों का संग्रह करनेवाला व्यक्ति, पुस्तक प्रेमी

bicarbonate of soda *n.* केक आदि बनाने में प्रयुक्त एक प्रकार का पाउडर

bicentenary /ˌबाइसेन्'टीनरि/ *n.* (*pl.* **bicentenaries**) किसी घटना के घटित होने अथवा किसी चीज़ के शुरू होने के दो सौ वर्षों के बाद का दिन अथवा वर्ष, द्विशती, द्विशतवार्षिकी ▸ **bicentennial** *adj.* दो सौ साल का

biceps /'बाइसेप्स्/ *n.* (*pl.* **biceps**) भुजा के शिखर पर आगे की बड़ी मांसपेशी, द्विशिर पेशी

bicycle /'बाइसिकल्/ *n.* दो पहियोंवाली गाड़ी जिसे पैडल की सहायता से चलाया जाता है, साइकिल ▸ **bicycle** *v.* साइकिल चलाना, साइकिल की सवारी करना

bid /बिड्/ *v.* (**bidding, bid**) 1 निश्चित मूल्य अदा करने का प्रस्ताव करना, बोली लगाना 2 कुछ करने या पाने का प्रयास करना ▸ **bid** *n.* 1 कुछ करने या पाने का प्रयास, उद्यम, उपक्रम 2 किसी वस्तु को ख़रीदने आदि के लिए कुछ धनराशि देने का प्रस्ताव, बोली ▸ **bidding** *n.* बोली, निमंत्रण, आदेश

bide /बाइड्/ *v.* (**bide your time**) धैर्य के साथ अवसर की प्रतीक्षा करना

bidet /'बीडे/ *n.* नितंब को धोने के लिए एक कटोरेनुमा पात्र

biennial /बाइ'एनिअल्/ *adj.* 1 हर दो वर्षों में होने वाला, द्विवार्षिक, दोसाला 2 (पौधा) दो साल तक रहने वाला

bier /बिअ(र)/ *n.* अरथी, जनाज़ा, रत्थी

bifocal /ˌबाइ'फ़ोकल्/ *adj.* (*pl.* **bifocals**) दो खंडों में बना लेंस, एक दूर की वस्तु को देखने के लिए और एक पास की वस्तु को देखने के लिए, दोफ़ोकसी

big /बिग्/ *adj.* (**bigger, biggest**) 1 बड़ा, विशाल 2 महत्वपूर्ण, प्रभावशाली, गौरवपूर्ण 3 बड़ा, आयु आकार या संख्या के संदर्भ में

bigamy /'बिगमि/ *n.* एक ही समय में दो व्यक्तियों से विवाहित होने की स्थिति, द्विपतित्व या द्विपत्नीत्व ▸ **bigamist** *n.* द्विविवाही, द्विपतिका स्त्री या द्विपत्नीक पुरुष

bigot /'बिगट्/ *n.* दूसरों के विचारों के प्रति असहिष्णु एवं पक्षपातपूर्ण, हठधर्म, कट्टर ▸ **bigoted** *adj.* कट्टर, धर्मांध, हठधर्म ▸ **bigotry** *n.* कट्टरता, धर्मांधता, पक्षपात

bike /बाइक्/ *n.* साइकिल या मोटरसाइकिल ▸ **bike** *v.* साइकिल या मोटरसाइकिल चलाना

bikini /बि'कीनि/ *n.* (*pl.* **bikinis**) स्त्रियों के तैरने के लिए दो हिस्सों वाली पोशाक, बिकनी

bilateral /ˌबाइ'लैटरल्/ *adj.* दो देशों अथवा दो समूहों की संलिप्तता, द्विपक्षीय, दुतरफ़ा ▸ **bilaterally** *adv.* दुतरफ़ा तौर पर, द्विपक्षीय स्तर पर

bile /बाइल्/ *n.* यकृत द्वारा उत्पन्न एक द्रव, पित्त

bilingual /ˌबाइ'लिङ्ग्वल्/ *adj.* 1 द्वैभाषिक, दो भाषाओं से संबंधित 2 द्विभाषी, दो भाषाओं को अच्छी तरह बोलने में समर्थ

bilious /'बिलिअस्/ *adj.* 1 चित्त विकार से पीड़ित 2 गुस्सेवाला, बदमिज़ाज

bill /बिल्/ *n.* 1 सामान या सेवा की क़ीमत के हिसाब का पर्चा, प्राप्यक, बिल 2 संभावित नये क़ानून की योजना, विधेयक 3 पक्षी की चोंच ▸ **bill** *v.* विज्ञापन करना, बिल भेजना

billet /'बिलिट्/ *n.* निजी आवास का भाग जहाँ सैनिक अस्थायी रूप से टिकते हैं ▸ **billet** *v.* सैनिकों को प्रायः निजी आवास में अस्थायी रूप से टिकाना

billiards /'बिलिअड्ज़्/ *n.* एक लंबी छड़ी द्वारा गेंदों को एक विशेष मेज़ के कोनों में व किनारों में बने छेदों में डालने का खेल, बिलियड्र्ज़

billion /'बिल्यन्/ *number* 1 एक सौ लाख, एक अरब 2 (**billions**) बहुत बड़ी संख्या में, असंख्य ▸ **billionth** *adj.* अरबवें

billionaire /ˌबिल्य'नेअ(र)/ *n.* वह व्यक्ति जिसके पास अरबों रुपये या उतने की सम्पत्ति हो

b

billow /ˈबिलो/ *v.* 1 (धुआँ, बादल आदि) लहराना 2 बादलों की शक्ल में हवा में ऊपर उठना ▸ **billow** *n.* धुआँ, बादल आदि की बड़ी लहर

bimbo /ˈबिम्बो/ *n.* (*pl.* **bimbos**) आकर्षक किंतु बेवक़ूफ़ युवती

bin /बिन/ *n.* 1 कूड़ा डालने का डिब्बा, कूड़ादान 2 आटा आदि रखने का ढक्कनदार डिब्बा ▸ **bin** *v.* (**binning**, **binned**) फेंक देना

binary /ˈबाइनरि/ *adj.* 1 अंक-व्यवस्था के रूप में केवल 0 और 1 का प्रयोग करते हुए 2 द्विचर, द्वि-अंकी, द्वि-अंगी

bind /बाइन्ड्/ *v.* (**binding, bound**) 1 रस्सी आदि से बाँधना 2 लोगों, समूहों आदि को संगठित करना 3 किसी व्यक्ति को बाध्य करना, आवश्यक बनाना 4 जिल्द बांधना या चढ़ाना ▸ **bind** *n.* नीरस या खीज पैदा करनेवाली चीज़, उपद्रव, परेशानी

binding /ˈबाइन्डिङ्/ *n.* 1 पुस्तक की जिल्द 2 सुरक्षा या अलंकरण के लिए प्रयुक्त किसी चीज़ को बाँधने वाली वस्तु ▸ **binding** *adj.* बंधनकारी, बाध्यकारी

binge /बिन्ज्/ *n.* अत्यधिक या बिना संयम के खाने या पीने का दौर ▸ **binge** *v.* विशेषतः बिना संयम रखे अत्यधिक खाना या पीना

bingo /ˈबिङ्गो/ *n.* कार्ड पर लिखी संख्याओं को मिलाने का एक खेल, बिंगो, जिस खिलाड़ी के कार्ड की सभी संख्याएँ बोली जा चुकी हों वह विजेता घोषित होता है

binocular /बिˈनॉक्यल(र्)/ *n.* (*pl.* **binoculars**) दो लेंसोंवाला उपकरण जिसका प्रयोग दूर की वस्तुओं को देखने के लिए किया जाता है; इससे वे निकट प्रतीत होती हैं, दूरबीन ▸ **binocular** *adj.* दोनों आँखों का प्रयोग करते हुए, द्विनेत्री

binomial /बाइˈनोमिअल्/ *n.* गणित में + या − चिह्न से जुड़े दो पदों से बना व्यंजक, द्विपद ▸ **binomial** *adj.* द्विपदी, द्विपदयुक्त

biochemistry /ˌबाइओˈकेमिस्ट्रि/ *n.* 1 सजीवों की रासायनिकी का वैज्ञानिक अध्ययन, जीवरसायन 2 किसी सजीव की रासायनिक संरचना ▸ **biochemical** *adj.* जीवरसायन संबंधी

biodata /ˈबाइओडेट/ *n.* शिक्षा तथा कार्य अनुभव की औपचारिक सूची, बॉयोडाटा

biodegradable /ˌबाइओडिˈग्रेडब्ल्/ *adj.* जो प्राकृतिक रूप से पुनः पृथ्वी में घुल-मिल जाए ताकि पर्यावरण को हानि न हो, जैवनिम्नीकरणीय

biodiversity /ˌबाइओडाइˈवसटि/ *n.* पर्यावरण में अनेक प्रकार के पौधों एवं जंतुओं का सम्मिलित अस्तित्व, जैव विविधता

biography /बाइˈऑग्रफ़ि/ *n.* (*pl.* **biographies**) (अन्य व्यक्ति द्वारा लिखित) किसी व्यक्ति का जीवनचरित, जीवनी ▸ **biographical** *adj.* जीवन-संबंधी, जीवनीपरक

biology /बाइˈऑलजि/ *n.* सजीवों का वैज्ञानिक अध्ययन, जैविकी, जीवविज्ञान ▸ **biological** *adj.* जीवविज्ञान संबंधी

bionic /बाइˈऑनिक्/ *adj.* (कृत्रिम अंग से संबंधित) इलेक्ट्रॉनिक तरीक़े से चालित

biopsy /ˈबाइऑप्सि/ *n.* (*pl.* **biopsies**) रोग की परख के लिए शरीर से किसी ऊतक को निकालने की क्रिया, बॉयोप्सी

biorhythm /ˈबाइओरिदम्/ *n.* सजीवों के जीवन में होने वाले परिवर्तनों की नियमित शृंखला, उदाहरण के लिए सोना, जागना, जैविक लय

biotechnology /ˌबाइओटेक्ˈनॉलजि/ *n.* औद्योगिक तथा वैज्ञानिक प्रक्रियाओं में जीवित कोशिकाओं तथा जीवाणुओं का प्रयोग, जैव प्रौद्योगिकी

bipartisan /ˌबाइपाटिˈज़ैन्/ *adj.* दो राजनीतिक दलों की संलिप्तता, द्विदलीय, द्वि-पक्षीय

bipartite /बाइˈपाटाइट्/ *adj.* **1** दो खंडोंवाला, द्विखंडी **2** दो दलों द्वारा निर्मित या दो दलों की संलिप्तता, द्विदलीय, द्विपक्षीय

biped /ˈबाइपेड्/ *n.* दो पैरों वाला कोई भी प्राणी, द्विपाद

biplane /ˈबाइप्लेन्/ *n.* हवाई जहाज़ जिसमें एक के ऊपर दूसरा, दो जोड़ी पंख होता है, द्विपंखी विमान

bird /बड्/ *n.* **1** उड़ने में समर्थ एवं पंखोंवाला प्राणी, पक्षी, चिड़िया **2** युवा महिला, युवती

bird flu *n.* पक्षियों में होनेवाला एक गंभीर रोग जो पक्षियों से इंसानों में फैल सकता है जिससे मृत्यु भी हो सकती है, बर्ड-फ़्लू

birth /बथ्/ *n.* **1** जन्म, माता के शरीर से बाहर आने की क्रिया **2** किसी व्यक्ति का जन्म-स्थान, कुल या वंश **3** किसी स्थिति का आरंभ, प्रवर्तन

birth control *n.* जन्म को रोकने की विधि, गर्भ निरोध

birthday /ˈबथ्डे/ *n.* जन्मदिन की वर्षगाँठ, जन्मदिवस, सालगिरह

birthmark /ˈबथ्माक्/ *n.* किसी व्यक्ति के शरीर पर जन्म से ही पाया जानेवाला असामान्य चिन्ह, जन्म-चिन्ह

birthplace /ˈबथ्प्लेस्/ *n.* वह घर या जगह जहाँ व्यक्ति का जन्म हुआ था, जन्मस्थान

birth rate *n.* किसी स्थान की जनसंख्या में प्रति एक हजार जनसंख्या पर प्रति वर्ष होनेवाले जन्म, जन्मदर

birthright /ˈबथ्राइट्/ *n.* वे अधिकार या विशेषाधिकार जो व्यक्ति को जन्म से ही प्राप्त होते हैं, जन्मसिद्ध अधिकार

biryani (*also* **biriyani, biriani**) *n.* उच्चकोटि के चावल तथा मांस या चावल तथा मछली या सब्जियों से तैयार एक भारतीय व्यंजन, बिरयानी

biscuit /ˈबिस्किट्/ *n.* **1** बिस्कुट **2** एक प्रकार का छोटा फीका सादा केक

bisect /बाइˈसेक्ट्/ *v.* दो समान खंडों में विभक्त करना, द्विभाजन करना, दो बराबर भागों में बाँटना ▸ **bisection** *n.* द्वि-भाजन, अर्धन

bisexual /ˌबाइˈसेक्शुअल्/ *adj.* **1** लैंगिक रूप से पुरुषों एवं महिलाओं दोनों के प्रति आकर्षित **2** महिला एवं पुरुष दोनों के लक्ष्णोंवाला **3** दोनों लिंगों (पुरुष एवं महिला) वाला, द्विलिंगी, उभयलिंग ▸ **bisexuality** *n.* द्विलैंगिकता

bishop /ˈबिशप्/ *n.* **1** चर्च-व्यवस्था में नगर या ज़िले की चर्चों का संरक्षक पादरी, बिशप **2** शतरंज का एक मोहरा, ऊँट

bismuth /ˈबिज़्मथ्/ *n.* एक लाल-भूरा धात्विक अवयव, भूल

bison /ˈबाइसन्/ *n.* (*pl.* **bison**) बिखरे बालों एवं मुड़ी सींगोंवाला एक विशाल जंगली बैल, जंगली साँड़

bistro /ˈबीस्ट्रो/ *n.* (*pl.* **bistros**) एक छोटा-सा सस्ता रेस्तराँ, बिस्टरो

b

bit /बिट्/ *n.* **1** हलका-सा, थोड़ा **2** थोड़ा-सा समय या ज़रा-सी दूरी **3** (वस्तु का) छोटा टुकड़ा, मात्रा या अंश **4** कंप्यूटर-स्मृति में संचित सूचना की लघुतम इकाई

bitch /बिच्/ *v.* निंदा या आलोचना करना, विशेषतः पीठ पीछे ▸ **bitch** *n.* **1** कुत्ते की मादा, कुतिया **2** ईर्ष्यालु या अप्रिय महिला ▸ **bitchy** *adj.* दूसरों के बारे में अप्रिय बातें करनेवाला, दुर्भावना से प्रेरित

bite /बाइट्/ *v.* **(biting, bit, bitten)** **1** दाँतों से काटना, दाँतों से काटकर हमला करना **2** (किसी पतंगे या साँप आदि का) डंक मारना, डसना ▸ **bite** *n.* **1** भोजन की वह छोटी मात्रा जो मुँह में जा सके, ग्रास **2** (किसी कीड़े आदि के) डसने या काटने से बना घाव

biting /ˈबाइटिङ्/ *adj.* **1** (हवा) बहुत ही ठंडी और कष्टकर **2** (टिप्पणी) निष्ठुर एवं निर्णायक, तीक्ष्ण

bitter /ˈबिट(र्)/ *adj.* **1** क्रोध या घृणा से प्रेरित, कड़वाहट-भरा **2** मर्माहत, दुखी व क्रोधित **3** कड़वा, तीखा, तिक्त **4** (मौसम) बहुत ठंडा ▸ **bitterness** *n.* कटुता, कड़वापन

bitumen /ˈबिचमन्/ *n.* सड़कों पर या छतों पर डाला जाने वाला गाढ़ा तारकोल, डामर, बिटुमन ▸ **bituminous** *adj.* तारकोलयुक्त, बिटुमिनस

bivalve /ˈबाइवैल्व्/ *n.* मृदु कवचधारी जंतु जिसके खोल या कोष दो भाग में बटे होते हैं (जैसे-सीपी मछली)

bizarre /बिˈज़ा(र्)/ *adj.* अत्यधिक अनोखा, विचित्र या असामान्य

blab /ब्लैब्/ *v.* **(blabbing, blabbed)** मूर्खता से बता देना, बक देना, (रहस्य) खोल देना

black /ब्लैक्/ *adj.* **1** काला (रंग) (रात या कोयले जैसा) **2** अफ़्रीका की श्याम वर्ण वाली जाति से संबंधित ▸ **black** *n.* **1** काला रंग, काला, कृष्ण **2** काला आदमी, हबशी

blackberry /ˈब्लैक्बरि/ *n.* (*pl.* **blackberries**) जंगली झाड़ियों पर उगने वाला छोटा काला फल, काला जंगली बेर, काली अंची

blackbird /ˈब्लैक्बड्/ *n.* एक पक्षी जिसके नर का रंग काला परंतु चोंच पीली और मादा का रंग भूरा होता है, कस्तूरा

blackboard /ˈब्लैक्बॉड्/ *n.* कक्षा में प्रयुक्त काला पटल जिस पर खड़िया से लिखा जाता है, श्यामपट्ट, ब्लैकबोर्ड

black box (*also* **flight recorder**) *n.* विमान दुर्घटना के कारणों सहित विस्तृत जानकारी देनेवाली एक छोटी मशीन, ब्लैक बॉक्स

blackcurrant /ˌब्लैक्ˈकरन्ट्/ *n.* झाड़ियों पर फलने वाला छोटा गोल काला फल, काले अंगूर

blacken /ˈब्लैकन्/ *v.* **1** काला करना **2** किसी की प्रतिष्ठा धूमिल करना, कलंक लगाना, कालिख पोतना

blackhead /ˈब्लैक्हेड्/ *n.* विशेषतः चेहरे की त्वचा पर छोटा कील, मुंहासा

black hole *n.* अंतरिक्ष का ऐसा क्षेत्र जहाँ भीतरी आकर्षण इतना प्रबल होता है कि प्रकाश की किरणें भी इससे बच नहीं सकती हैं और उसमें समा जाती हैं, कृषिणका-विवर

blacklist /ˈब्लैक्लिस्ट्/ *n.* ऐसे व्यक्तियों की सूची जो किसी संस्था, देश आदि द्वारा अस्वीकार्य या अविश्वसनीय माने जाते हैं, काली सूची, ब्लैक लिस्ट ▸ **blacklist** *v.* काली सूची में डालना

blackmail /ˈब्लैक्मेल्/ *n.* कोई रहस्य खोलने की धमकी देकर धन ऐंठने या कुछ करवाने का अपराध, भयादोहन ▸ **blackmail** *v.* भयादोहन करना

black market *n.* विदेशी मुद्रा या माल का अवैध क्रय-विक्रय, काला बाज़ार, चोर बाज़ार

blackout /ˈब्लैक्आउट्/ *n.* **1** युद्ध के दौरान वह अवधि जिसमें प्रकाश के स्रोत बुझा दिए जाते हैं ताकि दुश्मन को ठिकानों का पता न चले, ब्लैकआउट **2** अचानक बिजली की आपूर्ति बंद होने के कारण बत्ती का गुल हो जाना **3** कुछ समय के लिए मूर्च्छित हो जाना, ब्लैकआउट

black sheep *n.* परिवार के लिए अपमान का कारण व्यक्ति, कुल कलंक

blacksmith /ˈब्लैक्स्मिथ्/ *n.* वह व्यक्ति जो लोहे के सामान बनाता है और उनकी मरम्मत करता है, लोहार

bladder /ˈब्लैड(र्)/ *n.* शरीर का वह अंग जहाँ मूत्र एकत्र होता है, मूत्राशय

blade /ब्लेड्/ *n.* **1** चाकू आदि का चपटा तेज़ धार वाला फ़लक, धार, ब्लेड **2** घास का तिनका, पत्ती

blame /ब्लेम्/ *v.* **1** किसी व्यक्ति या वस्तु को ग़लती के लिए ज़िम्मेदार या दोषी ठहराना **2** दोष न देना, किसी की विवशता को समझना ▸ **blame** *n.* ग़लती का दायित्व, दै ▸ **blameless** *adj.* निर्दोष, बेक़सूर

blanch /ब्लान्च्/ *v.* **1** भय से पीला पड़ जाना **2** सब्ज़ी बनाते समय थोड़ी देर के लिए उसे पानी में खौलाना

bland /ब्लैन्ड्/ *adj.* **1** मामूली, अनाकर्षक, अरोचक **2** (भोजन) फीका या बेस्वाद **3** भावहीन ▸ **blandly** *adv.* भावहीनता से

blandishments /ˈब्लैन्डिश्मन्ट्स्/ *n.* चापलूसी, फुसलाने की बातें

blank /ब्लैङ्क्/ *n.* रिक्त स्थान, ख़ाली जगह ▸ **blank** *adj.* **1** ख़ाली, कोरा **2** बिना भाव, समझ या रुचि के, भावशून्य ▸ **blankly** *adv.* भावशून्य रीति से

blanket /ˈब्लैङ्किट्/ *n.* **1** कंबल, ऊनी चादर **2** किसी वस्तु की मोटी परत, आवरण, चादर ▸ **blanket** *v.* (**blanketing, blanketed**) मोटी परत से ढकना ▸ **blanket** *adj.* सब पर लागू, व्यापक

blare /ब्लेअ(र्)/ *v.* ऊँची कर्कश ध्वनि उत्पन्न करना ▸ **blare** *n.* ऊँची कर्कश ध्वनि

blasé /ˈब्लाज़े/ *adj.* किसी की अत्यधिक जानकारी या अनुभव के कारण उसके प्रति उत्साहहीनता, उबा हुआ

blaspheme /ब्लैस्ˈफ़िम्/ *v.* ईश्वर या धर्म की निंदा करना, पवित्र वस्तुओं के बारे में अपमानजनक शब्द कहना ▸ **blasphemy** *n.* ईशनिंदा, ईश्वर निंदा

blast /ब्लास्ट्/ *n.* **1** विस्फोट, धमाका, विशेषतः बम का **2** हवा का तेज़ झोंका, झकोरा **3** किसी वाद्य यंत्र द्वारा उत्पन्न ऊँची ध्वनि ▸ **blast** *v.* **1** विस्फोट द्वारा गड्ढा, सुरंग आदि बनाना **2** किसी की तीखी आलोचना करना **3** (**blast off**) (अंतरिक्ष यान का) ज़मीन छोड़ना, उड़ान भरना

blatant /ˈब्लेटन्ट्/ *adj.* साफ़, खुला या स्पष्ट ▸ **blatantly** *adv.* खुले तौर पर, खुलेआम

blaze /ब्लेज़्/ *n.* **1** भयंकर आग **2** ज्वाला की चमक, प्रदीप्ति ▸ **blaze**

b

v. 1 चमकीली ज्वाला के साथ जलना 2 बहुत चमकीला होना, प्रखर रूप से प्रदीप्त होना

bleach /ब्लीच्/ *v.* रसायन के प्रयोग से या धूप के कारण रंग उड़ाना या उड़ जाना, विरंजित करना ▸ **bleach** *n.* वस्तुओं को साफ़ करने या कीटाणुरहित करनेवाला रसायन, विरंजक

bleak /ब्लीक्/ *adj.* 1 (स्थिति) ख़राब, बुरी, निराशापूर्ण 2 (स्थान) सर्द, उजाड़ और धूसर 3 (मौसम) सर्द और धूलभरा ▸ **bleakly** *adv.* निराशपूर्ण तरह से ▸ **bleakness** *n.* निराशापूर्णता, उत्साहहीनता

bleary /ˈब्लिअरि/ *adj.* (**blearier, bleariest**) (आँखें) लाल, थकी हुई और धुँधली दृष्टि वाली ▸ **blearily** *adv.* धुँधलेपन से

bleat /ब्लीट्/ *v.* 1 (भेड़ या बकरी) में-में करना, मिमियाना 2 क्षीण स्वर में कुछ कहना या शिकायत करना ▸ **bleat** *n.* मिमियाने की आवाज़, मिमियाहट

bleed /ब्लीड्/ *v.* (**bleeding, bled**) 1 ख़ून बहना, रक्तस्राव होना 2 धन या संसाधन का व्यय होना ▸ **bleeding** *n.* रक्तस्राव

bleep /ब्लीप्/ *n.* किसी विद्युत यंत्र द्वारा उत्पन्न अल्पकालीन ऊँची ध्वनि ▸ **bleep** *v.* (यंत्र) अल्पकालीन ऊँची ध्वनि निकालना

blemish /ˈब्लेमिश्/ *n.* दाग़ या धब्बा ▸ **blemish** *v.* दाग़ या धब्बा लगाना, कलंकित करना

blender /ˈब्लेन्ड(र्)/ *n.* भोज्य पदार्थों को द्रव बनाने वाला विद्युतीय यंत्र, सम्मिश्रक

bless /ब्लेस्/ *v.* 1 ईश्वर की सुरक्षात्मक कृपा चाहना, वरदान मांगना 2 (**be blessed with**) सौभाग्यशाली करना, सुखी बनाना

blight /ब्लाइट्/ *v.* हानि पहुँचाना ▸ **blight** *n.* 1 फ़सलनाशक रोग 2 हानिकारक प्रभाव, अभिशाप

blind /ब्लाइन्ड्/ *v.* 1 देखने में असमर्थ बना देना, नेत्र ज्योतिहीन हो जाना या कर देना 2 किसी को विवेकशून्य कर देना, स्पष्ट विचार-क्षमता से वंचित कर देना ▸ **blind** *adj.* 1 नेत्रहीन, नेत्र-विकलांग, दृष्टिहीन 2 ध्यान देने या समझने में अनिच्छुक, उपेक्षाशील ▸ **blindly** *adv.* बिना सोचे-समझे

blind alley *n.* एक छोर पर बंद संकरी सड़क, गली या रास्ता, बंद गली

blindfold /ब्लाइन्ड्फोल्ड/ *n.* आँखों पर बाँधने की पट्टी ▸ **blindfold** *v.* आँखों पर पट्टी बाँधना

blink /ब्लिङ्क्/ *v.* 1 आँखें झपकाना या मिचकाना 2 (रोशनी का) टिमटिमाना ▸ **blink** *n.* झपकी, निमेष

blinkered /ब्लिङ्कड्/ *adj.* 1 स्थिति के सभी पक्षों से अवगत नहीं 2 अलग विचारों को स्वीकार करने के लिए अनिच्छुक

blinkers /ˈब्लिङ्कज़्/ *n.* (*pl.*) (*US* **blinders**) घोड़े को इधर-उधर देखने से रोकने के लिए उसकी आँखों पर लगाए जाने वाले चमड़े के टुकड़े, अँधेरी, झापड़े

blip /ब्लिप्/ *n.* 1 किसी यंत्र के परदे पर कौंधती रोशनी, कभी-कभी अल्पकालिक ऊँची आवाज़ के साथ 2 अस्थायी समस्या

bliss /ब्लिस्/ *n.* परमानंद, चरम सुख ▸ **blissful** *adj.* सुखद, आनंदमय, चरम सुख ▸ **blissfully** *adv.* सुखपूर्वक, सानंद

blister /ˈब्लिस्ट (र्)/ *n.* त्वचा पर उभरनेवाला छोटा बुलबुला जिसमें पानी भरा होता है, फ़फ़ोला, छाला ▸ **blister** *v.* **1** फ़फ़ोले होना या कर देना **2** फूलना और दरकना या फुलाना और दरकाना

blithe /ब्लाइद्/ *adj.* ज़िंदादिल, प्रसन्नचित्त ▸ **blithely** *adv.* ज़िंदादिली से, प्रसन्नता के साथ

blitz /ब्लिट्स्/ *n.* **1** एकाएक किया गया सैनिक आक्रमण **2** एकाग्र प्रयास ▸ **blitz** *v.* अचानक आक्रमण करना

blizzard /ˈब्लिज़ड्/ *n.* बर्फ़ानी तूफ़ान, हिम-झंझावात

bloat /ˈब्लोट्/ *v.* फुलाना, फूलना, सूजना

blob /ब्लॉब्/ *n.* **1** गाढ़े द्रव की बूँद **2** एक गोल पिंड

bloc /ब्लॉक्/ *n.* समान राजनीतिक हित वाले देशों का गुट

block /ब्लॉक्/ *v.* **1** अवरोध या बाधा द्वारा आवागमन में रोक डालना **2** किसी कार्य को पूरा होने से रोकना, रोड़े अटकाना ▸ **block** *n.* **1** धातु या पत्थर का बड़ा और भारी खंड, प्रायः समतल पार्श्वोंवाला, कुंदा **2** अलग-अलग खंडों में बँटा एक बड़ा भवन **3** (भारत में) ग्राम समूहों की एक प्रशासनिक इकाई ▸ **blockbuster** *n.* अति लोकप्रिय फ़िल्म या किताब

blockade /ब्लॉˈकेड्/ *n.* ऐसी स्थिति जिसमें वस्तुओं अथवा लोगों के आवागमन को रोकने के लिए किसी स्थान की घेराबंदी कर दी जाती है, नाकेबंदी, अवरोधन ▸ **blockade** *v.* नाकेबंदी करना, अवरोधन लगाना

blockage /ˈब्लॉकिज्/ *n.* अवरोधक, बाधक, अवरोध, बाधा

blog /ब्लॉग् / *n.* (*also* **weblog**) इंटरनेट उपभोक्ताओं के लिए ऐसी वेबसाइट जहाँ कोई व्यक्ति अपनी रुचि के विषय पर नियमित रूप से लिखता है, ब्लॉग ▸ **blogger** *n.* वह व्यक्ति जो अपनी रुचि के विषय पर नियमित रूप से किसी वेबसाइट में लिखता है, ब्लॉगर

bloke /ब्लोक्/ *n.* आदमी, पुरुष

blonde /ब्लॉन्ड्/ *n.* & *adj.* **1** (व्यक्ति) शुभ्र अथवा पीत वर्ण केशों वाला **2** (बाल) सुनहरा

blood /ब्लड्/ *n.* शरीर में बहनेवाला लाल द्रव, रक्त, ख़ून

blood group *n.* (*also* **blood type**) मानव रक्त के अनेक वर्ग में से एक, रुधिर वर्ग

blood pressure *n.* वह दाब जिस पर शरीर में रक्त संचरण करता है, रक्तचाप

bloodshed *n.* ख़ून-ख़राबा, रक्तपात

blood transfusion *n.* किसी व्यक्ति के शरीर में नया रक्त डालना, रक्त-आधान

bloody /ˈब्लडि/ *adj.* (**bloodier, bloodiest**) **1** हिंसा-भरा, ख़ूनी, रक्तपातपूर्ण **2** ख़ून से सना, रुधिराक्त

bloom /ब्लूम्/ *v.* फूल खिलाना, बौराना, पुष्पित होना ▸ **bloom** *n.* **1** पुष्प, फूल **2** नवयौवन, निखार

blossom /ˈब्लॉसम्/ *n.* फूल, बौर, मंजरी ▸ **blossom** *v.* **1** (पेड़ों का) पुष्पित होना **2** अधिक स्वस्थ, आत्मविश्वासी या सफल होना

blot /ब्लॉट्/ *n.* **1** रोशनाई का धब्बा, दाग़, निशान **2** (चरित्र पर) लांछन, कलंक ▸ **blot** *v.* (**blotting, blotted**) **1** किसी सतह पर निशान, दाग़ या धब्बा लगाना, विशेषकर स्याही से काग़ज़ पर **2** किसी सतह पर से द्रव सोखना

blotch /ब्लॉच/ *n.* त्वचा, पौधों आदि पर पड़ने वाला अस्थायी या कच्चा धब्बा ▸ **blotchy** *adj.* धब्बेदार

blotting paper *n.* लिखने के बाद स्याही सुखाने के लिए प्रयुक्त मुलायम काग़ज़, स्याही-सोख़ता, ब्लॉटिंग पेपर

blouse /ब्लाउज़/ *n.* महिलाओं का उपरिवस्त्र, चोली, ब्लाउज़

blow /ब्लो/ *v.* (**blowing, blew, blown**) **1** (हवा का) बहना, चलना **2** (वस्तुओं का) हवा से उड़ना **3** फूँक मारना **4** फूँक मारकर सीटी, वाद्य यंत्र आदि बजाना ▸ **blow** *n.* **1** घूँसा, प्रहार **2** आकस्मिक आघात या निराशा, हताशा **3** (नाक) छिनकने या सिनकने की क्रिया ▸ **blowy** *adj.* तेज़ हवा का, तूफ़ानी

blowout /ˈब्लोआउट्/ *n.* टायर आदि का फटना, फूट पड़ना

blubber /ˈब्लब(र्)/ *n.* ह्वेल मछली तथा अन्य स्थूल समुद्री प्राणियों की चरबी

bludgeon /ˈब्लजन्/ *v.* **1** किसी भारी वस्तु से बार-बार बहुत कसकर मारना **2** किसी को कुछ करने के लिए बाध्य करना विशेषतः धौंस देकर

blue /ब्लू/ *n.* **1** नीला रंग, नील **2** (**the blues**) अत्यधिक उदास या निराशा, विषाद, खिन्नता ▸ **blue** *adj.* **1** नीला, आसमानी **2** उदास (प्रायः गानों में प्रयुक्त) ▸ **blueness** *n.* नीलापन ▸ **bluish** *adj.* नीला-सा, नीलाभ

blue-blooded *adj.* कुलीन या राजकीय, शाही ▸ **blue-blood** *n.* कुलीन व्यक्ति, ख़ानदानी व्यक्ति

blue-collar *adj.* शारीरिक काम संबंधी

blueprint /ˈब्लूप्रिन्ट्/ *n.* तकनीकी आरेख या कार्य योजना, ब्लूप्रिंट

bluff /ब्लफ़्/ *v.* किसी को झाँसा देना, धोखा देना ▸ **bluff** *n.* **1** झूठा विश्वास, झांसा **2** ऊँची खड़ी चट्टान, विशेषतः समुद्र या नदी के किनारे

blunder /ˈब्लन्ड(र्)/ *n.* भद्दी या मूर्खतापूर्ण भूल ▸ **blunder** *v.* भद्दी भूल करना

blunt /ब्लन्ट्/ *adj.* **1** (चाकू आदि) कुंद, भोथरा **2** (व्यक्ति, टिप्पणी आदि) मुँहफट, स्पष्टवादी, रूखा ▸ **blunt** *v.* धार कम करना, कुंद या कुंठित करना ▸ **bluntly** *adv.* रूखाई से, दो टुक लहजे में ▸ **bluntness** *n.* भोथरापन, रूखापन

blur /ब्ल(र्)/ *n.* धुंधली या अस्पष्ट वस्तु ▸ **blur** *v.* (**blurring, blurred**) धुंधला हो जाना या कर देना ▸ **blurred** *adj.* धुंधला व अस्पष्ट

blurb /ब्लब्/ *n.* किताब, फ़िल्म आदि के प्रचार के लिए लिखा गया संक्षिप्त विवरण, परिचय

blurt /ब्लट्/ *v.* बिना सोचे-समझे बोल उठना

blush /ब्लश्/ *v.* (लज्जा या झेंप से) मुख पर लाली छा जाना ▸ **blush** *n.* (लज्जा या झेंप से) मुख पर आनेवाली लाली

bluster /ˈब्लस्ट(र्)/ *v.* **1** ऊँची आवाज़ में आक्रामक ढंग से बात करना, धमकाना, प्रचंड होना **2** सनसनाना, आवेग में बहना ▸ **blustery** *adj.* प्रचंड, धमकी भरा

boa /ˈबोआ/ *n.* बड़ा साँप जो अपने शिकार को दबाकर मारता है, अजगर, बोआ

boarding school *n.* ऐसा स्कूल जहाँ अध्ययन के दौरान विद्यार्थी रहते हैं, आवासीय विद्यालय

boar /बॉ(र)/ *n.* (*pl.* **boar** or **boars**) 1 नर सूअर 2 जंगली या बनैला सूअर

board /बॉड्/ *n.* 1 फ़र्श, दीवार आदि के निर्माण में प्रयुक्त लकड़ी का तख़्ता, पटरा 2 संस्था आदि का नियंत्रक मंडल, समिति, परिषद ▸ **board** *v.* 1 विमान, जहाज़, बस आदि में सवार होना 2 पैसों से भोजन और आवास प्राप्त करना

boast /बोस्ट्/ *v.* 1 शेख़ी बघारना, डींग हाँकना 2 (स्थान) गौरव या प्रतिष्ठा लाने वाली वस्तु आदि से संपन्न होना ▸ **boast** *n.* शेख़ी, डींग, आत्मप्रशंसा, गर्व ▸ **boastful** *adj.* शेख़ी मारनेवाला, डींग मारनेवाला, दंभी

boat /बोट्/ *n.* 1 नाव, किश्ती 2 किसी भी प्रकार का जहाज़ ▸ **boating** *n.* नौकायन, नौकाविहार

bob /बॉब्/ *v.* (**bo<u>bb</u>ing, bo<u>bb</u>ed**) जल्दी-जल्दी ऊपर-नीचे होना, डूबना-उतराना, ऊभ-चूभ हो जाना

bobbin /ˈबॉबिन्/ *n.* सिलाई मशीन में प्रयुक्त घिटनी जिसमें धागा लपेटा जाता है, फिरकी, बोबिन

bobble /ˈबॉब्ल्/ *n.* प्रायः ऊन का बना छोटा-सा गेंद जो विशेषकर सजावट के लिए लगाया जाता है

bode /बोड्/ *v.* (**bode well/ill**) अच्छा या बुरा शकुन होना

bodily /ˈबॉडिलि/ *adj.* मानव शरीर-विषयक, शारीरिक, दैहिक ▸ **bodily** *adv.* सशरीर, शरीर-समेत

body /ˈबॉडि/ *n.* (*pl.* **bodies**) 1 मानव या जानवर की सांगोपांग देह, सकल शरीर 2 शव, लाश 3 व्यक्ति-समूह जो आधिकारिक स्तर पर दल के रूप में काम करता है, निकाय

bodyguard /ˈबॉडिगाड्/ *n.* व्यक्तिगत सुरक्षा के लिए तैनात व्यक्ति या व्यक्तियों का समूह, अंगरक्षक

body language *n.* शरीर की विभिन्न मुद्राओं द्वारा भावनाओं की अभिव्यक्ति, देह भाषा

bog /बॉग्/ *n.* दलदल ▸ **bog** *v.* (**be/get bogged down**) 1 प्रगति में बाधा डालना 2 दलदल में धंसना ▸ **boggy** *adj.* दलदली

bogey /ˈबोगि/ *n.* (*pl.* **bogeys**) 1 भय उत्पन्न करने वाली वस्तु, प्रायः बिना किसी तर्क या अर्थ के, हौआ 2 नाक का मल

boggle /ˈबॉग्ल्/ *v.* स्तब्ध रह जाना, ठिठकना, विश्वास न कर पाना

bogus /ˈबोगस्/ *adj.* असली होने का ढोंग करते हुए, बनावटी, खोटा, जाली

Bohemian /बोˈहीमिअन्/ *n.* आचरण के स्वीकार्य नियमों की अनदेखी करते हुए जीनेवाला व्यक्ति, रूढ़िमुक्त

boil /बॉइल्/ *v.* 1 (द्रव का) उबलना, खौलना 2 द्रव को उबालते रहना, खौलाते रहना 3 उबलते पानी में पकाना 4 (व्यक्ति का) अत्यधिक क्रुद्ध होना, गुस्से में तमतमाना ▸ **boil** *n.* 1 उबलने की अवधि 2 व्रण, फोड़ा, छाला

boiler /ˈबॉइल(र)/ *n.* एक बरतन जिसमें पानी खौलता है और भाप बनती है, वाष्पित्र, बॉयलर

boisterous /ˈबॉइस्टरस्/ *adj.* (व्यक्ति या उसका व्यवहार) ऊधमी, शोरग़ुल मचाने वाला किंतु प्रसन्नचित्त

bold /बोल्ड्/ *adj.* 1 आत्मविश्वासी और निडर 2 (मुद्रित अक्षर) मोटे और गहरे रंग में ▸ **bold** *n.* मोटे और गहरे रंग में मुद्रण ▸ **boldly** *adv.* निडरता से, निर्भीकता से

b

bole /बोल्/ *n.* पेड़ का तना, धड़

bolero /ब'लेअरो/ *n.* (*pl.* **boleros**) स्पेन का एक परंपरागत नृत्य, बोलेरो

boll /बोल्/ *n.* (कपास या सन का) बीजकोष, डोडा

bollard /'बॉलाड्/ *n.* मोटा खूँटा

bolster /'बोल्स्ट(र्)/ *v.* प्रोत्साहित करना, बढ़ावा या समर्थन देना, शक्तिवर्द्धन करना ▸ **bolster** *n.* एक प्रकार का लंबा मोटा तकिया

bolt /बोल्ट्/ *n.* **1** धातु की कील, पेंच, बोल्ट **2** दरवाज़े की सिटकिनी, चटख़नी ▸ **bolt** *v.* **1** भाग जाना, बगटुट भागना **2** (पेंच से) कसना या बाँधना **3** दरवाज़े को सिटकिनी द्वारा बंद करना, चटख़नी लगाना

bomb /बॉम्/ *n.* **1** बम, गोला, विस्फोटक पदार्थ से भरा पात्र **2** (**the bomb**) परमाणु बम, आण्विक अस्त्र **3** (**a bomb**) बहुत बड़ी राशि ▸ **bomb** *v.* **1** बम गिराकर हमला करना **2** वाहन का दिशा-विशेष में बहुत तेज़ गति से जाना

bombard /बॉम्'बाड्/ *v.* बमवर्षा करना या अन्य प्रक्षेपास्त्र से हलमा करना, गोलाबारी करना ▸ **bombardment** *n.* गोलाबारी, बमबारी

bombast /'बाम्बैस्ट्/ *n.* भारी भरकम शब्दों से भरी भाषा, शब्दाडंबर, वाग्जाल ▸ **bombastic** *adj.* बड़े-बड़े शब्दों से भरा हुआ, शब्दाडम्बरपूर्ण

bomber /'बॉम(र्)/ *n.* **1** बमवर्षक विमान **2** बम-विस्फ़ोट करने वाला व्यक्ति

bonafide /ˌबोना 'फ़ाइडि/ *adj.* वास्तविक, प्रामाणिक, असली, सच्चा

bonanza /ब'नैन्ज़ा/ *n.* सौभाग्य एवं समृद्धि देनेवाली स्थिति, सफलता, समृद्धि का स्रोत

bond /बॉन्ड्/ *n.* **1** जोड़ने वाली शक्ति, भावना आदि, बंधन, संबंध **2** सरकार अथवा किसी कम्पनी से ख़रीदा गया ऐसा प्रमाण पत्र जो निवेशित राशि पर ब्याज की गारंटी देता है, ऋणपत्र, बांड ▸ **bond** *v.* **1** सुरक्षित रूप से जोड़ना, संबंध जोड़ना **2** सभी भावना पर आधारित संबंध

bondage /'बान्डिज्/ *n.* दासता, गुलामी, बंधन, पाबंदी

bone /बोन्/ *n.* **1** हड्डी, अस्थि **2** वह पदार्थ जिससे हड्डी बनती है ▸ **bone** *v.* हड्डियाँ निकालना

bone marrow *n.* अस्थि के भीतर का नरम पदार्थ, मज्जा, अस्थिमज्जा

bonfire /'बॉन्फ़ाइअ(र)/ *n.* खुले में लगाई गई आग, अलाव

bongo /'बोङ्गो/ *n.* (*pl.* **bongos**) छोटा ढोल जिसे दोनों घुटनों के बीच रखकर बजाया जा सकता है, बोंगो

bonhomie /'बान्मि/ *n.* सहृदयता, सौजन्य

bonnet /'बॉनिट्/ *n.* **1** कार के इंजन को ढकने वाला ढक्कन, बोनेट **2** चेहरे के पार्श्वों को ढकने वाला छोटा गोल टोप जिसे ठुड्डी से बाँधा जाता है

bonny /'बॉनि/ *adj.* (**bonnier, bonniest**) सुंदर और स्वस्थ, आकर्षक, सुडौल

bonsai /'बॉन्साइ/ (*pl.* **bonsai**) *n.* **1** गमले में उगाया जानेवाला एक छोटा वृक्ष जिसकी सामान्य वृद्धि को अवरुद्ध कर दिया गया हो, वामन वृक्ष, बोंसाई **2** छोटे सजावटी पौधे उगाने की जापानी कला

bonus /'बोनस्/ *n.* (*pl.* **bonuses**) **1** अधिलाभांश, (नियमित के) अतिरिक्त

राशि, बोनस 2 अतिरिक्त उपलब्धि या लाभ

bon voyage /ˌबॉन् वॉइˈआज़्/ *exclam.* किसी को यात्रा पर जाते हुए शुभ कामना दी जाती है, शुभ यात्रा

bony /ˈबोनि/ *adj.* (**bonier, boniest**) 1 इतना दुबला-पतला कि हड्डियों की संरचना दिखाई पड़े 2 हड्डियोंवाला या हड्डियों से मिलता-जुलता

boo /बू/ *exclam. & n.* (*pl.* **boos**) 1 किसी वस्तु या वस्तु के प्रति अरुचि दर्शाने के लिए निकाली गई व्यंजक ध्वनि 2 किसी को भयभीत या चकित करने के लिए प्रयुक्त ध्वनि ▸ **boo** *v.* (**booing, booed**) इस तरह की ध्वनि निकालना

boob /बूब/ *n.* 1 मूर्खतापूर्ण ग़लती 2 (स्त्री का) वक्ष ▸ **boob** *v.* मूर्खतापूर्ण ग़लती करना, मूर्खता करना

booby /ˈबूबि/ *n.* (*pl.* **boobies**) बुद्धू, महामूर्ख

book /बुक/ *n.* 1 मुद्रित अथवा इलेक्ट्रॉनिक रूप में प्रकाशित (लिखित) कृति, पुस्तक, किताब 2 लिखने या चित्र बनाने के लिए पुस्तिका, कॉपी 3 (**books**) किसी संस्था आदि के धन या लेन-देन का रिकॉर्ड, बही ▸ **book** *v.* 1 किसी विशिष्ट समय के लिए आरक्षण आदि की व्यवस्था करना 2 अपराध के लिए नाम दर्ज करना

bookie /ˈबुकि/ *n.*(घुड़दौड़ आदि में) सट्टा लगाना, सट्टेबाज़ी, बुकी

boom /बूम/ *n.* 1 तेज समृद्धि और विकास की अवधि, गरमबाज़ारी या तेज़ी 2 गरज, धड़ाके की ध्वनि ▸ **boom** *v.* 1 धड़ाका होना, गरजना 2 आकार या मूल्य में तेज़ी से वृद्धि होना

boomerang /ˈबूमरैङ्/ *n.* एक प्रकार का टेढ़ा काष्ठखंड जो विशेष प्रकार से फेंकने पर फेंकने वाले के पास वापस आ जाता है, प्रत्यावर्ती बाण

boon /बून्/ *n.* लाभ, वरदान

boor /बोअ(र्)/ *n.* असभ्य या अशिष्ट व्यक्ति, गँवार या उजड्ड आदमी ▸ **boorish** *adj.*(व्यक्ति या उसका व्यवहार) असभ्य, उजड्ड, अशिष्ट

boost /बूस्ट्/ *v.* संख्या, मूल्य या शक्ति में वृद्धि करना ▸ **boost** *n.* प्रोत्साहन, बढ़ावा, वृद्धि

booster /बूस्टर्/ *n.* 1 विद्युत शक्ति या वोल्टेज बढ़ाने का यंत्र, विद्युतवर्द्धक 2 वैक्सीन की ख़ुराक जो पूर्व में दी गई ख़ुराक की असर बढ़ाने के लिए दी जाती है 3 रॉकेट या आंतरिक्ष यान का वह भाग जो उड़ान भरने के बाद इसकी गति को बढ़ाता है, बूस्टर

boot /बूट्/ *n.* 1 टाँग तक ढकने वाला जूता, ऊंचा जूता, बूट 2 कार में सामान रखने का स्थान, प्रायः पीछे की तरफ़, डिक्की ▸ **boot** *v.* 1 ज़ोर से ठोकर मारना 2 कंप्यूटर को उपयोग के लिए तैयार करना

booth /बूद्/ *n.* टेलीफ़ोन करने, वोट डालने आदि जैसे विशेष प्रयोजनों के लिए बना छोटा-सा घिरा हुआ स्थान, प्रकोष्ठ, बूथ

bootleg /ˈबूट्लेग्/ *adj.* ग़ैर-क़ानूनी रूप से बनाया या वितरित किया गया, नाजायज़, अवैधानिक ▸ **bootlegger** *n.* शराब की नाजायज़ बिक्री, मद्यतस्करी ▸ **bootlegging** *n.* नाजायज़ निर्माण या वितरण

booty /ˈबूटि/ *n.* लूट का माल, लूट

booze /बूज़्/ *n.* शराब, मादक द्रव ▸ **booze** *v.* अत्यधिक शराब पीना

borax /ˈबॉरैक्स्/ *n.* शीशा बनाने में प्रयुक्त एक सफ़ेद धातु, बोरैक्स

b

border /ˈबॉड(र्)/ *n.* **1** दो देशों की विभाजक सीमा, सीमांत प्रदेश **2** सजावटी किनारी **3** घास के मैदान में किनारे-किनारे बनी फूलों की क्यारी ▸ **border** *v.* **1** किसी क्षेत्र की सीमाबंदी करना, किसी क्षेत्र के सीमांत पर होना **2** (**border on**) के समीप होना, नज़दीक आना

borderline /बॉडलाइन्/ *n.* दो भिन्न मामलो और परिस्थितियों के बीच की सीमा रेखा, सीमा

bore /ˈबॉ(र्)/ *v.* **1** किसी को उबा देना विशेषतः बहुत अधिक बोलकर **2** किसी औज़ार से लंबा गहरा छेद करना ▸ **bore** *n.* **1** बहुत अधिक और अरुचिकर बातें करने वाला व्यक्ति, कानखाऊ (व्यक्ति) **2** अरुचिकर काम, उबाऊ काम ▸ **boredom** *n.* उबाऊ, ऊब ▸ **bored** *adj.* थका हुआ, ऊबा हुआ, अरोचक

boric acid /ˌबॉरिक् ˈऐसिड्/ *n.* बोरैक्स से बना एक रसायन जिसे शीशा बनाने और रोगाणुरोधक के रूप में प्रयोग किया जाता है, बोरिक एसिड

born /बॉन्/ *v.* जन्म लेना, पैदा होना, अस्तित्व का आरंभ होना ▸ **born** *adj.* जन्मजात, प्राकृतिक गुण संपन्न

boron /ˈबॉरॉन्/ *n.* भूरा या काला पदार्थ जो इस्पात बनाने के काम आता है, बोरॉन

borough /ˈबरा/ *n.* स्थानीय सरकार वाला लघु नगर या उपनगर

borrow /ˈबॉरो/ *v.* **1** उधार, कर्ज या ऋण लेना **2** किसी दूसरे के शब्दों, विचारों को अपना बना लेना, नक़ल करना ▸ **borrower** *n.* उधार लेने वाला व्यक्ति, कर्ज़दार

bosom /बुज़म्/ *n.* छाती, विशेषतः स्त्रियों का वक्षस्थल ▸ **bosom** *adj.* अंतरंग, विश्वासी

boss /ˈबॉस्/ *n.* कर्मचारियों को आदेश देने वाला अधिकारी, मालिक, प्रबंधक ▸ **boss** *v.* किसी पर हुक्म चलाना, रोब या धौंस जमाना

bossy /ˈबॉसि/ *adj.* किसी पर धौंस जमाना, किसी पर रोष जमाते हुए की प्रवृत्ति ▸ **bossily** *adv.* धौंस या रोब जमाते हुए ▸ **bossiness** *n.* रोब, धौंस

botany /ˈबॉटनि/ *n.* वनस्पति-शास्त्र ▸ **botanical** *adj.* वनस्पति-शास्त्र संबंधित

botch /बॉच्/ *v.* काम बिगाड़ देना, लापरवाही से काम करना

both /बोथ्/ *det. & pron. & adv.* **1** दोनों, एक के साथ दूसरा भी **2** केवल (यह) नहीं बल्कि (वह) भी

bother /ˈबॉद(र्)/ *v.* **1** परेशान, तंग या चिंतित करना **2** कुछ करने का प्रयास या कष्ट करना, किसी कार्य में समय और/या शक्ति लगाना ▸ **bother** *n.* परेशानी, दुविधा, कष्ट

bottle /ˈबॉट्ल्/ *n.* **1** (काँच या प्लास्टिक की) बोतल, शीशी जिसका प्रयोग द्रव रखने में किया जाता है **2** बोतल में समा सकने वाले द्रव की मात्रा, बोतलभर द्रव ▸ **bottle** *v.* **1** बोतल में कुछ भरना, बोतलबंद करना **2** (**bottle sth up**) भावनाओं को दबाए रखना या रोकना

bottom /ˈबॉटम्/ *n.* **1** सबसे नीचे का हिस्सा, तल **2** किसी वस्तु का आधार, तली **3** नितंब ▸ **bottom** *adj.* सबसे निचला, निम्नतम ▸ **bottomless** *adj.* अगाध, अथाह

botulism /ˈबॉट्युलिज़म्/ *n.* जीवाणुयुक्त सड़े भोजन के सेवन से उत्पन्न

एक गंभीर रोग, बाटुलिज़्म

bouffant /ˈबूफ़ाँ/ *adj.* (व्यक्ति के केश) ऐसी शैली में कि सिर से गोलाकार शकल में ऊपर उठे हुए हों

bougainvillea /ˌबूगन्ˈविलिअ/ *n.* गर्म देशों का काँटेदार पौधा जिस पर रंग-बिरंगे फूल आते हैं, बूगनविलिया

bough /बाउ/ *n.* शाखा, डाल

boulder /ˈबोल्ड(र्)/ *n.* बड़ा शिलाखंड

boulevard /ˈबूलवाड्/ *n.* (वृक्षपंक्ति से सुशोभित) बड़ी सड़क, मुख्य मार्ग

bounce /बाउन्स्/ *v.* **1** (गेंद का) कठोर सतह से टकराकर उछलना, गेंद को उछालना **2** खाते में पर्याप्त राशि शेष न होने के कारण बैंक को चेक को बिना भुगतान के लौटाना ▸ **bounce** *n.* उछाल, रद्द होना

bouncer /ˈबाउन्स(र्)/ *n.* **1** (क्लब, मदिरालय आदि के प्रवेश द्वार पर खड़ा व्यक्ति) अवांछित लोगों के प्रवेश को रोकने तथा भीतर हंगामा करनेवाले को बाहर निकालनेवाला, बाउंसर **2** (क्रिकेट में) तेज़ी से फेंकी गई गेंद जो ठप्पा खाने के बाद हवा में उछाल खाती है, बाउंसर

bound /बाउन्ड्/ *adj.* **1** निश्चित रूप से होना या करना **2** कुछ करने के लिए क़ानूनन या नैतिक रूप से बाध्य होना ▸ **bound** *v.* लंबे डग भरते हुए तेज़ दौड़ना ▸ **bound** *n.* लंबा डग

boundary /ˈबाउन्ड्रि/ *n.* (*pl.* **boundaries**) (वास्तविक या काल्पनिक) विभाजक रेखा, सीमा रेखा

boundless /ˈबाउन्ड्लस्/ *adj.* असीम, अंतहीन

bounteous /ˈबाउन्टिअस्/ *adj.* उदार, दानशील

bountiful /ˈबाउन्टिफ़्ल्/ *adj.* **1** प्रचुर, बहुतायत **2** खुले हाथवाला, दानशील, उदार

bounty /ˈबाउन्टि/ *n.* (*pl.* **bounties**) उदारता, दानशीलता, वरदान्यता

bouquet /बुˈके/ *n.* आकर्षक रूप से व्यवस्थित फूलों का गुच्छा, गुलदस्ता, पुष्पगुच्छ

bourgeois /ˈबोश़्वा/ *adj.* समाज के मध्यमवर्ग का या उससे संबंधित, रूढ़िवादी, परंपरावादी

the bourgeoisie /ˌबुअश़्वाˈज़ी/ *n.* वह वर्ग जिसके सदस्य मुख्यतः धन और उच्चतर सामाजिक स्थिति के आकांक्षी होते हैं, बुर्जुआ समाज, मध्यवर्गीय समाज ▸ **bourgeois** *adj.* बुर्जुआ, मध्यवर्गीय

bout /बाउट्/ *n.* **1** सघन क्रियाशीलता का दौर **2** बीमारी का दौर

boutique /बूˈटीक्/ *n.* छोटी दुकान जहाँ लोकप्रिय कपड़े या महँगे उपहार बिकते हैं, बुटीक

bovine /ˈबोवाइन्/ *adj.* गायों से संबंधित, गायों की, गोजातीय

bow /बाउ/ *v.* **1** आदर-प्रदर्शन के लिए झुकना, झुककर अभिवादन करना **2** (किसी बात को) मान लेना, स्वीकार करना ▸ **bow** *n.* **1** आदर प्रदर्शन के लिए झुकने की क्रिया **2** जहाज़ का अग्र भाग

bowel /ˈबाउअल्/ *n.* आमाशय से अपशिष्ट पदार्थों को शरीर से बाहर निकालनेवाली नलिका, बड़ी आँत, अँतड़ी

bower /बाउअ(र्)/ *n.* घनी लताओं से घिरा स्थान, लताकुंज, निकुंज

bowl /बोल्/ *n.* **1** ढक्कन लगा गोल गहरा पात्र, कटोरा, कटोरी **2** कटोरा या

कटोरी–भर मात्रा ▸ **bowl** *v.* (क्रिकेट में) बल्लेबाज़ को गेंद फेंकना, गेंदबाज़ी करना

bowler /'बोल (र्)/ *n.* **1** प्रायः पुरुषों द्वारा पहनी जाने वाली गोल कड़ी काली टोपी **2** (क्रिकेट में) बल्लेबाज़ को गेंद फेंकनेवाला खिलाड़ी, गेंदबाज़

box /'बॉक्स्)/ *n.* **1** प्रायः ढक्कनदार बक्सा, संदूक़ **2** बक्सा और उसमें भरा सामान, सामान से भरा बक्सा ▸ **box** *v.* **1** मुक्केबाज़ी का खेल खेलना **2** बक्से के अंदर डालना ▸ **boxing** *n.* दो लोगों के बीच खेला जानेवाला एक प्रकार का खेल, बॉक्सिंग

boxer /'बाक्स(र्)/ *n.* मुक्केबाज़ी का खेल खेलनेवाला व्यक्ति, मुक्केबाज़

boy /बॉइ/ *n.* लड़का, पुत्र, युवक

boycott /'बॉइकॉट्/ *v.* बहिष्कार करना ▸ **boycott** *n.* बहिष्कार

bra /ब्रा/ *n.* महिलाओं द्वारा पहना जालेवाला अन्तःवस्त्र, अँगिया, चोली

brace /ब्रेस्/ *n.* **1** दाँत सीधे करने के लिए दाँतों पर पहनी जाने वाली धातु की तार, ब्रेसेज़ **2**) पतलून को सहारा देने वाले फ़ीतों की जोड़ी (जो कंधों पर से आती है) ▸ **brace** *v.* स्वयं को अप्रिय स्थिति के लिए तैयार करना

bracelet /'ब्रेस्लट्/ *n.* कलाई या बाँह पर पहना जाने वाला ज़ेवर, ब्रेसलेट

bracing /'ब्रेसिङ्/ *adj.* स्फूर्तिदायक, पुष्टिकारक

bracken /'बैरकन्/ *n.* पहाड़ियों और जंगलों में उगनेवाला एक पौधा

bracket /'ब्रैकिट्/ *n.* **1** कोष्ठक चिह्न, ब्रैकट **2** दो सीमाओं के भीतर की क़ीमतें, आय, उम्र आदि ▸ **bracket** *v.* **1** शब्द या संख्या आदि पर कोष्ठक लगाना **2** दो या अधिक व्यक्तियों या वस्तुओं को एक ही वर्ग में रखना

brackish /'बैरकिश्/ *adj.* (पानी) खारा, नमकीन, क्षारयुक्त

brag /ब्रैग/ *v.* (**bragging, bragged**) डींग मारना, शेख़ी बघारना

braggart / ब्रैगट्/ *n.* डींग हाँकने वाला, शेख़ीख़ोर

braid /ब्रेड्/ *n.* **1** सैनिक पोशाकों में प्रयुक्त सजावटी फ़ीता **2** (बालों की) चोटी

braille /ब्रेल्/ *n.* नेत्रहीन व्यक्तियों के लिए उभरे अक्षरों की एक लिपि, ब्रेल

brain /ब्रेन्/ *n.* **1** शरीर का वह भाग जो विचार संचालन तथा भावनाओं को नियंत्रित करता है, मस्तिष्क, दिमाग़ **2** अति चतुर व्यक्ति

brainy /'ब्रेनि/ *adj.* बुद्धिमान

braise /ब्रेज़/ *v.* मांस या सब्ज़ी को बंद पात्र में थोड़े पानी में धीमे–धीमे पकाना

brake /ब्रेक्/ *n.* **1** वाहन की गति को मंद करने या रोकने वाला उपकरण, ब्रेक **2** अवरोधकारी या गतिरोधक उपाय ▸ **brake** *v.* ब्रेक द्वारा गति मंद करना या रोक देना, ब्रेक लगाना

bramble /'ब्रैम्ब्ल्/ *n.* काली या लाल बेरी वाली जंगली झाड़ी, झड़–बेरी

bran /ब्रैन्/ *n.* अन्न के आटा बनने के बाद बचा हुआ छिलका जिसका रंग भूरा होता है, भूसी, चोकर

branch /ब्रान्च्/ *n.* **1** पेड़ के मोटे मध्य भाग से निकले मुख्य खंडों में से एक, शाखा, टहनी, डाल **2** कार्यालय, दुकान आदि जो स्वयं किसी बड़ी संस्था का अंग है, अंगभूत कार्यालय, शाखा ▸ **branch** *v.* (**branch off**) (किसी सड़क का) बड़ी सड़क से अलग होकर दूसरी ओर मुड़ना

brand /ब्रैन्ड्/ *n.* **1** किसी कंपनी द्वारा निर्मित किसी उत्पाद का नाम, ब्रांड **2** किसी वस्तु का विशेष प्रकार ▸ **brand** *v.* **1** स्वामित्व के संकेत के लिए जानवर को गरम लोहे से दाग़ना **2** किसी पर कलंक लगाना

brandish /ˈब्रैन्डिश्/ *v.* उत्तेजना में कोई वस्तु हवा में लहराना

brandy /ˈब्रैन्डि/ *n.* (*pl.* **brandies**) एक प्रकार की तेज़ शराब, ब्रांडी

brash /ब्रैश्/ *adj.* धृष्ट, ढीठ और खरा ▸ **brashness** *n.* धृष्टता, ढिठाई

brass /ब्रास्/ *n.* **1** कठोर पीली धातु, पीतल (ताँबे और जस्ता का मिश्रण) **2** पीतल के वाद्य यंत्रों की शृंखला

brassy /ˈब्रॉसि/ *adj.* (रंग, स्वाद, खनक में) पीतल-जैसा

brat /ब्रैट्/ *n.* ढीठ बच्चा

bravado /ब्रˈव़ाडो/ *n.* प्रायः दूसरों को प्रभावित करने के लिए आत्मविश्वास का प्रदर्शन करना

brave /ब्रेव़्/ *v.* कठिन स्थिति का निडरता से सामना करना ▸ **brave** *adj.* **1** बहादुर, साहसी, वीर **2** साहसपूर्ण ▸ **bravely** *adv.* साहसपूर्वक निडरता का दिखावा करना ▸ **bravery** *n.* बहादुरी, साहस

bravo /ˌब्राˈव़ो/ *exclam.* शाबाश! वाह-वाह!

brawl /ब्रॉल्/ *n.* झड़प, उपद्रव, प्रायः किसी सार्वजनिक स्थान पर ▸ **brawl** *v.* झड़प होना

brawn /ब्रॉन्/ *n.* बाहुबल, शारीरिक शक्ति ▸ **brawny** *adj.* बाहुबल-संपन्न

bray /ब्रे/ *v.* (गधे का) रेंकना, ढींचू-ढींचू करना

brazen /ˈब्रेज़्न्/ *adj.* निर्लज्ज, बेशर्म, लज्जाहीन ▸ **brazenly** *adv.* निर्लज्जता से, बेशर्मी से

brazil nut /ब्रज़िल्ˈनट्/ *n.* कठोर आवरणवाली गिरी जो खाई जाती है, ब्राज़ील नट

breach /ब्रीच्/ *n.* **1** नियम, समझौते की शर्तों आदि का उल्लंघन, नियम-भंग **2** मैत्री संबंधों में दरार, बाधा ▸ **breach** *v.* **1** समझौते, क़ानून आदि का उल्लंघन करना **2** सुरक्षा या संरक्षण के लिए दीवार आदि में दरार बनाना

bread /ब्रेड्/ *n.* डबलरोटी, ब्रेड

breadth /ब्रेड्थ्/ *n.* **1** दो किनारों के बीच की दूरी, चौड़ाई **2** विस्तार और विविधता

break /ब्रेक्/ *v.* (**breaking**, **broke**, **broken**) **1** टूटना या तोड़ना **2** क़ानून, प्रतिज्ञा आदि का पालन न करना, क़ानून तोड़ना **3** अल्प अवधि के लिए विराम देना या लेना ▸ **break** *n.* **1** किसी वस्तु में दरार, छेद **2** लघु विश्राम, अवकाश

breakage /ˈब्रेकिज्/ *n.* टूट-फूट

breaker /ˈब्रेक(र्)/ *n.* तट की ओर बढ़ती बुलबुलेदार बड़ी लहर

breakfast /ˈब्रेक्फ़स्ट्/ *n.* सुबह का नाश्ता, कलेवा

breast /ˈब्रेस्ट्/ *n.* **1** स्त्री का स्तन **2** (साहित्य में) छाती के लिए प्रयुक्त शब्द **3** पक्षी के शरीर का, सामने वाला भाग

breath /ब्रेथ्/ *n.* **1** साँस, श्वास **2** श्वसन क्रिया

breathalyser /ˈब्रेथलाइज़(र्)/ *n.* (*US* **breathalzer**) ड्राइवर के श्वास में शराब की मात्रा मापने का यंत्र, श्वास विश्लेषक यंत्र

breathe /ब्रीद्/ *v.* सांस लेना/निकालना, श्वसन करना ▸ **breathing** *n.* श्वसन

b

रहस्य को गुप्त रखना

breather /ˈब्रीद(र्)/ *n.* अल्पकालिक विश्राम

breech /ˈब्रिच्/ बंदूक या तोप की नली का पिछला भाग

breeches /ˈब्रिचिज़्/ *n.* (*pl.*) घुड़सवारी, पर्वतारोहण आदि के लिए पहना जानेवाला एक प्रकार का पतलून जो घुटने या उससे थोड़ा नीचे तक लंबा होता है, ब्रिचिज़

breed /ब्रीड्/ *n.* किसी पशु की विशेष नसल, क़िस्म ▸ **breed** *v.* 1 (पशुओं का) प्रजनन करना 2 पशुओं या पौधों को नसलें पैदा करने के लिए पालना ▸ **breeding** *n.* प्रजनन के लिए पशुओं को रखना, प्रजनन, नस्ल

breeze /ˈब्रीज़्/ *v.* मस्त व बेपरवाह रीति से घूमना ▸ **breeze** *n.* मंद पवन, बयार, समीर ▸ **breezy** *adj.* हवादार, तूफ़ानी

brethren /ˈब्रेद्रन्/ *n.* (*pl.*) एक ही देश या संस्था या संघ का सदस्य, साथी, भाई

brevity /ˈब्रेवटि/ *n.* संक्षिप्तता या अल्पकालिकता

brew /ब्रू/ *v.* 1 बिअर (एक प्रकार की मदिरा) बनाना 2 गरम पानी डालकर चाय या क़ॉफी बनाना

brewery /ˈब्रूअरि/ *n.* (*pl.* **breweries**) बियर तैयार करने की फ़ैक्टरी

briar /ˈब्राइअ(र्)/ *n.* काँटेदार झाड़ी

bribe /ब्राइब्/ *n.* किसी अनुचित अथवा ग़लत काम में सहायता करने के लिए किसी अधिकारी आदि को धन देकर प्रभावित करना, घूस, रिश्वत ▸ **bribe** *v.* रिश्वत देना ▸ **bribery** *n.* रिश्वत, रिश्वतख़ोरी, रिश्वत देने या लेने का अपराध

brick /ब्रिक्/ *n.* पकी मिट्टी के कठोर खंड जिनका प्रयोग भवन निर्माण में किया जाता है, ईंट

bridal /ˈब्राइड्ल्/ *adj.* वधू-विषयक

bride /ब्राइड्/ *n.* वधू, दुल्हन

bridge /ब्रिज्/ *n.* 1 पुल, सेतु 2 जहाज़ का वह उठा हुआ भाग जहाँ कप्तान और चालक मंडल के सदस्य खड़े होते हैं 3 ताश के पत्तों का एक खेल जिसे चार लोग खेलते हैं, ब्रिज ▸ **bridge** *v.* पुल बनाना

bridle /ˈब्राइड्ल्/ *n.* सवारी करते समय घोड़े को नियंत्रित करने के लिए उसके सिर पर लगा चमड़े का पट्टा, घोड़े की लगाम

brief /ब्रीफ़्/ *n.* कार्य-संबंधी निर्देश या सूचनाएँ ▸ **brief** *v.* किसी को कुछ निर्देश या सूचना देना ▸ **brief** *adj.* संक्षिप्त या अल्पकालिक ▸ **briefly** संक्षेप में

briefing /ˈब्रीफ़िङ्/ *n.* कार्य आरंभ होने से पहले दिए निर्देश या सूचनाएँ

brigade /ब्रिˈगेड्/ *n.* 1 सैनिकों की एक टुकड़ी या इकाई, ब्रिगेड 2 किसी एक विशेष कार्य के लिए गठित कार्य-दल

brigadier /ˌब्रिगˈडिअ(र्)/ *n.* सेना में एक उच्च अधिकारी, ब्रिगेडियर

bright /ब्राइट्/ *adj.* 1 प्रकाश-भरा, प्रदीप्त, उज्ज्वल 2 (रंग) चमकदार और सुस्पष्ट 3 चतुर और बुद्धिमान, कुशाग्र ▸ **brightly** *adv.* चमकीला

brilliant /ˈब्रिलिअन्ट्/ *adj.* 1 अति प्रकाशमान; बहुत चमकीला 2 अति चतुर, कुशाग्र बुद्धि, प्रतिभाशाली या सफल ▸ **brilliantly** *adv.* प्रतिभाशाली ढंग से, चमकीले ढंग से

brim /ब्रिम्/ *n.* 1 प्याले, गिलास आदि का ऊपरी किनारा 2 टोपी का सबसे निचला हिस्सा जो बाक़ी हिस्सों से अधिक चौड़ा होता है ▸ **brim** *v.*

(brimming, brimmed) किसी वस्तु से भरा हुआ होना
brimstone /'ब्रिमस्टोन्/ *n.* गंधक
brine /ब्राइन्/ *n.* बहुत खारा या नमकीन पानी जो विशेषतः भोजन को ताज़ा रखने में प्रयुक्त होता है
bring /ब्रिङ्/ *v.* **1** साथ लाना **2** ले आना **3** कुछ होने का कारण बनना, के फलस्वरूप कुछ होना
brink /ब्रिङ्क्/ *n.* नई, उत्तेजक या ख़तरनाक स्थिति के अति निकट होना
brisk /ब्रिस्क्/ *adj.* **1** फुर्तीला, तेज़, व्यस्त **2** आत्मविश्वासी और व्यावहारिक, फुर्ती से काम का निपटारा चाहने वाला ▸ **briskly** *adv.* तीव्रता से ▸ **briskness** *n.* तीव्रता, फुरती, स्फूर्ति
bristle /'ब्रिस्‌ल्/ *n.* **1** कड़ा छोटा बाल **2** ब्रश का एक छोटा कड़ा बाल ▸ **bristle** *v.* **1** (बाल या पशु की रोएँदार खाल का) भय, क्रोध, ठंड आदि के कारण सीधे खड़ा होना **2** क्रोध प्रकट करना
brittle /'ब्रिट्‌ल्/ *adj.* कड़ा किंतु सरलता से टूटने वाला, भंगुर
broach /ब्रोच्/ *v.* चर्चा चलाना, ज़िक्र छेड़ना, विशेषतः किसी कठिन या उलझनदार विषय के संबंध में
broad /ब्रॉड्/ *adj.* **1** विस्तृत **2** चौड़ा, मोटा-मोटा, सामान्य (न कि विस्तृत) **3** भारी (लहजा), कड़क आवाज़ में
broadcast /'ब्रॉड्कास्ट्/ *v.* रेडियो या टेलीविज़न कार्यक्रम प्रसारित करना ▸ **broadcast** *n.* रेडियो या टेलीविज़न कार्यक्रम, प्रसारण
broccoli /'ब्रॉकलि/ *n.* फूलगोभी जैसी एक सब्ज़ी, ब्रॉकोलि
brochure /'ब्रोश(र्)/ *n.* किसी विषय के संबंध में चित्रों सहित सूचनाएँ देनेवाली पुस्तिका, विवरण-पुस्तिका, विवरणिका
broil /ब्रॉइल्/ *v.* (आग या सींखचों पर) मांस या मछली भूनना
broke /ब्रोक्/ *adj.* बिना धन के, कंगाल
broken /'ब्रोकन्/ *adj.* **1** टूटा हुआ, खंडित, बेकार, ख़राब, चालू हालत में न होना **2** (भाषा) टूटी-फूटी, अशुद्ध
broker /'ब्रोक(र्)/ *n.* व्यापार आदि में वह व्यक्ति जो शेयरों की ख़रीद-बिक्री करता है, दलाल, आढ़तिया ▸ **brokerage** *n.* दलाली
bromide /'ब्रोमाइड्/ *n.* औषधि में प्रयुक्त एक रासायनिक यौगिक जो उपशामक होता है, ब्रोमाइड
bromine /'ब्रोमीन्/ *n.* गहरी लाल, विषैली और तेज़ गंध वाली गैस, ब्रोमाइन
bronchial /'ब्रॉङ्किअल्/ *adj.* श्वास-नली की दो मुख्य शाखाओं से संबंधित, श्वसनी
bronchitis /ब्रॉङ्'काइटिस्/ *n.* श्वसन-नली की एक बीमारी जिसके कारण बहुत बुरी तरह खाँसी होती है, श्वसनीशोथ
bronze /ब्रॉन्ज़्/ *n.* **1** ताँबे और टिन के मिश्रण से बनी लाल भूरे रंग की धातु, काँसा **2** काँसा रंग ▸ **bronze** *adj.* काँसे से संबंधित
brooch /ब्रोच्/ *n.* महिलाओं द्वारा अपनी पोशाक पर लगाया जानेवाला एक आभूषण, जड़ाऊ पिन
brood /ब्रूड्/ *v.* **1** बहुत चिंता करना, किसी बात पर सोच-विचार कर परेशान या उदास होना **2** (मादा पक्षी का) अंडों पर बैठना, अंडे सेना ▸ **brood** *n.* एक ही मादा पक्षी के (एक ही बार में दिए) सब बच्चे

b

broody /ˈब्रूडि/ *adj.* सोच में पड़ा हुआ, उदास

brook /ब्रुक्/ *n.* छोटी जलधारा

broom /ब्रूम्/ *n.* लंबे डंडे वाला झाड़ू, बुहारी, कूँचा

Bros *abbr. n.* **brothers** का संक्षिप्त रूप, (किसी कंपनी के नाम के साथ प्रयुक्त), ब्रदर्स

broth /ब्रॉथ्/ *n.* सूप, शोरबा

brothel /ˈब्रॉथ्ल्/ *n.* वेश्यालय, चकला

brother /ˈब्रद(र्)/ *n.* **1** भाई, सगा भाई **2** धार्मिक ईसाई समुदाय का सदस्य, ब्रदर ▸ **brotherly** *adj.* भाई की तरह, भाईचारे का

brow /ब्राउ/ *n.* **1** भौंह **2** आँख से ऊपर चेहरे का भाग, माथा **3** पहाड़ी का शिखर प्रदेश

brown /ब्राउन्/ *n.* & *adj.* **1** भूरा, धरती या लकड़ी के रंग का **2** सूर्यताप के कारण भूरी त्वचा वाला ▸ **brown** *v.* भूरा हो जाना या कर देना

browse /ब्राउज़्/ *v.* **1** पुस्तक या पत्रिका के पृष्ठों पर, किसी अन्य चीज़ पर सरसरी नज़र डालना **2** कंप्यूटर पर अभीष्ट जानकारी खोजना और उसे पढ़ना ▸ **browse** *n.* वस्तुओं पर सरसरी नज़र डालने की क्रिया, सरसरी नज़र

browser /ˈब्राउज़(र्)/ *n.* एक कंप्यूटर प्रोग्राम जो टेलीफ़ोन तारों के जरिए अन्य कंप्यूटर तंत्रों के चित्र आदि दिखा सकता है

bruise /ब्रूज़्/ *n.* चोट के कारण त्वचा पर उभरा नीला-भूरा निशान, गुमटा, गुम्मट ▸ **bruise** *v.* चोट लगने के कारण त्वचा पर नीला-भूरा निशान उभरना

brunch /ब्रन्च्/ *n.* नाश्ते और दोपहर के खाने के मिश्रण के रूप में देर सुबह खाया जाने वाला भोजन, ब्रंच

brunette /ब्रूˈनेट्/ *n.* गहरे भूरे बालों वाली श्वेत जाति की महिला

brunt /ब्रन्ट्/ *n.* सबसे बड़ा धक्का या आघात या वार, मुख्य चोट

brush /ब्रश्/ *n.* **1** ऐसी वस्तु जिसका प्रयोग बालों को सुलझाने, पेंट करने, सफ़ाई आदि के लिए किया जाता है, ब्रश, ब्रुश, कूची, तूलिका **2** ब्रश से साफ़ करने, बाल बनाने आदि की क्रिया ▸ **brush** *v.* **1** ब्रश से साफ़ करना, सँवारना **2** चलते-चलते किसी को हलके-से स्पर्श करना

brusque /ब्रूस्क्/ *adj.* कम शब्दों का प्रयोग करते हुए अशिष्ट व रूखा (व्यवहार, कथन आदि) ▸ **brusquely** *adv.* अशिष्टता और रूखेपन से

brutal /ˈब्रूट्ल्/ *adj.* अति क्रूर और/या हिंसापूर्ण, पाशविक, अमानुषिक ▸ **brutally** *adv.* क्रूरता से; निर्दयता के साथ

brute /ब्रूट्/ *n.* **1** क्रूर, नृशंस व्यक्ति **2** बड़े आकार का शक्तिशाली पशु ▸ **brute** *adj.* सीधे बल प्रयोग द्वारा न कि सोच-विचार के बाद

B.Sc. /ˌबी एस् ˈसी/ *abbr.* **bachelor of science** का संक्षिप्त रूप, वह उपाधि जो विज्ञान विषय के साथ विश्वविद्यालय का पाठ्यक्रम पूरा करने पर प्राप्त होती है, विज्ञान स्नातक

bubble /ˈबब्ल्/ *n.* द्रव में अथवा हवा में तैरता वायु अथवा गैस का छोटा-सा गोला, बुलबुला, बुदबुदा, बुल्ला ▸ **bubble** *v.* **1** बुलबुलाना, बुदबुदाना, खदबदाना **2** ख़ुशी से फूला न समाना

bubonic plague /ब्यूˌबॉनिक् ˈप्लेग/ *n.* चूहों से फैलने वाली प्लेग, गिल्टी-प्लेग

buccaneer /ˌबकˈनिअ(र्)/ *n.* समुद्री डाकू

buck /बक्/ *n.* **1** एक अमेरिकी डॉलर **2** (*pl.* **buck** or **bucks**) कुछ पशुओं के नर प्राणी (नर-हिरण, नर-ख़रगोश) ▸ **buck** *v.* **1** (घोड़े या गधे का) दुलत्ती झाड़ना **2** (**buck sb/sth up**) आनंदित होना या करना, मनोदशा सुधारना

bucket /ˈबकिट्/ *n.* **1** प्रायः धातु अथवा प्लास्टिक का हैंडल लगा गोल, खुला पात्र, बालटी, डोल **2** बालटीभर मात्रा

buckle /ˈबक्ल्/ *n.* बेल्ट पेटी पर बाँधने का बकलस, बकसुआ ▸ **buckle** *v.* **1** बकलस लगाना या बकलस से बाँधना **2** ताप, दबाव, कमज़ोरी आदि के कारण झुक जाना, क्षतिग्रस्त हो जाना

bucolic /ब्यूˈकॉलिक्/ *adj.* देहाती, ग्रामीण

bud /बड्/ *n.* (**bu<u>dd</u>ing, bu<u>dd</u>ed**) वृक्ष अथवा पौधों पर उगनेवाला पिंड जो पत्ती अथवा फूल के रूप में विकसित हो जाता है, कली, अधखिला फूल

Buddhism *n.* भारत में बुद्ध द्वारा चलाया गया एक एशियाई धर्म, बौद्ध धर्म ▸ **Buddhist** *n.* बौद्ध धर्म का अनुयायी

budding /ˈबडिङ्/ *adj.* उभरता हुआ, उदीयमान

buddy /ˈबडि/ *n.* (*pl.* **buddies**) मित्र, विशेषतः किसी पुरुष का पुरुष मित्र

budge /बज्/ *v.* **1** किसी व्यक्ति या वस्तु का मामूली-सा हिलना, किसी व्यक्ति या वस्तु को हिलाना, सरकना, सरकाना **2** दृढ़ विचार को बदलना या बदलवाना

budget /ˈबजिट्/ *v.* कार्य विशेष या प्रयोजन के लिए बजट बनाना, विशेष उद्देश्य के लिए व्यय योजना बनाना ▸ **budget** *n.* **1** आय-व्यय पत्र, बजट **2** सरकार की आय संग्रह तथा व्यय योजना से संबंधित सरकारी विवरण, सरकार का वार्षिक बजट ▸ **budgetary** *adj.* बजट संबंधी

buff /बफ़्/ *n.* किसी विषय का जानकार और शौक़ीन व्यक्ति

buffalo /ˈबफ़लो/ *n.* (*pl.* **buffalo** or **buffaloes**) **1** गाय की तरह दिखनेवाला एशिया एवं अफ़्रीका में पाया जानेवाला एक विशाल जीव जिसके सींग लंबे और मुड़े होते है, भैंस, भैंसा **2** गाय परिवार का एक विशाल वन्य जीव जिसका शरीर बालों से ढका होता यह, गवल

buffer /ˈबफ़(र्)/ *n.* **1** किसी घटना आदि के दुष्प्रभाव को कम करने या दो व्यक्तियों, वस्तुओं के बीच टकराव को रोकने वाला व्यक्ति या वस्तु, प्रतिरोधक, बफ़र **2** रेल के आगे, पीछे या रेलवे ट्रैक के अंत में लगा यंत्र जो टक्कर या झटकों के प्रभाव को कम करता है, बफ़र

buffet /ˈबुफ़े/ *n.* **1** ऐसा भोजन (प्रायः पार्टी अथवा विशेष अवसर पर) जिसमें मेहमान स्वयं खाना परोसते हैं **2** रेलगाड़ी का वह भाग जहाँ भोज्य और पेय पदार्थ बिकते हैं, स्टेशन पर का छोटा रेस्तराँ या उपहार-कक्ष ▸ **buffet** *v.* दोनों ओर धक्का देना, धकेलना

buffoon /बˈफ़ून्/ *n.* **1** लोगों का मनोरंजन करनेवाला व्यक्ति, मसख़रा, भाँड़, जोकर **2** मूर्ख, बुद्धिहीन ▸ **buffoonery** *n.* मसख़रापन, भँड़ैती

bug /बग्/ *n.* **1** कोई छोटा कीड़ा **2** किसी यंत्र (विशेषतः कंप्यूटर) में आई ख़राबी **3** लोगों की बातचीत को चुपके-से रिकॉर्ड करने के लिए लगाया गया छोटा-सा गुप्त माइक्रोफ़ोन ▸ **bug** *v.*

b

(**bugging, bugged**) 1 गुप्त माइक्रोफ़ोन को चोरी-छिपे लगा देना 2 किसी को परेशान या चिंतित करना

bugle /ˈब्यूग्ल्/ *n.* सेना द्वारा प्रयुक्त एक प्रकार का वाद्य यंत्र, बिगुल

build /बिल्ड्/ *v.* 1 बनाना, निर्माण करना 2 विकास या वृद्धि करना ▸ **build** *n.* शरीर का आकार और आकृति, शरीर का गठन

building /ˈबिल्डिङ्/ *n.* 1 छत तथा दीवारोंवाली एक संरचना जैसे स्कूल, घर, दुकान, भवन, इमारत 2 भवन-निर्माण की प्रक्रिया या व्यवसाय

built-in *adj.* अंतरंग (भाग) जिसे निकाला या हटाया न जा सके

built-up *adj.* निर्मित भवनों से आच्छादित

bulb /बल्ब्/ *n.* 1 बिजली के लैंप का शीशे वाला हिस्सा जिसमें से प्रकाश फैलता है 2 कुछ पौधों की गोल जड़, कंद

bulbous /ˈबल्बस्/ *adj.* मोटा, गोल और भद्दा

bulge /बल्ज्/ *n.* बाहर की तरफ़ निकलता हुआ भाग, सूजन, उभार ▸ **bulge** *v.* 1 सामान्यतः चपटी वस्तु में उभार आना, उभारना, फूलना, सूजना 2 किसी वस्तु से भर जाना

bulimia /बुˈलिमिआ/ *n.* रोग जिसमें रोगी अपनी आहार मात्रा पर संयम नहीं रख पाता और फिर वज़न पर नियंत्रण रखने के लिए स्वयं को वमन कराता है, क्षुधातिशयता ▸ **bulimic** *adj.* & *n.* इस रोग से संबंधित या ग्रस्त

bulk /बल्क्/ *n.* 1 किसी वस्तु का मुख्य भाग, अधिकांश या अधिकतर भाग 2 किसी बड़ी वस्तु का आकार, मात्रा या भार

bulky /ˈबल्कि/ *adj.* (**bulkier, bulkiest**) भारी-भरकम

bull /बुल्/ *n.* 1 साँड़ 2 हाथी, व्हेल आदि बड़े प्राणियों का नर 3 (व्यापार में) व्यक्ति जो किसी कंपनी के शेयर इस आशा से ख़रीदता है कि वह उन्हें जल्द ऊँचे दामों पर बेच देगा

bullet /ˈबुलिट्/ *n.* (बंदूक़ की) गोली

bulletin /ˈबुलटिन्/ *n.* 1 टेलीविज़न या रेडियो पर प्रसारित समाचार, किसी स्थिति पर आधिकारिक विवरण 2 किसी क्लब या संस्था द्वारा प्रकाशित लघु समाचार-पत्रिका

bullion /ˈबुलिअन्/ *n.* सोने या चाँदी की छड़ें

bullish /ˈबुलिश्/ *adj.* अत्यधिक विश्वासपात्र, बहुत ही भरोसेमंद

bullock /ˈबुलक्/ *n.* बैल

bully /ˈबुलि/ *n.* (*pl.* **bullies**) अपने से कमज़ोर व्यक्ति पर धौंस या रोब जमाने वाला व्यक्ति, दबंग ▸ **bully** *v.* अपने से कमज़ोर को धमकाकर कोई कार्य करवाना, उस पर रोब जमाना ▸ **bullying** *n.* स्वयं से कमज़ोर व्यक्ति को डराने धमकाने की क्रिया

bulrush /ˈबुलरश्/ *n.* सरकंडा, सरपत, नरकट

bulwark /ˈबुल्वक्/ *n.* (हमले से बचाने के लिए) प्राचीर, परकोटा, दीवार

bum /बम्/ *n.* 1 नितंब 2 सड़क पर रहने वाले व्यक्ति के लिए प्रयुक्त अपमानजनक शब्द 3 सुस्त या बेकार आदमी

bumblebee /ˈबम्ब्ल्बी/ *n.* एक बड़ी रोएंदार मधुमक्खी जो उड़ते समय आवाज़ निकालती है, भौंरा

bump /बम्प्/ *v.* 1 चलते हुए किसी से टकराना 2 किसी से अचानक टकरा

जाना 3 खुरदरी सतह पर चलना ▸ **bump** *n.* 1 कड़ी सतह से टकराने की क्रिया या उससे उत्पन्न आवाज़ 2 चोट से बना गुमड़ा 3 किसी सतह का उभरा हुआ भाग ▸ **bumpy** *n.* ऊबड़-खाबड़

bumper /ˈबम्प(र्)/ *n.* टक्कर के प्रभाव से बचाव के लिए वाहन आदि के आगे-पीछे लगी पट्टी, बंपर, टक्कर-रोक, आघात रोधक ▸ **bumper** *adj.* सामान्य से अधिक, भरा-पूरा

bumpkin /ˈबम्प्किन्/ *n.* गंवार देहाती, बुद्धू

bun /बन्/ *n.* 1 छोटा गोल मीठा केक, बन 2 छोटा नरम ब्रेड रोल 3 बन के आकार का केशविन्यास, जूड़ा

bunch /बन्च्/ *n.* 1 एक ही प्रकार की वस्तुओं का गुच्छा 2 व्यक्तियों का समूह, टोली ▸ **bunch** *v.* दल या टोली बनकर जमे रहना, केंद्रित रहना, समूह या गुच्छा बनाना

bundle /ˈबन्ड्ल्/ *n.* पोटली, पुलिंदा, गठरी, बंडल ▸ **bundle** *v.* 1 गठरी में एक साथ बाँधना, पुलिंदा बनाना 2 दिशा-विशेष में झटके से डालना या ढकेलना

bungalow /ˈबङ्गलो/ *n.* एक-मंज़िला बड़ा मकान, बंगला

bungee jumping /ˈबन्जि जम्पिङ्/ *n.* एक खेल जिसमें व्यक्ति मोटी लचीली रस्सी पैरों में बाँधकर पुल जैसी ऊँची जगह से छलाँग लगाता है, बंजी जम्पिंग

bungle /ˈबङ्ग्ल्/ *v.* कोई कार्य भद्दे ढंग से करना, गड़बड़ कर देना, बिगाड़ देना, कुछ करने में असफल होना

bunion /ˈबन्यन्/ *n.* पैर के अंगूठे पर दर्द सहित सूजन

bunk /बङ्क्/ *n.* 1 जहाज़ या रेलगाड़ी में दीवार में लगी शय्या, शायिका 2 एक-के-ऊपर-एक लगी अकेली शय्याएँ

bunker /ˈबङ्क(र्)/ *n.* 1 युद्ध में रक्षा के लिए ज़मीन के नीचे बनी मज़बूत इमारत, तलघर, बंकर 2 गोल्फ़ के मैदान में बालू से भरा छेद

bunny /ˈबनि/ *n.* (*pl.* **bunnies**) (बच्चों के लिए या बच्चों द्वारा प्रयुक्त शब्द) ख़रगोश

bunsen burner /ˌबन्सन् ˈबन(र्)/ *n.* वैज्ञानिक प्रयोगों में प्रयुक्त उपकरण जिसमें से गरम गैस की लपट निकलती है, बन्सेन-ज्वलक

bunting /ˈबनटिङ्/ *n.* सजावटी झंडे-झंडियाँ

buoy /बॉइ/ *n.* ख़तरनाक स्थानों के बारे में नावों को चेतावनी देने वाली तैरती हुई वस्तु जो समुद्र या नदी के तल पर बँधी होती है ▸ **buoy** *v.* 1 किसी को प्रसन्न रखना और उसका आत्मविश्वास बढ़ाना 2 ऊँचे स्तर पर रखना

buoyant /ˈबॉइअन्ट्/ *adj.* 1 (पदार्थ) उतराता हुआ या उतरा सकने वाला (वस्तु), तरणशील 2 प्रसन्न तथा विश्वासपूर्ण 3 क़ीमतों, व्यापारिक गतिविधियों आदि में निरंतर बढ़त ▸ **buoyancy** *n.* उतराने की शक्ति, उत्प्लावन, क़ीमतों, व्यापार आदि में तेज़ी का रुख़, प्रफुल्लता

burden /ˈबड्न्/ *n.* 1 बोझा, वज़न 2 अवांछित दायित्व या कार्य ▸ **burden** *v.* अपने पर या किसी पर भारी ज़िम्मेदारी डालना

bureau /ˈब्युअरो/ *n.* (*pl.* **bureaux** or **bureaus**) 1 एक सरकारी विभाग 2 सूचनाएँ उपलब्ध कराने वाली संस्था, सूचना केंद्र 3 दराज़ों वाली ढक्कनदार

b

मेज़ जिस पर लेखन कार्य किया जाता है

bureaucracy /ब्युअ'रॉक्रसि/ *n.* (*pl.* **bureaucracies**) **1** किसी काम को करने की जटिल व्यवस्था, नौकरशाही, दफ़्तरशाही, लालफ़ीताशाही **2** अनिर्वाचित अधिकारियों वाला प्रशासन तंत्र, ऐसे प्रशासन तंत्र वाला देश

bureaucrat /'ब्युअरक्रैट्/ *n.* (प्रायः निंदात्मक अर्थ में प्रयुक्त) नौकरशाह, अधिकारतंत्री, सरकारी अफ़सर

burgeon /'बजन्/ *v.* कोंपल फूटना, कली फूटना

burger /'बग(र्)/ *n.* डबलरोटी के बीच डाला हुआ मांस या सब्ज़ियों से बना गोल कटलट, बर्गर

burglar /'बगल(र्)/ *n.* चोरी करने के उद्देश्य से ग़ैर-क़ानूनी रूप से किसी इमारत में घुसने वाला व्यक्ति, सेंधमार ▸ **burgle** *v.* सेंधमारी करना ▸ **burglary** *n.* सेंधमारी

burgundy /'बगन्डि/ *n.* **1** (*pl.* **burgundies**) पूर्वी फ्रांस के बर्गंडि क्षेत्र की सफ़ेद या लाल मदिरा **2** गहरा लाल रंग ▸ **burgundy** *adj.* गहरे लाल रंग से संबंधित

burial /'बेरिअल्/ *n.* वह धार्मिक अनुष्ठान जब शव को ज़मीन के अंदर रखा जाता है, दफ़न

burlesque /ब'लेस्क्/ *n.* लेख, प्रदर्शन आदि की हास्यास्पद प्रस्तुति, परिहास, प्रहसन ▸ **burlesque** *adj.* उपहासपूर्ण, व्यंग्यपूर्ण

burly /'बलि/ *adj.* (**burlier, burliest**) मोटा-ताज़ा, हट्टा-कट्टा

burn /बन्/ *v.* (**burning, burned, burnt**) **1** आग या ताप से जलाना, हानि पहुँचाना या जख़्मी करना **2** प्रकाश करना, रोशनी फैलाना **3** भावनाएँ भड़कना, उत्तेजित करना ▸ **burn** *n.* आग या ताप से हुई क्षति

burner /'बन(र्)/ *n.* चूल्हे का वह भाग जिसमें से आँच निकलती है, बर्नर, ज्वालक

burning /'बनिङ्/ *adj.* **1** (भावना) अत्यंत प्रबल **2** अत्यधिक महत्वपूर्ण या तुरंत ध्यान देने योग्य **3** बहुत गरम

burnish /'बनिश्/ *v.* (धातु की चीज़ को) रगड़कर चमकाना

burp /बप्/ *v.* पेट की वायु को मुँह से बाहर निकालने के लिए आवाज़ निकालना, डकार मारना या लेना ▸ **burp** *n.* डकार

burr /ब(र्)/ *n.* (कटे हुए काग़ज़ या धातु का) खुरदरा किनारा

burrow /'बरो/ *n.* (ख़रगोश, लोमड़ी आदि का) बिल ▸ **burrow** *v.* (ख़रगोश आदि का) बिल खोदना, ज़मीन खोदना, कुछ ढूँढ़ना

burst /बस्ट्/ *v.* **1** भीतरी भारी दबाव से एकाएक फट जाना, एकाएक विस्फोटित कर देना **2** दिशा विशेष में ज़ोरों से अचानक बढ़ने लगना ▸ **burst** *n.* **1** किसी गतिविधि की लहर, भभक या भड़क **2** फटन, विस्फोट, फटने से बनी दरार

bury /'बेरि/ *v.* **1** (ज़मीन में) दफ़नाना **2** किसी वस्तु को ज़मीन में गाड़ना **3** किसी वस्तु को ढकना या छिपाना

bus /बस्/ *n.* (*pl.* **buses**) निर्धारित मार्ग पर चलने तथा नियमित अंतराल पर लोगों के चढ़ने-उतरने के लिए रुकनेवाली एक बड़ी सार्वजनिक गाड़ी, बस

bush /बुश्/ *n.* **1** अनेक छोटी-छोटी शाखाओं वाला पौधा, झाड़ी **2** जंगल

जिसे साफ़ नहीं किया गया विशेषतः अफ्रीका और ऑस्ट्रेलिया में

bushel /ˈबुशल्/ *n.* अनाज आदि नापने का आठ गैलन (36.4 लीटर) के बराबर का पैमाना, बुशल

bushy /बुशि/ *adj.* (**bushier, bushiest**) घना

business /ˈबिज़्नस्/ *n.* **1** व्यापार, कारोबार, धंधा, वाणिज्य **2** किसी व्यक्ति-विशेष से संबंधित मामला, काम **3** चर्चा योग्य महत्वपूर्ण मुद्दे

bust /बस्ट्/ *v.* **1** इस तरह तोड़ना या क्षति पहुँचाना कि पुनः प्रयोग न हो सके **2** (किसी को) बंदी बनाना ▸ **bust** *adj.* टूटा हुआ या ख़राब ▸ **bust** *n.* **1** पत्थर में बनी अर्ध प्रतिमा (ऊपरी धड़ मात्र) **2** स्त्री का वक्षस्थल, स्त्री की छाती का नाप **3** अपराधियों को गिरफ़्तार करने के लिए पुलिस का अकस्मात् आ धमकना

bustle /ˈबस्ल/ *v.* **1** हलचल मचाना, शीघ्रता से कहीं ले जाना **2** व्यक्तियों, शोर या गतिविधियों से भरा होना, हलचल होना ▸ **bustle** *n.* हलचल, शोर-शराबा

busy /ˈबिज़ि/ *adj.* (**busier, busiest**) **1** ख़ाली नहीं, काम में लगा हुआ, कार्यरत, व्यस्त **2** (अवधि) सक्रियतापूर्ण ▸ **busy** *v.* स्वयं को व्यस्त रखना, कुछ करते रहना

but /बट्, प्रबल रूप बट्/ *conj.* **1** किंतु, परंतु, लेकिन **2** तथापि, मगर, फिर भी **3** किसी बात के लिए माफ़ी माँगने के लिए प्रयुक्त **4** आश्चर्य, नाराज़गी या असहमति दर्शाने वाले कथन के आरंभ में प्रयुक्त ▸ **but** *prep.* के सिवाय, के अलावा

butane /ˈब्यूटेन्/ *n.* पेट्रोल से बनी और द्रव रूप में प्रयुक्त गैस

butch /ˈबुच्/ *adj.* पुरुष की भाँति व्यवहार करना या वस्त्र पहनने वाली (स्त्री)

butcher /ˈबुच(र्)/ *n.* **1** क़साई, मांस-विक्रेता **2** क़साई की दुकान **3** बहुत सारे व्यक्तियों की क्रूरता से हत्या करने वाला व्यक्ति ▸ **butcher** *v.* निर्ममता से बहुत सारे व्यक्तियों की हत्या करना, निर्दयतापूर्वक हत्या करना

butler /ˈबट्ल(र्)/ *n.* बहुत बड़े घर में काम करनेवाला वह व्यक्ति जिसका मुख्य काम भोजन तथा मदिरा की व्यवस्था करना होता है, ख़ानसामां, भंडारी

butt /बट्/ *v.* **1** (किसी को) सिर से टक्कर मारना (**butt in on sb/sth**) बाधा डालना, बिना आमंत्रण के शामिल हो जाना ▸ **butt** *n.* **1** हथियार या औज़ार का मूठ वाला भाग, कुंदा या दस्ता **2** सिगरेट का अनबुझा टुकड़ा **3** नितंब **4** निर्मम हंसी का पात्र **5** किसी को सिर से टक्कर मारने की क्रिया

butter /ˈबट(र्)/ *n.* मलाई से तैयार पीला अथवा सफ़ेद वसा जिसे रोटी के साथ खाया जाता है अथवा जिसका प्रयोग खाना बनाने के लिए किया जाता है, मक्खन ▸ **butter** *v.* डबलरोटी आदि पर मक्खन लगाना

butterfly /ˈबटफ़्लाइ/ *n.* **1** (*pl.* **butterflies**) लंबे, पतले शरीर तथा चार रंग-बिरंगे पंखोंवाला कीट, तितली **2** तैरने की एक शैली जिसमें तैराक दोनों बांहों को सिर के ऊपर एक साथ ले जाता है और टांगों को भी एक साथ ऊपर-नीचे चलाता है, बटरफ़्लाई

buttock /ˈबटक्/ *n.* नितंब

b

button /ˈबटन्/ *n.* 1 बटन 2 (मशीन आदि चलाने के लिए) घुंडी

buttonhole /ˈबटन्होल्/ *n.* 1 काज जिसमें बटन फँसाते हैं 2 कोट के काज में लगाया गया फूल

buttress /ˈबट्रस्/ *n.* (दीवार के लिए) पुश्ता, टेक या सहारा

buy /बाइ/ *v.* ख़रीदना, मोल लेना ▸ **buy** *n.* ख़रीदने की क्रिया या ख़रीदी जा सकने वाली वस्तु

buzz /बज़्/ *v.* 1 भिनभिनाना 2 किसी का उत्तेजना, विचार, सक्रियता आदि से भरपूर होना 3 बिजली की घंटी आदि बजाकर किसी को बुलाना ▸ **buzz** *n.* 1 भिनभिनाहट 2 फुसफुसाहट 3 प्रबल उत्तेजना या ख़ुशी

buzzard /ˈबज़ड्/ *n.* एक बड़ा शिकारी पक्षी

buzzer /ˈबज़(र्)/ *n.* घंटी आदि की आवाज़ उत्पन्न करने वाला उपकरण, गुंजक, बज़र

by /बाइ/ *prep. & adv.* 1 बग़ल में, बहुत पास, समीप 2 किसी के पास से 3 तक, के पहले 4 के दौरान, एक विशेष स्थिति में 5 (के) द्वारा, के ज़रिये से

bye /बाइ/ *exclam.* (**bye- bye**) अलविदा

by-election *n.* नए सांसद या विधायक के चुनाव के लिए उप-चुनाव (प्रायः मृत्यु या पद छोड़ने के कारण), उप-चुनाव

bygone /ˈबाइगॉन्/ *adj.* बहुत समय पहले बीता हुआ, विगत

by-law *n.* स्थानीय प्रशासन द्वारा बनाया गया नियम जो केवल उसी क्षेत्र में लागू होता है, उप-नियम, उप-विधि

byline /ˈबाइलाइन्/ *n.* अख़बार, पत्रिका आदि में लेख की वह शीर्ष या अंतिम पंक्ति जहाँ लेखक का नाम दिया जाता है, नाम पंक्ति

bypass /ˈबाइपास्/ *n.* 1 किसी शहर के भीतर जाने की बजाए बाहर-बाहर से ही पार करने का मार्ग, उप-मार्ग 2 हृदय की शल्य-क्रिया जिसमें अवरुद्ध मार्ग से रक्त प्रवाह रोकने के लिए भिन्न मार्ग बनाया जाता है, बाईपास ▸ **bypass** *v.* उपमार्ग से निकलना

by-product *n.* 1 गौण उत्पाद, उपोत्पाद 2 उपजात, उपोत्पाद

byre /ˈबाइअ(र्)/ *n.* गाय-बैल के रहने की जगह, गोशाला

bystander /ˈबाइस्टैन्ड(र्)/ *n.* किसी घटना का मूक दर्शक

byte /बाइट्/ *n.* किसी एक अक्षर, अंक आदि को दर्शाने वाली सूचना की इकाई, बाइट

Cc

c /सी/ *abbr.* **1** सेल्सिअस, सेंटीग्रेड **2** विद्युत चार्ज की एक इकाई, कूलॉम

cab /ˈकैब/ *n.* **1** टैक्सी, गाड़ी **2** ट्रक, रेलगाड़ी आदि में चालक के बैठने का स्थान, चालक कक्ष

cabaret /ˈकैबरे/ *n.* रेस्तराँ या क्लब में गान, नृत्य आदि द्वारा मनोरंजन

cabbage /ˈकैबिज्/ *n.* बंदगोभी, करमकल्ला

cabin /ˈकैबिन्/ *n.* **1** जहाज़ या नाव में सोने के लिए छोटा कक्ष **2** लकड़ी से बना छोटा मकान, कुटीर

cabinet /ˈकैबिनट्/ *n.* **1** टाँड़ों या दराज़ों वाली अलमारी **2** सरकार के महत्वपूर्ण मंत्रियों का समूह, मंत्रिमंडल, काबीना, कैबिनेट

cable /ˈकेब्ल्/ *n.* **1** मोटा मज़बूत धातु निर्मित तार, केबल **2** विद्युत या तरंगों के वहन के लिए प्लास्टिक से ढका तारों का समुच्चय

cache /कैश्/ *n.* **1** गुप्त भंडार विशेषतः नशीले पदार्थों या हथियारों का **2** कंप्यूटर-स्मृति का वह भाग जहाँ सूचना-सामग्री की प्रतिलिपि संचित रहती है

cackle /ˈकैक्ल्/ *v.* ज़ोर से व भद्दे तरीक़े से हँसना ▸ **cackle** *n.* इस तरह की हँसी

cacophony /कˈकॉफ़नि/ *n.* ऊँचे अप्रिय स्वर, बेसुरापन, कोलाहल

cactus /ˈकैक्टस/ *n.* (*pl.* **cactuses** or **cacti**) शुष्क क्षेत्र विशेषकर मरुस्थल में उगनेवाला पौधा जिसका मुख्य तना मोटा होता है लेकिन इसमें पत्तियाँ नहीं होती हैं, नागफ़नी, सेहुँड़

cadaver /कˈडैव(र्)/ *n.* शव, मृत शरीर

caddie /ˈकैडि/ *n.* (or **caddy**) (*pl.* **caddies**) वह व्यक्ति जो गोल्फ़ के खिलाड़ियों की लंबी छड़ियाँ और अन्य सामान उठाता है

cadence /ˈकेड्न्स/ *n.* **1** बोलते समय स्वर का आरोह-अवरोह, लय **2** संगीत-खंड का विराम बिंदु

cadet /कˈडेट्/ *n.* (थल, जल या वायु सेना का) सैन्य छात्र, कैडेट

cadge /कैज्/ *v.* बिना पैसे के कुछ मांगना, भीख मांगना

cadre /ˈकाड(र्)/ *n.* **1** किसी संगठन के कुछ सदस्य जो किसी विशेष उद्देश्य के लिए चुने एवं प्रशिक्षित किए जाते हैं, कैडर **2** इस प्रकार के संगठन का सदस्य

Caesarean /सिˈज़ेअरिअन्/ *n.* (*also* **-rian**) (*US* **Cesarean**) महिला के शरीर पर एक छोटा-सा छेद बनाकर बच्चे को बाहर निकालने के लिए की गई शल्य क्रिया, शल्य-क्रिया द्वारा प्रसव

cafe /ˈकैफ़े/ *n.* छोटा रेस्तराँ जहाँ नाश्ता व पेय मिलते हैं, कैफ़े

cafeteria /ˌकैफ़ˈटिअरिआ/ *n.* विशेषतः कर्मचारीगण के लिए कॉलेज अस्पाल आदि में रेस्तराँ जहाँ ग्राहक काउंटर से स्वयं जलपान लेते हैं, कैफ़ेटेरिआ

caffeine /ˈकैफ़ीन्/ *n.* चाय और कॉफ़ी में पाए जाने वाला पदार्थ जो चुस्ती प्रदान करता है, कैफ़ीन

C

cage /केज़्/ *n.* धातु की छड़ या तार का बना ढाँचा जिसमें पशु या पक्षी को बन्द रखा जाता है, पिंजरा ▸ **cage** *v.* पिंजरे में बंद करना या रखना

cahoots /क'हूट्स्/ *n.* (*pl.* **in cahoots**) एक साथ मिलकर गुप्त योजनाएँ बनाना, मिलीभगत

cajole /क'जोल्/ *v.* ख़ुशामद से या उपहार देकर किसी से अपनी बात मनवाना, फुसलाना

cake /केक्/ *n.* **1** आटे, अंडे, मक्खन, शक्कर आदि के मिश्रण को भट्ठी में पकाकर बनाया गया मीठा पकवान, केक **2** केक के आकार में बना अन्य खाद्य पदार्थ

calamity /क'लैमटि/ *n.* (*pl.* **calamities**) कठोर विपत्ति

calcium /'कैल्सिअम्/ *n.* दूध व पनीर आदि में पाया जाने वाला एक रासायनिक तत्व जो हड्डियों व दाँतों को मज़बूत बनाने में सहायक होता है, चूना, कैल्सियम

calculate /'कैल्क्युलेट्/ *v.* **1** गणना करना, हिसाब लगाना, परिकलन करना **2** कुछ विचार करना, समझना ▸ **calculating** *adj.* लाभ पाने के लिए सुनियोजित, चालाक

calculus /'कैल्क्यलस्/ *n.* गणित की एक शाखा जिसके अन्तर्गत परिवर्तन की दरों का अध्ययन किया जाता है, कलन

calendar /'कैलिन्ड(र्)/ *n.* **1** वर्ष विशेष के महीनों, सप्ताहों एवं दिनों को दर्शानेवाली सूची, कालदर्शक पंचांग, कैलेंडर **2** वर्ष भर में एक विशेष कार्यक्षेत्र में होने वाले आयोजनों और उनकी तिथियों की सूची

calf /काफ़्/ *n.* (*pl.* **calves**) **1** बछड़ा, बछिया **2** हाथी आदि अन्य पशुओं का बच्चा

caliber /'कैलिब(र्)/ *n.* (*US* **caliber**) (बंदूक की नली या अन्य नली का) अंतर्व्यास, (गोली या गोले का) व्यास

calibrate /'कैलिब्रेट्/ *v.* किसी उपकरण पर मापन इकाइयों का निर्धारण करना, अंशांकन करना

caliper /'केलिप(र्)/ *n.* (*US* **calliper**) नलियों तथा गोल वस्तुओं के व्यास मापने के लिए प्रयुक्त एक उपकरण जिसके दो लंबे पतले भाग एक सिरे पर जुड़े होते हैं, व्यासमापी उपकरण, कैलिपर

caliph /'केलिफ़्/ *n.* मुसलमानों का धर्माध्यक्ष, ख़लीफ़ा

call /कॉल्/ *v.* **1** ऊँची आवाज़ में बुलाना, पुकारना, चिल्लाना **2** फ़ोन करना ▸ **call** *n.* **1** फ़ोन करने या फ़ोन पर बात करने की क्रिया **2** पुकार, आह्वान

calligraphy /क'लिग्रफ़ि/ *n.* एक विशेष क़लम या ब्रश से सुलेख की कला या सुंदर लिखावट, सुलेखन

calling /'कॉलिङ्/ *n.* पेशा, व्यवसाय, आजीविका

callous /'कैलस्/ *adj.* दूसरों की भावनाओं या पीड़ा की उपेक्षा करते हुए, कठोर हृदय, बेदर्द, निष्ठुर

callow /'कैलो/ *adj.* जिसके पंख अभी न निकले हों, पंखहीन

calm /काम्/ *adj.* **1** शांत, चुपचाप **2** ऊँची लहरों से रहित, शांत तरंग ▸ **calm** *v.* शांत हो जाना या शांत कर देना ▸ **calm** *n.* शांति

calorie /'कैलरि/ *n.* **1** भोजन से प्राप्त ऊर्जा को मापने की इकाई, कैलोरी **2** ऊष्मा की मात्रा को मापने की इकाई, ऊष्मा की उतनी मात्रा जिससे एक ग्राम जल का तापमान एक डिग्री सेल्सिअस बढ़ जाए, कैलोरी

calorific /ˌकैल'रिफ़िक्/ *adj.* ऊर्जा या ऊर्जा-उत्पादन से संबंधित

calve /काव्/ *v.* **1** (गाय का) जनना, ब्याना **2** हिमखंड का हिमशैल या हिमनदी से टूट कर अलग होना, इस रीति से बर्फ़ के टुकड़े होना

camaraderie /ˌकैम'राडरि/ *n.* (साथ काम करनेवाले लोगों के बीच) परस्पर मित्रता एवं विश्वास की भावना, सौहार्द

camber /'कैम्ब(र्)/ *n.* सड़क के दोनों ओर मध्य से नीचे की ओर थोड़ा झुका वक्र, उत्तलता, उभार

camcorder /'कैम्कॉड(र्)/ *n.* सचल-वीडियो कैमरा जिससे ध्वनि भी रिकार्ड कर सकते हैं, कैमकॉर्डर

camel /'कैम्ल्/ *n.* लंबी गर्दन तथा एक या दो कूबड़वाला जानवर जो प्रायः रेगिस्तान में परिवहन के लिए प्रयुक्त होता है, ऊँट

cameo /'कैमिओ/ *n.* (*pl.* **cameos**) **1** किसी फ़िल्म या नाटक में वह छोटी भूमिका जिसे कोई प्रसिद्ध अभिनेता निभाता है **2** नक्काशीदार गहना जिसका पार्श्व और उस पर बनी आकृति अलग-अलग रंगों में हों

camera /'कैमरा/ *n.* फ़ोटोचित्र लेने या चलचित्र रिकार्ड करने का उपकरण, कैमरा

camouflage /'कैमफ़्लाश़्/ *n.* **1** युद्ध-सामग्री व सैनिकों को शत्रु से छिपाने के काम आने वाली वस्तुएँ या रंग, छद्मावरण **2** किसी पशु के रंग या आकृति का अपने परिवेश से मेल खाने का ऐसा तरीक़ा कि वह पहचान में न आए ▸ **camouflage** *v.* छद्मावरण धारण करना

camp /कैम्प्/ *n.* शिविर, कैम्प ▸ **camp** *v.* बिना बिस्तर के सोना, विशेषतः घर से बाहर तंबू में

campaign /कैम्'पेन/ *n.* **1** किसी लक्ष्य को पाने के लिए योजना-निर्माण **2** अभियान **3** युद्ध में नियोजित आक्रमण-शृंखला ▸ **campaign** *v.* किसी विशेष उद्देश्य से नियोजित अभियान में भाग लेना, अभियान चलाना, आंदोलन करना ▸ **campaigner** *n.* अभियान में भाग लेने वाला व्यक्ति

camphor /'कैम्फ़(र्)/ *n.* सफ़ेद रंग का सुगंधित द्रव्य, कपूर

campus /'कैम्पस्/ *n.* (*pl.* **campuses**) वह क्षेत्र जहाँ किसी महाविद्यालय या विश्वविद्यालय की मुख्य इमारतें स्थापित हों, महाविद्यालय या विश्वविद्यालय का अहाता या परिसर, कैंपस

can /कैन्/ *n.* **1** (द्रव पदार्थ रखने के लिए) धातु या प्लास्टिक का डिब्बा **2** भोज्य पदार्थों को निर्वात अवस्था में और ताज़ा बनाए रखने के लिए धातु का डिब्बा ▸ **can** *v.* (**ca<u>nn</u>ing**, **ca<u>nn</u>ed**) (भोज्य पदार्थों को) डिब्बे में बंद करना, डिब्बे में सुरक्षित करना

canal /क'नैल्/ *n.* **1** सिंचाई या यातायात के लिए बनाई गई नहर **2** शरीर को आहार, ऑक्सीजन आदि की आपूर्ति करनेवाली नलियों में से एक नली, शरीर में आहार तथा श्वास की नली

canary /क'नेअरि/ *n.* (*pl.* **canaries**) एक छोटी पीले रंग की चिड़िया जिसका स्वर मधुर होता है, पीत चटकी, कनारी चिड़िया

cancel /'कैन्स्ल्/ *v.* (**cance<u>ll</u>ing**, **cance<u>ll</u>ed**; *US* **cance<u>l</u>ing**, **cance<u>l</u>ed**) **1** पूर्वनियोजित कार्यक्रम, निर्णय आदि को रद्द करना, निरस्त करना **2** पूर्व कृत कार्य (आरक्षण, आदेश आदि) को रद्द करना

C

cancer /ˈकैन्स(र्)/ *n.* **1** एक ऐसा गंभीर रोग जिसमें शरीर के किसी भाग की कोशिकाओं की संख्या असामान्य रूप से बढ़ने लगती है, कैंसर **2** राशि चक्र की चौथी राशि, कर्क राशि

candela /कैन्ˈडेल/ *n.* प्रकाशमान तीव्रता मापने की भूलभूत इकाई, कैंडेला

candid /ˈकैन्डिड्/ *adj.* स्पष्टवादी, तटस्थ, खरा ▸ **candidly** *adv.* स्पष्टता से, साफ़–साफ़

candidate /ˈकैन्डिडट्/ *n.* **1** (नौकरी, पद के लिए) औपचारिक रूप से निवेदन करनेवाला, प्रत्याशी, उम्मीदवार **2** परीक्षार्थी

candle /ˈकैन्ड्ल्/ *n.* चरबी या मोम से बनी एक गोल बत्ती जिसके मध्य में एक धागा होता है तथा जो जलने पर प्रकाश देता है, मोमबत्ती

candy /ˈकैन्डि/ *n.* (*pl.* **candies**) मिसरी, मिठाई

cane /केन्/ *n.* **1** बाँस जैसे पौधों का सख़्त मध्यवर्ती तना जिसका प्रयोग फ़र्नीचर आदि बनाने में किया जाता है **2** बेंत, डंडी, छड़ी

canine /ˈकेनाइन्/ *adj.* कुत्तों से संबंधित ▸ **canine** *n.* (*also* **canine tooth**) सामने के चार नुकीले दाँतों में से कोई एक, रदनक दाँत

canister /ˈकैनिस्ट(र्)/ *n.* टीन का पीपा, कनस्तर

canker /कैङ्क(र्)/ *n.* मुँह में फोड़े पैदा करने वाला रोग, व्रण

cannabis /ˈकैनबिस्/ *n.* भाँग जाति के एक पौधे से बनाया गया नशीला–पदार्थ जो ग़ैर–क़ानूनी है, चरस

cannibal /ˈकैनिबल्/ *n.* **1** नरभक्षी मानव **2** अपने ही जैसे जानवरों का मांस खानेवाला जानवर, स्वजाति–भक्षी

cannon /ˈकैनन्/ *n.* (*pl.* **cannon** or **cannons**) **1** जहाज़, विमान आदि पर रखी बड़ी तोप **2** विगत युग की भारी बड़ी तोप जो बड़े पत्थर और गोले बरसाती थी ▸ **cannon** *v.* गोलाबारी करना, टकराना

cannot /ˈकैनॉट्/ *contr.* (*or* **can not**) नहीं कर सकना

canoe /कˈनू/ *n.* दो व्यक्तियों के उपयोग की लंबी, सँकरी और हलकी नाव जिसे चप्पू द्वारा चलाया जाता है, डोंगी ▸ **canoe** *v.* (**canoeing, canoes, canoed**) डोंगी चलाना

canon /ˈकैनन्/ *n.* **1** स्वीकृत नियम, मापदंड या सिद्धांत जिससे किसी वस्तु का मूल्यांकन होता है **2** किसी लेखक की मान्यता दिलाने या महत्वपूर्ण पुस्तकों, लेखों आदि की प्रमाणित व सर्वस्वीकृत सूची

canopy /ˈकैनपि/ *n.* (*pl.* **canopies**) चँदवा, छत्र, वितान

canteen /कैन्ˈटीन्/ *n.* विद्यालय, कारख़ाने कार्यालय आदि में स्थित उपहार–गृह, कैन्टीन

canter /ˈकैन्ट(र्)/ *v.* (घोड़े और घुड़सवार का) मध्यम गति से दौड़ना ▸ **canter** *n.* (घोड़े की) मध्यम गति की दौड़

cantilever /ˈकैन्टिलीव़(र्)/ *n.* लकड़ी या धातु का लंबा टुकड़ा जो दीवार से बाहर की तरफ़ निकला होता है और पुल के छोर या किसी अन्य ढाँचे को बल देता है, बाहुधरण

canvas /ˈकैन्वस्/ *n.* **1** मोटा, भारी व मज़बूत कपड़ा जिसके पाल, बोरे, तंबू आदि बनते हैं, किरमिच **2** चित्रकारी करने का मोटा मज़बूत कपड़ा, किरमिच, कैनवस

canvass /ˈकैन्वस्/ *v.* **1** चुनाव आदि में प्रत्याशी विशेष या दल विशेष के पक्ष में समर्थन माँगना **2** किसी विषय पर लोगों की राय जानना
canyon /ˈकैन्यन्/ *n.* तीखे ढाल वाली गहरी घाटी
cap /कैप्/ *n.* **1** एक प्रकार की नरम टोपी जिसका सामने वाला भाग बाहर की तरफ़ निकला हुआ हो **2** ढक्कन ▸ **cap** *v.* (**capping, capped**) **1** ढकना, आच्छादित करना **2** ख़र्च की सीमा बाँधना, ख़र्च पर रोक लगाना
capable /ˈकेपब्ल्/ *adj.* **1** कुछ करने में सक्षम या समर्थ **2** अतिकुशल, सुयोग्य
capacious /कˈपेशस्/ *adj.* लंबा-चौड़ा, विशाल
capacitor /कˈपैसिट(र्)/ *n.* विद्युत चार्ज को संचित करने वाला उपकरण, संधारित्र
capacity /कˈपैसटि/ *n.* (*pl.* **capacities**) **1** किसी पात्र या जगह की धारणशक्ति, धारिता **2** कुछ समझने या करने की क्षमता
cape /केप्/ *n.* **1** बिना बाँहों का कंधों से लटकाने वाला ऊपरी वस्त्र, लबादा **2** भूमि का नुकीला भाग जो समुद्र में दूर तक चला गया हो, अंतरीप
capital /ˈकैपिट्ल्/ *n.* **1** (*also* **capital city**) राजधानी, मुख्य नगर **2** मूलधन, पूँजी ▸ **capital** *adj.* **1** मृत्युदंड-संबंधी **2** (वर्णमाला के अक्षर) बड़े रूप में लिखे गए
capitalism /ˈकैपिटलिज़म्/ *n.* ऐसी व्यवस्था जिसमें उद्योग एवं व्यापार पर व्यक्तिगत नियंत्रण होता है न कि राज्य का, पूँजीवाद
capitalize /ˈकैपिटलाइज़्/ *v.* (*also* **-ise**) **1** बड़ा अक्षर लिखना या मुद्रित करना, बड़े अक्षर से शब्द को शुरू करना **2** संपत्ति बेचकर पूँजी बनाना
capitation /ˌकैपिˈटेश्न्/ *n.* सभी के लिए समान निश्चित कर या भुगतान, प्रति व्यक्ति शुल्क
caprice /कˈप्रीस्/ *n.* बिना कारण ही इरादे या व्यवहार में आया बदलाव, सनक
capricious /कˈप्रिशस्/ *adj.* आचरण या व्यवहार में अचानक आए बदलाव से संबंधित, सनकी, झक्की
capsicum /ˈकैप्सिकम्/ *n.* पहाड़ी मिर्च (शिमला मिर्च)
capsize /कैप्ˈसाइज़्/ *v.* (नाव का) पानी में पलट जाना
capsule /ˈकैप्स्यूल्/ *n.* **1** दवा से भरी छोटी संपुटिका जिसे निगला जाता है, कैप्सूल **2** सीलबंद डिब्बा जिसमें वायु, जल आदि प्रवेश नहीं कर सकते
captain /ˈकैप्टिन्/ *n.* **1** जलपोत या विमान का मुख्य संचालक, कप्तान **2** किसी समूह या दल का नेता, कप्तान ▸ **captain** *v.* किसी समूह या दल का प्रमुख होना, नेता होना
caption /ˈकैप्श्न्/ *n.* चित्र, फ़ोटो आदि के ऊपर या नीचे दी गई लिखित सूचना, शीर्षक, अनुशीर्षक
captious /कˈपेशस्/ *adj.* (प्रायः मामूली बात पर) आपत्ति करने वाला, छिद्रान्वेषी
captivate /ˈकैप्टिवेट्/ *v.* किसी का ध्यान आकृष्ट रखना, मोहित कर देना ▸ **captivating** *adj.* मोहक, लुभावना
captive /ˈकैप्टिव्/ *adj.* क़ैदी, बंदी, (पशुओं का) पिंजरे में बंद ▸ **captive** *n.* क़ैदी, बंदी
captor /ˈकैप्ट(र्)/ *n.* बंदी बनाने वाला व्यक्ति, बंदीकर्ता

C

capture /'कैप्च(र्)/ *v.* 1 किसी व्यक्ति या पशु को बंदी बनाना 2 किसी पर अधिकार या क़ब्ज़ा करना ▸ **capture** *n.* बंदी बनाने या बनने की क्रिया, कब्ज़ा करने की क्रिया

car /का(र्)/ *n.* 1 (*also* **automobile**) मोटरकार 2 किसी विशेष प्रयोजन के लिए प्रयुक्त रेलगाड़ी का डिब्बा

caramel /'कैरमेल्/ *n.* 1 जली हुई शक्कर (भोजन में रंग और स्वाद के लिए) 2 चाशनी, मक्खन और दूध से बनी एक प्रकार की चिपचिपी मिठाई

carat /'कैरट्/ *n.* (*US* **karat**) सोने की शुद्धता या रत्नों के तौल की इकाई, कैरेट

caravan /'कैरवैन्/ *n.* (*US* **trailer**) 1 कारयुक्त बड़ा वाहन जिसमें आमोद यात्रा के दौरान रहने, सोने, खाना पकाने आदि का प्रबंध होता है, कारवाँ 2 यात्रियों और पशुओं का दल जो एक साथ मिलकर सफ़र करते हैं, कारवाँ, क़ाफ़िला

carbine /'काबाइन्/ *n.* छोटी बंदूक़, कारबाइन

carbohydrate /ˌकाबो'हाइड्रेट्/ *n.* भोजन में उपलब्ध एक तत्व, जैसे शक्कर, जो शरीर को ऊर्जा प्रदान करता है, कार्बोहाइड्रेट

carbon /'काबन्/ *n.* एक रासायनिक तत्व जो सभी सजीवों तथा हीरे, कोयले आदि में भी पाया जाता है, कार्बन

carbonate /'काबोनेट्/ *n.* सामान्यतः कार्बन डाइऑक्साइड और किसी अन्य रासायनिक तत्व की प्रतिक्रिया से निर्मित लवण, कार्बोनेट

carbonated /'काबनेटिड्/ *adj.* एलकोहल रहित मीठा व बुलबुलेदार (पेय) जिसमें घुला हुआ कार्बन डाइऑक्साइड होता है, कार्बोनेटेड

carburettor /ˌकाब'रेट(र्)/ *n.* (*US* **carburetor**) कार के इंजिन का वह भाग जो पेट्रोल और हवा को मिश्रित करता है, कार्बोरेटर

carcass /'काकस्/ *n.* पशु का मृत शरीर

carcinogen /का'सिनजन्/ *n.* कैंसर पैदा कर सकने वाला एक तत्व

card /काड्/ *n.* 1 मोटा कड़ा काग़ज़, गत्ता, कार्ड 2 गत्ते या प्लास्टिक का कार्ड जिस पर आवश्यक सूचना होती है

cardamom /'काडमम्/ *n.* इलायची

cardiac /'काडिऐक्/ *adj.* हृदय-विषयक, हृदय-संबंधी

cardigan /'काडिगन्/ *n.* सामने से बंद होने वाली ऊनी जैकेट, कार्डिगन

cardinal /'काडिनल्/ *n.* 1 रोमन कैथॉलिक चर्च का उच्च स्तरीय पादरी 2 पूर्ण अंक जैसे 1, 2, 3, 4 जो मात्रा दर्शाता है

cardiograph /ˈकाडिओग्राफ़्/ *n.* हृदय की धड़कन जानने वाला यंत्र, कार्डिओग्राफ़

cardiology /ˌकाडि'ऑलजि/ *n.* हृदयरोग विज्ञान, कार्डियलॉजी

care /केअ(र्)/ *n.* 1 किसी की देखभाल या देखरेख 2 ध्यान, सावधानी ▸ **care** *v.* किसी व्यक्ति या वस्तु की चिंता करना या उसमें रुचि रखना

career /क'रिअ(र्)/ *n.* 1 नौकरी या पेशा जिसके लिए किसी व्यक्ति ने प्रशिक्षण लिया हो और जो वह काफ़ी समय तक करे, किसी विशेष कार्यक्षेत्र में जीविका हेतु नौकरियाँ 2 जीविका और वृत्ति में बिताए समय की अवधि ▸ **career** *v.* तेज़ और ख़तरनाक ढंग से गति करना

C

careful /ˈकेअफ़्ल्/ *adj.* 1 सावधान, ख़बरदार, सतर्क 2 ध्यानपूर्ण, सावधानी से किया गया

careless /ˈकेअलस्/ *adj.* असावधान, लापरवाह

carer /ˈकेअर(र्)/ *n.* (*US* **caregiver**) किसी बच्चे, बीमार आदि की नियमित रूप से देखभाल करने वाला व्यक्ति

caress /कˈरेस्/ *v.* प्यार से स्पर्श करना, दुलराना ▸ **caress** *n.* प्यार-दुलार से स्पर्श, लाड़

caretaker /ˈकेअटेक(र्)/ *n.* (*US* **janitor**) किसी विशाल भवन की देखभाल की ज़िम्मेदारी करने वाला व्यक्ति, रखवाला

cargo /ˈकागो/ *n.* (*pl.* **cargoes**) (*US* **cargos**) विमान या जलपोत द्वारा ढोया जाने वाला माल, जहाज़ी माल, नौभार, कार्गो

the Caribbean /ˌकैरिˈबीअन्, कˈरिबिअन्/ *n.* कैरीबियन सागर में वह क्षेत्र जिसमें वेस्ट इंडीज़ के द्वीप समूह स्थित हैं, कैरीबियन ▸ **Caribbean** *adj.* कैरीबियाई

caricature /ˈकैरिकचुअ(र्)/ *n.* किसी व्यक्ति का हास्यजनक चित्र या वर्णन, व्यंग्यचित्र

carnage /ˈकानिज्/ *n.* सामूहिक हत्याकांड, नरसंहार

carnal /ˈकॉन्ल्/ *adj.* शरीर या काम-क्रिया से संबंधित, दैहिक, शारीरिक

carnation /काˈनेश्न्/ *n.* सफ़ेद गुलाबी या लाल सुगंधित पुष्प, कार्नेशन

carnival /ˈकानिव्ल्/ *n.* आनंदोत्सव, जनोत्सव, मनोरंजन मेला

carnivore /ˈकानिवॉ(र्)/ *n.* मांसाहारी या मांसभक्षी पशु ▸ **carnivorous** *adj.* मांसभक्षी, मांसभक्षण विषयक

carol /ˈकैरल्/ *n.* ईसाइयों का धार्मिक भजन जो क्रिसमस पर गाया जाता है, क्रिसमस गीत, कॅरॉल

carouse /कˈराउज़्/ *v.* डटकर शराब पीना और शोर मचाना, ख़ूब मद्यपान करना

carousel /ˌकैरˈसेल्/ *n.* 1 (*US* **merry-go-round**) 2 हवाई अड्डे पर लगा यात्रियों का सामान लाने वाला चलन-पट्टा

carp /काप्/ *n.* (*pl.* **carp**) झीलों और नदियों में रहने वाली एक बड़ी मछली

carpel /ˈकाप्ल्/ *n.* फूल का प्रजननकारी मादा अंश, अंडप

carpet /ˈकापिट्/ *n.* 1 क़ालीन, ग़लीचा 2 ज़मीन पर किसी चीज़ की मोटी तह

carriage /ˈकैरिज्/ *n.* 1 (*US* **car**) रेलगाड़ी का डिब्बा 2 (*also* **coach**) बग्घी, घोड़ा-गाड़ी

carrier /ˈकैरिअ(र्)/ *n.* 1 (कारोबार में) यात्रियों या सामान को ढोने वाली कंपनी 2 सैनिकों, हथियारों आदि को ढोने या वहन करने वाला सैन्य-वाहन या जलपोत

carrot /ˈकैरट्/ *n.* 1 गाजर 2 किसी को कुछ करने को मनाने के लिए प्रस्तुत प्रलोभन

carry /ˈकैरि/ *v.* 1 किसी वस्तु या व्यक्ति को हाथों, बाहों आदि में थामकर या पीठ पर लादकर एक स्थान से दूसरे स्थान तक ले जाना 2 साथ ले चलना

cart /काट्/ *n.* 1 घोड़ा गाड़ी 2 (*also* **handcart**) ठेला ▸ **cart** *v.* प्रायः कठिनाई से सामान या व्यक्तियों का वहन करना

cartel /काˈटेल्/ *n.* उत्पादों या कंपनियों का संघ जिसका मुख्य उद्देश्य क़ीमतें निश्चित कर लाभ बढ़ाना है और परस्पर

स्पर्धा न करना है, उत्पादक संघ

cartilage /ˈकाटिलिज्/ *n.* हड्डियों के जोड़ों पर सुदृढ़ पदार्थ, उपास्थि

C

cartography /काˈटॉग्रफ़ि/ *n.* मानचित्र-निर्माण की कला या क्रिया, नक़्शानवीस ▸ **cartographic** *adj.* मानचित्र-निर्माण से संबंधित

carton /ˈकाट्न्/ *n.* गत्ते या प्लास्टिक का डिब्बा, कार्टून

cartoon /काˈटून्/ *n.* **1** विशेषतः समाचार-पत्र या पत्रिका में प्रकाशित व्यंग्यचित्र, हास्यचित्र, कार्टून **2** सचल चित्रों (न कि सजीवों) से बनी फ़िल्म

cartridge /ˈकाट्रिज्/ *n.* **1** कारतूस **2** किसी मशीन में प्रयुक्त सामग्री (जैसे कैमरे की फ़िल्म, मुद्रण के लिए स्याही) को रखने का बंद पात्र या पुरज़ा, इस पुरज़े को निकाला व पुनः भरा जा सकता है

carve /काव्/ *v.* लकड़ी या पत्थर को काटकर कलाकृति बनाना या उस पर लिखना, नक़्क़ाशी करना, तराशना

cascade /कैˈस्केड्/ *n.* झरना, जलप्रपात ▸ **cascade** *v.* जलप्रपात की भांति गिरना

case /केस्/ *n.* **1** कोई विशेष स्थिति, घटना या उदाहरण, प्रकरण **2** (**the case**) वास्तविक स्थिति, सचाई

casement /ˈकेस्मन्ट्/ *n.* खिड़की का चौखटा

cash /कैश्/ *n.* **1** रोकड़, नक़दी सिक्कों और नोटों के संदर्भ में प्रयुक्त शब्द **2** पैसा (नक़द, रोकड़ आदि) ▸ **cash** *v.* चेक आदि नक़दी में भुनाना

cashew /ˈकैशू, कैˈशू/ *n.* काजू

cashier /कैˈशिअ (र्)/ *n.* ख़ज़ांची, कोषपाल, रोकड़िया

cashmere /ˈकैश्मिअ(र्)/ *n.* एक प्रकार की महीन और कोमल ऊन, कश्मीरी ऊन

casing /ˈकेसिङ्/ *n.* सुरक्षा करनेवाला आवरण

casino /कˈसीनो/ *n.* (*pl.* **casinos**) ऐसा स्थान जहाँ खेल खेलकर पैसा जीता या हारा जा सकता है, जुआघर, कैसीनो

casket /ˈकास्किट्/ *n.* (गहने आदि रखने के लिए) सजावटी संदूक़ची जिसका विशेषतः पिछले ज़माने में प्रयोग किया जाता था

cassava /कˈसावा/ *n.* मोटी जड़ों वाला उष्ण कटिबंधीय पौधा, इन जड़ों से बना आटा

casserole /ˈकैसरोल्/ *n.* **1** मिट्टी या काँच का ढक्कनदार बड़ा बर्तन जिसमें खाना बनाया और परोसा जाता है, कैसरॉल **2** कैसरॉल में बनाया गया व्यंजन

cassette /कˈसेट्/ *n.* ध्वनि को रिकॉर्ड करने और उसे बजाने के लिए टेपयुक्त छोटा चपटा डिब्बा, कैसेट

cast /कास्ट्/ *v.* (**cast, cast**) **1** नाटक, फ़िल्म आदि में किसी भूमिका के लिए अभिनय करने वाले व्यक्ति को चुनना **2** पिघली हुई धातु को साँचे में डालना या ढालना ▸ **cast** *n.* किसी नाटक, फ़िल्म आदि के समस्त कलाकार

castaway /ˈकास्टवे/ *n.* डूबे हुए जहाज़ से बचकर अपरिचित भूमि पर अकेला पहुँचा हुआ व्यक्ति

caste /कास्ट्/ *n.* जाति, जात-पाँत, वर्ण

castigate /ˈकैस्टिगेट्/ *v.* निंदा या तीव्र विरोध करना या कठोर दंड देना, कड़ी आलोचना करना ▸ **castigation** *n.* आलोचना, निंदा, दंड-फटकार

castle /ˈकास्ल्/ *n.* **1** क़िला, दुर्ग **2** (शतरंज में) हाथी

casual /ˈकैशुअल्/ *adj.* **1** तनावमुक्त

और अचिंतित, प्रयास, परवाह या रुचि से वंचित **2** (पहनावा) अनौपचारिक

casualty /ˈकैशुअल्टि/ *n.* (*pl.* **casualties**) **1** दुर्घटना या युद्ध में घायल या मृत व्यक्ति **2** किसी अन्य के कारण हानिग्रस्त

cat /कैट्/ *n.* **1** मुलायम रोवेंवाला एक छोटा जानवर जिसे प्रायः घरों में पाला जाता है, बिल्ली **2** बिल्ली जाति का कोई जंगली पशु

catacomb /ˈकाट्कोम्/ *n.* (*pl.* **catacombs**) विशेषकर प्राचीन समय में मृत व्यक्तियों को दफ़नाने के लिए भूमिगत सुरंगों की शृंखला, क़ब्रों का तहख़ाना

catalogue /ˈकैटलॉग्/ *n.* (*US* **catalog**) **1** किसी स्थान पर, से ख़रीदी, देखी आदि जा सकने वाली वस्तुओं की सूची, सूचीपत्र **2** एक शृंखला, विशेषतः अशुभ बातों की ▸ **catalogue** *v.* सूची बनाना

catalyst /ˈकैटलिस्ट्/ *n.* **1** परिवर्तन लाने वाला व्यक्ति या वस्तु **2** रासायनिक प्रक्रिया को तीव्र करनेवाला पदार्थ, उत्प्रेरक पदार्थ ▸ **catalytic** *adj.* उत्प्रेरक

catamaran /ˌकैटमˈरैन्/ *n.* दो पाटों वाली द्रुतगति नौका

catapult /ˈकैटपल्ट्/ *n.* (*US* **slingshot**) Y के आकार का लकड़ी का छोटा टुकड़ा जिसके दोनों ओर रबर का टुकड़ा बँधा होता है जिसका प्रयोग बच्चे पत्थर फेंकने के लिए करते हैं, ग़ुलेल ▸ **catapult** *v.* किसी वस्तु या व्यक्ति को एकाएक व बहुत ज़ोर से फेंकना

cataract /ˈकैटरैक्ट्/ *n.* **1** आँख की एक बीमारी जिसमें आँख का लेंस प्रभावित होता है जो दृष्टि को बाधित करता है, मोतियाबिंद **2** बड़ा जलप्रपात

catastrophe /कˈटैस्ट्रफ़ि/ *n.* **1** आकस्मिक महाविपत्ति या तबाही **2** घोर परेशानी, निराशा आदि उत्पन्न करने वाली घटना

catch /कैच्/ *v.* **1** हाथों में लेना, पकड़ना, थामना **2** पीछा करके या ढूँढ़कर पकड़ना ▸ **catch** *n.* **1** पकड़ने या लपकने की क्रिया, पकड़ **2** पकड़ी हुई मछली की मात्रा

catching /ˈकैचिङ्/ *adj.* (रोग) संक्रमणकारी, फैलने वाला रोग

catchment area /ˈकैच्मन्ट् एअरिया/ *n.* जलागम क्षेत्र, जलग्रहण क्षेत्र

catchy /ˈकैचि/ *adj.* (धुन या गीत) जिसे याद रखना आसान हो

categorical /ˌकैटˈगॉरिक्ल्/ *adj.* सुनिश्चित, सुस्पष्ट

categorize /ˈकैटगराइज़्/ *v.* वस्तुओं या व्यक्तियों का वर्गीकरण करना

category /ˈकैटगरि/ *n.* (*pl.* **categories**) व्यक्तियों या वस्तुओं का वर्ग, संवर्ग, कोटि

cater /ˈकेट(र्)/ *v.* **1** आवश्यकताओं की पूर्ति करना, आवश्यकतानुसार सेवाएँ या वस्तुएँ प्रदान करना **2** किसी समारोह या अन्य स्थान पर भोज्य पदार्थों की व्यवस्था करना

caterpillar /ˈकैटपिल(र्)/ *n.* लंबे शरीर एवं अनेक टांगोंवाला छोटा रोवेंदार कीट जो पौधों की पत्तियाँ खाता है, सूँड़ी, इल्ली

catharsis /कˈथासिस्/ *n.* (*pl.* **catharses**) नाटक आदि कलाओं से अभिव्यक्ति द्वारा प्रबल भावनाओं का शमन, विरेचन, भावशांति

cathedral /कˈथ़ीड्रल्/ *n.* किसी ज़िले का सर्वाधिक महत्वपूर्ण गिरजा

C

catheter /ˈकैथिट(र)/ *n.* नाल-श्लाका (शरीर से द्रव पदार्थ बाहर निकालने के लिए)

cathode /ˈकैथोड/ *n.* बैटरी में वह बिंदु जहाँ से होकर विद्युत धारा बाहर निकलती है, कैथोड

cation /ˈकैटाइअन्/ *n.* (रसायनशास्त्र में) धनात्मक विद्युत चार्ज वाला आयन, धनायन

cattle /ˈकैट्ल्/ *n. (pl.)* गाय-बैल, मवेशी, ढोर

catty /ˈकैटि/ *adj.* बदला लेने की भावना रखनेवाला, द्वेषी

cauldron /ˈकॉल्ड्रन्/ *n.* (*US* **caldron**) धातु का बड़ा गहरा पात्र जिसमें खाना पकाया जाता है, कड़ाहा, देग, कड़ाह

cauliflower /ˈकॉलिफ़्लाउअ(र्)/ *n.* एक सब्ज़ी जिसकी पत्तियाँ हरी होती हैं तथा मध्य भाग सफ़ेद होता है जिसे खाया जाता है, फूलगोभी

cause /कॉज़्/ *n.* **1** कारण, हेतु, निमित्त **2** भावना या आचरण-विशेष का कारण ▸ **cause** *v.* कुछ होने का कारण बनना, उत्पन्न करना

causeway /ˈकॉज़्वे/ *n.* गीली भूमि या जलमय क्षेत्र के आर-पार, ऊँचा उठा हुआ रास्ता, सेतुपथ

caustic /ˈकॉस्टिक्/ *adj.* **1** (पदार्थ) रासायनिक क्रिया द्वारा वस्तुओं को जला देने में सक्षम, दाहक **2** तीक्ष्ण, कटु रूप से निंदात्मक

caution /ˈकॉश्न्/ *n.* **1** विशेष सावधानी, सतर्कता, चौकसी **2** न्यायाधीश या पुलिस अधिकारी द्वारा दी गई मौखिक चेतावनी ▸ **caution** *v.* **1** किसी बात के विरुद्ध सावधान करना **2** किसी को साधिकार चेतावनी देना

cautious /ˈकॉशस्/ *adj.* सावधान, सतर्क, चौकस ▸ **cautiously** *adv.* सावधानी से

cavalry /ˈकैव्ल्रि/ *n.* (*pl.* **cavalries**) विगत युग की घुड़सवार सेना, आधुनिक युग की कड़ी सुरक्षा वाहनों का उपयोग करने वाली सेना

cave /केव्/ *n.* भूमि के भीतर अथवा पहाड़ी के पार्श्व में बड़ा छेद, गुफ़ा, कंदरा, गुहा ▸ **cave** *v.* (**cave in**) **1** अंदर गिर जाना या धँस जाना **2** एकाएक बहस या विरोध समाप्त कर देना, हार मान लेना

cavern /ˈकैव्न्/ *n.* पहाड़ी के पार्श्व में अथवा भूमि के अंदर एक बड़ा गहरा गड्ढा, एक बड़ी गुफ़ा, बड़ी अँधेरी गुफ़ा

caviar /ˈकैविआ(र्)/ *n.* एक प्रकार की बड़ी मछली (स्टर्जन) के अंडे जिन्हें व्यंजन के रूप में खाया जाता है, प्रायः यह महँगी होती है

cavity /ˈकैवटि/ *n.* (*pl.* **cavities**) किसी ठोस पदार्थ में छिद्र, ख़ाली स्थान

caw /कॉ/ *v.* काँव-काँव करना, काँय-काँय करना

CCTV /ˌसी सी टी ˈव़ी/ *abbr.* 'closed-circuit television' का संक्षिप्त रूप, बंद परिपथ टेलीविज़न

CD /ˌसी ˈडी/ *n.* (*also* **compact disc**) सख़्त प्लास्टिक का छोटा गोल व चपटा टुकड़ा जिस पर ऑडियो-वीडियो रिकार्ड किया जाता है या सूचना सामग्री संचित की जाती है, सीडी, कॉम्पैक्ट डिस्क

CD-ROM /ˌसी डी ˈरॉम्/ *n.* सी डी रॉम, कंप्यूटर में प्रयुक्त सी डी जिसमें प्रचुर सूचना सामग्री अंकित होती है परंतु इस सामग्री को न तो बदला और न ही मिटाया जा सकता है

cease /सीस्/ *v.* समाप्त होना या करना, रुकना या रोकना

cedar /'सीड(र्)/ *n.* **1** देवदार वृक्ष, इस सदाबहार वृक्ष की शाखाएँ दूर तक फैलती हैं **2** देवदार की मज़बूत लाल लकड़ी

ceiling /'सीलिङ्/ *n.* कमरे के भीतर से ऊपर दिखने वाली छत, भीतरी छत, सीलिंग

celebrate /'सेलिब्रेट्/ *v.* किसी विशेष अवसर पर उत्सव मनाना, समारोह करना

celebrated /'सेलिब्रेटिड्/ *adj.* प्रसिद्ध, प्रख्यात

celebrity /स'लेब्रटि/ *n.* (*pl.* **celebrities**) कोई प्रख्यात व्यक्ति

celery /'सेलरि/ *n.* हरे और सफ़ेद डंठल वाली सब्ज़ी जो कच्ची भी खाई जा सकती है, अजमोद

celestial /स'लेस्टिअल्/ *adj.* आकाश या स्वर्ग से संबंधित

celibate /'सेलिबट्/ *adj.* अविवाहित और शारीरिक संबंधों से परहेज़ रखने वाला (प्रायः धार्मिक कारणों से), ब्रह्मचर्य, कौमार्यव्रत ▸ **celibacy** *n.* ब्रह्मचर्य, कौमार्यव्रत

cell /सेल्/ *n.* **1** पशुओं या पौधे का लघुत्तम सजीव अंश, कोशिका **2** जेल या पुलिस थाने में क़ैदी को रखने की कोठरी

cellar /'सेल(र्)/ *n.* (सामग्री जमा करने के लिए) तहख़ाना

cello /'चेलो/ *n.* (*pl.* **cellos**) तारों वाला एक बड़ा वाद्य यंत्र

cellophane /'सेलफ़ेन्/ *n.* लकड़ी के गूदे से बना पारदर्शक काग़ज़ जो पैक करने के काम आता है, सेलोफ़ेन

cellular /'सेल्यल(र्)/ *adj.* कोशिका-निर्मित

Celsius /'सेलसिअस्/ *adj.* (*also* **centigrade**) तापमान मापने की वह पद्धति जिसमें पानी का हिमांक 0° और क्वथनांक 100° पर होता है, सेल्सियस

C

cement /सि'मेन्ट्/ *n.* ईंटों को जोड़ने तथा कठोर सतह बनाने के लिए प्रयुक्त एक भूरा पाउडर जो पानी मिलाने के बाद कठोर हो जाता है, सीमेंट ▸ **cement** *v.* **1** सीमेंट या सीमेंट जैसे लसदार पदार्थ से दो वस्तुओं को जोड़ना **2** किसी संबंध, समझौता आदि को सुदृढ़ करना

cemetery /'सेमट्रि/ *n.* (*pl.* **cemeteries**) क़ब्रिस्तान, विशेषतः वह स्थान जो गिरजाघर की संपत्ति नहीं है

censor /'सेन्स(र्)/ *v.* पुस्तक, फ़िल्म आदि से उन आपत्तिजनक अंशों को हटाना जो किसी दल या समूह विशेष की भावनाओं को ठेस पहुँचाने की आशंका रखते हों या जो राजनीतिक कारणों से हानिकारक माने जाते हों, काट-छाँट करना ▸ **censor** *n.* किताबों, फ़िल्मों आदि में से आपत्तिजनक अंशों को निकालने वाला अधिकारी, नियंत्रक, निरीक्षक

censure /'सेन्श(र्)/ *v.* अनुचित काम करने के लिए किसी की भर्त्सना करना ▸ **censure** *n.* घोर निंदा, भर्त्सना

census /'सेन्सस्/ *n.* (*pl.* **censuses**) किसी देश में रहनेवाले लोगों की आधिकारिक गणना जिसमें उनकी आयु, नौकरी आदि से संबंधित सूचनाएँ भी होती हैं, जनगणना

cent /सेन्ट्/ *n.* एक छोटा सिक्का और मुद्रा की एक इकाई जो मुद्रा की मूल इकाई का एक प्रतिशत होती है (उदाहरण के लिए, एक डॉलर या एक यूरो में 100 सेंट होते हैं), सेंट

C

centaur /'सेन्टॉ(र्)/ *n.* मानव के सिर और धड़ तथा घोड़े की टाँग वाला जीव, अश्वमानव

centenary /सेन्'टीनरि/ *n.* (*pl.* **centenaries**) किसी महत्वपूर्ण घटना या किसी चीज़ के आरंभ होने के ठीक सौ वर्ष बाद आनेवाला वर्ष, शताब्दी, शतवार्षिकी

centennial /सेन्'टेनिअल्/ *adj.* सौ साल का, शतवर्षीय, शताब्दी, शतवार्षिक

centigrade /'सेन्टिग्रेड्/ *adj.* सेल्सिअस स्केल द्वारा मापा गया, सेंटीग्रेड

centilitre *n.* (*abbr.* **cl**) (*US* **centiliter**) तरल पदार्थ मापने की इकाई (एक लीटर में 100 सेंटी लीटर होता है), सेंटीलीटर

centimeter /'सेन्टिमीट(र्)/ *adj.* मीटर का शतांश (= 0.394 इंच), सेंटीमीटर

centipede /'सेन्टिपीड्/ *n.* बहुत-सारी टाँगों वाला छोटा कीड़ा जिसके शरीर का मध्य भाग पतला और लंबा होता है, कनखजूरा

central /'सेन्ट्रल्/ *adj.* **1** मध्यवर्ती, केंद्रीय **2** सर्वाधिक महत्वपूर्ण, मुख्य

centralize /'सेन्ट्रलाइज़्/ *v.* देश के सभी भागों अथवा संगठन का नियंत्रण एक ही स्थान पर एक समूह को देना, केंद्रीकरण करना

centre /'सेन्ट(र्)/ *n.* (*US* **center**) **1** किसी वस्तु का मध्य बिंदु या भाग **2** गतिविधि या सेवा-विशेष का आधार स्थल, केंद्र

centrifuge /'सेन्ट्रिफ़्यूज़्/ *n.* पदार्थों (जैसे द्रव और ठोस) को अलग-अलग करने वाली मशीन जो अति तीव्र गति से घूमती है और भारी पदार्थ को बाहर की तरफ़ धकेलती है, अपकेंद्रण यंत्र

century /'सेन्चरि/ *n.* (*pl.* **centuries**) **1** शताब्दी या सदी-विशेष **2** सौ साल की कोई भी अवधि

ceramic /स'रैमिक्/ *adj.* मिट्टी से बनाकर आग में पकाया हुआ, मृत्तिका-संबंधी ▸ **ceramic** *n.* मृत्तिकाशिल्प

cereal /'सिअरिअल्/ *n.* **1** अनाज, अन्न (गेहूँ, चावल आदि) **2** अन्न से बना खाद्य पदार्थ जिसे प्रायः नाश्ते में दूध के साथ लिया जाता है

cerebral /'सेरब्रल्/ *adj.* मस्तिष्क-विषयक, प्रमस्तिष्कीय

ceremonial /ˌसेरि'मोनिअल्/ *adj.* संस्कार या अनुष्ठान संबंधी, समारोहात्मक, उत्सवी

ceremony /'सेरमनि/ *n.* (*pl.* **ceremonies**) **1** औपचारिक सार्वजनिक समारोह या धार्मिक अनुष्ठान **2** विशेष अवसरों पर प्रत्याशित औपचारिक आचरण, भाषण, आदि

certain /'सट्न्/ *adj.* **1** पूर्णतया आश्वस्त, संदेह से मुक्त, असंदिग्ध **2** अवश्यंभावी, निश्चित, पक्का, सुस्पष्ट **3** कोई, कुछ

certainly /'सट्न्लि/ *adv.* **1** निस्संदेह, निश्चित रूप से **2** (प्रश्न के उत्तर में प्रयुक्त) अवश्य, बेशक

certainty /'सट्न्टि/ *n.* (*pl.* **certainties**) **1** अवश्यंभाविता, निश्चितता **2** घटना, परिणाम आदि जिसका होना निश्चित हो

certificate /स'टिफ़िकट्/ *n.* औपचारिक या आधिकारिक प्रमाण पत्र

certify /'सटिफ़ाइ/ *v.* (**certifies, certifying, certified**) **1** प्रमाणित करना **2** किसी व्यक्ति को व्यवसाय-विशेष के लिए प्रशिक्षण पूरा करने पर प्रमाण पत्र देना

certitude /ˈसटिˌट्यूड्/ *n.* **1** निश्चित होने का भाव, निश्चय, विश्वास, भरोसा **2** वस्तु जिसपर विश्वास है

cervical /ˈसविक्ल्, सˈवाइक्ल्/ *adj.* **1** गर्भाशय से जुड़ा, गर्भाशय-संबंधी **2** गर्दन से जुड़ा, ग्रीवा-संबंधी

cesium /ˈसीज़िअम्/ *n.* एक मुलायम रजत धात्विक तत्व, सीज़ियम

CFC /ˌसी एफ़ˈसी/ *n.* क्लोरोफ़्लोरोकार्बन, परिवेश के लिए हानिप्रद एक गैस जो स्प्रे के डिब्बे आदि में पाई जाती है

chafe /चेफ़्/ *v.* (गरमाने के लिए त्वचा को) रगड़ना

chain /चेन्/ *n.* **1** धातु के शृंखलाबद्ध छल्ले, ज़ंजीर, चेन **2** वस्तुओं या व्यक्तियों का सिलसिला, कड़ी ▸ **chain** *v.* किसी वस्तु या व्यक्ति को ज़ंजीर से बाँधना

chair /चेअ(र्)/ *n.* **1** कुरसी **2** किसी सभा का सभापति या अध्यक्ष ▸ **chair** *v.* किसी बैठक की अध्यक्षता करना

chalet /ˈशैले/ *n.* (विशेषतः यूरोप में) सामान्यतः पहाड़ी क्षेत्र में या अवकाश के समय उपयोग के लिए बनाया गया लकड़ी का घर, शैले

chalk /चॉक्/ *n.* **1** एक प्रकार का नरम सफ़ेद पत्थर, खड़िया, चक मिट्टी **2** लिखने या आरेख बनाने की सफ़ेद या रंगीन खड़िया की सलाख, चक का टुकड़ा

challenge /ˈचैलिन्ज्/ *n.* **1** चुनौती **2** मुक़ाबले की चुनौती, ललकार ▸ **challenge** *v.* **1** मुक़ाबले की चुनौती देना, ललकारना **2** किसी की सचाई, अधिकार, संपन्नता आदि पर प्रश्नचिह्न लगाना

chamber /ˈचेम्ब(र्)/ *n.* **1** महत्वपूर्ण निर्णय करने वाला संगठन, वह कक्ष या भवन जहाँ संगठन की बैठक होती है **2** शरीर, मशीन आदि में प्रकोष्ठ

chameleon /कˈमीलिअन्/ *n.* त्वचा का रंग बदलने में समर्थ सरीसृप वर्ग का एक छोटा प्राणी, गिरगिट

champ /ˈचैम्प्/ *v.* चपर-चपर (चारा) चबाना, कुतरना

champagne /शैम्ˈपेन्/ *n.* सफ़ेद, बुलबुलों वाली और प्रायः बहुत महँगी फ्रेंच मदिरा, शैंपेन

champion /ˈचैम्पिअन्/ *n.* **1** विजेता (व्यक्ति, टीम आदि), चैंपियन **2** किसी विचार या दल का प्रबल समर्थक, हिमायती ▸ **champion** *v.* किसी दल या विचार का प्रबल समर्थन करना या उसके लिए संघर्ष करना

chance /चान्स्/ *n.* **1** अवसर **2** जोखिम, ख़तरा **3** भाग्य, संयोग ▸ **chance** *v.* **1** जोखिम लेना, ख़तरा उठाना **2** बिना योजना या इरादे के कुछ करना या कुछ हो जाना

chancellor /ˈचान्सल(र्)/ *n.* **1** कुछ देशों में शासनाध्यक्ष, राष्ट्रपति **2** विश्वविद्यालय प्रमुख, कुलाधिपति

chandelier /ˌशैन्डˈलिअ(र्)/ *n.* **1** शीशे के छोटे-छोटे टुकड़ों से सुसज्जित छत से लटकता हुआ कई शाखाओं वाला एक बड़ा गोल फ्रेम, इन शाखाओं का प्रयोग मोमबत्तियाँ जलाने अथवा रोशनी के लिए किया जाता है, झाड़-फ़ानूस

change /चेन्ज्/ *v.* **1** बदलना, परिवर्तन करना **2** बदल जाना, परिवर्तन कर देना ▸ **change** *n.* **1** बदलाव, परिवर्तन **2** एक वस्तु के स्थान पर प्रयुक्त दूसरी वस्तु

channel /ˈचैन्ल्/ *n.* **1** कोई टेलीविज़न स्टेशन, चैनल **2** रेडियो या टेलीविज़न

कार्यक्रमों के प्रसारण के लिए प्रयुक्त तरंग-दैर्घ्य ▸ **channel** *v.* **(channelling, channelled)** पथ या मार्ग-विशेष से कुछ ले जाना

chant /चान्ट्/ *n.* **1** अनेक बार उच्चरित शब्द या वाक्यांश **2** कोई संक्षिप्त व प्रायः धार्मिक गीत जिसे अनेक बार दुहराया जाता है ▸ **chant** *v.* किसी शब्द या वाक्यांश को अनेक बार गाना या ऊँचे स्वर में बोलना

chaos /ˈकेऑस्/ *n.* घोर अव्यवस्था, गड़बड़ी, अस्त-व्यस्तता

chap /चैप्/ *n.* आदमी या लड़के के लिए प्रयुक्त शब्द

chapel /ˈचैप्ल्/ *n.* गिरजाघर या प्रार्थना-कक्ष के रूप में प्रयुक्त छोटी इमारत या कमरा

chaplain /ˈचैप्लिन्/ *n.* अस्पताल, विद्यालय, कारागार आदि में कार्यरत ईसाई पुरोहित

chapped /चैप्ट्/ *adj.* (होंठ या त्वचा) ठंड या वायु के कारण खुरदरा, सूखा और दर्दीला

chapter /ˈचैप्ट(र्)/ *n.* पुस्तक का अध्याय

char /चा(र्)/ *v.* **(charring, charred)** झुलसना, झुलसाना, जलकर कोयला हो जाना

character /ˈकैरक्ट(र्)/ *n.* **1** किसी व्यक्ति का चरित्र, विशिष्ट लक्षण, प्रकृति, स्वभाव **2** प्रबल व्यक्तिगत गुण, व्यक्तित्व

characteristic /ˌकैरक्टˈरिस्टिक्/ *n.* किसी व्यक्ति या वस्तु का विशिष्ट लक्षण जिसके कारण वह अन्य व्यक्तियों से भिन्न लगता है, अभिलक्षण, विशेषता ▸ **characteristic** *adj.* किसी व्यक्ति या वस्तु का विशेष रूप से प्रतिनिधिक, लक्षणात्मक ▸ **characteristically** *adv.* विशिष्टतासूचक रूप से

characterize /ˈकैरक्टराइज़्/ *v.* **1** (किसी व्यक्ति या वस्तु) का प्रतिनिधिक या लक्षणात्मक होना **2** किसी व्यक्ति या वस्तु के स्वभाव आदि का वर्णन करना

charade /शˈराड्/ *n.* झूठी स्थिति या घटना जिसमें लोग दिखावे का व्यवहार करते हैं

charcoal /ˈचाकोल्/ *n.* लकड़ी का कोयला, काठकोयला

charge /चाज्/ *n.* **1** ख़रीदी गई वस्तु या सेवा पर शुल्क, ख़र्च, व्यय **2** आरोप, अभियोग ▸ **charge** *v.* **1** क़ीमत माँगना, दाम माँगना **2** ग़ैर-क़ानूनी काम करने के लिए औपचारिक रूप से दोषारोपण करना

chariot /ˈचैरिअट्/ *n.* दो पहियों वाला खुला वाहन जिसे प्राचीन काल में घोड़े खींचते थे, रथ

charisma /कˈरिज़्मा/ *n.* कुछ व्यक्तियों में दूसरों को आकर्षित व प्रभावित करने का प्रबल व्यक्तिगत गुण, आकर्षण ▸ **charismatic** *adj.* इस गुण से संबंधित, आकर्षक

charitable /ˈचैरटब्ल्/ *adj.* **1** दयालु, उदार **2** परोपकारी, दानी

charity /ˈचैरटि/ *n.* (*pl.* **charities**) **1** धन इकट्ठा कर दीन-दुखियों की सहायता करने वाली संस्था, सहायतार्थ संस्था, दान की गई राशि, वस्तुएँ आदि **2** परोपकार, दयालुता

charm /चाम्/ *n.* **1** लोगों को प्रसन्नचित्त व आकृष्ट करने वाला गुण, आकर्षण, मनोहारिता **2** इस विश्वास से कुछ धारण करना कि भविष्य में भाग्य

उज्ज्वल होगा, मंत्र, तावीज़ ▸ **charm** *v.* 1 किसी को मोहित या आकर्षित करना 2 किसी को मायाशक्ति या जादू जैसे प्रभाव से सुरक्षा प्रदान करना

charming /ˈचामिङ्/ *adj.* बहुत सुखकर, रोचक या आकर्षक ▸ **charmingly** *adv.* आकर्षक या रोचक रूप से

chart /चाट्/ *n.* **1** रेखाचित्र आदि के रूप में सूचना-सामग्री देने वाला आरेख, चार्ट **2** समुद्र या आकाश का मानचित्र ▸ **chart** *v.* **1** किसी घटना आदि की प्रगति या विकास को सावधानी से और विस्तारपूर्वक जानना या दर्ज करना **2** समुद्र या आकाश के एक भाग का मानचित्र बनाना

charter /ˈचाट(र्)/ *n.* **1** किसी संगठन या व्यक्ति-समुदाय के अधिकारों, विश्वासों और उद्देश्यों का लिखित दस्तावेज़, अधिकारपत्र **2** विमान, जहाज़ आदि को विशेष उद्देश्य से या विशेष व्यक्तियों के लिए भाड़े पर लेने की क्रिया, चार्टर करने की क्रिया ▸ **charter** *v.* विमान, जहाज़ आदि को विशेष उद्देश्य से या विशेष व्यक्तियों के लिए भाड़े पर लेना, चार्टर करना

chartered /ˈचाटड्/ *adj.* (कुछ पेशों में व्यक्ति) पूर्णतया प्रशिक्षित, समस्त अपेक्षित परीक्षाओं में उत्तीर्ण

chase /चेस्/ *v.* **1** पकड़ने के लिए किसी के पीछे-पीछे भागना, किसी का पीछा करना **2** तेज़ी से किसी दिशा में भागना ▸ **chase** *n.* किसी का पीछा करने की क्रिया

chasm /ˈकैज़म्/ *n.* **1** ज़मीन में गहरा गड्ढा, गह्वर **2** दो व्यक्तियों या दलों की भावनाओं, रुचियों आदि में बड़ा अंतर

chaste /चेस्ट्/ *adj.* **1** कभी यौन-संबंध नहीं रखा या दंपती तक सीमित यौन-संबंध **2** (भाषा) विशुद्ध, औपचारिक ▸ **chastity** *n.* शुचिता

chasten /ˈचेस्न्/ *v.* (ईश्वर या दुःखों के द्वारा) परिष्कृत करना, पाप या दोषों से मुक्त करना, सुधारना

chastise /चैˈस्टाइज़्/ *v.* **1** ग़लती के लिए आलोचना या निंदा करना, डाँटना **2** किसी को शारीरिक दंड देना, ताड़ना देना ▸ **chastisement** *n.* ताड़ना, दंड, सज़ा

chat /चैट्/ *v.* (**chatting, chatted**) मैत्रीपूर्ण और अनौपचारिक रूप से बातचीत करना, गपशप करना ▸ **chat** *n.* मैत्रीपूर्ण अनौपचारिक बातचीत, गपशप

chatter /ˈचैट(र्)/ *v.* **1** तेज़ गति से या देर तक किसी मामूली विषय पर बात करना, लगातार निरर्थक चर्चा करना, बकबक करना **2** ठंड या डर के मारे (दाँतों का) कटकटाना, किटकिटाना ▸ **chatter** *n.* लगातार की बकबक, (दाँतों की) किटकिट की आवाज़

chauffeur /ˈशोफ़(र्)/ *n.* दूसरों की कार चलाने की नौकरी करने वाला व्यक्ति, कार का वेतनभोगी ड्राइवर ▸ **chauffeur** *v.* ड्राइवर की नौकरी करना

chauvinism /ˈशोविनिज़म्/ *n.* **1** अपने राष्ट्र को अन्य राष्ट्रों से श्रेष्ठ मानने की धारणा, उग्र राष्ट्रवाद **2** पुरुषों को महिलाओं से श्रेष्ठ मानने की धारणा ▸ **chauvinist** *n.* & *adj.* उग्र राष्ट्रवादी, पुरुष-श्रेष्ठतावादी

cheap /चीप्/ *adj.* **1** सस्ता, कम क़ीमत का **2** घटिया व अनाकर्षक ▸ **cheap** *adv.* सस्ते में, कम दाम में

C

cheat /चीट्/ *v.* **1** किसी को ठगना, धोखा देना, छल करना **2** लाभ पाने के लिए बेईमानी या अनुचित व्यवहार करना ▸ **cheat** *n.* धोखेबाज़, ठग, छली, कपटी

check /चेक्/ *v.* **1** किसी वस्तु के सुरक्षित या सही अवस्था में होने की जाँच करना **2** कोई बात पक्के तौर पर मालूम करना, सुनिश्चित करना ▸ **check** *n.* **1** किसी वस्तु के सुरक्षित या उचित अवस्था में होने को सुनिश्चित करने के लिए (वस्तु की) बारीकी से जाँच, परीक्षण **2** रोकथाम, रुकावट

cheek /चीक्/ *n.* **1** गाल, कपोल **2** अशिष्ट व्यवहार, निरादर

cheeky /ˈचीकि/ *adj.* (**cheekier, cheekiest**) धृष्ट, अशिष्ट ▸ **cheekily** *adv.* अशिष्टतापूर्वक

cheer /चिअ(र्)/ *v.* **1** किसी को स्पर्धा, खेल आदि में प्रोत्साहित करने के लिए चिल्लाना आदि, उत्साह बढ़ाना **2** किसी को प्रसन्न करना या उम्मीद बढ़ाना ▸ **cheer** *n.* खेल, प्रतियोगिता आदि में खिलाड़ियों को प्रोत्साहित करने के लिए निकाली गई हर्ष-ध्वनि, वाहवाही, जयघोष

cheerful /ˈचिअफ़्ल्/ *adj.* प्रसन्न, प्रमुदित, हँसमुख ▸ **cheerfully** *adv.* प्रसन्नतापूर्वक

cheerless /ˈचिअलस्/ *adj.* उदास, खिन्न

cheers /चिअज़्/ *exclam.* मदिरापान आरंभ करने से पहले शुभकामनाएँ व्यक्त करने के लिए प्रयुक्त

cheery /ˈचिअरि/ *adj.* प्रसन्न और मुस्कानयुक्त ▸ **cheerily** *adv.* प्रसन्नता से

cheese /चीज़्/ *n.* दूध से बना एक प्रकार का खाद्य पदार्थ, पनीर

cheetah *n.* बिल्ली के कुल का एक बड़ा जंगली पशु, चीता

chef /शेफ़्/ *n.* होटल या रेस्तराँ में मुख्य रसोइया

chemical /ˈकेमिक्ल्/ *adj.* रसायनशास्त्र-विषयक, रासायनिक ▸ **chemically** *adv.* रासायनिक रूप से ▸ **chemical** *n.* रासायनिक प्रक्रिया से बना या उसमें प्रयुक्त पदार्थ, रसायन

chemise /शˈमीज़्/ *n.* स्त्रियों की ढीली-ढाली बनियान या कुर्ती, शेमीज़

chemist /ˈकेमिस्ट्/ *n.* **1** (*also* **pharmacist;** *US* **druggist**) औषधि-निर्माता तथा विक्रेता **2** (**the chemist's;** *US* **drugstore**) औषधियाँ, साबुन, सौन्दर्यवर्द्धक वस्तुएँ आदि बेचने की दुकान

chemistry /ˈकेमिस्ट्रि/ *n.* **1** पदार्थों की संरचना तथा विभिन्न परिस्थितियों अथवा उनको एक-दूसरे के साथ मिलाने पर उनमें होनेवाले परिवर्तनों का वैज्ञानिक अध्ययन, रसायनशास्त्र **2** पदार्थ-विशेष की संरचना या बनावट

chemotherapy /ˈकीमोˈथेरपि/ *n.* रासायनिक पदार्थों द्वारा चिकित्सा, रसोचिकित्सा, कीमोथेरापी

cheque /चेक्/ *n.* (*US* **check**) बैंक द्वारा मुद्रित एवं जारी काग़ज़/प्रपत्र जिसे हस्ताक्षर कर अंकित धनराशि के भुगतान हेतु प्रयोग किया जा सकता है, चेक़, देयक

cherish /ˈचेरिश्/ *v.* **1** किसी से स्नेह करना और सावधानीपूर्वक देखरेख में रखना **2** (विचार, भावना आदि) हृदय में सँजोए रखना और उसे प्रायः याद करना

cherry /'चेरि/ *n.* (*pl.* **cherries**) 1 (बेर जैसा) गुठली वाला छोटा काला या लाल फल, चेरी 2 चेरी का वृक्ष

cherub /'चेरब/ *n.* कल्पित दिव्य प्राणी जो पंखों वाले स्थूलकाय नर बालक जैसा दिखता है, देवदूत, फ़रिश्ता

chess /'चेस्/ *n.* दो व्यक्तियों के बीच एक बोर्ड पर खेला जानेवाला खेल, शतरंज का खेल, चेस

chest /'चेस्ट्/ *n.* 1 शरीर का सामने का गरदन के नीचे वाला भाग, छाती, वक्षस्थल 2 लकड़ी की बड़ी पेटी

chestnut /'चेस्नट्/ *n.* 1 बड़ी-बड़ी पत्तियोंवाला एक वृक्ष जिसमें नुकीले आवरण के भीतर एक चिकना भूरा फल फलता है, चेस्टनट (एक फल) का वृक्ष 2 चेस्टनट वृक्ष में फलने वाला चिकना भूरा मेवा, चेस्टनट फल

chew /चू/ *v.* 1 भोजन चबाना 2 पिछले दाँतों से लगातार चबाते रहना

chic /शीक्/ *adj.* लोकप्रिय, आकर्षक और सुरुचिसंपन्न ▸ **chic** *n.* लोकप्रिय और सुरुचिसंपन्न होने का गुण

chick /चिक्/ *n.* किसी भी पक्षी का बच्चा, विशेषतः मुरग़ी का बच्चा, चूज़ा

chicken /'चिकिन्/ *n.* 1 प्रायः मांस तथा अंडे के लिए पाला जानेवाला एक पक्षी, मुर्ग़ी या मुर्ग़ा 2 मुर्ग़ा या मुर्ग़ी का मांस ▸ **chicken** *v.* (**chicken out**) डर के मारे काम न करने का निर्णय लेना

chide /चाइड्/ *v.* कुछ ग़लत कहने या करने के लिए किसी की आलोचना करना या आरोप लगाना, भर्त्सना करना, डाँटना

chief /'चीफ़्/ *n.* 1 संगठन का प्रमुख, प्रधान 2 क़बीले का सरदार ▸ **chief** *adj.* 1 सर्वाधिक महत्वपूर्ण, मुख्य 2 उच्चतम पद का, प्रमुखतम

chiefly /'चीफ़लि/ *adv.* मुख्य रूप से, अधिकांशतः

chieftain /'चीफ़्टन्/ *n.* क़बीले का सरदार

child /चाइल्ड्/ *n.* (*pl.* **children**) बालक या बालिका, बच्चा

childish /'चाइल्डिश्/ *adj.* बचकाना, नासमझी का ▸ **childishly** *adv.* बचकानी रीति से

childlike /'चाइल्ड्लाइक्/ *adj.* बालक के समान, बालसुलभ

chill /चिल्/ *n.* 1 सिहरन, कष्टकर ठंडक, सर्द 2 सर्दी-ज़ुकाम ▸ **chill** *v.* 1 ठंडा होना या करना 2 (*also* **chill out**) तनाव, क्रोध या व्याकुलता से मुक्त होना, सहज होना

chilly /'चिलि/ *adj.* (**chillier, chilliest**) (मौसम) बहुत ठंडा और कष्टकर, (व्यक्ति) रूखा

chime /चाइम्/ *v.* (घंटी या घड़ी का) बजना ▸ **chime** *n.* घंटी या घड़ी के बजने की आवाज़

chimney /'चिम्नि/ *n.* किसी भवन की छत में ऊपर निकला पाइप जिससे भवन का धुआँ आदि बाहर निकलता है, चिमनी, धुआँरा, धुआँकश

chimpanzee /ˌचिम्पैन्'ज़ी/ *n.* अफ़्रीक़ा में पाया जाने वाला एक प्रकार का पूँछहीन बंदर, चिंपांज़ी, वनमानुष

chin /चिन्/ *n.* ठोड़ी, ठुड्डी

china /'चाइना/ *n.* 1 चीनी मिट्टी, जिसके प्याले, प्लेट आदि बनते हैं 2 चीनी मिट्टी से बने बरतन आदि

chink /चिङ्क्/ *n.* दरार, दरकने का निशान

chip /चिप्/ *n.* 1 पत्थर, शीशे आदि का वह स्थान जहाँ से वह थोड़ा टूटा हुआ हो 2 किसी चीज़ से टूटकर अलग हुआ

C

C

पत्थर, शीशे आदि का छोटा-सा टुकड़ा, चिप्पी, छिपटी, टुकड़ा, टूटन ▸ **chip** *v.* (**chipping, chipped**) **1** किसी वस्तु की सतह या किनारे से छोटा टुकड़ा तोड़ना **2** (खेल में) गेंद को मारकर थोड़ी दूर हवा में भेजना

chipmunk /ˈचिप्मङ्क्/ *n.* दक्षिण अमेरिका में पाया जानेवाला एक छोटा जीव जिसकी पूँछ लंबी झब्बूदार होती है तथा इसके पीठ पर हल्के तथा गहरे रंग की रेखाएँ होती हैं, गिलहरी

chiropractor /ˈकाइअरोप्रैक्ट(र्)/ *n.* रोगी की रीढ़ की हड्डी को दबाकर रोगों की चिकित्सा करने वाला चिकित्सक

chirp /चर्प्/ *v.* (छोटे पक्षियों और कुछ कीड़ों का) चीं-चीं करना, चहचहाना

chirpy /ˈचर्पि/ *adj.* प्रफुल्ल, प्रसन्नचित्त, हंसमुख, अच्छे मूड में ▸ **chirpiness** *n.* प्रसन्नता, प्रफुल्लता

chisel /ˈचिज़्ल्/ *n.* लकड़ी या पत्थर काटने या गढ़ने की छेनी

chit /चिट्/ *n.* काग़ज़ के एक टुकड़े पर संक्षिप्त लिखित टिप्पणी या प्रलेख, परची

chivalrous /ˈशिव्ल्रस् / *adj.* वीरतापूर्ण, साहसपूर्ण, साहसी, बहादुर ▸ **chivalrous** *adj.* शिष्टतापूर्ण, उदारतापूर्ण, शिष्ट, उदार

chivalry /ˈशिव्ल्रि/ *n.* स्त्रियों के प्रति पुरुषों का सम्मानजनक, नम्र और सहृदयतापूर्ण आचरण

chlorinate /ˈक्लॉरिनेट्/ *v.* विशेषतः पानी में क्लोरीन मिलाना ▸ **chlorination** *n.* क्लोरीनीकरण

chlorine /ˈक्लॉरीन्/ *n.* तीखी गंध वाली हरी-पीली गैस जिसका प्रयोग पानी को पीने या तैरने योग्य बनाने के लिए किया जाता है, क्लोरीन

chloroform /ˈक्लॉरफ़ॉम्/ *n.* तीखी गंध वाला रंगहीन द्रव पदार्थ जिसके प्रयोग से मरीज़ को शल्य-चिकित्सा से पूर्व बेहोश किया जाता था, क्लोरोफ़ार्म

chlorophyll /ˈक्लॉरफ़िल्/ *n.* पौधों में पाया जाने वाला हरा पदार्थ जो सूर्य की किरणों को आत्मसात कर पौधों की वृद्धि में सहायता करता है, पर्णहरित, क्लोरोफ़िल

chock-a-blok *adj.* **1** ठसाठस भरा हुआ **2** पूरी तरह रटा हुआ

chocolate /ˈचॉक्लट्/ *n.* **1** कोको के बीजों से बनी मीठी भूरी मिठाई जिसे खाद्य पदार्थों को स्वाद-विशेष देने के लिए भी प्रयोग किया जाता है, चॉकलेट **2** चॉकलेट से बनी या चॉकलेट की परत वाली मिठाई

choice /चॉइस्/ *n.* **1** दो या दो से अधिक व्यक्ति या वस्तु में से चुनने की क्रिया, चयन, वरण **2** चुनने का अधिकार या अवसर ▸ **choice** *adj.* बहुत बढ़िया, चुनिंदा

choir /ˈक्वाइअ(र्)/ *n.* गायक-मंडली जो गिरजाघरों, विद्यालयों आदि में गायन प्रस्तुत करती है

choke /चोक्/ *v.* **1** दम घुटना या घोटना **2** मार्ग, स्थान आदि को भरकर बंद करना ताकि कोई अन्य पार न कर सके ▸ **choke** *n.* **1** कार का एक पुरज़ा जो इंजन में जाने वाली वायु की मात्रा को नियंत्रित करता है, चोक **2** वायु या श्वास-अवरोध की क्रिया या आवाज़

cholera /ˈकॉलरा/ *n.* हैज़ा, विशूचिका, एक गंभीर बीमारी जिसमें पेट में दर्द होता है तथा उल्टी आती है, इससे मृत्यु तक हो सकती है

cholesterol /कˈलेस्टरॉल्/ *n.* मनुष्यों और पशुओं के रक्त में पाया जाने वाला

एक पदार्थ-विशेष जिसकी मात्रा में अत्यधिक वृद्धि होने से हृदय-रोग उत्पन्न हो सकता है, कोलेस्टेरॉल

choose /चूज़्/ *v.* (**chose, chosen**) **1** उपलब्ध वस्तुओं या व्यक्तियों में से चयन करना, चुनना **2** कुछ करने का निर्णय, लेना, पसंद करना

choosy /ˈचूज़ि/ *adj.* (व्यक्ति) जिसे संतुष्ट या प्रसन्न करना कठिन हो, जो आसानी से संतुष्ट न हो

chop /चॉप्/ *v.* (**chopping, chopped**) चाक़ू आदि से टुकड़े-टुकड़े करना, सकर्तन करना ▸ **chop** *n.* **1** हड्डीदार मांस का मोटा टुकड़ा या टिक्का **2** काटने या चीरने की क्रिया

chopper /ˈचॉप(र्)/ *n.* **1** काटने वाला, गँड़ासा, क़साई का छुरा **2** हेलीकॉप्टर

choppy /ˈचॉपि/ *adj.* (समुद्र) लहरों भरा और अशांत

chopstick /ˈचॉप्स्टिक्/ *n.* बाँस आदि की लंबी तीलियाँ जिनसे विशेषतः कुछ एशियाई देशों के लोग खाना खाते हैं, चीनी काँटा, चॉपस्टिक

choral /ˈकॉरल्/ *adj.* (संगीत) गायक वृंद के लिए रचित या उससे संबंधित

chord /कॉड्/ *n.* वृत्त या वक्र रेखा के दो बिंदुओं को मिलाने वाली रेखा, जीवा

chore /चॉ(र्)/ *n.* अरुचिकर परंतु अनिवार्य कार्य

choreograph /ˈकॉरिअग्राफ़्/ *v.* नृत्य-रचना का संयोजन करना ▸ **choreographer** *n.* नृत्य-रचनाकार, नृत्य-निर्देशक

chorus /ˈकॉरस्/ *n.* **1** पुनरावृत्त होने वाला गीतखंड, गीत की टेक या स्थायी **2** गायक-वृंद के लिए रचित संगीत, वृंदगान, समवेत गान ▸ **chorus** *v.* (मंडली या दल का) एक साथ गीत गाना या कुछ कहना

Christ /क्राइस्ट्/ *n.* ईसा मसीह (जिसे ईसाई लोग परमेश्वर का पुत्र मानते हैं, ईसा मसीह की शिक्षाओं पर ही ईसाई धर्म आधारित है)

christen /ˈक्रिसन्/ *v.* **1** ईसाई धर्म के अनुसार बालक का नामकरण करना और उसे चर्च का सदस्य बनाना **2** नामकरण करना, किसी को नाम-विशेष देना

Christianity /ˌक्रिस्टिˈऐनटि/ *n.* ईसा मसीह की शिक्षाओं पर आधारित धर्म, ईसाई धर्म, क्रिसमिस

Christmas /ˈक्रिस्मस्/ *n.* 25 दिसंबर का दिन जो ईसा मसीह के जन्म दिवस के रूप में मनाया जाता है, क्रिसमस

chrome /क्रोम्/ *n.* अन्य धातुओं पर चढ़ाने के लिए प्रयुक्त एक कड़ी चमकदार धातु, क्रोम, क्रोमियम

chromosome /ˈक्रोमसोम्/ *n.* कोशिका का वह अंश जिससे मनुष्य, पशु या पौधे का लिंग, लक्षण, आकृति आदि निर्धारित होते हैं, गुणसूत्र, क्रोमोसोम

chronic /ˈक्रॉनिक्/ *adj.* (रोग या समस्या) पुरानी, चिरकालिक, दीर्घकालिक ▸ **chronically** *adv.* चिरकालिक रूप से

chronicle /ˈक्रॉनिक्ल्/ *n.* ऐतिहासिक घटनाओं का कालानुक्रमित लिखित ब्योरा, इतिवृत्त

chronological /ˌक्रॉनˈलॉजिक्ल्/ *adj.* घटित होने के क्रम में संयोजित (घटनाएँ), कालक्रमिक ▸ **chronologically** *adv.* कालक्रम से

chronology /क्रˈनॉलजि/ *n.* (*pl.* **chronologies**) घटनाओं के घटित होने का क्रम, ऐसी घटनाओं की सूची

C

chrysalis /ˈक्रिसलिस्/ *n.* (*pl.* **chrysalises**) तितली या फतिंगे की कोषावस्था जिसमें वह कोष में रहते हुए बड़ा होने लगता है, कोशस्थ

chrysanthemum /क्रिसैˈन्थमम्/ *n.* बग़ीचे में उगने वाला बड़ा, रंगीन व गेंदाकार फूल, गुलदाउदी

chubby /ˈचबि/ *adj.* (**chubbier, chubbiest**) गोल-मटोल, प्रियकर रूप से मोटा

chuck /चक्/ *v.* लापरवाही से कुछ फेंक देना

chuckle /ˈचक्ल्/ *v.* मुँह बंद करके हँसना ▸ **chuckle** *n.* दबी हुई हँसी

chug /चग्/ *v.* (**chugging, chugged**) **1** (मशीन या इंजन का) घरघराना, घर्र-घर्र की आवाज़ उत्पन्न करना **2** घरघराते हुए किसी ओर जाना

chunk /चङ्क्/ *n.* किसी वस्तु का मोटा बड़ा टुकड़ा

church /चर्च/ *n.* **1** गिरजाघर, चर्च, ईसाईयों का प्रार्थना-भवन **2** (**the Church**) ईसाईयों का समुदाय-विशेष

churn /चर्न/ *v.* **1** पानी, मिट्टी आदि का तेज़ी या उग्रता से हिलना या हिलाना **2** जुगुप्सा या घबराहट से जी मिचलाना

chutney /ˈचट्नि/ *n.* फल अथवा सब्ज़ियों से बनाई जानेवाली गाढ़ी मीठी चटनी, चटनी

cider /ˈसाइड(र्)/ *n.* **1** सेब से बनी शराब **2** सेब से बना ऐलकोहल-रहित पेय

cigar /सिˈगा(र्)/ *n.* तम्बाकू की सूखी पत्तियों से बना रोल जिसे लोग सिगरेट की तरह पीते हैं, सिगार, चुरुट

cigarette /ˌसिगˈरेट्/ *n.* सफ़ेद पतले कागज़ से बनी एक सिगरेट जिसमें तम्बाकू भरा होता है और उसे लोग पीते हैं, सिगरेट

cinder /ˈसिन्ड(र्)/ *n.* जलती लकड़ी या कोयले का एक छोटा टुकड़ा, अंगारा

cine /ˈसिनि/ *adj.* सिनेमा का या सिनेमा से संबंधित या फ़िल्म उद्योग से संबंधित

cinema /ˈसिनमा/ *n.* **1** स्थान जहाँ चलचित्र देखने जाते हैं, सिनेमा हॉल, सिनेमा घर **2** सामान्यतः फ़िल्में, फ़िल्म उद्योग

cinematography /ˌसिनमˈटॉग्रफ़ि/ *n.* फ़िल्म निर्माण की प्रक्रिया, तकनीक या कला (चित्र खींचने तथा विकसित करने सहित), सिनेमाशिल्प, चलचित्रिकी, चलचित्र तकनीक, सिनेमाटोग्राफ़ी

cinnamon /ˈसिनमन्/ *n.* उष्ण कटिबंधीय वृक्ष की छाल या इससे तैयार भूरे रंग का पाउडर जिसे मसाले के रूप में प्रयोग किया जाता है, दालचीनी, दारचीनी

cipher /ˈसाइफ़(र्)/ *n.* (*also* **cypher**) **1** गुप्त लेखन विधि (वर्णों या चिह्नों के गुप्त ढाँचे की सहायता से अन्य वर्णों या चिह्नों की प्रस्तुति), गूढ़ लेखन, बीज लेखन **2** मूल्यवान व्यक्ति या वस्तु, महत्वपूर्ण व्यक्ति या वस्तु

circa /ˈसका/ *prep.* (तिथियों के साथ प्रयुक्त) के आसपास, के लगभग

circle /ˈसक्ल्/ *n.* **1** गोल आकृति, वृत्त **2** गोला, घेरा ▸ **circle** *v.* **1** घेरे में चक्कर लगाना **2** गोला बनाना, घेरा बनाना

circuit /ˈसकिट्/ *n.* **1** परिक्रमा, परिभ्रमण, वृत्ताकार यात्रा या पथ **2** विद्युत धारा का पूर्ण वृत्ताकार पथ या परिपथ, सर्किट

circular /ˈसक्यल(र्)/ *adj.* **1** गोल और समतल, वृत्ताकार, गोलाकार **2** (यात्रा आदि) चक्र के रूप में होने

वाली ▸ **circular** *n.* अनेक व्यक्तियों को प्रेषित एक मुद्रित पत्र, सूचना या विज्ञापन, गश्ती चिट्ठी, परिपत्र

circulate /ˈसक्यलेट्/ *v.* **1** एक व्यक्ति से दूसरे व्यक्ति के पास जाना या पहुँचाना, प्रचारित करना **2** (पदार्थ का) निरंतर वृत्ताकार संचरण करते रहना

circulation /ˌसक्य ˈलेशन्/ *n.* **1** शरीर में रक्त का संचरण **2** (किसी वस्तु का) एक व्यक्ति या स्थान से दूसरे तक पहुँचना, परिचालन

circumcise /ˈसकम्साइज़्/ *v.* (धार्मिक या चिकित्सीय कारणों से) पुरुषों के शिश्न के सिरे की त्वचा और महिलाओं का भग-शिश्न काटकर निकाल देना, सुन्नत या ख़तना करना ▸ **circumcision** *n.* सुन्नत, ख़तना

circumference /सˈकम्फ़रन्स्/ *n.* परिधि की लंबाई, परिधि, घेरा, दायरा

circumlocution /ˌसकम्लˈक्यूशन्/ *n.* अभिव्यक्ति के लिए बहुत सारे शब्दों का प्रयोग, भाषण या लेखन का लंबा, जटिल व अप्रत्यक्ष अंदाज़, वाग्जाल, घुमा-फिराकर बात करना
▸ **circumlocutory** *adj.* पेचीदा, घुमावदार

circumnavigate /ˌसकम्ˈनैविगेट्/ *v.* जहाज़, विमान या किसी वाहन में भूचक्रण करना ▸ **circumnavigation** *n.* नौ-परिचालन, परिनौसंचालन, भूचक्रण

circumspect /ˈसकम्स्पेक्ट्/ *adj.* (परेशानियों या ख़तरे का पूर्वाभास होने के कारण) सावधान, सतर्क, चौकन्ना

circumstance /ˈसकम्स्टन्स्/ *n.* **1** किसी निश्चित स्थिति में घटित होनेवाली घटनाओं को प्रभावित करनेवाले तथ्य एवं घटनाएँ, परिस्थितियाँ, हालात **2** (*pl.* **circumstances**) आर्थिक स्थिति

circumstantial /ˌसकम्ˈस्टैन्शल्/ *adj.* (क़ानून में) परिस्थितियों द्वारा (न कि वास्तविक प्रमाण से) अनुमोदित, परिस्थितिगत (साक्ष्य)

circumvent /ˌसकम्ˈवेन्ट्/ *v.* **1** किसी परेशानी या नियम से बचने का उपाय खोजना **2** घूमकर या बाहर-बाहर से निकल जाना

circus /ˈसकस्/ *n.* एक बड़े टेंट के भीतर अनेक व्यक्तियों तथा पशुओं के माध्यम से प्रस्तुत तमाशा, सरकस

cirque /सक्/ *n.* पर्वत के ढाल में प्याले के आकार का गोल भूक्षेत्र, हिमज गह्वर

cirrhosis /सˈरोसिस्/ *n.* जिगर (यकृत) को प्रभावित करने वाला एक गंभीर रोग, सिरोसिस

cirrus /ˈसिरस्/ *n.* बहुत ऊँचाई पर बना हलका बादल, पक्षाभ मेघ

cistern /ˈसिस्टन्/ *n.* विशेषतः (शौचालय में) पानी भरकर रखने की टंकी

citadel /ˈसिटडल्/ *n.* (प्राचीन समय में) आक्रमण की स्थिति में लोगों की रक्षा के लिए नगर में अथवा नगर के निकट ऊँचाई पर बना क़िला, नगर-दुर्ग, गढ़

cite /साइट्/ *v.* उदाहरण या प्रमाणस्वरूप किसी बात का उल्लेख करना या किसी व्यक्ति के मूल शब्द उद्धृत करना
▸ **citation** *n.* उद्धरण, उद्धृत शब्द

citizen /ˈसिटिज़न्/ *n.* **1** किसी देश का विधि सम्मत निवासी, नागरिक
2 नगरवासी (न कि ग्रामवासी)

citrus /ˈसिट्रस्/ *adj.* संतरा, नींबू जैसे फलों आदि से संबंधित

city /ˈसिटि/ *n.* (*pl.* **cities**) नगर, शहर

C

civic /ˈसिविक्/ *adj.* नगर का या नगर से आधिकारिक रूप से संबंधित

civil /ˈसिविल्/ *adj.* **1** देश के नागरिकों से संबंधित **2** राज्य-विषयक (सेना या धर्म से असंबद्ध) जो धार्मिक रीतियों पर आधारित न हो

civilian /सˈविलिअन्/ *n.* व्यक्ति जो सेना या पुलिस बल में न हो, नागर, आम आदमी

civility /सˈविलिटि/ *n.* (*pl.* **civilities**) शिष्टता, नम्रता, विनय

civilize /ˈसिवलाइज़्/ *v.* व्यक्ति अथवा समाज को निम्न सामाजिक तथा सांस्कृतिक स्तर से विकसित स्तर पर ले जाना, सभ्य करना या बनाना ▸ **civilization** *n.* **1** विकसित संस्कृति और जीवन-पद्धति वाला समाज, सभ्यता

clad /क्लैड्/ *adj.* वस्त्र पहने हुए, सपरिधान, विशेष प्रकार की पोशाक पहने हुए

cladding /ˈक्लैडिङ्/ *n.* सुरक्षा के लिए भवन या सामग्री पर आवरण

claim /क्लेम्/ *v.* **1** बिना प्रमाण प्रस्तुत किए सत्यता का दावा करना **2** स्वामित्व या अधिकार का दावा करना **3** मृत्यु का कारण बनना ▸ **claim** *n.* **1** बिना प्रमाण के किसी बात के सच होने का दावा **2** स्वामित्व का अधिकार

clairvoyant /क्लेअˈव़ॉइअन्ट्/ *n.* भविष्य में होनेवाली घटनाओं को देखने में समर्थ समझा जानेवाला व्यक्ति, भविष्यदर्शी व्यक्ति

clam /क्लैम्/ *v.* (**cla<u>mm</u>ing, cla<u>mm</u>ed**) (**clam up on sb**) चुप्पी साधना ▸ **clam** *n.* एक प्रकार की खाने योग्य शंखमीन

clamber /ˈक्लैम्ब(र्)/ *v.* हाथ-पैर के बल या कठिनाई से चढ़ना

clammy /ˈक्लैमि/ *adj.* ठंडा, नम और चिपचिपा

clamour /ˈक्लैम(र्)/ *v.* चिल्लाकर या क्रोध में कोई माँग करना ▸ **clamour** *n.* शोर-शराबे सहित की गई माँग

clamp /क्लैम्प्/ *n.* **1** दो वस्तुओं को इकट्ठे मज़बूती से पकड़े रखने के लिए उपकरण, शिकंजा, क्लेंप **2** धातु की वस्तु जिसे ग़ैर-क़ानूनी रूप से खड़ी की गई कार के पहिए में लगाया जाता है ताकि गाड़ी के संचालन को रोका जा सके, कार के पहिए का शिकंजा ▸ **clamp** *v.* **1** शिकंजे से दो वस्तुओं को बाँधना **2** कसकर वस्तुएँ पकड़ना या थामना

clan /क्लैन्/ *n.* परस्पर संबंधित परिवारों का समुदाय, गोत्र, कुल, वंश

clandestine /क्लैन्ˈडेस्टिन्/ *adj.* गुप्त और प्रायः ग़ैर-क़ानूनी

clang /क्लैङ्/ *v.* धातु से टकराने पर ध्वनि उत्पन्न होना, झनझनाना ▸ **clang** *n.* टनटनाहट, झनझनाहट

clank /क्लैङ्क्/ *v.* (धातुओं का) खड़खड़ाना ▸ **clank** *n.* खड़खड़ाहट

clap /क्लैप्/ *v.* (**cla<u>pp</u>ing, cla<u>pp</u>ed**) **1** ताली बजाना **2** शीघ्रता से और दृढ़तापूर्वक एक वस्तु पर दूसरी को रखना ▸ **clap** *n.* **1** कड़क, कड़कड़ाहट **2** ताली बजाने की क्रिया, ताली

clarify /ˈक्लैरिफ़ाइ/ *v.* किसी प्रसंग को स्पष्ट और सुबोध बनाना, स्पष्टीकरण

clarinet /ˈक्लैरˈनेट्/ *n.* बाँसुरी जैसा काष्ठनिर्मित वाद्य, क्लैरिनेट

clarion call /ˈक्लैरिअन् कॉल्/ *n.* जगा देने वाली आवाज़, स्पष्ट और ऊँचा स्वर, ललकार

clarity /ˈक्लैरटि/ *n.* स्पष्टता और सुबोधता

clash /क्लैश्/ *v.* **1** किसी विषय पर (किसी से) झगड़ना या गंभीरता से असहमत होना **2** (दो घटनाओं का) एक ही समय में घटित होना ▸ **clash** *n.* **1** झगड़ा या गंभीर मतभेद **2** बड़ा अंतर, भारी मतभेद, संघर्ष

clasp /क्लास्प्/ *n.* बाँधने या मज़बूती से पकड़ने की सामान्यतः धातु की वस्तु ▸ **clasp** *v.* कसकर थामना

class /क्लास्/ *v.* वस्तुओं को वर्गीकृत करना, विभिन्न वर्गों में रखना ▸ **class** *n.* **1** छात्रों की कक्षा **2** कक्षा-पाठ

classic /ˈक्लैसिक्/ *adj.* **1** प्रतिनिधिक **2** (पुस्तक, नाटक आदि) उत्कृष्ट, महत्वपूर्ण और कालजयी ▸ **classic** *n.* **1** उत्कृष्ट व कालजयी ग्रंथ **2** प्राचीन ग्रीक और रोमन वाङ्मय का अध्ययन

classical /ˈक्लैसिकल्/ *adj.* **1** (संगीत) गंभीर व कालजयी, शास्त्रीय **2** पारंपरिक (न कि आधुनिक) ▸ **classically** *adv.* शास्त्रीय रूप से

classify /ˈक्लैसिफ़ाइ/ *v.* एक तरह की वस्तुओं या व्यक्तियों को एक वर्ग में रखना, वर्गीकृत करना ▸ **classification** *n.* वर्गीकरण ▸ **classified** *adj.* अधिकृत रूप से गोपनीय

clatter /ˈक्लैट(र्)/ *v.* खड़खड़ाना ▸ **clatter** *n.* खड़खड़ाहट

clause /क्लॉज़्/ *n.* **1** किसी क़ानूनी दस्तावेज़ का खंड, धारा, दफ़ा **2** कर्ता और क्रियायुक्त वाक्यांश, उपवाक्य

claustrophobia /ˌक्लॉस्ट्रˈफ़ोबिआ/ *n.* संकीर्ण या बंद स्थान में सीमित होने का भय, संवृत-स्थानभीति

clavicle /ˈक्लैविक्ल्/ *n.* गले के चारों ओर की हड्डी, हँसुली, जत्रुक

claw /क्लॉ/ *n.* **1** किसी पशु या पक्षी का पंजा, नखर **2** (कुछ कीटों और केकड़े आदि की) लंबी, नुकीली अंगुली जिससे वे वस्तुओं को पकड़ते हैं ▸ **claw** *v.* पंजों या नाख़ूनों से खरोंचना या फाड़ना

clay /क्ले/ *n.* चिकनी चिपकने वाली मिट्टी जो पकाने पर कड़ी हो जाती है

clean /क्लीन्/ *adj.* **1** साफ़, निर्मल, स्वच्छ **2** नियमभंग करने या अपराध के दोष से मुक्त ▸ **clean** *v.* **1** किसी वस्तु से धूल और धब्बे हटाना, साफ़ करना **2** घर, दफ़्तर आदि की साफ़ई करना

cleanse /क्लेन्ज़्/ *v.* त्वचा या घाव को साफ़ करना

clear /क्लिअ(र्)/ *adj.* **1** देखने, सुनने या समझने में स्पष्ट, साफ़ **2** सुनिश्चित, संदेह मुक्त ▸ **clear** *v.* **1** अवांछित या अनावश्यक वस्तु को हटाना **2** (धुएँ, कुहरे, बादल आदि का) हट जाना या दूर हो जाना ▸ **clearly** *adv.* **1** साफ़ **2** स्पष्ट रूप से निस्संदेह, स्पष्टतया

clearance /ˈक्लिअरन्स्/ *n.* **1** अवांछित वस्तुएँ हटाने की क्रिया **2** किसी जहाज़ या वाहन के बीच में से निकलने का स्थान

clearing /ˈक्लिअरिङ्/ *n.* जंगल के बीच में वृक्ष-रहित क्षेत्र

cleavage /ˈक्लीविज/ *n.* फूट, भेद, अंतर

cleaver /ˈक्लीव(र्)/ *n.* मांस काटने का औज़ार

clemency /ˈक्लेमन्सि/ *n.* (क़ानून में) दंड देते समय दिखाई गई दया, क्षमा

clementine /ˈक्लेमन्टीन्/ *n.* एक प्रकार का छोटा संतरा

clench /क्लेन्च्/ *v.* बाँधना या जकड़ना, भींचना

clergy /ˈक्लर्जि/ *n.* (*pl.*) ईसाई चर्च का पुरोहित वर्ग

C

cleric /'क्लेरिक्/ *n.* **1** ईसाई चर्च का पादरी **2** (किसी भी धर्म में) धार्मिक नेता
clerical /'क्लेरिक्ल्/ *adj.* **1** लिपिक, क्लर्क के काम से संबंधित, लिपिकीय **2** (ईसाई पुरोहित) के काम से संबंधित
clerk /क्लाक्/ *n.* **1** लिखित कार्य करनेवाला व्यक्ति, क्लर्क, लिपिक
clever /'क्लेव(र)/ *adj.* **1** चतुर, सयाना, बुद्धिमान **2** (वस्तुएँ, विचार आदि) बुद्धि और चातुर्यपूर्ण
cliché /'क्लीशे/ *n.* इतनी बार दोहराई जा चुकी उक्ति आदि जिसका अब कोई अर्थ या ज़िसमें कोई रुचि नहीं रह गई हो, घिसी-पिटी उक्ति
click /क्लिक्/ *v.* **1** 'खटाक' की आवाज़ करना, खटखट करवाना **2** कंप्यूटर-माउस का बटन दबाना, क्लिक करना ▸ **click** *n.* **1** खटखट की ध्वनि **2** माउस का बटन दबाने की क्रिया
client /'क्लाइअन्ट्/ *n.* **1** किसी व्यावसायिक व्यक्ति का सेवालाभी, जैसे वकील का मुवक्किल, सेवार्थी **2** सभी के प्रयोग के लिए सार्वजनिक सूचना-सामग्री संचित करने वाले एक विशेष कंप्यूटर (सर्वर) से जुड़े बहुत सारे कंप्यूटरों में से कोई एक, क्लाइंट
cliff /क्लिफ़्/ *n.* ऊँची खड़ी चट्टान, विशेषतः समुद्र के किनारे की, भृगु
climate /'क्लाइमट्/ *n.* **1** किसी क्षेत्र-विशेष की सामान्य जलवायु **2** किसी समय-विशेष में सामान्य भाव, वातावरण, आबोहवा
climax /'क्लाइमैक्स्/ *n.* पुस्तक, नाटक, संगीत-रचना, घटना आदि का चरमोत्कर्ष, पराकाष्ठा ▸ **climax** *v.* चरमोत्कर्ष पर पहुँचना
climb /क्लाइम्/ *v.* **1** (पेड़, पहाड़ आदि पर) चढ़ना **2** एक विशेष दिशा में प्रयास या कठिनाई से बढ़ना ▸ **climb** *n.* चढ़ने की क्रिया या चढ़कर की गई यात्रा, चढ़ाई
clinch /क्लिन्च्/ *v.* व्यापारिक सौदे या विवाद में फ़ैसला अंततः अपने पक्ष में निश्चित करने में सफल होना
cling /क्लिङ्/ *v.* **1** चिपकना, लिपटना, जुड़े रहना **2** प्रायः असंगत विश्वास या आस्था बनाए रखना
clinic /'क्लिनिक्/ *n.* **1** विशेष चिकित्सा उपलब्ध कराने वाला छोटा अस्पताल, क्लीनिक **2** विशेष चिकित्सा या चिकित्सीय परामर्श का समय
clinical /'क्लिनिक्ल्/ *adj.* **1** किसी क्लीनिक या अस्पताल में रोगियों के परीक्षण और चिकित्सा से संबंधित, नैदानिक-उपचारात्मक **2** (व्यक्ति) शुष्क, रूखा और भावनाशून्य
clink /क्लिङ्क्/ *n.* शीशे, धातु आदि की बनी दो वस्तुओं के परस्पर टकराने से उत्पन्न आवाज़, झनझनाहट ▸ **clink** *v.* झनझनाना
clinker / क्लिङ्क(र)/ *n.* धातु की तलछट, खंगर
clip /क्लिप्/ *n.* **1** वस्तुओं को एक साथ पकड़े रखने के लिए धातु या प्लास्टिक से बनी छोटी वस्तु, क्लिप **2** (नमूने के तौर पर) पूरी फ़िल्म का छोटा अंश ▸ **clip** *v.* (**clipping, clipped**) **1** क्लिप लगाना, क्लिप से बाँधना **2** काटना, छोटा करना (विशेषतः छोटे टुकड़ों को काटकर)
clippers /'क्लिपज़्/ *n.* (*pl.*) नाख़ून अथवा बाल काटने का धातु का एक छोटा औज़ार, कतरनी, कैंची
clipping /'क्लिपिङ्/ *n.* (समाचार आदि की) कतरन

clique /क्लीक्/ *n.* समान रुचि वाले व्यक्तियों की छोटी मंडली जिसमें अन्य लोगों का प्रवेश अवांछनीय होता है, गुट

clitoris /ˈक्लिटरिस्/ *n.* स्त्री की योनि का एक अंश, भग-शिश्न

cloak /क्लोक्/ *n.* **1** बिना बाँहों का ढीला कोट जो पुराने समय में पहना जाता था, लबादा **2** छुपाने वाली वस्तु, आवरण

clock /क्लॉक्/ *n.* **1** समय बतानेवाला एक उपकरण, घड़ी **2** (कार में) यात्रा में तय की गई दूरी मापने का उपकरण

clod / क्लॉड्/ *n.* मिट्टी का ढेला

clog /क्लॉग्/ *n.* पूर्णतया लकड़ी से बना या लकड़ी से बने मोटे तले वाला एक प्रकार का जूता ▸ **clog** *v.* अवरुद्ध हो जाना या कर देना

clone /क्लोन्/ *n.* किसी पौधे या पशु की कोशिका से वैज्ञानिक पद्धति द्वारा बनी उसकी एकदम सही अनुकृति ▸ **clone** *v.* वैज्ञानिक पद्धति के प्रयोग से किसी पौधे या पशु की सही अनुकृति बनाना

close /क्लोज़्/ *v.* **1** बंद करना या होना **2** जनता के लिए बंद होना या करना ▸ **close** *n.* समाप्ति विशेषतः किसी विशिष्ट अवधि या गतिविधि की ▸ **close** *adj.* & *adv.* **1** के पास, निकट, समीप **2** (मित्र आदि) घनिष्ठ, चिर-परिचित और प्यारा ▸ **closely** *adv.* निकटता से

closet /ˈक्लॉज़िट्/ *n.* कमरे में लगी बड़ी अलमारी

closure /ˈक्लोश़(र्)/ *n.* स्थायी समाप्ति (जैसे किसी व्यापार की), समापन

clot /क्लॉट्/ *n.* ख़ून का थक्का ▸ **clot** *v.* ख़ून का थक्का बनना या बनाना

cloth /क्लॉथ्/ *n.* **1** (सूत, ऊन आदि से बना) कपड़ा जिससे वस्त्र, परदे आदि बनते हैं **2** (*pl.* **cloths**) विशेष प्रयोजन के लिए प्रयुक्त कपड़े का टुकड़ा

clothe /क्लोद्/ *v.* कपड़े पहनाना

clothes /क्लोद्ज़्/ *n.* (*pl.*) पोशाक, परिधान, पहनावा, जैसे पायजामा, क़मीज़, कोट आदि

clothing /ˈक्लोदिङ्/ *n.* विशेष अवसर की पोशाक

cloud /क्लाउड्/ *n.* **1** आकाश में तैरती प्रायः भूरे या सफ़ेद रंग की छोटी-छोटी बूँदों का पुंज, बादल **2** धुआँ, धूल, रेत आदि का ग़ुबार ▸ **cloud** *v.* **1** धुँधला करना या हो जाना **2** अस्पष्ट या दुर्बोध बनाना

clout /क्लाउट्/ *n.* **1** ज़ोरदार प्रहार, सामान्यतः हाथों द्वारा **2** प्रभाव और शक्ति

clove /क्लोव्/ *n.* **1** उष्ण कटिबंधीय वृक्ष का सूखा फूल जिसका प्रयोग खाना बनाने में विशेष स्वाद के लिए किया जाता है, लौंग (मसाला) **2** लहसुन की फाँक ▸ **clove** *n.* लौंग, लौंग का पेड़

clover /ˈक्लोव(र्)/ *n.* एक छोटा पौधा जिसके फूल गुलाबी या सफ़ेद होते हैं और पत्ते तीन भागों में विभक्त होते हैं, तिपतिया

clown /क्लाउन्/ *n.* **1** विचित्र पोशाक में लोगों विशेषकर बच्चों को हंसानेवाला, मसख़रा, जोकर **2** मसख़रा, विदूषक ▸ **clown** *v.* मसख़रापन या मूर्खता दिखाना

club /क्लब्/ *n.* समान रुचि वाले व्यक्तियों की मंडली, इस मंडली का मिलन-स्थल, क्लब ▸ **club** *v.* (**clubbing, clubbed**) किसी पर भारी वस्तु से प्रहार करना

cluck /क्लक्/ *n.* चूज़े की आवाज़, कुट-कुट, किड़-किड़ ▸ **cluck** *v.* चूज़े

C

C

जैसी आवाज़ निकालना, कुटकुटाना, किड़-किड़ करना

clue /क्लू/ *n.* अपराध या समस्या की गुत्थी सुलझने, प्रश्न का उत्तर पाने आदि का सूत्र, सुराग़

clueless /ˈक्लूलस्/ *adj.* समझने में असफल, ग़ैर-जानकार, मूर्ख, अज्ञानी

clump /क्लम्प्/ *n.* पौधों अथवा वृक्षों का कुंज, झुरमुट

clumsy /ˈक्लम्ज़ि/ *adj.* (**clumsier, clumsiest**) **1** (व्यक्ति) लापरवाह और बेढंगे तरीक़े से काम करने वाला, फूहड़, भद्दा **2** (कथन, टिप्पणी आदि) किसी को नाराज़ या किसी की भावनाओं को ठेस पहुँचा सकने वाला, बेढंगा ▸ **clumsily** *adv.* बेढंगे तरीक़े से ▸ **clumsiness** *n.* बेढंगापन

cluster /ˈक्लस्ट(र्)/ *n.* (व्यक्तियों, पौधों या वस्तुओं का) झुंड, समूह, गुच्छा

clutch /क्लच्/ *v.* किसी वस्तु को मज़बूती से पकड़ लेना (विशेषतः दर्द, डर या उत्तेजना के कारण) ▸ **clutch** *n.* **1** वाहन का वह पुरज़ा जिसे गियर बदलने के लिए पैर से दबाया जाता है, क्लच **2** किसी व्यक्ति पर अधिकार या नियंत्रण, शिकंजा, पकड़, क़ाबू

clutter /ˈक्लट(र्)/ *n.* अस्त-व्यस्त रूप से बिखरी वस्तुएँ ▸ **cluttered** *adj.* अस्त-व्यस्त, अव्यवस्थित ▸ **clutter** *v.* बेढंगेपन से बहुत सारी वस्तुएँ फैला या डाल देना

Co. *abbr.* **1** कंपनी **2** ज़िला, प्रांत

c/o *abbr.* **'c/o'** का प्रयोग किसी ऐसे व्यक्ति के पते में किया जाता है जो किसी अन्य व्यक्ति के घर पर निवास कर रहा है

coach /कोच्/ *n.* **1** विशेष खेल प्रतियोगिताओं के लिए लोगों को प्रशिक्षित करनेवाला व्यक्ति, खेल प्रशिक्षक, कोच **2** लंबी यात्रा के लिए प्रयुक्त आरामदेह बस

coach /कोच्/ *v.* विशेषतः खेल-स्पर्धा या परीक्षा के लिए किसी को प्रशिक्षण देना

coagulate /कोˈऐग्युलेट्/ *v.* (द्रव पदार्थ का) गाढ़ा और कुछ ठोस हो जाना, जम जाना ▸ **coagulation** *n.* जमाव, स्कंदन

coal /कोल्/ *n.* **1** एक प्रकार का काला खनिज (कोयला) जिसे खान से निकाला जाता है **2** जलते हुए कोयले के टुकड़े

coalesce /ˌकोअˈलेस्/ *v.* (अनेक इकाइयों का) एक बड़ी इकाई हो जाना, संलीन या सम्मिलित होना ▸ **coalescence** *n.* सम्मिलन, संलयन

coalition /ˌकोअˈलिश्न्/ *n.* दो या अधिक राजनीतिक दलों के सहयोग से बनी सरकार, गठबंधन सरकार

coarse /कॉस्/ *adj.* **1** मोटे ढेलों वाला, खुरदुरा **2** (व्यक्ति या उसका व्यवहार) रूखा, असभ्य ▸ **coarsely** *adv.* बड़े टुकड़ों में, रूखेपन से

coast /कोस्ट्/ *n.* समुद्रतट ▸ **coast** *v.* **1** बिना इंजन की शक्ति के कार या साइकिल से लुढ़कते हुए जाना (विशेषतः पहाड़ी पर नीचे की ओर) **2** बिना अधिक प्रयास के प्राप्त कर लेना

coaster /ˈकोस्ट(र्)/ *n.* समुद्र-तट के साथ-साथ चलने वाला जहाज़, तटपोत

coat /कोट्/ *n.* **1** ठंड से बचने के लिए अन्य कपड़ों के ऊपर पहना जाने वाला वस्त्र, कोट **2** सूट का वह हिस्सा जो शरीर के ऊपरी भाग पर पहना जाता है, कोट ▸ **coat** *v.* किसी वस्तु पर परत या तह चढ़ाना, लेपना, लेप लगाना ▸ **coating** *n.* परत, लेप, आवरण

coax /कोक्स्/ *v.* ख़ुशामद, प्रेम आदि से राज़ी करवाना, फुसलाना
cob /कॉब्/ *n.* छोटी टांगों वाला (सवारी का) घोड़ा
cobalt /ˈकोबॉल्ट्/ *n.* **1** कड़ी चाँदी जैसी सफ़ेद धातु जिसे अन्य धातुओं में मिलाकर शीशे को गहरा नीला-हरा रँगा जाता है, कोबाल्ट **2** गहरा नीला-हरा रंग
cobble /ˈकॉब्ल्/ *v.* (**cobble sth together**) जल्दी में और बिना अधिक ध्यान दिए कुछ बनाना
cobra /ˈकोब्रा/ *n.* एशिया और अफ़्रीक़ा में पाया जाने वाला फनदार विषैला साँप, नाग, कोबरा
cobweb /ˈकॉब्वेब्/ *n.* मकड़ी का जाला
cocaine /कोˈकेन्/ *n.* एक ख़तरनाक नशीला पदार्थ, कोकेन
coccyx /ˈकॉक्सिक्स्/ *n.* रीढ़ की हड्डी के अधोभाग की छोटी हड्डी, अनुत्रिक
cock /कॉक्/ *n.* **1** मुर्ग़ा **2** किसी भी जाति का वयस्क नर पक्षी ▸ **cock** *v.* शरीर के किसी भाग को ऊपर उठाना
cockatoo /ˌकॉकˈटू/ *n.* (*pl.* **cockatoos**) एक कलग़ीदार रंग-बिरंगा बड़ा पक्षी, काकातुआ
cockerel /ˈकॉकरल्/ *n.* नर चूज़ा
cockeyed /ˈकॉकआइड्/ *adj.* भेंगा
cockpit /ˈकॉक्पिट्/ *n.* **1** विमान में चालक के बैठने का स्थान, कॉकपिट **2** रेसिंग कार में चालक का स्थान
cockroach /ˈकॉक्रोच्/ *n.* एक बड़ा, गहरे भूरे रंग का कीड़ा जो प्रायः गंदी और गीली जगहों पर मिलता है, तिलचट्टा
cocktail /ˈकॉक्टेल्/ *n.* मादक पेय और फलों के रस के मिश्रण से बना पेय पदार्थ, मिश्रित पेय
cocky /ˈकॉकि/ *adj.* गर्वीला, आत्मविश्वासी, मग़रूर
cocoa /ˈकोको/ *n.* **1** कोको वृक्ष के बीजों से बना एक गहरे भूरे रंग का चूरा जिससे चॉकलेट बनाई जाती है, कोको पाउडर **2** दूध या पानी में कोको पाउडर को मिलाने से बना गरम पेय, प्याला-भर कोको
coconut /ˈकोकनट्/ *n.* कठोर जटादार आवरणवाला एक बड़ा ऊष्ण कटिबंधीय फल, नारियल
cocoon /कˈकून्/ *n.* वयस्क होने से पहले कीटों द्वारा सुरक्षा के लिए बनाया गया महीन धागों का आवरण, कोया, कृमिकोश
cod /कॉड्/ *n.* (*pl.* **cod**) उत्तर अटलांटिक में रहने वाली और खाने योग्य बड़ी समुद्री मछली, स्नेहमीन, कॉड
code /कोड्/ *v.* **1** कूट-भाषा में लिखना या कहना **2** वस्तुओं की पहचान के लिए प्रणाली-विशेष का प्रयोग करना ▸ **code** *n.* **1** गुप्त संकेत-पद्धति, कूट-भाषा
codeine /ˈकोडीन्/ *n.* एक दर्द-निवारक औषधि, कोडीन
codify /ˈकोडिफ़ाइ/ *v.* क़ानूनों, नियमों आदि को व्यवस्थित करना, संहिता बनाना ▸ **codification** *n.* संहिताकरण, कोडकरण
coefficient /ˌकोइˈफ़िशन्ट्/ *n.* **1** वह संख्या जो किसी अन्य मात्रा के पहले आकर उससे गुणा की जाती है, गुणांक, जैसे 3x में 3 **2** किसी पदार्थ की विशिष्टता का मापक गुणांक
coeliac disease /ˈसीलिएक् डिˈज़ीज़्/ *n.* एक रोग जिसमें छोटी आँत भोजन पचाने में काम नहीं करती, अपच, अजीर्ण

C

coerce /को'अस्/ *v.* किसी से कोई कार्य ज़बरदस्ती कराना, जैसे धमकी द्वारा, कोई कार्य करने के लिए बाध्य करना ▸ **coercion** *n.* बाध्यकारिता, ज़ोर-ज़बरदस्ती

coeval / को'ईवल् / *adj.* उसी युग का (व्यक्ति), समसामयिक, सामयिक

coexist / ˌकोइग्'ज़िस्ट्/ *v.* (दो या अधिक व्यक्तियों या वस्तुओं का) एक ही समय या स्थान पर साथ-साथ रहना या होना ▸ **coexistence** *n.* सह-अस्तित्व

coffee /'कॉफ़ि/ *n.* **1** कॉफ़ी के भूने दाने, जिन्हें पीसकर चूरा बनाया जाता है तथा पेय पदार्थ बनाने में इसका प्रयोग किया जाता है **2** पेय, कॉफ़ी

coffer /'कॉफ़(र्)/ *n.* **1** पैसे, गहने आदि बहुमूल्य वस्तुएँ रखने का एक बड़ा और मज़बूत बक्सा, तिजोरी, संदूक़ **2** उद्देश्य विशेष के लिए सरकार, संगठन आदि के पास उपलब्ध धनराशि, ख़ज़ाना

coffin /'कॉफ़िन्/ *n.* दफ़न या दाह-संस्कार के लिए मानव शव को रखने का संदूक़, शवपेटिका, ताबूत

cog /कॉग्/ *n.* पहिए के सिरे पर बने दाँतों की शृंखला जो अगले पहिये के दाँतों के साथ फिट होकर उसे चलाता है, चक्रदंत

cogent /'कोजन्ट्/ *adj.* प्रभावशाली और सुस्पष्ट तरीक़े से व्यक्त

cogitate /'कॉजिटेट् / *v.* सोचना, विचार-विमर्श करना, चिंतन करना, मनन करना

cognac /'कॉन्यैक्/ *n.* **1** फ्रांस में बनी एक तरह की ब्रांडी **2** गिलासभर फ्रेंच ब्रांडी

cognition /कॉग्'निशन्/ *n.* वह प्रक्रिया जिसके द्वारा मस्तिष्क में ज्ञान और बोध का विकास होता है, संज्ञान, अभिज्ञान

cognizance /'कॉग्निज़न्स्/ *n.* किसी चीज़ का पूर्ण ज्ञान, गहरी समझ, संज्ञान ▸ **cognizant** *adj.* संज्ञाता, प्रज्ञाता, जानकार, अवगत

cohabit /को'हैबिट्/ *v.* (किसी महिला और पुरुष का) पति-पत्नी के समान संग रहना

cohere /को'हिअ(र्)/ *v.* (समूचे पदार्थ या उसके भागों का) जुड़ना, संयुक्त होना

coherent /को'हिअरन्ट्/ *adj.* (विचार आदि) स्पष्ट और सुबोध, सुसंगत **2** स्पष्ट रूप में व्यक्त करने में सक्षम ▸ **coherence** *n.* स्पष्टता और सुबोधता ▸ **coherently** *adv.* स्पष्ट और सुबोध रूप से

cohesion /को'हिश़न्/ *n.* **1** एक साथ जुड़े या जुटे रहने की योग्यता, सुसंगठन **2** किसी पदार्थ के अणुओं को बाँधकर रखने वाला बल

coil /कॉइल्/ *v.* गोल आकार देना, कुंडल बनाना, लपेटना ▸ **coil** *n.* (रस्सी, तार आदि की) पिंडी, छल्ला, लच्छा

coin /कॉइन्/ *n.* सिक्का ▸ **coin** *v.* नया शब्द या पद बनाना

coinage /'कॉइनिज्/ *n.* देश-विशेष की सिक्का-प्रणाली

coincide / ˌकोइन्'साइड्/ *v.* **1** (घटनाओं का) एक ही समय घटना **2** पूर्णतया या लगभग समान होना, पूर्णतया या लगभग मेल खाना

coincidence /को'इन्सिडन्स्/ *n.* दो या अधिक समान घटनाओं का संयोगवश और आश्चर्यजनक रूप से एक साथ घटित होना, संपात, संयोग

coir /'कॉइअ (र्)/ *n.* नारियल के बाहरी छिलके से प्राप्त खुरदरा रेशा, जिससे रस्सी चटाइयाँ, गद्दे आदि बनते हैं

coke /कोक्/ *n.* कोयले से बना काला ठोस पदार्थ जो ईंधन के रूप में प्रयुक्त होता है, कोक

col /कॉल्/ *n.* पर्वत शृंखला में दो शिखरों के बीच का नीचा स्थान, घाटी

cold /कोल्ड्/ *adj.* **1** न्यून तापमान वाला, ठंडा, शीत **2** (भोज्य पदार्थ) गरम न किया गया, ठंडा ▸ **cold** *n.* **1** ठंड, सर्दी, सर्द मौसम **2** नाक तथा गले को प्रभावित करनेवाली एक सामान्य बीमारी जिसमें प्रायः नाक से साँस लेने में कठिनाई होती है, ज़ुकाम

colic /'कॉलिक्/ *n.* पेटदर्द, उदरशूल, जो विशेषतः शिशुओं को होता है

collaborate /क'लैबरेट्/ *v.* **1** किसी के साथ काम करना, से सहयोग करना, विशेषतः सृजन या उत्पादन कार्य में **2** देश पर नियंत्रण कर चुकी शत्रु सेना का साथ देना, ग़द्दारी करना ▸ **collaboration** *n.* सहयोग ▸ **collaborator** *n.* सहयोगी

collage /'कॉलाश़्/ *n.* किसी सतह पर काग़ज़, कपड़े, फ़ोटोचित्रों आदि के टुकड़ों को साथ चिपकाकर बनाया गया चित्र, इस प्रकार से चित्र बनाने की कला, समुच्चित चित्र, कोलाज

collagen /'कॉलजन्/ *n.* पशुओं के शरीर में पाया जाने वाला मुख्य तत्व जो अंगों को जोड़ने और उन्हें आधार देने में सहायक होता है, कोलैजन

collapse /क'लैप्स्/ *v.* **1** अचानक ढह जाना या टुकड़े-टुकड़े हो जाना **2** (व्यक्ति का) बहुत बीमार या बेहोश होने के कारण गिर पड़ना ▸ **collapse** *n.* **1** (व्यापार, योजना आदि का) एकाएक या पूर्ण पतन, निपात **2** (भवन का) एकाएक गिरने या ढहने की क्रिया

collapsible /क'लैप्सबल्/ *adj.* आसानी से छोटे आकार में मोड़ा या समेटा जा सकने वाला

collar /'कॉल(र्)/ *n.* **1** कमीज़, कोट, वस्त्र आदि का कॉलर **2** (कुत्तों या बिल्लियों आदि के) गले का पट्टा ▸ **collar** *v.* (भागते को) पकड़ लेना

collate /क'लेट्/ *v.* **1** जाँच, तुलना और मिलान के लिए विभिन्न स्थानों से सूचना एकत्र करना **2** अलग-अलग काग़ज़ों या पुस्तक के पृष्ठों को एकत्र कर उन्हें सही क्रम में रखना, व्यवस्थित करना ▸ **collation** *n.* एकत्र सूचना की जाँच, तुलना और मिलान

collateral /क'लैटरल्/ *n.* उधार चुकाने में असमर्थता के कारण बदले में दी जाने वाली संपत्ति या मूल्यवान वस्तुएँ, समर्थक ऋणाधार या प्रतिभूति ▸ **collateral** *adj.* किसी अन्य से जुड़ी हुई या संबंधित किंतु कम महत्वपूर्ण, गौण, आनुषंगिक

colleague /'कॉलीग्/ *n.* सहकर्मी

collect /क'लेक्ट्/ *v.* **1** विभिन्न वस्तुओं को एकत्र करना, इकट्ठा करना **2** रुचि की वस्तुओं का संग्रह करना ▸ **collect** *adj.* (टेलीफ़ोन कॉल) जिसका ख़र्च कॉल पाने वाला उठाता है

collective /क'लेक्टिव्/ *adj.* सामूहिक, न कि व्यक्तिगत ▸ **collective** *n.* ऐसा संगठन या व्यापार जिसपर उसके कर्मचारियों का ही स्वामित्व एवं नियंत्रण हो ▸ **collectively** *adv.* सामूहिक रूप से

college /'कॉलिज्/ *n.* महाविद्यालय

collide /क'लाइड्/ *v.* गतिमान वस्तुओं का टकराना, टकराव होना

colliery /'कॉलिअरि/ *n.* (*pl.* **collieries**) कोयले की खान और उसकी इमारतें

C

collision /क'लिश्न्/ *n.* भिड़ंत, वस्तुओं या व्यक्तियों के बीच टक्कर
colloquial /क'लोक्विअल्/ *adj.* (शब्द, वाक्यांश आदि) बोलचाल या बातचीत की भाषा में प्रयुक्त, न कि औपचारिक अवसरों पर ▸ **colloquially** *adv.* बोलचाल की भाषा के रूप में
collude / क'लूड्/ *v.* साँठ-गाँठ करना
colon /'कोलन्/ *n.* **1** अपूर्ण विराम (:) जिसे किसी सूची, स्पष्टीकरण, उदाहरण आदि के पूर्व लगाया जाता है, कोलन, द्विबिंदुक **2** बड़ी आँत का मुख्य और सबसे लंबा भाग, बृहदंत्र
colonel /'कन्ल्/ *n.* स्थल सेना में एक उच्च अधिकारी, कर्नल
colonial /क'लोनिअल्/ *adj.* किसी अन्य देश द्वारा नियंत्रित देश से संबंधित, औपनिवेशिक
colonialism /क'लोनिअलिज़म्/ *n.* शक्तिशाली देश द्वारा अन्य देश अथवा देशों से धन प्राप्ति के उद्देश्य से नियंत्रण करने की व्यवस्था, उपनिवेशवाद
colonize /'कॉलनाइज़्/ *v.* किसी देश या स्थान को उपनिवेश बनाना ▸ **colonization** *n.* उपनिवेशन, उपनिवेशीकरण
colony /'कॉलनि/ *n.* (*pl.* **colonies**) **1** किसी देश या क्षेत्र पर अन्य शक्तिशाली देश द्वारा आधिपत्य, उपनिवेश देश **2** किसी अन्य देश में स्थायी रूप से बस जाने वाले व्यक्तियों का एक समुदाय जो यद्यपि अपनी ही परंपराओं का अनुसरण करता है, उपनगर, उबस्ती, कॉलोनी
colossal /क'लॉस्ल्/ *adj.* अतिविशाल, वृहत्काय, बहुत बड़ा
colour /'कल(र्)/ *n.* **1** रंग (लाल, हरा, पीला आदि) **2** केवल श्याम और श्वेत ही नहीं बल्कि सब रंगों का प्रयोग, रंगीन ▸ **colour** *v.* **1** (किसी वस्तु को) रँगना **2** विचारों, मतों आदि को प्रभावित करना
coloured /'कलड्/ *adj.* **1** रंगीन, रंग-विशेष वाला **2** (व्यक्ति) श्वेत से भिन्न प्रजाति का, अश्वेत
colourful /'कलफ़्ल्/ *adj.* **1** चटकीले रंगों वाला, रंग-बिरंगा **2** रोचक या उत्तेजक
colouring /'कलरिङ्/ *n.* **1** किसी व्यक्ति के बालों, त्वचा आदि का रंग **2** विशेषतः भोज्य पदार्थों को रंग-विशेष देने वाला पदार्थ, रँगने का पदार्थ
colourless /'कललस्/ *adj.* **1** रंगहीन **2** अरोचक, उबाऊ, नीरस
column /'कॉलम्/ *n.* **1** पत्थर का बना खंभा, स्तंभ **2** खंभे की शकल का, स्तंभाकार
columnist /'कॉलम्निस्ट्/ *n.* समाचार-पत्र या पत्रिका में नियमित रूप से लिखने वाला पत्रकार, स्तंभकार
coma /'कोमा/ *n.* (प्रायः गंभीर बीमारी या चोट से उत्पन्न) लंबी अवधि की अचेतन-अवस्था, गहरी मूर्छा
comb /कोम्/ *n.* **1** बालों को सुलझाने में प्रयुक्त दाँतावाली धातु अथवा प्लास्टिक की एक चपटी वस्तु, कंघी, कंघा **2** कंघी करने की क्रिया ▸ **comb** *v.* **1** कंघी से बाल सँवारना **2** किसी क्षेत्र में बारीक़ी से तलाश करना
combat /'कॉम्बैट्/ *n.* लड़ाई, संघर्ष विशेषतः युद्ध में ▸ **combat** *v.* किसी के विरुद्ध संघर्ष करना, किसी को रोकने या हराने का प्रयत्न करना
combination / कॉम्बि'नेश्न्/ *n.* बहुसंख्यक वस्तुओं या व्यक्तियों का

सम्मिश्रण या संयोजन, मिश्रण, मेल, योग

combine /कम्'बाइन्/ *v.* **1** दो या अधिक वस्तुओं को जोड़ना या मिलाना **2** एक ही समय में दो या अधिक वस्तुओं का एक साथ होना ▸ **combine** *n.* फ़सल काटने और अनाज छाँटने वाला बड़ा कृषि यंत्र

combustible /कम्'बस्टब्ल्/ *adj.* सहज ज्वलनशील, सुदाह्य

combustion /कम्'बस्चन्/ *n.* आग से जलने की प्रक्रिया, दहन प्रक्रिया

come /कम्/ *v.* **1** (कहीं या किसी के पास) आना **2** (कहीं और किसी समय) पहुँचना, आ जाना

comedian /क'मीडिअन्/ *n.* व्यक्ति जिसका पेशा लोगों का मनोरंजन करना और उन्हें हँसाना है, पेशेवर मसख़रा, विदूषक, हास्य-अभिनेता

comedy /'कॉमडि/ *n.* **1** (*pl.* **comedies**) सुखांत और मनोरंजन-प्रधान नाटक, फ़िल्म आदि, प्रहसन **2** मनोरंजकता, कॉमेडी

comet /'कॉमट्/ *n.* अंतरिक्ष में तारे जैसी चमकीली वस्तु जिसके पुच्छल होते हैं तथा जो सूर्य की परिक्रमा करती है, धूमकेतु, पुच्छल तारा

comfort /'कम्फ़ट्/ *n.* **1** शारीरिक आवश्यकताओं की पूर्ति की स्थिति, आराम, आनंद, सुख-सुविधा **2** शारीरिक आराम, चैन व सुविधा ▸ **comfort** *v.* चैन या सुख पहुँचाना, दिलासा देना

comfortable /'कम्फ़टब्ल्/ *adj.* **1** आरामदेह, सुखद **2** तनावमुक्त, निश्चित **3** आर्थिक दृष्टि से सुखी ▸ **comfortably** *adv.* आराम के साथ, सुखपूर्वक

comic /'कॉमिक्/ *adj.* हास्यजनक, हँसानेवाला, सुखांत-रचना से संबंधित ▸ **comic** *n.* बच्चों के लिए चित्रकथा पत्रिका, मनोरंजक चित्र पुस्तिका

C

comma /'कॉमा/ *n.* (सूची की मदों को) अलग-अलग करनेवाला चिह्न, अल्पविराम का चिह्न (,)

command /क'मान्ड्/ *n.* **1** आदेश, आज्ञा, हुक्म **2** कंप्यूटर को दिया गया निर्देश ▸ **command** *v.* **1** किसी को कुछ करने का आदेश देना **2** किसी पर नियंत्रण रखना, देख-रेख का दायित्व होना

commandant /'कॉमन्डैन्ट्/ *n.* विशेष सैनिक दल या संस्था का प्रमुख अधिकारी, सैनिक छावनी का सर्वोच्च अधिकारी, कमांडेंट

commandeer /ˌकॉमन्'डिअ(र्)/ *v.* किसी वस्तु का सैनिक उद्देश्य से अधिग्रहण करना, ज़ब्त करना

commander /क'मान्ड(र्)/ *n.* सैन्य संस्था या दल का प्रधान या प्रमुख अधिकारी, कमांडर

commandment /क'मान्ड्मन्ट्/ *n.* ईसाईयों के लिए निर्धारित दस ईश्वरीय आदेशों में से एक

commemorate /क'मेमरेट्/ *v.* पूर्व की किसी घटना-विशेष की स्मृति ताज़ा करने के लिए होना, घटना-विशेष के सम्मान में स्मरणोत्सव मनाना ▸ **commemoration** *n.* स्मरणोत्सव

commence /क'मेन्स्/ *v.* आरंभ होना ▸ **commencement** *n.* आरंभ, शुरुआत

commend /क'मेन्ड्/ *v.* अधिकृत रूप से प्रशंसा करना, सराहना करना

commensurate /क'मेनूशरट्/ *adj.* आकार, महत्व, योग्यता आदि के अनुरूप

comment /ˈकॉमेन्ट्/*n.* टिप्पणी, सम्मति, राय जताने वाला कथन ▸ **comment** *v.* किसी विषय पर अपनी राय देना, टिप्पणी करना, सम्मति देना

C

commentary /ˈकॉमन्ट्रि/ *n.* (*pl.* **commentaries**) **1** रेडियो या टेलीविज़न पर किसी घटित होते खेल, उत्सव आदि का मौखिक विवरण, आँखों-देखा हाल **2** किसी पुस्तक आदि की लिखित व्याख्या, विवरण या चर्चा, टीका-टिप्पणी

commentate /ˈकॉमन्टेट्/ *v.* रेडियो या टेलीविज़न पर किसी घटित होती हुई घटना (खेल, उत्सव) का मौखिक विवरण देना, आँखों-देखा हाल बताना

commerce /ˈकॉमर्स्/ *n.* वस्तुओं की क्रय-विक्रय की गतिविधि, वाणिज्य

commercial /कˈमश्ल्/ *adj.* **1** वस्तुएँ और सेवाएँ ख़रीदने और बेचने से संबंधित, वाणिज्यिक **2** धनार्जन-संबंधी, व्यावसायिक, व्यापारिक **3** बड़ी संख्या या मात्रा में उपभोक्ताओं को सामग्री या सेवा बेचने से संबंधित, व्यापारिक ▸ **commercial** *n.* टेलीविज़न या रेडियो पर प्रसारित विज्ञापन ▸ **commercially** *adv.* व्यावसायिक रूप से, लाभ-हानि के संतुलन की दृष्टि से

commercialize /कˈमशलाइज़्/ *v.* पैसा बनाने को प्रधानता देना, व्यापारीकरण करना

commission /कˈमिश्न्/ *n.* **1** किसी तथ्य का पता लगाने के लिए गठित अधिकृत समूह, आयोग **2** किसी वस्तु को बेचने या सेवा-कार्य के लिए प्राप्त धन, दलाली, आढ़त, कमीशन ▸ **commission** *v.* लेखक आदि से विशिष्ट कार्य हेतु अनुरोध करना

commissioner /कˈमिशन(र्)/ *n.* (पुलिस या किसी सरकारी विभाग का) आयुक्त

commit /कˈमिट्/ *v.* (**committing, committed**) **1** कोई ग़लत या ग़ैर-क़ानूनी कार्य करना **2** निश्चित और सुस्पष्ट समझौता करना या वचन देना

commitment /कˈमिट्मन्ट्/ *n.* **1** किसी उचित या महत्वपूर्ण लगने वाले कार्य के प्रति संलग्नता, प्रतिबद्धता **2** वचन, वायदा, वचनबद्धता, दायित्व

committee /कˈमिटि/ *n.* किसी विषय पर चर्चा करने या निर्णय करने के लिए गठित समूह, समिति, कमेटी

commodity /कˈमॉडटि/ *n.* (*pl.* **commodities**) व्यापार की वस्तु, माल, सामान

commodore /ˈकॉमडॉ(र्)/ *n.* नौसेना में उच्च पदाधिकारी

common /ˈकॉमन्/ *adj.* **1** प्रायः या बहुत सारे स्थानों पर पाया जाने या होने वाला, सामान्य, आम **2** सर्व-सामान्य, सार्वजनिक ▸ **common** *n.* (किसी भी व्यक्ति द्वारा प्रयोग किया जा सकने वाला) सार्वजनिक क्षेत्र

commoner /ˈकॉमन्(र्)/ *n.* आम आदमी, जनसाधारण, सामान्य व्यक्ति

commonplace /ˈकॉमन्प्लेस्/ *adj.* घिसा-पिटा, साधारण, मामूली

commotion /कˈमोशन्/ *n.* शोरगुल, उत्तेजना, हुल्लड़, गड़बड़ी

communal /कˈम्यूनल्, ˈकॉम्यनल्/ *adj.* **1** सामूहिक, सामुदायिक, पंचायती **2** सांप्रदायिक, समुदाय-संबंधी

commune /ˈकॉम्यून्/ *n.* एक साथ रह रहे (न कि एक ही परिवार के) ऐसे लोगों का समुदाय जिनकी संपत्ति और दायित्वों

में समान भागीदारी है, समुदाय, कम्यून
communicable /क'म्यूनिकब्ल्/ *adj.* एक व्यक्ति से दूसरे व्यक्ति में फैलने वाला, संक्रामक
communicate /क'म्यूनिकेट्/ *v.* **1** सूचनाओं, विचारों और भावनाओं का आदान-प्रदान या संचार करना **2** एक व्यक्ति या पशु का दूसरे को रोग संचारित करना
communication /क,म्यूनि'केशन्/ *n.* **1** सूचनाओं, विचारों और भावनाओं के आदान-प्रदान की क्रिया, संपर्क, संचार **2** यातायात और संदेश-प्रेषण की व्यवस्था, संचार-व्यवस्था
communicative /क'म्यूनिकटिव्/ *adj.* बातचीत या विचारों के आदान-प्रदान का इच्छुक, मिलनसार
communion /क'म्यूनिअन्/ *n.* **1** विचारों या भावनाओं का आदान-प्रदान **2** ईसाई चर्च में समारोह जिसमें लोग ब्रेड और मदिरा का सेवन मिल-बाँटकर करते हैं
communism /'कॉम्युनिज़्म/ *n.* राजनीतिक व्यवस्था जिसमें राज्य का सभी कारख़ानों, खेतों, सेवाओं आदि पर स्वामित्व व नियंत्रण होता है तथा राज्य द्वारा सभी सदस्यों के प्रति समानता का व्यवहार किया जाता है, साम्यवाद, कम्यूनिज़्म
community /क'म्यूनटि/ *n.* (*pl.* **communities**) **1** एक समूह के रूप में संगठित स्थान-विशेष के समस्त निवासी, समुदाय **2** समानतायुक्त व्यक्तियों का वर्ग
commute /क'म्यूट्/ *v.* प्रतिदिन निवास स्थान से कार्य-स्थल तक यात्रा करना
▸ **commuter** *n.* दैनिक यात्री
compact /कम्'पैक्ट्/ *adj.* छोटा और उठाकर ले जाने में सुविधाजनक
companion /कम्'पैनिअन्/ *n.* साथी, सखा, सहचर (मनुष्य या पशु)
comparable /'कॉम्परब्ल्/ *adj.* समान स्तर या आकार का, तुलना करने योग्य, तुलनीय
comparative /कम्'पैरटिव्/ *adj.* **1** तुलनात्मक **2** सामान्य या किसी अन्य से तुलना करते हुए, सापेक्ष, अपेक्षाकृत
▸ **comparative** *n.* विशेषण या क्रियाविशेषण का अपेक्षाकृत अधिकता का सूचक रूप, उत्तरावस्था का रूप
compare /कम्'पेअ(र्)/ *v.* **1** वस्तुओं या व्यक्तियों में समानता और असमानता पर विचार करना, तुलना करना **2** व्यक्तियों या वस्तुओं में समानता दिखाना, तुलना करना
compartment /कम्'पाट्मन्ट्/ *n.* **1** रेलगाड़ी का डिब्बा **2** कुछ पात्रों का ख़ाना, खंड
compass /'कम्पस्/ *n.* **1** दिशासूचक यंत्र जिसकी सुई सदैव उत्तर दिशा की ओर होती है, क़ुतुबनुमा, दिक्सूचक **2** (*pl.*) *v.* के आकार का एक उपकरण जिसे वृत्त बनाने के लिए प्रयोग किया जाता है, (गोला खींचने का) परकार
compassion /कम्'पैशन्/ *n.* दयाभाव, करुणा, सहानुभूति, संवेदना
▸ **compassionate** *adj.* दयालु, संवेदनासूचक
compatible /कम्'पैटब्ल्/ *adj.* एक-दूसरे के साथ संगत, एक-दूसरे के अनुकूल (प्रयोग करने में या साथ रहने में)
▸ **compatibility** *n.* संगति, अनुकूलता
compatriot /कम्'पैट्रिअट्/ *n.* देशभाई, समदेश, हमवतन

compel /कम्'पेल्/ *v.* (**compelling, compelled**) कुछ करने के लिए किसी को बाध्य या विवश करना

C

compelling /कम्'पेलिङ्/ *adj.* बाध्यकर, प्रबल प्रेरक, विवश करने वाला

compendium /कम्'पेन्डिअम्/ *n.* सार संग्रह, सार, संक्षेप

compensate /'कॉम्पेन्सेट्/ *v.* **1** बुरे प्रभाव को दूर या कम करना, क्षति की पूर्ति करना, कमी को पूरा करना **2** क्षति की पूर्ति के रूप में धन देना, हर्जाना देना

compete /कम्'पीट्/ *v.* दूसरे से जीतने या उससे आगे निकलने का प्रयत्न करना, मुक़ाबला करना, स्पर्धा में भाग लेना

competent /'कॉम्पिटन्ट्/ *adj.* **1** सक्षम, योग्य **2** अच्छा (परंतु बहुत अच्छा या उत्कृष्ट नहीं) ▸ **competently** *adv.* सक्षम रूप से, क्षमतापूर्वक, काफ़ी अच्छे ढंग से

competition /ˌकॉम्प'टिशन्/ *n.* **1** प्रतियोगिता, प्रतिस्पर्धा **2** ऐसी स्थिति जिसमें दो व्यक्तियों या संस्थाओं द्वारा एक ही लक्ष्य की प्राप्ति या अपने आपको एक-दूसरे से श्रेष्ठ सिद्ध करने के लिए प्रयास किया जाता है, मुक़ाबला, होड़

competitive /कम्'पेटिव्/ *adj.* **1** प्रतिस्पर्धात्मक **2** दूसरों के समान या दूसरों से अधिक सफल, प्रतिस्पर्धा में सक्षम, मुक़ाबले में ठहरने वाला ▸ **competitively** *adv.* प्रतिस्पर्धात्मक रीति से ▸ **competitiveness** *n.* प्रतिस्पर्धात्मकता

competitor /कम्'पेटिट(र्)/ *n.* प्रतिस्पर्धी, प्रतियोगी व्यक्ति या संस्था

compile /कम्'पाइल्/ *v.* **1** सूचना का संग्रह कर उसे संयोजित करना (सूची, पुस्तक आदि में) **2** निर्देशों का एक कंप्यूटर भाषा से दूसरी कंप्यूटर भाषा में अनुवाद करना (कंप्यूटर द्वारा समझने के लिए)

complacent /कम्'प्लेसन्ट्/ *adj.* अपनी उन्नति से अति-संतुष्ट व निश्चिंत ▸ **complacency** *n.* आत्मसंतोष, अति-संतोष ▸ **complacently** *adv.* आत्मसंतोषपूर्वक, अति संतुष्ट होकर

complain /कम्'प्लेन्/ *v.* **1** किसी बात से असंतोष व्यक्त करना, शिकायत करना **2** दर्द या बीमारी के बारे में बताना

complainant /कम'प्लेनन्ट्/ *n.* शिकायत करने वाला, मुद्दई, परिवादी

complaint /कम्'प्लेन्ट्/ *n.* **1** शिकायत, असंतोष का कारण **2** शिकायत करने की क्रिया

complaisant /कम'प्लेज़न्ट्/ *adj.* शिष्ट, विनीत, शालीन

complement /'कॉम्प्लिमन्ट्/ *n.* **1** पूरक या अनुकूल वस्तु, संपूरक **2** मदों, सदस्यों की पूर्ण संख्या, किसी दल, वर्ग के कुल सदस्य, मदें ▸ **complement** *v.* पूरक या अनुकूल होना

complete /कम्'प्लीट्/ *adj.* **1** संपूर्ण, सर्वांशपूर्ण, सारा **2** समाप्त, संपन्न ▸ **complete** *v.* **1** किसी काम को पूरा करना **2** समाप्त करना, पूरा करना, संपन्न करना ▸ **completeness** *n.* पूर्णता

complex /'कॉम्प्लेक्स्/ *adj.* अनेक परस्पर संबद्ध अंशों से निर्मित और प्रायः दुर्बोध, पेचीदा, जटिल ▸ **complex** *n.* **1** परस्पर संयुक्त या शृंखलाबद्ध वस्तुओं की श्रेणी, विशेषतः भवनों की **2** एक मनोवैज्ञानिक दशा जिसमें व्यक्ति किसी विषय पर अस्वाभाविक ढंग से अत्यधिक चिंता करने लगता है, मनोग्रंथि

complexion /कम्ˈप्लेक्शन्/ *n.* 1 चेहरे की त्वचा का प्राकृतिक रंग और गुण, रूप-रंग 2 (किसी वस्तु या स्थिति का) सामान्य स्वरूप

compliant /कम्ˈप्लाइअन्ट्/ *adj.* नियम, आदेश आदि के अनुसार, के अनुरूप ▸ **compliance** *n.* अनुपालन, अनुरूपता

complicate /ˈकॉम्प्लिकेट्/ *v.* समझने या व्यवहार में दुर्बोध बना देना, उलझा देना ▸ **complicated** *adj.* जटिल, पेचीदा, दुर्बोध

complication /ˌकॉम्प्लिˈकेश्न्/ *n.* 1 उलझन, परेशानी, जटिलता, पेचीदगी 2 रोगी को लगने वाला एक और रोग, नया रोग

complicity /कम्ˈप्लिसटि/ *n.* अपराध में सहयोग, साँठ-गाँठ, मिली-भगत

compliment /ˈकॉम्प्लिमन्ट्/ *n.* 1 प्रशंसा, तारीफ़ 2 प्रशंसा या आभार प्रदर्शन की अभिव्यक्ति के लिए प्रयुक्त ▸ **compliment** *v.* किसी की अच्छाई, गुण आदि के लिए प्रशंसा करना या बधाई देना

complimentary /ˌकॉम्प्लिˈमेन्ट्रि/ *adj.* 1 प्रशंसात्मक, सम्मानसूचक 2 सम्मानार्थ, निःशुल्क

comply /कम्ˈप्लाइ/ *v.* आदेश या अनुरोध को मानना

component /कम्ˈपोनन्ट्/ *n.* किसी संपूर्ण वस्तु का भाग, अवयव, घटक ▸ **component** *adj.* घटक

compose /कम्ˈपोज़्/ *v.* 1 घटकों का अपने से बड़ी वस्तु को बनाना 2 संगीत-रचना करना

composite /ˈकॉम्पज़िट्/ *adj.* विभिन्न घटकों या पदार्थों से बना, विभिन्न घटकों से निर्मित, संग्रथित, मिश्रित ▸ **composite** *n.* यौगिक, संघटित

composition /ˌकॉम्पˈज़िश्न्/ *n.* 1 घटक, घटकों के संयोजन की रीति 2 किसी के द्वारा रचित संगीत

C

compost /ˈकॉम्पॉस्ट्/ *n.* कूड़ा-खाद, वानस्पतिक खाद

composure /कम्ˈपोश़(र्)/ *n.* शांत और आत्म-नियंत्रित होने की अवस्था, संयम

compound /ˈकॉम्पाउन्ड्/ *n.* 1 दो या अधिक पदार्थों का सम्मिश्रण, यौगिक पदार्थ 2 (अंग्रेज़ी व्याकरण में) दो या अधिक शब्दों या शब्दांशों से बना शब्द, यौगिक संज्ञा, विशेषण या क्रिया, समस्त पद ▸ **compound** *v.* समस्या आदि को और बिगाड़ देना, स्थिति को बदतर कर देना

comprehend /ˌकॉम्प्रिˈहेन्ड्/ *v.* (किसी बात को) पूरी तरह समझना ▸ **comprehensible** *adj.* समझने में आसान, सरल-सुबोध

comprehension /ˌकॉम्प्रिˈहेन्श्न्/ *n.* 1 समझने की योग्यता, बोधन-क्षमता 2 लिखित या मौखिक अभिव्यक्ति के बोधन को परखने के लिए अभ्यास

comprehensive /ˌकॉम्प्रिˈहेन्सिव्/ *adj.* 1 विषय विशेष से जुड़े सभी पक्षों सहित, व्यापक, विस्तृत 2 एक ही स्कूल में विविध योग्यता-स्तरों के बच्चों की शिक्षा व्यवस्था से संबंधित

compress /कम्ˈप्रेस्/ *v.* 1 दबाकर भरना, संपीडित करना, संक्षिप्त करना 2 कंप्यूटर फ़ाइलों को संपीडित कर छोटा बनाना ताकि वे डिस्क आदि पर कम स्थान घेरें या डिस्क में समा सकें ▸ **compression** *n.* दबाव, संपीडन

C

comprise /कम्'प्राइज़/ *v.* **1** मिलकर बना होना, सदस्यों या अंशों से युक्त होना, के अंतर्गत होना **2** किसी को बनाना या उसका अंग होना

compromise /'कॉम्प्रमाइज़/ *n.* सुलह आदि के लिए किया गया समझौता जिसमें हर व्यक्ति की केवल कुछ ही माँगें पूरी होती हैं, मध्य रास्ता ▸ **compromise** *v.* **1** अभीष्ट से कुछ कम पर मान जाना, विशेषतः सुलह या समझौते के लिए **2** ग़लत काम करके अपने को या किसी अन्य को संकट की स्थिति में डालना

compulsion /कम्'पल्शन्/ *n.* **1** किसी बात के लिए स्वयं या किसी को बाध्य करने की या बाध्य होने की क्रिया, विवशता, दबाव **2** अनियंत्रित व प्रायः अनुचित मनोवेग

compulsory /कम्'पल्सरि/ *adj.* (क़ानून-नियम आदि से) अनिवार्य, बाध्यकर

compute /कम्'प्यूट्/ *v.* हिसाब लगाना, परिकलन या संगणन करना

computer /कम्'प्यूट(र्)/ *n.* जानकारी संचित करने, ढूँढ़ने व व्यवस्थित करने, परिकलन करने व अन्य मशीनों पर नियंत्रण रख पाने वाली एक इलेक्ट्रॉनिक मशीन, कंप्यूटर

computerize /कम्'प्यूटराइज़/ *v.* (सूचना-संग्रह या किसी कार्य के लिए) कंप्यूटर का प्रयोग करना ▸ **computerization** *n.* कंप्यूटरीकरण

comrade /'कॉम्रेड्/ *n.* **1** सहयोद्धा, साथी सैनिक **2** वक्ता के राजनीतिक दल का या समाजवादी दल का साथी सदस्य, कामरेड ▸ **comradeship** *n.* मैत्री, बंधुता, भाईचारा

conceal /कन्'सील्/ *v.* (किसी से कुछ) छिपाना, गुप्त रखना ▸ **concealment** *n.* छिपाव, संगोपन

concede /कन्'सीड्/ *v.* **1** किसी सचाई को न चाहते हुए भी मान लेना, स्वीकार करना **2** दूसरे को अनिच्छा से कुछ ले जाने का अधिकार प्रदान करना

conceit /कन्'सीट्/ *n.* अहंकार, घमंड ▸ **conceited** *adj.* अहंकारी, घमंडी

conceivable /कन्'सीवब्ल्/ *adj.* कल्पनीय, विश्वास योग्य ▸ **conceivably** *adv.* विश्वास योग्य रीति से

conceive /कन्'सीव्/ *v.* **1** नया विचार आना या नई योजना के बारे में सोचना **2** किसी के विषय में विशेष प्रकार से सोचना, कल्पना करना

concentrate /'कॉन्सन्ट्रेट्/ *v.* **1** (किसी कार्य आदि पर) ध्यान या प्रयास केंद्रित करना **2** वस्तुओं या व्यक्ति का केंद्रीभूत होना या केंद्रित करना

concentration /ˌकॉन्सन्'ट्रेशन्/ *n.* **1** (ध्यान या प्रयास की) एकाग्रता, केंद्रीकरण **2** बड़ी संख्या या मात्रा में व्यक्तियों या वस्तुओं का एक स्थान पर केंद्रीकरण

concentric /कन्'सेन्ट्रिक्/ *adj.* (विभिन्न आकारों के वृत्त) एक ही केंद्र वाले, संकेंद्रिक

concept /'कॉन्सेप्ट्/ *n.* विचार, मूल सिद्धांत ▸ **conceptual** *adj.* विचारात्मक, धारणात्मक

conception /कन्'सेप्शन्/ *n.* **1** समझ, बोध **2** विचार या योजना बनाने की प्रक्रिया

concern /कन्'सन्/ *v.* **1** किसी को प्रभावित या शामिल करना, किसी से संबंधित होना **2** किसी के विषय में होना

3 किसी को चिंतित करना, परेशान होना ▸ **concern** *n.* 1 चिंता, परवाह, चिंताजनक बात 2 किसी के लिए कोई महत्वपूर्ण या संबंधित बात ▸ **concerned** *adj.* किसी के लिए चिंतित और परेशान ▸ **concerning** *prep.* के विषय में, के विषय पर

concert /'कॉन्सट्/ *n.* संगीत का सार्वजनिक प्रदर्शन, संगीत समारोह

concerted /कन्'सटिड्/ *adj.* अनेक व्यक्तियों द्वारा मिल-जुलकर किया हुआ, समन्वित, संगठित

concession /कन्'सेशन्/ *n.* 1 सुलह के लिए दी गई रियायत, छूट 2 वर्ग-विशेष के लोगों के लिए क़ीमत, फ़ीस, किराये में कटौती, रियायत

conch /कॉन्च्/ *n.* (*pl.* **conches**) समुद्री जीव का कवच, शंख

concise /कन्'साइस्/ *adj.* थोड़े शब्दों में काफ़ी सूचना देते हुए, संक्षिप्त ▸ **concisely** *adv.* संक्षेप में

conclave /'कॉङ्क्लेव्/ *n.* पोप के निर्वाचन के लिए मुख्य पादरियों की सभा या सभा भवन, निर्वाचक सभा, निर्वाचक भवन

conclude /कन्'क्लूड्/ *v.* 1 सोच-विचार या अध्ययन के बाद निष्कर्ष या नतीजे पर पहुँचना 2 समाप्त करना या होना

conclusion /कन्'क्लूश़न्/ *n.* 1 विचार विमर्श के बाद लिया गया निर्णय, निष्कर्ष, परिणाम, नतीजा 2 समाप्ति, समापन

conclusive /कन्'क्लूसिव्/ *adj.* निर्णायक, निश्चायक ▸ **conclusively** *adv.* निर्णायक या निश्चायक रूप से

concoct /कन्'कॉक्ट्/ *v.* 1 विभिन्न वस्तुओं को मिलाकर कुछ विचित्र तैयार करना 2 बहाना बनाना, (कपट) जाल रचना ▸ **concoction** *n.* मिश्रण, काढ़ा, मनगढ़ंत क़िस्सा

concord /'कॉङ्कॉड्/ *n.* 1 शांति और सामंजस्य, मेल व सहमति 2 (वाक्यांश में शब्दों का) एक-दूसरे के अनुसार निर्धारित होना, शब्द रूपों की अन्विति

concourse /'कॉङ्कॉस्/ *n.* रेलवे स्टेशन या हवाई अड्डे के भवन में विशाल कक्ष या खुला स्थान

concrete /'कॉङ्क्रीट्/ *adj.* यथार्थ प्रत्यक्ष, ठोस, मूर्त (काल्पनिक नहीं) ▸ **concrete** *n.* भवन-निर्माण में प्रयुक्त सीमेंट-रेत-पानी-रोड़ी का मिश्रण, कंकरीट ▸ **concrete** *v.* किसी वस्तु पर कंकरीट का लेप करना ▸ **concretely** *adv.* मूर्त रूप से

concubine /'कॉङ्क्युबाइन्/ *n.* रखैल, उप पत्नी

concur /कन्'क(र्)/ *v.* (**concurring, concurred**) सहमत होना

concurrent /कन्'करन्ट्/ *adj.* किसी अन्य घटनाओं के घटित होने के समय विद्यमान होना या घटित होना, समकालिक ▸ **concurrently** *adv.* समकालिक रूप से

condemn /कन्'डेम्/ *v.* 1 किसी की तीव्र निंदा करना, दोषी या अपराधी ठहराना 2 किसी के लिए दंड की घोषणा करना, किसी को दंडित करना

condensation /ˌकॉन्डेन्'सेशन्/ *n.* 1 ठंडी सतह पर गरम हवा के स्पर्श के कारण सतह पर बनी छोटी बूँदें 2 गैस के द्रवीकरण की प्रक्रिया

condense /कन्'डेन्स्/ *n.* 1 गैस का द्रव बनना या बनाना 2 छोटा या संक्षिप्त करना

C

C

condescend /ˌकॉन्डि'सेन्ड्/ *v.* 1 दूसरों पर स्वयं की वरिष्ठता दिखाते हुए व्यवहार करना, संरक्षक की भाँति (दूसरों से) व्यवहार करना 2 कोई ऐसा कार्य करना जो अपनी दृष्टि में तुच्छ हो ▸ **condescending** *adj.* स्वयं की वरिष्ठता दिखाने वाला व्यवहार करते हुए

condiment /'कॉन्डिमन्ट्/ *n.* 1 भोजन को स्वाद देने वाला पदार्थ, जैसे नमक व मिर्च 2 चटनी, अचार आदि स्वादवर्द्धक पदार्थ

condition /कन्'डिश्न्/ *n.* 1 अवस्था, दशा, स्थिति, हालत 2 किसी चीज़ के घटित होने या संभव होने के लिए किसी अन्य चीज़ की अनिवार्यता, शर्त, प्रतिबंध ▸ **condition** *v.* किसी के व्यवहार को प्रभावित या नियंत्रित करना, रीति-विशेष से अनुकूलित करना

conditional /कन्'डिशन्ल्/ *adj.* 1 शर्त पर निर्भर, सशर्त, किसी अन्य घटना आदि पर निर्भर 2 (अंग्रेज़ी व्याकरण में) शर्तयुक्त स्थिति को व्यक्त करने वाला (वाक्य), हेतुमद वाक्य ▸ **conditionally** *adv.* शर्त के साथ, सशर्त रीति से

conditioner /कन्'डिशन(र्)/ *n.* किसी वस्तु को अच्छी दशा में रखने वाला पदार्थ, कंडीशनर

condolence /कन्'डोलन्स्/ *n.* शोक की अभिव्यक्ति, संवेदना

condom /'कॉन्डॉम्/ *n.* 1 यौन क्रिया के समय पुरुष के शिश्न के ऊपर पहना जानेवाला रबर का एक पतला आवरण (महिला के गर्भ निरोध तथा बीमारी से रक्षा के लिए), गर्भ-निरोधक आवरण, निरोध, कंडोम 2 यौन क्रिया के समय महिला की योनि के भीतर पहनी जानेवाली रबर की पतली वस्तु (गर्भ-निरोध या बीमारी से रक्षा के लिए), गर्भ-निरोधक, फ़िमेल कंडोम

condominium /'कॉन्ड'मिनिअम्/ *n.* एक फ़्लैट या फ़्लैट-शृंखला जिनमें उनके स्वामी रहते हैं, सहस्वामित्व

condone /कन्'डोन्/ *v.* अधिकांश लोगों द्वारा ग़लत मानी जाने वाली बात की अनदेखी करना, उपेक्षा करना

conducive /कन्'ड्यूसिव्/ *adj.* सहायक या किसी का कारण बनना

conduct /कन्'डक्ट्/ *v.* 1 व्यवस्थित रूप से कुछ करना, विशेषतः अनुसंधान-कार्य 2 मंच पर वाद्यवृंद का संचालन करना ▸ **conduct** /'कॉन्डक्ट्/ *n.* 1 किसी व्यक्ति का आचरण 2 प्रबंधन, परिचालन की क्रिया

conduction /कन्'डक्श्न्/ *n.* किसी पदार्थ में से ताप या विद्युत के गुज़रने की प्रक्रिया, चालन, संवहन

conductor /कन्'डक्ट(र्)/ *n.* 1 वाद्यवृंद का संचालक 2 बस में यात्रियों से पैसे इकट्ठे करनेवाला या उनके टिकट चेक करनेवाला, बस-कंडक्टर, बस का टिकट-बाबू

conduit /'कॉन्ड्युइट्/ *n.* 1 पाइप, चैनल या नलिका जिससे द्रव या बिजली के तार गुज़रते हैं, वाहक नली 2 वस्तुओं, सूचनाओं आदि के हस्तांतरण के लिए प्रयुक्त व्यक्ति, संस्था या देश, वाहक

cone /कोन्/ *n.* 1 गोल तल और नुकीले शीर्ष वाली आकृति या वस्तु, शंकु 2 चीड़ आदि वृक्षों का कठोर फल

confection /कन्'फ़ेक्श्न्/ *n.* पदार्थों को मिलाकर बनाई गई वस्तु, मिष्ठान्न, मिठाई, अवलेह

confederacy /कन्'फ़ेडरसि/ *n.* समान उद्देश्य वाले राज्यों, राजनैतिक दलों या व्यक्तियों की मंडलियों का गुट या संघ, राज्यसंघ, महासंघ, राज्यमंडल

confederate /कन्'फ़ेडरट्/ *n.* सहायक या सहभागी, विशेषतः ग़ैर-क़ानूनी या गुप्त कार्य में ▸ **confederate** *adj.* समान उद्देश्य के लिए कार्यरत राजनीतिक दलों, समूहों तथा राज्यों के संघों से सम्बद्ध राज्य-संघ विषयक

confederation /कन्,फ़ेड'रेशन्/ *n.* छोटे वर्गों, राज्यों आदि का संगठन, परिसंघ

confer /कन्'फ़(र्)/ *v.* (**conferring, conferred**) **1** निर्णय लेने से पहले विचार-विमर्श करना **2** किसी को विशेष अधिकार या लाभ प्रदान करना

conference /'कॉन्फ़रन्स्/ *n.* महत्वपूर्ण मामलों पर चर्चा के लिए आयोजित सभा, सम्मेलन

confess /कन्'फ़ेस्/ *v.* अपराध या दोष स्वीकार करना

confetti /कन्'फ़ेटि/ *n.* रंगीन काग़ज़ के छोटे टुकड़े जिन्हें लोग (अभिनंदन स्वरूप) नवदंपती पर डालते हैं

confide /कन्'फ़ाइड्/ *v.* किसी को कोई गोपनीय बात या रहस्य बताना

confidence /'कॉन्फ़िडन्स्/ *n.* **1** (किसी पर) भरोसा या पक्का विश्वास **2** अपनी योग्यता, विचार आदि पर पूर्ण विश्वास, आत्मविश्वास

confident /'कॉन्फ़िडन्ट्/ *adj.* स्वयं की योग्यताओं, विचारों पर विश्वस्त, आत्मविश्वासी ▸ **confidently** *adv.* आत्मविश्वासपूर्वक

confidential /,कॉनफ़ि'डेन्शल्/ *adj.* गोपनीय, जिसे दूसरों को दिखाया अथवा बताया नहीं जा सकता हो, गोपनीय ▸ **confidentiality** *n.* गोपनीयता ▸ **confidentially** *adv.* गोपनीय रूप से

configuration /कन्,फ़िग'रेशन्/ *n.* **1** किसी वस्तु के विभिन्न भागों की विन्यास-व्यवस्था, संविन्यास, संरूपण, रचना, बनावट **2** किसी कंप्यूटर-पद्धति का निर्माण करने वाले उपकरण और प्रोग्राम और उनकी विशिष्ट संयोजन व्यवस्था

confine /कन्'फ़ाइन्/ *v.* **1** किसी व्यक्ति या वस्तु को किसी (छोटे) स्थान के भीतर रोके रखना, परिरुद्ध करना, क़ैद करना **2** सीमित रखना, सीमा-विशेष में रखना, परिसीमित करना

confinement /कन्'फ़ाइन्मन्ट्/ *n.* छोटी जगह या सीमा के भीतर रखे जाने की स्थिति, क़ैद

confirm /कन्'फ़म्/ *v.* **1** विशेषतः प्रमाण देकर किसी बात की पुष्टि करना **2** पद, समझौता आदि पक्का करना, सुदृढ़ करना ▸ **confirmation** *n.* पुष्टि, अनुमोदन

confiscate /'कॉन्फ़िस्केट्/ *v.* दंडस्वरूप कोई वस्तु ज़ब्त कर लेना ▸ **confiscation** *n.* ज़ब्ती, कुरक़ी

conflict /'कॉन्फ़्लिक्ट्/ *n.* **1** (किसी बात पर) झगड़ा, संघर्ष या विवाद **2** दो या अधिक विचारों, इच्छाओं आदि में परस्पर विरोध, अंतर, प्रतिकूलता ▸ **conflict** *v.* किसी अन्य से असहमत या भिन्न होना, प्रतिकूल या विरोधी होना, मेल न खाना

confluence /'कॉन्फ़्लुअन्स्/ *n.* **1** वह स्थान जहाँ दो या अधिक नदियाँ या जलक्षेत्र मिलकर एक जलधारा बनाते हैं, संगम **2** दो या अधिक वस्तुओं का मेल

C

conform /कन्ˈफ़ॉम्/ *v.* **1** नियम या क़ानून का अनुपालन करना, के अनुसार होना, संगत होना **2** किसी दल या समाज के अधिकांश सदस्यों की तरह ही आचरण करना ▸ **conformity** *n.* अनुरूपता, अनुकूलता

conformist /कन्ˈफ़ॉमिस्ट्/ *n.* अधिकतर लोगों की तरह ही आचरण करने वाला व्यक्ति जो भिन्न होने की इच्छा भी नहीं रखता है

confound /कन्ˈफाउन्ड्/ *v.* **1** घबरा देना, अस्त-व्यस्त कर देना, अचम्भित करना **2** (व्यक्ति या वस्तु को) ग़लत साबित करना ▸ **confounded** *adj.* भौंचक, हैरान, बेकार, घृणित

confront /कन्ˈफ्रन्ट्/ *v.* **1** किसी मुसीबत का या अप्रिय स्थिति का सामना करना या सामना करवाना, के आमने-सामने होना, मुक़ाबला करना **2** (झगड़े या सामना करने के लिए) किसी के सामने खड़ा होना

confuse /कन्ˈफ़्यूज़्/ *v.* **1** उलझन में डाल देना, गड़बड़ा या चकरा देना, सोच-विचार में दुविधा पैदा करना **2** एक को दूसरा समझ लेना

congeal /कन्ˈजील्/ *v.* (द्रव का) ठोस हो जाना, द्रव को ठोस बनाना, जमना, जमाना

congenial /कन्ˈजीनिअल्/ *adj.* प्रीति-कर, सौहार्दपूर्ण

congested /कन्ˈजेस्टिड्/ *adj.* **1** भीड़-भाड़ वाला, वाहनों से खचाखच भरा ▸ **congestion** *n.* खचाखच भरे होने या जमाव की स्थिति, संकुलन **2** शरीर के किसी भाग में रक्त या बलग़म का जमाव

conglomerate /कन्ˈग्लॉमरट्/ *n.* विभिन्न कंपनियों से मिलकर बनी एक बड़ी कंपनी

congratulate /कन्ˈग्रैचुलेट्/ *v.* किसी को किसी बात की बधाई देना, किसी की प्रशंसा करना

congregate /ˈकॉङ्ग्रिगेट्/ *v.* भीड़ या समूह के रूप में इकट्ठा होना, एकत्रित होना

congregation /ˌकॉङ्ग्रिˈगेश्न्/ *n.* **1** एकत्रित होने की क्रिया, सभा, जमाव **2** चर्चा-विशेष में जाने वाले व्यक्तियों का समूह

congress /ˈकॉङ्ग्रेस्/ *n.* **1** बड़ा व औपचारिक सम्मेलन या अनेक छोटे सम्मेलन **2** कुछ देशों (जैसे संयुक्त राज्य अमेरिका) में क़ानून बनाने के लिए निर्वाचित व्यक्तियों का समूह, विधान-मंडल

conical /ˈकॉनिकल्/ *adj.* शंकु के आकार का, शंक्वाकार

conifer /ˈकॉनिफ़(र्), ˈकोनि-/ *n.* एक सदाबहार वृक्ष जिसके फल शंक्वाकार होते हैं, शंकुवृक्ष ▸ **coniferous** *adj.* शंकुधारी

conjecture /कन्ˈजेक्च(र्)/ *v.* वास्तविक प्रमाण या साक्ष्य के बिना अनुमान लगाना, अटकल लगाना ▸ **conjecture** *n.* प्रमाण-रहित अनुमान

conjugal /ˈकॉन्जगल्/ *adj.* विवाह तथा दांपत्य संबंधों से संबंधित

conjugate /ˈकॉन्जगेट्/ *v.* क्रिया पद के विभिन्न रूप देना ▸ **conjugation** *n.* क्रिया रूप

conjunction /कन्ˈजङ्क्श्न्/ *n.* शब्दों, वाक्यों, वाक्यांशों को जोड़नेवाला शब्द, संयोजक शब्द, समुच्चयबोधक शब्द

conjunctivitis /कन्ˌजङ्कटि'वाइटिस/ *n.* एक संक्रामक नेत्र रोग जिसमें आँखों में दर्द और सूजन होता है, नेत्रश्लेष्मला शोथ

conjure /'कन्ज(र्)/ *v.* जादू करने जैसी हाथ की सफ़ाई दिखाना, बाज़ीगरी दिखाना ▸ **conjuring** *n.* हाथ की सफ़ाई दिखाने की क्रिया

connect /क'नेक्ट्/ *v.* 1 किसी के साथ जुड़ना, दो वस्तुओं को जोड़ना, मिलाना 2 किसी के साथ संबंध होना, किसी के साथ संबंधित या सम्मिलित होने की जानकारी होना

connection /क'नेक्श्न्/ *n.* 1 दो या अधिक व्यक्तियों या वस्तुओं में संबंध, संयोजन, मेल 2 दो तारों, नलियों आदि का योजन-बिंदु, संधि, जोड़

connive /क'नाइव्/ *v.* गुप्त रीति से कोई ग़लत काम करना, किसी को ग़लत काम करने से न रोकना, ग़लत काम की अनदेखी करना

connoisseur /ˌकॉन'स(र्)/ *n.* कला, स्वादिष्ट भोजन, संगीत आदि का विशेष जानकार, गुणग्राहक, गुणज्ञ, पारखी

connote /क'नोट्/ *v.* (मुख्य अर्थ के अतिरिक्त) अर्थ ध्वनित करना

conquer /'कॉङ्क(र्)/ *v.* 1 युद्ध में किसी देश को जीतना, उस पर अधिकार करना 2 भावावेश, समस्या आदि पर सफलतापूर्वक नियंत्रण पाना

conscience /'कॉन्शन्स्/ *n.* स्वयं के कर्म के अच्छे या बुरे होने का ज्ञान, अंतःकरण, अंतश्चेतना

conscientious /ˌकान्शि'एन्शस्/ *adj.* 1 (व्यक्ति) ईमानदार, कर्तव्यनिष्ठ 2 (कर्म या कार्य) सावधानी से किया गया ▸ **conscientiously** *adv.* ईमानदारी से, शुद्ध अंतःकरण से

conscious /'कॉन्शस्/ *adj.* 1 सजग, सचेत, होश में, जगा हुआ 2 किसी वस्तु के अस्तित्व के प्रति सचेत, किसी के प्रति जागरूक या सजग ▸ **consciously** *adv.* पूरी चेतना के साथ

conscript /कन्'स्क्रिप्ट्/ *v.* सेना में अनिवार्य भरती करना ▸ **conscript** *n.* अनिवार्यतः सेना में भरती व्यक्ति ▸ **conscription** *n.* अनिवार्य सैन्य भरती

consecrate /'कॉन्सिक्रेट्/ *v.* धार्मिक उद्देश्य से किसी स्थान या वस्तु को औपचारिक रूप से संस्कारित करना ▸ **consecration** *n.* संस्कारीकरण, पवित्रीकरण

consecutive /कन्'सेक्यटिव्/ *adj.* एक के बाद लगातार आते या होते हुए, क्रमिक ▸ **consecutively** *adv.* निरंतर, क्रमिक रूप से

consensual /कन्'सेन्शुअल्/ *adj.* 1 (निर्णय, विचार आदि) आम सहमति से, सर्वसम्मत 2 (क्रिया-कलाप के लिए प्रयुक्त) सम्मिलित लोगों की सहमति से, रज़ामंदी से

consensus /कन्'सेन्सस्/ *n.* (लोगों के बीच) आम सहमति, सर्वसम्मति

consent /कन्'सेन्ट्/ *v.* किसी बात से सहमत होना, किसी बात के लिए स्वीकृति या अनुमति देना ▸ **consent** *n.* सहमति, स्वीकृति, अनुमति

consequence /'कॉन्सिक्वन्स्/ *n.* 1 परिणाम, नतीजा, फल, प्रभाव 2 महत्व, मान

consequent /'कॉन्सिक्वन्ट्/ *adj.* फलस्वरूप, परिणामस्वरूप ▸ **consequently** *adv.* फलस्वरूप

conservation /ˌकॉन्स'वेश्न्/ *n.*

1 प्राकृतिक वातावरण का संरक्षण 2 क्षति से बचाव, बचाव का उपाय

conservative /कन्'सवटिव्/ *adj.* 1 परिवर्तन का विरोधी, पारंपरिक, रूढ़िवादी 2 (लागत या मूल्य का अनुमान) वास्तविक मूल्य से कम ▸ **conservative** *n.* परिवर्तन-विमुख व्यक्ति, रूढ़िवादी ▸ **conservatively** *adv.* रूढ़िवादी रूप से

conservatory /कन्'सवट्रि/ *n.* (*pl.* **conservatories**) मकान के बाहर की ओर बना काँच-निर्मित कक्ष

conserve /कन्'सव्/ *v.* बरबाद होने से बचाना, संरक्षण करना

consider /कन्'सिड(र्)/ *v.* 1 (निर्णय लेने से पहले) किसी बात पर सावधानी से विचार करना, सोचना 2 किसी विषय पर विशेष रीति से विचार करना, समझना, मानना

considerable /कन्'सिडरब्ल्/ *adj.* परिणाम या आकार में बड़ा ▸ **considerably** *adv.* काफ़ी अधिक

considerate /कन्'सिडरट्/ *adj.* दूसरों की भावनाओं या आवश्यकताओं का ध्यान रखने वाला, संवेदनशील

consideration /कन्ˌसिड'रेश्न्/ *n.* 1 किसी बात पर देर तक सावधानी से विचार करने की क्रिया 2 निर्णय लेते समय विचार करने योग्य मुद्दा

considering /कन्'सिडरिङ्/ *prep. & conj.* (किसी आश्चर्यजनक तथ्य को प्रस्तुत करने के लिए प्रयुक्त) (इस बात को) ध्यान में रखते हुए

consign /कन्'साइन्/ *v.* पीछा छुड़ाने के लिए किसी को कहीं रख या भेज देना, के सुपुर्द करना

consignment /कन्'साइन्मन्ट्/ *n.* भेजा गया माल, प्रेषित माल

consist /कन्'सिस्ट्/ *v.* (**consist in sth**) किसी में कोई बात मुख्य होना

consistency /कन्'सिस्टन्सि/ *n.* (*pl.* **consistencies**) 1 किसी मापदंड, सम्मति, आचरण आदि के स्तर का समान रूप से बने रहने का गुण, संगति, सामंजस्य 2 (द्रव का) घनापन या गाढ़ापन, गाढ़ेपन का माप

consistent /कन्'सिस्टन्ट्/ *adj.* 1 विचार, मापदंड आचरण आदि का सदैव एक-सा होना, अपरिवर्तनीय 2 संगत, अनुकूल ▸ **consistently** *adv.* संगत रीति से

console /कन्'सोल्/ *v.* दुःख या निराशा में धैर्य बँधाना, दिलासा या सांत्वना देना ▸ **console** /'कॉन्सोल्/ *n.* वह समतल सतह जिस पर किसी मशीन के सभी नियंत्रक उपकरण स्थापित होते हैं, इलेक्ट्रॉनिक उपकरण

consolidate /कन्'सॉलिडेट्/ *v.* 1 अपनी स्थिति को अधिक दृढ़ या मज़बूत बनाना ताकि ऐसी स्थिति जारी रह सके, पक्का करना 2 वस्तुओं को जोड़कर एक बनाना, संघटित करना ▸ **consolidation** *n.* दृढ़ीकरण, संघटन

consonant /'कॉन्सनन्ट्/ *n.* अंग्रेज़ी वर्णमाला में a, e, i, o और u को छोड़कर अन्य सभी अक्षर, व्यंजन

consortium /कन्'सॉटिअम्/ *n.* (*pl.* **consortiums** or **consortia** /-टिआ/) कंपनियों का समूह जो विशेष उद्देश्य से एक साथ काम करती हैं, संघ, संगठन

conspicuous /कन्'स्पिक्युअस्/ *adj.* सुस्पष्ट, प्रकट, साफ़, प्रत्यक्ष

▸ **conspicuously** *adv.* प्रकट रूप से

conspiracy /कन्ˈस्पिरसि/ *n.* (*pl.* **conspiracies**) अनुचित या ग़ैर-क़ानूनी काम की गुप्त योजना, षड्यंत्र, साज़िश

constant /ˈकॉन्स्टन्ट्/ *adj.* **1** निरंतर, लगातार **2** एक समान, स्थिर, अपरिवर्तनीय

constellation /ˌकॉन्स्टˈलेशन्/ *n.* तारों का वह समूह जिससे कोई आकार बनता है तथा उसका कोई नाम होता है, तारामंडल, नक्षत्र

consternation /ˌकॉन्स्टˈनेशन्/ *n.* भयाकुलता या चिंता

constituency /कन्ˈस्टिट्युअन्सि/ *n.* (*pl.* **constituencies**) चुनाव-क्षेत्र, एक निश्चित भूक्षेत्र और उसके निवासी जो किसी विधायक या अफ़सर का चुनाव करते हैं

constituent /कन्ˈस्टिट्युअन्ट्/ *n.* **1** किसी वस्तु का घटक **2** किसी चुनाव-क्षेत्र का निवासी

constitute /ˈकॉन्स्टिट्यूट्/ *v.* **1** किसी का घटक या अंश होना **2** कुछ विशेष माना या समझा जाना, किसी के बराबर होना

constitution /ˌकॉन्स्टिˈट्यूशन्/ *n.* **1** किसी देश या संगठन के आधारभूत विधि-विधान, संविधान **2** किसी वस्तु की बनावट-संरचना या उसका गठन

constitutional /ˌकॉन्स्टिˈट्यूशनल्/ *adj.* देश आदि के संविधान से संबंधित, संवैधानिक

constrain /कन्ˈस्ट्रेन्/ *v.* किसी व्यक्ति या वस्तु को सीमित करना, अवरुद्ध करना, कुछ करने के लिए बाध्य करना

constraint /कन्ˈस्ट्रेन्ट्/ *n.* अवरोधकारी तत्व, प्रतिबंध, सीमित करने वाले नियंत्रण

constrict /कन्ˈसिट्रक्ट्/ *v.* **1** संकुचित होना या करना, सिकुड़ना, कसना **2** किसी व्यक्ति की स्वतंत्रता को सीमाबद्ध करना ▸ **constriction** *n.* संकुचन, दबाव

construct /कन्ˈस्ट्रक्ट्/ *v.* किसी वस्तु का निर्माण करना, बनाना, रचना

construction /कन्ˈस्ट्रक्शन्/ *n.* **1** निर्माण कार्य या पद्धति **2** निर्मित वस्तु, संरचना, भवन, इमारत

constructive /कन्ˈस्ट्रक्टिव्/ *adj.* उपयोगी या सहायक, रचनात्मक
▸ **constructively** *adv.* रचनात्मक या उपयोगी रूप से

construe /कन्ˈस्ट्रू/ *v.* किसी बात का विशेष अर्थ लगाना, किसी बात को विशेष ढंग से समझा जाना

consul /ˈकॉन्सल्/ *n.* विदेशी नगर में पदस्थ किसी देश का प्रतिनिधि अधिकारी जो अपने देश से आए देशवासियों की सहायता करता है, दूत ▸ **consular** *adj.* दूत-विषयक

consulate /ˈकॉन्स्यलट्/ *n.* दूत का कार्यालय

consult /कन्ˈसल्ट्/ *v.* **1** (किसी के विषय में) किसी से जानकारी या सलाह माँगना अथवा पुस्तक आदि में जानकारी ढूँढ़ना **2** विचार-विमर्श या किसी से बातचीत करना

consultant /कन्ˈसल्टन्ट्/ *n.* **1** व्यापार, क़ानून आदि पर परामर्श देनेवाला व्यक्ति, परामर्शदाता, सलाहकार **2** अस्पताल में विशेषज्ञ चिकित्सक

consume /कन्ˈस्यूम्/ *v.* **1** ईंधन, ऊर्जा, समय आदि का प्रयोग करना,

C

उपयोग करना **2** कुछ खाना या पीना

consumer /कन्ˈस्यूम(र्)/ *n.* **1** वस्तुओं अथवा सेवाओं को ख़रीदनेवाला, उपभोक्ता **2** कुछ खाने या प्रयोग करने वाला व्यक्ति या पशु

consummate /ˈकॉन्समट्/ *v.* यौन क्रिया करके विवाह या संबंध को पूर्ण बनाना ▸ **consummate** *adj.* किसी कार्य में पूर्ण रूप से कुशल, किसी चीज़ का श्रेष्ठ उदाहरण, अतिदक्ष ▸ **consummation** *n.* संपूर्ण करने की क्रिया

consumption /कन्ˈसम्प्शन्/ *n.* **1** प्रयुक्त ईंधन आदि की मात्रा **2** किसी वस्तु को प्रयोग करने, उपयोग करने आदि की क्रिया

contact /ˈकॉन्टैक्ट्/ *n.* **1** भेंट, चर्चा या पत्र द्वारा संपर्क, संचार संपर्क **2** स्पर्श ▸ **contact** *v.* किसी को फ़ोन करना या पत्र लिखना

contagion / कन्ˈटेजन्/ *n.* (एक व्यक्ति के रोग का दूसरे में) संक्रमण, छूत, संसर्ग

contain /कन्ˈटेन्/ *v.* **1** अपने अंदर कुछ होना या अपना अंग होना, समावेशित होना **2** सीमा के भीतर रखना, नियंत्रित करना

container /कन्ˈटेन(र्)/ *n.* **1** डिब्बा, बोतल, पैकेट आदि जिसमें कुछ रखा जाता है, पात्र **2** धातु-निर्मित बड़ा बक्सा जिससे समुद्र, सड़क या रेलमार्ग से माल ढोया जाता है, कंटेनर

contaminate /कन्ˈटैमिनेट्/ *v.* कोई पदार्थ डालकर किसी वस्तु को दूषित कर देना, संदूषित करना ▸ **contamination** *n.* संदूषण, दूषण

contemplate /ˈकॉन्टम्प्लेट्/ *v.* **1** किसी विषय या संभावना पर सावधानी से विचार करना, चिंतन करना **2** किसी व्यक्ति या वस्तु को शांत भाव से और देर तक देखना ▸ **contemplation** *n.* चिंतन, अवलोकन

contemporary /कन्ˈटेम्प्ररि/ *adj.* **1** समकालीन, समकालिक **2** इसी समय का, वर्तमानकालिक, आधुनिक ▸ **contemporary** *n.* (*pl.* **contemporaries**) समकालीन व्यक्ति

contempt /कन्ˈटेम्प्ट्/ *n.* यह भावना कि कोई व्यक्ति सम्मान का हक़दार नहीं है तथा उसका कोई महत्व नहीं है, तिरस्कार, अवज्ञा ▸ **contemptuous** *adj.* तिरस्कारपूर्ण

contemptible /कन्ˈटेम्प्टब्ल्/ *adj.* तिरस्करणीय, तिरस्कार के योग्य

contend /कन्ˈटेन्ड्/ *v.* **1** समस्या या मुश्किल परिस्थिति का सामना करना **2** कोई बात दावे से कहना, विवाद करना

content /कन्ˈटेन्ट्/ *adj.* संतुष्ट ▸ **content** *n.* **1** (*pl.* **contents**) भीतर या अंदर रखी वस्तु या वस्तुएँ **2** पुस्तक, लेख, टेलीविज़न कार्यक्रम आदि की विषय-वस्तु का मूल विषय, विचार आदि ▸ **content** *v.* जो मिले उसी से संतोष करना (चाहे वह अपेक्षा से कम हो)

contention /कन्ˈटेन्शन्/ *n.* **1** विवाद, झगड़ा, असहमति **2** दृष्टिकोण, कथन, मत

contentious /कन्ˈटेन्शस्/ *adj.* विवादग्रस्त, विवादास्पद

contest /ˈकॉन्टेस्ट्/ *n.* सर्वश्रेष्ठ, सर्वशक्तिशाली तथा सबसे सुंदर ढूँढ़ने की प्रतियोगिता, प्रतिस्पर्धा, मुक़ाबला, प्रतियोगिता ▸ **contest** *v.* **1** स्पर्धा में भाग लेना **2** प्रतिवाद करना, चुनौती देना

context /ˈकॉन्टेक्स्ट्/ *n.* **1** संदर्भ, प्रसंग **2** किसी शब्द, वाक्यांश या वाक्य से पहले या बाद के शब्द जो अर्थ समझने में सहायक होते हैं

contiguous /कन्ˈटिग्युअस्/ *adj.* संस्पर्शी, छूता हुआ, समीपस्थ, पास-पास, निकटस्थ ▸ **contiguity** *n.* निकटता, समीपता, सान्निध्य

continent /ˈकॉन्टिनन्ट्/ *n.* पृथ्वी के सात मुख्य भूखंडों (अफ़्रीका, एशिया, यूरोप, अमेरिका आदि) में से एक, महाद्वीप

contingency /कन्ˈटिन्जन्सि/ *n.* (*pl.* **contingencies**) भविष्य में संभावित स्थिति या घटना, आकस्मिक

contingent /कन्ˈटिन्जन्ट्/ *n.* **1** किसी सम्मेलन आदि में उपस्थित एक ही देश या संगठन के व्यक्तियों का दल **2** सैन्य दल जो किसी वृहत्तर सैन्यदल का भाग हो

continual /कन्ˈटिन्युअल्/ *adj.* बारंबार होने वाला, लगातार, निरंतर ▸ **continually** *adv.* बारंबार

continue /कन्ˈटिन्यू/ *v.* **1** होते रहना, जारी रहना, लगातार बने रहना **2** कोई काम लगातार करते रहना

continuous /कन्ˈटिन्युअस्/ *adj.* बिना रुके होने वाला, लगातार ▸ **continuously** *adv.* निरंतर

continuum /कन्ˈटिन्युअम्/ *n.* (*pl.* **continua**) वस्तुओं की वह निरंतर शृंखला जिसमें हर अगली वस्तु पिछली से थोड़ी ही भिन्न होती है परंतु अंतिम और प्रथम में बहुत अंतर होता है, सतत वस्तु शृंखला

contort /कन्ˈटॉट्/ *v.* मरोड़कर आकृति बिगड़ना या बिगाड़ना, मरोड़ना, ऐंठना ▸ **contortion** *n.* विकृति, कुंचन, ऐंठन

contour /ˈकॉन्टुअ(र्)/ *n.* **1** किसी वस्तु की बाह्य आकृति, रूपरेखा **2** मानचित्र पर समान ऊँचाई के स्थानों को मिलाने वाली रेखा, कंटूर, परिरेखा

contra- /ˈकॉन्ट्रा/ *prefix* के विरुद्ध, के विपरीत, प्रति-

contraband /ˈकॉन्ट्रबैन्ड्/ *n.* किसी देश में ग़ैर-क़ानूनी ढंग से लाया या भेजा गया माल, तस्करी का माल

contraceptive /ˌकॉन्ट्रˈसेप्टिव्/ *n.* गर्भ निरोध के लिए प्रयुक्त दवा, युक्ति, उपाय आदि, गर्भ निरोधक

contract /ˈकॉन्ट्रैक्ट्/ *n.* इक़रारनामा, अनुबंध-पत्र ▸ **contract** *v.* **1** (वस्तुओं का) संकुचित होना या करना, सिकुड़ना, संक्षिप्त होना या करना **2** विशेषतः गंभीर बीमारी या रोग से ग्रस्त होना

contraction /कन्ˈट्रैक्शन्/ *n.* **1** संकुचन या संकोचन की प्रक्रिया, सिकुड़न, संक्षिप्तीकरण **2** शब्दों या किसी शब्द का छोटा या संक्षिप्त रूप

contraption /कन्ˈट्रैप्शन्/ *n.* विचित्र, असामान्य या जटिल उपकरण

contrary /ˈकॉन्ट्रारि/ *adj.* **1** पूर्णतया भिन्न, विपरीत **2** किसी से पूर्णतया भिन्न, के विपरीत, के विरुद्ध

contrast /ˈकॉन्ट्रास्ट्/ *n.* **1** दो व्यक्तियों या वस्तुओं में तुलना जो उनमें अंतर स्पष्ट करती है **2** दो व्यक्तियों या वस्तुओं में तुलना से उभरकर आया स्पष्ट अंतर ▸ **contrast** /कन्ˈट्रास्ट्/ *v.* **1** दो व्यक्तियों या वस्तुओं के बीच अंतर दिखाने के लिए तुलना करना **2** तुलना करने पर स्पष्टतया भिन्न होना

contribute /ˈकॉन्ट्रिब्यूट्,कन्ˈट्रिब्यूट्/ *v.* **1** योगदान करना, अंशदान करना

2 किसी स्थिति का एक या अन्यतम कारण होना

contrive /कन्'ट्राइव़/ *v.* **1** कठिनाइयों के बावजूद कुछ करने में सफल होना **2** चतुराई या और बेईमानी से कुछ करने की योजना बनाना

C

contrived /कन्'ट्राइव्ड/ *adj.* अविश्वसनीय, अस्वाभाविक या अयथार्थ

control /कन्'ट्रोल/ *n.* **1** किसी व्यक्ति या वस्तु पर नियंत्रण, संचालन, क़ाबू में रखने की क्षमता **2** (किसी पर) नियंत्रण, सीमा, निर्धारित सीमा के भीतर रखने का तरीक़ा ▸ **control** *v.* (**controlling, controlled**) **1** (किसी पर) नियंत्रण रखना **2** (किसी को) सीमा या नियंत्रण में रखना ▸ **controller** *n.* नियंत्रक, नियंत्रणकर्ता

controversial /ˌकॉन्ट्र'व़श्ल्/ *adj.* विवादास्पद

conundrum / 'कननड्रम् / *n.* पहेली, बुझारत

convalesce /ˌकॉन्व'लेस्/ *v.* बीमारी के बाद स्वास्थ्य-लाभ करना ▸ **convalescence** *n.* स्वास्थ्य-लाभ ▸ **convalescent** *adj.* स्वास्थ्य लाभ-संबंधी

convection /कन्'वेक्शन्/ *n.* गैस या द्रव में ताप फैलने की प्रक्रिया जिसमें गरम भाग ऊपर उठता है और ठंडा भाग नीचे आता है, संवहन

convene /कन्'वीन्/ *v.* किसी बैठक आदि के लिए लोगों का एकत्र होना या लोगों को एकत्र करना, बैठक आदि बुलाना, आयोजित करना

convenience /कन्'व़ीनिअन्स्/ *n.* **1** आसानी, सुविधा, उपयुक्तता **2** सुविधाजनक उपकरण, सुख-सुविधा

convenient /कन्'व़ीनिअन्ट्/ *adj.* **1** विशेष उद्देश्य की दृष्टि से उपयुक्त या व्यावहारिक, आसान, सुविधाजनक **2** किसी के निकट, उपयोगी या सुविधाजनक स्थिति में ▸ **conveniently** *adv.* सुविधापूर्वक

convent /'कॉन्वन्ट्/ *n.* विशेषतः ईसाई साध्वियों का आश्रम, कॉन्वेंट

convention /कन्'वेन्शन्/ *n.* **1** प्रथा, परिपाटी, परंपरा, रिवाज **2** पेशेवर लोगों, अराजनीतिक दलों आदि का बड़ा सम्मेलन

converge /कन्'व़ज्/ *v.* (दो व्यक्तियों या वस्तुओं का) विभिन्न दिशाओं से आकर एक बिंदु पर मिलना, अभिसरित होना ▸ **convergence** *n.* केंद्राभिमुखता, अभिसरण ▸ **convergent** *adj.* केंद्राभिमुखी, अभिसारी

conversant /कन्'व़सन्ट्/ *adj.* जानकार या परिचित (होना)

conversation /ˌकॉन्व'सेशन्/ *n.* बातचीत, वार्तालाप, वार्ता

converse /कन्'व़स्/ *v.* किसी से बातचीत करना, वार्तालाप करना

convert /कन्'व़ट्/ *v.* **1** एक रूप, पद्धति या उपयोग-प्रकार से दूसरे में परिवर्तन करना, बदलना **2** किसी का धर्म-परिवर्तन करना, धर्मांतरण करना, धर्म परिवर्तन के लिए किसी को तैयार करना ▸ **convert** *n.* धर्मांतरित व्यक्ति

convertible /कन्'व़टब्ल्/ *adj.* रूपांतरित हो सकने योग्य ▸ **convertible** *n.* ऐसी कार जिसके छत की तह बनाकर उसे लपेटा जा सकता है, उलटने योग्य

convex /ˈकॉन्वेक्स/ *adj.* (सतह) बाहर की ओर मुड़ती हुई (जैसे आँख), उन्नतोदर, उत्तल

convey /कन्ˈवे/ *v.* **1** विचारों, भावनाओं आदि को किसी अन्य तक पहुँचाना **2** विशेषतः वाहन द्वारा एक स्थान से दूसरे स्थान पर पहुँचाना

conveyance /कन्ˈवेअनस्/ *n.* **1** (व्यक्ति या वस्तु) एक स्थान से दूसरे स्थान पर ले जाने की क्रिया, परिवहन **2** वाहन, गाड़ी, सवारी

conveyor belt *n.* (कारख़ानों जैसे स्थानों में) सामान ढोने की और लगातार चलने वाली पट्टी, संवाहक पट्टी

convict /कन्ˈविक्ट्/ *v.* न्यायालय द्वारा अपराधी या दोषी ठहराया जाना ▸ **convict** /ˈकॉन्विक्ट्/ *n.* व्यक्ति जिसका दोष सिद्ध हो चुका हो और जिसे कारावास में डाल दिया गया हो, दोषी, अपराधी, क़ैदी

conviction /कन्ˈविक्शन्/ *n.* **1** न्यायालय द्वारा अपराधी ठहराए जाने की क्रिया, दोषसिद्धि **2** प्रबल मत या आस्था

convince /कन्ˈविन्स्/ *v.* **1** किसी को विश्वास दिलाना, आश्वस्त करना **2** किसी को कोई काम करने के लिए तैयार कर लेना, मना लेना, राज़ी करना ▸ **convincing** *adj.* **1** आश्वस्त करने वाला, यक़ीन दिलाने वाला **2** (जीत) पूर्ण, स्पष्ट

convivial /कन्ˈविविअल/ *adj.* प्रसन्नचित्त, ख़ुशनुमा, मिलनसार ▸ **conviviality** *n.* मिलनसारी

convocation /ˌकॉन्वˈकेशन्/ *n.* **1** एक जन समूह का किसी विशेष उद्देश्य के लिए औपचारिक रूप से एकत्रीकरण की प्रक्रिया **2** महाविद्यालय अथवा विश्वविद्यालय में आयोजित होनेवाला एक समारोह जिसमें विद्यार्थियों को किसी पाठ्यक्रम के सफलतापूर्वक पूरा करने पर डिग्री प्रदान की जाती है, दीक्षांत समारोह

convoluted /ˈकान्वलूटिड/ *adj.* (तर्क, कहानी या वाक्य) अत्यंत जटिल तथा अबोध्य

convoy /ˈकॉन्वॉइ/ *n.* एक साथ जा रहे वाहनों या जहाज़ों का क़ाफ़िला

convulse /कन्ˈवल्स्/ *v.* (शरीर का) अनियंत्रित रूप से अचानक ज़ोर से हिलना-डुलना, दौरा पड़ना, किसी को इस प्रकार से हिलाना-डुलाना, मरोड़ना

convulsion /कन्ˈवल्शन्/ *n.* शरीर में अचानक पड़नेवाला तेज़ झटका जिसे नियंत्रित नहीं किया जा सकता है, ज़ोरदार ऐंठन, मरोड़, दौरा

coo /कू/ *v.* **1** कूकना, कबूतर जैसे गुटरगूँ करना **2** कोमल और मंद स्वर में बोलना

cook /कुक्/ *v.* **1** भोजन बनाना, पकाना **2** भोजन का पकना ▸ **cook** *n.* खाना पकाने वाला व्यक्ति, रसोइया, बावरची

cooker /ˈकुक(र्)/ *n.* रसोईघर में प्रयुक्त गैस या बिजली से चलने वाला और खाना पकाने के लिए प्रयुक्त उपकरण, इसके समतल शीर्ष पर पात्र अथवा अन्य उपकरण रखा जा सकता है, कुकर

cookery /ˈकुकरि/ *n.* भोजन बनाने की क्रिया या कुशलता, पाकक्रिया, पाकशास्त्र

cookie /ˈकुकि/ *n.* **1** सूचना-पूरित कंप्यूटर-फ़ाइल जिसे किसी विशेष कंप्यूटर प्रयोगकर्ता द्वारा इंटरनेट का प्रयोग करने पर केंद्रीय सर्वर को भेजा जाता है, कंप्यूटर-कुकी

C

cool /कूल/ *adj.* **1** शीतल, गर्म या उष्ण नहीं **2** शांत, उत्तेजित या क्रोधित नहीं ▸ **cool** *v.* **1** शीतल या ठंडा करना या होना **2** (भावनाओं का) शांत होना ▸ **cool** *n.* ठंडा स्थान, ठंडक

coolant /ˈकूलन्ट्/ *n.* इंजन, परमाणु भट्ठी आदि को शीतल करने के लिए प्रयुक्त द्रव

coop /कूप्/ *n.* मुर्ग़ियों का दरबा ▸ **coop** *v.* **(coop sb/sth up)** किसी वस्तु को सीमित स्थान में बंद रखना

cooperate /कोˈऑपरेट्/ *v.* **1** (किसी से) सहयोग करना, मिलकर काम करना **2** अपने हिस्से का काम करके सहायता करना, सहयोग करना

cooperative /कोˈऑपरटिव्/ *adj.* **1** मिलकर किया गया, सहकारिता पर आधारित, सहकारी **2** सहयोगी सहायताकारी, अपेक्षा पूरी करने वाला ▸ **cooperative** *n.* सहकारिता पर आधारित व्यापार या संगठन, सहकारी संस्था

coordinate /कोˈऑडिनेट्/ *v.* वस्तुओं या व्यक्तियों के बीच समन्वय स्थापित करना ताकि वे मिल-जुलकर काम कर सकें, तालमेल बनाना ▸ **coordinate** *n.* ग्राफ़, नक़्शे आदि पर किसी बिंदु की स्थिति नियत करने के लिए प्रयुक्त दो में से कोई भी एक अंक या/और अक्षर, निर्देशांक, नियामक

cop /कॉप्/ *n.* पुलिस अधिकारी ▸ **cop** *v.* **(copping, copped)** **(cop out of sth)** अपना काम करने से बचना (आशंका या सुस्ती के कारण)

cope /कोप्/ *v.* कठिन स्थिति से सफलतापूर्वक निपटना

coping / ˈकोपिङ्/ *n.* दीवार के ऊपर का ढलुवाँ रद्दा, छज्जा

copious /ˈकोपिअस्/ *adj.* बड़ी मात्रा में, प्रचुर, भरपूर ▸ **copiously** *adv.* प्रचुरतापूर्वक, प्रचुरता से

copper /ˈकॉप(र्)/ *n.* एक साधारण लाल-भूरा धातु, ताँबा, ताम्र

copse /काप्स्/ *n.* वृक्षों या झाड़ियों वाला छोटा भूक्षेत्र

copulate /ˈकॉप्युलेट्/ *v.* (विशेषतः जानवरों का) संभोग करना ▸ **copulation** *n.* (विशेषतः जानवरों की) संभोग क्रिया

copy /ˈकॉपि/ *n.* (*pl.* **copies**) **1** प्रतिलिपि, नक़ल **2** मुद्रित पुस्तक, समाचार-पत्र आदि की एक प्रति ▸ **copy** *v.* **1** (कोई वस्तु) किसी अन्य वस्तु के पूर्णतया समान कोई वस्तु बनाना, (किसी की) हूबहू नक़ल करना **2** लेख आदि उतारना, लिखकर प्रतिलिपि बनाना

coral /ˈकॉरल्/ *n.* बहुत छोटे समुद्री जीवों की हड्डियों से बननेवाला (समूह में) कठोर लाल, गुलाबी अथवा सफ़ेद पदार्थ, मूँगा

cord /कॉड्/ *n.* **1** मज़बूत डोरी, रस्सी **2** प्लास्टिक चढ़ी तार

cordial /ˈकॉडिअल्/ *adj.* ख़ुशनुमा और मैत्रीपूर्ण ▸ **cordially** *adv.* मित्रभाव से

cordon /ˈकॉड्न्/ *n.* पुलिस या सेना द्वारा सुरक्षा के लिए डाला गया घेरा ▸ **cordon** *v.* **(cordon sth off)** सिपाहियों द्वारा किसी स्थान पर सुरक्षा घेरा बनाकर वहाँ पर लोगों का प्रवेश अवरुद्ध करना

corduroy /ˈकॉडरॉइ/ *n.* धारीदार मोटा नरम कपड़ा जिससे कपड़े सिले जाते हैं, कॉर्डराय

core /कॉ(र्)/ *n.* **1** कुछ फलों का बीच

का बीज वाला कड़ा भाग **2** किसी का केंद्रीय या सबसे महत्वपूर्ण अंश

coriander /ˌकॉरि ऐन्ड(र्)/ *n.* एक पौधा जिसकी पत्तियों एवं बीजों का प्रयोग भोजन में स्वाद बढ़ाने के लिए किया जाता है, धनिया (पौधा)

cork /कॉक्/ *n.* **1** हलका नरम पदार्थ जो एक प्रकार के पेड़ की छाल होती है, कॉर्क **2** कार्क से बनी डाट जो बोतल के ऊपर लगाई जाती है

corn /कॉन्/ *n.* अनाज वाला पौधा (जैसे गेहूँ, जौ, मक्का आदि), इन पौधों के बीज या दाने

cornea /ˈकॉनिआ/ *n.* आँख का बाहरी पारदर्शी रक्षक आवरण, कार्निया ▸ **corneal** *adj.* कार्निया-विषयक

corner /ˈकॉन (र्)/ *n.* **1** वह बिन्दु जहाँ दो किनारे, दो रेखाएँ अथवा दो सड़कें मिलती हैं, कोना, नुक्कड़ **2** शांत या गुप्त स्थल ▸ **corner** *v.* (किसी व्यक्ति या जानवर को) घेर लेना, फँसाना, विषम परिस्थिति में डाल देना जहाँ से निकलने या बचने का कोई रास्ता न हो

corny /ˈकॉनि/ *adj.* घिसा-पिटा, पिटा-पिटाया, बहुत मामूली

corollary /कˈरॉलरि/ *n.* (*pl.* **corollaries**) ऐसी स्थिति या कथन जो अन्य स्थिति या कथन का स्वाभाविक और प्रत्यक्ष परिणाम है, निष्कर्ष, अनुमिति

corona /कˈरोन/ *n.* (*pl.* **coronae**) विशेषकर ग्रहण के समय सूर्य या चन्द्रमा के चारों ओर दिखाई पड़नेवाला प्रकाश का घेरा, प्रभामंडल, तेजोमंडल

coronary /ˈकॉरन्रि/ *adj.* हृदय की या हृदय से संबंधित ▸ **coronary** *n.* (*pl.* **coronaries**) एक प्रकार का दिल का दौरा

coronation /ˌकॉरˈनेश्न्/ *n.* आधिकारिक समारोह जिसमें राजा अथवा रानी का राज्यारोहण किया जाता है, राज्याभिषेक

coroner /ˈकॉरन (र्)/ *n.* हिंसा या अस्वाभाविक कारणों से होने वाली मृत्यु की जाँच करने वाला अधिकारी, अपमृत्यु अधिकारी

corporal /ˈकॉपरल्/ *n.* थल सेना या वायु सेना का एक छोटा अधिकारी

corporate /ˈकॉपरट्/ *adj.* सामूहिक रूप से किसी समूह या संगठन की साझेधारी

corporation /ˌकॉपˈरेश्न्/ *n.* **1** कोई बड़ी व्यापारिक कंपनी, कॉरपोरेशन **2** किसी नगर के प्रशासन के लिए निर्वाचित व्यक्ति-समुदाय, नगर निगम

corporeal /कॉˈपॉरिअल्/ *adj.* **1** स्पर्शनीय, शारीरिक न कि आध्यात्मिक **2** शरीर का या शरीर के लिए, दैहिक

corps /कॉ(र्)/ *n.* (*pl.* **corps**) **1** विशेष कार्यभार वाली सैनिक टुकड़ी **2** किसी विशेष गतिविधि में संलग्न व्यक्तियों का समूह

corpse /कॉप्स्/ *n.* शव, लाश (विशेषतः किसी व्यक्ति का)

corpus /ˈकॉपस्/ *n.* (*pl.* **corpora** or **corpuses**) लिखित या मौखिक रचनाओं या अभिव्यक्तियों का संग्रह

corpuscle /ˈकॉपसल्/ *n.* लाल या सफ़ेद रक्त-कणिका

correct /कˈरेक्ट्/ *adj.* **1** शुद्ध, त्रुटिहीन, सही या सत्य **2** (व्यवहार, आचरण, वस्त्र आदि) उपयुक्त या सही ▸ **correct** *v.* **1** ग़लती को शुद्ध करना, सुधारना, सही करना **2** (किसी की)

C

C

ग़लती बताना ▸ **correction** *n.* त्रुटि-शोधन, सुधार कार्य

corrective /क'रेक्टिव्/ *adj.* सुधारात्मक

correlate /'कॉरलेट्/ *v.* दो या अधिक वस्तुओं के बीच संबंध स्थापित या प्रदर्शित करना ▸ **correlation** *n.* पारस्परिक सहसंबंध

correspond /ˌकॉर'स्पॉन्ड्/ *v.* **1** किसी के समान या बराबर होना, मेल खाना **2** पत्रों का आदान-प्रदान करना, पत्र-व्यवहार या पत्राचार करना

correspondence /ˌकॉर'स्पॉन्डन्स्/ *n.* **1** पत्र-व्यवहार, पत्राचार, भेजे या प्राप्त किए गए पत्र **2** दो या अधिक वस्तुओं के बीच निकट संपर्क या संबंध, मेल, अनुकूलता

correspondent /ˌकॉर'स्पॉन्डन्ट्/ *n.* **1** किसी समाचार-पत्र आदि का संवाददाता या लेखक जो विशेषतः विदेश में स्थित हो **2** पत्र-लेखक

corridor /'कॉरिडॉ(र्)/ *n.* (भवन या रेलगाड़ी में) गलियारा

corroborate /क'रॉबरेट्/ *v.* नए प्रमाण द्वारा किसी विचार, कथन आदि की संपुष्टि या समर्थन करना ▸ **corroboration** *n.* संपुष्टिकरण, समर्थन

corrode /क'रोड्/ *v.* (धातुओं का) रासायनिक क्रिया द्वारा क्षीण या नष्ट हो जाना या कर देना ▸ **corrosion** *n.* क्षय, छीजन, क्षरण ▸ **corrosive** *adj.* क्षयकारी, छीजने वाला, संक्षारक

corrugated /'कॉरगेटिड्/ *adj.* (धातु या गत्ता) लपेटा, तह किया

corrupt /क'रप्ट्/ *adj.* **1** धन के बदले ग़ैर-कानूनी काम करना अथवा उसमें संलिप्त होना, भ्रष्ट **2** (कंप्यूटर) दोष आ जाने के कारण मूलरूप में न रह पाना, सदोष ▸ **corrupt** *v.* **1** अनुचित अथवा अनैतिक व्यवहार के लिए प्रेरित करना, भ्रष्ट करना **2** कंप्यूटर फ़ाइल आदि का सदोष हो जाना

corset /'कॉसिट्/ *n.* महिलाओं द्वारा शरीर के मध्य भाग में पहना जाने वाला तंग वस्त्र जिससे वे कुछ अधिक पतली दिखती हैं, चोली

cortex /'कॉटेक्स्/ *n.* (*pl.* **cortices**) शरीर के किसी अंग, विशेषतः मस्तिष्क का बाह्य आवरण, झिल्ली

cosmetic /कॉज़्'मेटिक्/ *n.* चेहरे और केशों को और सुंदर बनाने वाला पदार्थ, सौंदर्यवर्द्धक सामग्री ▸ **cosmetic** *adj.* **1** चेहरे अथवा शरीर के आकर्षण को बढ़ानेवाला, सौंदर्यवर्द्धक, कांतिवर्द्धक **2** केवल दिखावे के लिए या ऊपरी तौर पर किया गया (न कि मूलभूत रूप से)

cosmic /'कॉज़्मिक्/ *adj.* अंतरिक्ष या ब्रह्मांड से संबंधित

cosmology /कॉज़्'मालजि/ *n.* ब्रह्मांड विज्ञान, ब्रह्मांडिकी

cosmonaut /'कॉज़्मनॉट्/ *n.* रूसी अंतरिक्ष यात्री

cosmopolitan /ˌकॉज़्म'पॉलिटन्/ *adj.* **1** विश्व के विभिन्न भागों से आए व्यक्तियों वाला, सर्वदेशीय **2** अन्य देशों की संस्कृति से प्रभावित

cost /कॉस्ट्/ *n.* **1** क़ीमत, मूल्य **2** कुछ पाने के लिए दिया गया कुछ धन आदि, किसी चीज़ के लिए चुकाई गई क़ीमत **3** किसी कारोबार में लागत, ख़र्च ▸ **cost** *v.* **1** क़ीमत या दाम होना **2** हानि उठाना, हाथ की चीज़ गँवाना

costly /'कॉस्ट्लि/ *adj.* (**costlier**, **costliest**) **1** बड़ी लागत वाला,

महँगा, क़ीमती 2 जिसमें बहुत समय और शक्ति लगी हो

costume /ˈकॉस्ट्यूम्/ *n.* 1 किसी विशेष देश या काल में लोगों की विशेष पोशाक 2 अभिनय में पहनी गई पोशाक विशेष

cosy /ˈकोज़ि/ *adj.* (*US* **cozy**) (**cosier, cosiest**) गरम और आरामदेह

cot /कॉट्/ *n.* (*US* **crib**) 1 बच्चों की शय्या जिसके पार्श्व उठे हुए हों, बच्चों का पालना 2 खाट, चारपाई

cottage /ˈकॉटिज्/ *n.* (देहाती इलाक़े में बना) छोटा और प्रायः पुराना घर, कुटिया

cotton /ˈकॉट्न्/ *n.* रूई, सूत या कपास का कपड़ा या धागा

couch /काउच्/ *n.* टेक और बाज़ुओं वाली आरामदेह लंबी कुरसी, गद्देदार कुर्सी, काउच ▸ **couch** *v.* विचारों, भावनाओं को अभीष्ट रूप में व्यक्त करना

cough /कॉफ़्/ *v.* 1 गले, मुँह आदि से अचानक ज़ोर की आवाज़ के साथ वायु बाहर निकालना विशेषकर जब ज़ुकाम हो गया हो, खाँसना 2 खंखारना, खाँसते हुए मुँह से कुछ बाहर निकालना ▸ **cough** *n.* 1 खाँसने की क्रिया या आवाज़ 2 खाँसी की बीमारी

could /कड्, प्रबल रूप कुड्/ *modal v.* 1 पूर्व समय में योग्यता या अनुमति दर्शाने के लिए प्रयुक्त 2 संभावना व्यक्त करने के लिए प्रयुक्त

coulomb /ˈकूलॉम्/ *n.* विद्युत चार्ज की इकाई (एक सेकंड में एक एम्पीयर द्वारा ले जाई गई विद्युत मात्रा के बराबर), कूलाम्ब

council /ˈकाउन्स्ल्/ *n.* 1 नगर या ज़िले के प्रशासन के लिए निर्वाचित व्यक्तियों का समूह, परिषद 2 विशिष्ट संगठन या कार्यक्रम के संचालन हेतु परामर्शदाता व्यक्तियों का समूह, सलाहकार परिषद

counsel /ˈकाउन्सल्/ *v.* (**counselling, counselled**; *US* **counseling, counseled**) 1 किसी समस्या के विषय में व्यावसायिक रूप से सलाह देना 2 सलाह, परामर्श देना ▸ **counsel** *n.* 1 सलाह, परामर्श 2 न्यायालय में मुक़दमा लड़ने वाला वकील

count /काउन्ट्/ *v.* 1 गिनती करना, गिनना 2 गिनकर हिसाब लगाना ▸ **count** *n.* 1 गिनती की प्रक्रिया, गिनी गई संख्या, गिनती में आया कुल जोड़ 2 विवाद आदि के दौरान प्रस्तुत कोई विचार बिंदु

countenance /ˈकाउन्टनन्स्/ *n.* किसी व्यक्ति का चेहरा या उसकी भावाभिव्यक्ति

counter /ˈकाउन्ट(र्)/ *n.* 1 किसी दुकान, बैंक आदि में एक लंबा समतल फट्टा जहाँ ग्राहकों से व्यवहार होता है, काउंटर, पटल 2 टोकन या छोटी गोल टिक्की जो बोर्ड पर खेले जाने वाले खेलों में खिलाड़ी की स्थिति का संकेत करती है ▸ **counter** *v.* 1 आलोचना का जवाब देना, प्रतिक्रिया या विरोध करना 2 प्रतिकार करना, निष्प्रभावी करने का प्रयास करना ▸ **counter** *adv.* किसी के विपरीत दिशा आदि में

counter- /ˈकाउन्ट(र्)/ *prefix* के विरुद्ध, के विपरीत, प्रति–

counteract /ˌकाउन्टर्ˈऐक्ट्/ *v.* आवश्यक क़दम उठाकर किसी क्रिया या स्थिति को निष्प्रभावी करना

counter-attack *n.* जवाबी हमला, प्रत्याक्रमण ▸ **counter-attack** *v.* जवाबी हमला करना

C

C

counterfeit /ˈकाउन्टफ़िट्/ *adj.* जाली, नक़ली, प्रतिलिपि के रूप में

counterfoil /ˈकाउन्टफ़ॉइल्/ *n.* चेक, रसीद, टिकट आदि का वह हिस्सा जो देने वाला रिकार्ड हेतु अपने पास रखता है, प्रतिपर्ण, मुसन्ना

countermand / ˈकाउन्टमान्ड्/ *v.* (पहले दिए गए आदेश को) रद्द करना, वापस लेना, मंसूख़ करना

counterpart /ˈकाउन्टपाट्/ *n.* वह व्यक्ति या वस्तु जो अन्य देश या संगठन में समान पद पर है, प्रतिरूप, प्रतिस्थानी

counterpoint /ˈकाउन्टपॉइन्ट्/ *n.* 1 संगीत-स्वरों को मिलाने की तकनीक 2 विपरीत विचार या राय

counterproductive *adj.* विपरीत-प्रभावकारी, लाभप्रद होने के बजाय हानिकर, अनुत्पादक

countersign /ˈकाउन्टसाइन्/ *v.* किसी अन्य व्यक्ति द्वारा हस्ताक्षरित दस्तावेज़ पर पुनः हस्ताक्षर करना (विशेषतः यह दिखाने के लिए कि यह क़ानूनन मान्य है), प्रतिहस्ताक्षर करना

counterterrorism /ˌकाउन्टˈटेररिज़म्/ *n.* आतंकवाद को रोकने के लिए बना राजनैतिक अथवा सैन्य कार्यकलाप

countless /ˈकाउन्ट्लस्/ *adj.* अनगिनत, असंख्य

country /ˈकन्ट्रि/ *n.* (*pl.* **countries**) किसी भूक्षेत्र में रहनेवाले लोग, उनकी सरकार आदि, देश

county /ˈकाउन्टि/ *n.* (*pl.* **counties**) ब्रिटेन, आयरलैंड और संयुक्त राज्य अमेरिका में स्थानीय स्वशासन वाला क्षेत्र, काउंटी

coup /कू/ *n.* (*also* **coup d'état**) 1 शासन-व्यवस्था में एकाएक ग़ैर-क़ानूनी और प्रायः हिंसक रीति से परिवर्तन, बलात् सत्ता-परिवर्तन, सरकार का तख़्ता-पलट 2 चतुराई-भरी सफलता, चतुराई से प्राप्त सफलता

coupe /कूप / *n.* (दो सवारियों के लिए) चार पहियों की बंद गाड़ी, बग्घी, (रेलगाड़ी में) छोटा डिब्बा

couple /ˈकप्ल्/ *n.* 1. एक ही प्रकार के व्यक्ति या वस्तु, युग्म 2. विवाहित व्यक्ति, जोड़े, दम्पती

couplet / ˈकप्लट्/ *n.* कविता की दो पंक्तियाँ, द्विपदी

courage /ˈकरिज्/ *n.* अप्रिय ख़तरनाक स्थिति में भय को नियंत्रित करने की क्षमता, साहस, हिम्मत, बहादुरी

courier /ˈकुरिअ(र्)/ *n.* 1 अत्यावश्यक पत्रादि ले जाने वाला व्यक्ति, तुरंती पत्रों का वाहक व्यक्ति 2 पर्यटक-दल का प्रबंधक या सहायक

course /कॉस्/ *n.* 1 पाठ्यक्रम, पाठ्यविवरण 2 विमान, जलपोत या नदी का मार्ग या उसकी दिशा

court /कॉट्/ *n.* 1 वह स्थान जहाँ मुक़दमे की सुनवाई होती है तथा अपराधों के संदर्भ में निर्णय लिए जाते हैं, न्यायालय, कचहरी 2 न्यायालय में उपस्थित व्यक्ति, विशेषतः वे जो मुक़दमे का हिस्सा हैं ▸ **court** *v.* 1 किसी पर विशेष ध्यान देकर या ख़ुशामद कर उसका समर्थन प्राप्त करने की कोशिश करना 2 संकट को आमंत्रित करने वाला काम करना

courteous /ˈकटिअस्/ *adj.* शिष्ट, भद्र, विनम्र और प्रीतिकर ▸ **courteously** *adv.* शिष्टतापूर्वक

courtesan / ˌकॉटिˈज़ैन्/ *n.* वेश्या, गणिका

courtesy /ˈकटसि/ *n.* (*pl.* **courtesies**) **1** शिष्ट व्यवहार, सौजन्य **2** शिष्टाचार के शब्द, अभिवादन

courtier /ˈकॉटिअ(र्)/ *n.* दरबारी, राजसभासद

cousin /ˈकज़्न्/ *n.* चाचा-चाची / मामा-मामी/मौसी-मौसा/बुआ-फूफा की संतान

couture /कुटˈयुअ(र्)/ *n.* प्रचलित फ़ैशन के अनुकूल वस्त्रों का डिज़ाइन और निर्माण, फ़ैशनेबल कपड़ा

cove /कोव्/ *n.* तट का छोटा-सा टुकड़ा जहाँ भूमि इस प्रकार से मुड़ी होती है कि वह वायु से सुरक्षित रह सके, छोटी खाड़ी

covenant /ˈकवनन्ट्/ *n.* प्रतिज्ञा-पत्र या क़ानूनी समझौता, वचन-पत्र (विशेषतः किसी को नियमित रूप से धनराशि देने के विषय में) ▸ **covenant** *v.* लिखित वचन देना

cover /ˈकव(र्)/ *v.* **1** छिपाने या बचाने के लिए ढकना **2** सतह पर फैलना या फैलाना ▸ **cover** *n.* **1** (सुरक्षा के लिए) आवरण, ढक्कन **2** पुस्तक या पत्रिका का आवरण-पृष्ठ

covert /ˈकवट्/ *adj.* गुप्त, छिपकर किया गया ▸ **covertly** *adv.* गुप्त रूप से, छिपाकर

covet /ˈकवट्/ *v.* लालच, लोभ करना, ललचाना (विशेषतः किसी दूसरे की वस्तु के लिए)

cow /काउ/ *n.* दूध के लिए पाला जानेवाला मादा पशु, गाय

coward /ˈकाउअड्/ *n.* कठिन परिस्थितियों में भयभीत हो जानेवाला व्यक्ति, कायर, डरपोक ▸ **cowardly** *adj.* कायरता से

cower /ˈकाउअ(र्)/ *v.* डर के मारे पीछे हटना या दुबक कर बैठ जाना

cowl /काउल्/ *n.* महंतों, साधुओं की टोपी

coy /कॉइ/ *adj.* दिखावटी तौर पर लज्जालु या भोला

cosy /ˈकोज़ि/ *adj.* (*US* **cozy**) गरम और आरामदेह

crab /क्रैब्/ *n.* **1** समतल आवरण तथा दस टाँगोंवाला एक समुद्री जन्तु जिसकी अगली दो टाँगों में लंबे मुड़े नोंक होते हैं, केकड़ा **2** केकड़े का मांस

crack /क्रैक्/ *v.* **1** चटकना, दरकना, दरार पड़ना **2** फ़ोड़ना, चटकाना, तोड़ना ▸ **crack** *n.* **1** दरार, दरक **2** बारीक़ दरार या छेद ▸ **crack** *adj.* सुप्रशिक्षित (सैनिक या खिलाड़ी)

cracker /ˈक्रैक(र्)/ *n.* पनीर के साथ खाया जाने वाला पतला कुरकुरा बिस्कुट

crackle /ˈक्रैक्ल्/ *v.* चट-चट की लगातार आवाज़ करना ▸ **crackle** *n.* चट-चट की लगातार आवाज़

cradle /ˈक्रेड्ल्/ *n.* बच्चे का पालना ▸ **cradle** *v.* सावधानी और कोमलता से किसी को हाथों में सँभालना

craft /क्राफ़्ट्/ *n.* **1** हाथों की कुशलता का काम, हस्तशिल्प, दस्तकारी **2** कोई भी कार्य जिसमें कौशल की आवश्यकता हो

craftsman /ˈक्राफ़्ट्स्मन्/ *n.* (*pl.* **-men**) विशेषकर हाथों से कुशलतापूर्वक चीज़ें बनाने वाला, हस्तशिल्पी, दस्तकार

crafty /ˈक्राफ़्टि/ *adj.* अनुचित तरीक़े से कुछ प्राप्त करने में चालाक, धूर्त, चालबाज़ ▸ **craftily** *adv.* धूर्तता से

crag /क्रैग्/ *n.* किसी पर्वत या पहाड़ी पर खड़ी चट्टान

cram /क्रैम्/ *v.* (**cramming**, **crammed**) **1** (वस्तुओं या व्यक्तियों

को तंग स्थान में) ठूँसना 2 अनेक व्यक्तियों के साथ तंग स्थान में घुस जाना, ठसाठस भर जाना

C

cramp /क्रैम्प्/ *n.* मांसपेशी में अचानक हुई दर्दभरी ऐंठन

cranberry /ˈक्रैन्बरि/ *n.* (*pl.* **cranberries**) खट्टी छोटी लाल बेरी (रस या चटनी बनाने में प्रयुक्त)

crane /क्रेन्/ *n.* 1 भारी वज़न उठाने की बड़ी मशीन, क्रेन 2 सारस ▸ **crane** *v.* कुछ देखने या सुनने के लिए गरदन बाहर को निकालना, उचकाना

cranium /ˈक्रेनिअम्/ *n.* सिर के भीतर की हड्डी, कपाल, खोपड़ी ▸ **cranial** *adj.* कपाल-संबंधी

crank /क्रैङ्क्/ *n.* झक्की, सनकी व्यक्ति

cranky /ˈक्रैङ्कि/ *adj.* 1 विचित्र, सनकी 2 चिड़चिड़ा, झक्की

cranny /ˈक्रैनि/ *n.* (*pl.* **crannies**) दीवार, चट्टान आदि में छोटा-सा छेद

crash /क्रैश्/ *v.* 1 (गाड़ी आदि का) टकराना, गाड़ी को किसी जगह पर मार देना 2 धमाके के साथ किसी से टकरा जाना ▸ **crash** *n.* 1 किसी वस्तु के गिरने या टूटने से उत्पन्न धमाका, ज़ोर की आवाज़ 2 वाहन की टक्कर से हुई दुर्घटना ▸ **crash** *adj.* लघु अवधि में किया गया, अल्पकालिक, गहन

crass /क्रैस्/ *adj.* अत्यंत मूर्ख, ठस दिमाग़

crate /क्रेट्/ *n.* सामान को इकट्ठा कर ले जाने का बड़ा बक्सा

crater /ˈक्रेटर्(र्)/ *n.* 1 ज़मीन में बड़ा गड्ढा 2 ज्वालामुखी का मुँह जिसमें से गरम गैसें और लावा निकलता है, ज्वालामुखी विवर

cravat /क्रˈवैट्/ *n.* कपड़े का एक चौड़ा टुकड़ा जिसे कुछ पुरुष अपने गले में बाँधते हैं तथा इसे क़मीज़ की कालर के भीतर पहनते हैं, गुलूबंद

crave /क्रेव्/ *v.* किसी वस्तु के लिए अत्यधिक लालायित होना, ज़ोरदार तलब उठना, तरसना

crawl /क्रॉल्/ *v.* 1 हाथों और घुटनों के बल चलना, रेंगना 2 (वाहनों का) बहुत धीरे-धीरे चलना, रेंगना ▸ **crawl** *n.* 1 बहुत धीमी गति, रेंग 2 एक प्रकार की तैराकी जिसमें शरीर के अगले भाग का प्रयोग किया जाता है

crayfish /ˈक्रेफ़िश्/ *n.* (*US* **crawfish**) समुद्र, नदी या झील में रहने वाली एक प्रकार की शंखमीन, इसे खाया जाता है, चिंगट

crayon /ˈक्रेइअन्/ *n.* नरम, मोटी रंगीन खड़िया या पेंसिल जिससे बच्चे चित्र बनाते हैं या लिखते हैं, क्रिऑन

craze /क्रेज़्/ *n.* 1 किसी बात में प्रायः अस्थायी या अल्पकालिक परंतु गहरी दिलचस्पी, सनक, धुन, पागलपन 2 बहुत-से लोगों को अत्यधिक पसंद आनेवाली वस्तु, दीवाना बना देने वाली चीज़

crazy /ˈक्रेज़ि/ *adj.* (**crazier, craziest**) 1 सनकी, पागल, मूर्ख 2 बहुत क्रोधित ▸ **crazily** *adv.* पागलपन से ▸ **craziness** *n.* पागलपन

creak /क्रीक्/ *v.* लकड़ी के मुड़ने से उत्पन्न आवाज़ जैसी आवाज़ होना, चरचराना, चरमराना ▸ **creak** *n.* चरचराहट, चरमराहट ▸ **creaky** *adj.* चरमराता, चरचराता हुआ

cream /क्रीम्/ *n.* 1 दूध के ऊपर जमनेवाला हल्का पीला गाढ़ा द्रव, मलाई,

क्रीम 2 सौंदर्य प्रसाधन के रूप में त्वचा पर लगाया जानेवाला पदार्थ, क्रीम, मरहम ▸ **cream** *adj.* & *n.* हलका पीला, (लगभग) सफ़ेद रंग का

crease /क्रीस्/ *n.* **1** काग़ज़ आदि पर बनी टेढ़ी-मेढ़ी रेखा या कपड़े पर बनी सिलवट **2** तह लगाते समय बनी साफ़-सुथरी सीधी रेखा ▸ **crease** *v.* सिलवटें पड़ना, सिलवटें डालना

create /क्रि'एट्/ *v.* कुछ नया उत्पन्न, रचना, बनाना, करना, अस्तित्व में लाना

creative /क्रि'एटिव्/ *adj.* **1** कौशल या कल्पना के प्रयोग से रचना करते हुए, रचनात्मक, सृजनात्मक **2** सृजनकारी ▸ **creatively** *adv.* सृजनात्मक रीति से

creature /'क्रीच(र्)/ *n.* पशु, पक्षी आदि प्राणी (परंतु पौधे नहीं), जीव

crèche /क्रेश्/ *n.* माता-पिता की अनुपस्थिति में शिशुओं की देखभाल का स्थान, शिशुसदन, शिशुगृह

credentials /क्र'डेन्श्ल्ज़्/ *n.* (*pl.*) **1** व्यक्ति के गुण, अनुभव आदि जिनसे वह कार्य-विशेष के लिए उपयुक्त माना जाता है **2** व्यक्ति की शिक्षा, ट्रेनिंग आदि की सत्यता को प्रमाणित करने वाला दस्तावेज़, परिचय-पत्र

credible /'क्रेडब्ल्/ *adj.* **1** विश्वसनीय, विश्वास करने योग्य **2** संभव होने योग्य, संभाव्य

credit /'क्रेडिट्/ *n.* **1** वस्तुओं अथवा सेवाओं को ख़रीदने का वह तरीक़ा जिसमें मूल्य की अदायगी बाद में की जाती है, उधार **2** बैंक आदि द्वारा प्रदत्त ऋण ▸ **credit** *v.* **1** बैंक खाते के जमापक्ष में धनराशि जोड़ना, खाते में जमा करना **2** किसी व्यक्ति या वस्तु में कुछ विशिष्ट गुण मानना, श्रेय देना, स्तुति करना

creditable /'क्रेडिटब्ल्/ *adj.* अनिंदनीय गुणवत्ता का (हालाँकि श्रेष्ठ नहीं), प्रशंसनीय, श्रेयस्कर

creditor /'क्रेडिट(र्)/ *n.* ऋणदाता, लेनदार (व्यक्ति या कंपनी)

credulous /'क्रेड्यलस्/ *adj.* आसानी से विश्वास कर लेने वाला, भोला-भाला, कान का कच्चा

creed /क्रीड्/ *n.* धार्मिक मान्यताएँ और सिद्धांत जिनका किसी व्यक्ति पर विशेष प्रभाव होता है, मत, पथ, संप्रदाय

creek /क्रीक्/ *n.* **1** समुद्र की सँकरी खाड़ी **2** छोटी नदी, धारा

creep /क्रीप्/ *v.* **1** चुपचाप और सावधानी से चलना ताकि और कोई देख न सके, चुपके से खिसकना **2** धीरे-धीरे आगे बढ़ना ▸ **creep** *n.* वह व्यक्ति जिसे लोग पसंद नहीं करते क्योंकि वह प्रभावशाली लोगों को ख़ुश करने के लिए अत्यंत प्रयत्नशील होता है, अति ख़ुशामदी व्यक्ति

creeper /'क्रीप(र्)/ *n.* वृक्षों, दीवारों के सहारे चढ़ने वाला या ज़मीन पर फैलने वाला पौधा, बेल, लतिका, लता

creepy /'क्रीपि/ *adj.* सशंकित या भयभीत करने वाला

cremate /क्र'मेट्/ *v.* दाह-कर्म करना, शवदाह करना ▸ **cremation** *n.* दाह-कर्म, शवदाह, दाह-संस्कार

crematorium /,क्रम'टॉरिअम्/ *n.* वह भवन जहाँ शवों को जलाया जाता है, शवदाहगृह

crescendo /क्र'शेन्डो/ *n.* (*pl.* **crescendos**) (संगीत या ध्वनि) आरोह या उत्कर्ष स्वर

crescent /'क्रेसन्ट्/ *n.* **1** अर्धचंद्र या चाप जैसी आकृति (जैसी द्वितीया और

C

अंतिम तिथियों में चंद्रमा की होती है) 2 चाप के आकार की सड़क

cress /क्रेस्/ *n.* छोटा और बहुत छोटी हरी पत्तियों वाला चनसर नाम का पौधा जिसकी पत्तियों का सलाद बनता है

crest /क्रेस्ट्/ *n.* 1 पक्षी के सिर पर की कलगी, शिखा 2 किसी प्राचीन कुल या संगठन का चिह्न विशेष, कुलचिह्न

crevasse /क्र'वैस्/ *n.* हिम की ख़ासी मोटी परत में गहरी दरार

crevice /'क्रेविस्/ *n.* चट्टान, दीवार आदि में सँकरी दरार

crew /क्रू/ *n.* 1 जहाज़, विमान आदि के सभी कर्मचारी 2 एक साथ काम करने वालों का दस्ता

crib /क्रिब्/ *v.* (**cribbing, cribbed**) दूसरे के काम की नक़ल कर उसे अपना बताना

crick /क्रिक्/ *n.* गरदन, पीठ आदि का दर्द जिससे आपका हिलना कठिन हो जाए ▸ **crick** *v.* गरदन आदि में दर्द हो जाना

cricket /'क्रिकिट्/ *n.* 1 खुले मैदान में ग्यारह खिलाड़ियों के दो दलों द्वारा बल्ला और गेंद से खेला जानेवाला खेल, क्रिकेट 2 कीट जो अपने पंखों को रगड़कर शोर मचाता है, झींगुर

crime /क्राइम्/ *n.* 1 ग़ैर-कानूनी काम जिसके लिए सज़ा के रूप में जेल दिया जाता है, अपराध, जुर्म 2 ग़ैर-क़ानूनी आचरण या गतिविधियाँ

criminal /'क्रिमिन्ल्/ *n.* अपराधी, मुजरिम ▸ **criminal** *adj.* 1 अपराध से संबंधित, आपराधिक 2 अनैतिक, अनुचित

criminology /ˌक्रिमि'नॉलजि/ *n.* अपराध विज्ञान, अपराध और अपराधियों का वैज्ञानिक अध्ययन ▸ **criminologist** *n.* अपराध विज्ञानी

crimson /'क्रिम्ज़्न्/ *adj.* & *n.* गहरे लाल रंग का, किरमिज़ी

cringe /क्रिन्ज्/ *v.* 1 झेंप जाना 2 डर के मारे पीछे हट जाना

crinkle /'क्रिङ्क्ल्/ *v.* सिलवटों से भरा होना या किसी में सिलवट डालना ▸ **crinkly** *adj.* सिलवट-भरा

cripple /'क्रिप्ल्/ *v.* 1 शरीर को अपंग बना देना 2 (किसी को) गंभीर रूप से क्षतिग्रस्त कर देना

crisis /'क्राइसिस्/ *n.* (*pl.* **crises**) घोर संकट या कठिनाई की घड़ी, वस्तुओं में परिवर्तन (सुधार या बिगाड़) का क्षण

crisp /क्रिस्प्/ *adj.* 1 कुरकुरा, ख़स्ता, करारा 2 सख़्त और ताज़ा ▸ **crisply** *adv.* तुरंत और रूखेपन से ▸ **crisp** *n.* तले हुए आलू के क़तले जिन्हें बंद लिफ़ाफ़ों में बेचा जाता है

criss-cross /'क्रिसक्रॉस्/ *adj.* एक-दूसरे को काटती बहुत-सी सीधी रेखाओं वाला, ख़ानेदार ▸ **criss-cross** *v.* ख़ानेदार बनाना

criterion /क्राइ'टिअरिअन्/ *n.* (*pl.* **criteria**) कोई निर्णय लेते समय अथवा किसी विषय पर कोई विचार बनाते समय प्रयुक्त स्तर, कसौटी, मानक, मापदंड

critic /'क्रिटिक्/ *n.* 1 दोष बताने वाला व्यक्ति, आलोचक, समीक्षक 2 नाटक, फ़िल्म, पुस्तक आदि का समीक्षक

critical /'क्रिटिक्ल्/ *adj.* 1 दोषदर्शी, आलोचनात्मक 2 नाटक, फ़िल्म आदि के गुण-दोष बताते हुए ▸ **critically** *adv.* नाज़ुक तौर पर, संकटग्रस्त रूप से

criticism /'क्रिटिसिज़म्/ *n.* 1 आलोचना, निंदा, दोषान्वेषण 2 नाटक, फ़िल्म आदि के गुण-दोष बताने का कार्य, समीक्षा

criticize /ˈक्रिटिसाइज़्/ *v.* किसी की निंदा या आलोचना करना

critique /क्रिˈटीक्/ *n.* विवेचनात्मक टीका, समालोचना, समीक्षा

croak /क्रोक्/ *v.* मेढ़क का टर्र-टर्र करना ▸ **croak** *n.* टर्र-टर्र की आवाज़

crochet /ˈक्रोशे/ *n.* क्रोशिए या काँटे से कपड़ों की बुनाई-कढ़ाई ▸ **crochet** *v.* क्रोशिए से बुनाई-कढ़ाई करना

crockery /ˈक्रॉकरि/ *n.* प्याले, प्लेटें और तश्तरियाँ, बर्तन

crocodile /ˈक्रॉकडाइल्/ *n.* सरीसृप वर्ग का एक विशाल जन्तु जिसकी पूँछ लंबी तथा दाँत धारदार होते हैं, ये नदियों एवं झीलों में पाए जाते हैं, मगरमच्छ, घड़ियाल

croissant /ˈक्रवैसाँ/ *n.* प्रायः प्रातःकालीन जलपान में मक्खन के साथ खाया जाने वाला चंद्राकार ब्रेडरोल या लपेटवाँ डबलरोटी

crony /ˈक्रोनि/ *n.* (*pl.* **cronies**) यार, लँगोटिया दोस्त

crook /क्रुक्/ *n.* **1** बेईमान व्यक्ति, अपराधी **2** (किसी वस्तु में) मोड़ या घुमाव

crooked /ˈक्रुकिड्/ *adj.* **1** मुड़ा-तुड़ा, टेढ़ा-मेढ़ा **2** बेईमान, कपटी

croon /ˈक्रून्/ *v.* धीमे स्वर में गुनगुनाना, गाना या बोलना

crop /क्रॉप्/ *n.* **1** किसान द्वारा एक ही समय में उत्पादित किए जानेवाले एक प्रकार के अन्न, फल, सब्ज़ियाँ आदि, फ़सल, पैदावार, उपज **2** अन्न के पौधे ▸ **crop** *v.* (**cropping, cropped**) **1** काटकर बहुत छोटा करना **2** फ़सल उगाना

cross /क्रॉस्/ *n.* **1** काटा, काटे का चिह्न (X) प्रायः इस चिह्न का प्रयोग किसी चीज़ को ग़लत दर्शाने के लिए किया जाता है **2** क्रॉस, सूली, सलीब (इसे ईसाई धर्म का चिह्न माना जाता है), प्राचीनकाल में इसका प्रयोग मृत्युदंड देने के लिए किया जाता था ▸ **cross** *v.* **1** एक पार्श्व या पक्ष से दूसरे पार्श्व या पक्ष में जाना, पार करना **2** सड़कों, रेखाओं आदि का एक-दूसरे को काटना ▸ **cross** *adj.* क्रोधित या परेशान ▸ **crossly** *adv.* गुस्से से, चिड़चिड़ेपन से

crossing /ˈक्रॉसिङ्/ *n.* **1** वह स्थान जहाँ से दूसरी ओर जा सकते हैं, पारपथ **2** वह स्थान जहाँ सड़क और रेल की पटरी एक-दूसरे को काटती हैं

crotch /क्रॉच्/ *n.* ऊरूसंधि, जहाँ जाँघें मिलती हैं, काँटा, जहाँ पाजामे या पैंट की टाँगें मिलती हैं

crouch /क्राउच्/ *v.* टाँगों और शरीर को ऐसे झुकाना कि ज़मीन तक पहुँच जाए, सिकुड़कर बैठना

crow /क्रो/ *n.* शोर मचानेवाला बड़ा काला पक्षी, कौआ ▸ **crow** *v.* **1** मुर्गे की तरह बाँग देना **2** डींग हाँकना, शेख़ी मारना

crowbar /ˈक्रोबा (र्)/ *n.* किसी वस्तु को तोड़कर खोलने के लिए प्रयुक्त लोहे का लंबा डंडा, सब्बल, रंभा

crowd /क्राउड्/ *n.* **1** भीड़, जनसमूह **2** जन साधारण, आम जनता ▸ **crowd** *v.* **1** किसी के चारों ओर भीड़ का जमा हो जाना **2** किसी स्थान पर भीड़ हो जाना, इकट्ठा होना

crown /क्राउन्/ *n.* **1** औपचारिक अवसरों पर राजा या रानी द्वारा धारण किया जाने वाला स्वर्ण-रत्न निर्मित मुकुट, ताज **2** राज्य जिसका प्रतिनिधित्व राजा या रानी द्वारा किया

जाता है, साम्राज्य ▸ **crown** *v.* 1 औपचारिक समारोह में नए राजा या रानी को ताज पहनाना 2 किसी के शिखर पर कुछ होना या रख देना

crucial /ˈक्रूश्ल्/ *adj.* अत्यधिक महत्वपूर्ण, निर्णायक ▸ **crucially** *adv.* निर्णायक रूप से

crucible /ˈक्रूसिब्ल्/ *n.* 1 पात्र जिसमें धातु को गलाते हैं, कुठाली, कुल्हिया, घरिया 2 व्यक्तियों या विचारों की कड़ी परीक्षा, जिसमें से प्रायः नई बातें भी सामने आती हैं

crucifix /ˈक्रूसफ़िक्स्/ *n.* सूली पर चढ़े ईसा की मूर्ति ▸ **crucifixion** *n.* किसी को सूली पर चढ़ाने की क्रिया

crucify /ˈक्रूसिफ़ाइ/ *v.* किसी को सूली पर चढ़ाकर मारना

crude /क्रूड्/ *adj.* 1 सरल और बुनियादी, अपरिष्कृत 2 अपने प्रकृत रूप में, अशोधित ▸ **crudely** *adv.* अशिष्ट या अपरिष्कृत रूप से

cruel /क्रूअल्/ *adj.* (**cruel<u>l</u>er, cruel<u>l</u>est**) किसी को शारीरिक अथवा मानसिक पीड़ा देनेवाला, निर्मम, क्रूर ▸ **cruelly** *adv.* निर्ममता से

cruise /क्रूज़्/ *v.* 1 अवकाश मनाने के लिए समुद्र-विहार करना 2 कार, विमान आदि का एक ही गति पर चलते रहना ▸ **cruise** *n.* समुद्र मार्ग द्वारा विभिन्न स्थानों का पर्यटन करना, समुद्री पर्यटन, समुद्र-विहार

cruiser /ˈक्रूज़(र्)/ *n.* 1 बड़ा व तीव्रगामी युद्धपोत 2 शयन कक्ष की सुविधा वाली मोटर बोट

crumb /क्रम्/ *n.* डबल रोटी, केक या बिस्कुट का बहुत छोटा सूखा हुआ टुकड़ा

crumble /ˈक्रम्ब्ल्/ *v.* टुकड़े-टुकड़े हो जाना या कर देना ▸ **crumbly** *adj.* भुरभुरा

crumple /ˈक्रम्प्ल्/ *v.* दबकर सिलवट पड़ना या मुड़-तुड़ जाना, दबाकर मोड़-तोड़ देना

crunch /क्रन्च्/ *v.* 1 कड़ी चीज़ खाते हुए कचर-कचर आवाज़ करना 2 किसी वस्तु के कुचले जाने की ऊँची आवाज़ होना ▸ **crunch** *n.* कुरकुरे पदार्थ को चबाने की क्रिया, कुरकुरे पदार्थ को चबाने पर होने वाली आवाज़ ▸ **crunchy** *adj.* कचर-कचर की आवाज़ देने वाला, कुरकुरा

crusade /क्रूˈसेड्/ *n.* 1 नैतिक मूल्यों के संरक्षण के लिए या अनीति के विरोध के लिए संघर्ष 2 मध्य युग में यूरोपीय ईसाईयों द्वारा मुसलमानों के विरुद्ध फ़िलस्तीन में लड़ा गया युद्ध, धर्मयुद्ध, जिहाद ▸ **crusader** *n.* धर्मयोद्धा, (अनीति के विरोध के लिए) संघर्षकर्ता, आंदोलनकर्ता

crush /क्रश्/ *v.* 1 कुचलना, रौंदना, मसलना 2 किसी वस्तु के छोटे-छोटे टुकड़े कर देना, पीस देना ▸ **crush** *n.* 1 तंग स्थान में भीड़ 2 प्यार का अल्पकालिक आवेश

crust /क्रस्ट्/ *n.* 1 डबलरोटी आदि की बाहरी कड़ी सतह, पपड़ी 2 किसी वस्तु की बाहरी कठोर परत

crustacean /क्रˈस्टेश्न्/ *n.* अंदर से नरम शरीर और बाहर से कड़ी खाल वाला कोई भी जीव, ये जीव सामान्यतः पानी में रहते हैं

crusty /ˈक्रस्टि/ *adj.* 1 कड़ी परत वाला, पपड़ीदार 2 बदमिज़ाज और अधीर

crutch /क्रच्/ *n.* एक प्रकार की छड़ी जो चलने में सहारा देने के लिए (चोट आदि

के कारण) बाज़ू के नीचे रखकर प्रयुक्त होती है, बैसाखी

crux /क्रक्स्/ *n.* किसी समस्या का सबसे कठिन या महत्वपूर्ण अंश

cry /क्राइ/ *v.* **1** दुःखी होने अथवा चोट के कारण आँखों में आँसू आ जाना, रोना, विलाप करना **2** चिल्लाना या चीख़ना ▸ **cry** *n.* (*pl.* **cries**) **1** चीख़ या चिल्लाहट **2** रोने की क्रिया

cryptic /ˈक्रिप्टिक्/ *adj.* गुप्त अर्थ वाला, रहस्यमय ▸ **cryptically** *adv.* रहस्यात्मक रीति से

crystal /ˈक्रिस्ट्ल्/ *n.* **1** ठोस हो जाने पर बनी धातुओं की सुनिश्चित आकृति, रवा **2** एक पारदर्शी धातु जो आभूषण बनाने के काम आती है, स्फटिक, बिल्लौर

crystalline /ˈक्रिस्टलाइन्/ *adj.* रवे जैसा, रवेदार, क्रिस्टल-सदृश, क्रिस्टलीय

crystallize /ˈक्रिस्टलाइज़्/ *v.* **1** (विचार, विश्वास, योजना आदि), स्पष्ट और सुनिश्चित होना, को स्पष्ट और सुनिश्चित कर देना **2** किसी वस्तु का स्फटिक बन जाना या उसे स्फटिक बना देना ▸ **crystallization** *n.* क्रिस्टलीकरण

cu. *abbr.* घनीय

cub /कब्/ *n.* शेर, भालू आदि का बच्चा

cube /क्यूब्/ *n.* **1** छह समान पार्श्वों वाला ठोस पिंड, घनाकृति **2** (गणित में) घनफल ▸ **cube** *v.* (गणित में) किसी संख्या को उसी संख्या से दो बार गुणा करना, घनफल निकालना

cubicle /ˈक्यूबिक्ल्/ *n.* बड़े कमरे में विभाजन कर बनाया छोटा कमरा, कक्षक

cuckoo /ˈकुकू/ *n.* कू-कू करनेवाला एक पक्षी, कोयल,जो दूसरे पक्षियों के घोंसले में अंडे देते हैं

cucumber /ˈक्यूकम्ब(र्)/ *n.* ककड़ी, खीरा

cud /कड्/ *n.* गाय तथा अन्य समान जानवरों द्वारा दोबारा चबाने के लिए भोजन को पेट से मुँह में वापस लाना, गाय-बैल की जुगाली

cuddle /ˈकड्ल्/ *v.* प्यार से बाँहों में थामना ▸ **cuddle** *n.* गलबहियाँ ▸ **cuddly** *adj.* नरम, प्रियकर व आरामदेह, आलिंगन-योग्य, प्यार से कोमलतापूर्वक साथ सटा हुआ

cudgel /ˈकज्ल्/ *n.* मोटा डंडा, सोंटा, लाठी

cue /क्यू/ *n.* **1** विशेषतः नाटक में वह शब्द या क्रिया-व्यापार जो संकेत करता है कि क्या कहा जाए या किया जाए, संकेत, इशारा **2** उचित आचरण या व्यवहार का उदाहरण, 'कैसा व्यवहार किया जाए' इसका उदाहरण

cuff /कफ़्/ *n.* **1** (क़मीज़ की बाँह का) कफ़ **2** (*pl.* **handcuffs**) हथकड़ी **3** हलका तमाचा, थप्पड़

cuisine /क्वि'ज़ीन्/ *n.* किसी विशेष देश, रेस्तराँ आदि के भोजन बनाने की शैली, पाक शैली

culinary /ˈकलिनरि/ *adj.* भोजन पकाने संबंधी, पाक-कला विषयक

cull /कल्/ *v.* **1** कुछ पशुओं को मार देना ताकि उनका झुंड बहुत बड़ा न हो जाए, छँटाई करना **2** विभिन्न सूत्रों से जानकारी, विचार आदि एकत्र करना ▸ **cull** *n.* छँटाई

culminate /ˈकल्मिनेट्/ *v.* अंतिम परिणाम पर पहुँचना, चरम सीमा तक पहुँचना ▸ **culmination** *n.* अंतिम परिणति, पराकाष्ठा

culpable /ˈकल्पबल्/ *adj.* ग़लती के लिए ज़िम्मेदार, दोषी

C

C

culprit /ˈकल्प्रिट्/ *n.* अपराधी, दोषी

cult /कल्ट्/ *n.* **1** विशेषतः विचित्र या सामान्य से भिन्न धर्म या धार्मिक समुदाय, पंथ, संप्रदाय **2** वर्ग-विशेष में लोकप्रिय व्यक्ति या वस्तु

cultivate /ˈकल्टिवेट्/ *v.* **1** फ़सल उगाने के लिए खेत जोतना **2** फ़सल उगाना, खेती करना ▸ **cultivated** *adj.* सभ्य, जोता हुआ ▸ **cultivation** *n.* खेती, जुताई

culture /ˈकल्च(र्)/ *n.* **1** किसी समाज, देश आदि की प्रथाएँ, विचारधाराएँ, विश्वास आदि, संस्कृति **2** कला, साहित्य, संगीत आदि, संस्कृति ▸ **cultured** *adj.* सभ्य, सुसंस्कृत ▸ **cultural** *adj.* सांस्कृतिक

culvert /ˈकल्वर्ट्/ *n.* सड़क आदि के नीचे से जानेवाला पानी का नाला या नाली, पुलिया

cum /कम्/ *prep.* और यह भी, साथ में, -सह- (दो संज्ञाओं को जोड़ने के लिए प्रयुक्त)

cumbersome /ˈकम्बसम्/ *adj.* **1** भारी-भरकम, भारी होने के कारण ले जाने, प्रयोग में लाने, पहनने आदि में मुश्किल, बोझिल **2** (पद्धति आदि) मंद गति वाली और पेचीदा

cumin /ˈक्युमिन्/ भारतीय भोजन में मसाले के रूप में प्रयुक्त सूखे बीज, ज़ीरा

cumulative /ˈक्यूम्यलटिव्/ *adj.* परिमाण आदि की दृष्टि से निरंतर बढ़ने वाला, संचयी

cumulus /ˈक्यूम्यलस्/ *n.* एक प्रकार का घना सफ़ेद बादल, कपासी मेघ

cunning /ˈकनिङ्/ *adj.* चालाक, धूर्त ▸ **cunning** *n.* धूर्तता, चालाकी ▸ **cunningly** *adv.* चालाकी या धूर्तता से

cup /कप्/ *n.* **1** प्याला, कप **2** (खेल में) पुरस्कारस्वरूप दिया गया बड़ा धातु-निर्मित कप, इस कप के लिए स्पर्धा ▸ **cup** /कप्/ *v.* (**cupping, cupped**) हाथों से कप की आकृति बनाना, देना, कप की आकृति में ढले हाथों में कुछ सँभालना

cupboard /ˈकबड्/ *n.* भोजन, वस्त्रों आदि को सँभालकर रखने की दरवाज़ोंवाली अलमारी

curator /क्युअˈरेट(र्)/ *n.* संग्रहालय का अध्यक्ष

curb /कब्/ *v.* किसी बात (विशेषतः) बुरी स्थिति पर रोक लगाना, नियंत्रण में लाना ▸ **curb** *n.* नियंत्रण, रोक, अंकुश

curd /कड्/ *n.* (*pl.* **curds**) दूध के खट्टा होने से बननेवाला गाढ़ा पदार्थ, दही

cure /क्युअ(र्)/ *v.* **1** (रोगी को) पुनः स्वस्थ कर देना, रोगमुक्त करना **2** रोग का उपचार करना, इलाज करना ▸ **cure** *n.* **1** रोग का उपचार करने वाली औषधि या चिकित्सा **2** पुनः स्वास्थ्य लाभ, रोग से मुक्ति की प्रक्रिया

curfew /ˈकफ़्यू/ *n.* समयविशेष के बाद घर से बाहर निकलने पर पाबंदी का आदेश, उदाहरण के लिए युद्ध के समय, कर्फ़्यू

curio /ˈक्युअरिओ / *n.* (*pl.* **curios**) प्रायः संग्रह की जानेवाली दुर्लभ, असामान्य या आकर्षक वस्तु, अनोखी वस्तु, विचित्र वस्तु

curiosity /ˌक्युअरिˈऑसटि/ *n.* (*pl.* **curiosities**) **1** जिज्ञासा, कुतूहल, उत्सुकता **2** विचित्र व रुचिकर व्यक्ति या वस्तु

curious /ˈक्युअरिअस्/ *adj.* **1** कुछ जानने या सीखने का इच्छुक, उत्सुक,

जिज्ञासु 2 असाधारण या विचित्र ▸ **curiously** *adv.* उत्सुकता से

curl /कर्ल/ *v.* 1 किसी वस्तु को मोड़ना या गोलाई देना, घुँघराला बनाना, छल्ला या कुंडलाकार बनाना 2 गोलाई में घूमना ▸ **curl** *n.* 1 घुँघराले बाल 2 कुंडलाकार वस्तु, छल्ला

curler /ˈकर्ल(र्)/ *n.* बालों को छल्लेदार बनाने की प्लास्टिक या धातु की नली

currant /ˈकरन्ट्/ *n.* 1 किशमिश 2 किसी प्रकार का छोटा-नरम फल (जैसे मुनक्का)

currency /ˈकरन्सि/ *n.* (*pl.* **currencies**) 1 देश विशेष में प्रचलित धन-व्यवस्था या मुद्रा प्रकार 2 लोगों द्वारा स्वीकार्य या विश्वसनीय होने की स्थिति, स्वीकार्यता या विश्वसनीयता

current /ˈकरन्ट्/ *adj.* 1 वर्तमानकालीन, इस समय प्रचलित 2 सामान्यतः स्वीकार्य, सामान्यतः प्रचलित ▸ **current** *n.* 1 निरंतर बहती जलधारा, वायु आदि, धारा, प्रवाह 2 तार आदि में से गुज़रती विद्युत धारा ▸ **currently** *adv.* वर्तमान में, इस समय

curriculum /कˈरिक्यलम्/ *n.* (*pl.* **curriculums** or **curricula**) विद्यालय, महाविद्यालय या विश्वविद्यालय में पढ़ाए जाने वाले समस्त विषय, पाठ्यचर्या, पाठ्यक्रम, पाठ्यक्रम विशेष का पाठ्यविवरण

curry /ˈकरि/ *n.* (*pl.* **curries**) प्रायः चावल के साथ परोसा जानेवाला मसालेदार, मांसाहारी या शाकाहारी रसेदार व्यंजन ▸ **curried** *adj.* मसालेदार व रसेदार

curse /कर्स्/ *n.* 1 क्रोधव्यंजक शब्द, अपशब्द, गाली 2 किसी को भयंकर नुक़सान की इच्छा व्यक्त करनेवाले शब्द, अभिशाप, शाप, बददुआ ▸ **curse** *v.* 1 किसी को गाली देना, क्रोधव्यंजक दुर्वचन बोलना 2 शाप देना

cursive /ˈकर्सिव्/ *adj.* घसीटकर लिखा हुआ (लेख आदि), प्रवाहदार

cursor /ˈकर्स(र्)/ *n.* कंप्यूटर स्क्रीन पर एक लघु चिह्न जो दर्शाता है कि प्रयोगकर्ता किस स्थानबिंदु पर है, कर्सर

cursory /ˈकर्सरि/ *adj.* तुरंत और संक्षिप्त, सरसरी, जल्दबाज़ी में किया गया ▸ **cursorily** *adv.* सरसरी

curt /कर्ट्/ *adj.* संक्षिप्त और रूखा ▸ **curtly** *adv.* रूखेपन से ▸ **curtness** *n.* रूखापन

curtail /कर्ˈटेल्/ *v.* छोटा या संक्षिप्त करना, कम करना, घटाना ▸ **curtailment** *n.* काट-छाँट, संक्षेपण

curtain /ˈकर्ट्न्/ *n.* (खिड़की आदि का) परदा

curtsy /ˈकर्ट्सि/ *n.* (*pl.* **curtsies** or **curtseys**) आदर की अभिव्यक्ति के लिए किसी महिला की विशेष क्रिया जिसमें वह एक पैर के पीछे दूसरे को रखते हुए घुटने को मोड़ती है ▸ **curtsy** *v.* किसी स्त्री का इस तरह अभिवादन करना

curvaceous /कर्ˈवेशस्/ *adj.* आकर्षक वक्राकार रूप का या रूप की, कमनीय, सुडौल

curvature /ˈकर्वच(र्)/ *n.* गोलाई, वक्रता

curve /कर्व्/ *n.* वक्र रेखा ▸ **curve** *v.* वक्राकार मुड़ना या मोड़ना ▸ **curvy** *adj.* सुडौल, घुमावदार

cushion /ˈकुश्न्/ *n.* 1 गद्दी, गद्दा, कुशन ▸ **cushion** *v.* 1 गिरने या चोट खाने की क्रिया को सहनीय बनाना 2 किसी के अप्रिय प्रभाव को कम करना

C

cushy /ˈकुशि/ *adj.* बहुत आसान, आराम वाला (इस रीति से कि दूसरों को अनुचित लगे)

C

cusp / कस्प्/ *n.* चोटी, शिखर, नोक

cussed /ˈकसिड्/ *adj.* ढीठ, टेढ़ा, दुष्ट

custard /ˈकस्टड्/ *n.* दूध-अंडा-चीनी मिलाकर बनी मीठी पीली खीर, कस्टर्ड

custodian /कˈस्टोडिअन्/ *n.* (संग्रहालय, पुस्तकालय आदि का) अभिरक्षक-प्रबंधक, देखभाल करनेवाला

custody /ˈकस्टडि/ *n.* **1** किसी की देखभाल का क़ानूनी अधिकार, अभिरक्षा **2** पुलिस की हिरासत, पुलिस की देख-रेख में सुरक्षा

custom /ˈकस्टम्/ *n.* **1** समूह अथवा समाज विशेष की सदियों पुरानी अचार पद्धति, प्रथा, रिवाज, चलन **2** वह काम जो व्यक्ति नियमित रूप से करता है, आदत

customary /ˈकस्टमरि/ *adj.* प्रथानुसार, रूढ़िगत, रिवाजी, सामान्य

customer /ˈकस्टम(र्)/ *n.* वस्तुओं अथवा सेवाओं को ख़रीदनेवाला व्यक्ति, ग्राहक, ख़रीदार

customize /ˈकस्टमाइज़्/ *v.* व्यक्ति या कार्य के अनुकूल शोधित करना, (किसी की) रुचि के अनुसार बनाना

cut /कट्/ *v.* **1** (चाकू, कैंची आदि से) काटना, कतरना **2** (चाकू आदि से) काटकर अलग करना ▸ **cut** *n.* **1** (चाकू आदि से हुआ) घाव **2** काटने की प्रक्रिया

cute /क्यूट्/ *adj.* आकर्षक, सुंदर

cutlery /ˈकट्लरि/ *n.* भोजन खाने के छुरी-काँटे-चम्मच, कटलरी

cutlet /ˈकट्लट्/ *n.* **1** मांस, मछली, सब्ज़ियों या अन्य खाद्य पदार्थों के टुकड़ों के मिश्रण को समतल आकृति में ढालकर डबलरोटी के चूरे में लपेटकर तला गया व्यंजन, कटलेट **2** हड्डीदार मांस का पकाया गया टुकड़ा

cutter /ˈकट(र्)/ *n.* (*pl.* **cutters**) काटने का उपकरण

cutting /ˈकटिङ्/ *n.* **1** (समाचार-पत्रों आदि से) काटा गया लेख, कतरन **2** (पौधे की) क़लम, किसी पौधे का काटा गया एक टुकड़ा जिससे नए पौधे विकसित किए जाते हैं ▸ **cutting** *adj.* (कथन) निर्मम, भावनाओं को चोट पहुँचाने वाला

CV /ˌसी ˈवी/ *n.* **curriculum vitae** का संक्षिप्त रूप, व्यक्ति की शिक्षा और कार्य-अनुभव का विवरण (जो नौकरी ढूँढ़ने में प्रायः काम आता है), व्यक्तिगत विवरण, करिक्युलम वीटाइ

cwt. *abbr.* भार मापन की इकाई, किलोग्राम के बराबर इकाई

cyan /ˈसाइअन्/ *n.* हरा-नीला रंग, हरानील, आश्याम

cyanide /ˈसाइअनाइड्/ *n.* एक विषैला रसायन, सायनाइड

cyber- /ˈसाइब (र्)/ *n.* सूचना प्रौद्योगिकी का एक रूप (इंटरनेट आदि), साइबर

cybernetics /ˌसाइबˈनेटिक्स्/ *n.* संप्रेषण और नियंत्रण की प्रक्रियाओं का वैज्ञानिक अध्ययन जिसमें उदाहरण के लिए मनुष्य एवं पशु के मस्तिष्क की तुलना मशीन और इलेक्ट्रॉनिक उपकरणों से की जाती है, साइबरनेटिक्स

cyberspace /ˈसाइबस्पेस्/ *n.* एक अ-भौतिक स्थल जहाँ एक से दूसरे कंप्यूटर को जा रहे इलेक्ट्रॉनिक संदेश स्थित होते हैं, साइबरस्पेस

cycle /ˈसाइक्ल्/ *n.* **1** घटना- शृंखलाओं या प्रक्रियाओं की उसी क्रम में अनेक बार पुनरावृत्ति, घटनाक्रम चक्र, प्रक्रिया चक्र **2** साइकिल या मोटर-साइकिल ▸ **cycle** *v.* साइकिल पर सवार होना

cyclic /ˈसाइक्लिक्/ *adj.* पुनरावृत्त होने वाला चक्रीय, चक्राकार

cyclone /ˈसाइक्लोन्/ *n.* चक्रवात, बवंडर ▸ **cyclonic** *adj.* चक्रवाती

cygnet /ˈसिग्नट्/ *n.* हंस का बच्चा, हंस-शावक

cylinder /ˈसिलिन्ड(र्)/ *n.* **1** बेलन के आकार की वस्तु, सिलिंडर **2** कार आदि में इंजिन का बेलनाकार पुरज़ा, सिलिंडर ▸ **cylindrical** *adj.* बेलनाकार

cymbal /ˈसिम्बल्/ *n.* वाद्य यंत्र के रूप में प्रयुक्त धातु की गोलाकार दो प्लेटों में से एक, जब उन्हें छड़ी से पीटा जाता है अथवा दोनों प्लेटों को एक-दूसरे से पीटते हैं तो झनझनाहट की तेज़ आवाज़ होती है, पीटझाँझ, मंजीरा

C

cynic /ˈसिनिक्/ *n.* व्यक्ति जो सबको स्वार्थी समझता हो, दोषदर्शी ▸ **cynical** *adj.* हरेक को स्वार्थी समझने वाला

cypress /ˈसाइप्रस्/ *n.* एक सदाबहार ऊँचा वृक्ष, साइप्रस

cyst /सिस्ट्/ *n.* शरीर के अंदर बन जाने वाली एक खोखली गाँठ जिसमें द्रव जमा हो जाता है, पुटी

cystitis /सिˈस्टाइटिस्/ *n.* मूत्राशय का संक्रमण (विशेषतः महिलाओं में)

cytology /साइˈटॉलजि/ *n.* पौधों और पशुओं की कोशिकाओं का वैज्ञानिक अध्ययन, कोशिका विज्ञान

Dd

dab /डैब्/ *v.* (**dabbing, dabbed**) हलके हाथ से लगाना (प्रायः अनेक बार), थपथपाना, थपकना ▸ **dab** *n.* 1 थपकी, हलका स्पर्श 2 (पाउडर आदि की) थोड़ी-सी मात्रा जो कहीं पर लगा दी जाए

dabble /ˈडैब्ल्/ *v.* 1 किसी काम में हलकी-फुलकी रुचि रखना 2 पानी में हाथ-पैर डालकर थप-थप करना

dad /डैड्/ *n.* पिता

dagger /ˈडैग(र्)/ *n.* कटार, दुधारी छुरा, विशेषतः अतीत काल में प्रयुक्त

daily /ˈडेलि/ *adj.* & *adv.* प्रतिदिन, प्रतिदिन का, दैनिक ▸ **daily** *n.* (*pl.* **dailies**) रविवार को छोड़कर प्रतिदिन निकलने वाला अख़बार, दैनिक

dainty /ˈडेन्टि/ *adj.* 1 छोटा और सुंदर 2 नज़ाकत भरी (हरकत, चाल आदि), सुरुचिपूर्ण ▸ **daintily** *adv.* नज़ाकत से, सुरुचिपूर्ण ढंग से

dairy /ˈडेअरि/ *n.* (*pl.* **dairies**) 1 वह स्थान जहाँ दूध इकट्ठा किया जाता है तथा इससे मक्खन, पनीर आदि बनाए जाते हैं, डेरी, दुग्धशाला 2 दूध, मक्खन आदि बेचने वाली कंपनी ▸ **dairy** *adj.* 1 दुग्ध-निर्मित 2 दुग्ध-उत्पादन से संबंधित

dais /ˈडेइस्/ *n.* (वक्ताओं या माननीय अतिथियों के लिए) मंच

daisy /ˈडेज़ि/ *n.* (*pl.* **daisies**) एक छोटा-सा सफ़ेद जंगली फूल जो बीच में पीला होता है, डेज़ी

dam /डैम्/ *n.* बाँध (पानी रोकने के लिए नदी पर बनाया गया) ▸ **dam** *v.* बाँध बनाकर पानी को रोकना

damage /ˈडैमिज्/ *n.* 1 किसी चीज़ के टूटने से होने वाली हानि या क्षति 2 (*pl.* **damages**) हरजाना, क्षतिपूर्ति के रूप में दिया गया धन, मुआवज़ा ▸ **damage** *v.* हानि पहुँचाना, नुक़सान करना (जैसे कुछ तोड़ देना) ▸ **damaging** *adj.* हानिकारक, नुक़सानदेह

dame /डेम्/ *n.* विशेष उपलब्धि पर किसी महिला को दी गई सम्मान-पदवी

damn /डैम्/ *v.* झुँझलाहट व्यंजक शब्द ▸ **damn** *adj.* & *adv.* 1 अतिशय के भाव को बलपूर्वक व्यक्त करने के लिए प्रयुक्त 2 क्रोध व्यजंक शब्द के रूप में प्रयुक्त

damp /डैम्प्/ *adj.* सीलनभरा ▸ **damp** *n.* सीलन, नमी ▸ **damp** *v.* 1 आग की रोक-थाम करना या उसे बुझा देना 2 किसी की शक्ति क्षीण करना, (जोश) ठंडा करना

dampen /ˈडैम्पन्/ *v.* 1 किसी की शक्ति क्षीण करना, (जोश) ठंडा करना 2 नम करना, हलका गीला करना

damsel /ˈडैम्ज़ल् / *n.* रमणी, अविवाहित युवती

dance /डान्स्/ *n.* 1 संगीत की धुन पर पद-संचलन, नाच, नृत्य 2 नृत्य-कला ▸ **dance** *v.* 1 संगीत की लय पर पंक्तिबद्ध घूमना, नाचना, नृत्य करना 2 उछल-कूद करते हुए नाचना, उछल-कूद करना

dandruff /ˈडैनड्रफ़/ *n.* बालों में सफ़ेद पाउडर की तरह दीखते मृत त्वचा के छोटे-छोटे टुकड़े, बालों में रूसी

danger /ˈडेन्ज(र)/ *n.* **1** कुछ बुरा घटित होने की संभावना, ख़तरा, संकट, भय **2** ख़तरनाक व्यक्ति या वस्तु ▸ **dangerous** *adj.* ख़तरनाक, भयंकर ▸ **dangerously** *adv.* ख़तरनाक ढंग से

dangle /ˈडैङ्ग्ल्/ *v.* झूलना, लटकना, झुलाना, लटकाना

dank /डैङ्क्/ *adj.* गीला, ठंडा और बुरा लगने वाला

dare /डेअर(र)/ *v.* **1** साहस करना **2** (किसी व्यक्ति को किसी बात की) चुनौती देना, ललकारना ▸ **dare** *n.* किसी के साहस की परीक्षा के लिए उसे ख़तरनाक काम की चुनौती देना

daring /ˈडेअरिङ्/ *adj.* साहसी, बहादुर, निर्भीक ▸ **daring** *n.* साहस, निर्भीकता ▸ **daringly** *adv.* साहसपूर्ण

dark /डाक्/ *adj.* **1** अँधेरा **2** (रंग) गहरा, गाढ़ा, काला-सा, साँवला ▸ **dark** *n.* अँधेरा

darling /ˈडालिङ्/ *adj.* प्रिय व्यक्ति के लिए संबोधन के रूप में प्रयुक्त

darn /डान्/ *v.* (कपड़े में हुए छेदों को) रफ़ू करना

dart /डाट्/ *n.* **1** एक छोटा तीर जिसे खेल में फेंका जाता है या अस्त्र के रूप में चलाया जाता है **2** एक खेल जिसमें तीर एक लक्ष्यपटल (एक गोल तख़्ता जिस पर संख्याएँ अंकित होती हैं) पर फेंके जाते हैं ▸ **dart** *v.* अचानक और तेज़ी से एक ओर जाना या भेजना

dash /डैश्/ *n.* **1** अचानक और तेज़ी से कहीं जाने की क्रिया **2** चुटकी भर कोई वस्तु (किसी अन्य वस्तु में मिलाने के लिए) ▸ **dash** *v.* अचानक और तेज़ी से कहीं चले जाना

dashing /ˈडैशिङ्/ *adj.* अत्यंत साहसी, फुर्तीला, जोशीला

data /ˈडेटा, ˈडाटा/ *n.* (तकनीकी अंग्रेज़ी में बहुवचन संज्ञा के रूप में प्रयुक्त जबकि एकवचन रूप है) तथ्य समूह या सूचना-संग्रह, डाटा

date /डेट्/ *n.* **1** महीने या वर्ष का विशेष दिन, तिथि, दिनांक, तारीख़ **2** किसी से भेंट करने की व्यवस्था (विशेषतः पुरुष-मित्र या महिला-मित्र) ▸ **date** *v.* **1** (किसी का) काल निर्धारित करना **2** (किसी पर) तारीख़ डालना

daughter /ˈडॉट(र)/ *n.* पुत्री, लड़की

daunt /डॉन्ट्/ *v.* डराना या निरुत्साहित करना ▸ **daunting** *adj.* निरुत्साहित करने वाला

dauntless /ˈडॉन्ट्लेस्/ *adj.* आसानी से न डरने या चिंतित होनेवाला, निर्भीक, निडर, साहसी

dawn /डॉन्/ *n.* **1** ऊषा-काल, बड़े सवेरे जब आकाश में पहला प्रकाश प्रकट होता है **2** प्रारंभ ▸ **dawn** *v.* सवेरा होना, दिन निकलना

day /डे/ *n.* **1** दिन, 24 घंटों की अवधि, सात दिनों का एक सप्ताह होता है **2** दिन का समय जब आकाश में प्रकाश होता है, रात नहीं

daze /डेज़्/ *n.* हैरानी, स्तब्धता, अचरज ▸ **daze** *v.* हैरान होना, स्तब्ध होना ▸ **dazed** *adj.* विस्मित, हैरान, स्तब्ध

dazzle /ˈडैज़्ल्/ *v.* **1** (तेज़ रोशनी में) चौंधिया देना, चौंध उत्पन्न कर देना **2** किसी को अत्यंत प्रभावित कर देना ▸ **dazzling** *adj.* चौंधिया देने वाला

dB *abbr.* **decibel** का संक्षिप्त रूप, ध्वनि-तीव्रता की मापन इकाई, डेसिबल

DC /ˌडी ˈसी/ *abbr.* **direct current** का संक्षिप्त रूप, एक ही धारा में जाने वाली विद्युत-धारा, दिष्ट धारा, एकदिश धारा

d

DDT /ˌडी डी ˈटी/ *abbr.* डीडीटी, एक विषैला रसायन जिसे किसान कीटों को मारने में इस्तेमाल करते हैं

dead /डे्ड्/ *adj.* **1** मृत, निर्जीव **2** निष्प्राण, एकदम शांत ▸ **dead** *n.* *(pl.)* मृत व्यक्ति, मृतक ▸ **dead** *adv.* पूरी तरह, अत्यधिक

deadly /ˈडे्ड्लि/ *adj.* & *adv.* (**deadlier, deadliest**) घातक, जानलेवा

deaf /डे्फ़्/ *adj.* **1** बहरा, बधिर, श्रवण-विकलांग **2** *n.* (*pl.* **the deaf**) बधिर या बहरे व्यक्ति ▸ **deafness** *n.* बहरापन

deal /डील्/ *v.* **1** (ताश के खेल में) पत्ते बाँटना **2** (किसी चीज़ का) व्यापार करना, (किसी से) लेन-देन करना ▸ **deal** *n.* **1** व्यापारिक समझौता, सौदा **2** बरताव, व्यवहार

dean /डीन्/ *n.* **1** बड़े चर्च या अनेक छोटे चर्चों का अध्यक्ष पादरी **2** विश्वविद्यालय या कॉलेज में एक प्रमुख अधिकारी (विभाग या संकाय का अध्यक्ष)

dear /डिअ(र्)/ *adj.* **1** प्रिय (पत्राचार में शिष्ट संबोधन के रूप में नाम अथवा पदवी से पहले प्रयुक्त) **2** किसी का पसंदीदा, प्रिय या किसी के लिए मूल्यवान **3** महँगा ▸ **dear** *exclam.* **1** निराशा, दुख, आश्चर्य आदि व्यक्त करने के लिए प्रयुक्त **2** घनिष्ठ व्यक्ति के लिए प्रयुक्त संबोधन

dearth /डर्थ्/ *n.* किसी वस्तु की कमी, अपर्याप्ति

death /डे्थ्/ *n.* **1** जीवन की समाप्ति; मृत्यु **2** किसी वस्तु का अंत, अवसान

deathly /ˈडे्थ्लि/ *adj.* & *adv.* मृत्यु-सदृश, मृत्युवश, मृत्युसमान

debacle /डेˈबाक्ल्, डिˈबाक्ल्/ *n.* पूर्णत: विफल घटना या स्थिति (विशेषत: शर्मिंदगी का कारण), विफलता, असफलता, पराजय

debar /डिˈबा(र्)/ *v.* (**debar<u>r</u>ing, debar<u>r</u>ed**) निषिद्ध करना, बहिष्कृत करना, वंचित करना

debase /डिˈबेस्/ *v.* गुणवत्ता या महत्व कम कर देना ▸ **debasement** *n.* नीच स्थिति, गुणवत्ता में गिरावट

debate /डिˈबेट्/ *n.* **1** वाद-विवाद, बहस (सार्वजनिक सभा, संसद आदि में) **2** सामान्य चर्चा (जिसमें भिन्न-भिन्न विचारों की अभिव्यक्ति होती है) ▸ **debate** *v.* **1** बहस या वाद-विवाद में भाग लेना **2** सोच-विचार करना ▸ **debatable** *adj.* अनिश्चित, विवाद योग्य, मतभेदग्रस्त

debauchery /डिˈबौचरी/ *n.* लंपटता, व्यभिचार, घोर विषयासक्ति ▸ **debauched** *adj.* लंपट, ऐय्याश

debenture /डिˈबेनच(र्)/ *n.* व्यावसायिक कंपनी का दस्तावेज़ जिसपर लिखा रहता है कि अमुक व्यक्ति से इतना रुपया ऋण पर लिया गया, ऋण-पत्र

debilitate /डिˈबिलिटेट्/ *v.* **1** (शरीर या मन को) निर्बल कर देना, कमज़ोर कर देना **2** (किसी देश, संगठन आदि को) दुर्बल या अशक्त कर देना

debit /ˈड्ˈबिट्/ *n.* बैंक खाते से निकाली गई रक़म ▸ **debit** *v.* (**debiting,**

debited) बैंक के खाते से पैसे की निकासी करना, निकासी दर्ज करना

debris /ˈडेब्री/ *n.* मलबा, दुर्घटना आदि में विनष्ट वस्तु के टुकड़े

debunk /डिˈबङ्क्/ *v.* (व्यक्ति, संस्था, धार्मिक पद्धति-विशेष के संबंध में) झूठी भावुकता या श्रद्धा दूर करना, पोल खोलना

debut /ˈडेब्यू/ *n.* (*also* **début**) किसी अभिनेता, खिलाड़ी आदि का जनता के सामने प्रथम प्रदर्शन

decade /ˈडेकेड्, डिˈकेड्/ *n.* दस वर्ष की अवधि, दशक

decadent /ˈडेकडन्ट्/ *adj.* ह्रासोन्मुख, पतित

decamp /डिˈकैम्प्/ *v.* शिविर या कैंप उठा लेना, शिविर छोड़कर चले जाना

decanter /डिˈकैन्ट(र्)/ *n.* काँच की डाटदार बोतल जिसमें शराब डालकर मेज़ पर लाई जाती है, मीना

decapitate /डिˈकैपिटेट्/ *v.* (किसी व्यक्ति का) सिर धड़ से अलग कर देना, शिरच्छेद करना ▸ **decapitation** *n.* क़त्ल, शिरच्छेदन

decay /डिˈके/ *v.* **1** ख़राब होना या धीरे-धीरे नष्ट हो जाना **2** दुर्बल या क्षीण हो जाना ▸ **decayed** *adj.* क्षीण ▸ **decay** *n.* धीरे-धीरे, क्रमशः नष्ट होने की प्रक्रिया या स्थिति, क्षय

deceased /डिˈसीस्ट्/ *n.* दिवंगत व्यक्ति (विशेषतः जिसका अभी देहांत हुआ हो) ▸ **deceased** *adj.* दिवंगत

deceit /डिˈसीट्/ *n.* धोखाधड़ी, बहकाने का प्रयास, चालबाज़ी ▸ **deceitful** *adj.* जूठा, धोखेबाज़

deceive /डिˈसीव्/ *v.* बहकाना, भ्रमित करना

decelerate /ˌडिˈसिलरेट्/ *v.* गति को धीमा करना या कम करना

December /डिˈसेम्ब(र्)/ *n.* वर्ष का बारहवाँ महीना, दिसंबर

decent /ˈडीसन्ट्/ *adj.* **1** शालीन, उचित, उपयुक्त **2** (व्यक्ति या व्यवहार) ईमानदार और उचित, सम्मानपूर्ण ▸ **decently** *adv.* सही तरह से, शालीनता से

deception /डिˈसेप्शन्/ *n.* धोखा देने की क्रिया

decide /डिˈसाइड्/ *v.* **1** निर्णय करना, विनिश्चय करना **2** निश्चय पर पहुँचना ▸ **decided** *adj.* स्पष्ट, निश्चित ▸ **decidedly** *adv.* निश्चित रूप से

deciduous /डिˈसिजुअस्/ *adj.* (वृक्ष) जिसमें प्रतिवर्ष पतझड़ आता है जिसके पत्ते प्रतिवर्ष झड़ते हैं, पर्णपाती

decimal /ˈडेसिम्ल्/ *adj.* दशमलव पद्धति से संबद्ध, दस या दसवें अंशों की इकाइयों में परिगणित ▸ **decimal** *n.* दशमलव भिन्न

decimate /ˈडेसिमेट्/ *v.* **1** क्षेत्र विशेष के पशुओं, पौधों या मनुष्यों को बड़ी संख्या में मार डालना **2** किसी को अत्यधिक नुक़सान पहुँचाना या अशक्त कर देना

decipher /डिˈसाइफ़(र्)/ *v.* कूट (गूढ़) लेखन को पढ़ लेना या समझ लेना, कूटवाचन करना

decision /डिˈसिश़न्/ *n.* **1** अनेक संभावनाओं पर विमर्श करने के बाद किसी निष्कर्ष पर पहुँचना, निर्णय, निश्चय **2** स्पष्टता और शीघ्रता से निर्णय या निश्चय करने में समर्थ व्यक्ति

decisive /डिˈसाइसिव्/ *adj.* **1** निर्णायक या अंतिम **2** स्पष्टता और शीघ्रता से निर्णय या निश्चय करने में

सक्षम ▸ **decisively** *adv.* निर्णायक रूप से

deck /डेक्/ *n.* जलपोत या बस की कोई भी मंज़िल, डेक

d

declare /डि'क्लेअ(र्)/ *v.* **1** (कोई बात) सार्वजनिक और आधिकारिक रूप से घोषित करना, (किसी बात की) घोषणा करना **2** कर-भुगतान की दृष्टि से अपनी आय का विवरण देना

decline /डि'क्लाइन्/ *v.* **1** (किसी का) ह्रास होना, क्षीण होना **2** (नम्रता से) अस्वीकार करना ▸ **decline** *n.* अशक्त और क्षीण होने की प्रक्रिया या अवधि

decode /ˌडि'कोड्/ *v.* गुप्त संदेश (कोड) का अर्थ निकालना

decompose /ˌडीकम्'पोज़्/ *v.* प्राकृतिक रासायनिक प्रक्रियाओं द्वारा क्रमशः नष्ट हो जाना, विघटित होना ▸ **decomposition** *n.* विघटन

decompress /ˌडीकम्'प्रेस्/ *v.* **1** किसी वस्तु के दबाव को सामान्य स्तर तक करना या सामान्य स्तर पर लाना **2** (कंप्यूटर) डिस्क पर संकोचित या संपीडित फ़ाइलों को पुनः उनके मूल आकार में लाना ▸ **decompression** *n.* संपीडन

deconstruct /डीकन्'स्ट्रक्ट्/ *v.* (दर्शनशास्त्र और साहित्यिक समालोचना में) विश्लेषण द्वारा यह प्रकट करना कि किसी आलेख के अर्थ की कोई एक व्याख्या नहीं होती और प्रत्येक अध्ययन प्रयास में भिन्न-भिन्न अर्थ उभरते हैं, बिगाड़ना

decontaminate /ˌडीकन्'टैमिनेट्/ *v.* रोगाणुओं से रहित करना, शुद्ध करना

decor /'डेकॉ(र्)/ *n.* भवन की आंतरिक सजावट की शैली, सज्जा

decorate /'डेकरेट्/ *v.* **1** (किसी वस्तु को किसी अन्य वस्तु से) सजाना-सँवारना **2** किसी इमारत या कमरे को अंदर से सँवारना (दीवार आदि पर पेंट करके या वाल पेपर लगाकर) ▸ **decoration** *n.* **1** सजावट का सामान **2** सजावट की प्रक्रिया, सजावट की शैली या सजाने का ढंग

decorum /डि'कॉरम्/ *n.* (सामाजिक परिस्थितियों में) विनम्र आचरण, शिष्टाचार

decoy /'डिकॉइ/ *n.* किसी व्यक्ति या वस्तु द्वारा किसी को लुभाना या कुछ मनचाहा करने या कहीं जाने के लिए फँसाना

decrease /डि'क्रीस्/ *v.* घटना या घटाना ▸ **decrease** *n.* घटने या घटाने की प्रक्रिया, घटने की मात्रा

decree /डि'क्री/ *n.* सरकार, शासक आदि द्वारा जारी आदेश ▸ **decree** *v.* आधिकारिक आदेश जारी करना

decrepit /डि'क्रेपिट्/ *adj.* (व्यक्ति या वस्तु) जीर्ण-शीर्ण या दुर्बल

decry /डि'क्राइ/ *v.* (**decrying, decried**)(निकम्मा सिद्ध करने के लिए) निंदा करना, बुराई करना

dedicate /'डेडिकेट्/ *v.* **1** किसी काम में अपनी शक्ति, समय आदि लगाना **2** (किसी को कुछ) विशेष रूप से अर्पित करना ▸ **dedication** *n.* समर्पण, अर्पण

deduce /डि'ड्यूस्/ *v.* ज्ञात तथ्यों के आधार पर निष्कर्ष निकालना

deduct /डि'डक्ट्/ *v.* कुल राशि में से कुछ अंश (पैसा, अंक आदि) घटाना या काटना

deduction /डि'डक्शन्/ *n.* **1** ज्ञात तथ्यों के आधार पर प्राप्त निष्कर्ष, निष्कर्ष निकालने की क्षमता **2** कुल में से

कुछ राशि या संख्या की कटौती, कुल में से काटी गई राशि या संख्या

deed /डीड्/ *n.* **1** जो किया जाए, कार्य, क्रिया **2** भवन के स्वामित्व से संबंधित क़ानूनी दस्तावेज़

deem /डीम्/ *v.* किसी बात को विशेष रूप में समझना या मानना

deep /डीप्/ *adj.* **1** गहरा, सतह से नीचे की ओर लंबाई में जाने वाला **2** गहरा, आगे से पीछे की ओर लंबाई में जाने वाला ▸ **deep** *adv.* किसी गहराई विशेष तक, गहन ▸ **deepen** *v.* गहरा हो जाना, बढ़ना

deer /डिअ(र्)/ *n.* (*pl.* **deer**) घास खानेवाला एक बड़ा वन्य जीव, हरिण, हिरन

deface /डि'फ़ेस्/ *v.* (किसी चीज़ का, लिखकर या उस पर निशान लगाकर) रंग-रूप बिगाड़ देना, विरूपित करना

de facto /ˌडे'फ़ैक्टो/ *adj.* एक लैटिन शब्द जिसका अर्थ है भौतिक रूप से वास्तविक (भले ही वह क़ानून-सम्मत न हो) ▸ **defacto** *adv.* वास्तव में, वस्तुतः

defame /डि'फ़ेम्/ *v.* मानहानि करना, निंदा करना ▸ **defamation** *n.* मानहानि, निंदा

default /डि'फ़ॉल्ट्/ *n.* कंप्यूटर में पड़ा पहले का कार्यक्रम जो इसलिए सक्रिय है कि उसे निर्देश देकर बदला नहीं गया ▸ **default** *v.* **1** क़ानून के अनुसार काम न करना **2** नए निर्देश के अभाव में कंप्यूटर का पहले के कार्यक्रम के अनुसार सक्रिय बने रहना

defeat /डि'फ़ीट्/ *v.* **1** किसी पर विजय प्राप्त करना, किसी को हराना **2** कुछ करने या समझने में अत्यंत कठिन होना ▸ **defeat** *n.* **1** (किसी से) हार, पराजय **2** हारने या पराजित होने की क्रिया

defecate /'डेफ़केट्/ *v.* मलत्याग करना

defect /'डीफ़ेक्ट्/ *n.* दोष, ख़राबी या त्रुटि ▸ **defect** *v.* अपना देश, राजनीतिक दल आदि को छोड़कर शत्रु देश, विरोधी दल आदि में शामिल होना ▸ **defection** *n.* दल-बदल ▸ **defective** *adj.* त्रुटिपूर्ण, दोषपूर्ण, ख़राब, घटिया

defence /डि'फ़ेन्स्/ *n.* **1** (आक्रमण से) प्रतिरक्षा, बचाव **2** आक्रमण के विरुद्ध मोर्चाबंदी

defend /डि'फ़ेन्ड्/ *v.* **1** रक्षा करना **2** किसी की आलोचना होने पर उसके समर्थन में बोलना या लिखना

defendant /डि'फ़ेन्डन्ट्/ *n.* वह व्यक्ति जिसपर आरोप लगाया गया हो (न्यायालय में), प्रतिवादी, अभियुक्त

defensible /डि'फ़ेन्सबल्/ *adj.* **1** जिसे तर्कों और युक्तियों से उचित ठहराया जा सके, न्यायसंगत **2** (स्थान) आक्रमण से जिसकी रक्षा की जा सके, रक्षणीय

defensive /डि'फ़ेन्सिव्/ *adj.* **1** आक्रमण से रक्षा करने वाला, रक्षात्मक **2** आलोचना के प्रति संवेदनशील या असहनशील ▸ **defensive** *n.* बचाव, रक्षा

defer /डि'फ़(र्)/ *v.* (**deferring**, **deferred**) (किसी काम को) स्थगित करना

deference /'डेफ़रन्स्/ *n.* (किसी के प्रति) आदर भाव ▸ **deferential** *adj.* श्रद्धासूचक, आदरसूचक

defiance /डि'फ़ाइअन्स्/ *n.* (किसी का) आदेश मानने से साफ़ इनकार, खुली अवज्ञा ▸ **defiant** *adj.* अवज्ञाकारी, विद्रोही

d

d

deficiency /डि'फ़िश्न्सि/ *n.* (*pl.* **deficiencies**) 1 अपर्याप्तता, न्यूनता, कमी 2 दोष या दुर्बलता ▸ **deficient** *adj.* 1 हीन, किसी वस्तु का अभाव 2 बहुत अच्छा नहीं, अपर्याप्त या अपूर्ण

deficit /'डेफ़िसिट्/ *n.* व्यय किए गए पैसे से कम पैसे की प्राप्ति, घाटा, कमी

defile /डी'फ़ाइल्/ *v.* गंदा करना, मैला करना, नापाक करना, अपवित्र करना

define /डि'फ़ाइन्/ *v.* 1 किसी शब्द या भाव को ठीक से समझना 2 किसी के सही स्वरूप की व्याख्या करना

definite /'डेफ़िनट्/ *adj.* 1 सुनिश्चित और अपरिवर्तनीय, संदेहरहित, निश्चित, अवश्यंभावी 2 स्पष्ट, निश्चयात्मक,

definition /ˌडेफ़ि'निश्न्/ *n.* किसी शब्द या भाव के सही अर्थ का विवरण, परिभाषा

definitive /डि'फ़िनटिव्/ *adj.* जिसमें परिवर्तन या सुधार संभव नहीं, निर्णायक

deflate /डि'फ़्लेट्, डी-/ *v.* 1 (किसी की) हवा निकलना या निकालना 2 आत्म-विश्वास या गौरवभाव को चोट पहुँचना, आत्मविश्वास-न्यूनता का शिकार होना

deflect /डि'फ़्लेक्ट्/ *v.* 1 (किसी से) टकराकर दिशा बदलना, टक्कर देकर किसी की दिशा बदलना 2 (किसी के) ध्यान को (कहीं से) हटाना

deforest /डि'फ़ॉरस्ट्/ *v.* पेड़ों से रहित करना, जंगल काट देना, निर्वनीकरण करना ▸ **deforestation** *n.* वनोन्मूलन, वन की कटाई

deform /डि'फ़ॉम्/ *v.* किसी के प्रकृत रूप को बिगाड़ देना, विरूपित करना, विकृत करना ▸ **deformed** *adj.* विरूपित, विकृत

deformity /डि'फ़ॉमटि/ *n.* (*pl.* **deformities**) रोग या चोट के कारण रूप का विकृत हो जाना, विरूपता

defraud /डि'फ़्रॉड्/ *v.* (किसी को) धोखा देना, ठग लेना

defrost /डि'फ़्रॉस्ट्/ *v.* 1 बर्फ़ गलाकर हटाना 2 (बर्फ़ में रक्षित भोजन का) सामान्य तापमान पर लौटना या लौटाना, ठंडे किए गए खाद्य पदार्थों का सामान्य होना या करना

deft /डेफ़्ट्/ *adj.* (गतिविधि) दक्ष और त्वरित ▸ **deftly** *adv.* दक्षतापूर्वक

defunct /डि'फ़ङ्क्ट्/ *adj.* जो न अस्तित्व में हो और न प्रयोग में, अप्रचलित

defuse /ˌडी'फ़्यूज़्/ *v.* 1 बम को निष्क्रिय करने के लिए उसका पिन आदि निकालना 2 (तनावभरी) स्थिति को शांत करना

defy /डि'फ़ाइ/ *v.* 1 (किसी का) कहा न मानना, अवज्ञा करना 2 किसी को ऐसा काम करने के लिए कहना जो असंभव हो

degenerate /डि'जेनरेट्/ *v.* किसी स्थिति में गिरावट आना ▸ **degenerate** *adj.* चरित्रहीन, भ्रष्ट, पतित ▸ **degeneration** *n.* गिरावट, अपकर्ष

degrade /डि'ग्रेड्/ *v.* किसी के सम्मान को घटाना ▸ **degrading** *adj.* अपयशकारी, अपमानजनक

degree /डि'ग्री/ *n.* 1 तापमान को मापने की इकाई 2 कोणों को मापने की इकाई

dehumanize /ˌडी'ह्यूमनाइज़्/ *v.* किसी को मानवीय गुणों से वंचित करना ▸ **dehumanization** *n.* अमानवीकरण

dehydrate /डी'हाइड्रेट्/ *v.* 1 (किसी में से) जलीय अंश निकाल देना, सुखाना

2 (शरीर का) अधिक मात्रा में पानी खो देना ▸ **dehydration** *n.* निर्जलीकरण

deign /डेन्/ *v.* कोई ऐसा काम करना जो आपको छोटा लगे या ऐसा काम करना कि लगे आप दूसरे पर विशेष कृपा कर रहे हैं

deity /ˈडेअटि/ *n.* (*pl.* **deities**) देवता

déjà vu /ˌडेझा ˈवू/ *n.* वह विचित्र अनुभूति कि जो घटना घट रही है उसका अनुभव पहले भी हो चुका है, पूर्वानुभव

dejected /डिˈजेक्टिड्/ *adj.* हताश, अत्यंत खिन्न, हतोत्साहित ▸ **dejection** *n.* हताशा, निराशा

delay /डिˈले/ *v.* **1** किसी को देर करवा देना **2** किसी काम में देर लगा देना, किसी काम को बाद में करने का निर्णय करना ▸ **delay** *n.* विलंब या देरी

delectable /डिˈलेक्टबल्/ *adj.* **1** (खाद्य पदार्थ एवं पेय के लिए प्रयुक्त) स्वाद, गंध या देखने में रुचिकर, मज़ेदार, आनंददायक **2** (व्यक्ति) आकर्षक, सुंदर

delegate /ˈडेलिगेट्/ *n.* किसी सम्मेलन में समूह की ओर से निर्णय लेने या बोलने के लिए चयनित व्यक्ति, प्रतिनिधि ▸ **delegate** *v.* अपने से छोटे पद के व्यक्ति को अपने काम का दायित्व सौंपना

delegation /ˌडेलिˈगेशन्/ *n.* **1** सम्मेलन आदि में किसी बड़े समूह की ओर से बोलने अथवा निर्णय लेने के लिए चयनित एक छोटा समूह, प्रतिनिधि मंडल **2** अपने से छोटे पद के व्यक्ति को अपने काम का दायित्व सौंपने की क्रिया

delete /डिˈलीट्/ *v.* लिखित अंश को हटाना

deliberate /डिˈलिबरट्/ *adj.* **1** जान-बूझ कर किया हुआ, योजनानुसार **2** धीरे-धीरे सावधानी से, बिना जल्दबाज़ी के किया हुआ ▸ **deliberate** *v.* निर्णय करने से पहले किसी बात को पूरी तरह सोचना-समझना, भली-भाँति सोचना

delicacy /ˈडेलिकसि/ *n.* (*pl.* **delicacies**) **1** कोमलता, नज़ाकत **2** स्वादिष्ट व्यंजन

delicate /ˈडेलिकट्/ *adj.* **1** नाज़ुक, आसानी से टूट जाने वाला **2** सुकुमार, बार-बार रोगी हो जाने वाला ▸ **delicately** *adv.* नज़ाकत से, कोमलता से

delicious /डिˈलिशस्/ *adj.* स्वादिष्ट या सुगंधित ▸ **deliciously** *adv.* स्वादिष्ट या सुगंधित रूप से

delight /डिˈलाइट्/ *n.* **1** अत्यंत प्रसन्नता, आनंद **2** आनंददायक वस्तु ▸ **delightful** *adj.* आनंदप्रद ▸ **delight** *v.* (किसी को) अत्यधिक आनंदित कर देना

delineate /डिˈलिनिएट्/ *v.* अत्यंत विस्तार से वर्णन या रेखांकन करना, रूपरेखा प्रस्तुत करना, अंकित करना, सीमा निर्धारण करना ▸ **delineation** *n.* आलेखन, रूपरेखा, चित्रण

delinquent /डिˈलिङ्क्वन्ट्/ *adj.* **1** किशोर-अपराधी **2** अल्पवयस्क द्वारा किया गया अपराध

delirious /डिˈलिरिअस्,-ˈलिअरिअस्/ *adj.* **1** उन्मादग्रस्त, प्रलापी, अंडबंड बोलने वाला (प्रायः रोगी होने के कारण) **2** अत्यधिक प्रसन्न, ख़ुशी से पागल, उन्मत ▸ **delirium** *n.* ज्वर में उत्पन्न मस्तिष्क विभ्रम

deliver /डिˈलिव(र)/ *v.* **1** निर्दिष्ट या बताए गए ठिकाने या पते पर सामान, पत्र आदि पहुँचाना, वितरण करना **2** शिशु

d

को जन्म देने में माता की सहायता करना

deliverance /डि'लिवरन्स/ *n.* बचाव, छुटकारा, रिहाई

delivery /डि'लिवरि/ *n.* (*pl.* **deliveries**) 1 निर्दिष्ट स्थान, व्यक्ति या पते पर सामान, पत्र आदि पहुँचाने का कार्य, वितरण 2 वितरण की व्यवस्था

d

delta /'डेल्टा/ *n.* नदी का मुहाना, त्रिभुज के आकार का समतल क्षेत्र जहाँ पहुँचकर नदी अनेक छोटी-छोटी धाराओं में बँट जाती है और समुद्र में समा जाती है, डेल्टा

delude /डि'लूड्/ *v.* किसी को भ्रमित करना या भ्रम में रखना

deluge /'डेल्यूज्/ *n.* 1 एकाएक मूसलाधार वर्षा, बाढ़ 2 एक ही समय में एक साथ होने वाली बहुत-सी बातें, एक साथ घटित होने वाली बातों की भरमार ▸ **deluge** *v.* किसी को एक ही समय में बहुत-सी सामग्री भेजना या देना

delusion /डि'लूश़्न्/ *n.* भ्रम, भ्रांति

deluxe /ˌड'लक्स/ *adj.* बहुत आरामदेह, सुखद, बढ़िया

delve /डेल्व्/ *v.* (किसी की) गहरी खोज करना

demagogue /'डेमगॉग्/ *n.* जनता को भड़काने वाला नेता या वक्ता, जनोत्तेजक

demand /डि'मान्ड्/ *n.* 1 प्रबल अनुरोध या आदेश (जिसका पालन अवश्य हो) 2 (*pl.* **demands**) किसी बात की अपेक्षा होना (विशेषतः उसकी जो कठिन और श्रमसाध्य हो) ▸ **demand** *v.* 1 अत्यंत दृढ़ता और आक्रामकता से कोई वस्तु माँगना 2 (किसी बात की) अपेक्षा होना, अनुरोध करना

demanding /डि'मान्डिङ्/ *adj.* 1 (कार्य) प्रचुर प्रयास, सावधानी, दक्षता आदि की अपेक्षा वाला 2 (व्यक्ति) दूसरों से सदा ध्यान अथवा उच्च स्तर की अपेक्षा रखने वाला

demarcation /ˌडीमा'केश्न्/ *n.* किन्हीं दो वस्तुओं को पृथक करने वाली सीमा या रेखा

demean /डि'मीन्/ *v.* 1 प्रतिष्ठा घटाना, मान घटाना, अपमानित करना 2 आचरण करना, व्यवहार करना

demeanour /डि'मीन(र्)/ *n.* व्यक्ति का व्यवहार, बोलने तथा पहनने का ढंग तथा रूप-रंग, चेहरा आदि जिससे उसके चरित्र का पता चलता है, व्यवहार, आचरण

demented /डि'मेन्टिड्/ *adj.* 1 सनकभरा आचरण करते हुए, विक्षिप्त, पागल 2 मानसिक रोग से ग्रस्त, स्मृति लोप से ग्रस्त

dementia /डि'मेन्शा/ *n.* मस्तिष्क रोग या आघात से उत्पन्न एक गंभीर मानसिक विकार जो व्यक्ति की सोचने, याद रखने और सामान्य व्यवहार की क्षमता पर प्रतिकूल प्रभाव डालता है

demi- /'डेमि/ *prefix* आधा, अर्ध, आंशिक

demise /डि'माइज़/ *n.* 1 (किसी की) समाप्ति या विफलता 2 व्यक्ति का निधन

demo /'डेमो/ *n.* (*pl.* **demos**) **demonstration** का संक्षिप्त रूप, प्रदर्शन

democracy /डि'मॉक्रसि/ *n.* (*pl.* **democracies**) 1 एक ऐसी व्यवस्था जिसमें किसी भी देश की सरकार का निर्वाचन जनता द्वारा किया जाता है, लोकतंत्र, प्रजातंत्र 2 लोकतांत्रिक देश ▸ **democratic** *adj.* लोकतांत्रिक, प्रजातांत्रिक

demography /डि'मॉग्रफ़ि/ *n.* एक निश्चित अवधि में जन्म, मृत्यु आदि के कारण किसी जन-समुदाय की संख्या में

परिवर्तन, इन परिवर्तनों का वैज्ञानिक अध्ययन, जनसांख्यिकी
▸ **demographic** *adj.* जनसंख्या–विषयक
demolish /डि'मॉलिश्/ *v.* (भवन आदि को) गिरा देना, तोड़ देना, ध्वस्त कर देना
▸ **demolition** *n.* ध्वंस, विनाश, तोड़–फोड़
demon /'डीमन्/ *n.* दुष्टात्मा, भूत, पिशाच ▸ **demonic** *adj.* पैशाचिक
demonize /'डीमनाइज़्/ *v.* किसी को पिशाच कहना या बताना, राक्षस बना देना
demonstrable /डि'मान्स्ट्रबल्/ *adj.* जो प्रमाणित या सिद्ध या प्रदर्शित किया जा सके, प्रदर्शनीय, स्पष्ट
demonstrate /'डेमन्स्ट्रेट्/ *v.* **1** प्रमाण देकर सिद्ध करना **2** किसी वस्तु की कार्यविधि या कार्यपद्धति को प्रदर्शित करना और समझाना
demonstration /ˌडेमन्'स्ट्रेशन्/ *n.* **1** किसी बात के सत्य होने का संकेत **2** किसी वस्तु की कार्यविधि या कार्यपद्धति को प्रदर्शित करने या समझाने की क्रिया
demoralize /डि'मॉरलाइज़्/ *v.* किसी का मनोबल गिराना या उत्साहभंग करना
▸ **demoralization** *n.* मनोबल–ह्रास
▸ **demoralizing** *adj.* मनोबल गिराने वाला
demote /ˌडि'मोट्/ *v.* व्यक्ति के निचले पद या स्तर पर भेजना (प्रायः दंडस्वरूप), पदावनति करना
demure /डि'म्युअ(र्)/ *adj.* (लड़की या युवती) शरमीली, शांत और विनीत
demystify /ˌडि'मिस्टिफ़ाइ/ *v.* समझने के लिए आसान बनाना
den /डेन्/ *n.* **1** (शेर आदि की) माँद, गुफ़ा **2** गुप्त स्थान (विशेषतः ग़ैर–क़ानूनी कामों के लिए)
denial /डि'नाइअल्/ *n.* **1** खंडन, वंचना, प्रतिवाद **2** (किसी के अधिकार आदि को) नकारना, अस्वीकारना
denigrate /'डेनिग्रेट्/ *v.* (अनुचित तरीक़े से) आलोचना करना, नीचा दिखाना, बुराई करना, बदनाम करना
denim /'डेनिम्/ *n.* मोटा सूती कपड़ा (प्रायः नीला) जिससे पैंट (जींस) आदि बनती हैं, डेनिम
denomination /डिˌनॉमि'नेशन्/ *n.* पंथ विशेष जिससे आप जुड़े हों
denominator /डि'नॉमिनेट(र्)/ *n.* भिन्न वाली संख्या में हर (जैसे ¾ में 4)
denote /डि'नोट्/ *v.* किसी बात का द्योतक होना या उसे द्योतित करना
denouement /ˌडे'नूमॉ/ *n.* किसी साहित्यिक रचना की समाप्ति जहाँ (द्वंद्व का) समाधान होता है, किसी प्रसंग का अंतिम परिणाम, निर्वहण, समाप्ति
denounce /डि'नाउन्स्/ *v.* सार्वजनिक रूप से किसी बात को ग़लत ठहराना, सार्वजनिक रूप से तीव्र निंदा करना
▸ **denunciation** *n.* सार्वजनिक निंदा
dense /डेन्स्/ *adj.* **1** घनीभूत, बहुत–सी वस्तुओं या व्यक्तियों के जुटाव वाला **2** घना, सघन **3** प्रतिभाहीन, मंदबुद्धि
density /'डेन्सटि/ *n.* (*pl.* **densities**) **1** घनत्व, किसी स्थान के क्षेत्रफल का वहाँ की वस्तुओं या व्यक्तियों की संख्या का आनुपातिक संबंध **2** किसी वस्तु के आकार का उसके भार से आनुपातिक संबंध, सघनता
dent /डेन्ट्/ *n.* (विशेषतः धातु की) समतल सतह पर चोट के कारण पिचका हुआ स्थान ▸ **dent** *v.* किसी वस्तु की समतल सतह को चोट मारकर पिचका देना

dental /ˈडेन्ट्ल्/ *adj.* दाँतों का, दाँत-संबंधी, दंत्य

dentist /ˈडेन्टिस्ट्/ *n.* 1 दाँत का डॉक्टर, दंत-चिकित्सक 2 दंत-चिकित्सालय

d

denture /ˈडेन्च/ *n.* (*pl.* **dentures**) नकली दाँत

denude /डिˈन्यूड्/ *v.* नंगा करना, (किसी के) कपड़े उतारना, आवरण रहित करना

denunciation /डि,नन्सिˈएशन्/ *n.* किसी की तीखी सार्वजनिक भर्त्सना

deny /डिˈनाइ/ *v.* (**denying, denied**) 1 किसी बात से इनकार करना, किसी बात को नकारना 2 किसी को कुछ करने से इनकार करना

deodorant /डिˈओडरन्ट्/ *n.* दुर्गंध को रोकने वाला रासायनिक पदार्थ, दुर्गंध-निवारक पदार्थ, दुर्गंध-नाशक पदार्थ

depart /डिˈपाट्/ *v.* (कहीं से, कहीं के लिए) प्रस्थान करना, रवाना होना

departed /डिˈपाटिड्/ *adj.* दिवंगत, मृत

department /डिˈपाट्मन्ट्/ *n.* 1 (विद्यालय या व्यापारिक संगठन का) विभाग 2 सरकार में विषय विशेष का विभाग, मंत्रालय

departure /डिˈपाच(र्)/ *n.* 1 प्रस्थान क्रिया, रवानगी 2 सामान्य से हटने की क्रिया (सामान्य व्यवहार से) विचलन

dependable /डिˈपेन्डबल्/ *adj.* भरोसेमंद, विश्वसनीय, भरोसे लायक़

dependant /डिˈपेन्डन्ट्/ *n.* (*US* **dependent**) 1 किसी पर निर्भर, पराश्रित 2 किसी के द्वारा निश्चित या निर्धारित

dependency /डिˈपेन्डनसि/ *n.* किसी अन्य पर निर्भरता, किसी वस्तु (विशेषतः नशीले पदार्थ) की विवशतापूर्ण आवश्यकता

depict /डिˈपिक्ट्/ *v.* 1 किसी वस्तु को चित्र या आरेख बनाकर दिखाना, चित्रांकन करना, चित्रित करना 2 किसी व्यक्ति या वस्तु का शब्दों में वर्णन करना

deplete /डिˈप्लीट्/ *v.* किसी वस्तु की मात्रा को घटाना (कि वह बहुत कम बचे), अपक्षय करना, क्षरण करना ▸ **depletion** *n.* क्षरण, अपक्षय

deplorable /डिˈप्लॉरबल्/ *adj.* शोचनीय, निंदनीय

deploy /डिˈप्लॉइ/ *v.* 1 सेना या हथियारों को संभावित लड़ाई के लिए तैयार करना, तैनात करना 2 किसी वस्तु का प्रभावी ढंग से इस्तेमाल करना

deport /डिˈपॉट्/ *v.* किसी को देश छोड़ने के लिए बाध्य करना, निर्वासित करना

depose /डिˈपोज़्/ *v.* शासक या नेता को सत्ता से च्युत करना, अपदस्थ करना

deposit /डिˈपॉज़िट्/ *v.* 1 किसी निर्धारित स्थान पर कुछ रखना 2 प्राकृतिक या रासायनिक प्रक्रिया के फलस्वरूप तले पर (किसी वस्तु की) परतें जमाना, अवसाद इकट्ठा होना, निक्षेप करना ▸ **deposit** *n.* 1 (किसी को देय) बड़ी राशि के छोटे अंश का भुगतान करना 2 किसी वस्तु को किराये पर लेते समय जमा कराई गई राशि (जो बाद में वापस मिल जाती है), अमानती रक़म, प्रतिभूति धनराशि

depository /डिˈपॉज़िट्रि/ *n.* जिसके पास धरोहर रखी जाए, न्यासधारी

depot /ˈडेपो/ *n.* 1 (बस आदि वाहनों को रखने का) स्थल, डिपो 2 गोदाम

deprave /डिˈप्रेव्/ *v.* आचरण बिगाड़ना, आदतें बिगड़ना, आचार भ्रष्ट करना

▸ **depravity** *n.* चरित्रहीनता, दुष्टता ▸ **depraved** *adj.* चरित्रहीन, भ्रष्ट, दुष्ट

deprecate /ˈडेप्रकेट्/ *v.* (किसी बात की) निंदा करना, विरोध करना, बुरा समझना

depreciate /डिˈप्रीशिएट्/ *v.* एक अवधि के बाद (किसी वस्तु का) मूल्य घट जाना, मूल्य ह्रास होना

depress /डिˈप्रेस्/ *v.* **1** (किसी को) उदास करना, निराश करना, हताश करना **2** (व्यापार में) किसी प्रवृत्ति को हतोत्साहित करना ▸ **depressing** *adj.* उदास करने वाला, विषादकारी, निराशाजनक

depression /डिˈप्रेशन्/ *n.* **1** विषाद का भाव, अवसाद **2** अपने चारों ओर के हिस्सों की तुलना में किसी वस्तु का धँसा हुआ हिस्सा, गर्त

deprive /डिˈप्राइव्/ *v.* किसी को किसी से वंचित करना, किसी से कोई वस्तु छीन लेना ▸ **deprivation** *n.* वंचन

depth /डेप्थ्/ *n.* **1** गहराई, किसी वस्तु के ऊपर से नीचे तक की दूरी **2** किसी व्यक्ति की भावना, ज्ञान आदि की मात्रा, थाह, गंभीरता

deputy /ˈडेप्युटि/ *n.* (*pl.* **deputies**) किसी संगठन में द्वितीय स्थान का अधिकारी जो मैनेजर की अनुपस्थिति में उसके काम को सँभालता है, संगठन का उप-प्रमुख या प्रमुख का स्थानापन्न

derail /डिˈरेल्/ *v.* रेलगाड़ी को पटरी से उतार देना या उतर जाना

deranged /डिˈरेन्ज्ड्/ *adj.* सामान्य रूप से काम करने में असमर्थ (विशेषतः मानसिक रोग के कारण)

deregulate /ˌडीˈरेग्युलेट्/ *v.* वाणिज्यिक या व्यापारिक गतिविधि को नियमों और नियंत्रणों के बंधन से मुक्त करना

derelict /ˈडेरलिक्ट्/ *adj.* अप्रयुक्त और दुर्दशाग्रस्त, वीरान, उजड़ा हुआ

dereliction /ˌडेरˈलिक्शन्/ *n.* **1** तिरस्कार, निरादर, त्याग, परित्याग, उपेक्षा **2** (जानबूझ कर) कर्तव्य में की गई लापरवाही या कर्तव्य पालन में विफलता, काम में उपेक्षा

deride /डिˈराइड्/ *v.* किसी को हास्यास्पद बताना, किसी का कठोरता से उपहास करना ▸ **derision** *n.* उपहास ▸ **derisive** *adj.* उपहासपूर्ण

derivative /डिˈरिवटिव्/ *n.* मूल शब्द से विकसित या व्युत्पन्न शब्द

derive /डिˈराइव्/ *v.* **1** किसी से कुछ (विशेषतः कोई भावना या भौतिक लाभ) प्राप्त करना **2** (किसी नाम या शब्द का) किसी से व्युत्पन्न होना

dermatology /ˌडमˈटॉलजि/ *n.* चर्म-रोग-विज्ञान, त्वचा-विज्ञान ▸ **dermatological** *adj.* चर्म या त्वचा-रोग विषयक

derogatory /डिˈरॉगटरि/ *adj.* प्रतिष्ठा रहित, अपमानजनक, अनादरपूर्ण

dervish /ˈडविश्/ *n.* मुस्लिम वर्ग का सदस्य जिसके आदेश बड़े ही कड़े अनुष्ठान के रूप में जाने जाते हैं, दरवेश, फ़क़ीर

descend /डिˈसैन्ड्/ *v.* नीचे आना, उतरना

descendant /डिˈसेनुडन्ट्/ *n.* वंशज, संतति

descent /डिˈसेन्ट्/ *n.* **1** उतार, अवरोहण **2** वंशक्रम

describe /डिˈस्क्राइब्/ *v.* किसी व्यक्ति या वस्तु या घटना का वर्णन करना

d

d

description /डि'स्क्रिप्शन्/ *n.* 1 किसी व्यक्ति, वस्तु या घटना का शब्दचित्र 2 (किसी का प्रकार) या क़िस्म

descry /डि'स्क्राइ/ *v.* पता लगा लेना, जान लेना, ग़ौर करके समझ लेना, भाँपना

desecrate /'डेसिक्रेट्/ *v.* धार्मिक स्थल को हानि पहुँचाना या उसका अनादर करना या उसे अपवित्र करना

desert /'डेज़र्ट्/ *n.* (*pl.* **deserts**) विस्तृत रेतीला भूखंड जहाँ जल एवं पौधे लगभग नगण्य होते हैं, रेगिस्तान, मरूस्थल ▸ **desert** *v.* 1 किसी को (प्रायः सदा के लिए) छोड़ जाना 2 बिना अनुमति के छोड़ भागना (विशेषतः किसी सशस्त्र सैनिक का) ▸ **desertion** *n.* अवैध पलायन

deserve /डि'ज़र्व्/ *v.* अच्छे या बुरे कर्म के अनुसार अच्छे या बुरे फल का पात्र होना ▸ **deservedly** *adv.* योग्यतानुसार, उचति रूप से ▸ **deserving** *adj.* योग्य, सुपात्र, हक़दार

desiccate /डि'सिकेट्/ *v.* (दूध, फल आदि के परीक्षण के लिए) सुखाना, शुष्क करना ▸ **desiccate** *n.* सूखा, शुष्क

design /डि'ज़ाइन्/ *n.* 1 किसी वस्तु के निर्माण की रूपरेखा या योजना 2 सजावट के लिए रेखाओं, आकृतियों आदि का पैटर्न ▸ **design** *v.* उद्देश्य विशेष से किसी वस्तु की योजना बनाना और निर्माण करना, रूपरेखा तैयार करना ▸ **designer** *n.* रूपरेखा या योजना बनानेवाला, डिज़ाइनर

designate /'डेज़िग्नेट्/ *v.* 1 किसी को उद्देश्य विशेष से नाम देकर निर्दिष्ट करना 2 किसी व्यक्ति को कार्य विशेष के लिए नामित करना

desirable /डि'ज़ाइअरब्ल्/ *adj.* 1 वांछनीय, अपेक्षित 2 रूप-रंग से आकर्षक, मोहक

desire /डि'ज़ाइअ(र्)/ *n.* 1 अत्यधिक चाह, तीव्र इच्छा 2 कामेच्छा, कामवासना ▸ **desire** *v.* 1 अभिलाषा रखना, इच्छा करना 2 किसी के प्रति कामेच्छा से आकृष्ट होना

desk /डेस्क्/ *n.* 1 डेस्क, मेज़ (प्रायः दराजों वाली) 2 मेज़ या वह स्थान जहाँ कोई विशेष सेवा दी जाती है

desolate /'डेसलट्/ *adj.* 1 (स्थान) निर्जन और अवसादपूर्ण 2 (व्यक्ति) एकाकी, उदास और निराश ▸ **desolation** *n.* अवसाद, निराशा

despair /डि'स्पेअ(र्)/ *n.* पूर्ण निराशा ▸ **despairing** *adj.* निराशापूर्ण ▸ **despair** *v.* (अनुकूल बात होने की) आशा छोड़ बैठना

despatch /डि'स्पैच्/ *v.* (*US* **dispatch**) (किसी व्यक्ति या वस्तु को कहीं) भेजना

desperate /'डेस्परट्/ *adj.* 1 अत्यधिक निराशा के कारण दुस्साहसी, निराशोन्मत 2 किसी वस्तु के लिए अत्यधिक व्यग्र ▸ **desperation** *n.* नैराश्य, दुस्साहस

despicable /डि'स्पिकब्ल्/ *adj.* निंदनीय, जघन्य

despise /डि'स्पाइज़्/ *v.* (किसी से) अत्यधिक घृणा करना

despite /डि'स्पाइट्/ *prep.* के बावजूद

despondent /डि'स्पॉन्डन्ट्/ *adj.* निराश, सुधार के प्रति आशारहित ▸ **despondency** *n.* निराशा, खिन्नता

despot /'डेस्पॉट्/ *n.* निरंकुश शासक ▸ **despotic** *adj.* निरंकुश, स्वेच्छाकारी

dessert /डि'ज़र्ट्/ *n.* भोजन के अंत में

परोसा जाने वाला मधुर व्यंजन

destabilize /ˌडी'स्टेब्लाइज़/ *v.* किसी सरकार, व्यवस्था आदि को अस्थिर करना

destination /ˌडेस्टि'नेश्न्/ *n.* गंतव्य स्थान, मंज़िल

destined /'डेस्टिन्ड/ *adj.* **1** पहले से नियत परिणाम वाला **2** स्थान विशेष को जाने के लिए निर्धारित

destiny /'डेस्टनि/ *n.* (*pl.* **destinies**) **1** नियति, भवितव्यता, जीवन में घटित होने वाली घटनाएँ (जो नियंत्रित नहीं की जा सकतीं) **2** लोगों के जीवन को नियंत्रित करनेवाली कथित शक्ति, भाग्य, क़िस्मत, दैव

destitute /'डेस्टिट्यूट/ *adj.* धन, भोजन या घर की सुविधा से वंचित, दीन-हीन, निराश्रय, बेसहारा

destroy /डि'स्ट्रॉइ/ *v.* **1** किसी वस्तु को इस तरह हानि पहुँचाना कि वह इस्तेमाल न हो सके या समाप्त हो जाए, नष्ट करना **2** (चोट लगने या ख़तरनाक होने के कारण) किसी पशु को मार देना ▸ **destruction** *n.* विनाश-क्रिया, विध्वंस ▸ **destructive** *adj.* विध्वंसक

detach /डि'टैच्/ *v.* किसी वस्तु को उससे अलग करना जिससे वह जुड़ी है, वियोजित करना

detachment /डि'टैच्मन्ट/ *n.* **1** व्यक्तिगत रूप से संलिप्त न होने की स्थिति, निर्लिप्तता **2** मुख्य दल से अलग उद्देश्य विशेष से नियुक्त सैनिक टुकड़ी ▸ **detached** *adj.* निर्लिप्त, अलग

detail /'डीटेल/ *n.* तथ्य या सूचना, ब्योरा ▸ **detail** *v.* (किसी बात का) विवरण देना, पूरी तरह वर्णन करना ▸ **detailed** *adj.* विस्तृत

detain /डि'टेन/ *v.* किसी व्यक्ति को किसी स्थान से जाने न देना, रोक लेना, किसी को देरी कराना

detainee /ˌडीटे'नी/ *n.* जेल में नज़रबंद (प्रायः राजनीतिक कारणों से)

detect /डि'टेक्ट/ *v.* ऐसी बात को देख लेना या खोज लेना जिसे सामान्यतः जानना कठिन हो ▸ **detection** *n.* पता लगाने की क्रिया, अभिज्ञान

detective /डि'टेक्टिव/ *n.* जासूस, गुप्तचर (विशेषतः पुलिस अफ़सर) जो अपराधों की गुत्थी सुलझाता है

detention /डि'टेन्श्न्/ *n.* **1** किसी व्यक्ति को निरुद्ध करने की प्रक्रिया (विशेषतः उसे जेल में बंद कर), निवारक नज़रबंदी **2** स्कूल की छुट्टी के बाद स्कूल में रोके रखने का दंड

detergent /डि'टजन्ट/ *n.* वस्तुओं को साफ़ करने के लिए प्रयुक्त रासायनिक द्रव पदार्थ या पाउडर

deteriorate /डि'टिअरिअरेट/ *v.* (स्थिति का) बिगड़ना, बदतर होना ▸ **deterioration** *n.* स्थिति में गिरावट, पतन, ह्रास

determination /डिˌटमि'नेश्न्/ *n.* **1** कठिन स्थिति के बावजूद किसी काम को करने का संकल्प, दृढ़ निश्चय **2** किसी बात के औपचारिक या अधिकृत रूप से निर्धारित होने की प्रक्रिया

determine /डि'टमिन्/ *v.* **1** किसी चीज़ के विशिष्ट प्रकार अथवा उसके घटित होने के तरीक़े को तय करना, निर्धारित करना **2** अधिकृत रूप से निर्णय करना

determined /डि'टमिन्ड/ *adj.* किसी काम में सफलता प्राप्त करने का संकल्प, कृतसंकल्प, दृढ़निश्चयी

deterrent /डि'टेरन्ट/ *n.* निरोधक, कुछ

(अनुचित) करने से रोकने वाला, निवारक ▸ **deterrent** *adj.* निरोधकारी

detest /डि 'टेस्ट्/ *v.* किसी से घृणा करना या किसी को बिलकुल पसंद न करना

d

detonate /'डेटनेट्/ *v.* बम आदि का विस्फोट होना या करना

detour /'डीटुअ(र्)/ *n.* **1** किसी चीज़ से बचने के लिए लम्बे रास्ते का अनुसरण, **2** घुमावदार या चक्करदार रास्ता

detoxify /ˌडि 'टॉक्‌सिफ़ाइ/ *v.* हानिकर तत्व हटा देना

detract /डि 'ट्रैक्ट्/ *v.* किसी की साख घटाना

detriment /'डेट्रिमन्ट्/ *n.* नुक़सान, क्षति, हानि ▸ **detrimental** *adj.* नुक़सानदेह, हानिकारक

detritus /डि 'ट्राइटस्/ *n.* किसी वस्तु के उपयोग में आने या टूटने के बाद प्राकृतिक प्रक्रिया से बना मलबा

deuce /ड्यूस्/ *n.* टेनिस में 40–40 अंकों की बराबरी, ड्यूस

devalue /ˌडी 'वैल्यू/ *v.* **1** एक देश की मुद्रा का दूसरे देश की मुद्रा के मुक़ाबले मूल्य घटाया जाना **2** किसी वस्तु के महत्व को कम करना ▸ **devaluation** *n.* अवमूल्यन

devastate /'डेवस्टेट्/ *v.* **1** सर्वनाश करना, तबाह करना **2** किसी को बहुत परेशान करना और सदमा पहुँचाना ▸ **devastation** *n.* सर्वनाश, तबाही ▸ **devastating** *adj.* **1** पूर्णतया विनाशकारी **2** अत्यधिक दुखद और स्तब्धकारी

develop /डि 'वेलप्/ *v.* **1** विकसित होना, विकास करना **2** समस्या या रोग से आक्रांत होने की शुरुआत होना, किसी स्थिति का पनपना शुरू होना

development /डि 'वेलप्मन्ट्/ *n.* **1** अधिक विस्तृत, सुदृढ़, बेहतर आदि होने या बनाने की प्रक्रिया, विकसित होने या करने की प्रक्रिया **2** किसी वस्तु को अधिक उन्नत और प्रगत बनाने की प्रक्रिया, अधिक उन्नत और प्रगत वस्तु या उत्पाद

deviant /'डीविअन्ट्/ *adj.* उचित और सामान्य व्यवहार से अलग या हटा हुआ, असामान्य ▸ **deviant** *n.* असामान्य व्यक्ति

deviate /'डीविएट्/ *v.* सामान्य या प्रत्याशित व्यवहार को बदलना या उससे हटकर आचरण करना, लीक से हटना या हटाना, उपयुक्त व्यवहार से हटना

device /डि 'वाइस्/ *n.* **1** किसी उद्देश्य विशेष के लिए बनाया गया यंत्र या औज़ार, युक्ति, उपकरण, मशीन **2** चाल, योजना

devil /'डेव्‌ल्/ *n.* **1** शैतान, सबसे शक्तिशाली दुष्ट आत्मा (ईसाई, यहूदी और इस्लाम धर्मों में) **2** दुष्ट आत्मा, भूत, प्रेत

devious /'डीविअस्/ *adj.* चालबाज़, छली

devise /डि 'वाइज़्/ *v.* कुछ करने का नया तरीक़ा निकालना

devoid /डि 'वॉइड्/ *adj.* **(devoid of)** से विहीन, से रहित

devolve /डि 'वॉल्व्/ *v.* **1** किसी के देहांत के बाद उसकी संपत्ति को उसके उत्तराधिकारी को सौंपा जाना **2** उच्चतर स्तर से कार्य, दायित्व आदि का हस्तांतरण होना

devoted /डि 'वोटिड्/ *adj.* किसी से प्रेम करने वाला, किसी के प्रति पूर्णतया समर्पित

devotee /ˌडेवो 'टी/ *n.* **1** किसी का बहुत शौक़ीन या प्रेमी **2** भक्त, उपासक

devotion /डि'वोशन्/ *n.* 1 किसी से बहुत प्रेम 2 किसी काम में बहुत-सा समय और शक्ति लगाने की क्रिया, सर्मपण भाव 3 श्रद्धा, भक्ति, निष्ठा

devour /डि'वाउअ(र्)/ *v.* 1 भूख के मारे जल्दी-जल्दी खाना, भकोसना, भक्षण करना 2 तेज़ी से और पूरी तरह कोई काम कर डालना

devout /डि'वाउट्/ *adj.* अत्यधिक धर्मनिष्ठ

dew /ड्यू/ *n.* रात के समय पौधों, पत्तियों आदि पर बननेवाली पानी की छोटी-छोटी बूँदें, ओस, शबनम

dexterity /डेक्'स्टेरटि/ *n.* दक्षता, निपुणता (विशेषतः हाथ के काम में)

diabetes /,डाइअ'बीटीज़/ *n.* एक गंभीर बीमारी जिसमें व्यक्ति का शरीर रक्त में शर्करा की मात्रा को नियंत्रित नहीं कर पाता है, मधुमेह (का रोग) ▸ **diabetic** *adj. & n.* मधुमेह रोगी, मधुमेह संबंधी

diabolical /,डाइअ'बॉलिकल्/ *adj.* 1 अत्यंत बुरा, अप्रिय 2 नैतिक रूप से बुरा या सामाजिक रूप से अस्वीकार्य

diagnosis /,डाइअग्'नोसिस्/ *n.* (*pl.* **diagnoses** /-सीज़/) रोगी के रोग और समस्या के कारण को पहचानने की क्रिया, निदान-क्रिया ▸ **diagnostic** *adj.* नैदानिक

diagonal /डाइ'ऐगनल्/ *adj.* वर्ग के सम्मुख कोणों को मिलाने वाली सीधी रेखा या वर्ग के एक कोण से दूसरे कोण तक खींची गई सीधी रेखा, विकर्ण रेखा ▸ **diagonal** *n.* विकर्ण रेखा

diagram /'डाइअग्रैम्/ *n.* आरेख, रेखाचित्र, रेखा-लेख जो किसी की कार्यविधि या आकृति दर्शाता है या उस का वर्णन करता है

dial /'डाइअल्/ *n.* 1 घड़ी आदि का गोलाकार भाग जिस पर समय, मात्रा आदि की इकाइयाँ अंकित होती हैं, डॉयल, अंकपट्ट 2 रेडियो आदि पर लगा गोलाकार पुरज़ा जिसे प्रोग्राम आदि बदलने के लिए घुमाते हैं, रेडियो का डॉयल ▸ **dial** *v.* (**dia<u>l</u>ling, dia<u>l</u>led;** *US* **dialing, dialed**) टेलीफ़ोन का नंबर मिलाने के लिए डॉयल घुमाना या बटन दबाना

dialect /'डाइअलेक्ट्/ *n.* किसी प्रदेश विशेष की बोली, उपभाषा

dialogue /'डाइअलॉग्/ *n.* (*US* **dialog**) 1 नाटक आदि में संवाद, लोगों के बीच वार्तालाप 2 अलग-अलग विचारों वाले लोगों के बीच वार्तालाप या विचार-विमर्श

dialysis /,डाइ'ऐलसिस्/ *n.* (*pl.* **dialyses**) डायलसिस, क्षतिग्रस्त गुर्दों के रोगियों के लिए रक्तशोधन की प्रक्रिया

diameter /डाइ'ऐमिट(र्)/ *n.* वृत के केंद्र से गुज़रते हुए एक छोर से दूसरे छोर तक जाने वाली सीधी रेखा, व्यास

diamond /'डाइअमन्ड्/ *n.* 1 कठोर चमकीला, रंगहीन बहुमूल्य रत्न जिसका प्रयोग आभूषण बनाने में किया जाता है, हीरा 2 दो सिरों पर बिंदुओं तथा समान लम्बाई के चार पार्श्वों वाली एक समतल आकृति, समचतुर्भुज, सपाट आकृति

diaphragm /'डाइअफ़्रैम्/ *n.* 1 फेफड़ों और पेट के बीच की मांसपेशी (जो श्वसन में सहायक है); मध्यपट 2 गर्भ धारण से बचने के लिए संभोग के समय महिला द्वारा प्रयुक्त रबर की एक युक्ति, डाइफ़्रैम

diarrhoea /,डाइअ'रिआ/ *n.* (*US* **diarrhea**) दस्त की बीमारी, अतिसार

diary /'डाइअरि/ *n.* (*pl.* **diaries**) 1 डायरी 2 दैनिकी, रोज़नामचा

d

diaspora /डाइ'ऐस्पर/ *n.* **1** लोगों का अपने देश से अन्यत्र पलायन, जन विसर्जन **2** यहूदियों का (जीविका की तलाश में) अपने देश से दूसरे देश को पलायन, आप्रवासन

dice /डाइस्/ *n.* (*also* **die**) (*pl.* **dice**) पासा खेलने का छह पहलों वाला वर्गाकार दाना जिस पर एक से छह तक बिंदियाँ बनी होती हैं, डाइस

dicey /'डाइसि/ *adj.* (**dicier, diciest**) कठिन या जोखिम भरा

dictate /डिक्'टेट्/ *v.* **1** बोलकर लिखाना, लिखाने के लिए बोलना **2** हुक्म देना, अपनी मनवाना ▸ **dictation** *n.* **1** आज्ञा **2** श्रुतलेख आलेख

dictator /डिक्'टेट(र्)/ *n.* वह शासक जिसके हाथ में देश की संपूर्ण सत्ता केंद्रित होती है, तानाशाह, अधिनायक ▸ **dictatorship** *n.* तानाशाही, अधिनायकतंत्र

diction /'डिक्शन्/ *n.* **1** शब्दों के उच्चारण का ढंग, शब्दोच्चारण **2** शब्द एवं शब्द समूह का भाषण और लेख में सही चुनाव और प्रयोग

dictionary /'डिक्शनरि/ *n.* (*pl.* **dictionaries**) **1** एक पुस्तक जिसमें वर्णानुक्रम में किसी भाषा के शब्द के साथ ही उनके अर्थ दिए होते हैं, कोश शब्दकोश **2** विशिष्ट शब्दकोश (जैसे मुहावरा कोश, पदबंध कोश, सहप्रयोग कोश), द्विभाषी शब्दकोश

dictum /'डिक्टम्/ *n.* (*pl.* **dicta** or **dictums**) कथन जिसे सदैव सत्य माना जाता है या जिसका अनुसरण अपेक्षित होता है, कहावत, सिद्धांत वाक्य

didactic /डाइ'डैक्टिक्/ *adj.* **1** शिक्षात्मक (विशेषतः नैतिक शिक्षा से संबंधित) **2** उपदेशप्रधान

die /डाइ/ *v.* (**dying, dies, died**) **1** मरना, प्राण त्याग करना **2** अस्तित्व में न रहना, समाप्त हो जाना

diesel /'डीज़ल्/ *n.* **1** डीज़ल, इंजन में पेट्रोल के बदले प्रयुक्त एक प्रकार का भारी तेल **2** डीज़ल-चालित वाहन

diet /'डाइअट्/ *n.* **1** सामान्य भोजन, आहार, ख़ुराक **2** रोगी या वज़न कम करने के इच्छुक व्यक्ति के लिए निर्धारित भोजन, पथ्य, परहेज़ी ख़ुराक, आहारीय ▸ **diet** *v.* (**dieting, dieted**) निर्धारित प्रकार के या अल्प मात्रा में भोजन से वज़न कम करने का प्रयास करना ▸ **dietary** *adj.* पथ्य-विषयक

dietitian /ˌडाइअ'टिश्न्/ *n.* (*also* **dietician**) वह व्यक्ति जो स्वस्थ रहने के लिए 'क्या खाना तथा पीना चाहिए' विषय पर सलाह देता है, आहार विशेषज्ञ

differ /'डिफ़(र्)/ *v.* **1** भिन्न या अलग होना **2** मतभेद होना, अलग राय रखना

difference /'डिफ़्रन्स्/ *n.* **1** अंतर, भेद, फ़र्क़ **2** अंतर, शेष, बाक़ी ▸ **different** *adj.* **1** भिन्न, अलग प्रकार का, एक जैसा नहीं **2** अलग-अलग, विशिष्ट, अपनी तरह का ▸ **differently** *adv.* अलग तरह से

differentiate /ˌडिफ़'रेनुशिएट्/ *v.* **1** वस्तुओं के बीच अंतर पहचानना और उसे स्पष्ट करना **2** एक चीज़ को दूसरी से अलग दिखाना ▸ **differentiation** *n.* अंतर, भेद, फ़र्क़

difficult /'डिफ़िकल्ट्/ *adj.* **1** (कार्य आदि) कठिन, मुश्किल **2** (व्यक्ति) टेढ़ा, अविवेकी या सहायता न करने वाला

difficulty /'डिफ़िकल्टि/ *n.* (*pl.*

difficulties) 1 समस्या, कष्टकर स्थिति 2 कठिनाई, कठिनता, दुःसाध्यता

diffract /डि'फ्रैक्ट्/ *v.* (भौतिकशास्त्र में) तंग सूराख़ में से या किनारे के आर-पार जाते हुए प्रकाश-किरणों या लहर-शृंखला का बहुरंगी पैटर्न में विभाजन करना, व्यतिकरण होना ▸ **diffraction** *n.* बहुरंगी पैटर्न में विभाजन, विवर्तन

diffuse /डि'फ़्यूज़्/ *v.* 1 सब दिशाओं में दूर-दूर तक फैलना, चारों ओर बिखरना या बिखराना, छितरना या छितराना 2 (किसी गैस या द्रव का) धीरे-धीरे अन्य वस्तु में मिल जाना या मिलकर एक हो जाना ▸ **diffuse** *adj.* दूर-दूर तक बिखरा या छितरा हुआ, विसरित ▸ **diffusion** *n.* बिखराव, छितराव, विसरण

dig /डिग्/ *v.* खोदना, गड्ढा करना ▸ **dig** *n.* 1 किसी को परेशान करने के लिए कुछ कहना, ताना, फ़ब्ती 2 अध्ययन की दृष्टि से ऐतिहासिक एवं वैज्ञानिक महत्व की वस्तुओं की प्राप्ति के लिए समूह द्वारा खुदाई अथवा खुदाई की जानेवाली जगह, पुरातत्व-संबंधी खुदाई

digest /डाइ'जेस्ट्/ *v.* 1 (आहार को) पचाना, शरीर द्वारा पोषण प्राप्ति के लिए आहार का रूपांतरण करना 2 नई बात को अच्छी तरह समझना ▸ **digestive** *adj.* पाचक, पाचनसंबंधी

digit /'डिजिट्/ *n.* 0 से 9 तक कोई अंक, डिजिट

digital /'डिजिट्ल्/ *adj.* ध्वनि-रिकार्डिंग या सूचना-संग्रहण के लिए अंक का प्रयोग करने वाली इलेक्ट्रॉनिक पद्धति, डिजिटल

digitize /'डिजिटाइज़्/ *v.* (or **-ise**) (कंप्यूटर) सूचना-सामग्री को अंकीय रूप में परिवर्तित करना

dignified /'डिग्निफ़ाइड्/ *adj.* गरिमामय, मान-मर्यादापूर्ण, शालीन

dignitary /'डिग्निटरि/ *n.* (*pl.* **dignitaries**) प्रभावशाली अथवा महत्वपूर्ण पद पर आसीन व्यक्ति, महानुभाव, उच्च पदस्थ

dignity /'डिग्नटि/ *n.* (*pl.* **dignitaries**) 1 शांत और गंभीर आचरण 2 गरिमा, मर्यादा

digress /डाइ'ग्रेस्/ *v.* मुख्य विषय से हटकर अन्य विषय (अपेक्षाकृत गौण) की चर्चा करने लगना या उस में संलग्न हो जाना ▸ **digression** *n.* विषयांतर

diktat /'डिक्टैट्/ *n.* शक्तिशाली व्यक्ति का आदेश जिसका अनुपालन होना चाहिए, अलोकप्रिय और कड़ा आदेश

dilapidated /डि'लैपिडेटिड्/ *adj.* (भवन, फ़र्नीचर आदि) जीर्ण-शीर्ण, टूटा-फूटा ▸ **dilapidation** *n.* जीर्ण-शीर्ण स्थिति, क्षय, क्षति

dilemma /डाइ'लेमा/ *n.* दो या अधिक वस्तुओं में से एक का चयन करने की कठिन स्थिति, दुविधा, असमंजस

dilettante /ˌडिल'टैन्टि/ *n.* (*pl.* **dilettanti** or **dilettantes**) मात्र मनोरंजन के लिए रुचि लेने वाला, (मनोरंजनार्थ) कलाप्रेमी

diligent /'डिलिजन्ट्/ *adj.* परिश्रमी, सावधान और कर्मठ ▸ **deligence** *n.* परिश्रम, कर्मठता, अध्वसाय

dilly-dally /'डिलि डैलि/ *v.* (**dilly-dallying, dilly-dallied**) डाँवा-डोल होना, आवारा फिरना

dilute /डाइ'लूट्/ *v.* (पानी या कोई अन्य द्रव मिलाकर) किसी द्रव को पतला करना ▸ **dilute** *adj.* तनुकृत, विरल, पतला ▸ **dilution** *n.* विलयन, हलकापन

d

dim /डिम्/ *adj.* (**dimmer, dimmest**) **1** मंद, धुँधला, अस्पष्ट **2** (स्थिति) उत्साहजनक नहीं ▸ **dimly** *adv.* मंदभाव से ▸ **dim** *v.* (**dimming, dimmed**) धुँधला या अस्पष्ट हो जाना या कर देना

dimension /डाइ'मेन्शन्/ *n.* **1** लंबाई, चौड़ाई या ऊँचाई का मापन, आयाम **2** लंबाई, चौड़ाई और ऊँचाई से मिलकर निर्धारित (किसी वस्तु का) आकार ▸ **dimensional** *adj.* आयामों की निर्दिष्ट संख्या से युक्त

diminish /डि'मिनिश्/ *v.* छोटा होना या छोटा करना, महत्व घटाना, कम होना या करना

diminutive /डि'मिन्यटिव्/ *adj.* सामान्य से काफ़ी छोटा, नन्हा

dimple /'डिम्प्ल्/ *n.* मुस्कराते समय गाल या ठुड्डी पर पड़ने वाला गड्ढा

din /डिन्/ *n.* शोर-शराबा, हल्ला-गुल्ला ▸ **din** *v.* (**dinning, dinned**) शोरगुल करना, हल्ला करना

dine /डाइन्/ *v.* भोजन करना (विशेषतः सायंकाल में) ▸ **diner** *n.* **1** रेस्तराँ में भोजन करने वाला **2** सस्ते भोजन का रेस्तराँ

dinghy /'डिङ्गि/ *n.* (*pl.* **dinghies**) छोटी नाव (प्रायः इसका प्रयोग बड़ी नाव से किनारे पर छोड़ने के लिए किया जाता है), डोंगी

dingy /'डिन्जि/ *adj.* गंदा और अँधेरा

dinner /'डिन(र्)/ *n.* **1** दिन का मुख्य भोजन (दोपहर को या शाम को) **2** रात्रिभोज

dinosaur /'डाइनसॉ(र्)/ *n.* बहुत पहले विलुप्त एक विशालकाय जानवर, डायनासोर

diocese /'डाइअसिस्/ *n.* एक बिशप (वरिष्ठ ईसाई धर्मगुरु) के अधीन क्षेत्र जहाँ अनेक चर्च हों, बिशपक्षेत्र, धर्मप्रांत

dip /डिप्/ *v.* (**dipping, dipped**) **1** किसी वस्तु को द्रव में डुबोकर एकदम निकालना **2** नीचे की ओर जाना, घटना या घटाना ▸ **dip** *n.* **1** अस्थायी रूप से गिरावट, उतार **2** (नदी या समुद्र में) डुबकी

diploma /डि'प्लोमा/ *n.* डिप्लोमा, शैक्षिक प्रमाणपत्र

diplomacy /डि'प्लोमसि/ *n.* **1** भिन्न देशों के बीच संबंध बनाने की क्रिया, राजनय, अंतरराष्ट्रीय कूटनीति **2** व्यवहार-कुशलता ▸ **diplomat** *n.* विदेश में नियुक्त किसी देश का प्रतिनिधित्व करने वाला अधिकारी, राजनयज्ञ, कूटनीतिज्ञ ▸ **diplomatic** *adj.* **1** कूटनीतिक, कूटनीति-विषयक **2** व्यवहार-कुशल, चतुर, चातुर्यपूर्ण

dire /'डाइअ(र्)/ *adj.* भयानक, गंभीर, दारुण

direct /ड'रेक्ट्, डि-, डाइ-/ *adj.* & *adv.* **1** सीधा, प्रत्यक्ष, साक्षात् **2** सीधे, बिना मुड़े, बिना घूमे जानेवाला ▸ **direct** *v.* **1** किसी दिशा विशेष की ओर किसी बात का संकेत करना या लक्ष्य करना **2** (किसी व्यक्ति या वस्तु को) निर्देशित करना, नियंत्रित करना

direction /ड'रेक्शन्, डि-, डाइ-/ *n.* **1** (गति की) दिशा, रास्ता **2** निर्देश, निदेश,लक्ष्य **3** प्रबंधन या मार्गदर्शन

directive /डि-,डाइ, -ड'रेक्टिव्,/ *n.* (कुछ करने का) आधिकारिक आदेश, निर्देश, हिदायत

directly /डि-, डाइ-, ड'रेक्ट्लि,/ *adv.* **1** सीधी दिशा में, सीधे तरीक़े से

2 तुरंत, बहुत जल्दी ▸ **directly** *conj.* ज्यों ही

director /ड'रेक्ट(र्), डि-, डाइ-/ *n.* 1 किसी संगठन अथवा कंपनी का प्रबंधन अथवा नियंत्रण करनेवाला, निदेशक, निर्देशक संचालक 2 किसी कंपनी या शिक्षा संस्थान में विभाग का प्रमुख या अध्यक्ष 3 फ़िल्म या नाटक का निर्देशक

directory /डि-,डाइ-, ड'रेक्टरि,/ *n.* (*pl.* **directories**) 1 वर्णक्रम में नाम, पते और टेलीफ़ोन नंबरों की सूची, (टेलीफ़ोन) निर्देशिका, डाइरेक्ट्री 2 कंप्यूटर की फ़ाइल जिसमें अन्य फ़ाइलें और प्रोग्राम समाविष्ट हों

dirge /डर्ज/ *n.* 1 (विशेषकर विगत में) दाह-संस्कार के समय या किसी मृत व्यक्ति के प्रति दुःख व्यक्त करने के लिए गाया जानेवाला गीत, शोक-गीत, मरसिया 2 अत्यंत मंद, दुःखद तथा नीरस संगीत

dirt /डर्ट/ *n.* 1 मैल, गंदगी 2 मिट्टी, धूल

dirty /'डर्टि/ *adj.* (**dirtier, dirtiest**) 1 मैला, गंदा 2 अप्रिय या बेईमान, कुत्सित, घृणित ▸ **dirty** *v.* (**dirtying, dirtied**) गंदा, मैला होना या कर देना ▸ **dirty** *adv.* गंदे ढंग से अनुचित आचरण करना (सामान्यतः खेल में)

disability /,डिस'बिलटि/ *n.* (*pl.* **disabilities**) 1 शारीरिक रूप से अशक्त होने की स्थिति, विकलांगता (प्रायः चोट या रोग के कारण) 2 शरीर को अशक्त बनाने वाला गुण-धर्म, विकलांगता

disable /डिस्'एब्ल्/ *v.* (प्रायः चोट या रोग के कारण) किसी को विकलांग कर देना या किसी का विकलांग हो जाना ▸ **disabled** *adj.* 1 विकलांग, अपंग 2 *n.* विकलांग या अपंग व्यक्ति

disadvantage /,डिसड्'वान्टिज/ *n.* 1 प्रतिकूल बात, घाटे की बात, सफलता या उन्नति में बाधक 2 परेशानी की बात या हानि

d

disagree /,डिस'ग्री/ *v.* 1 (किसी से) अलग राय रखना या होना, सहमत न होना 2 मेल न खाना ▸ **disagreement** *n.* असहमति, विरोध

disappear /,डिस'पिअ(र्)/ *v.* 1 अदृश्य हो जाना, ग़ायब हो जाना, खो जाना, मिल न पाना 2 लुप्त हो जाना

disappoint /,डिस'पॉइन्ट्/ *v.* आशा के अनुरूप श्रेष्ठ, रुचिकर आदि न होना, (किसी को) निराश करना, हताश करना ▸ **disappointment** *n.* निराशा, क्षोभ

disapprove /,डिस'प्रूव्/ *v.* (किसी बात को) अनुचित समझना, नापसंद करना ▸ **disapproving** *adj.* अस्वीकृतिसूचक, नापसंदगी वाला

disarm /डिस्'आम्/ *v.* 1 किसी से हथियार ले लेना, किसी को निहत्था (या निःशस्त्र) कर देना 2 (देश) हथियारों की संख्या में कमी करना

disarray /,डिसअरे/ *n.* 1 अनुशासन तथा संगठन के अभाव में पूर्ण अव्यवस्था की स्थिति 2 (पोशाक) अव्यवस्था, क्रमभंग, गड़बड़, उलट-पुलट

disaster /डि'ज़ास्ट(र्)/ *n.* 1 व्यापक पैमाने पर हानि अथवा क्षति पहुँचानेवाली घटना, महाविनाश, तबाही 2 घोर विपत्ति, महाविपदा ▸ **disastrous** *adj.* अनर्थकारी, दुःखद, विनाशकारी

disband /डिस्'बैन्ड्/ *v.* विघटित हो जाना या कर देना, अलग-अलग हो जाना या कर देना

d

disbelieve /ˌडिस्‌बि'लीव्/ *v.* विश्वास न करना, अविश्वास करना ▸ **disbelief** *n.* अविश्वास

disburse /डिस्'बस्/ *v.* उद्देश्य विशेष से इकट्ठा किए गए धन से पैसे देना, चुकाना, अदा करना, ख़र्चा करना, व्यय करना ▸ **disbursement** *n.* अदायगी, भुगतान, वितरण, ख़र्च, व्यय

disc /डिस्क्/ *n.* (*US* **disk**) तश्तरी, तवा, गोल सपाट वस्तु. डिस्क

discard /डिस्'काड्/ *v.* (बेकार समझकर) फेंक देना

discern /डि'सन्/ *v.* कठिनाई से किसी वस्तु को देख या पहचान पाना ▸ **discernible** *adj.* दृश्य, दृष्टिगोचर ▸ **discerning** *adj.* विवेकशील, गुणवत्ताग्राही

discharge /डिस्'चाज्/ *v.* **1** (द्रव, गैस आदि को) छोड़ना **2** (अस्पताल आदि से) छुट्टी देना, (किसी को) बाहर या दूर भेज देना या मुक्त कर देना ▸ **discharge** *n.* **1** बाहर या दूर भेजने की क्रिया, निकास या बहाव, मुक्ति या छुट्टी **2** स्राव

disciple /डि'साइप्ल्/ *n.* शिष्य, चेला, अनुयायी

disciplinary /ˌडिस'प्लिनरि/ *adj.* नियमभंग के लिए दंडित करने से संबंधित, अनुशासनिक, अनुशासनात्मक

discipline /'डिसप्लिन्/ *n.* **1** नियम-पालन और सदाचरण की शिक्षा, अनुशासन **2** अध्ययन का विषय, ज्ञान-विज्ञान की शाखा ▸ **discipline** *v.* **1** अनुशासित करना, नियंत्रित आचरण का प्रशिक्षण देना **2** दंड देना

disclaimer /डिस्'क्लेम(र्)/ *n.* अस्वीकरण, अस्वीकृति, अधिकार-त्याग, प्रत्याख्यान

disclose /डिस्'क्लोज़्/ *v.* किसी को कोई बात बताना या सार्वजनिक रूप से प्रकट करना

discolour /डिस्'कल(र्)/ *v.* (*US* **discolor**) रंग बिगड़ना या बिगाड़ना (प्रायः प्रकाश पड़ने से, बढ़ती आयु या गंदगी के कारण)

discomfort /डिस्'कम्फ़ट्/ *n.* **1** बे-आरामी, परेशानी **2** उलझन, शर्म

disconcert /ˌडिस्कन्'सट्/ *v.* (किसी के) चित्र को विक्षुब्ध कर देना ▸ **disconcerting** *adj.* विक्षोभकारी

disconnect /ˌडिस्क'नेक्ट्/ *v.* **1** (किसी भवन या उपकरण की) पानी, गैस या बिजली की आपूर्ति काटना **2** (किसी को किसी से) अलग करना

disconsolate /डिस्'कॉन्सलट्/ *adj.* मायूस, अत्यधिक निराश

discontent /ˌडिस्कन्'टेन्ट्/ *n.* असंतोष, नाराज़गी ▸ **discontented** *adj.* असंतुष्ट, नाराज़

discontinue /ˌडिस्कन्'टिन्यू/ *v.* (किसी को) रोक देना या (किसी वस्तु का) उत्पादन बंद कर देना

discord /'डिस्कॉड्/ *n.* असहमति, अवज्ञा या विवाद, झगड़ा ▸ **discordant** *adj.* बेमेल, असंगत

discount /'डिस्काउन्ट्/ *n.* सामान्य से कम दाम, छूट ▸ **discount** *v.* (किसी बात को) असत्य या महत्वहीन मानना, नगण्य समझना, ध्यान न देना

discourage /डिस्'करिज्/ *v.* (किसी व्यक्ति को) निरुत्साहित करना ▸ **discouraged** *adj.* निरुत्साहित ▸ **discouragement** *n.* निरुत्साह

discourse /'डिस्कॉस्/ *n.* **1** किसी विषय पर गंभीर चर्चा (भाषण या लेख)

2 प्रवचन 3 लिखित और मौखिक माध्यम में भाषा का सार्थक प्रयोग, किसी पाठ (अनुच्छेद) के विभिन्न अंशों की संबद्धता का अध्ययन,प्रोक्ति

discover /डि'स्कव़(र्)/ *v.* **1** किसी नई बात का पता लगाना या उसे जानना **2** (किसी अज्ञात बात या वस्तु को) अप्रत्याशित रूप से खोज निकालना या उसे जान लेना ▸ **discovery** *n.* (*pl.* **discoveries**) **1** खोज **2** खोजी गई वस्तु

discredit /डिस्'क्रेडिट्/ *v.* **(discrediting, discredited)** (किसी को) बदनाम करना, (किसी की) प्रतिष्ठा घटाना ▸ **discredit** *n.* बदनामी, अपयश

discreet /डि'स्क्रीट्/ *adj.* सावधान, सतर्क ▸ **discreetly** *adv.* सावधानी से, सतर्कता से

discrepancy /डिस'क्रेपन्सि/ *n.* (*pl.* **discrepancies**) (दो बातों में) असंगति, अंतर (दो समान चीजों में)

discrete /डि'स्क्रीट्/ *adj.* जो किसी से जुड़ा हुआ न हो, पृथक, अलग

discretion /डि'स्क्रेशन्/ *n.* **1** निर्णय लेने की स्वतंत्रता एवं क्षमता, विवेक, **2** कुछ कहते या करते हुए सावधान रहना ताकि किसी को किसी प्रकार की कठिनाई न हो, समझदारी, बुद्धिमानी

discriminate /डि'स्क्रिमिनेट्/ *v.* **1** (किसी के प्रति) भेदभाव करना या रखना **2** (किन्हीं दो के बीच) भेदभाव करना, (किन्हीं दो वस्तुओं या वर्गों को) अलग-अलग समझना ▸ **discrimination** *n.* भेदभाव

discriminating /डि'स्क्रिमिनेटिङ्/ *adj.* किसी चीज़ की गुणवत्ता का आकलन करने में समर्थ, विवेकशील, समझदार

discursive /डिस्'कसिव़/ *adj.* (भाषण या लेखन) असंबद्ध, विश्रृंखल, अगठित

discuss /डि'स्कस्/ *v.* (लेख या भाषण के रूप में) गंभीर विचार-विमर्श करना ▸ **discussion** *n.* चर्चा-परिचर्चा, विचार-विमर्श

d

disdain /डिस्'डेन्/ *n.* यह भावना कि कोई सम्माननीय नहीं है, तिरस्कार, अवज्ञा ▸ **disdainful** *adj.* तिरस्कारपूर्ण

disease /डि'ज़ीज़्/ *n.* (मनुष्यों, पशुओं या पौधों को) रोग ▸ **diseased** *adj.* रोगी, रोगाक्रांत, रुग्ण

disembark /ˌडिसिम्'बाक्/ *v.* जलपोत या विमान से नीचे आना या उतरना

disembodied /ˌडिसइम्'बॉडिड्/ *adj.* **1** (ध्वनि) ऐसे व्यक्ति या स्थान से आते हुए प्रतीत होना जिसे देखा या पहचाना न जा सके, अदृश्य **2** शरीर से अलग या शरीर से जुड़ा नहीं, बिना शरीर के अस्तित्व में, देहमुक्त

disengage /ˌडिसिन्'गेज्/ *v.* **1** बंधनमुक्त करना, अलग करना (व्यक्ति या वस्तु से छुड़ाना) **2** (दो युद्धरत सेनाओं के लिए प्रयुक्त) लड़ाई रोक देने तथा अन्य दिशा में पलायन कर जाने का आदेश

disentangle /ˌडिसिन्'टैङ्ग्ल्/ *v.* किसी लिपटी हुई वस्तु से किसी व्यक्ति या वस्तु को मुक्त करना, सुलझाना

disfigure /डिस्'फ़िग(र्)/ *v.* किसी की शकल को बिगाड़ना, विरूपित करना

disgrace /डिस्'ग्रेस्/ *n.* **1** प्रायः बुरे आचरण के कारण सम्माननीय न होने की स्थिति, सार्वजनिक बदनामी, अपयश **2** (व्यक्ति या वस्तु) कलंक, अपयश की बात ▸ **disgrace** *v.* बदनामी कराना,

d

कलंकित कराना, अपयश कराना ▸ **disgraceful** *adj.* शर्मनाक, अपमानजनक

disgruntled /डिस्'ग्रन्ट्ल्ड्/ *adj.* निराश और रुष्ट

disguise /डिस्'गाइज़्/ *v.* आकृति, आवाज़ आदि को ऐसे बदल लेना या बदल देना कि पहचाना न जा सके ▸ **disguise** *n.* रूप बदलने के लिए धारण की गई वस्तु, छद्मवेश, स्वाँग

disgust /डिस्'गस्ट्/ *n.* प्रबल अनिच्छा, जुगुप्सा ▸ **disgust** *v.* 1 जुगुप्सा उत्पन्न करना 2 विरुचि उत्पन्न करना, घिन पैदा करना

dish /डिश्/ *n.* 1 रक़ाबी, तश्तरी, गहरी प्लेट 2 व्यंजन, विशेष प्रकार से बनाया गया पकवान

disharmony /डिस्'हामनि/ *n.* असामंजस्य, समन्वय का अभाव, अनबन

dishearten /डिस्'हाट्न्/ *v.* निराश करना, हताश करना, हिम्मत तोड़ना

dishevelled /डि'शेव्ल्ड्/ *adj.* (*US* **disheveled**) (व्यक्ति की शक्ल, कपड़े, बाल आदि) अस्त-व्यस्त, मैला-कुचैला

dishonest /डिस्'ऑनिस्ट्/ *adj.* बेईमान, धोखेबाज़ ▸ **dishonestly** *adv.* बेईमानी से, धोखे से ▸ **dishonesty** *n.* बेईमानी, धोखा

disillusion /ˌडिसि'लूश़्न्/ *v.* किसी के विश्वास को तोड़ना, विश्वास-भंग करना ▸ **disillusion** *n.* विश्वास-भंग

disincentive /ˌडिसइन्'सेन्टिव्/ *n.* प्रेरणा या उत्साह कम करने वाला, विप्रेरक

disinclination /ˌडिस्ˌइनक्लि'नेशन्/ *n.* अनिच्छा, अरुचि, विमुखता

disinfect /ˌडिसिन्'फ़ैक्ट्/ *v.* किसी वस्तु को द्रव के प्रयोग से रोगाणु-विहीन करना ▸ **disinfection** *n.* रोगाणुनाशन

disinfectant /ˌडिसिन्'फ़ेक्टन्ट्/ *n.* (किसी वस्तु को साफ़ करने के लिए प्रयुक्त) रोगाणुनाशक पदार्थ

disingenuous /ˌडिसिन्'जेन्युअस्/ *adj.* धूर्त, खोटा, अविश्वसनीय

disinherit /ˌडिसिन्'हेरिट्/ *v.* (किसी को विशेषकर अपने बेटे अथवा बेटी को) उत्तराधिकार से वंचित करना

disintegrate /डिस्'इन्टिग्रेट्/ *v.* टुकड़े-टुकड़े हो जाना, विखंडित होना, विघटित होना ▸ **disintegration** *n.* विखंडन, विघटन

disinterest /डिस्'इन्ट्रस्ट्/ *n.* 1 अरुचि, विरुचि, अनिच्छा 2 निष्पक्ष, बेलाग, निःस्वार्थ

disjointed /डिस्'जॉइन्टिड्/ *adj.* विशृंखलित और इसलिए समझने में कठिन ▸ **disjointedly** *adv.* विशृंखलित रूप से

dislike /डिस्'लाइक्/ *v.* (किसी व्यक्ति या वस्तु को) नापसंद करना ▸ **dislike** *n.* नापसंदगी, नफ़रत

dislocate /'डिस्लकेट्/ *v.* (किसी वस्तु, प्रायः हड्डी का) अपने स्थान से हट जाना, हटा दिया जाना, जोड़ उखड़ना, उखाड़ना ▸ **dislocation** *n.* विस्थापन, स्थान-भ्रंश, उखड़ा जोड़

dismal /'डिज़्मल्/ *adj.* 1 दुखद या दुखभरा, निराशाजनक 2 निम्नस्तरीय, घटिया

dismantle /डिस्'मैन्ट्ल्/ *v.* (किसी वस्तु) को विखंडित या टुकड़े-टुकड़े कर देना, (किसी मशीन आदि के) पुरज़े खोलना

dismay /डिस्'मे/ *n.* प्रबल निराशा और व्याकुलता ▸ **dismay** *v.* हतोत्साह करना

dismiss /डिस्'मिस्/ *v.* **1** किसी बात को ख़ारिज कर देना, सोच-विचार के लायक़ न मानना **2** (किसी व्यक्ति को) नौकरी से निकाल देना, बरख़ास्त कर देना ▸ **dismissal** *n.* बरख़ास्तगी, अस्वीकृति, सेवामुक्ति

dismissive /डिस्'मिसिव्/ *adj.* (किसी व्यक्ति या वस्तु के प्रति) उपेक्षाशील, उपेक्षाकारी, अगंभीर, (किसी व्यक्ति, वस्तु को) सोच-विचार के लायक़ न मानने वाला

disobedient /ˌडिस'बीडिअन्ट्/ *adj.* आदेश को मानने से इनकार करने वाला या आदेश का पालन न कर सकने वाला, अवज्ञाकारी ▸ **disobedience** *n.* अवज्ञा

disobey /ˌडिस'बे/ *v.* आदेश के पालन से इनकार करना, आदेश को न मानना

disorganized /डिस्'ऑगनाइज़्ड्/ *adj.* अव्यवस्थित, योजना निर्माण या सुनियोजन में असमर्थ

disorientate /डिस्'ऑरिअन्टेट्/ *v.* दिशा के विषय में भ्रमित हो जाना या कर देना ▸ **disorientation** *n.* दिग्भ्रांति, स्थिति भ्रांति, दिशाभ्रम,

disown /डिस्'ओन्/ *v.* (किसी को) अपनाने से इन्कार कर देना

disparage /डि'स्पैरिज्/ *v.* (किसी की) निंदा करना, तुच्छ समझना ▸ **disparaging** *adj.* निंदात्मक, अपमानजनक

disparate /'डिस्परट्/ *adj.* **1** व्यक्ति या वस्तु जो आचरण और गुण में बेहद भिन्न हों **2** (दो या अधिक वस्तु) एक-दूसरे से अतुल्य रूप से भिन्न या असमान ▸ **disparity** *n.* (*pl.* **disparities**) अंतर, असमानता

dispassionate /डिस्'पैशनट्/ *adj.* आवेश रहित, उत्तेजना रहित, शांतचित्त ▸ **dispassionately** *adv.* बिना उत्साह के, निष्पक्ष रूप से

dispel /डि'स्पेल्/ *v.* (**dispelling**, **dispelled**) (शंका आदि को) दूर कर देना, भगा देना

dispensable /डि'स्पेन्सबल्/ *adj.* जो सर्वथा आवश्यक या अपरिहार्य न हो, परिहार्य

dispensary /डि'स्पेन्सरि/ *n.* (*pl.* **dispensaries**) **1** अस्पताल का वह स्थान जहाँ रोगियों के लिए दवाएँ तैयार की जाती हैं, डिस्पेंसरी, दवाघर **2** औषधालय (विशेषतः धर्मार्थ)

disperse /डि'स्पस्/ *v.* बिखर जाना, विसर्जित हो जाना, बिखरा देना, विसर्जित कर देना ▸ **dispersion** *n.* छितराव, बिखराव

displace /डिस्'प्लेस्/ *v.* **1** किसी का स्थान ले लेना या छीन लेना **2** किसी को अपनी जगह छोड़ने के लिए बाध्य करना, विस्थापित करना ▸ **displacement** *n.* विस्थापन, स्थानापन्न

display /डि'स्प्ले/ *v.* **1** किसी वस्तु को ऐसे स्थान पर रखना कि लोग उसे देख सकें या उस ओर उनका ध्यान आकृष्ट हो, किसी वस्तु को प्रदर्शित करना **2** गुण या भाव का प्रदर्शन करना ▸ **display** *n.* **1** सावर्जनिक स्थान पर वस्तुओं का व्यवस्थित प्रदर्शन **2** किसी वस्तु की क्रियाशीलता का सार्वजनिक प्रदर्शन

displease /डिस्'प्लीज़्/ *v.* किसी को रुष्ट या नाराज़ करना ▸ **displeased** *adj.* अप्रसन्न, रुष्ट

disposable /डि'स्पोज़ब्ल्/ *adj.* एक बार प्रयोग के बाद फेंकने योग्य

d

d

disposal /डि'स्पोज़्ल्/ *n.* किसी वस्तु से मुक्ति पाने या उसे फेंक देने की क्रिया, निपटान, निष्कासन

disposition /ˌडिस्प'ज़िश्न्/ *n.* **1** किसी व्यक्ति के स्वभाव की प्रकृत विशेषताएँ, स्वभाव, मिज़ाज **2** प्रवृत्ति, रुख़

disproportionate /ˌडिस्प्र'पॉशनट्/ *adj.* अन्य वस्तु की तुलना में बहुत बड़ा या बहुत छोटा, असंगत, अनुपातहीन, बेमेल

dispute /'डिस्प्यूट्, डि'स्प्यूट्/ *n.* (दो व्यक्तियों, समूहों या देशों के बीच) विवाद, झगड़ा ▸ **dispute** *v.* विवाद या बहस करना, झगड़ा करना

disqualify /डिस्'क्वॉलिफ़ाइ/ *v.* **(disqualifying, disqualified)** किसी को कोई विशेष काम करने से क़ानूनन रोकना, अयोग्य ठहराना (प्रायः क़ानून भंग का दोषी होने के कारण) ▸ **disqualification** *n.* अनर्हता, अयोग्यता

disregard /ˌडिस्रि'गाड्/ *v.* किसी की उपेक्षा करना, किसी बात पर ध्यान न देना, किसी बात को महत्वहीन या उपेक्षणीय समझना ▸ **disregard** *n.* उपेक्षा, बिना परवाह किए

disrepute /ˌडिस्रि'प्यूट्/ *n.* ऐसी स्थिति जिसमें किसी के लिए सम्मान ख़त्म हो जाता है, बदनामी, कुख्याती

disrespect /ˌडिस्रि'स्पेक्ट्/ *n.* (किसी के लिए प्रदर्शित) अनादर, अशिष्टता ▸ **disrespectful** *adj.* अशिष्ट ▸ **disrespectfully** *adv.* अशिष्टतापूर्वक, अनादरपूर्वक

disrobe /डिस्'रोब्/ *v.* पोशाक या कपड़े उतारना

disrupt /डिस्'रप्ट्/ *v.* (किसी क्रिया को) विच्छिन्न कर देना, विघ्न पैदा करना, विघटन करना ▸ **disruption** *n.* विच्छिन्नता, बाधा, विघटन ▸ **disruptive** *adj.* विच्छेदकारी, बाधक

dissatisfied /डिस्'सैटिस्फ़ाइड्/ *adj.* असंतुष्ट, नाराज़ ▸ **dissatisfaction** *n.* असंतुष्टि, नाराज़गी

dissect /डि'सेक्ट्/ *v.* अध्ययनार्थ शव, पौधे आदि के टुकड़े करना, चीर-फाड़ करना ▸ **dissection** *n.* चीर-फाड़

disseminate /डि'सेमिनेट्/ *v.* (सूचना, ज्ञान आदि का) व्यापक प्रसार करना, वितरण करना, फैलाना, प्रचार करना ▸ **dissemination** *n.* प्रचार, प्रसार, विकीर्णन, वितरण

dissent /डि'सेन्ट्/ *n.* आधिकारिक अथवा सामान्य धारणा से असहमति ▸ **dissent** *v.* सामान्य धारणाओं से असहमति प्रकट करना, विसम्मति प्रकट करना, ▸ **dissenting** *adj.* असहमति, विसम्मत, असम्मत, विरोधी

dissertation /ˌडिस'टेश्न्/ *n.* पढ़े हुए विषय पर लंबा निबंध, प्रबंध (विशेषतः विश्वविद्यालयीय शिक्षा के अंतर्गत)

dissident /'डिसिडन्ट्/ *n.* अपनी सरकार की नीतियों का कठोर आलोचक (विशेषतः जहाँ आलोचना करना जोखिम भरा हो) ▸ **dissidence** *n.* विमिति, विसम्मति, असम्मति

dissimilar /डि'सिमिल(र्)/ *adj.* असदृश, विसदृश, भिन्न

dissipate /'डिसिपेट्/ *v.* **1** धीरे-धीरे कम होते-होते ग़ायब हो जाना, समाप्त हो जाना, धारे-धीरे कमज़ोर होकर ख़त्म हो जाना **2** (विशेष कर समय, धन, ऊर्जा

आदि) बहुमूल्य वस्तु का सही उपयोग नहीं करना, बर्बाद करना, नष्ट करना या होना

dissociate /डि 'सोशिएट्, 'सोस्/ *v.* (*also* **disassociate**) संबंध-विच्छेद करना या समर्थन न देना, दो वस्तुओं के अलग हो जाने की बात को प्रतिपादित करना ▸ **dissociation** *n.* अलगाव, वियोजन

dissolve /डि 'ज़ॉल्व्/ *v.* घुलना या घोलना, विलीन हो जाना

dissuade /डि 'स्वेड्/ *v.* (किसी को कोई काम करने से) मना करना, रोकना

distance /'डिस्टन्स्/ *n.* **1** (दो स्थानों या वस्तुओं के बीच) दूरी **2** (किसी से) काफ़ी दूर का स्थान ▸ **distance** *v.* (किसी व्यक्ति या वस्तु से) अधिक मेल-जोल न रखना

distant /'डिस्टन्ट्/ *adj.* **1** स्थान या समय की दृष्टि से काफ़ी दूर **2** (संबंधी) दूर का

distasteful /डिस् 'टेस्ट्फ़्ल्/ *adj.* अरुचिकर या बुरा लगने वाला

distil /डि 'स्टिल्/ *v.* (*US* **distill**) (**distilling, distilled**) द्रव को शुद्ध करने के लिए उसे भाप बनाना और फिर ठंडा करके पुनः द्रव बनाना ▸ **distillation** *n.* द्रवशोधन, आसवन

distinct /डि 'स्टिङ्क्ट्/ *adj.* **1** स्पष्ट, सुव्यक्त **2** स्पष्टतया भिन्न ▸ **distinctly** *adv.* प्रत्यक्ष, स्पष्ट रूप से

distinction /डि 'स्टिङ्क्शन्/ *n.* **1** व्यक्तियों या वस्तुओं के बीच में स्पष्ट अंतर **2** परीक्षा में उत्कृष्ट कार्य के लिए परीक्षार्थी को प्राप्त उच्चतम अंक

distinguish /डि 'स्टिङ्ग्विश्/ *v.* **1** दो वस्तुओं या व्यक्तियों में अंतर पहचानना **2** (किसी व्यक्ति या वस्तु को) दूसरों से अलग करना (जिससे उसकी अपनी पहचान बने) *n.*

distinguished /डि 'स्टिङ्ग्विश् ट्/ *adj.* महत्वपूर्ण, सफल एवं सम्मानित

distort /डि 'स्टॉट्/ *v.* **1** शकल या आवाज़ को बिगाड़ देना **2** तोड़-मरोड़कर पेश करना ▸ **distortion** *n.* विरूपण, विकृति

distract /डि 'स्ट्रैक्ट्/ *v.* किसी व्यक्ति का किसी वस्तु से ध्यान हटाना ▸ **distraction** *n.* काम से ध्यान बँटाने वाली वस्तु, एकाग्रता भंग करनेवाली वस्तु

distraught /डि 'स्ट्रॉट्/ *adj.* बहुत व्याकुल, विक्षिप्त

distress /डि 'स्ट्रेस्/ *n.* **1** अत्यधिक पीड़ा और कष्ट **2** गंभीर संकट में, अतएव सहायता का अपेक्षी होना ▸ **distress** *v.* किसी को परेशान या नाराज़ कर देना ▸ **distressed** *adj.* परेशान, दुखी ▸ **distressing** *adj.* परेशान करने वाला, विक्षोभकारी

distribute /डि 'स्ट्रिब्यूट्, 'डिस्ट्रिब्यूट्/ *v.* **1** वितरण करना, बाँट देना **2** दुकानों, कंपनियों आदि तक माल पहुँचाना ▸ **distribution** *n.*वितरण, बँटवारा

distributor /डि 'स्ट्रिब्यट(र्)/ *n.* अनेक दुकानों एवं कंपनियों को वस्तुओं की आपूर्ति करनेवाला व्यक्ति अथवा कंपनी, वितरक (व्यक्ति या कंपनी)

district /'डिस्ट्रिक्ट्/ *n.* **1** किसी नगर या देश का विशिष्ट क्षेत्र **2** किसी नगर या देश का आधिकारिक खंड या प्रभाग

distrust /डिस् 'ट्रस्ट्/ *n.* किसी पर भरोसा न कर सकने का भाव, अविश्वास ▸ **distrust** *v.* अविश्वास करना ▸ **distrustful** *adj.* अविश्वासी

disturb /डि 'स्टब्/ *v.* **1** किसी के कुछ

d

d

काम करते समय उसमें बाधा पहुँचाना अथवा नींद में व्यवधान डालना, शांति भंग करना 2 किसी को चिंता में डाल देना ▸ **disturbance** *n.* व्यवधान, बाधा, गड़बड़ी ▸ **disturbed** *adj.* अशांत, व्याकुल

disuse /डिस्'यूस्/ *n.* प्रयोग या उपयोग में न रहना, अनुपयोग, अप्रयोग

ditch /डिच्/ *n.* सड़क या खेत के साथ-साथ बनाई गई खाई (पानी के बहने के लिए), ख़ंदक़, खात ▸ **ditch** *v.* किसी से छुटकारा पाना या किसी को छोड़ देना

ditto /'डिटो/ *n.* चिह्न से सूचित और पूर्वोक्त को न दुहराकर उसके स्थान पर प्रयुक्त, डिटो ▸ **ditto** *adv.* तदैव, ठीक इसी तरह से

diuretic /ˌडाइयु'रेटिक्/ *n.* मूत्र लाने वाली (औषधि), मूत्रल, मूत्रवर्धक

diurnal /डाइ'अन्ल्/ *adj.* 1 (पशु और पक्षी) दिन में सक्रिय रहने वाला, दिनचर 2 जिसमें एक दिन लगे, एकदिवसीय या एकदिनी

dive /डाइव्/ *v.* 1 बाँहों और सिर के बल पानी में ग़ोता लगाना 2 समुद्र, झील आदि में गहराई में तैरना ▸ **dive** *n.* 1 पानी में ग़ोता लगाने की क्रिया, ग़ोता 2 नीचे की ओर झपट्टेदार गति

diverge /डाइ'वर्ज्/ *v.* 1 (सड़कों, रेखाओं आदि का) एक-दूसरे से अलग होकर विभिन्न दिशाओं में जाना 2 (विचारों का) भिन्न होना या हो जाना

diverse /डाइ'वर्स्/ *adj.* एक-दूसरे से अलग, विविध

diversify /डाइ'वर्सिफ़ाइ/ *v.* (**diversifying, diversifies, diversified**) विविधता लाना, उत्पन्न करना, विविध रूपों में विकसित, विभक्त होना या करना ▸ **diversification** *n.* विविधीकरण, वैविध्यीकरण

diversion /डाइ'वर्शन्/ *n.* 1 मुख्य मार्ग बंद होने पर यातायात के लिए बना अन्य मार्ग, दूसरा रास्ता, सहपथ 2 ध्यान बाँटने वाली बात

diversity /डाइ'वर्सिटि/ *n.* (*pl.* **diversities**) विविधता, अनेकता

divert /डाइ'वर्ट्/ *v.* (किसी का) दिशा-परिवर्तन या उद्देश्य-परिवर्तन करना (विशेषतः समस्या के समाधान के लिए)

divide /डि'वाइड्/ *v.* 1 विभाजित करना 2 दो स्थानों या वस्तुओं को अलग करना ▸ **divide** *n.* अलगाव, अंतर, मतभेद

dividend /'डिविडेन्ड्/ *n.* कंपनी के शेयरधारकों को मिलने वाला लाभ

divine /डि'वाइन्/ *adj.* दिव्य, दैवी, ईश्वरीय ▸ **divinity** *n.* (*pl.* **divinities**) 1 ईश्वरत्व, देवत्व 2 धर्मशिक्षा

division /डि'विश़न्/ *n.* 1 विभाजन, बँटवारा, वितरण 2 मतभेद, मतांतर

divisive /डि'वाइसिव्/ *adj.* मतभेदकारी, लोगों को विभाजित करने वाला, विभाजक, विभाजनकारी

divorce /डि'वॉर्स्/ *n.* क़ानूनन विवाह-विच्छेद या तलाक़ ▸ **divorce** *v.* 1 (क़ानून के अनुसार) तलाक़ देना, लेना या होना 2 एक वस्तु को दूसरी वस्तु से पृथक करना ▸ **divorced** *adj.* असंबद्ध, तलाक़शुदा, पृथक्कृत या पृथग्भूत

divulge /डाइ'वल्ज्/ *v.* गुप्त बात बताना, (रहस्य) प्रकट करना

dizzy /'डिज़ि/ *adj.* (**dizzier, dizziest**) 1 (व्यक्ति) जिसे चक्कर आ रहा हो, चक्कर से आक्रांत 2 बहुत अधिक, चरम ▸ **dizziness** *n.* चक्कर

DJ /ˌडी'जे/ *n.* (*also* **disc jockey**) रेडियो पर या क्लब में संगीत कार्यक्रम का प्रस्तुतकर्ता (व्यक्ति), डीजे

DNA /ˌडी एन'ए/ *n.* किसी सजीव प्राणी या पौधे की कोशिकाओं में विद्यमान रसायन जो उसके गुणधर्म को निर्धारित करता है, डीएनए

do /ड,डू/ *v.* (**does, doing, did, done**) **1** मुख्य क्रिया के साथ प्रयुक्त (सहायक) क्रिया प्रश्नवाचक, वाक्यों में प्रयुक्त **2** मुख्य क्रिया पर बल देने के लिए प्रयुक्त या पूर्व प्रयुक्त क्रिया को दुहराने से वचन के लिए प्रयुक्त ▸ **do** *v.* **1** (कुछ कार्य) करना **2** प्रगति या विकास करना, सुधार करना किसी कार्य से संबद्ध होना ▸ **do** *n.* (*pl.* **dos** or **do's**) पार्टी या अन्य सामाजिक कार्यक्रम

docile /'डोसाइल्/ *adj.* (व्यक्ति या पशु) शांत और सरलता से नियंत्रण में आने वाला या सधने वाला, शांत और विनीत ▸ **docility** *n.* विनय, अधीनता

dock /डॉक्/ *n.* गोदी, बंदरगाह का वह हिस्सा जहाँ जहाज़ का माल उतारा-चढ़ाया जाता है, जहाज़ की मरम्मत होती है आदि ▸ **dock** *v.* **1** जहाज़ का गोदी में आना, जहाज़ को गोदी में लाना **2** किसी की कमाई में से कुछ अंश काट लेना (विशेषतः दंडस्वरूप)

doctor /'डॉक्टर(र्)/ *n.* **1** डॉक्टर, चिकित्सक **2** डॉक्टर की दुकान या क्लिनिक ▸ **doctor** *v.* **1** अनुचित रूप से किसी वस्तु में कुछ बदलना या किसी वस्तु से छेड़छाड़ करना, ग़लत बनाना **2** खाने या पीने की चीज़ में हानिकर वस्तु मिला देना, मिलावट करना

doctorate /'डॉक्टरट्/ *n.* विश्वविद्यालय की सर्वोच्च उपाधि, डॉक्टरेट

doctrine /'डॉक्ट्रिन्/ *n.* चर्च, राजनीतिक दल आदि द्वारा प्रतिपादित मत, सिद्धांत

document /'डॉक्युमन्ट्/ *n.* **1** दस्तावेज़, लिखित सूचना, साक्ष्य या प्रमाण **2** नाम विशेष से अंकित टेक्स्ट युक्त कंप्यूटर फ़ाइल

documentary /ˌडॉक्यु'मेन्ट्रि/ *n.* (*pl.* **documentaries**) किसी विषय विशेष का परिचय देने वाली फ़िल्म, टेलीविज़न या रेडियो का प्रोग्राम, वृत्तचित्र

dodge /डॉज/ *v.* **1** किसी से बचने के लिए तेज़ी से निकल जाना, कतराकर निकल जाना **2** दिए गए काम को करने से बचना ▸ **dodge** *n.* चकमा, झाँसा

dodgy /'डॉजि/ *adj.* (**dodgier, dodgiest**) जिसमें धोखा खाने का ख़तरा हो, ईमानदारी-रहित या ग़ैर-भरोसेमंद

doe /डो/ *n.* मादा ख़रगोश, मादा हरिण या हरिणी

dog /डॉग्/ *n.* **1** कुत्ता प्रजाति **2** नर कुत्ता या अन्य जानवरों का नर ▸ **dog** *v.* (**dogging, dogged**) क़रीब से पीछा करना, पीछे लगना

dogged /'डॉगिड्/ *adj.* दृढ़ निश्चयी, पक्का ▸ **doggedly** *adv.* दृढ़तापूर्वक

dogma /'डॉग्मा/ *n.* निर्धारित सिद्धांत जिन्हें प्रश्न किए बिना स्वीकारना होता है ▸ **dogmatic** *adj.* हठधर्मी, हठधर्मिता पर आधारित मत

doldrums /'डॉल्ड्रम्ज़/ *n.* (*pl.*) भूमध्य रेखा के पास अटलांटिक महासागर का वह इलाक़ा जहाँ मौसम लंबे समय तक शांत रहता है या एकाएक आँधियाँ चलने लगती हैं, विषुव प्रशांत मंडल

doll /डॉल्/ *n.* गुड़िया (बच्चों का खिलौना)

d

dolphin /ˈडॉल्फ़िन्/ *n.* प्रचेत, अक़्लमंद प्रज्ञावान मछली जैसा एक समुद्री जीव (ये समूह बनाकर तैरते हैं), डॉल्फ़िन

domain /डˈमेन्,डो-/ *n.* **1** (ज्ञान या कार्य का) क्षेत्र **2** इंटरनेट पतों का सेट जिसके अंत में एक ही समूह के अक्षर आते हैं, प्रक्षेत्र

dome /डोम्/ *n.* गुंबद, इमारत की गोल छत, बुर्जी ▸ **domed** *adj.* गुंबद वाला

domestic /डˈमेस्टिक्/ *adj.* **1** अंतरराष्ट्रीय नहीं, घरेलू, अंतर्देशीय **2** घर या परिवार से संबंधित, घरेलू या पारिवारिक, निजी, आंतरिक

domesticate /डˈमेस्टिकेट्/ *v.* (पौधों, पशुओं आदि को) घरेलू बनाना, पालतू बनाना ▸ **domesticated** *adj.* पालतू, पाला हुआ

domicile /ˈडॉमिसाइल्/ *n.* (क़ानून में) अधिवास, निवास स्थान

dominant /ˈडॉमिनन्ट्/ *adj.* **1** अन्यों की अपेक्षा अधिक सशक्त और प्रभावशाली, अभिभावी **2** किसी शिशु का विशिष्ट शारीरिक लक्षण (जैसे-भूरी आँखें, भले ही जो माता या पिता में से किसी एक का 'जीन' हो) ▸ **dominance** *n.* प्रभुत्व, प्रधानता

dominate /ˈडॉमिनेट्/ *v.* **1** अन्यों की अपेक्षा अधिक सशक्त और प्रभावशाली होना **2** (किसी भवन या स्थान का) अन्य सब वस्तुओं से बहुत ऊँचा होना ▸ **domination** *n.* प्रभुत्व, प्राबल्य

domineering /ˌडॉमिˈनिअरिङ्/ *adj.* सशक्त व्यक्तित्व का स्वामी और लोगों पर हुक्म चलाने वाला, निरंकुश, प्रभावी

dominion /डˈमिनिअन्/ *n.* **1** शासनाधिकार, प्रभुसत्ता **2** एक सरकार या शासक द्वारा शासित क्षेत्र, प्रभुत्व, आधिपत्य

donate /डोˈनेट्/ *v.* दान करना (विशेषतः ज़रूरतमंद को) ▸ **donation** *n.* दान

donkey /ˈडॉङ्कि/ *n.* (*pl.* **donkeys**) छोटे घोड़े के आकार का एक पशु जिसके कान लम्बे होते हैं, गधा

donor /ˈडोन(र्)/ *n.* **1** डॉक्टरी चिकित्सा के लिए अपने रक्त अथवा अंग का दान करने वाला व्यक्ति, शरीरांगदाता अथवा रक्तदाता **2** पशुओं अथवा मनुष्यों की सहायता करनेवाली संस्था को दान देनेवाला, दानी, दाता

doodle /ˈडूड्ल्/ *v.* यों ही बिना अधिक ध्यान दिए रेखाएँ खींचना या चित्र बनाना (विशेषतः बोर होने पर) ▸ **doodle** *n.* यों ही बिना अधिक ध्यान दिए रेखाएँ खींचने या चित्र बनाने का काम

doom /डूम्/ *n.* निश्चित सर्वनाश, क़यामत, विनाश ▸ **doomed** *adj.* जिसका नाश होना निश्चित है, अभिशप्त

door /डॉ(र्)/ *n.* **1** दरवाज़ा, द्वार, किवाड़ **2** इमारत, कमरे, कार आदि का प्रवेश बिंदु, दरवाज़ा

dope /डोप्/ *n.* **1** (ग़ैर-क़ानूनी) मादक द्रव्य (विशेषतः चरस, भाँग) **2** मूर्ख व्यक्ति ▸ **dope** *v.* व्यक्ति या पशु को चुपके से मादक द्रव्य देना (विशेषतः उसे बेहोश करने या सुलाने के लिए)

dormant /ˈडॉमन्ट्/ *adj.* कुछ समय के लिए निष्क्रिय

dormitory /ˈडॉमट्रि/ *n.* (*pl.* **dormitories**) **1** अनेक पलंगों वाला बड़ा शयनकक्ष (विशेषतः स्कूल आदि में) **2** कॉलेज या विश्वविद्यालय का छात्रावास

dosage /ˈडोसिज्/ *n.* दवा की निर्धारित मात्रा, ख़ुराक

dose /डोस्/ *n.* **1** एक समय में ली जानेवाली दवा की मात्रा, ख़ुराक **2** विशेषकर किसी अप्रिय चीज़ की मात्रा, अंश ▸ **dose** *v.* दवा की ख़ुराक देना या लेना

dossier /ˈडॉसिए/ *n.* एक प्रकार की फ़ाइल जिसमें किसी व्यक्ति, घटना या विषय पर विस्तृत जानकारी हो

dot /डॉट्/ *n.* **1** बिंदु, बिंदी **2** बिंदु जैसी दिखने वाली वस्तु ▸ **dot** *v.* (**dotting, dotted**) बिंदु लगाना

dote /डोट्/ *v.* किसी पर लट्टू हो जाना, किसी को बहुत प्यार देना ▸ **doting** *adj.* अतिस्नेही, मोहित

double /ˈडब्ल्/ *adj. & det.* **1** दुगुना, दूना **2** दो समान या एक जैसे अंशों वाला, दुहरा ▸ **double** *adv.* युग्म, युगल, दो एक साथ या इकट्ठे ▸ **double** *n.* **1** दुगुनी संख्या या मात्रा **2** बिलकुल दूसरे जैसा दिखने वाला व्यक्ति ▸ **double** *v.* **1** दुगुना होना या करना, दो से गुणा करना **2** दूसरा या गौण कार्य भी करना

doubt /डाउट्/ *n.* संदेह का भाव, शंका, अनिश्चय

doubtful /ˈडाउट्फ़्ल्/ *adj.* **1** संदिग्ध या अनिश्चित **2** (व्यक्ति) संदेहाकुल, सशंक, अनिश्चित, संशयी ▸ **doubtfully** *adv.* संदेहपूर्वक

dough /डो/ *n.* **1** गुँथा आटा, लोई (रोटी बनाने के लिए प्रयुक्त) **2** पैसा, धन

doughnut /ˈडोनट्/ *n.* (*US* **donut**) गेंद या छल्ले के आकार का छोटा केक, डोनट

dour /डुअ(र्)/ *adj.* (व्यक्ति का रंग–ढंग या हाव–भाव) रूखा और कर्कश

douse /डाउस्/ *v.* **1** आग को बुझाना **2** द्रव पदार्थ से सराबोर कर देना

dove /डव्/ *n.* फ़ाख़्ता, सफ़ेद कबूतर, पेंडुकी, पंडुक

dovetail /ˈडव्टेल्/ *v.* चूल बैठाना, जोड़ से जोड़ मिलाना ▸ **dovetail** *n.* तफ़सील, ब्योरा

down /डाउन्/ *adv. & prep.* **1** नीचे, ऊँचाई से नीचे की ओर **2** जब किसी का स्तर, मात्रा, शक्ति आदि के कम होने या करने का संकेत करना हो, कम होने या घटने का सूचक ▸ **down** *v.* पेय को तेज़ी से पी जाना या समाप्त कर देना ▸ **down** *adj.* **1** उदास, खिन्न, अवनत **2** पहले से कम

download /ˌडाउन्ˈलोड्/ *v.* वृहत कंप्यूटर तंत्र से अपने कंप्यूटर में फ़ाइल आदि उतार लेना ▸ **download** *n.* **1** बड़े कंप्यूटर तंत्र से छोटे कंप्यूटर में फ़ाइल उतारने का कार्य या प्रक्रिया **2** बड़े कंप्यूटर से छोटे कंप्यूटर में उतारी गई फ़ाइल

Down's syndrome /ˈडाउन्ज़् सिन्ड्रोम्/ *n.* एक जन्मजात विकृति (इस विकृति से ग्रस्त व्यक्ति का चेहरा सपाट और चौड़ा होता है, मंद बुद्धि)

dowry /ˈडाउरि/ *n.* (*pl.* **dowries**) कुछ देशों में विवाह के समय वधू पक्ष द्वारा वर को दिऐ जानेवाले पैसे, उपहार आदि, दहेज़, वर–दक्षिणा

doze /डोज़्/ *v.* झपकी लेना, ऊँघना. ▸ **doze** *n.* ऊँघ, झपकी, नींद

dozen /ˈडज़्न्/ *n.* (*pl.* **dozen**) दर्जन, बारह या बारह का समुच्चय

drab /ड्रैब/ *adj.* अनाकर्षक, फीका, बेचमक, नीरस

draft /ड्राफ़्ट्/ *n.* **1** प्रारूप, मसौदा, पहली प्रति, ख़ाका, आरेख, रूपरेखा

2 बैंक का ड्राफ्ट, बैंक के लिए धनादेश ▸ **draft** *v.* 1 (लेख का) प्रारूप, मसौदा या पहली प्रति तैयार करना 2 सेना में भरती के लिए किसी को बाध्य करना

d

drag /ड्रैग्/ *v.* (**dragging, dragged**) 1 किसी वस्तु को ज़ोर लगाकर घसीटना 2 (किसी को) उसकी अनिच्छा से साथ आने या कहीं और जाने के लिए विवश या तैयार करना ▸ **drag** *n.* 1 उबाऊ या बुरा लगने वाला व्यक्ति या काम 2 सिगरेट का कश खींचने की क्रिया

dragon /ˈड्रैगन्/ *n.* (कहानियों में) आग उगलने वाला एक बड़ा पंखदार छिपकली जैसा जीव, परदार साँप, ड्रैगन

drain /ड्रेन्/ *n.* गंदे पानी की नाली ▸ **drainage** *n.* जलनिकासी, जल-प्रणाली *n.* ▸ **drain** *v.* 1 द्रव निकल जाने से सूखा हो जाना, सूखा कर देना 2 बह जाना, द्रव को बहने देना

drama /ˈड्रामा/ *n.* 1 नाटक (थियेटर, रेडियो या टेलीविज़न के लिए) 2 नाटक (एक लिखित रचना के रूप में), नाटक का मंचन

dramatic /ड्रˈमैटिक्/ *adj.* 1 अकस्मात् होने वाली और प्रायः आश्चर्यकारी (बात), नाटकीय 2 उत्तेजक या असरदार, नाटकीय ▸ **dramatically** *adv.* प्रदर्शनात्मक रीति से, दिखावा करते हुए, प्रभावशाली तरीके से

dramatize /ˈड्रैमटाइज़्/ *v.* 1 (किसी कहानी आदि को) नाटक की विधा में प्रस्तुत करना 2 किसी घटना को वास्तविकता से अधिक उत्तेजक या बड़ा बना देना. ▸ **dramatization** *n.* नाटकीकरण, नाट्य-रूपांतरण

drape /ड्रेप्/ *v.* 1 किसी वस्तु पर कोई पोशाक या अन्य वस्तु यों ही डाल देना 2 किसी वस्तु को कपड़े से लपेटना ▸ **drape** *n.* (*pl.* **drapes**) परदा, सजावट

drastic /ˈड्रैस्टिक्/ *adj.* अत्यधिक और भरपूर असरदार, उग्र, प्रचंड ▸ **drastically** *adv.* अत्यधिक

draught /ड्राफ़्ट्/ *n.* (*US* **draft**) कमरे में आने वाली ठंडी हवा का झोंका ▸ **draughty** *adj.* झोंकेदार, हवादार

draw /ड्रॉ/ *v.* (**drawing, drew, drawn**) 1 (पेंट को छोड़कर पेंसिल, पेन आदि से) किसी का चित्र या आरेख बनाना 2 निर्दिष्ट दिशा में (आगे, समीप) बढ़ना, आना ▸ **draw** *n.* 1 किसी खेल अथवा प्रतियोगिता का ऐसा परिणाम जिसमें दोनों दल अथवा खिलाड़ी समान अंक प्राप्त करते हैं तथा उनमें कोई भी नहीं जीतता है, खेल में बराबरी या बराबरी का खेल 2 परची निकालकर मामला तय करने का कार्य

drawer /ड्रॉ(र)/ *n.* मेज़ आदि में वह स्थान जो बाहर की ओर निकालकर उसमें कुछ समान रखने के लिए प्रयुक्त हो, दराज़

drawing /ˈड्रॉइङ्/ *n.* 1 (पेंट को छोड़कर पेंसिल, पेन आदि से बना) चित्र, आरेख, ड्राइंग 2 आरेखन कला

dread /ड्रेड्/ *v.* (किसी बात को लेकर) बहुत भयभीत या चिंतित होना, आशंकित होना ▸ **dreaded** *adj.* भयभीत, चिंतित ▸ **dread** *n.* अत्यधिक भय

dreadful /ˈड्रेड्फ़्ल्/ *adj.* बहुत घटिया या नीरस, अरुचिकर

dreadlocks /ˈड्रेड्लॉक्स्/ *n.* (*pl.*) लंबी मोटी चोटियों में गुँथे बाल (विशेषतः अफ़्रीक़ी मूल के लोगों में)

dream /ड्रीम्/ *n.* 1 सपना, स्वप्न 2 कोई अवास्तविक-सी महत्वाकांक्षा

▸ **dream** *v.* (**dreaming, dreamed, dreamt**) 1 नींद की अवस्था में मस्तिष्क में घटनाओं अथवा चित्रों को देखना या अनुमान करना, स्वप्न या सपना देखना 2 मनचाहा होने की कल्पना करना

dreamy /'ड्रीमि/ *adj.* (व्यक्ति) विचारों में खोया हुआ, कल्पनामग्न

dreary /'ड्रिअरि/ *adj.* (**drearier, dreariest**) नीरस या अनाकर्षक, उबाऊ

dregs /ड्रेग्ज़/ *n.* (*pl.*) 1 तलछट, डिब्बे में रखे द्रव पदार्थ की अंतिम बूँदें जिसमें कूड़ा-करकट होता है 2 किसी वस्तु का सबसे घटिया और बेकार अंश

drench /ड्रेन्च्/ *v.* तर-बतर कर देना, पूरी तरह भिगो देना, सराबोर कर देना

dress /ड्रेस्/ *n.* 1 (लड़की या स्त्री की) कंधों से घुटनों तक लंबी पोशाक, प्रसाधन 2 (पुरुषों या स्त्रियों के) कपड़े, पहनावा, परिधान ▸ **dress** *v.* 1 कपड़े पहनना 2 घाव की मरहम-पट्टी करना

dresser /'ड्रेस(र्)/ *n.* एक विशेष तरह का फ़र्नीचर जिसमें नीचे अलमारी और ऊपर ख़ाने होते हैं (प्लेटें, प्याले आदि रखने के लिए)

dressing /'ड्रेसिङ्/ *n.* 1 घाव को ढके रखने वाली पट्टी जो उसे सुरक्षित और साफ़ बनाए रखती है 2 चटनी (विशेषतः सलाद के साथ)

dribble /'ड्रिब्ल्/ *v.* 1 (द्रव पदार्थ का) बूँद-बूँद टपकना या टपकाना 2 (गेंद वाले खेलों में) गेंद पर बार-बार हलका प्रहार करते हुए उसे आगे ले जाना

dried /ड्राइड्/ *adj.* (भोज्य पदार्थ) सुखाया हुआ

drift /ड्रिफ़्ट्/ *v.* 1 वायु या जल की धारा या प्रवाह से बह जाना 2 धीरे-धीरे या उद्देश्यविहीन भटकना, इधर-उधर व्यर्थ घूमना ▸ **drift** *n.* 1 किसी ओर मंद गति 2 किसी बात का सामान्य अर्थ

drill /ड्रिल्/ *n.* 1 वस्तुओं, दीवार आदि में छेद करने की मशीन, बरमा, ड्रिल मशीन 2 सैनिकों की क़वायद, ड्रिल ▸ **drill** *v.* 1 (किसी वस्तु में) बरमे से छेद करना 2 अभ्यास के द्वारा कुछ सिखाना

d

drink /ड्रिङ्क्/ *v.* (**drinking, drank, drunk**) 1 द्रव पदार्थ पीना 2 शराब पीना ▸ **drink** *n.* 1 पेय पदार्थ 2 एलकोहलयुक्त या नशीला पेय, शराब, मदिरा ▸ **drinker** *n.* शराबी, पिक्कड़

drip /ड्रिप्/ *v.* (**dripping, dripped**) 1 (द्रव का) बूँद-बूँद टपकना 2 द्रव की बूँदें टपकाना ▸ **drip** *n.* 1 पानी टपकने की क्रिया या ध्वनि 2 टपकती बूँद

drive /ड्राइव्/ *v.* (**driving, drove, driven**) 1 कार, ट्रेन, बस आदि को नियंत्रित करना या चलाना, ड्राइव करना 2 मोटर कार में कहीं जाना या किसी को ले जाना ▸ **drive** *n.* 1 कार द्वारा यात्रा 2 घर के दरवाज़े तक का चौड़ा रास्ता या छोटी सड़क ▸ **driver** *n.* चालक

drizzle /'ड्रिज़्ल्/ *n.* बूँदाबाँदी, फुहार ▸ **drizzle** *v.* बूँदाबाँदी होना, फुहार पड़ना

drool /ड्रूल्/ *v.* 1 मुँह से लार टपकना (प्रायः स्वादिष्ट भोजन को देखकर या उसकी गंध से) 2 किसी वस्तु के प्रति अपनी तीव्र पसंद को बेतुकेपन से दिखाना या प्रदर्शित करना

droop /ड्रूप्/ *v.* नीचे झुकना (विशेषतः दुर्बलता या थकान से) ▸ **drooping** *adj.* नीचे झुकती हुई

drop /ड्रॉप्/ *v.* (**dropping, dropped**) 1 गिराना, गिरने देना 2 गिरना 3 नीचे के बिंदु पर आ जाना,

कम हो जाना ▸ **drop** *n.* 1 (द्रव पदार्थ की) बूँद 2 द्रव की ज़रा-सी मात्रा

droppings /ˈड्रॉपिङ्ज़/ *pl. n.* पक्षियों की बीट

d

drought /ड्राउट्/ *n.* लम्बी अवधि तक वर्षा न होना, सूखा, अनावृष्टि

drown /ड्राउन्/ *v.* 1 डूबकर मरना, डुबोकर मारना 2 आवाज़ का इतना ऊँचा होना कि कुछ और सुनाई न पड़े

drowse /ड्राउज़्/ *v.* ऊँघना या लगभग सो जाना ▸ **drowsy** *adj.* उनींदु, निद्रालु ▸ **drowsily** *adv.* ऊँघते हुए ▸ **drowsiness** *n.* उनींदापन, ऊँघ

drudge / ड्रज्/ *n.* गुलाम नौकर जिसे हर वक्त काम में जुता रखा जाए, कोल्हू का बैल ▸ **drudgery** *n.* कठिन और ऊबाऊ काम

drug /ड्रग्/ *n.* 1 प्रायः आनंद के लिए प्रयोग किया जानेवाला एक प्रकार का रसायन, अनेक देशों में इसका प्रयोग ग़ैर-क़ानूनी है, नशीला पदार्थ 2 औषधि, औषधि के रूप में प्रयुक्त रसायन ▸ **drug** *v.* (**drugging, drugged**) 1 (मनुष्य या पशु को) नींद या बेहोशी लाने वाली दवा देना 2 खाने या पीने की वस्तु में नशीली दवा डालना

drum /ड्रम्/ *n.* 1 ख़ाली डिब्बे की तरह दिखनेवाला एक वाद्य यंत्र जिसके दोनों किनारों पर प्लास्टिक या चमड़ा लगा होता है तथा इसे हाथों से या छड़ी से प्रहार कर बजाया जाता है, ढोल, नगाड़ा 2 ढोलनुमा पीपा, ड्रम ▸ **drum** *v.* (**dru<u>mm</u>ing, dru<u>mm</u>ed**) 1 ढोल बजाना 2 किसी वस्तु को थपथपाना (कि उसमें से ढोल जैसी आवाज़ निकले)

drunk /ड्रङ्क्/ *adj.* शराब के नशे में चूर, बहुत शराब पिए हुए ▸ **drunk** *n.* शराबी, पियक्कड़

dry /ड्राइ/ *adj.* (**drier, driest**) 1 सूखा, शुष्क 2 वर्षान्यून या वर्षाहीन (मौसम), कम वर्षा वाला या वर्षारहित (मौसम) ▸ **dryness** *n.* सूखापन, शुष्कता ▸ **dry** *v.* (किसी वस्तु का) सूखना, (किसी वस्तु को) सुखाना

dual /ˈड्यूअल्/ *adj.* दो अंशों वाला, दोहरा, द्वैत

dub /डब्/ *v.* (**du<u>bb</u>ing, du<u>bb</u>ed**) 1 (किसी को) नया या रोचक नाम देना 2 एक भाषा की फ़िल्म के संवाद का दूसरी भाषा में अनुवाद करना, डब करना

dubious /ˈड्यूबिअस्/ *adj.* 1 अनिश्चित, शंकालु, संदिग्ध 2 बेईमानी वाला या असुरक्षित, संदेहास्पद ▸ **dubiously** *adv.* संदेहास्पद रीति से

duchess /ˈडचस्/ *n.* ड्यूक की पत्नी या ड्यूक के अधिकार रखने वाली महिला

duck /डक्/ *n.* (*pl.* **ducks** or **duck**) पानी में अथवा पानी के निकट रहनेवाला पक्षी जिसके पैर छोटे और झिल्लीदार होते हैं तथा इसकी चोंच छोटी होती है, बतख़ ▸ **duck** *v.* 1 (आक्रमण से या देखे जाने से बचने के लिए) तुरंत सिर झुका लेना 2 कठिन या अप्रिय स्थिति से बचने का प्रयत्न करना, कन्नी काटना

duct /डक्ट्/ *n.* द्रव गैस आदि को ले जाने वाली नली

ductile /डक्टल्/ *adj.* (धातुओं का) जिसका तार खिंच सके, तार खींचने लायक़, लचीला

due /ड्यू/ *adj.* 1 जिसका होना या पहुँचना प्रत्याशित हो या योजना के अनुसार हो 2 जो प्राप्त करना है, प्राप्य ▸ **due** *adv.* ('उत्तर', 'दक्षिण', 'पूर्व', और 'पश्चिम' से पहले प्रयुक्त) ठीक, एकदम, बिल्कुल

duel /ˈड्यूअल्/ *n.* किसी प्रसंग पर आयोजित दो व्यक्तियों के बीच सशस्त्र युद्ध (अतीत में प्रचलित), द्वंद्वयुद्ध ▸ **duel** *v.* (**duelling, duelled**) द्वंद्वयुद्ध करना

duet /ड्यु'एट्/ *n.* युगलगान या वादन, जुगलबंदी

duke /ड्यूक्/ *n.* सर्वोच्च वंशानुगत पद का व्यक्ति, अतिसंभ्रांत व्यक्ति, ड्यूक

dull /डल्/ *adj.* 1 अरुचिकर या अनुत्तेजक, उबाऊ 2 धुँधला, फीका, निष्प्रभ, मेघाच्छादित ▸ **dullness** *n.* मंदता ▸ **dully** *adv.* मंद भाव से

duly /ˈड्यूलि/ *adv.* उचित या अपेक्षित रीति से, यथोचित

dumb /डम्/ *adj.* 1 गूँगा, मूक 2 मूर्ख ▸ **dumbly** *adv.* गूँगा होकर, मूक रूप से

dummy /ˈडमि/ *n.* (*pl.* **dummies**) 1 मानव शरीर का मॉडल, डमी (दुकान में पोशाक पहनाकर रखने के लिए प्रयुक्त) 2 मूर्ख व्यक्ति

dump /डम्प्/ *v.* 1 अवांछित वस्तु से पिंड छुड़ाना (विशेषतः अनुपयुक्त स्थान पर डालकर) 2 किसी वस्तु को लापरवाही से तुरत-फुरत डाल देना ▸ **dump** *n.* 1 कूड़ा-करकट डालने का स्थान 2 गंदा, मैला या अरुचिकर स्थान

dumpling /ˈडम्प्लिङ्/ *n.* आटे की छोटी लोई जिसे भाप से पकाकर प्रायः मांस और सूप के साथ खाया जाता है

dune /ड्यून्/ *n.* बालू का टीला (समुद्र के पास या रेगिस्तान में बना), बालूटिब्बा

dung /डङ्/ *n.* गोबर, लीद

dungeon /ˈडन्जन्/ *n.* ज़मीन के नीचे बना क़ैदख़ाना (विशेषतः क़िले में), भूमिगत क़ैदख़ाना

dunk /डङ्क्/ *v.* (रोटी का टुकड़ा) चाय आदि में भिगोना

duo /ˈड्यूओ/ *n.* (*pl.* **duos**) एक साथ प्रदर्शन करने वाले गायकों या वादकों की जोड़ी, युगलगान, युगलवादन

dupe /ड्यूप्/ *v.* किसी से कुछ मनवाने या करवाने के लिए झूठ बोलना, झाँसा देना

duplicate /ˈड्यूप्लिकेट्/ *v.* 1 किसी वस्तु की सही नक़ल बना लेना, अनुलिपि बनाना 2 किसी काम को दोबारा करना ▸ **duplication** *n.* पुनरावृत्ति, अनुलिपिकरण ▸ **duplicate** *n.* (किसी की) हूबहू नक़ल

duplicity /ड्यू'प्लिसटि/ *n.* कपटी आचरण जिससे किसी को ऐसी बात पर विश्वास हो जाता है जो सच नहीं है, छल-कपट, दुरंगापन

durable /ˈड्युअरबल्/ *adj.* टिकाऊ, स्थायी ▸ **durability** *n.* टिकाऊपन

duration /ड्यु'रेश्न्/ *n.* अवधि, मियाद

duress /ड्यु'रेस्/ *n.* धमकी या दबाव (कुछ करवाने या मनवाने के लिए)

during /ˈड्युअरिङ्/ *prep.* के दौरान, की अवधि तक, निर्दिष्ट कालावधि में

dusk /डस्क्/ *n.* साँझ, शाम का झुटपुटा, गोधूलि वेला

dusky /ˈडस्कि/ *adj.* 1 धुँधला, कम रोशनी वाला, मद्धिम, श्यामल 2 उदास और निराशाजनक 3 श्यामल वर्णवाला 4 गहरे रंग का

dust /डस्ट्/ *n.* धूल, मिट्टी, गर्द ▸ **dusty** *adj.* धूलभरा ▸ **dust** *v.* कमरा, फ़र्नीचर आदि की धूल झाड़ना

duster /ˈडस्ट(र्)/ *n.* फ़र्नीचर को साफ़ करने के लिए प्रयुक्त मुलायम सूखा कपड़ा, झाड़न (कपड़ा)

dutiful /ˈड्यूटिफ़्ल्/ *adj.* कर्तव्यपरायण, कर्तव्यशील

d

d

duty /ˈड्यूटि/ *n.* (*pl.* **duties**) 1 अपेक्षित होने के कारण कोई काम करना या यह सोचकर करना कि यह उपयुक्त है, कर्तव्य, फ़र्ज़ 2 काम, कार्य

DVD /ˌडी वी ˈडी/ *n.* डिजिटल वीडियो डिस्क या डिजिटल वर्सटाइल डिस्क का संक्षिप्त रूप, कंप्यूटर में प्रयुक्त एक प्रकार की डिस्क जिसमें फ़ोटो वीडियो आदि संगृहीत होते हैं, डीवीडी

dwarf /ड्वॉफ़्/ *n.* (*pl.* **dwarfs** or **dwarves** /ड्वॉव्ज़्/) 1 (व्यक्ति, पशु या पौधा) सामान्य से बहुत छोटा, बौना, ठिगना, नाटा 2 (बाल कथाओं में) ठिगना, नाटा आदमी ▸ **dwarf** *v.* (वृहदाकार वस्तु का अपनी तुलना में) अन्य वस्तुओं को बौना बना देना

dwell /ड्वेल्/ *v.* (**dwelling, dwelt, dwelled**) एक स्थान पर रहना या रुकना

dwelling /ˈड्वेलिङ्/ *n.* निवास-स्थान, आवास गृह

dwindle /ˈड्विन्ड्ल्/ *v.* कम होना, घट जाना, क्रमिक रूप से क्षीण होते जाना

dye /डाइ/ *v.* (**dyeing, dyes, dyed**) (किसी वस्तु को) रँगना ▸ **dye** *n.* किसी वस्तु को रँगने वाला रंग

dying /ˈडाइइङ्/ *adj.* 1 समाप्ति से पूर्व के कुछ आख़िरी क्षण 2 मृत्युकालीन

dynamic /डाइˈनैमिक्/ *adj.* 1 (व्यक्ति) ऊर्जा तथा नाना प्रकार के विचारों से पूर्ण, सक्रिय, गतिशील 2 गति उत्पन्न करने वाली (शक्ति) ▸ **dynamism** *n.* गतिशीलता

dynamics /डाइˈनैमिक्स्/ *n.* 1 (*pl.*) एक विशिष्ट स्थिति में व्यक्तियों या वस्तुओं के परस्पर व्यवहार का तरीक़ा 2 गति से संबंधित शक्तियों का वैज्ञानिक अध्ययन, गतिविज्ञान

dynamite /ˈडाइनमाइट्/ *n.* 1 एक प्रकार का शक्तिशाली विस्फोटक पदार्थ, डाइनामाइट 2 अत्यधिक उत्तेजना या दहशत फैलाने वाली वस्तु या व्यक्ति

dynamo /ˈडाइनमो/ *n.* (*pl.* **dynamos**) वायु या जल आदि की गति से उत्पन्न ऊर्जा को विद्युत में बदलने वाली मशीन, डाइनेमो

dynasty /ˈडिनस्टि/ *n.* (*pl.* **dynasties**) एक ही परिवार में जन्मे शासकों की श्रेणी, वंश परंपरा, राजवंश

dysentery /ˈडिसन्ट्रि/ *n.* पेचिश (का रोग), यह गंभीर रोग होता है जिसमें दस्त द्वारा शरीर से अवांछित तत्व बाहर निकल जाते हैं और रक्त की भी कमी होती है, अतिसार

dysfunctional /डिस्ˈफ़ङ्क्शनल्/ *adj.* 1 (शरीर के अंग) सामान्य रूप से क्रियाशील नहीं, दुष्क्रियाशील 2 सामाजिक व्यवहार के सामान्य ढाँचे के अनुरूप नहीं

dyslexia /डिस्ˈलेक्सिआ/ *n.* शब्दों के उच्चारण करने में या वर्तनी स्पष्ट करने में होने वाली कठिनाई, अप-पठन ▸ **dyslexic** *n.* & *adj.* व्यक्ति की वाचन एवं वर्तनी निर्देशन-संबंधी कठिनाई से संबंधित ▸ **dyslexia** *n.* मानसिक विकार जिससे पढ़ने-लिखने में कठिनाई हो

Ee

E *abbr.* **East** का संक्षिप्त रूप, पूर्वी

each /ईच्/ *det. & pron.* प्रत्येक व्यक्ति या वस्तु, हर एक

eager /'ईग(र्)/ *adj.* आतुर, उत्सुक, व्याकुल

eagle /'ईग्ल्/ *n.* तेज़ नज़र वाला एक बड़ा पक्षी (जो छोटे पशु-पक्षी खाता है), बाज़, उक़ाब

ear /इअ(र्)/ *n.* **1** कान, श्रवणेंद्रिय **2** संगीत या भाषा में स्वर को पहचानने और दोहराने की क्षमता

earl /अल्/ *n.* उच्च सामाजिक पद का ब्रिटिश पुरुष, अर्ल

early /'अलि/ *adj. & adv.* **(earlier, earliest) 1** किसी कालावधि, कार्य आदि के प्रारंभ में, जल्दी, प्रारंभिक **2** सामान्य या प्रत्याशित समय से पहले, जल्दी, शीघ्र

earn /अन्/ *v.* **1** (पैसा) कमाना **2** (कठिन परिश्रम से) कुछ पाने का अधिकारी हो जाना

earnest /'अनिस्ट्/ *adj.* गंभीर या दृढ़निश्चय वाला

earth /अथ्/ *n.* **1** (*also* **the earth, the Earth**) संसार, पृथ्वी, ग्रह जिस पर हम रहते हैं **2** विश्व का ऊपरी तल, भूमि, ज़मीन ▸ **earth** *v.* ज़मीन में तार गाड़कर विद्युत उपकरण की सुरक्षा की व्यवस्था करना

earthy /'अथि/ *adj.* पृथ्वी का, पार्थिव, मिट्टी का

ease /ईज़्/ *n.* आसानी, सरलता, सुगमता ▸ **ease** *v.* **1** राहत महसूस करना या पहुँचाना **2** धीमे-धीमे और कोमलता से (किसी वस्तु को) घुमाना

east /ईस्ट्/ *n.* . **1** वह दिशा जहाँ से सूर्य उगता है, चार प्रमुख दिशाओं में से एक, पूर्व दिशा, पूरब **2** किसी देश या नगर का पूरब की ओर का भाग ▸ **east** *adj. & adv.* पूर्व दिशा में या पूर्व दिशा की ओर या पूर्व दिशा से

Easter /'ईस्ट(र्)/ *n.* मार्च या अप्रैल के किसी रविवार को आने वाला पर्व जिसमें ईसाई लोग ईसा का पुनरुत्थान मनाते हैं, ईस्टर के रविवार से पहले और बाद का समय, ईस्टर पर्व

easy /'ईज़ि/ *adj.* **(easier, easiest) 1** आसान, सरल **2** सुविधा-संपन्न, तनावरहित और निश्चित

eat /ईट्/ *v.* **1** (खाद्य पदार्थों को मुँह में लेकर चबाना और निगल जाना या खाना) **2** भोजन करना

eatery /'ईटरि/ *n.* (*pl.* **eateries**) जलपान गृह, रेस्तराँ

eavesdrop /'ईव्ज़ड्रॉप्/ *v.* **(eavesdropping, eavesdropped)** दूसरों की बातों को छिपकर सुनना, कनसुई लेना

ebb /एब्/ *v.* **1** समुद्र जल का उतरना, (समुद्र में) भाटा आना (यह दिन में दो बार होता है) **2** (भावना आदि) प्रबलता कम हो जाना ▸ **ebb** *n.* भाटा आने का समय, भाटा, उतार, कमी

ebullient /इ'बलिअन्ट्, इ'बुलिअन्ट्/

adj. ऊर्जा एवं उत्साह से पूर्ण, जोशीला
eccentric /इक्'सेन्ट्रिक्/ *adj.* (व्यक्ति या व्यवहार) सनकी, ख़ब्ती, झक्की
ecclesiastical /इ,क्लीज़ि'ऐस्टिक्ल्/ *adj.* ईसाई चर्च-विषयक
echo /'एको/ *n.* (*pl.* **echoes**) गूँज, प्रतिध्वनि ▸**echo** *v.* **1** (ध्वनि का) गूँज के रूप में लौटना, प्रतिध्वनित होना **2** आवाज़ को दोहराना या लौटाना, ध्वनि-विशेष का व्याप्त हो जाना
eclectic /'इक्लेक्टिक् / *adj.* दर्शन की विविध शाखाओं से अपने अनुकूल सोपानक सिद्धांतों का चुनने वाला, चयनशील
eclipse /इ'क्लिप्स्/ *n.* चंद्रमा या सूर्य का कुछ देर के लिए पूर्ण रूप से या आंशिक रूप से पृथ्वी वासियों को दिखाई न पड़ना, ग्रहण ▸**eclipse** *v.* सूर्य या चंद्र का ग्रहण लगना
ecology /इ'कॉलजि/ *n.* सजीवों का अपने परिवेश से संबंध, पर्यावरण का अध्ययन, पर्यावरण विज्ञान
economic /,ईक'नॉमिक्, एक-/ *adj.* **1** आर्थिक, धन के लेन-देन, व्यापार, उद्योग आदि से संबंधित **2** लाभकारी
economy /इ'कॉनमि/ *n.* (*pl.* **economies**) **1** किसी देश की मुद्रा आपूर्ति, व्यावसायिक गतिविधियों तथा उद्योग का संचालन, अर्थव्यवस्था **2** धन, समय आदि की किफ़ायत, बचत
ecosystem /'ईकोसिस्टम्/ *n.* क्षेत्र-विशेष में पाए जाने वाले व अपने परिवेश से संबंधित सभी पौधे व पशु, पारिस्थितिकी तंत्र
ecstasy /'एक्स्टसि/ *n.* (*pl.* **ecstasies**) आह्लाद और आनंद की भावना, हर्षोन्माद
eczema /'एक्सिमा/ *n.* एक प्रकार का चर्मरोग जिसमें त्वचा लाल व शुष्क हो जाती है और उसमें ख़ारिश होती है, पामा, छाजन
eddy /'एडि/ *n.* (*pl.* **eddies**) (पानी का) भँवर, (जल, वायु, धूल आदि का) बवंडर, वायु, जल आदि का चक्राकार घूमना
edge /एज्/ *n.* **1** किसी समतल वस्तु का किनारा, छोर **2** (चाकू आदि की) धार ▸**edge** *v.* **1** किसी वस्तु से किसी अन्य वस्तु का किनारा बनाना **2** धीरे-धीरे, सावधानी से आगे बढ़ना या बढ़ाना, सरकना या सरकाना
edgy/'एजि/ *adj.* परेशान, चिंतित या तुरंत क्रोधित होने वाला, चिड़चिड़ा
edible /'एडबल्/ *adj.* खाने योग्य, खाने में स्वादिष्ट और सुरक्षित, खाद्य
edict /'ईडिक्ट्/ *n.* सत्ताधीन व्यक्ति द्वारा जारी सरकारी आदेश, राजविज्ञप्ति, फ़रमान, राजाज्ञा
edifice /'एडिफ़िस्/ *n.* भव्य भवन, बड़ी शानदार इमारत
edit /'एडिट्/ *v.* **1** (लेख आदि का) संपादन करना (भाषाशोधन, आकार नियंत्रण आदि करना) **2** फ़िल्म, टीवी, रेडियो प्रोग्राम तथा फ़िल्माई सामग्री को आवश्यकतानुसार काट-छाँट कर व्यवस्थित करना
editor /'एडिट(र्)/ *n.* **1** संपूर्ण समाचार-पत्र, पत्रिका आदि अथवा उसके एक भाग का प्रमुख जो यह निर्णय लेता है कि क्या छपना है, संपादक **2** पांडुलिपि को परिष्कृत करके प्रकाशन योग्य बनाने वाला, संपादक **3** चित्रित दृश्यों को समुचित क्रम में व्यवस्थित कर उन्हें फ़िल्म, दूरदर्शन कार्यक्रम आदि के लिए

तैयार करने वाला व्यक्ति, संपादक

educate /ˈएजुकेट्/ *v.* शिक्षा देना, शिक्षित करना (विशेषतः विद्यालय आदि में)

education /ˌएजुˈकेशन्/ *n.* शिक्षा, तालीम, पढ़ाई

eerie /ˈइअरि/ *adj.* (*also* **eery**) विचित्र और भयानक, भयोत्पादक

effect /इˈफ़ेक्ट्/ *n.* **1** प्रभाव, परिणाम **2** कलाकार, लेखक आदि द्वारा सृजित विशिष्ट रूप-रंग, ध्वनि या प्रभाव

effective /इˈफ़ेक्टिव्/ *adj.* **1** अभीष्ट प्रभाव उत्पन्न करने वाला, प्रभावोत्पादक **2** वास्तविक (भले ही वह आधिकारिक न हो)

effeminate /इˈफ़ेमिनट्/ *adj.* (पुरुष या पुरुष का आचरण) स्त्रियों जैसा, स्त्रियोचित, स्त्रैण

effervescent /ˌएफ़ˈवेसन्ट्/ *adj.* **1** (जन समूह और उनका आचरण) उत्तेजनापूर्ण, उत्साहपूर्ण और ऊर्जान्वित **2** (द्रव) गैस के बुलबुले वाला या बुलबुले उत्पन्न करने वाला

efficacious /ˌएफ़िˈकेशस्/ *adj.* (वस्तु) प्रभावोत्पादक, फलदायक

efficient /इˈफ़िशन्ट्/ *adj.* बिना ग़लतियाँ किए अथवा समय एवं उर्जा का व्यय किए ही अच्छी तरह काम करने में समर्थ, कार्य-कुशल

effigy /ˈएफ़िजि/ *n.* (*pl.* **effigies**) **1** (प्रसिद्ध या धार्मिक व्यक्ति या ईश्वर की) मूर्ति **2** (किसी व्यक्ति का भद्दा लगने वाला) पुतला

effluent /ˈएफ़्लुअन्ट्/ *n.* बहिष्प्रवाही, विशेषतः कारख़ानों में बना रसायन

effort /ˈएफ़ट्/ *n.* **1** मानसिक या शारीरिक प्रयास (कोई काम करने के लिए अपेक्षित), ऐसा कार्य जिसमें बहुत शक्ति या प्रयास लगे **2** कठिनाई से या बहुत शक्ति लगाकर किया जाने वाला काम

effusive /ˈइफ़्यूसिव्/ *adj.* फव्वारे की तरह छूटता हुआ, धुआँधार, बहुत अधिक

e.g. /ˌई ˈजी/ (*abbr.* **for example**) उदाहरणस्वरूप, उदाहरण के लिए

egalitarian /इˌगैलिˈटेअरिअन्/ *adj.* (व्यक्ति, प्रणाली, समाज आदि) सबके लिए समान अधिकारों को मान्यता देने वाला, समानतावादी

egg /एग्/ *n.* **1** (पक्षी, साँप या कीड़े का) अंडा **2** पक्षी का अंडा (विशेषतः मुर्ग़ी का) जो खाया जाता है ▸ **egg** *v.* न करने योग्य काम के लिए किसी को उकसाना, उत्तेजित करना

ego /ˈईगो/ *n.* (*pl.* **egos**) व्यक्ति का स्वयं के बारे में (उच्च) विचार, अहंकार, घमंड

egocentric /ˌईगोˈसेन्ट्रिक्/ *adj.* केवल स्वयं के बारे में सोचना तथा दूसरों की परवाह न करना, अहंकारी, घमंडी

egoism /ˈएगुˈईगोइज़म्/ *n.* (*also* **egotism**) अहंकार भाव, अन्यों की अपेक्षा अपने को बड़ा समझना, अहम्मन्यता

Eid *n.* (*also* **Id**) ईद का त्योहार, विशेषकर रमज़ान (एक) माह के रोज़े की समाप्ति पर मुसलमानों द्वारा मनाया जानेवाला त्योहार, ईद

eight /एट्/ *n.* **1** आठ (अंक) **2** (eight-) आठ (टुकड़े, पहलू आदि) वाला, अठ-/अष्ट-

either /ˈईद(र्), ˈआइद(र्)/ *det.* & *pron.* **1** दो में से कोई एक, दो में से कोई भी **2** दोनों ▸ **either** *adv.* **1** भी, या है **2** निषेधात्मक कथन या निषेध पर बल

e

देने के लिए प्रयुक्त ▸ **either** *conj.* जब (प्रायः दो) विकल्प दिए जाएँ, जब (प्रायः दो) विकल्पों में से चुनने के लिए कहना हो

ejaculate /इ'जैक्युलेट्/ *v.* **1** पुरुष वीर्य का स्खलन होना **2** कोई बात सहसा कह उठना, अचानक बोल पड़ना

e

eject /इ'जेक्ट्/ *v.* **1** किसी व्यक्ति या वस्तु को निकाल बाहर करना (प्रायः ज़बरदस्ती) **2** किसी मशीन से टेप, डिस्क आदि को बाहर निकाल लेना (प्रायः बटन दबाकर)

elaborate /इ'लैबरट्/ *adj.* विस्तारपूर्वक प्रस्तुत, बहुत सावधानी से निर्मित, परिष्कृत ▸ **elaborate** *v.* विस्तार से वर्णन करना

elapse /इ'लैप्स्/ *v.* (समय का) बीतना, व्यतीत होना

elastic /इ'लैस्टिक्/ *n.* रबर वाला लचीला फ़ीता आदि ▸ **elastic** *adj.* **1** (पदार्थ) लचीला, खींचने के बाद छोड़ने पर पूर्व अवस्था में लौट आने वाला **2** लचकदार, जिसे बदला जा सके, कठोर नहीं

elated /इ'लेटिड्/ *adj.* अति प्रसन्न और उत्तेजित, प्रफुल्लित, उल्लासित

elbow /'एल्बो/ *n.* **1** कोहनी **2** कोट आदि की आस्तीन में कोहनी को ढकने वाला भाग ▸ **elbow** *v.* कोहनी से धकेलना

elder /एल्ड(र्)/ *adj.* **1** (परिवार के दो सदस्यों में) आयु में बड़ा **2** (**the elder**) दो व्यक्तियों में (आयु में) बड़ा **3** (*pl.* **elders**) वयोवृद्ध लोग

elderly /'एल्डलि/ *adj.* **1** (व्यक्ति) वयोवृद्ध, बुज़ुर्ग **2** (**the elderly**) *n.* (*pl.*) वयोवृद्ध लोगों का समाज

elect /इ'लेक्ट्/ *v.* **1** मतदान के द्वारा (किसी को) निर्वाचित करना या चुनना **2** कुछ करने का निर्णय करना

election /इ'लेक्शन्/ *n.* मतदान द्वारा संसद सदस्य, राष्ट्रपति आदि का निर्वाचन

elective /इ'लेक्टिव्/ *adj.* **1** निर्वाचन करने वाला या निर्वाचित **2** निर्वाचन अधिकार रखने वाला या वाली

electric /इ'लेक्ट्रिक्/ *adj.* **1** विद्युत उत्पन्न करने वाला या उससे चलने वाला **2** बहुत उत्तेजक या उत्तेजनापूर्ण

electrician /इ,लेक्'ट्रिशन्/ *n.* बिजली के उपकरणों की मरम्मत करने वाला, बिजली मिस्त्री

electricity /इ,लेक्'ट्रिसटि/ *n.* ऊर्जा का वह रूप जिसका प्रयोग गर्म करने, रोशनी करने तथा मशीन के चालन के लिए शक्ति के रूप में किया जाता है, विद्युत, बिजली, विद्युतधारा

electrify /इ'लेक्ट्रिफ़ाइ/ *v.* (**electrifying, electrifies, electrified**) **1** विद्युतीकरण करना **2** (किसी को) बहुत उत्तेजित कर देना

electrocute /इ'लेक्ट्रक्यूट्/ *v.* बिजली के झटके से (किसी को) मारना

electrolyte /इ'लेक्ट्रलाइट्/ *n.* एक द्रव जिसमें से विद्युत धारा गुज़र सकती है (विशेषतः बिजली के सेल या बैटरी में), इलेक्ट्रोलाइट

electromagnetic /इ,लेक्ट्रोमैग्'नेटिक्/ *adj.* (भौतिक शास्त्र में) विद्युत के लक्षणों के साथ चुंबकीय क्षमता से भी युक्त, विद्युतचुंबकीय

electron /इ'लेक्ट्रॉन्/ *n.* तत्त्व के तीन प्रकार के मूल कणों में से एक जिनसे सब परमाणु बनते हैं, परमाणु का घटक मूल कण, इलेक्ट्रॉन

electronic /इ॒लेक्'ट्रॉनिक्/ *adj.* 1 इलेक्ट्रॉनिक्स-प्रयोगी, इलेक्ट्रॉनिक्स के प्रयोग से पुष्ट, इलेक्ट्रॉनिक्स-आधारित 2 कंप्यूटर के प्रयोग से निष्पादित
electronics /इ॒लेक्'ट्रॉनिक्स/ *n.* कंप्यूटर, रेडियो आदि के निर्माण में प्रयुक्त प्रौद्योगिकी, इलेक्ट्रॉनिक्स
elegant /'एलिगन्ट्/ *adj.* आकर्षक, रमणीक
elegy /'एलजि/ *n.* (*pl.* **elegies**) शोक-कविता, शोक-गीत (विशेषतः दिवंगत हेतु)
element /'एलिमन्ट्/ *n.* 1 (किसी का) प्रमुख घटक, अंश, तत्व 2 (किसी वस्तु की) अल्प मात्रा
elementary /॒एलि'मेन्ट्रि/ *adj.* 1 शिक्षा के प्रारंभिक चरणों से संबंधित 2 मूलभूत, सरल
elephant /'एलिफ़न्ट्/ *n.* बड़े कानों, दो लंबे मुड़े दाँतों तथा लंबी नाक (सूँड) वाला एक बड़ा भूरा पशु, हाथी
elevate /'एलिवेट्/ *v.* किसी व्यक्ति या वस्तु को ऊँचा उठाना या उच्चतर पद पर पहुँचाना, पदोन्नति करना
elevation /॒एलि'वेशन्/ *n.* 1 ऊपर उठने या उच्चतर पद पर पहुँचने की प्रक्रिया 2 किसी स्थान की ऊँचाई (समुद्र तल से)
elevator /'एलिवेट(र्)/ *n.* ऊँचा ले जाने का यंत्र, उत्थापन यंत्र, एलिवेटर
eleven /इ'लेवन्/ *n.* ग्यारह (का अंक)
elf /एल्फ़्/ *n.* (*pl.* **elves** /एल्व्ज़्/) (कहानियों में) नुकीले कानों और जादुई शक्तियों वाला एक छोटा प्राणी
elicit /इ'लिसिट्/ *v.* किसी से सूचना, तथ्य आदि निकलवाना
eligible /'एलिजब्ल्/ *adj.* कुछ करने या कुछ पाने का अधिकार रखने वाला, उपयुक्त
eliminate /इ'लिमिनेट्/ *v.* 1 अवांछित या अनावश्यक व्यक्ति या वस्तु को हटा देना, निकालना 2 स्पर्धा आदि में आगे बढ़ने से रोकना
elite /ए'लीट्/ *n.* शक्ति, धन, बुद्धि आदि की दृष्टि से श्रेष्ठ समझा जाने वाला वर्ग, संभ्रांत वर्ग, अभिजात वर्ग
elixir /इ'लिक्स(र्)/ *n.* धातुओं को सोने में बदलने वाला रसायन, पारसमणि
ellipse /इ'लिप्स्/ *n.* दो पार्श्वों से दबी हुई अंडाकार आकृति
ellipsis /इ'लिप्सिस्/ *n.* (*pl.* **ellipses**) 1 वाक्य में एक शब्द या शब्दों का लोप (जानबूझकर) फिर भी अर्थ स्पष्ट होता है, पदलोप 2 एक शब्द या शब्दों के स्थान पर प्रयुक्त तीन बिंदु जिससे यह पता चलता है कि शब्द जानबूझ कर छोड़े गए हैं, पदलोप चिह्न
elliptical /इ'लिप्टिकल्/ *adj.* 1 जिस वाक्य में से एक या अधिक शब्द लुप्त हों, लुप्तपद 2 लंबा और गोल आकृति का, लंबवर्तुलाकार, अंडाकार आकृति से संबंधित
elm /एल्म्/ *n.* (*also* **elm tree**) चौड़े पत्तों वाला एक ऊँचा पेड़, एल्म
elocution /॒एल'क्यूशन्/ *n.* श्रेष्ठ वक्तृत्व कला
elongate /'ईलॉङ्गेट्/ *v.* लंबा हो जाना, लंबा कर देना
elope /इ'लोप्/ *v.* विवाह करने के लिए चुपचाप भाग जाना
eloquence /'एलक्वन्स् / *n.* प्रभावशाली भाषण देने या लेख लिखने की कला, वाग्मिता
else /एल्स्/ *adv.* अन्य और भिन्न व्यक्ति, वस्तु या स्थान

elucidate /इ'लूसिडेट/ *v.* स्पष्ट करना, व्याख्या करना

elude /इ'लूड्/ *v.* **1** पकड़े जाने से बच जाना, बच निकलना **2** याद न रह पाना

elusive /इ'लूसिव्/ *adj.* जिसे पकड़ना, ढूँढ़ना या याद रखना आसान न हो

e

emaciated /इ'मेशिएटिड्/ *adj.* बीमारी, अपर्याप्त भोजन आदि के कारण बहुत दुबला-पतला, क्षीणकाय

email /'ईमेल्/ *n.* **1** एक कंप्यूटर से दूसरे कंप्यूटर को इलेक्ट्रॉनिक संदेश या सूचना सामग्री भेजने की विधि, ई-मेल, ई-पत्र **2** ई-मेल से प्रेषित संदेश

emanate /'एमनेट्/ *v.* उत्पन्न करना या प्रदर्शित करना

emancipate /इ'मैन्सिपेट्/ *v.* किसी व्यक्ति को वही क़ानूनी, सामाजिक और राजनीतिक अधिकार देना जो अन्य लोगों को प्राप्त है, स्वाधीन करना

emasculate /इ'मैस्क्युलेट् / *v.* **1** नपुंसक बना देना **2** प्रभावहीन बनाना

embalm /इम्'बाम्/ *v.* शव को सुरक्षित रखने के लिए उस पर रसायनों का लेप करना, संलेपन करना

embankment /इम्'बैङ्क्मन्ट्/ *n.* नदी के पानी को किनारों पर बहने से रोकने अथवा सड़क या रेलवे लाइन बनाने के लिए इसके दोनों ओर बनी पत्थर अथवा मिट्टी की दीवार, बाँध, तटबंध

embark /इम्'बाक्/ *v.* जलपोत पर सवार होना, प्रारंभ करना

embarrass /इम्'बैरस्/ *v.* (किसी को) लज्जित करना, झेंपाना, शर्मिंदा करना

embassy /'एम्बसि/ *n.* (*pl.* **embassies**) राजनयिकों एवं उनके प्रमुखों का कार्यालय जो विदेश में अपनी सरकारों का प्रतिनिधित्व करते हैं, दूतावास

embed /इम'बेड्/ *v.* (**embe<u>dd</u>ing, embe<u>dd</u>ed**) किसी वस्तु को (अन्य वस्तु में) मज़बूती से बैठाना, जड़ना

embellish /इम'बेलिश्/ *v.* **1** सजाना, सँवारना, अलंकृत करना, शोभा में वृद्धि करना **2** नई (न कि हमेशा सच) बातें जोड़कर कहानी की रोचकता बढ़ाना

ember /'एम्ब(र्)/ *n.* अंगारा, बुझ चुकी आग में दहकते कोयले का टुकड़ा

embezzle /इम्'बेज़्ल्/ *v.* संरक्षण में रखे गए पैसे या नियोक्ता के पैसे की चोरी करना, ग़बन करना

embittered /इम्'बिटड् / *adj.* दुःखी, परेशान (व्यक्ति)

emblem /'एम्ब्लम्/ *n.* प्रतीक वस्तु या चिह्न, राज चिह्न

emblematic /ˌएम्ब्ल'मैटिक्/ *adj.* प्रतीकात्मक, प्रतीक-स्वरूप

embody /इम्'बॉडि/ *v.* (**embodying, embodies, embodied**) **1** किसी बात का श्रेष्ठ उदाहरण होना **2** (किसी वस्तु को) समाविष्ट करना या (कोई वस्तु) समाए होना

embolden /इम'बोलडन् / *v.* साहस बढ़ाना, हिम्मत बढ़ाना, प्रोत्साहित करना

emboss /इम्'बॉस्/ *v.* (काग़ज़, चमड़े आदि पर) उभरा डिज़ाइन या चिह्न बनाना, नक़्क़ाशी करना

embrace /इम्'ब्रेस्/ *v.* **1** (प्रेम, प्रसन्नता आदि से) आलिंगन करना, गले लगाना **2** समाविष्ट करना

embroider /इम'ब्रॉइड(र्)/ *v.* **1** कपड़े पर कढ़ाई करना, कपड़े पर नमूना या चित्र टाँककर उसे सजाना **2** कहानी की रोचकता बढ़ाने के लिए उसमें नई और काल्पनिक बातें जोड़ना

embroil /इम'ब्रॉइल्/ *v.* (मामले, क़िस्से आदि को) उलझाना, जटिल करना, पेचीदा करना

embryo /'एम्ब्रिओ/ *n.* (*pl.* **embryos**) जन्म से पहले की आरंभिक अवस्थाओं में शिशु, पशु, पौधा, भ्रूण

emerald /'एमरल्ड्/ *n.* चमकीले हरे रंग का रत्न, मरकत, पन्ना

emerge /इ'मर्ज्/ *v.* **1** कहीं से प्रकट होना या निकलना **2** पता चलना, मालूम होना, जानकारी मिलना

emergency /इ'मजन्सि/ *n.* (*pl.* **emergencies**) आपातस्थिति, आपातकाल, संकटकाल

emigrate /'एमिग्रेट्/ *v.* उत्प्रवास करना, स्वदेश छोड़कर विदेश में जा बसना

eminence /'एमिनन्स्/ *n.* गरिमा, महिमा, गौरव, उत्कृष्टता, श्रेष्ठता

emirate /'एमिअरट्, 'एमिरट्/ *n.* **1** अमीर की पदवी, अमीर के सत्ता में रहने की अवधि **2** अमीर की रियासत

emissary /'एमिसरि/ *n.* (*pl.* **emissaries**) आधिकारिक संदेश देने अथवा किसी विशिष्ट कार्य करने के लिए अन्य देश में भेजा जानेवाला व्यक्ति, आधिकारिक प्रतिनिधि, दूत

emit /इ'मिट्/ *v.* (**emitting, emitted**) (गंध, आवाज़, धुआँ, गरमी या प्रकाश को) प्रसारित करना या छोड़ना

emotion /इ'मोश्न्/ *n.* (प्रेम, क्रोध, भय आदि) मनोभाव, भावना, भावावेश

emotional /इ'मोशन्ल्/ *adj.* **1** भावनात्मक **2** भावुक, भावावेशपूर्ण

empathize /'एम्पथाइज़्/ *v.* किसी पर अधिक बल देना, विशेष महत्व देना

empathy /'एम्पथि/ *n.* समानुभूति, अन्य व्यक्ति की भावनाओं को समझने की क्षमता, तादात्म्य

emperor /'एम्पर(र्)/ *n.* एक साम्राज्य का प्रमुख, सम्राट

emphasize /'एम्फ़साइज़्/ *v.* (*also* **-ise**) किसी पर विशेष बल देना, ज़ोर देना

empire /'एम्पाइअ(र्)/ *n.* **1** एक देश द्वारा शासित देशों का समूह, साम्राज्य **2** बहुत बड़ी कंपनियों का समूह

empirical /इम्'पिरिकल्/ *adj.* (विचारों के स्थान पर) प्रयोगों और व्यावहारिक अनुभव पर आधारित, प्रयोगसिद्ध

employ /इम'प्लॉइ/ *v.* **1** काम में लगाना, नौकरी पर रखना, नियुक्त करना **2** का प्रयोग करना

empower /इम'पाउअ(र्)/ *v.* कार्यविशेष के लिए किसी को अधिकार देना या अधिकृत करना

empress /'एम्प्रस्/ *n.* **1** साम्राज्य पर शासन करनेवाली महिला, साम्राज्ञी **2** सम्राट की पत्नी

empty /'एम्प्टि/ *adj.* **1** ख़ाली **2** निरर्थक, खोखला ▸ **empty** *v.* (**emptying, empties, emptied**) (वस्तुएँ निकालकर डिब्बे आदि को) ख़ाली करना, (डिब्बे आदि में भरी वस्तुओं को) बाहर निकालना

emulate /'एम्युलेट्/ *v.* किसी के बराबर होने या उससे आगे बढ़ने की चेष्टा करना

emulsify /इ'मल्सिफ़ाइ/ *v.* (**emulsifying, emulsifies, emulsified**) भिन्न स्तरों का गाढ़ापन लिए दो मिश्रणों से मिश्रण बनना या बनाना, इमल्शन बनना या बनाना, पायस बनाना

emulsion /इ'मल्शन्/ *n.* **1** प्रायः मिश्रित न होने वाले (जैसे तेल और पानी)

e

द्रवों का मिश्रण, पायस, इमल्शन
2 (*also* **emulsion paint**) दीवारों आदि पर लगने वाला एक प्रकार का रंग जो बिना चमकदार सतह छोड़े सूख जाता है

enable /इ'नेब्ल्/ *v.* (किसी कार्य को) करने के योग्य बनाना, समर्थ बनाना

e

enact /इ'नैक्ट्/ *v.* **1** क़ानून बनाना **2** नाटक का प्रदर्शन, मंचन करना या नाटक में कोई भूमिका निभाना

enamel /इ'नैम्ल्/ *n.* **1** एक कड़ा, चमकीला पदार्थ जो धातु आदि को सुरक्षित रखने और सजाने के काम आता है, तामचीनी, इनैमल **2** दाँतों का सख़्त सफ़ेद बाहरी आवरण, दंतवल्क, इनैमल

enchant /इन्'चान्ट्/ *n.* (किसी पर) जादू कर देना, मंत्रमुग्ध कर देना, मोहित करना

encircle /इन्'सक्ल्/ *v.* चारों ओर घेरा बनाना, चारों ओर से घेर लेना

enclave /'एन्क्लेव/ *n.* **1** अपने इलाक़े से घिरा हुआ विदेशी क्षेत्र, विदेशी अंतःक्षेत्र, एन्कलेव **2** (किसी शहर में) बसी बस्ती

enclose /इन्'क्लोज़्/ *v.* **1** चारों ओर से घेरना (दीवार आदि बनाकर), एक वस्तु के भीतर दूसरी को रखना **2** किसी वस्तु को लिफ़ाफ़े आदि में किसी अन्य वस्तु के साथ रखना, संलग्न करना

enclosure /इन्'क्लोश़(र्)/ *n.* **1** दीवार या बाड़े से घिरी ज़मीन, घेरा आदि जिसका प्रयोग किसी विशेष उद्देश्य के लिए होता है **2** लिफ़ाफे में पत्र के साथ रखी वस्तु, संलग्नक या अनुलग्नक

encode /इन्'कोड्/ *v.* सूचना को ऐसा रूप देना कि कंप्यूटर उसका उपयोग कर सके, कूट बनाना

encompass /इन्'कम्पस्/ *v.* घेरना, घेरा डालना, समाविष्ट करना

encore /'ऑङ्कॉ(र्)/ *exclam.* श्रोताओं, दर्शकों द्वारा कलाकारों से कुछ और भी सुनने-दिखाने की फ़रमाइश के लिए प्रयुक्त शब्द ▸ **encore** *n.* संगीत सभा आदि के अंत में दर्शकों की फ़रमाइश पर प्रस्तुत छोटा, अतिरिक्त कार्यक्रम

encounter /इन्'काउन्ट(र्)/ *v.* **1** (ख़तरा, कठिनाई आदि का) सामना करना **2** अकस्मात् किसी से भेंट होना, कुछ असाधारण तथा नया अनुभव होना ▸ **encounter** *n.* आकस्मिक (प्रायः अप्रिय) भेंट या कोई घटना, आमना-सामना, मुठभेड़

encourage /इन्'करिज्/ *v.* **1** (किसी को) प्रोत्साहित करना, (किसी की) हिम्मत बढ़ाना **2** (किसी को) बढ़ावा देना

encroach /इन्'क्रोच्/ *v.* (**encroach on/upon sth**) जितना चाहिए उससे अधिक लेना, अपनी सीमा को लाँघना

encyclopedia /इन्ˌसाइक्ल'पीडिआ/ *n.* (*also* **encyclopaedia**) (*pl.* **encyclopedias**) अनेक विषयों पर उपलब्ध ऐसी पुस्तक जिसमें सूचनाएँ वर्णमाला के क्रम में व्यवस्थित होती हैं, विश्वकोश

end /एन्ड्/ *n.* **1** अंत, समाप्ति **2** उद्देश्य, लक्ष्य, प्रयोजन ▸ **end** *v.* समाप्त होना या समाप्त करना

endanger /इन्'डेन्ज(र्)/ *v.* (व्यक्ति या वस्तु को) ख़तरे में डालना

endear /इन्'डिअ(र्)/ *v.* दूसरे का प्रिय हो जाना, स्वयं को औरों का प्रिय बना लेना

endeavour /इन्'डेव(र्)/ *v.* (*US* **endeavor**) प्रयत्न करना, कोशिश करना, उद्यम करना

endemic /ए्न्'डेमिक्/ *adj.* (प्रायः किसी रोग या समस्या के लिए प्रयुक्त) किसी विशेष स्थान या व्यक्ति वर्ग में नियमित रूप से पाया जाने वाला और जिससे छुटकारा मुश्किल है, जातीय, स्थानिक

ending /'एन्डिङ्/ *n.* **1** कहानी, नाटक, सिनेमा आदि की समाप्ति **2** शब्द का अंतिम अंश जो परिवर्तित हो सकता है

endless /'एन्ड्लस्/ *adj.* **1** आकार या मात्रा में बहुत अधिक, अनंत **2** बहुत लंबा, अंतहीन-सा, मानो अंतहीन

endorphin /इन्'डॉफ़िन्/ *n.* दिमाग़ में उत्पन्न होने वाला एक दर्दनाशक रासायनिक मिश्रण, इंडोरफ़िन

endorse /इन्'डॉस्/ *v.* **1** किसी योजना, घोषणा, निर्णय आदि का सार्वजनिक तौर पर या अधिकृत रूप से समर्थन करना **2** ड्राइविंग लाइसेंस पर नियम-भंग का नोट अंकित करना

endow /इन्'डाउ/ *v.* किसी विद्यालय, महाविद्यालय या संस्था को बड़ी धनराशि दान में देना, सहायतार्थ देना

endure /इन्'ड्युअ(र्)/ *v.* **1** विशेषतः बिना शिकायत किए सहन करना, चुपचाप पीड़ा झेलना **2** टिकना, बने रहना

enema /'एनम/ *n.* (*pl.* **enemas**) आँतों को साफ़ करने के लिए गुर्दा मार्ग से तरल औषधि चढ़ाना, अनीमा

enemy /'एनमि/ *n.* (*pl.* **enemies**) **1** शत्रु, दुश्मन, विरोधी **2** शत्रु-सेना या शत्रु-देश

energetic /,एन'जेटिक्/ *adj.* शक्ति व उमंग संपन्न, ऊर्जायुक्त, कर्मठ

energize /'एनजाइज़्/ *v.* (**1** किसी व्यक्ति को उत्साहित और सतर्क करना **2** बल अर्जित करना, ताक़त देना और उर्जा स्तर को बढ़ाना

energy /'एनजि/ *n.* (*pl.* **energies**) **1** बहुत सक्रिय रहने की या बिना थके अत्यधिक श्रम करने की क्षमता, ऊर्जा **2** कोयला, विद्युत, गैस आदि से उत्पन्न शक्ति (जिससे ताप उत्पन्न होता है, मशीनें चलती हैं), ऊर्जा

enervate /'एनवेट/ *adj.* निर्बल, कमज़ोर, बेजान

enfeeble /इन्'फ़ीब्ल्/ *adj.* दुर्बल या कमज़ोर करना

enfold /इन्'फ़ोल्ड्/ *v.* लेपटना, घेरना

enforce /इन्'फ़ॉस्/ *v.* लोगों को क़ानून या नियम या उनकी अनचाही बात मानने के लिए बाध्य करना

enfranchise /इन्'फ़्रैन्चाइज़्/ *v.* चुनाव में (किसी को) मतदान का अधिकार देना

engage /इन्'गेज्/ *v.* **1** (किसी को) आकृष्ट करना या (काम में) लगाना **2** (किसी को) कुछ काम देना

engender /इन्'जेन्ड(र्)/ *v.* उत्पन्न करना, पैदा करना

engine /'एन्जिन्/ *n.* **1** इंजन, वाहन का गति-उत्पादक भाग **2** रेल का इंजन

engineer /,एन्जि'निअ(र्)/ *n.* इंजन, मशीन इत्यादि का डिज़ाइन तैयार करने, बनाने अथवा मरम्मत करनेवाला, अभियंता, इंजीनियर ▸ **engineer** *v.* सुविचारित और गुप्त रीति से किसी काम को अंजाम देना

English /'इङ्ग्लिश्/ *n.* **1** ब्रिटेन, संयुक्त राज्य अमेरिका, आस्ट्रेलिया आदि में बोली जानेवाली भाषा, अंग्रेज़ी भाषा **2** (*pl.* **the English**) इंग्लैंड देश के लोग, अंग्रेज़

engrave /इन्'ग्रेव्/ *v.* धातु, पत्थर आदि पर शब्द या आकृति उकेरना

e

engross /इन्ˈग्रोस्/ *v.* **1** मोटे और सुंदर अक्षरों में (दस्तावेज़ आदि) लिखना **2** तल्लीन कर लेना

engulf /इन्ˈगल्फ़्/ *v.* **1** परिग्रहण करना, किसी व्यक्ति या वस्तु को पूरा घेर या ढक लेना **2** किसी व्यक्ति या वस्तु को बहुत प्रभावित करना

enhance /इन्ˈहान्स्/ *v.* बेहतर दिखने के लिए, किसी वस्तु में सुधार लाना

enigma /इˈनिग्मा/ *n.* (*pl.* **enigmas**) (व्यक्ति, वस्तु या परिस्थिति) जिसे समझना कठिन हो, पेचीदा, जटिल

enjoin /इन्ˈजॉइन्/ *v.* विधान करना, विहित करना, आदेश देना

enjoy /इन्ˈजॉइ/ *v.* **1** (किसी वस्तु का) आनंद लेना **2** आनंदित होना, आनंद का समय गुज़ारना

enlarge /इन्ˈलाज्/ *v.* (आकार में) बड़ा होना या करना, विस्तार देना

enlighten /इन्ˈलाइट्न्/ *v.* अपेक्षित जानकारी देते हुए किसी बात की समझ को बढ़ाना, सूचित करना

enlist /इन्ˈलिस्ट्/ *v.* **1** सहायता, समर्थन आदि प्राप्त करना **2** सेना में भरती होना या (किसी को) भरती करना

en masse /ˌआँन्ˈमैस्/ *adv.* सामूहिक रूप से, एक साथ बड़ी संख्या में

enmesh /इन्ˈमेश्/ *v.* जाल में फँसाना, उलझाना

enmity /ˈएन्मटि/ *n.* (*pl.* **enmities**) शत्रुता, बैर, दुश्मनी

enormous /इˈनॉमस्/ *adj.* विशाल या अत्यधिक, बड़ा

enough /इˈनफ़्/ *det.* & *pron.* **1** पर्याप्त, काफ़ी, जितनी (मात्रा या संख्या) आवश्यक हो उतनी **2** मनचाही मात्रा या संख्या में, काफ़ी ▸ **enough** *adv.* **1** अपेक्षित मात्रा में या सीमा तक, पर्याप्त रूप से **2** किसी हद तक (परंतु अधिक नहीं), ठीक-ठाक

enquire /इन्ˈक्वाइअ(र्)/ *v.* (*also* **inquire**) (किसी के विषय में) पूछताछ करना, जांच पड़ताल करना

enrage /इन्ˈरेज्/ *v.* (किसी व्यक्ति को) बहुत गुस्सा दिलाना, अत्यधिक क्रोधित कर देना

enrapture /इन्ˈरैप्च(र्)/ *v.* अत्यंत प्रसन्न करना, उल्लसित करना, आनंदविभोर करना, ख़ुश करना

enrich /इन्ˈरिच्/ *v.* **1** किसी वस्तु की गुणवत्ता आदि बढ़ाना **2** (किसी व्यक्ति या वस्तु को) संपन्न या अधिक समृद्ध बनाना

enrol /इन्ˈरोल्/ *v.* (*US* **enroll**) (**enrolling, enrolled**) संस्था आदि का सदस्य बनना या बनाना, स्कूल आदि में भरती होना या करना

en route /ˌआँ ˈरूट्, ˌऑन्/ *adv.* रास्ते में, को जाते हुए या से आते हुए

ensemble /ऑन्ˈसॉम्ब्ल्/ *n.* **1** एक साथ कार्यक्रम प्रस्तुत करने वाले संगीतज्ञों, नर्तकों या अभिनेताओं की मंडली, कलाकार-मंडली **2** कुछ वस्तुएँ जिनका एक समूह बनता है, जैसे मेल खाने वाले कपड़ों का सेट

enshrine /इन्ˈश्राइन्/ *v.* (अवशेष को) मंदिर में रखना, मूर्ति स्थापित करना या प्रतिष्ठित करना

enslave /इन्ˈस्लेव्/ *v.* दास बनाना, गुलाम बनाना

ensnare /इन्ˈस्नेअ(र्)/ *v.* फँसाना, फाँसना, फुसलाना, बहकाना

ensue /इन्ˈस्यू/ *v.* (किसी के बाद या फलस्वरूप) कुछ घटित होना

ensure /इन्'शॉ(र्)/ *v.* (*US* **insure**) किसी बात को सुनिश्चित करना, किसी बात का सुनिश्चित होना

entail /इन्'टेल्/ *v.* **1** किसी चीज़ को आवश्यक बनाना **2** किसी वस्तु का साथ लगा होना, अनुक्रम बंधन करना

entangle /इन्'टैङ्ग्ल्/ *v.* (जाल आदि में) फँसाना, फाँसना

enter /ˌएन्ट(र्)/ *v.* **1** (किसी स्थान में) प्रवेश करना, प्रवेश पाना **2** सदस्य बनना, विशेषतः किसी व्यवसाय या संस्था का

enterprise /'एन्टप्राइज़्/ *n.* **1** नई योजना, व्यापार आदि, उपक्रम, उद्यम **2** नई योजनाएँ बनाने या नए उद्यमों को शुरू करने की क्षमता, उद्यमिता

entertain /ˌएन्ट'टेन्/ *v.* **1** किसी का जी बहलाना (ताकि वह ख़ुश रहे) **2** लोगों का अतिथि के रूप में सत्कार करना (विशेषतः घर में), भोजन आदि से सत्कार करना

enthral /इन्'थ्रॉल्/ *v.* (*US* **enthrall**) (**enthra<u>ll</u>ing, enthra<u>ll</u>ed**) पूरा-पूरा ध्यान खींच लेना, मंत्रमुग्ध कर देना, मोहित करना

enthrone /इन्'थ्रोन्/ *v.* राज्याभिषेक करना, गद्दी पर बिठाना

enthuse /इन्'थ्यूज़्/ *v.* जोश में आना, उत्साह व्यक्त करना

enthusiasm /इन्'थ्यूज़िऐज़म्/ *n.* उमंग, उत्साह, किसी स्थिति के साथ जुड़ जाने की तीव्र इच्छा

entice /इन्'टाइस्/ *v.* कुछ इनाम या लालच देकर किसी को कुछ करने के लिए मनाना, लुभाना, फुसलाना

entire /इन्'टाइअ(र्)/ *adj.* पूरा, समूचा

entirety /इन्'टाइअरटि/ *n.* समग्रता, संपूर्णता, अखंडता

entitle /इन्'टाइट्ल्/ *v.* (कुछ पाने या करने का) अधिकारी होना

entity /'एन्टटि/ *n.* (*pl.* **entities**) अलग और स्वतंत्र अस्तित्व वाली वस्तु

entomb /इन्'टूम्/ *v.* (शव आदि को) क़ब्र में गाड़ना, दफ़नाना

entourage /'ऑन्टोराश़्/ *n.* किसी प्रमुख या प्रसिद्ध व्यक्ति के साथ यात्रा करनेवाला समूह, परिचारकगण, अनुगामी

entrails /'एन्ट्रेल्ज़्/ *n.* (*pl.*) मनुष्य तथा पशुओं के शरीर के भीतर नली की तरह एक अंग जो अमाशय से भोजन का अन्यत्र परिवहन करता है, आँतें, अँतड़ियाँ

entrance /'एन्ट्रन्स्/ *n.* **1** प्रवेश द्वार **2** प्रवेश क्रिया (विशेषतः जो ध्यान आकृष्ट करे)

entrap /इन्'ट्रैप्/ *v.* (**entra<u>pp</u>ing, entra<u>pp</u>ed**) जाल में फँसाना या फाँसना, बहकाना, फुसलाना

entreat /इन्'ट्रीट्/ *v.* विनती करना (प्रायः भावुकता या नम्रतापूर्वक)

entrench /इन्'ट्रेन्च्/ *v.* (सैनिक चौकी, नगर आदि के इर्द-गिर्द) खाई खोदना, सुरक्षा का प्रबंध करना

entrepreneur /ˌऑन्ट्रप्र'न(र्)/ *n.* व्यावसायिक उद्यम (विशेषतः जिसमें वित्तीय ख़तरा हो) आरंभ करने वाला या उसमें संलग्न व्यक्ति, उद्यमी, उद्यमकर्ता

entrust /इन्'ट्रस्ट्/ *v.* (किसी को किसी काम का) दायित्व सौंपना

entry /'एन्ट्रि/ *n.* (*pl.* **entries**) **1** किसी स्थान में जाने या प्रवेश करने की क्रिया, प्रवेश **2** किसी स्थान में प्रवेश का अधिकार

entwine /इन्'ट्वाइन्/ *v.* गूँथना

enumerate /इ'न्यूमरेट्/ *v.* गणन करना, एक-एक कर वस्तुओं का नाम बताना

e

enunciate /इ'नन्सिएट्/ *v.* **1** शब्दों या शब्दों के भागों का स्पष्ट उच्चारण करना **2** विचार को स्पष्ट रूप से अभिव्यक्त करना, प्रतिज्ञापन करना

envelop /इन्'वेलप्/ *v.* (**enveloping, enveloped**) किसी व्यक्ति या वस्तु का (किसी अन्य वस्तु को) ढकना, लपेटना या आवृत करना

envelope /'एन्वलोप्, 'ऑन्/ *n.* पत्र का लिफ़ाफ़ा

enviable /'एन्विअबल्/ *adj.* दूसरे के पास होने से अपने लिए भी स्पृहणीय, इर्ष्या के योग्य

envious /'एन्विअस्/ *adj.* दूसरे के पास जो वस्तु है उसका इच्छुक, ईर्ष्यालु

environment /इन्'वाइरन्मन्ट्/ *n.* **1** रहने, काम करने आदि की परिस्थितियाँ, वातावरण **2** वह प्राकृतिक संसार (जैसे भूमि, वायु और जल) जिसमें लोग, पशु और पौधे रहते हैं, पर्यावरण

envisage /इन्'विज़िज्/ *v.* भविष्य में संभावित स्थिति के विषय में सोचना, कल्पना करना

envoy /'एन्वॉइ/ *n.* अन्य देश में सरकार द्वारा संदेशवाहक दूत, राजकीय दूत, राजदूत

envy /'एन्वि/ *n.* (*pl.* **envies**) किसी वस्तु के लिए ईर्ष्या ▸ **envy** *v.* (**envying, envied**) दूसरे की वस्तु को अपने लिए भी चाहना, ईर्ष्या अनुभव करना

enzyme /'एन्ज़ाइम्/ *n.* (प्रायः पौधों और पशुओं द्वारा उत्पादित) एक प्रकार का पदार्थ जो रासायनिक परिवर्तन के घटित होने में सहायता करता है परंतु स्वयं परिवर्तित नहीं होता, एन्ज़ाइम

eon /'ईअन्/ *n.* (*US* **aeon**)(सृष्टि का) युग, कल्प

ephemeral /इ'फ़ेमरल्/ *adj.* क्षणिक, अल्पकालिक

epic /'एपिक्/ *adj.* बहुत लंबा और उत्तेजना-भरा

epicentre /'एपिसेन्ट(र्)/ *n.* (*US* **epicenter**) भूकंप के वास्तविक केंद्र के ऊपर धरती-तल का वह बिंदु जहाँ से भूकंप के झटके चारों ओर फैलते दिखाई देते हैं, भूकंप का केंद्र, अधिकेंद्र

epicure /'एपिक्युअ(र्)/ *n.* खाने-पीने के बारे में परिष्कृत रुचि रखने वाला, (स्वादिष्ट भोजन आदि का) पारखी

epidemic /ˌएपि'डेमिक्/ *n.* एक ही समय में एक ही रोग से बड़ी संख्या में पीड़ित मनुष्य और पशु, महामारी

epiglottis /ˌएपि'ग्लॉटिस्/ *n.* गले की घंटी, कौआ, उपजिह्वा

epigram /'एपिग्रैम्/ *n.* चतुर तरीक़े से अथवा मनोरंजक ढंग से किसी विचार को व्यक्त करनेवाली कविता अथवा वाक्यांश, सुभाषित, सूक्ति

epilepsy /'एपिलेप्सि/ *n.* एक प्रकार का मस्तिष्क रोग जिसमें व्यक्ति मूर्छित भी हो सकता है (प्रायः अनियंत्रित तेज़ झटके लगते हैं), मिरगी का रोग

epilogue /'एपिलॉग्/ *n.* किसी पुस्तक, नाटक आदि का अंतवचन, उपसंहार, भरत वाक्य

episode /'एपिसोड्/ *n.* **1** किसी के जीवन, उपन्यास आदि की एक घटना **2** टीवी या रेडियो के धारावाहिक का एक भाग

epistemology /इˌपिस्ट'मॉलजि/ *n.* ऐसा सिद्धांत जिसमें मनुष्य को मन, बुद्धि, इंद्रियों आदि के द्वारा जगत का ज्ञान कराया जाता है, बाह्य जगत के ज्ञान का सिद्धांत, ज्ञान मीमांसा

epistle /इ'पिस्ल्/ *n.* ईसा के बारह प्रमुख शिष्यों में से किसी का पत्र, संदेशपत्र

epitaph /'एपिटाफ़्/ *n.* दिवंगत व्यक्ति के लिए कहे गए शब्द, विशेषतः उसकी समाधि पर अंकित, समाधिलेख

epitome /इ'पिटमि/ *n.* किसी बात का आदर्श उदाहरण

epoch /ईपॉक्/ *n.* इतिहास का विशिष्ट युग या काल

equal /'ईक्वल्/ *adj.* **1** (आकार, मात्रा, मोल संख्या आदि की दृष्टि से) बराबर, समान **2** समान अधिकारों वाला या समानता के दर्जे वाला ▸ **equal** *v.* (**equalling, equalled;** *US* **equaling, equaled**) **1** संख्याओं आदि का बराबर होना **2** किसी व्यक्ति या स्थिति की बराबरी करना ▸ **equal** *n.* समान क्षमता और अधिकार वाला व्यक्ति

equalize /'ईक्वलाइज़्/ *v.* (or **-ise**) (खेल) की बराबरी पर आना

equate /इ'क्वेट्/ *v.* एक वस्तु को दूसरी के बराबर मानना

equation /इ'क्वेशन्/ *n.* (गणित में) दो मात्राओं या संख्याओं का समीकरण

equator /इ'क्वेट(र्)/ *n.* पृथ्वी को दो समान भागों—उत्तर तथा दक्षिण ध्रुवों—में विभाजित करनेवाली काल्पनिक रेखा, भूमध्य रेखा, विषुवत रेखा

equestrian /इ'क्वेस्ट्रिअन्/ *adj.* घुड़सवारी से संबंधित

equilibrium /ˌईक्वि'लिब्रिअम्, ˌएक-/ *n.* (*pl.* **equilibria**) **1** संतुलन की स्थिति (विशेषतः विरोधी शक्तियों या प्रभावों के बीच) **2** मानसिक शांति और भाव-संतुलन

equinox /'ईक्विनॉक्स्, 'एक-/ *n.* वर्ष के वे दो अवसर (मार्च और सितंबर के आसपास) जब सूर्य भूमध्य रेखा के ऊपर होता है और दिन और रात बराबर होते हैं, विषुव

equip /इ'क्विप्/ *v.* (**equipping, equipped**) **1** किसी को विशेष उद्देश्य की पूर्ति करने वाला सामान पहुँचाना **2** किसी को विशेष कार्य के लिए तैयार करना

equipment /इ'क्विप्मन्ट्/ *n.* विशेष कार्य-संपादन के लिए अपेक्षित वस्तुएँ, साधन, सामग्री

equity /'एक्वटि/ *n.* निष्पक्ष न्याय की धारणा, न्यायप्रियता, निष्पक्षता

equivalent /इ'क्विवलन्ट्/ *adj.* मूल्य, मात्रा, अर्थ, महत्व आदि की दृष्टि से समान, समकक्ष

equivocal /इ'क्विवक्ल् / *adj.* **1** (शब्दों या कथनों के लिए प्रयुक्त) अस्पष्ट तथा ठीक अर्थ या भावना के बिना, अस्पष्टार्थ, परस्पर विरोधी अर्थ देनेवाला, संदिग्धार्थ **2** (गतिविधियों या आचरण के लिए प्रयुक्त) जिसे समझना या समझाना कठिन हो

equivocate /इ'क्विवकेट/ *v.* (सत्य को छिपाने के लिए) द्वयर्थक शब्दों का प्रयोग करना, दोमानी बात कहना

era /इअरा/ *n.* इतिहास का एक कालखंड, या युग (किसी कारण से विशिष्ट), संवत्

eradicate /इ'रैडिकेट्/ *v.* (रोग आदि) को जड़ से उखाड़ देना, पूर्णतया उन्मूलित कर देना

erase /इ'रेज़्/ *v.* (पेंसिल का निशान, टेप अभिलेखन, कंप्यूटर फ़ाइल आदि को) पूरी तरह मिटा देना

erect /इ'रेक्ट्/ *adj.* सीधा खड़ा ▸ **erect** *v.* (किसी वस्तु का) निर्माण करना या सीधा खड़ा करना

e

e

ergonomics /ˌअगˈनॉमिक्स/ *n.* कार्य करने की परिस्थिति में कर्मचारियों की दक्षता का अध्ययन, कर्मचारी परिस्थिति विज्ञान

erode /इˈरोड्/ *v.* (समुद्र, मौसम आदि का) किसी वस्तु को धीरे-धीरे क्षीण करना, अपक्षरित करना

erogenous /इˈरॉजनस्/ *adj.* कामोत्तेजक, कामोद्दीपक

erotic /इˈरॉटिक्/ *adj.* कामोत्तेजक

err /अ(र्)/ *v.* ग़लत होना या ग़लती करना, ग़लतियाँ करना

errand /ˈएरन्ड्/ *n.* किसी को कुछ देने या किसी के लिए कुछ लाने के लिए की गई छोटी यात्रा, जैसे ख़रीदारी के लिए

errant /ˈएरन्ट्/ *adj.* **1** अनुचित व्यवहार वाला, विशेषतः माता-पिता की अवज्ञा करने वाला या घर छोड़ने वाला **2** अस्वीकार्य आचरण शैली में व्यवहार करते हुए

erratic /इˈरैटिक्/ *adj.* (व्यक्ति का व्यवहार) अनिश्चित, सनकी, मनमौजी, अनियत ▸ **erratic** *n.* (भूगोल में) हिमनद के दबाव के कारण अपने स्थान से हटी हुई चट्टान

error /ˈएर(र्)/ *n.* **1** भूल, ग़लती, त्रुटि **2** ग़लती, चूक, अशुद्धता

erudite /ˈएरुडाइट्/ *adj.* विद्वत्तापूर्ण, विद्वान

erupt /इˈरप्ट्/ *v.* **1** (ज्वालामुखी का) फूट पड़ना (और आग, लावा आदि उगलना) **2** (हिंसा आदि का) एकाएक आरंभ हो जाना, भड़क उठना

escalate /ˈएस्कलेट्/ *v.* **1** (किसी स्थिति का) अधिक तीव्र होना या करना या अधिक गंभीर बनना या बनाना **2** (किसी स्थिति में) तेज़ी आना, तेज़ी लाना

escalator /ˈएस्कलेट(र्)/ *n.* (हवाई अड्डे, बड़ी दुकान आदि में लगी) चलती हुई सीढ़ी, एस्केलेटर

escape /इˈस्केप्/ *v.* **1** अनचाहे स्थान से निकल भागना, निकल जाना **2** किसी संकटपूर्ण या अप्रिय स्थिति से बच निकलना ▸ **escape** *n.* **1** पलायन, भागने की क्रिया **2** सामान्य जीवन को भुलाने में सहायक, साधन, बचाव, मुक्ति

eschew /इस्ˈचू/ *v.* (किसी बात या काम या खाद्यपेय आदि से) बचना, दूर रहना, परहेज़ करना

escort /इˈस्कॉट्/ *n.* **1** विशिष्ट व्यक्ति या वस्तु की सुरक्षा या सम्मान के लिए साथ जाने वाले वाहन या व्यक्ति, अनुरक्षक, मार्गरक्षी **2** विशिष्ट अवसर पर किसी के साथ जाने वाला व्यक्ति ▸ **escort** *v.* **1** अनुरक्षक के रूप में किसी के साथ जाना **2** किसी को कहीं ले जाना

esoteric /ˌएसˈटेरिक्, ˌईसˈटेरिक्/ *adj.* विशेष ज्ञान या रुचि रखनेवाले कुछ एक लोगों द्वारा सराहे या समझ में आनेवाला, गोपनीय, गूढ़

especially /इˈस्पेशलि/ *adv.* **1** विशेषतया, ख़ास तौर पर, विशेषकर **2** विशेष प्रयोजन से या व्यक्ति के लिए

espionage /ˈएस्पिअनाश़्/ *n.* किसी अन्य संस्था अथवा देश के बारे में गुप्त जानकारियों की प्राप्ति, जासूसी, गुप्तचरी

espouse /इˈस्पाउज़्/ *v.* (प्रायः पुरुष का) विवाह करना, अपनाना

espresso /एˈस्प्रेसो/ *n.* (*pl.* **espressos**) पिसी हुई कॉफ़ी से भाप द्वारा बनाई गई तेज़ काली कॉफ़ी, एस्प्रेसो

espy /एˈस्पाइ/ *v.* (**espying, espied**)(दूर से) झलक पाना, देख पाना

essay /'एसे/ *n.* (किसी विषय पर) निबंध

essence /'एसन्स/ *n.* **1** किसी वस्तु की मूलभूत और सर्वाधिक महत्वपूर्ण विशेषता, सारतत्व **2** तीखी गंध या स्वाद वाले पौधों या खाद्य पदार्थों से निकाला गया अरक़, आसव

essential /इ'सेन्शल/ *adj.* परमावश्यक, सर्वथा अपेक्षित

establish /इ'स्टैब्लिश/ *v.* **1** संस्था, व्यवस्था आदि स्थापित करना, निर्धारित करना **2** किसी व्यक्ति या वस्तु के साथ औपचारिक संबंध बनाना

establishment /इ'स्टैब्लिश्मन्ट/ *n.* **1** संगठन, बड़ी संस्था, प्रतिष्ठान **2** (**the Establishment**) किसी देश का सत्ताधारी वर्ग जो प्रायः परिवर्तन का विरोधी होता है

estate /इ'स्टेट/ *n.* **1** एक व्यक्ति या परिवार के स्वामित्व वाली देहात में स्थित भूसंपत्ति, जागीर **2** ऐसा भूक्षेत्र जहाँ एक ही प्रकार के बहुत-से मकान या कारख़ाने हों, ईस्टेट **3** संपदा

esteem /इ'स्टीम/ *n.* सम्मान, किसी के प्रति आदरभाव

estimate /'एस्टिमट/ *n.* **1** सभी तथ्यों के बिना किसी वस्तु के आकार, क़ीमत आदि का अनुमान या आकलन **2** आकलन का विवरण ▸ **estimate** *v.* किसी काम का आकलन करना, मूल्यांकन करना, अनुमान लगाना

estranged /इ'स्ट्रेन्ज्ड/ *adj.* **1** (पति या पत्नी) एक-दूसरे से अलग रहते हुए **2** किसी समय में रहे घनिष्ठ संबंध से अब विमुख, रंजिशज़दा

estuary /'एस्चुअरि/ *n.* (*pl.* **estuaries**) नदी का मुहाना

etc. *abbr.* **et cetera** का संक्षिप्त रूप, 'आदि' या 'इत्यादि', समतुल्य प्रकार की अन्य वस्तुएँ या व्यक्ति

etch /एच/ *v.* तेज़ाब आदि से धातु की प्लेट को उत्कीर्ण करके चित्र आदि बनाना, उत्कीर्ण करना, निक्षारित करना

eternal /इ'टर्नल/ *adj.* **1** अनादि या अनंत, चिरंतन, शाश्वत, अमर **2** बार-बार का या की, अंतहीन-सा

eternity /इ'टर्नटि/ *n.* (*pl.* **eternities**) अनंत काल, पारलौकिक जीवन, अनंत लगने वाला समय

ethereal /इ'थिअरिअल/ *adj.* अत्यंत कोमल और हलका, अवास्तविक जैसा, पारलौकिक

ethic /'एथिक्/ *n.* नीतिसम्मत, नैतिक, मर्यादा के अनुरूप

ethical /एथिक्ल/ *adj.* **1** उचित-अनुचित के विचार से संबंधित, नैतिक **2** नैतिक दृष्टि से उचित, नैतिकतापूर्ण

ethnic /'एथ्निक्/ *adj.* विशेष जाति या धर्म से संबंधित या उसका प्रातिनिधिक

ethnology /एथ्'नॉलजि/ *n.* मानव, जातियों का वैज्ञानिक अध्ययन, नृजाति विज्ञान

ethos /'ईथॉस/ *n.* समाज या समूह विशेष से जुड़ी धारणाएँ एवं प्रवृत्तियाँ, लोकाचार

etiquette /'एटिकेट्/ *n.* शिष्टाचार

etymology /ˌएटि'मॉलजि/ *n.* (*pl.* **etymologies**) **1** शब्दों और उनके अर्थों के उद्भव और विकास का अध्ययन, व्युत्पत्तिशास्त्र **2** शब्द-विशेष की उत्पत्ति एवं इतिहास की व्याख्या

the European Union *n.* (*abbr.* **EU**) यूरोपीय देशों का आर्थिक-राजनीतिक संघ, यूरोपीय संघ

e

eucalyptus /ˌयूक ˈलिप्टस्/ *n.* (*pl.* **eucalyptuses** or **eucalypti**) (विशेष रूप से आस्ट्रेलिया एवं एशिया में पाया जानेवाला) एक लंबा वृक्ष जिसकी पत्तियों से निकलने वाले, तेल का प्रयोग दवाइयों में किया जाता है, गंधसफ़ेदा, यूकेलिप्टस का वृक्ष

e

eugenics /यू ˈजेनिक्स्/ *n.* सुंदर और स्वस्थ संतान पैदा करने का विज्ञान, सृजनविज्ञान, सृजननिकी

eulogy /ˈयूलजि/ *n.* (*pl.* **eulogies**) **1** प्रशस्ति, प्रशंसाभरा भाषण या लेख **2** मृतक के अंतिम संस्कार पर उसकी प्रशंसा में दिया गया भाषण

eunuch /ˈयूनक्/ *n.* **1** बधिया किया गया पुरुष, विशेषतः जो कुछ एशियाई देशों में पूर्व काल में हरम की रखवाली किया करता था, नपुंसक, हिजड़ा **2** शक्तिहीन या प्रभावहीन व्यक्ति

euphemism /ˈयूफ़मिज़म/ *n.* कटु प्रसंग को परोक्ष और कम अप्रिय रीति से व्यक्त करने वाला शब्द, मंगलभाषित

euphoria /यू ˈफ़ॉरिआ/ *n.* प्रसन्नता का अतिरेक, उल्लासोन्माद

eureka /यू ˈरिक/ *exclam.* (खोज करने के बाद ख़ुशी से चिल्लाना) मैंने पा लिया

euro /ˈयुअरो/ *n.* यूरोपीय संघ के कई देशों में प्रचलित मुद्रा की इकाई, यूरो

European /ˌयुअर ˈपीअन्/ *adj.* यूरोप का/से, यूरोपीय ▸ **European** *n.* यूरोपीय व्यक्ति

euthanasia /ˌयुथ ˈनेज़िआ/ *n.* असाध्य रोग से पीड़ित होने के कारण मृत्यु के इच्छुक व्यक्ति का प्राणहरण (अधिकतर देशों में ग़ैर-कानूनी), आत्ममरण-स्वीकृति

evacuate /इ ˈवैक्युएट्/ *v.* लोगों को ख़तरनाक स्थान से हटाकर सुरक्षित स्थान पर ले जाना, ख़तरनाक होने के कारण किसी स्थान को छोड़ना, निष्क्रमण करना

evade /इ ˈवेड्/ *v.* **1** बच निकलना (ताकि सामना न करना पड़े) **2** किनाराकशी करना, कन्नी काटना

evaluate /इवैल्युएट्/ *v.* तथ्यों के आधार पर मूल्यांकन करना

evanescent /ˌईव ˈनेस्न्ट्/ *adj.* शीघ्र नष्ट या लुप्त होने वाला, क्षणभंगुर, अचिरस्थायी

evangelical /ˌईवैन् ˈजेलिक्ल्/ *adj.* धार्मिक कर्मकांड की अपेक्षा ईसा और बाइबिल पर अधिक विश्वास करने वाले (कतिपय प्रोटेस्टैंट गिरजाघरों से संबंधित)

evaporate /इ ˈवैपरेट्/ *v.* **1** (द्रव का) भाप बन जाना **2** छू-मंतर हो जाना, ग़ायब हो जाना

evasion /इ ˈवेश़न्/ *n.* **1** किनाराकशी, करणीय से बचने का काम, अपवंचन **2** बहानों भरा बयान, टाल-मटोल वाला बयान

evasive /इ ˈवेसिव्/ *adj.* टाल-मटोल वाला, घुमा-फिरा कर कहा गया

eve /ईव्/ *n.* किसी महत्वपूर्ण अवसर, धार्मिक त्योहार आदि की पूर्व संध्या

even /ˈईव्न्/ *adj.* **1** समतल, सपाट **2** स्थिर, संयत, नियमित ▸ **even** *adv.* **1** भी, चकित करने वाली बात पर बल देने के लिए प्रयुक्त **2** भी, वस्तुओं की तुलना के लिए प्रयुक्त

evening /ˈईव्निङ्/ *n.* सायंकाल, शाम

event /इ ˈवेंट्/ *n.* **1** घटना (विशेषतः महत्वपूर्ण या असाधारण) **2** आयोजित सार्वजनिक अथवा सामाजिक कार्यक्रम

eventful /इ ˈवेन्ट्फ़्ल्/ *adj.* महत्वपूर्ण, ख़तरनाक या उत्तेजक स्थितियों से भरा हुआ, घटनापूर्ण

eventuality /ई ˌवेन्चु ˈऐलटि/ *n.* (*pl.* **eventualities**) संभाव्य घटना, संभावित परिणाम

ever /ˈएव(र्)/ *adv.* **1** किसी भी समय **2** अब तक कभी-भी **3 (ever-)** हमेशा, लगातार

every /ˈएव्रि/ *det.* **1** तीन या अधिक व्यक्तियों या वस्तुओं के समूह में सभी, प्रत्येक **2** सभी संभव, हर संभव **3** (यह बताने के लिए प्रयुक्त कि कोई बात कितनी बार होती है), हर, प्रति

evict /इˈविक्ट्/ *v.* मकान या ज़मीन से किसी (किराएदार) को (क़ानूनन) बेदख़ल करना, निष्कासन करना

evidence /ˈएविडन्स्/ *n.* सबूत, साक्ष्य, गवाही, प्रमाण

evident /ˈएविडन्ट्/ *adj.* स्पष्ट (दीखने में या सोच में), सुस्पष्ट, प्रकट

evil /ˈईव्ल्/ *adj.* लोगों को दुखी करने वाला, बुरा, दुष्ट, पापी ▸ **evil** *n.* बुराई, दुष्टता, पाप

evince /इˈविन्स्/ *v.* (भावना, गुण आदि) प्रदर्शित करना, दिखाना, प्रकट करना

evoke /इˈवोक्/ *v.* (किसी में) स्मृति, अनुभूति आदि को जगाना

evolution /ˌईवˈलूश्न्, ˌएव-/ *n.* **1** कालक्रम से सजीवों का विकास **2** परिवर्तन और विकास की क्रमिक प्रक्रिया

evolve /इˈवॉल्व्/ *v.* **1** सरल-साधारण से उच्चतर-जटिल रूपों में क्रमशः विकसित होना या करना **2** (पौधे, पशु आदि का) हज़ारों वर्षों के दौरान सरल से जटिल और उच्चतर रूपों में विकसित होना

ewe /यू/ *n.* मादा भेड़

ex- /एक्स्/ *n.* भूतपूर्व, के बिना

exacerbate /इग्ˈज़ैसबेट्/ *v.* बिगाड़ देना (विशेषतः रोग या समस्या को)

exact /इग्ˈज़ैक्ट्/ *adj.* **1** (बिलकुल) सही, यथार्थ, त्रुटिहीन **2** एकदम सही रूप से कार्य करने में सक्षम ▸ **exact** *v.* (किसी से) कुछ माँगना और उसे पा लेना, वसूल करना

exactly /इग्ˈज़ैक्ट्लि/ *adv.* **1** (किसी बात के सही होने पर बल देने के लिए प्रयुक्त) एकदम, बिलकुल **2** एकदम ठीक जानकारी माँगने या देने के लिए प्रयुक्त

exaggerate /इग्ˈज़ैजरेट्/ *v.* (किसी बात को) बढ़ा-चढ़ा कर कहना

exalt /इग्ˈज़ॉल्ट्/ *v.* **1** पद या स्तर में ऊँचा करना, उन्नत करना **2** व्यक्ति या वस्तु की अत्यधिक प्रशंसा करना

exam /इग्ˈज़ैम्/ *n.* परीक्षा (लिखित, मौखिक या प्रायोगिक)

examine /इग्ˈज़ैमिन्/ *v.* **1** बहुत सावधानी से किसी विषय, धारणा आदि पर विचार करना **2** (किसी वस्तु की खोज में) किसी की सावधानी से छानबीन करना, पड़ताल करना

example /इग्ˈज़ाम्प्ल्/ *n.* **1** उदाहरण, मिसाल **2** आदर्श व अनुकरणीय (व्यक्ति, वस्तु या आचरण)

exasperate /इग्ˈज़ैस्परेट्/ *v.* (किसी को) क्रोधित करना, बहुत अधिक परेशान करना

excavate /ˈएक्सकवेट्/ *v.* ज़मीन में चिरकाल से दबी वस्तुओं के लिए खुदाई करना, खुदाई से कुछ प्राप्त करना

exceed /इक्ˈसीड्/ *v.* **1** संख्या या मात्रा विशेष से अधिक हो जाना **2** क़ानूनी मर्यादा, नियम, आज्ञा आदि का उल्लंघन करना

exceedingly /इक्'सीडिङ्लि/ *adv.* अत्यधिक, बहुतायत से

excel /इक्'सेल्/ *v.* (**excelling, excelled**) 1 किसी काम में विशेष कुशल होना 2 किसी काम को सामान्य की अपेक्षा बेहतर ढंग से करना

e

excellence /'एक्सलन्स्/ *n.* श्रेष्ठता, उत्कृष्टता

excellent /'एक्सलन्ट्/ *adj.* बहुत बढ़िया, उच्च स्तर का, उत्कृष्ट

except /इक्'सेप्ट्/ *prep.* को छोड़कर, इसके सिवा ▸ **except** *v.* को छूट मिलना, को छोड़ देना (शामिल न करना)

exception /इक्'सेप्शन्/ *n.* (व्यक्ति या वस्तु) अपवाद

exceptional /इक्'सेप्शनल्/ *adj.* असाधारण, असामान्य रूप से अच्छा

excerpt /'एक्सप्ट्/ *n.* किसी पुस्तक, फ़िल्म आदि से लिया गया कोई अंश, उद्धरण

excess /इक्'सेस्/ *n.* (*pl.* **excesses**) ज़रूरत या सामान्य से अधिक, अत्यधिक ▸ **excess** *adj.* सामान्य या स्वीकृत सीमा से अधिक, अतिरिक्त

excessively /इक्'सेसिव्लि/ *adv.* अत्यंत, बहुत ही

exchange /इक्स्'चेन्ज्/ *n.* 1 विनिमय, अदला-बदली 2 एक देश की मुद्रा का दूसरे देश की मुद्रा से मूल्यगत संबंध, विनिमय-संबंध ▸ **exchange** *v.* अदला-बदली करना, विनिमय करना

exchequer /इक्स्'चेक(र्)/ *n.* 1 ब्रिटेन तथा कुछ अन्य देशों में राजस्व विभाग 2 धन की राष्ट्रीय या सार्वजनिक आपूर्ति

excise /'एक्साइज़्/ *n.* सरकार द्वारा देश के भीतर कुछ वस्तुओं के उत्पादन और बिक्री पर लगाया गया कर

excite /इक्'साइट्/ *v.* 1 किसी की भावनाओं (प्रसन्नता या अधीरता) को उभारना, किसी का भावोत्तेजन करना 2 विशेष प्रकार की प्रतिक्रिया उत्पन्न करना

excitement /इक्'साइट्मन्ट्/ *n.* उत्तेजना, उत्साहमयी प्रसन्नता

exclaim /इक्'स्क्लेम्/ *v.* भावावेश में अचानक चिल्लाकर कुछ कहना

exclamation /,एक्स्क्ल'मेशन्/ *n.* भावावेश में प्रकट उद्गार, चिल्ला पड़ना, चीत्कार

exclude /इक्'स्क्लूड्/ *v.* 1 छोड़ देना, शामिल न करना 2 किसी का किसी स्थान पर प्रवेश या किसी गतिविधि में भाग लेने पर प्रतिबंध होना

exclusive /इक्'स्क्लूसिव्/ *adj.* 1 केवल एक व्यक्ति, समूह आदि के उपयोग के लिए, अन्य के लिए नहीं, अनन्य 2 महँगा और निम्नतर वर्ग के लोगों की पहुँच से बाहर ▸ **exclusive** *n.* केवल किसी एक समाचार-पत्र को उपलब्ध कराया गया और उसी में छपने वाला लेख आदि

excommunicate /,एक्स्क'म्यूनिकेट्/ *v.* प्रायः दंडस्वरूप ईसाई चर्च (विशेषतः रोमन कैथोलिक चर्च) की सदस्यता से बहिष्कृत करना

excrement /'एक्स्क्रिमन्ट्/ *n.* मल, विष्ठा, मलमूत्र

excrete /इक्'स्क्रीट्/ *v.* मल त्याग करना

excruciating /इक्'स्क्रूशिएटिङ्/ *adj.* बहुत अधिक दर्द करने वाला

excursion /इक्'स्कशन्/ *n.* सैर-सपाटा

excuse /इक्'स्क्यूस्/ *n.* अपने आचरण के समर्थन में दिया गया तर्क, सफ़ाई, बहाना ▸ **excuse** *v.* 1 छोटी-मोटी

ग़लती माफ़ करना 2 अशिष्ट आचरण की सफ़ाई देना, आचरण की अशिष्टता को कम कर के बताना

execute /ˈएक्सिक्यूट्/ *v.* 1 क़ानूनन मृत्युदंड देना 2 किसी कार्य को संपादित करना या योजना को क्रियान्वित करना

executive /इग्ˈज़ेक्यटिव्/ *adj.* 1 (व्यापार, शासन आदि से जुड़े व्यक्तियों के लिए प्रयुक्त) प्रबंध-कार्य, योजना-निर्माण आदि से संबंधित, कार्यकारी 2 महत्वपूर्ण व्यापारियों या अधिकारियों द्वारा प्रयुक्त (वस्तु, सामग्री, भवन आदि) ▸ **executive** *n.* 1 कार्यकारी अधिकारी, प्रबंधक 2 किसी संस्था का प्रबंधक वर्ग

exemplary /इग्ˈज़ेम्प्लरि/ *adj.* श्रेष्ठ, बहुत अच्छा, औरों के लिए आदर्श

exemplify /इग्ˈज़ेम्प्लिफ़ाइ/ *v.* **(exemplifying, exemplified)** किसी का विशिष्ट उदाहरण होना

exempt /इग्ˈज़ेम्प्ट्/ *adj.* किसी बाध्यता से मुक्त ▸ **exempt** *v.* आधिकारिक रूप से छूट देना

exercise /ˈएक्ससाइज़्/ *n.* 1 (शरीर को) स्वस्थ एवं मज़बूत बनाने के लिए किया गया शारीरिक तथा मानसिक क्रियाकलाप, व्यायाम, कसरत 2 व्यायाम क्रिया अथवा किसी कार्य में कुशलता प्राप्त करने के लिए किया गया कार्य ▸ **exercise** *v.* 1 शारीरिक व्यायाम करना 2 (सत्ता, अधिकार आदि का) इस्तेमाल करना

exert /इग्ˈज़र्ट्/ *v.* 1 किसी वस्तु को प्रयोग में लाना (जैसे प्रभाव, ताक़त आदि) 2 सामान्य से अधिक प्रयत्न करना, बल लगाना

ex gratia /ˌएक्स् ˈग्रेश / *adj.* क़ानूनी बाध्यता के बिना सद्भावना स्वरूप किया गया या दिया गया, अनुग्रहपूर्वक

exhale /एक्स्ˈहेल्/ *v.* साँस, धुआँ को फेफड़ों से बाहर निकालना

exhaust /इग्ˈज़ॉस्ट्/ *n.* 1 किसी वाहन, इंजन या मशीन से निकलने वाली अकृष्य या व्यर्थ गैस 2 कार में इंजन की अकृष्य हवा निकालने वाले पीछे लगे पाइप ▸ **exhaust** *v.* 1 बहुत थका देना 2 (किसी वस्तु को) पूरा-का-पूरा इस्तेमाल कर लेना, समाप्त कर देना

exhaustive /इग्ˈज़ॉस्टिव्/ *adj.* संपूर्ण, सर्वांगीण, विस्तृत

exhibit /इग्ˈज़िबिट्/ *n.* संग्रहालय में प्रदर्शित या कचहरी में प्रमाण के रूप में दी गई वस्तु ▸ **exhibit** *v.* 1 किसी वस्तु का सार्वजनिक प्रदर्शन करना 2 किसी भाव आदि को प्रकट करना

exhibition /ˌएक्सिˈबिशन्/ *n.* 1 प्रदर्शनी, नुमाइश 2 किसी कला या कौशल का सार्वजनिक प्रदर्शन

exhibitionism /ˌएक्सिˈबिशनिज़्म्/ *n.* आत्मप्रदर्शन करने की मनोवृत्ति, प्रदर्शन-प्रवृत्ति, दिखावे की प्रवृत्ति

exhilarate /इग्ˈज़िलरेट्/ *v.* रोमांचित और प्रसन्न करना

exhort /इग्ˈज़ॉट्/ *v.* उपदेश देना या करना, प्रबोधित करना, समझाना

exhume /एक्स्ˈह्यूम्/ *v.* क़ब्र से शव को खोदकर निकालना (विशेषतः मृतक की मृत्यु का कारण पता लगाने के लिए), शवोत्खनन करना

exigency /ˈएक्सिजन्सि, इग्ˈज़िजन्सि/ *n.* (*pl.* **exigencies**) किसी चीज़ की अविलंब आवश्यकता, तात्कालिक आवश्यकता, अत्यावश्यकता

e

e

exile /ˈएक्साइल/ *n.* 1 देशनिकाला, निर्वासन (विशेषतः राजनीतिक आधार पर), स्वदेश छोड़कर अन्यत्र रहने की बाध्यता 2 (राजनीतिक कारणों से) अपने ही देश से बाहर रहने के लिए विवश व्यक्ति, निर्वासित व्यक्ति

exist /इग्ˈज़िस्ट्/ *v.* 1 अस्तित्व होना, संसार में विद्यमान होना, जीवित रहना 2 जीवित रह पाना, गुज़र-बसर करना

existential /ˌएग्ज़िˈस्टेन्श्ल्/ *adj.* अस्तित्व संबंधी, अस्तित्व का, अस्तित्वपरक, जीवन का

exit /ˈएक्सिट्, ˈएग्ज़िट्/ *n.* 1 सार्वजनिक भवन या वाहन से बाहर निकलने का दरवाज़ा या मार्ग, निकास द्वार या निकास-मार्ग 2 चले जाना, निर्गम
▸ **exit** *v.* **(exiting, exited)** प्रस्थान करना, विलोपन करना

exodus /ˈइक्सडस/ *n.* एक ही समय में बहुत-से लोगों का एक स्थान को छोड़ना, सामूहिक प्रस्थान, निर्गमन

exonerate /इग्ˈज़ॉनरेट्/ *v.* आधिकारिक रूप से दोषमुक्त घोषित करना

exorbitant /इग्ˈज़ॉबिटन्ट्/ *adj.* असाधारण रूप से महँगा

exorcize (or **-ise**) /ˈएक्सॉसाइज़्/ *v.* (मंत्र आदि द्वारा भूत-प्रेत को व्यक्ति या स्थान से) निकालना, भूत उतारना

exotic /इग्ˈज़ॉटिक्/ *adj.* अन्य देश या संस्कृति का होने के कारण असामान्य या आकर्षक, अन्यस्थानिक

expand /इक्ˈस्पैन्ड्/ *v.* फैलना या फैलाना

expanse /इक्ˈस्पैन्स्/ *n.* (ज़मीन, समुद्र, आकाश का) बड़ा और खुला इलाक़ा

expansive /इक्ˈस्पैन्सिव्/ *adj.* (व्यक्ति) खुले दिल वाला, खुशमिज़ाज, मैत्रीपूर्ण, उन्मुक्त

expatriate /ˌएक्स्ˈपैट्रिअट्/ *n.* अपने देश से बाहर रहने वाला व्यक्ति, निर्वासित व्यक्ति

expect /इक्ˈस्पेक्ट्/ *v.* 1 (किसी की) आशा करना, प्रत्याशा करना 2 किसी से कुछ पाने या अपना मनचाहा करने की आशा करना

expectant /इक्ˈस्पेक्टन्ट्/ *adj.* 1 अनुकूल घटने की आशा से युक्त, आशापूर्ण 2 गर्भवती

expedient /इक्ˈसीडिअन्ट्/ *adj.* (कार्य) उद्देश्यसिद्धि की दृष्टि से सुविधापूर्ण, परंतु पूर्णतया उचित या नैतिक नहीं, स्वार्थ साधक

expedite /ˈएक्सपडाइट्/ *v.* प्रक्रिया को तेज़ करना, शीघ्रता करना

expedition /ˌएक्स्पˈडिशन्/ *n.* 1 उद्देश्य विशेष से की गई लंबी यात्रा, अभियान, खोजयात्रा 2 सैर-सपाटे का छोटा कार्यक्रम

expel /इक्ˈस्पेल्/ *v.* **(expelling, expelled)** 1 देश, स्कूल आदि से निकाल बाहर करना, निष्कासित करना 2 बलपूर्वक बाहर निकालना

expend /इक्ˈस्पेन्ड्/ *v.* किसी कार्य में धन, समय, ध्यान आदि लगाना

expendable /इक्ˈस्पेन्डबल्/ *adj.* जिसे बचाना महत्वपूर्ण न समझा जाए, नष्ट होने योग्य, उत्सर्जनीय

expenditure /इक्ˈस्पेन्डिच(र्)/ *n.* धन व्यय करना, व्यय की गई राशि की मात्रा

expense /इक्ˈस्पेन्स्/ *n.* 1 ख़र्च, क़ीमत (समय या धन का) 2 (*pl.* **expenses**) उद्देश्य विशेष से किया गया ख़र्च, व्यय

expensive /इक्'स्पेन्सिव़/ *adj.* ख़र्चीला, बहुत महँगा, क़ीमती

experience /इक्'स्पिअरिअन्स्/ *n.* 1 जीवन में किए गए काम, किसी काम को देखने अथवा करने से प्राप्त ज्ञान अथवा कौशल, अनुभव, तजुरबा 2 घटना जो आपके साथ घटी है (प्रायः असाधारण या रोमांचक), अनुभव ▸ **experience** *v.* का अनुभव होना, को महसूस करना

experiment /इक्'स्पेरिमन्ट्/ *n.* नई जानकारी या प्रमाण के लिए किया गया वैज्ञानिक प्रयोग ▸ **experiment** *v.* किसी पर प्रयोग करना

expert /'एक्स्पर्ट/ *n.* विषय का विशेषज्ञ

expertise /ˌएक्स्प'टीज़्/ *n.* विषय की विशेषज्ञता

expire /इक्'स्पाइअ(र्)/ *v.* (सरकारी दस्तावेज़, क़रार आदि) प्रयोग की निर्धारित समयावधि का समाप्त हो जाना

explain /इक्'स्प्लेन्/ *v.* 1 समझना, स्पष्ट करना 2 किसी बात का कारण बताना

expletive /इक्'स्प्लीटिव़/ *n.* विशेषकर अशिष्ट शब्द जो गुस्से अथवा पीड़ा की स्थिति में बोले जाते हैं, अपशब्द, गाली

explicit /इक्'स्प्लिसिट्/ *adj.* 1 सुव्यक्त, समझने में सरल 2 एकदम प्रकट, जिसमें कुछ भी गुप्त नहीं

explode /इक्'स्प्लोड्/ *v.* धमाके से फूटना, विस्फोट होना।

exploit /इक्'स्प्लॉइट्/ *v.* 1 (किसी का) शोषण करना 2 किसी वस्तु को बनाना या बेहतरीन उपयोग करना ▸ **exploit** *n.* साहसिक कार्य, कारनामा

explore /इक्'स्प्लॉ(र्)/ *v.* किसी जगह के विषय में जानकारी प्राप्त करने के लिए उसका भ्रमण करना, खोजयात्रा करना

explosion /इक्'स्प्लोश़्न्/ *n.* 1 विस्फोट, धमाका 2 एकाएक वृद्धि

explosive /इक्'स्प्लोसिव़/ *adj.* 1 विस्फोटात्मक, धमाकेदार 2 भावोत्तेजक या ख़तरनाक प्रभाव छोड़ने वाला ▸ **explosive** *n.* विस्फोटक पदार्थ

exponent /इक्'स्पोनन्ट्/ *n.* 1 मत, वाद आदि का समर्थक और प्रचारक 2 कला विशेष में अति निपुण व्यक्ति

exponential /ˌएक्स्प'नेन्श़्ल्/ *adj.* 1 (बढ़ोत्तरी में) अधिकाधिक तीव्र होना 2 गणितीय अर्थदर्शक, घातांक

export /इक्'स्पॉट्/ *v.* 1 वस्तुओं का निर्यात करना (प्रायः बिक्री के लिए) 2 सूचना-सामग्री का एक प्रोग्राम से दूसरे में स्थानांतरण करना ▸ **export** *n.* 1 वस्तुओं का निर्यात (बिक्री के लिए) 2 निर्यातित माल (बिक्री के लिए)

expose /इक्'स्पोज़्/ *v.* 1 प्रायः गुप्त रहने वाली वस्तु को बाहर लाना, रहस्य खोल देना, भंडा फोड़ देना 2 किसी को या अपने को ख़तरनाक स्थिति में डालना

exposure /इक्'स्पोश़(र्)/ *n.* 1 किसी वस्तु को प्रदर्शित करने की क्रिया, प्रदर्शित की गई वस्तु, रहस्योद्घाटन, प्रदर्शन 2 किसी स्थिति या वस्तु के संपर्क में आने के लिए अनुमति या दबाव

express /इक्'स्प्रेस्/ *v.* 1 भाव या विचार को शब्दों या कार्यों द्वारा व्यक्त करना, अभिव्यक्त करना 2 अपने भावों, विचारों आदि को बोलकर या लिखकर व्यक्त करना ▸ **express** *adj. & adv.* 1 तीव्रगामी, एक्सप्रेस 2 (इच्छा, आदेश आदि) स्पष्ट और सुनिश्चित ▸ **express** *n.* तेज़ रफ़्तार की रेलगाड़ी

e

जो सभी स्टेशनों पर नहीं रुकती, एक्सप्रेस ट्रेन

expression /इक्'स्प्रेश्न्/ *n.* 1 विचारों या भावनाओं की अभिव्यक्ति 2 चेहरे की मुद्रा, चेहरे का भाव

expulsion /इक्'स्पल्श्न्/ *n.* किसी स्थान या संस्था से निष्कासन

e

exquisite /'एक्सक्विज़िट्,इक्'सक्विज़िट्/ *adj.* अत्यंत सुंदर और प्रीतिकर

extend /इक्'स्टेन्ड्/ *v.* 1 (स्थान और समय की दृष्टि से) किसी का विस्तार करना 2 क्षेत्र का विस्तार होना, समयावधि में वृद्धि होना

extension /इक्'स्टेन्श्न्/ *n.* 1 विशेष प्रयोजन से समयवृद्धि 2 भवन में बढ़ाया या जोड़ा गया अंश, विस्तारण

extensive /इक्'स्टेन्सिव्/ *adj.* 1 आकार या विस्तार में व्यापक, लंबा-चौड़ा या मात्रा में अधिक, विस्तृत 2 (कृषि के तरीक़े) जिनसे बड़े खेत में थोड़ी मेहनत और लागत से थोड़ी पैदावार होती है

extent /इक्'स्टेन्ट्/ *n.* किसी वस्तु की लंबाई, विस्तार, आकार या महत्व

extenuating / इक्'सटेन्युऐटिङ् / *adj* आंशिक रूप से क्षमा याचना करके किसी भी अपराध को कम गंभीर दर्शाते हुए, लघुकारी

exterior /इक्'स्टिअरिअ(र्)/ *adj.* बाहर का या की, बाहरी ▸ **exterior** *n.* बाहरी हिस्सा, चेहरा, बाहरी रूप

exterminate /इक्'स्टर्मिनेट्/ *v.* बड़ी संख्या में लोगों अथवा पशुओं को मार देना, संहार करना

external /इक्'स्टर्न्ल्/ *adj.* 1 बाहरी हिस्से का, बाहर स्थित, बाह्य 2 बाहर से आने वाला, बाह्य

extinct /इक्'स्टिङ्क्ट्/ *adj.* 1 (पशु, पौधे आदि की जाति) विलुप्त, लुप्तप्राय 2 (ज्वालामुखी) निष्क्रिय

extinguish /इक्'स्टिङ्ग्विश्/ *v.* (आग) बुझाना

extol /इक्'स्टोल् / *v.* (**extolling, extolled**) बड़ाई करना, गुणगान करना, बहुत प्रशंसा करना

extort /इक्'स्टॉट्/ *v.* धमकियों या हिंसा द्वारा ज़बरदस्ती वसूली करना

extra /'एक्स्ट्रा/ *adj. & adv.* सामान्य, अपेक्षित या अब तक उपलब्ध से अधिक, अतिरिक्त ▸ **extra** *n.* 1 वस्तु जिसका दाम अलग से देना होता है 2 फ़िल्म आदि में बहुत छोटी व महत्वहीन भूमिका करने वाला व्यक्ति

extra- /'एक्स्ट्रा/ *prefix* 1 निर्धारित ढाँचे से बाहर, इतर, अलग तरह का 2 बहुत, सामान्य से अधिक, अति

extract /इक्'स्ट्रैक्ट्/ *v.* किसी वस्तु को बाहर निकालना (विशेषतः कठिनाई से) ▸ **extract** *n.* पुस्तक आदि से विशेष प्रयोजन से लिया गया अंश, उद्धरण

extraction /इक्'स्ट्रैक्श्न्/ *n.* (किसी वस्तु को) बाहर निकालने की क्रिया

extra-curricular /,एक्स्ट्रा क'रिक्यल(र्)/ *adj.* (स्कूल, कॉलेज में) नियमित पाठ्यक्रम से अलग कोटि का पाठ्यक्रमेतर

extradite /'एक्स्ट्रडाइट्/ *v.* भगोड़े अभियुक्त को न्याय प्रक्रिया के लिए उसके देश को सौंपना, प्रत्यर्पण करना

extramarital /,एक्स्ट्रा'मैरिट्ल्/ *adj.* विवाह से बाहर, विवाहेतर

extraordinary /इक्'स्ट्रॉड्न्रि/ *adj.* 1 असाधारण, अद्भुत 2 स्थिति-विशेष में अप्रत्याशित, बहुत विचित्र

extrapolate /इक्ˈस्ट्रैपलेट्/ *v.* अन्य स्थिति से संबंधित तथ्यों के आधार पर स्थिति विशेष का मूल्यांकन करना

extraterrestrial /ˌएक्स्ट्रट रेस्ट्रिअल्/ *n.* (कहानियों में) अन्य ग्रह से आने वाला प्राणी, अन्य ग्रह पर रहने की संभावना रखने वाला प्राणी

extravagant /इक्ˈस्ट्रैवगन्ट्/ *adj.* **1** फ़िज़ूलख़र्च या बेहद महँगा **2** अतिशयोक्तिपूर्ण, सामान्य, यथार्थ या आवश्यकता से अधिक

extreme /इक्ˈस्ट्रीम्/ *adj.* **1** यथासंभव अधिकतम, चरम **2** अतिवादी

extremist /इक्ˈस्ट्रीमिस्ट्/ *n.* उग्र राजनीतिक विचारों वाला व्यक्ति, अतिवादी, चरमपंथी, उग्रवादी

extremity /इक्ˈस्ट्रेमटि/ *n.* (*pl.* **extremities**) किसी वस्तु के केंद्र से सबसे दूर का अंश, पराकाष्ठा

extricate /ˈएक्स्ट्रिकेट्/ *v.* कठिन परिस्थिति से (किसी को) मुक्त करने में सफल होना, छुड़ाना

extrovert /ˈएक्स्ट्रवट्/ *n.* आत्मविश्वासी व उत्साह से परिपूर्ण व्यक्ति जिसे अकेलेपन की बजाय साथियों के बीच रहना अधिक पसंद होता है, बहिर्मुखी

exuberant /इग्ˈज़्यूबरन्ट्/ *adj.* (व्यक्ति या उसका आचरण) उल्लासपूर्ण, जानदार, जीवंत

exude /इग्ˈज़्यूड्/ *v.* **1** (रुख़, भावना, गुण आदि) प्रतिबिंबित होना, प्रकट होना **2** (द्रव या गंध के लिए प्रयुक्त) धीरे-धीरे टपकना या निकलना

exult /इग्ˈज़ल्ट्/ *v.* बहुत प्रसन्न होना, ख़ुशी से फूला न समाना, आनंद मनाना

eye /आइ/ *n.* **1** आँख, नेत्र **2** देखने की शक्ति ▸ **eye** *v.* (**eyeing, eyed**) किसी को सूक्ष्मता से देखना, नज़र रखना

Ff

F *abbr.* **1** फ़ैरनहाइट **2** स्त्री या मादा, स्त्री-विषयक

fable /फ़ेब्ल्/ *n.* नीति का उपदेश देने वाली कथा (जिसके पात्र प्रायः पशु होते हैं), नीति कथा

fabric /'फ़ैब्रिक्/ *n.* **1** पोशाकें, परदे आदि बनाने का कपड़ा **2** किसी भवन या प्रणाली का मूल ढाँचा

fabricate /'फ़ैब्रिकेट्/ *v.* **1** मनगढ़ंत बातें करना, झूठी बातें गढ़ना **2** कई भिन्न पदार्थों से कोई वस्तु, साज़ व सामान आदि तैयार करना, संविरचन करना ▸ **fabrication** /,फ़ैब्रि'केश्न्/ *n.* संविरचन, निर्माण

fabulous /'फ़ैब्यलस्/ *adj.* **1** बहुत अच्छा, उच्च कोटि का **2** अत्यधिक

façade /फ़'साड्/ *n.* **1** सामने से दिखाई देने वाली बड़ी इमारत की दीवार, अग्रभित्ति **2** बाहरी दिखावा (जो वास्तविकता से भिन्न होता है)

face /फ़ेस्/ *n.* **1** चेहरा, चेहरे का भाव **2** किसी का सामने या एक ओर का हिस्सा, सम्मुख भाग ▸ **face** *v.* **1** (किसी के) सामने होना **2** अप्रिय स्थिति का सामना करना, कठिन परिस्थिति में किसी व्यक्ति से निबटना

facet /'फ़ैसिट्/ *n.* **1** (किसी वस्तु का) एक अंश या विशेष पहलू **2** नग या रत्न का एक फ़लक

facetious /फ़'सीशस्/ *adj.* अनुपयुक्त समय पर अनुचित रूप से हँसी-मज़ाक़ वाला, हँसोड़ ▸ **facetiously** *adv.* मज़ाक़िया तौर पर

facial /'फ़ेश्ल्/ *adj.* व्यक्ति के चेहरे से संबंधित, चेहरे का

facile /'फ़ैसाइल्/ *adj.* (टिप्पणी, युक्ति आदि) बिना भली-भाँति सोचा हुआ, लचर, सरल, सहज

facilitate /फ़'सिलिटेट्/ *v.* किसी बात को संभव या आसान बनाना

facility /फ़'सिलटि/ *n.* (*pl.* **facilities**) **1** कोई सेवा, इमारत, मशीन आदि जिसकी सहायता से हम कोई काम कर पाते हैं, सुविधा **2** किसी मशीन आदि का अतिरिक्त गुण, सुविधा

fact /फ़ैक्ट्/ *n.* **1** तथ्य, सचाई **2** सच्ची बातें, असलियत, वास्तविकता

faction /'फ़ैक्श्न्/ *n.* बड़े दल के भीतर छोटा दल जिसके उद्देश्य और विचार बड़े दल से कुछ अलग होते हैं, गुट ▸ **factional** *adj.* गुटीय, गुट-संबंधी

factor /'फ़ैक्ट(र्)/ *n.* **1** किसी निर्णय, स्थिति आदि को प्रभावित करने वाला तत्व, कारक **2** (गणित में) गुणक, (को छोड़कर) वह पूर्ण संख्या जिससे उससे बड़ी संख्या विभाजित हो सके

factory /'फ़ैक्ट्रि,'फ़ैक्टरि/ *n.* (*pl.* **factories**) भवन अथवा भवनों का समूह जहाँ मशीन की सहायता से बड़ी मात्रा में वस्तुएँ तैयार की जाती हैं, फ़ैक्टरी, कारख़ाना

faculty /'फ़ैक्ल्टि/ *n.* (*pl.* **faculties**) **1** शरीर या मन की नैसर्गिक क्षमता **2** विश्वविद्यालय या कॉलेज में कोई विभाग या संकाय, विश्वविद्यालय

या कॉलेज के शिक्षक वर्ग के संदर्भ में प्रयुक्त

fad /फ़ैड्/ *n.* चलन, फ़ैशन, रुचि आदि जो ज़्यादा समय तक प्रचलित रहने की संभावना नहीं रखता

fade /फ़ेड्/ *v.* **1** किसी वस्तु का रंग फीका पड़ जाना या क्षीण होना **2** (याददाश्त, दृष्टि, श्रवण-शक्ति आदि) धीरे-धीरे लुप्त हो जाना

faeces /'फ़ीसीज़्/ *n.* (*pl.*) विष्ठा, मल

fag /फ़ैग्/ *n.* **1** सिगरेट **2**. अनचाहा काम

Fahrenheit /'फ़ैरन्हाइट्/ *n.* ताप या गरमी के एक पैमाने का नाम, फ़ारेनहाइट

fail /फ़ेल्/ *v.* असफल होना ▸ **fail** *n.* परीक्षा मे असफलता, नाकामी

failing *n.* & *prep.* **1** दुर्बलता या दोष **2** के न होने पर, अगर कुछ संभव न हो तो

failure /'फ़ेल्य(र्)/ *n.* **1** असफलता, नाकामयाबी **2** असफल व्यक्ति या प्रयास

faint /फ़ेन्ट्/ *adj.* **1** (देखने, सुनने आदि में) अस्पष्ट **2** (व्यक्ति) लगभग मूर्छित, बहुत दुर्बल ▸ **faintly** *adv.* अस्पष्ट रूप से, कुछ भी मालूम न होना ▸ **faint** *v.* मूर्छित हो जाना, बेहोश हो जाना

fair /फ़ेअ(र्)/ *adj.* & *adv.* **1** उचित, सही **2** प्रत्येक व्यक्ति या पक्ष से समानता का व्यवहार करते हुए ▸ **fair** *n.* **1** मैदान या पार्क में विविध प्रकार के मनोरंजन का आयोजन, मेला **2** बड़ी प्रदर्शनी ▸ **fairness** *n.* निष्पक्षता, न्याय

fairly /'फ़ेअलि/ *adv.* **1** उचित रीति से, निष्पक्षतापूर्वक **2** काफ़ी, बहुत ज़्यादा नहीं, ठीक-ठाक

fairy /'फ़ेअरि/ *n.* (*pl.* **fairies**) (कहानियों में) परी एवं जादुई शक्तिवाला एक प्राणी, परी

faith /फ़ेथ्/ *n.* **1** (पूर्ण) विश्वास, भरोसा **2** दृढ़ धार्मिक विश्वास, आस्था **3** विशेष धर्म या मत

faithful /'फ़ेथ्फ़ल्/ *adj.* **1** (व्यक्ति, संस्था, मत आदि के प्रति) सच्चा और निष्ठावान **2** तथ्यानुकूल, बिलकुल सही ▸ **faithfully** *adv.* निष्ठापूर्वक, वफ़ादारी से ▸ **faithfulness** *n.* वफ़ादारी, निष्ठा

faithless /'फ़ेथ्लस्/ *adj.* न मानने का, अविश्वासी, श्रद्धाहीन

fake /फ़ेक्/ *n.* **1** (कलाकृति) जो लगे असली पर हो नक़ली **2** अपनी असलियत से भिन्न व्यक्ति, जालसाज़ ▸ **fake** *adj.* नक़ली ▸ **fake** *v.* **1** किसी वस्तु की ऐसी नक़ल बनाना कि लोगों को वह असली लगे **2** कुछ अनुभव करने का ढोंग करना, नाटक करना

falcon /'फ़ॉल्कन्/ *n.* शिकारी पक्षी जैसे बाज़, जिसे पालकर शिकार करने का प्रशिक्षण दिया जा सकता है

fall /फ़ॉल्/ *v.* **(falling, fell, fallen)** **1** ज़मीन पर गिरना **2** नीचे गिर जाना ▸ **fall** *n.* **1** नीचे या कहीं से गिरने की क्रिया **2** गिरी हुई वस्तु (जैसे बर्फ़) की मात्रा या दूरी जहाँ से वस्तु (जैसे गेंद) गिरती है

fallacy /'फ़ैलसि/ *n.* (*pl.* **fallacies**) झूठा विश्वास या भ्रांत धारणा ▸ **fallacious** *adj.* अनुचित, भ्रमपूर्ण, ग़लत

fallow /'फ़ैलो/ *adj.* (भूमि) जिस पर खेती इसलिए नहीं की जाती कि उसकी उत्पादन क्षमता में वृद्धि हो, परती (भूमि), उर्वरता बढ़ाने के उद्देश्य से ख़ाली छोड़ दी गई (धरती), अजोत भूमि, ज़मीन, परती भूमि

false /फ़ॉल्स्/ *adj.* **1** असत्य, ग़लत, झूठा **2** असली नहीं, नक़ली, बनावटी, कृत्रिम ▸ **falsely** *adv.* असत्य रूप से, झूठ-मूठ

falsehood /ˈफ़ॉल्स्हुड्/ *n.* असत्यता, झूठापन, अयथार्थता

falter /ˈफ़ॉल्ट(र्)/ *v.* **1** अशक्त होना या अस्थिर होना, लड़खड़ाना **2** विश्वास और दृढ़ता खो देना, डगमगाना

f

fame /फ़ेम्/ *n.* यश, प्रसिद्धि

familiar /फ़ˈमिलिअ(र्)/ *adj.* **1** सुपरिचित, जाना-पहचाना **2** (किसी का) अच्छा जानकार ▸ **familiarity** *n.* परिचय, जान-पहचान

familiarize (or **-ise**) /फ़ˈमिलिअराइज़्/ *v.* किसी चीज़ की पूरी जानकारी पाना या देना, परिचित होना

family /ˈफ़ैमलि/ *n.* (*pl.* **families**) **1** एक-दूसरे से संबंधित लोग, परिवार **2** बच्चे, संतान

famine /ˈफ़ैमिन्/ *n.* किसी क्षेत्र में लंबे समय तक भोजन की कमी से होनेवाली मौतें, दुर्भिक्ष, अकाल

famished /ˈफ़ैमिश्ट्/ *adj.* बहुत भूखा

fan /फ़ैन्/ *n.* **1** किसी खिलाड़ी, अभिनेता, गायक आदि का उत्साही प्रशंसक **2** बिजली का पंखा ▸ **fan** *v.* (**fanning, fanned**) **1** पंखा करना **2** हवा करके आग को भड़काना

fanatic /फ़ˈनैटिक्/ *n.* कट्टर व्यक्ति (विशेषतः धर्म या राजनीति के विषय में) ▸ **fanatical** *adj.* कट्टर, धर्मान्ध ▸ **fanatically** *adv.* कट्टरतापूर्वक

fanciful /ˈफ़ैन्सिफ़्ल् / *adj.* जैसा जी में आए वैसा करने वाला, मनमौजी

fancy /ˈफ़ैन्सि/ *v.* (**fancying, fancied**) **1** किसी बात की मनोनुकूल कल्पना करना, किसी (वस्तु या काम) की चाह रखना **2** किसी के प्रति यौनाकर्षित होना ▸ **fancy** *adj.* (**fancier, fanciest**) जो सीधा-सादा या साधारण न हो, विशिष्ट

fanfare /ˈफ़ैन्फ़ेअ(र्)/ *n.* राजा या रानी जैसे विशिष्ट व्यक्ति के आगमन को सूचित करने वाली मंगल ध्वनि, तुरही नाद

fang /फ़ैङ्/ *n.* कुत्ते, साँप आदि का लंबा दाँत

fantasize (or **-ise**) /ˈफ़ैन्टसाइज़्/ *v.* मनचाही बात होने की कल्पना करना

fantastic /फ़ैन्ˈटैस्टिक्/ *adj.* **1** बहुत अच्छा, उत्कृष्ट **2** विचित्र और अविश्वसनीय **3** बहुत बड़ा या अधिक ▸ **fantastically** *adv.* विचित्र और अविश्वसनीय रूप से

fantasy /ˈफ़ैन्टसि/ *n.* (*pl.* **fantasies**) काल्पनिक परिस्थितियाँ, वास्तविकता से दूर की बात

far /फ़ा(र्)/ *adj.* (**farther, farthest; further, furthest**) **1** बहुत दूर, दूरस्थ **2** दो या अधिक वस्तुओं की अधिकतम दूरी ▸ **far** *adv.* **1** दूर **2** बहुत अधिक **3** एक सीमा तक

farce /फ़ास्/ *n.* **1** ढोंग, तमाशा, चलताऊ ढंग से आयोजित कोई गंभीर या महत्वपूर्ण कार्यक्रम **2** बेतुकी परिस्थितियों से पूर्ण हास्यजनक नाटक ▸ **farcical** *adj.* हास्यास्पद, बेतुका

fare /फ़ेअ(र्)/ *n.* किसी वाहन में यात्रा करने का भाड़ा, किराया ▸ **fare** *v.* किसी काम में सफल या विफल होना

farewell /ˌफ़ेअˈवेल्/ *n.* अलविदा कहने की क्रिया ▸ **farewell** *exclam.* विदाई

farm /फ़ाम्/ *n.* कृषि क्षेत्र (जहाँ खेती की भूमि, इमारतें और पशुशालाएँ हों), फ़ार्म

▸ **farm** *v.* भूमि पर खेती करना या पशु पालना ▸ **farmer** *n.* किसान, कृषक

farthing /ˈफ़ादिङ्/ *n.* (पेनी का चौथा भाग) अंग्रेज़ी सिक्का, छोटे से छोटा सिक्का, दमड़ी, कौड़ी

fascinate /ˈफ़ैसिनेट्/ *v.* आकृष्ट करना या रुचि जगाना, मोहित करना ▸ **fascinating** *adj.* आकर्षक, मोहक ▸ **fascination** *n.* आकर्षण, सम्मोहन

fascism /ˈफ़ैशिज़म्/ *n.* धुर दक्षिणीपंथी राजनीतिक विचारधारा, फ़ासीवाद या फ़ासिस्टवाद ▸ **fascist** *n.* & *adj.* फ़ासीवादी

fashion /ˈफ़ैशन्/ *n.* **1** समय-विशेष में सर्वाधिक लोकप्रिय व्यवहार या वस्त्रधारण की शैली, फ़ैशन, प्रचलन **2** कुछ करने का तरीक़ा, विधि या शैली

fashionable /ˈफ़ैशनब्ल्/ *adj.* **1** समय-विशेष में लोकप्रिय, फ़ैशनेबल, प्रचलित **2** शौक़ीन, फ़ैशन-पसंद ▸ **fashionably** *adv.* प्रचलित तरीक़े से

fast /फ़ास्ट्/ *adj.* **1** तेज़, तीव्रगामी **2** (घड़ी) सही से अधिक समय दिखाते हुए, तेज़ ▸ **fast** *adv.* **1** तेज़, तेज़ गति से **2** गहराई से, गहरे ▸ **fast** *v.* उपवास रखना ▸ **fast** *n.* उपवास, व्रत

fasten /ˈफ़ास्न्/ *v.* **1** किसी वस्तु के दो भागों को बाँधना या बंद करना, बँध जाना या बंद हो जाना **2** किसी पर किसी वस्तु को लगाना या दो वस्तुओं को मज़बूती से जोड़ना

fastidious /फ़ैˈस्टिडिअस्/ *adj.* तुनकमिज़ाज, बहुत मुश्किल से संतुष्ट होने वाला, हर बात को उत्कृष्टतम रूप में देखने का इच्छुक, पूर्णतावादी

fastness /ˈफ़ास्ट्नस्/ *n.* दृढ़ता, स्थिरता, तेज़ी आदि

fat /फ़ैट्/ *adj.* (**fatter, fattest**) **1** (मनुष्यों और पशुओं का शरीर) बहुत भारी, मोटा, मांसल शरीर वाला **2** (वस्तु) मोटी या भरी हुई ▸ **fat** *n.* **1** पशुओं और मनुष्यों की त्वचा के नीचे का कोमल, श्वेत, पदार्थ, चरबी **2** खाने का तेल जो पशुओं, पौधों या बीजों से मिलता है

fatal /ˈफ़ेट्ल्/ *adj.* **1** घातक, जिससे अंत में मृत्यु हो जाए, जानलेवा **2** परिणाम में दुखदायी, अनिष्टकर ▸ **fatally** *adv.* घातक रूप से

fatality /फ़ˈटैलटि/ *n.* (*pl.* **fatalities**) दुर्घटना, युद्ध आदि में किसी की मृत्यु

fate /फ़ेट्/ *n.* **1** वह शक्ति जो कथित रूप से सभी घटनाओं को नियंत्रित करती है, नियति, भाग्य **2** (किसी व्यक्ति का) भविष्य घटित होने वाली घटनाएँ

fateful /ˈफ़ेट्फ़्ल्/ *adj.* भविष्य को गहराई से प्रभावित करने वाला

father /ˈफ़ाद(र्)/ *n.* **1** पिता **2** (ईसाई) पुरोहितों की उपाधि, फ़ादर ▸ **fatherly** *adj.* पिता के समान, पिता तुल्य ▸ **father** *v.* (का) पिता बनना

fatigue /फ़ˈटीग्/ *n.* **1** गहरी थकान **2** अधिक प्रयोग में आने से धातु में उत्पन्न कमज़ोरी

fatuous /ˈफ़ैचुअस्/ *adj.* मूर्ख, बेवकूफ़

faucet /ˈफ़ॉसिट्/ *n.* (*US*) नल, नलिका, टोंटी

fault /फ़ॉल्ट्/ *n.* **1** (व्यक्ति के चरित्र या किसी वस्तु में), दोष **2** ग़लती की ज़िम्मेदारी ▸ **fault** *v.* (किसी व्यक्ति या वस्तु की) ग़लती निकालना **faulty** *adj.* अशुद्ध, खोटा, ग़लत

fauna /ˈफ़ॉना/ *n.* काल-विशेष या क्षेत्र विशेष के जीव-जंतु

f

faux pas /ˌफ़ो'पा/ *n.* (*pl.* **faux pas**) स्वयं को शरमिंदा या लोगों को रुष्ट करने वाली बात या काम

favour /'फ़ेव(र्)/ *n.* (*US* **favor**) 1 (किसी की) सहायता, अनुग्रह 2 (किसी पर) कृपादृष्टि या (किसी का) समर्थन ▸ **favour** *v.* 1 को समर्थन देना, अधिक पसंद करना 2 किसी एक व्यक्ति के साथ अधिक अच्छा बरताव करना और अन्यों के साथ पक्षपात करना

f

favourable /'फ़ेवरब्ल्/ *adj.* (*US* **favorable**) 1 अनुकूल 2 (मौसम) उपयुक्त या सहायक ▸ **favourably** *adv.* अनुकूलतापूर्वक

favourite /'फ़ेवरिट्/ *n.* (*US* **favorite**) 1 किसी भी अन्य से अधिक प्रिय, पसंदीदा 2 (व्यक्ति या वस्तु) विशेष प्रिय या स्नेहभाजन

favouritism /'फ़ेवरिटिज़म्/ *n.* (*US* **favoritism**) अपने पसंदीदा व्यक्ति को अनुचित लाभ देना,पक्षपात, तरफ़दारी

fax /फ़ैक्स्/ *n.* 1 टेलीफ़ोन द्वारा विशेष मशीन के माध्यम से भेजा गया पत्र (प्रतिलिपि), फ़ैक्स, दूरपत्र 2 फ़ैक्स भेजने की मशीन

faze /फ़ेज़्/ *v.* किसी को चिंतित या परेशान कर देना

fear /फ़िअ(र्)/ *n.* भय, डर ▸ **fear** *v.* 1 किसी बात या काम से डरना 2 ऐसा लगना कि कुछ बुरा हो सकता है या हो चुका होगा, आशंका होना या करना

fearful /'फ़िअफ़्ल्/ *adj.* 1 भयभीत या चिंतित 2 भयानक, भयंकर, भीषण ▸ **fearfully** *adv.* भयपूर्वक, डरते हुए

fearless /'फ़िअलस्/ *adj.* सर्वथा निडर, निर्भय, बेख़ौफ़ ▸ **fearlessly** *adv.* निर्भय भाव से, बिना डरे

feasible /'फ़ीज़ब्ल्/ *adj.* जिसे किया जा सके, व्यवहार-साध्य ▸ **feasibility** *n.* व्यवहार-साध्यता

feast /फ़ीस्ट्/ *n.* प्रीतिभोज, दावत ▸ **feast** *v.* (किसी वस्तु को) छककर खाना, दावत खाना

feather /'फ़ेद(र्)/ *n.* पक्षी की त्वचा पर उगनेवाला हलका, मुलायम पदार्थ जो उसके शरीर का आवरण करता है, पंख, पर

feature /'फ़ीच(र्)/ *n.* 1 (किसी का) महत्वपूर्ण या उल्लेखनीय भाग 2 चेहरे का कोई अंग (आँख, नाक आदि) नीरस ▸ **feature** *v.* 1 किसी को मुख्य अंश के रूप में शामिल करना 2 किसी का अंश बनना, किसी को किसी में शामिल करना

February /'फ़ेब्रुअरि/ *n.* वर्ष का दूसरा महीना, फ़रवरी

fecund /'फ़ीकन्ड्, 'फ़ेकन्ड्/ *adj.* 1 (बच्चे, फ़सल आदि) ऊर्वर, बहुफलदायक, उपजाऊ, बहु प्रसव 2 नई उपयोगी चीज़ें उत्पन्न करते, विशेष कर विचार ▸ **fecundity** *n.* उर्वरता, उत्पादकता

federal /'फ़ेडरल्/ *adj.* 1 संघ के रूप में संगठित, संघात्मक 2 संघ के केंद्रीय शासन से संबंधित, संघीय ▸ **federalism** *n.* संघवाद

federate /'फ़ेडरेट्/ *v.* (राज्यों, संगठनों आदि के लिए प्रयुक्त) आंशिक रूप से स्थानीय नियंत्रण रखते हुए, एक केंद्रीय शासन के अंतर्गत संगठित होना

federation /ˌफ़ेड'रेशन्/ *n.* राज्यों आदि के मिलने से बना एक शीर्ष संगठन, महासंघ, फ़ेडरेशन

fee /फ़ी/ *n.* 1 शुल्क, फ़ीस, डॉक्टर, वकील, स्कूल, विश्वविद्यालय आदि को

उनसे व्यावसायिक परामर्श प्राप्त करने के लिए अथवा उनकी सेवाओं के लिए किया गया भुगतान 2 परीक्षा आदि में प्रवेश, क्लब की सदस्यता, किसी भवन में प्रवेश आदि के लिए किया गया भुगतान, शुल्क

feeble /'फ़ीबल्/ *adj.* 1 शक्तिहीन, दुर्बल, कमज़ोर 2 पूर्णतया विश्वास योग्य नहीं, अशक्त, बेदम ▸ **feebly** *adv.* हलके से, अशक्त भाव से

feed /फ़ीड्/ *v.* (**feeding, fed**) 1 (मनुष्य या पशु को) खिलाना, भोजन देना 2 (पशुओं या शिशुओं के लिए प्रयुक्त) भोजन खाना ▸ **feed** *n.* 1 पशु या शिशु की ख़ुराक 2 पशुओं का चारा

feel /फ़ील्/ *v.* (**feeling, felt**) 1 कुछ महसूस होना, कुछ लगना 2 स्पर्श, दृष्टि, गंध आदि के अनुभव बताने के लिए प्रयुक्त ▸ **feel** *n.* 1 स्पर्श का अनुभव, स्पर्शज्ञान, स्थान या परिस्थिति का अनुभव या उससे उत्पन्न प्रभाव 2 किसी वस्तु के विषय में जानने के लिए उसे स्पर्श करने की क्रिया, स्पर्श

feeler /'फ़ील(र्)/ *n.* कुछ कीटों और सीपी में रहने वाले कुछ प्राणियों के सिर पर लगे बारीक़ अंग जो स्पर्श द्वारा वस्तुओं की टोह लेते हैं, शृंगिका, स्पर्शक

feeling /'फ़ीलिङ्/ *n.* 1 शरीर या मन की अनुभूति, एहसास, भावना 2 किसी बात के सच होने या कुछ घटित होने की संभावना का एहसास, प्रतीति

feign /फ़ेन्/ *v.* किसी विशिष्ट भावना होने का या थकान, बीमारी आदि का स्वाँग रचना

feisty /'फ़ाइस्टि/ *adj.* जोशीला और ज़िंदादिल

felicitations /फ़ि ˌलिसि'टेशन्स्/ (*pl.*) *n.* बधाई, मुबारकबाद

felicity /फ़'लिसटि/ *n.* (*pl.* **felicities**) सुख, आनंद, परमानंद

feline /'फ़ीलाइन्/ *adj.* बिल्ली प्रजाति से संबंधित, बिल्ली के समान

fell /फ़ेल्/ *v.* किसी पेड़ को काट डालना, गिराना

fellow /'फ़ेलो/ *n.* 1 किसी शैक्षिक या व्यावसायिक संगठन या किसी विशेष विश्वविद्यालय का सदस्य, फ़ेलो, सदस्य 2 किसी विश्वविद्यालय में वज़ीफ़ा पर अध्ययनरत व्यक्ति, फ़ेलो, अध्येता ▸ **fellow** *adj.* सहभागी, साथी, उसी स्थिति में अन्य लोग

fellowship /'फ़ेलोशिप्/ *n.* 1 समान रुचि के लोगों के बीच मैत्री की भावना, मित्रता, बंधुत्व 2 समान रुचि या विश्वास वाले लोगों का समूह, समाज या संघ

felon /'फ़ेलन्/ *n.* घोर अपराधी, जैसे हत्यारा, आततायी

felt /'फ़ेल्ट्/ *n.* ऊन आदि को दबाकर बनाया गया मुलायम कपड़ा, नमदा, फ़ेल्ट

female /'फ़ीमेल्/ *adj.* 1 स्त्री या लड़की 2 अंडा देने या शिशुओं को जन्म देने वाली, मादा ▸ **female** *n.* 1 अंडे देने अथवा शिशुओं को जन्म देनेवाले पशु, मादा पशु, फल देनेवाला पौधा, मादा पौधा 2 स्त्री या लड़की

feminine /'फ़ेमनिन्/ *adj.* 1 स्त्रियोचित, स्त्री-सदृश, स्त्री-विषयक 2 (अंग्रेज़ी में) शब्दों के स्त्रीलिंग रूप से संबंधित ▸ **femininity** *n.* स्त्रियोचित गुण, नारीत्व

feminism /'फ़ेमनिज़म्/ *n.* ऐसा विश्वास या सिद्धांत कि स्त्रियों को पुरुषों के समान अधिकार और अवसर प्राप्त होने चाहिए, नारीवाद ▸ **feminist** *n. & adj.*

f

नारीवादी, नारी समान अधिकारवाद, नारीवाद से संबंधित

fen /फ़ेन्/ *n.* कछार, दलदल

fence /फ़ेन्स/ *n.* लकड़ी या धातु के लट्ठों से बनी बाड़ या घेरा (भूखंड को विभाजित करने या पशुओं की सुरक्षा के लिए) ▸ **fence** *v.* **1** ज़मीन को बाड़ से घेरना, बाड़ा लगाना **2** तलवार से लड़ाई का खेल खेलना, पटेबाज़ी करना

f

fencing /फ़ेन्सिङ्/ *n.* तलवार-क्रीड़ा, पटेबाज़ी

fend /फ़ेन्ड्/ *v.* **(fend for yourself)** बिना किसी की सहायता के अपनी देखभाल स्वयं करना

feng shui /ˌफ़ेङ् ˈशूइ/ *n.* भवनों के डिज़ाइन बनाने और वस्तुओं को व्यवस्थित करने की चीन की प्राचीन शैली या प्रणाली, फेंग शुई

fennel /फ़ेन्ल्/ *n.* गोल मोटे तने तथा तीव्र स्वाद वाली पत्तियोंवाला एक पौधा, जिसके मूल का प्रयोग सब्ज़ी के रूप तथा बीज एवं पत्तियों का प्रयोग भोजन का स्वाद बढ़ाने के लिऐ किया जाता है, सौंफ (पौधा)

feral /फ़ेरल्/ *adj.* (पशु) वन में जाकर रहने वाला, विशेषतः खेत या पालतू जीवन की क़ैद से भाग निकलने के बाद

ferment /फ़ˈमेन्ट्/ *v.* खमीर अथवा जैविक क्रियाओं के कारण रासायनिक परिवर्तन होना, विशेषकर शर्करा का अल्कोहल में परिवर्तित होना, ख़मीर उठना या उठाना ▸ **fermentation** *n.* ख़मीर उठाने की प्रक्रिया, किण्वन ▸ **ferment** *n.* राजनीतिक या सामाजिक उत्तेजना, अनिश्चय और परिवर्तन की स्थिति

fern /फ़न्/ *n.* लंबी पतली पत्तियों वाला पौधा जिसमें फूल नहीं लगते, पणांग

ferocious /फ़ˈरोशस्/ *adj.* अति आक्रामक और हिंसक, उग्र व ख़ूनख़ार ▸ **ferociously** *adv.* उग्र व हिंसात्मक ढंग से ▸ **ferocity** *n.* उग्रता, क्रूरता

ferret /ˈफ़ेरिट्/ *n.* छोटा हिंसक जानवर जिसे चूहों और ख़रगोशों के शिकार के लिए प्रयोग किया जाता है, नेवले की जाति का एक जानवर

Ferris wheel /ˈफ़ेरिस् वील्/ *n.* बड़े और घूमनेवाले ऊँचे पहिए से बना झूला, बड़ा ऊँचा झूला, फ़ेरिस झूला

ferry /ˈफ़ेरि/ *n.* (*pl.* **ferries**) सवारियों, वाहनों आदि को नदी या समुद्र के सँकरे भाग के पार पहुँचाने के काम में आने वाली नौका ▸ **ferry** *v.* **(ferrying, ferried)** नाव या अन्य वाहन से सवारियों या माल को प्रायः छोटी दूरी तक ढोना

fertile /ˈफ़टाइल्/ *adj.* **1** (ज़मीन या मिट्टी) उपजाऊ **2** (मनुष्य, पशु या पौधे) संतान-उत्पत्ति या फल, नए पौधों आदि के उत्पादन में सक्षम ▸ **fertility** *n.* उर्वरता, उत्पादन-क्षमता

fertilize (or **-ise**) /ˈफ़टलाइज़्/ *v.* **1** गर्भाधान करना, शुक्राणु या पुष्प-पराग प्रदान करना **2** पौधों के विकास के लिए मिट्टी में प्राकृतिक या कृत्रिम पदार्थ मिलाना ▸ **fertilization** *n.* गर्भाधान

fervent /ˈफ़वन्ट्/ *adj.* जोशीला, उत्साही ▸ **fervently** *adv.* जोशीलेपन से, उत्साह से

fervid /ˈफ़विड्/ *adj.* उत्साही, जोशीला, दैदीप्यमान, बड़े उत्साह से

fervour /ˈफ़व(र्)/ *n.* (*US* **fervor**) दीप्ति, ताप, गर्मी

fester /ˈफ़ेस्ट(र्)/ *v.* **1** (घाव या चोट का) कीटाणुओं से संक्रमित हो जाना,

मवाद से भर जाना 2 (अप्रिय स्थिति आदि का) सफलतापूर्वक न निपटाए जाने के कारण और अधिक कटु हो जाना, कटुता में वृद्धि हो जाना

festival /'फ़ेस्टिव्ल्/ *n.* **1** (धार्मिक आदि) त्योहार, पर्व **2** नाटक, फ़िल्म आदि कलाओं का शृंखलाबद्ध व एक ही स्थान पर नियमित रूप से होने वाला आयोजन, उत्सव, समारोह

festive /'फ़ेस्टिव्/ *adj.* आनंदमय, ख़ुशियों-भरा, उल्लासपूर्ण, उत्सव-संबंधी

festivity /फ़े'स्टिव़टि/ *n.* **1** (*pl.* **festivities**) आमोद-प्रमोद, ख़ुशियाँ मनाने से संबंधित गतिविधियाँ **2** ख़ुशियाँ मनाने की स्थिति, आनंदोत्सव

festoon /फ़े'स्टून्/ *v.* प्रायः समारोह आदि में रंगीन काग़ज़, फूलों, मोमबत्ती आदि से सजाना, बंदनवार से सजाना ▸ **festoon** *n.* प्रायः समारोह में सजावट में प्रयुक्त रंगीन काग़ज़ों, फूलों आदि की शृंखला, रंगीन काग़ज़, फूलों आदि की लड़ी, बंदनवार, झालर

fetch /फ़ेच्/ *v.* **1** कहीं जाकर कुछ लाना **2** (सामान) निर्दिष्ट मूल्य पर बिकना

fete /फ़ेट्/ *n.* उत्सव, मेला

fetish /'फ़ेटिश्/ *n.* **1** किसी विशिष्ट वस्तु के बारे में सोचते हुए या किसी विशिष्ट काम में बहुत ज़्यादा समय लगाना **2** (किसी विशिष्ट समूह द्वारा) किसी वस्तु की इस विश्वास से प्रेरित पूजा कि उनमें जादुई शक्ति है, अंधभक्ति, जड़पूजा ▸ **fetishistic** *adj.* अंधभक्ति-संबंधी, जड़पूजा-संबंधी

feud /फ़्यूड्/ *n.* दो व्यक्तियों या व्यक्ति-समूहों के बीच लंबे समय तक चलने वाला झगड़ा, पुश्तैनी रंजिश ▸ **feud** *v.* पुश्तैनी रंजिश का चलते रहना

feudalism /'फ़्यूडलिज़्म/ *n.* यूरोप की मध्ययुगीन सामाजिक प्रथा जिसमें लोग अपने मालिक की चाकरी करते थे और मालिक उनकी रक्षा, सामंतवाद ▸ **feudal** *adj.* सामंतवाद से संबंधित, सामंती

fever /'फ़ीव़(र्)/ *n.* **1** ज्वर, बुख़ार **2** आशंकाभरी उत्तेजना की स्थिति ▸ **feverish** *adj.* **1** बुख़ार से पीड़ित **2** अत्यधिक उत्तेजना में

few /फ़्यू/ *det.* & *adj.* & *n.* **1** (**a few**) थोड़े-से, गिने-चुने, बहुत-से नहीं **2** (किसी की) थोड़ी-सी संख्या, कुछ

ff. *abbr.* यह बताने के लिए प्रयुक्त कि प्रसंग विशेष अमुक पृष्ठ या पंक्ति से शुरू होकर अनेक पंक्तियों या पृष्ठों तक जाता है

fiancé /फ़ि'ऑन्से/ *n.* (*fem.* **fiancée**) मँगेर या मँगेतर, वाग्दत्त या वाग्दत्ता

fiasco /फ़ि'ऐस्को/ *n.* (*pl.* **fiascos**) विफलता, प्रायः ऐसी जो शरमिंदगी लाए, बंटाढार

fib /फ़िब्/ *n.* असत्य कथन, झूठ, झूठी बात, गप ▸ **fib** *v.* (**fibbing, fibbed**) हलके-फुलके झूठ के लिए प्रयोग किया जाता है

fibre /'फ़ाइब(र्)/ *n.* (*US* **fiber**) **1** पौधों का वह भाग (खाने योग्य) जो शरीर में भोजन के संचार में सहायक होते हैं, रेशा, तंतु **2** प्राकृतिक या कृत्रिम तंतु से बना पदार्थ ▸ **fibrous** *adj.* रेशेदार, तंतुमय

fibula /'फ़िब्यला/ *n.* (*pl.* **fibulae** or **fibulas**) घुटने से टख़ने के बीच की दो हड्डियों में से बाहरी हड्डी, बहिर्जंघिका

fickle /'फ़िक्ल्/ *adj.* मत, भावनाएँ आदि निरंतर बदलते हुए और इसलिए अविश्वसनीय, अस्थिरमति, चंचल

fiction /'फ़िक्श्न्/ *n.* कहानियाँ, उपन्यास, कथाएँ आदि जो काल्पनिक घटनाओं और व्यक्तियों का वर्णन करते हैं, कथा-साहित्य ▸ **fictional** *adj.* काल्पनिक, उपन्यास संबंधी

fictitious /फ़िक्'टिश़स्/ *adj.* मनगढ़ंत, बनावटी

f

fiddle /'फ़िड्ल्/ *n.* **1** वॉयलिन **2** बेईमानी, विशेषतः पैसे के मामले में ▸ **fiddler** *n.* वॉयलिन बजाने वाला ▸ **fiddle** *v.* **1** आशंका में या निरुद्देश्य किसी वस्तु से खिलवाड़ करना **2** बेईमानी से लाभ पाने के लिए तथ्यों, हिसाब आदि में हेरा-फेरी करना

fidelity /फ़ि'डेलटि/ *n.* **1** आपसी संबंधों में एकनिष्ठता, विशेषतः पति-पत्नी के बीच **2** (अनुवाद आदि पुनरुक्तिपरक क्रियाओं की) विशुद्धता या मूलनिष्ठता

fidget /'फ़िजिट्/ *v.* (**fidgeting, fidgeted**) बेचैनी, ऊब, उत्तेजना आदि के कारण हिलते-डुलते रहना ▸ **fidgety** *adj.* अधीर, बेचैन

field /फ़ील्ड्/ *n.* **1** कृषिभूमि का वह अंश जहाँ फ़सलें उगाई जाती हैं या पशुओं को अंदर आने से रोकने के लिए दीवार या बाड़ लगाई जाती है, खेत **2** अध्ययन या ज्ञान का क्षेत्र ▸ **field** *v.* **1** (क्रिकेट, बेसबॉल आदि में) बल्लेबाज़ द्वारा मारी गेंद को लपकना और वापस फेंकना, फील्डिंग या क्षेत्ररक्षण करना **2** (फुटबॉल, क्रिकेट आदि के लिए) टीम का चयन करना ▸ **fielder** *n.* क्षेत्ररक्षक, फील्डर

fiend /फ़ीन्ड्/ *n.* **1** अति निर्मम व्यक्ति **2** किसी बात-विशेष में अत्यधिक रुचि रखने वाला व्यक्ति

fierce /फ़िअस्/ *adj.* **1** क्रुद्ध, आक्रामक और डरावना, बर्बर **2** बहुत कड़ा, ज़बरदस्त, उग्र, प्रचंड ▸ **fiercely** *adv.* उग्रतापूर्वक, प्रचंड भाव से

fiery /'फ़ाइअरि/ *adj.* (**fierier, fieriest**) **1** दिखने में आग जैसा, आग्नेय **2** ग़ुस्सैल, तुरंत क्रोधित हो जाने वाला, क्रोधित

fifteen /,फ़िफ़्'टीन्/ *adj.* & *n.* पंद्रह (का अंक) ▸ **fifteenth** *adj.* & *n.* पंद्रहवाँ

fifth /फ़िफ़्थ्/ *pron.* & *det.* & *adv.* पाँचवाँ ▸ **fifth** *n.* भिन्न, पाँचवाँ हिस्सा

fifty /'फ़िफ़्टि/ *adj.* & *n.* (*pl.* **fifties**) पचास (का अंक)

fig /फ़िग्/ *n.* गर्म देशों में पाया जानेवाला एक प्रकार का वृक्ष, इसके फल मुलायम, मीठे तथा बीजोंवाले होते हैं जिसे प्रायः सुखाकर खाया जाता है, अंजीर (का पेड़)

fight /फ़ाइट्/ *v.* (**fighting, fought**) **1** शारीरिक शक्ति, हथियारों आदि से किसी के विरुद्ध लड़ना **2** कुछ रोकने का ज़ोरदार प्रयास करना ▸ **fight** *n.* **1** लड़ाई, हाथापाई **2** संघर्ष, लड़ाई

fighter /'फ़ाइट(र्)/ *n.* **1** एक प्रकार का छोटा युद्धक विमान, लड़ाकू हवाई जहाज़ **2** योद्धा, मुक्केबाज़

figurative /'फ़िगरटिव्/ *adj.* (शब्द या शब्दावली) साधारण अर्थ के स्थान पर विशिष्ट प्रभाव को उत्पन्न करने वाला, आलंकारिक ▸ **figuratively** *adv.* आलंकारिक रूप से

figure /'फ़िग(र्)/ *n.* **1** राशि (संख्या में) या मूल्य **2** संख्या (से) का लिखित रूप ▸ **figure** *v.* **1** किसी में शामिल या उल्लेख किया जाना, किसी का महत्वपूर्ण अंश होना **2** सोचना या अनुमान लगाना

filament /'फ़िलमन्ट्/ *n.* **1** विद्युत धारा प्रवाहित होने पर बल्ब में प्रकाश उत्पन्न

करने वाली महीन तार, फ़िलामेंट **2** किसी वस्तु का धागे जैसा दिखने वाला लंबा महीन टुकड़ा, तंतु

file /फ़ाइल्/ *n.* **1** (काग़ज़-पत्र रखने का) बक्सा या आवरण **2** कंप्यूटर की फ़ाइल जिसमें किसी एक विषय पर कंप्यूटर या डिस्क में सूचना-राशि एक विशिष्ट नाम से संचित रहती है ▸ **file** *v.* **1** काग़ज़ात आदि को किसी एक स्थान पर सँभालकर रखना ताकि उन्हें ढूँढ़ने में कोई परेशानी न हो, किसी वस्तु को फ़ाइल में रखना **2** पंक्तिबद्ध होकर चलना

fill /फ़िल्/ *v.* **1** किसी में कुछ पूरी तरह से भरना या किसी वस्तु का पूरा भर जाना **2** कोई पद प्राप्त करना या किसी काम में समय का अधिकतम उपयोग करना

fillet /'फ़िलिट्/ *n.* मांस या मछली का टुकड़ा जिसमें से हड्डी निकाल ली गई हो, क़तला

filling /'फ़िलिङ्/ *n.* **1** दाँतों के छेद में भरी जाने वाली वस्तु, भराव, भरता, फ़िलिंग **2** सैंडविच, केक आदि के अंदर भरा भोज्य पदार्थ ▸ **filling** *adj.* (भोजन) जिससे पेट भर जाए

filly /'फ़िलि/ *n.* (*pl.* **fillies**) घोड़े की जवान मादा, बछेड़ी

film /फ़िल्म्/ *n.* **1** सिनेमाघर या टेलीविज़न पर दिखाया जाने वाला चलचित्र (कथा, नाटक आदि को प्रस्तुत करने वाला), फ़िल्म **2** चलचित्र-निर्माण की कला या व्यवसाय ▸ **film** *v.* कैमरे से कहानी आदि का चलचित्र या फ़िल्म बनाना, घटना, कहानी आदि को फ़िल्माना

filmy /'फ़िल्मि/ *adj.* (वस्त्र आदि) पतली और मुख्यतः पारदर्शी

filter /'फ़िल्ट(र्)/ *n.* **1** द्रव या गैस को छानने का उपकरण, छन्ना, छन्नी, फ़िल्टर **2** कैमरे के साथ प्रयुक्त एक छोटा रंगीन शीशा जो कुछ प्रकार की प्रकाश रेखाओं को पार नहीं होने देता ▸ **filter** *v.* **1** छन्नी में से द्रव को पार करना, छानना **2** मंद गति से और/या अल्प मात्राखंडों में गति करना

filth /फ़िल्थ्/ *n.* **1** मैल, गंदी धूल, गंदगी **2** अश्लील शब्द या चित्र जो भावनाओं को ठेस पहुँचा सकते हैं ▸ **filthy** *adj.* गंदा, भ्रष्ट, अशुद्ध

filtrate /'फ़िल्ट्रेट्/ *n.* फ़िल्टर से छना हुआ द्रव ▸ **filtration** *n.* छानने की क्रिया, छनाई

fin /फ़िन्/ *n.* **1** मछली का एक अंग जिससे वह तैरती है, मछली का सुफना **2** विमान, वाहन आदि में पंखनुमा वस्तु जो विमान, आदि का संतुलन और गति साधती है, पंख

final /'फ़ाइन्ल्/ *adj.* **1** अंतिम (क्रम की दृष्टि से) **2** जिसे बदला नहीं जा सकता, अंतिम, निर्णायक ▸ **finally** *adv.* अंतिम रूप से, अंततः ▸ **final** *n.* **1** खेल-स्पर्धाओं की शृंखला में अंतिम खेल या मैच **2** (*pl.* **finals**) विश्वविद्यालय शिक्षा के अंतिम वर्ष में अंतिम परीक्षाएँ

finale /फ़ि'नालि/ *n.* संगीत रचना, कार्यक्रम आदि का अंतिम अंश

finalist /'फ़ाइनलिस्ट्/ *n.* खेल-स्पर्धा के अंतिम चरण (फ़ाइनल) में पहुँचा खिलाड़ी

finalize (or **-ise**) /'फ़ाइनलाइज़्/ *v.* योजनाओं, तारीख़ों आदि को अंतिम रूप देना

finance /'फ़ाइनैन्स्/ *n.* **1** व्यवसाय, व्यापार आदि को शुरू करने या बढ़ाने के लिए अपेक्षित धन **2** धन-व्यवस्था की प्रक्रिया, वित्तीय प्रबंध-संचालन

▸ **financial** *adj.* वित्त संबंधी, वित्तीय ▸ **financially** *adv.* वित्तीय दृष्टि से

financier /फ़ाइ'नैन्सिअ(र्)/ *n.* (किसी बड़े संगठन के) वित्त आदि का प्रबंध करने वाला व्यक्ति, वित्त-दक्ष

finch /फ़िन्च्/ *n.* छोटी व मज़बूत चोंच वाली एक छोटी चिड़िया, कुलिंग

f

find /फ़ाइन्ड्/ *v.* (**finding, found**) 1 खोज या ढूँढ़ निकालना, का पता लगाना, पा लेना 2 अचानक या संयोग से कुछ पता लगा लेना

finding /'फ़ाइन्डिङ्/ *n.* अनुसंधान से प्राप्त जानकारी या निष्कर्ष

fine /फ़ाइन्/ *adj.* 1 सुस्वस्थ या ख़ुश और आराम से 2 काफ़ी ठीक, संतोषजनक, स्वीकार्य ▸ **finely** *adv.* सही ढंग से, बारीक़ी से ▸ **fine** *n.* किसी क़ानून अथवा नियम को भंग करने के लिए दंडस्वरूप अदा की गई रक़म, अर्थदंड, जुर्माना ▸ **fine** *v.* अर्थदंड या जुर्माना लगाना

finery /'फ़ाइनरि/ *n.* सुंदर व सुरुचिपूर्ण कपड़े व गहने, विशेषतः किसी विशेष अवसर पर पहने जाने वाले, अलंकार

finesse /फ़ि'नेस्/ *n.* व्यक्तियों या परिस्थितियों से निपटने की कुशलता, व्यवहार कुशलता ▸ **finesse** *v.* 1 चालाकी से लेकिन थोड़ा बेईमानी से व्यवहार करना, धूर्तता या मक्कारी से कार्य करना 2 उत्कृष्टता एवं कौशल के साथ कुछ करना, कुशलतापूर्वक करना

finger /'फ़िङ्ग(र्)/ *n.* अंगुलि, उँगली ▸ **finger** *v.* अंगुलियों से किसी वस्तु को छूना या महसूस करना

finicky /'फ़िनिकि/ *adj.* 1 मुश्किल से संतुष्ट होनेवाला, अपने खाने, पहनने आदि के प्रति अत्यधिक चिंतित 2 ब्योरे के प्रति अत्यधिक सजग

finish /'फ़िनिश्/ *v.* 1 किसी काम को पूरा या समाप्त करना 2 अंतिम बचे भाग को खाना, पीना या प्रयोग में लाना ▸ **finish** *n.* 1 किसी वस्तु का अंतिम अंश, अंत, समाप्ति 2 रंग-रोग़न की आख़िरी परत जिससे सतह में चमक आ जाती है

finite /'फ़ाइनाइट्/ *adj.* सीमित, परिमित

fir /फ़(र्)/ *n.* पतली पत्तियोंवाला एक वृक्ष जिसकी पत्तियाँ शरद ऋतु में नहीं गिरती हैं, देवदार (का वृक्ष)

fire /'फ़ाइअ(र्)/ *n.* 1 आग व उसकी लपटें जो विशेषतः विनाशकारी और अनियंत्रित हो 2 (सेंक देने वाली अथवा खाना बनाने में प्रयुक्त) आग, अग्नि ▸ **fire** *v.* 1 बंदूक़ आदि से गोली दाग़ना, तीर छोड़ना, शस्त्र या हथियार द्वारा युद्धोपकरण छोड़ना 2 कर्मचारी को नौकरी से निकाल देना

firm /फ़म्/ *adj.* 1 सख़्त, सुदृढ़, काफ़ी कड़ा 2 मज़बूत और स्थिर या जिसमें परिवर्तन संभावित न हो ▸ **firmly** *adv.* दृढ़तापूर्वक ▸ **firmness** *n.* कठोरता, दृढ़ता ▸ **firm** *n.* व्यापारिक प्रतिष्ठान

firmament /'फ़ममन्ट्/ *n.* मेघों और तारों सहित आकाश, आकाश मंडल, नभोमंडल

first /फ़स्ट्/ *det.* सबसे पहला, पहली बार होने वाला, प्रथम ▸ **firstly** *adv.* पहली बार, पहले ▸ **first** *adv.* 1 सबसे पहले 2 कुछ भी अन्य करने से पहले ▸ **first** *n.* & *pron.* 1 (*pl.* **the first**) पहला व्यक्ति या वस्तु, लोग या वस्तुएँ 2 पहली बार घटी कोई महत्वपूर्ण घटना

fiscal /'फ़िस्क्ल्/ *adj.* सरकार या सार्वजनिक धन (विशेषतः करों) से संबंधित, राजवित्तीय, राजकोषीय

fish /फ़िश्/ *n.* (*pl.* **fish** or **fishes**) **1** मछली **2** मछली का मांस, भोज्य पदार्थ के रूप में मछली ▸ **fish** *v.* **1** मछली पकड़ने की कोशिश करना **2** पानी या किसी गहरे या गुप्त स्थान में कुछ खोजना

fishery /ˈफ़िशरि/ *n.* (*pl.* **fisheries**) मत्स्य पालन केंद्र, मत्स्य क्षेत्र, मछलीघाट

fishy /ˈफ़िशि/ *adj.* **1** मछली के स्वाद या गंध वाला **2** संदिग्ध या असत्य लगने वाला

fission /ˈफ़िशन्/ *n.* **1** (भौतिकी विज्ञान में) परमाणु के केंद्रीय अंश को विखंडित करने की क्रिया या प्रक्रिया, जिसमें बड़ी मात्रा में ऊर्जा बनती है, परमाणु–विखंडन **2** (जीव विज्ञान में) कोशिकाओं का विभाजन और नवकोशिका निर्माण

fissure /ˈफ़िश(र्)/ *n.* लंबी गहरी दरार विशेषतः चट्टान या धरती में

fist /फ़िस्ट्/ *n.* कसकर बंद अंगुलियों वाला हाथ, मुट्ठी ▸ **fistful** *n.* मुट्ठीभर

fit /फ़िट्/ *v.* (**fi<u>tt</u>ing, fi<u>tt</u>ed**) किसी व्यक्ति या वस्तु के लिए आकार या बनावट में एकदम सही होना, उचित होना ▸ **fit** *adj.* (**fi<u>tt</u>er, fi<u>tt</u>est**) **1** हृष्ट–पुष्ट और सुस्वस्थ विशेषतः व्यायाम के कारण **2** एकदम सही, उपयुक्त ▸ **fitness** *n.* पूर्ण स्वास्थ्यता ▸ **fit** *n.* किसी बीमारी का दौरा जिसमें रोगी अचेत हो जाता है और उसके शरीर में तीव्र ऐंठन होती है ▸ **fitful** *adj.* रुक–रुक कर जाने या होने वाला, अनियमित

fitter /ˈफ़िट(र्)/ *n.* मिस्तरी, फ़िटर

fitting /ˈफ़िटिङ्/ *n.* (*pl.* **fittings**) भवन में या फ़र्नीचर में अस्थायी रूप से जड़ा सामान जिसे बदला या अन्यत्र ले जाया जा सके, फ़िटिंग

five /फ़ाइव्/ *adj.* & *n.* **1** पाँच (का अंक)

fiver /ˈफ़ाइव(र्)/ *n.* पाँच रुपये का नोट

fix /फ़िक्स्/ *v.* **1** किसी वस्तु को किसी पर दृढ़ता से जमाना, बैठाना, जड़ना **2** किसी वस्तु की मरम्मत करना ▸ **fix** *n.* **1** समस्या का विशेषतः सरल या अस्थायी समाधान **2** कोई कठिन स्थिति, समस्या, उलझन

fixation /फ़िक्ˈसेशन्/ *n.* किसी बात में अत्यधिक व अस्वाभाविक रुचि, बहुत गहरा व असामान्य लगाव

fixture /ˈफ़िक्सच(र्)/ *n.* **1** विशेष दिन के लिए नियत कोई खेल–स्पर्धा **2** (*pl.* **fixtures**) किसी मकान या भवन में लगा सामान या फ़र्नीचर जो मकान के साथ ही बिकता है

fizz /फ़िज़्/ *n.* द्रव पदार्थ में उत्पन्न बुलबुले और उनकी (सी–सी की) आवाज़, बुदबुदाहट ▸ **fizz** *v.* बुदबुदाना

fizzle /ˈफ़िज़्ल्/ *v.* (**fizzle out**) निम्न स्तरीय या निराशाजनक ढंग से समाप्त होना

fizzy /ˈफ़िज़ि/ *adj.* (**fizzier, fizziest**) (पेय पदार्थ) गैस के छोटे बुलबुलों से भरपूर, बुलबुलेदार

flabbergasted /ˈफ़्लैबगास्टिड्/ *adj.* अत्यधिक चकित या/और स्तब्ध, हक्का–बक्का, भौंचक्का

flabby /ˈफ़्लैबि/ *adj.* (**fla<u>bb</u>ier, fla<u>bb</u>iest**) बहुत अधिक कोमल चरबी वाला, थुलथुल

flag /फ़्लैग्/ *n.* झंडा, ध्वजा, पताका ▸ **flag** *v.* (**fla<u>gg</u>ing, fla<u>gg</u>ed**) थक जाना, कमज़ोर होना, ढीला पड़ जाना

flagrant /ˈफ़्लेग्रन्ट्/ *adj.* (कर्म) स्तब्धकारी, शर्मनाक, प्रत्यक्ष रूप से अपमानजनक

flail /फ़्लेल्/ *v.* बिना सँभाले इधर–उधर घुमाना, हाथ–पैर मारना, लहराना

flair /फ़्लेअ(र्)/ *n.* **1** किसी काम को अच्छे तरीक़े से करने की नैसर्गिक योग्यता, जन्मजात प्रवृत्ति या कौशल **2** रुचिकर, आकर्षक या सुरुचिपूर्ण होने का गुण

flak /फ़्लैक्/ *n.* कटु आलोचना

flake /फ़्लेक्/ *n.* किसी वस्तु का छोटा पतला टुकड़ा, पपड़ी, कण

f

flamboyant /फ़्लैम्'बॉइअन्ट्/ *adj.* **1** (व्यक्ति या उसका आचरण) भड़कीला व आत्मविश्वासी और इस कारण ध्यानाकर्षक **2** चटकीला और चमकदार, भड़कीला ▸ **flamboyance** *n.* भड़कीलापन व दिखावा, चटकीलापन

flame /फ़्लेम्/ *n.* लपट, ज्वाला

flamenco /फ़्ल'मेङ्को/ *n.* स्पेनी शैली का गाना और नृत्य, स्पेन का एक नृत्य, जिप्सी का रोमानी गीत

flamingo /फ़्ल'मिङ्गो/ *n.* (*pl.* **flamingoes** or **flamingos**) लंबी टाँगों वाला बड़ा गुलाबी रंग का पक्षी जो पानी के पास रहता है, हंसावर

flammable /'फ़्लैमबल्/ *adj.* जिसमें आग आसानी से लग सके, प्रज्वलनशील

flank /फ़्लैङ्क्/ *n.* **1** पशु के शरीर का पार्श्व भाग **2** युद्धरत सेना का पार्श्व भाग ▸ **flank** *v.* पार्श्व या पार्श्वों में स्थित

flannel /'फ़्लैनल्/ *n.* एक प्रकार का कोमल ऊनी कपड़ा, फलालैन

flap /फ़्लैप्/ *n.* किसी वस्तु में खुली जगह को ढकने के लिए केवल एक पार्श्व से जुड़ा हुआ काग़ज़, कपड़ा, पल्ला (जेब आदि का) ▸ **flap** *v.* (**flapping**, **flapped**) **1** (पंखों आदि का) फड़फड़ाना (विशेषतः हवा में) **2** चिंतित या उत्तेजित हो जाना

flare /फ़्लेअ(र्)/ *v.* **1** एकाएक चमकभरी लपट के साथ जल उठना, भभकना **2** (हिंसा, क्रोध आदि का) एकाएक भड़क उठना या बदतर हो जाना ▸ **flare** *n.* **1** एकाएक चमकी रोशनी या उठी लपट, प्रदीप्ति, लौ **2** चमकदार रोशनी या लपट उत्पन्न करने वाली वस्तु, विशेषतः संकेत के रूप में प्रयुक्त

flash /फ़्लैश्/ *v.* **1** क्षण-भर के लिए चमकदार रोशनी करना या करवाना, कौंधना **2** बहुत तेज़ी से गुज़र जाना ▸ **flash** *n.* **1** तेज़ी से जलने-बुझने वाली चमकदार रोशनी, कौंध, क्षणिक तेज़ प्रकाश **2** एकाएक उभरा सशक्त भाव या विचार

flask /फ़्लास्क्/ *n.* **1** द्रव पदार्थ को गरम या ठंडा बनाए रखने वाली एक प्रकार की बड़ी बोतल, फ़्लासक, थर्मस **2** वैज्ञानिक प्रयोगों में रसायनों को संचित और मिश्रित करने के लिए प्रयुक्त एक प्रकार की पतली गरदन वाली बोतल

flat /फ़्लैट्/ *adj.* & *adv.* (**flatter**, **flattest**) **1** (सतह आदि) सपाट, समतल **2** जो ऊँचा या गहरा न हो, चपटा ▸ **flat** *n.* **1** (प्रायः बड़े भवन में) रहने के लिए प्रयुक्त कमरों का सेट, फ़्लैट, अपार्टमेंट **2** (संगीत में) कोमल स्वर, सुर से नीचे

flatter /'फ़्लैट(र्)/ *v.* **1** ख़ुशामद या चापलूसी करना, लाभ के इरादे से किसी की दिखावटी प्रशंसा करना **2** अपने विषय में बहुत अच्छा सोचना (भले ही दूसरे लोग ऐसा न सोचें) **3** किसी को ख़ुशी या सम्मान देना ▸ **flattery** *n.* ख़ुशामद, चापलूसी

flatulent /'फ़्लैट्युलन्ट्/ *n.* **1** उदरवायु से पीड़ित **2** अक्कड़बाज़, गर्वित ▸ **flatulence** *n.* उदरवायु, अहंकार

flaunt /फ़्लॉन्ट्/ *v.* किसी बात पर इतराना (ताकि दूसरे लोग भी तारीफ़ करें)

flavour /'फ़्लेव़(र्)/ *n.* (*US* **flavor**) 1 (भोजन का) स्वाद, लज़्ज़त 2 किसी वस्तु के विशेष गुण या वैशिष्ट्य का अनुमान ▸ **flavour** *v.* किसी वस्तु को ज़ायक़ेदार बनाना

flavouring /'फ़्लेव़रिङ्/ (*US* **flavoring**) *n.* खाद्य या पेय पदार्थ को विशेष स्वाद देने के लिए उसमें डाली गई वस्तु

flaw /फ़्लॉ/ *n.* 1 दोष, त्रुटि, कमी, अभाव 2 किसी वस्तु पर कोई निशान या दरार (जिससे वह अधूरी लगे) 3 किसी के चरित्र में कमी, चरित्र-दोष ▸ **flawed** *adj.* सदोष ▸ **flawless** *adj.* परिपूर्ण, निर्दोष, निष्कलंक

flax /फ़्लैक्स्/ *n.* 1 बीजों के लिए उगाया जानेवाला नीले फूलोंवाला पौधा जिसके तने से सूत तैयार किया जाता है, सन का पौधा 2 सन के रेशे

flaxen /'फ़्लैक्सन्/ *adj.* सन का (बना हुआ), (केश) सुनहरा-भूरा

flay /'फ़्ले/ *v.* (पशु का) चमड़ा उतारना, खाल उतारना, (वनस्पति की) छाल या छिलका उतारना

flea /फ़्ली/ *n.* एक पंखहीन कीट जो पशुओं और मनुष्य के शरीर में बसेरा बना लेता है, इसके काटने से खुजलाहट होती है, पिस्सू

fleck /फ़्लेक्/ *n.* (किसी वस्तु पर) बहुत छोटा निशान, (किसी वस्तु का) बहुत छोटा टुकड़ा

fledged /'फ़्लेज्ड्/ *adj.* (पक्षी) जिसके सभी पंख निकल आए हो, पंखदार

fledgling (or **fledgeling**) /'फ़्लेज्लिङ्/ *n.* 1 चिड़िया का बच्चा जिसने अभी-अभी उड़ना सीखा है 2 अनुभवहीन व्यक्ति, संगठन या प्रणाली

flee /फ़्ली/ *v.* (**fleeing, fled**) कहीं से फ़रार हो जाना या निकल भागना

fleece /फ़्लीस्/ *n.* 1 भेड़ के शरीर पर ऊन की चादर, कच्ची ऊन 2 गरमी देने वाली कृत्रिम सामग्री से बना वस्त्र (जैकेट आदि)

fleet /फ़्लीट्/ *n.* 1 संग यात्रा करने वाले जहाज़ों या नावों का बेड़ा 2 एक साथ जा रहे या एक ही व्यक्ति के स्वामित्व वाले वाहनों का समूह

fleeting /'फ़्लीटिङ्/ *adj.* जल्दी बीतने या समाप्त होने वाला, अल्पकालिक

flesh /फ़्लेश्/ *n.* 1 मानव या पशु के शरीर का कोमल अंश (जो त्वचा और अस्थियों के बीच में होता है), मांस 2 फल या वनस्पति का खाने योग्य कोमल अंश, गूदा

flex /फ़्लेक्स्/ *n.* प्लास्टिक नली के अंदर की तार जो विद्युत उपकरण तक बिजली पहुँचाती है, फ़्लेक्स ▸ **flex** *v.* टाँग, बाँह, मांसपेशी आदि को व्यायाम के लिए मोड़ना या चलाना

flexible /'फ़्लेक्सब्ल्/ *adj.* 1 लचीला, लचकदार 2 जिसे आसानी से बदला जा सके, परिवर्तनीय ▸ **flexibility** *n.* लचकीलापन, लचीलापन

flexitime /'फ़्लेक्सिटाइम्/ *n.* एक कार्य-प्रणाली जिसमें कर्मचारी स्वयं प्रतिदिन के काम के घंटे निर्धारित करता है यद्यपि प्रति सप्ताह या प्रतिमास के लिए उसके काम के कुल घंटे निश्चित होते हैं, लचकीली कार्य-निष्पादन प्रणाली

flick /फ़्लिक्/ *v.* 1 अंगुली या हाथ से किसी वस्तु को हलके से और तेज़ी के साथ ठोकना या झाड़ना 2 अचानक तेज़ी के साथ किसी वस्तु का हिलना या उसे हिलाना ▸ **flick** *n.* हलका प्रहार, अंगुलियों या हाथ से हलकी ठोक

flicker /'फ़्लिक(र्)/ *v.* 1 (रोशनी या लपट का) जलते समय लुपलुपाना, कँपकँपाना, टिमटिमाना 2 (किसी भावना, विचार आदि का) क्षणभर के लिए प्रकट होना ▸ **flicker** *n.* 1 टिमटिमाती रोशनी 2 शरीर के किसी अंग की हलकी थरथराहट

f

flier /'फ़्लाइअ(र्)/ *n.* पक्षी, उड़ाका, हवाबाज़, वैमानिक

flight /फ़्लाइट्/ *n.* 1 विमान यात्रा, उड़ान 2 यात्रा विशेष पर जाने वाला विमान

flimsy /'फ़्लिम्ज़ि/ *adj.* (**flimsier, flimsiest**) 1 कमज़ोर, आसानी से टूटने या फटने वाला 2 दुर्बल, अविश्वसनीय

flinch /फ़्लिन्च्/ *v.* 1 दर्द या डर के मारे एकाएक पीछे हटना 2 किसी अप्रिय बात से कतराना

fling /फ़्लिङ्/ *v.* (**flinging, flung**) एकाएक और लापरवाही से या ज़ोर से कोई वस्तु फेंकना, पटकना, दे मारना ▸ **fling** *n.* मौज-मस्ती की लघु अवधि, थोड़े समय की रंगरेलियाँ

flint /फ़्लिन्ट्/ *n.* 1 चक़मक़ पत्थर जिसे लोहे पर रगड़ने से चिनगारियाँ निकलती हैं 2 सिगरेट-लाइटर आदि में लगा चक़मक़ पत्थर या धातु

flip /फ़्लिप्/ *v.* (**flipping, flipped**) 1 झटके से (कुछ) पलटना 2 हवा में उछालना, उछालकर फेंकना

flippant /'फ़्लिपन्ट्/ *adj.* महत्वपूर्ण बातों के प्रति बेपरवाह, छिछोरा, चंचल

flipper /'फ़्लिप(र्)/ *n.* 1 कुछ समुद्री जंतुओं का चपटी बाँह जैसा अंग (पंख) जो तैरने में सहायक होता है 2 समुद्री जंतुओं के पंख जैसा रबर का जूता जिसे ग़ोताख़ोर गहरे पानी में तैरते समय पहनते हैं

flirt /फ़्लर्ट्/ *v.* बिना गंभीरता के हलके ढंग से प्रेम-प्रदर्शित करना, इश्क़बाज़ी करना ▸ **flirt** *n.* इश्क़बाज़, दिखावटी प्रेमी

flit /फ़्लिट्/ *v.* (**flitting, flitted**) फुदकना, जल्दी-जल्दी स्थान बदलना

flitter /'फ़्लिट/ *v.* उधर-उधर उड़ना या दौड़ना, हिलना-डुलना, फड़फड़ाना

float /फ़्लोट्/ *v.* 1 हवा या पानी में तिरना, बहना, उतराना 2 पानी आदि द्रव की सतह पर बने रहना, उतराना ▸ **float** *n.* 1 जुलूस में समारोहपूर्वक चलने वाला सजावटी वाहन (ट्रक आदि), शोभायान 2 मछली पकड़ने में प्रयुक्त एक हलकी वस्तु जो मछली पकड़ी जाने पर पानी में तैरने लगती है

floatation (*also* **flotation**) /फ़्लो'टेश्न् / *n.* तैरना, तिरना, प्लावन

flock /फ़्लॉक्/ *n.* 1 भेड़ों या पक्षियों का झुंड 2 बड़ी संख्या में लोग, लोगों का झुंड ▸ **flock** *v.* (लोगों का) बड़ी संख्या में कहीं पहुँचना

floe /फ़्लो/ *n.* बर्फ़ की तैरती चादर, तैरती हिम-शिला

flog /फ़्लॉग्/ *v.* (**flogging, flogged**) 1 दंडस्वरूप किसी को चाबुक या छड़ी से पीटना, कोड़े बरसाना 2 कुछ बेचना

flood /फ़्लड्/ *v.* 1 किसी स्थान पर पानी भर देना, किसी में पानी भर जाना, बाढ़ आना 2 किसी स्थान पर बड़ी संख्या में जाना/आना, की भरमार होना ▸ **flood** *n.* 1 नदी, समुद्र आदि का जल स्थल पर फैल जाना, बाढ़, जल प्रवाह, सैलाब 2 बड़ी संख्या या मात्रा

floodlight /'फ़्लड्लाइट्/ *n.* सार्वजनिक भवन के बाहर, समारोह-स्थल आदि पर प्रयुक्त तीव्र प्रकाश देने वाली बत्ती, पूर-प्रकाश, फ़्लडलाइट

floor /फ़्लॉ(र्)/ *n.* **1** फ़र्श **2** भवन के एक ही तल के सब कमरे, मंज़िल ▸ **floor** *v.* प्रश्न या समस्या द्वारा किसी को पूरी तरह चौंका या घबरा देना

flooring /ˈफ़्लॉरिङ्/ *n.* सिल, टाइल्स आदि जिनसे फ़र्श बनाया जाता है, फ़र्श का सामान

flop /फ़्लॉप्/ *v.* (**flopping, flopped**) **1** बहुत थक जाने के कारण धड़ाम से बैठ या लेट जाना **2** लापरवाही से बग़ैर सँभले सरकना, लटकना या गिरना ▸ **flop** *n.* असफल पुस्तक, फ़िल्म आदि, विफलता

floppy /ˈफ़्लॉपि/ *adj.* कोमल और नीचे लटकता हुआ, ढीला-ढाला

flora /ˈफ़्लॉरा/ *n.* (*pl.* **floras** or **florae**) क्षेत्र-विशेष में उगने वाले सब पेड़-पौधे

floral /ˈफ़्लॉरल्/ *adj.* पुष्प-रचना से सज्जित या पुष्प-निर्मित

floret /ˈफ़्लॉरिट्/ *n.* छोटा फूल

florid /ˈफ़्लॉरिड्/ *adj.* **1** अत्यधिक अलंकारयुक्त, अलंकारिक, अलंकृत, सुसज्जित **2** (चेहरे के लिए प्रयुक्त) लाल या सुर्ख़, चटक

florist /ˈफ़्लॉरिस्ट्/ *n.* **1** फूल बेचने वाला व्यक्ति, पुष्प विक्रेता **2** फूलों की दुकान

flounce /ˈफ़्लाउन्स्/ *n.*(लहँगे की) झालर **flounce** *v.* हड़बड़ी में या ग़ुस्से में तेज़ी से इधर-उधर जाना

flounder /ˈफ़्लाउन्ड(र्)/ *v.* **1** कुछ कहने या करने में कठिनाई अनुभव करना (प्रायः कठिन स्थिति या घबराहट पैदा करने वाली स्थिति में), लड़खड़ाना **2** समस्याग्रस्त होना या विफलता के कगार पर पहुँचना

flour /ˈफ़्लाउअ(र्)/ *n.* बिस्कुट, केक आदि बनाने में प्रयुक्त गेहूँ अथवा अन्य अनाज का महीन पाउडर, आटा

flourish /ˈफ़्लरिश्/ *v.* **1** सशक्त होते जाना, फलना-फूलना, सफलता की ओर अग्रसर होना, उन्नति करना **2** (किसी वस्तु को हवा में लहराना ताकि लोग उसे देख पाएँ) ▸ **flourish** *n.* प्रभावशाली ढंग से ध्यान आकर्षित करने के लिए की गई क्रिया, प्रभावशाली तरीका

f

flout /फ़्लाउट्/ *v.* (क़ानून, नियम आदि) अवहेलना करना, न मानना, उल्लंघन करना

flow /फ़्लो/ *n.* **1** लगातार बहने की क्रिया, बहाव, प्रवाह **2** आपूर्ति, प्राप्त कराने की क्रिया ▸ **flow** *v.* **1** बिना बाधा के निरंतर गति करना, बहना, प्रवाहित होना **2** (शब्दों, विचारों, क्रियाओं आदि का) सुगठित रूप में अभिव्यक्त होना

flower /ˈफ़्लाउअ(र्)/ *n.* **1** वृक्ष अथवा पौधे का वह रंगीन भाग जिनसे बीज अथवा फल बनते हैं, पुष्प, फूल **2** पुष्प-पादप, फूलों वाला पौधा ▸ **flower** *v.* फूलों से भर जाना, में फूल लगना

flowery /ˈफ़्लाउअरि/ *adj.* **1** फूलों या फूलों के चित्रों से ढका हुआ या सजाया हुआ **2** (मौखिक या लिखित शैली) जिसमें अनावश्यक रूप से लंबे और कठिन शब्दों का प्रयोग हो, आडंबरपूर्ण, लच्छेदार

flu /फ़्लू/ *n.* ज़ुकाम के साथ बुख़ार और बदन दर्द, (रोग) फ़्लू

fluctuate /ˈफ़्लक्चुएट्/ *v.* (क़ीमतों और संख्याओं या जनभावनाओं में) बार-बार उतार-चढ़ाव होना ▸ **fluctuation** *n.* उतार-चढ़ाव, घट-बढ़

flue /फ़्लू/ *n.* धुआँ, गैस या गरम हवा बाहर निकालने के लिए नली जो विशेषतः चिमनी या धुआँकश में लगी होती है

f

fluent /'फ़्लूअन्ट्/ *adj.* 1 किसी भाषा को सरलतापूर्वक और शुद्ध रीति से बोलने या लिखने में समर्थ, धाराप्रवाह अभिव्यक्ति में समर्थ 2 (बोलने, पढ़ने या लिखने की क्रिया) सरलतापूर्वक और शुद्ध रीति से संपन्न, सप्रवाह ▸ **fluency** *n.* सरल और विशुद्धता, धाराप्रवाह का गुण ▸ **fluently** *adv.* प्रवाह के साथ, सरलता और विशुद्धता के साथ

fluff /फ़्लफ़्/ *n.* 1 (ऊनी और सूती कपड़ों पर) बन जाने वाले रोएँ 2 पशुओं या पक्षियों के शिशुओं के शरीर पर कोमल नई रोवेंदार खाल ▸ **fluffy** *adj.* रोवेंदार, फूला हुआ, नरम

fluid /'फ़्लूइड्/ *n.* बह सकने वाला पदार्थ, द्रव, तरल पदार्थ ▸ **fluid** *adj.* 1 द्रव के समान सरलता से बहने वाला 2 (योजनाएँ आदि) जो बदल सकती हैं या (संभावित रूप से) जिन्हें बदला जा सकता है, सुपरिवर्तनीय

fluke /फ़्लूक्/ *n.* आश्चर्यजनक और सुखद संयोग से प्राप्त परिणाम (न कि कौशलपूर्वक अर्जित)

flummox /'फ़्लमक्स्/ *v.* चकराना, घबराना, चक्कर में डाल देना

flunk /'फ़्लङ्क्/ *v.* अनुत्तीर्ण हो जाना, विफल होना

flunkey (or **flunky**) /'फ़्लङ्कि/ *n.* (*pl.* **plunkeys** or **plunkies**) नौकर, अर्दली, चापलूस, ख़ुशामदी

fluorescent /,फ़्लॉ'रेसन्ट्, ,फ़्लुअ'रे-/ *adj.* 1 चमकदार सफ़ेद रोशनी देने वाला, प्रतिदीप्त 2 बहुत चमकदार और अंधकार में भी दिखाई पड़ने वाला, चमकीला-सा

fluorine /'फ़्लॉरीन्/ *n.* एक विषैली हलकी पीली गैस, फ़्लोरीन

fluorite /'फ़्लोराइट्/ (or **fluorspar**) *n.* रंगहीन खनिज, फ़्लोराइट

flurry /'फ़्लरि/ *n.* (*pl.* **flurries**) 1 एकाएक उत्पन्न हलचल की सीमित कालावधि 2 बर्फ़ या वर्षा का आकस्मिक झोंका

flush /'फ़्लश्/ *v.* 1 (व्यक्ति का चेहरा) लाल हो जाना, मुख तमतमा जाना 2 पानी की टंकी चलाकर शौचालय साफ़ करना ▸ **flush** *n.* 1 लज्जा, उत्तेजना, क्रोध आदि के कारण चेहरे के गरम या लाल हो जाने की क्रिया, चेहरे पर झलकता भावावेग या लालिमा 2 पानी को तेज़ चलाकर शौचस्थल साफ़ करने की क्रिया, पानी के प्रवाह द्वारा शौचस्थल साफ़ करने की प्रणाली

fluster /'फ़्लस्ट(र्)/ *v.* किसी को बहुत काम देकर या हड़बड़ी मचाकर घबराहट, परेशानी या उलझन में डालना ▸ **fluster** *n.* घबराहट, परेशानी व उलझन

flute /फ़्लूट्/ *n.* दोनों ओर हाथों से पकड़कर तथा इसके एक ओर बने छेद में फूँक मारकर बजाया जानेवाला पाइप के समान एक वाद्ययंत्र, बाँसुरी, मुरली

flutter /'फ़्लट(र्)/ *v.* 1 तेज़ गति से और कोमलता के साथ हिलना या किसी वस्तु को हिलाना, विशेषतः हवा में, फड़फड़ाना, फरफराना, लहराना 2 घबराहट, परेशानी और उत्तेजना के कारण हृदय या पेट में हलचल होना ▸ **flutter** *n.* 1 घबराहट, उलझन या उत्तेजना की अवस्था 2 त्वरित, कोमल गति, फड़फड़ाहट

fluvial /'फ़्लूविअल्/ *adj.* नदियों से संबंधित

flux /फ़्लक्स्/ *n.* निरंतर होने वाली गति

fly /फ़्लाइ/ *v.* (**flies, flying, flew,**

flown) 1 (पक्षी, कीट, विमान आदि का) हवा में गति करना, उड़ना 2 विमान में यात्रा करना या कुछ ले जाना ▸ **fly** *n.* 1 (*pl.* **flies**) दो पंखोंवाला एक छोटा कीट, मक्खी 2 (*pl.* **flies**) पतलून का सामने का खुला भाग जो बटन या ज़िप से बंद होता है

flyer (or **flier**) /'फ़्लाइअ(र्)/ *n.* 1 सामान्यतः छोटा विमान उड़ाने वाला व्यक्ति, उड़ाका, विमानचालक 2 विमान का यात्री, विज्ञापन हेतु लघु पुस्तिका

FM /,एफ़्'एम्/ *abbr.* रेडियो संकेत भेजने की एक प्रणाली, आवृत्ति मॉड्युलेशन

foal /फ़ोल्/ *n.* बछेड़ा, घोड़े का शावक

foam /फ़ोम्/ *n.* 1 गद्दियों आदि में डाला जाने वाला कोमल हलका रबर, फ़ोम 2 द्रव की सतह पर बनने वाले हवा के बुलबुलों का ढेर, झाग ▸ **foam** *v.* झाग पैदा करना

fob /फ़ॉब्/ *v.* (**fobbing, fobbed**) (**fob sb off**) 1 किसी को प्रश्न पूछने, आपत्ति प्रकट करने से यह कहकर रोकना कि वह बात असत्य है 2 किसी को उसकी अनचाही वस्तु देने की कोशिश करना

focal /'फ़ोक्ल्/ *adj.* केंद्रीय, बहुत महत्वपूर्ण, किरणकेंद्र से संबंधित अथवा किरणकेंद्र देने से संबंधित, संनाभि

focus /'फ़ोकस्/ *v.* (**focusing, focused** or **focussing, focussed**) 1 किसी बात पर सारा ध्यान लगाना 2 आँखों या कैमरे का वस्तुओं से ऐसा मेल होना या बैठना कि वस्तुएँ साफ़ दिखें, आँखों या कैमरे का फ़ोकस बनना या बनाना ▸ **focus** *n.* (*pl.* **focuses** or **foci**) 1 रुचि या ध्यान का केंद्र, व्यक्ति या वस्तु पर दिया गया विशेष ध्यान 2 वह बिंदु जहाँ किरणें या प्रकाश, ध्वनि आदि की तरंगें परावर्तन या अनुवर्तन के बाद मिलती हैं, वह बिंदु जहाँ से किरणें या प्रकाश, ध्वनि आदि की तरंगें आती हुई प्रतीत होती हैं, फ़ोकस

fodder /'फ़ॉड(र्)/ *n.* पशुओं का भोजन, चारा

foe /फ़ो/ *n.* शत्रु, दुश्मन

foetus /'फ़ीटस्/ *n.* (*pl.* **foetuses, fetuses**) स्त्री या मादा पशु के शरीर में बढ़ता बच्चा, गर्भ में भ्रूण ▸ **foetal** *adj.* (*US* **fetal**) भ्रूण संबंधी

fog /फ़ॉग्/ *n.* ज़मीन या समुद्र पर बनने वाला घना सफ़ेद बादल, धुंध, कोहरा ▸ **foggy** *adj.* धुंधला, कोहरेवाला

foible /'फ़ऑइब्ल् / *n.* चारित्र्य दोष, त्रुटि, दोष, अवगुण

foil /फ़ॉइल्/ *n.* 1 धातु को पीटकर बनाई हुई काग़ज़ जैसी पतली पन्नी जिसे भोज्य पदार्थ को ढकने के लिए प्रयोग किया जाता है, वर्क 2 लड़ाई के खेल में प्रयुक्त (भोथरी या खुट्टल) तलवार ▸ **foil** *v.* किसी को सफल न होने देना, विशेषतः योजना बनाकर, किसी की योजना को विफल कर देना

foist /फ़ॉइस्ट्/ *v.* (**foist sth on/upon**) किसी को उसकी अनचाही बात मानने के लिए विवश कर देना, किसी पर उसकी इच्छा के विरुद्ध कुछ लाद देना

fold /फ़ोल्ड्/ *v.* 1 किसी वस्तु के एक भाग को मोड़कर दूसरे पर जमाना (उसे छोटा करने, सँभालने आदि के लिए), तह लगाना, तहाना, मोड़ना 2 किसी वस्तु का मुड़ सकना ताकि उसे आसानी से उठाया या रखा जा सके ▸ **fold** *n.* 1 तहाने से बनी रेखा या निशान 2 चुन्नट, शिकन

f

folder /'फ़ोल्ड(र्)/ *n.* **1** काग़ज़ात आदि सँभालने के लिए प्रयुक्त गत्ते या प्लास्टिक का आवरण, फ़ोल्डर **2** किसी विषय पर कंप्यूटर या डिस्क में सूचना-राशि या फ़ाइलों का संग्रह

foliage /'फ़ोलिइज्/ *n.* किसी पेड़ या पौधे के सब पत्ते-पत्तियाँ

folic acid /ˌफ़ॉलिक्' एसिड्/ *n.* हरी सब्ज़ियों और मांस (विशेषतः जिगर और गुरदे) में पाया जाने वाला एक प्राकृतिक पदार्थ, जो हमारे शरीर में लाल रक्त कोशिकाएँ उत्पन्न करता है, फ़ोलिक अम्ल

folio /'फ़ोलिओ/ *n.* (*pl.* **folios**) **1** बड़े आकार के पन्नों या काग़ज़ों से बनी पुस्तक (विशेषतः पहले की छपाई में) **2** किसी पुस्तक का अकेला अंकित पन्ना, पर्ण, एकभंज, फोलिओ

folk /फ़ोक्/ *n.* **1** (*pl.* **folks**) लोग, जनसाधारण, लोगबाग **2** (*pl.*) विशेष प्रकार के लोग ▸ **folk** *adj.* किसी जनसमुदाय की परंपरा में मान्य, पारंपरिक शैली का

follicle /'फ़ॉलिकल्/ *n.* त्वचा में अति सूक्ष्म छिद्र जहाँ से बाल उगते हैं, रोमकूप

follow /'फ़ॉलो/ *v.* **1** किसी व्यक्ति या वस्तु के पीछे आना, जाना या होना **2** (सड़क के साथ-साथ) जाना, किसी अन्य दिशा में चलते जाना ▸ **follower** *n.* अनुयायी, शिष्य

following /'फ़ॉलोइङ्/ *adj.* **1** अगला (समय की दृष्टि से) **2** जिन्हें आगे बताया गया है, निम्नलिखित ▸ **following** *n.* **1** किसी के समर्थक या प्रशंसक व्यक्ति, अनुयायीगण **2** (**the following**) आगे वर्णित व्यक्ति या वस्तुएँ

folly /'फ़ॉलि/ *n.* (*pl.* **follies**) विवेकहीन कार्य या क्रिया जिसका दुष्परिणाम हो सकता है, मूर्खता का काम, नासमझी

fond /फ़ॉन्ड्/ *adj.* **1** किसी व्यक्ति, वस्तु या काम को पसंद करना, का शौक़ीन होना **2** करुण और स्नेहमय ▸ **fondly** *adv.* प्यार के साथ, स्नेहपूर्वक

fondle /'फ़ॉन्ड्ल्/ *v.* प्यार से या कामुक भाव से किसी को छूना या सहलाना

fondue /'फ़ॉन्ड्यू/ *n.* पिघली हुई चीज़ आदि से बना खाद्य पदार्थ जिसमें खाना डुबोया जाता है

font /फ़ॉन्ट्/ *n.* छपाई के अक्षरों की विशेष आकृति और बनावट, फ़ांट

food /फ़ूड्/ *n.* **1** (मनुष्यों और पशुओं के खाने का) भोजन, आहार **2** विशेष प्रकार का खाद्य पदार्थ

fool /फ़ूल्/ *n.* मूर्ख या मूर्खता का आचरण करने वाला व्यक्ति, बेवक़ूफ़ ▸ **fool** *v.* **1** मूर्ख बनाना, झाँसा देना **2** मज़ाक़ में कहना

foolish /'फ़ूलिश्/ *adj.* **1** बेवक़ूफ़, बेअक़्ल, बुद्धिहीन, विवेकहीन **2** बेवक़ूफ़-सा, शरमिंदा ▸ **foolishly** *adv.* मूर्खतापूर्वक ▸ **foolishness** *n.* मूर्खता, विवेकहीनता, नासमझी

foolproof /'फ़ूलप्रूफ़/ *adj.* जिसे ग़लत तरीक़े से इस्तेमाल नहीं किया जा सकता है, ग़लत इस्तेमाल की आशंका से परे

foot /फ़ुट्/ *n.* (*pl.* **feet**) पैर, पाँव

footage /'फ़ुटिज्/ *n.* फ़िल्म का अंश जिसमें विशेष घटना दिखाई गई हो, फ़ुटेज

football /'फ़ुट्बॉल्/ *n.* **1** खिलाड़ियों के दो दलों द्वारा खेला जानेवाला एक खेल जिसमें खिलाड़ी एक गेंद को पैर से ठोकर मारकर गोल अर्जित करते हैं, फ़ुटबॉल का खेल **2** फ़ुटबॉल खेल में प्रयुक्त गेंद, फ़ुटबॉल

footing /'फ़ुटिङ्/ *n.* **1** पाँव की मज़बूत पकड़ **2** किसी व्यक्ति या वस्तु का स्तर या पद (अन्य व्यक्ति या वस्तु की तुलना में)

for /फ़(र्), प्रबल रूप फॉ(र्)/ *prep.* **1** किसी वस्तु को प्रयोग में लाने वाले व्यक्ति का निर्देश करने वाला शब्द, के लिए, के वास्ते **2** किसी वस्तु का उपयोग बताने वाला शब्द, के निमित्त, के हेतु ▸ **for** *conj.* क्योंकि

forage /'फ़ॉरिज्/ *v.* (पशुओं के लिए प्रयुक्त) चारा या भोजन खोजना ▸ **forage** *n.* पौधे जो घोड़ों और गौओं का चारा बनाने में प्रयोग में लाए जाते हैं, चारा

foray /'फ़ॉरे/ *v.* (अनाज या पशु आदि लेने के लिए) आकस्मिक आक्रमण, धावा, लूटमार

forbear /फ़ॉ'बेअ(र्)/ *v.* (**forbearing, forbore,** *pp.* **forborne**) किसी चीज़ से परहेज़ करना

forbearing /फ़ॉ'बेअरिङ्/ *adj.* सहनशील, धैर्यवान ▸ **forbearance** *n.* धैर्य, सहनशीलता

forbid /फ़'बिड्/ *v.* (**forbidding, forbade,** *pp.* **forbidden**) **1** किसी बात की मनाही होना, निषिद्ध, वर्जित होना **2** किसी को कोई काम करने से मना करना

forbidding /फ़'बिडिङ्/ *adj.* अप्रिय, बुरा या भयानक

force /फ़ॉस्/ *n.* **1** शारीरिक या भौतिक शक्ति या बल **2** शक्ति और प्रभाव ▸ **force** *v.* **1** किसी को उसका अनचाहा काम करने के लिए विवश करना, बाध्य करना **2** कुछ करने या चलाने-हिलाने के लिए शारीरिक शक्ति का प्रयोग करना

forceful /'फ़ॉस्फ़्ल्/ *adj.* लोगों को प्रेरित करने की शक्ति से युक्त, शक्तिशाली, प्रभावशाली

forceps /'फ़ॉसेप्स्/ *n.* (*pl.*) कैंची की शकल का विशेष उपकरण जो पैना नहीं होता, डॉक्टर द्वारा चीजों को दृढ़तापूर्वक पकड़ने के लिए इसका प्रयोग किया जाता है, सर्जन की चिमटी, सँड़सी

forcible /'फ़ॉसब्ल्/ *adj.* बलपूर्वक किया जाने वाला ▸ **forcibly** *adv.* बलपूर्वक, बलप्रयोग करते हुए

ford /फ़ॉड्/ *n.* नदी में वह उथला स्थान जहाँ से होकर नदी पार की जा सकती है, उथला या छिछला पाट

fore /फ़ॉ(र्)/ *adj. & adv.* जलपोत या विमान के अग्रभाग पर, निकट या की ओर

forearm /'फ़ॉर्आम्/ *n.* बाँह का निचला हिस्सा

forecast /'फ़ॉकास्ट्/ *v.* (सूचना के आधार पर) भविष्य में संभावित स्थिति की बात करना, पूर्वानुमान या भविष्यवाणी करना ▸ **forecast** *n.* पूर्वानुमान

foreclose /फ़ॉ'क्लोज़्/ *v.* उपभोग के अधिकार से वंचित करना, वर्जित करना

forecourt /'फ़ॉकॉट्/ *n.* किसी इमारत के सामने का बड़ा खुला क्षेत्र, बड़ा प्रांगण

forefather /'फ़ॉफ़ाद(र्)/ *n.* (विशेषकर पुरुष) पूर्वज, बाप-दादा

forefinger /'फ़ॉफ़िङ्ग(र्)/ *n.* अँगूठे से अगली अंगुलि, तर्जनी

forefoot /'फ़ॉफ़ुट्/ *n.* (*pl.* **forefeet**) चौपाए का अगला पैर

forefront /'फ़ॉफ़्रन्ट्/ *n.* महत्वपूर्ण स्थिति, नेतृत्व का पद, सबसे आगे की स्थिति

forego (*also* **forgo**) /फ़ॉ'गो/ *v.* त्यागना, छोड़ देना, परहेज़ करना

foregoing /'फ़ॉगोइङ्/ *adj.* पूर्वगामी, पूर्ववर्ती

f

f

foreground /'फ़ॉग्राउन्ड्/ *n.* **1** किसी दृश्य, चित्र, फ़ोटो आदि में आगे का हिस्सा (जो देखने वाले को अपने सबसे निकट लगता है), पुरोभाग **2** सबसे आगे का स्थान, सर्वप्रमुख स्थान जो सबकी दृष्टि में आएगा

forehand /'फ़ॉहैन्ड्/ *n.* टेनिस के खेल में लगाया गया सीधे हाथ (खब्बू खिलाड़ी के लिए बाएँ हाथ) का शॉट, फोरहैन्ड

forehead /'फ़ॉहेड्,'फ़ॉरिड्/ *n.* ललाट, मस्तक, माथा

foreign /'फ़ॉरन्/ *adj.* **1** स्वदेश से भिन्न देश का या उससे संबंधित, विदेशी **2** अन्य देशों के साथ व्यवहार से संबंधित, विदेशी ▸ **foreigner** *n.* विदेशी, परदेशी

foreleg /'फ़ॉलेग्/ *n.* चौपाये प्राणियों के आगे की दो टाँगों में से कोई भी एक, अग्रपाद

foremost /'फ़ॉमोस्ट्/ *adj.* सबसे प्रसिद्ध या महत्वपूर्ण, सर्वोत्तम

forename /'फ़ॉनेम्/ *n.* किसी व्यक्ति का निजी नाम, प्रथम नाम जो जन्म के समय रखा जाता है

forensic /फ़'रेन्सिक्,-'रेन्ज़िक्/ *adj.* अपराध-संबंधी खोजबीन के लिए वैज्ञानिक परीक्षणों का प्रयोग करने वाला, फोरेंसिक

foreplay /'फ़ॉप्ले/ *n.* संभोग की पूर्व क्रिया, चुंबन आदि कामुक क्रियाएँ

forerunner /'फ़ॉरन(र्)/ *n.* व्यक्ति या वस्तु जो बाद में होने वाली घटना का पूर्व संकेत हो, अग्रदूत, पूर्वगामी

foresee /फ़ॉ'सी/ *v.* (**foreseeing, foresaw, foreseen**) भविष्य में होने वाली घटना को पहले से जान लेना या उसका अनुमान लगाना

foreshadow /फ़ॉ'शैडो/ *v.* पूर्वाभास देना, पूर्व संकेत करना

foreshore /'फ़ॉशॉ(र्)/ *n.* **1** उच्चतर एवं निम्नतर जल-स्तर के मध्य स्थित तट का भाग, अग्रतट, तटाग्र **2** अग्रतट और भूक्षेत्र जिस पर भवन, पौधे आदि हैं

foresight /'फ़ॉसाइट्/ *n.* भविष्य में घटित होने वाली बातों को जान लेने तथा उस जानकारी का समुचित उपयोग करने की क्षमता, दूरदर्शिता

forest /'फ़ॉरिस्ट्/ *n.* वृक्षों से ढका विशाल भूखंड, जंगल, वन ▸ **forestry** *n.* वन संपदा के विकास और देखभाल का विज्ञान, वन-विज्ञान

foretell /फ़ॉ'टेल्/ *v.* (**foretelling, foretold**) पूर्वकथन करना, भविष्यवाणी करना

forethought /'फ़ॉथॉट्/ *n.* भविष्य के विषय में सावधानी से सोच-विचार या अपेक्षित तैयारी, पूर्वचिंतन

forever /फ़र्'एव(र्)/ *adv.* **1** हमेशा के लिए, स्थायी रूप से **2** बहुत बार, ऐसे कि बुरा लगे

forewarn /फ़ॉ'वॉन्/ *v.* पहले से चेताना, पहले से बता देना, पहले से ख़बरदार कर देना

foreword /'फ़ॉवड्/ *n.* पुस्तक के आरंभ में एक छोटा लेख जो पुस्तक और/या लेखक का सामान्य परिचय देता है, आमुख

forfeit /'फ़ॉफ़िट्/ *v.* ग़लती के फलस्वरूप कुछ गँवाना या किसी वस्तु से वंचित हो जाना ▸ **forfeit** *n.* ज़ब्ती, दंड-भराई

forge /फ़ॉज्/ *v.* **1** ग़ैर-क़ानूनी तरीक़े से किसी वस्तु की नक़ल बनाना, जालसाज़ी करना **2** किसी वस्तु को सशक्त और उन्नत बनाने के लिए विशेष प्रयास करना

▸ **forge** *n.* स्थान जहाँ धातु को तपाकर, पिघलाकर और ढालकर वस्तुएँ बनाई जाती हैं, लोहारख़ाना, ढलाईघर ▸ **forgery** *n.* फ़र्ज़ी, जालसाज़ी

forget /फ़'गेट्/ *v.* (**forgetting, forgot,** *pp.* **forgotten**) **1** याद न रहना, भूल जाना **2** कुछ करना याद न रहना ▸ **forgettable** *adj.* भूलने योग्य, मामूली

forgetful /फ़'गेट्फ़्ल्/ *adj.* प्रायः बातें भूल जाने वाला, भुलक्कड़

forgive /फ़'गिव्/ *v.* (**forgiving, forgave, forgiven**) **1** किसी को क्षमा या माफ़ करना **2** नम्रता के साथ माफ़ी व्यक्त करने के लिए प्रयुक्त ▸ **forgiveness** *n.* क्षमा, माफ़ी

forgo (or **forego**) /फ़ॉ'गो/ *v.* (**forgoing, forwent, forgone**) अभीष्ट काम को जान-बूझकर न करना, स्वेच्छा से परित्याग करना

fork /फ़ॉक्/ *n.* **1** भोजन खाने के लिए प्रयुक्त काँटा, फ़ोर्क **2** ज़मीन खोदने का बड़ा औज़ार, पाँचा ▸ **forked** *v.* **1** सड़क के दाएँ या बाएँ छोर के साथ-साथ जाना **2** सड़क, नदी आदि का दो शाखाओं में बँट जाना ▸ **forked** *adj.* जिसका एक सिरा दो शाखाओं में विभक्त हो, द्विशाखित

forlorn /फ़'लॉन्/ *adj.* अकेला और उदास, उपेक्षित

form /फ़ॉम्/ *n.* **1** किसी वस्तु या कार्यप्रणाली का विशेष रूप, प्रकार **2** किसी व्यक्ति या वस्तु की आकृति या आकार ▸ **form** *v.* **1** कुछ होने की शुरुआत होना, अस्तित्व में आना **2** कुछ बनाना या संगठित करना

formal /'फ़ॉम्ल्/ *adj.* **1** (भाषण या आचरण) औपचारिक, गंभीरतापूर्ण और ऐसी स्थिति में उपयुक्त जिसमें अन्य व्यक्ति आपके सुपरिचित न हों **2** औपचारिक, विधि-अनुकूल, आधिकारिक रूप से ▸ **formally** *adv.* औपचारिक रूप से

formaldehyde /फ़ॉ'मैल्डिहाइड्/ *n.* **1** तीखी गंध वाली एक रंगहीन गैस, फ़ॉर्मलडिहाइड **2** फ़ॉर्मलडिहाइड और पानी के मिश्रण से बना एक द्रव पदार्थ जिसे पशुओं और पौधों के नमूनों को सुरक्षित रखने के लिए प्रयुक्त किया जाता है, फ़ार्मलिन

formality /फ़ॉ'मैलटि/ *n.* (*pl.* **formalities**) प्रथा या क़ानून के अनुसार आवश्यक कार्रवाई, औपचारिकता

format /'फ़ॉमैट्/ *n.* किसी वस्तु की आकृति या प्रकार जिसमें वह संयोजित अथवा निर्मित है ▸ **format** *v.* (**formatting, formatted**) **1** कंप्यूटर डिस्क तैयार करना ताकि उसमें सूचना संचित की जा सके **2** किसी पृष्ठ या परदे पर लिखित सामग्री को सँजोना

formation /फ़ॉ'मेशन्/ *n.* **1** किसी वस्तु को बनाने या विकसित करने की क्रिया, निर्माण **2** विशेष आकृति या पैटर्न में संयोजित लोग या वस्तुएँ, संरचना, विन्यास

formative /'फ़ॉमटिव्/ *adj.* (किसी के चरित्र और विचारों को) गंभीर और स्थायी रूप से प्रभावित करने वाला

former /'फ़ॉम(र्)/ *adj.* पूर्वकाल का, अतीतकालीन

formerly /'फ़ॉमलि/ *adv.* अतीत में, अब से पहले

formidable /'फ़ॉमिडब्ल्/ *adj.* **1** डर पैदा करने वाला **2** जिससे निपटना मुश्किल है, विकट, प्रयत्नसाध्य

f

formula /'फ़ॉम्यला/ *n.* (*pl.* **formulas** or **formulae** /-ली/) 1 विज्ञान या गणितशास्त्र में सामान्य नियम और तथ्य को प्रस्तुत करने के लिए प्रयुक्त चिह्नों, अक्षरों, संख्याओं का समूह, सूत्र, फ़ार्मूला 2 किसी वस्तु को बनाने में प्रयुक्त पदार्थों (प्रायः रसायनों) की सूची, किसी वस्तु को बनाने के निर्देश

f

formulate /'फ़ॉम्युलेट्/ *v.* 1 कुछ करने की योजना बनाना या उसके लिए विचारों को व्यवस्थित करना, सूत्रित करना 2 (सुव्यवस्थित रूप से) अभिव्यक्त करना

forsake /फ़'सेक्/ *v.* (**forsaking, forsook, forsaken**) किसी व्यक्ति या स्थान का सदा के लिए परित्याग करना (विशेषतः अनपेक्षित रूप से)

forsooth /फ़'सूथ/ *adv.* निस्संदेह, वस्तुतः, सचमुच

forswear /फ़ॉ'स्वेअ(र्)/ *v.* (**forswearing, forswore, forsworn**) (मत, विश्वास, अधिकार, आदत आदि) शपथपूर्वक त्याग देना, छोड़ने की शपथ खाना

fort /फ़ॉट्/ *n.* सैनिक सुरक्षा के लिए निर्मित मज़बूत इमारत, क़िला, दुर्ग

forte /'फ़ॉटे/ *n.* कला या काम जिसमें व्यक्ति बहुत प्रवीण हो, विशेषता, गुण

forthcoming /,फ़ॉथ्'कमिङ्/ *adj.* 1 निकट भविष्य में होने वाला, आगामी 2 प्रदान किया या दिया गया, सुलभ

forthright /'फ़ॉथ्राइट्/ *adj.* अपनी सोच की सही अभिव्यक्ति में समर्थ, खरा-खरा कहने वाला, स्पष्टवादी

forthwith /,फ़ॉथ्'विथ्/ *adv.* तुरंत, तत्काल

fortify /'फ़ॉटिफ़ाइ/ *v.* (**fortifying, fortified**) 1 हमले का सामना करने के लिए किसी स्थान को मज़बूत और तैयार करना, क़िलाबंदी करना 2 अधिक पौष्टिक बनाना ▸ **fortification** *n.* क़िलाबंदी

fortitude /'फ़ॉटिट्यूड्/ *n.* (दुःख में या कठिन परिस्थितियों में) साहस तथा धैर्य, सहनशक्ति

fortnight /'फ़ॉट्नाइट्/ *n.* दो सप्ताह की अवधि, पखवाड़ा, पक्ष ▸ **fortnightly** *adj. & adv.* प्रत्येक पखवाड़े में एक बार होने वाला, पाक्षिक

fortress /'फ़ॉट्रस्/ *n.* कोई क़िला या अन्य बड़ी मज़बूत इमारत जिसपर हमला करना कठिन हो

fortunate /'फ़ॉचनट्/ *adj.* भाग्यशाली ▸ **fortunately** *adv.* सौभाग्य से

fortune /'फ़ॉचून्/ *n.* 1 बहुत बड़ी धनराशि, विशाल संपत्ति, भरपूर पैसा 2 संयोग या शक्ति जो किसी व्यक्ति के जीवन की घटनाओं को प्रभावित करे, भाग्य, क़िस्मत

forty /'फ़ॉटि/ *adj. & n.* चालीस (का अंक)

forum /'फ़ॉरम्/ *n.* स्थान या सभा जहाँ लोग विचार-विमर्श करते हैं, मंच, फ़ोरम

forward /'फ़ॉवड्/ *adv.* 1 सामने की दिशा में, आगे, अंत या भविष्य की ओर 2 प्रगति की दिशा में, आगे ▸ **forward** *adj.* 1 आगे की ओर का, अग्रवर्ती या भविष्योन्मुख 2 सामान्य या अपेक्षित अवधि से पहले प्रौढ़ता प्राप्त, अपने समय से आगे, प्रगत, प्रगतिशील ▸ **forward** *v.* 1 एक पते पर प्राप्त पत्र को नए पते पर भेजना, अग्रसारित, अग्रेषित करना 2 किसी स्थिति के सुधार या प्रगति में सहायक होना

fossil /'फ़ॉस्ल्/ *n.* हज़ारों वर्ष पहले का पशु या पौधे (का अंश) जो अब पत्थर बन चुका है, जीवाश्म

foster /'फ़ॉस्ट(र्)/ *v.* **1** किसी ग़ैर बच्चे को अपनाकर अपने परिवार में पालन-पोषण करना परंतु गोद लेने की क़ानूनी कार्रवाई किए बिना **2** (विशेषतः भावों या विचारों के) विकास को प्रोत्साहित करना, संवर्धित करना

foul /फ़ाउल्/ *adj.* **1** बदबूदार, ख़राब गंध या स्वाद वाला **2** बहुत ख़राब या अप्रिय ▸ **foul** *v.* **1** (खेल में) नियम का उल्लंघन करना **2** (कूड़े आदि से) किसी स्थान को गंदा करना ▸ **foul** *n.* (खेल में) नियम का उल्लंघन

found /फ़ाउन्ड्/ *v.* **1** किसी संगठन, संस्था आदि की स्थापना करना **2** किसी नगर या देश का निर्माण कर वहाँ बसने में सर्वप्रथम होना, सबसे पहले पहुँचकर किसी नगर या देश को स्थापित करना

foundation /फ़ाउन्'डेश्न्/ *n.* **1** *(pl.)* (भवन की) नींव, बुनियाद **2** आधारभूत विचार, सिद्धांत या तथ्य

founder /'फ़ाउन्ड(र्)/ *n.* नई संस्था या संगठन का प्रवर्तन करने वाला व्यक्ति, संस्थापक

foundling /'फ़ाउन्ड्लिङ्/ *n.* त्यक्त शिशु (जो किसी को कहीं से मिला हो)

foundry /'फ़ाउन्ड्रि/ *n.* (*pl.* **foundries**) धातु या शीशे को गलाकर विभिन्न वस्तुएँ गढ़ने का कारख़ाना, ढलाई-घर, फ़ाउंड्री

fountain /'फ़ाउन्टन्/ *n.* **1** (कृत्रिम या सजावटी) जलयंत्र, फ़व्वारा, फ़व्वारे से निकलने वाला पानी **2** द्रव या अन्य पदार्थ की हवा में छोड़ी गई तेज़ धार

four /फ़ॉ(र्)/ *adj.* & *n.* चार (अंक)

fourteen /,फ़ॉ'टीन्/ *adj.* & *n.* चौदह (का अंक) ▸ **fourteenth** *adj.* & *n.* चौदहवाँ

fourth /फ़ॉथ्/ *pron.* & *det.* & *adv.* चौथा

fowl /फ़ाउल्/ *n.* (*pl.* **fowl** or **fowls**) पालतू पक्षी, विशेषतः मुर्ग़ा या मुर्ग़ी

fox /फ़ॉक्स्/ *n.* छोटे कुत्ते के समान एक वन्य जीव जिसकी नाक लंबी होती है तथा पूँछ मोटी होती है, लोमड़ी

foyer /'फ़ॉइए/ *n.* सिनेमा, होटल आदि में प्रवेश करते ही बना खुला क्षेत्र जहाँ लोग मिल सकते हैं या प्रतीक्षा कर सकते हैं, अग्रदीर्घा

fraction /'फ़्रैक्श्न्/ *n.* **1** छोटा अंश या छोटी मात्रा **2** किसी संख्या का विभाजन, भिन्न ▸ **fractional** *adj.* आंशिक, भिन्न अंक का

fracture /'फ़्रैक्च(र्)/ *n.* हड्डी या अन्य किसी कठोर वस्तु में टूट, अस्थि-भंग ▸ **fracture** *v.* हड्डी, कठोर वस्तु आदि टूटना, तोड़ बैठना

fragile /'फ़्रैजाइल्/ *adj.* सहज क्षतिग्रस्त होने या टूट जाने वाला, भंगुर

fragment /'फ़्रैग्मन्ट्/ *n.* किसी वस्तु का टूटा हुआ टुकड़ा या बड़ी वस्तु का अंश ▸ **fragment** *v.* (किसी वस्तु को) खंडों में तोड़ना या खंडित करना

fragrance /'फ़्रेग्रन्स्/ *n.* ख़ुशबू, सुगंध

fragrant /'फ़्रेग्रन्ट्/ *adj.* ख़ुशबूदार, सुगंधित

frail /'फ़्रेल्/ *adj.* दुर्बल या अस्वस्थ ▸ **frailty** *n.* दुर्बलता, कमज़ोरी

frame /फ़्रेम्/ *n.* **1** लकड़ी या धातु का चौखटा जो दरवाज़े, खिड़की आदि पर लगाया जाता है **2** फ़र्नीचर, इमारत, वाहन आदि को उसका आकार-विशेष

f

देने के लिए बुनियादी मज़बूत ढाँचा ▸ **frame** *v.* 1 (विशेषतः चित्र या फ़ोटो पर) फ्रेम चढ़ाना 2 किसी के विरुद्ध झूठी गवाही देना (ताकि वह अपराधी लगे)

franchise /'फ्रैन्चाइज़/ *n.* 1 किसी विशेष क्षेत्र में कंपनी की वस्तुएँ बेचने या सेवाएँ उपलब्ध कराने की औपचारिक अनुमति 2 मताधिकार

f

frank /फ्रैङ्क्/ *adj.* विचारों और भावों को स्पष्टता से व्यक्त करते हुए, अभीष्ट का अभिव्यंजक, स्पष्टकारी ▸ **frankly** *adv.* स्पष्टता से

frankincense /'फ्रैङकिन्सेन्स/ *n.* धूप बत्ती की तरह जलाई जाने वाली एक सुगंधित गोंद, लोबान, लोहबान

frantic /'फ्रैन्टिक्/ *adj.* 1 अत्यधिक चिंतित या भयभीत 2 जल्दबाज़ी में किया गया ▸ **frantically** *adv.* चिंता व जल्दबाज़ी में

fraternal /फ्र'टन्ल्/ *adj.* भाइयों का, भाइयों के बीच का, भाई जैसा

fraternity /फ्र'टनटि/ *n.* (*pl.* **fraternities**) 1 एक ही वर्ग के लोगों के बीच परस्पर मैत्री और सहायता की भावना, भाईचारा, भ्रातृभाव, बंधुता 2 एक ही काम से जुड़े या अभिरुचि वाले लोगों का समुदाय, भ्रातृसंघ, बिरादरी

fraternize (or **-ise**) /'फ्रैटनाइज़/ *v.* भाइयों जैसा व्यवहार करना, भाईचारा करना, मित्रता करना

fratricide /'फ्रैट्रिसाइड्/ *n.* भाई या बहन की हत्या, भ्रातृहत्या

fraud /फ्रॉड्/ *n.* 1 ग़ैर-क़ानूनी ढंग से धन आदि ठगने की क्रिया, धोखाधड़ी 2 कोई और होने का ढोंग करके ठगने वाला व्यक्ति, धोखेबाज़, चालबाज़, कपटी ▸ **fraudulent** *adj.* धोखेबाज़, कपटी

fraught /फ्रॉट्/ *adj.* 1 अरुचिकर बातों से परिपूर्ण 2 (व्यक्ति) चिंतित और परेशान, (स्थिति) इतनी व्यस्ततापूर्ण कि लोग परेशान हो जाएँ

fray /फ्रे/ *v.* 1 अत्यधिक प्रयोग से घिस जाने के कारण कपड़े आदि में से तार निकलने लगना, जीर्ण हो जाना 2 थकान आदि से खीझकर व्यक्ति का क्रोध में आने लगना ▸ **fray** *n.* झगड़ा, बहस या कोई सक्रिय घटना-क्षेत्र

frazzle /'फ्रैज़ल्/ *n.* थकान, थकावट, क्लांति ▸ **frazzled** *adj.* थका हुआ

freak /फ्रीक्/ *n.* 1 किसी बात में अत्यधिक रुचि रखने वाला व्यक्ति, किसी रुचि के वशीभूत व्यक्ति, सनकी, कट्टर 2 अत्यंत असाधारण और विचित्र घटना, व्यक्ति, पशु आदि ▸ **freak** *v.* स्तब्ध, भयभीत या बहुत परेशान करने वाली बात पर कठोर प्रतिक्रिया व्यक्त करना, किसी के द्वारा कठोर प्रतिक्रिया का कारण बनना

freckle /'फ्रेकल्/ *n.* त्वचा पर छोटा भूरा दाग़, चकत्ता ▸ **freckled** *adj.* चकत्तेदार

free /फ्री/ *adj.* (**freer, freest**) 1 बंधन-मुक्त, स्वतंत्र, आज़ाद 2 शासन, नियम आदि के अधीन नहीं, मुक्त, स्वतंत्र ▸ **freely** *adj.* स्वतंत्र रूप से ▸ **free** *v.* 1 बंदीगृह से छोड़ना, क़ैद से आज़ाद करना, बंधनमुक्त करना 2 प्रतिकूल परिस्थिति से छुटकारा दिलाना

freebie *n.* प्रायः कंपनी द्वारा निःशुल्क दिया जानेवाला उपहार, मुफ़्त उपहार

freedom /'फ्रीडम्/ *n.* 1 स्वतंत्रता, आज़ादी, दूसरे की क़ैद या नियंत्रण से मुक्ति 2 स्वेच्छा से कुछ करने या कहने का अधिकार या योग्यता

freeze /'फ्रीज़/ *v.* (**freezing, froze, frozen**) 1 अत्यधिक सर्दी के कारण

जम जाना (और प्रायः बर्फ़ बन जाना), किसी वस्तु को इस प्रकार जमा देना 2 अत्यधिक ठंडे मौसम को दर्शाने के लिए (वाक्य में **'it'** के साथ प्रयुक्त) ▸ **freeze** *n.* **1** शीत लहर जब तापमान (हिमांक) से भी कम रहता है **2** विशेष अवधि के लिए आय, मूल्य आदि को स्थिर रखने की क्रिया

freezer /'फ्रीज़(र्)/ *n.* एक बड़ा बक्सा या अलमारी जिसमें खाद्य पदार्थों को हिमांक से नीचे के तापमान पर रखा जाता है ताकि वे सुरक्षित रहें, फ्रीज़र

freight /फ्रेट्/ *n.* जहाज़, ट्रक आदि द्वारा ढोया जाने वाला माल, इस प्रकार माल ढोने की प्रणाली

freighter /'फ्रेट(र्)/ *n.* केवल माल (यात्री नहीं) ढोने वाला जहाज़ या विमान

French /'फ्रेन्च्/ *adj.* फ्रांसीसी, फ्रांस (देश) का, फ्रांसीसी लोगों का

frenzy /'फ्रेन्ज़ि/ *n.* (*pl.* **frenzies**) अत्यधिक उत्तेजना या हलचल, उन्माद, पागलपन ▸ **frenzied** *adj.* उन्मत्त, क्रोधित

frequency /'फ्रीक्वन्सि/ *n.* (*pl.* **frequencies**) **1** विशेष अवधि में होने वाली किसी क्रिया की आवृत्ति संख्या, बारंबारता **2** बार-बार कुछ घटित होने का तथ्य

frequent /'फ्रीक्वन्ट्/ *adj.* प्रायः घटित होने वाला, बार-बार होने वाला, बहुल ▸ **frequently** *adv.* बार-बार ▸ **frequent** *v.* किसी स्थान पर बार-बार जाना

fresco /'फ्रेस्को/ *n.* (*pl.* **frescoes** or **frescos**) गीले प्लास्टर के ऊपर दीवार, छत आदि पर की गई चित्रकारी, भित्तिचित्र, इस प्रकार चित्रकारी करने की पद्धति

fresh /फ्रेश्/ *adj.* **1** (विशेषतः खाद्य पदार्थ) ताज़ा, जो ठंडा किया हुआ या डिब्बाबंद न हो **2** हाल ही में कहीं पर छूटा हुआ या अनुभव किया गया ▸ **freshly** *adv.* तरोताज़ा, कुछ ही देर पहले ▸ **freshness** *n.* ताज़ापन, नयापन

fret /फ्रेट्/ *v.* (**fretting, fretted**) किसी विषय में चिंतित और दुखी होना ▸ **fret** *n.* गिटार आदि के लंबे सँकरे भाग के आर-पार लगी छड़ जो विशेष ध्वनि को उत्पन्न करने के लिए अंगुली रखने के लिए प्रयुक्त होती है

fretful /'फ्रेट्फ़्ल्/ *adj.* इस प्रकार आचरण करना जिससे चिंता, नाराज़गी या बेचैनी प्रदर्शित हो, चिंतित, चिड़चिड़ा, ▸ **fretfully** *adv.* नाराज़गी से, चिड़चिड़ेपन से

fretsaw /'फ्रेट्सॉ/ *n.* (सजावट के लिए) लकड़ी में डिज़ाइन उकेरने के लिए प्रयुक्त पतली टेढ़ी आरी ▸ **fretsaw** *n.* (बेलबूटे बनाने के लिए) लकड़ी तराशने की आरी

fretwork /'फ्रेट्वक्/ *n.* लकड़ी आदि में बनाई गई जाली आदि सजावटी पैटर्न, पैटर्न बनाने की प्रक्रिया, जाली का काम, लकड़ी आदि की नक़्क़ाशी

friar /'फ्राइ(र्)/ *n.* ईसाई साधु संप्रदाय-विशेष का सदस्य, संन्यासी

friction /'फ्रिक्शन्/ *n.* **1** एक वस्तु की सतह का दूसरी से रगड़ खाना, रगड़, घर्षण **2** लोगों या समूहों में मतभेद

Friday /'फ्राइडे,-डि/ *n.* शुक्रवार

fridge /फ्रिज्/ *n.* दरवाज़ायुक्त धातु का पात्र जिसमें खाद्य पदार्थ को ठंडा बनाए रखा जाता है (परंतु जमाकर नहीं) ताकि वह ख़राब न हो, रेफ्रिजरेटर, फ्रिज

friend /फ़्रेन्ड्/ *n.* **1** मित्र, दोस्त (जो परिवार का सदस्य नहीं है) **2** किसी संगठन आदि का समर्थक (विशेषतः धन आदि द्वारा सहायता करने वाला), विशेष विचारधारा का समर्थक ▸ **friendship** *n.* मित्रता, दोस्ती

friendly /'फ़्रेन्ड्लि/ *adj.* (**friendlier, friendliest**) **1** (व्यवहार) जिसमें आत्मीयता और खुलापन हो, मैत्रीपूर्ण, दोस्ताना **2** प्रसन्नता और शांति देने वाली आत्मीयता से युक्त, सुखद और प्रीतिकर ▸ **friendliness** *n.* मैत्रीपूर्णता, दोस्तानापन

f

fright /फ़्राइट्/ *n.* सहसा उत्पन्न भय या सदमा

frighten /'फ़्राइट्न्/ *v.* व्यक्ति या वस्तु को भयभीत कर देना या सदमा पहुँचाना ▸ **frightening** *adj.* भयावह, डरावना

frightful /'फ़्राइट्फ़्ल्/ *adj.* **1** बहुत बुरा या अप्रिय **2** (किसी बात पर बल देने के लिए प्रयुक्त) बहुत ख़राब या अत्यधिक ▸ **frightfully** *adv.* भयंकर रूप से

frigid /'फ़्रिजिड्/ *adj.* **1** (स्त्री) यौन-आनंद के अनुभव में असमर्थ, मंदकामी **2** भावशून्य, उमंग-रहित

frill /'फ़्रिल्/ *n.* **1** किसी पोशाक के सिरे पर कपड़े की पट्टी की अनेक तहों से बनाई गई सजावटी किनारी, झालर **2** (*pl.* **frills**) अनावश्यक व दिखावटी सजावट ▸ **frilly** *adj.* सजावटदार

fringe /'फ़्रिन्ज्/ *n.* **1** (*pl.* **fringes**) इस प्रकार काटे गए बाल कि माथे पर लटकें **2** बहुत सारे लटकते धागों से पोशाक पर बनाया गया सजावटी किनारा

frisk /फ़्रिस्क्/ *v.* **1** गुप्त हथियारों आदि का पता लगाने के लिए किसी के शरीर को हाथों से टटोलना, तलाशी लेना **2** (पशु या शिशु का) ख़ुशी के मारे ख़ूब उछल-कूद करना

frisky /'फ़्रिस्कि/ *adj.* (**friskier, friskiest**) ज़िंदादिल और उछल-कूद मचाने वाला

fritter /'फ़्रिट(र्)/ *v.* बेकार की चीज़ों या बातों पर समय और धन बर्बाद करना

frivolous /'फ़्रिवलस्/ *adj.* अगंभीर, मूर्खतापूर्ण ▸ **frivolity** *n.* तुच्छता, ओछापन

frizz /'फ़्रिज़्/ *v.* सख़्ती से घुँघराले बालों का समूह, घुँघराले बाल ▸ **frizzy** *adj.* घुँघराला

frock /फ़्रॉक्/ *n.* एक पोशाक, फ़्रॉक

frog /फ़्रॉग्/ *n.* चिकनी त्वचा तथा लंबी पिछली टाँगोंवाला एक छोटा प्राणी जो पानी में या पानी के निकट रहता है, मेंढक

frolic /'फ़्रॉलिक्/ *v.* (**frolicking, frolicked**) विनोदी व्यवहार करना, खेलकूद करना ▸ **frolic** *n.* विनोदी व्यवहार, उल्लास

from /फ़्रम्, प्रबल रूप फ़्रॉम्/ *prep.* **1** स्थान, दिशा या समय की दृष्टि से किसी व्यक्ति या वस्तु के कुछ आरंभ करने या होने का सूचक, से **2** उस व्यक्ति का सूचक जो किसी को कुछ देता या भेजता है, से

frond /फ़्रॉन्ड्/ *n.* **1** कुछ पौधों या वृक्षों का लंबा पत्ता जो किनारे से प्रायः विभाजित होता है **2** पत्ते जैसी लंबी समुद्री घास ▸ **frond** *n.* (खजूर, ताड़ आदि पेड़ों का) पत्ता, प्रपर्ण

front /फ़्रन्ट्/ *n.* **1** किसी व्यक्ति या वस्तु का सामने दिखने वाला हिस्सा **2** किसी वस्तु का सबसे अगला हिस्सा, सामने का या बाहर का इलाक़ा ▸ **frontal** *adj* आगे से, सामने का ▸ **front** *adj.*

सामने या सामने का

frontier /'फ्रन्टिअ(र्)/ *n.* **1** वह रेखा जहाँ एक देश की सीमा दूसरे देश की सीमा से लगती है, सीमारेखा **2** (*pl.* **frontiers**) हमारे ज्ञान और अज्ञान के बीच की सीमा रेखा

frost /फ्रॉस्ट्/ *n.* हिमांक से नीचे के तापमान वाला मौसम जिसमें (विशेषतः रात के समय) ज़मीन पर बर्फ़ की हलकी परत जम जाती है, पाला

frostbite /'फ्रॉस्ट्बाइट्/ *n.* बहुत ठंड के कारण अंगुलियों आदि का गल जाना, शीतक्षत

frosted /'फ्रॉस्टिड्/ *adj.* (शीशा या खिड़की) अपारदर्शी

frosting (*US* **icing**) /'फ्रॉस्टिङ्/ केक आदि पर की सफ़ेद तह, तुषाराच्छादन

frosty /'फ्रस्टि/ *adj.* (**frostier, frostiest**) **1** बहुत ठंडा, पाले वाला **2** रूखा और अमैत्रीपूर्ण

froth /फ्रॉथ्/ *n.* द्रव आदि पर छोटे सफ़ेद बुलबुलों का ढेर, झाग ▸ **frothy** *adj.* झागदार ▸ **froth** *v.* झाग होना या झाग पैदा करना

frown /फ्राउन्/ *v.* ऐसे क्रोध प्रदर्शित करना कि माथे पर रेखाएँ दिखाई देने लगें, भौंहें तन जाना, त्योरी चढ़ना ▸ **frown** *n.* त्योरी, तेवर

frozen *adj.* **1** (खाद्य पदार्थ) सुरक्षित रखने के लिए कम तापमान पर भंडारित **2** (मनुष्य और शरीर के अंग) बहुत ठंडा

fructose /'फ्रक्टोस्,-टोज़्/ *n.* फलों के रस में विद्यमान एक प्रकार की प्राकृतिक शक्कर, फ्रक्टोज़

frugal /'फ्रूगल्/ *adj.* **1** केवल उतना ही धन या भोजन का इस्तेमाल करना जितना आवश्यक हो, क़िफ़ायती, मितव्ययी **2** (भोजन) थोड़ा, सादा और सस्ता ▸ **frugality** *n.* किफ़ायत, मितव्ययिता ▸ **frugally** *adv.* किफ़ायत से

fruit /फ्रूट्/ *n.* **1** पौधे का वह भाग जिसमें बीज होते हैं तथा जिसे हम खाते हैं, फल

fruitful /'फ्रूट्फ़्ल्/ *adj.* अच्छे परिणाम देने वाला, उपयोगी, लाभदायक, सफल

fruition /फ्रु'इशन्/ *n.* वह समय जब किसी योजना के सुपरिणाम आने लगें, सिद्धि

fruitless /'फ्रूट्लस्/ *adj.* अपर्याप्त अथवा शून्य परिणाम देने वाला, निष्फल, विफल, असफल

fruity /'फ्रूटि/ *adj.* (**fruitier, fruitiest**) फल का (स्वाद)

frustrate /फ्र'स्ट्रेट्/ *v.* **1** किसी व्यक्ति में खीझ और निराशा उत्पन्न होना या करना (क्योंकि उसे अभीष्ट फल प्राप्त नहीं हुआ), व्यक्ति को हतोत्साहित या निरुत्साहित करना **2** किसी को कुछ करने न देना या कुछ होने न देना, विफल या निष्फल करना ▸ **frustrated** *adj.* हताश, कुंठित ▸ **frustrating** *adj.* हताशकारी, कुंठा उत्पन्न करने वाली ▸ **frustration** *n.* निराशा, कुंठा

fry /फ्राइ/ *v.* (**frying, fried**) तेल में कुछ पकाना या पकना, तलना ▸ **fry** *n.* (*pl.* **fries**) तेल में तला आलू का लंबा टुकड़ा, फ्राई

ft *abbr.* फ़ुट, फ़ीट, लंबाई की एक माप, लगभग 30.5 से.मी.

fuchsia /'फ़्यूश/ *n.* लटकते हुए गुलाबी फूलों वाला पौधा

fudge /फ़ज्/ *n.* **1** दूध, चीनी तथा मक्खन से बनी मुलायम, गरिष्ठ, भूरी मिठाई या कैंडी **2** किसी कठिन

परिस्थिति से इस प्रकार निपटना जिससे वास्तविक समाधान तो नहीं मिलता लेकिन ऐसा प्रतीत होता है कि समाधान हो गया है ▸ **fudge** *v.* स्पष्ट, सही सूचना या सीधा जवाब देने से बचना, टालमटोल करना, हेरफेर करना, झूठी बात

fuel /'फ़्यूअल्/ *n.* **1** ईंधन **2** ईंधन का एक प्रकार ▸ **fuel** *v.* (**fuelling, fuelled**; *US* **fueling, fueled**) मनोभाव को उद्दीप्त कर देना

fugitive /'फ़्यूजटिव्/ *n.* (पुलिस आदि के) नियंत्रण से पहले भागने वाला, भगोड़ा

fugue /'फ़्यूग्/ *n.* एक संगीतात्मक रचना जिसमें विभिन्न ध्वनियों या उपकरणों से रागों या स्वरों को दोहराया जाता है

fulcrum /'फ़ुल्क्रम्/ *n.* वह आधार-बिंदु जिस पर कोई वस्तु घूमती है या जिस पर किसी वस्तु को टिकाया जाता है, टेक, आधार, आलंब

fulfill /फ़ुल'फ़िल्/ *v.* (*US* **fulfil**) **1** इच्छित वस्तु प्राप्त करना **2** अपेक्षाएँ पूरी करना, पूरा करना ▸ **fulfilment** *n.* पूर्ति, संतृप्ति

full /फ़ुल्/ *adj.* **1** जितना भरा जा सके उतना भरा हुआ, पूरा भरा **2** जिसमें बहुत सामान या व्यक्ति भरे हों, परिपूर्ण ▸ **fully** *adv.* पूरी तरह से

fumble /'फ़म्ब्ल्/ *v.* परेशानी की हालत में या लापरवाही से कुछ ढूँढ़ने या पकड़ने की कोशिश करना, टटोलना

fume /फ़्यूम्/ *v.* किसी बात पर बहुत क्रुद्ध होना ▸ **fume** *n.* धुआँ, कोप

fumigate /'फ़्यूमिगेट्/ *v.* किसी स्थान के हानिकारक कीटों को नष्ट करने के लिए विशेष रसायनों, धुआँ या गैस का प्रयोग करना, किसी स्थान को धुआँरना ▸ **fumigation** *n.* धूमीकरण

fun /फ़न्/ *n.* मौज-मस्ती, ऐसी क्रिया या व्यक्ति जो लोगों को प्रसन्नता और आनंद दे ▸ **fun** *adj.* जी बहलाने वाला या आनंदपूर्ण

function /'फ़ङ्क्शन्/ *n.* **1** किसी व्यक्ति या वस्तु का उद्देश्य, विशेष कार्य या दायित्व **2** कोई महत्वपूर्ण सामाजिक कार्यक्रम, उत्सव आदि ▸ **function** *v.* ठीक से काम करना, चालू हालत में होना

functional /'फ़ङ्क्शनल्/ *adj.* **1** व्यवहारोपयोगी (न कि आकर्षक), जो काम अच्छा करे (न कि देखने में अच्छा हो) **2** कार्यशील, प्रयोग में आता हुआ ▸ **functionality** *n.* व्यावहारिकता

functionary /'फ़ङ्क्शनरि/ *n.* (*pl.* **functionaries**) कर्मचारी, कर्मी, अहलकार, अधिकारी

fund /फ़न्ड्/ *n.* **1** विशेष उद्देश्य से संगृहीत धनराशि, कोष, फंड **2** (*pl.* **funds**) व्यय के लिए उपलब्ध धनराशि, कोष, निधि ▸ **fund** *v.* किसी परियोजना, विद्यालय आदि को धन उपलब्ध कराना

fundamental /,फ़न्ड'मेन्ट्ल्/ *adj.* बुनियादी और महत्वपूर्ण, मूल स्रोत से संबंधित ▸ **fundamentally** *adv.* बुनियादी तौर पर

fundamentalism /,फ़न्ड'मेन्टलिज़म्/ *n.* धर्म के परंपरागत सिद्धांतों का सख़्ती से पालन का अभ्यास, रूढ़िवादी, मूलतत्ववाद ▸ **fundamentalist** *n.* & *adj.* रूढ़िवादी, मूलतत्ववादी

funeral /'फ़्यूनरल्/ *n.* मृतक का अंतिम संस्कार, अंत्येष्टि

fungus /'फ़ङ्गस्/ *n.* (*pl.* **fungi** or **funguses**) ऐसा पौधा जो न हरा होता है और न ही उसमें फूल और पत्ते

होते हैं (जैसे कुकुरमुत्ता), फफूँद, फूई, भुकड़ी ▸ **fungal** *adj.* फफूँद-विषयक

funky /'फ़ङ्कि/ *adj.* (**funkier, funkiest**) **1** (पॉप संगीत के लिए प्रयुक्त) तेज़ ताल या लयवाला, झनकार भरा **2** प्रचलित, रुचिकर तथा असाधारण, सजीला

funnel /'फ़न्ल्/ *n.* **1** मुँह पर चौड़ी और नीचे से तंग एक वस्तु जिससे द्रव पदार्थ, पाउडर आदि को छोटे मुँह वाले पात्रों आदि में डाला जाता है, कीप, फ़नल **2** जहाज़, इंजन आदि की धातु-निर्मित चिमनी

funny /'फ़नि/ *adj.* (**funnier, funniest**) **1** जो मुसकराने या हँसने के लिए प्रेरित करे **2** विचित्र या असाधारण, जिसे समझाना या समझना कठिन हो

fur /फ़(र्)/ *n.* **1** कुछ पशुओं के शरीर को ढकने वाले कोमल घने बाल, लोम, फ़र **2** पोशाक आदि बनाने में प्रयुक्त पशु की खाल और बाल, पशु की खाल और बाल से बनी पोशाक, फ़र, लोमचर्म ▸ **furry** *adj.* रोएँदार, रोमदार

furious /'फ़्युअरिअस्/ *adj.* **1** बहुत क्रुद्ध **2** उग्र, प्रचंड ▸ **furiously** *adv.* उग्रतापूर्वक

furl /फ़ल्/ *v.* (पाल आदि को डंडे पर) लपेटकर बाँधना, लपेटना, (पर्दे को) इकट्ठा करना, (छाते को) बंद करना

furlong /'फ़लॉङ्/ *n.* दूरी की माप की इकाई विशेषकर घुड़दौड़ के ट्रैक पर, एक मील का आठवाँ भाग, 220 गज़ या 201 मीटर, फ़र्लांग

furnace /'फ़निस्/ *n.* धातु पिघलाने, कूड़ा-कचरा आदि जलाने के लिए विशाल परिबद्ध धधकती आग, भट्ठी

furnish /'फ़निश्/ *v.* किसी कमरे या भवन में मेज़-कुर्सी आदि फ़र्नीचर लगाना ▸ **furnished** *adj.* फ़र्नीचरयुक्त

furnishings /'फ़निशिङ्ज़्/ *n.* (*pl.*) कमरे या भवन में लगा फ़र्नीचर, क़ालीन, परदे आदि सामान

furniture /'फ़निच(र्)/ *n.* फ़र्नीचर, जैसे मेज़, कुर्सियाँ, पलंग आदि जिन्हें एक जगह से हटाकर दूसरी जगह रखा जा सकता है

furore /फ़्यु'रॉरि, 'फ़्युअरॉ(र्)/ *n.* (*US* **furor**) किसी घटना के प्रति बड़ी संख्या में लोगों द्वारा अत्यधिक क्रोध, आवेश की अभिव्यक्ति, सार्वजनिक उत्तेजना या आक्रोश, हंगामा

furrow /'फ़रो/ *n.* **1** बीज बोने के लिए हल या मशीन से खेत में बनाई गई रेखा, कूँड़, सीता, हलरेखा **2** व्यक्ति के चेहरे पर (विशेषतः माथे पर) बनी गहरी रेखा, गहरी झुर्री, शिकन

further (or **farther**) /'फ़द(र्)/ *adj.* & *adv.* **1** कुछ या कोई और, और कोई, इससे अधिक **2** समय या स्थान की दृष्टि से कुछ दूर या आगे ▸ **further** *v.* किसी के विकास या सफल होने में सहायक होना, आगे बढ़ाना

furtive /'फ़टिव़्/ *adj.* गुप्त, छिपाने के प्रयत्न का आभास देते हुए (अपराधबोध के कारण) ▸ **furtively** *adv.* छिपाते हुए, लुके-छिपे, चुपचाप

fury /'फ़्युअरि/ *n.* (*pl.* **furies**) अत्यधिक क्रोध, उन्माद

fuse /फ़्यूज़्/ *n.* **1** विद्युत प्रणाली, मशीन आदि में एक छोटा तार जो बिजली प्रवाह बढ़ जाने पर पिघल या टूट जाता है फलतः विद्युतप्रवाह बंद हो जाता है और आग या नुक़सान का ख़तरा टल जाता है, फ़्यूज़ **2** बम में लगाई गई रस्सी, डोरी आदि या

कोई युक्ति ताकि वह पूर्वनिर्धारित समय पर फट जाए, पलीता, फ़्यूज़ ▸ **fuse** *v.* **1** (दो वस्तुओं का) परस्पर जुड़कर एक हो जाना, दो वस्तुओं को इस प्रकार जोड़ना **2** फ़्यूज़ पिघल जाने के कारण (मशीन आदि का) बंद हो जाना, किसी विद्युत उपकरण को (फ़्यूज़ पिघल जाने के कारण) बंद कर देना

f

fuselage /'फ़्यूज़लाश़/ *n.* विमान का मुख्य भाग (इंजन, पंख या अंतिम अंश इसमें शामिल नहीं)

fusion /'फ़्यूश़न्/ *n.* **1** विभिन्न वस्तुओं के जुड़कर एक हो जाने की प्रक्रिया या उसका परिणाम **2** (भौतिक विज्ञान में) परमाणुओं के केंद्रीय अंशों के संयुक्त होने का कार्य या प्रक्रिया जिससे एक अधिक भारी केंद्रीय अंश का निर्माण होता है और ऊर्जा भी बनती है, परमाणु-संलयन

fuss /फ़स्/ *n.* किसी बेकार बात पर उत्तेजित या क्रोधित हो जाने की क्रिया, हो-हल्ला ▸ **fuss** *v.* **1** छोटी-छोटी बातों पर चिंतित या उत्तेजित हो जाना **2** किसी व्यक्ति या वस्तु पर बहुत अधिक ध्यान देना (अनावश्यक रूप से)

fussy /'फ़सि/ *adj.* (**fussier, fussiest**) **1** (व्यक्ति) छोटी-छोटी बातों पर बहुत अधिक ध्यान देने वाला अतएव प्रायः असंतुष्ट **2** बहुत अधिक भरा-भरा या भड़कीला

futile /'फ़्यूटाइल/ *adj.* (कार्रवाई) असफल, व्यर्थ ▸ **futility** *n.* व्यर्थता

future /'फ़्यूच(र्)/ *n.* **1** वर्तमान के बाद का समय, भविष्य **2** किसी व्यक्ति या वस्तु के साथ वर्तमान के बाद जो घटित हो, भविष्य ▸ **future** *adj.* भावी, आगे से, भविष्य में

futuristic /,फ़्यूच'रिस्टिक्/ *adj.* **1** अत्याधुनिक एवं आकृति में विचित्र जिसे देखने से ऐसा प्रतीत होता है कि इसका संबंध भविष्य से है न कि वर्तमान से, भविष्यवाद संबंधी **2** भविष्य की वस्तुओं की कल्पना, भविष्यवादी

fuzzy /'फ़ज़ि/ *adj.* (**fuzzier, fuzziest**) जो साफ़ न हो, धुँधला, अस्पष्ट ▸ **fuzzy** *adj.* **1** मुलायम छोटे बाल या रोएँ से ढका हुआ **2** घना एवं घुँघराला ▸ **fuzzily** *adv.* अस्पष्ट रूप से ▸ **fuzziness** *n.* धुँधलापन, अस्पष्टता

Gg

g *abbr.* ग्राम

gabble /'गैब्ल्/ *v.* तेज़-तेज़ बात करना जो कि पूरी तरह समझ में नहीं आए, जल्दी और अस्पष्ट बोलना, बड़बड़ाना ▸ **gabble** *n.* तेज़ बातचीत जिसे समझना कठिन हो, विशेषकर जब कई लोग एक साथ बात कर रहे हों, तेज़, अस्पष्ट बोली, बकबक

gable /'गेब्ल्/ *n.* मकान की छत के दो हिस्सों के बीच बाहरी दीवार के सिर का नुकीला हिस्सा, तिकोना

gadget /'गैजिट्/ *n.* एक छोटा उपकरण या मशीन जो एक विशेष परंतु प्रायः महत्वहीन कार्य करती है, छोटा-मोटा औज़ार

gag /गैग्/ *n.* **1** किसी को बोलने से रोकने के लिए उसके मुँह में या मुँह पर रखा गया कपड़े का टुकड़ा आदि **2** चुटकुला ▸ **gag** *v.* (**gagging, gagged**) किसी के मुँह में कपड़ा आदि ठूँसना (उसे बोलने से रोकने के लिए)

gaga /'गागा/ *adj.* **1** भ्रमित तथा स्पष्ट सोचने में असमर्थ, विशेषकर बुढ़ापे के कारण, बुढ़ापे के कारण सठियाया हुआ **2** (प्रेम या आवेश में) अत्यधिक उत्तेजित या बावला, उत्साहित, दीवाना

gaiety /'गेअटि/ *n.* ख़ुशी और मौज-मस्ती की भावना

gain /गेन्/ *v.* **1** वस्तु तक पहुँचना या प्राप्त करना, विशेषतः अपेक्षित या अभीष्ट वस्तु, पाना **2** कुछ लाभ होना या पाना

gait /गेट्/ *n.* किसी व्यक्ति, पशु आदि के चलने का तरीक़ा, चाल

gaiter /'गेट(र्)/ *n.* घुटने से टख़ने तक टाँग को ढकने के लिए चमड़े या कपड़े का परिधान

gala /'गाला/ *n.* कोई विशेष सामाजिक कार्यक्रम, किसी खेल का विशेष कार्यक्रम

galaxy /'गैलक्सि/ *n.* (*pl.* **galaxies**) **1** बाह्य अंतरिक्ष में तारों का समूह **2** सूर्य और ग्रहों का तारापथ जो रात्रिकालीन आकाश में सुप्रकाशित पट्टी जैसा दिखता है, आकाशगंगा, मंदाकिनी

gale /गेल्/ *n.* बहुत तेज़ हवा, आँधी, झंझा

gall /गॉल्/ *n.* **1** निर्लज्ज, अप्रत्याशित, अशिष्टता व दुस्साहसपूर्ण **2** घृणाभरी कटुता **3** कीट आदि से पौधों और वृक्षों पर उभरी सूजन, वृक्षव्रण

gallant /'गैलन्ट्/ *adj.* **1** कठिन परिस्थिति में साहस दिखाते हुए, साहसिक **2** (पुरुषों के लिए प्रयुक्त) महिलाओं के प्रति विनम्र एवं सम्मान प्रदर्शित करने वाला

gallery /'गैलरि/ *n.* (*pl.* **galleries**) **1** कला के सार्वजनिक प्रदर्शन के लिए भवन या कक्ष, कलादीर्घा, गैलरी **2** किसी बड़े भवन या नाट्यगृह में ऊपरवाली मंज़िल पर पीछे या बग़ल में दर्शकों के बैठने का स्थान, दर्शकदीर्घा

galley /'गैलि/ *n.* **1** विशेषतः प्राचीन ग्रीक या रोमन योद्धाओं द्वारा युद्ध में प्रयुक्त पालों वाला लंबा चौरस जलपोत जिसे

अपराधी या दास चप्पुओं से चलाते थे 2 जलपोत या विमान की रसोई

gallon /'गैलन्/ *n.* द्रव की एक माप, गैलन, लीटर (या अमेरिकी गैलन में 4.55 लीटर)

gallop /'गैलप्/ *v.* (घोड़ा या घुड़सवार के बारे में प्रयुक्त) अधिक गति से दौड़ना, घोड़े का चौकड़ियाँ भरना ▸ **gallop** *n.* (चौकड़ी) घोड़े की अधिकतम गति

g

gallows /'गैलोज़्/ *n.* (*pl.* **gallows**) पुराने ज़माने में लोगों को फाँसी पर लटकाने के लिए प्रयुक्त लकड़ी का बड़ा चौखटा

galore /ग'लॉ(र्)/ *adv.* बड़ी संख्या या मात्रा में

galvanize /'गैल्वनाइज़्/ *v.* लोहे या इस्पात पर जस्ता चढ़ाना ताकि ज़ंग न लगे

gamble /'गैम्बल्/ *v.* ताश का खेल, घुड़दौड़ आदि के परिणामों पर बाज़ी लगाना, जुआ खेलना ▸ **gambler** *n.* जुआरी ▸ **gambling** *n.* जुआ ▸ **gamble** *n.* जोखिम का काम

game /गेम्/ *n.* 1 नियमानुसार खेले जाने वाला खेल, खेल खेलने का अवसर 2 मौज-मस्ती के लिए किया गया काम ▸ **game** *adj.* (व्यक्ति) नया, असाधारण, कठिन काम करने के लिए तैयार

gamma rays *n.* रेडियो-एक्टिव पदार्थों से निकलने वाली विशेष प्रकार की किरणें, गामा किरणें

gammon /'गैमन्/ *n.* मसालेदार या भुना हुआ सूअर के पुट्ठे का मांस, इस भोजन को मोटी क़तलियों के रूप में परोसा जाता है

gander /'गैन्ड(र्)/ *n.* नर हंस

gang /गैङ्/ *n.* 1 अपराधियों का संगठित गिरोह 2 तोड़-फोड़ करने, उपद्रव मचाने वाले युवकों का दल, जवान गुंडों की टोली 3 मित्र मंडली ▸ **gang** *v.* (**gang up**) किसी के ख़िलाफ़ औरों के साथ एकजुट हो जाना

gangplank /'गैङ्पलैङ्क्/ *n.* लकड़ी का एक चल तख़्ता जो जहाज़ में चढ़ने और उतरने के लिए काम में आता है, मर्गिका, तागड़

gangrene /'गैङ्ग्रीन्/ *n.* रोग या चोट के कारण रक्त आपूर्ति रुक जाने के फलस्वरूप शरीर के किसी अंग का निष्प्राण हो जाना, गलन, विगलन, गैंग्रीन ▸ **gangrenous** *adj.* गैंग्रीन-संबंधी, गैंग्रीन से पीड़ित

gangster /'गैङ्स्ट(र्)/ *n.* अपराधियों के गिरोह का सदस्य, डाकू

gangway /'गैङ्वे/ *n.* 1 सिनेमाघर, विमान आदि में कुर्सियों की क़तारों के बीच का गलियारा 2 जलपोत पर सवार होने या उससे उतरने के लिए प्रयुक्त पुल

gantry /'गैन्ट्रि/ *n.* (*pl.* **gantries**) लंबा पुलनुमा धातु निर्मित चौखटा जो सड़क पर संकेत पट्टियों को, मंच पर रोशनी को थामने आदि के लिए प्रयुक्त होता है

gap /गैप्/ *n.* 1 दो वस्तुओं के बीच ख़ाली जगह, किसी वस्तु में छेद या दरार 2 किसी प्रक्रिया के विराम या दो घटनाओं के बीच विराम का समय, अंतराल 3 ख़ाली स्थान, रिक्त, टूटा हुआ भाग

gape /गेप्/ *v.* 1 मुँह खोले किसी व्यक्ति या वस्तु को एकटक देखना 2 पूरी तरह खुल जाना या खुला हुआ होना

garage /'गैराझ़्, 'गैरिज्/ *n.* 1 कार आदि रखने का कमरा, गराज 2 वाहनों की

मरम्मत और/या पेट्रोल की बिक्री का स्थान

garb /गाब्/ *n.* पोशाक, पहनावा, परिधान, वेश

garbage /'गाबिज्/ *n.* कूड़ा-करकट, कचरा, गंदगी

garble /'गाबल्/ *v.* (विवरण, रिपोर्ट आदि के) ऐसे अंशों को चुनना और प्रस्तुत करना जिनसे भ्रांति पैदा हो, तोड़-मरोड़ कर पेश करना

garden /'गाड्न्/ *n.* **1** घर से लगी प्रायः घास वाली ज़मीन जहाँ फूल और सब्ज़ियाँ उगाई जा सकती हैं, बग़ीचा **2** (*pl.*) सार्वजनिक उद्यान ▸ **garden** *v.* बग़ीचे में काम करना, बाग़वानी करना

gargantuan /गा'गैन्शुअन्/ *adj.* बहुत बड़ा, बृहदाकार, विशालकाय

gargle /'गाग्ल्/ *v.* किसी द्रव पदार्थ से ग़रारे करना

gargoyle /'गागॉइल्/ *n.* परनाले के आगे बनी हुई मनुष्य या पशु के सिर या शरीर के आकार की टोंटी, परनाला

garish /'गेअरिश्/ *adj.* बहुत चमकीला या भड़कीला और इसलिए अरुचिकर

garland /'गालन्ड्/ *n.* (फूलों की) माला, हार ▸ **garland** *v.* माला से किसी व्यक्ति या वस्तु को सुसज्जित करना

garlic /'गालिक्/ *n.* पाक कला में प्रयुक्त प्याज़ की तरह दिखनेवाला, तीव्र गंध एवं स्वादवाला एक पौधा, लहसुन

garment /'गामन्ट्/ *n.* पहनने का वस्त्र, परिधान, पोशाक

garner /'गान(र्)/ *v.* समर्थन या सूचना प्राप्त करना या इकट्ठा करना, जमा करना, संचित करना

garnet /'गानिट्/ *n.* रक्तमणि, याक़ूत, तामड़ा

garnish /'गानिश्/ *v.* भोजन को अन्य खाद्य पदार्थ की अल्प मात्रा से सजाना ▸ **garnish** *n.* भोजन की सजावट के लिए प्रयुक्त खाद्य पदार्थ

garret /'गैरट्/ *n.* सब से ऊपर की मंज़िल का कमरा, अटारी, बरसाती

garrison /'गैरिसन्/ *n.* नगर या भवन में उसकी रक्षा के लिए रह रही सेना, दुर्ग सेना, रक्षक सेना

garrulous /'गैरलस्, 'गैर्युलस्/ *adj.* गप्पी, बातूनी, वाचाल ▸ **garrulously** *adv.* बातूनी तरीक़े से

gas /गैस्/ *n.* (*pl.* **gases,** *US* **gasses**) **1** वायु के समान पदार्थ जो न ठोस है न द्रव, गैस **2** तपाने या भोजन बनाने के लिए प्रयुक्त एक विशेष प्रकार की गैस या गैसों का मिश्रण ▸ **gas** *v.* (**gassing, gassed**) ज़हरीली गैस सुँघाकर किसी को मार देना

gaseous /'गैसिअस्/ *adj.* गैस जैसा या गैसयुक्त

gash /गैश्/ *n.* लंबा गहरा कटाव या घाव ▸ **gash** *v.* गहरा घाव करना

gasket /'गैस्किट्/ *n.* रबर आदि का समतल टुकड़ा जिसे पाइप या इंजन की दो धातुई सतहों के बीच में रख देते हैं ताकि भाप या तेल बाहर न निकले, गैसकिट

gasoline /'गैसलीन्/ *n.* पेट्रोल, गैसोलीन

gasp /गास्प्/ *v.* **1** (प्रायः हैरानी या परेशानी में) खुले मुँह से अचानक ज़ोर-ज़ोर से साँस लेना, हाँफना, तेज़ी से साँस लेना **2** साँस लेने में कठिनाई अनुभव करना, हाँफना, रुक-रुक कर साँस लेना ▸ **gasp** *n.* हँफनी

gastric /'गैस्ट्रिक्/ *adj.* पेट से संबंधित, आमाशय-संबंधी

gastronomy /गै'स्ट्रॉनमि/ *n.* अच्छा खाने-पीने की विद्या, उदर-सेवा

gastropod /'गैसट्रपॉड्/ *n.* कोमल शरीर और कड़े आवरण वाला प्राणी जो भूमि और जल दोनों में रह सकता है, जठरपाद

gate /गेट्/ *n.* **1** द्वार, फाटक, गेट **2** दीवार, बाड़ आदि में बना द्वार का स्थान **3** हवाई अड्डे में बना द्वार जहाँ से विमान पर चढ़ते और उतरते हैं

g

gather /'गैद(र्)/ *v.* **1** (व्यक्तियों का) इकट्ठा या एकत्र होना **2** बहुत-सी वस्तुओं को इकट्ठा करना **3** बड़े इलाक़े में से जंगली फल-फूल चुनना

gathering /'गैदरिङ्/ *n.* लोगों का जमाव, मिलन, सभा

gaudy /'गॉडि/ *adj.* भड़कीला, शोख़, चटकीला और इसलिए अप्रिय

gauge /गेज्/ *n.* **1** किसी वस्तु की मात्रा मापने का उपकरण, पैमाना **2** किसी वस्तु की चौड़ाई या दो वस्तुओं के बीच की दूरी का माप, गेज **3** किसी स्थिति या किसी के मनोभाव को समझने में सहायक तथ्य ▸ **gauge** *v.* **1** किसी स्थिति का मूल्यांकन करना या अनुमान से हिसाब लगाना **2** विशेष उपकरण द्वारा किसी वस्तु का सही माप करना

gaunt /गॉन्ट्/ *adj.* (व्यक्ति) भूख, रोग आदि के कारण बहुत दुबला

gauntlet /'गान्ट्लट्/ *n.* लोहे का दस्ताना, फ़ौलादी दस्ताना

gauze /गॉज़्/ *n.* **1** हलका पारदर्शी पदार्थ (प्रायः सूती या रेशमी), सूती या रेशमी जाली **2** जाल के समान महीन कपड़ा (घाव को ढकने में प्रयुक्त), गॉज़ **3** तार से बनी जाली का सामान, एक अदद ऐसा सामान

gawky /'गॉकि/ *adj.* शर्मीला, झेंपू

gay /गे/ *adj.* **1** समान लिंग के व्यक्ति के प्रति कामुक भाव से आकृष्ट, समलिंगी **2** ख़ुशमिज़ाज और मौज-मस्ती भरा ▸ **gay** *n.* समान लिंग के व्यक्ति के प्रति कामुक भाव से आकृष्ट व्यक्ति, विशेषतः पुरुष, समलिंगी पुरुष

gaze /गेज़्/ *v.* देर तक स्थिर दृष्टि से देखना, टकटकी लगाकर देखना, एकटक देखना ▸ **gaze** *n.* एकटक दृष्टि

gazebo /ग'ज़ीबो/ *n.* (*pl.* **gazebos**) बग़ीचे या आँगन में चारों ओर से खुली एक छोटी इमारत जहाँ से बाहर का नज़ारा देखा जा सकता है

gazette /ग'ज़ेट्/ *n.* किसी संगठन द्वारा प्रकाशित अधिकारिक समाचार-पत्र जिसमें उस संगठन द्वारा लिए गए महत्वपूर्ण निर्णयों, नियुक्त व्यक्तियों आदि का विवरण होता है, राजपत्र, सूचनापत्र, गज़ेट

gazetteer /,गज़'टिअ(र्)/ *n.* भौगोलिक जानकारी का कोश, भौगोलिक विवरणिका, राजविवरणिका

GB *abbr.* **1** (**= Great Britain**) ब्रतानिया **2** (**gigabytes**) गीगाबाइट्

GDP /,जी डी'पी/ *abbr.* सकल घरेलू उत्पाद, किसी देश में एक वर्ष के भीतर निर्मित वस्तुओं तथा उपलब्ध सेवाओं का कुल मूल्य

gear /गिअ(र्)/ *n.* **1** वाहन का वह पुरज़ा जिससे इंजन वाहन को आगे या पीछे धकेलता है, गियर **2** किसी विशेष काम के लिए अपेक्षित उपकरण या वस्त्र

gecko /'गेको/ *n.* छिपकली

Geiger counter /'गाइगा काउन्ट(र्)/ *n.* रेडियो-सक्रिय पदार्थों से निकली किरणों का पता लगाने तथा मापने की मशीन, गाइगर काउंटर

geisha /ˈगेश/ *n.* जापानी नर्तकी, वारविलासिनी

gel /जेल्/ *n.* एक गाढ़ा पदार्थ (द्रव और ठोस के बीच का), जेल, जेली

gelatin /ˈजेलटिन्/ *n.* पशुओं की हड्डियों को उबालकर बनाया गया एक पारदर्शी पदार्थ जिसे तरल भोज्य पदार्थ को जमाने के लिए प्रयोग किया जाता है, सरेस, जिलेटिन

gem /जेम्/ *n.* **1** रत्न, हीरा **2** उत्कृष्ट व्यक्ति या वस्तु

gender /ˈजेन्ड(र)/ *n.* **1** पुरुष या स्त्री होना, लिंग **2** (कुछ भाषाओं में) संज्ञाओं, सर्वनामों आदि का (पुल्लिंग, स्त्रीलिंग, नपुंसकलिंग में वर्गीकरण

gene /जीन्/ *n.* कोशिका के अंदर एक ज्ञानतंतु जो किसी सजीव के रूप-व्यवहार को नियंत्रित करता है, जीन, जीन माता-पिता से उनकी संतानों तक पहुँचते हैं

genealogy /ˌजीनिˈएलजि/ *n.* (*pl.* **genealogies**) **1** पारिवारिक इतिहास का अध्ययन, व्यक्ति के पूर्वजों सहित, वंशावली अध्ययन **2** व्यक्ति विशेष की वंशावली, वंशावली दर्शनिवाला रेखाचित्र ▸ **genealogical** *adj.* वंशावली संबंधी

general /ˈजेन्रल्/ *adj.* **1** सभी या अधिकतम लोगों, स्थानों, वस्तुओं आदि से संबंधित, सामान्य, सर्वसामान्य **2** किसी वस्तु के मुख्य अंश (न कि विस्तार) का निर्देश करने वाला ▸ **general** *n.* सेना का उच्च पदाधिकारी, जनरल

generalize /ˈजेन्रलाइज़्/ *v.* सीमित सूचना के आधार पर (न कि विस्तार में जाकर) राय बनाना या वक्तव्य देना

generate /ˈजेनरेट्/ *v.* किसी वस्तु का उत्पादन या निर्माण करना

generation /ˌजेनˈरेशन्/ *n.* **1** किसी परिवार, समूह या देश के वे लोग जो एक ही समय में पैदा हुए, पीढ़ी **2** वह औसत अवधि जिसमें बच्चे बड़े हो जाते हैं और स्वयं माता-पिता बन जाते हैं, यह अवधि सामान्यतया 25-30 वर्ष की मानी जाती है

generator /ˈजेनरेट(र)/ *n.* विद्युत उत्पन्न करने वाली मशीन, जेनरेटर

generic /जˈनेरिक्/ *adj.* **1** जो किसी समूह की सभी वस्तुओं में समान हो या उनका प्रतिनिधिक हो, अविशिष्ट **2** (कोई उत्पादित वस्तु, विशेषतः औषधि) जिस पर निर्माता कंपनी के नाम का उल्लेख नहीं ▸ **generically** *adv.* प्रतिनिधिक रूप से

generous /ˈजेनरस्/ *adj.* **1** असामान्य या अप्रत्याशित रूप से धन, सहायता आदि देने में प्रसन्नता अनुभव करने वाला, उदार **2** सामान्य से अधिक, प्रचुर ▸ **generously** *adv.* उदारतापूर्वक

genesis /ˈजेनसिस्/ *n.* (किसी का) उद्भव, प्रारंभ

genetic /जˈनेटिक्/ *adj.* आनुवांशिक विज्ञान, आनुवांशिकी जनन विज्ञान ▸ **genetically** *adv.* जीन-विज्ञान या जनन-विज्ञान की दृष्टि से

genial /ˈजीनिअल्/ *adj.* (व्यक्ति) प्रसन्नचित्त और मित्रवत

genie /ˈजीनि/ *n.* जादुई शक्ति संपन्न प्रेतात्मा, विशेषतः बोतल या लैंप में रहने वाली, जिन, जिन्न

genital /ˈजेनिट्ल्/ *adj.* जनन-संबंधी, जनन का, जननिक

genitive /ˈजेनटिव्/ *n.* (कुछ भाषाओं में) संज्ञा, सर्वनाम या विशेषण का विशिष्ट रूप जो दो वस्तुओं के बीच संबंध प्रदर्शित

करता है, संबंधकारक रूप ▸ **genitive** *adj.* संबंधकारक रूप

genius /ˈजीनिअस्/ *n.* **1** असाधारण क्षमता संपन्न व्यक्ति, विशेषतः किसी विषय विशेष में **2** उच्च कोटि की नैसर्गिक कुशलता या योग्यता

genocide /ˈजेनसाइड्/ *n.* विशेष प्रजाति, धर्म आदि के लोगों की सामूहिक हत्या, नरसंहार

g

genre /ˈझ़ान्र्/ *n.* साहित्य, कला, फ़िल्म या संगीत का विशेष प्रकार जिसकी पहचान के विशिष्ट लक्षण होते हैं, रूप, विधा

gentility /जेन्ˈटिलटि/ *n.* उच्च वर्ग का-सा व्यवहार, बना-ठना रहना

gentle /ˈजेन्ट्ल्/ *adj.* **1** (व्यक्ति) दयालु और शांत, बिना चोट पहुँचाए कोमलता से व्यवहार करने वाला, सौम्य **2** जो तीव्र, उग्र या अतिवादि नहीं, सरल ▸ **gentleness** *n.* सौम्यता ▸ **gently** *adv.* सौम्यभाव से

gentleman /ˈजेन्ट्ल्मन्/ *n.* (*pl.* **-men**) **1** भद्र या सौम्य व्यक्ति, दयालु और शांत व्यक्ति, सज्जन **2** किसी पुरुष या पुरुषों के बारे में विनम्रता से निर्देश करने के लिए प्रयुक्त **3** धनी संभ्रांत व्यक्ति

gentry /ˈजेन्ट्रि/ *n.* (*pl.*) अमीर वर्ग, भद्र वर्ग

genuine /ˈजेनुइन्/ *adj.* **1** वास्तविक, असली **2** सच्चा और ईमानदार, विश्वास के योग्य ▸ **genuinely** *adv.* ईमानदारी से

geography /जिˈऑग्रफ़ि/ *n.* **1** विश्व भूगोल की सतह, भौतिक लक्षण, मौसम, जनसंख्या आदि का अध्ययन **2** किसी स्थान की भौतिक अवस्था या भौगोलिक स्थिति ▸ **geographical** *adj.* भूगोल-विषयक ▸ **geographically** *adv.* भूगोल की दृष्टि से

geology /जिˈऑलजि/ *n.* चट्टानों और उनके निर्माण-प्रकार का अध्ययन, भूविज्ञान, भूगर्भशास्त्र

geometric /ˌजीअˈमेट्रिक्/ *adj.* **1** ज्यामिति का, ज्यामिति-विषयक, रेखागणित **2** सुडौल, नियत आकृतियों और रेखाओं वाला ▸ **geometrically** *adv.* सुडौलता से, ज्यामिति की दृष्टि से

geometry /जिˈऑमट्रि/ *n.* गणित के अंतर्गत रेखाओं, आकृतियों, वक्रताओं आदि का अध्ययन, ज्यामिति, रेखागणित

geothermal /ˌजीओˈथ़म्ल्/ *adj.* ज़मीन की गहराई में चट्टान के नैसर्गिक ताप से संबंधित

germ /जम्/ *n.* **1** रोग उत्पन्न करने वाला बहुत छोटा जीव, रोगाणु **2** बाद में विकसित होने वाली वस्तु का आरंभ बिंदु, स्रोत

germane /जˈमेन्/ *adj.* (विषय से) संबंधित, प्रासंगिक

germanium /जˈमेनिअम्/ *n.* धूसर रंग का स्फटिक तत्व, सिकातु, जर्मेनियम

germinate /ˈजमिनेट्/ *v.* (बीज का) बढ़ने लगना, अंकुरित होना, बीज को बढ़ाने लगना, अंकुरित करना ▸ **germination** *n.* अंकुरण

gerund /ˈजेरन्ड्/ *n.* क्रिया से बनने वाला संज्ञा रूप, क्रियार्थक, संज्ञा

gestation /जेˈस्टेशन्/ *n.* माँ के गर्भ में मानव या पशु-शिशु के विकसित होने की कालावधि या प्रक्रिया, गर्भकाल

gesticulate /जेˈस्टिक्युलेट्/ *v.* अपनी बात कहने के लिए हाथों और बाँहों से संकेत करना

gesture /ˈजेस्चर्/ *n.* **1** कुछ कहने के लिए हाथ, सिर आदि को हिलाने की

क्रिया, अंग-संकेत 2 विचार या भाव के प्रदर्शन हेतु कोई क्रिया ▸ **gesture** *v.* किसी वस्तु की ओर संकेत करना, किसी व्यक्ति को संकेत से कुछ कहना

get /गेट्/ *v.* **(getting, got) 1** किसी वस्तु को पाना, लेना या ख़रीदना **2** किसी वस्तु को पास रखना **3** कहीं जाकर कुछ लेकर आना, लाना **4** हो जाना, किसी भावना से ग्रस्त होना, व्यक्ति या वस्तु का किसी विशेष अवस्था को प्राप्त करना

geyser /ˈगीज़(र्)/ *n.* (भूगोल में) गरम पानी का प्राकृतिक स्रोत, (कभी-कभी गरम जल या वाष्प वायु में विलीन हो जाता है) उष्णोत्स

ghastly /ˈगास्ट्लि/ *adj.* अत्यंत अप्रिय या हानिकर

ghee /गी/ *n.* घी

gherkin /ˈगकिन्/ *n.* (*US* **pickle**) सिरके में पड़ा खीरा या ककड़ी

ghetto /ˈगेटो/ *n.* (*pl.* **ghettoes**) शहर का एक भाग जहाँ एक ही जाति, धर्म आदि के लोग ग़रीबी की अवस्था में रहते हैं, घेटो

ghost /गोस्ट्/ *n.* जीवित व्यक्ति को दिखाई या सुनाई पड़ने वाली मृतक की आत्मा, प्रेतात्मा, भूत

giant /ˈजाइअन्ट्/ *n.* **1** (कहानियों में) बृहदाकार शक्तिशाली व्यक्ति, दैत्य **2** बहुत बड़े आकार की कोई वस्तु, भीमकाय ▸ **giant** *adj.* असामान्य रूप से विशाल

gibberish /ˈजिबरिश्/ *n.* अर्थहीन शब्द जिन्हें समझना असंभव है, अनाप-शनाप, बड़बड़

giddy /ˈगिडि/ *adj.* जिसे चक्कर आ रहा हो, चक्कर से आक्रांत

gift /गिफ़्ट्/ *n.* **1** ऐसी कोई भी वस्तु जो आप ख़ुशी से दूसरे को देते हैं, उपहार, भेंट **2** नैसर्गिक क्षमता

gig /गिग्/ *n.* कार्यक्रम जिसमें संगीतज्ञ या बैंड पैसा लेकर प्रदर्शन करते हैं

gigabyte /ˈगिगबाइट्/ *n. abbr.* **Gb** कंप्यूटर की मेमोरी या सूचना को मापने वाली इकाई, गीगाबाइट

gigantic /जाइˈगैन्टिक्/ *adj.* अत्यधिक बड़ा, विशाल, विराट

giggle /ˈगिग्ल्/ *v.* प्रसन्नता या अधीरता के कारण बेक़ाबू होकर हँसना, ही-ही करना, हें-हें करना ▸ **giggle** *n.* इस प्रकार की हँसी

gigolo /ˈजिगलो/ *n.* प्रेमी या अनुरक्षक बनने के लिए स्त्री से पैसा पाने वाला व्यक्ति, पुरुष वेश्या

gild /गिल्ड्/ *v.* सोना चढ़ाना, सोने का पानी या पत्तर चढ़ाना

gill /गिल्/ *n.* मछली के सिर की तरफ़ का अंग जिससे वह साँस लेती है, मछली का गलफड़ा

gilt /गिल्ट्/ *n.* सोने की पतली परत, मुलम्मा

gimlet /ˈगिम्लट्/ *n.* पेंच कसने के लिए लकड़ी में छेद बनाने के लिए प्रयुक्त एक उपकरण, (एक प्रकार का) बरमा

gimmick /ˈगिमिक्/ *n.* ग्राहकों को आकृष्ट करने या ख़रीदारी के लिए उकसाने की चाल

gin /जिन्/ *n.* एक प्रकार की तेज़ रंगहीन शराब, जिन

ginger /ˈजिन्ज(र्)/ *n. & adj.* **1** अदरक **2** हलके भूरे-नारंगी रंग का

gingerly /ˈजिन्जलि/ *adv.* बहुत धीमे और सावधानी से (कि न कुछ नुक़सान हो न आवाज़)

g

g

gingivitis /ˌजिन्‌जि'वाइटस्/ *n.* मसूढ़ों में दर्द, सूजन तथा लाल हो जाना, मसूढ़ा शोथ

Gipsy /'जिप्‌सि/ *n.* (*also* **Gypsy**) (*pl.* **Gipsies, Gypsies**) अनेक देशों में पाई जाने वाली साँवले रंग की यायावर या ख़ानाबदोश जाति, रोमणी, घुमंतू, जिप्सी

giraffe /ज'राफ़/ *n.* (*pl.* **giraffe** or **giraffes**) बड़े आकार का एक अफ़्रीकी पशु जिसकी गरदन और टाँगें लंबी और खाल पर काले गहरे बड़े चकत्ते होते हैं, ज़िराफ़

gird /गड्/ *v.* पेटी बाँधना, लपेटना

girdle /'गड्‌ल्/ *n.* करधनी, मेखला, कमरबंद, पेटी

girl /गल्/ *n.* **1** कन्या, लड़की, मादा शिशु **2** बेटी, पुत्री **3** नवयुवती

giro /'जाइरो/ *n.* (*pl.* **giros**) **1** एक बैंक से दूसरे बैंक में पैसा स्थानांतरित करने की प्रणाली **2** बेरोज़गार और बेकार लोगों को सरकार से मिलने वाला चेक या धन

girth /गथ्/ *n.* **1** किसी वस्तु के घेरे की (विशेषतः व्यक्ति के कमर की) माप, घेरा **2** घोड़े की काठी कसने की (चमड़े या कपड़े से बनी) पेटी, कसन

gist /जिस्ट्/ *n.* सारांश (न कि सारा विवरण)

give /गिव़्/ *v.* **1** किसी को कुछ देना (विशेषतः जिसकी इच्छा या ज़रूरत हो) **2** किसी को कुछ लेने के लिए बाध्य करना, किसी को उसकी इच्छा के विरुद्ध कुछ देना **3** किसी के मन में कोई भाव, विचार आदि उत्पन्न करना ▸ **give** *n.* कुछ झुक या फैल सकने का गुण

given /'गिव़्न्/ *adj.* पूर्वतः कथित या निश्चित ▸ **given** *prep.* मानते हुए कि

gizmo /'गिज़्मो/ *n.* (*pl.* **gizmos**) (उद्देश्य विशेष लेकिन प्रायः ग़ैर-महत्वपूर्ण कार्यों के लिए प्रयुक्त) एक छोटा उपकरण, छोटी मशीन, गैजिट

gizzard /'गिज़ड्/ *n.* पक्षी के आमाशय का वह अंश जिसमें पचने से पहले खाद्य पदार्थ खंड-खंड हो जाता है, पक्षी का पेड़ू या दूसरा उदर, मांसपेशीय उदर, पेषणी

glacial /'ग्लेश्‌ल्, 'ग्लेसिअल्/ *adj.* **1** बर्फ़ या हिमनदी से बना **2** अत्यधिक ठंडा

glaciation /ˌग्लेसि'एश्‌न्/ *n.* (भूगोल में) बड़े भूक्षेत्र पर हिमराशि का चलना और उसका प्रभाव, हिमनदन

glacier /'ग्लैसिअ(र्), 'ग्लेस्/ *n.* घाटी में धीरे-धीरे चलती हिमराशि, हिमनदी

glad /ग्लैड्/ *adj.* **1** प्रसन्न, सुखी, संतुष्ट **2** किसी बात के लिए कृतज्ञ **3** प्रसन्नतादायक ▸ **gladness** *n.* प्रसन्नता, ख़ुशी, तुष्टी

glade /ग्लेड्/ *n.* वनप्रदेश का वृक्ष-रहित खुला इलाक़ा

gladiator /'ग्लैडिएट(र्)/ *n.* (प्राचीन रोम में) सार्वजनिक प्रदर्शन में वन्य पशु या अन्य व्यक्ति से युद्ध करने वाला व्यक्ति

glamorize /'ग्लैमराइज़्/ *v.* किसी वस्तु को वास्तविकता से अधिक आकर्षक या उत्तेजक लगने वाली बना देना, लुभावना बना देना

glamour /'ग्लैम(र्)/ *n.* साधारण वस्तुओं या व्यक्तियों से अधिक उत्तेजक लगने का गुण, लुभावनापन ▸ **glamorous** *adj.* लुभावना ▸ **glamorously** *adv.* लुभावनेपन से

glance /ग्लान्स्/ *v.* किसी व्यक्ति या वस्तु पर उड़ती नज़र डालना ▸ **glance** *n.* उड़ती नज़र

gland /ग्लैन्ड/ *n.* शरीर के द्वारा उपयोग हेतु रसायनों को उत्पन्न करने वाला शरीर के अंदर का कोई अंग, ग्रंथी ▸ **glandular** *adj.* ग्रंथि–विषयक

glare /ग्लेअ(र्)/ *v.* **1** किसी को क्रोध से देखना, आँखें तरेरना **2** आँखों को चुभने वाले तेज़ प्रकाश के साथ चमकना, चकाचौंध उत्पन्न करना ▸ **glare** *n.* **1** आँखों को चुभने वाली तेज़ रोशनी, चकाचौंध **2** अत्यंत क्रोधभरी दृष्टि

glass /ग्लास्/ *n.* **1** पारदर्शी शीशा, काँच **2** शीशे का गिलास, गिलास में भरे द्रव की मात्रा

glaucoma /ग्लॉ'कोमा/ *n.* एक नेत्र रोग जिसमें क्रमशः दृष्टि क्षीण होती जाती है, काला मोतिया; ग्लोकोमा

glaze /ग्लेज़्/ *v.* **1** खिड़की आदि में शीशे की चादर लगाना **2** (अवन, तंदूर या भट्ठी में रखने से पहले) बरतन, ईंट, केक आदि पर चमकीली पारदर्शी पन्नी चढ़ाना ▸ **glaze** *n.* किसी बरतन, ईंट आदि को चमकदार पारदर्शी आभा देने वाला (पदार्थ)

glazier /'ग्लेज़िअ(र्)/ *n.* खिड़की आदि पर शीशा लगाने वाला कारीगर

gleam /ग्लीम्/ *n.* **1** क्षणस्थायी कोमल प्रकाश **2** किसी की आँखों में भाव का एकाएक चमकना **3** (किसी वस्तु की) अल्प मात्रा ▸ **gleam** *v.* चमकना

glean /ग्लीन्/ *v.* प्रयासपूर्वक और प्रायः विभिन्न स्रोतों से सूचना, ज्ञान आदि का संग्रह करना

glee /ग्ली/ *n.* उल्लास का भाव (क्योंकि आपके साथ अच्छा हुआ या दूसरे के साथ बुरा हुआ) ▸ **gleeful** *adj.* उल्लसित ▸ **gleefully** *adv.* उल्लसित होकर

glib /ग्लिब्/ *adj.* चतुराई और फुर्ती से (मगर सचाई से नहीं) अपनी बात कहने वाला, वाक्पटु ▸ **glibly** *adv.* वाक्पटुता से ▸ **glibness** *n.* वाक्पटुता

glide /ग्लाइड्/ *v.* **1** बिना बोले या प्रयास किए कोमलता से सरकना या फिसलना **2** ग्लाइडर में उड़ना

glider /'ग्लाइड(र्)/ *n.* वायु–तरंगों के सहारे उड़ने वाला इंजन–रहित हलका विमान, ग्लाइडर ▸ **gliding** *n.* ग्लाइडर में उड़ने की क्रिया

glimmer /'ग्लिम(र्)/ *n.* **1** अस्थिर मद्धिम प्रकाश, टिमटिमाहट, झिलमिलाहट **2** (किसी बात का) हलका संकेत ▸ **glimmer** *v.* झिलमिलाना, टिमटिमाना

glimpse /ग्लिम्प्स/ *n.* **1** व्यक्ति या वस्तु का संक्षिप्त और अधूरा दृश्य, झाँकी, झलक **2** किसी वस्तु का संक्षिप्त अनुभव (जो उसे समझने में सहायक है), झलक ▸ **glimpse** *v.* झलक दिखाना

glint /ग्लिन्ट्/ *v.* प्रकाश की संक्षिप्त चमकीली कौंध के साथ चमकना, झिलमिलाना ▸ **glint** *n.* झिलमिल, चमक

glisten /'ग्लिस्न्/ *v.* (भीगी सतह का) चमकना

glitch /ग्लिच् / *n.* आकस्मिक समस्या या दोष

glitter /'ग्लिट(र्)/ *n.* **1** चमक–दमक, जगमगाना **2** किसी वस्तु का आकर्षण और रोमांच **3** सजावट के लिए प्रयुक्त धातु या काग़ज़ की पन्नियाँ ▸ **glitter** *v.* चमचमाना

glitz /ग्लिट्स्/ *n.* आकर्षक, लुभावना, सच्चा एवं प्रभावशाली दिखाई पड़नेवाला (शायद वास्तव में वैसा न हो) ▸ **glitzy** *adj.* भड़कीला, अति आकर्षक

g

gloat /ग्लोट्/ *v.* काँइयापन दिखाते हुए ख़ुश होना (क्योंकि आपके साथ अच्छा हुआ या दूसरे के साथ बुरा)

global /ˈग्लोब्ल्/ *adj.* **1** संपूर्ण विश्व को प्रभावित करने वाला, विश्वव्यापी **2** सब अंशों को ध्यान में रखते हुए या समाविष्ट करते हुए, वैश्विक, सार्वभौम, व्यापक ▸ **globally** *adv.* विश्वव्यापी प्रकार से

globalization /ˌग्लोबलाइˈज़ेश्न्/ *n.* भूमंडलीकरण, वैश्वीकरण

globe /ग्लोब्/ *n.* **1** पृथ्वी, विश्व **2** संसार के मानचित्र वाली एक गोल वस्तु, ग्लोब, पृथ्वी का गोलाकार मानचित्र **3** गेंद के आकार की कोई वस्तु, गोला, गोलक

globetrotter /ˈग्लोब्ट्रॉट(र्)/ *n.* विश्वयात्री, भूपर्यटक

globule /ˈग्लॉब्यूल्/ *n.* द्रव की छोटी बूँद

gloom /ग्लूम्/ *n.* **1** निराशापूर्ण उदासी **2** पूर्ण अंधकार, घना अँधेरा

glorify /ˈग्लोरिफ़ाइ/ *v.* बढ़ा-चढ़ाकर कहना

glorious /ˈग्लॉरिअस्/ *adj.* **1** प्रसिद्धि या सफलता को प्राप्त करने वाला या उसका अधिकारी, गौरवपूर्ण, शानदार **2** आश्चर्यजनक, भव्य ▸ **gloriously** *adv.* भव्यतापूर्वक

glory /ˈग्लॉरि/ *n.* **1** उपलब्धि से प्राप्त यश या सम्मान **2** महान सौंदर्य ▸ **glory** *v.* (**glory in sth**) किसी बात में (अत्यधिक) आनंद या गौरव अनुभव करना

gloss /ग्लॉस्/ *n.* सतह को चिकना और चमकदार बनानेवाला (पदार्थ) ▸ **gloss** *v.* (**gloss over sth**) किसी समस्या, भूल आदि के विषय में विस्तार से बात करने से बचना, समस्या आदि की अनदेखी करना

glossary /ˈग्लॉसरि/ *n.* (*pl.* **glossaries**) विशेष या असामान्य शब्दों की अर्थयुक्त सूची (प्रायः लेख या पुस्तक के अंत में), शब्दार्थ सूची, शब्दावली

glottis /ˈग्लॉटिस्/ *n.* श्वासद्वार, स्वरयंत्रमुख

glove /ग्लव्/ *n.* दस्ताना

glow /ग्लो/ *v.* **1** बिना धुएँ या लपटों के प्रकाश और या ताप उत्पन्न करना **2** उत्तेजना, व्यायाम आदि के कारण शरीर का गरमा जाना अथवा चेहरे पर लाली छा जाना ▸ **glow** *n.* लालिमा, चमक, सुर्ख़ी

glower /ˈग्लाउअ(र्)/ *v.* (व्यक्ति या वस्तु को) क्रोध से देखना

glucose /ˈग्लूकोस्/ *n.* फल में पाई जाने वाली शक्कर, ग्लूकोज़

glue /ग्लू/ *n.* दो और अधिक वस्तुओं को जोड़ने चिपकाने के लिए प्रयुक्त गाढ़ा चिपचिपा द्रव, सरेस, लेई, गोंद ▸ **glue** *v.* सरेस से चीज़ों को जोड़ना

glum /ग्लम्/ *adj.* उदास और चुपचाप ▸ **glumly** *adv.* उदासी के साथ

glut /ग्लट्/ *n.* आवश्यकता से अधिक, भरमार

glutinous /ˈग्लूटनस्/ *adj.* गोंद जैसा, चिपचिपा, लसलसा

glutton /ˈग्लट्न्/ *n.* **1** बहुत अधिक खाने वाला व्यक्ति, पेटू **2** कठिन, अप्रिय आदि काम करने में आनंद लेने वाला

glycerine /ˈग्लिसरीन्/ *n.* ग्लिसरीन, चरबी और तेलों से बना एक गाढ़ा मीठा रंगहीन द्रव पदार्थ जो सौंदर्य प्रसाधनों और विस्फोटकों में डाला जाता है

glycerol /ˈग्लिसरॉल्/ *n.* तेल से निकाला हुआ एक सत्व, ग्लिसरीन

GM /ˌजी ˈएम्/ *abbr.* जीन की दृष्टि से संशोधित

GMT /ˌजी एम् ˈटी/ *abbr.* ग्रीनविच मीन टाईम, ब्रिटेन में प्रचलित मानक समय प्रणाली (भारत में इंडियन स्टैंडर्ड टाईम से तुलनीय)

gnarled /नाल्ड्/ *adj.* (अधिक आयु या परिश्रम के कारण) खुरदुरा और टेढ़ा–मेढ़ा, ग्रंथित

gnat /नैट्/ *n.* मच्छर, वन–मक्खी

gnaw /नॉ/ *v.* **1** पिछले दाँतों से हड्डी आदि को अनेक बार काटना या कड़ी वस्तु को कुतरना **2** लंबे समय तक किसी को चिंता या डर में रखना या किसी को लगातार सताना

gnome /नोम्/ *n.* (बाल कथाओं में) पाताल में रहने वाला एक दढ़ियल और नुकीली टोपी पहने बूढ़ा बौना, गड़े ख़ज़ाने का रक्षक बौना

gnostic /ˈनॉस्टिक्/ *adj.* (आध्यात्मिक) ज्ञान संबंधी, ज्ञानात्मक

GNP /ˌजी एन् ˈपी/ *abbr.* सकल राष्ट्रीय उत्पाद, एक वर्ष में सब स्रोतों से एक देश की कुल प्राप्ति

gnu /नू/ *n.* एक प्रकार का हिरन

go /गो/ *v.* **(goes, going, went, gone)** **1** एक स्थान से दूसरे स्थान को जाना **2** किसी स्थान से जाना, प्रस्थान करना **3** कहीं या कभी पहुँचाना या पहुँचना ▸**go** *n.* (*pl.* **goes**) **1** खेल आदि में बारी **2** कुछ करने के प्रयास का अवसर, प्रयास, कोशिश

goad /गोड्/ *v.* किसी को क्रोधित कर उससे कुछ करवा लेना

goal /गोल्/ *n.* **1** (फ़ुटबॉल, रग्बी, हॉकी आदि में) दो खंभों के बीच स्थित वह क्षेत्र जिसमें अंक अर्जित करने के लिए गेंद को फेंका जाता है, गोल **2** गोल होने के बाद अर्जित अंक **3** उद्देश्य या लक्ष्य

goat /गोट्/ *n.* दूध और मांस के लिए पाला जानेवाला सींगोंवाला एक छोटा पशु, बकरी, बकरा

goatee /गोˈटी/ *n.* पुरुष की ठुड्डी पर छोटी नुकीली दाढ़ी, बकर दाढ़ी, बुच्ची दाढ़ी

gobble /ˈगॉब्ल्/ *v.* तेज़ी से आवाज़ करते हुए खाना, भकोसना, शीघ्रता से गटक जाना

gobbledegook /ˈगॉब्ल्डिगूक्/ *n.* (*also* **gobbledygook**) समझने में कठिन, पेचीदा भाषा, शब्दजाल

goblet /ˈगॉब्लट्/ *n.* शीशे या धातु का शराब आदि पीने का प्याला जिसमें तल होता है लेकिन हैंडल नहीं, बिना हैंडल का प्याला, मदिरापात्र

goblin /ˈगॉब्लिन्/ *n.* (कहानियों में) लोगों को धोखा देने वाला छोटा भद्दा प्राणी, बैताल, पिशाच

God /गॉड्/ *n.* **1** वह दैवी शक्ति जिसकी इस्लाम, ईसाई तथा यहूदी धर्म में प्रार्थना की जाती है, परमेश्वर, परमात्मा, सृष्टिकर्ता **2 god** दिव्य शक्ति–संपन्न सत्ता, देवी–देवता, देवता, देवपुरुष

godchild /ˈगॉड्चाइल्ड्/ *n.* परिवार के मित्र द्वारा पाल–पोसकर शिक्षित किया गया बालक या बालिका, धर्मपुत्र, धर्मपुत्री

god-daughter /ˌगॉड् ˈडाउट(र्)/ *n.* धर्मपुत्री

goddess /ˈगॉडेस्/ *n.* देवी, पूजित नारी

godfather /ˈगॉड्फ़ाद(र्)/ *n.* बच्चे के परिवार द्वारा चुना गया व्यक्ति जो उसे पाल–पोसकर शिक्षित करने का व्रत लेता है, धर्मपिता

godforsaken /'गॉड्फ़सेकन्/ *adj.* (स्थान) रोचकता और आकर्षण से रहित, वीरान और उदास

godly /गॉड्लि/ *adj.* धर्मपरायण, धर्मात्मा, पुण्यात्मा

godmother /ˌगड्ˈमद(र्)/ *n.* धर्ममाता

godparent /'गॉड्'पेअरन्ट्/ *n.* (*also* **godfather**, **godmother**) बच्चे के परिवार द्वारा चुना गया व्यक्ति जो उसे पाल-पोसकर ईसाई धर्म की शिक्षा देने का व्रत लेता है, धर्मपिता

g

godsend /'गॉड्सेन्ड्/ *n.* अचानक मिली अभीष्ट वस्तु (जो आवश्यकता के क्षणों में मिली), ईश्वरीय वरदान, सौभाग्य

goggle /'गॉगल्/ *n.* धूप, पानी, हवा, धूल आदि से बचाव का विशेष चश्मा, धूप का चश्मा ▸ **goggle** *v.* (आँखों का) बाहर को निकला हुआ होना, आँखें फाड़कर देखना

going /'गोइङ्/ *n.* **1** किसी स्थान को छोड़ जाने की क्रिया, प्रस्थान **2** यात्रा, प्रगति आदि की दर या चाल **3** प्रगति में बाधा, आगे बढ़ने में कठिनाई, ऊबड़-खाबड़ रास्ता

gold /गोल्ड्/ *n.* & *adj.* सिक्के, आभूषण आदि बनाने में प्रयुक्त एक बहुमूल्य पीला धातु, सोना, स्वर्ण ▸ **gold** *adj.* सोने का, स्वर्णिम

golden /'गोल्डन्/ *adj.* **1** सोने का बना या सोने के रंग का, स्वर्णिम **2** सर्वोत्तम, सबसे मनपसंद

golf /गॉल्फ़्/ *n.* घास वाले बड़े मैदान (गोल्फ़ कोर्स) में खेला जाने वाला एक खेल जिसमें एक छड़ी (गोल्फ़ क्लब) से एक छोटी सख़्त गेंद (गोल्फ़ बॉल) को मारकर (प्रायः) छेदों में डाला जाता है, गोल्फ़ का खेल

gone /गॉन्/ *adj.* अब मौजूद नहीं, पूर्णतया ▸ **gone** *prep.* बीता हुआ, हो चुका

gong /गॉङ्/ *n.* घंटा, तालवाद्य का एक प्रकार

gonorrhea /ˌगॉनˈरिआ/ *n.* गुप्त रोग, सूज़ाक

goo /गू/ *n.* चिपचिपा गीला पदार्थ

good /गुड्/ *adj.* **1** उच्च गुणवत्ता या स्तर का, अच्छा **2** किसी काम को अच्छे ढंग से करने में समर्थ, सक्षम **3** प्रीतिकर या आनंदप्रद ▸ **good** *n.* **1** नैतिक दृष्टि से उचित या स्वीकार्य आचरण **2** व्यक्ति या वस्तु के लिए सहायक, लाभ

goodbye /ˌगुड्ˈबाइ/ *exclam.* विदा लेते या देते समय प्रयुक्त ▸ **goodbye** *n.* अलविदा

goody /'गुडि/ *n.* (*pl.* **goodies**) फ़िल्म, पुस्तक आदि में प्रदर्शित सच्चरित्र व्यक्ति

goofy /गूफ़ि/ *adj.* **1** बाहर निकले हुए ऊपर के दाँत **2** (*US*) मूर्ख, नासमझ, बैवकूफ़, बेहूदा

goose /गूस्/ *n.* (*pl.* **geese**) बतख़ जैसा बड़ा सफ़ेद पक्षी जिसे मांस के लिए पाला जाता है, हंस

gooseberry /'गुज़्बरि/ *n.* (*pl.* **gooseberries**) एक हरा रोएँदार छोटा खट्टा फल, काकबदरी

gore /गॉ(र्)/ *n.* घाव से बहने वाला गाढ़ा ख़ून, ख़ून का थक्का ▸ **gore** *v.* (पशु का) किसी को सींग मारकर घायल कर देना

gorge /गॉज्/ *n.* तीखी ढालों वाली तंग घाटी जिसके बीच में से नदी बहती है ▸ **gorge** *v.* ख़ूब भोजन खाना, भकोसना

gorgeous /ˈगॉजस्/ *adj.* अत्यंत प्रीतिकर या आकर्षक, भव्य, शानदार ▸ **gorgeously** *adv.* भव्यता के साथ, शानदार ढंग से

gorilla /गˈरिला/ *n.* काले या भूरे बालों से ढका एक बहुत बड़ा ताक़तवर अफ़्रीकी बंदर, गुरिल्ला या गोरिला, वनमानुष

gorse /गॉर्स/ *n.* पीले फूलों वाली काँटेदार झाड़ी, कँटैध

gory /ˈगॉरि/ *adj.* हिंसा और रक्तपात से पूर्ण

gospel /ˈगॉस्प्ल्/ *n.* **1** बाइबिल की चार पुस्तकों में से कोई एक जिसमें ईसा के जीवन और शिक्षाओं का वर्णन है, ईसोपदेश **2** अकाट्य सत्य, वेदवाक्य **3** श्याम वर्ण अमेरिकी ईसाईयों में लोकप्रिय एक प्रकार का धार्मिक संगीत

gossip /ˈगॉसिप्/ *n.* **1** इधर-उधर की बात, दूसरों के बारे में हलकी-फुलकी (और प्रायः झूठी) बात, गप **2** दूसरों के निजी जीवन के बारे में हलकेपन से बातचीत **3** दूसरों के बारे में बातें करने में मज़ा लेने वाला व्यक्ति, गप्पी ▸ **gossip** *v.* गप लगाना, गपशप करना

Gothic /ˈगॉथिक्/ *adj.* गॉथ जाति का, गॉथ जाति की भाषा का, गाथिक भाषा

gouge /गाउज्/ *v.* नुकीले औज़ार से ज़ोर लगाकर छेद करना

gourd /गुअड्, गॉड्/ *n.* सख़्त आवरण और मुलायम गूदे वाला कद्दू वर्गीय फल, तूंबा, प्रायः इन्हें सुखाकर पात्र बनाए जाते हैं

gourmand /ˈगुअमन्ड्/ *n.* खाने में और ख़ूब खाने में रुचि रखने वाला व्यक्ति, भोजनभट्ट, पेटू

gourmet /ˈगुअमे/ *n.* भोजनप्रेमी तथा भोजन-विशेषज्ञ व्यक्ति

gout /गाउट्/ *n.* दो हड्डियों के जोड़ों विशेषकर अंगुलियों, घुटने एवं अंगूठों के जोड़ों में होनेवाली पीड़ादायक सूजन, गठिया, जोड़ों का दर्द

govern /ˈगव़न्/ *v.* **1** किसी देश या नगर पर शासन-प्रशासन करना **2** व्यक्ति या वस्तु को प्रभावित या नियंत्रित करना

governess /ˈगव़नस्/ *n.* विगत में अमीर बच्चों के घर में रहकर उन्हें शिक्षा प्रदान करने वाली धात्री, शिक्षिका

government /ˈगव़न्मन्ट्/ *n.* **1** सरकार, शासन **2** देश पर नियंत्रण की क्रिया या पद्धति

gown /गाउन्/ *n.* **1** विशेष अवसर के लिए एक औपचारिक पोशाक, गाउन **2** एक लंबा ढीला वस्त्र जो जज और ऑपरेशन करते समय डॉक्टर अपने कपड़ों के ऊपर पहन लेते हैं, जजों और डॉक्टरों का गाउन, चोग़ा, लबादा

GP /ˌजीˈपी/ *abbr.* निजी तौर पर कार्यरत तथा सब प्रकार के रोगों का इलाज करने वाला डॉक्टर, जनरल या प्राइवेट प्रैक्टीश्नर

grab /ग्रैब्/ *v.* (**grabbing, grabbed**) **1** झपटकर किसी चीज़ को पकड़ना, छीनना **2** व्यक्ति या वस्तु को पकड़ने की कोशिश करना **3** जल्दी के कारण किसी काम को तेज़ी से करना ▸ **grab** *n.* झपट्टा

grace /ग्रेस्/ *n.* **1** व्यवस्थित तथा अनुशासित चेष्टा-क्षमता, लालित्य **2** दिया गया अतिरिक्त समय, मोहलत **3** भोजन के पूर्व और पश्चात् संक्षिप्त ईश-वंदना

graceful /ˈग्रेसफ़्ल/ *adj.* लालित्यपूर्ण, मनोहारी ▸ **gracefully** *adv.* लालित्यपूर्वक, चारु भाव से ▸ **gracefulness** *n.* लालित्यमयता, चारुता

g

gracious /ˈग्रेशस्/ *adj.* 1 (व्यक्ति या उसका आचरण) दयालु, नम्र और उदार 2 वैभवपूर्ण, सुख-सुविधापूर्ण ▸ **graciously** *adv.* नम्रता से, शालीनता से ▸ **graciousness** *n.* शालीनता, नम्रता

gradation /ग्रˈडेश्न्/ *n.* विकास या प्रगति की कोटि, कोटि-निर्धारण, स्तरीकरण

g

grade /ग्रेड्/ *n.* 1 किसी व्यक्ति या वस्तु की योग्यता, महत्ता आदि का स्तर या गुणवत्ता, श्रेणी 2 परीक्षा में स्कूल कार्य के लिए दिए गए अंक 3 स्कूल में एक ही उम्र के बच्चों की कक्षा या कक्षाएँ ▸ **grade** *v.* गुणवत्ता, योग्यता, आकार आदि के अनुसार वस्तुओं या व्यक्तियों का वर्गीकरण करना, श्रेणीकरण करना

gradient /ˈग्रेडिअन्ट्/ *n.* सड़क आदि की ढलान या चढ़ाव की मात्रा

gradual /ˈग्रैजुअल्/ *adj.* मंद गति से लंबी कालावधि में संपन्न, एकाएक नहीं, क्रमिक ▸ **gradually** *adv.* क्रमशः

graduate /ˈग्रैजुअट्/ *n.* 1 विश्वविद्यालय की प्रथम उपाधि प्राप्त व्यक्ति, विश्वविद्यालय का स्नातक 2 स्कूल, कॉलेज आदि का निर्धारित पाठ्यक्रम पूरा करने वाला व्यक्ति, स्नातक ▸ **graduate** *v.* 1 विश्वविद्यालय आदि से (प्रथम) उपाधि प्राप्त करना, स्नातक बनना 2 स्कूल, कॉलेज आदि में निर्धारित पाठ्यक्रम पूरा करना 3 किसी एक स्थिति से दूसरी उच्चतर (कठिन, महत्वपूर्ण, बहुमूल्य) स्थिति में जाना

graffiti /ग्रˈफ़ीटि/ *n.* किसी सार्वजनिक स्थान में दीवार पर बना चित्र या की गई लिखावट

graft /ग्राफ़्ट्/ *n.* 1 किसी सजीव पौधे का एक टुकड़ा किसी अन्य पौधे पर रोपना ताकि नए पौधे के रूप में वह विकसित हो, पौधे की क़लम 2 सजीव त्वचा, हड्डी आदि का टुकड़ा जिसे शल्य-क्रिया द्वारा शरीर के क्षतिग्रस्त भाग पर लगा दिया जाता है, रोपण ▸ **graft** *v.* प्रत्यारोपण करना

grain /ग्रेन्/ *n.* 1 गेहूँ, चावल आदि के दाने 2 किसी वस्तु का कण 3 लकड़ी, चट्टान, पत्थर आदि में नैसर्गिक तंतु-रचना

gram /ग्रैम्/ *n.* भार की इकाई, एक किलोग्राम में 1000 ग्राम होते हैं, ग्राम

grammar /ˈग्रैम(र्)/ *n.* 1 भाषा में शब्दरचना और वाक्यरचना के नियम, व्याकरण 2 भाषा के नियमों के प्रयोग की रीति 3 व्याकरण का ग्रंथ

grammatical /ग्रˈमैटिक्ल्/ *adj.* 1 व्याकरण विषयक 2 व्याकरण के अनुकूल ▸ **grammatically** *adv.* व्याकरण की दृष्टि से

gramophone /ˈग्रैमफ़ोन्/ *n.* एक बाजा जिसमें घूमते हुए रिकॉर्ड पर सुई चलने से आवाज़ निकलती है, ग्रामोफ़ोन

granary /ˈग्रैनरि/ *n.* (*pl.* **granaries**) अन्नागार, धान्यागार

grand /ग्रैन्ड्/ *adj.* 1 प्रभावशाली और बड़ा या महत्वपूर्ण (नामों के साथ भी प्रयुक्त), शानदार 2 पारिवारिक संबंध दिखाने के लिए यौगिक शब्दों में संज्ञा के साथ प्रयुक्त 3 बहुत अच्छा या सुखद ▸ **grandly** *adv.* शान से, भव्यतापूर्वक

grandchild /ˈग्रैन्चाइल्ड्/ *n.* (*pl.* **grandchildren**) बेटे या बेटी की पुत्री या पुत्र, पोता, पोती या नाती, नतिनी, धेवती

granddaughter /ˈग्रैन्डॉट(र्)/ *n.* बेटे या बेटी की पुत्री, पोती या नातिन, धेवती

grandeur /ˈग्रैन्ज(र्)/ *n.* **1** भव्यता, महिमा **2** बड़प्पन का अहसास

grandfather /ˈग्रैन्फ़ाद(र्)/ *n.* माता या पिता के पिता, नाना या दादा

grandiloquent /ग्रैन्ˈडिलक्वन्ट्/ *adj.* (लेखन या भाषण में) लोगों को प्रभावित करने, ध्यान आकर्षित करने या महत्व दर्शाने के लिए लंबे, जटिल या औपचारिक शब्दों का प्रयोग, शब्दाडंबरपूर्ण
▸ **grandiloquence** *n.* शब्दाडंबर

grandiose /ˈग्रैन्डिओस्/ *adj.* अनावश्यक रूप से बड़ा और पेचीदा

grandmother /ˈग्रैन्मद(र्)/ *n.* माता या पिता की माता, नानी या दादी

grandparent /ˈग्रैन्पेअरन्ट्/ *n.* माता या पिता के माता या पिता, नाना-नानी या दादा-दादी

grandson /ˈग्रैन्सन्/ *n.* पुत्र या पुत्री का बेटा, पोता, नाती

grange /ग्रेन्ज्/ *n.* गाँव के ज़मीदार या रईस का मकान जिसके साथ खलिहान आदि भी सटे हों, देहाती बंगला

granite /ˈग्रैनिट्/ *n.* कड़ी भूरी या स्लेटी चट्टान, ग्रेनाइट

granny /ˈग्रैनि/ *n.* (*pl.* **grannies**) नानी, दादी

grant /ग्रान्ट्/ *v.* **1** (आधिकारिक तौर पर) किसी को कुछ प्रदान करना **2** मानना (कि कोई बात सच है) ▸ **grant** *n.* सरकार द्वारा उद्देश्य विशेष से दिया गया धन, अनुदान

granulated /ˌग्रन्युलेटिड्/ *n.* दानेदार, खुरदरा

granule /ˈग्रैन्यूल्/ *n.* सख़्त दाना

grape /ग्रेप्/ *n.* गुच्छे में फलनेवाला हरा अथवा बैंगनी बेरी जिससे शराब तैयार की जाती है, अंगूर

grapefruit /ˈग्रेप्फ़्रूट्/ *n.* (*pl.* **grapefruit** or **grapefruits**) पीले रंग का बड़ा गोल फल जिसका छिलका मोटा तथा स्वाद खट्टा होता है, चकोतरा

graph /ग्राफ़्/ *n.* एक आरेख जिसमें दो मात्राओं, मापों आदि के बीच संबंध को सीधी या वक्र रेखा से दिखाया जाता है, लेखाचित्र, ग्राफ़

graphic /ˈग्रैफ़िक्/ *adj.* **1** आरेखन, आरेख आदि से संबंधित **2** (वर्णन) स्पष्ट और सुविस्तृत (विशेषतः किसी अप्रिय स्थिति का) ▸ **graphically** *adv.* स्पष्टता और विस्तार के साथ

graphite /ˈग्रैफ़ाइट्/ *n.* पेंसिलों में प्रयुक्त कोमल काला पदार्थ, ग्रैफ़ाइट, काला सीसा, सुरमा

graphology /ग्रैˈफ़ॉलजि/ *n.* लिखावट से व्यक्ति के चरित्र का अनुमान करने की विद्या, हस्तलेख विज्ञान, लेखिम विज्ञान

grapnel /ˈग्रैप्नल्/ *n.* लोहे के पंजे से युक्त औज़ार, अँकुड़ा

grapple /ˈग्रैप्ल्/ *v.* व्यक्ति या वस्तु को पकड़कर उससे लड़ना या उसे क़ाबू में करने की कोशिश करना

grasp /ग्रास्प्/ *v.* **1** व्यक्ति या वस्तु को एकाएक कसकर पकड़ लेना **2** किसी बात को पूरी तरह समझ लेना ▸ **grasp** *n.* **1** व्यक्ति या वस्तु पर मज़बूत पकड़ **2** व्यक्ति का किसी विषय या कठिन तथ्यों का ज्ञान

grass /ग्रास्/ *n.* **1** घास **2** घास का एक प्रकार

grate /ग्रेट्/ *v.* **1** खाद्य पदार्थों को कद्दूकस पर घिसना या कसना **2** किसी को नाराज़ या तंग करना **3** (दो धातु निर्मित पदार्थों के टकराने पर) किर-किर

की आवाज़ करना, किरकिराना ▸ **grate** *n.* अँगीठी की जाली

grateful /ˈग्रेट्फ़्ल्/ *adj.* (किसी का) कृतज्ञ ▸ **gratefully** *adv.* कृतज्ञतापूर्वक

grater /ˈग्रेट(र्)/ *n.* खाद्य पदार्थों को घिसने का उपकरण, कद्दूकस

gratify /ˈग्रैटिफ़ाइ/ *v.* प्रसन्नता और संतोष देना ▸ **gratifying** *adj.* प्रसन्नतादायक और संतुष्टिकारक, सुखद

g

grating /ˈग्रेटिङ्/ *n.* खिड़की आदि की धातुनिर्मित जाली

gratis /ˈग्रैटिस्, ˈग्रेटिस्/ *adv.* बिना पैसे के ही किया गया या प्राप्त, निःशुल्क, बिना मूल्य

gratitude /ˈग्रैटिट्यूड्/ *n.* कृतज्ञता या किसी को धन्यवाद देने की इच्छा

gratuitous /ग्रˈट्यूइटस्/ *adj.* (कार्य आदि के लिए प्रयुक्त) बिना उचित कारण या उद्देश्य के (प्रायः जिसके हानिकारक परिणाम होते हैं), अनावश्यक, अनुचित ▸ **gratuitously** *adv.* अनावश्यक रूप से, अनुचित रूप से

gratuity /ग्रˈट्यूअटि/ *n.* (*pl.* **gratuities**) **1** (रेस्तराँ आदि में) सेवा देने वाले व्यक्ति को ग्राहक द्वारा दिया गया कुछ अतिरिक्त पैसा या इनाम **2** किसी कर्मचारी को नौकरी छोड़ने या सेवानिवृत्त होने पर मिलने वाली बड़ी धनराशि, उपदान

grave /ग्रेव्/ *n.* क़ब्र ▸ **grave** *adj.* **1** प्रतिकूल या गंभीर **2** (व्यक्ति) उदास या गंभीर ▸ **gravely** *adv.* गंभीरता से

gravel /ˈग्रैव्ल्/ *n.* कंकड़, बजरी, रोड़ी (सड़क, पथ आदि निर्माण में प्रयुक्त)

gravitate /ˈग्रैविटेट्/ *v.* गुरुत्वाकर्षण के प्रभाव से किसी पिंड की ओर खिंचा जाना, आकर्षित होना

gravitation /ˌग्रैविˈटेश्न्/ *n.* गुरुत्वाकर्षण, आकर्षण

gravity /ˈग्रैवटि/ *n.* **1** किसी गिराई गई वस्तु को ज़मीन पर गिरानेवाली नैसर्गिक शक्ति, गुरुत्वाकर्षक बल **2** महत्व

gravy /ˈग्रेवि/ *n.* शोरबा, मांस सब्ज़ी आदि के पकने पर उसमें से निकला रस

graze /ग्रेज़्/ *v.* **1** गायों, भेड़ों आदि पशुओं द्वारा मैदान में उगी घास खाना **2** (त्वचा का) रगड़ खाकर छिल जाना ▸ **graze** *n.* (त्वचा पर) रगड़ से लगी खरोंच

grease /ग्रीस्/ *n.* **1** ग्रीज़, तेल वाला गाढ़ा पदार्थ जिससे इंजन आसानी से चलता है **2** पकने से नरम हुई पशु की चरबी ▸ **grease** *v.* किसी चीज़ पर ग्रीज़ या तेल लगाना

great /ग्रेट्/ *adj.* **1** मात्रा, आकार आदि में बड़ा, बहुत अधिक **2** विशेष रूप से महत्वपूर्ण **3** अच्छा, आश्चर्यजनक ▸ **greatness** *n.* महानता, महत्ता, विशालता ▸ **great** *n.* विशेष रूप से महत्वपूर्ण या योग्य व्यक्ति या वस्तु

greatly /ˈग्रेट्लि/ *adv.* अत्यधिक

Grecian /ˈग्रीश्न्/ *adj.* यूनान या ग्रीस का, यूनानी

greed /ग्रीड्/ *n.* आवश्यकता से अधिक पाने की इच्छा, लोभ, लालच

green /ग्रीन्/ *adj.* **1** हरा **2** प्रकृति के पर्यावरण की सुरक्षा से संबंधित **3** (व्यक्ति) जीवन या किसी काम के विषय में लगभग अनुभवहीन ▸ **green** *n.* **1** हरा रंग **2** हरी सब्जियाँ (प्रायः जिसे पकाकर खाया जाता है)

greenery /ˈग्रीनरि/ *n.* आकर्षक हरे पत्ते और पौधे, हरियाली

greenhouse /ˈग्रीन्हाउस्/ *n.* शीशे का

बना घर जिसमें पौधे उगाए जाते हैं, पौधा-घर, पादप गृह

greet /ग्रीट्/ *v.* **1** किसी से मिलने पर उसका अभिवादन करना, स्वागत करना **2** प्रतिक्रिया प्रकट करना या ख़ास ढंग से किसी बात को लेना

greeting /'ग्रीटिङ्/ *n.* किसी से मिलने या किसी को पत्र आदि लिखने पर कहे या लिखे प्रथम शब्द, अभिवादन शब्द या संबोधन शब्द

gregarious /ग्रि'गेअरिअस्/ *adj.* लोगों से मिलना-जुलना पंसद करने वाला, मिलनसार, सुसामाजिक

grenade /ग्र'नेड्/ *n.* हथगोला, ग्रेनेड, हाथ से फेंका या बंदूक़ से दाग़ा गया छोटा बम

grenadier /ग्रेन'डिअ(र्)/ *n.* हथगोले फेंकने वाला सिपाही

grey /ग्रे/ *adj.* **1** काले और सफ़ेद के बीच के रंग वाला, स्लेटी, राख जैसे रंग वाला **2** खिचड़ी बालों वाला, पलित केशी ▸ **grey** *n.* काले और सफ़ेद के बीच का रंग, राख जैसा रंग, स्लेटी रंग

grid /ग्रिड्/ *n.* **1** एक-दूसरे को काटती वर्ग बनाती सीधी रेखाओं का पैटर्न, ग्रिड **2** धातु या लकड़ी की समानांतर छड़ों की चौखट (प्रायः छेद ढकने के लिए), जाली या जंगला

griddle /'ग्रिड्ल्/ *n.* तवा

grief /ग्रीफ़्/ *n.* गहरा शोक (विशेषतः किसी प्रिय के निधन से उत्पन्न)

grievance /'ग्रीव्न्स्/ *n.* शिकायत, व्यथा

grieve /ग्रीव्/ *v.* **1** (प्रियजन के निधन पर) गहरी उदासी होना **2** विषाद उत्पन्न करना

grievous /'ग्रीवस्/ *adj.* दुःखद, कष्टप्रद, हानिकर

griffin /'ग्रिफ़िन्/ *n.* सिंह के धड़ तथा उक़ाब के सिर और पंखों वाला जंतु

grill /ग्रिल्/ *n.* **1** कुकर का वह भाग जिस पर ऊपर से आते ताप से भोजन पकता है **2** जाली ▸ **grill** *v.* **1** ग्रिल के नीचे पकाना **2** किसी से देर तक पूछताछ करना

grille /ग्रिल्/ *n.* किसी मशीन, खिड़की आदि पर रखी जाली

grim /ग्रिम्/ *adj.* (**grimmer, grimmest**) **1** (व्यक्ति) गंभीर, अप्रफुल्लित **2** (स्थिति, समाचार आदि) अप्रिय या चिंताजनक

grimace /'ग्रिमस्, ग्रि'मेस्/ *n.* क्रोध, घृणा, पीड़ा आदि को दर्शाने वाली चेहरे पर की ऐंठन, खिंचाव आदि ▸ **grimace** *v.* चेहरा विकृत हो जाना

grime /ग्राइम्/ *n.* मैल की मोटी परत, कालिख

grin /ग्रिन्/ *v.* (**grinning, grinned**) खुलकर मुस्कराना, खीसें निपोरना ▸ **grin** *n.* मुस्कान, हंसी

grind /ग्राइन्ड्/ *v.* **1** मशीन में पीसना, दलना **2** किसी जगह पर कोई चीज़ दबाना या रगड़ना **3** किरकिराना ▸ **grind** *n.* थकाऊ, उबाऊ और लंबी चलने वाली क्रिया

grip /ग्रिप्/ *v.* (**gripping, gripped**) **1** व्यक्ति या वस्तु को कसकर पकड़ना **2** किसी की अत्यधिक रुचि जगाना, किसी के ध्यान को बाँधे रहना ▸ **grip** *n.* **1** (व्यक्ति या वस्तु पर) मज़बूत पकड़ **2** किसी वस्तु की समझ

gripe /ग्राइप्/ *n.* व्यक्ति या वस्तु की शिकायत ▸ **gripe** *v.* शिकायत करना

grisly /'ग्रिज़्लि/ *adj.* (मृत्यु या हिंसा की घटना के वर्णन के लिए प्रयुक्त) भयानक, ख़ौफ़नाक, वीभत्स

g

grist /'ग्रिस्ट्/ *n.* पिसने का अनाज

gristle /'ग्रिस्ल्/ *n.* मांस खाते समय मुँह में अटकता हड्डी का टुकड़ा ▸ **gristly** *adv.* हड्डी के टुकड़े वाला

grit /ग्रिट्/ *n.* 1 रोड़ी या बजरी 2 साहस, कठिन काम को जारी रखने का दृढ़ निश्चय ▸ **grit** *v.* बर्फ़ से ढकी सड़क पर रोड़ी और बजरी फैलाना

grizzle /'ग्रिज़्ल्/ *v.* कुनमुनाना, पिनपिनाना, झुँझलाना

grizzly bear /ˌग्रिज़लि 'बेअ(र्)/ *n.* उत्तरी अमरीका का एक बड़ा रीछ

groan /ग्रोन्/ *v.* दर्द में कराहना या किसी बात पर रोष प्रकट करना ▸ **groan** *n.* कराह, रोष

grocer /'ग्रोस(र्)/ *n.* 1 घरेलू उपयोग की चीज़ें बेचने वाला व्यक्ति, पंसारी 2 पंसारी की दुकान

grocery /'ग्रोसरि/ *n.* पंसारी का सामान, किराना

groggy /'ग्रॉगि/ *adj.* नींद में बाधा आदि के कारण बीमार-सा महसूस करना

groin /ग्रॉइन्/ *n.* शरीर का वह भाग जहाँ टाँगें मिलती हैं, ऊरूमूल

groom /ग्रूम्/ *n.* घोड़ों की देखभाल करने वाला व्यक्ति, साईस ▸ **groom** *v.* 1 पशु की देखभाल करना (सफ़ाई करना आदि) 2 किसी को विशेष व्यवसाय या नौकरी के लिए चुनना और तैयार करना

groove /ग्रूव्/ *n.* किसी सतह पर गहराई में की गई रेखा के आकार की काट, खाँचा, नाली

grope /ग्रोप्/ *v.* 1 दिखाई न पड़ने के कारण हाथों से रास्ता खोजना अथवा कुछ ढूँढ़ना, टटोलना 2 कामुकता से किसी का स्पर्श करना (विशेषतः उसकी इच्छा के विरुद्ध)

gross /ग्रोस्/ *adj.* 1 कुल राशि (जिसमें से कुछ घटाया नहीं गया) 2 बहुत बड़ा या गंभीर 3 बहुत अशिष्ट 4 बहुत मोटा और भद्दा

grotesque /ग्रो'टेस्क्/ *adj.* बेतुका, अजीबोग़रीब, भद्दा, विकृत

grotto /'ग्रॉटो/ *n.* सुरम्य या सुंदर गुफ़ा, कृत्रिम गुफ़ा

grouch /ग्राउच्/ *n.* 1 चिड़चिड़ा व्यक्ति 2 शिकायत

ground /ग्राउन्ड्/ *n.* 1 पृथ्वी की कठोर सतह 2 कोई क्षेत्र ▸ **ground** *v.* 1 विमान आदि का भूग्रस्त रहने या उड़ान न भरने के लिए बाध्य होना 2 (प्रायः दंड के रूप में) बच्चों को कुछ समय तक मित्रों के साथ खेलने या बाहर जाने से रोक देना

grounding /'ग्राउन्डिङ्/ *n.* किसी विषय के मौलिक तथ्यों या सिद्धांतों का अध्ययन

groundless /'ग्राउन्ड्लस्/ *adj.* निराधार, बेबुनियाद, बिना वजह

group /ग्रूप्/ *n.* 1 समूह, दल, किसी प्रकार से परस्पर संबंधित या एक ही स्थान पर स्थित लोग या वस्तुएँ 2 एक साथ संगीत कार्यक्रम पेश करने वाले अनेक लोग, शायरों-वादकों की टोली ▸ **group** *v.* व्यक्ति या वस्तु को एक या अधिक वर्गों में रखना या उनका एक या अधिक वर्ग बनाना

grouse /ग्राउस्/ *n.* (*pl.* **grouse**) तीतर जैसा एक बड़ा पक्षी जिसका शिकार किया जाता है (कुछ देशों में)

grout /ग्राउट्/ *n.* इमारत की दरार भरने का) पतला मसाला, पतला गारा

grove /ग्रोव्/ *n.* वृक्षों का छोटा समूह (विशेषतः एक ही प्रकार के), वृक्षावली, कुंज, बग़ीचा, उपवन

grovel /'ग्रॉव्‌ल्/ *v.* (**grovelling, grovelled, groveling, groveled**) 1 अपने से बड़े (अधिकारी) को ख़ुश करने का भरपूर प्रयास करना (लाभ प्राप्त करने के लिए), किसी के आगे नाक रगड़ना, घिघियाना 2 रेंगते हुए या हाथों और घुटनों के बल चलना (प्रायः कुछ खोजते समय) ▸ **grovelling** *adj.* घिघियाने वाला

grow /ग्रो/ *v.* 1 आकार या संख्या की दृष्टि से बढ़ना, बड़ा होना 2 (पौधों का) एक विशेष स्थान पर होना और बढ़ना, पौधों को बड़ा करना

growl /ग्राउल्/ *v.* (कुत्ते या अन्य जानवरों का) दूसरों पर गुर्राना (गुस्सा व्यक्त करने या चेतावनी देने के लिए) ▸ **growl** *n.* गुर्राहट, धमकी

growth /ग्रोथ्/ *n.* 1 वृद्धि और विकास 2 (किसी में) वृद्धि, बढ़त 3 रोग के कारण मनुष्य या पशु के शरीर में बनी गाँठ

groyne /ग्रॉइन्/ *n.* समुद्र तट से बालू और पत्थरों को बहाकर ले जाने से बचाने के लिए समुद्र में जाकर बनाई गई छोटी दीवार, समुद्रजल में बनी तटरक्षक दीवार

grub /ग्रब्/ *n.* 1 अंडे से बाहर आने पर कीट की प्रथम अवस्था जिसमें वह छोटा, मोटा और सफ़ेद होता है, लार्वा, सूँड़ी 2 भोजन

grubby /'ग्रबि/ *adj.* (**grubbier, grubbiest**) मैला-कुचैला, गंदा

grudge /ग्रज्/ *n.* अतीत की घटनाओं से क्रोधित होने के कारण मन में उत्पन्न प्रतिकूल भावनाएँ, किसी से घृणा, वैमनस्य, ईर्ष्या या दुर्भावना ▸ **grudge** *v.* किसी की उपलब्धि पर या कुछ करने के लिए विवश होने पर बुरा लगना

gruel /'ग्रूअल्/ *n.* अतीत में ग़रीब लोगों द्वारा खाया जानेवाला एक व्यंजन जिसे जौ आदि अन्न को दूध अथवा पानी में उबालकर बनाया जाता है, दलिया

gruelling /'ग्रूअलिङ्/ *adj.* थका देने वाला

gruesome /'ग्रूसम्/ *adj.* (मृत्यु या चोट से संबंधित स्थिति) बहुत दुखद या स्तब्ध कर देने वाला, वीभत्स

gruff /ग्रफ़्/ *adj.* (व्यक्ति या स्वर) रूखा और कठोर ▸ **gruffly** *adv.* रूखेपन से

grumble /'ग्रम्ब्‌ल्/ *v.* खीझते हुए शिकायत करना, नापसंद होने की रट लगाए रखना, बड़बड़ाना ▸ **grumble** *n.* बड़बड़ाना

grumpy /'ग्रम्पि/ *adj.* बदमिज़ाज, चिड़चिड़ा ▸ **grumpily** *adv.* चिड़चिड़ेपन से, गुस्से से

grunt /ग्रन्ट्/ *v.* (अरुचि व्यक्त करते हुए) बड़बड़ाना ▸ **grunt** *n.* अरुचि व्यंजक बड़बड़ाहट

G-string /जी स्ट्रिङ्/ *n.* (महिलाओं का) कपड़े की तंग पट्टी से बना बहुत छोटा जाँघिया जो कमर से जुड़ा होता है

guano /'ग्वानो/ *n.* समुद्री जंतुओं की विष्ठा जो खाद का काम करती है

guarantee /ˌगैरन्'टी/ *n.* 1 पक्का वादा कि कुछ किया जाएगा या कुछ होगा, गारंटी, आश्वासन 2 निश्चित अवधि में क्षतिग्रस्त होने पर सुधार करने का कंपनी का लिखित या औपचारिक आश्वासन, गारंटी ▸ **guarantee** *v.* 1 कुछ करने या घटित होने का वादा करना, गारंटी देना 2 ख़राबी पाए जाने पर माल की मरम्मत करने या उसे बदलने का लिखित वादा करना

guarantor /ˌगैरन्ट(र्)/ *n.* 1 कुछ घटित होने अथवा करने को सुनिश्चित

करने की ज़िम्मेदारी लेनेवाला व्यक्ति, प्रतिभू 2 औपचारिक रूप से किसी का ऋण चुकाने वाला व्यक्ति, प्रतिभू

guard /गाड्/ *n.* **1** सुरक्षा कर्मचारी **2** आक्रमण या संकट का सामना करने की तैयारी **3** किसी की सुरक्षा के लिए तैनात सैनिकों, पुलिस अधिकारियों आदि का समूह ▸ **guard** *v.* **1** व्यक्ति या वस्तु को दूसरे लोगों से बचाकर रखना, रक्षा करना **2** क़ैदियों को भागने से रोकने को तैयार होना

g

guarded /ˈगाडिड्/ *adj.* (उत्तर, वक्तव्य आदि) सतर्क, जिसमें अधिक जानकारी नहीं या भावनाओं की खुली अभिव्यक्ति नहीं ▸ **guardedly** *adv.* सतर्कतापूर्वक

guardian /ˈगाडिअन्/ *n.* **1** किसी की रक्षा या बचाव करने वाला व्यक्ति या संगठन, संरक्षक **2** किसी अन्य (विशेषतः अनाथ बच्चा) की देखभाल के लिए क़ानूनी तौर पर उत्तरदायी व्यक्ति

guava /ˈग्वावा/ *n.* अमरूद

guerrilla /गˈरिला/ *n.* सरकार बदलने के लिए अधिकृत सेना के विरुद्ध लड़नेवाला एक छोटे सैन्य दल, गुरिल्ला

guess /गेस्/ *v.* **1** (किसी बात का) अनुमान करना **2** निश्चित न होने पर भी सही उत्तर देना, सही अनुमान लगाना ▸ **guess** *n.* सही होने के निश्चय के बिना संभावित उत्तर की कल्पना या अपनी सम्मति देने का प्रयास, (किसी बात का) अंदाज़ा, अनुमान

guest /गेस्ट्/ *n.* **1** विशेष स्थान या अवसर पर आमंत्रित व्यक्ति, अतिथि, मेहमान **2** होटल आदि में ठहरा व्यक्ति

guffaw /गˈफ़ॉ/ *v.* ज़ोर से हँसना (विशेषकर किसी मामूली बात पर), क़हक़हा लगाना, ठहाका लगाना ▸ **guffaw** *n.* ठहाका, क़हक़हा

guidance /ˈगाइड्न्स/ *n.* सहायता या परामर्श

guide /गाइड्/ *n.* **1** किसी विषय पर जानकारी या मदद देने वाली पुस्तक, पत्रिका आदि, गाइड **2** यात्रियों और पर्यटकों को किसी स्थान के विषय में जानकारी देने वाली पुस्तक, गाइड, संदर्शिका, कुंजी ▸ **guide** *v.* **1** व्यक्ति या व्यक्ति समूह को कहीं जाने का रास्ता बताना, किसी को वह स्थान दिखाना जिसे आप जानते हैं **2** व्यक्ति या वस्तु पर असर होना

guild /गिल्ड्/ *n.* **1** समान व्यवसाय, अभिरुचि या लक्ष्य वाले व्यक्तियों का संगठन, गिल्ड **2** मध्यकाल में कुशल कारीगरों का संघ

guile /गाइल्/ *n.* छल-कपट, फ़रेब

guillotine /ˈगिलटीन्/ *n.* **1** काग़ज़ काटने की मशीन **2** विगत युग में फ्रांस में लोगों के सिर काटने के लिए व्यवहार में लाई गई मशीन, गिलोटिन ▸ **guillotine** *v.* सिर या काग़ज़ काटना

guilt /गिल्ट्/ *n.* **1** ग़लत काम करने से उपजी प्रतिकूल भावना, दोष-भावना, अपराध-बोध **2** नियम-भंग, अपराध **3** अनुचित काम करने या होने का दायित्व, दोषारोपण

guilty /ˈगिल्टि/ *adj.* **1** क़ानून तोड़ने वाला, ग़लत काम करने वाला **2** अपराध-बोध से ग्रस्त ▸ **guiltily** *adv.* अपराध-बोध के साथ

guinea /ˈगिनि/ *n.* (अतीत में प्रचलित इंग्लैंड की) स्वर्ण मुद्रा

guinea pig /ˈगिनि पिग्/ *n.* **1** बिना पूँछ का छोटा पालतू जानवर **2** व्यक्ति जिसे परीक्षण के लिए इस्तेमाल किया जाए

guise /गाइज़/ *n.* वास्तविक से भिन्न रूप, छद्म

guitar /गि'टा(र्)/ *n.* गिटार, तारों वाला एक संगीत वाद्य जिसे अंगुलियों या प्लास्टिक खंड से बजाते हैं

gulf /गल्फ़्/ *n.* **1** खाड़ी, अधिकांशतः भूमि से घिरा समुद्र का भाग **2** फ़ारस की खाड़ी का एक और नाम **3** लोगों की सोच और रहन-सहन में मूलभूत अंतर, विचारों की खाई

gull /गल्/ *n.* ऊँचा बोलने वाला एक सफ़ेद या स्लेटी समुद्री पक्षी, सामुद्रिक पक्षी

gullet /'गलिट्/ *n.* मुख से आमाशय को जाने वाली आहार-नली

gullible /'गलब्ल्/ *adj.* (व्यक्ति) दूसरों पर शीघ्र विश्वास करने और अतएव धोखा खाने वाला, भोला-भाला

gully /'गलि/ *n.* (*pl.* **gullies**) छोटा सँकरा रास्ता या घाटी (जो प्रायः जलधारा या वर्षाजल से बन जाता है), बरसाती नाला

gulp /गल्प्/ *v.* **1** बड़ी मात्रा में खाने-पीने की चीजों को निगल जाना, गटगटाना **2** भय या आश्चर्य के कारण गटागट निगल जाना ▸ **gulp** *n.* **1** साँस लेने या निगलने की क्रिया **2** वह मात्रा जो निगली जाए, कौर, ग्रास, घूँट

gum /गम्/ *n.* **1** मसूड़ा **2** गोंद, वस्तुओं (विशेषतः काग़ज़ों) को परस्पर चिपकाने वाला पदार्थ

gumption /'गम्प्शन्/ *n.* **1** स्थिति विशेष को सँभालने की सूझबूझ, सहज बुद्धि **2** साहस तथा संकल्प

gun /गन्/ *n.* **1** बंदूक़ **2** पिचकारी ▸ **gun** *v.* (**gunning, gunned**) **gun sb down** किसी को गोली मारना या गंभीर रूप से घायल करना

gunner /'गन(र्)/ *n.* तोप चलाने वाला, तोपची, गोलंदाज़

gunnery /'गनरि/ *n.* तोप बनाने और तोपों का प्रबंध करने का विभाग, तोपखाना

gurdwara /ग'द्वार/ *n.* सिक्खों का पूजा स्थल, गुरुद्वारा

gurgle /'गग्ल्/ *v.* **1** गड़गड़ की ध्वनि (मानो पानी तेज़ी से सँकरे मार्ग से बह रहा है) **2** बच्चे का गले से गरगर की आवाज़ निकालना (बच्चे की प्रसन्नता का द्योतक) ▸ **gurgle** *n.* गड़गड़, गरगर, गरारा

guru /'गुरू/ *n.* **1** गुरु, हिन्दू धर्म में आध्यात्मिक नेता या शिक्षक **2** आदरणीय और अनुकरणीय व्यक्ति

gush /गश्/ *v.* **1** (द्रव का) बड़ी मात्रा में एकाएक बाहर निकलना **2** (किसी डिब्बे या वाहन में से) बड़ी मात्रा में द्रव पदार्थ का बहना **3** अत्यधिक (प्रायः झूठी) प्रसन्नता या प्रशंसा व्यक्त करना ▸ **gush** *n.* धार, सहसा तेज़ बहाव

gust /गस्ट्/ *n.* तेज़ हवा का झकोरा ▸ **gust** *v.* वायु का (झोंकों में) बहना

gusto /'गस्टो/ *n.* किसी काम को करने का उत्साह, उमंग

gut /गट्/ *n.* **1** शरीर के भीतर वह नलिका जिसमें अमाशय के बाद भोजन गुज़रता है, आँत, अँतड़ी **2** (*pl.* **gusts**) उदर के चारों ओर के अंग (विशेषतः पशु में) ▸ **gut** *v.* (**gutting, gutted**) **1** किसी पशु के अंदर के अंग या अँतड़ियाँ निकाल देना **2** भवन का अंदरूनी भाग नष्ट कर देना

gutsy /गट्सि/ *adj.* बहादुर और दृढ़ संकल्प, साहसी

gutter /'गट(र्)/ *n.* **1** (छत के किनारे लगा) वर्षा का पानी निकालने वाला धातु

g

या प्लास्टिक का पाइप, परनाला, मोरी **2** सड़क के साथ बनी बरसाती पानी की नाली

guttural /ˈगटरल्/ *adj.* गले का, कंठ का, कंठ्य, कंठस्थानय

guy /गाइ/ *n.* **1** व्यक्ति या लड़का **2** (*pl.* **guys**) लोगों का समूह

guzzle /ˈगज़ल्/ *v.* बहुत तेज़ी से बहुत मात्रा में खाना या पीना

g

gym /जिम्/ *n.* **1** शारीरिक व्यायाम करने के लिए उपकरण-युक्त कमरा या भवन, जिम, व्यायामशाला

gymkhana *n.* **1** जिमख़ाना, एक खेल जिसमें प्रतियोगी (विशेषकर घोड़ों पर सवार होकर) दौड़ या घुड़दौड़ प्रतियोगिताओं में स्पर्धा करते हैं **2** खेलकूद के लिए सार्वजनिक सुविधा स्थल, जिम

gymnasium /जिम्ˈनेज़िअम्/ *n.* (*pl.* **gymnasiums** or **gymnasia**) व्यायामशाला, अखाड़ा

gymnast /ˈजिम्नैस्ट्/ *n.* व्यायाम करने वाला व्यक्ति, व्यायामी, जिमनास्ट

gymnastics /जिमˈनैस्टिक्स्/ *n.* घर के अंदर प्रायः उपकरणों का प्रयोग करते हुए किया गया व्यायाम, जिमनास्टिक्स

gynaecology /ˌगाइनˈकॉलजि/ *n.* स्त्रियों से संबंधित रोगों एवं चिकित्सीय समस्याओं का अध्ययन, स्त्री-रोग विज्ञान ▸ **gynaecological** *adj.* स्त्री- रोग संबंधी ▸ **gynaecologist** *n.* स्त्री-रोग विशेषज्ञ

gypsum /ˈजिप्सम्/ *n.* भवन-निर्माण के लिए प्रयुक्त खड़िया जैसा सफ़ेद मुलायम खनिज, जिप्सम, चिरोड़ी

gyrate /जाइˈरेट्/ *v.* चारों ओर फिरना, चक्कर खाना, घूमना

gyroscope /ˈजाइरस्कोप्, ˈजाइरो/ *n.* (*also* **gyro**) चौखटे में जड़ा तेज़ी से घूमने वाला पहिएदार उपकरण (जो चौखटे के घूमने पर भी स्थिर रहता है), जाइरोस्कोप, घूर्णाक्षदर्शी

Hh

ha /हा/ *exclam.* **1** आश्चर्य या ख़ुशी प्रकट करने के लिए प्रयुक्त **2** हँसते समय मुँह से निकलने वाली ध्वनि का लिखित रूप, हा-हा

habeas corpus / ,हेबिअस् 'कॉपस्/ *n.* किसी व्यक्ति को क़ैद रखने की वैधता की जाँच करने के लिए उसे अदालत में लाकर हाज़िर करने का आदेश, बंदीप्रत्यक्षीकरण आदेश

habit /'हैबिट्/ *n.* **1** आदत, अभ्यास, ऐसी बात जिसे हम प्रायः बिना पूर्व विचार के करें और जिसे रोकना कठिन हो **2** सामान्य व्यवहार

habitable /'हैबिटब्ल्/ *exclam.* (भवन) रहने लायक़

habitat /'हैबिटैट्/ *n.* किसी पौधे या पशु का प्राकृतिक आवास

habitation /'हैबि'टेशन्/ *n.* किसी स्थान पर रहने की क्रिया, निवास, रिहाइश

habitual /ह'बिचुअल्/ *adj.* **1** आदतन कुछ करने वाला, आदी, अभ्यस्त **2** जिसे करने के आप आदी या अभ्यस्त हैं, नियमित ▸ **habitually** *adv.* नियमित रूप से, आदतन, अभ्यासवश

hack /हैक्/ *v.* **1** चाकू आदि से किसी वस्तु को काट डालना **2** बिना अनुमति के एक कंप्यूटर में संचित सूचना को दूसरे कंप्यूटर द्वारा चोरी करना और/अथवा हेरफेर करना

hackneyed /'हैक्निड्/ *adj.* (वाक्यांश, विचार, फ़ैशन आदि) अत्यधिक प्रयोग के कारण नीरस एवं उबाऊ, घिसा-पिटा

hadn't *contr.* **'had not'** का संक्षिप्त रूप

haematology / 'हीम'टॉलजि/ *n.* रक्तरोग विज्ञान, रुधिर विज्ञान

Haemoglobin /'हीम'ग्लोबिन्/ *n.* रक्त में उपलब्ध लाल कण जिनमें लोहा होता है और जो ऑक्सीजन का वहन करते हैं, हीमोग्लोबिन

haemophilia /'हीम'फ़िलिआ/ *n.* अधिक रक्तस्राव का रोग (क्योंकि ख़ून का थक्का नहीं बनता), हीमोफ़िलिआ

haemorrhage /'हेमरिज्/ *n.* शरीर के अंदर अत्यधिक रक्त बहना, आंतरिक रक्तस्राव ▸ **haemorrhage** *v.* शरीर के अंदर रक्तस्राव होना

hag /हैग्/ *n.* बदसूरत बुढ़िया, चुड़ैल

haggard /'हैगड्/ *adj.* (व्यक्ति) देखने में थका हुआ और चिंतित

haggle /'हैग्ल्/ *v.* मोल-भाव करना (विशेषतः किसी वस्तु के दाम के विषय में)

haiku /'हाइकू/ *n.* (*pl.* **haiku** or **haikus**) तीन पंक्तियों और प्रायः पाँच, सात और पाँच मात्राओं वाली विशेष प्रकार की जापानी कविता, हाइकू

hail /हेल्/ *v.* **1** व्यक्ति या वस्तु की सार्वजनिक रूप से प्रशंसा करना **2** किसी व्यक्ति या वस्तु को पुकारकर या हाथ के इशारे से बुलाना ▸ **hail** *n.* **1** ओले **2** किसी व्यक्ति को हानि पहुँचाने के लिए उसे लक्ष्य बनाकर किसी वस्तु की भारी बौछार

hair /हेअ(र्)/ *n.* **1** बाल, केश **2** (-haired) *adj.* निर्दिष्ट प्रकार के बालों वाला

hairy /ˈहेअरि/ *adj.* (**hairier, hairiest**) **1** बालों से भरा, रोमिल, रोएँदार **2** ख़तरनाक या चिंताजनक

hajj /हैज/ *n.* (*also* **haj**) मक्का की तीर्थयात्रा, हज

half /हाफ़्/ *det.* & *n.* (*pl.* **halves**) आधा, किसी वस्तु के दो समान भागों में से एक ▸ **half** *adv.* पूरा नहीं, आधी मात्रा में

h

hall /हॉल्/ *n.* **1** किसी मकान या सार्वजनिक भवन के मुख्य द्वार से अंदर आने पर मिलने वाला कमरा या गलियारा **2** एक भवन या बड़ा कमरा जहाँ सभा आदि हो सकती है, हॉल

hallmark /ˈहॉल्माक्/ *n.* **1** किसी का प्रतिनिधिक लक्षण **2** मूल्यवान धातुओं से बनी वस्तुओं पर अंकित चिह्न जिसमें धातु की गुणवत्ता तथा वस्तु के निर्माण केंद्र की सूचना होती है

hallowed /ˈहैलोड्/ *v.* पवित्र बनाया

Halloween *n.* (*also* **Hallowe'en**) (ऑल सेंट्स डे से पहले) 31 अक्टूबर को होने वाला ईसाई आयोजन, हैलोवीन

hallucinate /हˈलूसिनेट्/ *v.* भ्रम में डालना, भ्रांति पैदा करना

hallucinogen /हैˈलूसिनजन्/ *n.* दृष्टिभ्रम या मतिभ्रम कराने वाली दवाई ▸ **hallucinogenic** *adj.* दृष्टिभ्रमकारी

halo /ˈहेलो/ *n.* (*pl.* **halos** or **haloes**) **1** चित्रों में महापुरुषों के सिर के चारों ओर बना प्रकाशवृत्त, प्रभामंडल या आकाशीय पिंड (सूर्य, चंद्रमा, तारे आदि) के चारों ओर का परिवेश **2** विशेषकर ग्रहण के समय सूर्य या चन्द्रमा के चारों ओर दिखाई पड़नेवाला प्रकाश का घेरा, प्रभामंडल, तेजोमंडल

halt /हॉल्ट्/ *n.* (कार्य, गतिविधि या विकास प्रक्रिया में) लघु विराम या रुकाव ▸ **halt** *v.* रोकना

halter /ˈहॉल्ट(र्)/ *n.* **1** घोड़े की गरदन में बाँधी जाने वाली रस्सी या चमड़े की पट्टी **2** महिला की पोशाक या क़मीज़ को थामने वाली पट्टी जो पीठ या कंधे को नहीं ढकती

halting /हॉल्टिंङ्/ *adj.* झिझकता हुआ, रुक-रुक कर होने वाला

halve /हाव्/ *v.* **1** आधा कम हो जाना, किसी चीज़ को आधा कम कर देना, अधियाना **2** किसी चीज़ को आधा-आधा बाँटना

ham /हैम्/ *n.* सूअर की पिछली टाँग का मांस जिसे ताज़ा रखने के लिए धुँआरा जाता है

hamburger /ˈहैम्बग(र्)/ *n.* मांस के टुकड़ों को दबाकर बनाई गई चपटी गोल टिक्की (इसे डबलरोटी में लपेट कर खाया जाता है), हैमबर्गर

hamlet /ˈहैम्लट्/ *n.* बहुत छोटा गाँव, पुरवा, उपग्राम

hammer /ˈहैम(र्)/ *n.* हथौड़ा ▸ **hammer** *v.* **1** हथौड़े से ठोकना **2** ऊँची आवाज़ पैदा करते हुए बार-बार प्रहार करना

hammock /ˈहैमक्/ *n.* मज़बूत कपड़े से बना पलंग जिसे दो पेड़ों या खंभों के बीच लटकाया जाता है, दलारा, दोला

hamper /ˈहैम्प(र्)/ *v.* अवरुद्ध होना, रुकना

hamster /ˈहैम्स्ट(र्)/ *n.* एक छोटा पालतू जानवर, हैमस्टर, ये चूहों जैसे होते हैं मगर अधिक मोटे और बिना पूँछ के

hamstring /'हैमस्ट्रिङ्/ *n.* घुटने के पीछे की नस जो टाँग के ऊपर के हिस्से की मांसपेशियों को नीचे की हड्डियों से जोड़ती है, घुटनस

hand /हैन्ड्/ *n.* **1** हाथ **2** थोड़ी मदद, कुछ सहायता ▸ **hand** *v.* किसी को कुछ देना या आगे बढ़ाना, किसी के काम या प्रयत्न की सराहना करने के लिए प्रयुक्त

handful /'हैन्ड्फुल्/ *n.* **1** इतना ही जितना कि एक हाथ में समा सके, मुट्ठीभर (चीज़) **2** (व्यक्ति या वस्तु) थोड़ी संख्या में

handicap /'हैन्डिकैप्/ *n.* **1** बाधा, रुकावट, प्रतिकूलता **2** किसी खेल में प्रबल खिलाड़ी के लिए निर्धारित प्रतिकूलता की स्थिति ताकि दूसरे खिलाड़ी को अधिक अवसर मिलें ▸ **handicap** *v.* (**handicapping, handicapped**) किसी के लिए कोई बात प्रतिकूल होना या प्रतिकूलता पैदा करना

handicraft /'हैन्डिक्राफ़्ट्/ *n.* **1** हस्तकौशल तथा कलात्मक क्षमता वाली गतिविधि (जैसे सीना-पिरोना), हस्तशिल्प **2** (*pl.* **handicraft**) हस्तशिल्प से बना सामान

handiwork /'हैन्डिवक्/ *n.* **1** कलात्मक कौशल से बनाई वस्तु **2** विशेष व्यक्ति या वर्ग का किया काम (विशेषतः बुरा काम), कारनामा

handkerchief (*also* **hanky**) /'हैङ्कचिफ़्,-चीफ़्/ *n.* (*pl.* **handkerchiefs** or **handkerchieves**) (कपड़े या काग़ज़ का) रुमाल

handle /'हैन्डल्/ *v.* **1** हाथ से छूना या सँभालना **2** किसी काम को निपटाना या नियंत्रित करना ▸ **handle** *n.* मूठ, हत्था, हैंडल, किसी वस्तु का अंश जो उसे थामने या खोलने में प्रयुक्त होता है ▸ **handler** *n.* सँभालने वाला

handler /'हैन्ड्ल(र्)/ *n.* (प्रशिक्षित पशु की) देख-भाल करने वाला व्यक्ति, प्रबंधकर्ता

handsome /'हैन्सम्/ *adj.* **1** (पुरुष) आकर्षक, सुंदर **2** (धनराशि, भेंट आदि) बड़ी या प्रचुर ▸ **handsomely** *adv.* यथोचित रूप से

handy /'हैन्डि/ *adj.* (**handier, handiest**) **1** उपयोगी, उपयोग में आसान, सुविधाजनक **2** पहुँच के भीतर, निकट

hang /हैन्ङ्/ *v.* **1** किसी वस्तु का लटकना, टँगना या उसे लटकाना या टाँगना **2** किसी को फाँसी देना या स्वयं को फाँसी लगाना

hangar /'हैङ(र्)/ *n.* विमान को रखने की इमारत, हैंगर

hanger /'हैङ(र्)/ *n.* अलमारी में कपड़े टाँगने के लिए प्रयुक्त धातु, प्लास्टिक या लकड़ी का बना घुंडीदार छड़ी-नुमा वस्तु, हैंगर

hanging /'हैङिङ्/ *n.* फाँसी द्वारा मौत

hangover /'हैङ्ओव(र्)/ *n.* पिछली रात को अधिक मदिरापान के कारण सुबह होने वाला सिरदर्द और बेचैनी

hanker /'हैङ्क(र्)/ *v.* किसी (प्रायः दुर्लभ) वस्तु को बहुत अधिक चाहना

haphazard /हैप्'हैज़ड्/ *adj.* सुनियोजित नहीं, बेतरतीब, अव्यवस्थित ▸ **haphazardly** *adv.* अव्यवस्थित रूप से

happen /'हैपन्/ *v.* **1** (किसी घटना या स्थिति का) घटित हो जाना (बिना किसी

पूर्व योजना के) **2** किसी को कुछ अनुभव होना
happily /'हैपिलि/ *adv.* प्रसन्नतापूर्वक, ख़ुशी से
happy /'हैपि/ *adj.* (**happier, happiest**) **1** आनंद का अनुभव करने या उसे व्यक्त करने वाला, प्रसन्न, प्रफुल्ल **2** प्रसन्नतादायक या प्रसन्नताकारक ▸ **happiness** *n.* प्रसन्नता, ख़ुशी
harangue /ह'रैङ्/ *v.* (ऊँची उग्र आवाज़ में) किसी की आलोचना करना या उन्हें कुछ करने के लिए राज़ी करना या स्वयं के सही होने का विश्वास दिलाना, उग्र या जोशीला भाषण देना ▸ **harangue** *n.* (प्रायः सभा आदि में) लंबा, कटु भाषण, उग्र या जोशीला भाषण
harass /'हैरस्,ह'रैस्/ *v.* किसी को (विशेषतः लंबे समय तक) बुरी लगने वाली बातें करके नाराज़ या चिंतित कर देना, सताना, तंग करना, उत्पीड़ित करना ▸ **harassment** *n.* परेशानी, उत्पीड़न
harbour /'हाब(र्)/ *n.* तट पर वह स्थान जहाँ जहाज़ों को समुद्र की लहरों तथा ख़राब मौसम से बचाने के लिए बाँध दिया जाता है, बंदरगाह
hard /हाड्/ *adj.* **1** कड़ा, जिसे तोड़ना या मोड़ना आसान न हो, कठोर, सख़्त **2** जिसे करना या समझना कठिन हो, दुष्कर और दुर्बोध, कठिन ▸ **hardness** *n.* कड़ापन, कठोरता ▸ **hard** *adv.* **1** बहुत प्रयास, शक्ति या ध्यान लगाते हुए **2** ज़ोरदार ढंग से, बहुत ज़ोर से
hardly /'हाड्लि/ *adv.* **1** लगभग कोई नहीं, लगभग कुछ नहीं, लगभग **2** कुछ अभी शुरू हुआ है या घटित हुआ है यह कहने के लिए प्रयुक्त, अभी-अभी
hardy /'हाडि/ *adj.* शक्तिशाली और कठिन हालात तथा ख़राब मौसम को झेल लेने वाला, सशक्त ▸ **hardiness** *n.* सशक्तता
hare /हेअ(र्)/ *n.* बड़ा ख़रगोश, शशक
harem /'हैरम्/ *n.* हरम, एक पुरुष के साथ रहने वाली अनेक स्त्रियाँ (विशेषतः मुस्लिम समाज में), स्त्रियों का आवास भी हरम कहलाता है
hark /हाक्/ *v.* ध्यान से सुनना, सुनना
harm /हाम्/ *n.* क्षति या चोट ▸ **harm** *v.* चोट या क्षति पहुँचाना, नुक़सान करना
harmonica /हा'मॉनिका/ *n.* मुँह या होंठों से बजाया जाने वाला वाद्य यंत्र, हारमोनिका, माउथ आर्गन
harmonious /हा'मोनिअस्/ *adj.* (संगीत स्वर, रंग आदि) मधुर प्रभाव उत्पन्न करने वाला, शांतिदायक, लयबद्ध ▸ **harmoniously** *adv.* सामंजस्य के साथ, तालमेल के साथ
harmonium /हा'मोनिअम्/ *n.* एक प्रकार का बाजा, हारमोनियम
harmonize /'हामनाइज़्/ *v.* **1** (दो या अधिक वस्तुओं का) परस्पर सामंजस्य बैठाना, संवादी होना **2** मुख्य स्वर के साथ संयुक्त होकर ऐसे गाना या बजाना कि मधुर प्रभाव उत्पन्न हो, सहस्वर होना ▸ **harmonization** *n.* संवादीकरण, सामंजस्य
harmony /'हामनि/ *n.* (*pl.* **harmonies**) **1** सामंजस्य, तालमेल **2** स्वरों, रंगों आदि का मधुर संयोजन, सहस्वरता, समरसता
harness /'हानिस्/ *n.* **1** घोड़े का साज़ **2** व्यक्ति के शरीर से बँधे फ़ीते जो उसे गिरने आदि से बचाते हैं ▸ **harness** *v.* **1** घोड़े पर साज़ रखना या घोड़े को किसी वस्तु से फ़ीतों द्वारा बाँधना **2** विद्युत

उत्पन्न करने या कुछ प्राप्त करने के लिए किसी की ऊर्जा का व्यवस्थित प्रयोग करना

harp /हाप्/ *n.* अंगुलियों से बजाए जाने वाला एक बड़ा वाद्य यंत्र जिसकी अनेक तारें एक चौखटे में ऊपर से नीचे तक फैली रहती हैं, हार्प ▸ **harpist** *n.* हार्प-वादक

harpoon /हा'पून्/ *n.* व्हेल मछलियों के शिकार का भाला, मछभाला ▸ **harpoon** *v.* मछभाले से शिकार करना

harrow /'हैरो/ *n.* जोते हुए खेत में बुवाई से पहले मिट्टी के ढेले तोड़ने वाला यंत्र, पटेला

harsh /हाश्/ *adj.* **1** बहुत कठोर और निर्मम **2** जहाँ रहना, जिसे देखना, सुनना आदि अप्रिय और कठिन हो **3** बहुत तेज़ या खुरदरा और हानिकर ▸ **harshly** *adv.* कठोरता से ▸ **harshness** *n.* कठोरता, रूखापन

harvest /'हाविस्ट्/ *n.* **1** खेत से फ़सल काटने और इकट्ठी करने का समय, फ़सल काटने और इकट्ठी करने की क्रिया **2** जमा की गई फ़सल ▸ **harvest** *v.* फ़सल काटना व इकट्ठी करना

has /हज़, प्रबल रूप हैज़्/ अन्य पुरुष एकवचन, और **have** का वर्तमान रूप

hash /हैश्/ *n.* **1** आलू मिले भुने मांस का व्यंजन **2** चिह्न जो प्रायः टेलीफ़ोन के डायल नंबरों के साथ होता है

hashish /'हैशीश्/ *n.* गाँजे से बनने वाला नशीला पदार्थ (धूम्रपान के लिए), चरस, हशीश

hasn't *contr* **'has not'** का संक्षिप्त रूप

hassle /'हैस्ल्/ *n.* **1** जटिल और श्रमसाध्य होने के कारण परेशान कर देने वाली वस्तु या स्थिति, परेशानी **2** तर्क-वितर्क, बहस-मुबाहिसा ▸ **hassle** *v.* किसी को झुँझला देना (विशेषतः कोई काम अनेक बार करने के लिए कहकर)

haste /हेस्ट्/ *n.* जल्दी, शीघ्रता

hasten /'हेस्न्/ *v.* **1** कोई काम या बात जल्दी (लगभग तुरंत) करना या कहना **2** जल्दी या अधिक तेज़ी से कोई काम करवाना, गतिवान बनाना

hasty /'हेस्टि/ *adj.* **1** जल्दी में कहा या किया हुआ, तीव्र गतिक **2** (व्यक्ति) जल्दबाज़ ▸ **hastily** *adv.* जल्दबाज़ी से

hat /हैट्/ *n.* (प्रायः घर से बाहर पहना जाने वाला) टोप, हैट, टोपी

hatch /हैच्/ *v.* **1** (शिशु पक्षी, कीट आदि का) अंडे से बाहर निकलना **2** शिशु पक्षी को अंडे से बाहर लाना, अंडे सेना ▸ **hatch** *n.* **1** जलपोत का डेक जहाँ से माल उतारा-चढ़ाया जाता है **2** विमान या अंतरिक्ष यान का दरवाज़ा

hatchet /'हैचिट्/ *n.* कुल्हाड़ी

hate /हेट्/ *v.* **1** व्यक्ति या वस्तु के प्रति अत्यधिक अरुचि होना, घृणा करना **2** ऐसी बात के लिए खेद व्यक्त करने की नम्र अभिव्यक्ति जिसे कहने से आप बचना चाहते हैं ▸ **hate** *n.* **1** व्यक्ति या वस्तु के लिए तीव्र अरुचि या नापसंदगी, घृणा **2** सर्वथा नापसंद वस्तु

hateful /'हेट्फ़्ल्/ *adj.* अत्यधिक नापसंद, घृणित, घृणास्पद

hatred /'हेट्रिड्/ *n.* व्यक्ति या वस्तु के लिए अत्यधिक नापसंदगी का भाव, घृणा

haul /हॉल्/ *v.* बहुत मेहनत या कठिनाई से किसी चीज़ को खींचना ▸ **haul** *n.* **1** चुराई, पकड़ी, संगृहीत वस्तुओं की भारी मात्रा **2** यात्रा की दूरी

haunt /हॉन्ट्/ *v.* **1** (मृतक के भूत का) किसी स्थान पर नियमित रूप से प्रकट

होते रहना 2 (दुखद प्रसंग का) दिमाग़ पर छाए रहना ▸ **haunt** *n.* स्थान जहाँ व्यक्ति नियमित रूप से जाता है, अड्डा

haute couture /ˌओट् कु'ट्युअ(र्)/ *n.* विशेषकर महिलाओं के लिए फ़ैशनबल एवं महँगी पोशाकें तैयार करने का व्यवसाय, इस व्यापार के लिए तैयार किए गए कपड़े

have /हव्, प्रबल रूप हैव्/ *v.* (**has, having, had**) 1 पूर्णकाल बनाने के लिए प्रयुक्त सहायक क्रिया 2 किसी वस्तु का मालिक होना या किसी बात का अधिकारी होना, किसी वस्तु पर अधिकार रखना 3 किसी काम के बारे में बताने के लिए अनेक संज्ञाओं के साथ प्रयुक्त 4 किसी बात का अनुभव होना, किसी बात से प्रभावित होना

haven /'हेव्न्/ *n.* मनुष्यों या पशुओं के लिए सुरक्षित विश्रामस्थल

haven't *contr.* **'have not'** का संक्षिप्त रूप

havoc /'हैवक्/ *n.* अत्यधिक विनाश या अव्यवस्था की स्थिति, विनाश

hawk /हॉक्/ *n.* बाज़ (ये तीव्र दृष्टिक होते हैं) ▸ **hawk** *v.* घर-घर जाकर माल बेचना, फेरी लगाना ▸ **hawker** *n.* फेरीवाला

hay /हे/ *n.* पशुओं के खाने की सूखी घास

haywire /'हेवाइअ(र्)/ *adj.* गड़बड़, अस्त-व्यस्त, ख़राब

hazard /'हैज़ड्/ *n.* ख़तरा या जोख़िम ▸ **hazard** *v.* किसी बात का अनुमान लगाना (जो ग़लत भी हो सकती है), जोखिम में डालना

haze /हेज़्/ *n.* 1 ऐसी हवा जिसमें जल की छोटी-छोटी बूँदों के कारण दृश्य की स्पष्टता प्रभावित हो, हलकी धुंध 2 धुंधभरी वायु 3 हलकी भ्रांति, उलझन

hazy /'हेज़ि/ *adj.* 1 धुंधभरा, अस्पष्ट (विशेषतः ताप या गरमी के कारण) 2 जिसे स्पष्टतया याद करना या समझना कठिन हो

he /ही/ *pron.* (क्रिया का कर्ता) पूर्वनिर्दिष्ट पुरुष व्यक्ति ▸ **he** *n.* नर पशु

head /हेड्/ *n.* 1 सिर 2 मस्तिष्क, दिमाग़ 3 शीर्ष, आगे का या सर्वाधिक महत्वपूर्ण अंश 4 सिक्के का पहलू जिस पर व्यक्ति का सिर बना होता है ▸ **head** *v.* 1 निर्दिष्ट दिशा में आगे बढ़ना 2 किसी बात का दायित्व लेना या नेतृत्व करना 3 किसी पंक्ति में सबसे आगे होना, सूची में सबसे ऊपर होना आदि

heading /'हेडिङ्/ *n.* शीर्षक

heal /हील्/ *v.* पुनः स्वस्थ हो जाना, पुनः स्वस्थ कर देना

health /हेल्थ्/ *n.* 1 व्यक्ति के शरीर या मन की दशा, स्वास्थ्य, सेहत 2 रोगमुक्त और स्वस्थ होने की स्थिति 3 चिकित्सा सुविधा उपलब्ध कराने का कार्य

healthy /'हेल्थि/ *adj.* (**healthier, healthiest**) 1 निरोग, ठीक-ठाक, सशक्त और स्वस्थ 2 (शारीरिक या मानसिक रूप से) सुस्वस्थ ▸ **healthily** *adv.* स्वस्थ भाव से

heap /हीप्/ *n.* 1 वस्तुओं का अव्यवस्थित ढेर 2 बहुत बड़ी संख्या या मात्रा, बहुतायत, प्रचुरता ▸ **heap** *v.* 1 चीज़ों का ढेर लगाना, अंबार लगाना 2 किसी स्थान को किसी वस्तु से भर देना, किसी पर कोई चीज़ लाद देना

hear /हिअ(र्)/ *v.* 1 सुनना 2 किसी बात को बताया जाना या सूचित किया जाना

hearing /ˈहिअरिङ्/ *n.* **1** सुनने की क्षमता, श्रवण-शक्ति **2** कचहरी में जज के सामने गवाही, सुनवाई

hearse /हस्/ *n.* शव ले जाने का वाहन, शवयान

heart /हाट्/ *n.* **1** हृदय, दिल **2** व्यक्ति के मनोभावों का केंद्र **3** प्रेम का अभिव्यंजक हृदय की आकृति का प्रतीक (कोई वस्तु, प्रायः लाल या गुलाबी)

heartbreak /ˈहाट्ब्रेक्/ *n.* बहुत गहरी मनोव्यथा, दिल का टूट जाना

hearten /ˈहाट्न्/ *v.* प्रोत्साहित करना, उत्साह बढ़ाना, किसी की प्रसन्नता बढ़ाना

hearth /हाथ्/ *n.* घर में चूल्हा जलाने की जगह या चूल्हे के सामने की जगह

hearty /ˈहाटि/ *adj.* **1** स्नेहमयी और मैत्रीपूर्ण भावनाओं वाला, हार्दिक **2** प्रसन्नता तथा ऊर्जा से भरा हुआ, उन्मुक्त **3** तगड़ा, तीव्र, तेज़, छककर किया जाने वाला (भोजन)

heat /हीट्/ *n.* **1** ताप, गरमी **2** गरमी का मौसम **3** क्रोध या उत्तेजना की दशा या क्षण ▸ **heat** *v.* गरम या गुनगुना हो जाना या कर देना

heater /ˈहीट(र्)/ *n.* पानी या कमरे, कार आदि की वायु को गरम करने वाली मशीन, हीटर

heating /ˈहीटिङ्/ *n.* कमरों और इमारतों को सुखद रूप से गरम रखने वाली प्रणाली, तापन

heave /हीव्/ *v.* **1** एक ही सफल प्रयास में किसी भारी व्यक्ति या वस्तु को ऊपर उठाना, खींचना या फेंकना **2** भारीपन के साथ लगातार ऊपर-नीचे गिरना या अंदर-बाहर जाना ▸ **heave** *n.* ज़ोर से खींचने, धकियाने, फेंकने आदि की क्रिया

heaven /ˈहेव्न्/ *n.* **1** स्वर्ग, कुछ धर्मों की मान्यता के अनुसार ईश्वर का निवासस्थान जहाँ मृत्यु के बाद अच्छी आत्माएँ जाती हैं **2** ऐसा स्थान या स्थिति जिसमें आप प्रसन्न रहते हैं, आनंद या सुख-शांति का स्थान

heavenly /ˈहेव्न्लि/ *adj.* **1** स्वर्ग, आकाश या अंतरिक्ष से संबंधित **2** बहुत आनंदप्रद, आश्चर्यजनक

heavy /ˈहेवि/ *adj.* **(heavier, heaviest) 1** भारी, जिसे उठाना या हिलाना मुश्किल हो **2** व्यक्ति या वस्तु का भार पूछने के लिए प्रयुक्त **3** अधिक बड़ा, ज़ोरदार, उग्र या असाधारण ▸ **heavily** *adv.* अत्यधिक, भारीपन से

heckle /ˈहेकल्/ *v.* कठिन प्रश्नों या अशिष्ट टिप्पणियों से वक्ता के सार्वजनिक भाषण में बाधा डालना, टोकाटाकी करना ▸ **heckler** *n.* टोकाटोकी करने वाला

hectare /ˈहेक्टेअ(र्)/ *n.* भूमि की एक माप, दस हज़ार वर्ग मीटर, हेक्टेअर

hectic /ˈहेक्टिक्/ *adj.* अत्यधिक व्यस्त, प्रायः बहुत से कार्य शीघ्र करते हुए ▸ **hectically** *adv.* अतिव्यस्ततापूर्वक

hedge /हेज्/ *n.* झाड़ीदार बाड़ जो एक खेत या बग़ीचे को दूसरे से अलग करती है ▸ **hedge** *v.* प्रश्न का सीधा उत्तर देने से कतराना, हिचकिचाना

hedonism /ˈहीडनिज़म्/ *n.* जीवन में सुख को ही सबसे महत्त्वपूर्ण माननेवाला विचार, सुखवाद, भोगवाद ▸ **hedonistic** *adj.* सुख-संबंधी, भोगवादी

heed /हीड्/ *v.* सलाह, चेतावनी आदि पर ध्यान देना ▸ **heed** *n.* सावधानी, ध्यान

heel /हील्/ *n.* **1** एड़ी, पैर का पिछला हिस्सा **2** ज़ुराब या मोज़े आदि का एड़ी

को ढकने वाला हिस्सा, मोज़े की एड़ी ▸ **heel** *v.* जूते की एड़ी की मरम्मत करना

hefty /ˈहेफ़्टि/ *adj.* बड़ा और मज़बूत या भारी

hegemony /हिˈजेमनि, ˈगे-/ *n.* (*pl.* **hegemonies**) समूह विशेष के भीतर एक देश या संगठन का दूसरे पर आधिपत्य, प्राधान्य ▸ **hegemonic** *adj.* आधिपत्य-विषयक

heifer /ˈहेफ़(र्)/ *n.* जवान बछिया (विशेषतः वह जो अभी ब्याई नहीं)

h

height /हाइट्/ *n.* **1** लंबाई या ऊँचाई **2** भूमि से ऊपर की तरफ़ की दूरी, ऊँचाई

heinous /ˈहेनस्/ *adj.* जघन्य, भयंकर, वीभत्स

heir /एअ(र्)/ *n.* मालिक की मृत्यु के बाद उसकी संपत्ति का क़ानूनी हक़दार व्यक्ति, उत्तराधिकारी, वारिस

helicopter /ˈहेलिकॉप्ट(र्)/ *n.* एक छोटा हवाई जहाज़ जो हवा में सीधे ऊपर उठ सकता है, हेलिकॉप्टर के शीर्ष पर धातु की लंबी-पतली पत्ती होती है जो घूमती है, हेलिकॉप्टर

helix /ˈहीलिक्स्/ *n.* (*pl.* **helices**) कुंडली मारे सर्प जैसी आकृति या सिलेंडर अथवा शंकु के चारों ओर बनी वक्र रेखा, सर्पिल कुंडली

hell /हेल्/ *n.* **1** नरक, कुछ धर्मों की मान्यता के अनुसार शैतान का निवासस्थान जहाँ पापी मरने के बाद जाते हैं **2** अत्यंत अप्रिय या कष्टप्रद स्थिति या स्थान, नारकीय **3** क्रोध व्यक्त करने के लिए अपशब्द के रूप में प्रयुक्त

hello /हˈलो/ *exclam.* किसी से मिलने पर, किसी का ध्यान खींचने के लिए या फ़ोन करते समय प्रयुक्त

helm /हेल्म्/ *n.* नाव या जहाज़ का दिशा-निर्देश करने वाला अंग, पतवार या पहिया/चाक

helmet /ˈहेल्मिट्/ *n.* सिर का बचाव करने वाला एक प्रकार का कड़ा टोप, हेल्मेट

help /हेल्प्/ *v.* **1** किसी की सहायता करना **2** हालात को बेहतर या अधिक आसान बना देना **3** संकट या कठिनाई में किसी से मदद पाना ▸ **help** *n.* **1** सहायता, मदद **2** सहायता करने वाला व्यक्ति या वस्तु, मददगार

helpful /ˈहेल्पफ़ल्/ *adj.* सहायता करने वाला, सहायतापूर्ण, सहायक, सहायता के लिए तत्पर ▸ **helpfully** *adv.* सहायतापूर्वक

helping /ˈहेल्पिङ्/ *n.* तश्तरी में एक बार में परोसे भोजन की मात्रा

helpless /ˈहेल्प्लस्/ *adj.* असहाय, लाचार, विवश, बिना दूसरों की सहायता के अपनी देखभाल या अल्प काम करने में असमर्थ ▸ **helplessly** *adv.* असहाय भाव से, लाचार या विवश होकर ▸ **helplessness** *n.* सहायताहीनता, लाचारी, विवशता

helter-skelter /ˌहेल्टˈस्केल्ट(र्)/ *adj.* & *adv.* हड़बड़ाकर, हड़बड़ी में, खलबली में

hem /हेम्/ *n.* स्कर्ट, पैंट आदि पोशाक के सबसे नीचे का किनारा, गोट ▸ **hem** *v.* (**hemming, hemmed**) पोशाक का किनारा बनाना या गोट लगाना

hemisphere /ˈहेमिस्फ़िअ(र्)/ *n.* **1** पृथ्वी का आधा भाग, गोलार्ध **2** गेंद के आधे भाग की आकृति, अर्धवृत्त, आधा गोला

hemp /हेम्प्/ *n.* सन, जिससे रस्सी व मोटे कपड़े बनते हैं और ग़ैर-क़ानूनी मादक पदार्थ, गाँजा तैयार होता है, पटसन

hen /हेन्/ *n.* 1 मुर्गी 2 कोई भी मादा पक्षी

hence /हेन्स्/ *adv.* अतएव, इस कारण से, फलतः

henchman /'हेन्च्मन्/ *n.* (*pl.* **-men**) किसी की रक्षा के लिए नियुक्त व्यक्ति जो ग़ैर-क़ानूनी या हिंसात्मक कार्य भी कर सकता है

henna /'हेना/ *n.* लाल-भूरा रंग जो मेंहदी के पौधे से प्राप्त होता है, हाथों आदि को सजाने के लिए इसका प्रयोग किया जाता है, मेहंदी

hepatitis /, हेप'टाइटिस्/ *n.* शरीर के एक प्रमुख अंग यकृत की एक गंभीर बीमारी, यकृत-शोथ, जिगर की सूजन

her /ह(र्)/ *pron.* पूर्वनिर्दिष्ट स्त्री व्यक्ति, उसे ▸ **her** *det.* पूर्वनिर्दिष्ट स्त्री व्यक्ति का या उसके स्वामित्व का या उससे संबद्ध, उसका/के/की

herald /'हेरल्ड्/ *v.* इस बात का संकेत होना कि कुछ घटित होने वाला है

herb /हब्/ *n.* पौधा जिनके बीज तथा पत्तियाँ खाना बनाने तथा दवाई के रूप में प्रयुक्त होते हैं, जड़ी-बूटी

herbicide /'हबिसाइड्/ *n.* ग़लत स्थान पर उग आए या अनचाहे पौधों का नाशक रसायन, तृणनाशक

herbivore /'हबिव़ॉ(र्)/ *n.* शाकाहारी प्राणी ▸ **herbivorous** *adj.* शाकाहारी

herd /हड्/ *n.* साथ रहने और खाने वाले पशुओं का झुंड ▸ **herd** *v.* लोगों या पशुओं को झुंड में कहीं ले जाना

here /हिअ(र्)/ *adv.* 1 जहाँ आप हैं वहाँ या उस ओर, या जिस ओर आप इशारा कर रहे हैं, यहाँ 2 किसी व्यक्ति या वस्तु की ओर ध्यान खींचने या उसे प्रस्तुत करने के लिए वाक्य के आरंभ में प्रयुक्त ▸ **here** *exclam.* सहायता की पेशकश करते हुए या कुछ देते हुए किसी का ध्यान आकृष्ट करने के लिए प्रयुक्त

hereditary /ह'रेडिट्रि/ *adj.* माता-पिता से संतान तक पहुँचाया हुआ, पुश्तैनी, आनुवंशिक

heresy /'हेरसि/ *n.* (*pl.* **heresies**) सर्वमान्य मान्यता के विपरीत धारणा, अपसिद्धांत, विधर्म, अधर्म

heretic /'हेरटिक्/ *n.* ऐसा व्यक्ति जिसके धार्मिक विश्वास अस्वीकार्य या सदोष माने गए हों, विधर्मी, अधर्मी ▸ **heretical** *adj.* विधर्म-संबंधी

heritage /'हेरिटिज्/ *n.* एक देश की चिरकालिक तथा महत्वपूर्ण मानी गई परंपराएँ, विशेषताएँ और संस्कृति; धरोहर, विरासत

hermaphrodite /ह'मैफ्रडाइट्/ *n.* व्यक्ति, पशु या पुष्प जिसमें नर और मादा दोनों के यौनांग या लक्षण हों, उभयलिंगी

hermit /'हमिट्/ *n.* सामाजिक जीवन से दूर एकांत में रहने वाला व्यक्ति, एकांतवासी, संन्यासी

hernia /'हनिआ/ *n.* आँत आदि आंतरिक अंग का मांसपेशियों में से बाहर आ जाने का रोग, आँत उतरने का रोग, हर्निया, अंत्रवृद्धि

hero /'हिअरो/ *n.* (*pl.* **heroes**) 1 प्रशंसित व्यक्ति (विशेषतः कठिन या अच्छा काम करने के लिए), वीर 2 किसी पुस्तक, नाटक, फ़िल्म आदि में सर्वाधिक महत्वपूर्ण पुरुष पात्र, नायक, हीरो

heroic /ह'रोइक्/ *adj.* (व्यक्ति और उनके कार्य) साहसपूर्ण, हिम्मत वाला ▸ **heroically** *adv.* साहसपूर्वक, हिम्मत से

heroin /'हेरोइन्/ *n.* मॉर्फ़ीन से उत्पन्न एक शक्तिशाली ग़ैर-क़ानूनी नशीला पदार्थ, हेरोइन

heroine /'हेरोइन्/ *n.* **1** प्रशंसित महिला (विशेषतः कठिन या अच्छा काम करने के लिए), वीरांगना **2** (पुस्तक, नाटक या फ़िल्म आदि की सर्वाधिक महत्वपूर्ण स्त्री पात्र), नायिका

herpes /'हर्पीज़्/ *n.* एक संक्रामक त्वचा-रोग जिसमें त्वचा पर (विशेषतः चेहरे और गुप्तांगों पर) तकलीफ़देह चकत्ते उभर आते हैं, इकलंगी माता, विसर्पिका

h

hers /हर्ज़्/ *pron.* स्त्री का या उससे संबंधित

herself /हˈसेल्फ़्/ *pron.* **1** उस स्थिति को व्यक्त करने के लिए प्रयुक्त जब किसी क्रिया को करने वाली स्त्री अपनी क्रिया से स्वयं भी प्रभावित हो, स्वयं को **2** स्त्री पर बल देने के लिए प्रयुक्त, स्वयं, ख़ुद कोई क्रिया करने वाली

hertz /हर्ट्स्/ *n.* (*pl.* **hertz**) ध्वनि-तरंगों की आवृत्ति (फ्रीक्वेंसी) नापने की इकाई, हर्ट्ज़

hesitant /'हेज़िटन्ट्/ *adj.* अनिश्चय के कारण बोलने या कुछ करने में मंद, झिझकने या हिचकने वाला, संकोची ▸ **hesitantly** *adv.* हिचकते हुए, संकोचपूर्वक

hesitate /'हेज़िटेट्/ *v.* **1** किसी बात पर हिचकना, झिझकना, अनिश्चय या चिंता के कारण मंद गति से कुछ करना या निर्णय लेना **2** कुछ करने में हिचकना या झिकना ▸ **hesitation** *n.* हिचकिचाहट, संकोच

heterogeneous /ˌहेटर'जीनिअस्/ *adj.* विभिन्न प्रकार के व्यक्तियों या वस्तुओं वाला, विषमांग, विषमरूप, पंचमेल

heterosexual /ˌहेटर'सेक्शुअल्/ *adj.* विपरीतलिंगी व्यक्ति के प्रति कामुक भाव से आकृष्ट ▸ **heterosexual** *n.* विपरीतलिंगकामी

heuristic /ह्यु'रिस्टिक्/ *adj.* (शिक्षण के तरीक़े के लिए प्रयुक्त) स्वतः शोध एवं अनुभव पर आधारित ▸ **heuristically** *adv.* स्वतः शोध एवं अनुभव के आधार पर

hew /ह्यू/ *v.* (कुल्हाड़ी या तलवार से) काटना, चीरना, फाड़ना

hexagon /'हेक्सगन्/ *n.* छह फलकों वाली आकृति, षड्भुज ▸ **hexagonal** *adj.* षट्भुजाकार

heyday /'हेडे/ *n.* व्यक्ति या वस्तु के सर्वाधिक शक्तिशाली, सफल आदि होने का समय, समृद्धि-काल, स्वर्ण-काल, बहार का समय

hiatus /हाइ'ऐटस्/ *n.* **1** किसी गतिविधि में विराम जबकि कुछ भी घटित नहीं होता है, अंतराल **2** (लेख या भाषण) निरंतरता में रुकावट, क्रमभंग, विच्छेद

hibernate /'हाइबनेट्/ *v.* (कुछ पशुओं का) गहरी निद्रा की-सी स्थिति में शीतकाल को बिताना, शीत स्वाप करना ▸ **hibernation** *n.* शीतनिद्रा

hiccup /'हिकप्/ *n.* **1** गले से निकलने वाली अचानक अनियंत्रित एवं निरंतर आवाज़, हिचकी **2** छोटी-मोटी समस्या या कठिनाई ▸ **hiccup** *v.* हिचकी लेना

hide /हाइड्/ *v.* (**hid, hidden**) **1** व्यक्ति या वस्तु को ऐसी जगह रखना जहाँ कोई देख न सके, छिपाना, किसी वस्तु को ऐसे ढकना कि वह दिखाई न दे, छिपा देना **2** ऐसे स्थान पर होना या जाना जहाँ

आप दिखाई न दें या आपका पता न लगे, छिपना ▸ **hide** *n.* **1** (चमड़ा आदि बनाने में प्रयुक्त) पशुओं की खाल, पशु चर्म **2** वन्य पशुओं, पक्षियों आदि को छिपकर देखने का स्थान

hideous /'हिडिअस्/ *adj.* बहुत भद्दा या अरुचिकर ▸ **hideously** *adv.* भद्दे तरीक़े से

hiding /'हाइडिङ्/ *n.* **1** छिपे होने की स्थिति, छिपाव, गोपन **2** पिटाई, ठुकाई

hierarchy /'हाइअराकि/ *n.* (*pl.* **hierarchies**) श्रेणीबद्ध संस्था अथवा प्रणाली, निम्न–उच्चक्रम, अधिक्रम, पदानुक्रम ▸ **hierarchical** *adj.* अधिक्रमिक, पदानुक्रमिक

hieroglyphics /ˌहाइअर'ग्लिफ़िक्स्/ *n.* (*pl.*) प्राचीन मिस्र में प्रचलित चित्रलिपि

hi-fi /'हाइ फ़ाइ/ *n.* रिकार्ड किए संगीत को बजाने का उपकरण (जो उत्कृष्ट स्वर उत्पन्न करता है) ▸ **hi-fi** *adj.* उच्च क्षमता संपन्न

high /हाइ/ *adj.* **1** (वस्तुएँ) जिनमें निम्नतम से उच्चतम बिंदु तक लंबी दूरी हो, ऊँचा या ऊँची **2** ख़ास ऊँचाई का, निर्दिष्ट प्रकार से ऊँचा **3** सामान्य स्तर या क़ीमत से ऊपर, ऊँचा, अधिक, तेज़ **4** (ध्वनि या स्वर) गहरा या नीचा नहीं, ऊँचा ▸ **high** *adv.* **1** उच्च स्थिति या स्तर पर या उसकी ओर, ऊँचा **2** (ध्वनि) उच्च स्तर की, ऊँचा

highlight /'हाइलाइट्/ *v.* **1** किसी अंश या चीज़ की ओर लोगों का ध्यान आकृष्ट करने के लिए ज़ोर देना **2** व्यक्ति के कुछ बालों को हलके रंग में रंग देना ▸ **highlight** *n.* किसी वस्तु का सर्वोत्तम या सबसे रोचक अंश, मुख्यांश, झलकी

highly /'हाइलि/ *adv.* **1** काफ़ी अधिक सीमा तक या मात्रा में, अत्यधिक **2** प्रशंसा के साथ

Highness /'हाइनस्/ *n.* शाही ख़ानदान के सदस्य का निर्देश करने के लिए प्रयुक्त

highway /'हाइवे/ *n.* (नगरों के बीच) मुख्य मार्ग, राजमार्ग, हाइवे

hijack /'हाइजैक्/ *v.* **1** बलप्रयोग द्वारा विमान को क़ाबू कर लेना (प्रायः राजनीतिक कारणों से), विमान का अपहरण कर लेना **2** किसी सभा, कार्यक्रम आदि का नियंत्रण अपने हाथ में ले लेना (ताकि लोग किसी विशेष बात पर ध्यान देने के लिए विवश हो जाएँ), सभा आदि का अपहरण कर लेना ▸ **hijack** *n.* अपहरण ▸ **hijacker** *n.* अपहरणकर्ता ▸ **hijacking** *n.* अपहरण की क्रिया, अपहरण

hike /हाइक्/ *n.* देहाती क्षेत्र में लंबी पैदल यात्रा ▸ **hike** *v.* लंबी पैदल यात्रा करना ▸ **hiker** *n.* पैदल यात्री

hilarious /हि'लेअरिअस्/ *adj.* बहुत मज़ेदार, हास्यक ▸ **hilariously** *adv.* बहुत मज़ेदार ढंग से, हास्यकतापूर्वक

hill /हिल्/ *n.* ऊँची भूमि (पर्वत से कम ऊँची), पहाड़ी

hillock /'हिलक्/ *n.* छोटी पहाड़ी, गिरिका

hilt /हिल्ट्/ *n.* चाकू या तलवार की मूठ

him /हिम्/ *pron.* पूर्वनिर्दिष्ट पुरुष व्यक्ति, उसे

himself /हिम्'सेल्फ़्/ *pron.* **1** जब पुरुष व्यक्ति अपनी क्रिया से स्वयं भी प्रभावित हो, अपने को, ख़ुद को **2** पुरुष कर्ता पर बल देने के लिए प्रयुक्त, स्वयं, ख़ुद

hind /हाइन्ड्/ *adj.* (पशुओं की टाँगें इत्यादि) पिछला, पिछली (टाँगें)

hinder /ˈहिन्ड(र्)/ *v.* व्यक्ति या वस्तु के लिए कठिनाई पैदा करना, किसी के काम में बाधा डालना

Hindi *n.* संस्कृत से व्युत्पन्न एवं देवनागरी लिपि में लिखित भारत-यूरोपीय मूल की एक भाषा, हिंदी, यह मुख्यतः उत्तर तथा मध्य भारत में बोली जाती है ▸ **Hindi** *adj.* हिंदी का, हिंदी-विषयक

hindrance /ˈहिन्ड्रन्स/ *n.* किसी काम में कठिनाई पैदा करने वाला व्यक्ति या वस्तु, बाधक तत्व, रुकावट, बाधा, विघ्न

h

hindsight /ˈहाइन्ड्साइट्/ *n.* घटना के घटित हो जाने के बाद उपजी समझदारी, पश्चबुद्धि

Hindu *n.* हिंदू धर्म का अनुयायी ▸ **Hindu** *adj.* हिंदू-विषयक, हिंदू का

Hinduism *n.* हिंदू धर्म, हिंदू लोग बहुदेवतावाद और पुनर्जन्म में विश्वास करते हैं, हिंदूवाद

hinge /हिन्ज्/ *n.* दरवाज़े, संदूक़ आदि के क़ब्ज़े जिसके सहारे दरवाज़े आदि खुलते और बंद होते हैं, संधि ▸ **hinge** *v.* (**hinge on sth**) किसी बात पर निर्भर होना

hint /हिन्ट्/ *n.* **1** परोक्ष संकेत, इशारा **2** भविष्य में घटित होने वाली बात का संकेत ▸ **hint** *v.* किसी बात का परोक्ष संकेत करना

hinterland /ˈहिन्टलैन्ड्/ *n.* समुद्र तट, नदी तट, मुख्य नगरों से दूर का इलाक़ा, पृष्ठ प्रदेश, पश्च या भीतरी प्रदेश

hip /हिप्/ *n.* टांगों से ऊपर तथा कमर से नीचे शरीर का पार्श्व भाग, कूल्हा, पुट्ठा

hippie /ˈहिपि/ *n.* (*also* **hippy**) (*pl.* **hippies**) पाश्चात्य समाज की जीवन-शैली और मूल्य व्यवस्था का तिरस्कार करने वाला व्यक्ति, हिप्पी

hippopotamus /ˌहिपˈपॉटमस्/ (*also* **hippo**) *n.* (*pl.* **hippopotamuses** or **hippopotami**) अफ़्रीक़ी दरियाई स्तनधारी जिसका सिर बड़ा होता है और आँखें छोटी, दरियाई घोड़ा

hire /ˈहाइअ(र्)/ *v.* **1** किसी वस्तु को किराए पर लेना **2** किसी को थोड़े समय के लिए कोई काम देना ▸ **hire** *n.* थोड़े समय के उपयोग के लिए धन देने की क्रिया, किराए पर लेना

his /हिज़्/ *det. & pron.* पूर्वनिर्दिष्ट पुरुष व्यक्ति का उससे संबद्ध, उसका/के/की

hiss /हिस्/ *v.* **1** क्रोध या अरुचि व्यक्त करने के लिए सी-सी की लंबी आवाज़ करना **2** सी-सी करते हुए क्रोध में कुछ कहना, फुफकारना ▸ **hiss** *n.* सिसकारी, फुफकार

historian /हिˈस्टॉरिअन्/ *n.* इतिहासकार, इतिहासविद, इतिहासज्ञ

historic /हिˈस्टॉरिक्/ *adj.* इतिहास में महत्वपूर्ण, ऐतिहासिक (महत्व)

historical /हिˈस्टॉरिक्ल्/ *adj.* वास्तविक, भौतिक अस्तित्व वाला, इतिहास से संबंधित, ऐतिहासिक ▸ **historically** *adv.* ऐतिहासिक रूप से

history /ˈहिस्ट्रि/ *n.* (*pl.* **histories**) **1** अतीत की घटनाएँ, इतिहास **2** किसी व्यक्ति या वस्तु से संबद्ध घटनाएँ या तथ्य, इतिहास

histrionic /ˌहिस्ट्रिˈऑनिक्/ *adj.* अभिनय का, रंगमंच का, नाटकीय, रंगमंचीय

hit /हिट्/ *v.* **1** किसी के साथ अचानक उग्र संपर्क होना, टकराना, प्रहार करना, चोट मारना **2** शरीर के किसी अंग को किसी

वस्तु पर रखकर चोट मारना, शरीर के अंग का किसी वस्तु से टकराना **3** किसी व्यक्ति या वस्तु पर प्रतिकूल प्रभाव होना ▸ **hit** *n.* **1** किसी पर प्रहार करने का कार्य, प्रहार, आघात **2** बहुत लोकप्रिय या सफल व्यक्ति या वस्तु **3** कंप्यूटर (विशेषतः इंटरनेट) पर खोज का परिणाम, हिट

hitch /हिच्/ *v.* **1** वाहन के ड्राइवर से अनुरोध कर उसके साथ अपने गंतव्य तक मुफ़्त यात्रा करना **2** एक वस्तु को दूसरी के साथ बाँधना ▸ **hitch** *n.* छोटी समस्या या कठिनाई

hither /हिद(र्)/ *adv.* इस ओर, इधर

hitherto /ˌहिद'टू/ *adv.* अभी तक

HIV /ˌएच्आइ'वी/ *abbr.* **'human immunodeficiency virus'** का संक्षिप्त रूप, एड्स का रोग उत्पन्न करने वाला वाइरस, एचआईवी

hive /हाइव्/ *n.* मधुमक्खियों का छत्ता, शहद का छत्ता

hoard /हॉड्/ *n.* धन, भोजन आदि का (प्रायः गुप्त) भंडार ▸ **hoard** *v.* किसी वस्तु को बड़ी मात्रा में (प्रायः गुप्त रीति से) संचित कर जमा करना

hoarding /'हॉडिङ्/ *n.* जमाख़ोरी, अपसंचय

hoarse /हॉस्/ *adj.* (व्यक्ति या उसका स्वर) फटा-फटा और बैठा हुआ (विशेषतः गले में दर्द के कारण), कर्कश स्वर ▸ **hoarsely** *adv.* कर्कश स्वर में

hoary /'हॉरि/ *adj.* (बुढ़ापे के कारण) सफ़ेद, धवल

hoax /होक्स्/ *n.* असत्य को सत्य दर्शाने के लिए किया गया छल (प्रायः बुरा), झाँसा-पट्टी

hob /हॉब्/ *n.* स्टोव का ऊपरी सिरा जिस पर खाना बनता है

hobble /'हॉब्ल्/ *v.* पैरों या टाँगों में दर्द के मारे कठिनाई से चलना, लँगड़ाते हुए चलना

hobby /'हॉबि/ *n.* (*pl.* **hobbies**) ख़ाली समय में अपनी ख़ुशी के लिए नियमित रूप से किया गया काम, शौक़

hobnob /'हॉब्नॉब्/ *v.* (किसी के साथ) घुल-मिलकर बातें करना, (किसी के साथ) शराब पीना, साँठ-गाँठ करना

hockey /'हॉकि/ *n.* ग्यारह खिलाड़ियों के दो दलों द्वारा मैदान में खेला जानेवाला एक खेल जिसमें खिलाड़ी एक छोटे कठोर गेंद को एक छड़ी जिसके किनारे मुड़े होते हैं, से मारकर गोल बनाते हैं, हॉकी (का खेल)

hocus-pocus /ˌहेकस्'पोकस्/ *n.* मदारी का खेल, इंद्रजाल, ढकोसला, प्रवंचना

hoe /हो/ *n.* कुदाली (इससे बग़ीचे की मिट्टी और बेकार के पौधे निकालते हैं)

hog /हॉग्/ *n.* पालतू सूअर ▸ **hog** *v.* (**hogging, hogged**) अपने हिस्से से अधिक हथिया लेना

hoist /हॉइस्ट्/ *v.* प्रायः रस्सी आदि के सहारे किसी वस्तु को ऊपर उठाना या खींचना

hoity-toity /ˌहॉइटि'टॉइटि/ *adj.* ऊधम, उपद्रव, शरारत

hold /होल्ड्/ *v.* **1** किसी व्यक्ति या वस्तु को थामे रहना **2** किसी वस्तु को विशेष दशा में थामना या बनाए रखना ▸ **hold** *n.* **1** व्यक्ति या वस्तु को पकड़ने का कार्य या ढंग, पकड़ **2** प्रभाव या नियंत्रण

holding /'होल्डिङ्/ *n.* खेती की ज़मीन, पट्टे की ज़मीन, जोत

hole /होल्/ *n.* **1** गड्ढा, छेद, किसी ठोस वस्तु में ख़ाली स्थान, छेद, सुराख़

2 ज़मीन में या पेड़ पर पशु-पक्षी के रहने का स्थान, माँद, बिल, विवर, कोटर

Holi *n.* रंगों का त्योहार होली

holiday /'हॉलिडे/ *n.* **1** स्कूल या काम से आराम का समय, छुट्टियाँ, दीर्घावकाश **2** धार्मिक या राष्ट्रीय उत्सव के कारण विश्राम का दिन, धार्मिक या राष्ट्रीय अवकाश

holistic /हो'लिस्‌टिक्, हॉ'लिस्‌टिक्/ *adj.* **1** अखंड रूप में, समग्र रूप में **2** उपचार का एक तरीक़ा जिसमें रोगी का संपूर्ण रूप से उपचार किया जाता है न कि केवल रोग के लक्षणों का, पूर्णतावादी

hollow /'हॉलो/ *adj.* **1** खोखला, पोला **2** (चेहरे के अंश) अंदर धँसे हुए, चिपके हुए **3** थोथा, झूठा, बनावटी **4** (आवाज़) ख़ाली स्थान से आती प्रतीत होती हुई

holly /'हॉलि/ *n.* चमकीले गहरे हरे नुकीले पत्तों वाला पौधा जिस पर सर्दियों में लाल बेर से फल लगते हैं, (प्रायः क्रिसमस कालीन सजावट में प्रयुक्त), शूलपर्णी

holocaust /'हॉलकॉस्ट्/ *n.* विनाश-लीला, विध्वंस

hologram /'हॉलग्रैम्/ *n.* किसी सतह पर लगी कोई लघु छवि या चित्र जो प्रकाश पड़ने पर अलग से चमकती-उभरती है, होलोग्राम

holy /'होलि/ *adj.* **(holier, holiest)** **1** पवित्र, धर्म या ईश्वर से संबंधित होने के कारण अति विशेष या महत्वपूर्ण **2** (व्यक्ति) परमेश्वर का सेवक, ईश्वर-भक्त, शुद्धात्मा ▸ **holiness** *n.* पवित्रता

homage /'हॉमिज्/ *n.* किसी के लिए श्रद्धांजलि, सार्वजनिक रूप से किसी व्यक्ति के लिए कहे गए शब्द या व्यक्त आदर

home /होम/ *n.* **1** निवास-स्थान, घर **2** विशेष प्रकार के व्यक्तियों या पशुओं को शरण देने वाला स्थान, शरण-स्थल, आश्रम, शाला (जैसे वृद्धाश्रम, गोशाला) **3** (किसी का) उद्‌गम स्थल, मूल स्थान ▸ **home** *adj.* **1** घर का, घर से संबंधित, घरेलू **2** अपने देश का, स्वदेशी न कि विदेश का, स्वदेश संबंधी

homely /'होम्‌लि/ *adj.* (स्थान) सीधा-सादा तथा ऐसा कि वहाँ आना अच्छा लगे, घर जैसा लगने वाला

homeopathy /ˌहोमि'ऑपथि/ *n.* होम्योपैथी की चिकित्सा पद्धति ▸ **homeopathic** *adj.* होम्योपैथी का

homicide /'हॉमिसाइड्/ *n.* एक व्यक्ति द्वारा दूसरे की ग़ैर-क़ानूनी हत्या, हत्या

homily /'हॉम्‌लि/ *n.* (सत्संग में) प्रवचन, उपदेश

homogeneous /ˌहॉम'जीनिअस्/ *adj.* एक ही प्रकार के अंशों से निर्मित, समरूप, समांगी

homogenize /हो'मॉजिनाइज़्/ *v.* **1** दूध को ऐसे संसाधित करना जिससे क्रीम अलग नहीं होता **2** एक-जैसा बनाना

homograph /'हॉमग्राफ़्/ *n.* 'bow' /बाउ/ and 'bow' /बो/ वर्तनी में समान परंतु अर्थ में (और प्रायः उच्चारण में भी) भिन्न शब्द, समलेखी शब्द

homonym /'हॉमनिम्/ *n.* उच्चारण तथा वर्तनी में समान परंतु अर्थ में भिन्न शब्द, समनाम

homophobia /ˌहॉम'फ़ोबिअ/ *n.* समलिंगकता और समलैंगिकों की घृणा या भय

homophone /'हॉमफ़ोन्/ *n.* उच्चारण में समान परंतु वर्तनी और अर्थ में भिन्न शब्द, समध्वनिक शब्द

Homo sapiens /ˌहोमो 'सैपिअन्ज़/ *n.* आधुनिक मानव जाति

homosexual /ˌहोम 'सेक्शुअल, ˌहॉम्/ *adj.* एक ही लिंग के व्यक्ति के प्रति कामुक भाव से आकृष्ट, समलैंगिक ▸ **homosexual** *n.* समलैंगिक व्यक्ति ▸ **homosexuality** *n.* समलैंगिकता

hone /होन्/ *n.* (उस्तरे आदि) की धार तेज़ करने का पत्थर, सान, हथियार

honest /'ऑनिस्ट्/ *adj.* **1** (व्यक्ति) सत्याचरण करने वाला, ईमानदार **2** ईमानदारी के गुणों वाला ▸ **honesty** *n.* ईमानदारी, सत्यनिष्ठा

honestly /'ऑनिस्ट्लि/ *adv.* ईमानदारी से, सत्यनिष्ठ भाव से

honey /'हनि/ *n.* **1** शहद, मधु **2** प्रियजन, **'darling'** के लिए अमेरिकी अंग्रेज़ी में प्रयुक्त शब्द

honk /हॉङ्क्/ *v.* कार का हॉर्न बजाना, कार के हॉर्न की आवाज़ निकालना

honorarium /ˌऑन 'रेअरिअम्/ *n.* (*pl.* **honoraria**) व्यावसायिक सेवाओं के लिए की गई अदायगी जिसके लिए कोई निश्चित राशि (प्रभारस्वरूप) नहीं ली जाती है, मानदेय

honorary /'ऑनररि/ *adj.* **1** सम्मान के रूप में प्रदत्त (जिसमें व्यक्ति को नियमित योग्यता के प्रमाण-पत्र की अपेक्षा नहीं होती), सम्मानद्योतक **2** अवैतनिक

honour /'ऑन(र्)/ *n.* **1** आदर, सम्मान **2** गौरव या प्रसन्नता देने वाली वस्तु, सम्मान की बात ▸ **honour** *v.* वादे को पूरा करना

honourable /'ऑनरबल्/ *adj.* **1** सम्मानजनक, सम्मानपूर्ण **2 (the Hon)** *abbr.* कतिपय उच्च अधिकारियों और संसद-सदस्यों द्वारा एक-दूसरे के लिए प्रयुक्त संबोधन, माननीय ▸ **honourably** *adv.* सम्मान भाव से, सम्मानजनक रीति से

hood /हुड्/ *n.* **1** कोट में लगी टोपी जो सिर और गरदन को ढकती है, हुड **2** बग़ैर छत की कार का कपड़े आदि से बना कवर या बच्चा गाड़ी का फ़ोल्डिंग कवर (जो अच्छे मौसम में लपेटकर रखा जा सकता है)

hoodlum /'हूड्लम्/ *n.* उपद्रवी, दंगाई, गुंडा

hoodwink /'हुड्विङ्क्/ *v.* चकमा देना, धोखा देना, आँखों में धूल झोंकना

hoof /हूफ़्/ *n.* (*pl.* **hoofs** or **hooves**) घोड़ा आदि पशुओं का खुर

hook /हुक्/ *n.* **1** किसी वस्तु को टाँगने की खूँटी या मछली पकड़ने का हुक, काँटा **2** (मुक्केबाज़ी) एक प्रकार का प्रहार जिसमें बाँह मोड़कर घूँसा मारते हैं ▸ **hook** *v.* हुक से बाँधना या (किसी वस्तु को) पकड़ना या हुक के आकार की किसी वस्तु को बाँधना, इस प्रकार से बाँधना

hookah /'हुक/ *n.* लंबी ट्यूब के साथ तंबाकू वाली एक पाइप जिससे पानी द्वारा धुआँ खींचा जाता है, हुक़्क़ा

hooligan /'हूलिगन्/ *n.* सार्वजनिक स्थानों पर उग्र और आक्रामक आचरण करने वाला व्यक्ति, उपद्रवी, दंगाई, गुंडा ▸ **hooliganism** *n.* उपद्रव, दंगा-फ़साद, गुंडा-गर्दी

hoop /हूप्/ *n.* धातु या प्लास्टिक का बड़ा छल्ला, छर-पट्टी

hooray /हु'रे/ *exclam.* बहुत ख़ुशी आदि व्यक्त करने के लिए प्रयुक्त, हुर्रे

hoot /हूट्/ *n.* **1** वाहन में लगे भोंपू की

आवाज़ 2 उल्लू की आवाज़ ▸ **hoot** *v.* कार का हॉर्न बजाना या ठहाके मारना

hoover /ˈहूव(र्)/ *v.* धूल सोखने वाली मशीन से क़ालीन आदि को साफ़ करना

hop /हॉप्/ *v.* **(hopping, hopped)** 1 (व्यक्ति का) एक टाँग के बल उछलना या कूदना 2 (पशु या पक्षी का) दोनों या सब पैरों के बल उछलना या कूदना 3 एक क्रिया या विषय से दूसरे पर जल्दी-जल्दी जाना, जल्दी-जल्दी क्रिया या विषय परिवर्तन करना ▸ **hop** *n.* व्यक्ति का एक पैर से कूदना या पशु या पक्षी का एक साथ सब पैरों के बल उछलना

hope /होप्/ *v.* अनुकूल स्थिति की आशा करना या चाहना कि कुछ घटित हो या कोई बात सच हो, किसी घटना के घटित होने या बात के सच होने की आशा करना ▸ **hope** *n.* किसी घटना के घटित होने की चाह, आशा, उम्मीद

hopefully /ˈहोप्फ़लि/ *adv.* 1 मुझे /हमें आशा है, यदि वैसा ही हुआ जैसा सोचा था 2 आशा करते हुए कि जो हम चाहते हैं वही होगा, अभीष्ट परिणाम की आशा करते हुए

hopeless /ˈहोप्लस्/ *adj.* 1 निराशापूर्ण काम में सफलता या बेहतरी की आशा से रहित 2 (व्यक्ति) अकसर ग़लत काम करने वाला, एकदम अनाड़ी ▸ **hopelessly** *adv.* निराशापूर्वक ▸ **hopelessness** *n.* निराशावादिता

horde /हॉड्/ *n.* 1 लोगों का झुंड, भीड़ 2 ख़ानाबदोश जाति

horizon /हˈराइज़्न्/ *n.* 1 क्षितिज, वह रेखा जहाँ पृथ्वी और आकाश मिलते प्रतीत होते हैं 2 (*pl.* **horizons**) ज्ञान या अनुभव की परिधि

horizontal /ˌहॉरिˈज़ॉन्ट्ल्/ *adj.* क्षितिज के समानांतर, एक पार्श्व से दूसरे पार्श्व की ओर (न कि ऊपर और नीचे), समतल ▸ **horizontally** *adv.* क्षितिज के अनुरूप

hormone /ˈहॉमोन्/ *n.* शरीर की वृद्धि और विकास को प्रभावित करने वाला तत्व, अंतःस्राव, हॉरमोन ▸ **hormonal** *adj.* हॉरमोन संबंधी

horn /हॉन्/ *n.* 1 (पशुओं के) सींग 2 कार आदि का हॉर्न या भोंपू 3 फूँक मारकर बजाने का एक वाद्य, तुरही

hornet /ˈहॉनिट्/ *n.* तीखा डंक मारने वाला काला-पीला उड़न कीट, हाड़ा, बर्र, भिड़, ततैया

horny /ˈहॉनि/ *adj.* सींग-का, सींग-जैसा

horoscope /ˈहॉरस्कोप्/ *n.* व्यक्ति के जन्म के समय ग्रह एवं नक्षत्रों की स्थिति के आधार पर भविष्यवाणी, जन्मपत्री, जन्मकुंडली

horrendous /हॉˈरेन्डस्/ *adj.* बहुत बुरा या अप्रिय ▸ **horrendously** *adv.* अप्रिय रीति से

horrible /ˈहॉरब्ल्/ *adj.* 1 बुरा, दुष्ट या अप्रिय 2 बहुत बुरा और/या भयावह ▸ **horribly** *adv.* भयावह रूप से

horrid /ˈहॉरिड्/ *adj.* बहुत अप्रिय या बुरा लगने वाला या हृदयहीन, अमनोहर

horrific /हˈरिफ़िक्/ *adj.* 1 बहुत बुरा और आघातकारी या भयावह 2 बहुत बुरा या अप्रिय ▸ **horrifically** *adv.* अत्यधिक अप्रिय रूप से

horrify /ˈहॉरिफ़ाइ/ *v.* किसी को अत्यंत आहत, खीजाना या भयभीत करना ▸ **horrifying** *adj.* भयभीत करने वाला

horror /ˈहॉर(र्)/ *n.* 1 बहुत डर या

सदमा, दहशत, आतंक **2** भयभीत करने वाली या सदमा पहुँचाने वाली कोई वस्तु, त्रासदायक वस्तु

hors d'oeuvre /ˌऑ'डव्/ *n.* भोजन का पहला छोटा स्वादिष्ट या चटपटा कौर

horse /हॉस्/ *n.* **1** घोड़ा **2** (*pl.* **horses**) घुड़दौड़

horticulture /'हॉटिकल्च(र्)/ *n.* उद्यानविद्या या विज्ञान ▸ **horticultural** *adj.* उद्यानविद्या-संबंधी

hose /होज़्/ *n.* रबर या प्लास्टिक का बना पानी का पाइप

hosiery /'होज़िअरि/ *n.* जुराब, बनियान आदि

hospice /'हॉस्पिस्/ *n.* मृत्यु के निकट पहुँचे हुए व्यक्तियों की सेवा-सुश्रूषा करने वाला विशेष अस्पताल

hospitable /हॉ'स्पिटब्ल्, 'हॉस्पिटब्ल्/ *adj.* (व्यक्ति) मेहमानों के प्रति मित्रवत और उदार, आतिथ्यकारी, सत्कारशील, मेहमाननवाज़

hospital /'हॉस्पिट्ल्/ *n.* अस्पताल, चिकित्सालय

hospitality /ˌहॉस्पि'टैलटि/ *n.* आतिथ्य-सत्कार, मेहमाननवाज़ी

host /होस्ट्/ *n.* **1** अतिथियों का सत्कार करने वाला व्यक्ति, आतिथेय, मेज़बान **2** टेलीविज़न या रेडियो पर कार्यक्रम प्रस्तुत करने और अतिथियों से बातचीत करने वाला व्यक्ति, होस्ट ▸ **host** *v.* मेज़बानी करना, का आयोजन करना

hostage /'हॉस्टिज्/ *n.* पकड़ कर बंदी बनाया गया व्यक्ति, बंधक

hostel /'हॉस्ट्ल्/ *n.* **1** घर से बाहर रहने का अपेक्षाकृत सस्ता स्थान, हॉस्टल, छात्रावास **2** गृह-विहीन लोगों के लिए थोड़े समय रहने का स्थान

hostess /'होस्टस्,-एस्/ *n.* **1** अतिथियों का सत्कार करने वाली महिला, महिला-मेज़बान **2** टेलीविज़न या रेडियो कार्यक्रम को प्रस्तुत करने और अतिथियों से बातचीत करने वाली महिला, होस्टेस

hostile /'हॉस्टाइल/ *adj.* व्यक्ति या वस्तु के प्रति अत्यंत उग्र भावनाओं वाला, प्रतिकूल भाव रखनेवाला, विरोधी

hostility /हॉ'स्टिलटि/ *n.* **1** व्यक्ति या वस्तु के प्रति अत्यंत उग्र भावनाएँ, शत्रुता, विरोध **2** (*pl.* **hostilities**) युद्ध में लड़ना, युद्ध की स्थिति

hot /हॉट्/ *adj.* (**hotter, hottest**) **1** गरम, उच्च तापमान वाला, उष्ण **2** (भोजन) मुँह में जलन-सी पैदा कर देने वाला, तीखा

hotel /हो'टेल्/ *n.* होटल, अवकाश अथवा यात्रा के समय शुल्क देकर ठहरने का स्थान

hotelier /हो'टेलिअ(र्),-लिए/ *n.* होटल का मालिक या प्रबंधक

hound /हाउन्ड्/ *n.* शिकार या दौड़ में हिस्सा लेने वाला कुत्ता, शिकारी कुत्ता ▸ **hound** *v.* किसी का पीछा करना और उसे परेशान करना

hour /'आउअ(र्)/ *n.* **1** एक घंटा, साठ मिनट की अवधि **2** (*pl.* **hours**) किसी दफ़्तर, दुकान आदि के खुले रहने या काम करने की समयावधि

house /हाउस्/ *n.* (*pl.* **houses**) **1** रहने का मकान **2** विशेष प्रयोजन की इमारत ▸ **house** *v.* **1** किसी को रहने के लिए स्थान उपलब्ध कराना, ठहराना **2** किसी का स्थित होना, किसी वस्तु को स्थान देना

housing /'हाउज़िङ्/ *n.* लोगों के रहने के मकान, फ़्लैट आदि

hovel /ˈहॉव़्ल्/ *n.* बहुत गंदा या टूटा-फूटा होने के कारण रहने के अयोग्य मकान या कमरा

hover /ˈहॉव(ऱ्)/ *v.* **1** (पक्षी, विमान आदि का) आकाश में मँडराना **2** (व्यक्ति का) किसी व्यक्ति या वस्तु के निकट प्रतीक्षा करना

how /हाउ/ *adv.* & *conj.* **1** किस प्रकार, कैसे **2** किसी व्यक्ति का कुशल-क्षेम पूछने के लिए प्रयुक्त, कैसा/कैसी/कैसे **3** किसी वस्तु या स्थिति के विषय में किसी की राय के लिए प्रयुक्त **4** प्रश्नवाचक वाक्यों में किसी व्यक्ति या वस्तु की डिग्री, मात्रा, आयु आदि के विषय में पूछने के लिए प्रयुक्त

however /हाउˈएव़(ऱ्)/ *adv.* & *conj.* **1** (अभी कही बात के साथ कुछ और कहने के लिए प्रयुक्त) तथापि, तो भी **2** किसी भी तरह, चाहे जैसे भी **3** किसी भी तुलनात्मक मात्रा तक

howl /हाउल्/ *v.* लंबी ऊँची आवाज़ करना, हूकना ▸ **howl** *n.* ऊँची आवाज़

h.p. /ˌएच ˈपी/ *abbr.* हार्सपावर (इंजन के लिए प्रयुक्त), अश्वशक्ति

HQ /ˌएच्ˈक्यू/ *abbr.* **headquarters** का संक्षिप्त रूप, मुख्यालय

HTML /ˌएचटी एम्ˈएल्/ *abbr.* 'हाइपर टेक्स्ट मार्क-अप लैंग्वेज' का संक्षिप्त रूप (वर्ल्ड वाइड वेब के पृष्ठों को चिह्नित करने की प्रणाली ताकि अपेक्षित रंग, चित्र आदि प्राप्त किए जा सकें)

hub /हब्/ *n.* **1** किसी स्थान या गतिविधि का केंद्रीय और सर्वाधिक महत्वपूर्ण अंश, केंद्रस्थल, हब **2** पहिए का केंद्रीय स्थल, चक्रनाभि

hubbub /ˈहबब्/ *n.* **1** लोगों का शोरग़ुल **2** शोर-शराबा और हलचल, कोलाहल

hubris /ˈह्यूब्रिस्/ *n.* (साहित्य में) पात्र की हेकड़ी, अक्खड़पन, हेकड़ीबाज़ या अक्खड़ पात्र जो चेतावनियों की उपेक्षा करने के कारण प्रायः मारा जाता है

huddle /ˈहड्ल्/ *v.* ठंड या डर के मारे लोगों का सट-सटकर बैठना ▸ **huddle** *n.* थोड़े से व्यक्तियों या वस्तुओं का जमघट, जमावड़ा ▸ **huddled** *adj.* गठरी बना हुआ, सिमटा हुआ, सटकर बैठा हुआ

hue /ह्यू/ *n.* कोई रंग, किसी रंग का विशेष आभा भेद, वर्णिमा, छटा

hug /हग्/ *v.* (**hugging, hugged**) **1** गले लगाना (विशेषतः उसके प्रति प्रेम व्यक्त करने के लिए), आलिंगन करना **2** किसी वस्तु को शरीर से लिपटा लेना

huge /ह्यूज्/ *adj.* बहुत बड़ा, विशाल ▸ **hugely** *adv.* अत्यधिक

hulk /हल्क्/ *n.* (टूटे जहाज़ का) ढाँचा, बहुत बड़ा जहाज़

hullabaloo /ˌहलबˈलू/ *n.* शोरग़ुल, कोलाहल (लोगों के चीख़ने-चिल्लाने से उत्पन्न)

hum /हम्/ *v.* (**humming, hummed**) **1** निरंतर नीची, हलकी आवाज़ करना, भनभन करना **2** गुनगुनाना ▸ **hum** *n.* भनभनाहट, गुनगुनाहट

human/ˈह्यूमन्/ *adj.* मानव या मनुष्य से संबंधित (पशुओं, मशीनों या देवताओं से नहीं), मानवीय, मानव जाति का प्रतिनिधिक ▸ **humanly** *adv.* मानवीय रूप से ▸ **human** *n.* एक व्यक्ति, मनुष्य

humane /ह्यूˈमेन्/ *adj.* सदय या सहानुभूतिपूर्ण (विशेषतः कष्ट पाते व्यक्ति या पशु के प्रति), मानवीय, मानवोचित ▸ **humanely** *adv.* मानवोचित रीति से

humanitarian /ह्यू मैनिˈटेअरिअन्/

adj. मनुष्यों के जीवन में सुधार लाने और उनके कष्ट के प्रयत्न से संबंधित, मानवतावादी, लोकोपकारी

humanity /ह्यू'मैनटि/ *n.* **1** विश्व के समस्त मानव, मानव जाति, मानवता **2** दया और सहानुभूति, मानवता **3** (*pl.* **humanities**) मानव-व्यवहार से संबंधित अध्ययन-विषय (साहित्य, भाषा, इतिहास, दर्शन), मानविकी

humble /'हम्बल्/ *adj.* **1** विनम्र, विनीत, घमंडी नहीं **2** विशिष्ट या महत्वपूर्ण नहीं, साधारण ▸ **humble** *v.* किसी को यह अनुभव कराना कि वह इतना बड़ा नहीं जैसा कि वह सोचता है, विनम्र बनाना, प्रतिष्ठा घटाना, हेकड़ी भुलाना ▸ **humbly** *adv.* विनम्रता से

humdrum /'हम्ड्रम्/ *adj.* उकता देने वाला, नीरस, फीका

humerus /'ह्यूमरस्/ *n.* कंधे और कोहनी के बीच में बाँह के ऊपर की बड़ी हड्डी, प्रगंडिका

humid /'ह्यूमिड्/ *adj.* (वायु या मौसम) सीलनभरा, आर्द्र, नम ▸ **humidity** *n.* आर्द्रता, नमी, सीलन

humiliate /ह्यू'मिलिएट्/ *v.* किसी को नीचा दिखाना, अवमानित करना ▸ **humiliating** *adj.* अपमानपूर्ण ▸ **humiliation** *n.* अपमान, अवमानना

humility /ह्यू'मिलिटि/ *n.* विनम्रता, विनयशीलता

hummus /'हयूमस्/ *n.* काबुली चने की चटनी, भीगे छोले की चटनी, हुमस

humorist /'ह्यूमरिस्ट्/ *n.* मसख़रा, मख़ोलिया, ठिठोलिया, हास्यप्रिय व्यक्ति

humorous /'ह्यूमरस्/ *adj.* विनोदी या हास्यपूर्ण ▸ **humorously** *adv.* विनोदपूर्वक

humour/'ह्यूम(र्)/ *n.* (*US* **humor**) व्यक्ति या वस्तु के विचित्र या हास्यजनक गुण ▸ **humour** (humor) *v.* किसी की मनचाही बात को मानकर उसे ख़ुश रखना, किसी का मन रखना

hump /हम्प्/ *n.* (ऊँट आदि का) कूबड़

humus /'ह्यूमस्/ *n.* सड़े पत्तों और पौधों की खाद, खाद मिट्टी

hunch /हन्च्/ *n.* तथ्य या ज्ञान के स्थान पर भावनाओं पर आधारित सोच, अटकल, काल्पनिक अनुमान ▸ **hunch** *v.* पीठ और कंधों को गोलाकार आगे की ओर झुकाना; कूबड़ निकालकर चलना या बैठना

hundred /'हन्ड्रड्/ **1** (*pl.* **hundred**) सौ (की संख्या) **2** ढेर सारा, बड़ी मात्रा या राशि, सैकड़ों

hunger /'हङ्ग(र्)/ *n.* **1** भोजन की कमी (विशेषतः जब इससे रोग या मृत्यु हो जाए) **2** खाने की आवश्यकता से उत्पन्न संवेदना या अनुभूति, भूख, क्षुधा ▸ **hunger** *v.* (**hunger for/after sth**) किसी वस्तु के लिए अत्यंत इच्छुक होना

hungry /'हङ्ग्रि/ *adj.* (**hungrier, hungriest**) **1** भोजन करने का इच्छुक, भूखा **2** किसी वस्तु के लिए अति-उत्सुक या इच्छुक ▸ **hungrily** *adv.* भूख से पीड़ित होकर, उत्सुकता से

hunk /हङ्क्/ *n.* **1** किसी वस्तु का बड़ा टुकड़ा **2** क़द्दावर, मज़बूत और आकर्षक आदमी

hunt /हन्ट्/ *v.* **1** शिकार खेलना, शिकार करना **2** व्यक्ति या वस्तु का पता लगाने की कोशिश करना ▸ **hunt** *n.* **1** वन्य पशुओं का शिकार **2** व्यक्ति या वस्तु की ज़ोरदार तलाश

h

hurdle /ˈहड्ल्/ *n.* **1** एक प्रकार की हलकी बाड़ जिसे व्यक्ति या घोड़े को दौड़-स्पर्धा में फाँदना होता है, फाँद, बाधा **2** (*pl.* **hurdles**) बाधा दौड़ या घुड़दौड़ **3** समस्या या कठिनाई (जिसका समाधान अपेक्षित है)

hurl /हल्/ *v.* किसी वस्तु को ज़ोर लगाकर फेंकना

hurrah /हˈरा/ *exclam.* वाह-वाह! शाबाश! हुरै

h

hurricane /ˈहरिकेन्/ *n.* बहुत तेज़ हवाओं वाली उग्र आँधी, आँधी-तूफ़ान

hurry /ˈहरि/ *n.* किसी काम को जल्दी करने की आवश्यकता या इच्छा, जल्दबाज़ी, उतावलापन, हड़बड़ी

▸ **hurry** *v.* **1** (समय कम होने के कारण) जल्दी चलना या करना **2** कोई काम बहुत जल्दी कर देना या किसी काम में बहुत जल्दबाज़ी करना

hurt /हट्/ *v.* **1** अपने या किसी को तकलीफ़ देना या चोट पहुँचाना **2** दर्द महसूस करना **3** किसी को नाराज़ करना, परेशान करना ▸ **hurt** *adj.* **1** शरीर से चोटग्रस्त, घायल **2** किसी की बात या काम से परेशान और अपमानित ▸ **hurt** *n.* (किसी की कठोरता या अनुचित व्यवहार से उत्पन्न) पीड़ा, व्यथा

hurtle /ˈहट्ल्/ *v.* तेज़ गति से आगे बढ़ना (संभवतः ख़तरा पैदा करते हुए)

husband /ˈहज़्बन्ड्/ *n.* पति

husbandry /ˈहज़्बन्ड्रि/ *n.* खेती, पशुओं और फ़सलों की देखभाल, कृषि

hush /हश्/ *v.* किसी से रोना या बात करना बंद करने के लिए कहना, किसी को चुप कराना ▸ **hush** *n.* चुप्पी, सन्नाटा

husk /हस्क्/ *n.* (फलों का) छिलका और (अनाज का) भूसा

husky /ˈहस्कि/ *adj.* (व्यक्ति की आवाज़) फटी-फटी और बैठी हुई (मानो गला ख़ुश्क हो)

hustle /ˈहस्ल्/ *v.* रूखेपन से किसी को धक्का देना या रास्ते से हटा देना, धकेलना, धकियाना

hut /हट्/ *n.* झोपड़ी, कुटिया (प्रायः लकड़ी या धातु की बनी, एक कमरे वाली)

hutch /हच्/ *n.* ख़रगोश आदि छोटे जानवरों को पालने का बक्सा (लकड़ी का बना हुआ और आगे तारों की जाली), दड़बा

hybrid /ˈहाइब्रिड्/ *n.* दो विभिन्न प्रजातियों के जनकों से उत्पन्न पशु या पौधा, संकर पशु या पौधा, वर्ण संकर

▸ **hybrid** *adj.* संकर, मिश्र

hydrant /ˈहाइड्रन्ट्/ *n.* सड़क पर लगा नल जिससे पानी लेकर आग बुझाने, सड़क साफ़ करने आदि का कार्य किया जाता है, बंबा

hydrate /ˈहाइड्रेट्,हाइˈड्रेट्/ *v.* किसी को जलयुक्त करना, अंदर पानी जाए ऐसी युक्ति करना ▸ **hydration** *n.* जलयोजन

hydraulic /हाइˈड्रॉलिक्/ *adj.* दाब की स्थिति में पाइप आदि में से बहते पानी या अन्य द्रव से चालित, द्रवचालित

hydrocarbon /ˌहाइड्ˈकाबन्/ *n.* (रसायनशास्त्र में) हाइड्रोजन और कार्बन का मिश्रण (हाइड्रोकार्बन पेट्रोल, कोयला और प्राकृतिक गैस में पाए जाते हैं)

hydrochloric acid /ˌहाइड्ˌक्लॉरिक्ˈऐसिड्/ *n.* (रसायन में) हाइड्रोजन और क्लोरीनयुक्त एसिड

hydroelectric /ˌहाइड्रोइˈलेक्ट्रिक्/ *adj.* विद्युत उत्पादन में जल की शक्ति का प्रयोग करने वाला, जल की शक्ति से उत्पन्न किया हुआ

hydrogen /ˈहाइड्रजन्/ *n.* एक हलकी रंगहीन गैस (हाइड्रोजन और ऑक्सीजन से मिलकर पानी बनता है)

hydrophobia /ˌहाइड्रो ˈफ़ोबिअ/ *n.* (पागल कुत्ते के काटने से मनुष्य को होने वाला) पानी का डर, जलभीति, जलसंत्रास

hydroplane /ˈहाइड्रप्लेन्/ *n.* इंजनयुक्त चौरस तल वाली हलकी नौका जो पानी पर तीव्र गति से चलती है, यंत्रचालित नौका, जलविमान

hyena /हाइˈईना/ *n.* लकड़बग्घा, अफ़्रीक़ा और एशिया में पाया जाने वाला कुत्ते जैसा जंगली जानवर जो लाशों का मांस खाता है और मनुष्यों की हँसी जैसी आवाज़ निकालता है

hygiene /ˈहाइजीन्/ *n.* मानव शरीर और उसके परिवेश की स्वच्छता (उसके नियम ताकि रोग न हों)

hymen /ˈहाइमन्/ *n.* योनिच्छद

hymn /हिम्/ *n.* धार्मिक गीत (चर्च आदि में गाया जाने वाला), (वैदिक) मंत्र, स्त्रोत, स्तुति

hype /हाइप्/ *n.* वस्तुओं का गुणगान करने वाले विज्ञापन, हाइप ▸ **hype** *v.* वस्तुओं की विशेषता को बढ़ा-चढ़ाकर बताना

hyper- /ˈहाइप(र्)/ *prefix* असाधारण, अत्यधिक

hyperactive /ˌहाइपर्ˈऐक्टिव्/ *adj.* (विशेषकर बच्चों और उनके व्यवहार के संदर्भ में) बहुत देर तक शांत बैठने में असमर्थ तथा नियंत्रित करने में कठिन, अतिसक्रिय या सहज उत्तेजित होनेवाला, अतिक्रियाशील ▸ **hyperactivity** *n.* अतिसक्रियता, अतिक्रियाशीलता

hyperbola /हाइˈपबल/ *n.* अति परिवलय

hyperbole /हाइˈपबलि/ *n.* किसी वस्तु की विशेषता को बढ़ा-चढ़ाकर बखान करने का ढंग, अतिशयोक्तिपूर्ण कथन, अतिशयोक्ति

hyperlink /ˈहाइपलिङ्क्/ *n.* कंप्यूटर स्थित इलेक्ट्रॉनिक डॉक्युमेंट में एक स्थान जो दूसरे इलेक्ट्रॉनिक डॉक्युमेंट से जुड़ा हो, हाइपरलिंक

hypermarket /ˈहाइपमाकिट्/ *n.* (प्रायः शहर से बाहर स्थित) बहुत बड़ी दुकान जहाँ तरह-तरह का सामान मिलता है

hypersonic /हाइˈसॉनिक्/ *adj.* ध्वनि से पाँच गुना अधिक गति, हाइपरसॉनिक

hypertension /ˌहाइपˈटेन्शन्/ *n.* सामान्य से तेज़ रक्त का दबाव, उच्च रक्तचाप

hypertext /ˈहाइपटेक्स्ट्/ *n.* दस्तावेज़ों या डाटा के बीच तीव्र संचालन से युक्त सॉफ़्टवेयर, हाइपरटेक्सट

hyperventilate /ˌहाइपˈव़ेन्टिलेट्/ *v.* (भय या उत्तेजना के कारण) तेज़-तेज़ साँस लेना, श्वसन क्रिया में तेज़ी आना ▸ **hyperventilation** *n.* श्वसन में तेज़ी

hyphen /ˈहाइफ़न्/ *n.* एक चिह्न (-) जो दो शब्दों को जोड़ता है (जैसे माता-पिता) या यह व्यक्त करता है कि किसी विभक्त शब्द का शेष भाग अगली पंक्ति में है, योजक चिह्न, हाइफ़न (-)

hypnosis /हिप्ˈनोसिस्/ *n.* व्यक्ति की निश्चेतनावस्था जिसमें उसके मानसिक और शारीरिक क्रिया-कलाप को अन्य व्यक्ति नियंत्रित करता है, सम्मोहन

hypnotism /ˈहिपनटिज़म्/ *n.* गाढ़ी निद्रा-जैसी अवस्था में व्यक्ति दूसरे के इशारे से ही चेष्टाएँ करता है, सम्मोहन विद्या, सम्मोहन, जादू

hypo- /ˈहाइपो/ *prefix* अधस्तात्, अधः/अधो, अव, नीचे, सामान्य से कम

hypoallergenic /ˌहाइपोˌएलˈजेनिक्/ *adj.* (पदार्थ तथा सामग्री के लिए प्रयुक्त) जिनके स्पर्श करने, खाने या प्रयोग करने पर एलर्जी उत्पन्न करने की संभावना नहीं होती

hypochondria /ˌहाइपˈकॉन्ड्रिआ/ *n.* (वास्तविकता के विपरीत) रोगी होने का भ्रम, रोगभ्रम

hypocrisy /हिˈपॉक्रसि/ *n.* (वास्तविकता के विपरीत) उच्च नैतिक मानदंड और व्यवहार का ढोंग रचना, पाखंड, ढोंग, मिथ्याचार

hypocrite /ˈहिपक्रिट्/ *n.* (वास्तविकता के विपरीत) उच्च नैतिक मानदंड और व्यवहार का ढोंग रचने वाला व्यक्ति, पाखंडी, ढोंगी ▸ **hypocritical** *adj.* पाखंडपूर्ण ▸ **hypocritically** *adv.* पाखंडपूर्वक

hypodermic /ˈहाइपˈडमिक्/ *adj.* त्वचा के नीचे इंजेक्शन लगाने के लिए प्रयुक्त (यंत्र)

hypotension /ˈहाइपोˈटेन्शन/ *n.* उच्च रक्तचाप

hypotenuse /हाइˈपॉटन्यूज़्/ *n.* (गणित में) समकोण त्रिभुज का कर्ण

hypothermia /ˈहाइपˈथ़्मिआ/ *n.* शरीर का तापमान सामान्य से बहुत कम हो जाने की दशा, अपताप

hypothesis /हाइˈपॉथसिस्/ *n.* (*pl.* **hypotheses**) किसी तथ्य को समझाने के लिए मान ली जाने वाली बात, अनुमान पर आधारित (न कि वस्तुतः प्रमाणित) विचार, प्राक्कल्पना

hypothetical /ˌहाइपˈथ़ेटिक्‌ल्/ *adj.* प्राक्कल्पना पर आधारित

▸ **hypothetically** *adv.* प्राक्कल्पनापूर्वक, प्राक्कल्पना की दृष्टि से, प्राक्कल्पित रूप से

hysterectomy /ˌहिस्टˈरेक्टमि/ *n.* गर्भाशय को पूरा या उसके किसी भाग को हटाने की शल्य-क्रिया, गर्भाशयोच्छेदन

hysteria /हिˈस्टिअरिआ/ *n.* व्यक्ति की अपनी भावनाओं पर नियंत्रण खो बैठने की दशा, भावोन्माद, हिस्टीरिया

hysterics /हिˈस्टेरिक्स्/ *n.* (*pl.*) **1** उन्माद का दौरा, हिस्टीरिया का दौरा **2** हँसी का दौरा

Hz *abbr.* हट्‌र्ज़ (रेडियो में प्रयुक्त) फ्रीक्वेंसी की एक माप

Ii

I /आइ/ *pron.* वक्ता या लेखक व्यक्ति, मैं

iambic /आइ'ऐम्बिक्/ *adj.* (कविता की लय का संकेत करने के लिए प्रयुक्त) क्रमशः लघु और गुरु चरणों वाला

ice /आइस्/ *n.* जमकर ठोस हो चुका पानी, बर्फ़ ▸ **ice** *v.* केक पर शक्कर, बटर, चॉकलेट आदि का सजावटी लेप चढ़ाना

icicle /'आइसिक्ल्/ *n.* लटकती हुई नुकीली बर्फ़

icing /'आइसिङ्/ *n.* केक सजाने के लिए प्रयुक्त शक्कर, दूध आदि का मिश्रण, आइसिंग

icon /'आइकॉन्/ *n.* **1** कंप्यूटर स्क्रीन पर किसी प्रोग्राम का प्रतीक लघुचित्र या प्रतीक, आइकन **2** किसी वस्तु का प्रतीक बना कोई व्यक्ति या पदार्थ, प्रतिमा, मूर्ति **3** किसी महत्वपूर्ण धार्मिक व्यक्ति का चित्र या आकृति

icy /'आइसि/ *adj.* **1** बहुत ठंडा, बर्फ़ीला **2** बर्फ़ से ढका, हिमाच्छादित

ID /'आइ 'डी/ *abbr.* पहचान, परिचय

idea /आइ'डिआ/ *n.* **1** योजना, विचार या सुझाव (विशेषतः इस बारे में कि स्थिति विशेष में क्या किया जाए) **2** मन में बना चित्र या मन पर पड़ा प्रभाव **3** मत या धारणा

ideal /आइ'डीअल्/ *adj.* (व्यक्ति या वस्तु के लिए) यथासंभव सर्वोत्तम, सर्वांगपूर्ण ▸ **ideal** *n.* सर्वोत्तम लगने वाला विचार या सिद्धांत (जिसे हम प्राप्त करना चाहें), आदर्श

identical /आइ'डेन्टिक्ल्/ *adj.* **1** बिलकुल एक जैसा, सब बातों में समान, सर्वसम **2** एकरूप, अभिन्न ▸ **identically** *adv.* अभिन्न रूप से

identify /आइ'डेन्टिफ़ाइ/ *v.* व्यक्ति या वस्तु की पहचान करना या बता सकना कि यह व्यक्ति कौन है या यह वस्तु क्या है

identity /आइ'डेन्टटि/ *n.* (*pl.* **identities**) किसी व्यक्ति या वस्तु की पहचान

ideology /ˌआइडि'ऑलजि/ *n.* (*pl.* **ideologies**) किसी राजनीतिक या आर्थिक प्रणाली के आधार में स्थित विचार, विचारधारा ▸ **ideological** *adj.* विचारधारा-संबंधी

idiocy /'इडिअसि/ *n.* मूर्खता, मूढ़ता, बेवकूफ़ी

idiom /'इडिअम्/ *n.* मुहावरा, एक ऐसी अभिव्यक्ति जिसका अपना अर्थ उसके शब्दों के अर्थों के कुलयोग से भिन्न हो

idiosyncrasy /ˌइडिअ'सिङ्क्रसि/ *n.* (*pl.* **idiosyncrasies**) व्यक्ति के व्यवहार, सोच आदि का (विशेषतः असामान्य) तरीक़ा, एक असामान्य विशेषता, प्रकृतिगत विलक्षणता ▸ **idiosyncratic** *adj.* विलक्षण, सनकभरा

idiot /'इडिअट्/ *n.* निरा बेवकूफ़ ▸ **idiotic** *adj.* बेवकूफ़ी का

idle /'आइड्ल्/ *adj.* **1** मेहनत से जी चुराने वाला, कामचोर, आलसी **2** निष्क्रिय, अक्रिय, बेकार पड़ा, चालू हालत में नहीं ▸ **idly** *adv.* सुस्ती से

idol /ˈआइड्ल्/ *n.* **1** समादृत, प्रशंसित या चहेता व्यक्ति (जैसे फ़िल्म स्टार या पॉप गायक) आराध्य **2** मूर्ति जिसे लोग ईश्वर मानते हैं, देवप्रतिमा, देवमूर्ति

idolatry /आइˈडॉलट्रि/ *n.* मूर्तिपूजा, बुतपरस्ती

idolize /ˈआइडलाइज़्/ *v.* किसी से बहुत या बहुत अधिक प्रेम या आदर करना

i.e. /ˌआइˈई/ *abbr.* अर्थात्, दूसरे शब्दों में

if /इफ़्/ *conj.* **1** यदि, अगर, शर्त, अनुमान या कल्पना का भाव व्यक्त करने के लिए प्रयुक्त **2** जब भी, हर बार

igloo /ˈइग्लू/ *n.* (*pl.* **igloos**) कड़ी बर्फ़ के टुकड़ों से बना छोटा घर, हिमकुटी, इग्लू

ignite /इग्ˈनाइट्/ *v.* जलना अथवा आग लगाना, ज्वलित होना या करना

ignition /इग्ˈनिश्न्/ *n.* **1** कार के इंजन को स्टार्ट करने वाली विद्युत-प्रणाली **2** ज्वलन या ज्वालन की क्रिया, जलने या जलाना शुरू करने की क्रिया

ignoble /इग्ˈनोब्ल्/ *adj.* नीच कुल का, अकुलीन, अधम, नीच, छिछोरा, ओछा

ignorant /ˈइग्नरन्ट्/ *adj.* **1** (किसी बात से) अनजान, अनभिज्ञ **2** अभद्र, अशिष्ट

ignore /इग्ˈनॉ(र्)/ *v.* व्यक्ति या वस्तु पर कोई ध्यान न देना, की उपेक्षा करना

ilk /इल्क्/ *n.* क़िस्म, प्रकार

ill /इल्/ *adj.* **1** स्वस्थ नहीं, अस्वस्थ, बीमार **2** ख़राब या हानिकर ▸ **ill** *adv.* **1** अनुचित या ग़लत (तरीक़े से) **2** काफ़ी कठिनाई से, आसानी से नहीं

illegal /इˈलीगल्/ *adj.* ग़ैर-क़ानूनी, अवैध ▸ **illegally** *adv.* ग़ैर-क़ानूनी या अवैध तरीक़े से

illegible /इˈलेजब्ल्/ *adj.* जिसे पढ़ना कठिन या असंभव हो, अपाठ्य, दुर्वाच्य

illegitimate /ˌइलˈजिटमट्/ *adj.* **1** (शिशु) अविवाहित स्त्री-पुरुष से जन्मा, अवैध, जारज **2** ग़ैर-क़ानूनी, अवैध, नियमों के विरुद्ध

illicit /इˈलिसिट्/ *adj.* (कोई गतिविधि या तत्व) क़ानून या समाज के नियमों के विरुद्ध, ग़ैर-क़ानूनी, अवैध

illiterate /इˈलिटरट्/ *adj.* **1** लिखने या पढ़ने में असमर्थ, निरक्षर, अनपढ़ **2** विषय-विशेष से अनभिज्ञ या अनजान

illness /ˈइलनस्/ *n.* **1** शारीरिक या मानसिक बीमारी **2** शारीरिक या मानसिक बीमारी का एक प्रकार या समय

illogical /इˈलॉजिक्ल्/ *adj.* समझदारी या तर्कसंगति से रहित, नासमझी का या अतर्कसंगत ▸ **illogically** *adv.* अतर्कसंगत रीति से

illuminate /इˈलूमिनेट्/ *v.* **1** किसी वस्तु को प्रकाश से आलोकित करना या बत्तियों से सजाना **2** किसी बात को समझाना या उसे स्पष्ट करना

illumine /इˈलूमिन्/ *v.* उजाला करना, प्रकाशमान करना, आलोकित करना

illusion /इˈलूश़न्/ *n.* **1** निराधार विचार, धारणा या प्रभाव, भ्रम **2** (वास्तविकता के विपरीत) किसी वस्तु की सत्ता होने का आभास, दृष्टिभ्रम

illusory /इˈलूसरि/ *adj.* अवास्तविक, मिथ्या, भ्रामक

illustrate /ˈइलस्ट्रेट्/ *v.* **1** उदाहरणों, चित्रों या आरेखों की सहायता से किसी बात को समझाना या स्पष्ट करना **2** पुस्तक या पत्रिका में चित्र, आरेख आदि देना

illustration /ˌइलˈस्ट्रेशन्/ *n.* **1** पुस्तक या पत्रिका में आरेखन, आरेख या चित्र **2** उदाहरण (जिससे विचारबिंदु या धारणा स्पष्ट हो जाते हैं)

illustrious /इˈलस्ट्रिअस्/ *adj.* प्रसिद्ध और सफल

image /ˈइमिज्/ *n.* **1** जनता के सामने व्यक्ति या संगठन के विषय में सामान्य धारणा **2** व्यक्ति या वस्तु का मानसिक चित्र या कल्पना

imaginary /इˈमैजिनरि/ *adj.* केवल मन में, काल्पनिक, अवास्तविक

imagination /इˌमैजिˈनेशन्/ *n.* **1** मानसिक चित्र या नई धारणाएँ बनाने की क्षमता, रचनात्मक कल्पना **2** कल्पनाशक्ति

imagine /इˈमैजिन्/ *v.* **1** किसी व्यक्ति या वस्तु के विषय में कुछ कल्पना करना, मन में उसका चित्र या उसके विषय में कोई धारणा बनाना **2** असत्य और अस्तित्वहीन वस्तुओं को देखना, सुनना और उनके विषय में सोचना या कल्पना करना

imam *n.* **1** मस्जिद में लोगों को नमाज़ पढ़ानेवाला व्यक्ति, इमाम **2** अनेक मुस्लिम ख़लीफा द्वारा धारण की जानेवाली उपाधि, इमाम

imbalance /इम्ˈबैलन्स्/ *n.* भिन्नता, समान न होना, असंतुलन

imbecile /ˈइमबसील्/ *n.* मूर्ख व्यक्ति

imbibe /इम्ˈबाइब्/ *v.* **1** ग्रहण करना या आत्मसात् करना, विशेषकर सूचना, अन्तःशोषण करना **2** पीना, विशेषकर मादक पेय

IMF /ˌआइ एम्ˈएफ़्/ *abbr.* अतंरराष्ट्रीय वित्तीय निधि, आइएमएफ

imitate /ˈइमिटेट्/ *v.* **1** किसी के आचरण की नक़ल करना, अनुकरण करना **2** व्यक्ति या वस्तु के बोलने या कुछ करने के ढंग की नक़ल उतारना (प्रायः लोगों को हँसाने के लिए)

immaterial /ˌइमˈटिअरिअल्/ *adj.* महत्त्वहीन

immature /ˌइमˈट्युअ(र्)/ *adj.* **1** अविकसित, अपरिपक्व **2** (व्यक्ति) नादानी–भरा और अपने से छोटे लोगों जैसा आचरण करने वाला, बचकानेपन से पेश आने वाला

immeasurable /इˈमेश़रबल्/ *adj.* अमापनीय, अपरिमित, अपार

immediate /इˈमीडिअट्/ *adj.* **1** तुरंत होने या किया जाने वाला, तत्काल संपन्न, अविलंब **2** अभी का और अत्यावश्यक

immemorial /ˌइमˈमॉरिअल्/ *adj.* लिखित इतिहास या लोगों की स्मृति से भी पहले से अस्तित्व में, चिरकाल, अतिप्राचीन

immense /इˈमेन्स्/ *adj.* अत्यधिक, असीम, अपार

immerse /इˈमस्/ *v.* **1** किसी वस्तु को द्रव में पूरी तरह डुबाना **2** किसी काम में पूरी तरह लीन हो जाना

immigration /ˌइमिˈग्रेशन्/ *n.* **1** दूसरे देश में आकर वहाँ स्थायी रूप से बसने की प्रक्रिया, अप्रवासन, आप्रवासियों की संख्या **2** हवाई अड्डे, बंदरगाह आदि पर नियंत्रण कक्ष जहाँ आप्रवासियों की आधिकारिक दस्तावेज़ों की जाँच की जाती है

imminent /ˈइमिनन्ट्/ *adj.* (प्रायः अप्रिय बात) बहुत शीघ्र लगभग निश्चित रूप से घटित होने वाली, सन्निकट, आसन्न, अवश्यंभावी

i

immobile /इ'मोबाइल्/ *adj.* निश्चल, अचल, स्थिर, गतिहीन ▸ **immobility** *n.* गतिहीनता, अचलता

immoderate /इ'मॉडरट्/ *adj.* व्यावहारिक, उचित सीमा से बाहर, बेहद, अत्यधिक

immolate /'इमलेट्/ *v.* जलाकर मार देना या नष्ट करना, बलि देना ▸ **immolation** *n.* बलि, कुर्बानी

immortal /इ'मॉटल्/ *adj.* अमर, शाश्वत, अनश्वर ▸ **immortality** *n.* अमरत्व

i

immune /इ'म्यून्/ *adj.* **1** किसी रोग से प्राकृतिक रूप से सुरक्षित, प्रतिरक्षित **2** किसी भी बात से प्रभावित नहीं, अप्रभावित

immunodeficiency /इ,म्यूनोडि'फ़िश्न्सि/ *n.* ऐसी स्थिति जिसमें शरीर की संक्रमण के प्रतिरोध की क्षमता ख़त्म हो जाती है, आत्म-प्रतिरोधकता में गिरावट

impact /'इम्पैक्ट्/ *n.* **1** परिणाम या प्रभाव **2** दूसरी से टकराने वाली वस्तु की क्रियाशीलता या शक्ति

impair /इम्'पेअ(र्)/ *v.* किसी वस्तु को क्षतिग्रस्त या अधिक दुर्बल बना देना

impalpable /इम्'पैल्पबल्/ *adj.* **1** जो आसानी से बोधगम्य न हो, समझने में कठिन, दुर्बोध **2** स्पर्शातीत, अस्फुट

impart /इम्'पाट्/ *v.* **1** अन्य व्यक्तियों को जानकारी पहुँचाना, ज्ञान प्रदान करना **2** किसी बात में विशेष प्रभाव जोड़ देना

impartial /इम्'पाशल्/ *adj.* जिसमें दो पक्षों में से किसी एक को अधिक प्रमुखता न दी जाए, निष्पक्ष

impassioned /इम्'पैश्न्ड्/ *adj.* भावावेशपूर्ण (भाषण)

impassive /इम्'पैसिव्/ *adj.* जो कोई भाव या प्रतिक्रिया व्यक्त न करे, भावशून्य (व्यक्ति), अविचलित

impatient /इम्'पेश्न्ट्/ *adj.* **1** जो किसी व्यक्ति या वस्तु के लिए शांतिपूर्वक प्रतीक्षा न कर सके, अधीर, आतुर, व्यग्र **2** किसी बात के लिए उतावला, आतुर

impeach /इम्'पीच्/ *v.* (न्यायालय के लिए प्रयुक्त, विशेषतः अमेरिका तथा कुछ अन्य देशों में) पद पर रहते हुए गंभीर अपराध करने के लिए सरकारी अधिकारी पर आधिकारिक रूप से दोषारोपण करना, महाभियोग लगाना

impeccable /इम्'पेकबल्/ *adj.* निर्दोष, त्रुटिहीन, परिपूर्ण ▸ **impeccably** *adv.* बिना किसी त्रुटि के

impediment /इम्'पेडिमन्ट्/ *n.* **1** जो व्यक्ति या वस्तु के लिए हिलने-डुलने या आगे बढ़ने में अड़चन या बाधा डाले, अड़चन, बाधा, रुकावट **2** जो बोलने में कठिनाई उत्पन्न करे, उच्चारण दोष, हकलाहट

impending /इम्'पेन्डिङ्/ *adj.* (अशुभ घटना) जो शीघ्र घटित होगी, आसन्न, सन्निकट

impenetrable /इम्'पेनिट्रबल्/ *adj.* **1** जिसमें प्रवेश करना या गुज़रना असंभव हो, अभेद्य **2** जिसे समझना असंभव हो, अगम्य, दुर्बोध

imperative /इम्'पेरटिव्/ *adj.* बहुत महत्वपूर्ण या आवश्यक, अत्यावश्यक

imperfect /इम्'पफ़िक्ट्/ *adj.* त्रुटिपूर्ण, सदोष, अधूरा, अपूर्ण

imperial /इम्'पिअरिअल्/ *adj.* **1** किसी साम्राज्य या उसके शासक (सम्राट) से संबंधित, साम्राज्य-विषयक या सम्राट-विषयक, शाही, राजसी **2** इंग्लैंड

(युनाइटेड किंग्डम) में पहले प्रचलित और अंशतः अब भी प्रचलित, नाप तौल पद्धति से संबंधित

imperialism /इम्ˈपिअरिअलिज़म्/ *n.* ऐसी राजनीतिक व्यवस्था जिसमें एक धनी शक्तिशाली राज्य का कमज़ोर राज्य पर प्रभुत्व होता है, साम्राज्यवाद ▸ **imperialist** *n.* साम्राज्यवादी

impermeable /इम्ˈपमिअबल्/ *adj.* जिसमें से होकर द्रव या गैस नहीं जा सकते, अपारगम्य

impersonal /इम्ˈपसनल्/ *adj.* **1** जिसमें मित्रवत मानवीय भावनाएँ नहीं, अनुभूति या वातारण की दृष्टि से भावनाशून्य, तटस्थ या उदासीन **2** जिसमें विशिष्ट व्यक्ति का निर्देश नहीं, निर्वैयक्तिक

impersonate /इम्ˈपसनेट्/ *v.* रूपारोप करना प्रायः छल करने या धोखा देने के लिए वेश बदलना

impertinent /इम्ˈपटिनन्ट्/ *adj.* स्वयं से अधिक महत्वपूर्ण एवं ज्येष्ठ व्यक्ति का सम्मान न करते हुए

imperturbable /ˌइम्पˈटबबल्/ *adj.* जो कठिन स्थिति में जल्दी विचलित नहीं होता, धीर, शांत, अविचलित

impervious /इम्ˈपविअस्/ *adj.* **1** जिस पर किसी बात का असर नहीं होता या जो किसी के असर में नहीं आता, अप्रभावनीय **2** अप्रवेश्य

impetuous /इम्ˈपेचुअस्/ *adj.* जो बिना विचारे करे या जल्दबाज़ी में किया जाए ▸ **impetuously** *adv.* बिना विचारे, जल्दबाज़ी में

impetus /ˈइम्पिटस्/ *n.* ऐसी वस्तु जो दूसरी वस्तु की क्रियाशीलता को बढ़ावा दे, प्रेरणा, प्रोत्साहन

impinge /इम्ˈपिन्ज्/ *v.* किसी बात का अन्य बात पर सुस्पष्ट असर होना (विशेषतः प्रतिकूल प्रभाव)

impious /ˈइम्पिअस्/ *adj.* अपवित्र, अपुण्य, पतित, अधर्मी, नास्तिक

implacable /इम्ˈप्लैकब्ल्/ *adj.* **1** (नकारात्मक भावनाएँ या विचार) जिसे बदलना असंभव हो, दुर्दम्य, कठोर **2** (व्यक्ति) विरोध रोकने के लिए दृढ़, निष्ठुर

implant /ˈइम्प्लान्ट्/ *n.* शल्य-क्रिया द्वारा शरीर के किसी अंग में रोपी गई वस्तु (ताकि वह अंग अधिक बड़ा या आकृति में भिन्न हो सके), आरोपण

implausible /इम्ˈप्लॉज़ब्ल्/ *adj.* जिस पर जल्दी विश्वास न हो सके, अविश्वसनीय

implement /ˈइम्प्लिमन्ट्/ *n.* औज़ार या उपकरण (विशेषतः खुले में या घर से बाहर काम के लिए) ▸ **implement** *v.* योजना आदि पर अमल करना, उसे व्यवहार में लाना, कार्यान्वित करना ▸ **implementation** *n.* क्रियान्वयन, कार्यान्वित

implicate /ˈइम्प्लिकेट्/ *v.* यह दिखाना कि व्यक्ति कुकर्म में लिप्त है, लपेटे में लेना, आलिप्त करना

implication /ˌइम्प्लिˈकेशन्/ *n.* **1** एक बात का दूसरे पर भविष्य में पड़ने वाला प्रभाव, संलिप्तता **2** किसी कुकर्म में लिप्त होने या अन्य व्यक्ति को लपेटने का काम, फँसाव

implicit /इम्ˈप्लिसिट्/ *adj.* **1** जो स्पष्ट रूप से नहीं कहा गया परंतु संबंधित लोगों ने समझ लिया, अंतर्निहित **2** पूर्ण, समग्र ▸ **implicitly** *adv.* परोक्ष रूप से, अव्यक्त रूप से

implode /इम्ˈप्लोड्/ *v.* फटना, अंतःस्फोट होना

i

implore /इम्'प्लॉ(र्)/ *v.* (कठिनाई में फँसे व्यक्ति की) अन्य व्यक्ति से याचना करना, अनुनय-विनय करना

imply /इम्'प्लाइ/ *v.* परोक्ष रूप से अथवा बिना कुछ कहे किसी बात का संकेत करना

impolite /ˌइम्प'लाइट्/ *adj.* अभद्र, अशिष्ट ▸ **impolitely** *adv.* अभद्रता से

import /'इम्पॉट्/ *n.* **1** किसी देश में दूसरे देश से लाई गई वस्तु या सेवा, आयातित माल या सेवा **2** किसी देश में अन्य देश से सामान या सेवाएँ लाने की क्रिया, आयात ▸ **import** *v.* **1** अन्य देश से सामान आदि ख़रीदकर अपने देश में लाना, आयात करना **2** सूचना राशि को एक प्रोग्राम से दूसरे में ले जाना

important /इम्'पॉटन्ट्/ *adj.* **1** महत्वपूर्ण, अत्यावश्यक **2** (व्यक्ति) प्रभावशाली या अधिकार संपन्न ▸ **importantly** *adv.* उल्लेखनीय रूप से

impose /इम्'पोज़्/ *v.* **1** अपनी शक्ति या अधिकार के बल पर क़ानून, नियम आदि को मनवाना, थोपना, आरोपित करना **2** किसी पर काम या परेशानी का अतिरिक्त बोझ लादना ▸ **imposition** *n.* आरोपण, अधिरोपण

imposing /इम्'पोज़िङ्/ *adj.* बड़ा और महत्वपूर्ण, प्रभावशाली

impossible /इम्'पॉसब्ल्/ *adj.* **1** असंभव **2** जिससे निपटना या नियंत्रित करना बहुत कठिन हो, बेक़ाबू, असाध्य ▸ **(the impossible)** *n.* असंभव काम

impostor /इम्'पॉस्ट(र्)/ *n.* छद्मवेशी, पररूपधारक, बहुरूपिया

impotent /'इम्पटन्ट्/ *adj.* **1** शक्तिहीन, प्रभावहीन, जिसके पास स्थिति को प्रभावित करने या बदलने की पर्याप्त क्षमता न हो **2** (पुरुष) यौनक्रिया में अक्षम, नपुंसक, नामर्द ▸ **impotence** *n.* नपुंसकता, शक्तिहीनता

impound /इम्'पाउन्ड्/ *v.* **1** (पुलिस, न्याय की अदालत आदि के लिए प्रयुक्त) छीन लेना (विशेषकर क़ानून का उल्लंघन करने के कारण), ज़ब्त करना **2** आवारा कुत्ते, बिल्लियों आदि को बाड़े में बंद करना, अवरुद्ध करना, रोक लेना

impoverish /इम्'पॉवरिश्/ *v.* व्यक्ति को दरिद्र कर देना या वस्तु की गुणवत्ता गिरा देना

impractical /इम्'प्रैक्टिकल्/ *adj.* **1** अव्यावहारिक **2** (व्यक्ति) जो हाथ से करने के कामों में कुशल नहीं, जिसमें कामों को संगठित करने और योजना बनाने की क्षमता नहीं, अव्यावहारशील

impregnable /इम्'प्रेग्नबल्/ *adj.* (दुर्ग आदि) जिस पर कोई आक्रमण न कर सके, दुर्जेय, सुदृढ़, मज़बूत

impress /इम्'प्रेस्/ *v.* **1** किसी को प्रशंसा और आदर का अनुभव कराना, प्रभावित करना, मन पर गहरी छाप छोड़ना **2** किसी वस्तु के महत्व को किसी के सामने स्पष्टतया बताना, कोई बात किसी के मन में अच्छी तरह बैठाना

impression /इम्'प्रेशन्/ *n.* **1** किसी व्यक्ति या वस्तु के विषय में धारणा, भावना या राय, प्रभाव, छाप **2** किसी व्यक्ति या वस्तु का दूसरे पर पड़ा प्रभाव

impressionable /इम्'प्रेशनब्ल्/ *adj.* जो जल्दी किसी के प्रभाव में आ जाए, आशुप्रभावित, अति संवेदनशील

impressive /इम्'प्रेसिव्/ *adj.* किसी वस्तु के महत्व, आकार, गुणवत्ता के कारण उसके प्रति प्रशंसा और सम्मान से युक्त, प्रभावशाली, असरदार

imprison /इम्'प्रिज़्न्/ *v.* जेल में बंद करना या रखना ▸ **imprisonment** *n.* क़ैद, कारावास

improbable /इम्'प्रॉबब्ल्/ *adj.* जिसके सच निकलने या घटित होने की संभावना नहीं, असंभाव्य ▸ **improbability** *n.* असंभाव्यता

impromptu /इम्'प्रॉम्प्ट्यू/ *adj.* बिना तैयारी या व्यवस्था के (किया गया), आशु या तत्काल (आयोजित)

improper /इम्'प्रॉप(र्)/ *adj.* **1** ग़ैर-क़ानूनी या झूठा **2** स्थिति के अनुपयुक्त, स्त्री-पुरुष संबंध की दृष्टि से अनुचित, अशोभनीय, अश्लील ▸ **improperly** *adv.* अनुचित रूप से

improve /इम्'प्रूव्/ *v.* किसी स्थिति का बेहतर होना या उसे बेहतर बनाना, सुधरना या सुधारना

improvement /इम्'प्रूव्मन्ट्/ *n.* व्यक्ति या वस्तु की गुणवत्ता या दशा में बेहतरी के लिए परिवर्तन, सुधार

improvise /'इम्प्रवाइज़्/ *v.* **1** जो पास है उसी से तत्काल कुछ व्यवस्था करना **2** (बजाय पूर्व तैयारी के) अपनी कल्पना का प्रयोग करते हुए संगीत-रचना, भाषण या अभिनय करना ▸ **improvisation** *n.* कामचलाऊ व्यवस्था, तत्काल रचित कृति

imprudent /इम्'प्रूड्न्ट्/ *adj.* बिना सोचे-समझे काम करने वाला, अविवेकी, अदूरदर्शी

impulse /'इम्पल्स्/ *n.* **1** परिणाम का विचार किए बिना कुछ करने की सहसा उत्पन्न इच्छा, आवेग **2** प्रतिक्रिया उत्पन्न करने वाली शक्ति या ऊर्जा की क्रियाशीलता, क्रियाशील ऊर्जा

impulsive /इम्'पल्सिव्/ *adj.* बिना विचार के सहसा काम करने वाला, आवेगशील, बिना सोच-विचार के किया हुआ, आवेगपूर्ण

impunity /इम्'प्यूनटि/ *n.* सज़ा से मुक्ति, सज़ा से छूट, दंड न मिलना, दंडाभाव

impure /इम्'प्युअ(र्)/ *adj.* **1** जो शुद्ध या साफ़ न हो, अशुद्ध, मिलावट वाला (इसलिए घटिया), मिलावटी **2** (कामभावना विषयक विचार और क्रियाएँ) अनैतिक, दुष्ट

in /इन्/ *adv. & prep.* **1** (पूर्वसर्ग) (स्थान का निर्देश) अंदर या किसी क्षेत्र या वस्तु के भीतर कोई स्थिति में, के अंदर **2** घर पर या काम पर **3** (समय का निर्देश) एक समयावधि के दौरान, में ▸ **in** *adj.* निर्दिष्ट समय में फ़ैशनेबल

in. *abbr.* इंच

inability /ˌइन'बिलटि/ *n.* क्षमता, शक्ति या कौशल की न्यूनता या अभाव

inaccessible /ˌइनैक्'सेसब्ल्/ *adj.* जहाँ पहुँचना या जिससे संपर्क करना बहुत कठिन या असंभव हो, पहुँच से परे, अगम्य, अनभिगम्य

inaccurate /इन्'ऐक्यरट्/ *adj.* जो सही या वास्तविक या यथार्थ न हो, त्रुटियुक्त

inactive /इन्'ऐक्टिव्/ *adj.* कुछ न करने वाला, निष्क्रिय

inadequate /इन्'ऐडिक्वट्/ *adj.* **1** अपर्याप्त, नाकाफ़ी, अयोग्य **2** (व्यक्ति) जो समस्या या स्थिति को निबटा न सके, आत्मविश्वासहीन

inadmissible /ˌइनड्'मिसब्ल्/ *adj.* अमान्य, अस्वीकार्य (विशेषतः न्यायालय में)

inadvertent /ˌइनड्'वर्टन्ट्/ *adj.*

(कार्य) बिना विचारे, बिना प्रयोजन किया हुआ, अनजाने में किया हुआ, अनवधानी

inanimate /इन्ˈऐनिमट्/ *adj.* जो मनुष्यों, पशुओं और पौधों के समान चेतन न हो, जड़, निर्जीव

inapplicable /ˌइनˈप्लिकब्स्/ *adj.* जो लागू न हो सके, अनुपयुक्त, असंगत

inappropriate /ˌइनˈप्रोप्रिअट्/ *adj.* अनुपयुक्त

inarticulate /ˌइनाˈटिक्यलट्/ *adj.* **1** (व्यक्ति) जो अपने विचारों और भावों को स्पष्टता से व्यक्त न कर सके, अवाक्‌पटु **2** (अभिव्यक्ति) अस्पष्ट या जो सुव्यक्त न हो

inattentive /ˌइनˈटेन्टिव्/ *adj.* असावधान, अन्यमनस्क, लापरवाह

inaudible /इन्ˈऑडबल्/ *adj.* जो जल्दी या आसानी से सुनाई न पड़े, कष्टश्राव्य, अश्रव्य ▸ **inaudibly** *adv.* अश्रव्यतापूर्वक, अश्रव्य रूप से

inaugurate /इˈनॉग्यरेट्/ *v.* **1** विशेष औपचारिक समारोह में किसी नए अफ़सर या नेता आदि का परिचय देना **2** कोई नया काम आरंभ करना, सबको उसका परिचय देना (प्रायः विशेष औपचारिक समारोह में)

inborn /ˌइन्ˈबॉन्/ *adj.* जन्मजात, नैसर्गिक

inbreeding /ˈइन्ब्रीडिङ्/ *n.* निकट-संबंधी मनुष्यों या पशुओं के बीच प्रजनन, अंतःप्रजनन

incalculable /इन्ˈकैल्क्यलबल्/ *adj.* अत्यधिक, अनगिनत, बेहिसाब, अगणनीय

incapable /इन्ˈकेपबल्/ *adj.* **1** कुछ करने में अक्षम, असमर्थ **2** किसी काम को अच्छी तरह से करने में अक्षम, अयोग्य

incapacitate /ˌइन्कˈपैसिटेट्/ *v.* किसी को कोई काम करने में अक्षम बना देना, पंगु बना देना

incapacity /ˌइनकˈपैसटि/ *n.* अक्षमता, असमर्थता, अयोग्यता

incarcerate /इन्ˈकासरेट्/ *v.* कारागार में रखना, क़ैद करना ▸ **incarceration** *n.* बंदीकरण, क़ैद

incarnation /ˌइन्काˈनेशन्/ *n.* **1** पृथ्वी पर एक विशिष्ट रूप में देह-धारण, अवतरण **2** (व्यक्ति) विशिष्ट गुण का सवांगपूर्ण उदाहरण, साक्षात मूर्ति

incense /ˈइन्सेन्स्/ *n.* (विशेषतः धार्मिक कार्यक्रमों में प्रयुक्त) लोबान, धूप ▸ **incense** *v.* अत्यधिक क्रोधित करना, भड़काना

incentive /इन्ˈसेन्टिव्/ *n.* प्रोत्साहन देने वाली वस्तु, प्रेरक राशि आदि

inception /इन्ˈसेप्शन्/ *n.* (किसी संगठन या संस्थान आदि का) संस्थापन

incessant /इन्ˈसेसन्ट्/ *adj.* अविराम, निरंतर (और प्रायः खीज पैदा करने वाला)

incest /ˈइनसेस्ट्/ *n.* एक ही परिवार के सदस्यों (जैसे भाई और बहिन) के बीच ग़ैर-क़ानूनी, असमाजिक यौन-संबंध, कौटुंबिक व्यभिचार

inch /इन्च्/ *n.* लंबाई की एक माप, इंच जो 2.54 से.मी. के बराबर होता है (एक फ़ुट में 12 इंच होते हैं) ▸ **inch** *v.* निर्दिष्ट दिशा में मंद गति से और सावधानी के साथ आगे बढ़ना, सरकना

incidence /ˈइन्सिडन्स्/ *n.* **1** कोई बात (प्रायः अप्रिय) जितनी बार घटित हो वह संख्या, किसी (प्रायः अप्रिय) घटना घटित होने की दर, किसी बात की दर **2** सतह पर रोशनी पड़ने का तरीक़ा, आपतन, संपात

incident /'इन्सिडन्ट्/ *n.* घटना (विशेषतः असामान्य या अप्रिय)

incidental /ˌइन्सि'डेन्ट्ल्/ *adj.* अपेक्षया अधिक महत्वपूर्ण वस्तु के अंश के रूप में घटित, आनुषंगिक

incinerate /इन्'सिनरेट्/ *v.* किसी चीज़ को जलाकर राख कर देना, भस्म कर देना

incisive /इन्'साइसिव्/ *adj.* 1 महत्वपूर्ण बातों की अच्छी और स्पष्ट समझ रखने और दर्शाने वाला, तीक्ष्ण 2 व्यक्ति की निर्णय लेने और दृढ़तापूर्वक अमल में लाने की क्षमता को दर्शाने वाला

incite /इन्'साइट्/ *v.* भड़काना, उकसाना ▸ **incitement** *n.* भड़कावा, उकसावा

inclination /ˌइन्क्लि'नेश्न्/ *n.* झुकाव, एक विशेष रीति से कुछ करना चाहने की भावना, रुझान

incline /इन्'क्लाइन्/ *v.* 1 कोई काम विशेष रीति से करने या किसी विशेष वस्तु को पसंद करने का इच्छुक होना, किसी विशेष बात या काम की ओर झुकाव होना 2 किसी वस्तु का विशेष दिशा में ढलान होना ▸ **incline** *n.* ढाल, झुकाव

include /इन्'क्लूड्/ *v.* 1 को समाविष्ट करना, साथ में रखना 2 किसी व्यक्ति या वस्तु को दूसरे समूह का अंग बनाना, शामिल करना

inclusion /इन्'क्लूश़्न्/ *n.* (किसी समुदाय में) शामिल कर लिया जाना, समावेश

inclusive /इन्'क्लूसिव्/ *adj.* 1 जिसमें (क़ीमत आदि) सम्मिलित हैं, जिसमें निर्दिष्ट वस्तु शामिल है 2 जिसमें निर्दिष्ट तारीख़ें, संख्याएँ आदि शामिल हैं

incognito /ˌइन्कॉग्'नीटो/ *adv.* अपने असली नाम और पहचान को छिपाते हुए (विशेषतः यदि व्यक्ति प्रसिद्ध है और नहीं चाहता कि लोग उसे पहचानें), प्रच्छन्न रूप से, छद्मवेश में, अज्ञात

incoherent /ˌइन्को'हिअरन्ट्/ *adj.* जो स्पष्ट या सुबोध न हो, अस्पष्ट या दुर्बोध, जिसमें अभिव्यक्ति की स्पष्टता न हो, असंगत, असंबद्ध ▸ **incoherently** *adv.* असंगत रूप से

income /'इन्कम्/ *n.* काम करने के एवज़ में या बचत पर ब्याज के रूप में नियमित रूप से प्राप्त होने वाला धन, आय, आमदनी

incoming /'इन्कमिङ्/ *adj.* 1 आने वाला या जिसे प्राप्त किया जा रहा है, आवक 2 नया, नवनिर्वाचित

incomparable /इन्'कॉम्प्रब्ल्/ *adj.* अनुपम, बेजोड़, अतुलनीय, अद्वितीय

incompatible /ˌइन्कम्'पैटब्ल्/ *adj.* बहुत अलग तरह का और इसलिए दूसरे से असंगत या बेमेल

incompetent /इन्'कॉम्पिटन्ट्/ *adj.* जिसमें उच्च स्तर की कुशलता की कमी है, अक्षम, असमर्थ ▸ **incompetent** *n.* अयोग्य ▸ **incompetence** *n.* अयोग्यता

incomplete /ˌइनकम्'प्लीट्/ *adj.* अपूर्ण, अधूरा

incomprehensible /इन्ˌकॉम्प्रि'हेन्सब्ल्/ *adj.* जिसे समझना असंभव हो, अबोधगम्य

inconceivable /ˌइन्कन्'सीवब्ल्/ *adj.* जिस पर विश्वास करना या जिसके विषय में सोचना असंभव या बहुत कठिन हो, अचिंत्य, अकल्पनीय

inconclusive /ˌइन्कन्'क्लूसिव्/ *adj.* जो निश्चित निर्णय या परिणाम की ओर न ले जाए, अनिश्चायक, अनिर्णायक

▸ **inconclusively** *adv.* अनिश्चायक रूप से

incongruous /इन्'कॉङ्ग्रुअस्/ *adj.* विसंगत, बेमेल, अनुपयुक्त

▸ **incongruously** *adv.* असंगतिपूर्वक, बेमेलपन से

▸ **incongruity** *n.* असंगति, बेमेलपन

inconsiderate /ˌइन्कन्'सिडरट्/ *adj.* (व्यक्ति) जो दूसरों की भावनाओं और आवश्यकताओं की परवाह नहीं करता, बेमुरौवत, बेलिहाज़, उदासीन, अविवेकी

inconsistent /ˌइनकन्'सिस्टन्ट्/ *adj.* **1** (वक्तव्य, तथ्य आदि) दूसरे जैसा नहीं, अनमेल, विसंगत (अतएव संभावित रूप से ग़लत या असत्य) तथ्य **2** (व्यक्ति) जिसके रुख़, व्यवहार आदि बदल सकते हैं (अतः भरोसेमंद नहीं), अस्थिर, परिवर्तनीय

inconsolable /ˌइनकन्'सोलब्ल्/ *adj.* इतना दुःखी कि उसे सांत्वना से शांत नहीं किया जा सकता है, असांत्वनीय

▸ **inconsolably** *adv.* असांत्वनीय रूप से

inconspicuous /ˌइनकन्'सिप क्युअस्/ *adv.* जिस पर आसानी से ध्यान न जाए, अविशिष्ट, महत्वहीन, नगण्य

▸ **inconspicuously** *adv.* अप्रकट रूप से

inconvenience /ˌइनकन्'व़ीनिअन्स्/ *n.* कष्ट या कठिनाई, असुविधा, परेशानी (विशेषतः आवश्यक काम में), असुविधा या परेशानी उत्पन्न करने वाला व्यक्ति

▸ **inconvenience** *v.* असुविधा, परेशानी

incorporate /इन्'कॉपरेट्/ *v.* एक वस्तु को दूसरी का अंश बनाना, समाविष्ट करना, ▸ **incorporation** *n.* समावेश

incorrect /ˌइन्क'रेक्ट्/ *adj.* जो, शुद्ध सही, सच न हो, अशुद्ध, ग़लत

▸ **incorrectly** *adv.* अशुद्ध रीति से, ग़लत तरीक़े से

incorrigible /इन्'कॉरिजब्ल्/ *adj.* (व्यक्ति या उसका आचरण) बहुत ख़राब, असुधार्य, सुधारातीत

increase /इन्'क्रीस्/ *v.* संख्या या मात्रा में वृद्धि होना या करना, संख्या या मात्रा की दृष्टि से बढ़ना या बढ़ाना

▸ **increase** *n.* किसी वस्तु की संख्या, मात्रा या स्तर में वृद्धि, बढ़ोत्तरी

incredible /इन्'क्रेडब्ल्/ *adj.* **1** जिस पर विश्वास करना असंभव या बहुत कठिन हो, अविश्वसनीय **2** बहुत अच्छा या बड़ा

incredulous /इन्'क्रेड्यलस्/ *adj.* अविश्वासी, अविश्वसनीय, संदेहशील

incriminate /इन्'क्रिमिनेट्/ *v.* किसी को अपराधी का दोषी सिद्ध करने के लिए सबूत जुटाना, अभिशस्त करना

inculcate /'इन्कल्केट्/ *v.* किसी को विचार, आदतें आदि सिखाना या याद कराना विशेषकर उसे बार-बार दुहराकर, मन में बैठाना ▸ **inculcation** *n.* अंतर्निवेशन

incur /इन्'क(र्)/ *v.* (**incurred, incurring**) अपनी ग़लती के अप्रिय परिणामों को भुगतना

incurable /इन्'क्युअरब्ल्/ *adj.* जिसका इलाज या जिसमें सुधार न हो सके, लाइलाज, असाध्य ▸ **incurably** *adv.* असाध्य रूप से

indebted /इन्'डेटिड्/ *adj.* किसी के प्रति अत्यंत कृतज्ञ

indecent /इन्'डीसन्ट्/ *adj.* अशोभनीय, अश्लील, अशोभन ▸ **indecency** *n.*

अश्लीलता ▸ **indecently** *adv.* अश्लीलतापूर्वक

indecisive /ˌइन्डि'साइसिव्/ *adj.* शीघ्र निर्णय करने में असमर्थ ▸ **indecisively** *adv.* अनिश्चयपूर्वक

indeed /इन्'डीड्/ *adv.* **1** (स्वीकारात्मक कथन या उत्तर पर बल देने के लिए प्रयुक्त) सचमुच, निश्चित रूप से **2** निर्दिष्ट गुण पर बल देने के लिए प्रयुक्त विशेषण या क्रियाविशेषण के बाद प्रयुक्त

indefensible /ˌइन्डि'फ़ेन्सबल्/ *adj.* (आचरण आदि) पूर्णतया अनुचित, जिसको समर्थित या उपेक्षित न किया जा सके

indefinable /ˌइन्डि'फ़ाइनबल्/ *adj.* जिसका वर्णन करना कठिन या असंभव हो, अवर्णनीय

indefinite /इन्'डेफ़िनट्/ *adj.* अनिश्चित या अस्पष्ट, अनियत

indelible /इन्'डेलबल्/ *adj.* जो हटाया या धोया न जा सके, अमिट, अलोप्य, स्थायी

indemnity /इन्'डेम्नटि/ *n.* **1** क्षति से सुरक्षा (विशेषतः धन देने की वचनबद्धता के रूप में) **2** (*pl.* **indemnities**) क्षति की पूर्ति के रूप में दी गई धनराशि, हर्जाने की रक़म

indent /इन्'डेन्ट्/ *v.* हाशिये से हटकर पंक्ति आरंभ करना

independent /ˌइन्डि'पेन्डन्ट्/ *adj.* **1** अन्य व्यक्ति, देश आदि के नियंत्रण से मुक्त, स्वाधीन, स्वतंत्र **2** जिसे सहायता की न तो आवश्यकता हो न इच्छा, आत्मनिर्भर **3** जो किसी व्यक्ति या वस्तु के न तो प्रभाव में हो न संपर्क में, निष्पक्ष, अलग

indestructible /ˌइन्डि'स्ट्रक्टबल्/ *adj.* जिसे आसानी से क्षतिग्रस्त या नष्ट न किया जा सके, अविनाशी, अध्वंस्य

index /'इन्डेक्स्/ *n.* (*pl.* **indexes**) **1** पुस्तक के अंत में अकारादि क्रम से बनी सूची जिसमें पुस्तक में वर्णित व्यक्तियों या विषयों के नाम होते हैं, अनुक्रमणिका, इंडेक्स **2** (*pl.* **indexes** or **indices**) क़ीमत, दर आदि में हुए परिवर्तन को दर्शाने का एक प्रकार या पद्धति, सूचकांक ▸ **index** *v.* सूचीबद्ध करना

Indian /'इन्डिअन्/ *n.* & *adj.* (व्यक्ति) भारत का, भारतीय

indicate /'इन्डिकेट्/ *v.* **1** किसी बात के संभवतः सत्य या अस्तित्व में होने का संकेत करना, बताना, दिखाना **2** किसी बात को परोक्ष रीति से कहना, संकेत करना

indict /इन्'डाइट्/ *v.* किसी पर अपराध के लिए औपचारिक रूप से अभियोग लगाना, अभ्यारोपण करना

indifferent /इन्'डिफ़्रन्ट्/ *adj.* **1** व्यक्ति या वस्तु में रुचि या सोच-विचार से रहित, उदासीन **2** जो बहुत अच्छा न हो, साधारण

indigenous /इन्'डिजनस्/ *adj.* (मनुष्य, पशु या पौधे) अपने मूल स्थान में स्थित, स्वदेशी, स्थानीय

indigestion /ˌइन्डि'जेस्चन्/ *n.* भोजन पचने में कठिनाई से उत्पन्न पेट दर्द, बदहज़मी, अपच

indignation /ˌइन्डिग्'नेशन्/ *n.* मानसिक आघात और क्रोध, रोष

indignity /इन्'डिग्नटि/ *n.* (*pl.* **indignities**) सम्मान न मिलने से उत्पन्न परेशानी, तिरस्कार, अनादर, अपमान

i

indigo /ˈइन्डिगो/ *adj.* गहरा नीला ▸ **indigo** *n.* नील
indirect /ˌइन्ड ˈरेक्ट्, -डाइ ˈर-/ *adj.* **1** जो किसी का प्रत्यक्ष कारण न हो, परोक्ष, जिसका किसी के साथ प्रत्यक्ष संपर्क न हो, अप्रत्यक्ष **2** घुमाव-फिराव वाला
indiscreet /ˌइन्ˈडिस्क्रीट्/ *adj.* वाणी या व्यवहार में असावधान या अभद्र, अविवेकी
indispensable /ˌइन्डिˈस्पेन्सबल्/ *adj.* बहुत आवश्यक, जिसके बिना काम न चल सके, अपरिहार्य, अनिवार्य
indisposed /ˌइन्डिˈस्पोज्ड्/ *adj.* **1** अस्वस्थ **2** अनिच्छुक
indisputable /ˌइन्डिˈस्प्यूटबल्/ *adj.* सर्वथा सत्य, पूर्णतः दोषमुक्त, निर्विवाद
indistinct /ˌइन्डिˈस्टिङ्क्ट्/ *adj.* अस्पष्ट, धुँधला ▸ **indistinctly** *adv.* अस्पष्ट रूप से
indistinguishable /ˌइन्डिˈस्टिङ्ग्विशबल्/ *adj.* एक जैसे लगने वाले, जिनमें भेद करना कठिन है, अप्रभेद्य
individual /ˌइन्डिˈविजुअल/ *adj.* **1** समूह से अलग, अकेला **2** एक व्यक्ति पर केंद्रित, एक अदद (टुकड़ा आदि) **3** दूसरों से भिन्न एक व्यक्ति विशिष्ट, व्यक्तिगत ▸ **individual** *n.* एक व्यक्ति (दूसरों से या समूह से अलग रूप में गृहीत)
individualism /ˌइन्डिˈविजुअलिज़म्/ *n.* **1** दूसरों से अलग और अपने ढंग से काम करने की विशिष्टता, वैयक्तिकता **2** यह धारणा कि व्यक्तियों को अपने विषय में स्वयं (न कि सरकार को) निर्णय लेने का अधिकार है, व्यक्तिवाद
indivisible /ˌइन्डिˈविज़बल्/ *adj.* जिसे लघुतर खंडों में विभक्त नहीं किया जा सके, अविभाज्य
indoctrinate /इन्ˈडॉक्ट्रिनेट्/ *v.* किसी को विशेष मान्यताओं को मानने के लिए बाध्य करना, मतारोपण करना
indolent /ˈइन्डलन्ट्/ *adj.* काम न करनेवाला, आलसी, निष्क्रिय
indomitable /इन्ˈडॉमिटबल्/ *adj.* कठिन परिस्थिति में भी अजेय एवं निडर, अदम्य
indoor /ˈइन्डॉ(र्)/ *adj.* भवन के भीतर किया गया या स्थित, भवनांतर्गत, अंतर्द्वारीय
induce /इन्ˈड्यूस्/ *v.* **1** किसी से कुछ काम करवाना या उसके लिए मनाना, राज़ी करना **2** किसी वस्तु या स्थिति का कारण बनना या उसे उत्पन्न करना, उत्प्रेरण करना, प्रेरित करना
induct /इन्ˈडक्ट्/ *v.* **1** विशेषकर समारोह में किसी को औपचारिक रूप से कोई प्रभावशाली पद देना, विधिवत पद पर बैठाना, भरती करना **2** किसी समूह या संगठन में, विशेषकर सेना में नए सदस्य को औपचारिक रूप से परिचय कराना, परिचित कराना
induction /इन्ˈडक्शन्/ *n.* **1** किसी को नया काम आदि सिखाना या शुरू करने की प्रक्रिया, अधिष्ठापन, प्रवेश **2** विशिष्ट तथ्यों और उदाहरणों से सामान्य नियमों और सिद्धांतों के निर्धारण की विधि, आगमन विधि
indulge /इन्ˈडल्ज्/ *v.* **1** मौज-मस्ती करना, आनंद के लिए किसी काम में लिप्त होना **2** किसी को उसकी मनचाही या ज़रूरत की चीज़ देना, अनुग्रह करना
industrial /इन्ˈडस्ट्रिअल्/ *adj.*

1 उद्योग से संबंधित, औद्योगिक 2 जहाँ बहुत-से कल-कारख़ाने हों, उद्योग-प्रधान

industrialist /इन्ˈडस्ट्रिअलिस्ट्/ *n.* बड़े औद्योगिक कंपनी का मालिक अथवा व्यवस्था करनेवाला, उद्योगपति

industrious /इन्ˈडस्ट्रिअस्/ *adj.* कठोर परिश्रमी, अध्यवसायी, उद्यमी

industry /ˈइन्डस्ट्रि/ *n.* (*pl.* **industries**) 1 कारख़ानों में माल का उत्पादन, उद्योग-धंधे, व्यवसाय 2 वस्तुओं का निर्माण, सेवाएँ उपलब्ध कराने आदि में लगे लोग और गतिविधियाँ

inebriated /इˈनीब्रिएटिड्/ *adj.* नशे के प्रभाव में, नशे में चूर, मदोन्मत

▸ **inebriation** *n.* नशा, मदमस्ती

inedible /इन्ˈएडबल्/ *adj.* जो खाने के लायक़ न हो, अखाद्य

ineffective /ˌइनिˈफ़ेक्टिव्/ *adj.* जो अभीष्ट प्रभाव या परिणाम उत्पन्न न करे, निष्प्रभावी

ineffectual /ˌइनिˈफ़ेक्चुअल्/ *adj.* योग्यता का न होना (कुछ प्राप्त करने के लिए), वांछित सफलता प्राप्त न होना, इच्छित सफलता का न मिलना, निष्प्रभावी, बेकार, व्यर्थ

inefficient /ˌइनिˈफ़िशन्ट्/ *adj.* जो सर्वोत्तम रीति से काम न करे या परिणाम न दे (जिससे समय और पैसे की बरबादी हो), अकुशल, अक्षम

ineligible /इन्ˈएलिजबल्/ *adj.* जिसके पास किसी बात के लिए अपेक्षित योग्यता आदि न हो, अपात्र, अयोग्य

inept /इˈनेप्ट्/ *adj.* कोई काम अच्छे ढंग से करने में असमर्थ, दक्षताहीन, अकुशल

inequality /ˌइनिˈक्वॉलटि/ *n.* (*pl.* **inequalities**) धन, लाभ आदि की दृष्टि से समाज के विभिन्न वर्गों के बीच असमानता

inert /इˈनर्ट्/ *adj.* 1 जड़, स्थिर 2 (रासायनिक तत्वों के लिए प्रयुक्त) अन्य रसायनों के प्रति क्रियाहीन, रासायनिक गुणरहित, निष्क्रिय

inertia /इˈनशा/ *n.* 1 ऊर्जा की न्यूनता शक्तिहीनता, निष्क्रियता 2 वस्तु को स्थिर रखने वाली या दिशाविशेष में गतिमान रखनेवाली भौतिक शक्ति, वस्तु की स्थिति-स्थिरता या गति-स्थिरता प्रदान करनेवाली भौतिक शक्ति, वस्तु की स्थिरता-शक्ति

inescapable /ˌइनिˈस्केपबल्/ *adj.* जिसे टाला न जा सके, अपरिहार्य

inevitable /इन्ˈएविटबल्/ *adj.* जिसे घटित होने से रोका न जा सके, अवश्य होने वाला, अवश्यंभावी

▸ **inevitability** *n.* अवश्यंभाविता

▸ **inevitably** *adv.* अवश्यंभावी रूप से

inexcusable /ˌइनिक्ˈस्क्यूज़बल्/ *adj.* अक्षम्य, जिसे सहन न किया जा सके

inexhaustible /ˌइनिग्ˈज़ास्टबल्/ *adj.* जो समाप्त न हो सके या जिसे पूर्णतया समाप्त न किया सके, अक्षय, अपार

inexpensive /ˌइनिक्ˈस्पेन्सिव्/ *adj.* दाम में कम, सस्ता

inexperience /ˌइनिक्ˈस्पीरिअन्स्/ *n.* किसी काम को करने की जानकारी न होना (क्योंकि उसे पहले नहीं किया), अनुभवहीनता

inexplicable /ˌइनिक्ˈसप्लिकबल्/ *adj.* जिसे समझाया न जा सके, जिसकी व्याख्या न की जा सके, अव्याख्येय

infallible /इन्ˈफ़ैलबल्/ *adj.* 1 (व्यक्ति) जो कभी भूलें न करे या

ग़लती पर न हो, अमोघ 2 सदैव अभीष्ट की पूर्ति करने वाला, जिससे कभी चूक न हो, अचूक

infamous /'इन्फ़मस्/ *adj.* कुख्यात, बदनाम

infancy /'इन्फ़न्सि/ *n.* शिशु होने की अवस्था, शैशव, प्रारंभिक अवस्था

infant /'इन्फ़न्ट्/ *n.* शिशु या बच्चा, छोटा बालक अथवा बालिका, छौना या छौनी, नन्हा या नन्हीं

infanticide /इन्'फ़ैन्टिसाइड्/ *n.* शिशु-हत्या (विशेषतः माता-पिता द्वारा अपने शिशु की हत्या)

infantile /'इन्फ़न्टाइल्/ *adj.* (आचरण) शैशव संबंधी और इसलिए बड़ों के अनुपयुक्त, बचकाना

infantry /'इन्फ़न्ट्रि/ *n.* पैदल सेना

infatuated /इन्'फ़ैचुएटिड्/ *adj.* प्रेम या आकर्षण की अस्थायी परंतु शक्तिशाली भावना से ग्रस्त, प्रेमोन्मत्त ▸ **infatuation** *n.* प्रेमोन्माद, प्रेमांधता

infect /इन्'फ़ेक्ट्/ *v.* **1** किसी को अस्वस्थता या रोग से आक्रांत करना, रोग-संक्रमित होना **2** लोगों को विशेष अनुभूति या भावना का हिस्सा बनाना

infection /इन्'फेक्शन्/ *n.* **1** रोगी होने या किसी को रोगी कर देने की क्रिया, संक्रमण, रोग-संचार **2** हानिकर बैक्टीरिया या सूक्ष्म कीटाणु से उत्पन्न अस्वस्थता या बीमारी (जो शरीर के एक अंग को प्रभावित करे), प्रभावन, रोगाणु-ग्रस्तता

infectious /इन'फेक्शस्/ *adj.* (अस्वस्थता, बीमारी आदि) एक से दूसरे व्यक्ति तक सरलता से संक्रांत, छुतहा, संसर्गज, संक्रामक रोग वे हैं जो सामान्यतया वायु के द्वारा हमारी साँसों में प्रवेश कर जाते हैं, संक्रामक रोग उन्हें कहते हैं जो एक व्यक्ति में दूसरे के संस्पर्श से फैलते हैं

infer /इन्'फ़(र्)/ *v.* (**inferring, inferred**) उपलब्ध सूचना के आधार पर कोई राय बनाना या सत्यता का निर्णय करना, से परिणाम निकालना ▸ **inference** *n.* निष्कर्षण

inferior /इन्'फिअरिअ(र्)/ *adj.* सामाजिक स्थिति, महत्व, गुणवत्ता आदि की दृष्टि से निम्न या निम्नतर स्तर का, घटिया, निकृष्ट ▸ **inferior** *n.* निम्न, अवर, छोटा, हीन ▸ **inferiority** *n.* हीनता

infernal /इन्'फ़र्नल्/ *adj.* **1** अत्यंत प्रकोपक, क्षोभक, खिझाने वाला **2** नारकीय, पैशाचिक, नृशंस

infertile /इन्'फ़टाइल्/ *adj.* **1** (व्यक्ति या पशु) संतानोत्पादन में असमर्थ, बाँझ, वंध्या **2** (भूमि) मज़बूत और स्वस्थ पौधे उत्पन्न करने में असमर्थ, अनुपजाऊ, अनुर्वर ▸ **infertility** *n.* बाँझपन, वंध्यात्व

infest /इन्'फ़ेस्ट्/ *v.* (कष्ट या दुःख देने के लिए) बहुत संख्या में होना, भरमार होना

infidel /'इन्फ़िडल्/ *n.* **1** वक्ता द्वारा प्रचारित सही धर्म में विश्वास न रखने वाले के लिए प्रयुक्त अपमानजनक शब्द **2** मत या सिद्धांत को नकारने वाला व्यक्ति, अविश्वासी, संदेहवादी

infidelity /ˌइन्फ़ि'डेलटि/ *n.* (*pl.* **infidelities**) पति या पत्नी द्वारा साथी से बेवफ़ाई (अन्य व्यक्ति से यौन-संबंध बनाकर), विश्वासघात

infiltrate /'इन्फ़िलट्रेट्/ *v.* गुपचुप तरीक़े से किसी संगठन में घुस जाना (उसके बारे में जानकारी के लिए), घुसपैठ करना ▸ **infiltration** *n.* घुसपैठ

infinite /ˈइन्फ़िनट्/ *adj.* **1** अत्यधिक, असीम, अपार, अनंत **2** जिसकी सीमाएँ न हों, असीमित, अपरिमित, जिसका कभी अंत न हो, अंतहीन

infinitive /इन्ˈफ़िनटिव्/ *n.* क्रिया का मूलवर्ती रूप

infinity /इन्ˈफ़िनटि/ *n.* **1** अंतहीन स्थान या समय, अनंतता, असीमता **2** (गणित) असंख्य संख्या

infirmary /इन्ˈफ़मरि/ *n.* (*pl.* **infirmaries**) (मुख्यतया नामों में प्रयुक्त) अस्पताल (किसी के नाम वाला अस्पताल)

inflame /इन्ˈफ़्लेम्/ *v.* आग लगाना, उभाड़ना, उकसाना

inflammable /इन्ˈफ़्लैमब्ल्/ *adj.* जो आसानी से आग पकड़ ले, ज्वलनशील, तुरंत आग पकड़ने वाला

inflammation /ˌइन्फ़्लˈमेशन्/ *n.* शरीर के अंग की एक अवस्था जिसमें वह लाल, तकलीफ़देह और सूजनयुक्त हो जाता है (रोग-संक्रमण या चोट के कारण)

inflammatory /इन्ˈफ़्लैमट्रि/ *adj.* **1** उत्तेजक, प्रज्वलनकारी **2** शरीर में सूजन पैदा करने वाला या उससे संबंधित

inflate /इन्ˈफ़्लेट्/ *v.* हवा भरना, फुलाना, हवा से भरा होना, फूलना

inflation /इन्ˈफ़्लेशन्/ *n.* मूल्यों में सामान्य वृद्धि, मुद्रास्फीति, मूल्यवृद्धि की दर, मुद्रास्फीति की दर

inflexible /इन्ˈफ़्लेक्सब्ल्/ *adj.* **1** जिसे स्थिति विशेष के अनुसार बदला या अनुकूल न बनाया जा सके, ग़ैर-लचीला, कठोर, अटल **2** (सामान या वस्तुएँ) जो तुरंत न मुड़ सकें या न मोड़ी जा सकें, कड़ा या कड़ी

inflict /इन्ˈफ़्लिक्ट्/ *v.* किसी को अप्रिय या अनचाही बात मानने के लिए विवश करना, ज़बरदस्ती लादना

influence /ˈइन्फ़्लुअन्स्/ *n.* **1** व्यक्ति या वस्तु को प्रभावित, परिवर्तित या नियंत्रित करने की शक्ति **2** व्यक्ति या वस्तु को प्रभावित या परिवर्तित करने वाला व्यक्ति या वस्तु ▸ **influence** *v.* व्यक्ति या वस्तु में परिवर्तन लाने के लिए उस पर प्रभाव या शक्ति का उपयोग करना

influenza /ˌइन्फ़्लुˈएन्ज़ा/ *n.* ज़ुकाम के साथ बुख़ार, श्लेष्मा ज्वर, इन्फ़्लूएंज़ा

influx /ˈइन्फ़्लक्स्/ *n.* बड़ी संख्या में लोगों या वस्तुओं का एकाएक कहीं से आना, अंतर्वहन, अंतर्वाही

inform /इन्ˈफ़ॉम्/ *v.* किसी को (किसी के विषय में) सूचना देना (विशेषतः आधिकारिक रूप से)

informal /इन्ˈफ़ॉम्ल्/ *adj.* बेतकल्लुफ़ी का और मित्रवत या इस प्रकार के अवसर के उपयुक्त, अनौपचारिक

information /ˌइन्फ़ˈमेशन्/ *n.* जानकारी या तथ्य

informative /इन्ˈफ़ॉमटिव्/ *adj.* उपयोगी सूचना या जानकारी देने वाला, सूचनात्मक, ज्ञानप्रद, शिक्षाप्रद

infrared /ˌइन्फ़्रˈरेड्/ *adj.* (प्रकाश के विषय में प्रयुक्त) तापित या उष्ण वस्तुओं द्वारा उत्पन्न परंतु अदृश्य, अवरक्त

infrastructure /ˈइन्फ़्रस्ट्रक्च(र्)/ *n.* किसी देश या संगठन के लिए अपेक्षित आधारभूत प्रणालियाँ और सेवाएँ (जैसे भवन, यातायात, पानी और बिजली की आपूर्ति), बुनियादी ढाँचा, अवसंरचना

infrequent /इन्ˈफ़्रीक्वन्ट्/ *adj.* कभी-कभी होने वाला, विरल, प्रायिक

infringe /इन्'फ़्रिन्ज्/ *v.* **1** नियम, क़ानून, समझौता आदि तोड़ना, आज्ञा उल्लंघन करना **2** किसी के अधिकार, स्वतंत्रता आदि को कम या सीमित कर देना, अतिलंघन करना

infuriate /इन्'फ़्युअरिएट्/ *v.* किसी को बहुत क्रुद्ध कर देना

infuse /इन्'फ़्यूज़्/ *v.* **1** व्यक्ति या वस्तु में विशेष गुण या भावना का संचार करना **2** किसी वस्तु के सब अंगों को प्रभावित करना

ingenious /इन्'जीनिअस्/ *adj.* **1** (वस्तु या विचार) चतुराई से बनाया गया या सोचा गया, कौशलपूर्ण, कुशल **2** (व्यक्ति) नए विचारों से युक्त और समस्याओं के समाधान या नई बातों के आविष्कार में दक्ष, प्रतिभाशाली, मेधावी

ingrained /इन्'ग्रेन्ड्/ *adj.* (आदत, सोच आदि) लंबे समय से चली आ रही, पुरानी और इसलिए जिसे बदलना कठिन हो, गहरा जमा हुआ, पक्का, अंतर्जनित

ingratiate /इन्'ग्रेशिएट्/ *v.* किसी की प्रशंसा कर उसका कृपापात्र बन जाना (विशेषतः अपने लाभ के लिए), किसी का अनुग्रह प्राप्त करना

ingratitude /इन्'ग्रैटिट्यूड्/ *n.* कृतज्ञता का अभाव, कृतघ्नता

ingredient /इन्'ग्रीडिअन्ट्/ *n.* **1** किसी खाद्य पदार्थ का घटक **2** सफलता का तत्व

inhabit /इन्'हैबिट्/ *v.* किसी स्थान पर रहना, बसना, निवास करना

inhabitant /इन्'हैबिटन्ट्/ *n.* किसी स्थान पर रहने वाला, निवासी, बाशिंदा

inhale /इन्'हेल्/ *v.* साँस लेना

inherent /इन्'हिअरन्ट्/ *adj.* व्यक्ति या वस्तु का मूलवर्ती या स्थायी अंश, अंतर्निहित

inherit /इन्'हेरिट्/ *v.* **1** मृतक की संपत्ति, धन आदि को (उत्तराधिकार या विरासत के रूप में) प्राप्त करना **2** माता-पिता या परिवार के गुणों को (विरासत के रूप में) प्राप्त करना

inhibition /ˌइन्हि'बिशन्, ˌइनि'ब्-/ *n.* अभीष्ट बात को कहने या करने से रोकने वाली संकोच, हिचकिचाहट या भावना, अंतर्बाधा, अवरोध

inhospitable /ˌइन्हॉ'स्पिटब्ल्/ *adj.* **1** (स्थान) जहाँ रहना सुखद न हो (विशेषतः मौसम के कारण), अप्रीतिकर **2** (व्यक्ति) जो मित्रवत तथा सत्कारशील न हो, असत्कारी, रूखा

inhuman /इन्'ह्यूमन्/ *adj.* **1** बहुत क्रूर और निर्दय, अमानवीय **2** मानव सदृश नहीं और इसलिए डरावना

initial /इ'निश्ल्/ *adj.* प्रारंभिक, प्रथम ▸ **initial** *n.* नाम का प्रथम अक्षर, आद्याक्षर ▸ **initial** *v.* किसी पर आद्याक्षर अंकित करना

initiate /इ'निशिएट्/ *v.* **1** आरंभ करना, श्रीगणेश या सूत्रपात करना **2** पहली बार किसी को कोई बात समझाना या कुछ अनुभव कराना

initiative /इ'निशटिव्/ *n.* **1** समस्या के समाधान या स्थिति में सुधार के लिए की गई आधिकारिक कार्रवाई, पहल **2** आवश्यक उपाय कर लेने की निजी योग्यता या कल्पनाशक्ति

inject /इन्'जेक्ट्/ *v.* **1** सुई से मनुष्य या पशु के शरीर में त्वचा के अंदर दवा पहुँचाना, सुई लगाना, इंजेक्शन लगाना, टीका लगाना **2** (किसी वस्तु में) कोई वस्तु डालना

injure /'इन्ज(र्)/ *v.* शारीरिक चोट पहुँचाना, घायल होना या करना (विशेषतः दुर्घटना में)

injurious /इन्'जुअरिअस्/ *adj.* हानिकारक, अनिष्टकर, क्षतिशील

injury /'इन्जरि/ *n.* (*pl.* **injuries**) मनुष्य या पशु के शरीर को लगी चोट (विशेषतः दुर्घटना में)

injustice /इन्'जस्टिस्/ *n.* अन्याय, अन्यायपूर्ण काम

ink /इङ्क्/ *n.* रोशनाई, स्याही

inlet /'इन्लेट्/ *n.* समुद्र या झील में से भूमि की ओर गई तंग जलधारा, उपखाड़ी

inmate /'इन्मेट्/ *n.* जेल, छात्रावास आदि स्थान पर रहने वाले व्यक्तियों में से एक, संवासी

innate /इ'नेट्/ *adj.* (योग्यता और गुण) जन्मजात, अंतर्निहित

inner /'इन(र्)/ *adj.* **1** अंदर का, अंदरूनी, किसी स्थान के केंद्र की ओर या उसके निकट, अंदर की तरफ़, भीतरी **2** (मनोभाव) जिसे आप व्यक्त या प्रदर्शित नहीं करते, अव्यक्त, निजी या व्यक्तिगत

innermost /'इनमोस्ट्/ *adj.* **1** (मनोभाव या विचार) सर्वाधिक गुप्त या निजी, व्यक्तिगत **2** केंद्र-स्थल के सबसे निकट या किसी के भीतर

innocent /'इनसन्ट्/ *adj.* **1** जिसने ग़लत काम नहीं किया, निर्दोष, बेगुनाह, बेक़सूर **2** अपराध-कर्म, युद्ध आदि में घायल या मृत (यद्यपि उससे संबंधित नहीं या कोई लेना-देना नहीं)

innocuous /इ'नॉक्युअस्/ *adj.* अहानिकर, सीधा-सादा

innovate /'इनवेट्/ *v.* नई वस्तुओं, विचारों या विधियों की रचना करना, नवप्रवर्तन करना, नवपरिवर्तन लाना ▸ **innovation** *n.* नवप्रवर्तन, नवपरिवर्तन ▸ **innovative** *adj.* नवप्रवर्तनकारी, नवपरिवर्तनकारी

innuendo /ˌइन्यु'एन्डो/ *n.* (*pl.* **innuendoes** or **innuendos**) व्यक्ति या वस्तु के विषय में परोक्ष टिप्पणी (प्रायः अनुचित प्रकार की), कटाक्ष, व्यंग्य

innumerable /इ'न्यूमरब्ल्/ *adj.* असंख्य, अनगिनत

inoculate /इ'नॉक्युलेट्/ *v.* मनुष्य या पशु को इंजेक्शन लगाकर रोग से उसका बचाव करना, बीमारी से बचाव के लिए मनुष्य या पशु को टीका लगाना ▸ **inoculation** *n.* टीका

inoperable /इन्'ऑपरब्ल्/ *adj.* (रोग) जो शल्यक्रिया से ठीक न हो सके, शल्यक्रियातीत

inordinate /इन्'ऑडिनट्/ *adj.* सामान्य या प्रत्याशित से बहुत अधिक, अत्यधिक, अमर्यादित

inorganic /ˌइनऑ'गैनिक्/ *adj.* जो सजीवों से निर्मित या प्राप्त नहीं, अजैव

input /'इनपुट्/ *n.* **1** किसी वस्तु में डाली गई कोई वस्तु (उसे असरदार या परिणामकारी बनाने के लिए), निवेश, इनपुट **2** कंप्यूटर में सूचना भरने की क्रिया ▸ **input** *v.* कंप्यूटर में सूचना भरना

inquire /इन्'क्वाइअ(र्)/ *v.* (*also* **enquire**) पूछना, जाँच करना, तहक़ीक़ात करना, पूछताछ करना

inquisition /ˌइन्क्वि'ज़िश्न्/ *n.* **1** रोमन कैथोलिक चर्च का बनाया संगठन (धर्माधिकरण) जो चर्च की मान्यताओं में विश्वास न करने वालों का पता लगाकर उन्हें दंडित करता था, धर्म न्यायाधिकरण **2** (कठोरता से पूछे गए) प्रश्न

inquisitive /इन्'क्विज़टिव्/ *adj.* **1** दूसरों के बारे में जानने का अति-इच्छुक, पूछाताछी करने वाला, प्रश्नशील

2 विभिन्न वस्तुओं के बारे में जानने का इच्छुक, जिज्ञासु

insane /इन्'सेन्/ *adj.* 1 पागल, विक्षिप्त या मानसिक रोगी 2 जो अक़्लमंदी का काम न करे ▸ **insanity** *n.* विक्षिप्तता, पागलपन

insanitary /इन्'सैनट्रि/ *adj.* अस्वच्छ और रोगकारक

insatiable /इन्'सेशबल्/ *adj.* जिसे तृप्त न किया जा सके, अतृप्त, अपरितोष्य, अत्यधिक

inscription /इन्'स्क्रिप्शन्/ *n.* किसी वस्तु पर अंकित या उत्कीर्ण शब्द

insect /'इन्सेक्ट्/ *n.* कीट, कीड़ा (छह टाँगों और दो डैनों वाला लघुजीव जिसका शरीर तीन भागों में विभक्त होता है)

insecure /,इन्सि'क्यो(र्)/ *adj.* जिसे न अपने ऊपर विश्वास हो ना दूसरों पर, आत्मविश्वासहीन, असुरक्षा-भावना से ग्रस्त

insensible /इन्'सेन्सबल्/ *adj.* 1 अनुभव, प्रतिक्रिया आदि करने में असमर्थ, संवेदनारहित, असंवेदनशील 2 (घटना, परिस्थिति आदि से) अनजान, अनभिज्ञ बेहोश

insensitive /इन्'सेन्सटिव्/ *adj.* 1 दूसरों की भावनाओं की उपेक्षा करने वाला और इस प्रकार उन्हें कष्ट पहुँचाने वाला, संवेदनाहीन 2 प्रतिक्रियाहीन, वेदनाहीन, अनुभव करने में असमर्थ, संवेदनशून्य

inseparable /इन्'सेप्रबल्/ *adj.* जिसे व्यक्ति या वस्तु से अलग न किया जा सके, अवियोज्य, अपृथक्करणीय

insert /इन्'सट्/ *v.* निविष्ट करना, अंतर्निविष्ट करना, अंतःस्थापित करना ▸ **insertion** *n.* अंतर्निवेश, सन्निवेश, अंतःस्थापन

inside /,इन्'साइड्/ *prep.* & *adj.* & *adv.* 1 किसी वस्तु के अंदरूनी भाग या सतह में/पर/की ओर, के भीतर, के अंदर, अंदर या भीतर के 2 (जानकारी आदि) किसी समूह, संगठन आदि के सदस्यों को गुप्त रूप से दी गई, आंतरिक, भीतरी ▸ **inside** *n.* किसी वस्तु का अंदरूनी हिस्सा या सतह, अंदर से, अंदर के हिस्से में

insider /इन्'साइड(र्)/ *n.* किसी समूह या संगठन का अंतरंग सदस्य, अंतरंगी

insidious /इन्'सिडिअस्/ *adj.* प्रच्छन्न रूप से सक्रिय और घातक, विश्वासघाती

insight /'इन्साइट्/ *n.* व्यक्ति या वस्तु की विस्तृत या गहन जानकारी

insignificant /,इन्सिग्'निफ़िकन्ट्/ *adj.* महत्वहीन, नगण्य, निरर्थक

insincere /,इन्सिन्'सिअ(र्)/ *adj.* कपटी, पाखंडी, निष्ठाहीन

insinuate /इन्'सिन्युएट्/ *v.* परोक्ष रूप से कोई अप्रिय बात बताना, कटाक्ष करना, आक्षेप करना ▸ **insinuation** *n.* कटाक्ष, आक्षेप

insipid /इन्'सिपिड्/ *adj.* बेस्वाद या फीका, स्वादहीन

insist /इन्'सिस्ट्/ *v.* 1 किसी बात पर आग्रह करना (अपने लिए या दूसरे के लिए) 2 किसी बात (के सच मानने) पर अड़ जाना, अडिग रहना (भले ही दूसरा न माने)

insistent /इन्'सिस्टन्ट्/ *adj.* 1 हठी, आग्रही, आग्रहशील 2 देर तक चलने वाला (अतएव अनुपेक्षणीय)

insoluble /इन्'सॉल्यबल्/ *adj.* 1 जिसे समझाया या हल न किया जा सके, असमाधेय 2 जो द्रव में घोला न जा सके, अविलेय

insolvent /इन्'सॉल्वन्ट्/ *adj.* धन की कमी के कारण ऋण चुकाने में असमर्थ, दिवालिया ▸ **insolvency** *n.* (*pl.* **insolvencies**) दिवालियापन

insomnia /इन्'सॉम्निआ/ *n.* सो न सकने का रोग, अनिद्रा

inspect /इन्'स्पेक्ट्/ *v.* **1** किसी बात की बारीक़ी या विस्तार से जाँच करना, निरीक्षण करना **2** नियमों के पालन आदि की सरकारी जाँच करना, निरीक्षण करना ▸ **inspection** *n.* जाँच, निरीक्षण

inspector /इन्'स्पेक्ट(र्)/ *n.* **1** महत्वपूर्ण पुलिस अधिकारी, पुलिस इंस्पेक्टर **2** बसों या रेलगाड़ियों में यात्रियों के टिकटों की जाँच करने वाला व्यक्ति, टिकट-निरीक्षक

inspiration /ˌइन्स्प'रेशन्/ *n.* **1** कुछ नया करने या सोचने की इच्छा उत्पन्न करने वाला मनोभाव, व्यक्ति या वस्तु, प्रेरणा **2** अचानक मन में आया अच्छा विचार, अंतःप्रेरणा

inspire /इन्'स्पाइअ(र्)/ *v.* **1** कुछ करने या रचने की इच्छा उत्पन्न करना, प्रेरित करना **2** किसी को कुछ अनुभव कराना या सोचने के लिए प्रेरित करना, अनुप्राणित कर देना, जगाना ▸ **inspiring** *adj.* प्रेरक, प्रेरणापूर्ण

instability /ˌइन्स्ट'बिलटि/ *n.* ऐसी स्थिति जिसमें परिवर्तन संभावित है, अस्थिरता

install /इन्'स्टॉल्/ *v.* **1** किसी मशीन को लगाना (ताकि उसका इस्तेमाल आरंभ किया जा सके), व्यवस्थापित करना **2** किसी व्यक्ति, वस्तु या स्वयं को पद (या स्थान) पर स्थापित करना, पदासीन करना ▸ **installation** *n.* स्थापित संयंत्र, प्रतिष्ठापन

instalment /इन्'स्टॉल्मन्ट्/ *n.* **1** भुगतान की कुल राशि का नियमित रूप से दिया जाने वाला अंश, भुगतान की क़िस्त **2** शृंखला के रूप में प्रकाशित या प्रदर्शित की जा रही कहानी का एक अंश, कड़ी

instance /'इन्स्टन्स्/ *n.* (किसी वस्तु का) उदाहरण, मिसाल या मामला

instant /'इन्स्टन्ट्/ *adj.* **1** अचानक या तत्काल होने वाला, तुरंत, तात्कालिक **2** (खाद्य पदार्थ) जो बहुत शीघ्र और आसानी से तैयार किया जा सके (प्रायः गरम पानी में डालकर), तत्काल (खाद्य पदार्थ) ▸ **instant** *n.* **1** क्षण भर, पल भर **2** समय का विशिष्ट बिंदु

instead /इन्'स्टेड्/ *adv.* & *prep.* व्यक्ति या वस्तु के स्थान पर

instinct /'इन्स्टिङ्क्ट्/ *n.* सहज वृत्ति, स्वाभाविक प्रवृत्ति, नैसर्गिक या मूल प्रवृत्ति ▸ **instinctive** *adj.* नैसर्गिक प्रवृत्ति पर आधारित ▸ **instinctively** *adv.* नैसर्गिक रूप से

institute /'इन्स्टिट्यूट्/ *n.* विशेष प्रयोजन वाली कोई संस्था, संस्था का भवन ▸ **institute** *v.* कोई प्रक्रिया शुरू करने के लिए किसी प्रणाली, नीति को प्रारंभ करना, संस्थापित करना

institution /ˌइन्स्टि'ट्यूशन्/ *n.* **1** विशेष प्रयोजन से स्थापित बड़ा और महत्वपूर्ण प्रतिष्ठान (जैसे बैंक, विश्वविद्यालय आदि), संस्थान, प्रतिष्ठान **2** भवन जहाँ विशेष प्रकार की ज़रूरतों वाले लोग रहते हैं, विशेष प्रकार की ज़रूरतों वाले लोगों का निवास स्थान

instruct /इन्'स्ट्रक्ट्/ *v.* **1** किसी व्यक्ति को आदेश देना, कुछ करने का निर्देश देना **2** किसी को कुछ सिखाना

instruction /इन्ˈस्ट्रक्शन्/ *n.* 1 किसी वस्तु के उपयोग, प्रयोग आदि के विषय में विस्तृत निर्देश 2 'क्या करें या कैसे करें' के विषय में निर्देश 3 किसी को कुछ सिखाने की क्रिया, शिक्षण-प्रशिक्षण

instructive /इन्ˈस्ट्रक्टिव्/ *adj.* उपयोगी सूचना देने वाला, सूचनाप्रद, शिक्षाप्रद ▸ **instructively** *adv.* शिक्षाप्रद रीति से

instrument /ˈइन्स्ट्रमन्ट्/ *n.* 1 कार्य विशेष का उपकरण 2 संगीत का कोई वाद्य (जैसे सितार)

instrumental /ˌइन्स्ट्रˈमेन्ट्ल्/ *adj.* 1 किसी बात में सहायक 2 वाद्य (संगीत)

insubordinate /ˌइन्सˈबॉडिनट्/ *adj.* (व्यक्ति या आचरण) जो नियमों या आदेशों का पालन न करे, अवज्ञाकारी, दुर्विनीत ▸ **insubordination** *n.* अवज्ञापूर्ण आचरण, अविनय

insubstantial /ˌइन्सब्ˈस्टैन्शल्/ *adj.* जो बड़ा, कठोर या मज़बूत न हो, कमज़ोर

insufficient /ˌइन्सˈफ़िशन्ट्/ *adj.* अपर्याप्त, नाकाफ़ी

insular /ˈइन्स्यल(र्)/ *adj.* जिसे नए व्यक्तियों या भिन्न विचारों में न रुचि है न ग्रहणशीलता, संकीर्ण मनोवृत्ति का, तंगदिल, अनुदार

insulate /ˈइन्स्युलेट्/ *v.* विद्युत, ताप या ध्वनि रोधन करना ▸ **insulation** *n.* विद्युत-रोधन, विद्युत-रोधक वस्तु

insulin /ˈइन्स्यलिन्/ *n.* स्वयं शरीर द्वारा उत्पन्न एक पदार्थ (जो ख़ून में शक्कर की मात्रा को नियंत्रित करता है), इनसुलिन

insult /इन्ˈसल्ट्/ *v.* (किसी का) अपमान करना ▸ **insult** *n.* अपमानजनक टिप्पणी या काम

insurance /इन्ˈशॉरन्स्/ *n.* 1 एक कंपनी के साथ की गई ऐसी व्यवस्था जिसके अनुसार व्यक्ति उसे नियमित रूप से राशि देता है और कंपनी उसे सुरक्षा देती है, जैसे-मृत्यु, चोरी या हानि पर धन का भुगतान, बीमा 2 बीमा उपलब्ध कराने का व्यापार, बीमा क्षेत्र, बीमा-व्यापार

insure /इन्ˈशॉ(र्)/ *v.* बीमा करवाना या करना

insurgent /इन्ˈसजन्ट्/ *n.* अपने ही देश की सेना अथवा सरकार के विरुद्ध लड़ रहा व्यक्ति, विद्रोही, बाग़ी

insurmountable /ˌइन्सˈमाउन्टब्ल्/ *adj.* (समस्या आदि) जिसका समाधान असंभव है, असमाधेय

intact /इन्ˈटैक्ट्/ *adj.* साबुत, क्षतिग्रस्त नहीं, सही-सलामत

intake /ˈइन्टेक्/ *n.* 1 खाद्य, पेय आदि की मात्रा जिसे हम अंतर्ग्रहण करते हैं 2 अवधि विशेष में किसी संस्था में प्रवेश करने वाले व्यक्ति (उनकी संख्या), भरती

intangible /इन्ˈटैन्जब्ल्/ *adj.* जिसका वर्णन करना, जिसे समझना या मापना कठिन हो

integral /ˈइन्टिग्रल्/ *adj.* 1 किसी वस्तु को पूर्ण बनाने के लिए अपेक्षित, संपूर्णता के लिए आवश्यक 2 संपूर्णता के भाग के रूप में शामिल (न कि अलग से प्रदत्त)

integrate /ˈइन्टिग्रेट्/ *v.* 1 वस्तुओं को ऐसे जोड़ना कि वे एक हो जाएँ या साथ काम करें, एकीकृत करना 2 किसी समूह या समुदाय में शामिल हो जाना या दूसरे को शामिल कर लेना ▸ **integration** *n.* एकीकरण

integrity /इन्ˈटेग्रटि/ *n.* 1 ईमानदारी और दृढ़ नैतिकता, सत्य-निष्ठा 2 अखंडता

intellectual /ˌइन्ट'लेक्चुअल/ *adj.* **1** व्यक्ति के तर्कसंगत रूप से सोचने और समझने की क्षमता से संबंधित, बौद्धिक, बुद्धिमतापूर्ण **2** (व्यक्ति) चिंतन प्रधान गतिविधियों में मग्न, बौद्धिक विलासी ▸ **intellectual** *n.* चिंतक, बुद्धिजीवी

intelligence /इन्'टेलिजन्स/ *n.* **1** समझने, सीखने और सोचने की क्षमता, बुद्धि, समझ, प्रज्ञा **2** शत्रु देश के विषय में महत्वपूर्ण सूचना, ख़ुफ़िया जानकारी

intelligent /इन्'टेलिजन्ट/ *adj.* समझने, सीखने और सोचने की क्षमता से संपन्न, बुद्धिमान, चतुर

intelligible /इन्'टेलिजबल/ *adj.* (भाषण या लेखन) जिसे समझना संभव या सरल हो, सुबोध, बोधगम्य

intend /इन्'टेन्ड्/ *v.* **1** कुछ करने की योजना बनाना या इरादा करना **2** विशेष व्यक्ति या प्रयोजन हेतु किसी बात की योजना बनाना, इरादा रखना या निर्माण करना

intense /इन्'टेन्स्/ *adj.* बहुत अधिक, उग्र या गंभीर

intensive /इन्'टेन्सिव्/ *adj.* **1** जिसमें सीमित समय में काफ़ी अधिक कार्य या सावधानी की अपेक्षा हो, गहन, प्रबलित **2** (खेती की विधि) जिसमें उपलब्ध भूमि और धन की सहायता से यथासंभव अधिकतम उपज लेना लक्ष्य हो, गहन

intent /इन्'टेन्ट्/ *adj.* **1** जिसमें पूरा ध्यान लगा हो, लीन, मग्न **2** कुछ करने के लिए दृढ़निश्चय या कृतसंकल्प ▸ **intently** *adv.* दृढ़ निश्चय के साथ, संकल्पपूर्वक ▸ **intent** *n.* व्यक्ति जो करने का इरादा करे, इरादा मंशा

intention /इन्'टेन्शन/ *n.* जिसे करने का इरादा या इच्छा है, अभिप्राय, इरादा, योजना या प्रयोजन

intentional /इन्'टेन्शनल/ *adj.* सोद्देश्य किया गया (अकस्मात्), साभिप्राय ▸ **intentionally** *adv.* इरादतन, जान-बूझकर

interact /ˌइन्टर्'ऐक्ट्/ *v.* **1** (व्यक्तियों का) परस्पर बातचीत करना या मिलना-जुलना (विशेषतः काम करते हुए, खेलते हुए या एक साथ समय गुज़ारते हुए) **2** (दो वस्तुओं का) एक दूसरे को प्रभावित करना ▸ **interaction** *n.* एक-दूसरे पर प्रभाव, अन्योन्य क्रिया

intercept /ˌइन्ट'सेप्ट्/ *v.* एक स्थान से दूसरे स्थान पर जाते व्यक्ति या वस्तु को अवरुद्ध करना या पकड़ना, अंतरोधन करना ▸ **interception** *n.* अवरोधन, अंतरावरोधन

intercourse /'इन्टकॉस्/ (व्यक्तियों का) मेल-जोल, परस्पर संबंध, समागम, संसर्ग, परस्पर व्यवहार

interdependent /ˌइन्टडि'पेन्डन्ट/ *adj.* परस्पर निर्भर ▸ **interdependence** *n.* पारस्परिक निर्भरता

interdisciplinary /ˌइन्ट'डिसप्लिनरि/ *adj.* अध्ययन के दो या अधिक क्षेत्रों से संबद्ध, अंतर्विद्यात्मक, अंतर्विषयक

interest /'इन्ट्रस्ट्/ *n.* **1** व्यक्ति या वस्तु के विषय में अधिक जानने, सुनने या उससे जुड़ने की इच्छा, रुचि, दिलचस्पी **2** वस्तु को रोचक बनाने वाला गुण, रोचकता, महत्व ▸ **interest** *v.* किसी व्यक्ति में कुछ जानने या सुनने का कौतूहल जागृत करना

interface /'इन्टफ़ेस्/ *n.* **1** सूचना प्रदान करने और प्राप्त करने (विशेषतः स्क्रीन का लेआउट और मेन्यू) के संदर्भ में

कंप्यूटर-प्रोग्राम और कंप्यूटर-प्रयोक्ता के बीच संबंध, इंटरफ़ेस **2** वह विद्युत परिपथ (सर्किट), संयोजन या प्रोगाम जो एक युक्ति या प्रणाली को दूसरी से जोड़ता है **3** दो विषय-क्षेत्रों, प्रणालियों का मिलनबिंदु (जहाँ वे एक-दूसरे को प्रभावित भी करते हैं) ▸ **interface** *v.* इंटरफ़ेस का प्रयोग करने वाली वस्तु से संयोजित होना, किसी अन्य वस्तु को इस प्रकार संयोजित करना

interfere /ˌइन्ट'फ़िअ(र्)/ *v.* **1** स्वयं अलिप्त रहते हुए दूसरे के मामले में (उसकी इच्छा के विरुद्ध) लिप्त होना, दख़ल देना, हस्तक्षेप करना **2** किसी काम को पूरा न होने देना या उसकी प्रगति को मंद कर देना

i

interference /ˌइन्ट'फ़िअरन्स्/ *n.* **1** स्वयं अलिप्त रहते हुए दूसरे के मामले में (उसकी इच्छा के विरुद्ध) लिप्त होने की क्रिया, हस्तक्षेप, दख़लंदाज़ी या दस्तंदाज़ी **2** (अन्य संकेतों या ख़राब मौसम के कारण उत्पन्न) अतिरिक्त आवाज़ या गड़गड़ जो रेडियो, टेलीविज़न या टेलीफ़ोन के संकेतों के स्पष्ट सुनाई देने में बाधक बनती है

interim /'इन्टरिम्/ *adj.* जो अंतिम या स्थायी नहीं, अंतरिम, तब तक अस्थायी जब तक स्थायी का पता न लग जाए, अंतःकालीन

interior /इन्'टिअरिअ(र्)/ *n.* **1** किसी वस्तु का आंतरिक भाग **2** समुद्र तट से बहुत दूर किसी देश या महाद्वीप का केंद्रीय भाग या भीतरी प्रदेश

intermediary /ˌइन्ट'मीडिअरि/ *n.* (*pl.* **intermediaries**) कोई व्यक्ति या संगठन जो दो व्यक्तियों या समूहों के बीच समझौता कराता है (दोनों के बीच संवाद का सेतु बनकर), मध्यस्थ व्यक्ति या मध्यस्थता करने वाला व्यक्ति

intermediate /ˌइन्ट'मीडिअट्/ *adj.* **1** पद, स्तर आदि की दृष्टि से दो वस्तुओं के बीच स्थिति, मध्यवर्ती **2** आरंभिक स्तर से ऊपर का परंतु उन्नत स्तर से निम्न स्तर का ज्ञान रखने वाला, मध्य स्तर का, माध्यमिक, इस स्तर के व्यक्ति के उपयुक्त

intermittent /ˌइन्ट'मिटन्ट्/ *adj.* क्षण-भर रुकते हुए पुनः अनेक बार आरंभ होने वाला, रुक-रुक कर होने वाला, रह-रहकर होने वाला, सविराम, आंतरापिक ▸ **intermittently** *adv.* रुक-रुक कर होते हुए

intern /इन्'टन्/ *v.* राजनीतिक कारणों से किसी को जेल में रखना (प्रायः युद्धकाल में), नज़रबंद करना

internal /इन्'टन्ल्/ *adj.* **1** (स्थान, व्यक्ति या वस्तु के) भीतर के या भीतर में, अंदरूनी; भीतरी, आंतरिक **2** संगठन विशेष के अंदर होने वाला या उसमें स्थित

internalize /इन्'टनलाइज़्/ *v.* **1** इस प्रकार किसी विचार या विश्वास को आत्मसात करना कि अपना विचार, व्यवहार आदि प्रभावित हो जाए, अंगीकार करना **2** (भावनाओं आदि के लिए प्रयुक्त) व्यक्त नहीं करना बल्कि उसके बारे में सिर्फ़ सोचना

international /ˌइन्ट'नैश्नल्/ *adj.* जिसमें दो या अधिक देश शामिल हों, अंतरराष्ट्रीय ▸ **internationally** *adv.* अंतरराष्ट्रीय दृष्टि से या स्तर पर

Internet *n.* (**the Internet**; *also* **the Net**) अंतरराष्ट्रीय कंप्यूटर प्रणाली जिसके कारण किसी भी कंप्यूटर पर कोई भी जानकारी प्राप्त करना या दूसरे कंप्यूटर को भेजना संभव होता है, इंटरनेट, नेट

interpolate /इन्'टपलेट्/ *v.* **1** टीका-टिप्पणी आदि द्वारा बातचीत में व्यवधान

डालना, प्रक्षेप डालना **2** किसी लेख में कुछ जोड़ना, परिवर्तन करना

▸ **interpolation** *n.* व्यवधान, प्रक्षेप

interpret /इन्'टप्रिट्/ *v.* **1** किसी के अर्थ को समझाना या समझना **2** (किसी के लिए) एक भाषा में वक्ता की बात सुनते हुए दूसरी भाषा में मौखिक अनुवाद करते जाना, भाषांतर करना

interracial /ˌइन्ट'रेश्ल्/ *adj.* जिसमें अलग-अलग जातियों के लोगों की संलिप्तता हो, अंतरजातीय

interrelate /ˌइन्टरि'लेट्/ *v.* (दो या अधिक वस्तुएँ) बहुत गहराई से जोड़ना या जुड़ जाना (ऐसे कि प्रत्येक का दूसरे पर प्रभाव पड़े), अंतःसंबंधित होना या करना

interrogate /इन्'टेरगेट्/ *v.* किसी से लंबी पूछताछ करना (विशेषतः कड़ाई से)

interrogative /ˌइन्ट'रॉगटिव्/ *adj.* **1** प्रश्न पूछते हुए, प्रश्न के रूप में, प्रश्नात्मक **2** प्रश्नों में प्रयुक्त

▸ **interrogative** *n.* प्रश्नात्मक शब्द

interrupt /ˌइन्ट'रप्ट्/ *v.* **1** कुछ करते या कहते हुए व्यक्ति को कुछ कहकर या कोई हरकत कर रोकना, टोकाटोकी करना, हस्तक्षेप करना **2** किसी वस्तु की प्रगति को क्षण-भर के लिए रोकना, रुकावट होना या पैदा करना

intersect /ˌइन्ट'सेक्ट्/ *v.* (सड़कों, रेखाओं, आदि का) एक-दूसरे से मिलना या एक-दूसरे को काटना

intersperse /ˌइन्ट'स्पस्/ *v.* एक वस्तु में अनेक बिंदुओं पर (बीच-बीच में) अन्य वस्तुओं को रख देना, छितराना, अंतःप्रकीर्ण करना

interstate /ˌइन्टस्टेट्/ *adj.* राज्यों के बीच का, राज्यों के बीच होने वाला, अंतर्राज्यीय

interval /'इन्टव्ल्/ *n.* **1** दो घटनाओं के बीच का समय, अंतराल **2** नाटक, फ़िल्म आदि के अंशों को अलग करने वाला लघु विराम, मध्यांतर

intervene /ˌइन्ट'वीन्/ *v.* **1** ऐसा काम करना कि कोई बात होने न पाए या उसका परिणाम प्रभावित हो, बीच-बचाव करना **2** अपनी बात कहने के लिए वक्ता की बात में बाधा पहुँचाना, टोकना

interview /'इन्टव्यू/ *n.* **1** प्रश्न पूछकर नौकरी, प्रवेश आदि के लिए प्रत्याशी के उपयुक्त होने का पता लगाने के लिए आयोजित मीटिंग या मुलाक़ात, साक्षात्कार, इंटरव्यू **2** पत्रकार द्वारा प्रश्न पूछकर व्यक्ति विशेष के विचार जानने के लिए आयोजित मीटिंग या मुलाक़ात, इंटरव्यू ▸ **interview** *v.* प्रश्न पूछकर नौकरी, प्रवेश (पाठ्यक्रम) आदि के लिए प्रत्याशी की उपयुक्तता का पता लगाना, (किसी काम के लिए) किसी का इंटरव्यू

intestine /इन्'टेस्टिन्/ *n.* शरीर के अंदर एक लंबी नली जो उदर से भोजन लेकर शरीर के अंत तक पहुँचाती है, आँत

▸ **intestinal** *adj.* आँत-संबंधी

intimate *adj.* जिसके साथ बहुत निकट संबंध हों, घनिष्ठ, अंतरंग

intimation /ˌइन्टि'मेश्न्/ *n.* कुछ कहने या ज्ञापित करने की क्रिया (विशेषतः परोक्ष रीति से), सूचना, प्रज्ञापन

intimidate /इन्'टिमिडेट्/ *v.* किसी को डराना या धमकाना (प्रायः कोई काम करवाने के लिए), अभित्रस्त करना

into /स्वर ध्वनियों के पूर्व 'इन्ट, 'इनटू 'इन्ट,/ *prep.* **1** (किसी के) अंदर की ओर या अंदर **2** ऐसे स्थानबिंदु पर जहाँ कोई टकरा जाए, में **3** जिसमें एक वस्तु बदलकर दूसरी हो जाए, में

intolerable /इन्ˈटॉलरबल्/ *adj.* इतना ख़राब, बुरा या कठिन कि सहन या स्वीकार न हो सके, असह्य, असहनीय, बर्दाशत से बाहर ▸ **intolerably** *adv.* असह्य रूप से

intolerant /इन्ˈटॉलरन्ट्/ *adj.* जो अपने आचरण या विचारों से भिन्नता को स्वीकार न कर सके, असहिष्णु, असहनशील ▸ **intolerance** *n.* असहिष्णुता, असहनशीलता ▸ **intolerantly** *adv.* असहनशीलतापूर्वक

i

intonation /ˌइन्टˈनेश्न्/ *n.* बोलते समय स्वर में उतार-चढ़ाव, अनुतान

intoxicate /इन्ˈटॉक्सिकेट्/ *v.* मदोन्मत्त करना, मदहोश करना, नशे में चूर करना

intractable /इन्ˈट्रैक्टबल्/ *adj.* (व्यक्ति या समस्या के लिए प्रयुक्त) जिसका नियंत्रण या उपचार करना कठिन हो, दुःसाध्य, दुष्कर

intransitive /इन्ˈट्रैन्सटिव्/ *adj.* जिसका कर्म न हो, अकर्मक (क्रिया) ▸ **intransitively** *adv.* अकर्मक (क्रिया) के रूप में

intravenous /ˌइन्ट्रˈवीनस्/ *adj.* (*abbr.* **IV**) (दवाएँ या भोजन) नसों के अंदर जाने वाला, अंतःशिरा, शिरा आभ्यंतर

intricate /ˈइन्ट्रिकट्/ *adj.* जिसमें अनेक छोटे अंशों या ब्योरों को पेचीदा ढंग से जुटा दिया गया हो, उलझा हुआ, उलझावदार, पेचीदा ▸ **intricately** *adv.* जटिलतापूर्वक

intrigue /इन्ˈट्रीग्/ *v.* किसी की रुचि या उत्सुकता को जगाना ▸ **intrigue** *n.* कुछ (विशेषतः कुकर्म) करने की गुप्त योजना, षड्यंत्र, कुचक्र

intrinsic /इन्ˈट्रिन्सिक्,-ज़िक्/ *adj.* (किसी वस्तु की) प्रकृति का अंतरंग, मूलभूत

introduce /ˌइन्ट्रˈड्यूस्/ *v.* **1** नई वस्तु लेकर आना, पहली बार प्रयोग में लाना या किसी स्थान पर लाना, प्रस्तुत या पेश करना **2** दो या अधिक परस्पर अपरिचित व्यक्तियों का एक-दूसरे को अपना नाम आदि बताना या परिचय कराना

introduction /ˌइन्ट्रˈडक्शन्/ *n.* **1** कुछ नया लेकर आने की क्रिया, प्रस्तुति, किसी वस्तु का पहली बार प्रयोग या उसे किसी स्थान पर लाने की क्रिया, प्रथम प्रयोग या प्रस्तुति **2** दो या अधिक लोगों का प्रथम पारस्परिक परिचय

introspection /ˌइन्ट्रˈस्पेक्शन्/ *n.* गहराई से सोचना तथा अपने विचारों, भावनाओं आदि का परीक्षण करना, आत्म-मंथन, आत्म-विश्लेषण

introvert /ˈइन्ट्रवर्ट्/ *n.* शांत, लजीला एकांतप्रिय व्यक्ति, अंतर्मुखी व्यक्ति ▸ **introverted** *adj.* अंतर्मुख

intrude /इन्ˈट्रूड्/ *v.* किसी स्थान या अवसर पर बिना अनुमति के या लोगों की इच्छा के विपरीत पहुँचना, घुस आना या जाना, घुसपैठ करना, अनधिकार प्रवेश करना

intuition /ˌइन्ट्युˈइश्न्/ *n.* मनोभाव या बुद्धि जो बिना तर्क किए किसी बात को सही माने, अंतःप्रज्ञा, सहजबुद्धि, अंतर्ज्ञान ▸ **intuitive** *adj.* अंतर्ज्ञानमूलक ▸ **intuitively** *adv.* अंतर्ज्ञान से

invade /इन्ˈवेड्/ *v.* **1** किसी देश पर आक्रमण कर उस पर अधिकार करने के लिए सेना का उसमें प्रवेश करना, किसी देश पर आक्रमण करना **2** बड़ी संख्या में लोगों का वहाँ पहुँचना जहाँ वे वांछित नहीं, अप्रत्याशित

invalid /इन्'वैलिड्/ *adj.* **1** क़ानूनन या आधिकारिक रूप से अमान्य, अप्रामाणिक, अविधिमान्य **2** जो तर्कयुक्त न हो, तर्कहीन, जो समग्र रूप में तथ्यपुष्ट नहीं, दुर्बल, अशक्त ▸ **invalid** *n.* लंबे समय से बीमार व्यक्ति (जिसे देखभाल की ज़रूरत है)

invalidate /इन्'वैलिडेट्/ *v.* **1** किसी विचार, कहानी, तर्क आदि को अमान्य ठहराना **2** किसी दस्तावेज़, क़रार, चुनाव आदि को अविधिमान्य करना(अर्थात् वह क़ानूनी या आधिकारिक दृष्टि से विधिमान्य या स्वीकार्य नहीं रहा)

invaluable /इन्'वैल्युअब्ल्/ *adj.* अत्यधिक उपयोगी, बहुमूल्य

invariable /इन्'वेरिअब्ल्/ *adj.* अपरिवर्तनशील, अपरिवर्ती, अचर

invasion /इन्'वेश्न्/ *n.* **1** किसी देश पर सेना का आक्रमण **2** अवांछित रूप से किसी स्थान पर प्रवेश

invasive /इन्'वेसिव्/ *adj.* **1** (रोग आदि के लिए प्रयुक्त) तेज़ी से फैलनेवाला जिसे रोकना या नियंत्रित करना कठिन हो, आक्रामक **2** उपचार पद्धति जिसमें शरीर में चीरा लगाया जाता है

invent /इन्'वेन्ट्/ *v.* **1** कोई बात प्रथम बार सोचना या वस्तु प्रथम बार बनाना, किसी बात या वस्तु का आविष्कार करना **2** किसी असत्य बात को कहना या बनाना, कोई बात मन से गढ़ लेना, किसी बात की कल्पना कर लेना ▸ **inventor** *n.* आविष्कारक

invention /इन्'वेन्श्न्/ *n.* **1** प्रथम बार बनाई या डिज़ाइन की गई वस्तु, आविष्कार **2** किसी वस्तु को प्रथम बार बनाने या डिज़ाइन करने का कार्य या प्रक्रिया, आविष्कार प्रक्रिया, आविष्करण **3** कहानी गढ़ने या झूठा बहाना बनाने की क्रिया

inventory /'इन्वन्ट्रि/ *n.* (*pl.* **inventories**) विस्तृत सूची (जैसे मकान के सारे फ़र्नीचर की सूची)

inverse /ˌइन्'वर्स्/ *adj.* मात्रा या पद की दृष्टि से (किसी का) प्रतिलोम या उलटा ▸ **inverse** *n.* किसी वस्तु का सही प्रतिलोम, व्युत्क्रम

invert /इन्'वर्ट्/ *v.* किसी वस्तु को उसकी सामान्य स्थिति के विपरीत क्रम या स्थिति में रखना, किसी वस्तु को उलटा या औंधा कर देना, पलट देना

invertebrate /इन्'वर्टिब्रट्/ *n.* बिना रीढ़ का प्राणी, मेरुदंडरहित प्राणी

invest /इन्'वेस्ट्/ *v.* **1** लाभ अर्जित करने की आशा में धन को बैंक, व्यापार आदि में डालना, धन का निवेश करना, पूँजी निवेश करना **2** अच्छी या उपयोगी लगने वाली वस्तु पर पैसा, समय या शक्ति लगाना

investigate /इन्'वेस्टिगेट्/ *v.* तथ्यों के लिए किसी मामले की छानबीन करना, तहक़ीक़ात करना ▸ **investigator** *n.* छानबीन करने वाला, अंवेषक

investment /इन्'वेस्ट्मन्ट्/ *n.* **1** बैंक, व्यापार आदि में पैसा लगाने या रखने की क्रिया, निवेश, निवेशित धन की मात्रा, पूँजी निवेश **2** ख़रीदी वस्तु

invigilate /इन्'विजिलेट्/ *v.* परीक्षा में परीक्षार्थियों पर निगाह रखना (कि वे ग़लत काम न करें), परीक्षा में निरीक्षण–कार्य करना

invincible /इन्'विन्सब्ल्/ *adj.* इतना सशक्त या बलशाली कि पराजित न किया जा सके, अपराजेय, अजेय

invisible /इन्ˈविज़बल्/ *adj.* जो दिखाई न दे, अदृश्य ▸ **invisibility** *n.* अदृश्यता ▸ **invisibly** *adv.* अदृश्य रूप से

invitation /ˌइन्विˈटेश्न्/ *n.* **1** (किसी को) निमंत्रित करने या (किसी के द्वारा) निमंत्रित होने की क्रिया, निमंत्रण **2** किसी स्थान पर जाने या कुछ करने का लिखित या मौखिक अनुरोध, निमंत्रण

invite /इन्ˈवाइट्/ *v.* **1** किसी को कहीं आने या कुछ करने के लिए कहना, निमंत्रित करना **2** किसी अप्रिय बात को घटित करवाना, बुलाना

inviting /इन्ˈवाइटिङ्/ *adj.* आकर्षक और प्रीतिकर

invocation /ˌइन्वˈकेश्न्/ *n.* **1** (विशेषकर परमात्मा, क़ानून या प्रभावशाली व्यक्ति का) आह्वान, प्रार्थना, आमंत्रण **2** किसी विशिष्ट भावना का अनुभव कराना या कुछ याद कराना

invoice /ˈइन्वॉइस्/ *n.* एक औपचारिक काग़ज़ जिसमें ग्राहक को प्राप्त सामान और सेवाओं की सूची तथा उसके लिए अदा की जाने वाली राशि का विवरण होता है, बीजक, इन्वॉयस

invoke /इन्ˈवोक्/ *v.* **1** (किसी कार्य के समर्थन में) नियम, क़ानून आदि प्रयोग करना **2** अपने विचार आदि के समर्थन में किसी सिद्धांत, उदाहरण, व्यक्ति आदि का उल्लेख करना

involuntary /इन्ˈवॉलन्ट्रि/ *adj.* बिना चाहे या मंशा के किया गया, अनैच्छिक, अनभिप्रेत

involve /इन्ˈवॉल्व्/ *v.* **1** किसी बात को आवश्यक बनाना, के लिए आवश्यक होना, की अपेक्षा करना **2** किसी प्रसंग, कार्यक्रम या गतिविधि में किसी का शामिल होना

involved /इन्ˈवॉल्व्ड्/ *adj.* **1** जिसे समझना कठिन हो, दुर्बोध, जटिल, पेचीदा **2** किसी चीज़ से बख़ूबी जुड़ा होना, लिप्त होना, किसी बात में सक्रिय भाग लेना

invulnerable /इन्ˈवल्नरेबल्/ *adj.* जिसे घायल न किया जा सके, जिस पर आक्रमण न हो सके, अभेद्य

ion /ˈआइअन्/ *n.* (रसायन शास्त्र में) परमाणु या परमाणु-गुच्छ जिसमें कोई इलेक्ट्रॉन जुड़ या निकल जाता है और इस प्रकार उसमें धनात्मक या ऋणात्मक विद्युत चार्ज आ जाता है, आयन

IQ /ˌआइˈक्यू/ *abbr.* बुद्धि लब्धि, किसी की बुद्धिमता की माप

irate /आइˈरेट्/ *adj.* अतिक्रुद्ध, रुष्ट

iridescent /ˌइरिˈडेस्न्ट्/ *adj.* जिसमें अलग-अलग प्रकाश में चमकदार रंग बदलते दिखें, रंग-बिरंगा, सतरंगा, रंगदीप्ति ▸ **iridescence** *n.* रंग-बिरंगापन, सतरंगापन, रंगदीप्ति

iris /ˈआइरिस्/ *n.* आँख की पुतली

irk /अक्/ *v.* किसी को खिझाना या क्षुब्ध करना

iron /ˈआइअन्/ *n.* **1** लोहा, एक कड़ी मज़बूत धातु जिससे इस्पात बनता है और जिसके कण अत्यंत अल्प मात्रा में खाद्य पदार्थों और रक्त में पाए जाते हैं **2** एक विद्युतीय उपकरण जिसका तल समतल होता है जिसे गरम करके (धुले एवं सुखाए) कपड़े को चिकना करने के लिए प्रयोग किया जाता है, (कपड़ों की) इस्त्री, आयरन ▸ **iron** *v.* कपड़ों पर इस्त्री करना

irony /ˈआइरनि/ *n.* (*pl.* **ironies**) **1** किसी स्थिति आदि का असामान्य या अप्रत्याशित अंश जो विचित्र या

हास्यजनक लगे, विडंबना, व्यंग्य **2** परिहासोक्ति(ऐसी बात) कही जाए कि लगे मज़ाक़ हो रहा है या व्यंग्योक्ति (जिसमें, कही गई बात से उलटा अर्थ निकले), व्याजनिंदा या स्तुति

irrational /इ'रैशन्ल्/ *adj.* जो तर्क या स्पष्ट चिंतन पर आधारित न हो, तर्कहीन, विवेकहीन, अतार्किक

irregular /इ'रेग्यल(र्)/ *adj.* **1** जिसकी आकृति या पैटर्न की पहचान या पूर्वाभास न हो पाए, असम, विषम **2** जो ऐसे समय घटित हो कि उसका पूर्वाभास न हो सके, अनियमित

irrelevant /इ'रेलवन्ट्/ *adj.* किसी वस्तु से असंबद्ध या उसके लिए महत्वहीन, अप्रासंगिक

irreparable /इ'रेपरब्ल्/ *adj.* जिस क्षति की पूर्ति न हो सके, जिस स्थिति को सुधारा न जा सके, असुधार्य

irreplaceable /ˌइरि'प्लेसब्ल्/ *adj.* (कोई बहुमूल्य या विशिष्ट वस्तु) जिसका स्थान कोई न ले सके, अपूरणीय

irreproachable /ˌइरि'प्रोचब्ल्/ *adj.* (व्यक्ति या उसका व्यवहार) निष्कलंक तथा अनिंदनीय

irresistible /ˌइरि'ज़िस्टब्ल्/ *adj.* **1** इतना शक्तिशाली कि उसका प्रतिरोध या अवरोध न हो, अप्रतिरोध्य **2** अत्यंत आकर्षक ▸ **irresistibly** *adv.* अप्रतिरोध्य रूप से

irresolute /इ'रेज़लूट्/ *adj.* (व्यक्ति) हिचकिचाता हुआ, दुविधा में पड़ा हुआ, अस्थिरचित्त

irrespective /इरि'स्पेकटिव/ *prep.* (**irrespective of**) का विचार किए बिना, से निरपेक्ष

irresponsible /ˌइरि'स्पॉन्सब्ल्/ *adj.* अपने कामों के परिणाम की चिंता न करने वाला, ग़ैर-ज़िम्मेदार, लापरवाह

irreverent /इ'रेवरन्ट्/ *adj.* किसी के प्रति आदर का अनुभव न करने वाला या न दिखने वाला

irreversible /ˌइरि'वर्सब्ल्/ *adj.* जिसे रोका या बदला न जा सके, अपरिवर्त्य, अनुत्क्रमणीय ▸ **irreversibly** *adv.* अपरिवर्त्य रूप से

irrigate /'इरिगेट्/ *v.* पाइपों, छोटी नहरों आदि के द्वारा ज़मीन और फ़सल को पानी पहुँचाना, सींचना ▸ **irrigation** *n.* सिंचाई

irritable /'इरिटब्ल्/ *adj.* जल्दी क्रुद्ध हो जाने वाला, चिड़चिड़ा ▸ **irritability** *n.* चिड़चिड़ापन

irritate /'इरिटेट्/ *v.* **1** किसी को क्रुद्ध करना, नाराज़ करना, क्षुब्ध करना **2** शरीर के किसी अंग में जलन या दर्द पैदा करना ▸ **irritation** *n.* जलन, दर्द

Islam /इज़्'लाम्/ *n.* मुसलमानों का धर्म, इस्लाम ▸ **Islamic** *adj.* इस्लाम-संबंधी, इस्लामी

island /'आइलन्ड्/ *n.* पानी से घिरी ज़मीन, द्वीप, टापू

isle /आइल्/ *n.* उपद्वीप या टापू

islet /'आइलट्/ *n.* बहुत छोटा द्वीप, उपद्वीप

isn't *contr.* **'is not'** का संक्षिप्त रूप

isolate /'आइसलेट्/ *v.* किसी व्यक्ति या वस्तु को अन्य व्यक्तियों या वस्तुओं से अलग करना या रखना

isolated /'आइसलेटिड्/ *adj.* **1** अन्य व्यक्ति या वस्तुओं से अलग-थलग **2** जो किसी अन्य से नहीं जुड़ा, अकेला, एकाकी, केवल एक बार घटित, इक्का-दुक्का

isosceles /आइ'सॉसलीज़/ *adj.* (त्रिभुज) जिसकी दो भुजाएँ समान लंबाई की हों, समद्विबाहु

ISP /ˌआइ एस्'पी/ *abbr.* इंटरनेट सेवा प्रदाता, ग्राहकों को इंटरनेट संयोजन तथा ई-मेल जैसी सेवाएँ उपलब्ध कराने वाली कंपनी

issue /'इशू, 'इस्यू/ *n.* **1** चर्चा का मुद्दा या विषय **2** प्रकाशित या उत्पादित वस्तुओं की शृंखला में एक अंक ▸ **issue** *v.* **1** कोई वस्तु छापना और कहीं/किसी को पहुँचाना **2** किसी व्यक्ति को आधिकारिक रूप से कुछ देना या कहना, जारी करना **3** आना या बाहर जाना, निकलना

IT /ˌआइ'टी/ *abbr.* इंफ़ॉर्मेशन टेक्नोलॉजी, सूचना प्रौद्योगिकी

italics /इ'टैलिक्स/ *n. pl.* लेखन या मुद्रण का एक प्रकार जिसमें अक्षर सीधे नहीं होते, तिरछे अक्षर ▸ **italic** *adj.* तिरछा

itch /इच/ *n.* खाज, खुजली ▸ **itch** *v.* खाज या खुजली होना, खुजलाना

item /'आइटम/ *n.* **1** किसी सूची या संग्रह में से एक चीज़, आइटम **2** एक अकेली वस्तु, नग, एकक **3** कोई अकेली ख़बर, समाचार

itemize /'आइटमाइज़/ *v.* किसी वस्तु से संबंधित अलग-अलग मदों की सूची बनाना, मदवार देना

iterate /'इटरेट/ *v.* **1** दुबारा कहना या करना, दुहराना **2** (गणितीय या कंप्यूटर संबंधी प्रक्रिया या निर्देशों के लिए प्रयुक्त) बार-बार दुहराना तथा पूर्व प्राप्त परिणाम के साथ प्रयोग करना, बार-बार कहना या करना

itinerary /आइ'टिनररि/ *n.* (*pl.* **itineraries**) यात्रा-कार्यक्रम (जिसमें यात्रा का मार्ग और स्थल शामिल हैं)

its /इट्स/ *det.* किसी वस्तु का या उससे संबंधित

it's /इट्स/ **'it is'** या **'it has'** का संक्षिप्त रूप

itself /इट्'सेल्फ़/ *pron.* **1** किसी पशु या वस्तु का निर्देश करने के लिए प्रयुक्त जब अपनी क्रिया से वह स्वयं प्रभावित हो, अपने (आप) को, स्वयं को **2** किसी बात पर बल देने के लिए प्रयुक्त

ivory /'आइवरि/ *n.* हाथी-दाँत, गज दंत

ivy /'आइवि/ *n.* तीन या पाँच बिंदु की छाप के पत्तों वाली बेल, सिरपेचे की बेल, सिरपेचा

Jj

J *abbr.* **Joules** का संक्षिप्त रूप, जूल

jab /जैब्/ *v.* किसी व्यक्ति या वस्तु में कुछ (प्रायः कोई नुकीली वस्तु) ज़ोर से चुभा देना ▸ **jab** *n.* **1** एकाएक ज़ोरदार धक्का (किसी नुकीली वस्तु से) **2** टीका लगाना, इंजेक्शन देना

jabber /ˈजैब(र्)/ *v.* (उत्साहपूर्वक) प्रायः इस तरह बात करना कि किसी की समझ में न आए, बक-बक करना, अंड-बंड बोलना ▸ **jabber** *n.* अस्पष्ट परंतु जीवंत बातचीत, निरर्थक बातचीत, अनाप-शनाप

jack /जैक्/ *n.* **1** (पहिया बदलने आदि के लिए) ज़मीन से कार आदि उठाने का उपकरण, जैक **2** ताश में गुलाम का पत्ता

jackal /ˈजैक्ल्/ *n.* कुत्ता की तरह दिखनेवाला एक वन्य पशु जो एशिया और अफ़्रीक़ा में पाया जाता है, गीदड़, सियार

jacket /ˈजैकिट्/ *n.* **1** आस्तीनवाला छोटा कोट, जैकेट **2** गरम पानी के टैंक पर लगा ढक्कन जो पानी की गरमी को बचाए रखता है, बॉयलर का बाह्यावरण

jackpot /ˈजैकपॉट्/ *n.* खेल या लाटरी में अधिकतम राशि का नक़द पुरस्कार, जैकपॉट

jacquard /ˈजैक(र्)/ *n.* बुना हुआ कपड़ा

Jacuzzi /जˈकूज़ि/ *n.* बहुत बड़ा स्नान गृह (जिसमें तेज़ धारा वाला फुहारा होता है)

jade /जेड्/ *n.* **1** आभूषण बनाने में प्रयुक्त हरे रंग का रत्न ▸ **jade** *adj.* हरे रंग का, हरित

jaded /ˈजेडिड्/ *adj.* लगातार लंबे समय तक एक ही काम करने से थका और ऊबा हुआ, थका-माँदा, थककर चूर

jagged /ˈजैगिड्/ *adj.* नुकीला और खुरदरा

jaguar /ˈजैग्युअ(र्)/ *n.* मध्य और दक्षिण अमेरिका में पाया जाने वाला चीते जैसा जानवर, जगुआर

jail /जेल्/ *n.* जेल, कारागार ▸ **jail** *v.* जेल में डालना या बंद करना

jam /जैम्/ *n.* **1** ब्रेड पर लगाया जाने वाला मुरब्बा, जैम **2** बड़ी संख्या में लोगों या वाहनों के आ जाने से उत्पन्न रास्ते की रुकावट, यातायात-अवरोध ▸ **jam** *v.* (**jamming, jammed**) **1** तंग जगह में लोगों या वस्तुओं को ठूँस देना **2** हिलने-डुलने या काम करने में असमर्थ हो जाना या कर देना

jamboree /ˌजैम्बˈरी/ *n.* **1** समारोह, उत्सव, मेला **2** खर्चीली और कोलाहल पूर्ण पार्टी

jangle /ˈजैङ्ग्ल्/ *v.* धातुओं के टकराने जैसी आवाज़ पैदा करना, खड़खड़ाना, झनझनाना, खनखनाना ▸ **jangle** *n.* खनखनाहट, झनझनाहट

janitor /ˈजैनिट(र्)/ *n.* (इमारत का) रखवाला, भवनपाल

January /ˈजैन्युअरि/ *n.* वर्ष का पहला महीना, जनवरी

Japanese /ˌजैप्ˈनीज़/ *n.* **1** जापान का निवासी, जापानी **2** जापानी भाषा

jar /जा(र्)/ *n.* **1** ढक्कनदार मर्तबान (प्रायः

काँच से बना और खाद्य पदार्थों को रखने के लिए प्रयुक्त), जार ▸ **jar** *v.* (**jarring, jarred**) **1** तेज़ धक्के से चोट खा जाना या कुछ तोड़ बैठना **2** अप्रिय या क्षोभकारी प्रभाव होना, विक्षुब्ध होना, खटकना

jargon /ˈजागन्/ *n.* व्यवसाय-विशेष से जुड़े व्यक्तियों द्वारा प्रयुक्त विशिष्ट या तकनीकी शब्द जिन्हें अन्य लोग नहीं समझ पाते, विशिष्ट शब्दावली

jaundice /ˈजॉन्डिस्/ *n.* पीलिया रोग जिसमें त्वचा और आँखों के सफ़ेद अंश पीले हो जाते हैं ▸ **jaundiced** *adj.* पीलिया रोग से ग्रस्त

J

jaunt /जॉन्ट्/ *n.* प्रायः मनोरंजन हेतु की जानेवाली छोटी यात्रा, सैर, भ्रमण ▸ **jaunt** *v.* भ्रमण करना, सैर करना, सैर-सपाटा करना

jaw /जॉ/ *n.* **1** जबड़ा **2** (*pl.* **jaws**) मुँह (विशेषतः किसी वन्य पशु का)

jaywalk /ˈजेवॉक्/ *v.* (ट्रैफ़िक नियमों की अनदेखी करते हुए) लापरवाही से सड़क पर चलना या सड़क पार करना ▸ **jaywalker** *n.* लापरवाही से सड़क पर चलनेवाला या सड़क पार करनेवाला, लापरवाह पदातिक

jazz /जैज़्/ *n.* मूलतः अफ़्रीक़ी-अमेरिकी मूल की भारी या प्रबल लय वाली संगीत शैली, जाज़ संगीत ▸ **jazz** *v.* (**jazz sth up**) किसी वस्तु को अधिक चमकदार, रोचक या उत्तेजक बना देना

jazzy /ˈजैज़ि/ *adj.* **1** जाज़ शैली का **2** रंगीन और भड़कीला

jealous /ˈजेलस्/ *adj.* **1** किसी प्रिय व्यक्ति का किसी अन्य व्यक्ति के प्रति झुकाव के कारण परेशान या क्रुद्ध, ईर्ष्यालु **2** किसी के प्रति ईर्ष्यालु

jeans /जीन्ज़्/ *n.* (*pl.*) प्रायः नीले रंग की मज़बूत सूती डेनिम पैंट, जीन्स

jeep /जीप्/ *n.* (ऊबड़-खाबड़ मार्ग पर आसानी से चलने वाला) मज़बूत चौपहिया वाहन, जीप

jeer /जिअ(र्)/ *v.* किसी व्यक्ति या वस्तु पर हँसना या फ़ब्ती कसना (उसके प्रति आदरहीनता दिखाने के लिए), उपहास करना ▸ **jeer** *n.* ताना, फ़ब्ती, उपहास

jelly /ˈजेलि/ *n.* (*pl.* **jellies**) **1** नरम, ठोस चमकदार खाद्य पदार्थ, यह शक्कर और फलों के रस से बनती है, जेली **2** एक प्रकार का जैम जिसमें फल के ठोस टुकड़े नहीं होते

jeopardize /ˈजेपडाइज़्/ *v.* किसी कार्य द्वारा किसी वस्तु को ख़तरे में डालना या हानि पहुँचाना ▸ **jeopardy** *n.* ख़तरा, संकट

jerk /जक्/ *v.* एकाएक तेज़ हरकत से हिलना या हिलाना, झटका खाना या झटका देना ▸ **jerk** *n.* **1** झटका **2** बेवकूफ़ या खिजाऊ व्यक्ति ▸ **jerkily** *adv.* झटके से ▸ **jerky** *adj.* झटकेदार

jersey /ˈजज़ि/ *n.* **1** क़मीज़ के ऊपर पहनने की ऊनी पोशाक, जर्सी **2** सूत या ऊन से बना कोमल पतला कपड़ा जिससे पोशाकें बनती हैं

jest /जेस्ट्/ *n.* चुटकुला या मज़ाक़, प्रहसन ▸ **jest** *v.* मज़ाक़ करना, आमोदित करने के लिए कुछ कहना

jester /ˈजेस्ट(र्)/ *n.* (प्रायः पूर्वकाल में राज दरबार में) लोगों को कहानियाँ आदि सुनाकर मनोरंजन करने के लिए नियुक्त व्यक्ति, विदूषक

jet /जेट्/ *n.* **1** एक आधुनिक तीव्रगामी विमान, जेट विमान **2** एक छोटे छेद से निकलती हुई पानी, गैस आदि की तेज़ पतली धारा

jettison /'जेटिसन्/ *v.* **1** चलते जहाज़ या हवाई जहाज़ से ईंधन आदि वस्तुएँ बाहर फेंकना (वज़न कम करने के उद्देश्य से) **2** अवांछित या अनावश्यक चीज़ों से छुटकारा पाना

jetty /'जेटि/ *n.* (*pl.* **jetties**) समुद्र तट के जल में बनी पत्थर की दीवार या लकड़ी का प्लेटफ़ॉर्म जिससे नावों को बाँधते हैं और जहाँ लोग चढ़ते-उतरते हैं, जेट्टी, जलपोत, पोतघाट

Jew /जू/ *n.* मूल रूप से इज़रायलवासी परिवार का सदस्य या यहूदी धर्म का अनुयायी, यहूदी ▸ **Jewish** *adj.* यहूदी से संबंधित

jewel /'जूअल्/ *n.* **1** रत्न (जैसे हीरा) **2** (*pl.*) रत्नजड़ित आभूषण या कोई वस्तु

jewellery /'जूअल्रि/ *n.* अँगूठियाँ आदि आभूषण

jib /जिब्/ *n.* **1** नाव के बड़े पाल के सामने का छोटा पाल, तिकोना पाल **2** क्रेन की भुजा या डाँड ▸ **jib** *v.* (**jibbing, jibbed**) कोई काम करने या बात मानने से इनकार करना

jibe /जाइब्/ *n.* **1** अपमानजनक टिप्पणी, ताना, फ़ब्ती, कटाक्ष **2** (*US* **gybe**) ताना मारना, फ़ब्ती कसना, कटाक्ष करना

jiffy /'जिफ़ि/ *n.* पल, क्षण

jig /जिग्/ *n.* उछल-कूद वाला एक तेज़ नृत्य, जोशीला नाच, जिग, इस नाच का संगीत ▸ **jig** *v.* (**jigging, jigged**) उत्तेजना या आतुरता से घूमना

jiggery-pokery /ˌजिगरि'पोकरि/ *n.* संदिग्ध व्यवहार

jiggle /'जिग्ल्/ *v.* किसी वस्तु को तेज़ी से एक ओर से दूसरी ओर घुमाना, झुलाना

jigsaw /'जिग्सॉ/ *n.* गत्ते या लकड़ी के पट्टे पर चित्र जो छोटे टुकड़ों में कटा होता है और इन टुकड़ों को पुनः जोड़कर चित्र पूरा करना होता है, चित्रखंड प्रहेलिका

jihad /जि'हाद्/ *n.* ग़ैर-मुस्लिमों के विरुद्ध युद्ध, जेहाद

jilt /जिल्ट्/ *v.* किसी से प्रेम प्रसंग को एकाएक और कठोरता से समाप्त करना

jingle /'जिङ्ग्ल्/ *n.* **1** धातु से बनी परस्पर टकराती छोटी घंटियों जैसी आवाज़, टनटनाहट, खनखनाहट, झंकार **2** टेलीविज़न या रेडियो के विज्ञापन में प्रयुक्त छोटी सादी धुन या गीत ▸ **jingle** *v.* छोटी खनखनाती घंटियों जैसी सुहानी आवाज़ पैदा करना या करवाना

jingoism /ˌजिङ्गोइज़म/ *n.* अपने देश में अत्यधिक गर्व, ज़रा-सी बात पर दूसरे देश के साथ लड़ने को तैयार रहना, उग्र राष्ट्रवादिता

jinx /जिङ्क्स/ *n.* दुर्भाग्य, अभिशाप, दुर्भाग्य या अभिशाप लाने वाला व्यक्ति या वस्तु, (विश्वास के अनुसार), अशुभ व्यक्ति या वस्तु ▸ **jinx** *v.* दुर्भाग्य लाना

jitters /'जिटज़्/ *n.* बेहद घबराहट, घोर आशंका

jive /जाइव्/ *n.* **1** पचास के दशक में संगीत की तेज़ धुन पर किया जानेवाला तेज़ नृत्य **2** बकवास, बेकार की बातें ▸ **jive** *v.* **1** (जाज़ आदि संगीत की धुन पर) नृत्य करना, थिरकना **2** किसी को गुमराह करना या झूठी चीज़ के प्रति विश्वास दिलाना

job /जॉब्/ *n.* **1** धन कमाने के लिए नियमित रूप से किया जाने वाला काम, नौकरी **2** कोई काम या कार्य

jockey /'जॉकि/ *n.* घुड़दौड़ में भाग लेने वाला घुड़सवार (विशेषतः पेशेवर के रूप में), जॉकी

jocular /ˈजॉक्यल(र्)/ *adj.* **1** मज़ाक़िया या हास्यक **2** (व्यक्ति) परिहासपूर्ण

jocund /ˈजाकन्ड्/ *adj.* प्रसन्नचित्त, ख़ुश, उल्लासित

jog /जॉग्/ *v.* **(jogging, jogged)** **1** धीरे-धीरे दौड़ना, विशेषतः व्यायाम के रूप में **2** किसी व्यक्ति या वस्तु को हलके से धक्का या झटका देना ▸ **jog** *n.* **1** व्यायाम के रूप में मंद गति की दौड़, जॉग **2** हलका धक्का या झटका

joie de vivre / ॹ़व ड ˈवीर्व्/ *n.* जीवन को मज़े से जीना, जीने का मज़ा लेना

join /जॉइन्/ *v.* **1** एक वस्तु से दूसरी वस्तु को बाँधना या जोड़ना **2** (किसी व्यक्ति या वस्तु से) मिलकर या जुड़कर एक वस्तु या समूह बनाना ▸ **join** *n.* वह स्थान जहाँ दो वस्तुओं को बैठाया या जोड़ा गया है, जोड़

joint /जॉइन्ट्/ *n.* **1** शरीर का वह अंग जहाँ दो हड्डियाँ एक-दूसरे के साथ सही बैठती हैं और मुड़ सकती हैं, जोड़, संधि **2** वह स्थान जहाँ दो या अधिक वस्तुएँ एक साथ बँधती या जुड़ती हैं, गाँठ ▸ **joint** *adj.* दो या अधिक लोगों की भागीदारी या स्वामित्व वाला, संयुक्त

joist /जॉइस्ट्/ *n.* मकान में फ़र्श या छत को थामने वाला लकड़ी या धातु का लंबा मोटा टुकड़ा, कड़ी, धरन

joke /जोक्/ *n.* **1** हँसाने वाली कोई बात या काम (विशेषतः कोई विचित्र कथा), चुटकुला, लतीफ़ा **2** हास्यजनक व्यक्ति, प्रसंग, या परिस्थिति, मज़ाक़ ▸ **joke** *v.* **1** लोगों को हँसाने के लिए कुछ कहना, चुटकुले सुनाना, हास्यजनक कहानी सुनाना **2** कोई झूठी बात कहना (यह मानते हुए कि लोग हँसेंगे)

joker /ˈजोक(र्)/ *n.* **1** ऐसा व्यक्ति जिसे चुटकुले सुनाना या लोगों के साथ मज़ाक़ करना पसंद हो, मज़ाक़िया, विनोदप्रिय व्यक्ति, जोकर **2** (ताश में) किसी भी पत्ते के बदले प्रयोग होने वाला अतिरिक्त पत्ता, जोकर

jolly /ˈजॉलि/ *adj.* ख़ुश, प्रसन्नचित्त

jolt /जोल्ट्/ *v.* अचानक झटका खाना या झटका देना ▸ **jolt** *n.* **1** झटका **2** अप्रत्याशित आश्चर्य या सदमा, मानसिक आघात

jostle /ˈजॉस्ल्/ *v.* भीड़ में धक्का-मुक्की करना

jot /जॉट्/ *v.* **(jotting, jotted)** **(jot sth down)** जल्दी से संक्षेप में कुछ लिख लेना

joule /जूल्/ *n.* (भौतिकी में) ऊर्जा या काम को मापने की इकाई, जूल

journal /ˈजन्ल्/ *n.* **1** समाचार-पत्र या पत्रिका, विशेषतः जिसमें सभी लेख एक विशेष विषय या व्यवसाय पर हों, जर्नल **2** प्रत्येक दिन के काम का लेखा-जोखा, रोज़नामचा, दैनंदिनी, डायरी

journalist /ˈजनलिस्ट्/ *n.* समाचार-पत्रों या पत्रिकाओं में संकलित समाचारों पर लेखन करने वाला या टेलीविज़न अथवा रेडियो पर उनपर चर्चा करने वाला व्यक्ति, पत्रकार

journey /ˈजनि/ *n.* एक स्थान से दूसरे स्थान की यात्रा (प्रायः ज़मीन पर), सफ़र

jovial /ˈजोविअल्/ *adj.* (व्यक्ति) प्रसन्न और मित्रवत

jowl /जाउल्/ *n.* गाल का निचला भाग, जबड़ा

joy /जॉइ/ *n.* **1** हर्ष, ख़ुशी, आह्लाद, आनंद **2** बहुत प्रसन्नता देने वाला व्यक्ति या वस्तु, आनंदकर व्यक्ति या वस्तु

joyous /ˈजॉइअस्/ *adj.* आनंदमय,

ख़ुश, हर्षपूर्ण ▸ **joyously** *adv.* ख़ुशी से, हर्षपूर्वक, आनंदपूर्वक ▸ **joyousness** *n.* आनंद, ख़ुशी, हर्ष

joyriding /ˈजॉइराइडिङ्/ *n.* कार चुराकर उसमें घूमने का आनंद लेने का अपराध (प्रायः तेज़ और ख़तरनाक तरीक़े से चलाते हुए), आमोदी सैर करना (विशेषतः चुराई हुई गाड़ी में)

joystick /ˈजॉइस्टिक्/ *n.* कंप्यूटर, विमान आदि के संचालन को नियंत्रित करने का हत्था, हैंडल

jubilant /ˈजूबिलन्ट्/ *adj.* अत्यधिक प्रसन्न विशेषतः सफलता प्राप्ति पर, आनंदविभोर

jubilee /ˈजूबिली/ *n.* निश्चित अवधि के उपरांत वर्ष-विशेष में किसी प्रसंग से संबंधित विशिष्ट समारोह, जयंती महोत्सव

Judaism /ˈजूडेइज़म्/ *n.* यहूदियों का धर्म, यहूदी धर्म, यहूदीवाद

judge /जज्/ *n.* **1** (अदालत में) अपराधियों के लिए सज़ा का निर्धारण तथा क़ानूनी फ़ैसले लेनेवाला न्यायाधीश, न्यायमूर्ति **2** खेल स्पर्धा में निर्णायक ▸ **judge** *v.* **1** प्राप्त जानकारी के आधार पर किसी व्यक्ति या वस्तु के विषय में राय बनाना या देना, आँकना **2** खेल-स्पर्धा के परिणाम या विजेता का निर्णय करना, खेल-स्पर्धा में निर्णायक का काम करना

judgement /ˈजज्मन्ट्/ *n.* **1** निर्णय करने की योग्यता, निर्णय क्षमता **2** प्राप्त जानकारी पर सावधानी से विचार के उपरांत बनी सम्मति

judgemental /जज्ˈमेन्ट्ल्/ *adj.* लोगों को शीघ्रता से एवं अनुचित तरीक़े से आँकते हुए, आलोचनात्मक

judicial /जूˈडिश्ल्/ *adj.* न्यायालय, न्यायाधीश या क़ानूनी निर्णय से संबंधित, न्यायिक

judiciary /जूˈडिशरि/ *n.* (*pl.* **judiciaries**) किसी देश या राज्य के न्यायाधीश (समूह के रूप में गृहीत), न्यायपालिका, न्यायतंत्र

judicious /जूˈडिशस्/ *adj.* (निर्णय या कार्रवाई) बुद्धिमत्तापूर्ण और सुविचारित, विवेकपूर्ण विवेक-सम्मत ▸ **judiciously** *adv.* विवेकपूर्ण

judo /ˈजूडो/ *n.* एशिया का एक कुश्ती जैसा खेल, जूडो

jug /जग्/ *n.* द्रव पदार्थ रखने या उड़ेलने के लिए प्रयुक्त मूठदार पात्र, जग

juggle /ˈजग्ल्/ *v.* **1** तीन या अधिक गेंद जैसी वस्तुओं को एक साथ एक-एक करके फुर्ती से उछालते-पकड़ते रहना, बाज़ीगरी करना **2** एक ही समय में दो या अधिक महत्वपूर्ण कामों को करते रहने की कोशिश करना

jugular /ˈजग्यल(र्)/ *n.* गरदन की तीन बड़ी नसों में से एक जो सिर से हृदय तक ख़ून पहुँचाती हैं, कंठ्य धमनी, गल-शिरा

juice /जूस्/ *n.* **1** फलों और सब्ज़ियों का रस **2** गोश्त को पकाते समय उससे निकला रस

juicy /ˈजूसि/ *adj.* **(juicier, juiciest)** **1** रस से भरा हुआ, रसदार, रसीला **2** (सूचना या जानकारी) चौंका देने के कारण रोचक

Ju-jitsu /जूˈजिट्सू/ *n.* निःशस्त्र लड़ाई का जापानी खेल, आत्म-रक्षा की जापानी कला, जापानी कुश्ती

jukebox /ˈजूक्बॉक्स्/ *n.* किसी रेस्तराँ या बार में लगी मशीन जो पैसे डालने पर संगीत सुनाती है, ज्यूकबॉक्स

July /जु'लाइ/ *n.* वर्ष का सातवाँ महीना, जुलाई

jumble/'जम्ब्ल्/ *v.* वस्तुओं को बेतरतीब ढंग से मिला देना ▸ **jumble** *n.* **1** वस्तुओं का घाल-मेल **2** पुराने सामान की बिक्री

jumbo /'जम्बो/ *adj.* बहुत बड़ा, विशाल, भारी-भरकम, बृहदाकार ▸ **jumbo** *n.* (*pl.* **jumbos**) काफ़ी बड़ी संख्या में यात्रियों को ले जाने वाला बृहदाकार विमान, जंबो जेट

jump /जम्प्/ *v.* **1** कूदना, छलाँग लगाना **2** तेज़ी से और एकाएक हरकत करना, कूदना ▸ **jump** *n.* **1** कूदने की क्रिया, कूद, छलाँग **2** मात्रा, क़ीमत या मूल्य में अचानक वृद्धि, उछाल

jumper /'जम्प(र्)/ *n.* **1** (प्रायः ऊन से बनी) आस्तीन वाली पोशाक जिसे शरीर के ऊपरी भाग पर पहनते हैं, जंपर **2** कूदने वाला व्यक्ति या जानवर

junction /'जङ्क्शन्/ *n.* स्थान जहाँ सड़कें, रेल की पटरियाँ आदि मिलती हैं, जंक्शन

June /जून्/ *n.* वर्ष का छठा महीना, जून

jungle /'जङ्ग्ल्/ *n.* (उष्णकटिबंधीय देश में) घना जंगल

junior /'जूनिअ(र्)/ *adj.* **1** किसी संगठन आदि में किसी निम्न या किसी से निम्न पद पर आसीन, अवर, जूनियर, कनिष्ठ **2** पिता के ही प्रथम नाम वाले पुत्र के नाम के साथ प्रयुक्त ▸ **junior** *n.* **1** किसी संगठन आदि में निम्न पद का व्यक्ति, कनिष्ठ, जूनियर **2** व्यक्ति जो किसी अन्य से वर्षों की निर्दिष्ट संख्या के अंतर से छोटा है, छोटा

junk /जङ्क्/ *n.* पुरानी, बेकार या कम उपयोग की वस्तुएँ, कबाड़, कूड़ा-करकट

junkie /'जङ्कि / *n.* नशा सेवन करने का आदी व्यक्ति, व्यसनी, नशाबाज़

junta /'जन्टा/ *n.* बल प्रयोग से देश पर शासन करने वालों (विशेषतः सैन्य अधिकारियों) का समूह, बलात् पदासीन शासक-गुट, जुंटा

jurisdiction /'जुअरिस्'डिक्शन्/ *n.* क़ानूनी अधिकार, न्यायाधिकार, वह क्षेत्र जिस पर न्यायाधिकार लागू होता है, अधिकार-क्षेत्र

jurisprudence /'जुअरिस्'प्रूड्न्स/ *n.* **1** क़ानून के दर्शन या सिद्धांत, धर्मशास्त्र, न्यायशास्त्र **2** न्याय प्रणाली

jury /'जुअरि/ *n.* (*pl.* **juries**) **1** न्यायालय में जनता के सदस्यों का समूह जो अपराध के मामले को सुनकर अपना निर्णय सुनाता है, जूरी, अभिनिर्णायक **2** प्रतिस्पर्धा में निर्णायक-मंडल

just /जस्ट्/ *adv.* **1** अभी-अभी, हाल ही में, एकदम पहले **2** ठीक अभी या तुरंत बाद ▸ **just** *adj.* उचित और सही, न्यायसंगत

justice /'जस्टिस्/ *n.* **1** न्याय, लोगों के साथ उचित व्यवहार **2** न्यायोचित होने का गुण

justifiable /ˌजस्टि'फ़ाइअब्ल्/ *adj.* न्यायोचित होने के कारण स्वीकार्य

justify /'जस्टिफ़ाइ/ *v.* किसी बात के औचित्य का निरूपण करना, सफ़ाई देना

jut /जट्/ *v.* (**ju<u>t</u>ting, ju<u>t</u>ted**) आसपास की सतहों, वस्तुओं आदि की अपेक्षा बाहर की ओर निकलना, बहिर्विष्ट होना

jute /जूट्/ *n.* पौधे से तैयार महीन धागे जिनसे रस्सियाँ बटी जाती हैं और बोरे बनते हैं, जूट, पटसन

juvenile /ˈजूवनाइल्/ *adj.* **1** किशोरों का, के लिए या को शामिल करते हुए, बाल, अल्पवयस्क **2** कम आयु के व्यक्ति के समान बरताव करने वाला, बचकाना ▸ **juvenile** *n.* किशोर

juxtapose /ˌजक्स्टˈपोज़्/ *v.* दो व्यक्तियों, वस्तुओं को एक साथ रखना, (विशेषतः उनमें भिन्नता दर्शाने के लिए) ▸ **juxtaposition** *n.* सन्निकटता, सन्निधि

Kk

K /के/ *abbr.* **1** एक हज़ार **2** केल्विन, तापमान मापने की इकाई **3** किलोमीटर

kaftan /ˈकैफ़्टैन्/ *n.* एक लंबा और ढीला परिधान या फ़ौजी कोट

kaleidoscope /कˈलाइडस्कोप्/ *n.* **1** बड़ी संख्या में विभिन्न प्रकार की वस्तुएँ, वैविध्यपूर्ण वस्तुओं का संग्रह **2** रंगीन काँच के टुकड़ों से भरी और दर्पणों वाली नली का खिलौना जिसे घुमाने से रंगबिरंगी दृश्यावली दिखाई देती है, सैरबीन नामक खिलौना, बहुमूर्तिदर्शी

kangaroo /ˌकैङ्गˈरू/ *n.* (*pl.* **kangaroos**) ऑस्ट्रेलियाई जानवर जो अपनी पिछली मज़बूत टाँगों के बल पर उछलते हुए चलता है और अपने बच्चे को पेट पर लगी थैली में रखता है, कंगारू

kaput /कˈपुट्/ *adj.* ख़राब, टूटा हुआ, खंडित

karaoke /ˌकैरिˈओकि/ *n.* मशीन द्वारा प्रस्तुत लोकप्रिय गानों की धुन जिस पर लोग अपने स्वर मिलाकर गाते हैं

karate /कˈराटि/ *n.* जापानी युद्ध-क्रीड़ा जिसमें हाथ व पैर ही शस्त्र होते हैं, कराटे

karma *n.* **1** (हिंदू और बौद्ध धर्म में) मनुष्य के पिछले एवं इस जन्म के कर्म जिससे उसका भविष्य प्रभावित होता है, कर्म **2** किसी कार्य का अच्छा या बुरा प्रभाव

kayak /ˈकाइऐक्/ *n.* एक व्यक्ति के प्रयोग की, चप्पू से चलने वाली छोटी नाव

kebab *n.* मांस आदि के छोटे-छोटे टुकड़े, कबाब

keel /कील्/ *n.* नाव की पेंदे में लगा लकड़ी या धातु का लंबा टुकड़ा जो उसे पानी में उलटने नहीं देता, जहाज़ की आधार बिल्ली ▸ **keel** *v.* (**keel over**) उलटना

keen /कीन्/ *adj.* **1** किसी बात में बहुत रुचि रखने वाला, कुछ करने का इच्छुक, लालायित, उत्सुक **2** (इंद्रियानुभूति, मनोभाव आदि) अच्छा या पुख़्ता, पैना, तीक्ष्ण

keep /कीप्/ *v.* (**keeping, kept**) **1** किसी विशेष अवस्था या स्थिति में बने रहना **2** किसी व्यक्ति या वस्तु को विशेष स्थिति, स्थान या दशा में बनाए रखना ▸ **keep** *n.* जीवनयापन की सामग्री (भोजन, कपड़े आदि), इन वस्तुओं की लागत

keeper /ˈकीप(र्)/ *n.* **1** किसी वस्तु की रक्षा या देखभाल करने वाला व्यक्ति, रखवाला, रक्षक

keg /केग्/ *n.* बियर भरकर रखने का धातु या लकड़ी का गोल पीपा

kelvin /ˈकेल्विन्/ *n.* ताप मापने की इकाई, केल्विन

kennel /ˈकेनल्/ *n.* छोटा कुत्ताघर, कुक्कुरशाला

keratin /ˈकेरटिन्/ *n.* एक प्रकार का प्रोटीन (बाल, नाख़ून, सींग आदि के निर्माण में सहायक), केराटिन

kerb /कब्/ *n.* सड़क के दोनों तरफ़ बने फ़ुटपाथ का किनारा

kernel /ˈकनल्/ *n.* गिरी या बीज का अंदरूनी हिस्सा

kerosene /'केरसीन्/ *n.* मिट्टी का तेल

ketchup /'केचप्/ *n.* टमाटर की चटनी, केचप

kettle /'केट्ल्/ *n.* पानी उबालने की केतली

key /की/ *n.* **1** चाबी **2** कुछ प्राप्त करने या समझने में सहायक कोई वस्तु, कुंजी ▸ **key** *v.* कंप्यूटर में कोई सूचना भरना या टाइप करके उसे निर्देश देना ▸ **key** *adj.* अत्यंत महत्वपूर्ण

keyboard /'कीबॉड्/ *n.* **1** पियानो, कंप्यूटर आदि का कुंजीपटल, कीबोर्ड **2** छोटे पियानो जैसा विद्युत-चालित वाद्य

keyhole /'कीहोल्/ *n.* ताले का मुँह या छेद, कुंजी खाँचा

khaki *n.* **1** ख़ाकी (रंग) **2** ख़ाकी कपड़ा, विशेषतः सैनिक पोशाक के लिए ▸ **khaki** *adj.* ख़ाकी रंग का

kick /किक्/ *v.* **1** पैर से किसी व्यक्ति या वस्तु को ठोकर मारना **2** पैर या पैरों को चलाना या मारना ▸ **kick** *n.* **1** ठोकर या लात मारने की क्रिया, पादप्रहार **2** अत्यधिक प्रसन्नता, रोमांच आदि का भाव

kid /किड्/ *n.* **1** बच्चा या किशोर **2** छोटा भाई या बहन ▸ **kid** *v.* (**kidding, kidded**) असत्य बात कहकर धोखा या झाँसा देना, किसी को मज़ाक़ का पात्र बनाना

kidnap /'किड्नैप्/ *v.* (**kidnapping, kidnapped**) किसी का अपहरण करना तथा उसे सुरक्षित छोड़ने के लिए पैसा माँगना, फिरौती माँगना

kidney /'किड्नि/ *n.* **1** पेट में स्थित अंग (जो रक्त का शोधन करता है), गुरदा-वृक्क **2** किसी पशु के गुरदे (जिन्हें पकाकर खाया जाता है)

kill /किल्/ *v.* **1** किसी को मारना, किसी का मारा जाना **2** किसी को तकलीफ़ पहुँचाना, पीड़ा देना, दर्द देना, चोट पहुँचाना ▸ **kill** *n.* **1** मारने की क्रिया **2** मारा गया प्राणी, मारे गए प्राणी

kiln /किल्न्/ *n.* मिट्टी या ईंटें पकाने, लकड़ी और अनाज सुखाने आदि की बड़ी भट्ठी

kilo /'कीलो/ *n.* (*pl.* **kilos**) (*also* **kilogramme**) (*abbr.* **kg**) भार मापने की एक इकाई, किलो, किलोग्राम, एक हज़ार ग्राम

kilobyte /'किलबाइट्/ *n.* **1** कंप्यूटर मेमोरी मापने की इकाई या 1000 बाइट के बराबर डाटा, किलोबाइट **2** कंप्यूटर मेमोरी या डाटा मापने की इकाई जो 1024 बाइट के बराबर होती है

kilohertz /'किलहट्स्/ *n.* (*pl.* **kilohertz**) (*abbr.* **kHz**) (रेडियो में) फ्रीक्वेंसी की एक माप, किलोहर्ट्ज़

kilojoule /'किलजूल्/ *n.* भोजन से प्राप्त उर्जा की माप की एक इकाई, एक हज़ार जूल

kilometre /'किलमीट(र्)/ *n.*(*US* **kilometer**) लंबाई की माप, 1000 मीटर, किलोमीटर

kilowatt /'किलवॉट्/ *n.* विद्युत शक्ति को मापने की इकाई, एक हज़ार वाट

kilt /किल्ट्/ *n.* चुन्नटों वाली स्कर्ट जो स्कॉटलैंड के पुरुषों की राष्ट्रीय पोशाक है

kimono /कि'मोनो/ *n.* (*pl.* **kimonos**) जापानियों की चौड़े आस्तीनों वाली लंबी पारंपरिक पोशाक जिसे वे विशिष्ट अवसरों पर पहनते हैं, किमोनो

kin /किन्/ *n.* ख़ानदान, घराना, कुल

kind /काइन्ड्/ *n.* समान गुणों वाले व्यक्तियों का समूह, वर्ग ▸ **kind** *adj.* परोपकारी, मित्रवत और उदार

k

kindergarten /ˈकिन्डगाटन्/ *n.* तीन से पाँच वर्ष की आयु के बच्चों का स्कूल, किंडरगार्टन

kindle /ˈकिन्ड्ल्/ *v.* **1** सुलगाना या जलाना **2** इच्छा, भावनाओं आदि को किसी व्यक्ति में उत्पन्न करना या कुछ शुरू करना

kindling /ˈकिन्ड्लिङ्/ *n.* आग सुलगाने की लकड़ियाँ

kindly /ˈकाइन्ड्लि/ *adv.* & *adj.* **1** दयाभाव से, अनुग्रहपूर्वक **2** (किसी को कुछ करने हेतु कहने के लिए प्रयुक्त) कृपा करके, कृपापूर्वक

kindred /ˈकिन्ड्रड्/ *adj.* समान, संबंधित, सजातीय, सदृश ▸ **kindred** *n.* **1** (*pl.*) सगे-संबंधी तथा परिवार, रिश्तेदार **2** भाई-बंधु, कुटुम्बी

kinetic /किˈनेटिक्/ *adj.* गति-विषयक या गतिक, गति-उत्पादित या गतिज, गति से संबंधित, गति से उत्पादित

king /किङ्/ *n.* **1** (किसी देश का) राजा, राजा की उपाधि, पूर्व शासक या उसके निकट संबंधी का पुत्र प्रायः राजा बनता है **2** ताश के पत्तों में बादशाह

kingdom /ˈकिङ्डम्/ *n.* **1** राजा या रानी द्वारा शासित देश, राज्य **2** प्रकृति-जगत के तीन पारंपरिक विभाजनों में से एक (जो 'क्लास' या 'फ़ाइलम' से बड़ा होता है), जगत, किंगडम

kingfisher /ˈकिङ्फ़िश(र्)/ *n.* लंबी चोंच वाला छोटा चमकीला नीला पक्षी (जो नदियों से मछली पकड़ता है), कौड़िल्ला, किंगफ़िशर

kink /किङ्क्/ *n.* (रस्सी आदि सीधी वस्तुओं में) ऐंठन या बल

kiosk /ˈकीऑस्क्/ *n.* सड़क पर बनी बहुत छोटी दुकान जहाँ अख़बार, मिठाइयाँ आदि बिकती हैं, गुमटी, स्टॉल

kiss /किस्/ *v.* चूमना, चुंबन करना ▸ **kiss** *n.* चुंबन

kit /किट्/ *n.* **1** प्रयोजन-विशेष, खेल या किसी गतिविधि के लिए अपेक्षित औज़ारों, उपकरणों या कपड़ों का सेट, किट, उपकरण-समूह **2** वस्तुएँ बनाने में प्रयुक्त पुरज़ों का सेट, किट ▸ **kit** *v.* (**kitting, kitted**) (**kit sb/yourself out/up**) किसी काम के लिए किसी व्यक्ति को सभी आवश्यक कपड़े, उपकरण आदि देना

kitchen /ˈकिचिन्/ *n.* रसोई, रसोई-घर

kite /काइट्/ *n.* पतंग, गुड्डी ▸ **kite** *n.* (बाज़ परिवार का) मज़बूत पंखोंवाला एक शक्तिशाली पक्षी जो भोजन के लिए अन्य पक्षियों तथा छोटे-छोटे जानवरों को मारता है, चील

kith /किथ्/ *n.* आत्मीय जन, स्वजन, मित्र और संबंधी

kitsch /किच्/ *n.* कलात्मक वस्तुएँ जो वास्तविक कलात्मक मूल्य से रहित समझी जाती हैं (उदाहरण के लिए, भावुकता के कारण), घटिया कृति ▸ **kitsch** *adj.* घटिया

kitten /ˈकिट्न्/ *n.* बिल्ली का बच्चा, बिलौटा

kitty /ˈकिटि/ *n.* (*pl.* **kitties**) **1** विशेष प्रयोजन के लिए लोगों से इकट्ठा किया हुआ पैसा, जमा साझा धन **2** बिल्ली के लिए सामान्य शब्द या उसे (प्यार से) बुलाने का नाम, किट्टी

kiwi /ˈकीवी/ *n.* (*pl.* **kiwis**) **1** लंबी चोंच और छोटे डैनों वाला न्यूज़ीलैंड का एक पक्षी जो उड़ नहीं सकता, कीवी **2** अंदर से हरा और भूरे छिलके वाला एक फल, कीवी फल

kleptomania /ˌक्लेप्ट'मेनिआ/ *n.* एक प्रकार की मानसिक बीमारी जिसमें व्यक्ति में चोरी करने की तीव्र अनियंत्रित प्रवृत्ति होती है, चोरी करने की बीमारी, चौर्योन्माद

knack /नैक्/ *n.* कोई (कठिन) काम करने की नैसर्गिक या अर्जित कुशलता या योग्यता

knapsack /'नैप्सैक्/ *n.* पट्टे वाला झोला या बोरा जिसे पीठ या कंधों पर बाँधा जा सकता है, नैपसैक

knead /नीड्/ *v.* रोटी आदि बनाने के लिए हाथों से आटा गूँथना

knee /नी/ *n.* **1** घुटना **2** पतलून का वह हिस्सा जो घुटनों पर आता है, पतलून का घुटना

kneel /नील्/ *v.* एक या दोनों घुटनों के बल टिकना या बैठना

knickers /'निकज़्/ *n.* (*pl.*) महिलाओं की जाँघिया

knick-knack /'निक् नैक्/ *n.* घर की छोटी सजावटी चीज़ें, नुमाइशी वस्तुएँ

knife /नाइफ़्/ *n.* (*pl.* **knives**) चाकू, छुरी, छुरा ▸ **knife** *v.* किसी को जान-बूझकर चाकू मारना या घोंपना

knight /नाइट्/ *n.* **1** श्रेष्ठ काम के लिए राजा या रानी द्वारा Sir/Dame की उपाधि से सम्मानित पुरुष या महिला (जो अपने नाम से पहले इस उपाधि का प्रयोग कर सकता/ सकती है), नाइट **2** घोड़े के सिर की शक्ल का शतरंज का एक मोहरा, शतरंज का घोड़ा

knit /निट्/ *v.* (**knitting, knitted** or **knit**) **1** सलाइयों से या किसी विशेष मशीन से (ऊनी कपड़ा) बुनना **2** गहराई से जुड़ा हुआ, सुसंगठित ▸ **knitting** *n.* बुनाई (का काम)

knob /नॉब्/ *n.* **1** किसी मशीन की घुंडी, नॉब (जिसे घुमाने या दबाने से मशीन चलती है) **2** दरवाज़े, दराज़ आदि की मूठ

knock /नॉक्/ *v.* **1** हाथ से किसी वस्तु पर ज़ोर के प्रहार द्वारा अवाज़ कराना, (दरवाज़े आदि) को खटखटाना **2** किसी व्यक्ति या वस्तु को चोट पहुँचाना (प्रायः अचानक या अनजाने में) ▸ **knock** *n.* किसी कड़ी वस्तु से तेज़ चोट या उससे उत्पन्न आवाज़, प्रहार या खटखटाहट

knocker /'नॉक(र्)/ *n.* दरवाज़ा खटखटाने की कुंडी

knot /नॉट्/ *n.* **1** रस्सी, डोरी आदि की गाँठ **2** जलपोत की चाल मापने की इकाई, लगभग किलोमीटर प्रति घंटा ▸ **knot** *v.* (**knotting, knotted**) गाँठ बाँधना ▸ **knotty** *adj.* गाँठदार, जटिल, पेचीदा

know /नो/ *v.* (**knew, known**) **1** किसी बात या व्यक्ति की जानकारी होना **2** किसी व्यक्ति या स्थान से परिचित होना, पहले किसी व्यक्ति से मिला होना या किसी स्थान पर गया होना

knowing /'नोइङ्/ *adj.* गोपनीय बात के जानकार होने का दिखावा करने वाला

knowledge /'नॉलिज्/ *n.* **1** शिक्षा या अनुभव से प्राप्त जानकारी, समझ और कौशल **2** किसी तथ्य या स्थिति-विशेष के विषय में जानकारी

knowledgeable /'नॉलिजब्ल्/ *adj.* बहुत कुछ जानने वाला, बहुज्ञ, सुविज्ञ

knuckle /'नक्ल्/ *n.* उँगली की गाँठ (जहाँ वह हथेली से जुड़ती है), पोर

koala /को'आला/ *n.* घने धूसर रंग के बालों वाला भालू जैसा एक ऑस्ट्रेलियाई पशु जो पेड़ों पर रहता है, कोआला

k

kohl /कोल्/ *n.* (प्राच्य देशों में) पलकों को काला करने का अंजन

Koran *n.* (*also* **Qur'an**) (**the Koran**) इस्लाम धर्म की सर्वाधिक पवित्र और महत्वपूर्ण किताब, इस्लाम का धर्मग्रंथ, कुरान, कुरआन

kosher /ˈकोश(र्)/ *adj.* (भोजन) यहूदी प्रथा के अनुसार तैयार

kph /ˌकेपीˈएच्/ *abbr.* किलोमीटर प्रति घंटा

krill /क्रिल्/ *n.* (*pl.*) दक्षिण ध्रुव प्रदेश में पाई जाने वाली बहुत छोटी शंखमीन जिसे ह्वेल खाती है

krypton /ˈक्रिप्टॉन्/ *n.* फ़्लूरोसेंट ट्यूबों में प्रयुक्त रासायनिक प्रतिक्रियाहीन और रंगहीन गैस, क्रिपटन

kudos /ˈक्यूडॉस्/ *n.* किसी विशेष उपलब्धि पर अनुमोदन और प्रशंसा के लिए प्रयुक्त (ग्रीक मूल की) अभिव्यक्ति, कुडोस

kung fu /ˌकङ्ˈफ़ू/ *n.* हाथों और पैरों से लड़ने की चीनी शैली, कंगफ़ू

Ll

l *abbr.* **1** लीटर्ज़ **2** बड़ा (आकार)

label /ˈलेबल्/ *n.* **1** (सूचना देने वाला) नामचिप्पी, नामपर्ची, लेबल **2** रिकार्ड, सीडी आदि बनाने और बेचने वाली कंपनी ▸ **label** *v.* (**labelling, labelled**; *US* **labeling, labeled**) **1** नामचिप्पी लगाना या किसी वस्तु पर सूचना अंकित करना **2** किसी को तरीक़े-विशेष में दर्शाना या वर्णन करना

laboratory /लˈबॉरट्रि/ *n.* (*pl.* **laboratories**) (*abbr.* **lab**) विज्ञान की प्रयोगशाला (जहाँ विज्ञान से संबंधित परीक्षण और शिक्षण कार्य होते हैं)

laborious /लˈबॉरिअस्/ *adj.* जिसमें बहुत समय और प्रयत्न की अपेक्षा हो, श्रमसाध्य ▸ **laboriously** *adv.* श्रमसाध्य रीति से

labour /ˈलेब(र्)/ *n.* **1** कड़ी शारीरिक मेहनत, कठोर श्रम **2** एक समूह के रूप में मज़दूर, श्रमिक वर्ग ▸ **labour** *v.* **1** किसी बात के लिए मेहनत करना **2** कठिनाई से और प्रयत्नपूर्वक कोई काम करना

labourer /ˈलेबर(र्)/ *n.* मज़दूर, श्रमिक

Labrador /ˈलैबरडॉ(र्)/ *n.* कुत्ते की बड़ी नस्ल, लेब्राडार

labyrinth /ˈलैबरिन्थ्/ *n.* **1** रास्तों और गलियारों की पेचीदी शृंखला जिसमें से रास्ता खोजना कठिन हो, भूलभुलैया **2** कान के आंतरिक भाग में झिल्लियों एवं हड्डियों की इस प्रकार अवस्थिति जो सुनने में सहायक होते हैं, आंतर कर्ण

lace /लेस्/ *n.* **1** लेस, जाली, जालीदार कपड़ा **2** तसमा, फ़ीता ▸ **lace** *v.* **1** किसी वस्तु का फ़ीता कसना या बाँधना **2** किसी पेय में मदिरा मिलाना

lack /लैक्/ *n.* किसी वस्तु का अभाव या कमी या पर्याप्त मात्रा में न होना ▸ **lack** *v.* कुछ बिलकुल न होना या आवश्यकता से कम होना

lackadaisical /ˌलैकˈडेज़िकल्/ *adj.* उदासीन, निरुत्साही

lackluster /ˈलैक्लस्ट(र्)/ *adj.* (आँखें आदि) जिसमें चमक न हो, निस्तेज, कांतिरहित

lactate /लैक्ˈटेट्/ *v.* (स्त्री या मादा पशु द्वारा) अपने बच्चे को अपना दूध पिलाना, स्तनपान कराना ▸ **lactation** *n.* शिशु को दूध पिलाने की क्रिया, दुग्धस्रवण

lactic acid /ˌलैक्टिक्ˈऐसिड्/ *n.* एक विशेष अम्ल जो दूध के बासी होने पर उसमें बन जाता है या कठोर शारीरिक परिश्रम के फलस्वरूप मांसपेशियों में उत्पन्न हो जाता है, दुग्धाम्ल, लेक्टिक एसिड

lactose /ˈलैक्टोस्/ *n.* दूध में पाई जाने वाली शर्करा जिसका प्रयोग कुछ शिशु आहारों में होता है, लैकटोस

lacuna /लˈक्यून/ *n.* (*pl.* **lacunas** or **lacunae**) पुस्तक या किसी लेख में शून्यता या रिक्ति, कमी

lacy /ˈलेसि/ *adj.* जाली से बना या जाली जैसा दीखने वाला, जालीदार

lad /लैड्/ *n.* लड़का या युवक

ladder /'लैड(र्)/ *n.* **1** धातु, लकड़ी या रस्सी की बनी सीढ़ी, निसेनी, ज़ीना **2** स्त्रियों के लंबे मोज़ों में उधड़ा हुआ अंश ▸ **ladder** *v.* सीढ़ी लगाना या बनाना

laden /'लेड्न्/ *adj.* बहुत-सी वस्तुएँ लादे हुए या से लदे हुए

ladle /'लेड्ल्/ *n.* करछी, बड़ा चमचा (सूप आदि परोसने के लिए) ▸ **ladle** *v.* करछी से परोसना

lady /'लेडि/ *n.* (*pl.* **ladies**) **1** महिला (विशेषतः वृद्ध) के लिए सम्मानसूचक शब्द **2** महिला या महिलाओं से/के विषय में शिष्ट रीति से बात करने के लिए प्रयुक्त

ladybird /'लेडिबर्ड्/ *n.* काले धब्बों वाला लाल या पीले रंग का एक छोटा कीड़ा, सोनापंखी

lag /लैग्/ *v.* (**lagging, lagged**) किसी व्यक्ति या वस्तु से पीछे रह जाना, पिछड़ जाना ▸ **lag** *n.* दो घटनाओं के बीच का समय, विलंब, देरी

lager /'लाग(र्)/ *n.* सुनहरे रंग की एक प्रकार की हलकी बियर, लागर

lagging /'लैगिङ्/ *n.* (पानी की टंकी आदि) की रोधक सामग्री, परिवेष्टन, फट्टी

lagoon /ल'गून्/ *n.* खारे पानी की झील (समुद्र के पास बालू या चट्टान से घिरी), समुद्रताल

lair /लेअ(र्)/ *n.* **1** जंगली जानवरों के रहने, छुपने या सोने आदि की जगह, माँद, गुफ़ा, बिल **2** अकेले रहने, छुपने आदि की एकांत जगह

laissez-faire /ˌलेसे 'फ़ेअ(र्)/ *n.* सरकारी नियंत्रण से मुक्त निजी उद्योग के विकास को छूट देने की नीति, अबंधनीति, अहस्तक्षेप-नीति ▸ **laissez-faire** *adj.* अहस्तक्षेप नीति का

lake /लेक्/ *n.* झील, सरोवर

lama /'लैम्/ *n.* तिब्बती या मंगोलियाई बौद्ध भिक्षु, लामा

lamb /लैम्/ *n.* **1** मेमना **2** मेमने का गोश्त

lame /लेम्/ *adj.* (प्रायः पशुओं के लिए प्रयुक्त) टांग या पैर में चोट के कारण ठीक से नहीं चल पाना, लंगड़ा

lament /ल'मेन्ट्/ *n.* दिवंगत आत्मा या (किसी समाप्त हो चुकी वस्तु) के लिए विलाप गीत ▸ **lament** *v.* विलाप करना, मातम करना

lamentable /'लैमन्टब्ल्, ल'मेन्टेब्ल्/ *adj.* घोर निराशाजनक, शोचनीय या भद्दा

laminated /'लैमिनेटिड्/ *adj.* **1** (लकड़ी, प्लास्टिक आदि की वस्तु) अनेक पतली तहें चिपकाकर बनाई गई, स्तरित, स्तरबंद **2** सुरक्षा के लिए पारदर्शी प्लास्टिक से लिपटा हुआ, परतबंद

lamp /लैम्प्/ *n.* बिजली, गैस या तेल से जलने वाला दीया, चिराग़, लैंप

lance /लान्स्/ *n.* एक लंबा और नोकदार सिर वाला हथियार, बर्छी, बर्छा, भाला ▸ **lance** *v.* (फोड़े आदि को) नश्तर से चीरना, नश्तर लगाना

land /लैन्ड्/ *n.* **1** पृथ्वी की सतह का कड़ा हिस्सा, धरती, ज़मीन, पृथ्वी **2** भूमि का टुकड़ा, भूक्षेत्र ▸ **land** *v.* **1** आकाश से ज़मीन पर आ जाना या किसी वस्तु को ले आना, उतरना या उतारना **2** जहाज़ से उतरना या कुछ (सामान) उतारना

landed /'लैन्डिड्/ *n.* अधिक ज़मीन का मालिक होना, ज़मींदार, पट्टेदार

landing /'लैन्डिङ्/ *n.* 1 (विमान) पृथ्वी पर उतरने की प्रक्रिया 2 मकान में ज़ीने के ऊपर का स्थल या बड़ी इमारत में एक ज़ीने से दूसरे ज़ीने के बीच का स्थल

landlord /'लैन्ड्लॉड्/ *n.* 1 पैसे के लिए मकान किराए पर देनेवाला पुरुष, मकान-मालिक 2 मदिरालय, छोटे होटल आदि का स्वामी या प्रबंधक

landscape /'लैन्ड्स्केप्/ *n.* 1 विस्तृत मैदान के पार दिखाई देने वाली सभी वस्तुएँ, दृश्यावली, दृश्यभूमि 2 ग्रामीण परिवेश को दिखाने वाला चित्र या पेंटिंग, इस प्रकार की पेंटिंग-शैली, भू-दृश्य चित्रण ▸ **landscape** *v.* किसी भूक्षेत्र की रूपरेखा को सुधारना (प्रायः उसकी आकृति बदलकर) भूक्षेत्र की शक्ल निखारना, दृश्यभूमि निर्माण करना

lane /लेन्/ *n.* 1 (देहात में) तंग सड़क 2 सड़कों के नामों में प्रयुक्त

language /'लैङ्ग्विज्/ *n.* 1 देश-विशेष के लोगों की मौखिक और लिखित माध्यम की संप्रेषण प्रणाली, भाषा 2 मानव जाति द्वारा अपने विचारों, कल्पनाओं और मनोभावों को व्यक्त करने के लिए प्रयुक्त ध्वनि एवं लेखन की प्रणाली, भाषा

languid /'लैङ्ग्विड्/ *adj.* सुस्त, शिथिल, ढीला

languish /'लैङ्ग्विश्/ *v.* 1 किसी भी स्थान पर लंबे समय तक रहने के लिए या किसी अप्रिय स्थिति को लंबे समय तक बर्दाश्त करने के लिए विवश किया जाना, दीन अवस्था में रहना 2 शक्ति या ऊर्जा का क्षीण होना, कमज़ोर होना, दुर्बल होना, शिथिल होना

lanky /'लैङ्कि/ *adj.* (व्यक्ति) बहुत लंबा और पतला, छरहरा

lantern /'लैन्टन्/ *n.* धातु के फ्रेम में शीशे के भीतर स्थित मोमबत्ती अथवा प्रकाश जिसे इधर-उधर ले जाया सकता है, लालटेन

lanthanum /'लैन्थनम्/ *n.* एक धात्विक तत्व

lanyard /'लैन्याड्/ *n.* (पाल-नाव आदि की सुरक्षा के लिए जहाज़ में प्रयुक्त) रस्सी

lap /लैप्/ *n.* 1 गोद 2 ट्रैक या दौड़-मार्ग आदि के चारों ओर लगा एक चक्कर ▸ **lap** *v.* (**lapping, lapped**) 1 (पानी की लहरों का) तट आदि से टकराते हुए छप-छप करना 2 (किसी पशु का) जीभ से (लपलप करते हुए) पानी आदि पीना

laparoscopy /ˌलैप'रॉस्कपि/ *n.* एक शल्य क्रिया जिसमें तंतुमय प्रकाशीय यंत्र पेट से अंदर डाला जाता है ताकि भीतरी अंग देखे जा सकें, लैप्रोस्कॉपी

lapse /लैप्स्/ *n.* 1 वह संक्षिप्त अवधि जिसमें आपको कोई बात याद न आए या जो आप कर रहे हों वह दिमाग़ में न रहे, भ्रंश, च्यूति, चूक 2 दो बातें घटित होने के बीच का समय, व्यवधान, अंतराल ▸ **lapse** *v.* 1 (अनुबंध, क़रार आदि का) समाप्त हो जाना 2 क्षणभर के लिए क्षीण या लुप्त हो जाना

lard /लाड्/ *n.* पिघलाई हुई चरबी से निकला सफ़ेद पदार्थ, भोजन पकाने में प्रयुक्त चरबी

larder /'लाड(र्)/ *n.* खाद्य सामग्री को रखने के लिए बड़ी अलमारी या छोटा कमरा, खाद्य-भंडार, भंडार

large /लाज्/ *adj.* आकार, मात्रा आदि में सामान्य से अधिक, बड़ा

lark /लाक्/ *n.* एक छोटी भूरी गाने वाली चिड़िया, लवा चिड़िया, भरत पक्षी, लार्क

larva /ˈलार्वा/ *n.* (*pl.* **larvae**) अंडे से तुरंत निकला हुआ बिना टाँगों का कीड़ा (जिसका शरीर छोटा, कोमल और भरा हुआ होता है), इल्ली, लार्वा

laryngitis /ˌलैरिन्ˈजाइटिस्/ *n.* गले का हलका रोग जिसके कारण बोलने में कठिनाई होती है, गले की सूजन, कंठशोथ, स्वरयंत्र शोथ

larynx /ˈलैरिङ्क्स्/ *n.* गले का ऊपरी भाग जिसमें ध्वनि-उत्पादक मांसपेशियाँ होती हैं, कंठ, स्वरयंत्र

lasagna /लˈज़ैन्य/ *n.* एक इतालियन भोज्य पदार्थ जिसमें पास्ता के टुकड़ों पर मांस और चीज़ की सॉस की परत लगाई जाती है

laser /ˈलेज़(र)/ *n.* अत्यधिक शक्तिशाली प्रकाश की सुनियंत्रित किरण उत्पन्न करने वाली युक्ति जिसका उपकरण के रूप में भी प्रयोग हो सकता है, लेज़र

lash /लैश्/ *v.* **1** (हवा, वर्षा और आँधी का) किसी वस्तु से ज़ोर से टकराना, थपेड़े मारना **2** किसी को कोड़े लगाना, किसी वस्तु (रस्सी या चमड़े के टुकड़ा आदि) को तेज़ी से हिलाना या लहराना ▸ **lash** *n.* **1** (= **eyelash**) पपनी, बरौनी **2** कोड़े से वार

lass /लैस्/ *n.* लड़की या युवती

lassitude /ˈलैसिट्यूड्/ *n.* काम करने का जी न चाहना, शिथिलता, सुस्ती, आलस्य

lasso /लैˈसू/ *n.* (*pl.* **lassos** or **lassoes**) पशुओं को पकड़ने के लिए प्रयुक्त गोल फंदे वाली लंबी रस्सी, कमंद, पाश ▸ **lasso** *v.* कमंद या फाँसे से पकड़ना

last /लास्ट्/ *det.* & *adj.* & *adv.* **1** अंत का, अंतिम, सबके बाद, अंत में **2** अतीत का समय, अवधि, घटना आदि जो वर्तमान के निकटतम है, पिछला, पिछली, पिछली बार ▸ **last** *n.* & *pron.* **1** (*pl.* **the last**) सदृश व्यक्तियों या वस्तुओं की शृंखला में अंतिम व्यक्ति या वस्तु ▸ **last** *v.* **1** कुछ समय तक जारी रहना, चलना, बने रहना **2** ठीक हालत में रहना या काम करते रहना, टिकना या टिके रहना

latch /लैच्/ *n.* **1** दरवाज़ा या गेट बंद करने के लिए प्रयुक्त घातु निर्मित साँकल, अर्गला, सिटकनी **2** बाहर से खुलने वाला एक विशेष प्रकार का ताला, खटकेदार ताला, (सेफ़्टी) लैच ▸ **latch** *v.* (**latch on to sth**) किसी बात का समझ में आना या को समझाना

late /लेट्/ *adj.* & *adv.* **1** एक समयावधि के अंत के निकट, परवर्ती **2** सामान्य या प्रत्याशित समय के बाद, विलंब से

lately /ˈलेट्लि/ *adv.* अब तक के समय में, हाल में, अभी

latent /ˈलेट्न्ट्/ *adj.* विद्यमान परंतु प्रकट या सक्रिय नहीं, प्रच्छन्न ▸ **latency** *n.* प्रच्छन्नता

lateral /ˈलैटरल्/ *adj.* किसी वस्तु के पार्श्व से या पार्श्व की ओर गति से संबंधित, पार्श्विक ▸ **laterally** *adv.* पार्श्व की ओर से

latex /ˈलेटेक्स्/ *n.* **1** कुछ पौधों और वृक्षों (विशेषतः रबर के वृक्षों) से उत्पन्न गाढ़ा सफ़ेद द्रव, वनस्पति-दूध, रबर क्षीर **2** एक कृत्रिम पदार्थ जिससे पेंट, सरेस और अन्य चीज़ें बनती हैं, लेटेक्स

lathe /लेद्/ *n.* ख़राद मशीन (जो लकड़ी या धातु के टुकड़ों को मनचाही शक्ल देती है)

lather /'लाद(र्)/ *n.* साबुन का झाग
Latin /'लैटिन/ *n.* प्राचीन रोम में प्रचलित भाषा, लैटिन ▸ **Latin** *adj.* लैटिन भाषा से संबंधित
latitude /'लैटिट्यूड्/ *n.* भूमध्य रेखा के उत्तर या दक्षिण की ओर के किसी स्थान की दूरी, अक्षांश
latrine /ल'ट्रीन्/ *n.* ज़मीन में गड्ढा खोदकर बनाया गया शौचघर, पाख़ाना
latte /'लाटे/ *n.* झागदार गर्म दूध का पेय जिसमें एस्प्रेसो कॉफ़ी भी डाला जाता है
latter /'लैट(र्)/ *adj.* एक समयावधि के अंत के निकटतर, पिछला, परवर्ती ▸ **latterly** *adv.* परवर्ती रूप से
lattice /'लैटिस्/ *n.* **1** जालक (एक दूसरे को काटती हुई तारों या लकड़ी की पट्टियों से बना ढाँचा जिसमें बीच-बीच में हीरे के शक्ल की ख़ाली जगह होती है जो बाड़ का काम करती है, जाली, झँझरी, इस प्रकार की प्रतिकृति या ढाँचा **2** एक स्थान या अंतरिक्ष में बिंदुओं या वस्तुओं का नियमित पुनरावर्ती विन्यास या बनावट जैसे क्रिस्टल में परमाणु
laugh /लाफ़्/ *v.* हँसना, हँसकर प्रसन्नता अभिव्यक्त करना **2** उपहास करना, किसी की हँसी उड़ाना ▸ **laugh** *n.* **1** हँसने की आवाज़ या क्रिया, हँसी **2** हास्यास्पद लगने वाला व्यक्ति या वस्तु
laughable /'लाफ़ब्ल्/ *adj.* हँसी उड़ाने लायक़, निम्नस्तरीय, हास्यास्पद
laughter /'लाफ़्ट(र्)/ *n.* हास्य ध्वनि, हँसी, खिलखिलाहट
launch /लॉन्च्/ *v.* **1** (नए) जहाज़ को पानी में उतारना या अंतरिक्ष यान को अंतरिक्ष में भेजना **2** कोई नया काम शुरू करना या किसी वस्तु को पहली बार प्रदर्शित करना ▸ **launch** *n.* **1** जहाज़, अंतरिक्ष यान या किसी उत्पाद आदि को पानी में उतारने आदि की क्रिया, प्रवर्तन, जलावतरण या अंतरिक्ष-प्रक्षेपण आदि **2** बड़ी मोटर नौका, लांच
launder /'लॉन्ड(र्)/ *v.* **1** कपड़ों को धोना, सुखाना आदि **2** काले धन को विदेशी बैंक में जमा करना या क़ानून-सम्मत व्यापार में लगाना
laundry /'लॉन्ड्रि/ *n.* (*pl.* **laundries**) **1** धोए जाने के या धोए जा रहे कपड़े **2** चादरें, कपड़े आदि धोए और सुखाए जाने के व्यापार की दुकान, धोबीख़ाना, धुलाई-घर
laurel /'लॉरल्/ *n.* **1** (*pl.* **laurels**) उपलब्धि के लिए प्राप्त प्रशंसा या सम्मान, कीर्ति **2** सदाबहार पौधा जिसकी पत्तियाँ चमकीली होती हैं
lava /'लावा/ *n.* ज्वालामुखी से निकली गरम पिघली चट्टानें, लावा
lavatory /'लैवट्रि/ *n.* (*pl.* **lavatories**) **1** शौचघर, शौचालय **2** शौच-सुविधा से युक्त कक्ष
lavender /'लैवन्ड(र्)/ *n.* **1** ख़ुशबूदार बैंगनी फूलों का (बग़ीचे में उगने वाला) पौधा, लैवंडर **2** हलका बैंगनी रंग
lavish /'लैविश्/ *adj.* **1** जो बहुत पैसा दे या ख़र्च करे, ख़र्चीला, फ़िज़ूलख़र्च **2** मात्रा या संख्या में बड़ा ▸ **lavish** *v.* (**lavish sth on sb/sth**) किसी को उदारतापूर्वक या बड़ी मात्रा में कुछ देना
law /लॉ/ *n.* **1** क़ानून, विधि, किसी देश या राज्य का अधिकारिक नियम जो बताता है कि लोग क्या करें या न करें **2** किसी देश या राज्य के समस्त क़ानून, विधि-संहिता, क़ानून-तंत्र
lawful /'लॉफ़ल्/ *adj.* क़ानून के अनुकूल या क़ानून से मान्य

lawless /ˈलॉलस्/ *adj.* (व्यक्ति या उसका कार्य) क़ानून को तोड़ने वाला, ग़ैर-क़ानूनी ▸ **lawlessness** *n.* अव्यवस्था, विधि-विहीनता, विधि-विरुद्ध

lawn /लॉन्/ *n.* घर, सार्वजनिक उद्यान या बग़ीचे में शाद्वल क्षेत्र, लॉन

lawyer /ˈलॉय(र्)/ *n.* वकील, अधिवक्ता, क़ानूनी सलाह या सहायता देने वाला, क़ानून का प्रमाणित जानकार

lax /लैक्स्/ *adj.* उच्च मानकों से रहित, कठोर नहीं, शिथिल

laxative /ˈलैक्सटिव्/ *n.* पेट साफ़ करने में सहायक कोई औषधि, खाद्य या पेय, रेचक वस्तु, दस्तावर पदार्थ ▸ **laxative** *adj.* रेचक, दस्तावर

lay /ले/ *v.* (**laid, laid**) **1** किसी व्यक्ति या वस्तु को स्थिति विशेष में या किसी सतह पर रखना **2** प्रयोजन विशेष से किसी वस्तु को सही स्थिति में रखना या डालना ▸ **lay** *adj.* **1** (धार्मिक शिक्षक या धर्मशिक्षक) जो पुरोहित के रूप में विधिवत प्रशिक्षित नहीं, अविशेषज्ञ (पुरोहित) **2** विषय विशेष का ज्ञान या उसमें विशेष प्रशिक्षण के बिना

layer /ˈलेअ(र्)/ *n.* परत, तह

laze /लेज़्/ *v.* बहुत कम काम करना, सुस्त होना, आराम फ़रमाना

lazy /ˈलेज़ी/ *adj.* (**lazier, laziest**) **1** (व्यक्ति) जो काम न करना चाहे, आलसी, कामचोर **2** मंद-मंद या ऊर्जाहीन, सुस्ती-भरा या अलसाया हुआ ▸ **lazily** *adv.* सुस्ती से ▸ **laziness** *n.* सुस्ती

lb *abbr.* पाउन्ड, 454 ग्राम के बराबर भार का एक माप

lbw *abbr.* (क्रिकेट) **'leg before wicket'** का संक्षिप्त रूप, पग बाधा (विकेट)

leach /लीच्/ *v.* **1** (रसायनों आदि के लिए प्रयुक्त) द्रवों की सहायता से मिट्टी से (रसायनों का) अलग होना **2** (द्रव पदार्थ के लिए प्रयुक्त) मिट्टी में (द्रव को) गुज़ार कर उसमें से रसायनों को बाहर निकालना

lead /लीड्/ *v.* (**led, led**) **1** किसी व्यक्ति या पशु को साथ ले जाना या उसे रास्ता दिखाना या सही दिशा में भेजना **2** (सड़क या रास्ते का) किसी जगह जाना ▸ **lead** *n.* **1** अन्य व्यक्तियों या संगठन में प्रथम स्थान या पद, अगुआई, नेतृत्व **2** किसी व्यक्ति या वस्तु के अन्य व्यक्ति या वस्तु से आगे रहने का अंतर या मात्रा(वह कितना आगे है)

leaden /ˈलेड्न/ *adj.* **1** गहरा भूरा रंग **2** फीका, धुँधला, भारी, धूसर

leader /ˈलीड(र्)/ *n.* **1** किसी काम का प्रबंधकर्ता या प्रभारी व्यक्ति, नेतृत्व-कर्ता **2** सर्वोत्तम या प्रथम स्थान पर रहा व्यक्ति या वस्तु

leaf /लीफ़्/ *n.* (*pl.* **leaves**) पौधे या वृक्ष का पत्ता ▸ **leaf** *v.* (**leaf through sth**) जल्दी-जल्दी और लापरवाही से किसी क़िताब के पन्ने पलटना

leaflet /ˈलीफ़्लट्/ *n.* किसी वस्तु के विषय में सूचना देने वाला मुद्रित काग़ज़ (जो प्रायः मुफ़्त बाँटा जाता है), लघु पत्र

league /लीग्/ *n.* **1** स्पोर्टस-क्लबों का समूह (जो पुरस्कार के लिए आपस में मुक़ाबला करते हैं), लीग, संघ **2** प्रयोजन विशेष से एक साथ जुड़ने वाले लोगों, देशों आदि का समूह, लीग, संघ

leak /लीक्/ *v.* **1** किसी छेद या दरार में से द्रव या गैस को निकलने देना, रिसना **2** (द्रव या गैस का) छेद या दरार में से

बाहर निकलना, क्षरण करना ▸ **leak** *n.* **1** छेद या दरार जिसमें से द्रव या गैस बाहर निकलती है **2** छेद में से निकल रहा द्रव या गैस ▸ **leaky** *adj.* सूराख़दार, छिद्रयुक्त, सछिद्र

lean /लीन्/ *v.* **1** सिर और शरीर के ऊपर के भाग को आगे, पीछे या पार्श्वों की ओर गति करना, झुकना, झुक जाना **2** सीधी या खड़ी से भिन्न स्थिति में होना, तिरछे होना ▸ **lean** *adj.* **1** (व्यक्ति या पशु) छरहरा और स्वस्थ **2** (गोश्त या मांस) चरबी-रहित

leap /लीप्/ *v.* **1** ऊँची या लंबी छलाँग लगाना **2** झपाटे से कोई हरकत करना ▸ **leap** *n.* **1** एक बड़ी छलाँग **2** किसी बात में अचानक बड़ा परिवर्तन या वृद्धि

leapfrog /'लीपफ़्रॉग्/ *n.* 'मेंढक-कूद' नामक बच्चों का खेल जिसमें एक बच्चा झुकता है और दूसरा उसके ऊपर से मेंढक के समान कूद जाता है

learn /लन्/ *v.* **1** (किसी व्यक्ति या वस्तु से) ज्ञान, कौशल आदि प्राप्त करना, सीखना **2** किसी बात के बारे में जानकारी प्राप्त करना, (किसी बात का) पता चलना

learned /'लनिड्/ *adj.* ज्ञानी, विद्वान, पंडित, विद्वानों से संबंधित, विद्वतापूर्ण

learning /'लनिङ्/ *n.* **1** किसी बात को सीखने या जानने की प्रक्रिया **2** अध्ययन से प्राप्त ज्ञान

lease /लीस्/ *n.* एक क़ानूनी क़रारनामा जिसके अनुसार किसी भवन या भूखंड को निर्धारित अवधि के लिए किराए पर लिया जाता है, पट्टा, लीज़, इज़ारा ▸ **lease** *v.* पट्टे पर लेना या देना

leash /लीश्/ *n.* कुत्ते या अन्य जानवर के गले में बंधी रस्सी या चमड़े की डोर, पट्टा

least /लीस्ट्/ *det. & pron. & adv.* **1** (शब्द का उत्तमावस्था रूप) मात्रा, डिग्री आदि में सबसे कम, अल्पतम, न्यूनतम **2** किसी भी अन्य की अपेक्षा कम, किसी भी अन्य समय से कम, कम-से-कम, न्यूनतम

leather /'लेद(र्)/ *n.* विशेष रूप से उपचारित पशुओं की खाल, चमड़ा

leathery /'लेदरि/ *adj.* बुनावट में कड़ा और सख़्त, चमड़े-जैसा, चर्मवत्, चीमड़

leave /लीव्/ *v.* **(left, left) 1** किसी व्यक्ति या वस्तु से दूर जाना **2** किसी व्यक्ति या वस्तु को विशेष स्थान या दशा में रहने देना, छोड़ देना, किसी वस्तु को न छेड़ना, टाल देना **3** अपने साथ कुछ लाना भूल जाना, छोड़ आना या भूल आना ▸ **leave** *n.* नौकरी से अवकाश की अवधि, छुट्टी

leaven /'लेव्न्/ *n.* गूँथे आटे की वस्तु जो ख़मीर उठाता है, ख़मीर

lecherous /'लेचरस्/ *adj.* यौन आनंद में तीव्र रुचि लेनेवाला, कामुक, लंपट

lectern /'लेक्टन्/ *n.* श्रोताओं को संबोधित करते समय किताब आदि रखने की तिपाई जिसका शीर्ष तिरछा होता है, ज्ञानपीठ

lecture /'लेक्च(र्)/ *n.* **1** अध्यापन कार्य के अंतर्गत श्रोता वर्ग को विषय विशेष का ज्ञान देने के लिए दिया गया भाषण, व्याख्यान, लेक्चर **2** ग़लत काम करने पर या सही व्यवहार सिखाने के लिए डाँट या आलोचना ▸ **lecture** *v.* पढ़ाना, डाँटना या नसीहत देना

ledge /लेज्/ *n.* खिड़की के नीचे का ख़ाना या पटिया, ऊँची खड़ी चट्टान अथवा पर्वत की ओर आगे को निकली तंग शिला, शिला-फ़लक, तलशिखा

ledger /ˈलेज(र्)/ *n.* (कंपनी, बैंक आदि में) वित्तीय लेन-देन का लेखा-जोखा देनेवाली पुस्तिका, खाता-बही

lee /ली/ *n.* पहाड़ी, इमारत आदि का हवा से बचाव करने वाला पार्श्व या हिस्सा

leech /लीच्/ *n.* कोमल शरीर और बिना पैरों वाले क्षुद्र जंतु जो अन्य प्राणी से कसकर चिपटकर उसका रक्त चूसते हैं, जोंक, जलोका

leek /लीक्/ *n.* हरी पत्तियों वाली एक पतली सब्ज़ी जिसका एक सिरा सफ़ेद होता है, मंदना

left /लेफ़्ट्/ *adj.* **1** बायाँ (जिधर हृदय होता है) **2** अन्य सब कुछ समाप्त हो जाने के बाद भी उपलब्ध, बाक़ी

leg /लेग्/ *n.* **1** (मनुष्य या पशु की) टाँग **2** (कुरसी, मेज़ आदि की) टाँग, पाया

legacy /ˈलेगसि/ *n.* (*pl.* **legacies**) दिवंगत व्यक्ति द्वारा छोड़ी गई धनराशि या संपत्ति, वसीयत, संपदा

legal /ˈलीग्ल्/ *adj.* **1** क़ानूनी, क़ानून-विषयक **2** क़ानून-सम्मत, विधि-सम्मत ▸ **legally** *adv.* क़ानूनी तौर पर, क़ानूनन

legend /ˈलेजन्ड्/ *n.* **1** प्राचीन कथा (जिसका सत्य या असत्य होना प्रासंगिक नहीं), आख्यान, किंवदंती, दंतकथा, लोककथा **2** लोककथा-समूह ▸ **legendary** *adj.* पौराणिक, सुप्रसिद्ध

leggings /ˈलेगिङ्ज़्/ *n.* (*pl.*) महिलाओं की तंग चुस्त या पतलून की तरह की पतली पोशाक, लेगिंग

legible /ˈलेजब्ल्/ *adj.* इतना साफ़ कि पढ़ने में आसानी हो, सुवाच्य, सुपाठ्य ▸ **legibility** *n.* सुपाठ्यता, सुवाच्यता ▸ **legibly** *adv.* सुपाठ्य या सुवाच्य रीति से

legion /ˈलिजन्/ *n.* **1** प्राचीन रोमन सेना में 300-600 आदमियों का डिवीज़न, बहुत बड़ा लश्कर **2** बहुत बड़ी संख्या

legislate /ˈलेजिस्लेट्/ *v.* विधि या क़ानून बनाना, नियम बनाना

legislation /ˌलेजिस्ˈलेशन्/ *n.* **1** क़ानून-समूह, विधि-समूह **2** क़ानून बनाने की प्रक्रिया, विधि-निर्माण, विधायन

legislature /ˈलेजिस्लेच(र्)/ *n.* क़ानून बनाने और बदलने का अधिकार रखने वाले व्यक्तियों का समूह, विधान-मंडल

legitimate /लिˈजिटिमट्/ *adj.* **1** तर्कसंगत या स्वीकार्य **2** विधिसंगत, क़ानून से मान्य, वैध ▸ **legitimacy** *n.* वैधता, तर्कसंगति ▸ **legitimately** *adv.* वैध रूप से, तर्कसंगत रूप से

legume /ˈलेग्यूम्, लिˈग्यूम्/ *n.* बीज वाली फलियों का पौधा, शिंबजातीय पौधा (जैसे मटर और सेम)

leisure /ˈलेश़(र्)/ *n.* समय जिसमें काम नहीं करना होता, ख़ाली समय, फ़ुरसत

leitmotif /ˈलाइट्मोटीफ़्/ *n.* **1** (व्यक्ति, वस्तु या विचार विशेष से संबंधित) लघु संगीतलय, विशिष्ट स्वरलहरी (लंबी संगीत रचनाओं के साथ दुहराया जानेवाला) **2** पुस्तक या कलाकृति में बार-बार दुहराया गया, या व्यक्ति विशेष का सूचक शब्द, वाक्यांश, प्रसंग या आकृति

lemon /ˈलेमन्/ *n.* नींबू

lemonade /ˌलेमˈनेड्/ *n.* **1** रंगहीन झागदार मधुर पेय **2** ताज़े नींबू के रस, चीनी और पानी से बना पेय, शिकंजी, नींबू का शर्बत

lemur /ˈलीम(र्)/ *n.* मेडगास्कर देश के वृक्षों पर रहने वाला बंदर जैसा पशु जिसके बाल घने और पूँछ लंबी होती है, लीमर

lend /लेन्ड्/ *v.* **1** थोड़े समय के लिए उधार देना **2** कुछ देना या बढ़ाना

length /लेङ्थ्/ *n.* **1** किसी वस्तु की लंबाई **2** समय की अवधि (जिसमें कोई चीज़ बनी रहती है), समय की व्याप्ति, समय का विस्तार

lengthy /ˈलेङ्थि/ *adj.* बहुत लंबा, दीर्घ

lenient /ˈलीनिअन्ट्/ *adj.* (दंड या दंड देने वाला व्यक्ति) जो आशा के अनुरूप कठोर न हो, नरम, सौम्य ▸ **lenience** *n.* नरमी, सौम्यता ▸ **leniently** *adv.* नरमी से

lens /लेन्ज़्/ *n.* (*pl.* **lenses**) **1** लेंस, ताल **2** आँख में पुतली के पीछे पारदर्शी अंग जो प्रकाश को नियंत्रित करने के लिए अपनी आकृति बदलता है (ताकि साफ़ दिखाई दे)

Lent /लेन्ट्/ *n.* फ़रवरी–मार्च में चालीस दिन की अवधि जिसमें कुछ ईसाई लोग धार्मिक कारणों से खान–पान या कुछ आदतों पर रोक लगाते हैं, ईसाइयों का चालीसा, ईस्टर से पहले के चालीस दिन

lentil /ˈलेन्ट्ल्/ *n.* दाल

Leo /ˈलीओ/ *n.* सिंह राशि

leopard /ˈलेपड्/ *n.* तेंदुआ, चीता (अफ़्रीक़ा और दक्षिण एशिया मूल का)

leotard /ˈलीअटाड्/ *n.* गरदन से पैर तक की तंग पोशाक जिसे नर्तक या नर्तकियाँ या कुछ खेलों में महिलाएँ पहनती हैं

leper /ˈलेप(र्)/ *n.* कुष्ठ रोग से पीड़ित व्यक्ति, कोढ़ी

leprosy /ˈलेप्रसि/ *n.* छूत की एक गंभीर बीमारी जिसका त्वचा आदि पर असर होता है और शरीर के कुछ अंग गलकर गिर जाते हैं, कुष्ठ रोग, कोढ़

lesbian /ˈलेज़्बिअन्/ *n.* कामुकतापूर्वक अन्य स्त्रियों के प्रति आकर्षित होने वाली स्त्री, समलिंगी कामुक स्त्री ▸ **lesbian** *adj.* स्त्री समलिंग–कामुकता से संबंधित या समलिंग–कामुक

lesion /ˈलीश़न्/ *n.* चोट या बीमारी के कारण शरीर के किसी भाग या त्वचा को हुई क्षति, घाव

less /लेस्/ *det.* & *pron.* & *adv.* **1** किसी वस्तु की कुछ कम मात्रा, कम **2** अन्य के समान नहीं, जितना दूसरा उतना नहीं, कम ▸ **less** *prep.* निश्चित संख्या या मात्रा को घटाकर

lessee /लेˈसी/ *n.* (क़ानून में) किसी भवन, भूखंड आदि को प्रयोग के लिए पट्टे पर लेने वाला व्यक्ति, पट्टेदार

lesser /ˈलेस(र्)/ *adj.* & *adv.* जितना अन्य है उतना नहीं, अपेक्षाकृत कम

lesson /ˈलेस्न्/ *n.* **1** समयावधि जिसमें हम कुछ सीखते हैं या सिखाते हैं **2** सबक़, सीख

lessor /लेˈसॉ(र्)/ *n.* (क़ानून में) किसी भवन, भूखंड आदि को प्रयोग के लिए पट्टे पर देने वाला व्यक्ति, पट्टाकार

lest /लेसट्/ *conj.* **1** जोखिम से बचते हुए **2** ऐसा न हो कि

let /लेट्/ *v.* **1** किसी व्यक्ति या वस्तु को कुछ करने देना, किसी व्यक्ति वस्तु को कुछ करने के योग्य बनाना **2** किसी बात को होने देना

lethal /ˈलीथ्ल्/ *adj.* मृत्युकारक, घातक, अत्यंत हानिकारक ▸ **lethally** *adv.* घातक रूप से

lethargy /ˈलेथजि/ *n.* बहुत थकान या कमज़ोरी ▸ **lethargic** *adj.* बहुत थका, कमज़ोर

letter /ˈलेट(र्)/ *n.* **1** (लिखा हुआ या मुद्रित) पत्र **2** भाषा में ध्वनि का लिखित या मुद्रित प्रतीक, अक्षर

lettuce /ˈलेटिस्/ *n.* सलाद पत्ते का पौधा

leucocyte /ˈलूकसाइट्/ *n.* रक्त का श्वेत कण, श्वेताणु, श्वेत कोशिका

leukaemia /लूˈकीमिआ/ *n.* रक्त का गंभीर रोग जिससे प्रायः मृत्यु हो जाती है, श्वेतरक्तता, ल्यूकीमिया

level /ˈलेव्ल्/ *n.* 1 (अन्य की तुलना में) किसी वस्तु की मात्रा, आकार या संख्या 2 किसी वस्तु की ऊँचाई, अवस्था, मानदंड आदि (की दृष्टि से उसका स्तर) ▸ **level** *adj.* 1 जिसमें किसी अंश की ऊँचाई दूसरे से अधिक नहीं, बराबर की (ऊँचाई), समतल 2 समान ऊँचाई, मानदंड या अवस्था पर ▸ **level** *v.* (**levelling, levelled;** *US* **leveling, leveled**) किसी वस्तु को समतल, समान या हमवार करना

lever /ˈलीव(र्)/ *n.* 1 मशीन आदि को चलाने के लिए मूठ या हत्था (जिसे खींचा या खिसकाया जाता है), लीवर, हैंडिल 2 एक सिरे पर दबाव डालकर या ताक़त लगाकर किसी वस्तु को ऊपर उठाने के लिए प्रयुक्त छड़ या औज़ार, लीवर, उत्तोलक ▸ **lever** *v.* लीवर से कुछ उठाना या चलाना

leverage /ˈलीवरिज्/ *n.* किसी वस्तु को उठाने या खोलने के लिए लीवर का प्रयोग, इस काम के लिए अपेक्षित शक्ति

levitate /ˈलेविटेट्/ *v.* हवा में तैरना (विशेषकर मानसिक या जादुई शक्ति की सहायता से), किसी को हवा में ऊपर उठाना ▸ **levitation** *n.* उत्थापन, हवा में तैरने की क्रिया

levy /ˈलेवि/ *v.* (**levies, levying, levied**) क़ानूनी तौर पर धन की माँग करना और जमा करना, क़ानूनन उगाही करना

lewd /लूड्, ल्यूड्/ *adj.* अशिष्ट तथा घृणास्पद ढंग से कामुकता दर्शानेवाला, लंपट, अशिष्ट, व्यभिचारी

lexical /ˈलेक्सिक्ल्/ *adj.* 1 (भाषा की) शब्दावली का, शब्द का 2 शब्दकोशीय

lexicography /ˌलेक्सिˈकॉग्रफ़ि/ *n.* शब्दकोश लेखन का सिद्धांत या पेशा, कोश-निर्माण प्रक्रिया, कोश-निर्माण कला, कोशकारिता

lexicon /ˈलेक्सिकन्/ *n.* 1 किसी विषय-क्षेत्र या भाषा की समूची शब्द संपदा, विशेष व्यक्ति या व्यक्ति-समुदाय को ज्ञात और उसके द्वारा प्रयुक्त समस्त शब्दकोश, शब्दावली 2 किसी भाषा में विशिष्ट विषय-क्षेत्र से संबंधित आदि से अंत तक समस्त शब्दों का संग्रह, संपूर्ण शब्दसंग्रह

liability /ˌलाइअˈबिलटि/ *n.* (*pl.* **liabilities**) 1 किसी बात का उत्तरदायित्व 2 व्यक्ति या वस्तु जो बहुत-सी समस्याएँ उत्पन्न करे, बहुत-सा ख़र्चा करवाए आदि, एक मुसीबत

liable /ˈलाइअब्ल्/ *adj.* 1 कुछ करने की संभावना से युक्त 2 किसी समस्या से ग्रस्त होने की संभावना से युक्त

liaise /लिˈएज़्/ *v.* किसी व्यक्ति, दल आदि के साथ घनिष्ठतापूर्वक काम करना तथा इस संबंध में उसे सूचित करते रहना, संपर्क करना

liaison /लिˈएज़न्/ *n.* 1 साथ काम करने वाले व्यक्तियों या समूहों के बीच संपर्क या संप्रेषण 2 गुप्त यौन संबंध

liar /ˈलाइअ(र्)/ *n.* असत्यभाषी व्यक्ति, झूठा व्यक्ति

libel /ˈलाइब्ल्/ *n.* किसी व्यक्ति की प्रतिष्ठा को चोट पहुँचाते हुए उसके विषय में असत्य वक्तव्य को प्रकाशित करने का

कार्य, अपमान–लेख ▸ **libel** *v.* (**libelling, libelled**) अपमान–लेख प्रकाशित करना

liberal /'लिबरल्/ *adj.* **1** भिन्न मतों और व्यवहारों के प्रति उदार, सहिष्णु **2** (राजनीति में) अतिवादी सामाजिक और राजनीतिक परिवर्तन से असहमत तथा व्यापार और प्राथमिकताओं के मामले में खुलेपन के सिद्धांत पर आधारित या उसमें विश्वास करने वाला, उदारतावादी ▸ **liberal** *n.* उदार ▸ **liberalism** *n.* उदारवाद

liberalize /'लिब्रलाइज़्/ *v.* उदार बनाना या बनना ▸ **liberalization** *n.* उदारीकरण

liberate /'लिबरेट्/ *v.* किसी व्यक्ति या वस्तु को आज़ाद या मुक्त करना ▸ **liberation** *n.* आज़ादी या मुक्ति, स्वतंत्रता

liberty /'लिबटि/ *n.* (*pl.* **liberties**) मनचाही जगह पर जाने, मनचाहा काम करने आदि की आज़ादी

libido /लि'बीडो, 'लिबिडो/ *n.* (*pl.* **libidos**) यौनेच्छा, कामवासना

librarian /लाइ'ब्रेअरिअन्/ *n.* पुस्तकालय में काम करने वाला या उसका अध्यक्ष, पुस्तकालयाध्यक्ष

library /'लाइब्ररि,'लाइब्रि/ *n.* (*pl.* **libraries**) **1** पुस्तकालय (भवन) **2** पुस्तकों आदि का निजी संग्रह

licence /'लाइसन्स्/ *n.* **1** कोई विशेष काम करने या कोई वस्तु रखने की अनुमति देने वाला आधिकारिक पत्र, सरकारी या क़ानूनी अनुमति–पत्र, लाइसेंस, अनुज्ञप्ति **2** कुछ करने की अनुमति, आज़ादी या छूट ▸ **license** *v.* कोई काम करने की आधिकारिक अनुमति देना ▸ **licensee** *n.* अनुज्ञप्तिधारी, लाइसेंसधारी

licentious /लाइ'सेन्शस्/ *adj.* (अनुशासन एवं नैतिकता से परे) (विशेषकर कामवासना से संबंधित) अनियंत्रित आचरण, निर्लज्ज

lichen /'लाइकन्, 'लिचन्/ *n.* बहुत छोटा भूरा या पीला पुष्पहीन पौधा जो चट्टानों, दीवारों और वृक्षों पर छा जाता है, शैवाल

lick /लिक्/ *v.* किसी वस्तु पर जीभ फेरना, किसी वस्तु को चाटना ▸ **lick** *n.* चाटने की क्रिया

lid /लिड्/ *n.* **1** किसी बक्से, बरतन आदि का ढक्कन **2** (= **eyelid**) पलक

lie /लाइ/ *v.* (**lying, lied, lied**) कोई असत्य बात कहना या लिखना ▸ **lie** *n.* असत्य या झूठी बात, असत्य/झूठ ▸ **lie** *v.* (**lying, lay, lain**) **1** सपाट या क्षैतिज स्थिति में होना (खड़े या बैठे रहने से भिन्न), लेटना, पड़े होना **2** एक विशेष स्थिति या अवस्था में होना या पड़े होना

lieu /ल्यू/ *n.* (**in lieu of sth**) बदले में, के स्थान पर

lieutenant /लेफ़्'टेनन्ट्/ *n.* स्थल सेना, नौ सेना या वायु सेना में एक मध्यस्तरी अधिकारी, लेफ़्टिनेंट

life /लाइफ़्/ *n.* (*pl.* **lives**) **1** व्यक्तियों, पशुओं या पौधों की जीवित अवस्था, जीवन, ज़िंदगी **2** सजीव वस्तुएँ

lift /लिफ़्ट्/ *v.* **1** किसी व्यक्ति या वस्तु को उच्चतर स्तर या स्थिति में ले जाना, ऊपर उठाना **2** किसी व्यक्ति या वस्तु को एक स्थान (या स्थिति) से हटाकर दूसरे स्थान पर (या स्थिति में) रखना ▸ **lift** *n.* **1** लिफ़्ट (बड़ी इमारतों में लगी मशीन जो लोगों को या सामान को एक मंज़िल से

दूसरी पर ले जाती है) 2 कार आदि में मुफ़्त की सवारी

ligament /ˈलिगमन्ट्/ *n.* मनुष्य या पशु के शरीर के अंदर एक ऊतक जो हड्डियों को जोड़ती है, स्नायु अस्थिबंध

light /लाइट्/ *n.* **1** प्रकाश, रोशनी **2** प्रकाश देने वाली वस्तु (जैसे बिजली का बल्ब) ▸ **light** *adj.* **1** हलका (अधिक भारी नहीं) **2** सुप्रकाशित, रोशनीदार, प्रकाशमय ▸ **lightness** *n.* हलकापन ▸ **light** *v.* (**lit** or **lighted**) **1** किसी वस्तु का जलने लगना या किसी वस्तु को जलाने लगना **2** रोशनी करना ▸ **light** *adv.* कम सामान के साथ

lighter /ˈलाइट(र्)/ *n.* **1** सिगरेट जलाने के लिए एक यंत्र, लाइटर **2** आग सुलगाने का उपकरण, प्रज्वालक

lighting /ˈलाइटिङ्/ *n.* किसी कमरे, इमारत आदि की प्रकाश–व्यवस्था

lightning /ˈलाइट्निङ्/ *n.* आकाश की बिजली, तड़ित ▸ **lightning** *adj.* बहुत फुर्तीला या अचानक, आकस्मिक

lignite /ˈलिग्नाइट्/ *n.* भूरा कोयला

like /लाइक्/ *v.* **1** किसी व्यक्ति या वस्तु का अच्छा लगना, किसी वस्तु का आनंद लेना **2** चाहना ▸ **like** *prep.* & *conj.* **1** किसी व्यक्ति या वस्तु के सदृश **2** के जैसा, के सदृश ▸ **like** *n.* **1** किसी अन्य व्यक्ति या वस्तु के सदृश व्यक्ति या वस्तु **2** (*pl.* **likes**) पसंदीदा बातें या चीज़ें ▸ **like** *adj.* समान, सदृश, तुल्य

likeable /ˈलाइकब्ल्/ *adj.* (व्यक्ति) जो तुरंत पसंद आ जाए, आकर्षक, मनोहर

likelihood /ˈलाइक्लिहुड्/ *n.* किसी बात के घटित होने का अवसर, संभावना का अवसर, संभाव्यता

likely /ˈलाइक्लि/ *adj.* & *adv.* (**likelier, likeliest**) **1** संभावित या प्रत्याशित, अपेक्षित **2** संभवतः उपयुक्त, संभावित

liken /ˈलाइकन्/ *v.* किसी व्यक्ति या वस्तु की दूसरे से तुलना करना

likeness /ˈलाइक्नस्/ *n.* आकृति में एक जैसा होने की स्थिति, साम्यता, सदृश्यता, इस स्थिति का उदाहरण

likewise /ˈलाइक्वाइज़्/ *adv.* वैसा ही, वही, उसी प्रकार

liking /ˈलाइकिङ्/ *n.* किसी व्यक्ति या वस्तु को पसंद करने का मनोभाव, पसंद, रुचि

lilac /ˈलाइलक्/ *n.* & *adj.* **1** वसंत में खिलने वाले बड़े बैंगनी या सफ़ेद फूलों वाला वृक्ष या बड़ी झाड़ी, नीलक वृक्ष **2** फीके बैंगनी रंग का

lily /ˈलिलि/ *n.* (*pl.* **lilies**) घंटी के आकार के बड़े सफ़ेद या रंगीन फूलों का एक पौधा, कुमुदिनी, लिली

limb /लिम्/ *n.* **1** व्यक्ति की टाँग या बाँह **2** वृक्ष की कोई प्रमुख शाखा

limbo /ˈलिम्बो/ *n.* **1** अनिश्चितता की स्थिति (जब कुछ भी नहीं बदलता है या घटित होता है), अनिश्चय की स्थिति **2** एक प्रकार का वेस्ट इंडियन नृत्य, लिंबो नृत्य

lime /लाइम्/ *n.* **1** काग़ज़ी नींबू **2** पीलापन लिए हरा रंग **3** चूना (सीमेंट बनाने तथा मृदा की गुणवत्ता में सुधार के लिए प्रयुक्त)

limerick /ˈलिमरिक्/ *n.* पाँच पंक्तियों की हास्य कविता

limit /ˈलिमिट्/ *n.* **1** किसी वस्तु की अधिकतम या न्यूनतम मात्रा जो संभव या मान्य हो, सीमा, हद **2** किसी स्थान या

क्षेत्र की सीमा, हद ▸ **limit** *v.* किसी व्यक्ति या वस्तु को एक निश्चित मात्रा, आकार, डिग्री या क्षेत्र के भीतर या उससे कम रखना, परिसीमित करना, सीमा लगाना

limitation /ˌलिमि'टेशन्/ *n.* **1** किसी वस्तु को सीमित या नियंत्रित करने की क्रिया, सीमा-निर्धारण, किसी वस्तु को कहीं तक सीमित करने वाली शर्त, प्रतिबंध **2** (*pl.* **limitations**) वे काम जो आप नहीं कर सकते, सीमाएँ

limousine /ˌलिमज़ीन्, ˌलिम'ज़ीन्/ *n.* एक लंबी महँगी शाही कार जिसमें ड्राइवर और पिछली सीट के यात्रियों के बीच शीशे की पट्टी का परदा होता है, लिमज़ीन

limp /लिम्प्/ *v.* चोट के कारण लँगड़ाकर चलना, लँगड़ाना ▸ **limp** *n.* लँगड़ापन, लँगड़ी चाल ▸ **limp** *adj.* अशक्त, निस्तेज

limpid /'लिम्पिड्/ *adj.* **1** (द्रव आदि के लिए प्रयुक्त) स्पष्ट, निर्मल **2** (अभिव्यक्ति, लेखन शैली आदि के लिए प्रयुक्त) स्पष्ट, प्रसादगुणयुक्त, सहज

line /लाइन्/ *n.* **1** (किसी वस्तु की सतह या ज़मीन पर लंबा बारीक निशान) रेखा, लकीर **2** लोगों, वस्तुओं, पृष्ठ पर शब्दों आदि की क़तार, पंक्ति ▸ **line** *v.* **1** किसी वस्तु में अस्तर लगाना **2** क़तारें लगाना

lineage /'लिनिइज्/ *n.* वंश, वंशावली, वंशानुक्रम

linear /'लिनिअ(र्)/ *adj.* **1** रेखाओं का या रेखाओं से संबंधित **2** (अवस्थाओं की शृंखला में या एक रेखा में) संबद्ध घटनाओं, विचारों आदि का एक से दूसरे में चले जाना, रेखाबद्ध

linen /'लिनिन्/ *n.* **1** फ़्लैक्स-नामक एक प्राकृतिक पदार्थ से बना मज़बूत कपड़ा, लिनन **2** पलंग, मेज़ आदि की चादरें और अन्य खोल, ग़िलाफ़ आदि

liner /'लाइन(र्)/ *n.* **1** यात्रियों को लेकर दूर-दूर तक जाने वाला बड़ा जलपोत, लाइनर **2** किसी वस्तु को साफ़ रखने के लिए उसके अंदर लगाई गई अस्तरनुमा चीज़ (जिसे प्रायः इस्तेमाल के बाद फेंक दिया जाता है)

linger /'लिङ्ग(र्)/ *v.* किसी जगह देर तक रुके रहना या कोई काम देर तक करते रहना

lingerie /'लैन्ज़रि/ *n.* (दुकान आदि पर प्रयुक्त) महिलाओं का अधोवस्त्र

lingo /'लिङगो/ *n.* (वर्ग-विशेष की) भाषा, (विशेषकर) विदेशी भाषा

lingua franca /ˌलिङ्ग्वा 'फ्रैङ्का/ *n.* भिन्न भाषाएँ बोलने वालों की सहभागी भाषा, संपर्क भाषा

linguist /'लिङ्ग्विस्ट्/ *n.* **1** विदेशी भाषाओं का अच्छा जानकार, भाषाविद **2** भाषाज्ञानी, भाषाशास्त्री

linguistic /लिङ्'ग्विस्टिक्/ *adj.* भाषा या भाषा विज्ञान से संबंधित, भाषावैज्ञानिक

lining /'लाइनिङ्/ *n.* अस्तर, लाइनिंग

link /लिङ्क्/ *n.* **1** दो या अधिक व्यक्तियों या वस्तुओं के बीच संपर्क सूत्र या संबंध **2** किसी शृंखला की एक कड़ी ▸ **link** *v.* व्यक्तियों या वस्तुओं के बीच संपक सूत्र या संबंध स्थापित करना, व्यक्तियों या वस्तुओं को जोड़ना

linseed /'लिन्सिड्/ *n.* (तेल आदि बनाने के लिए प्रयुक्त) पटसन के पौधे के बीज, अलसी, तीसी

lint /लिन्ट्/ *n.* **1** घावों को ढकने और सुरक्षित रखने के लिए प्रयुक्त नरम सूती

कपड़ा, फाहा **2** कपड़ों आदि की सतह पर चिपक जाने वाले ऊन, सूत आदि के छोट-छोटे नरम टुकड़े

lintel /ˈलिन्ट्ल्/ *n.* दरवाज़े या खिड़की के ऊपर लगी लकड़ी या पत्थर, सोहावटी, लिंटल

lion /ˈलाइअन्/ *n.* अफ़्रीक़ी तथा दक्षिण पश्चिम के कुछ भागों में पाया जानेवाला एक बड़ा पशु, नर पशु के गले और सिर के आसपास ढेर सारे बाल होते हैं, शेर, सिंह

lioness /ˈलाइअनेस्/ *n.* शेरनी

lip /लिप्/ *n.* **1** ओंठ, होंठ **2** (-lipped) निर्दिष्ट प्रकार के ओंठों वाला

liposuction /ˈलिपोसक्शन्/ *n.* सौंदर्यवर्द्धक शल्य क्रिया जिसमें चूषण के द्वारा त्वचा से वसा या चर्बी निकाली जाती है, लाइपोसक्शन

liquefy /ˈलिक्विफ़ाइ/ *v.* द्रव हो जाना, किसी वस्तु को द्रव बना देना, द्रवीकरण करना

liqueur /लिˈक्युअ(र्)/ *n.* तेज़ और मीठी शराब जो कभी-कभी भोजन के बाद थोड़ी मात्रा में ली जाती है

liquid /ˈलिक्विड्/ *n.* द्रव पदार्थ, तरल पदार्थ (न ठोस न गैस) ▸ **liquid** *adj.* द्रव, तरल

liquidate /ˈलिक्विडेट्/ *v.* **1** धनाभाव के कारण व्यापार को बंद कर देना, व्यापार का दिवाला निकाल देना **2** समस्याकारी व्यक्ति या वस्तु को हटा या समाप्त कर देना, परिसमाप्त करना ▸ **liquidation** *n.* दिवाला, परिसमापन

liquidity /लिˈक्विडटि/ *n.* नक़द धन और मूल्यवान वस्तुओं के बीच विनिमेयता, नक़दी, तरलता

liquidize /ˈलिक्विडाइज़्/ *v.* किसी वस्तु को तरल बनाना

liquor /ˈलिक(र्)/ *n.* तेज़ शराब

liquorice /ˈलिकरिश्/ *n.* (*US* **licorice**) रत्ती के पौधे से बना पदार्थ जो कुछ मिठाइयों में डाला जाता है, मुलेठी, जेठी मधु

lisp /लिस्प्/ *n.* 'स्' को 'थ्' बोलने का उच्चारण दोष, तुतलाहट, थथलाहट ▸ **lisp** *v.* तुतलाना, थथलाना

list /लिस्ट्/ *n.* सूची, तालिका (जिसमें नामों, चित्रों आदि को क्रम से लिखा, छापा या बोला जाता है) ▸ **list** *v.* सूची बनाना, तालिका बनाना

listen /ˈलिस्न्/ *v.* **1** किसी बात को सुनने के लिए उस पर ध्यान देना **2** किसी की बात पर ध्यान देना और उसे मानना ▸ **listen** *n.* श्रवण, सुनाई

listless /ˈलिस्ट्लस्/ *adj.* थका और सुस्त, निरुत्साही ▸ **listlessly** *adv.* थककर, सुस्ती से

literal /ˈलिटरल्/ *adj.* **1** (शब्द का अर्थ) प्रथम, आदिम या मूल **2** (अनुवाद के संदर्भ में प्रयुक्त) जिसमें अलग-अलग शब्दों का अर्थ दिया जाता है (बिना समग्र अर्थ पर ध्यान दिए), शाब्दिक

literary /ˈलिटररि/ *adj.* साहित्य का या साहित्य-विषयक, साहित्यिक

literate /ˈलिटरट्/ *adj.* **1** पढ़ने व लिखने में सक्षम **2** सुशिक्षित

literati /ˌलिटˈराटि/ *n.* साहित्य में रुचि रखने वाले शिक्षित लोग, साहित्यिक वर्ग, साहित्यकार

literature /ˈलिट्रच(र्)/ *n.* **1** कलात्मक माना जाने वाला लेखन जैसे उपन्यास, नाटक, कविता, साहित्य **2** किसी विषय पर मुद्रित सामग्री

lithe /लाइद्/ *adj.* (व्यक्ति या उनके शरीर के लिए प्रयुक्त) लचीला तथा सुरुचिपूर्ण

ढंग से मुड़नेवाला, लचकदार और नम्य ▸ **lithely** *adv.* लचीलेदार ढंग से

lithium /'लिथिअम्/ *n.* बैटरियों में प्रयुक्त नरम, बहुत हलकी, चाँदी जैसी सफ़ेद धातु, लिथियम

litigant /'लिटिगन्ट्/ *n.* न्यायालय में मुक़दमा लड़ने वाला व्यक्ति, वादी और प्रतिवादी

litigate /'लिटिगेट्/ *v.* न्यायालय में मुक़दमा लड़ना, वाद अभियोजित करना ▸ **litigator** *n.* वादी

litmus /'लिट्मस्/ *n.* एक विशेष पदार्थ जो अम्ल के स्पर्श से लाल और क्षार के स्पर्श से नीला हो जाता है, लिटमस

litre /'लीट(र्)/ *n.* (*US* **liter**) द्रव की एक माप, लीटर

litter /'लिट(र्)/ *n.* **1** सार्वजनिक स्थल पर जमा कूड़ा-कचरा **2** एक ही समय में एक ही माँ से जन्मे पशु के सभी बच्चे ▸ **litter** *v.* कचरा फैलाना

little /'लिट्ल्/ *adj.* **1** बड़ा नहीं, छोटा **2** (दूरी या समय) थोड़ा या थोड़ी ▸ **little** *adv. & pron. & det.* **1** अधिक नहीं या पर्याप्त नहीं, कम **2** किसी वस्तु की थोड़ी मात्रा, थोड़ी-सी

littoral /'लिटरल्/ *n.* किसी देश का समुद्रतट के निकट का भाग, समुद्रतटवर्ती ▸ **littoral** *adj.* तटवर्तीय

live /लिव्/ *v.* **1** रहना, किसी विशेष स्थान पर घर होना, निवास करना **2** जीवित होना या रहना ▸ **live** /लाइव्/ *adj. & adv.* **1** सजीव, सप्राण, मृत नहीं, जीवित **2** (रेडियो या टेलीविज़न कार्यक्रम) घटित होने के साथ-साथ ही प्रसारित भी, सीधा, प्रत्यक्ष, लाइव

livelihood /'लाइव्लिहुड्/ *n.* धन अर्जित करने का ढंग, आजीविका, रोज़ी

lively /'लाइव्लि/ *adj.* चुस्ती, रुचि, रोमांच आदि से भरपूर, जानदार, ज़िंदादिल

liven /'लाइव्न्/ *v.* (**liven up**) किसी व्यक्ति या वस्तु का अधिक रुचिकर और उत्तेजक हो जाना, किसी को जानदार कर देना

liver /'लिव(र्)/ *n.* **1** यकृत, जिगर (रक्त की शुद्धि करने वाला शरीरांग) **2** भोजन के रूप में खाया जाने वाला पशु का जिगर, कलेजी

livery /'लिवरि/ *n.* **1** विशेष वर्दी, पोशाक **2** कंपनी के वाहनों या उत्पादों पर प्रयुक्त एक विशिष्ट डिज़ाइन और रंग शैली

livestock /'लाइव्स्टॉक्/ *n.* गाय, सूअर, भेड़ आदि जैसे पशु, पशुधन, मवेशी

livid /'लिविड्/ *adj.* **1** क्रोधित **2** गहरे नीले-भूरे रंग का

living /'लिविङ्/ *adj.* **1** वर्तमान में जीवित **2** वर्तमान में भी प्रयुक्त या व्यवहृत, समकालिक ▸ **living** *n.* **1** जीवन की आवश्यक वस्तुएँ ख़रीदने के लिए धन, जीविका **2** जीवन-शैली, रहन-सहन

lizard /'लिज़र्ड्/ *n.* छिपकली, गोधिका

llama /'लामा/ *n.* ऊँट की जाति का एक दक्षिण अमरीका पशु, लामा

load /लोड्/ *n.* **1** ढोया जा रहा या ढोया जाने वाला सामान, बोझ, वज़न **2** ढोयी जाने वाली वस्तु की मात्रा, खेप, लदान ▸ **load** *v.* **1** कोई वस्तु बड़ी मात्रा में किसी में भर देना या किसी पर लाद देना **2** (पर) लदान होना

loaf /लोफ़्/ *n.* (*pl.* **loaves**) एक बड़े आकार में पकाई गई डबलरोटी जिसे बाद में टुकड़ों में काटा जाता है

l

loam /लोम्/ *n.* अच्छी क़िस्म की मिट्टी, दोमट मिट्टी, उपजाऊ मिट्टी, लोम

loan /लोन्/ *n.* **1** उधार, ऋण **2** उधार देने का कार्य या दिया गया उधार या ऋण ▸ **loan** *v.* (किसी व्यक्ति को) कोई वस्तु उधार देना या ऋण के रूप में देना

loath /लोथ्/ *adj.* (कोई काम करने का) अनिच्छुक

loathe /लोद्/ *v.* किसी व्यक्ति या वस्तु से नफ़रत करना ▸ **loathsome** *adj.* घृणा उत्पन्न करने वाला, घृणास्पद ▸ **loathing** *n.* घृणा

lob /लॉब्/ *v.* (**lobbing, lobbed**) गेंद को ऐसे ऊपर मारना या फेंकना कि वह प्रतिपक्षी खिलाड़ी के पीछे गिरे ▸ **lob** *n.* इस प्रकार से फेंकी गई गेंद

lobby /ˈलॉबि/ *n.* (*pl.* **lobbies**) **1** बड़े भवन में प्रतीक्षा-कक्ष, लॉबी **2** व्यक्तियों का समूह जो राजनेताओं के किसी मुद्दे के पक्ष या विपक्ष में सहमत कराने का प्रयत्न करता है ▸ **lobby** *v.* (**lobbying, lobbies, lobbied**) किसी राजनेता या सरकार को किसी मुद्दे के पक्ष या विपक्ष में सहमत कराने का प्रयत्न करना, लॉबी करना

lobe /लोब्/ *n.* **1** (= **earlobe**) लोलकी **2** किसी शरीरांग का एक भाग विशेषतः मस्तिष्क या फेफड़े का, पालि

lobotomy /लोˈबॉटमि/ *n.* एक शल्यक्रिया जिसमें मस्तिष्क के भागों को काटा जाता है, मस्तिष्क की शल्य चिकित्सा

lobster /ˈलॉबस्ट(र्)/ *n.* **1** आँठ टाँगों वाला झींगा जो देखने में नीला-काला होता है मगर पकने पर लाल हो जाता है, महाचिंगट, समुद्री झींगा **2** खाने के लिए पकाया हुआ समुद्री झींगा

local /ˈलोक्ल्/ *adj.* स्थानीय ▸ **locally** *adv.* स्थानीय स्तर पर ▸ **local** *n.* **1** स्थान विशेष में रहने वाला व्यक्ति **2** घर के निकट की मधुशाला

locale /लोˈकाल्/ *n.* घटनास्थल या क्षेत्र (पुस्तक, फ़िल्म आदि से संबंधित), स्थान या कार्यस्थल

locality /लोˈकैलटि/ *n.* **1** इलाक़ा, आस-पड़ोस का क्षेत्र **2** किसी चीज़ की स्थिति

localize /ˈलोकलाइज़्/ *v.* किसी बात को स्थान या क्षेत्र विशेष तक सीमित कर देना, स्थानीयकरण करना

locate /लोˈकेट्/ *v.* **1** किसी व्यक्ति या वस्तु के सही ठिकाने का पता लगाना **2** स्थान-विशेष पर किसी वस्तु को रखना या बनाना, स्थापित करना ▸ **located** *adj.* स्थित, स्थापित

location /लोˈकेशन्/ *n.* **1** कोई स्थान या ठिकाना **2** किसी व्यक्ति या वस्तु के ठिकाने का पता लगाने का कार्य, स्थान निर्धारण करना

loch /लॉक्/ *n.* (स्कॉट्टिश भाषा में) झील

lock /लॉक्/ *v.* **1** (किसी वस्तु पर) ताला लगाना **2** (किसी व्यक्ति या वस्तु) को सुरक्षित स्थान पर ताला लगाकर रखना ▸ **lock** *n.* **1** ताला **2** नदी या नहर का वह भाग जहाँ जल का स्तर भिन्न हो जाता है, जलपाश बाँध के प्रत्येक सिरे पर द्वार बने होते हैं और नावों के आवागमन के लिए इन्हें खोला-बंद किया जाता है

locker /ˈलॉक(र्)/ *n.* स्कूल, बैंक या खेल केंद्र आदि में बनी छोटी अलमारी जिसमें अपना सामान रखकर ताला लगा सकते हैं, ताले वाली अलमारी, लॉकर

locket /ˈलॉकिट्/ *n.* एक आभूषण जिसे

ज़ंजीर में डालकर गरदन में पहना जाता है, लॉकेट

locomotive /ˌलोक'मोटिव़/ *n.* **1** गति पैदा करने वाला **2** रेलगाड़ी खींचने वाला एक शक्तिशाली वाहन, रेल इंजिन ▸ **locomotion** *n.* एक जगह से दूसरी जगह जानेकी क्षमता, गमन, गति

locus /'लोकस्/ *n.* विशिष्ट स्थान या स्थिति, ठिकाना

locust /'लोकस्ट्/ *n.* अफ्रीक़ा और एशिया में पाया जाने वाल एक उड़न-कीट जो बड़े झुंड बनाकर ढेर-सारे पौधों को खाता और नष्ट करता चलता है, टिड्डी

lode /लोड्/ *n.* कच्ची धातु की परत ▸ **lodestone** *n.* लोहे का आक्साइड जिसमें चुंबकीय गुण होता है, चुंबक पत्थर

lodge /लॉज्/ *v.* **1** किसी व्यक्ति के मकान में किराए पर रहना **2** किसी बात का मन में पक्के तौर पर बैठ जाना या उसे बैठा लेना ▸ **lodge** *n.* **1** बड़े भवन का प्रवेश कक्ष **2** ग्रामीण अंचल में छोटा मकान

lodger /'लॉज(र्)/ *n.* किसी मकान में परिवार का अंग बनकर रहने वाला किराएदार

lodging /'लॉजिङ्/ *n.* **1** ठहरने का स्थान, अस्थायी आवास **2** (*pl.* **lodgings**) किराए का कमरा या कमरे

loft /लॉफ़्ट्/ *n.* अटारी, परछत्ती, उत्कक्षा

lofty /'लॉफ़्टि/ *adj.* (**loftier, loftiest**) **1** (भवन, पर्वत आदि) बहुत ऊँचा और प्रभावशाली **2** (विचार, लक्ष्य आदि) उच्च नैतिक गुणवत्ता या उत्कृष्ट आचरण ▸ **loftily** *adv.* उच्चता से, ऊँचाईपूर्ण, अहंकारपूर्वक

log /लॉग्/ *n.* **1** लकड़ी का लट्ठा (जो पेड़ से गिरकर अलग हुआ है या काटा गया है) **2** जहाज़ या विमान की यात्रा का आधिकारिक लिखित रिकार्ड ▸ **log** *v.* (**logging, logged**) किसी काम का आधिकारिक रिकार्ड रखना

logarithm /'लॉगरिदम्/ *n.* तालिका में संख्याओं की शृंखला जिसमें संख्याओं को गुणा या भाग करने के बजाए अंको को जोड़ या घटाकर गणितीय समस्याओं को हल किया जा सकता है, लघुगणक

logic /'लॉजिक्/ *n.* **1** युक्तिसंगत तर्क या विचार **2** तर्कशास्त्र

logical /'लॉजिक्ल्/ *adj.* **1** जो स्वाभाविक, युक्तिसंगत या तर्कयुक्त प्रतीत हो **2** युक्तिसंग रीति से विचार करने वाला ▸ **logically** *adv.* युक्तिसंगत रीति से

logistics /ल'जिस्टिक्स्/ *n.* **1** किसी जटिल योजना को सफल बनाने के लिए विस्तृत व्यवस्था, संचालन व्यवस्था, प्रचालन तंत्र **2** परिवहन एवं आपूर्ति का व्यवसाय ▸ **logistic** *adj.* साज़ व सामान संबंधी, ढुलाई संबंधी ▸ **logistically** *adv.* सुव्यवस्थित रूप से

logo /'लोगो/ *n.* (*pl.* **logos**) मुद्रित प्रतीक या डिज़ाइन जिसे कोई कंपनी या संगठन अपने एक विशेष चिह्न के रूप में प्रयोग करती है, लोगो

loin /लॉइन्/ *n.* **1** (पशु का) पीठ के नीचे या पूँछ के दोनों ओर का मांस, पुट्ठे का मांस **2** (*pl.* **loins**) (शरीर का) टांग के शीर्ष से ऊपर तथा कमर से नीचे का भाग, कटि प्रदेश

loiter /'लॉइट(र्)/ *v.* अकारण कहीं खड़े हो जाना या इधर-उधर घूमना, मटरगश्ती या आवारागर्दी करना

lollipop /'लॉलिपॉप्/ *n.* एक सींकदार मिठाई, चूसनीय मिठाई, लॉलीपॉप

lolly /ˈलॉलि/ *n.* 1 चीनी की मिठाई, मीठी टिकिया या गोली 2 धन, पैसा

lone /लोन्/ *adj.* 1 बिना संगी-साथी के, अकेला 2 (माता या पिता) अकेला बिना अपने साथी का

lonely /ˈलोन्लि/ *adj.* (**lonelier, loneliest**) 1 किसी का साथ न होने से उदास 2 (स्थिति या कालावधि) उदासीभरी और अकेलेपन की ▸ **loneliness** *n.* एकाकीपन, अकेलापन

loner /ˈलोन(र्)/ *n.* औरों के साथ की अपेक्षा अकेलेपन को पसंद करने वाला व्यक्ति, एकांतप्रिय व्यक्ति

lonesome /ˈलोन्सम्/ *adj.* अकेला या अकेलेपन का अहसास कराने वाला

long /लॉङ्/ *adj.* 1 दूरी या समय की बड़ी मात्रा में व्याप्त, दूर या लंबा 2 किसी वस्तु की लंबाई, दूरी या समय की माप पूछने या बात करने के लिए प्रयुक्त ▸ **long** *adv.* 1 लंबे समय तक 2 एक विशेष समय या घटना के बहुत पहले या बाद ▸ **long** *v.* किसी वस्तु की बहुत चाह होना (विशेषतः जब संभावना अनुकूल न हो) ▸ **longing** *n.* लालसा, चाहत ▸ **longingly** *adv.* लालसा के साथ, चाहत के साथ

longevity /लॉन्ˈजेवटि/ *n.* लंबा जीवन, दीर्घ आयु

longitude /ˈलॉन्जिट्यूड्,ˈलॉङ्गि-/ *n.* मानचित्र के अनुसार लंदन में ग्रीनिच से गुज़रते हुए उत्तरी से दक्षिणी ध्रुव तक जाने वाली रेखा के पूर्व या पश्चिम में किसी स्थान की (उस रेखा से) दूरी, देशांतर रेखा, इसे डिग्रियों में मापा जाता है

loo /लू/ *n.* (*pl.* **loos**) शौचालय

loofah /ˈलूफ़/ *n.* ऊष्णकटिबंधीय फल जो सूखने के बाद खुरदरा हो जाता है तथा नहाने के लिए इसका स्पंज के रूप में इसका प्रयोग किया जाता है, लूफ़ा

look /लुक्/ *v.* 1 (किसी व्यक्ति या वस्तु को ध्यान से) देखना 2 प्रतीत होना या लगना ▸ **look** *n.* 1 देखने की क्रिया 2 ढूँढ़ने की क्रिया, खोज

loom /लूम्/ *n.* एक-दूसरे के ऊपर आड़े-सीधे धागे डालकर कपड़ा बुनने की मशीन, (कपड़ा बुनने का) करघा ▸ **loom** *v.* धुँधली और डरावनी शक्ल में दिखाई पड़ना, संकट मँडराना

loony /ˈलूनि/ *n.* (*pl.* **loonies**) सनकी या झक्की व्यक्ति, विक्षिप्त ▸ **loony** *adj.* सनकी, विक्षिप्त

loop /लूप्/ *n.* फंदा, छल्ला ▸ **loop** *v.* (से) फंदा बनाना या डालना

loose /लूस्/ *adj.* 1 बंधनमुक्त, खुला 2 ढीला, जो मज़बूती से जमा हुआ न हो ▸ **loosely** *adv.* शिथिल रूप से, ढीला, अव्यवस्थित

loot /लूट्/ *v.* युद्ध, दंगा आदि में इमारतों या दुकानों से सामान लूटना ▸ **looting** *n.* लूट-मार ▸ **loot** *n.* 1 युद्ध में विजयी सेना द्वारा लूटा माल, युद्ध धन, युद्ध लूट 2 चोरों द्वारा चुराया गया क़ीमती माल, चोरी का माल

lop /लॉप्/ *v.* (**lopping, lopped**) किसी वृक्ष की शाखाएँ काटना, छाँटना

lope /लोप्/ *v.* छलाँगें मारते हुए दौड़ना, चौकड़ी भरना

lop-eared /ˈलॉप् ˈइअड्/ *adj.* लटकते हुए कानों वाला

lopsided /ˌलॉप्ˈसाइडिड्/ *adj.* जिसका एक सिरा दूसरे से नीचा या छोटा हो, तिरछा, एकतरफ़ा

loquacious /लˈक्वेशस्/ *adj.* बातूनी, गप्पी, वाचाल ▸ **loquacity** *n.*

बातूनीपन, गप्पबाज़ी

lord /लॉड्/ *n.* **1** ब्रिटेन के समाज में ऊँची हैसियत रखने वाला व्यक्ति, लॉर्ड **2** (**the Lord**) *n.* परमेश्वर, ईसा मसीह

lore /लॉ(र्)/ *n.* **1** विषय विशेष से संबंधित सूचनाएँ, ज्ञान आदि (लिखित नहीं पर मौखिक रूप से प्रचारित) **2** समूह या समुदाय विशेष से संबंधित तथ्य, विश्वास, परंपरा

lorry /'लॉरि/ *n.* (*pl.* **lorries**) सड़क मार्ग से माल ढोने के लिए प्रयुक्त बड़ा मोटर वाहन, ट्रक, लारी

lose /लूज़्/ *v.* **1** (किसी वस्तु को) खो देना, न पा सकना **2** किसी व्यक्ति या वस्तु को गँवा देना, खो देना

loss /लॉस्/ *n.* **1** किसी वस्तु की हानि या क्षति, कुछ खो देने की क्रिया **2** व्यापार में गँवाए धन की मात्रा

lot /लॉट्/ *n.* **1** ढेरों वस्तुएँ या लोग **2** सारा-का-सारा, किसी समूह की सारी वस्तुएँ या सारे लोग ▸ **lot** *adv.* **1** अत्यधिक **2** अत्यधिक या बहुत बार

lotion /'लोशन्/ *n.* बालों या त्वचा पर लगाया जाने वाला द्रव, लोशन

lottery /'लॉटरि/ *n.* (*pl.* **lotteries**) सरकार, धर्मार्थ संगठन आदि के लिए पैसा इकट्ठा करने के लिए अंकोंवाले टिकटों की बिक्री जिसमें उन व्यक्तियों को पुरस्कार दिए जाते हैं जिनके पास विशेष अंकोंवाले टिकट होते हैं, विजेताओं का निर्धारण संयोग के आधार पर होता है, लॉटरी

lotus /'लोटस्/ *n.* पानी में उत्पन्न बड़ा कुमुद, कमल, पद्म

loud /लाउड्/ *adj.* & *adv.* **1** बहुत आवाज़ करता हुआ, कोलाहलपूर्ण **2** (कपड़े या रंग) बहुत चमकीला, शोख़ ▸ **loudly** *adv.* शोर मचाते हुए, ऊँचे स्वर में ▸ **loudness** *n.* (स्वर की) प्रबलता, उच्चता

lounge /लाउन्ज्/ *n.* **1** घर या होटल में आराम करने का आरामदेह कमरा, लाउंज **2** हवाई अड्डे पर यात्रियों के लिए प्रतीक्षा-कक्ष, लाउंज ▸ **lounge** *v.* अलसाते हुए बैठना, खड़े होना या लेटना

louse /लाउस्/ *n.* (*pl.* **lice**) जूँ, चीलर

lousy /'लाउज़ि/ *adj.* बहुत बुरा

lout /लाउट्/ *n.* अशिष्ट या बेवक़ूफ़ युवक

lovable /'लवबल्/ *adj.* प्यारा लगने वाला, आकर्षक

love /लव्/ *n.* **1** प्रेम, प्यार **2** किसी काम में गहरी रुचि या किसी वस्तु से प्राप्त होने वाला आनंद ▸ **love** *v.* **1** किसी से प्रेम या प्यार करना **2** किसी वस्तु या काम का बहुत अच्छा लगना

lovely /'लव्लि/ *adj.* (**lovelier, loveliest**) **1** सुंदर या आकर्षक **2** आनंदप्रद या रुचिकर, बहुत बढ़िया ▸ **loveliness** *n.* मनोहरता, रमणीयता

low /लो/ *adj.* & *adv.* **1** ज़मीन या किसी वस्तु के निम्नतम स्तर के निकट, नीचे **2** सामान्य स्तर या मात्रा से कम ▸ **low** *n.* निम्न बिंदु, स्तर, संख्या आदि

lower /'लोअ(र्)/ *adj.* निचला ▸ **lower** *v.* **1** नीचे उतारना या करना **2** किसी वस्तु की मात्रा, गुणवत्ता आदि को कम करना, मूल्य घटना

lowly /'लोलि/ *adj.* पद या महत्ता में नीचा, दीन, दीन-हीन, छोटा, मामूली

loyal /'लॉइअल्/ *adj.* (व्यक्ति) निष्ठावान ▸ **loyally** *adv.* निष्ठापूर्वक ▸ **loyalty** *n.* (*pl.* **loyalties**) निष्ठा

loyalist /'लॉइअलिस्ट्/ *n.* (विशेषकर परिवर्तन या युद्ध के समय) शासक,

सरकार या राजनीतिक दल को निरंतर समर्थन करनेवाला, वफ़ादार, राजभक्त

lozenge /ˈलॉज़िन्ज्/ *n.* **1** ऐसा चतुर्भुज जिसके दो आमने-सामने के कोण 90° से अधिक हों और अन्य दो कोण 90° से कम हों, पतंगाकार **2** खाँसी या गले में सूजन के लिए ली जाने वाली चूसने की मीठी टिकिया

LSD /ˌएल् एस्ˈडी/ *n.* एक ग़ैर कानूनी दवा जिसके सेवन से ऐसी ऐसी चीज़े दिखाई और सुनाई पड़ती हैं जिनका वास्तव में कोई अस्तित्व नहीं है, शक्तिशाली विभ्रांतिकर औषधि, एल एस डी

Ltd *abbr.* (ग़ैर-सरकारी कंपनियों के लिए प्रयुक्त) लिमिटेड

lubricant /ˈलूब्रिकन्ट्/ *n.* तेल जैसा चिकना पदार्थ जिसको लगाने से मशीन के पुरज़े आसानी से बिना रुकावट काम करते हैं, चिकनाई, ल्युब्रिकैंट

lubricate /ˈलूब्रिकेट्/ *v.* किसी मशीन आदि में चिकनाई या ल्युब्रिकैंट डालना ▸ **lubrication** *n.* तेल या चिकनाई डालने की क्रिया

lucid /ˈलूसिड्/ *adj.* **1** (भाषण या लेखन) समझने में स्पष्ट और सरल, सुबोध **2** (व्यक्ति की सोच) सुलझी हुई, स्पष्ट और सुबोध ▸ **lucidly** *adv.* स्पष्टता और सुबोधता से ▸ **lucidity** *n.* स्पष्टता और सुबोधता

luck /लक्/ *n.* **1** सौभाग्य, संयोग से प्राप्त सफलता या सुखद वस्तुएँ **2** (विश्वास के अनुसार) घटनाओं को प्रेरित करने वाली शक्ति, संयोग, भाग्य

lucky /ˈलकि/ *adj.* (**luckier, luckiest**) **1** (व्यक्ति) भाग्यशाली **2** (स्थिति, घटना आदि) जिसमें परिणाम अनुकूल हो ▸ **luckily** *adv.* सौभाग्य से किसी को यह बताने के लिए प्रयुक्त कि उसकी मनचाही शायद न हो

lucrative /ˈलूक्रटिव्/ *adj.* जिसमें अच्छा पैसा हो, लाभप्रद

ludicrous /ˈलूडिक्रस्/ *adj.* बहुत बेतुका, हास्यास्पद ▸ **ludicrously** *adv.* हास्यास्पद रूप से

lug /लग्/ *v.* (**lugging, lugged**) किसी भारी वस्तु को दम लगाकर ढोना या खींचना

luggage /ˈलगिज्/ *n.* कपड़े एवं यात्रा का समान ले जाने के लिए (थैले, सूटकेस आदि), सामान

lukewarm /ˌलूक्ˈवॉम्/ *adj.* **1** (द्रव) हलका गरम, गुनगुना **2** मंद उत्साह वाला, उदासीन

lull /लल्/ *n.* गतिविधि के विभिन्न चरणों में संक्षिप्त विराम की स्थिति, शांति, मंदी ▸ **lull** *v.* **1** किसी को शांत करना **2** किसी को सुरक्षित महसूस कराना (कि कुछ बुरा नहीं होगा)

lullaby /ˈललबाइ/ *n.* (*pl.* **lullabies**) (बच्चों के लिए) लोरी

lumber /ˈलम्ब(र्)/ *n.* **1** फ़र्नीचर तथा अन्य बेकार या प्रयोग में न आने वाला सामान **2** (*US*) इमारती लकड़ी के चीरे हुए शहतीर या कुंदा ▸ **lumber** *v.* **1** मंदगति से, भारी क़दमों से चलना **2** किसी को उसका अनचाहा दायित्व या काम सौंपना ▸ **lumberjack** *n.* लकड़ी गिराने या काटने वाला व्यक्ति, लकड़हारा

luminary /ˈलूमिनरि/ *n.* (साहित्य, विज्ञान आदि का) महत्वपूर्ण और गणमान्य व्यक्ति

luminescence /ˌलूमिˈनेस्न्स्/ *n.* किसी पदार्थ द्वारा उत्पन्न प्रकाश, चमक, दीप्ति आदि, प्रकाशवान, चमकदार, दीप्तिमान

luminous /'लूमिनस्/ *adj.* अँधेरे में चमकने वाला, चमकीला

lump /लम्प्/ *n.* **1** ढेला, डला, पिंड **2** सूजन, गुमड़ा या गूमड़ ▸ **lump** *v.* अलग-अलग व्यक्तियों या वस्तुओं को एक ही वर्ग में रख देना या मान लेना, भिन्नता के बावजूद समान व्यवहार करना

lunacy /'लूनसि/ *n.* पागलपन

lunar /'लून(र्)/ *adj.* चंद्रमा-संबंधी

lunatic /'लूनटिक्/ *n.* पागलपन का आचरण करने वाला व्यक्ति ▸ **lunatic** *adj.* बेवक़ूफ़, झक्की

lunch /लन्च्/ *n.* मध्याह्न कालीन भोजन, लंच ▸ **lunch** *v.* मध्याह्न कालीन भोजन करना या खाना

luncheon /'लन्चन्/ *n.* दोपहर का खाना, लंच

lung /लङ्/ *n.* फेफड़ा

lurch /लच्/ *n.* एकाएक आगे की ओर या एक तरफ़ लुढ़कने की क्रिया ▸ **lurch** *v.* लुढ़कना

lure /लुअ(र्)/ *v.* प्रलोभन देकर किसी को धोखे से कहीं ले जाना या कुछ करवाना ▸ **lure** *n.* प्रलोभन, आकर्षण

lurid /'लुअरिड्, 'ल्युअ-/ *adj.* **1** भड़कीला (परंतु आकर्षक या मनोहर नहीं) **2** (कोई कहानी या रचना) सनसनीख़ेज़ (विशेषतः हिंसात्मक और अप्रिय विवरण के कारण) ▸ **luridly** *adv.* भड़कीले रूप में

lurk /लक्/ *v.* कहीं छिपकर बैठना, विशेषतः किसी पर हमला करने के लिए

luscious /'लशस्/ *adj.* (खाद्य पदार्थ) अत्यंत स्वादिष्ट, सुस्वादु

lush /लश्/ *adj.* (पौधे या बग़ीचे) घने और हरे-भरे

lust /लास्ट्/ *n.* **1** प्रबल कामवासना **2** किसी वस्तु को पास रखने या पाने की प्रबल इच्छा ▸ **lust** *v.* किसी व्यक्ति या वस्तु के लिए अत्यधिक इच्छुक होना, लालायित होना

lustre /'लस्ट(र्)/ *n.* **1** चमक, चमक-दमक, कांति, लावण्य **2** प्रतिष्ठा, महिमा ▸ **lustrous** *adj.* चमकदार, कांतिमय

lusty /'लस्टि/ *adj.* हृष्ट-पुष्ट, स्वस्थ, फुर्तीला

luxuriant /लग्'शुअरिअन्ट्/ *adj.* (पौधे तथा बाल) घना (आकर्षक रूप से), समृद्ध

luxuriate /लग्'शुअरिएट्/ *v.* मौज उड़ाना, भोग-विलास करना

luxurious /लग्'शुअरिअस्/ *adj.* बहुत आरामदेह, मँहगी और सुंदर विलास की वस्तुओं से भरा हुआ, विलासितापूर्ण ▸ **luxuriously** *adv.* विलासितापूर्वक

luxury /'लक्शरि/ *n.* (*pl.* **luxuries**) **1** विलास की वस्तुओं का आनंद, बहुत आरामदेह और आंनदप्रद स्थिति, विलासिता **2** विलास की वस्तु

lychee /ˌलाइ'ची/ *n.* (*also* **lichee**) लीची का फल

Lycra /'लाइक्र/ *n.* इलास्टिक का बना कपड़ा, लाइकरा

lymph /लिम्फ़्/ *n.* मानव शरीर में श्वेत रक्त कोशिकाओं वाला रंगहीन द्रव जो संक्रमण को फैलने नहीं देता, लसीका ▸ **lymphatic** *adj.* लसीका-संबंधी

lymphoma /लिम्'फ़ोम/ *n.* कैंसर जो गिल्टी मे होता है, लिंफोमा

lynch /लिन्च्/ *v.* (लोगों की भीड़ द्वारा) किसी तथाकथित अपराधी को (प्रायः फाँसी पर लटकाकर) ग़ैर-क़ानूनी तरीक़े से मार दिया जाना, वध करना

lyre /'लाइअ(र्)/ (यूनान का) वीणा-जैसा प्राचीन वाद्य, लाइर

lyric /ˈलिरिक्/ *adj.* (कविता) निजी मनोभावों और विचारों की व्यंजक, आत्माभिव्यंजक, गीत काव्य

lyrical /ˈलिरिकल्/ *adj.* आत्माभिव्यंजक गीत या कविता के समान, प्रगीत

lyricist /ˈलिरिसिस्ट्/ *n.* (लेखन या संगीत में) गीतोचित अनुभूति, गीतोचित परावली, गीतात्मकता

lyrics /ˈलिरिक्स्/ *n.* (*pl.*) गीत के शब्द, गीत

Mm

M *abbr.* **1** मध्यम (आकार) **2** M मोटरमार्ग का नाम दर्शाने के लिए संख्या के साथ प्रयुक्त

MA /ˌएम्ˈए/ *abbr.* एम. ए., मास्टर आफ़ आर्ट्स, विश्वविद्यालय या कॉलेज की स्नातकोत्तर उपाधि

mac /मैक्/ *n.* (*also* **Mackintosh**) वर्षा से बचने का कोट, (रबर की) बरसाती

macabre /मˈकाब्र/ *adj.* (मृत्यु से संबंधित होने के कारण) अप्रिय और डरावना

macaroni /ˌमैक्ˈरोनि/ *n.* छोटी नलियों के आकार में आटा तथा पानी (पास्ता) से बना एक प्रकार का इटैलियन खाद्य पदार्थ, मैकरोनी

machete /मˈशेटि/ *n.* चौड़ा भारी चाकू (जो काटने का औज़ार है और हथियार भी), छुरा, ख़ंजर

Machiavellian /ˌमैकिअˈवेलिअन/ *adj.* (राजनीति में) धूर्त और कपटपूर्ण

machine /मˈशीन/ *n.* मशीन, यंत्र
▸ **machinery** *n.* सभी प्रकार की मशीनें (विशेषतः बड़ी मशीनें), मशीनरी, किसी मशीन के गतिमान पुरज़े, यंत्र समूह

macho /ˈमैचो/ *adj.* (व्यक्ति या उसका आचरण) शक्ति और साहस जैसे पुरुषोचित गुणों वाला

mackerel /ˈमैक्रल/ *n.* (*pl.* **mackerel**) कुछ-कुछ हरी-नीली पट्टियों वाली खाने की समुद्री मछली, बाँगड़ा मछली

macrobiotic /ˌमैक्रोबाइˈऑटिक्/ *adj.* (खाद्य पदार्थ) रसायन-प्रयोग रहित और इसलिए आयुवर्धक माना जाने वाला, दीर्घजीवी

macrocosm /ˈमैक्रोकॉज़म्/ *n.* कोई भी बड़ा पूरा ढाँचा जिसमें छोटे ढाँचे अंतर्निहित हों (जैसे ब्रह्मांड)

mad /मैड्/ *adj.* **1** पागल, विक्षिप्त, मानसिक रोगी **2** बिलकुल बेसमझ, निपट मूर्ख, सनकी

madam /ˈमैडम्/ *n.* (*abbr.* **ma'am**) **1** महिलाओं के लिए आदरपूर्ण संबोधन (विशेषतः दुकान या रेस्तराँ में महिला ग्राहक के लिए) **2** नाम से अपरिचित महिला को लिखे औपचारिक पत्र में संबोधन, महोदया, महाशया, मैडम

madame /मˈदाम्/ *n.* (*pl.* **Mesdames**) फ्राँसीसी मूल या फ्राँसीसी भाषी महिला (प्रायः विवाहित) के लिए प्रयुक्त संबोधन

maestro /ˈमाइस्ट्रो/ *n.* (*pl.* **maestros** or **maestri**) कला विशेष में अतिकुशल व्यक्ति, विशेषकर संगीतज्ञ, निष्पादक आदि के लिए प्रयुक्त उपाधि, आचार्य, संगीताचार्य

mafia /ˈमैफ़िआ/ *n.* **1** इटली और अमेरिका में सक्रिय विधि-विरोधी गुप्त अपराधी गुट, माफ़िया **2** विश्वस्त सहयोगियों का विधि-विरोधी संगठन, माफ़िया

magazine /ˌमैगˈज़ीन/ *n.* पत्रिका, मैगज़ीन

magenta /म'जेन्टा/ *adj.* लाली लिए हुए बैंगनी रंग का, मैजंटा ▸ **magenta** *n.* मैजंटा रंग

maggot /'मैगट्/ *n.* नवजात कीड़ा (जिसके अभी पंख और टाँगें नहीं हैं और जो उड़ नहीं सकता), लार्वा, इल्ली

magic /'मैजिक्/ *n.* **1** (विशेष शब्दों या क्रियाओं के प्रयोग द्वारा) असाधारण या असंभव बातें कर दिखाने वाली एक गुप्त शक्ति, जादू, इंद्रजाल **2** लोगों के मनोरंजन के लिए असंभव लगने वाले करतब दिखाने की कला, हाथ की सफ़ाई का खेल ▸ **magic** *adj.* **1** जादू में प्रयुक्त या जादूभरा **2** किसी बात को अद्भुत-सा बना देने वाले गुण से युक्त, सम्मोहन का प्रभाव युक्त ▸ **magically** *adv.* जादू का-सा असर छोड़ते हुए

magician /म'जिश्न्/ *n.* **1** जादूगर, बाज़ीगर **2** (कहानियों में वर्णित) जादुई शक्तियों वाला पात्र, चमत्कारी पुरुष, मायावी

magisterial /ˌमैजि'स्टिअरिअल्/ *adj.* **1** (विशेषतः व्यक्ति या उसका व्यवहार) शक्ति या प्राधिकारयुक्त होना या विदित होना **2** दंडाधीश-संबंधी ▸ **magisterially** *adv.* अधिकारिक तरीक़े से

magistrate /'मैजिस्ट्रेट्/ *n.* मामूली अपराधों के मुक़दमों का प्राधिकारी, दंडनायक, मजिस्ट्रेट

magma /'मैग्मा/ *n.* पृथ्वी के नीचे बहुत गरम द्रवीभूत चट्टान, मैग्मा

magnanimous /मैग्'नैनिमस्/ *adj.* दयालु, उदार और क्षमाशील (विशेषतः पराजित शत्रु या प्रतियोगी के प्रति)

magnate /'मैग्नेट्/ *n.* धनी, शक्तिशाली और सफल व्यक्ति (विशेषतः व्यापार में)

magnesium /मैग्'नीज़िअम्/ *n.* एक हलकी, चाँदी जैसी सफ़ेद धातु जिसमें से चमकीली सफ़ेद लौ निकलती है, मैगनीशियम

magnet /'मैग्नट्/ *n.* लोहा, इस्पात आदि का एक टुकड़ा जो धातु की अन्य वस्तुओं को अपनी ओर आकर्षित करता है, चुंबक

magnetic /मैग्'नेटिक्/ *adj.* **1** धातु की वस्तुओं को अपनी ओर आकर्षित करने के गुण, चुंबकीय **2** चुंबकीय आकर्षणयुक्त व्यक्तित्व

magnetism /'मैग्नटिज़म्/ *n.* **1** चुंबकत्व, चुंबकशक्ति (विद्युत धारा द्वारा लोहे जैसी वस्तुओं में उत्पन्न विशेष गुण जिसके कारण वस्तुएँ एक-दूसरे की ओर आकृष्ट होती हैं या एक-दूसरे से दूर हट जाती हैं) **2** लोगों को प्रबल रूप से आकृष्ट करने वाली विशेषताएँ, व्यक्तित्व आकर्षण

magnificent /मैग्'निफ़िस्न्ट्/ *adj.* अत्यधिक प्रभावशाली और आकर्षक, भव्य, शानदार ▸ **magnificence** *n.* भव्यता, वैभव ▸ **magnificently** *adv.* भव्यता से

magnify /'मैग्निफ़ाइ/ *v.* **1** किसी वस्तु को (अपने आकार से) बड़ा दिखाना (प्रायः विशेष लेंस का प्रयोग कर) **2** किसी वस्तु को (असल की अपेक्षा) बढ़ा-चढ़ा कर बताना ▸ **magnification** *n.* आवर्धन, आकार-वर्धन, विस्तीर्णन, महत्व-वर्धन

magnitude /'मैग्निट्यूड्/ *n.* किसी वस्तु का बड़ा आकार या महत्व

magnum opus /ˌमैग्नम् 'ओपस्/ *n.* किसी कलाकार या लेखक की प्रधान कृति या सर्वोत्तम रचना

magpie /'मैग्पाइ / *n.* **1** काले, सफ़ेद पंखों, लंबी पूँछ एवं कर्कश आवाज़ निकालनेवाला एक पक्षी जो छोटी, चमकीली चीज़ें चुराने के लिए जाना जाता है, मुटरी, मैगपाई **2** विभिन्न प्रकार की चीज़ें एकत्रित करनेवाला व्यक्ति, संग्रहकर्ता

Maharaja *n.* (विगत में) प्रमुख भारतीय शासक जिसकी पदवी राजा से उच्च होती है, महाराजा

mahogany /म'हॉगनि/ *n.* फ़र्नीचर बनाने में प्रयुक्त सख़्त गहरे लाल-भूरे रंग की लकड़ी और उसका वृक्ष, महोगनी (वृक्ष और उसकी लकड़ी)

maid /मेड्/ *n.* होटल या बड़े भवन में सफ़ाई आदि घरेलू काम करने वाली महिला, कामवाली, घरेलू सहायिका

maiden /'मेड्न्/ *n.* कुमारी, अविवाहित महिला

mail /मेल्/ *n.* **1** डाक-व्यवस्था **2** डाक से भेजे या प्राप्त पत्र आदि ▸ **mail** *v.* डाक से पत्र आदि को भेजना

main /मेन्/ *adj.* सबसे महत्वपूर्ण ▸ **main** *n.* भवनों के बीच पानी या गैस का बड़ा पाइप या बिजली की बड़ी तार

maintain /मेन्'टेन्/ *v.* **1** किसी वस्तु को उसी स्तर, मानक आदि पर बनाए रखना, जारी रखना **2** किसी वस्तु की नियमित जाँच और मरम्मत करते हुए उसे सही हालत में रखना, किसी वस्तु का रख-रखाव करना ▸ **maintenance** *n.* **1** रख-रखाव **2** पूर्व पत्नी या पति को क़ानूनन मिलने वाला गुज़ारा भत्ता (विशेषतः दोनों को विवाहित जीवन में संतानें होने पर)

maize /मेज़्/ *n.* मक्का, मक्की

majestic /म'जेस्टिक्/ *adj.* प्रभावशाली, शानदार (विशाल या सुंदर होने के कारण) ▸ **majestically** *adv.* शानदार ढंग से

majesty /'मैजस्टि/ *n.* (*pl.* **majesties**) **1** किसी वस्तु की प्रभावशालिता और आकर्षकता, विभूति **2** शाही ख़ानदान के सदस्य का निर्देश करने या उसे संबोधित करने के लिए प्रयुक्त

major /'मेज(र्)/ *adj.* **1** बहुत बड़ा, महत्वपूर्ण या गंभीर **2** संगीत-स्वरयोजना की (दो प्रकारों में से एक) कुंजी ▸ **major** *n.* **1** स्थल सेना या अमेरिकी वायु सेना में मध्यस्तर का एक अधिकारी, मेजर **2** कॉलेज या विश्वविद्यालय में छात्र का मुख्य विषय या पाठ्यक्रम, इसका अध्ययन करने वाला छात्र ▸ **major** *v.* (**major in sth**) कॉलेज या विश्वविद्यालय में किसी विषय का मुख्य विषय के रूप में अध्ययन करना

majority /म'जॉरटि/ *n.* (*pl.* **majorities**) **1** लोगों या वस्तुओं के समूह की सबसे बड़ी संख्या या अंश, बहुमत, बहुलांश **2** चुनाव में प्रथम और द्वितीय स्थान पर आए उम्मीदवार या दल के बीच मतों की संख्या में अंतर

make /मेक्/ *v.* **1** कुछ उत्पन्न या सृजित करना **2** किसी विशिष्ट क्रिया को निष्पन्न करना **3** विशेष प्रभाव, मनोभाव आदि उत्पन्न करना या का कारण बनना **4** धन, संख्याएँ और समय के वाचक शब्दों के साथ प्रयुक्त ▸ **make** *n.* किसी वस्तु का उत्पादन करने वाली कंपनी का नाम

maladjusted /'मैलजस्टिड्/ *adj.* (व्यक्ति) जिसकी औरों से बन न सके, कुसमंजित, कुसमायोजित

malady /'मैलडि/ *n.* (*pl.* **maladies**) **1** अप्रिय और गंभीर अवस्था **2** बीमारी, व्याधि, रोग

malaise /म'लेज़/ *n.* **1** (बिना किसी कारण के) बेचैनी, अप्रसन्नता **2** वर्ग विशेष या स्थिति विशेष को प्रभावित करनेवाली समस्या (जिसे समझाना या पहचानना कठिन है)

malaria /म'लेअरिआ/ *n.* उष्ण देशों में होने वाली गंभीर बीमारी जो मच्छर के काटने से होती है, मलेरिया ▸ **malarial** *adj.* मलेरिया संबंधी

malcontent /'मैल्कनटेन्ट्/ *n.* असंतुष्ट या विद्रोही

male /मेल्/ *adj.* नर, पुरुष (गर्भ धारण करने में असमर्थ लिंग से संबंधित) ▸ **male** *n.* नर

malevolent /म'लेवलन्ट्/ *adj.* बुरा चाहनेवाला या अनिष्ट करनेवाला, ईर्ष्यालु ▸ **malevolence** *n.* दुर्भावना, ईर्ष्या ▸ **malevolently** *adv.* द्वेषपूर्ण भाव से, ईर्ष्यालुता से

m

malformation /ˌमैल्फ़ॉ'मेश्न्/ *n.* **1** शरीर का वह अंग जिसकी रचना में विकृति है, विकृति, अपरचना **2** विकृत होने की दशा, विकृति

malfunction /ˌमैल्'फ़ङ्क्श्न्/ *v.* (मशीन, शरीर के अंग आदि) सही काम करने में असमर्थ होना, ख़राब हो जाना, ठीक से काम न करना ▸ **malfunction** *n.* इस तरह की ख़राबी

malice /'मैलिस्/ *n.* दूसरों को मानसिक पीड़ा पहुँचाने की अभिलाषा, दुर्भावना ▸ **malicious** *adj.* विद्वेषी, दुर्भावनाशील ▸ **maliciously** *adv.* दुर्भावनापूर्वक, किसी के प्रति सोची-समझी दुर्भावना के साथ

malign /म'लाइन्/ *v.* दुर्भावनापूर्वक लेख या मौखिक निंदा करके किसी को सार्वजनिक रूप से बदनाम करना ▸ **malign** *adj.* अनिष्टकर, हानिकर, क्षतिकर

malignant /म'लिग्नन्ट्/ *adj.* (कैंसर या किसी रोग के कारण बनी गाँठ) जिससे मृत्यु भी हो सकती है, घातक

mall /मैल्, मॉल्/ *n.* **1** (जहाँ ख़रीदारी आदि होती है) बहुत बड़ा विपणन क्षेत्र **2** (सैर के लिए) छायादार मार्ग, ठंडी सड़क

malleable /'मैलिअब्ल्/ *adj.* **1** (धातुएँ आदि पदार्थ) जिन्हें पीट या दबाकर आसानी से गढ़ा जा सकता है बिना उनके टूटे या उनमें दरार पड़े, आघात-वर्धनीय, पिटवाँ **2** (व्यक्ति, विचार आदि) जो आसानी से प्रभावित या परिवर्तित हो जाते हैं ▸ **malleability** *n.* आघातवर्धनीयता, पिटवाँपन

malnutrition /ˌमैल्न्यू'ट्रिश्न्/ *n.* पर्याप्त भोजन या पोषणयुक्त पर्याप्त भोजन के अभाव से उत्पन्न अस्वस्थता, कुपोषण ▸ **malnourished** *adj.* कुपोषित

malpractice /ˌमैल्'प्रैक्टिस्/ *n.* व्यावसायिक कार्य में असावधानीपूर्ण, अनुचित या ग़ैर-क़ानूनी आचरण, कदाचार, अनाचार

malt /मॉल्ट्/ *n.* जौ, यव (जिससे बियर और ह्विस्की बनती है), मॉल्ट

maltreat /ˌमैल्'ट्रीट्/ *v.* किसी मनुष्य या प्राणी से निर्ममता का व्यवहार करना, दुर्व्यवहार करना ▸ **maltreatment** *n.* दुर्व्यवहार, बुरा बर्ताव

mammal /'मैम्ल्/ *n.* स्तनपायी प्राणी (जो, अंडे नहीं, जीवित बच्चे पैदा करते हैं और उन्हें अपना दूध पिलाते हैं)

mammary /'मैमरि/ *adj.* स्तन-संबंधी

mammography /मै'मॉग्रफ़ि/ *n.* स्तन कैंसर की जाँच के लिए एक्स-रे का प्रयोग, मैमोग्राफ़ी

mammoth /ˈमैमथ्/ *adj.* विशाल

man /मैन्/ *n.* (*pl.* **men**)
1 पुरुष, आदमी, वयस्क पुरुष
2 इनसान, व्यक्ति (पुरुष या स्त्री)
3 मानव जाति, मानव जन ▸ **man** *v.* (**man<u>n</u>ing, man<u>n</u>ed**) किसी वस्तु का परिचालन करना या उसके लिए व्यक्ति उपलब्ध कराना

manacle /ˈमैनक्ल्/ *n.* हथकड़ी, बेड़ी ▸ **manacle** *v.* हथकड़ी डालना या पहनाना

manage /ˈमैनिज्/ *v.* **1** कोई कठिन काम करने या निपटाने में सफल होना, कुछ कर सकना **2** किसी काम का प्रभारी या नियंत्रक होना

management /ˈमैनिज्मन्ट्/ *n.*
1 संचालन, प्रबंधन, मैनेजमेंट **2** प्रबंधक वर्ग, मैनेजमेंट

manager /ˈमैनिज(र्)/ *n.* **1** प्रबंधक, संचालक (पुरुष या महिला), मैनेजर
2 गायक, अभिनेता आदि के व्यापारिक हितों की देखभाल करने वाला व्यक्ति, मैनेजर

mandarin /ˈमैन्डरिन्/ *n.* **1** एक प्रकार का छोटा संतरा, मेंडारिन संतरा **2** चीन देश की अधिकारिक भाषा, मैंडरिन

mandate /ˈमैन्डेट्/ *n.* अधिदेश, शासनादेश, जनादेश (विशेषतः चुनाव जीतने के बाद)

mandatory /ˈमैन्डटरि, मैन्ˈडेटरि/ *adj.* क़ानूनन आवश्यक, अनिवार्य

mandible /ˈमैन्डिबल्/ *n.* **1** (मनुष्य का) जबड़ा, अधोहनु, चिबुकास्थि
2 चिबुकास्थि, कीड़े के निचले जबड़े का हिस्सा

mandolin /ˈमैन्डलिन्, ˌमैन्डˈलिन्/ *n.* काष्ठ का वाद्य यंत्र जिसका पिछला भाग मुड़ा होता है तथा इसमें धातु के तार लगे होते हैं जिसे बजाया जाता है, मैंडोलिन

mane /मेन्/ *n.* घोड़े या नर शेर के लंबे बाल, अयाल

manganese /ˈमैङ्गनीज़्/ *n.* एक प्रकार की सख़्त भूरी या धूसर धातु, मैंगनीज़

mange /मेन्ज्/ *n.* बालों वाले या ऊनदार जानवरों का चर्मरोग, खाज, खुजली

manger /ˈमेन्ज(र्)/ *n.* लंबा खुला पात्र जिसमें गाय, घोड़े आदि खा सकते हैं, नाँद

mangle /ˈमैङ्ग्ल्/ *v.* किसी वस्तु को क्षत-विक्षत कर देना, विकृत कर देना

mango /ˈमैङ्गो/ *n.* (*pl.* **mangoes**) आम (का फल)

mangrove /ˈमैङ्ग्रोव्/ *n.* दलदल में या नदियों के छोर पर उगने वाला एक उष्णकटिबंधीय वृक्ष जिसकी कुछ जड़ें ज़मीन पर होती हैं, वनस्पति गरान

mania /ˈमेनिआ/ *n.* **1** उत्साह का अतिरेक, (किसी बात के लिए) अति-उत्साह, उन्माद **2** गंभीर मनोरोग जिसमें रोगी अत्यंत उत्तेजित या हिंसक हो उठता है, उन्माद-रोग

maniac /ˈमेनिऐक्/ *n.* **1** विक्षिप्त, उन्मत्त व्यक्ति **2** किसी वस्तु के प्रति असाधारण रूप से आकृष्ट व्यक्ति, अति-आसक्त व्यक्ति, उन्माद-रोगी

manicure /ˈमैनिक्युअ(र्)/ *n.* हाथों और नाख़ूनों को सुंदर बनाने की क्रिया, नख-प्रसाधन

manifest /ˈमैनिफ़ेस्ट्/ *v.* किसी वस्तु को स्पष्टतया प्रकट करना या प्रकट होना ▸ **manifest** *adj.* सुस्पष्ट, प्रत्यक्ष रूप से व्यक्त ▸ **manifestly** *adv.* सुस्पष्ट रूप से

manifesto /ˌमैनिˈफ़ेस्टो/ *n.* (*pl.* **manifestos**) किसी राजनीतिक दल

m

का औपचारिक वक्तव्य कि सत्ता में आने पर उसका क्या कार्यक्रम रहेगा, घोषणापत्र

manifold /ˈमैनिफ़ोल्ड्/ *adj.* अनेक, अनेक प्रकार का, विविध ▸ **manifold** *n.* कार के इंजन में पाइप या परिबद्ध जगह जिसमें गैस भरने और निकालने के अनेक छेद बने होते हैं, बहुछिद्री नली, मैनिफ़ोल्ड

manipulate /मˈनिपुलेट्/ *v.* **1** किसी को अपने पक्ष में प्रभावित कर लेना **2** कुशलतापूर्वक किसी वस्तु का उपयोग करना, उसे हिलाना-डुलाना या नियंत्रित करना ▸ **manipulation** *n.* कुशलतापूर्वक कार्य-संचालन, हस्तकौशल, व्यवहार-कौशल

manly /ˈमैन्लि/ *adj.* पुरुष का प्रतिनिधिक या उसके उपयुक्त, पुरुषोचित, मर्दाना ▸ **manliness** *n.* पुरुषोचित-भाव, मर्दानापन

m

mannequin /ˈमैनिकिन्/ *n.* दुकान आदि में पोशाकें प्रदर्शित करने के लिए प्रयुक्त मनुष्य का मॉडल, पुतला, डम्मी

manner /ˈमैन(र्)/ *n.* **1** (किसी काम को करने का या कुछ घटित होने का) तरीक़ा, रीति **2** दूसरों से व्यवहार करने का तरीक़ा, व्यवहार, आचरण

mannerism /ˈमैनरिज़म्/ *n.* किसी व्यक्ति के व्यवहार की विचित्रता (बोलने या अन्य कामों में), व्यक्तिगत व्यवहार-वैचित्र्य

manoeuvre /मˈनूव(र्)/ *n.* **1** सावधानी या कुशलता की अपेक्षा वाली क्रिया **2** कुछ हासिल करने, किसी को ठगने आदि के लिए चालाकी भरी हरकत, चालबाज़ी ▸ **manoeuvre** *v.* निपुणता से किसी वस्तु को हिलाना या संचालित करना

manor /ˈमैन(र्)/ *n.* ग्रामीण अंचल में बड़ा भवन जिसके साथ ज़मीन लगी हो, ज़मींदार का घर, सामंत-भवन

mansion /ˈमैन्शन्/ *n.* बड़ा भवन, कोठी, हवेली

mantelpiece /ˈमैन्ट्ल्पीस्/ *n.* कमरे में चिमनी वाली अँगीठी पर बनी ताक़

mantle /ˈमैन्ट्ल्/ *n.* (भूविज्ञान में) भूमि के मध्य बिंदु क्रोड और सतह पर्पटी के बीच का भू-अंश

mantra *n.* **1** शब्द या प्रार्थना जिसका जाप किया जाता है या गाया जाता है, मंत्र **2** साधारणतया दोहराया गया शब्द या वाक्यांश, मंत्र

manual /ˈमैनुअल्/ *adj.* जिसमें हाथों का प्रयोग हो, हस्त-चालित ▸ **manually** *adv.* हाथ या हाथों से ▸ **manual** *n.* किसी वस्तु को परिचालित करने का तरीक़ा बताने वाली पुस्तक, परिचालन-निर्देशपुस्तिका

manufacture /ˌमैनुˈफ़ैक्च(र्)/ *v.* मशीनों द्वारा बड़ी मात्रा में कुछ बनाना, निर्माण, उत्पादन करना ▸ **manufacture** *n.* निर्माण, उत्पादन

manure /मˈन्युअ(र्)/ *n.* गोबर की खाद

manuscript /ˈमैनुस्क्रिप्ट्/ *n.* **1** पुस्तक, संगीत-रचना आदि की पांडुलिपि या मुद्रण-पूर्व प्रति **2** हस्तलिखित अति प्राचीन ग्रंथ या दस्तावेज़

many /ˈमेनि/ *det.* & *pron.* **1** लोगों या वस्तुओं की बड़ी संख्या, बहुत सारे, अनेक **2** लोगों या वस्तुओं की संख्या के बारे में पूछने के लिए या किसी ज्ञात संख्या का निर्देश करने के लिए प्रयुक्त

map /ˈमैप्/ *n.* पृथ्वी का मानचित्र या नक्शा जिस पर विभिन्न देश, नदियाँ, पहाड़, सड़कें आदि दिखाई जाती हैं ▸ **map** *v.* मानचित्र में दिखाना

maple /'मेपल्/ *n.* पंचकोण पत्तों वाला एक वृक्ष जिसमें से खाने योग्य बहुत मीठा द्रव निकलता है, मैपिल

marathon /'मैरथन्/ *n.* **1** लगभग 42 किलोमीटर या 26 मील की एक लंबी दूरी की दौड़ स्पर्धा, मैराथन **2** आशा से अधिक देर तक चलने वाली क्रिया

marble /'माब्ल्/ *n.* **1** कठोर आकर्षक पत्थर जिससे मूर्तियाँ तथा भवन बनाए जाते हैं, संगमरमर **2** बच्चों के खेलने का रंग-बिरंगा कंचा

March /माच्/ *n.* वर्ष का तीसरा महीना, मार्च

mare /मेअ(र्)/ *n.* घोड़ी

margarine /ˌमाज'रीन्/ *n.* पशु या वनस्पति की वसा से बना मक्खन जैसा खाद्य पदार्थ, कृत्रिम मक्खन, मार्जरीन

margin /'माजिन्/ *n.* **1** पुस्तक आदि के पृष्ठ पर किनारे की ख़ाली जगह, हाशिया **2** (सामान्यतः) अंतर, समय, वोट आदि की मात्रा जितने से विजय मिली हो **3** कंपनी द्वारा अर्जित लाभ की मात्रा

marginal /'माजिनल्/ *adj.* जिसका आकार या महत्व कम हो, गौण, मामूली, हाशिए पर ▸ **marginally** *adv.* मामूली रूप से

marginalize /'माजिनलाइज़्/ *v.* व्यक्ति या वर्ग विशेष के साथ ऐसा व्यवहार करना जिससे उन्हें यह महसूस होता है कि उनका कोई महत्व नहीं है तथा उन्हें कोई अधिकार नहीं है, अधिकारहीन कर देना, हाशिए पर डालना

marigold /'मैरिगोल्ड्/ *n.* गेंदा

marijuana /ˌमैर'वाना/ *n.* गाँजे जैसा नशीला पदार्थ जो अनेक देशों में ग़ैर-क़ानूनी है, चरस, गाँजा

marina /म'रीना/ *n.* बंदरगाह के पास (मनोरजंन) नौका विहार के लिए छोटा जल-क्षेत्र, मैरीना

marinate /'मैरिनेट्/ *v.* मांस-मछली को पकाने से पूर्व मैरिनेड में डालकर देर तक रखना (ताकि वह नरम हो जाए और पकाने पर ख़ास स्वाद दे), मैरिनेट करना

marine /म'रीन्/ *adj.* **1** समुद्र से संबंधित, समुद्री **2** जहाज़ों या समुद्र-यात्रा से संबंधित, जहाज़ों या समुद्र-यात्रा विषयक ▸ **marine** *n.* ज़मीन या समुद्र में लड़ने के लिए प्रशिक्षित सैनिक, थलसैनिक या नौसैनिक ▸ **mariner** *n.* नाविक, मल्लाह

marital /'मैरिट्ल्/ *adj.* विवाह-संबंधी, वैवाहिक

maritime /'मैरिटाइम्/ *adj.* समुद्र या जहाज़ों से संबंधित, समुद्री या जहाज़ी

mark /माक्/ *n.* **1** निशान या लकीर (जिससे किसी की शक्ल बिगड़ जाए) **2** गुणवत्ता या मनोभाव का प्रतीक **3** स्कूल-कार्य आदि में प्राप्त अंक ▸ **mark** *v.* **1** किसी वस्तु पर कोई निशान लगाना **2** किसी महत्वपूर्ण अवसर को समारोहपूर्वक मनाना **3** छात्रों या परीक्षार्थियों के उत्तर पत्रों का मूल्यांकन करना (नंबर देते हुए)

marked /माक्ट्/ *adj.* स्पष्ट, उल्लेखनीय ▸ **markedly** *adv.* स्पष्टतया, उल्लेखनीय रूप से

marker /'माक(र्)/ *n.* किसी वस्तु की स्थिति को चिह्नित करने वाला, मार्कर

market /'माकिट्/ *n.* **1** बाज़ार (जहाँ वस्तुएँ बिकती और ख़रीदी जाती हैं), मार्केट **2** व्यापारिक या वाणिज्यिक गतिविधि, विशेष प्रकार के माल की ख़रीद-फ़रोख़्त (की मात्रा) ▸ **market** *v.* विज्ञापन द्वारा माल बेचना

marking /ˈमाकिङ्/ *n.* किसी पशु या पक्षी पर या सड़क, वाहन आदि पर बने रंगीन आकार, रेखाएँ और आकृतियाँ

marmalade /ˈमामलेड्/ *n.* संतरे या नींबू का मुरब्बा

maroon /मˈरून्/ *adj.* & *n.* गहरे भूरे-लाल रंग का, गहरा भूरा-लाल, करौंदिया

marquee /माˈकी/ *n.* पार्टियों, कार्यक्रमों आदि के लिए प्रयुक्त बहुत बड़ा टेंट या तंबू, शामियाना

marriage /ˈमैरिज्/ *n.* **1** पति-पत्नी होने की स्थिति, विवाह, शादी **2** विवाह-संस्कार

marrow /मैरो/ *n.* कुम्हड़ा, लौकी जैसी तरकारी

marry /ˈमैरि/ *v.* **1** विवाह करना, किसी को पति या पत्नी के रूप में ग्रहण करना **2** दो व्यक्तियों को पति-पत्नी के रूप में मिला देना, (दो व्यक्तियों का) विवाह कराना

m

marsh /माश्/ *n.* दलदल, कछार प्रदेश ▸ **marshy** *adj.* दलदल वाला, कछारी

marshal /ˈमाश्ल्/ *n.* **1** किसी बड़े सार्वजनिक कार्यक्रम को संगठित या नियंत्रित करने में सहायक व्यक्ति, मार्शल **2** पुलिस, अग्निशमन विभाग या न्यायालय में एक उच्चपद का अधिकारी, मार्शल

marshmallow /ˌमाश्ˈमैलो/ *n.* (अंडे, चीनी तथा जिलेटिन से बनी) एक प्रकार की मिठाई जो चबाने पर मुलायम लगती है, मार्शमैलो

marsupial /माˈसूपिअल्/ *n.* कोई भी ऑस्ट्रेलियाई पशु जिसमें मादा अपने बच्चे को पेट पर लगी थैली में ले जाती है, शिशुधानी वाले पशु ▸ **marsupial** *adj.* शिशुधानी वाले पशुओं से संबंधित

mart /मॉट्/ *n.* मंडी, बाज़ार

martial /ˈमाश्ल्/ *adj.* युद्ध-संबंधी, सामरिक

martyr /ˈमाट(र्)/ *n.* **1** अपने विश्वासों के कारण आत्म-बलिदान करने वाला व्यक्ति, शहीद, बलिदानी **2** लोगों की सहानुभूति अर्जित करने के लिए प्रयत्नशील व्यक्ति ▸ **martyrdom** *n.* बलिदान, शहादत

marvel /ˈमाव्ल्/ *n.* स्वयं अद्‌भुत या दूसरों को चकित कर देने वाला व्यक्ति या वस्तु, चमत्कार, चमत्कारी व्यक्ति या वस्तु ▸ **marvel** *v.* (**marvelling**, **marvelled**) (किसी बात पर) अत्यंत आश्चर्यचकित होना

marvellous /ˈमावलस्/ *adj.* बहुत बढ़िया, आश्चर्यजनक ▸ **marvellously** *adv.* आश्चर्यजनक रूप से

Marxism /ˈमाक्सिज़म्/ *n.* कार्ल मार्क्स के राजनीतिक और आर्थिक विचार, मार्क्सवाद ▸ **Marxist** *n.* & *adj.* मार्क्सवाद

mascara /मैˈस्कारा/ *n.* बरौनियों का अंजन, बरौनियाँ रँगने का प्रसाधन

mascot /ˈमैस्कट्,-स्कॉट्/ *n.* सौभाग्यप्रद माने जाने वाला व्यक्ति, पशु या वस्तु, शुभंकर

masculine /ˈमैस्क्यलिन्/ *adj.* **1** पुरुषोचित या पुरुष-सा दिखने वाला, मर्दाना पुरुष-विषयक **2** नर प्राणियों के वाचक शब्दों से संबंधित जिसकी रूप रचना प्रायः विशेष होती है, पुंजातीय, पुरुष वाचक, पुल्लिंग ▸ **masculinity** *n.* पुंसत्व, पुरुषत्व, मर्दानगी

mash /मैश्/ *v.* वस्तुओं को मिलते-मिलाते या कुचलकर नरम बना देना

mask /मास्क्/ *n.* चेहरे या चेहरे के अंश को ढकने वाला आवरण, मुखौटा, नक़ाब ▸ **mask** *v.* **1** नक़ाब से चेहरा ढकना या छिपाना, नक़ाब पहनना **2** मनोभाव, गंध, सचाई आदि को छिपाना

masochism /ˈमैसकिज़म्/ *n.* पीड़ा या अप्रिय अनुभव में सुखानुभूति, कष्ट भोगजन्य आनंद, स्वपीड़नरति

▸ **masochistic** *adj.* कष्ट भोगजन्य सुख से संबंधित, स्वपीड़न से संबंधित

masquerade /मैस्कˈरेड्, ˌमास्क्/ *n.* सत्य या सच्चे मनोभावों को छिपाने वाला आचरण ▸ **masquerade** *v.* छद्म आचरण करना, छद्मवेश धारण करना

mass /मैस्/ *n.* **1** किसी वस्तु की बड़ी मात्रा या संख्या, पिंड, पुंज, ढेर **2** (*pl.* **masses**) जनसाधारण (राजनीतिक दृष्टि से) ▸ **mass** *adj.* जिसमें बड़ी संख्या में लोग या वस्तुएँ सम्मिलित हों ▸ **mass** *v.* लोगों या वस्तुओं का बड़ी संख्या में इकट्ठा होना या उन्हें इकट्ठा करना

massacre /ˈमैसक(र्)/ *n.* बड़ी संख्या में लोगों या पशुओं का मारा जाना, हत्याकांड, क़त्लेआम ▸ **massacre** *v.* बड़ी संख्या में हत्याएँ करना, हत्याकांड रचना या करना

massage /ˈमैसाश़्/ *n.* मालिश, अभ्यंजन ▸ **massage** *v.* मालिश करना, अभ्यंजन करना

masseur /मैˈस(र्)/ *n.* मालिश करनेवाला

massive /ˈमैसिव्/ *adj.* अत्यधिक, भारी-भरकम ▸ **massively** *adv.* अत्यधिक

mast /मास्ट्/ *n.* **1** झंडे, जहाज़ के पाल आदि के लिए लकड़ी या धातु का लंबा डंडा, मस्तूल (जहाज़ का) **2** रेडियो या टीवी के संकेत भेजने के लिए प्रयुक्त लंबा डंडा

mastectomy /मैˈस्टेक्टमि/ *n.* (*pl.* **mastectomies**) शल्य-क्रिया द्वारा छाती हटा देना (प्रायः कैंसर के इलाज के रूप में), वक्ष उच्छेदन

master /ˈमास्ट(र्)/ *n.* **1** किसी काम में विशेष रूप से दक्ष व्यक्ति **2** पुरुष शिक्षक (प्रायः किसी प्राइवेट स्कूल में)

▸ **master** *v.* **1** किसी काम को अच्छे ढंग से करना सीखना **2** किसी पर नियंत्रण स्थापित करना

masterful /ˈमास्टफ़ल्/ *adj.* **1** शक्तिशाली और निपुण जो दूसरों को नियंत्रित करने में सक्षम हो **2** अत्यंत कुशल

mastery /ˈमास्टरि/ *n.* **1** किसी काम में उच्च दक्षता, किसी पर अधिकार **2** किसी व्यक्ति या वस्तु पर स्वामित्व या अधिकार

masturbate /ˈमैस्टबेट्/ *v.* यौनांगों के स्पर्श द्वारा स्वयं को या किसी अन्य को लैंगिक रूप से उत्तेजित करना, हस्तमैथुन करना ▸ **masturbation** *n.* हस्तमैथुन

mat /मैट्/ *n.* **1** फ़र्श पर बिछाने का, ग़लीचे या किसी अन्य मोटी वस्तु का टुकड़ा, चटाई **2** मेज़ पर रखी वस्तु के नीचे रखा जाने वाला (चटाईनुमा) टुकड़ा, मैट

match /मैच्/ *n.* **1** दियासलाई, माचिस की तीली **2** कोई व्यवस्थित खेल या खेल-कूद कार्यक्रम, मैच **3** किसी व्यक्ति या वस्तु के बराबर का अन्य व्यक्ति या वस्तु, बराबरी का जोड़ ▸ **match** *v.* **1** रंग या पैटर्न की दृष्टि से मेल खाना, दूसरी वस्तु के साथ अच्छा लगना या जमना **2** किसी व्यक्ति या वस्तु का जोड़ीदार ढूँढ़ना

mate /मेट्/ *n.* 1 मित्र या साथी, सहकार्यकर्ता 2 पशुओं, पक्षियों आदि का नर या मादा साथी, मेट ▸ **mate** *v.* 1 (पशुओं और पक्षियों का) यौन-संसर्ग द्वारा संतानोत्पत्ति करना 2 यौन-संसर्ग के लिए दो युवा पशुओं को मिलाना

material /म'टिअरिअल्/ *n.* 1 कुछ बनाने या कुछ करने के लिए प्रयुक्त पदार्थ, सामग्री, माल, सामान 2 कपड़ा (पोशाक आदि बनाने के लिए) ▸ **material** *adj.* 1 भौतिक (न कि आध्यात्मिक या भावनात्मक) 2 महत्वपूर्ण और विचारणीय

materialism /म'टिअरिअलिज़म्/ *n.* धन आदि भौतिक वस्तुओं को जीवन में सर्वाधिक महत्वपूर्ण मानने की प्रवृत्ति, भौतिकवाद ▸ **materialist** *n.* भौतिकवादी ▸ **materialistic** *adj.* भौतिकवादी

m

materialize /म'टिअरिअलाइज़्/ *v.* वास्तविकता बनना, घटित होना

maternal /म'टर्नल्/ *adj.* 1 मातृ-सुलभ, माँ-जैसा, मातृत्व-विषयेक 2 परिवार में मातृ-पक्ष से संबंधित

maternity /म'टर्नटि/ *adj.* आसन्न-प्रसवा या सद्यःप्रसूता माता से संबंधित, प्रसवा

mathematics /ˌमैथ'मैटिक्स्/ *n.* (*abbr.* **maths**) संख्याओं, मात्राओं तथा आकृतियों का अध्ययन, गणितशास्त्र, गणित ▸ **mathematical** *adj.* गणितीय ▸ **mathematically** *adv.* गणित (शास्त्र) की दृष्टि से

matinee /'मैटिने/ *n.* तीसरे पहर का थियेटर या सिनेमा

matriarch /'मेट्रिआर्क्/ *n.* किसी परिवार या सामाजिक समुदाय की प्रमुख महिला, कुलमाता

matriculate /म'ट्रिक्युलेट्/ *v.* स्कूल में अंतिम वर्ष की परीक्षा पास करना, मैट्रिक उत्तीर्ण करना

matrimony /'मैट्रिमनि/ *n.* विवाहित होने की स्थिति, वैवाहिक जीवन, विवाह दांपत्यावस्था ▸ **matrimonial** *adj.* वैवाहिक, विवाह-संबंधी

matrix /'मेट्रिक्स्/ *n.* (*pl.* **matrices**) 1 (गणित में) एकल राशि के रूप में गृहीत, संख्याओं, प्रतीकों आदि की पंक्तियों और स्तंभों में व्यवस्था, मैट्रिक्स 2 सामाजिक, राजनीतिक आदि स्थिति जिससे समाज या व्यक्ति का संवर्धन और विकास होता है

matron /'मेट्रन्/ *n.* 1 नर्सों की अध्यक्ष नर्स, प्रधान नर्स, मेट्रन 2 स्कूल में नर्स के रूप में काम करने वाली महिला, स्कूल में आवास-अधीक्षिका, स्कूल मेट्रन

matt /मैट्/ *adj.* फीका, निष्प्रभ

matter /'मैट(र्)/ *n.* 1 विचारणीय और ध्यान देने योग्य विषय या प्रसंग 2 मामला, बात, समस्या या परेशानी ▸ **matter** *v.* महत्व की बात होना

mattress /'मैट्रस्/ *n.* गद्दा

mature /म'चुअ(र्)/ *adj.* 1 पूर्णतया विकसित 2 बड़ों जैसा समझदारी का आचरण करने वाला, प्रौढ़, परिपक्व ▸ **mature** *v.* परिपक्व होना ▸ **maturity** *n.* परिपक्वता

maul /मॉल्/ *v.* (किसी वन्य जीव का) किसी पर आक्रमण कर उसे घायल कर देना

mausoleum /ˌमॉस'लीअम्/ *n.* शानदार मक़बरा, भव्य समाधि

mauve /मोव्/ *adj.* & *n.* फीके बैंगनी रंग का, कासनी रंग

maverick /'मैवरिक्/ *n.* औरों के समान न होकर, स्वतंत्र और अपने ढंग से सोचने

वाला व्यक्ति, स्वतंत्रचेता व्यक्ति ▸ **maverick** *adj.* स्वतंत्रचेता

maxim /ˈमैक्सिम्/ *n.* सूक्ति, नीतिवचन सिद्धांतवाक्य, सूत्र

maximize /ˈमैक्सिमाइज़्/ *v.* किसी वस्तु को अधिक से अधिक बढ़ाना

maximum /ˈमैक्सिमम्/ *n.* (*abbr.* **max**) किसी वस्तु का यथासंभव अधिकतम परिमाण या स्तर ▸ **maximum** *adj.* अधिकतम

May /मे/ *n.* वर्ष का पाँचवाँ महीना, मई

maybe /ˈमेबि/ *adv.* शायद, कदाचित्, संभवतः

May day /ˈमेडे/ *n.* पहली मई का दिन, मई दिवस

Mayday /ˈमेडे/ *n.* जहाज़ों और हवाई जहाज़ों द्वारा सहायता के लिए प्रयुक्त एक अंतरराष्ट्रीय रेडियो विपत्ति संकेतक

mayhem /ˈमेहेम्/ *n.* अचानक घटित होनेवाली अप्रिय घटना से उत्पन्न भय एवं भ्रम, अफ़रा-तफ़री, उत्पात

mayonnaise /ˌमेअˈनेज़्/ *n.* अंडों और तेल से बनी ठंडी गाढ़ी हलकी-पीली चटनी, मेयनेज़

mayor /मेअ(र्)/ *n.* नगर-प्रतिनिधियों की परिषद का चुना हुआ नेता, जो शहर के कामकाज का संचालन करता है, मेयर, महापौर

maze /मेज़्/ *n.* रास्तों का ऐसा जाल जो भटका दे और बाहर निकलना कठिन हो जाए, भूल-भुलैया

MBA /ˌएम् बीˈए/ *abbr.* एम.बी.ए., व्यापार-प्रबंधन की उच्च शैक्षिक उपाधि, प्रबंधन मे स्नातकोत्तर

MD /ˌएम्ˈडी/ *abbr.* एम. डी., डॉक्टर ऑफ मेडिसिन

me /मी/ *pron.* कर्ता द्वारा स्वयं के लिए प्रयुक्त

meadow /ˈमेडो/ *n.* घास का मैदान, घास स्थली

meager /ˈमीग(र्)/ *adj.* (*US* **meagre**) अपर्याप्त, थोड़ा, अल्प

meal /मील्/ *n.* भोजन का समय या भोजन

mean /मीन्/ *v.* **1** अर्थ को व्यक्त करना, दिखाना या उससे युक्त होना **2** कुछ कहने की इच्छा या इरादा होना, किसी व्यक्ति या वस्तु का निर्देश करना

mean /मीन्/ *adj.* **1** धन आदि स्वयं के लिए रखना न कि दूसरों को देना, कंजूस, स्वार्थी **2** (व्यक्ति या व्यक्तियों का आचरण के लिए प्रयुक्त) संकुचित मनोवृत्ति वाला **3** औसत ▸ **meanness** *n.* कंजूसी, संकुचित मनोवृत्ति

meander /मिˈऐन्ड(र्)/ *v.* **1** (नदी, सड़क आदि का) काफ़ी टेढ़ा-मेढ़ा और घुमावदार होना **2** (मनुष्य या पशु का) मंद गति से चलना या निरुद्देश्य घूमना-फिरना ▸ **meander** *n.* मोड़, घुमाव

meaning /ˈमीनिङ्/ *n.* **1** किसी(शब्द) के द्वारा निर्दिष्ट वस्तु या विचार, अर्थ, जिसे संप्रेषित करने का प्रयत्न किया जा रहा है, तात्पर्य, प्रयोजन **2** किसी अनुभव का प्रयोजन या महत्व

means /मीन्ज़्/ *n.* (*pl.* **means**) **1** साधन, कुछ करने का उपाय **2** (*pl.*) किसी व्यक्ति की पूरी संपत्ति, आर्थिक सामर्थ्य, धन संपत्ति

meanwhile /ˈमीन्वाइल्/ *adv.* उसी समय के दौरान या दो घटनाएँ घटित होने के बीच के समय में

measles /ˈमीज़ल्ज़्/ *n.* ख़सरा

measure /ˈमेश़(र्)/ *v.* **1** वस्तु के आकार, भार, मात्रा आदि की मानक इकाइयों का पता लगाना, किसी को

मापना 2 किसी ख़ास ऊँचाई, चौड़ाई, लंबाई आदि का होना, किसी ख़ास नाप का होना ▸ **measure** *n.* 1 विशेष कारण से की गई कोई कार्रवाई, उपाय 2 किसी वस्तु की ख़ास मात्रा, कुछ, सीमित 3 किसी वस्तु का आकार, मात्रा आदि बताने का तरीक़ा, नापने का उपाय, युक्ति

measured /ˈमेश़र्ड/ *adj.* धीमा, सावधान, नियंत्रित, संयत, नपा-तुला

measurement /ˈमेश़मन्ट्/ *n.* 1 मापने से मालूम किया गया आकार, परिमाण आदि, माप, नाप 2 किसी वस्तु को मापने का कार्य या प्रक्रिया

meat /मीट्/ *n.* पशुओं या पक्षियों का मांस जो खाया जाता है, गोश्त

meaty /ˈमीटि/ *adj.* 1 गोश्त जैसा, गोश्त वाला या मांसल 2 बड़ा और मोटा या भारी

m

mechanic /मˈकैनिक्/ *n.* 1 यंत्रों या मशीनों का काम (मरम्मत आदि) करने वाला व्यक्ति, मिस्तरी, मैकेनिक 2 यंत्रों या मशीनों की कार्यपद्धति का वैज्ञानिक अध्ययन, यांत्रिकी, यंत्रगति-विज्ञान

mechanical /मˈकैनिकल्/ *adj.* 1 मशीनों से संबंधित या उत्पन्न 2 (व्यक्ति का आचरण) मशीन के समान, यंत्रवत्, बँधा-सधा ▸ **mechanically** *adv.* मशीनी ढंग से, यांत्रिकतापूर्वक

mechanics /मˈकैनिक्स/ *n.* यंत्रों या मशीनों की कार्यपद्धति का वैज्ञानिक अध्ययन, यांत्रिकी, यंत्र विज्ञान

mechanism /ˈमेकनिज़म/ *n.* 1 विशेष काम करने वाले मशीन के सचल कल-पुरज़े 2 कुछ करने या संचालित होने की विधि, क्रियाविधि

medal /ˈमेड्ल/ *n.* मेडल, तमग़ा, पदक (जो साहस-प्रदर्शन के लिए या खेल-स्पर्धा में विजेता को दिया जाता है)

medallion /मˈडैलिअन्/ *n.* गरदन में पहनने का ज़ंजीर वाला आभूषण जिसमें गोलाकार फ़लक लगा होता है, पदक

medallist /ˈमेड्लिस्ट्/ *n.* पदक-विजेता (विशेषतः खेल में)

meddle /ˈमेड्ल/ *v.* दूसरों के निजी मामलों में ज़रूरत से ज़्यादा रुचि लेना या पराई चीज़ से छेड़-छाड़ करना, हस्तक्षेप करना

media /ˈमीडिआ/ *n.* (*pl.*) संप्रेषण के माध्यम के रूप में प्रयुक्त टीवी, रेडियो और अख़बार, संचार साधन, मीडिया

median /ˈमीडिअन्/ *adj.* 1 मूल्य-शृंखला के मध्य जिसका मूल्य स्थिर हो, माध्यिका 2 मध्य में स्थित या मध्य में से जाता हुआ

mediate /ˈमीडिएट्/ *v.* व्यक्तियों या व्यक्ति समूहों के बीच मतभेद समाप्त करने का यत्न करना, मध्यस्थता करना ▸ **mediation** *n.* मध्यस्थता ▸ **mediator** *n.* मध्यस्थ

medical /ˈमेडिकल्/ *adj.* औषधि और रोग के उपचार से संबंधित, डॉक्टरी ▸ **medically** *adv.* डॉक्टरी तौर पर ▸ **medical** *n.* डॉक्टर द्वारा शरीर की जाँच (ताकि स्वास्थ्य की दशा पता लगे)

medicate /ˈमेडिकेट्/ *v.* 1 चिकित्सा करना, इलाज करना 2 (किसी वस्तु में) औषधि मिलाना, औषधियुक्त करना

medication /ˌमेडिˈकेशन्/ *n.* डॉक्टर द्वारा दी गई दवाएँ

medicinal /मˈडिसिनल्/ *adj.* रोग या संक्रमण के उपचार में उपयोगी

medicine /ˈमेड्सन्/ *n.* 1 रोग की रोकथाम और उपचार का शास्त्र,

चिकित्सा-शास्त्र 2 रोग का उपचार करने वाली दवा (विशेषतः द्रव)

medieval /ˌमेडि'ईव्ल्/ *adj.* (*also* **mediaeval**) इतिहास के मध्यकाल (सन् 1100 से 1500 ई॰) से संबंधित

mediocre /ˌमीडि'ओक(र्)/ *adj.* औसत दर्जे का (उच्च कोटि का नहीं), दरम्याना, साधारण ▸ **mediocrity** *n.* दरम्यानापन, साधारणता

meditate /'मेडिटेट्/ *v.* ध्यानपूर्वक और गहराई से चिंतन करना (विशेषतः धार्मिक कारणों से या मन को शांत करने के लिए) मनन करना, ध्यान लगाना ▸ **meditation** *n.* मनन, ध्यान, साधना

Mediterranean /ˌमेडिट'रेनिअन्/ *n.* भूमध्य सागर का

medium /'मीडिअम्/ *adj.* **1** दो आकारों, लंबाइयों, तापमानों आदि के मध्य का, मध्यम, बीच का, औसत **2** (मांस) सारा भूरा होने तक पका हुआ ▸ **medium** *n.* **1** (*pl.* **media** or **mediums**) कुछ व्यक्त या संप्रेषित करने का माध्यम **2** मध्यम आकार

medley /'मेड्लि/ *n.* **1** ऐसी संगीत रचना जिसमें एक के बाद एक निरंतर बजने वाली विभिन्न धुनों या गीतों का मिश्रण होता है, स्वर-मिश्रण, गीत-मिश्रण **2** विभिन्न वस्तुओं का मिश्रण, सम्मिश्रण

meek /मीक्/ *adj.* (व्यक्ति) शांत और आज्ञाकारी, दब्बू ▸ **meekly** *adv.* चुपचाप ▸ **meekness** *n.* दब्बूपन

meet /मीट्/ *v.* **1** एक स्थान पर आना (संयोग से या योजनानुसार), मिलना **2** किसी को पहली बार देखना और जानना, से मिलना

meeting /'मीटिङ्/ *n.* **1** सभा, गोष्ठी, बैठक (विचार-विमर्श या कुछ निश्चित करने के लिए) **2** सभा में उपस्थित लोग

megabyte /'मेगबाइट्/ *n.*(*abbr.* **MB**) कंप्यूटर की मेमोरी या सूचना को मापने का पैमाना, मेगाबाइट (एक मेगाबाइट में लगभग दस लाख बाइट होती हैं)

megahertz /'मेगहर्ट्स्/ *n.* (*abbr.* **MHz**) बारंबारता की एक इकाई जो 10 लाख साइकिल प्रति सेकंड के समान होती है, रेडियो फ्रीक्वेंसी की माप, मेगाहर्ट्ज़

megalomania /ˌमेगल'मेनिअ/ *n.* **1** ऐसी मनःस्थिति जिसमें व्यक्ति को अपनी शक्ति में अतिरंजित विश्वास होता है, महत्वोन्माद, अहंकारोन्माद **2** अधिकाधिक शक्ति प्राप्त करने की अस्वाभाविक तीव्र इच्छा, अतिमहत्वाकांक्षा

megapixel /'मेगपिक्स्ल्/ *n.* अंकीय चित्र के रूप-परिवर्तन को मापने की इकाई जो 1,048,576 पिक्सल के बराबर होता है, मेगापिक्सल

megawatt /'मेगवॉट्/ *n.* (*US* **MW**) विद्युत-शक्ति को मापने की इकाई, 10 लाख वाट, मेगावाट

melamine /'मेलमीन्/ *n.* एक सख़्त प्लास्टिक जो स्तरित (लेमिनेटिड) लेपन के लिए प्रयुक्त होता है

melancholy /'मेलन्कलि, कॉलि/ *n.* चिरकाल तक रहने वाली विषाद-भावना या उदासी ▸ **melancholy** *adj.* विषादपूर्ण, उदास

melanin /'मेलनिन्/ *n.* त्वचा और बालों में पाया जानेवाला एक काला पदार्थ जिसके कारण सूर्य के प्रकाश से त्वचा का रंग बदल जाता है, मेलानिन

mellow /'मेलो/ *adj.* **1** (वर्ण या ध्वनि) मृदु और मनोरम **2** (लोग) शांत

और तनावमुक्त ▸ **mellow** *v.* मृदु बनना या बनाना

melodic /म'लॉडिक्/ *adj.* संगीत-रचना की मुख्य धुन से संबंधित ▸ **melodious** *adj.* श्रुतिमधुर, सुरीला

melodrama /'मेलड्रामा/ *n.* भावुकतापूर्ण उत्तेजना-प्रधान कथा, नाटक या फ़िल्म, अतिनाटक या अतिकथा

melody /'मेलडि/ *n.* (*pl.* **melodies**) गीत या धुन, किसी संगीत रचना की मुख्य धुन

melon /'मेलन्/ *n.* ख़रबूज़ा (फल)

melt /'मेल्ट्/ *v.* **1** ताप से पिघलना या पिघलाना **2** (व्यक्ति के मनोभावों का) अधिक कोमल हो जाना, पसीजना

member /'मेम्ब(र्)/ *n.* किसी वर्ग, क्लब, संगठन आदि से संबंधित व्यक्ति, पशु या वस्तु, किसी संगठन आदि का सदस्य

membrane /'मेम्ब्रेन्/ *n.* झिल्ली, मनुष्य या पशु के कुछ अंगों को ढकने वाली महीन त्वचा

memo /'मेमो/ *n.* (*pl.* **memos**) एक ही संगठन के भीतर एक व्यक्ति या कार्यालय द्वारा दूसरे को भेजा नोट, ज्ञापन, मेमो

memoir /'मेम्वा(र्)/ *n.* (लेखक द्वारा) निजी ज्ञान के आधार पर घटनाओं का विवरण, वृत्तांत, संस्मरण

memorabilia /ˌमेमर'बिलिआ/ *n.* प्रसिद्ध व्यक्तियों, घटनाओं आदि की याद दिलाने वाली वस्तुएँ, स्मृति-चिह्न

memorable /'मेमरब्ल्/ *adj.* स्मरणीय, स्मरण करने योग्य या जिसे स्मरण करना सरल हो ▸ **memorably** *adv.* स्मरणीय रूप से

memorandum /ˌमेम'रैन्डम्/ *n.* (*pl.* **memoranda**) ज्ञापन, स्मृति-पत्र

memorial /म'मॉरिअल्/ *n.* स्मारक, किसी घटना या व्यक्ति का स्मरण कराने के लिए निर्मित कोई वस्तु या कार्य

memorize /'मेमराइज़्/ *v.* किसी बात को भली-भाँति याद कर लेना, कंठस्थ करना

memory /'मेमरि/ *n.* (*pl.* **memories**) **1** स्मरणशक्ति, याददाश्त **2** मस्तिष्क का वह भाग जिसमें याद की हुई बातें सुरक्षित रहती हैं, स्मृतिकोश

menace /'मेनस्/ *n.* **1** ख़तरा या ख़तरे की आशंका **2** धमकी, घुड़की ▸ **menace** *v.* धमकी देना, जोखिम में डालना ▸ **menacing** *adj.* धमकी-भरा

mend /मेन्ड्/ *v.* क्षतिग्रस्त वस्तु की मरम्मत करना ▸ **mend** *n.* मरम्मत, सुधार

menial /'मीनिअल्/ *adj.* (काम) जिसमें दक्षता की अपेक्षा नहीं या महत्वहीन, छोटे स्तर का

menopause /मेनपॉज़्/ *n.* (महिलाओं में प्रायः 45 से 50 वर्ष के बीच) मासिक धर्म का अंत, रजोनिवृत्ति

menstruate /'मेन्स्ट्रुएट्/ *v.* (महिलाओं के) मासिक धर्म होना, प्रति मास गर्भाशय से रक्तस्राव होना ▸ **menstruation** *n.* मासिक धर्म, रजोधर्म

mensuration /ˌमेन्श'रेश्न्/ *n.* गणित की वह शाखा जिसमें क्षेत्र, आयतन और लंबाई का अध्ययन किया जाता है, क्षेत्रमिति

mental /'मेन्टल्/ *adj.* **1** मन से संबंधित या मन में होने वाला, मानसिक, जिसमें सोचने की प्रक्रिया चले, दिमाग़ी

2 मानसिक रोग से संबंधित ▸ **mentally** *adv.* मानसिक रूप से, दिमाग़ी तौर पर

mentality /मेन्'टैलटि/ *n.* (*pl.* **mentalities**) एक प्रकार का मन या सोच, मानसिकता, मनोवृत्ति

menthol /'मेन्थॉल्/ *n.* विशिष्ट स्वाद, गंध आदि के लिए (मिठाइयों, सिगरेट आदि में) प्रयुक्त पुदीने की तरह स्वाद, गंध देने वाला पदार्थ, पुदीना सत, मेंथॉल

mention /'मेन्शन्/ *v.* (बोलने/लिखने में) किसी व्यक्ति या वस्तु का उल्लेख या ज़िक्र करना (न कि विस्तार से बताना)

mentor /'मेन्टॉ(र्)/ *n.* अनुभवी परामर्शदाता (कम अनुभवी व्यक्ति के लिए) ▸ **mentoring** *n.* परामर्श देने की क्रिया

menu /'मेन्यू/ *n.* **1** रेस्तराँ में उपलब्ध पदार्थों की सूची (अभीष्ट चुनने के लिए) **2** किसी कंप्यूटर प्रोग्राम में विकल्पों की सूची (जो स्क्रीन पर दिखाई जाती है)

mercantile /'मकन्टाइल्/ *adj.* वाणिज्य तथा व्यापार से संबंधित, वाणिज्यिक, व्यापारिक

mercenary /'मसनरि/ *adj.* जिस काम में केवल पैसा बनाने की बात हो, धन-लोलुप ▸ **mercenary** *n.* (*pl.* **mercenaries**) पैसे देनेवाले समूह या देश के लिए लड़नेवाला सैनिक, भाड़े के या भृतक सैनिक

merchandise /'मचन्डाइस्, -डाइज़्/ *n.* बिक्री की वस्तुएँ

merchant /'मचन्ट्/ *n.* बड़ा व्यापारी (जो प्रायः एक साथ ख़ास प्रकार का माल बेचता है)

merciful /'मसिफ़्ल्/ *adj.* दयावान, सहृदय ▸ **mercifully** *adv.* सदय भाव से

mercurial /म'क्युअरिअल्/ *adj.* **1** (व्यक्ति का या उसका मूड) अप्रत्याशित रूप से अचानक बदलना, परिवर्तनशील, अप्रत्याशित रूप से प्रतिक्रिया करना **2** पारायुक्त

mercury /'मक्यरि/ *n.* भारी तरल धात्विक तत्व, पारा, पारद

mercy /'मसि/ *n.* एक प्रकार का क्षमा भाव (दूसरों के प्रति), दया, रहम

mere /मिअ(र्)/ *adj.* **1** (किसी वस्तु की स्वल्पता पर बल देने के लिए प्रयुक्त) से अधिक नहीं **2** इस बात पर बल देने के लिए प्रयुक्त कि किसी व्यक्ति या वस्तु की उपस्थिति ही प्रभाव के लिए पर्याप्त है

merge /मज्/ *v.* **1** में विलय या विलीन हो जाना, अपने से बड़े का हिस्सा बन जाना **2** वस्तुओं को मिलाकर एक कर देना ▸ **merger** *n.* दो या अधिक कंपनियों को संयुक्त करने का कार्य, कंपनियों का विलय

meridian /म'रिडिअन्/ *n.* स्थान विशेष के ऊपर से जाती उत्तरी और दक्षिणी ध्रुवों को मिलाने वाली एक कल्पित रेखा, याम्योत्तर रेखा

merit /'मेरिट्/ *n.* **1** गुण, ख़ूबी, अच्छाई **2** (किसी व्यक्ति या वस्तु का) लाभ या गुण ▸ **merit** *v.* किसी बात के लिए पर्याप्त और उपयुक्त होना, के योग्य होना

meritorious /ˌमेरि'टॉरिअस्/ *adj.* सराहनीय, गुणवान

mermaid /'ममेड्/ *n.* (कथाओं में) कल्पित समुद्रवासी सुंदरी जिसकी टाँगों के स्थान पर मछली की पूँछ होती है, जलपरी, मत्स्य कन्या

merry /'मेरि/ *adj.* (**merrier**, **merriest**) **1** आनंदित, प्रमुदित **2** हलका मदोन्मत ▸ **merrily** *adv.* सानंद

mesh /ˈमेश्/ *n.* जाल, जाली
mesmeric /मेज़्ˈमेरिक्/ *adj.* सम्मोहन का सम्मोहनकारी ▸ **mesmerize** *v.* किसी के ध्यान को पूर्ण रूप से आकर्षित कर लेना, मंत्रमुग्ध या सम्मोहित कर लेना
mess /मेस्/ *n.* **1** गंदगी या अव्यवस्था, गंदा या अव्यवस्थित व्यक्ति या वस्तु **2** समस्याग्रस्त या झंझट-भरा होने की स्थिति ▸ **mess** *v.* गंदा या मैला कर देना ▸ **mess** *n.* सेना का भोजन कक्ष जहाँ सैनिक भोजन एवं सामाजिक मनोरंजन के लिए मिलते हैं, मेस
message /ˈमेसिज्/ *n.* **1** लिखित या मौखिक रूप से प्रेषित संदेश (जब संबोधित व्यक्ति से साक्षात् बात न हो सके) **2** पुस्तक, भाषण आदि में व्यक्त महत्वपूर्ण विचार या संदेश ▸ **messenger** *n.* संदेशवाहक
Messiah /मˈसाइआ/ *n.* व्यक्ति (जैसे ईसा) जिससे विश्व की रक्षा हेतु पृथ्वी पर आने की आशा की जाती है, परमेश्वर का अवतार माना जाने वाला व्यक्ति, मसीहा
Messrs *abbr.* (**Mr** का बहुवचन) सूचीबद्ध पुरुषों और व्यापारिक प्रतिष्ठानों के नामों से पहले प्रयुक्त
messy /ˈमेसि/ *adj.* (**messier, messiest**) **1** गंदा या मैला-कुचैला **2** गंदगी फैलाने वाला
metabolism /मˈटैबलिज़म्/ *n.* पेड़-पौधों और जंतुओं में होने वाली रासायनिक प्रक्रियाएँ जो भोजन को ऊर्जा में परिवर्तित कर देती हैं जिससे उनकी वृद्धि होती है, चयापचयन, उपापचय ▸ **metabolic** *adj.* चयापचयी, उपापचयी
metal /ˈमेट्ल्/ *n.* विद्युत तथा ताप का अवशोषक कठोर ठोस पदार्थ, धातु
metallurgy /मˈटैलजि/ *n.* धातुओं और उनके प्रयोगों का वैज्ञानिक अध्ययन, धातुविज्ञान
metamorphic /ˌमेटˈमॉफ़िक्/ *adj.* (चट्टानों के लिए प्रयुक्त) ताप या दाब से परिवर्तित
metamorphosis /ˌमेटˈमॉफ़सिस्/ *n.* (*pl.* **metamorphoses**) (प्राकृतिक विकास-प्रक्रिया के अंतर्गत) पूर्ण रूप से आकृति में परिवर्तन, रूपांतरण
metaphor /ˈमेटफ़(र्)/ *n.* एक वस्तु की दूसरी से पूरी समानता दिखाने के लिए किसी शब्द का कल्पनाशील प्रयोग, रूपक, लक्षणा ▸ **metaphorical** *adj.* रूपकात्मक, लाक्षणिक ▸ **metaphorically** *adv.* रूपकात्मक दृष्टि से, लाक्षणिक दृष्टि से
metaphysics /ˌमेटˈफ़िज़िक्स्/ *n.* दर्शनशास्त्र की शाखा जिसमें अस्तित्व, सत्य और ज्ञान का अध्ययन होता है, तत्वमीमांसा
mete /मीट्/ *v.* (**mete sth out to sb**) किसी को दंड देना या उससे कठोरपूर्वक पेश आना
meteor /ˈमीटिअ(र्), -ऑ(र्)/ *n.* (आकाशीय पिंड जिनके पृथ्वी के वातावरण में प्रवेश करने पर रात्रिकालीन आकाश में प्रकाशमयी रेखा बन जाती है), उल्का
meteoric /ˌमीटिˈऑरिक्/ *adj.* अति तीव्र या सफल
meteorite /ˈमीटिअराइट्/ *n.* धरती की सतह से टकराने वाली बाह्य अंतरिक्ष की चट्टान या धातु के टुकड़े जैसी वस्तु, उल्का पिंड
meteorology /ˌमीटिअˈरॉलजि/ *n.* मौसम-विज्ञान ▸ **meteorological** *adj.* मौसम-विज्ञान संबंधी

meter /ˈमीट(र्)/ *n.* गैस, पानी, बिजली आदि के उपयोग की मात्रा को मापने वाला उपकरण, मीटर ▸ **meter** *v.* मीटर के प्रयोग से मापना

methane /ˈमीथ़ेन्/ *n.* रंग या गंध से रहित ज्वलनशील गैस जो ताप उत्पन्न करती है, मीथेन

methanol /ˈमेथ़नॉल्/ *n.* अल्कोहल का विषैला रूप जो रंग और गंध से रहित होता है और सरलता से गैस में बदल जाता है, मेथनॉल

method /ˈमेथ़ड्/ *n.* रीति, विधि

methodical /मˈथ़ॉडिकल्/ *adj.* सावधानी से और सुव्यवस्थित रीति से किया (काम) या करने वाला (व्यक्ति) ▸ **methodically** *adv.* सुव्यवस्थित रीति से

methodology /ˌमेथ़ˈडॉलजि/ (*pl.* **methodologies**) *n.* विशिष्ट सिद्धांतों और विधियों पर आधारित कार्य प्रणाली ▸ **methodological** *adj.* कार्यप्रणाली विषयक

methyl /ˈमिथ़ाइल्/ *n.* कतिपय कार्बनिक-पदार्थों में पाया जाने वाला तत्व-विशेष, मेथिल

methylated spirit /ˌमेथ़लेटिड् ˈस्पिरिट्स्/ *n.* मेथिल युक्त अल्कोहल जिसका प्रयोग विलायक या और ईंधन के रूप में होता है , मद्यसार, मेथिलेटिड स्पिरिट

meticulous /मˈटिक्यलस्/ *adj.* ब्योरों पर बहुत ध्यान देने वाला या ब्योरों को वहुत ध्यान से दिखाने वाला, बहुत सतर्क, अति सावधान ▸ **meticulously** *adv.* अत्यंत सतर्कता के साथ, अति सावधानी से

metre /ˈमीट(र्)/ *n.* **1** लंबाई की एक माप, मीटर **2** दौड़ों के नामों के साथ प्रयुक्त

metric /ˈमेट्रिक्/ *adj.* जिसमें मिट्रिक पद्धति पर आधारित मापन-प्रणाली का प्रयोग हुआ हो, परिमाणात्मक

metrical /ˈमेट्रिकल्/ *adj.* छंदोबद्ध, छंद संबंधी, पद्यात्मक

metro /ˈमेट्रो/ *n.* **1** भूमिगत रेल सेवा (नगर या बड़े शहर की) **2** बड़ा और प्रमुख शहर

metropolis /मˈट्रॉपलिस्/ *n.* बहुत बड़ा शहर, महानगर ▸ **metropolitan** *adj.* महानगरीय, महानगर-विषयक

mettle /ˈमेट्ल/ *n.* स्वभाव की विशेषता और क्षमता, मिज़ाज, प्रकृति

mezzanine /ˈमेज़नीन्/ *n.* (दो तल्लों के) बीच का तल्ला (जो दोनों से छोटा होता है), मध्यतल, दुछत्ती, म्यानी

miaow /मिˈआउ/ *n.* बिल्ली की आवाज़, म्याऊँ-म्याऊँ ▸ **miaow** *v.* म्याऊँ-म्याऊँ करना

miasma /मिˈऐज़्म/ *n.* रोगजनक दूषित वायु, सड़ाँध

mica /ˈमाइक्/ *n.* चट्टानों में अल्प चमकदार रूप में पाया जाने वाला खनिज, अभ्रक, अबरक

microbe /ˈमाइक्रोब्/ *n.* अति सूक्ष्म जीवाणु (जिसे केवल सूक्ष्मदर्शी द्वारा देखा जा सकता है और जो रोग का कारण बन सकता है), रोगाणु

microbiology /ˌमाइक्रोबाइˈऑलजि/ *n.* सूक्ष्म जीवों का वैज्ञानिक अध्ययन, सूक्ष्मजीवविज्ञान

microchip /ˈमाइक्रोचिप्/ *n.* कंप्यूटर के अंदर प्रयुक्त सिलिकॉन का सूक्ष्म खंड (जो कंप्यूटर को सक्रिय करता है), माइक्रोचिप या चिप

microcosm /ˈमाइक्रोकॉज़म्/ *n.* किसी भी बृहदाकार वस्तु का लघु रूप, अणु विश्व

micron /ˈमाइक्रॉन्/ *n.* मीटर का दस-लाखवाँ भाग

microorganism *n.* सूक्ष्म जीव (जिसे केवल सूक्ष्मदर्शी द्वारा देखा जा सकता है)

microphone /ˈमाइक्रोफ़ोन्/ *n.* (*also* **mike, mic**) ध्वनिवर्धक या उसे रिकार्ड करने वाला विद्युत उपकरण, माइक्रोफ़ोन

microprocessor /ˌमाइक्रो ˈप्रोसेस(र्)/ *n.* कंप्यूटर का वह भाग जो सेंट्रल प्रोसेसिंग यूनिट का काम करता है, माइक्रो-प्रोसेसर

microscope /ˈमाइक्रोस्कोप्/ *n.* सूक्ष्मदर्शी (एक यंत्र जिसमें बहुत छोटी वस्तुएँ इतनी बड़ी दिखाई देती हैं कि हम इन्हें सरलता से देख सकें), माइक्रोस्कोप

m

microscopic /ˌमाइक्रˈस्कॉपिक्/ *adj.* इतना छोटा कि केवल सूक्ष्मदर्शी द्वारा दिखाई दे, अति सूक्ष्म

microsurgery /ˈमाइक्रोसजरि/ *n.* अत्यंत छोटे उपकरण एवं माइक्रोस्कोप की सहायता से की जानेवाली जटिल शल्यक्रिया, सूक्ष्म शल्य क्रिया

microwave /ˈमाइक्रवेव्/ *n.* **1** रेडियो-संकेतों को भेजने और भोजन पकाने के लिए प्रयुक्त सूक्ष्म विद्युत तरंग, माइक्रोवेव **2** माइक्रोवेवों के प्रयोग से बहुत शीघ्र भोजन बनाने या गरम करने वाली बक्सानुमा अँगीठी

mid /मिड्/ *adj.* मध्य

midday /ˌमिड्ˈडे/ *n.* दिन के मध्य में ठीक या लगभग बारह बजे, मध्याह्न, दोपहर को

middle /ˈमिड्ल्/ *n.* **1** किसी वस्तु का मध्य भाग (किसी वस्तु के दो छोरों से समान दूरी पर स्थित उसका अंश, बिंदु या स्थिति) **2** (व्यक्ति की) कमर ▸ **middle** *adj.* बीच में या का, मध्यवर्ती

midfield /ˈमिडफ़ील्ड्/ *n.* खेल के मैदान का मद्य भाग

midget /ˈमिजिट्/ *n.* बौना आदमी

midnight /ˈमिड्नाइट्/ *n.* रात के बारह बजे, मध्यरात्रि, ठीक आधी-रात

midriff /ˈमिड्रिफ़्/ *n.* छाती और कमर के बीच का भाग, मध्यपट

midst /मिड्स्ट्/ *n.* किसी वस्तु का मध्य, लोगों या वस्तुओं के बीच

midway /ˌमिड्ˈवे/ *adj. & adv.* समयावधि के मध्य या दो स्थानों के बीच

midwife /ˈमिड्वाइफ़्/ *n.* (*pl.* **midwives**) शिशु जन्म की प्रक्रिया में माता की सहायता करने के लिए प्रशिक्षित व्यक्ति, दाई, धात्री

mien /मीन्/ *n.* (व्यक्ति का) व्यवहार या विशिष्ट अभिव्यक्ति जिससे आंतरिक भावनाओं का पता चलता है, हाव-भाव, ढंग

might /माइट्/ *modal v.* **1** किसी बात की 'संभावना' का अर्थ व्यक्त करने के लिए प्रयुक्त **2** अति नम्र भाव से कुछ माँगने या कोई सलाह देने के लिए प्रयुक्त ▸ **might** *n.* प्रचुर बल या शक्ति, पराक्रम

mighty /ˈमाइटि/ *adj.* महाबली, पराक्रमी, अतिशक्तिशाली ▸ **mighty** *adv.* बहुत

migraine /ˈमाइग्रेन्/ *n.* अस्वस्थता की अनुभूति कराने वाला सिर का दर्द, तेज़ सिर दर्द

migrant /ˈमाइग्रन्ट्/ *n.* **1** काम के लिए जगह-जगह जाने वाला व्यक्ति, प्रवासी (व्यक्ति) **2** मौसम के अनुसार स्थान-

परिवर्तन करते रहने वाला पक्षी या पशु, प्रवासी (पक्षी या पशु)

migrate /माइ'ग्रेट्/ *v.* **1** (पशुओं और पक्षियों का) प्रतिवर्ष एक ही समय विश्व के एक भाग से दूसरे में प्रवास करना **2** (बड़ी संख्या में लोगों का) अन्य स्थान पर जाना, वहाँ रहना और काम करना ▸ **migration** *n.* प्रवास

mild /माइल्ड्/ *adj.* **1** नरम, हलका **2** (खाद्य पदार्थ) जो स्वाद में तीखा न हो, मृदु **3** दयालु और भद्र, शांत, मृदु स्वभाव का ▸ **mildness** *n.* मृदुलता, मृदुता, सौम्यता

mildew /'मिल्ड्यू/ *n.* भुकड़ी (जो हलकी गरम और सीलनभरी दशाओं में दीवारों, पेड़-पौधों और खाद्य पदार्थों पर आ जाती है), फफूँदी

mile /माइल्/ *n.* **1** दूरी की एक नाप, 1.6 किलोमीटर (एक मील में 1760 गज होते हैं), मील **2** बड़ी मात्रा में, काफ़ी अधिक

milieu /मी'ल्यू/ *n.* वह सामाजिक परिवेश जिसमें आप रहते या काम करते हैं, परिवेश

militant /'मिलिटन्ट्/ *adj.* अभीष्ट की प्राप्ति के लिए बल प्रयोग या तगड़ा दबाव डालने के लिए तत्पर, जुझारू, संघर्ष का इच्छुक, युयुत्सु, लड़ाका ▸ **militant** *n.* लड़ाका, युद्धोत्सुक, उग्रवादी ▸ **militancy** *n.* उग्रवाद

military /'मिलट्रि/ *adj.* सैनिक का या सैन्य-विषयक, सैन्य

militia /म'लिशा/ *n.* सैनिक प्रशिक्षण प्राप्त लोग परंतु पेशेवर सैनिक नहीं, नागरिक सेना, सहायक सेना

milk /मिल्क्/ *n.* **1** दूध **2** कुछ पेड़ों या पौधों का दूधिया रस ▸ **milk** *v.* **1** (गाय, बकरी आदि का) दूध दुहना **2** किसी व्यक्ति या वस्तु से अधिकाधिक स्वार्थ-सिद्धि कर लेना (बिना औरों के हितों की परवाह किए)

mill /मिल/ *n.* **1** फ़ैक्टरी, मिल (जहाँ ख़ास तरह का माल बनता है) **2** (पुराने ज़माने की) आटा चक्की वाली इमारत ▸ **mill** *v.* फ़ैक्टरी में कोई वस्तु बनाना

millennium /मि'लेनिअम/ *n.* (*pl.* **millennia**) एक हजार वर्ष की अवधि, सहस्त्राब्दी

miller /'मिल(र्)/ *n.* (आटा, बेसन आदि की) चक्की का मालिक या चक्की में काम करने वाला, चक्की वाला

millet /'मिलिट्/ *n.* बाजरा

milligram /'मिलिग्रैम्/ *n.* (*abbr.* **mg**) भार तोलने की इकाई (एक ग्राम में 1000 मिलीग्राम होते हैं), मिलीग्राम

millilitre /'मिलिलीट(र्)/ *n.* (*abbr.* **ml**) द्रव नापने की इकाई (एक लीटर में 1000 मिलीलीटर होते हैं), मिलीलीटर

millimetre /'मिलिमीट(र्)/ *n.* (*US* **millimeter**) (*abbr.* **mm**) एक मीटर का हज़ारवाँ भाग, मिलीमीटर

million /'मिल्यन्/ *number* **1** दस लाख, मिलियन **2** अत्यधिक विशाल मात्रा

millionaire /ˌमिल्य'नेअ(र्)/ *n.* लखपति, करोड़पति, बहुत धनी व्यक्ति

millipede /'मिलिपीड्/ *n.* (एक बड़ा कीड़ा जिसका लंबा पतला शरीर अनेक खंडों में विभक्त होता है और प्रत्येक खंड में दो जोड़ी टाँगें होती हैं), सहस्त्रपाद

millisecond /'मिलिसेकन्ड्/ *n.* सेकेंड का हजारवाँ भाग, मिलीसेकंड

milometer /माइ'लॉमिट(र्)/ *n.* वाहन में लगा यंत्र जो तय की गई दूरी को मीलों में नापता है, माइलोमीटर

mime /माइम्/ *n.* कहानी सुनाने के लिए शब्दों के स्थान पर हस्त-संचालन और मुख-मुद्राओं का प्रयोग करने की प्रणाली, इस प्रणाली में प्रस्तुत कार्यक्रम, स्वाँग, मूकाभिनय ▸ **mime** *v.* स्वाँग भरना, बिना बोले केवल इशारों से कहानी सुनाना

mimic/'मिमिक्/ *v.* मज़ाकिया ढंग से दूसरों की नक़ल उतारना ▸ **mimic** *n.* मज़ाकिया ढंग से दूसरों के व्यवहार, हरकतों, आवाज़ आदि की नक़ल उतारने वाला, नक़लची, स्वाँगी ▸ **mimicry** *n.* नक़ल, स्वाँग

minaret /मिन 'रेट्/ *n.* मस्जिद की मीनार

mince /मिन्स्/ *n.* विशेष मशीन से बहुत छोटे टुकड़ों में काटा गया गोश्त, क़ीमा ▸ **mince** *v.* क़ीमा करना, काटकर टुकड़े करना

m

mind /माइन्ड्/ *n.* चित्त, मन (मस्तिष्क का वह अंश जो सोचता और याद रखता है), व्यक्ति के विचार, मनोभाव और बुद्धि ▸ **mind** *v.* **1** किसी वस्तु या व्यक्ति से नाराज़ होना, परेशान हो जाना या उसकी बात का बुरा मानना **2** (कुछ करने का नम्र अनुरोध करने या उसकी अनुमति माँगने का अर्थ देने वाले प्रश्नवाचक वाक्य में प्रयुक्त) क्या आप... क्या मैं... ?

mindful /'माइन्ड्फ़ुल्/ *adj.* सावधान, सचेत, सतर्क, जागरुक

mindless /'माइन्ड्लस्/ *adj.* **1** नासमझी-भरा, बुद्धिहीन **2** जिसमें सोचने या समझने की आवश्यकता नहीं, यंत्रवत्

mine /माइन्/ *pron.* मुझसे संबंधित या मेरा ▸ **mine** *n.* **1** खान, खदान (कोयले, टीन, सोना आदि की) **2** बारूदी सुरंग (ज़मीन या पानी के नीचे रखा बम जो किसी के छू लेने से फट जाता है)

miner /'माइन(र्)/ *n.* खान-कर्मी (खान में काम करने वाला), खनिक

mineral /'मिनरल्/ *n.* खनिज पदार्थ कच्ची धात, धातु

mineralogy /ˌमिन 'रैलजि/ *n.* खनिज विज्ञान, खनिज विद्या

mingle /'मिङ्ग्ल्/ *v.* अन्य वस्तुओं या व्यक्तियों से मिलना, में घुल-मिल जाना

mini /'मिनि/ *adj.* बहुत छोटा

miniature /'मिनच(र्)/ *n.* बड़े आकार की वस्तु का लघु रूप

minibus /'मिनिबस्/ *n.* छोटी बस (प्रायः बारह सवारियों तक के लिए), मिनी-बस

minimal /'मिनिमल्/ *adj.* मात्रा, आकार या स्तर में बहुत कम, यथासंभव न्यूनतम

minimalist /'मिनिमलिस्ट्/ *n.* कला के सामान्य रूप एवं सहज ढाँचे का प्रयोग करने वाला कलाकार

minimize /'मिनिमाइज़्/ *v.* **1** (मात्रा या स्तर की दृष्टि से) यथासंभव न्यूनतम कर देना **2** किसी चीज़ के महत्व को कम करके दिखाने का प्रयास करना, कम करके बताना **3** कंप्यूटर स्क्रीन पर किसी वस्तु का आकार घटा देना

minimum /'मिनिमम्/ *n.* न्यूनतम (मात्रा या स्तर जो संभव या स्वीकार्य हो) ▸ **minimum** *adj.* न्यूनतम संभव या स्वीकार्य, बहुत छोटा ▸ **minimum** *adv.* न्यूनतम रूप से

minion /'मिनिअन्/ *n.* (संगठन में) आदेशों का पालन करनेवाला एक आम आदमी, नौकर

miniskirt /'मिनिस्कर्ट्/ *n.* बहुत छोटी स्कर्ट, मिनी स्कर्ट

minister /'मिनिस्ट(र्)/ *n.* **1** मंत्रिमंडल का सदस्य (प्रायः किसी मंत्रालय का

प्रमुख), मंत्री 2 (कुछ प्रोटेस्टैंट चर्चों में) पुरोहित, पादरी

ministry /ˈमिनिस्ट्रि/ *n.* (*pl.* **ministries**) एक सरकारी विभाग जिसका अपना कार्यक्षेत्र होता है, मंत्रालय

minor /ˈमाइन(र्)/ *adj.* 1 जो अधिक बड़ा, गंभीर या आवश्यक न हो (औरों की तुलना में), गौण, छोटा, कम महत्वपूर्ण 2 संगीत-रचना के लिए अपेक्षित दो प्रकार की कुंजियों में से एक से संबंधित, माइनर ▸ **minor** *n.* (क़ानून में) अवयस्क, नाबालिग़ (18 वर्ष से कम आयु का)

minority /माइˈनॉरटि/ *n.* (*pl.* **minorities**) 1 छोटी संख्या या समूह का अपेक्षाकृत छोटा अंश, अल्पांश, आधे से कम (की संख्या), अल्पसंख्या 2 जाति या धर्म की दृष्टि से अल्पसंख्यक वर्ग

minstrel /ˈमिन्स्ट्रल्/ *n.* मध्ययुगीन गायक या संगीतज्ञ, गवैया, चारण कवि

mint /मिन्ट्/ *n.* 1 पुदीना (पौधा) (जिसके पत्तों से खाद्य और पेय पदार्थों आदि में विशेष स्वाद आ जाता है) 2 एक प्रकार की मीठी गोली जिसका स्वाद तीखा तथा ताज़ा होता है ▸ **mint** *v.* सिक्के ढालना और नोट छापना

minus /ˈमाइनस्/ *prep.* 1 (संख्याओं में प्रयुक्त) कम, घटा, ऋण कम करना, घटना 2 (संख्या) शून्य से कम या नीचे ▸ **minus** *n.* 1 गणित में प्रयुक्त ऋण चिह्न जो यह दर्शाता है कि कोई संख्या शून्य से कम या नीचे है, किसी दूसरी संख्या को पहली संख्या से घटाने के लिए प्रयुक्त चिह्न 2 नकारात्मक गुण, हानि, नुक़सान ▸ **minus** *adj.* 1 (गणित में प्रयुक्त) शून्य से कम, ऋणात्मक 2 स्कूल-कार्य के लिए अंक देने की प्रणाली में प्रयुक्त) बिंदु विशेष से कुछ कम

minuscule /ˈमिनस्क्यूल्/ *adj.* अति सूक्ष्म

minute /ˈमिनिट्/ *n.* 1 मिनट (एक घंटे का 60 वाँ अंश), साठ सेकंडों की इकाई 2 (*pl.* **minutes**) सभा या बैठक में लिए गए निर्णयों का लिखित विवरण, कार्यवृत्त ▸ **minute** *adj.* 1 बहुत महीन, अति सूक्ष्म 2 एकदम सही या ठीक-ठाक या यथार्थ

miracle /ˈमिरकल्/ *n.* 1 दैवीय घटना, चमत्कार (जिसका कर्ता स्वयं ईश्वर या किसी देवता को माना जाता है) 2 (आशा या सोच के विपरीत घटी) शुभ घटना

miraculous /मिˈरैक्यलस्/ *adj.* सर्वथा अप्रत्याशित और बहुत शुभ, चमत्कारपूर्ण ▸ **miraculously** *adv.* चमत्कारी ढंग से

mirage /ˈमिराश़्, मिˈराश़्/ *n.* 1 घोर ग्रीष्म ऋतु में दिखाई देने वाली भ्रामक वस्तु (जिसका वस्तुतः अस्तित्व नहीं होता, जैसे मरुस्थल में जल), मरु मरीचिका 2 मरीचिका, मृग तृष्णा

mirror /ˈमिर(र्)/ *n.* दर्पण, शीशा ▸ **mirror** *v.* प्रतिबिंबित करना

mirth /मथ़्/ *n.* मनोरंजन या हँसी, हास्य

misapprehension /ˌमिस्ऐप्रिˈहेन्शन्/ *n.* ग़लतफ़हमी, मिथ्याबोध

misappropriate /ˌमिसˈप्रोप्रिएट्/ *v.* 1 (पराए धन को बेईमानी से) अपने काम में लाना, ग़बन करना 2 (धन) ग़लत काम में लगाना, दुर्विनियोग करना

misbehave /ˌमिस्बिˈहेव्/ *v.* दुर्व्यवहार करना ▸ **misbehaviour** *n.* दुर्व्यवहार, दुराचार

m

miscalculate /ˌमिस्ˈकैल्क्युलेट्/ *v.* गणना करने या किसी स्थिति को समझने या आँकने में भूल करना ▸ **miscalculation** *n.* अशुद्ध गणना, ग़लत अनुमान

miscarriage /ˈमिस्कैरिज्/ *n.* (चिकित्सा) समय से पूर्व शिशु का जन्म और फलस्वरूप उसकी मृत्यु, गर्भपात, गर्भस्राव

miscellaneous /ˌमिसˈलेनिअस्/ *adj.* विविध, फुटकर

mischief /ˈमिस्चिफ़्/ *n.* (बच्चों की) शरारत, नटखटपन ▸ **mischievous** *adj.* (प्रायः बच्चों के लिए प्रयुक्त) शरारती, नटखट ▸ **mischievously** *adv.* शरारत-भरे ढंग से

misconception /ˌमिस्कन्ˈसेप्शन्/ *n.* (किसी बात के विषय में) भ्रांत धारणा, ग़लतफ़हमी

misconduct /ˌमिस्ˈकॉन्डक्ट्/ *n.* अनुचित आचरण (विशेषतः पेशेवर व्यक्ति द्वारा), कदाचार

misconstrue /ˌमिस्कन्ˈस्ट्रू/ *v.* किसी व्यक्ति के कहे और किए शब्दों और कार्यों को ग़लत समझ लेना

miscreant /ˈमिस्क्रिअन्ट्/ *n.* परेशान करनेवाला या ग़ैर-क़ानूनी काम करनेवाला, अपराधी

misdeed /ˌमिस्ˈडीड्/ *n.* ग़लत, ग़ैर-क़ानूनी काम, कुकर्म, कुकृत्य

misdemeanour /ˌमिस्डिˈमीन(र्)/ *n.* किसी के द्वारा किया गया कुछ बुरा या ग़लत आचरण, अपराध जो अधिक संगीन या गंभीर नहीं

miser /ˈमाइज़(र्)/ *n.* कंजूस, कृपण ▸ **miserly** *adj.* कृपण समान, कंजूसी-भरा

miserable /ˈमिज़्रब्ल्/ *adj.* **1** बहुत उदास, दयनीय **2** अप्रिय, खिन्न कर देने वाला ▸ **miserably** *adv.* दयनीय भाव से, बुरी तरह से

misery /ˈमिज़रि/ *n.* (*pl.* **miseries**) घोर निराशा या व्यथा, तकलीफ़, परेशानी, दुर्दशा

misfire /ˌमिस्ˈफ़ाइअ(र्)/ *v.* अभीष्ट परिणाम या प्रभाव उत्पन्न न कर पाना

misfit /ˈमिस्फ़िट्/ *n.* अनुपयुक्त व्यक्ति (अन्य लोगों के साथ संबंध की दृष्टि से, आचरण या विचारों की अत्यधिक भिन्नता के कारण)

misfortune /ˌमिस्ˈफ़ॉचून्/ *n.* दुर्भाग्य, विपत्ति या अनर्थ

misgivings /ˌमिस्ˈगिविङ्/ *n.* संदेह या चिंता की भावना, अविश्वास, झिझक, आशंका

misguided /ˌमिस्ˈगाइडिड्/ *adj.* गुमराह, पथभ्रष्ट (वस्तुस्थिति को समझने या आँकने में भूल के कारण)

mishandle /ˌमिस्ˈहैन्ड्ल्/ *v.* (वस्तु को) बुरे ढंग से बरतना, (व्यक्ति के साथ) दुर्व्यवहार करना

mishap /ˈमिस्हैप्/ *n.* मामूली दुर्घटना या अशुभ प्रसंग

misinform /ˌमिसिन्ˈफ़ॉम्/ *v.* (किसी को) ग़लत सूचना देना

misinterpret /ˌमिसिन्ˈटप्रिट्/ *v.* किसी बात का ग़लत अर्थ लगाना ▸ **misinterpretation** *n.* ग़लत या भ्रांत व्याख्या

misjudge /ˌमिस्ˈजज्/ *v.* **1** किसी व्यक्ति या वस्तु के विषय में ग़लत धारणा बना लेना (प्रायः अनुचित रूप से) **2** समय, दूरी आदि के बारे में ग़लत अनुमान लगाना ▸ **misjudgement** *n.*

ग़लत अनुमान, भ्रांत धारणा

mislead /ˌमिस्ˈलीड्/ *v.* किसी व्यक्ति या वस्तु के विषय में ग़लत धारणा देना, गुमराह या पथभ्रष्ट करना ▸ **misleading** *adj.* गुमराह या पथभ्रष्ट करने वाला, भ्रामक

mismanage /ˌमिस्ˈमैनिज्/ *v.* कुप्रबंध या दुर्व्यवस्था करना ▸ **mismanagement** *n.* कुप्रबंध, दुर्व्यवस्था

mismatch /ˈमिस्मैच्/ *n.* अनुपयुक्त मेल, बेमेल ▸ **mismatch** *v.* बेमेल होना, अनुपयुक्त मेल होना

misnomer /ˌमिस्ˈनोम(र्)/ *n.* ग़लत या अनुपयुक्त नाम, असंगत नाम

misogynist /मिˈसॉजिनिस्ट्/ *n.* स्त्रियों से घृणा करनेवाला, नारी–द्वेषी, पुरुष संबंधी ▸ **misogynistic** *adj.* नारी–द्वेष संबंधी ▸ **misogyny** *n.* नारी–द्वेष

misplace /ˌमिस्ˈप्लेस्/ *v.* (वस्तु को) ग़लत जगह पर रखना, बेठिकाने रखना, यथास्थान न रखना

misprint /ˈमिस्प्रिंट्/ *n.* मुद्रण या टंकण में ग़लती, मुद्रण–दोष

misquote /ˌमिस्ˈक्वोट्/ *v.* किसी के कहे या किए का ग़लत तरीक़े से उद्धरण देना, ग़लत ऊद्धरण देना, अशुद्ध उद्धरण देना

misread /ˌमिसˈरीड्/ *v.* किसी बात को ग़लत समझ लेना, कुछ का कुछ समझ बैठना

misrepresent /ˌमिस्रेप्रिˈज़ेन्ट्/ *v.* किसी व्यक्ति या वस्तु के विषय में ग़लत विवरण देना ▸ **misrepresentation** *n.* मिथ्या या अयथार्थ निरूपण

misrule /ˌमिस्ˈरूल्/ *n.* कुशासन, बुरा शासन, अकुशल शासन

Miss /मिस्/ *n.* अविवाहित युवती या महिला के कुल नाम से पहले प्रयुक्त उपाधि, कुमारी, मिस, सुश्री

miss /मिस्/ *v.* **1** (किसी वस्तु को मारने, पकड़ने आदि में) चूकना, चूक जाना **2** किसी व्यक्ति या वस्तु को देखने, सुनने, समझने आदि में असफल होना **3** कहीं पर बहुत देर से पहुँचना या कहीं पर पहुँच न पाना या कुछ कर न पाना ▸ **miss** *n.* किसी वस्तु को मारने, पकड़ने या कहीं पहुँचने में विफलता

misshapen /ˌमिस्ˈशेपन्/ *adj.* टेढ़ा–मेढ़ा, बेढंगा, भद्दा

missile /ˈमिसाइल्/ *n.* **1** प्रक्षेपास्त्र (शक्तिशाली विस्फोटक अस्त्र जिसे वायु में बहुत दूर तक प्रक्षेपित किया जा सकता है), मिसाइल **2** बंदूक़ से दाग़ी या फेंकी हुई वस्तु या हथियार (जो चोट या नुक़सान पहुँचाए)

missing /ˈमिसिङ्/ *adj.* **1** गुम, अपने स्थान से ग़ायब या अनुपस्थित **2** (व्यक्ति) युद्ध, दुर्घटना आदि के बाद जो दिखाई न पड़े और न जिसके मारे जाने की ख़बर हो, लापता, अज्ञात

mission /ˈमिश्न्/ *n.* **1** कोई महत्वपूर्ण शासकीय कार्य (जिसे कोई, विशेषतः अन्य देश में जाकर पूरा या संपन्न करता है) **2** विशेष उद्देश्य से विदेश में भेजा गया प्रतिनिधिमंडल

missionary /ˈमिशन्रि/ *n.* (*pl.* **missionaries**) विदेश में रहकर ईसाई धर्म का प्रचार करने वाले मिशनरी, (विदेश में कार्यरत) ईसाई–धर्मप्रचारक

missive /ˈमिसिव्/ *n.* लम्बा, आधिकारिक पत्र

misspell /ˌमिस्ˈस्पेल्/ *v.* किसी शब्द की अशुद्ध वर्तनी करना

m

mist /मिस्ट्/ *n.* कुहासा (जल की नन्हीं बूँदों से आकाश में बने बादल जिसके कारण देखने में कठिनाई होती है) ▸ **misty** *adj.* कुहासा-भरा ▸ **mist** *v.* (**mist up/over**) कुहासा छा जाना

mistake /मि'स्टेक्/ *n.* भूल, त्रुटि, ग़लती ▸ **mistake** *v.* **1** किसी व्यक्ति या वस्तु को ग़लती से कोई अन्य व्यक्ति या वस्तु समझ लेना, पहचानने-समझने में ग़लती कर देना **2** किसी बात को ग़लत समझ लेना

mister /'मिस्ट(र्)/ (*also* **Mr**) *n.* (Mr का एक रूप) श्री, श्रीमान

mistreat /ˌमिस्'ट्रीट्/ *v.* किसी व्यक्ति या पशु के प्रति निर्दय होना या से दुर्व्यवहार करना ▸ **mistreatment** *n.* दुर्व्यवहार

m

mistress /'मिस्ट्रेस्/ *n.* किसी पुरुष की रखैल (जिससे पुरुष के नियमित यौन संबंध हैं परंतु जो उसकी पत्नी नहीं), उपपत्नी

mistrust /ˌमिस्'ट्रस्ट्/ *v.* किसी व्यक्ति या वस्तु पर अविश्वास करना (क्योंकि वह हानि पहुँचा सकता है) ▸ **mistrust** *n.* अविश्वास

misty /'मिस्टि/ *adj.* **1** कोहरे से ढका हुआ **2** अस्पष्ट, धुँधला

misunderstand /ˌमिसअन्ड'सटैन्ड्/ *v.* किसी व्यक्ति या वस्तु को समझने में ग़लती करना

misuse /ˌमिस्'यूज़्/ *v.* अनुचित रीति या प्रयोजन से किसी वस्तु का प्रयोग करना, किसी वस्तु का दुरुपयोग करना ▸ **misuse** *n.* अनुचित प्रयोग, दुरुपयोग

mite /माइट्/ *n.* मकड़ी जैसा बहुत छोटा जंतु जो पेड़-पौधों, पशुओं, क़ालीनों आदि में छुपा रहता है, कुटकी

mitigate /'मिटिगेट्/ *v.* (किसी बात की गंभीरता, पीड़ा, अरोचकता आदि को) कम कर देना

mitten /'मिट्न्/ *n.* एक प्रकार का दस्ताना जिसमें एक हिस्सा अँगूठे के लिए और दूसरा चारों अँगुलियों के लिए होता है, निरंगुल दस्ताना

mix /मिक्स्/ *v.* **1** दो वस्तुओं का मिलकर एक नई वस्तु बनना या दो वस्तुओं को मिलाकर एक नई वस्तु बनाना **2** सबसे मिलना-जुलना, सबसे मिलकर बात करना ▸ **mix** *n.* **1** विभिन्न प्रकार के लोगों या वस्तुओं का एकीकृत समूह **2** एक विशेष पाउडर जिसमें कुछ बनाने के लिए अपेक्षित सभी वस्तुएँ होती हैं, मिक्स (इसमें पानी या कोई अन्य द्रव केवल मिलाना होता है)

mixture /'मिक्स्च(र्)/ *n.* **1** विभिन्न वस्तुओं का मिश्रण **2** अनेक वस्तुओं को परस्पर मिलाकर बनाई गई एक वस्तु, मिश्रण

mnemonic /नि'मॉनिक्/ *n.* नियम, नाम आदि याद रखने में सहायक शब्द, वाक्य या कविता, स्मृतिजनक सूत्र ▸ **mnemonic** *adj.* स्मरण वर्धक, स्मृति सहायक

moan /मोन्/ *v.* **1** दर्द या दुख आदि से कराहना, क्रंदन करना **2** स्वर में रोनी आवाज़ में आलोचना करते रहना, शिकायत करना ▸ **moan** *n.* कराहट, क्रंदन

moat /मोट्/ *n.* क़िले के चारों ओर बनी पानी से भरी खाई, ख़ंदक (जो शत्रु के लिए बाधा बनती है)

mob /मॉब्/ *n.* भीड़ (जो उग्र हो या कष्ट का कारण बन सकती है) ▸ **mob** *v.* (**mobbing, mobbed**) किसी व्यक्ति

के चारों ओर भीड़ लगा लेना (उसे देखने या छूने के लिए)

mobile /'मोबाइल/ *adj.* जो गति कर सके या जिसे गतिशील बनाया जा सके, गतिशील ▸ **mobile** *n.* **1** छत से लटकी सजावटी वस्तु जो वायु चलने से हिलने-डुलने या आंदोलित होने लगती है, मोबाइल फ़ोन ▸ **mobility** *n.* गतिशीलता

mobilize /'मोबिलाइज़/ *v.* **1** (कुछ करने के लिए) लोगों या वस्तुओं को संगठित करना **2** (थलसेना, नौसेना आदि का) युद्ध के लिए तैयार होना या उसे करना, सेना का लामबंद होना या सेना को लामबंद करना

mocha /'मॉक्/ *n.* कॉफ़ी और चॉकलेट की बढ़िया क़िस्म

mock /मॉक्/ *v.* किसी की हँसी उड़वाना, परिहास का पात्र बनाना या बनवाना ▸ **mock** *adj.* नक़ली, दिखावटी, बनावटी, अवास्तविक ▸ **mock** *n.* (ब्रिटेन में) औपचारिक परीक्षा से पहले आयोजित अनौपचारिक (अभ्यास) परीक्षा

mockery /'मॉकरि/ *n.* **1** उपहास, हँसी (ऐसी टिप्पणियाँ और क्रियाएँ जिनसे किसी का उपहास हो) **2** विफलता का सूचक कार्य, निर्णय आदि

mode /मोड्/ *n.* **1** किसी वस्तु या कोई काम करने का प्रकार **2** मशीन के काम करने की एक रीति

model /'मॉड्ल्/ *n.* **1** किसी वस्तु का नमूना, प्रतिरूप (प्रायः मूल वस्तु से छोटा), मॉडल **2** अनुकरणीय व्यक्ति या वस्तु, आदर्श प्रतिमान **3** फ़ैशन शो में या पत्रिका में फ़ोटो हेतु नए परिधानों के प्रदर्शन के लिए नियुक्त युवक या युवती, मॉडल ▸ **model** *v.* (**modelling, modelled;** *US* **modeling, modeled**) **1** किसी वस्तु या स्वयं को अन्य वस्तु या व्यक्ति के सदृश बनाना, आदर्श या प्रतिमान के रूप में लेना **2** फ़ैशन शो या फ़ोटो के लिए नए वस्त्रों को पहनकर उनका प्रदर्शन करना, फ़ैशन शो आदि में मॉडल के रूप में कार्य करना

modem /'मोडेम्/ *n.* टेलीफ़ोन लाइन द्वारा कंप्यूटरों को परस्पर जोड़ने वाला यंत्र (ताकि सूचना-सामग्री एक कंप्यूटर से दूसरी में जा सके), मोडेम

moderate /'मॉडरट्/ *adj.* **1** मध्यम स्तर का (न बहुत अधिक न बहुत कम) **2** अतिवाद से मुक्त विचारों वाला (विशेषतः राजनीति), संतुलनशील, मध्यमार्गी ▸ **moderately** *adv.* औसत दर्जे का ▸ **moderate** *v.* उग्रता में कमी होना या करना, संतुलित होना या करना ▸ **moderate** *n.* संतुलित विचारों वाला व्यक्ति (विशेषतः राजनीति में), मध्यमार्गी

modern /'मॉड्न्/ *adj.* **1** वर्तमान या हाल का, आधुनिक **2** (कला, संगीत आदि की शैली) पारंपरिक शैलियों से भिन्न और नवीन, आधुनिक

modest /'मॉडिस्ट्/ *adj.* **1** विनम्र, विनीत (अपनी क्षमताओं आदि का बखान न करने वाला) **2** बहुत अधिक नहीं, साधारण ▸ **modestly** *adv.* शालीनता से, विनम्रतापूर्वक ▸ **modesty** *n.* शालीनता, विनम्रता

modicum /'मॉडिकम्/ *n.* थोड़ी मात्रा में (अच्छी तथा सुखद चीज़ें), अल्प

modify /'मॉडिफ़ाइ/ *v.* किसी वस्तु में अंशतः परिवर्तन करना ▸ **modification** *n.* आंशिक परिवर्तन

modulate /'मॉड्युलेट्/ *v.* **1** (वांछित प्रभाव उत्पन्न करने के लिए) आवाज़ में

उतार-चढ़ाव लाना, सुर बदलना 2 (कार्य या प्रक्रिया) नियंत्रित करना, ठीक करना ▸ **modulation** *n.* स्वर परिवर्तन, आरोह-अवरोह, उतार-चढ़ाव, सामंजस्य

module /ˈमॉड्यूल्/ *n.* ऐसी इकाई जो अपने से बड़ी इकाई का अंग है, बड़ी संरचना की छोटी परंतु स्वतंत्र इकाई

moist /मॉइस्ट्/ *adj.* हलका गीला, नम, आर्द्र ▸ **moisten** *v.* नम करना, भिगोना, गीला करना

moisture /ˈमॉइस्च(र्)/ *n.* नमी, आर्द्रता

moisturize /ˈमॉइस्चराइज़्/ *v.* विशेष क्रीम के प्रयोग से त्वचा की शुष्कता कम होना या करना

molar /ˈमोल(र्)/ *n.* मुँह में पीछे की तरफ़ स्थित दाँत, दाढ़, चवर्ण-दंत

m

mole /मोल्/ *n.* **1** त्वचा पर तिल (जो सदा रहता है) **2** ज़मीन के भीतर रहनेवाला एक छोटा जीव जिसके रोएँ गहरे होते हैं तथा जिसे दिखाई नहीं देता है, छछूँदर

molecule /ˈमॉलिक्यूल्/ *n.* अणु (किसी पदार्थ की लघुतम इकाई जिसकी रासायनिक प्रकृति अक्षुण्ण रहती है) ▸ **molecular** *adj.* आण्विक

molest /मˈलेस्ट्/ *v.* किसी के (विशेषतः बच्चे के) साथ कामुकतापूर्ण छेड़छाड़ करना

mollify /ˈमॉलिफ़ाइ/ *v.* किसी के क्रोध या परेशानी को कम करना, किसी अशांत व्यक्ति को शांत करना

mollusc /ˈमॉलस्क्/ *n.* कोमल और अखंड शरीर के जंतु जो सामान्यतया कठोर आवरणयुक्त कोष में रहते हैं (जल में या भूमि पर), मृदु कवचधारी जंतु

molten /ˈमोल्टन्/ *adj.* (धातु या चट्टान) अत्यधिक ताप से द्रवीभूत

moment /ˈमोमन्ट्/ *n.* **1** अत्यल्प समय **2** समय का विशिष्ट बिंदु, क्षण

momentary /ˈमोमन्ट्रि/ *adj.* क्षणिक ▸ **momentarily** *adv.* क्षण-भर के लिए

momentous /मˈमेन्टस्/ *adj.* अत्यंत महत्वपूर्ण

momentum /मˈमेन्टम्/ *n.* वृद्धि या विकास की गतिशीलता या निरंतरता, किसी की गति को अधिकाधिक बढ़ाने वाली शक्ति, संवेग बल

monarch /ˈमॉनक्/ *n.* राजा या रानी, शासक, अधिपति ▸ **monarchy** *n.* (*pl.* **monarchies**) **1** राजा या रानी के आधिपत्यवाली शासन-प्रणाली, राजतंत्र **2** राजा या रानी द्वारा शासित देश ▸ **monarchist** *n.* राजतंत्र का समर्थक

monastery /ˈमॉनस्ट्रि/ *n.* (*pl.* **monasteries**) वह स्थान जहाँ ऋषि-मुनि रहते हैं, मठ, विहार ▸ **monastic** *adj.* मठ, मठाधिकारी आदि से संबंधित

Monday /ˈमन्डे,-डि/ *n.* सोमवार

monetary /ˈमनिट्रि/ *adj.* वित्त-संबंधी, वित्तीय

money /ˈमनि/ *n.* धन, पैसा (सिक्के या नोट) ▸ **moneyed** *adj.* धनी, धनाढ्य, अमीर

mongoose /ˈमॉङ्गूस्/ *n.* (*pl.* **mongooses**) गरम देशों में पाया जानेवाला छोटा जीव जो साँप, चूहों आदि को मार देता है, नेवला

mongrel /ˈमङ्ग्रल्/ *n.* द्विजातीय नस्ल का कुत्ता, वर्णसंकर कुत्ता

monitor /ˈमॉनिट(र्)/ *n.* **1** टेलीविज़न के समान परदे पर चित्र आदि दिखाने

वाली मशीन, कंप्यूटर सूचना-सामग्री प्रदर्शित करने वाला परदा, कंप्यूटर का मानिटर 2 रिकार्ड या जाँच-पड़ताल करने वाली मशीन ▸ **monitor** *v.* निश्चित समयावधि तक नियमित रूप से किसी बात की जाँच-पड़ताल या उसे रिकार्ड करना

monk /मॉङ्क्/ *n.* किसी धार्मिक समूह का सदस्य जो मठों में वैरागी जीवन व्यतीत करते हैं, संन्यासी, मुनि, वैरागी

monkey /'मङ्कि/ *n.* बंदर, वानर

mono /'मॉनो/ *adj.* (रिकार्ड किया हुआ संगीत या संगीत वाद्य-प्रणाली) जिसमें केवल एक ओर से आवाज़ आती है, एक पक्षीय ध्वनि-व्यवस्था वाला (रिकार्ड किया संगीत)

monochrome /'मॉनक्रोम्/ *adj.* (फ़ोटो या चित्र) जिसमें केवल श्याम, श्वेत और धूसर रंगों का प्रयोग हो, इकरंगा

monogamy /म'नॉगमि/ *n.* एक समय में केवल एक व्यक्ति से विवाह और उसकी प्रथा, एकविवाह प्रथा ▸ **monogamous** *adj.* एकविवाही

monogram /'मॉनग्रैम्/ *n.* व्यक्ति, संस्था आदि के नाम के आरंभिक अक्षरों से बना डिज़ाइन, गुंफाक्षर, मोनोग्राम ▸ **monogrammed** *adj.* आरंभिक अक्षरों से बने डिज़ाइन से संबंधित

monolingual /,मॉन'लिङ्ग्वल्/ *adj.* जिसमें केवल एक भाषा का प्रयोग हो, एकभाषिक

monolith /'मॉनलिथ्/ *n.* एक ही पत्थर से बना बहुत बड़ा खंभा (विशेषतः प्राचीन युग के निवासियों द्वारा स्थापित), एकाश्मक स्तंभ ▸ **monolithic** *adj.* एकाश्म

monologue /'मॉनलॉग्/ *n.* अकेले व्यक्ति का लंबा भाषण (जैसे नाटक में), एकालाप, स्वगत भाषण

monopoly /म'नॉपलि/ *n.* (*pl.* **monopolies**) 1 किसी उद्योग या सेवा-क्षेत्र पर केवल एक कंपनी का नियंत्रण, एकाधिकार, इस रीति से नियंत्रित सामग्री या सेवा 2 किसी वस्तु पर पूर्ण नियंत्रण, स्वामित्व या उसका पूर्ण उपयोग, केवल एक व्यक्ति या समूह के स्वामित्व वाली वस्तु (जिसमें अन्य किसी की भागीदारी नहीं)

monorail /'मॉनोरेल्/ *n.* केवल एक पटरी पर (प्रायः भूसतह से काफ़ी ऊँचे) चलने वाली रेलगाड़ी, मोनोरेल

monosyllable /'मॉनसिलब्ल्/ *n.* एकाक्षरी शब्द (जैसे **beg**)

monotheism /'मॉनोथिइज़म्/ *n.* एक ही ईश्वर में विश्वास, एकेश्वरवाद

monotonous /म'नॉटनस्/ *adj.* परिवर्तन-रहित और अतएव उबाऊ, अरोचक, नीरस ▸ **monotonously** *adv.* नीरसता से

monsoon /,मॉन्'सून्/ *n.* दक्षिणी एशिया की वर्षा ऋतु, मानसून, मानसून की वर्षा

monster /'मॉन्स्ट(र्)/ *n.* (कथाओं में) दैत्य, राक्षस (बड़ा कुरूप और भयावह प्राणी)

monstrous /'मॉन्स्ट्रस्/ *adj.* 1 लोगों को स्तब्ध कर देने वाला और अस्वीकार्य (अनैतिक या अनुचित होने के कारण), नितांत असंगत 2 बहुत बड़ा (और प्रायः कुरूप या भयावह), दैत्याकार

month /मन्थ्/ *n.* 1 महीना, मास, माह 2 किसी महीने की किसी एक तारीख़ से अगले महीने की उसी तारीख़ की लगभग चार सप्ताह की अवधि, एक कैलेंडर

monument /ˈमॉन्युमन्ट्/ *n.* 1 स्मारक, कीर्ति स्तंभ (किसी प्रसिद्ध व्यक्ति या घटना की स्मृति में निर्मित कोई भवन या अन्य स्थान 2 ऐतिहासिक महत्व का कोई प्राचीन भवन या अन्य स्थान

monumental /ˌमॉन्युˈमेन्ट्ल्/ *adj.* अति विशाल या महत्वपूर्ण, चिरस्मरणीय

moo /मू/ *n.* (गाय की) रँभाहट ▸ **moo** *v.* गाय का रँभाना

mood /मूड्/ *n.* 1 (समय विशेष में व्यक्ति की) मनोदशा, मनःस्थिति 2 क्रोध या चिड़चिड़ाहट का समय 3 किसी बात के विषय में व्यक्तियों के समूह की सोच

moody /ˈमूडि/ *adj.* 1 अस्थिर मनोदशा वाला (जिसका पूर्वानुमान असंभव हो) 2 (प्रायः बिना कारण) चिड़चिड़ा, बदमिज़ाज, कलहप्रिय, तुनकमिज़ाज या खिन्न ▸ **moodily** *adv.* तुनकमिज़ाजी से

m

moon /मून्/ *n.* 1 चंद्रमा, चाँद 2 अन्य ग्रह की परिक्रमा करनेवाला चंद्रमा जैसा एक पिंड, उपग्रह ▸ **moonlight** *n.* चंद्रमा का प्रकाश, चंद्रकिरण, चाँदनी, ज्योत्स्ना

moor /मॉ(र्)/ *n.* घास से ढका उच्च भूमि का खुला वन्य क्षेत्र, बंजर या अनुर्वर भूमि ▸ **moor** *v.* रस्सा या मोटे तार से नाव को पानी में या भूमि पर लगे खंभे आदि से बाँधना

moose /मूस्/ *n.* (*pl.* **moose**) (*also* **elk**) उत्तरी अमेरिका में पाया जाने वाला एक प्रकार का बड़ा हिरन

moot /मूट्/ *adj.* (परिस्थिति या कार्य) अव्यावहारिक होने के कारण विचार योग्य नहीं, विवादग्रस्त ▸ **moot** *v.* (तर्क-वितर्क के लिए) मत देना, बहस करना

mop /मॉप्/ *n.* फ़र्श साफ़ करने लंबे डंडे वाला ब्रश (जिसमें किनारे पर कपड़ा, स्पंज या मोटे तार लगे होते है), पोंछा ▸ **mop** *v.* (**mopping, mopped**) 1 पोंछा और पानी से फ़र्श साफ़ करना, फ़र्श पर पोंछा लगाना 2 सूखे कपड़े से पसीना, द्रव आदि साफ़ करना

moped /ˈमोपेड्/ *n.* छोटी, कम शक्तिशाली मोटरसाइकिल, मोपेड

moral /ˈमॉरल्/ *adj.* 1 उचित-अनुचित से संबंधित, नैतिक 2 नैतिकतापूर्ण आचरण ▸ **moral** *n.* 1 (*pl.* **morals**) अच्छे आचरण के मानदंड, सदाचार, नैतिकता 2 किसी कथा या अनुभव से प्राप्त सीख, शिक्षा, निष्कर्ष

morale /मˈराल्/ *n.* (समय विशेष में किसी व्यक्ति समूह का) मनोबल

morality /मˈरैलटि/ *n.* उचित-अनुचित विचार के सिद्धांत, नैतिकता ▸ **moralize** *v.* दूसरों को नैतिकता का उपदेश देना

moratorium /ˌमॉरˈटॉरिअम्/ *n.* किसी गतिविधि पर अस्थायी प्रतिबंध (विशेषतः शासन की सहमति से)

morbid /ˈमॉबिड्/ *adj.* अप्रिय वस्तुओं (जैसे रोग, मृत्यु) में रुचि रखने वाला

more /मॉ(र्)/ *det.* & *pron.* व्यक्तियों या वस्तुओं की अधिक बड़ी संख्या या मात्रा, जो है वह भी (और) साथ ही और भी, से अधिक ▸ **more** *adv.* 1 अनेक विशेषणों और क्रियाविशेषणों के तुलनात्मक रूप बनाने के लिए प्रयुक्त 2 सामान्य या अन्य से अपेक्षाकृत अधिक

morgue /मॉग्/ *n.* वह स्थान अंतिम संस्कार होने तक शवों का रखा जाता है, शव-गृह

morning /ˈमॉनिङ्/ *n.* 1 सूर्योदय से मध्याह्न तक का समय, प्रातःकाल,

सुबह, सवेरा **2** मध्यरात्रि के बाद का समय, भोर में, तड़के

moron /'मॉरॉन्/ *n.* मूर्ख लगने वाले व्यक्ति के लिए प्रयुक्त शब्द, बुद्धू, बेवकूफ़ ▸ **moronic** *adj.* मूर्खतापूर्ण

morose /म'रोस्/ *adj.* बदमिज़ाज, असौम्य (और अपने तक सीमित) ▸ **morosely** *adv.* असौम्य भाव से

morphine /'मॉफ़ीन्/ *n.* दर्द-निवारक प्रभावकारी औषधि, मॉरफ़ीन

morphology /मॉ'फ़ॉलजि/ *n.* **1** जीव-जंतुओं और पेड़-पौधों के रूप और संरचना या बनावट का वैज्ञानिक अध्ययन, आकृति-विज्ञान **2** शब्दों के रूप का भाषावैज्ञानिक अध्ययन, शब्दरूप विज्ञान ▸ **morphological** *adj.* शब्दरूप विज्ञान-संबंधी

Morse code /ˌमॉस्'कोड्/ *n.* **1** सैम्युअल मॉर्स द्वारा विकसित अंग्रेज़ी वर्णमाला के अक्षरों को बिंदु एवं डैश के रूप में संहित कर उन्हें विद्युत, ध्वनि या वायरलैस सिगनल के रूप में संकेत भेजने की प्रणाली, मॉर्स कोड **2** मॉर्स कोड द्वारा संदेश भेजने की पद्धति

morsel /'मॉस्ल्/ *n.* किसी वस्तु (प्रायः भोजन) का बहुत छोटा टुकड़ा, (भोजन का) कौर, ग्रास

mortal /'मॉट्ल्/ *adj.* **1** मरणधर्मा, नश्वर, मर्त्य **2** प्राणघातक (जिसका परिणाम मृत्यु हो) **3** अत्यधिक या चरम ▸ **mortally** *adv.* अत्यधिक रूप से, प्राणघातक रूप से ▸ **mortal** *n.* मनुष्य, नश्वर

mortality /मॉ'टैलटि/ *n.* **1** समय विशेष या स्थान विशेष में मरने वालों की संख्या, मृत्यु-संख्या, मृत्यु दर **2** नश्वरता

mortar /'मॉट(र्)/ *n.* **1** मकान बनाने का मसाला (सीमेंट, रेत और पानी का मिश्रण जिससे ईंटों और पत्थरों को जोड़ा और जमाया जाता है) **2** छोटा भारी कटोरा जिसमें मूसल से कूटकर खाद्य पदार्थ को पाउडर बनाया जाता है, खरल, ऊखल, ओखली

mortgage /'मॉगिज्/ *n.* मकान या फ़्लैट ख़रीदने के लिए उधार लिया पैसा, आवास-ऋण, रेहन

mortify /'मॉटिफ़ाइ/ *v.* (**mortifies, mortifying, mortified**) किसी को बहुत लज्जित या अपमानित कर देना ▸ **mortification** *n.* अपमान, अवमानता ▸ **mortifying** *adj.* लज्जाजनक

mortuary /'मॉचरि/ *n.* (*pl.* **mortuaries**) शव-गृह (प्रायः अस्पताल में), शवागार

mosaic /मो'ज़ेइक्/ *n.* छोटे रंगीन पत्थरों, काँच के टुकड़ों को जमाकर बनाया गया चित्र या पैटर्न, चित्रिल चित्र वर्ण योजना, पच्चीकारी, मोज़ेक

mosque /मॉस्क्/ *n.* मस्जिद, वह इमारत जहाँ मुसलमान इकट्ठा होकर नमाज़ पढ़ते हैं

mosquito /म'स्कीटो, मॉस्/ *n.* (*pl.* **mosquitoes**) गरम देशों में पाया जानेवाला उड़नेवाला छोटा कीट जो मनुष्य एवं पशुओं के ख़ून पीता है, इसके काटने से मलेरिया, डेंगू जैसी गंभीर बीमारी होती है, मच्छर, मशक

moss /मॉस्/ *n.* (नमीदार स्थानों, विशेषतः चट्टानों या वृक्षों, पर उगने वाली पुष्पहीन महीन कोमल हरी वनस्पति) काई, शैवाल, मॉस ▸ **mossy** *adj.* काईदार

most /मोस्ट्/ *det.* & *pron.* **1** (संख्या या मात्रा में) अधिकतम

2 (व्यक्तियों या वस्तुओं के समूह में) लगभग सभी ▸ **most** *adv.* 1 अनेक विशेषणों और क्रियाविशेषणों का उत्तमावस्था का रूप बनाने के लिए प्रयुक्त 2 सबसे अधिक 3 अत्यंत, बहुत

mostly /ˈमोस्ट्लि/ *adv.* अधिकांशतः, मुख्यतया, अधिकतर

motel /मोˈटेल्/ *n.* कार-यात्रियों के लिए मुख्य सड़क के निकट बना होटल, मोटल

moth /मॉथ्/ *n.* कपड़ों में लगने वाला कीड़ा, कपड़कीड़ा, शलभ, पतंगा

mother /ˈमद(र्)/ *n.* माँ, माता, जननी (मनुष्य या पशु को जन्म देने वाली मादा) ▸ **mother** *v.* किसी व्यक्ति की माँ के समान देख-भाल करना

motif /मोˈटीफ़्/ *n.* किसी वस्तु का चित्र या डिज़ाइन

m

motion /ˈमोशन्/ *n.* 1 गति या गति करने का प्रकार 2 किसी बैठक में चर्चा और मतदान हेतु प्रस्तुत प्रस्ताव ▸ **motion** *v.* हाथ हिलाकर किसी को इशारा करना (बुलाने आदि के लिए)

motivate /ˈमोटिवेट्/ *v.* 1 विशेष प्रकार से कुछ करने का कारण बनना, प्रेरित करना 2 किसी को किसी (परिश्रमपूर्ण) काम के लिए प्रोत्साहित या अभिप्रेरित करना ▸ **motivated** *adj.* अभिप्रेरित ▸ **motivation** *n.* & *adj.* अभिप्रेरण

motive /ˈमोटिव्/ *n.* प्रयोजन, इरादा (प्रायः कुत्सित)

motor /ˈमोट(र्)/ *n.* पेट्रोल, गैस, विद्युत आदि से चलने वाला यंत्र जिससे मशीनें आदि चलती हैं, मोटर ▸ **motor** *adj.* 1 इंजन या मोटर से युक्त 2 इंजनयुक्त वाहनों (विशेषतः कारों) से संबंधित

motorcycle /ˈमोटसाइक्ल्/ *n.* मीटर से चलने वाला दोपहिया वाहन, मोटर साइकिल

motto /ˈमॉटो/ *n.* (*pl.* **mottoes**) किसी व्यक्ति, समूह, संगठन आदि के उद्देश्यों और मान्यताओं को व्यक्त करने वाला वाक्य या वाक्यांश, ध्येय वाक्य या वाक्यांश

mould /मोल्ड्/ *n.* 1 साँचा (एक ऐसा डिब्बा जिसमें डाला गया द्रव या अन्य पदार्थ जम या पक जाने पर उसी की शक्ल ले लेता है) 2 रोएँ जैसे मुलायम हरा अथवा काला पदार्थ जो गीली जगहों अथवा बासी खाद्य पदार्थ पर उग जाता है, फफूँद ▸ **mouldy** *adj.* फफूँद-भरा ▸ **mould** *v.* साँचे में डालकर किसी वस्तु को विशेष आकृति देना

moult /मोल्ट्/ *v.* (*US* **molt**) (पशुओं के) बाल और (पक्षियों के) पर झड़ना (बाद में नए निकलने के लिए), निर्मोचन करना

mound /माउन्ड्/ *n.* 1 मिट्टी या पत्थरों का टीला, एक छोटी पहाड़ी 2 किसी वस्तु का ढेर या बड़ी मात्रा

mountain /ˈमाउन्टन्/ *n.* 1 पर्वत, पहाड़ 2 किसी वस्तु की बड़ी मात्रा, ढेर सारी (कोई) वस्तु

mountaineering /ˌमाउन्टˈनिअरिङ्/ *n.* पहाड़ों पर चढ़ने का खेल, पर्वतारोहण का अभियान ▸ **mountaineer** *n.* पर्वतारोही

mountainous /ˈमाउन्टनस्/ *adj.* 1 अनेक पहाड़ों वाला, पर्वत-बहुल 2 आकार या मात्रा में बहुत बड़ा, भीमकाय, पर्वताकार

mourn /मॉन्/ *v.* दुख या शोक मनाना (विशेषतः किसी की मृत्यु पर) ▸ **mourning** *n.* शोकमग्न, दुखी

mournful /ˈमॉन्फ़ल्/ *adj.* शोकग्रस्त, बहुत दुखी, मातमी ▸ **mournfully** *adv.* शोकपूर्ण भाव से

mouse /माउस्/ *n.* (*pl.* **mice**) 1 चूहा, मूषक 2 कंप्यूटर का माउस (जिसे कुंजियों को बिना छुए हम कंप्यूटर-स्क्रीन के चारों और घुमाते हैं और अपेक्षित आदेशों या कमांड्स को प्रविष्ट करते हैं)

mousse /मूस्/ *n.* 1 क्रीम और अंडे की सफ़ेदी के मिश्रण में किसी अन्य खाद्य पदार्थ को मिलाने से बना एक प्रकार का हलका भोज्य पदार्थ, मूस 2 बालों में लगाने का एक बुलबुलेदार हलका पदार्थ (ताकि केशसज्जा जमी रहे)

moustache /मˈस्टाश्/ *n.* (*US* **mustache**) मूँछ

mouth /माउथ्/ *n.* (*pl.* **mouths**) 1 मुख, मुँह 2 नदी का मुहाना (जहाँ वह समुद्र में मिलती है) ▸ **mouth** *v.* वक्ता का ओंठों को ऐसे चलाना या हिलाना कि लगे वह कुछ कह रहा है (परंतु बिना आवाज़ किए)

move /मूव्/ *v.* 1 स्थान बदलना या किसी वस्तु को अन्य स्थान पर ले जाना, हिलना या हिलाना, खिसकना या खिसकाना 2 (निवास, नौकरी, अध्ययन आदि करने का) स्थान बदलना ▸ **move** *n.* 1 स्थान या स्थिति में परिवर्तन 2 उद्देश्य पूर्ति के लिए उठाया गया क़दम

movement /ˈमूवमन्ट्/ *n.* 1 गति, संचलन, हिलने-डुलने की क्रिया 2 स्थान-परिवर्तन (करने या होने की क्रिया)

movie /ˈमूवि/ *n.* सिनेमा, फ़िल्म, चलचित्र

moving /ˈमूविङ्/ *adj.* 1 भावावेश (विशेषतः विषाद) को जन्म देने वाली, हृदयस्पर्शी, प्रभावशाली 2 चल, गतिमान

mow /मो/ *v.* (**mowed, mown**) विशेष मशीन से घास काटना

mozzarella /ˌमॉट्सˈरेल/ *n.* एक गठा हुआ सफ़ेद इतालवी चीज़

MP /ˌएम्ˈपी/ *abbr.* संसद-सदस्य, सांसद

mph /ˌएम्पी ˈएच्/ *abbr.* मील प्रति घंटा

Mrs /ˈमिसिज़्/ *abbr.* विवाहित महिला के नाम से पहले प्रयुक्त शब्द, श्रीमती

MSc /ˌएमएस्ˈसी/ *abbr.* मास्टर ऑफ साइंस, विज्ञान विषय में मास्टर उपाधि विश्वविद्यालय द्वारा प्रदत्त

much /मच्/ *det.* & *pron.* & *adv.* 1 (अगणनीय संज्ञाओं में प्रयुक्त) किसी वस्तु की अधिक मात्रा 2 बड़ी सीमा तक 3 अत्यधिक

mucus /ˈम्यूकस्/ *n.* श्लेष्मा, बलग़म, कफ़ ▸ **mucous** *adj.* श्लेष्मल, श्लेष्मा-उत्पादक

mud /मड्/ *n.* कीचड़, पंक

muddle /ˈमड्ल्/ *v.* 1 वस्तुओं को उलटा-सीधा रख देना या उन्हें गंदा कर देना 2 किसी व्यक्ति को चकरा देना, उलझन में डाल देना ▸ **muddle** *n.* अस्तव्यस्तता, गड़बड़ी, भ्रम ▸ **muddled** *adj.* चकराया हुआ, विभ्रांत

muesli /ˈम्यूज़्लि/ *n.* अन्न, मेवों आदि का मिश्रण जो नाश्ते में दूध के साथ लिया जाता है, म्यूज़लि

muffin /ˈमफ़िन्/ *n.* 1 मक्खन के साथ गरम-गरम खाया जाने वाला एक प्रकार

का ब्रैडरोल, मफ़िन 2 एक प्रकार का छोटा केक

muffle /ˈमफ़ल्/ *v.* आवाज़ को कम कर देना या दबा देना (ताकि आसानी से सुनाई न दे) ▸ **muffled** *adj.* (आवाज़) दबी हुई, मंद

muffler /ˈमफ़ल(र्)/ *n.* ठंड से बचाव के लिए गले में पहना जानेवाला मोटा स्कार्फ़, मफ़लर, गुलूबंद

mug /मग्/ *n.* **1** मूठदार बड़ा कप, मग **2** मूर्ख-सा व्यक्ति ▸ **mug** *v.* (**mugging, mugged**) रास्ते में किसी पर हमला कर उसे लूट लेना ▸ **mugger** *n.* लुटेरा ▸ **mugging** *n.* लूट-मार

mulberry /ˈमल्बरि/ *n.* (*pl.* **mulberries**) बड़ी पत्तियोंवाला एक वृक्ष जिसपर रेशम कीट पाले जाते हैं, शहतूत का वृक्ष

m

mule /म्यूल्/ *n.* खच्चर (घोड़े और गधे के मेल से उत्पन्न वज़नदार सामान ले जाने के लिए प्रयुक्त पशु)

mull /मल्/ *v.* (**mull sth over**) किसी विषय पर सावधानी के साथ देर तक सोचना, चिंतन करना

multi- /ˈमल्टि/ *comb. form* एक से अधिक, अनेक, बहु

multicultural /ˌमल्टिˈकल्चरल्/ *adj.* बहु-सांस्कृतिक (विभिन्न जातियों, भाषाओं, धर्मों और परंपराओं के लोगों वाला या उनके उपयोग का)

multilateral /ˌमल्टिˈलैटरल्/ *adj.* बहु-पक्षीय (जिसमें अनेक व्यक्ति-समूहों, देशों आदि की भागीदारी हो)

multilingual /ˌमल्टिˈलिङ्ग्वल्/ *adj.* **1** (लिखित या मुद्रित) अनेक भाषाओं में, बहुभाषी, बहुभाषीय, बहुभाषिक **2** (व्यक्ति या समुदाय के लिए प्रयुक्त) अनेक भाषाएँ लिखने, पढ़ने या बोलनेवाला, बहुभाषी

multimedia /ˌमल्टिˈमीडिआ/ *adj.* बहु-माध्यमी, (जो स्क्रीन पर लिखित सामग्री के अतिरिक्त ध्वनि, चित्र और फ़िल्म के प्रदर्शन का भी माध्यम है)

multinational /ˌमल्टिˈनैश्नल्/ *adj.* बहुराष्ट्रीय (जो अनेक देशों में फैला हो या जिसमें अनेक देश शामिल हों) ▸ **multinational** *n.* बहुराष्ट्रीय संगठन

multiple /ˈमल्टिप्ल्/ *adj.* बहुल, बहुविध या बहुखंड, (जिसमें अनेक लोग या वस्तुएँ शामिल हों या जिसके अनेक अंग खंड हों) ▸ **multiple** *n.* वह संख्या जो किसी अन्य संख्या से, शेष न छोड़ते हुए, पूरी-पूरी विभाजित हो जाए, गुणज, अपवर्त्य

multiplex /ˈमल्टिप्लेक्स/ *n.* कई कमरों वाला एक बड़ा सिनेमाघर जिसके हर कमरे में अलग-अलग परदे होते हैं जहाँ सिनेमा देखा जा सकता है, बहुपटी सिनेमा हाल, मल्टीपलेक्स

multiplicity /ˌमल्टिˈप्लिसटि/ *n.* अनेक प्रकार के क़िस्म, बहुविविधता, नानात्व

multiply /ˈमल्टिप्लाइ/ *v.* **1** किसी अंक को निर्दिष्ट संख्या से गुणा करना **2** किसी वस्तु का बहुत बढ़ना या उसे बहुत बढ़ाना ▸ **multiplication** *n.* गुणा करने की क्रिया, गुणन

multitask /ˌमल्टिˈटॉस्क्/ *v.* **1** (कंप्यूटर का) एक ही समय में अनेक प्रोग्रामों का प्रचालन करना **2** एक साथ या एकदम कई काम करना

multitude /ˈमल्टिट्यूड्/ *n.* लोगों का जमघट या वस्तुओं का ढेर, लोगों या वस्तुओं की बड़ी संख्या

▸ **multitudinous** *adj.* बहुत सारे, बहु संख्यक, बेशुमार

mum /मम्/ *n.* मम, माँ

mumble /ˈमम्बल्/ *v.* मुँह ही मुँह में बोलना (कि शब्द सुनाई न दें), बुदबुदाना, फुसफुसाना

mummy /ˈममि/ *n.* (*pl.* **mummies**) **1** (बच्चों द्वारा माँ के लिए प्रयुक्त) मम्मी, माँ **2** मनुष्य या पशु का शव (कपड़े में लिपटा व विशेष लेप लगाकर), ममी

mumps /मम्प्स्/ *n.* विशेषतः बच्चों को होने वाला एक संक्रमणशील रोग जिसमें गरदन सूज जाती है, गलसुआ

munch /मन्च्/ *v.* किसी वस्तु को काटना और आवाज़ करते हुए खाना, चबड़–चबड़ कर खाना

mundane /मन्ˈडेन्/ *adj.* साधारण, मामूली, रोचक या उत्तेजक नहीं

municipality /म्यूˌनिसिˈपैलटि/ *n.* (*pl.* **municipalities**) स्थानीय स्वशासी निकायवाला शहर, नगर आदि, नगरपालिका, इस निकाय को संचालित करनेवाला अधिकारी वर्ग

mural /ˈम्युअरल्/ *n.* भित्तिचित्र (दीवार पर बनाया बड़ा चित्र)

murder /ˈमड(र्)/ *n.* **1** ग़ैर–क़ानूनी रूप से और जान–बूझकर किसी व्यक्ति को मार देने का अपराध, मानव हत्या का अपराध **2** कठिन या अप्रिय अनुभव

murky /ˈमकि/ *adj.* अंधकारमय और अप्रिय या मलिन

murmur /ˈमम(र्)/ *v.* निम्न मंद स्वर में कुछ कहना, बड़बड़ाना, भुनभुनाना ▸ **murmur** *n.* बड़बड़ाहट, भुनभुनाहट

muscle /ˈमसल्/ *n.* शरीर का वह भीतरी भाग जिसे गति उत्पन्न करने के लिए सख़्त या शिथिल किया जा सकता है, मांसपेशी ▸ **muscular** *adj.* **1** मांसपेशियों से संबंधित **2** मज़बूत बड़ी मांसपेशियों वाला, हट्टा–कट्टा

muse /म्यूज़्/ *v.* **1** एकाग्रचित होकर चिंतन करना **2** मनन या चिंतन करते हुए स्वयं से कुछ कहना ▸ **muse** *n.* किसी लेखक, चित्रकार, संगीतज्ञ आदि की प्रेरक शक्ति (व्यक्ति या कोई दैवीय सत्ता)

museum /म्युˈज़ीअम्/ *n.* बहुमूल्य और रोचक वस्तुओं का संग्रहालय और प्रदर्शन–स्थल, संग्रहालय, म्यूज़ियम

mushroom /ˈमशरुम्, -रूम्/ *n.* सब्ज़ी के रूप में प्रयोग किया जानेवाला एक पौधा जो तेज़ी से विकसित होता है तथा जिसके शीर्ष गोल समतल होते हैं, कुकुरमुत्ता, छत्रक, खुंबी, मशरूम

mushy /ˈमशि/ *adj.* **1** भारी तथा मुलायम, लुगदी के समान **2** अति भावुक या लज्जित (विशेषकर प्यार या स्नेह की अभिव्यक्ति में), भावुकतापूर्ण

music /ˈम्यूज़िक्/ *n.* **1** गाए जाने या वाद्ययंत्रों पर बजाए जाने के लिए स्वरों का विशेष संयोजन, संगीत **2** संगीत स्वर का प्रतिनिधित्व करनेवाले लिखित चिन्ह, राग

musical /ˈम्यूज़िक्ल्/ *adj.* **1** संगीत–विषयक **2** संगीत–प्रेमी या संगीत–निपुण **3** संगीत के समान मधुर (स्वर वाला), संगीतमय, संगीतात्मक ▸ **musically** *adv.* संगीतात्मक रीति से ▸ **musical** *n.* संगीत–नृत्यमय नाटक या फ़िल्म

musician /म्यूˈज़िशन्/ *n.* संगीतकार, वादक या स्वर–लिपि लेखक (विशेषतः नौकरी के रूप में)

musk /मस्क्/ *n.* इत्र आदि बनाने में प्रयुक्त एक सुगंधित पदार्थ जो नर हिरण से उत्पन्न होता है, मुश्क, कस्तूरी

Muslim /ˈमुज़्लिम्/ *n.* इस्लाम धर्म का अनुयायी व्यक्ति, मुस्लिम, मुसलमान ▸ **Muslim** *adj.* मुस्लिम-विषयक, मुस्लिम या मुसलमानी

muslin /ˈमज़्लिन्/ *n.* मलमल, लगभग पारदर्शी महीन सूती कपड़ा जिससे (विशेषतः विगत युग में) कपड़े और परदे बनते थे

must /मस्ट्, प्रबल रूप मस्ट्/ *modal v.* **1** किसी बात के घटित होने की आवश्यकता बताने के लिए प्रयुक्त, आवश्यकता-बोधक, आवश्यकता का भाव व्यक्त करने के लिए प्रयुक्त **2** किसी बात की सचाई के विषय में निश्चित होने का भाव व्यक्त करने के लिए प्रयुक्त, निश्चितता का भाव व्यक्त करने के लिए प्रयुक्त

mustard /ˈमस्टड्/ *n.* **1** एक छोटा पौधा जिसमें पीले फूल होते हैं तथा जिनके भूरे बीज का प्रयोग मसालों के रूप में होता है, सरसों **2** मांस के साथ खायी जानेवाली ठंडी पीली अथवा भूरी चटनी, राई, सरसों

muster /ˈमस्ट(र्)/ *v.* **1** (किसी के लिए यथासंभव अधिकतम समर्थन, साहस आदि) जुटाना, बटोरना, एकत्र करना **2** लोगों (विशेषतः सैनिकों) को इकट्ठा करना या उनका इकट्ठा होना (सैनिक कार्रवाई आदि के लिए)

musty /ˈमस्टि/ *adj.* ताज़ी हवा के अभाव में सीलनवाली गंध से भरा, बासी, सीलनभरी

mutant /ˈम्यूटन्ट्/ *n.* वह जीव जो सदृश कोटि के अन्य जीवों से भिन्न हो (आनुवंशिकता में परिवर्तन के कारण), उत्परिवर्ती जीव

mute /ˈम्यूट्/ *adj.* चुप, मूक, गूँगा (जो बोल न सके)

mutilate /ˈम्यूटिलेट्/ *v.* किसी के शरीर का बुरी तरह अंग-भंग कर देना ▸ **mutilation** *n.* अंग-भंग

mutiny /ˈम्यूटनि/ *n.* (*pl.* **mutinies**) व्यक्तियों (विशेषतः नाविकों या सैनिकों) का अधिकारी के आदेश को मानने से इनकार, सैनिक विद्रोह, बग़ावत, ग़दर ▸ **mutiny** *v.* विद्रोह होना या करना

mutter /ˈमट(र्)/ *v.* मंद, शांत और प्रायः क्रुद्ध स्वर में बोलना (जो सरलता से सुनाई न दे), बुदबुदाना

mutton /ˈमट्न्/ *n.* भेड़ या बकरी का मांस

mutual /ˈम्यूचुअल्/ *adj.* **1** (कोई मनोभाव या क्रिया) दोनों पक्षों द्वारा समान रूप से एक-दूसरे के प्रति अनुभूत या संपादित, पारस्परिक, आपसी **2** साझा, पारस्परिक ▸ **mutually** *adv.* साझा तौर पर, परस्पर

muzzle /ˈमज़्ल्/ *n.* **1** (कुत्ते, लोमड़ी आदि का) थूथन (जिसमें नाक और मुँह आते हैं) **2** बंदूक़ की नली का खुला सिरा जहाँ से गोलियाँ निकलती हैं, नालमुख ▸ **muzzle** *v.* मुँह बंद करना

my /माइ/ *det.* मेरा (जिस पर मेरा अधिकार है या जो मुझसे संबंधित है)

myopia /माइˈओपिआ/ *n.* दूर की वस्तुओं को स्पष्टता से न देख पाना, निकट-दृष्टिता ▸ **myopic** *adj.* निकट दृष्टिक

myriad /ˈमिरिअड्/ *n.* बहुत बड़ी संख्या, अनगिनत ▸ **myriad** *adj.* असंख्य, अनगिनत, बेशुमार

myself /माइˈसेल्फ़्/ *pron.* **1** मैं स्वयं (जब कर्ता भी प्रभावित हो) **2** मैं स्वयं (जब कर्ता पर बल दिया जाए)

mysterious /मिˈस्टिअरिअस्/ *adj.* **1** समझने या समझाने से परे, अद्भुत,

रहस्यमय 2 (व्यक्ति) किसी भेद को छिपाए हुए या बताने से इनकार करने वाला ▸ **mysteriously** *adv.* रहस्यमय ढंग से

mystery /'मिस्ट्रि/ *n.* (*pl.* **mysteries**) **1** जो न समझ में आए न समझाया जा सके, रहस्य, भेद **2** विचित्र, गुप्त तथा अदभुत गुणोंवाला, रहस्य

mystic /'मिस्टिक्/ *n.* ईश्वर या किसी देवता के साथ संवाद–स्थापना की साधना में आजीवन रत व्यक्ति, रहस्य–साधक संत ▸ **mystical** *adj.* अध्यात्म से संबंधित, आध्यात्मिक, अद्भुत और आश्चर्यजनक, रहस्यात्मक

mystify /'मिस्टिफ़ाइ/ *v.* किसी को उलझन में डाल देना (क्योंकि वह बात समझ नहीं सका)

mystique /मि'स्टीक्/ *n.* रहस्यमय कौशलों से संपन्न होने की विशेषता (जिससे कोई व्यक्ति या वस्तु रोचक या आकर्षक बन जाती है), रहस्यमयता

myth /मिथ्/ *n.* **1** मिथक, पौराणिक कथा (जो विशेषतया देवताओं और वीर पुरुषों के विषय में होती हैं और जिनमें प्रायः प्राकृतिक या ऐतिहासिक घटनाओं का वर्णन होता है) **2** मनगढ़ंत, काल्पनिक विचार या कथा

mythology /मि'थॉलजि/ *n.* पौराणिक कथाएँ और उनमें निहित विश्वास ▸ **mythological** *adj.* पौराणिक कथाओं से संबंधित, पौराणिक

m

Nn

N *abbr.* **1** **north** का संक्षिप्त रूप, उत्तरी **2** बल की एक इकाई (newton)

nab /नैब्/ *v.* (**nabbing, nabbed**) **1** दोषी व्यक्ति को पकड़ना या हिरासत में लेना **2** छीन लेना या झपट लेना

nag /नैग्/ *v.* (**nagging, nagged**) **1** किसी के आचरण की लगातार शिकायत करते रहना या कोई काम करने के लिए बार-बार कहना, किसी बात के लिए किसी के पीछे पड़ जाना **2** किसी को लगातार चिंता में डालना या गुस्सा दिलाना

nail /नेल्/ *n.* **1** नाख़ून, नख **2** कील ▸ **nail** *v.* (**nail sb down**) किसी व्यक्ति को अपनी इच्छा या इरादा स्पष्टतया बताने के लिए विवश करना

naive /नाइ'ईव्/ *adj.* जिसे जीवन का पर्याप्त अनुभव नहीं और जो दूसरों पर तुरंत विश्वास या भरोसा कर लेता है, भोला-भाला, सीधा-सादा

naked /'नेकिड्/ *adj.* **1** वस्त्ररहित, नग्न, नंगा **2** (प्रायः ढकी रहने वाली वस्तु के लिए प्रयुक्त) जो ढका न हो, खुला, आवरण या खोल-रहित

namby-pamby /ˌनैम्बि'पैम्बि/ *adj.* **1** कमज़ोर और डरपोक **2** किंचित् भावुक

name /नेम्/ *n.* **1** व्यक्ति या वस्तु का नाम **2** किसी व्यक्ति या वस्तु के विषय में लोगों की राय, ख्याति या कुख्याति ▸ **name** *v.* **1** किसी व्यक्ति या वस्तु का कोई विशेष नाम रखना, का नामकरण करना **2** किसी के नाम को प्रकट करना या किसी का नाम बताना

nan /नान्/ *n.* एक प्रकार की रोटी (भारतीय), नान

nanny /'नैनि/ *n.* (*pl.* **nannies**) परिवार के बच्चों की नर्स या आया (जो सामान्यतः परिवार के साथ ही रहती है)

nanosecond /'नैनोसेकंड/ *n.* एक सेकेंड का अरबवाँ हिस्सा

nanotechnology /ˌनैनोटेक्'नॉलजि/ *n.* प्रौद्योगिकी की वह शाखा जिसके अंतर्गत 100 नैनोमीटर लंबाई से कम की संरचना के निर्माण के विषय में अध्ययन किया जाता है, अतिसूक्ष्म प्रौद्योगिकी, नैनो टेक्नॉलाजी ▸ **nanotechnological** *adj.* अतिसूक्ष्म प्रौद्योगिकी से संबंधित

nap /नैप्/ *n.* झपकी (दिन के समय की अल्प निद्रा) ▸ **nap** *v.* (**napping, napped**) झपकी लेना

napalm /'नेपाम्/ *n.* बम बनाने में प्रयुक्त, पेट्रोल या गैस से बना जेली जैसा पदार्थ, नेपाम

nape /नेप्/ *n.* गरदन का पिछला भाग, गद्दी, घाटिका

naphthalene /'नैफ़्थलीन्/ *n.* कपड़ों को कीड़ों से बचाने के लिए एक अत्यधिक गंध वाला पदार्थ, दानेदार फ़िनायल जैसा रोगाणुनाशक पदार्थ, नेप्थलीन

napkin /'नैप्किन्/ *n.* भोजन करते समय कपड़ों को ख़राब होने से बचाने या हाथ-मुँह पोंछने के लिए प्रयुक्त कपड़ा या काग़ज़, नैपकिन

nappy /ˈनैपि/ *n.* (*pl.* **nappies**) (शिशु द्वारा) शरीर के निचले भाग में पहना जानेवाला मुलायम मोटा कपड़ा, पोतड़ा या डाइपर, नैपी

narcissism /ˈनासिसिज़म्/ *n.* स्वयं की अत्यधिक प्रशंसा करने का स्वभाव (विशेषकर सौंदर्य), आत्मरति

narcotic /नाˈकॉटिक्/ *n.* **1** शक्तिशाली नशीला पदार्थ, स्वापक **2** ऐसी दवा या पदार्थ जो तनाव दूर करे, दर्द मिटाए या नींद लाए, शमनकारी औषधि ▸ **narcotic** *adj.* शमनकारी या नशीली दवा से संबंधित

narrate /नˈरेट्/ *v.* कथा का वर्णन करना, कहानी सुनाना ▸ **narration** *n.* कथा वर्णन, विवरण

narrative /ˈनैरटिव्/ *n.* **1** कथा में घटनाओं का वर्णन **2** कहानी सुनाने की प्रक्रिया या कला, वृत्तांत, आख्यान

narrow /ˈनैरो/ *adj.* **1** तंग, संकीर्ण **2** छोटा, सीमित **3** बहुत थोड़े अंतर से, बाल-बाल (बचाव आदि) ▸ **narrow** *v.* तंग, संकीर्ण होना या करना

NASA /ˈनैसा/ *abbr.* नेशनल एअरोनॉटिक्स एंड स्पेस एडमिनिस्ट्रेशन, अमेरिकी सरकार का एक संगठन जो अंतरिक्ष-अनुसंधान तथा अंतरिक्ष-यात्रा का आयोजन करता है, नासा

nasal /ˈनेज़ल्/ *adj.* **1** नाक का या नाक के लिए, नासिका-संबंधी **2** अंशतः नाक में से उत्पन्न, नासिक्य

nascent /ˈनैस्न्ट्/ *adj.* आरंभिक अवस्था, उदीयमान, विकासशील

nasty /ˈनास्टि/ *adj.* बहुत बुरा या अप्रिय ▸ **nastily** *adv.* बहुत बुरी तरह

natal /ˈनेट्ल्/ *adj.* (व्यक्ति के) जन्म स्थान या समय से संबंधित

nation /ˈनेश्न्/ *n.* राष्ट्र या समस्त राष्ट्रवादी

national /ˈनैश्नल्/ *adj.* राष्ट्रीय, राष्ट्र विशेष का प्रतिनिधिक ▸ **nationally** *adv.* राष्ट्रीय स्तर पर ▸ **national** *n.* किसी देश का नागरिक

nationalism /ˈनैश्नलिज़म्/ *n.* **1** जाति, संस्कृति, भाषा आदि की समानता के आधार पर एक स्वतंत्र राष्ट्र-बनाने की जन-भावना **2** राष्ट्र-प्रेम की भावना, राष्ट्रीयता, अपने राष्ट्र को अन्य से श्रेष्ठ बनाने की भावना, राष्ट्रवाद

nationality /ˌनैशˈनैलटि/ *n.* (*pl.* **nationalities**) किसी राष्ट्र की नागरिकता, राष्ट्रीयता

native /ˈनेटिव्/ *adj.* **1** जंन्म स्थान या निवास-स्थान से संबंधित **2** किसी स्थान के मूल निवासियों से संबंधित ▸ **native** *n.* **1** स्थान विशेष में जन्मा व्यक्ति, (जन्म से) निवासी **2** (यूरोपीय लोगों के आगमन से पूर्व के) अफ़्रीका, अमेरिका आदि के मूल निवासी

natural /ˈनैच्रल्/ *adj.* **1** प्रकृति में विद्यमान, प्राकृतिक, मानव-प्रेरित या निर्मित नहीं, नैसर्गिक **2** स्वाभाविक, या प्राकृतिक

nature /ˈनेच(र्)/ *n.* **1** प्रकृति, ब्रह्मांड में स्थित समस्त पेड़-पौधे, जीव-जंतु आदि और उसमें होने वाली सब क्रिया जो मानव-निर्मित या प्रेरित नहीं **2** किसी व्यक्ति या वस्तु की विशेषताएँ या उसका स्वभाव

naughty /ˈनॉटि/ *adj.* (बच्चों के विषय में प्रयुक्त) शरारती, नटखट, कहना न मानने वाला, उद्दंड ▸ **naughtiness** *n.* नटखटपन, शरारत

nausea /ˈनॉज़िआ/ *n.* मिचली, मतली, उबकाई (उल्टी होने की अनुभूति)

nauseate /ˈनॉज़िएट्/ *v.* किसी को बीमार-सा कर देना या खिझा देना, उसका जी फेर देना, उसमें घृणा पैदा कर देना
nauseous /ˈनॉज़िअस्, नॉसिअस्/ *adj.* 1 उलटी जैसा लगना, वमनकारी, अरुचिकर 2 उलटी या मतली लानेवाला, घिनौना
nautical /ˈनॉटिक्ल्/ *adj.* जहाज़ों, नाविकों या नौका यात्रा से संबंधित
naval /ˈनेव्ल्/ *adj.* नौसेना-विषयक, नौसैनिक
navel /ˈनेव्ल्/ *n.* नाभि
navigable /ˈनैविगबल्/ *adj.* (नदी या तंग समुद्री पट्टी) जहाँ नौकाएँ चल सकें, नौ-चालन के योग्य
navigate /ˈनैविगेट्/ *v.* 1 गंतव्य का मार्ग ढूँढ़ने के लिए मानचित्र आदि का प्रयोग करना 2 नदी या समुद्र में नौ-चालन करना ▸ **navigation** *n.* जलयान या नौका और विमान का पथ-निर्देशन
navy /ˈनेवि/ *n.* (*pl.* **navies**) युद्धकाल में समुद्र में लड़नेवाली सैनिक टुकड़ी, नौ-सेना
Nazi /ˈनाट्सि/ *n.* 1 द्वितीय विश्व युद्ध के दौरान जर्मनी में सत्तासीन नेशनल सोशलिस्ट पार्टी का सदस्य, नाज़ी 2 जाति के विषय में अतिवादी और अविवेकी विचारों वाला व्यक्ति, घोर जातिवादी व्यक्ति ▸ **Nazi** *adj.* निर्दय, अतिवादी और अविवेकी ▸ **Nazism** *n.* नाज़ीवाद
near /निअ(र्)/ *adj.* & *adv.* & *prep.* 1 (समय या स्थान की दृष्टि से) बहुत दूर नहीं, पास, समीप, निकट 2 लगभग, प्रायः ▸ **near** *v.* (समय या स्थान की दृष्टि से) किसी के निकट आना
nearly /ˈनिअलि/ *adv.* लगभग, पूरी तरह या बिलकुल सही तौर पर नहीं, क़रीब-क़रीब
neat /नीट्/ *adj.* 1 सुव्यवस्थित, साफ़-सुथरा 2 (व्यक्ति) व्यवस्था-प्रिय
nebula /ˈनेब्यला/ *n.* (*pl.* **nebulae**) नीहारिका (धुएँ, गैस या दूरस्थ तारावली के कारण आकाश में बना प्रकाशपुँज), तारा धुंध
necessarily /ˈनेससरलि, नेसˈसेरलि/ *adv.* अनिवार्य रूप से
necessary /ˈनेससरि/ *adj.* (प्रयोजन विशेष या कारण विशेष से) आवश्यक, ज़रूरी
necessitate /नˈसेसिटेट्/ *v.* किसी बात को आवश्यक या अपेक्षित बना देना
necessity /नˈसेसटि/ *n.* (*pl.* **necessities**) 1 (किसी वस्तु की) आवश्यकता, अपेक्षा, (किसी बात की) अनिवार्यता 2 आवश्यक वस्तु
neck /नेक्/ *n.* 1 गरदन, ग्रीवा 2 वस्त्र का गरदन वाला भाग
necromancy /ˈनेक्रोमैन्सि/ *n.* 1 भविष्य जानने के लिए मृत आत्माओं से जादू के माध्यम से बातचीत करने का दावा करने की प्रथा, प्रेत विद्या 2 विशेषकर दुष्ट जादुई शक्ति का प्रयोग, जादू-टोना
nectar /ˈनेक्ट(र्)/ *n.* 1 शहद बनाने के लिए मधुमक्खियों द्वारा फूलों से एकत्रित मधुर द्रव, मकरंद 2 किसी फल का गाढ़ा रस (पेय के रूप में प्रयुक्त)
need /नीड्/ *v.* 1 किसी को किसी वस्तु की आवश्यकता होना 2 कुछ करना आवश्यक होना, किसी बात की बाध्यता होना ▸ **need** *n.* 1 (किसी व्यक्ति या वस्तु की) आवश्यकता, अनिवार्यता 2 आवश्यकताएँ, आवश्यक वस्तुएँ

needle /ˈनीड्ल्/ *n.* **1** सुई (कपड़ा सीने की) **2** सलाई (ऊन आदि बुनने की) **3** इंजेक्शन की सुई

needless /ˈनीड्लस्/ *adj.* अनावश्यक, ग़ैर-ज़रूरी

needy /ˈनीडि/ *adj.* **1** अभावग्रस्त (पर्याप्त धन, भोजन आदि की दृष्टि से), ज़रूरतमंद **2** *n.* (*pl.*) अभावग्रस्त या ज़रूरतमंद लोग

negate /निˈगेट्/ *v.* **1** बेअसर या अशक्त करना, बेकार करना, निष्फल करना **2** खंडन करना, नकारना, अस्वीकार करना

negative /ˈनेगटिव्/ *adj.* **1** बुरा या हानिप्रद **2** व्यक्ति या वस्तु का नकारात्मक होना ▸ **negative** *n.* **1** निषेध ('न', 'नहीं,) के अर्थ वाला शब्द, वाक्यांश या वाक्य **2** फ़ोटो की निगेटिव फ़िल्म

neglect /निˈग्लेक्ट्/ *v.* **1** किसी व्यक्ति या वस्तु की उपेक्षा करना (बहुत कम ध्यान देना या बिलकुल ध्यान न देना) **2** कोई बात छोड़ देना या भूल जाना ▸ **neglect** *n.* उपेक्षा

negligence /ˈनेग्लिजन्स्/ *n.* उपेक्षा, असावधानी ▸ **negligent** *adj.* असावधान, उपेक्षाशील

negligible /ˈनेग्लिजब्ल्/ *adj.* नगण्य, उपेक्षणीय

negotiate /निˈगोशिएट्/ *v.* **1** किसी मुद्दे पर निर्णय या समझौते के लिए किसी से बातचीत करना, परक्रामण करना **2** बातचीत द्वारा किसी निर्णय पर पहुँचना या समझौता करना

Negro /ˈनीग्रो/ *n.* (*pl.* **Negroes**) (जाति की दृष्टि से) काला व्यक्ति, नीग्रो, हबशी

neigh /ने/ *n.* घोड़े की हिनहिनाहट ▸ **neigh** *v.* घोड़े का हिनहिनाना

neighbourhood /ˈनेबहुड्/ *n.* शहर का कोई मुहल्ला, पड़ोस, प्रतिवेश

neither /ˈनाइद(र्), ˈनीद(र्)/ *det.* & *pron.* & *adv.* **1** (व्यक्ति या वस्तुएँ) न यह न वह **2** यह भी नही, दोनों में से कोई भी नहीं

nemesis /ˈनेमसिस्/ *n.* दंड या पराजय जिससे उसका पात्र बच नहीं सकता, नियति

neon /ˈनीऑन्/ *n.* एक प्रकार की प्रतिक्रियाहीन गैस जो बत्तियों और विज्ञापन-पट्टों को चमकदार बनाती है, निओन गैस

neonatal /ˌनीओˈनेट्ल्/ *adj.* नवजात शिशु संबंधी

nephew /ˈनेफ़्यू, ˈनेव्यू/ *n.* भाई का पुत्र (भतीजा) या बहन का पुत्र (भानजा) या पति के भाई या बहन अथवा पत्नी के भाई या बहन का पुत्र, भतीजा, भानजा

nepotism /ˈनेपटिज़म्/ *n.* अपने अधिकार या प्रभाव से परिवार के सदस्यों का अनुचित लाभ (विशेषतः नौकरी देना) पहुँचाना, भाई-भतीजावाद, कुनबापरस्ती

nerd /नड्/ *n.* पुरानी चाल का और उबाऊ शौक़ पालने वाला आदमी, खूसट आदमी

nerve /नव्/ *n.* **1** मस्तिष्क से अथवा मस्तिष्क को संवेदनाएँ, संदेश पहुँचानेवाली शरीर में स्थित धागे जैसी लंबी पतली संरचना, स्नायु, नस, तंत्रिका **2** (*pl.* **nerves**) घबराहट, परेशानी

nervous /ˈनवस्/ *adj.* **1** चिंतित या भयभीत **2** स्नायु-विषयक, स्नायविक

nest /नेस्ट्/ *n.* **1** (पक्षियों का) घोंसला, नीड़ **2** कुछ जंतुओं या कीटों का घर, बाँबी ▸ **nest** *v.* घोंसला बनाना

nestle /ˈनेसल्/ *v.* आरामदेह, सुरक्षित या गुप्त स्थिति में होना या चले जाना

net /नेट्/ *n.* 1 जाल, नेट 2 विशेष प्रयोजन का जाल ▸ **net** *v.* (**netting, netted**) 1 किसी को जाल में फँसाना, गेंद को मारकर (गोल के) जाल में पहुँचाना 2 लाभ के रूप में कुछ प्राप्त करना ▸ **net** *adj.* (संख्या या मात्रा) शेष, शुद्ध, नवल (जिसमें से अब कुछ निकालना नहीं)

network /ˈनेट्वक्/ *n.* 1 परस्पर संयुक्त सड़कों, रेलवे लाइनों, नसों आदि का जाल या तंत्र 2 परस्पर घनिष्ठता से जुड़े लोगों या कंपनियों का समूह

neural /ˈन्योरल्/ *adj.* स्नायु या तंत्रिका तंत्र से संबंधित, स्नायविक

neurology /न्युअˈरॉलजि/ *n.* स्नायु-विज्ञान ▸ **neurological** *adj.* स्नायुविज्ञान-विषयक, स्नायुवैज्ञानिक

n

neurosis /न्युअˈरोसिस्/ *n.* (*pl.* **neuroses**) (चिकित्सा) गंभीर भय और चिंता को जन्म देने वाला एक मनोरोग, मनस्ताप का स्नायु-रोग

neurotic /न्युअˈरॉटिक्/ *adj.* 1 अकारण चिंतित, विक्षिप्त-सा 2 मनस्ताप का रोगी

neuter /ˈन्यूट(र्)/ *adj.* (कुछ भाषाओं में कुछ शब्द) जो व्याकरण के अनुसार नपुंसकलिंगी होते हैं ▸ **neuter** *v.* किसी पशु को नपुंसक बनाना (उसके प्रजननांगों को निकाल लेना)

neutral /ˈन्यूट्रल्/ *adj.* 1 किसी विवाद, युद्ध आदि में तटस्थ 2 हलका, मंद (तीखेपन से रहित) ▸ **neutral** *n.* वाहन में न्यूट्रल गिअर (जब इंजिन से पहियों में शक्ति-प्रवाह बंद रहता है)

neutralize /ˈन्यूट्रलाइज़्/ *v.* 1 किसी वस्तु को निष्प्रभावी कर देना 2 किसी पदार्थ को न तो अम्लीय रहने देना न क्षारीय 3 किसी देश या क्षेत्र को युद्ध में तटस्थ घोषित कर देना

neutron /ˈन्यूट्रॉन्/ *n.* परमाणु के तीन घटकों में से एक (न्यूट्रॉन में विद्युत चार्ज नहीं होता), न्यूट्रॉन

never /ˈनेव(र्)/ *adv.* 1 कभी नहीं, कदापि नहीं 2 निषेधात्मक प्राक्कथन पर बल देने के लिए प्रयुक्त

nevertheless /ˌनेवदˈलेस्/ *adv.* & *conj.* तथापि, ऐसा होने पर भी

new /न्यू/ *adj.* 1 नया (बना, खोजा आदि) 2 जो पहले था उससे भिन्न या परिवर्तित

news /न्यूज़्/ *n.* 1 समाचार, ख़बर 2 रेडियो या टेलीविज़न का नियमित समाचार-कार्यक्रम

newton /ˈन्यूटन्/ *n.* शक्ति की इकाई, न्यूटन

next /नेक्स्ट्/ *adj.* & *adv.* 1 (स्थान या समय की दृष्टि से) अगला, सबसे पास, निकटतम 2 (सप्ताह के दिनों, महीनों, ऋतुओं, वर्षों आदि के नामों से पहले प्रयुक्त) वर्तमान के बाद एकदम अगला

nexus /ˈनेक्सस्/ *n.* विभिन्न व्यक्तियों या वस्तुओं के बीच जटिल संबंध

nib /निब्/ *n.* पेन का निब

nibble /ˈनिब्ल्/ *v.* किसी वस्तु को टुकड़े-टुकड़े कर के खाना, कुतरना ▸ **nibble** *n.* कुतरने की क्रिया

nice /नाइस्/ *adj.* 1 सुहाना या मनोरम, आनंदप्रद या आकर्षक 2 दयालु, मित्रवत

niche /निच्, नीश्/ *n.* 1 अनुकूल या उपयुक्त नौकरी, पद आदि 2 (व्यापार में) विशिष्ट व्यक्ति-वर्ग को विशिष्ट वस्तु बेचने का अवसर या गुंजाइश

nick /निक्/ *n.* (किसी वस्तु में) खाँच या काट ▸ **nick** *v.* 1 (किसी व्यक्ति या

वस्तु में) छोटी-सी काट लगाना 2 किसी व्यक्ति को गिरफ़्तार करना या बंदी बनाना

nickname /'निक्नेम्/ *n.* वास्तविक नाम के बदले प्रायः परिवार के सदस्यों या मित्रों द्वारा प्रयुक्त अनौपचारिक नाम, घर का नाम, छोटा नाम, उपनाम

▸ **nickname** *v.* अनौपचारिक नाम रखना

nicotine /'निकटीन्/ *n.* तंबाकू में पाया जाने वाला विषैला रसायन, निकोटीन

niece /नीस्/ *n.* भाई की पुत्री (भतीजी) या बहन की पुत्री (भाँजी), पति या पत्नी की भतीजी, भाँजी

night /नाइट्/ *n.* **1** रात, रात्रि **2** देर शाम (का समय)

nightingale /'नाइटिङ्गेल्/ *n.* बुलबुल (मधुर कंठ वाला छोटा भूरा पक्षी)

nightmare /'नाइट्मेअ(र्)/ *n.* **1** डरावना या अप्रिय सपना, दुःस्वप्न **2** बहुत अप्रिय या डरावना अनुभव, अत्यंत कटु अनुभव

nil /निल्/ *n.* शून्य की संख्या (0) प्रायः खेलों में गणना के लिए स्कोर

nimble /'निम्ब्ल्/ *adj.* फुर्तीला

▸ **nimbly** *adv.* फुर्तीलेपन से

nincompoop /निङ्कम्पूप्/ *n.* मूर्ख व्यक्ति, बुद्धू

nine /नाइन्/ *adj.* & *n.* नौ (की संख्या)

nineteen /ˌनाइन्'टीन्/ *adj.* & *n.* उन्नीस (की संख्या)

ninety /'नाइन्टि/ *adj.* & *n.* नब्बे (की संख्या)

nip /निप्/ *v.* **(nipping, nipped)** **1** (किसी को) फुरती से काट लेना या चिकोटी काटना **2** फुरती से कहीं जाना (थोड़े समय के लिए) ▸ **nip** *n.* चिकोटी, काट

nipple /'निप्ल्/ *n.* महिला के स्तन का अग्रभाग (जिससे शिशु दूध पीता है), चूचुक

nirvana /निअ'वान/ *n.* बौद्ध धर्म में व्यक्तिगत इच्छाओं का परित्याग करने से प्राप्त शांति तथा ख़ुशी, निर्वाण

nitrate /'नाइट्रेट्/ *n.* नाइट्रोजन से बना यौगिक, नाइट्रेट (इनके प्रयोग से मिट्टी की उपजाऊ शक्ति बढ़ती है)

nitric acid /ˌनाइट्रिक्'ऐसिड्/ *n.* नाइट्रिक एसिड (एक शक्तिशाली विनाशकारी पदार्थ जो विस्फोटक एवं अन्य रासायनिक पदार्थों को बनाने में प्रयुक्त होता है)

nitrogen /'नाइट्रजन्/ *n.* नाइट्रोजन गैस (रंग-स्वाद-गंधहीन और पृथ्वी के 80% वायुमंडल में व्याप्त)

nitty-gritty /ˌनिटि'ग्रिटि/ *n.* (किसी प्रसंग के) सर्वाधिक महत्वपूर्ण विवरण या तथ्य

nitwit /'निट्विट्/ *n.* मूर्ख व्यक्ति, मंदबुद्धि, मूढ़ व्यक्ति

No. (*also* **no.**) *abbr.* (*pl.* **Nos, nos**) संख्या, सं.

no /नो/ *det.* & *adv.* **1** कोई नहीं, नहीं, एक भी नहीं **2** किसी बात के निषिद्ध होने की सूचना देने के लिए प्रयुक्त ▸ **no** *exclam.* **1** (किसी बात के जवाब में) 'नहीं' कहने के लिए प्रयुक्त या नकारात्मक उत्तर देने के लिए प्रयुक्त **2** आश्चर्य या आकस्मिक क्षोभ प्रकट करने के लिए प्रयुक्त

nobility /नो'बिलटि/ *n.* **1** समाज का संभ्रांत वर्ग **2** साहसी और स्वाभिमानी होने का गुण

noble /'नोब्ल्/ *adj.* **1** ईमानदार, साहसी और परोपकारी **2** कुलीन, संभ्रांत

या अभिजात वर्ग का ▸ **nobly** *adv.* भलमनसाहसता से, ईमानदारी से ▸ **noble** *n.* (विगत युग में) समाज के उच्चतम स्तर से संबंधित व्यक्ति (जिसकी एक विशेष उपाधि होती थी)

nobody /ˈनोबडि/ *pron.* कोई व्यक्ति नहीं, कोई भी नहीं ▸ **nobody** *n.* (*pl.* **nobodies**) नगण्य व्यक्ति (ऐसा व्यक्ति जो न महत्वपूर्ण है न प्रसिद्ध), नाचीज़ इनसान

nocturnal /नॉक्ˈटर्नल्/ *adj.* **1** (पशु और पक्षी) रात में जागने वाले और दिन में सोने वाले, निशाचर और दिवाशायी **2** रात्रिकालीन

nod /नॉड्/ *v.* (**nodding, nodded**) सिर हिलाना–अपनी स्वीकृति जतलाने या किसी को काम करने का इशारा करने के लिए, नवाना ▸ **nod** *n.* नवाई, नगन

node /नोड्/ *n.* **1** (जीव–विज्ञान में) वृक्ष के तने में गाँठ जहाँ से शाखाएँ या पत्तियाँ फूटती हैं **2** (गणितशास्त्र में) वह बिंदु जहाँ दो रेखाएँ या तंत्र मिलते हैं या एक–दूसरे को काटते हैं **3** (जीवविज्ञान में) मानव शरीर में हड्डियों के जोड़ के निकट एक कड़ा मांसपिंड, गूमड़

nodule /ˈनॉड्यूल्/ *n.* एक छोटा गोलाकार पिंड (विशेषतः पौधे पर), गांठ

noise /नॉइज़्/ *n.* आवाज़ (विशेषतः ऊँची और अप्रिय), शोर, कोलाहल

noisy /ˈनॉइज़ि/ *adj.* शोर मचाने वाला, शोर–भरा, कोलाहलपूर्ण ▸ **noisily** *adv.* शोर मचाते हुए

nomad /ˈनोमैड्/ *n.* ख़ानाबदोश या घुमंतू जनजाति का व्यक्ति (ये अपने पशुओं के साथ जगह–जगह घूमते रहते हैं) ▸ **nomadic** *adj.* ख़ानाबदोश

nomenclature /नˈमेनक्लच(र्)/ *n.* वस्तुओं का नाम रखने की प्रणाली (विशेषतः विज्ञान में) नामकरण–प्रणाली, नाम–पद्धति

nominal /ˈनॉमिनल्/ *adj.* **1** नाममात्र का (न कि वास्तव में) **2** (मूल्य, धनराशि आदि) नगण्य, अत्यल्प, सामान्य से बहुत कम

nominate /ˈनॉमिनेट्/ *v.* किसी व्यक्ति या वस्तु को नौकरी, दायित्व, पुरस्कार आदि देने का औपचारिक सुझाव देना, किसी को किसी प्रयोजन से नामित करना ▸ **nomination** *n.* नामांकन, मनोनयन, नाम–निर्देशन

non- /नॉन्/ *prefix* नहीं, अ–/अन–, ग़ैर–

non-aligned *adj.* (देश) संसार के सशक्त देशों को न समर्थन देने वाला न उनसे प्राप्त करने वाला, निर्गुट, गुट–निरपेक्ष

nonchalant /ˈनॉन्शलन्ट्/ *adj.* उदासीन (किसी वस्तु के प्रति कोई मनोभाव, रुचि या आकर्षण अनुभव न करने वाला) ▸ **nonchalance** *n.* उदासीनता ▸ **nonchalantly** *adv.* उदासीन भाव से

non-committal *adj.* अवचनबद्ध, अप्रतिबद्ध (जो न अपने विचार स्पष्टतया प्रकट करे न विवाद में किसी का पक्ष ले)

nonconformist /ˌनॉन्कन्ˈफ़ॉमिस्ट्/ *n.* जिसके विचार या आचरण समाज के बहुसंख्यक अंश से भिन्न हैं, परंपरा–विरोधी व्यक्ति ▸ **nonconformist** *adj.* परंपरा–विरोधी

nondescript /ˈनॉन्डिस्क्रिप्ट्/ *adj.* जिसमें कोई आकर्षक या असाधारण गुण न हो, साधारण, मामूली

none /नन्/ *pron.* कोई भी नहीं, एक भी नहीं (तीन या अधिक समूह में से)

n

nonentity /नॉन'ऐनुटिटि/ *n.* (*pl.* **nonentities**) ऐसा व्यक्ति जिसमें कोई विशेष गुण न हो अथवा जिसने कोई महत्वपूर्ण उपलब्धि प्राप्त न की हो, अवस्तु, अस्तित्वहीन व्यक्ति

non-existent *adj.* अस्तित्वहीन या अनुपलब्ध

nonplussed /ˌनॉन्'प्लस्ट्/ *adj.* उलझनग्रस्त, समझने में असमर्थ

nonsense /'नॉन्सन्स्/ *n.* **1** हास्यास्पद या असत्य विचार, वक्तव्य या मान्यताएँ **2** निरर्थक असंगत या अनर्गल आचरण

non-stop *adj. & adv.* जिसका कोई विराम या विश्राम बिंदु या स्थल न हो, अविराम या अविश्राम, बिना रुके, सीधे

noodles /'नूड्ल्स्/ *n.* (*pl.*) चीन और इटली में खाया जाने वाला, मैदा और अंडे को पानी से गूंधकर बनाया गया विशेष खाद्य, जो बारीक सीकों जैसा दिखता है, पास्ता, नूडल

nook /नुक्/ *n.* छोटा शांत स्थल, एकांत या कोना (मकान, बग़ीचा आदि में)

noon /नून्/ *n.* दोपहर, दिन के मध्य बजे, मध्याह्न

noose /नूस्/ *n.* (रस्सी के एक किनारे बना) फंदा, जो रस्सी खींचने से छोटा होता जाता है, पाश

nor /नॉ(र्)/ *conj. & adv.* **1** और न (ही) **2** भी नहीं, दोनों में से कोई भी नहीं

norm /नॉम्/ *n.* सामान्य या प्रत्याशित आचरण वाली स्थिति या कार्यशैली, मानक, मानदंड

normal /'नॉम्ल्/ *adj.* प्रतिनिधिक, सामान्य या साधारण, औसत, जिसकी आशा हो, प्रत्याशित ▸ **normal** *n.* सामान्य या औसत स्थिति, स्तर या मापदंड

normalize /'नॉमलाइज़्/ *v.* पुनः सामान्य हो जाना या कर देना

north /नॉथ्/ *n.* **1** सूर्योदय देखने की स्थिति में बाईं ओर की दिशा, उत्तर दिशा, कुतुबनुमा या दिक्सूचक में अंकित चार बिंदुओं में से एक **2** किसी देश, नगर, क्षेत्र या विश्व का उत्तरी भाग ▸ **north** *adj. & adv.* **1** उत्तर में स्थित, उत्तरी **2** उत्तर दिशा में या उत्तर की ओर

northern /'नॉदन्/ *adj.* किसी स्थान से उत्तर की ओर का, उत्तर में से

nose /नोज़्/ *n.* **1** नाक, नासिका **2** वायुयान, अंतरिक्ष यान आदि का अग्रभाग ▸ **nose** *v.* (वाहन) मंद गति और सावधानी से आगे बढ़ना

nostalgia /नॉ'स्टैल्जा/ *n.* अतीत के सुखद प्रसंगों की याद से उभरी आनंद और विषाद की मिश्रित भावना, गृहातुरता ▸ **nostalgic** *adj.* अतीत की सुखद स्मृति में खोया हुआ, गृहातुर

nostril /'नॉस्ट्रल्/ *n.* नथुना, नासाछिद्र

nosy /'नोज़ि/ *adj.* दूसरों के निजी मामलों में बहुत रुचि रखने वाला, ताक–झाँकिया

not /नॉट्/ *adv.* **1** निषेधवाचक वाक्य बनाने में प्रयुक्त **2** एकदम अगले शब्द या वाक्यांश को निषेध का अर्थ देने के लिए प्रयुक्त

notable /'नोटब्ल्/ *adj.* (पर्याप्त रोचक या महत्वपूर्ण होने के कारण) ध्यान देने योग्य

notary /'नोटरि/ *n.* दस्तावेज़ आदि प्रमाणित करने वाला अधिकारी, लेख्य प्रमाणक, नोटरी

notation /नो'टेशन्/ *n.* (विशेषतः) गणित, विज्ञान और संगीत की विषय–वस्तु की अंकन–पद्धति

notch /नॉच्/ *n.* **1** गुणवत्ता के मापक्रम का एक स्तर, बिंदु या दर्जा **2** (किसी वस्तु में बना) या शून्य के आकार का खाँचा (कभी-कभी कुछ गिनने के लिए प्रयुक्त) ▸ **notch** *v.* **(notch sth up)** कोई वस्तु बना लेना या पा लेना

note /नोट्/ *n.* **1** किसी बात को याद रखने में सहायक फुरती से लिखी गई संक्षिप्त भाषा, फुरती से टाँके गए शब्द और वाक्यांश, विवरण **2** छोटा पत्र, पुरज़ा, नोट **3** करेंसी नोट, काग़ज़ी नोट **4** संगीत का स्वर (मौखिक या वाद्य से उत्पन्न), संगीत के स्वर का चिह्न ▸ **note** *v.* **1** किसी बात पर ग़ौर करना या अच्छी तरह ध्यान देना

noted /ˈनोटिड्/ *adj.* जाना-माना, विख्यात, प्रसिद्ध

noteworthy /ˈनोट्वर्दि/ *adj.* रोचक या महत्वपूर्ण, उल्लेखनीय, ध्यान देने योग्य, विचारणीय

nothing /ˈनथिङ्/ *pron.* कुछ नहीं, नगण्य, शून्यप्राय

notice /ˈनोटिस्/ *n.* **1** किसी बात पर ध्यान देने या किसी के विषय में जानने की क्रिया **2** सूचना, चेतावनी, नोटिस (लिखित या मुद्रित) (सबकी जानकारी के लिए) ▸ **notice** *v.* किसी बात को देखना और सतर्क हो जाना

noticeable /ˈनोटिसब्ल्/ *adj.* जो सहज ही दिखाई पड़े या जिस पर सहज ही ध्यान जाए, स्पष्ट या ध्यानाकर्षक ▸ **noticeably** *adv.* स्पष्टतया, ध्यानाकर्षक या उल्लेखनीय रूप से

notify /ˈनोटिफ़ाइ/ *v.* किसी विषय पर आधिकारिक रूप से किसी को सूचित करना, अधिसूचित करना ▸ **notification** *n.* अधिसूचना, अधिसूचन (अधिसूचित करने की क्रिया)

notion /ˈनोशन्/ *n.* मन में कोई बात, ख़याल, विचार, धारणा

notorious /नोˈटॉरिअस्/ *adj.* बदनामी, कुख्याति

notwithstanding /ˌनॉट्विथ्ˈस्टैन्डिङ्/ *prep.* & *adv.* के बावजूद (भी)

nought /नॉट्/ *n.* शून्य का अंक

noun /नाउन्/ *n.* वस्तु, विचार, स्थान या व्यक्ति के नाम का सूचक शब्द, संज्ञा

nourish /ˈनरिश्/ *v.* **1** (किसी को) पोषक भोजन देकर पुष्ट और स्वस्थ बनाना **2** किसी मनोभाव, विचार आदि को बढ़ावा देना ▸ **nourishment** *n.* जीवन, विकास और स्वास्थ्य के लिए भोजन, आहार, खुराक आदि पोषक तत्व

nouveau riche /ˌनूवो ˈरीश्/ *n.* (*pl.* **nouveau riches** or **the nouveau riche**) हाल ही में धनी बना व्यक्ति जो अपने धन का प्रदर्शन करता है, नव धनाढ्य ▸ **nouveau riche** *adj.* नव धनाढ्य जैसा

novel /ˈनॉव्ल्/ *n.* उपन्यास, कल्पना-प्रसूत कथा ▸ **novel** *adj.* नया और भिन्न

novelist /ˈनॉवलिस्ट्/ *n.* उपन्यासकार

novelty /ˈनॉव्ल्टि/ *n.* (*pl.* **novelties**) **1** नवीनता और भिन्नता **2** नई और असाधारण-सी वस्तु

November /नोˈव़ेम्ब(र्)/ *n.* वर्ष का ग्यारहवाँ महीना जो अक्तूबर के बाद आता है, नवंबर (का महीना)

novice /ˈनॉविस्/ *n.* किसी विशेष काम, परिस्थिति आदि के लिए नया और अनुभवहीन व्यक्ति, नौसिखिया

now /नाउ/ *adv.* & *conj.* **1** अब, इस समय **2** तुरंत

nowhere /ˈनोवेअ(र्)/ *adv.* किसी स्थान में या पर, कहीं नहीं

noxious /ˈनॉक्शस्/ *adj.* हानिकर या विषैला

nozzle /ˈनॉज़्ल्/ *n.* पाइप की ट्यूबदार टोंटी, थूथनी

nuance /ˈन्यूआन्स्/ *n.* अर्थ, मनोभाव, ध्वनि आदि में सूक्ष्म अंतर

nuclear /ˈन्यूक्लिअ(र्)/ *adj.* **1** परमाणु नाभिकों के विखण्डन से प्राप्त, उत्पन्न ऊर्जा, आण्विक या नाभिकीय ऊर्जा **2** परमाणु के नाभिक से संबंधित

nucleic acid /न्यू,क्लीक्ˈऐसिड्/ *n.* सभी सजीव कोशिकाओं में उपस्थित दो एसिडों DNA और RNA में से कोई एक, न्यूक्लिक एसिड

nucleus /ˈन्यूक्लिअस्/ *n.* (*pl.* **nuclei**) **1** परमाणु या कतिपय कोशिकाओं का केंद्रीय भाग **2** किसी वस्तु का केंद्रीय या सबसे महत्वपूर्ण अंश

nude /न्यूड्/ *adj.* वस्त्ररहित, वस्त्रहीन, नग्न ▸ **nudity** *n.* नग्नता, वस्त्रहीनता ▸ **nude** *n.* वस्त्ररहित व्यक्ति का चित्र या फ़ोटो

nudge /नज्/ *v.* किसी व्यक्ति या वस्तु को कोहनी से स्पर्श करना या धक्का देना ▸ **nudge** *n.* धक्का, टहोका

nugget /ˈनगिट्/ *n.* **1** विशेषकर सोना आदि का ठोस, छोटा टुकड़ा (प्राकृतिक अवस्था में), सोने का डला **2** मूल्यवान विचार या तथ्य

nuisance /ˈन्यूस्न्स्/ *n.* परेशानी पैदा करने वाला व्यक्ति, वस्तु या स्थिति

nuke /न्यूक्/ *n.* आण्विक उपकरण या हथियार ▸ **nuke** *v.* आण्विक हथियार की सहायता से (किसी स्थान, क्षेत्र आदि को) नष्ट करना

nullify /ˈनलिफ़ाइ/ *v.* **1** आधिकारिक रूप से किसी समझौता, आदेश आदि को क़ानूनी रूप से निष्प्रभावी घोषित करना, रद्द करना, निरस्त करना **2** (शक्ति या महत्व) प्रभावहीन करना

numb /नम्/ *adj.* सुन्न (अंग), जड़ ▸ **numb** *v.* सुन्न या जड़ कर देना

number /ˈनम्ब(र्)/ *n.* **1** संख्या (मात्रा-सूचक शब्द या संकेत) **2** किसी व्यक्ति या वस्तु की पहचान कराने वाली संख्या-क्रम ▸ **number** *v.* **1** किसी वस्तु को कोई संख्या देना या लगाना **2** व्यक्तियों या वस्तुओं की संख्या बताने के लिए प्रयुक्त

numeral /ˈन्यूमरल्/ *n.* मात्रा या संख्या का सूचक चिह्न या प्रतीक, अंक, संख्यात्मक

numerical /न्यूˈमेरिक्ल्/ *adj.* संख्याओं से सूचित, संख्यात्मक या संख्यावार

numerous /ˈन्यूमरस्/ *adj.* बहुत सारे, बड़ी संख्या में, अनेक

nun /नन्/ *n.* साध्वी (किसी धार्मिक समुदाय की तपस्विनी जो अन्य सदस्यों के साथ पृथक आश्रम में रहती है)

nuptial /ˈनप्श्ल्/ *adj.* विवाह समारोह से संबंधित, वैवाहिक, विवाह-संबंधी

nurse /नस्/ *n.* रोगियों और घायलों की देखभाल के लिए प्रशिक्षित व्यक्ति (पुरुष या महिला), नर्स ▸ **nurse** *v.* **1** रोगी या घायल की परिचर्या करना, चोट का इलाज करवाना **2** किसी व्यक्ति या वस्तु को प्यार से हाथों या गोद में लेना

nursery /ˈनसरि/ *n.* (*pl.* **nurseries**) **1** शिशुपालन-गृह, शिशु-सदन, नर्सरी (जहाँ शिशुओं के माता-पिता काम पर जाने से पहले उन्हें छोड़ जाते हैं) **2** पौधशाला (जहाँ छोटे पौधे उगाए और बेचे जाते हैं), नर्सरी

nurture /ˈनच(र)/ *v.* **1** बढ़ते बच्चों या पौधों आदि की देखभाल और रक्षा करना, पालना-पोसना **2** विकास और सफलता-प्राप्ति के लिए प्रोत्साहित करना
▸ **nurture** *n.* बढ़ते बच्चों या पौधों आदि की देखभाल, प्रोत्साहन और सहायता

nut /नट्/ *n.* **1** कड़े छिलके वाला मेवा (अख़रोट, बादाम, काजू आदि) **2** (बोल्ट में लगाने का) नट, टिबरी या क़ाबला

nutrient /ˈन्यूट्रिअन्ट्/ *n.* पोषक तत्व (जीवन-रक्षा और शारीरिक विकास के लिए आवश्यक) भोजक, पुष्टिकर

nutrition /न्युˈट्रिश्न्/ *n.* स्वास्थ्य को पुष्ट करने वाला भोजन, पोषाहार

nutritious /न्युˈट्रिशस्/ *adj.* (भोजन) पोषक तत्वों से युक्त

nylon /ˈनाइलॉन्/ *n.* नाइलोन (जिससे कपड़े, रस्सियाँ, ब्रश आदि बनाते हैं)

nymph /निम्फ़्/ *n.* (ग्रीक, रोमन तथा अन्य देशों की कथाओं में कल्पित) परी, अप्सरा (जो वनों, नदियों आदि में रहती है)

nymphomania /ˌनिम्फ़ˈमेनिअ/ *n.* (स्त्रियों में) अदम्य कामेच्छा, कामोन्माद

n

Oo

O *exclam.* & *n.* **1** ओह, आकस्मिकता की स्थिति में मुँह से अचानक निकला शब्द **2** बोलचाल में शून्य या ज़ीरो के लिए प्रयुक्त शब्द

oaf /ओफ़्/ *n.* महामूर्ख, बेवक़ूफ़, गँवार

oak /ओक्/ *n.* **1** शाहबलूत वृक्ष (इसकी लकड़ी सख़्त होती है और यह विश्व के उत्तरी भागों में काफ़ी पाया जाता है) **2** शाहबलूत की लकड़ी

oar /ऑ(र्)/ *n.* छोटी नाव चलाने में प्रयुक्त एक लंबा डंडा जिसका एक सिरा समतल और चौड़ा होता है, चप्पू

oasis /ओ'एसिस्/ *n.* (*pl.* **oases**) नख़लिस्तान, मरुद्वीप, मरुद्यान (मरुभूमि में जल और पेड़-पौधों वाला क्षेत्र)

oath /ओथ़्/ *n.* **1** शपथ (औपचारिक रूप से ली गई सौगंध) **2** अपशब्द, गाली

oats /ओट्स्/ *n.* (*pl.*) जई, जुई, जुंदरी (एक प्रकार का अन्न जिससे मनुष्यों और पशुओं के खाद्य पदार्थ बनते हैं)

obdurate /'ऑब्ड्यरट्/ *adj.* लोगों की इच्छानुसार अपना विचार बदलने से मना करना, हठधर्मी, ज़िद्दी ▸ **obduracy** *n.* हठधर्मिता, ज़िद ▸ **obdurately** *adv.* हठधर्मिता से, ज़िद से

obedient /अ'बीडिअन्ट्/ *adj.* आज्ञाकारी ▸ **obedience** *n.* आज्ञाकारिता ▸ **obediently** *adv.* आज्ञापालन करते हुए

obeisance /ओ'बेस्न्स्/ *n.* **1** सम्मान, आदर, आज्ञा का पालन **2** शरीर का ऊपरी भाग आगे झुकाकर या सिर झुकाकर सम्मान प्रदर्शित करने की मुद्रा, अभिवादन, नमस्कार

obese /ओ'बीस्/ *adj.* (व्यक्ति) बहुत मोटा, स्थूलकाय ▸ **obesity** *n.* मोटापा, स्थूलता

obey /अ'बे/ *v.* आज्ञा का पालन करना

obituary /अ'बिचुअरि/ *n.* (*pl.* **obituaries**) शोक-समाचार, निधन-सूचना (व्यक्ति के निधनोपरांत समाचारपत्रों में उसका जीवन-वृत्त)

object /'ऑब्जिक्ट्/ *n.* **1** वस्तु जिसे देखा और स्पर्श किया जा सकता है, परंतु उसमें चेतना नहीं होती, पदार्थ **2** लक्ष्य या उद्देश्य ▸ **object** *v.* **1** किसी व्यक्ति या वस्तु को नापसंद करना, उसके विरुद्ध होना **2** किसी बात के ग़लत होने का कारण बताना, ऐतराज़ करना, आपत्ति उठाना

objectionable /अब्'जेक्शनब्ल्/ *adj.* आपत्ति-योग्य, अत्यंत अप्रिय

objective /अब्'जेक्टिव़्/ *n.* **1** वह वस्तु जिसकी प्राप्ति के लिए हम प्रयत्नशील हों, लक्ष्य, ध्येय **2** जो लेंस सूक्ष्मवीक्षण यंत्र से देखी जा रही वस्तु के सबसे निकट हो, अभिदृश्यक लेंस ▸ **objective** *adj.* व्यक्तिगत भावनाओं से प्रभावित नहीं, केवल तथ्यों पर आधारित, वस्तुनिष्ठ ▸ **objectively** *adv.* वस्तुनिष्ठ रूप से

obligated /'ऑबलिगेटिड्/ *adj.* जिसे करना नैतिक और क़ानूनी दायित्व हो, बाध्य

obligation /ˌऑब्लि'गेश्न्/ *n.* क़ानूनी बाध्यता या कर्तव्य-भावना, या वचनबद्धता

obligatory /अ'ब्लिगट्रि/ *adj.* अनिवार्य, बाध्यकर

oblige /अ'ब्लाइज्/ *v.* **1** किसी व्यक्ति को बाध्य करना **2** किसी के अनुरोध पर उसका काम करना, (किसी के लिए) सहायक होना ▸ **obliged** *adj.* उपकृत, अनुगृहीत, आभारी

oblique /अ'ब्लीक्/ *adj.* **1** अप्रत्यक्ष रूप से व्यक्त या संपादित, परोक्ष **2** (रेखा) कोण बनाती, तिरछी, ढलवाँ
▸ **obliquely** *adv.* परोक्ष रूप से
▸ **oblique** *n.* **1** समकोण से भिन्न, वक्र, तिर्यक **2** लक्ष्य की ओर सीधा न जाने वाला, अप्रत्यक्ष

obliterate /अ'ब्लिटरेट्/ *v.* किसी वस्तु के सब चिह्नों को मिटा देना (उन्हें पूर्णतया नष्ट करना या छिपा देना), मिटाना

O

oblivion /अ'ब्लिविअन्/ *n.* **1** चेतना-शून्यता की स्थिति (क्योंकि व्यक्ति बेहोश, संज्ञाहीन या सोया हुआ है) **2** किसी व्यक्ति या वस्तु को लोगों द्वारा भुला दिया जाने की स्थिति, विस्मृति, गुमनामी

oblivious /अ'ब्लिविअस्/ *adj.* आस-पास होने वाली घटनाओं से बेख़बर

obnoxious /अब्'नॉक्शस्/ *adj.* बहुत बुरा लगने वाला, घृणित, घिनौना

oboe /'ओबो/ *n.* शहनाई या नफ़ीरी जैसा वाद्य (जिसे फूँक मारकर बजाया जाता है)

obscene /अब्'सीन/ *adj.* **1** अश्लील **2** आकार या मात्रा की दृष्टि से इतना अधिक कि अशोभनीय लगे

obscure /अब्'स्क्युअ(र)/ *adj.* **1** अप्रसिद्ध **2** जो आसानी से दिखाई न पड़े या समझ में न आए, धुँधला या दुर्बोध
▸ **obscurity** *n.* अप्रसिद्धि, दुर्बोधता
▸ **obscure** *v.* किसी वस्तु या प्रसंग को धुँधला या दुर्बोध बना देना

obsequious /अब्'सीक्विअस्/ *adj.* विशेषकर किसी प्रभावशाली व्यक्ति को ख़ुश करने के लिए बहुत प्रयास करनेवाला, चापलूस, जी-हुज़ूरिया, ख़ुशामदी ▸ **obsequiously** *adv.* चापलूसी के साथ, गिड़गिड़ाकर
▸ **obsequiousness** *n.* चापलूसी, जी-हुज़ूरी

observance /अब्'ज़वन्स्/ *n.* क़ानून, प्रथा आदि का पालन या प्रथा आदि का अनुसरण

observant /अब्'ज़वन्ट्/ *adj.* आस-पास की अच्छी खोज-ख़बर रखने वाला, चौकस, सतर्क

observation /ˌऑब्ज़'वेश्न्/ *n.* **1** किसी व्यक्ति या वस्तु का सावधानी से निरीक्षण (विशेषतः कुछ जानने के लिए) **2** निरीक्षण या प्रेक्षण-क्षमता

observatory /अब्'ज़वट्रि/ *n.* (*pl.* **observatories**) वेधशाला (वह भवन जहाँ से वैज्ञानिक तारों, मौसम आदि का प्रेक्षण-निरीक्षण करते हैं)

observe /अब्'ज़व्/ *v.* **1** किसी व्यक्ति या वस्तु का ध्यानपूर्वक निरीक्षण (विशेषतः उसके विषय में जानकारी बढ़ाने के लिए) **2** किसी व्यक्ति या वस्तु को देखना या उस पर ध्यान देना

obsess /अब्'सेस्/ *v.* किसी बात को दिमाग़ में ऐसे भर लेना कि कुछ और न सूझे, किसी बात से मन का पूर्णतया आविष्ट या ग्रस्त हो जाना

obsession /अब्'सेश्न्/ *n.* **1** मनोग्रस्तता (ऐसी मानसिक स्थिति जिसमें केवल एक व्यक्ति या वस्तु के

विषय में ही सोचा जा सके) **2** व्यक्ति या वस्तु जिसके विषय में कोई बहुत अधिक सोचे

obsolete /ˈऑबसलीट्/ *adj.* प्रयोग की दृष्टि से पुरानी पड़ चुकी (क्योंकि उसका स्थान नई वस्तु ने ले लिया है), प्रयोगबाह्य, अब अप्रचलित, अव्यवहृत

obstacle /ˈऑब्स्टक्ल्/ *n.* बाधा, अड़चन, अवरोध

obstetrics /अब्ˈस्टेट्रिक्स्/ *n.* बच्चों के जन्म से संबंधित चिकित्सा शास्त्र की शाखा, प्रसूति-विज्ञान

obstinate /ˈऑब्स्टिनट्/ *adj.* दूसरों के लाख कहने पर भी, अपनी बात से न हटने वाला व्यक्ति, हठी, दुराग्रही

▸ **obstinacy** *n.* दुराग्रह, हठ

▸ **obstinately** *adv.* दुराग्रहपूर्वक

obstruct /अब्ˈस्ट्रक्ट्/ *v.* किसी के काम में अड़चन डालना या रुकावट पैदा करना (अनजाने में या जानबूझ कर)

obtain /अब्ˈटेन्/ *v.* कुछ प्राप्त करना

obviate /ˈऑब्विएट्/ *v.* समस्या का निराकरण करना, निवारण करना

obvious /ˈऑब्विअस्/ *adj.* जो आसानी से दिखाई दे या समझ में आए, स्पष्ट ▸ **obviously** *adv.* स्पष्ट रूप से

occasion /अˈकेश्न्/ *n.* **1** अवसर, मौक़ा, समय विशेष जब कुछ घटित हो **2** कोई विशेष कार्यक्रम, कर्मकांड आदि

occasional /अˈकेशनल्/ *adj.* कभी-कभार या यदा-कदा (न कि अधिक बार) किया जाने या होने वाला, अनियत, कदाचित्, अवसरोचित

▸ **occasionally** *adv.* कभी-कभी, प्रसंगवश

occident /ˈऑक्सिडेन्ट्/ *n.* पाश्चात्य देश, यूरोप और अमरीका के देश

▸ **occidental** *adj.* पाश्चात्य देशों का, यूरोपीय

occlusion /अˈक्लूश़न्/ *n.* **1** शरीर के किसी अंग की रुधिर वाहिका का बंद हो जाना या उसमें अवरोध आना, रुकावट **2** पृथ्वी की सतह से उष्ण वायु के ऊपर की ओर जाने की प्रक्रिया (जब वायुमंडल में शीतल वायु की पट्टी उष्ण वायु पट्टी से मिलते हुए आगे बढ़ जाती है)

occult /ˈऑकल्ट्/ *adj.* **1** रहस्यात्मक (तर्क या विज्ञान से परे), जादुई **2 the occult** /अˈकल्ट्/ *n.* जादू-टोना, तंत्र-मंत्र

occupant /ˈऑक्यपन्ट्/ *n.* समय विशेष में किसी भवन में रहने वाला, कार में बैठा हुआ (आदि) व्यक्ति, दख़लकार, अधिभोक्ता

occupation /ˌऑक्युˈपेशन्/ *n.* **1** नौकरी या व्यवसाय, समय-यापन का ढंग **2** एक देश की सेना का दूसरे देश पर अधिकार कर लेना, सैनिक आधिपत्य, सैनिक आधिपत्य की अवधि

occupy /ˈऑक्युपाइ/ *v.* **1** स्थान या समय घेरना **2** किसी भवन, भूक्षेत्र आदि में रहना या उसका उपयोग करना

occur /अˈक(र्)/ *v.* (**occurring, occurred**) **1** कुछ घटित हो जाना (प्रायः अचानक) **2** होना या कहीं पाया जाना

ocean /ˈओश्न्/ *n.* **1** विशाल जलराशि, विस्तृत जलसमूह **2** महासागर (विशाल जलराशि के पाँच खंडों में से एक)

oceanography /ˌओशˈनॉग्रफ़ि/ *n.* महासागर का वैज्ञानिक अध्ययन, समुद्र-विज्ञान

ochre /ˈओक(र्)/ *n.* हलका पीला-भूरा रंग, गेरु ▸ **ochre** *adj.* गेरुआ

o'clock /अ'क्लॉक्/ *adv.* समय बताने के लिए एक से बारह तक की संख्याओं के बाद प्रयुक्त, बजे (जैसे दो बजे)

octagon /'ऑक्टगन्/ *n.* अष्टभुज, आठ सीधी भुजाओं वाली आकृति ▸ **octagonal** *adj.* अष्टभुजाकार, अष्टभुजीय

octane /'ऑक्टेन्/ *n.* पेट्रोल में उपस्थित एक रसायन जिसके आधार पर पेट्रोल की गुणवत्ता आँकी जाती है, ऑक्टेन

octavo /'ऑक्टिव्/ *n.* (पुस्तक के पृष्ठ के आकार के लिए) काग़ज के तह का आठवाँ भाग, अठपेजी

October /ऑक्'टोब(र्)/ *n.* वर्ष का दसवाँ महीना, अक्तूबर

octogenarian /ˌआक्टज'नेअरिअन्/ *n.* 80 से 89 वर्ष की आयु के बीच का व्यक्ति

octopus /'ऑक्टपस्/ *n.* (*pl.* **octopuses**) कोमल शरीर और आठ लंबी भुजाओं वाला समुद्री जीव अष्ट–स्पर्शक समुद्री जीव (समुद्री हाथी), अष्टभुज

O

ocular /'ऑक्यल(र्)/ *adj.* नेत्र या नेत्रों का, चाक्षुष

odd /ऑड्/ *adj.* विचित्र, असाधारण ▸ **oddly** *adv.* विचित्र रूप से (विचित्र बात है कि) ▸ **oddness** *n.* विचित्रता वर्ग के अन्य सदस्यों से भिन्न, अलग-थलग पड़ा (व्यक्ति)

oddity /'ऑडटि/ *n.* (*pl.* **oddities**) असामान्य, विचित्र व्यक्ति या वस्तु, अनोखापन विचित्रता

odds /ऑड्ज़्/ *n.* (*pl.*) वह सीमा या मात्रा जहाँ तक कोई घटना घट सकती है या संभावित है, किसी घटना के घटित होने की संभाव्यता

ode /ओड्/ *n.* विशेष अवसर के लिए या विशेष व्यक्ति या वस्तु को लक्ष्य कर लिखी गई कविता, संबोधन कविता

odious /'ओडिअस्/ *adj.* अत्यधिक अरुचिकर

odometer /ओ'डॉमिट(र्)/ *n.* तय की गई दूरी मापने का वाहन में लगा उपकरण, मिलोमीटर

odour /'ओड(र्)/ *n.* गंध (प्रायः बुरी)

odyssey /'ऑडिसि/ *n.* (*pl.* **odysseys**) **1** घटनापूर्ण एवं साहसिक भ्रमण **2** यूनानी कवि होमर द्वारा कृत भ्रमण महाकाव्य 'ऑडसी'

oesophagus /इ'सॉफ़गस्/ *n.* भोजन की नली (जो भोजन को मुख से आमाशय या उदर तक पहुँचाती है), ग्रासनली

oestrogen /'ईस्ट्रजन्/ *n.* अंडाशय-रस (स्त्री के शरीर में उत्पन्न होने वाला विशेष हार्मोन जिसके प्रभाव से वह कामुक रूप से आकर्षक तथा गर्भधारण के लिए तत्पर हो जाती है), एस्ट्रोजन

of /अव्, प्रबल रूप ऑव्/ *prep.* **1** किसी व्यक्ति या वस्तु के स्वामित्ववाला, से संबंधित या उसका भाग, का **2** किसी व्यक्ति द्वारा बनाया हुआ, किया हुआ या उत्पादित, का

off /ऑफ़्/ *adv.* & *prep.* **1** किसी स्थान या वस्तु की स्थिति से नीचे, दूर या परे **2** 'को हटाना' या 'से अलग होने' का अर्थ देने वाली क्रियाओं के साथ प्रयुक्त ▸ **off** *adj.* **1** (खाद्य या पेय पदार्थ) बासी पड़ चुका **2** मित्रवत नहीं, उखड़ा हुआ-सा

offal /'ऑफ़्ल्/ *n.* पशुओं का कलेजा आदि अंग जो खाने के काम आते हैं

offence /अ'फ़ेन्स्/ *n.* **1** अपराध, ग़ैर-क़ानूनी काम **2** किसी व्यक्ति को परेशान

या अपमानित करने का काम

offend /अˈफ़ेन्ड्/ *v.* **1** किसी की भावनाओं को चोट पहुँचाना, किसी को परेशान करना **2** ग़ैर-क़ानूनी काम करना, अपराध करना

offensive /अˈफ़ेन्सिव्/ *adj.* **1** अप्रिय, अपमानजनक **2** आक्रामक करने के लिए प्रयुक्त या आक्रमण-विषयक ▸ **offensively** *adv.* आक्रमणिक रूप से या अपमानजनक रीति से ▸ **offensive** *n.* सैन्य आक्रमण, चढ़ाई

offer /ˈऑफ़(र्)/ *v.* **1** किसी को कोई वस्तु पेश करना या उसे कोई वस्तु लेने का अवसर देना **2** किसी को उसकी इच्छित वस्तु का प्रस्ताव करना ▸ **offer** *n.* **1** किसी के लिए कुछ करने या उसे कुछ देने का प्रस्ताव **2** किसी वस्तु के लिए प्रस्तावित धनराशि

offering /ˈऑफ़रिङ्/ *n.* अन्य लोगों के आनंदोपयोग आदि के लिए प्रस्तुत कोई वस्तु, भेंट

office /ˈऑफ़िस्/ *n.* **1** कार्यालय, दफ़्तर **2** विशेष प्रयोजन (विशेषतः कोई सेवा उपलब्ध कराने) के लिए प्रयुक्त कोई कमरा या भवन, दफ़्तर

officer /ˈऑफ़िस(र्)/ *n.* **1** सेना का अफ़सर, अधिकारी **2** सरकार या किसी बड़े संगठन में अधिकारी

official /अˈफ़िश्ल्/ *adj.* **1** अधिकारी के पद से संबंधित, पदीय, शासकीय **2** सरकार अथवा किसी अन्य अधिकार-संपन्न संगठन द्वारा स्वीकृत और अनुमोदित, आधिकारिक, अधिकृत ▸ **official** *n.* अधिकार-संपन्न व्यक्ति, अधिकारी, अफ़सर

officiate /अˈफ़िशिएट्/ *v.* **1** विशेषकर खेल आदि घटनाओं में आधिकारिक पद पर काम करना, सरकारी तौर पर काम करना **2** धार्मिक या सार्वजनिक समारोह में सरकारी तौर पर काम करना, किसी पद पर काम करना, स्थानापन्न होना

offspring /ˈऑफ़्स्प्रिङ्/ *n.* (*pl.* **offspring**) संतान या संतानें, पशु का शावक या बच्चा

often /ˈऑफ़्न्, ˈऑफ़्टन्/ *adv.* **1** अनेक बार, बार-बार **2** अनेक मामलों में, प्रायः

ogle /ˈउग्ल्/ *v.* कामुक दृष्टि से घूरना, आसक्त नज़रों से देखना

ogre /ˈओग(र्)/ *n.* **1** (बालकथाओं में) नरभक्षी दानव, दैत्य **2** अप्रिय और डरावना व्यक्ति

Oh /ओ/ *exclam.* अपनी प्रतिक्रिया

ohm /ओम्/ *n.* विद्युत की प्रतिरोध शक्ति को मापने की इकाई, वैद्युत प्रतिरोध मात्रक, ओम

oil /ऑइल्/ *n.* **1** पृथ्वी के भीतर से निकाला जानेवाला गाढ़ा काला द्रव जिसका प्रयोग ईंधन के रूप में किया जाता है अथवा मशीनों को सही काम करने के लिए इस्तेमाल किया जाता है, तैल, तेल, खनिज तेल **2** भोजन पकाने में प्रयुक्त (गाढ़ा) तेल (पशुओं या पौधों से प्राप्त) ▸ **oil** *v.* चिकनाई के लिए तेल डालना, चिकनाना

ointment /ˈऑइन्ट्मन्ट्/ *n.* मरहम, यह चिकना मुलायम होता है तथा फटे अथवा चोट खाए अंग पर हम लगाते हैं

OK /ओˈके/ *adj. & adv. & exclam.* **1** ठीक-ठाक, ठीक या अच्छा **2** हाँ, बिलकुल ठीक ▸ **OK** *n.* सहमति या अनुमति ▸ **OK** *v.* औपचारिक सहमति या अनुमति देना

okra /ˈओक्रा, ˈऑक्रा/ *n.* भिंडी

old /ओल्ड्/ *adj.* **1** पुराना, बहुत पहले

से चला आता, प्राचीन **2** (मनुष्य या पशु) बड़ी आयु का

olfactory /ऑल्'फ़ैक्टरि/ *adj.* घ्राण संबंधी

oligarchy /'ऑलिगाकि/ *n.* थोड़े से व्यक्तियों का शासन, अल्पतंत्रीय सरकार

olive /'ऑलिव्/ *n.* ज़ैतून का फल (खाने और तेल निकालने के लिए प्रयुक्त) ▸ **olive** *adj.* ज़ैतून की तरह हरा, ज़ैतूनी हरा (पीला-हरा)

Olympic /अ'लिम्पिक्/ *adj.* ओलिंपिक खेलों का ▸ **The Olympics** *n.* ओलिंपिक खेल

ombudsman /'ऑम्बुड्ज़्मन्, -मैन्/ *n.* (*pl.* **-men**) सार्वजनिक संस्थाओं के विरुद्ध जन-साधारण की शिकायतों पर सुनवाई करने वाला उच्च शासकीय अधिकारी, लोकपाल, लोकायुक्त

omelette /'ऑम्लट्/ *n.* अंडे से बनी खाद्य वस्तु, आमलेट

O

omen /'ओमन्/ *n.* भविष्य में होने वाली बात का संकेत, शकुन, सगुन

ominous /'ऑमिनस्/ *adj.* अशुभसूचक, अमंगल

omit /अ'मिट्/ *v.* (**omitting, omitted**) 1 किसी वस्तु को शामिल न करना, किसी वस्तु को छोड़ देना

omnibus /'ऑम्निबस्/ *n.* एक ही जिल्द में छपी पुस्तक जिसमें पूर्व में अलग-अलग छपी पुस्तकों का संग्रह होता है, जैसे उसी लेखक के अनेक उपन्यासों या उसी विषय पर छपी अनेक पुस्तकें का ▸ **omnibus** *adj.* अनेक वस्तुओं का संग्रह या विभिन्न प्रकार की वस्तुओं का संग्रह, संग्रहात्मक

omnipotent /ऑम्'निपटन्ट्/ *adj.* कुछ करने की असीमित शक्ति, सर्वोपरि, सर्वशक्तिशाली ▸ **omnipotence** *n.* अनंतशक्ति, सर्वशक्ति

omnipresent /ˌआम्नि'प्रेज़न्ट्/ *adj.* सभी जगह मौजूद, सर्वव्यापी

omniscient /ऑम्'निसिअन्ट्/ *adj.* सर्वज्ञ ▸ **omniscience** *n.* सर्वज्ञता

omnivorous /ऑम्'निवरस्/ *adj.* पौधे और मांस सब कुछ खाने वाला, सर्वभक्षी

on /ऑन्/ *adv. & prep.* **1** जब कोई वस्तु किसी अन्य वस्तु, विशेषतः उसकी सतह पर स्थित, संलग्न अथवा संबद्ध होती है, या सतह का संस्पर्श करती है, पर, के ऊपर **2** किसी स्थान या स्थिति में, पर

once /वन्स्/ *adv. & conj.* **1** केवल एक बार, एक बार **2** अतीत में कभी, पहले (समय में)

oncology /ऑङ्'कॉलजि/ *n.* शरीर के ट्यूमर का वैज्ञानिक अध्ययन और उपचार, कर्करोग विज्ञान, ऑनकॉलजि

one /वन्/ *pron. & det. & n.* **1** एक, (संख्या) **2** (अतीत या भविष्य के किसी समय की सामान्य चर्चा के लिए प्रयुक्त) किसी ▸ **one** *pron. & n.* **1** दोहराई जाने वाली संज्ञा के लिए प्रयुक्त **2** (किसी समूह का) सदस्य, में से कोई एक

onerous /'ओनरस्/ *adj.* कठिन और प्रयत्नसाध्य

oneself /वन्'सेल्फ़्/ *pron.* **1** कर्ता का स्वयं कार्य से प्रभावित होने पर प्रयुक्त, ख़ुद, स्वयं **2** किसी बात पर बल देने के लिए प्रयुक्त

onion /'अन्यन्/ *n.* प्याज़

onlooker /'ऑन्लुक(र्)/ *n.* द्रष्टामात्र, प्रेक्षक, तमाशबीन (किसी बात को निर्लिप्त भाव से देखने वाला व्यक्ति)

only /'ओन्लि/ *adj. & adv. & conj.* **1** अकेला (जहाँ कोई दूसरा न हो),

एकमात्र 2 केवल, सिर्फ़ (और कोई नहीं या और कुछ नहीं, किसी से अधिक नहीं)

onomatopoeia /ˌऑन ˌमैट ˈपीआ/ *n.* शब्दों का ध्वनि-विन्यास संबंधित (वास्तविक) ध्वनियों के अनुसार होना, ध्वनि-अनुकरण, ध्वनि-अनुकरणात्मक शब्द ▸ **onomatopoeic** *adj.* ध्वनि-अनुकरणमूलक

onset /ˈऑन्सेट्/ *n.* आरंभ (प्रायः किसी अप्रिय स्थिति का)

onslaught /ˈऑन्स्लॉट्/ *n.* उग्र आक्रमण या तीखा विरोध या प्रचंड अभियान

onto /ˈऑन्ट, स्वर ध्वनियों के पूर्व ˈऑन्टु/ *prep.* किसी वस्तु के ऊपर

onus /ˈओनस्/ *n.* ज़िम्मेदारी, उत्तरदायित्व, दायित्व

onyx /ˈऑनिक्स/ *n.* गोमोद से मिलता-जुलता रत्न (जिसके भिन्न-भिन्न स्तरों में भिन्न-भिन्न रंग होता है), सुलेमानी (पत्थर)

ooze /ऊज़्/ *v.* किसी वस्तु का मंद गति से बाहर निकलना या उसे निकलने देना, स्राव, रिसाव

opal /ˈओपल्/ *n.* आभूषण में प्रयुक्त एक मूल्यवान धातु जो लगभग पारदर्शी या सफ़ेद होता है, दूधिया पत्थर

opaque /ओˈपेक्/ *adj.* 1 अपारदर्शी 2 दुर्बोध, अस्पष्ट

op. cit. (*abbr.*) लेख या किताब का उल्लेख करने के लिए प्रयुक्त, पूर्व-उल्लिखित

open /ˈओपन्/ *adj.* 1 खुला, अनढका या अनावृत 2 जनता के लिए खुला (प्रवेश, भ्रमण, उपयोग आदि के लिए), जनता के लिए बंद नहीं ▸ **open** *v.* 1 किसी बंद वस्तु (दरवाज़े आदि) को खोलना, खोलने के लिए खिसकाना 2 जनता के प्रवेश के लिए किसी स्थान को खोलना

opening /ˈओपनिङ्/ *n.* 1 छेद या सुराख़ (जिसमें से कोई या कुछ जा सके) 2 किसी वस्तु का आरंभ या पहला खंड ▸ **opening** *adj.* प्रारंभ, शुरुआत, उद्घाटन

opera /ˈऑप्रा/ *n.* ऑपेरा, संगीत-प्रधान नाटक, मनोरंजन के लिए आयोजित ऑपेरा-कार्यक्रम

operable /ˈऑपरब्ल्/ *adj.* (रोग) शल्यक्रिया से उपचार योग्य

operate /ˈऑपरेट्/ *v.* 1 काम करना, परिचालित होना या किसी वस्तु को परिचालित करना 2 व्यापार करना, प्रबंधन करना

operation /ˌऑपˈरेशन्/ *n.* 1 शरीर के भीतरी अंग (रोगग्रस्त) का उपचार करने के लिए उस भाग की शल्य चिकित्सा, शल्य-क्रिया, ऑपरेशन 2 अनेक व्यक्तियों का भिन्न कार्य करने का संगठित प्रयास

operator /ˈऑपरेट(र्)/ *n.* 1 टेलीफ़ोन का ऑपरेटर (टेलीफ़ोन की कॉलों को मिलाने वाला व्यक्ति) 2 मशीन का ऑपरेटर, विशेष मशीन को चलाने वाला व्यक्ति

ophthalmic /ऑफ़ˈथैल्मिक्/ *adj.* आँख तथा आँख के रोग से संबंधित, नेत्र संबंधी

ophthalmology /ˌऑफ़थैल्ˈमॉलजि/ *n.* नेत्र-विज्ञान

opiate /ˈओपिअट्/ *n.* अफ़ीमयुक्त दवाई जो दर्द निवारक के रूप में प्रयुक्त होती है, उपशामक

opine /ओˈपाइन्/ *v.* किसी विषय पर अपने निश्चित विचार व्यक्त करना, राय देना

opinion /अ'पिन्यन्/ *n.* **1** सम्मति, राय **2** किसी मुद्दे पर जनमत

opinionated /अ'पिन्यनेटिड्/ *adj.* अपने विचार न बदलनेवाला, हठधर्मी

opium /'ओपिअम्/ *n.* अफ़ीम

opponent /अ'पोनन्ट्/ *n.* **1** (खेल या स्पर्धाओं में) प्रतिद्वंद्वी **2** किसी के कार्य, योजना तथा विश्वास से असहमत होना तथा उसे परिवर्तित करने का प्रयास करना, विरोधी

opportune /'ऑपट्यून्/ *adj.* **1** कुछ करने या होने के लिए उपयुक्त **2** समयानुकूल, अवसरोचित

opportunist /ˌऑप'ट्यूनिस्ट्/ *adj.* जैसा अवसर मिले वैसा, यथावसर (विशेषतः अपने लाभ के लिए), योजनाबद्ध तरीक़े से न किया हुआ, अनियोजित ▸ **opportunist** *n.* अवसरवादी, मौक़ापरस्त

opportunity /ˌऑप'ट्यूनटि/ *n.* (*pl.* **opportunities**) अवसर, सुअवसर, मौक़ा, अवसरानुकूल स्थिति या समय

oppose /अ'पोज़्/ *v.* किसी का विरोध करना (उसके विचारों, कार्यों या योजनाओं से सहमत न होना और उन्हें बदलने या अवरुद्ध करने का प्रयास करना)

opposite /'ऑपज़िट्/ *adj.* & *adv.*, **1** किसी व्यक्ति या वस्तु के दूसरी तरफ़, सामने **2** विपरीत ▸ **opposite** *n.* विलोम

opposition /ˌऑप'ज़िशन्/ *n.* **1** असहमति, विरोध **2** खेल, व्यापार आदि में प्रतिद्वंद्वी व्यक्ति या दल

oppress /अ'प्रेस्/ *v.* लोगों पर अत्याचार करना (उन्हें अधिकारों से वंचित करना), उनका दमन या उत्पीड़न करना ▸ **oppressed** *adj.* उत्पीड़ित ▸ **oppression** *n.* अत्याचार, दमन, उत्पीड़न

oppressive /अ'प्रेसिव्/ *adj.* **1** स्वतंत्रता का अपहरण करते हुए, दमनकारी, बल-प्रयोग से नियंत्रित करते हुए, अत्याचारी **2** (ताप या वायुमंडल) परेशान करने वाला, कष्टप्रद

opt /ऑप्ट्/ *v.* सोच-विचार के बाद चयन या निर्णय करना

optic /'ऑप्टिक्/ *adj.* नेत्र या दृष्टि से संबंधित, चाक्षुष या दृष्टि-विषयक

optical /'ऑप्टिकल्/ *adj.* दृष्टि-विषयक, दृष्टि-शक्ति बढ़ाने से संबंधित

optician /ऑप्'टिशन्/ *n.* आँखों की जाँच करना, चश्मा बेचना आदि काम करने वाला व्यक्ति

optimal /'ऑप्टिमल्/ *adj.* इष्टतम, सर्वोत्तम, अनुकूलतम

optimism /'ऑप्टिमिज़म्/ *n.* भविष्य के अच्छा या अनुकूल होने का भाव, आशावादिता, भविष्य की सफलता में विश्वास ▸ **optimist** *n.* आशावादी व्यक्ति

optimize /'ऑप्टिमाइज़्/ *v.* उपयुक्त बनाना, श्रेष्ठ तरीक़े से प्रयोग करना

optimum /'ऑप्टिमम्/ *adj.* यथासंभव सर्वोत्तम अनुकूलता, अनुकूलतम परिणाम देने वाला ▸ **optimum** *n.* अनुकूलतम परिणाम, सर्वोत्तम परिस्थितियाँ

option /'ऑप्शन्/ *n.* विकल्प, चयन की स्वतंत्रता ▸ **optional** *adj.* वैकल्पिक(जिसे आप चुन या छोड़ सकते हैं), ऐच्छिक

opulent /'ऑप्यलन्ट्/ *adj.* **1** महँगी वस्तुओं से सजा, भव्य, शानदार **2** समृद्ध, धनी ▸ **opulence** *n.* समृद्धि ▸ **opulently** *adv.* वैभवपूर्ण तरीक़े से

opus /ˈओपस्/ *n.* (*pl.* **opera**) 1 प्रसिद्ध संगीतकार की संगीत रचना 2 प्रसिद्ध लेखक, चित्रकार आदि की प्रमुख कृति

or /ऑ(र्)/ *conj.* 1 या, अथवा (संभावनाओं या विकल्पों की सूची में प्रयुक्त) 2 नहीं तो, अन्यथा

oracle /ˈऑरक्ल्/ *n.* 1 प्राचीन ग्रीस में एक स्थान जहाँ लोग भविष्य के विषय में देववाणी सुनने जाते थे, देववाणी स्थल 2 प्राचीन ग्रीस में होने वाली अप्रत्यक्ष अर्थ या आशय वाली देववाणी

oral /ˈऑरल्/ *adj.* 1 बोला हुआ, मौखिक (न कि लिखित) 2 मुख से या उसके प्रयोग से संबंधित ▸ **orally** *adv.* मौखिक रूप से ▸ **oral** *n.* मौखिक परीक्षा

orange /ˈऑरिन्ज्/ *n.* 1 संतरा, नारंगी 2 नारंगी रंग (लाल और पीले के बीच का) ▸ **orange** *adj.* नारंगी के रंग का, नारंगी

orang-utan /ऑˌरैङ्यूˈटैन्/ *n.* लंबी बाँहों और कुछ-कुछ लाल बालों वाला एक प्रकार का बड़ा बंदर (जो बोर्नियो और सुमात्रा में रहता है), ओरंग उटान, वनमानुष

oration /ऑˈरेशन्/ *n.* (समारोह में दिया गया) औपचारिक भाषण, व्याख्यान, प्रवचन ▸ **orator** *n.* कुशल सार्वजनिक वक्ता

orb /ऑब्/ *n.* 1 गोला, मंडल 2 (सम्राट का चिह्न भूत) क्रूसयुक्त रत्नजड़ित गोला

orbit /ˈऑबिट्/ *n.* ग्रह-उपग्रह का परिक्रमा-पथ (वह गोलाकार या अंडाकार पथ जिस पर कोई ग्रह या अन्य आकाशीय पिंड अन्य ग्रह आदि की परिक्रमा करते हैं), कक्षा ▸ **orbit** *v.* परिक्रमा करना

orbital /ˈऑबिट्ल्/ *adj.* 1 (सड़क) नगर के चारों ओर बनी (नगर के मध्य का यातायात घटाने के लिए), वृत्ताकार मार्ग 2 (ग्रह या अन्य आकाशीय पिंड के परिक्रमा-पथ या कक्षा से संबंधित, कक्षीय, ग्रहपक्षीय) ▸ **orbital** *n.* मुद्रिका-पथ, परिक्रमा-पथ

orchard /ˈऑचड्/ *n.* फलों का बाग़, फलोद्यान

orchestra /ˈऑकिस्ट्रा/ *n.* वाद्यवृंद (एक संचालक के निर्देशन में भिन्न–भिन्न वाद्यों को बजाने वाले वादकों का दल), ऑर्केस्ट्रा ▸ **orchestral** *adj.* वाद्यवृंद-विषयक

orchestrate /ˈऑकिस्ट्रेट्/ *v.* 1 वृंदवाद्य या वृंदवादन के अनुरूप संगीत रचना करना 2 वांछित प्रभाव पैदा करने के लिए स्थिति बनाना

orchid /ˈऑकिड्/ *n.* चटकीले रंग के फूलों वाला एक सुंदर (और दुर्लभ) पौधा, आर्किड

ordain /ऑडेन्/ *v.* किसी व्यक्ति को चर्च का पुरोहित बनाना, दीक्षा देना, पुरोहित का अभिषेक करना

ordeal /ऑˈडील्, ˈऑडील्/ *n.* अत्यंत अप्रिय या कठिन अनुभव, अग्नि-परीक्षा

order /ˈऑड(र्)/ *n.* 1 व्यवस्थित क्रम, सिलसिला 2 व्यवस्था ▸ **order** *v.* 1 आदेश, आज्ञा या हुक्म देना 2 किसी वस्तु के निर्माण, आपूर्ति या कहीं भेजने की माँग करना

orderly /ˈऑडलि/ *adj.* 1 सुव्यवस्थित 2 सुशील, शांत प्रकृति का ▸ **orderly** *n.* (*pl.* **orderlies**) अर्दली (अफ़सरों के साथ रहने वाला तथा उनके छोटे-मोटे काम करने वाला व्यक्ति)

ordinal number /ˈऑडिनल् ˈनम्ब(र्)/ *n.* क्रमसूचक संख्या (पहला, दूसरा, तीसरा आदि)

ordinance /ˈऑड्निन्स्/ *n.* प्राधिकारी अध्यादेश, सरकार या विशिष्ट अधिकारी द्वारा जारी आदेश या नियम

ordinary /ˈऑड्न्रि/ *adj.* साधारण, अन्यों से असामान्य या अलग नहीं, अन्यों के समान

ore /ऑ(र्)/ *n.* कच्ची धातु (पत्थर या मिट्टी के रूप में, जिससे धातु निकाली जाती है), अयस्क

oregano /ˌऑरिˈगानो/ *n.* एक पौधा जिसकी पत्तियाँ सुगंधित होती हैं तथा जिसका प्रयोग इतालवी पाक कला में किया जाता है, आरिगानो

organ /ˈऑगन्/ *n.* **1** शरीर का कोई अवयव या अंग (जो कोई विशेष काम करे) **2** नलियों वाला (पियानो सदृश) बड़ा वाद्य यंत्र जिसे फूँककर बजाया जाता है, ऑर्गन ▸ **organist** *n.* ऑर्गन-वादक

O

organic /ऑˈगैनिक्/ *adj.* **1** प्राकृतिक सामग्री के प्रयोग से उत्पादित (खाद्य पदार्थ) या उसका प्रयोग करने वाली (कृषि की विधियाँ) **2** सजीवों से उत्पन्न या उनमें उपस्थित, जैविक
▸ **organically** *adv.* जैविक रीति से

organism /ˈऑगनिज़म्/ *n.* अति सूक्ष्म जीव (केवल सूक्ष्मवीक्षण यंत्र से देखने योग्य), अवयव

organization /ˌऑगनाइˈज़ेशन्/ *n.* **1** संगठन (विशेष प्रयोजन से किसी व्यापार, क्लब आदि को व्यवस्थित करने वाले व्यक्तियों का समूह) **2** किसी कार्यक्रम की तैयारी या व्यवस्था करने की क्रिया ▸ **organizational** *adj.* संगठन-विषयक, सांगठनिक

organize /ˈऑगनाइज़्/ *v.* **1** संगठित करना (किसी कार्यक्रम, गतिविधि आदि की योजना बनाना या उसकी व्यवस्था करना) **2** वस्तुओं को किसी व्यवस्था या तर्कयुक्त क्रम में रखना, संगठित करना ▸ **organizer** *n.* संगठनकर्ता, व्यवस्थापक, आयोजक

orgasm /ˈऑगैज़म्/ *n.* कामोत्तेजना का चरम बिंदु, रति-निष्पत्ति

orgy /ˈऑजि/ *n.* (*pl.* **orgies**) **1** रंगरेलियाँ, विलासोत्सव **2** अमर्यादित व्यवहार

orient /ˈऑरिएन्ट्/ *v.* स्वयं को पहचानना, किसी स्थान से परिचित होना

orienteering /ˌऑरिअन्ˈटिअरिङ्/ *n.* किसी क्षेत्र या भूखंड में पदयात्रा करते हुए (मानचित्र और दिक्सूचक यंत्र की सहायता से) अपने गंतव्य पर पहुँचने का खेल

orifice /ˈऑरिफ़िस्/ *n.* छिद्र या विवर (विशेषतः शरीर में)

origami /ˌऑरिˈगामि/ *n.* काग़ज़ को मोड़कर सजावटी सामान बनाने की पारंपरिक जापानी कला, ओरिगामी

origin /ˈऑरिजिन्/ *n.* **1** उद्गम-बिंदु, स्रोत **2** व्यक्ति का देश, जाति, संस्कृति आदि जिससे उसका मूलतः संबंध है, मूल

original /अˈरिजनल्/ *adj.* **1** (किसी परिवर्तन या विकास से पूर्व) प्रथम, आदिम, मूल **2** नया और रोचक, सदृश वस्तुओं से भिन्न, मौलिक ▸ **original** *n.* किसी चित्र आदि का मूल रूप, मूल प्रति (नक़ल या प्रतिलिपि नहीं)

originate /अˈरिजिनेट्/ *v.* स्थान या अवसर विशेष पर पहली बार घटित या प्रकट होना, आरंभ होना

ornament /ˈऑनमन्ट्/ *n.* **1** अलंकार, सजावटी वस्तु (गहना आदि)

ornate /ऑ'नेट्/ *adj.* अत्यधिक अलंकृत, सुशोभित

ornithology /ˌऑनि'थॉलजि/ *n.* पक्षियों का वैज्ञानिक अध्ययन, पक्षी-विज्ञान ▸ **ornithologist** *n.* पक्षी-विज्ञानी

orphan /'ऑफ़न्/ *n.* अनाथ ▸ **orphan** *v.* अनाथ कर देना या हो जाना ▸ **orphanage** *n.* अनाथालय

orthodontics /ˌऑथ'डॉन्टिक्स्/ *n.* टेढ़े-मेढ़े दाँतों को सीधा करने का उपचार, दंत संशोधन ▸ **orthodontist** *n.* दंतविशेषज्ञ

orthodox /'ऑथडॉक्स्/ *adj.* 1 रूढ़िवादी (जिसे अधिकतर लोग मानें, जिस पर आचरण करें), सामान्य, बहुमान्य 2 (कुछ धर्मों में) पुरातनपंथी (प्राचीन, परंपरागत विश्वास, अनुष्ठान आदि का अनुसरण करने वाले)

orthopaedics /ˌऑथ'पीडिक्स्/ *n.* विकलांग-चिकित्सा (अस्थियों या मांसपेशियों की क्षति और रोगों की चिकित्सा) ▸ **orthopaedic** *adj.* विकलांग-चिकित्सा संबंधी

oscillate /'ऑसिलेट्/ *v.* (**between A and B**) 1 किसी मनोभाव या आचरण के चरम-बिंदुओं के बीच डोलना, झूलना या दोलायमान होना 2 किसी वस्तु का दो स्थितियों के बीच डोलते रहना ▸ **oscillation** *n.* दोलन

osmosis /ऑज़्'मोसिस्/ *n.* द्रव-संक्रमण (द्रव का झिल्ली में से मंदगति से गुज़रना)

ossify /'ऑसिफ़ाइ/ *v.* 1 हड्डी या अस्थि की तरह कठोर बनाना या बन जाना 2 विकसित हो जाना बंद होना ▸ **ossification** *n.* अस्थीकरण, अस्थिविकास

ostensible /ऑ'स्टेन्सबल्/ *adj.* वास्तविक जैसा पर वास्तविक नहीं, निर्दिष्ट, दिखावटी, प्रकट

ostentatious /ˌऑस्टेन्'टेशस्/ *adj.* 1 तड़क-भड़क वाला, आडंबरपूर्ण (महँगा या दिखावटी कि लोग प्रभावित हों) 2 आडंबरपूर्ण, प्रदर्शन-प्रिय (जिसमें समृद्धि या महत्व का ऐसा प्रदर्शन हो कि लोग प्रभावित हों) ▸ **ostentatiously** *adv.* आडंबरपूर्वक

ostracize /'ऑस्ट्रसाइज़्/ *v.* किसी व्यक्ति का सामाजिक बहिष्कार करना, किसी व्यक्ति से मिलने या बात करने से इनकार करना

ostrich /'ऑस्ट्रिच्/ *n.* शुतुरमुर्ग़ (लंबी गरदन और टाँगों वाला बड़े आकार का अफ़्रीक़ी पक्षी जो बहुत तेज़ दौड़ता है परंतु उड़ नहीं सकता)

other /'अद(र्)/ *det. & pron.* 1 (पूर्व-निर्दिष्ट व्यक्तियों या वस्तुओं) के अतिरिक्त या उनसे भिन्न 2 दो व्यक्तियों या वस्तुओं में दूसरा (जब पहले व्यक्ति या वस्तु का निर्देश हो चुका हो)

otter /'ऑट(र्)/ *n.* ऊदबिलाव (भूरे रोओं वाला जंतु जो नदी में रहता है और मछली खाता है)

ought /'ऑट्/ *modal v.* 1(कर्तव्य, इच्छा, अनिवार्यता आदि व्यक्त करने के लिए) करना चाहिए, करना उचित होना 2 संभाव्यता व्यक्त करना

ounce /आउन्स्/ *n.* (*abbr.*) 1 आउंस, तौल की एक माप एक पाउंड में 1/16 आउंस होते हैं 2 ज़रा-सा, थोड़ा

our /आ(र्), 'आउअ(र्)/ *det.* हमारा (जिसके हम स्वामी हैं या जो हमसे संबंधित है) ▸ **ours** *pron.* वह जो हमारा है, हमारे वाला

ourselves /आ'सेल्व्ज़्/ *pron.* **1** हम स्वयं, अपने आपको (तब प्रयुक्त जब करने वाला अपने काम से प्रभावित भी हो) **2** हम ही या हमीं (किसी बात पर बल देने के लिए प्रयुक्त)

oust /आउस्ट्/ *v.* किसी को नौकरी या अधिकार के पद से निकाल बाहर करना (विशेषतया उसका स्थान हथियाने के लिए)

out /आउट्/ *adv. & prep.* **1** बाहर (किसी स्थान के भीतरी भाग से दूर) **2** घर, दफ़्तर या कार्यस्थल से बाहर (वहाँ पर नहीं)

outbreak /'आउट्ब्रेक्/ *n.* किसी अप्रिय स्थिति (विशेषतः रोग या हिंसा) का एकाएक फूट पड़ना, भड़क उठना, प्रकोप

outburst /'आउट्बर्स्ट्/ *n.* शक्तिशाली मनोभाव (विशेषतः क्रोध) की अभिव्यक्ति, भड़ास

outcast /'आउट्कास्ट्/ *n.* समाज या समूह विशेष से बहिष्कृत, परित्यक्त

outcome /'आउट्कम्/ *n.* किसी क्रिया या घटना का परिणाम या प्रभाव

outcrop /'आउट्क्रॉप्/ *n.* (भूगोल में) चट्टान का अविर्भाव जो पृथ्वी की सतह से ऊँचा होता है, चट्टान, शैल

outcry /'आउट्क्राइ/ *n.* (*pl.* **outcries**) जनता का शक्तिशाली विरोध (किसी बात के अस्वीकार्य होने के कारण)

outdo /ˌआउट्'डू/ *v.* किसी काम को अन्य व्यक्ति से बेहतर करना, अन्य व्यक्ति से बढ़कर होना

outdoor /'आउट्डॉ(र्)/ *adj.* घर के बाहर (का)

outer /'आउट(र्)/ *adj.* **1** बाहरी, बाह्य **2** केंद्र, बीच या भीतर से काफ़ी दूर का

outfit /'आउट्फ़िट्/ *n.* विशेष अवसर पर या विशेष प्रयोजन से एक साथ पहनने के कपड़ों का सेट

outgoing /'आउट्गोइङ्/ *adj.* **1** सबसे मित्रवत तथा उनमें और नए अनुभवों में रुचि रखने वाला, सामाजिकता प्रिय, मिलनसार **2** पद को छोड़कर या बाहर जाने वाला, पदमुक्त या बिहिर्गामी

outgrow /ˌआउट्'ग्रो/ *v.* किसी वस्तु के प्रयोग की दृष्टि से अधिक आयु का या बड़ा हो जाना (आयु या लंबाई बढ़ जाने के कारण किसी वस्तु का प्रयोग न कर पाना), अपवृद्धि होना

outhouse /'आउट्हाउस्/ *n.* मुख्य बड़े भवन के निकट छोटा भवन, जैसे उपभवन, उपगृह, छप्पर, आउटहाउस

outing /'आउटिङ्/ *n.* सैर-सपाटा, उल्लास-यात्रा, आमोद-विहार, भ्रमण

outlandish /आउट्'लैन्डिश्/ *adj.* अति विचित्र या असाधारण, अजीबोग़रीब या ग़ैर-मामूली

outlast /ˌआउट्'लास्ट्/ *v.* अन्य की अपेक्षा देर तक बने रहना या जीवित रहना या कोई काम करते रहना

outlaw /'आउट्लॉ/ *v.* किसी बात को ग़ैर-क़ानूनी घोषित करना, अवैध ▸ **outlaw** *n.* ग़ैर-क़ानूनी घोषित व्यक्ति (जो बंदी होने से बचने के लिए छिपा रहता है), विधि-बहिष्कृत

outlay /'आउट्ले/ *n.* लागत, व्यय (विशेषतया कोई व्यापार या परियोजना आरंभ करने में लगी धनराशि)

outlet /'आउट्लेट्/ *n.* **1** सशक्त भावों, विचारों या ऊर्जा की अभिव्यक्ति और सदुपयोग का मार्ग **2** विशेष कंपनी का या विशेष प्रकार का सामान बेचने वाली दुकान, कंपनी आदि

outline /ˈआउट्लाइन्/ *n.* **1** रूपरेखा **2** व्यक्ति या वस्तु की आकृति या बाह्य सीमा दर्शाने वाली रेखा, बहिर्रेखा ▸ **outline** *v.* (किसी वस्तु की) रूपरेखा बनाना

outlook /ˈआउट्लुक्/ *n.* **1** दृष्टिकोण (जीवन और जगत के प्रति मनोवृत्ति या भावना) **2** संभावना

outlying /ˈआउट्लाइङ्/ *adj.* दूरवर्ती, बर्हिवर्ती (नगर के केंद्र से दूर, बाहर की ओर)

outnumber /ˌआउट्ˈनम्ब(र्)/ *v.* शत्रु, दूसरी टीम आदि से संख्या में अधिक होना

outpatient /ˈआउट्पेशन्ट्/ *n.* बहिरंग रोगी (अस्पताल में चिकित्सा कराने आने वाला रोगी जिसे वहीं रहने के लिए प्रविष्ट नहीं किया जाता)

outpost /ˈआउट्पोस्ट्/ *n.* **1** सेना की सीमा-चौकी (सेना के मुख्य शिविर से दूर छोटा शिविर जो शत्रु की गतिविधियों पर नज़र रखता है) **2** एक छोटा शहर या किसी एकाकी गाँव में भवनों का समूह

output /ˈआउट्पुट्/ *n.* **1** व्यक्ति या मशीन द्वारा उत्पादित मात्रा, उत्पादन मात्रा **2** कंप्यूटर द्वारा प्रस्तुत सूचना-राशि (कंप्यूटर का) आउटपुट

outrage /ˈआउट्रेज्/ *n.* **1** अत्यधिक रोष उत्पन्न करने वाली दुर्व्यवस्था **2** अत्यधिक क्रोध ▸ **outrage** *v.* उपद्रव करना, अत्याचार करना

outrageous /आउट्ˈरेजस्/ *adj.* अति क्रोधजनक, अपमानजनक ▸ **outrageously** *adv.* अत्यधिक क्रोध दिलाते हुए, अपमानपूर्वक

outright /ˈआउट्राइट्/ *adj.* & *adv.* **1** साफ़-साफ़ और सीधा, खुले और सीधे तौर पर **2** पूर्ण और स्पष्ट, पूर्णतया और स्पष्टतया

outrun /ˌआउट्ˈरन्/ *v.* किसी व्यक्ति या वस्तु से अधिक तेज़ या दूर भागना

outset /ˈआउट्सेट्/ *n.* (**at/from the outset of sth**) आरंभ से या में ही

outside /ˌआउट्ˈसाइड्/ *adv.* & *prep.* **1** (कक्ष, भवन आदि से) बाहर **2** के अंदर नहीं, के बाहर या बाद ▸ **outside** *adj.* **1** किसी वस्तु की बाहरी ओर या सतह से संबंधित या उस पर **2** (मुख्य भवन से) बाहर का ▸ **outside** *n.* **1** किसी वस्तु की बाहरी सतह **2** बाहर की ओर से (किसी भवन के निकट या आस-पास का क्षेत्र)

outsider /ˌआउट्ˈसाइड(र्)/ *n.* **1** जो व्यक्ति समूह विशेष का अंतरंग सदस्य न हो, बाह्य, बाहरी **2** दौड़ या स्पर्धा में भाग लेने वाला ऐसा व्यक्ति या पशु जिसके जीतने की आशा नहीं

outskirts /ˈआउट्स्कर्ट्स्/ *n.*(*pl.*) नगर या बस्ती का बाहरी भाग (नगर या बस्ती के केंद्र से सर्वाधिक दूर का हिस्सा) सीमांत, बाह्यांचल

outsmart /ˌआउट्ˈस्माट्/ *v.* धूर्तता से दूसरे पर हावी होना, चालाकी से मात देना

outsource /ˈआउट्सॉस्/ *v.* पैसे देकर बाहरी स्रोत से वस्तुएँ या सेवाएँ प्राप्त करना ▸ **outsourcing** *n.* बाहरी स्रोत से सेवाएँ प्राप्त करने का काम, बाह्य स्रोत

outspoken /आउट्ˈस्पोकन्/ *adj.* मुँह-फट, स्पष्टवक्ता, खरा बोलने वाला

outstanding /आउट्ˈस्टैन्डिङ्/ *adj.* **1** अत्यंत अच्छा, उत्कृष्ट **2** शेष, अवशिष्ट, बक़ाया

outward /ˈआउट्वड्/ *adj.* **1** बाहरी, बाह्य **2** (यात्रा) जाने की दिशा की ओर, बहिर्गामी ▸ **outwardly** *adv.* बाहर से

outweigh /ˌआउट्ˈवे/ *v.* किसी वस्तु से मात्रा या महत्व में अधिक होना
outwit /ˌआउट्ˈविट्/ *v.* (**outwitting, outwitted**) दूसरे को चतुराई में मात देना या उससे बढ़कर होना
oval /ˈओव्ल्/ *adj.* & *n.* अंडे के आकार का, अंडे का-सा आकार
ovary /ˈओवरि/ *n.* (*pl.* **ovaries**) 1 नारी शरीर में अंडा उप्पन्न करने वाला अंग, अंडाशय 2 पौधे में बीज उत्पन्न करने वाला अंश
ovation /ओˈवेशन्/ *n.* उत्साहपूर्ण स्वागत (प्रायः खड़े होकर ताली बजाते और हो हल्ला करते हुए), अभिनंदन
oven /ˈअव्न्/ *n.* बॉक्सनुमा अँगीठी, ओवन
over /ˈओव(र)/ *adv.* & *prep.* 1 किसी वस्तु से सीधे ऊपर (उसे न छूते हुए) 2 किसी वस्तु को ढकते हुए ▸ **over** *adj.* समाप्त ▸ **over** *n.* वह समय जब एक ही गेंदबाज़ एक ही शृंखला में छः गेंदें फेंकता है, क्रिकेट में ओवर
over- /ˈओव(र)/ *prefix* 1 सामान्य से अधिक, अत्यधिक, अति- 2 पूर्णतया
overall /ˌओवर्ˈऑल्/ *adv.* & *adj.* 1 कुल मिलाकर, सकल, समग्र 2 सामान्यतया, सब कुछ दृष्टि में रखते हुए ▸ **overall** *n.* 1 कोट की तरह का एक पहनावा जो काम करते समय अपने कपड़ों को साफ़ रखने के लिए उनके ऊपर से पहना जाता है, ओवरऑल
overbearing /ˌओवˈबेअरिङ्/ *adj.* दूसरों पर रौब जमाने वाला, दबंग
overboard /ˈओवबॉड्/ *adv.* नाव या जलपोत पर से पानी में
overcast /ˌओवˈकास्ट्/ *adj.* (आकाश) मेघाच्छन्न
overcharge /ˌओवˈचाज्/ *v.* किसी बात के लिए बहुत अधिक दाम वसूलना
overcoat /ˈओवकोट्/ *n.* ओवरकोट (सर्दियों में कपड़ों के ऊपर पहना जाने वाला बड़ा कोट)
overcome /ˌओवˈकम्/ *v.* 1 व्यक्ति या वस्तु को पराजित या नियंत्रित कर लेना 2 किसी बात से अभिभूत हो जाना
overdo /ˌओवˈडू/ *v.* 1 किसी वस्तु के प्रयोग में या किसी काम में अति कर देना 2 किसी वस्तु को अधिक देर तक पकाना
overdose /ˈओवडोस्/ *n.* (*also* **OD**) नशीले पदार्थ या औषधि की सामान्य से काफ़ी अधिक मात्रा (जो परिणाम की दृष्टि से असुरक्षित हो)
overdraft /ˈओवड्राफ़्ट्/ *n.* बैंक के खाते में जमा राशि से अधिक निकाली गई धनराशि, बैंक के साथ ओवरड्राफ़्ट की व्यवस्था जिसके अन्तर्गत बैंक में जमा राशि से अधिक व्यय करने की छूट होती है, ओवरड्राफ़्ट
overdue /ˌओवˈड्यू/ *adj.* (कहीं पहुँचना, कुछ घटित होना, कुछ भुगतान होना आदि में) जिसे देरी हो जाए, विलंबित, ओवरड्यू
overestimate /ˌओवर्ˈएस्टिमेट्/ *v.* किसी व्यक्ति या वस्तु का वास्तविकता से अधिक बड़ा, बेहतर आदि होने का अनुमान लगाना, अधिमूल्यांकन
overflow /ˌओवˈफ़्लो/ *v.* 1 पूरा भर जाने के कारण जगह न रहना, बह निकलना या उमड़ना 2 बहुत अधिक भरे किसी स्थान या डिब्बे में से बरबस बाहर आ जाना
overgrown /ˌओवˈग्रोन्/ *adj.* बेढंगे तौर पर बहुत बढ़ चुके पौधों से ढका हुआ, अतिवृद्धि को प्राप्त

O

overhaul /ˌओव़ 'हॉल्/ *v.* किसी वस्तु की पूर्णतः मरम्मत करना ▸ **overhaul** *n.* पूरी जाँच और मरम्मत
overhead /'ओव़हेड्/ *adj. & adv.* सिर के ऊपर से जाने वाला, ऊर्ध्वस्थ
overhear /ˌओव़ 'हिअ(र्)/ *v.* संयोग से किसी की (किसी अन्य को कही) बात सुन लेना
overjoyed /ˌओव़ 'जॉइड्/ *adj.* अत्यंत प्रसन्न, आनंद-विभोर
overlap /ˌओव़ 'लैप्/ *v.* (**overlapping, overlapped**) **1** एक वस्तु का दूसरी के कुछ अंश को ढक लेना, अधिव्याप्त करना या होना **2** अंशतः समान होना ▸ **overlap** *n.* अतिव्याप्ति, अतिव्यापन
overleaf /ˌओव़ 'लीफ़्/ *adv.* पृष्ठ के दूसरी तरफ़
overload /ˌओव़ 'लोड्/ *v.* **1** बहुत सारे व्यक्ति या वस्तुएँ किसी में या किसी पर लाद देना, अतिभारित करना **2** किसी को कोई वस्तु (काम, सूचना आदि) अत्यधिक मात्रा में दे देना
overlook /ˌओव़ 'लुक्/ *v.* **1** किसी वस्तु को देखने या उस पर ध्यान देने से चूक जाना, अनदेखी कर जाना **2** (ग़लत होता हुआ) देखकर भी (उस पर) ध्यान न देना, देखी-अनदेखी करना
overly /'ओव़लि/ *adv.* अत्यधिक, बेहद
overnight /ˌओव़ 'नाइट्/ *adj. & adv.* **1** एक रात के लिए **2** एकाएक, रातोंरात, बहुत शीघ्र
overpower /ˌओव़ 'पाउअ(र्)/ *v.* किसी व्यक्ति को अत्यधिक शक्ति से दबा देना ▸ **overpowering** *adj.* अत्यंत शक्तिशाली
overrate /ˌओव़ 'रेट्/ *v.* व्यक्ति या वस्तु का वास्तविकता से अधिक मूल्यांकन करना, अधिमूल्यांकन करना
overreach /ˌओव़ 'रीच्/ *v.* संभाव्य से अधिक प्राप्त करने का प्रयत्न करने के कारण असफल होना, अतिश्रम के कारण विफल होना
overreact /ˌओव़रि 'ऐक्ट्/ *v.* अपेक्षा से अधिक सशक्त प्रतिक्रिया करना (विशेषतः किसी अप्रिय वस्तु के विषय में) ▸ **overreaction** *n.* अधि-प्रतिक्रिया या अति-प्रतिक्रिया
override /ˌओव़ 'राइड्/ *v.* **1** अपने अधिकार से किसी निर्णय, आदेश आदि को अस्वीकार कर देना **2** किसी अन्य की अपेक्षा अधिक महत्वपूर्ण होना
overrule /ˌओव़ 'रूल्/ *v.* अपने अधिकार से किए जा चुके निर्णय या काम को बदल देना
overrun /ˌओव़ 'रन्/ *v.* **1** बड़ी संख्या में किसी इलाक़े में सर्वत्र फैल जाना **2** आशा से अधिक समय या धन लग जाना या लगा देना
overseas /ˌओव़ 'सीज़्/ *adj. & adv.* समुद्र पार अन्य देश में या देश से
oversee /ˌओव़ 'सी/ *v.* किसी काम पर निगाह रखना (कि वह ठीक से हो), निरीक्षण करना
overshadow /ˌओव़ 'शैडो/ *v.* **1** अन्य के महत्व या उपलब्धि को कम कर देना **2** किसी अवसर की प्रसन्नता को कम कर देना
oversight /'ओव़साइट्/ *n.* कुछ करने या ध्यान देने में भूल या चूक (जिसकी आशा न हो), असावधानी, अनवधान
overstep /ˌओव़ 'स्टेप्/ *v.* सीमा का अतिक्रमण करना

overt /ˈओवर्ट्/ *adj.* खुले तौर पर किया गया, प्रकट, प्रत्यक्ष, खुला ▸ **overtly** *adv.* प्रकट या प्रत्यक्ष रूप से

overtake /ˌओव़ˈटेक्/ *v.* (वाहन, व्यक्ति आदि के) पीछे से आकर आगे निकल जाना

overthrow /ˌओव़ˈथ्रो/ *v.* बलप्रयोग से किसी नेता या सरकार को सत्ता से हटा देना, नेता या सरकार का तख़्ता उलट देना ▸ **overthrow** *n.* बलात् सत्ताच्युति

overtime /ˈओव़टाइम्/ *n.* (सामान्य कार्य घंटों के बाद) काम में लगा अतिरिक्त समय, अधिसमय, ओवरटाइम, अधिसमय, समयोपरि या ओवरटाइम भत्ता ▸ **overtime** *adv.* निर्धारित समय के बाद, समयोपरि

overtone /ˈओव़टोन्/ *n.* परोक्ष रूप से (न कि प्रत्यक्षतया) कही गई बात, व्यंजना

overture /ˈओव़चुअ(र्), -ट्युअ(र्)/ *n.* मैत्री, व्यापारिक संबंध आदि बढ़ाने के लिए पहल या संकेत, क़दम

O

overturn /ˌओव़ˈटन्/ *v.* **1** उलट जाना या उलटा देना **2** क़ानून की दृष्टि से ग़लत पाए गए निर्णय को उलट देना या बदल देना

overview /ˈओव़व्यू/ *n.* किसी प्रसंग का (विस्तार-रहित) सामान्य विवरण, विहंगावलोकन

overwhelm /ˌओव़ˈवेल्म्/ *v.* **1** अभिभूत हो जाना **2** पराजित कर देना, हावी हो जाना

oviduct /ˈओविडक्ट्/ *n.* ट्यूब जिस माध्यम से अंडाणु डिंबाशय से गुज़रता है, डिंबवाहिनी, अंडवाहिनी

oviparous /ओˈविपरस्/ *adj.* (जंतुओं के संबंध में प्रयुक्त) अंडा देने वाले, न कि जीवित शिशु पैदा करने वाले प्राणी

ovulate /ˈऑव्युलेट्/ *v.* (मादा प्राणी के लिए प्रयुक्त) अंडा देना, अंडाणु उत्पन्न करना ▸ **ovulation** *n.* अंडोत्सर्ग

ovule /ˈऑव्यूल्/ *n.* बीज वाले पौधों में बीजाश्म का वह भाग जिसमें मादा कोशिका होती है जो कि आगे चलकर बीज बनता है, डिंब

ovum /ˈओव़म्/ *n.* (*pl.* **ova**) मादा जंतु द्वारा उत्पन्न अंडा, अंडाणु

owe /ओ/ *v.* **1** किसी की उसके किसी कार्य या किसी वस्तु के देने के बदले में देनदार होना **2** यह अहसास कि आप उसके लिए कुछ करें या उसे कुछ दें विशेषतः इसलिए कि उसने आप के लिए कुछ किया है, आभारी होना

owl /आउल्/ *n.* उल्लू, इसकी बड़ी-बड़ी आँखें होती हैं और यह रात में छोटे प्राणियों का शिकार करता है

own /ओन्/ *det. & pron.* **1** इस पर बल डालने के लिए प्रयुक्त कि कोई वस्तु व्यक्ति विशेष की है **2** यह दिखाने के लिए प्रयुक्त कि बिना किसी अन्य की सहायता के कुछ किया या बनाया जा सकता है ▸ **own** *v.* किसी वस्तु का स्वामी बनना, अधिकार होना

ox /ऑक्स्/ *n.* (*pl.* **oxen**) बैल

oxide /ˈऑक्साइड्/ *n.* ऑक्साइड, ऑक्सीजन और अन्य रासायनिक तत्व का संयोजन

oxidize /ˈऑक्सिडाइज़्/ *v.* किसी वस्तु में ऑक्सीजन मिलाना या कोई वस्तु ऑक्सीजन से मिलाना ▸ **oxidization** *n.* ऑक्सिकरण, उपचयन

oxygen /ˈऑक्सिजन्/ *n.* ऑक्सीजन, एक गैस जिसे न आप देख सकते हैं, न सूँघ सकते हैं और न आप उसका स्वाद ले

सकते हैं, पौधे और प्राणी बिना ऑक्सीजन के जीवित नहीं रह सकते, प्राणवायु

oxygenate /ˈऑक्सिजनेट्/ *v.* किसी में ऑक्सीजन मिलाना

oxymoron /ˌऑक्सिˈमॉरॉन्/ *n.* ऐसा वाक्यांश जिसके दोनों शब्द विपरीत या विरोधी अर्थ वाले हैं,विरोधालंकार

oyster /ˈऑइस्ट(र्)/ *n.* शंखमीन जिसे लोग खाते हैं, कुछ शंखमीनों से मोती मिलते हैं

ozone /ˈओज़ोन्/ *n.* एक ज़हरीली गैस जो कि ऑक्सीजन की एक प्रकार है, ओज़ोन

Pp

p *abbr.* (*pl.* **pp**) **1** पृष्ठ **2** (मार्ग चिह्न) वाहनस्थल, किसी वाहन के खड़े रहने के स्थल का सूचक चिह्न

PA /ˌपीˈऐ/ *n.* वैयक्तिक सहायक जो अपने अधिकारी के पत्रों का टंकण तथा टेलीफ़ोनों के उत्तर आदि देता है, पी. ए.

p.a. *abbr.* **per annum** का संक्षिप्त रूप, एक वर्ष में या के लिए, प्रति वर्ष

pace /पेस्/ *n.* **1** चलने, दौड़ने आदि या कुछ घटित होने की गति, चाल **2** एक क़दम में तय की जाने वाली दूरी, क़दम ▸ **pace** *v.* एक ही जगह में इधर से उधर बार–बार चलते रहना, विशेषतः घबराहट या क्रोध में

pacific /पˈसिफ़िक्/ *adj.* शांति देने वाला, शांतिपूर्ण ▸ **Pacific** *n.* प्रशांत महासागर का

pacifism /ˈपैसिफ़िज़म्/ *n.* यह आस्था कि युद्ध सदैव अनुचित होते हैं और उस में कभी शामिल नहीं होना चाहिए, शांतिवाद

pacify /ˈपैसिफ़ाइ/ *v.* किसी नाराज़ या परेशान व्यक्ति को शांत एवं स्थिर करना

pack /पैक्/ *n.* **1** वस्तुओं का समुच्चय जो विशेष प्रयोजन के लिए एक साथ दिया जाता है **2** झोला जिसे पीठ पर वहन किया जा सकता है ▸ **pack** *v.* **1** छुट्टियों पर बाहर जाने के पूर्व सूटकेस आदि में अपना सामान रखना **2** किसी सामान रखने वाली वस्तु में चीज़ों को रखना ताकि उनका भंडारण, वहन या विक्रय हो सके

package /ˈपैकिज्/ *n.* **1** काग़ज़ में लिपटी या डिब्बे में रखी कुछ या बहुत–सी वस्तुएँ **2** वस्तुओं का समुच्चय जिसे एक साथ ख़रीदना या स्वीकार करना पड़ता है, पैकेज ▸ **package** *v.* डिब्बे या काग़ज़ में वस्तुओं को लपेटना

packet /ˈपैकिट्/ *n.* **1** छोटा डिब्बा, थैली आदि जिसमें किसी वस्तु को बेचने के लिए बंद किया जाता है, पैकेट **2** बड़ी मात्रा में धनराशि

pact /पैक्ट्/ *n.* दो या दो से अधिक व्यक्तियों, समूहों या देशों के बीच औपचारिक समझौता

pad /पैड्/ *n.* **1** मुलायम पदार्थ का मोटा टुकड़ा जो किसी वस्तु को साफ़ करने या सुरक्षित रखने के लिए अथवा किसी वस्तु को भिन्न–भिन्न आकृति देने के लिए प्रयोग किया जाता है **2** काग़ज़ के बहुत–से टुकड़े जो एक सिरे से साथ–साथ बंधे हुए हों ▸ **pad** *v.* (**pa<u>dd</u>ing, pa<u>dd</u>ed**) **1** किसी वस्तु को मुलायम पदार्थ से भर या ढक देना ताकि वह सुरक्षित रहे, कुछ बड़े आकार की दिखे या अधिक आरामदेह हो सके **2** बिना आवाज़ किए चलना क्योंकि जूते नहीं पहने हैं

paddle /ˈपैड्ल्/ *n.* एक छोटा डंडा जिसके एक अथवा दोनों सिरे चपटे तथा समतल होते हैं, इसका प्रयोग नाव चलाने के लिए किया जाता है, नाव चलाने का चप्पू, डाँड ▸ **paddle** *v.* **1** चप्पू के सहारे छोटी नाव को पानी में चलाना **2** छिछले पानी में चलना

padlock /ˈपैड्लॉक्/ *n.* मुख्य द्वार, साइकिल आदि के लिए प्रयुक्त ताला

▸ **padlock** *v.* किसी वस्तु से किसी वस्तु को ताले द्वारा बाँध देना

paediatrics /ˌपीडि'ऐट्रिक्स्/ *n.* चिकित्सा-शास्त्र का वह क्षेत्र जिसका संबंध बाल-रोगों से है ▸ **paediatric** *adj.* बाल-चिकित्सा संबंधी

paedophile /'पीडोफ़ाइल्/ *n.* व्यक्ति जो बच्चों के प्रति कामुकता भाव से आकर्षित रहता है

pagan /'पेगन्/ *adj.* उन धार्मिक विश्वासों का जो मुख्य विश्व धर्मों में नहीं पाए जाते, विधर्म

page /पेज्/ *n.* **1** किसी पुस्तक, पत्रिका आदि का पन्ना, पृष्ठ **2** डाटा या सूचना का एक खंड जो किसी एक समय में कंप्यूटर के परदे पर प्रदर्शित किया जा सकता है ▸ **page** *v.* एक छोटी मशीन (पेजर) के माध्यम से किसी व्यक्ति को संदेश भेजकर बुलाना या उसके नाम से दीवार पर लगे लाउडस्पीकर द्वारा पुकारना

pageant /'पैजन्ट्/ *n.* **1** लोक आमोद-प्रमोद का एक प्रकार जिसमें लोग पुराने युग की वेशभूषा में इतिहास के प्राचीन दृश्यों का खुले में अभिनय करते हैं, झाँकी, शोभायात्रा

pail /पेल्/ *n.* (लकड़ी या धातु की) बालटी

pain /पेन्/ *n.* **1** शरीर के किसी अंग पर चोट या किसी रोग से पीड़ित होने के कारण उत्पन्न दर्द, पीड़ा, वेदना **2** उदासी, दुख क्योंकि कोई बुरी घटना हो गई है ▸ **pain** *v.* किसी को दुखी या परेशान कर देना

painstaking /'पेन्ज़्टेकिङ्/ *adj.* अत्यधिक सावधानी से लंबी अवधि में व परिश्रम द्वारा किया गया, अध्यवसायी ▸ **painstakingly** *adv.* अत्यधिक सावधानीपूर्वक, श्रमसाध्य रीति से

paint /पेन्ट्/ *n.* **1** रंगीन द्रव जो किसी सतह पर साज-सज्जा या सुरक्षा हेतु लगाया जाता है **2** चित्र बनाने में प्रयुक्त रंगीन द्रव ▸ **paint** *v.* **1** किसी सतह या वस्तु पर रंग लगाना या पोतना **2** रंगों द्वारा किसी व्यक्ति या वस्तु का चित्र बनाना

painter /'पेन्ट(र्)/ *n.* **1** व्यक्ति जिसका काम भवनों, दीवारों आदि को रंगना है, रंगसाज़ **2** व्यक्ति जो रंगीन चित्र बनाता है, चित्रकार

pair /पेअ(र्)/ *n.* **1** एक ही प्रकार की दो वस्तुएँ जिनको साथ-साथ प्रयोग किया या पहना जाता है, जोड़ा, युग्म **2** वस्तु जिसके दो अंश हैं और जो साथ-साथ जुड़े हुए हैं ▸ **pair** *v.* **(pair off/ up)** साथ-साथ होना, कार्य, खेल आदि में किसी अन्य व्यक्ति या समूह के साथ-साथ जुड़ जाना

pal /पैल्/ *n.* दोस्त, मित्र

palace /'पैलस्/ *n.* विशाल भवन जहाँ राजा या रानी रहते थे या रहते हैं, महल, राजभवन, प्रासाद

palaeontology /ˌपैलिऑन्'टॉलजि, ˌपेलि-/ *n.* जीवाश्मों का वैज्ञानिक अध्ययन, जीवाश्मिकी

palatable /'पैलटब्ल्/ *adj.* **1** (भोजन या पेय) रुचिकर गंध या स्वाद, स्वादिष्ट, मज़ेदार **2** (सलाह, विचार, कार्य आदि) स्वीकार्य, संतोषजनक

palate /'पैलट्/ *n.* मुख के अंदर का ऊपरी भाग, तालू

palatial /प'लेशल्/ *adj.* (कमरा या भवन) महलनुमा, अत्यधिक विशाल एवं विस्तीर्ण, भव्य

pale /पेल्/ *adj.* **1** (किसी व्यक्ति या उसके चेहरे के लिए प्रयुक्त) जिसकी त्वचा

पीली पड़ गई है, प्रायः भय या किसी बीमारी के कारण **2** (रंग) फीका, धुँधला ▸ **pale** *v.* पीला पड़ जाना

palette /ˈपैलट्/ *n.* **1** एक छोटा पतला बोर्ड जिसके किनारे मुड़े होते हैं जिस पर कलाकार रंगों को मिलाता है, इसमें एक छिद्र होता है जिसका प्रयोग इसे पकड़ने के लिए किया जाता है, रंग पट्टिका **2** किसी विशिष्ट कलाकार द्वारा उपयोग किए गए रंग या किसी विशिष्ट चित्रकला के रंग

pall /पॉल्/ *v.* कम रोचक या कम महत्व का हो जाना

palliative /ˈपैलिअटिव्/ *n.* **1** (कार्य, निर्णय, समाधान आदि) किसी कठिन स्थिति को सरल बनाना (वस्तुतः समस्या का अन्त न होना) **2** (औषधि या चिकित्सा) प्रभावशाली इलाज के बिना दर्द या लक्षणों में राहत, प्रशामक चिकित्सा ▸ **palliative** *adj.* उपशामक, प्रशामक

palm /पाम्/ *n.* **1** हाथ की हथेली, करतल **2** खजूर, ताड़ ▸ **palm** *v.* (**palm off**) किसी व्यक्ति को ऐसा समझाना-बुझाना कि वह किसी असत्यता पर विश्वास कर ले और सवाल-जवाब करना छोड़ दे या शिकायत न करे

palmistry /ˈपामिस्ट्रि/ *n.* हाथ की रेखाओं को देखकर किसी व्यक्ति का भविष्यकाल या स्वभाव बताने की कला, हस्तरेखाशास्त्र

palpable /ˈपैल्पब्ल्/ *adj.* **1** जिसे इंद्रियों द्वारा महसूस किया जा सके, स्पष्ट, प्रत्यक्ष **2** जिसे स्पर्श किया जा सके, स्पर्शनीय, मूर्त

palpitate /ˈपैल्पिटेट्/ *v.* (दिल का) ज़ोर से या अनियमित रूप से धड़कना, विशेषतः डर या उत्तेजना के कारण

paltry /ˈपॉल्ट्रि/ *adj.* इतना छोटा कि उसका न तो कुछ महत्व है और न उपयोगिता, तुच्छ, नगण्य

pamper /ˈपैम्प(र्)/ *v.* किसी व्यक्ति की बहुत अच्छी देखभाल करना और उसे यथासंभव आराम पहुँचाना

pamphlet /ˈपैम्फ़्लट्/ *n.* काग़ज़ के आवरण वाला बहुत कम पन्नों की पुस्तिका जिसमें किसी विशिष्ट विषय के संबंध में सूचना दी जाती है, पैम्फ़लेट

pan /पैन्/ *n.* हत्थेदार छिछला पात्र, जो भोजन बनाने में काम आता है, पैन, पैन में स्थित सामग्री ▸ **pan** *n.* **1** भोजन बनाने के लिए धातु का पात्र, कड़ाही, तसला **2** (स्वर्णधूलि युक्त रेत को) तसले में धोना ▸ **pan-** *prefix* पूरा-पूरा शामिल, किसी वस्तु की परिपूर्णता से संबंधित

panacea /ˌपैनˈसीआ/ *n.* रोग तथा किसी संकटमय परिस्थिति की सभी कठिनाइयों का निवारक, सर्वरोगहर

pancake /ˈपैन्केक्/ *n.* आटा, दूध और अंडे के घोल को तलने से बना बहुत पतला गोल केक

pancreas /ˈपैङ्क्रिअस्/ *n.* अग्न्याशय, यह उदर के पास स्थित एक शरीर-अंग है जो ऐसा तत्व (इंसुलिन) उत्पन्न करता है जो रक्त में शर्करा को नियंत्रित करता है ▸ **pancreatic** *adj.* अग्न्याशयी

panda /ˈपैन्डा/ *n.* सफ़ेद और काले रंग तथा बड़े आकार का चीनी भालू, पंडा

pandemic /पैन्ˈडेमिक्/ *n.* देशव्यापी या विश्वव्यापी कोई महामारी ▸ **pandemic** *adj.* महामारी-विषयक

pandemonium /ˌपैन्डˈमोनिअम्/ *n.* हुल्लड़बाज़ी, बहुत शोर और अव्यवस्था, भारी गड़बड़ी

pander /ˈपैन्ड(र्)/ *v.* **(pander to sb/sth)** दूसरे का पूरा समर्थन या अनुसरण करना, विशेषतः ग़लत बात में भी

panel /ˈपैन्ल्/ *n.* **1** दरवाज़े या दीवार में जड़ा वर्गाकार या आयातकार लकड़ी, धातु या काँच का फलक, पैनल **2** किसी विषय पर परामर्श या सम्मति देने वाले व्यक्तियों का समूह, सलाहकार-मंडल, पैनल, टीवी या रेडियो पर सामयिक मुद्दों पर चर्चा करने वाले व्यक्तियों का समूह, वार्ताकार-मंडल, पैनल

pang /पैङ्/ *n.* अचानक उत्पन्न शारीरिक या मानसिक गहरी पीड़ा, टीस, कसक, हूक

panic /ˈपैनिक्/ *n.* एकाएक उपजा डर जो नियंत्रित न हो सके और स्पष्टता से सोचने न दे, संत्रास, भीषिका, आतंक ▸ **panic** *v.* (**pani<u>ck</u>ing**, **pani<u>ck</u>ed**) डर जाना, आतंकित हो जाना

panorama /ˌपैनˈरामा/ *n.* किसी बड़े क्षेत्र का दृश्य, परिदृश्य, दृश्यावली, दृश्यपटल

pant /पैन्ट्/ *v.* हाँफना (जैसे दौड़ने के बाद या गरमी के मारे) ▸ **pant** *n.* तेज़ी से ली गई साँस, हँफनी

pantheon /ˈपैन्थिइअन्/ *n.* **1** (विशेष योगदान के लिए) ख्याति प्राप्त लोगों का समूह **2** सभी देवताओं की पूजा संबंधी

panther /ˈपैन्थ(र्)/ *n.* काला तेंदुआ (एक बड़ा वन्य जीव)

panties /ˈपैन्टिज़्/ *n.* (*pl.*) (अनौपचारिक) स्त्रियों की कच्छी, जाँघिया

pantomime /ˈपैन्टमाइम्/ *n.* **1** नाटकीय मनोरंजन जिसमें कलाकार हाव-भाव, गति आदि के माध्यम से अभिनय करते हैं, मूक अभिनय **2** हास्यास्पद स्थिति

pantry /ˈपैन्ट्रि/ *n.* (*pl.* **pantries**) रसोई-भंडार, भंडार घर

pants /पैन्ट्स्/ *n.* (*pl.*) **1** कच्छी या निकर **2** (*US*) पतलून

paparazzi /ˌपैपˈरैट्सि/ *n.* स्वतंत्र फ़ोटोग्राफ़र जो जानी-मानी हस्तियों की फ़ोटो लेने के लिए उनके पीछे लगा रहता है, पापारात्सो

papaya /पˈपाइआ/ *n.* पपीता

paper /ˈपेप(र्)/ *n.* **1** काग़ज़ **2** (*pl.* **papers**) महत्वपूर्ण काग़ज़ात, दस्तावेज़

papyrus /पˈपाइरस्/ *n.* (*pl.* **papyri**) **1** मोटे तनेवाला एक लंबा पौधा जो पानी में उगता है, एक प्रकार का सरकंडा, पपीरस, पटेरा **2** पपीरस के पौधे से बना काग़ज़ (प्राचीन मिस्र में प्रयुक्त)

par /पा(र्)/ *n.* (गोल्फ़ के खेल में) गेंद को मारकर छेदों में डालने के लिए निर्धारित बारियों की संख्या

parable /ˈपैरब्ल्/ *n.* नीतिकथा, शिक्षाप्रद कथा (विशेषतः बाइबिल में)

paracetamol /ˌपैरˈसीटमॉल्/ *n.* दर्द और बुखार को कम करने की दवा, पैरासिटामोल

parachute /ˈपैरशूट्/ *n.* विमान से छलाँग लगाने वाले व्यक्ति द्वारा धीमी गति से ज़मीन पर उतरने के लिए प्रयुक्त हवाई छतरी, पैराशूट ▸ **parachute** *v.* पैराशूट से उतरना

parade /पˈरेड्/ *n.* परेड, क़वायद, जुलूस

paradigm /ˈपैरडाइम्/ *n.* **1** आदर्श प्रतिमान, नमूना **2** किसी शब्द के विभिन्न रूप, रूपावली

paradise /ˈपैरडाइस्/ *n.* **1** स्वर्ग **2** आनंद धाम, पूर्णतया सुखद स्थल

paradox /ˈपैरडॉक्स/ *n.* विरोधी विशेषताओं वाला कथन या स्थिति, विरोधाभास, अंतर्विरोध

paraffin /ˈपैरफ़िन्/ *n.* एक प्रकार का तेल जिससे ताप और प्रकाश उत्पन्न होते हैं, पैराफ़िन

paragon /ˈपैरगन्/ *n.* (किसी व्यक्ति के लिए प्रयुक्त) उत्तम, दोष रहित, आदर्श व्यक्ति, वस्तु

paragraph /ˈपैरग्राफ़्/ *n.* पैराग्राफ़, अनुच्छेद (इसे सदा नई पंक्ति से आरंभ करते हैं)

parakeet /ˈपैरकीट्/ *n.* लंबी पूँछ वाला छोटा तोता, ढेलहरी तोता, टुइयाँ, यह गरम देशों में पाया जाता है

parallel /ˈपैरलेल्/ *adj. & adv.* **1** (दो रेखाओं के संबंध में) समानांतर **2** एक जैसे और एक ही समय में घटित, सदृश और समकालिक ▸ **parallel** *n.* व्यक्ति, वस्तु या परिस्थिति जो किसी अन्य परिस्थिति, स्थान या समय में विद्यमान व्यक्ति, वस्तु या परिस्थिति के समान हो, सादृश्य, समानता

paralyse /ˈपैरलाइज़्/ *v.* **1** व्यक्ति का ऐसा हो जाना कि वह अपने शरीर या उस के अंग को हिला-डुला न सके, लक़वे से प्रभावित होना **2** ऐसी स्थिति उत्पन्न करना कि कोई व्यक्ति या वस्तु सामान्य रीति से कार्य न कर सके

paralysis /पˈरैलसिस्/ *n.* **1** काम करने के योग्य न होना **2** चलने की शक्ति का अभाव, पक्षाघात, लक़वा, फ़ालिज

parameter /पˈरैमिट(र्)/ *n.* किसी काम को करने का तरीक़ा, निर्धारित या नियंत्रित करने वाला तत्व, प्राचल, पैरामीटर

paramount /ˈपैरमाउन्ट्/ *adj.* सर्वाधिक महत्वपूर्ण, उत्तम

paranoia /ˌपैरˈनॉइआ/ *n.* **1** इस ग़लत विश्वास पर आधारित एक मानसिक रोग कि अन्य व्यक्ति आपको हानि पहुँचाना चाहते हैं, मिथ्या संदेह या वहम का रोग, भ्रांति रोग **2** दूसरों से भय की और उन पर संदेह करने की प्रवृत्ति, वहम

paranormal /ˌपैरˈनॉम्ल्/ *adj.* (घटनाएँ या विषय) विचित्र या रहस्यमय, असाधारण, असामान्य

paraphernalia /ˌपैरफ़ˈनेलिआ/ *n.* प्रयोजन-विशेष के लिए अपेक्षित ढेर सारी विविध वस्तुएँ, साज़-सामान

paraphrase /ˈपैरफ़्रेज़्/ *v.* एक ही बात को भिन्न शब्दों में दुबारा कहना ताकि उसे समझने में आसानी हो, अन्वयांतर, शब्दांतरण, भावानुवाद करना ▸ **paraphrase** *n.* अन्वयांतर, शब्दांतरण, भावानुवाद

parasite /ˈपैरसाइट्/ *n.* परजीवी वनस्पति या जंतु, ये रोगों का कारण भी बन सकते हैं

parboil /ˈपाबॉइल्/ *v.* खाद्य पदार्थ, विशेषतः सब्ज़ियों को थोड़ा पकने तक उबालना

parcel /ˈपास्ल्/ *n.* काग़ज़ में लपेटी गई या विशेष लिफ़ाफ़े में बंद की गई वस्तु जिसे विशेषतः डाक द्वारा किसी को भेजा जाता है, पार्सल

parched /पाच्ट्/ *adj.* बहुत गरम और सूखा, या बहुत प्यासा

parchment /ˈपाच्मन्ट्/ *n.* **1** भेड़, बकरी आदि के चर्म से बना लेखन पत्र, चर्म पत्र **2** चर्म पत्र पर लिखित लेख

pardon /ˈपाड्न्/ *exclam.* **1** बात को दुबारा कहने का अनुरोध करने के लिए प्रयुक्त (क्योंकि हम बात को पहले सुन या समझ नहीं सके) ▸ **pardon** *n.*

अपराधी को औपचारिक क्षमादान ▸ **pardon** *v.* किसी को क्षमा करना, छोड़ देना

pare /पेअ(र्)/ *v.* **1** किसी वस्तु का छिलका उतारना, छीलना **2** किसी वस्तु के आकार या मात्रा को धीरे-धीरे कम करना

parent /'पेअरन्ट्/ *n.* **1** माता या पिता **2** मूल कंपनी (जिसकी उसी प्रकार की छोटी कंपनियाँ हों)

pariah /प'राइअ/ *n.* बिरादरी से निष्कासित व्यक्ति, जातिच्युत व्यक्ति

parish /'पैरिश्/ *n.* क्षेत्र या ज़िला जिसका अपना चर्च हो, पल्ली, इस क्षेत्र के निवासी

parity /'पैरटि/ *n.* **1** समानता, विशेषतः वेतन या पद की दृष्टि से **2** (वित्तीय दृष्टि से) दो देशों की मुद्रा की समानता

park /पाक्/ *n.* **1** सार्वजनिक उद्यान, पार्क **2** विशेष प्रयोजन से प्रयुक्त बड़ा भूखंड, पार्क ▸ **park** *v.* वाहन पार्क करना, गाड़ी खड़ी करना

parka /'पाका/ *n.* टोपी-लगी गरम जैकेट

Parkinson's disease /'पाकिन्सन्ज़् डिज़ीज़्/ *n.* मांसपेशियों के दुर्बल हो जाने के कारण अंगों के काँपने का रोग, काँपा, कँपनी, झूलन रोग, पार्किंसन्स डिज़ीज़

parlance /'पालन्स्/ *n.* बातचीत का ढंग या बोली या वाक्य व्यवहार, भाषा-शैली

parley /'पालि/ *n.* (समझौता आदि के लिए) विशेषकर विरोधी पक्षों के बीच बातचीत या विचार विमर्श, सुलह की बातचीत, संधिवार्ता ▸ **parley** *v.* मतभेद दूर करने के लिए विचार विमर्श करना, संधिवार्ता करना

parliament /'पालमन्ट्/ *n.* **1** देश के लिए क़ानून बनाने या बने हुए क़ानून को बदलने के लिए निर्वाचित व्यक्तियों का समूह, संसद **2** भारत की संसद, पार्लियामेंट

parlour /'पाल(र्)/ *n.* **1** अतिथियों के लिए बैठक **2** विशिष्ट वस्तुओं या सेवाओं की दुकान

parochial /प'रोकिअल्/ *adj.* **1** केवल स्थानीय स्तर पर घटित होनेवाली घटनाओं से संबद्ध न कि अधिक महत्वपूर्ण घटनाओं में **2** पादरी के इलाक़े से संबंधित

parody /'पैरडि/ *n.* (*pl.* **parodies**) किसी शैली की हास्यजनक नक़ल (लेखन, भाषण या संगीत द्वारा), विद्रूपिका, पैरोडी ▸ **parody** *v.* हास्यजनक नक़ल उतारना

parole /प'रोल्/ *n.* सदाचरण की शर्त पर क़ैदी की जेल से समय पूर्व रिहाई, पैरोल

parrot /'पैरट्/ *n.* तोता (पालतू तोते सिखाने पर मनुष्यों की वाणी को दोहरा सकते हैं)

parsley /'पास्लि/ *n.* एक प्रकार का पुदीने जैसा पौधा जिसके पत्तों के प्रयोग से भोजन अधिक स्वादिष्ट हो जाता है

parsnip /'पास्निप्/ *n.* मिट्टी के नीचे उगने वाली लंबी, पतली व सफ़ेद रंग की सब्ज़ी

part /पाट्/ *n.* **1** अंश, भाग, खंड, हिस्सा **2** नाटक, फ़िल्म आदि में कोई भूमिका या पात्र ▸ **part** *v.* **1** किसी से अलग होना (साथ छोड़कर जाना), लोगों या वस्तुओं को अलग करना **2** अलग होना, वस्तुओं या व्यक्तियों को अलग करना ▸ **part** *adv.* अंशतः

partake /पा'टेक्/ *v.* **1** कुछ खाना या पीना **2** किसी गतिविधि में भाग लेना, शामिल होना

partial /'पाश्ल्/ *adj.* **1** आंशिक **2** किसी वस्तु को अत्यधिक पसंद करने वाला

participate /पा'टिसिपेट्/ *v.* किसी काम में भाग लेना या उससे जुड़ जाना

particle /'पाटिक्ल्/ *n.* **1** बहुत छोटा-सा अंश, कण **2** नियत (सार्थक लघु शब्द परंतु संज्ञा, क्रिया या विशेषण की तुलना में गौण)

particular /प'टिक्यल(र्)/ *adj.* **1** (व्यक्ति, वस्तु, समय आदि) विशेष, ख़ास **2** सामान्य से अधिक, विशेष या विशिष्ट

parting /'पाटिङ्/ *n.* **1** दूसरे को अलविदा कहने या उससे (प्रायः लंबे समय के लिए) अलग होने की क्रिया **2** सिर में बालों की माँग

partisan /ˌपाटि'ज़ैन्, 'पाटिज़ैन्/ *adj.* कट्टर (किसी व्यक्ति, समूह या विचार को अत्यधिक समर्थन देते हुए, विशेषतः बिना ध्यानपूर्वक अनुचिंतन के), अंधभक्त ▸ **partisan** *n.* **1** विशेष नेता, समूह या विचार का कट्टर समर्थक व्यक्ति **2** देश पर क़ब्ज़ा जमाने वाली शत्रु सेना से गुप्त रूप से लड़ने वाली सशस्त्र दल का सदस्य, गुरिल्ला देशभक्त सैनिक

partition /पा'टिश्न्/ *n.* **1** कमरा, कार्यालय आदि को दो या अधिक हिस्सों में विभक्त करने वाली वस्तु (प्रायः पतली या अस्थायी दीवार), विभाजक दीवार **2** एक देश का दो या अधिक देशों में विभाजन ▸ **partition** *v.* विभाजित करना

partly /'पाट्लि/ *adv.* अंशतः, आंशिक रूप से

partner /'पाट्न(र्)/ *n.* **1** विवाहित या विवाहित जैसे जीवन का संगी या साथी **2** व्यापार में भागीदार या साझेदार ▸ **partner** *v.* भागीदार या जोड़ीदार बनना

party /'पाटि/ *n.* (*pl.* **parties**) **1** पार्टी, प्रीतिभोज, दावत **2** राजनीतिक दल

pass /पास्/ *v.* **1** किसी व्यक्ति या वस्तु से आगे या उसके दूसरी तरफ़ निकल जाना **2** निर्दिष्ट दिशा में किसी वस्तु का गुज़रना या उसे गुज़ारना ▸ **pass** *n.* **1** परीक्षा में सफलता **2** (किसी स्थान पर आने-जाने का) अनुमति-पत्र, पास

passage /'पैसिज्/ *n.* **1** दो स्थानों को जोड़ने वाला लंबा, तंग रास्ता जिसके दोनों ओर दीवारें हों, गलियारा **2** शरीर में स्थित वायु, द्रव आदि के गुज़रने की नली

passenger /'पैसिन्ज(र्)/ *n.* (स्वयं वाहन चालक न होकर) बस, ट्रेन आदि में यात्रा करने वाला व्यक्ति, यात्री, मुसाफ़िर

passer-by *n.* (*pl.* **passers-by**) राहगीर, राह चलता व्यक्ति

passing/'पासिङ्/ *adj.* **1** केवल थोड़े समय का, अल्पकालिक **2** गुज़रता हुआ ▸ **passing** *n.* गुज़रने की प्रक्रिया

passion /'पैश्न्/ *n.* **1** बहुत प्रबल मनोभाव, भावावेश (विशेषतः प्रेम, घृणा या क्रोध का) **2** तीव्र कामवासना या आकर्षण

passive /'पैसिव्/ *adj.* **1** जो कोई प्रतिक्रिया, भावना या रुचि न दिखाए, निष्क्रिय **2** कर्मवाच्य, वह क्रियारूप या वाक्य जिसमें वाक्य का कर्ता क्रिया से प्रभावित होता है

passport /'पास्पॉर्ट्/ *n.* **1** (विदेश यात्रा के लिए आवश्यक आधिकारिक

दस्तावेज़ जिसमें व्यक्ति की राष्ट्रीयता या नागरिकता का विवरण होता है, पासपोर्ट 2 कुछ प्राप्त करने में सहायक वस्तु

past /पास्ट्/ *adj.* **1** जो बीत चुका है, पिछला, वर्तमान से पहले का, अतीत या भूत काल का **2** हाल का, पिछला
▸ **past** *prep. & adv.* **1** (समय बताने के लिए प्रयुक्त) बजकर, के बाद **2** किसी व्यक्ति या वस्तु को पार करके, किसी व्यक्ति या वस्तु से और आगे या उसके दूसरी ओर ▸ **past** *n.* **1** अतीत काल, पिछली बातें **2** किसी व्यक्ति का पिछला जीवन और पेशा

pasta /'पैस्टा/ *n.* आटा, अंडे और पानी से विभिन्न आकृतियों में बना इटैलियन खाद्य पदार्थ जो विशेष तरह की चटनी के साथ खाया जाता है, पास्ता

paste /पेस्ट्/ *n.* **1** लेई, पेस्ट **2** लेईनुमा भोज्य पदार्थ जिसे डबलरोटी आदि पर लगाकर खाया जाता है ▸ **paste** *v.* **1** लेई या गोंद से एक वस्तु को दूसरी से चिपकाना **2** कंप्यूटर पाठ की प्रतिलिपि करना या उसे अन्य स्थान से लाकर दस्तावेज़ में जोड़ना

pastel /'पैस्टल्/ *adj.* (रंग) फीका, गहरा नहीं

pasteurize /'पास्चराइज़्/ (दूध को गरम करने से) आंशिक रूप से जीवाणुरहित करना

pastime /'पास्टाइम्/ *n.* मनबहलाव के लिए ख़ाली समय में किया गया कार्य

pastoral /'पास्टरल्/ *adj.* **1** (पुरोहित या शिक्षक द्वारा) किसी को निजी मामलों में, न कि धर्म या शिक्षा पर, सलाह देने से संबंधित, पुरोहितीय, शिक्षकीय **2** रमणीय ग्रामीण जीवन से संबंधित

pastry /'पेस्ट्रि/ *n.* (*pl.* **pastries**) **1** पेस्ट्री **2** पेस्ट्री से बना छोटा केक

pasture /'पास्च(र्)/ *n.* घास वाला मैदान जहाँ गौएँ आदि पशु घास चरते हैं, चरागाह, गोचर भूमि

pat /पैट्/ *v.* (**patting, patted**) थपथपाना, विशेषतः मैत्री, कुशल-क्षेम की चिंता आदि के संकेत के रूप में
▸ **pat** *n.* हलकी व मैत्रीपूर्ण थपकी
▸ **pat** *adj. & adv.* (उत्तर, टिप्पणी आदि) तुरंत या सीधे दिया गया, जो स्वाभाविक या वास्तविकतापूर्ण न लगे

patch /पैच्/ *n.* **1** किसी सतह पर आस-पास के क्षेत्र से भिन्न प्रकार का हिस्सा **2** कपड़ों आदि के छेद को ढकने के लिए लगाया गया कपड़े का टुकड़ा, पैबंद
▸ **patch** *v.* कपड़ों में बने छेद को कपड़े आदि के टुकड़े से ढकना, पैबंद लगाना

patent /'पेटन्ट्/ *adj.* स्पष्ट, साफ़, प्रकट, प्रत्यक्ष ▸ **patent** *n.* किसी उत्पाद, वस्तु या आविष्कार को बनाने, प्रयोग करने या बेचने पर केवल एक व्यक्ति का अधिकार, पेटेंट, एकस्व अधिकार, पेटेंट का दस्तावेज़ ▸ **patent** *v.* पेटेंट कराना या प्राप्त करना

patricide /'पैट्रिसाइड्/ *n.* पिता की हत्या, पितृहत्या

patriot /'पेट्रिअट्/ *n.* देशभक्त, राष्ट्रप्रेमी
▸ **patriotism** *n.* देशभक्ति, राष्ट्रप्रेम

patrol /प'ट्रोल्/ *v.* सुरक्षा की दृष्टि से किसी इलाक़े, भवन आदि का नियमित रूप से चक्कर लगाना, गश्त लगाना
▸ **patrol** *n.* **1** सुरक्षा की दृष्टि से किसी इलाक़े, भवन आदि का नियमित रूप से चक्कर लगाने की क्रिया, गश्त **2** गश्ती लगाने वाले सैनिकों, वाहनों आदि का दल, गश्ती दल

patron /'पेट्रन्/ *n.* **1** कलाकारों, लेखकों और संगीतज्ञों की धन से सहायता

करने वाला व्यक्ति, संरक्षक, आश्रयदाता **2** प्रसिद्ध व्यक्ति जो किसी धर्मार्थ संस्था की सहायता करता है और जिसका नाम विज्ञापन में छापा जाता है, समर्थक, संरक्षक

patronize /ˈपैट्रनाइज़/ *v.* **1** किसी अन्य व्यक्ति को अपने से छोटा, कम बुद्धिमान और अनुभवी समझकर उस पर कृपाभाव का व्यवहार करना **2** किसी दुकान, रेस्तराँ आदि का नियमित ग्राहक बनना

pattern /ˈपैट्न/ *n.* **1** कुछ घटित होने, विकसित होने या किए जाने का ढंग, रीति, तरीक़ा, पैटर्न **2** डिज़ाइन के रूप में पंक्तियों, आकृतियों, रंगों आदि की व्यवस्था, पैटर्न, प्रतिकृति

paucity /ˈपॉसटि/ *n.* (संख्या या गुणवत्ता) पर्याप्त से कम, थोड़ा, कुछ

paunch /पॉन्च/ *n.* आगे को निकला या बढ़ा हुआ पेट, तोंद

pauper /ˈपॉप(र्)/ *n.* दरिद्र, कंगाल

pause /पॉज़्/ *n.* **1** किसी क्रिया या बातचीत में लघु विराम **2** वीडियो प्लेयर सीडी, डीवीडी आदि पर गति व समर्थन करने की क्रिया को अल्पकालिक विराम देने के लिए लगा बटन ▸ **pause** *v.* बातचीत या कोई काम करते हुए अल्पकाल के लिए रुकना

pave /पेव्/ *v.* सपाट पत्थरों या ईंटों से भूखंड को ढकना

pavement /ˈपेव्मन्ट्/ *n.* सड़क के किनारे की पटरी (पैदल चलने वालों के लिए)

pavilion /पˈविलिअन्/ *n.* खेल के मैदान के साथ खिलाड़ियों के उपयोग के लिए बना भवन, पैविलियन

paw /पॉ/ *n.* पशुओं (कुत्ते, बिल्लियाँ, भालू आदि) का पंजा ▸ **paw** *v.* (पशु का) व्यक्ति या वस्तु को पंजे से बार-बार छूना या खुरचना

pawn /पॉन्/ *n.* **1** (शतरंज में) सबसे छोटा मोहरा, प्यादा **2** अन्य सशक्त व्यक्तियों द्वारा अपनी स्वार्थ-सिद्धि के लिए प्रयुक्त व्यक्ति ▸ **pawn** *v.* उधार उठाने के लिए साहूकार के पास कोई क़ीमती वस्तु बंधक या रेहन रखना, उधार न चुकाने पर बंधक वस्तु ज़ब्त हो जाती है

pay /पे/ *v.* **1** किसी काम, सामान, सेवा आदि के लिए भुगतान करना **2** (देनदारी का) पैसा चुकाना ▸ **pay** *n.* नियमित रूप से किसी कार्य को करने पर प्राप्त धनराशि, वेतन, तनख़्वाह

payee /ˌपेˈई/ *n.* भुगतान, विशेषतः चेक पाने वाला

payment /ˈपेमन्ट्/ *n.* **1** किसी व्यक्ति को भुगतान देने या किसी व्यक्ति द्वारा भुगतान पाने की प्रक्रिया **2** धनराशि जिसका भुगतान अवश्य करना है

PC /ˌपीˈसी/ *abbr.* **personal computer** का संक्षिप्त रूप, व्यक्तिगत कंप्यूटर, कंप्यूटर जिसका डिज़ाइन कार्यस्थल या घर पर एक व्यक्ति के कार्य करने के लिए किया गया है

PDF /ˌपीˈडी एफ़/ *n.* एक इलेक्ट्रॉनिक दस्तावेज़ जिसे किसी भी सिस्टम में भेजा जा सकता है और किसी भी कंप्यूटर पर इसका प्रदर्शन किया जा सकता है, पीडीएफ़

PE /ˌपीˈई/ *abbr.* **physical education** का संक्षिप्त रूप, शारीरिक शिक्षा

pea /पी/ *n.* मटर, मटर के दाने एक लंबी फली में होते हैं

peace /पीस्/ *n.* **1** ऐसी स्थिति या समयावधि जब किसी देश या प्रदेश में युद्ध या हिंसा न हो, शांति **2** शांति की स्थिति जहाँ कोई हलचल आदि न हो

peaceful /'पीसफ़ुल/ *adj.* **1** शांतिपूर्ण, युद्ध, हिंसा या तर्क-वितर्क हीन **2** शांत और नीरव

peach /पीच्/ *n.* **1** आड़ू का फल इसमें गुठली होती है तथा इसका गूदा मुलायम होता है **2** गुलाबीपन लिए नारंगी रंग

peacock /'पीकॉक्/ *n.* मोर

peahen /'पीहेन्/ *n.* मोरनी

peak /पीक्/ *n.* **1** वह बिंदु जहाँ कोई वस्तु उच्चतम, सर्वोत्तम, प्रबलतम आदि स्थिति में हो **2** पहाड़ का नुक़ीला शीर्ष भाग ▸ **peak** *adj.* किसी वस्तु का सर्वोच्च स्तर या वह समय जब सर्वाधिक लोग कुछ कर रहे हों या प्रयोग में ला रहे हों ▸ **peak** *v.* उच्चतम बिंदु या मूल्य पर पहुँचना

peal /पील्/ *n.* घंटे-घंटियों की ज़ोरदार बजने की ध्वनि ▸ **peal** *v.* (घंटियों का) ज़ोर से बजना

peanut /'पीनट्/ *n.* **1** मूँगफली **2** (*pl.* **peanuts**) बहुत ही थोड़ी रक़म

pear /पेअ(र्)/ *n.* नाशपाती का फल

pearl /पर्ल्/ *n.* एक प्रकार के शंखमीन के खोल के भीतर उगने वाली छोटी कड़ी गोल और श्वेत वस्तु, मोती जो रत्नजड़ित आभूषणों में प्रयुक्त होते हैं

peasant /'पेज़न्ट्/ *n.* (प्राचीन प्रयोग) वह व्यक्ति जो स्वयं की या किराए पर लिए छोटे भूखंड पर अपने परिवार के भरण-पोषण हेतु खाद्यान्न उत्पन्न करता है तथा पशुओं का पालन करता है, किसान, खेतिहर

pebble /'पेबल्/ *n.* पत्थर का गोल चिकना टुकड़ा जो नदी, समुद्र आदि में या उनके पास मिलता है, रोड़ी, बजरी

peck /पेक्/ *v.* **1** (चिड़ियों के संबंध में) चोंच से खाना या कुतरना **2** किसी व्यक्ति का द्रुत और कोमल चुंबन करना ▸ **peck** *n.* चंचु-प्रहार, द्रुत चुंबन

peckish /'पेकिश्/ *adj.* भूखा

peculiar /पि'क्यूलिअ(र्)/ *adj.* **1** असामान्य, अजीब, विचित्र **2** केवल किसी एक व्यक्ति का या केवल एक ही स्थान पर मिलने वाला

pecuniary /पि'क्यूनिअरि / *adj.* धन या आय संबंधी, आर्थिक

pedagogue /'पेडगॉग्/ *n.* शिक्षक, अध्यापन मे रुचि लेनेवाला विशेषकर वह स्वंय को अधिक ज्ञान संपन्न समझता है

pedal /'पेड्ल्/ *n.* पेडल, बाइसिकल या अन्य मशीन का वह भाग जिसे, उसको चलाने या कार्यशील करने के लिए अपने पैरों से दबाते हैं ▸ **pedal** *v.* (**pedalling, pedalled**) पेडल द्वारा चलाना

pedantic /पि'डैन्टिक्/ *adj.* नियमों और विवरणों पर अत्यधिक ध्यान रखने वाला, पंडिताऊ

peddle /'पेड्ल्/ *v.* **1** कुछ बेचने के लिए फेरी लगाना **2** चुराया माल या मादक द्रव अवैध रूप से बेचना

pedestal /'पेडिस्ट्ल्/ *n.* आधार जिस पर कोई स्तंभ या मूर्ति आदि खड़ी की जाती है, स्तंभ्याधार

pedestrian /प'डेस्ट्रिअन्/ *n.* व्यक्ति जो सड़क पर पैदल चल रहा है (न कि वाहन में)

pedicure /'पेडिक्युअ(र्)/ *n.* पाँवों और पैर के नाखूनों का सौंदर्यवर्धक उपचार, पाद चिकित्सा, नख-शृंगार, पेडीक्योर

pedigree /'पेडिग्री/ *n.* **1** किसी पशु के माता-पिता, पितामह, मातामह आदि का आधिकारिक अभिलेख **2** व्यक्ति का पारिवारिक इतिवृत्त, विशेषतः जब यह

प्रभावशाली हो, वंशावली, वंशानुक्रम ▸ **pedigree** *adj.* (किसी पशु के लिए प्रयुक्त) उच्च गुणवत्ता वाला क्योंकि उसके माता-पिता व पूर्वज एक ही प्रजाति के तथा विशेष तौर से चुने हुए थे

pedlar (or **peddler**) /ˈपेड्ल(र्)/ *n.* 1 छोटी-मोटी वस्तुओं को जगह-जगह बेचने वाला, खोमचे वाला, फेरी वाला 2 अवैध मादक द्रव या चोरी की वस्तुएँ बेचने वाला व्यक्ति

peek /पीक्/ *v.* किसी व्यक्ति या घटना को एक क्षण के लिए तथा छिपकर देखना (विशेषतः जब इस प्रकार देखना अनुचित है) ▸ **peek** *n.* झाँकी

peel /पील्/ *v.* 1 फल या सब्ज़ी का छिलका छीलना या उतारना, विशल्कन 2 किसी सतह से पूरा-पूरा या टुकड़े-टुकड़े में किसी चिपकी वस्तु को अलग कर देना ▸ **peel** *n.* फल या सब्ज़ी का छिलका

peep /पीप्/ *v.* 1 ताक-झाँक करना, लुक-छिप कर देखना, विशेषतः छोटे छेद से क्षणभर के लिए छिपकर देखना 2 उस स्थिति में होना जहाँ किसी व्यक्ति या वस्तु का छोटा भाग दिखाई पड़े ▸ **peep** *n.* एक क्षणिक अवलोकन, क्षणभर के लिए देखने की क्रिया

peer /पिअ(र्)/ *n.* व्यक्ति जो समाज में समान स्थान पर या आयु का हो, समकक्ष व्यक्ति ▸ **peer** *v.* किसी व्यक्ति या वस्तु को समीप से और ध्यानपूर्वक देखना, क्योंकि वह अन्यथा स्पष्ट नहीं दिखाई दे रही है

peg /पेग्/ *n.* 1 दीवार या द्वार पर लकड़ी या धातु का ऐसा टुकड़ा जिस पर कुछ लटकाया जा सके, खूँटी, खूँटा 2 धातु का नुकीला टुकड़ा जिसे भूमि में गाड़ा जाता है और टेंट की रस्सियों को उस से बाँधते हैं, खूँटी ▸ **peg** *v.* (**pegging, pegged**) 1 किसी वस्तु को खूँटे से बाँधना 2 वस्तु को एक विशेष स्तर पर स्थिर बनाए रखना

pejorative /पिˈजॉरटिव्/ *adj.* (शब्द, टिप्पणी आदि) अस्वीकृति, निन्दा प्रकट करनेवाला, निंदात्मक, निंदासूचक, अपमानजनक

pelican /ˈपेलिकन्/ *n.* एक बड़ा पक्षी जो कि उष्ण देशों में जल के समीप रहता है, पेलिकन, पेलिकन की बड़ी चोंच होती है जिससे वह मछली पकड़ता है

pellet /ˈपेलिट्/ *n.* 1 किसी कोमल पदार्थ की छोटी कड़ी गोली जो सूखकर सख़्त हो गई है, ढेला, गोली 2 बंदूक़ से निकली बहुत छोटी गोली, छर्रा

pelt /पेल्ट्/ *v.* 1 किसी वस्तु को किसी पर फेंककर वार करना, ढेले चलाना या मारना 2 मूसलाधार वर्षा होना

pelvis /ˈपेल्विस्/ *n.* (*pl.* **pelvises**) व्यक्ति की पीठ में नीचे स्थित चौड़ी हड्डियों का समुच्चय जिससे टांगें जुड़ी होती हैं, श्रोणि

pen /पेन्/ *n.* 1 रोशनाई से लिखने में प्रयुक्त क़लम, पेन 2 एक छोटा भू-क्षेत्र जिसके चारों ओर घेर या बाड़ लगी है और जिसमें पशुओं को रखा जाता है, बाड़ा

penalize /ˈपीनलाइज़्/ *v.* 1 क़ानून या नियम भंग करने पर किसी को दंड देना 2 किसी को हानि की स्थिति में डालना

penalty /ˈपेनल्टि/ *n.* (*pl.* **penalties**) 1 क़ानून, नियम या संविदा तोड़ने पर मिलने वाला दंड 2 (खेलों में) नियम भंग करने पर एक टीम को दंड और दूसरी टीम को उस दंड से लाभ

p

penance /ˈपेनन्स्/ *n.* कोई ग़लत काम करने पर दुखी होते हुए अपने को कोई दंड देना, प्रायश्चित

penchant /ˈपाँशाँ/ *n.* अत्यधिक रुचि, झुकाव, विशेष रुचि

pencil /ˈपेन्सल्/ *n.* लिखने या अंकन के लिए प्रयुक्त वस्तु, पेंसिल, यह लकड़ी की होती है जिसमें काले या रंगीन पदार्थ की दंडिका पड़ी होती है ▸ **pencil** *v.* (**pencilling, pencilled**) पेंसिल से अंकित करना या लिखना

pendant /ˈपेन्डन्ट्/ *n.* एक छोटा आकर्षक आभूषण जो गले की चेन में डालकर पहना जाता हैं, पेंडेंट

pending /ˈपेन्डिङ्/ *adj.* & *prep.* **1** विचाराधीन, अनिर्णीत **2** जब तक कि कोई घटना घटित न हो जाए, लंबित

pendulum /ˈपेन्ड्यलम्/ *n.* **1** ज़ंजीर या दंडिका जिस के नीचे भारी वज़न है और जो कि अग़ल-बग़ल नियमित घूमते हुए घड़ी को चलाता है, पेंडुलम, लोलक **2** ऐसी स्थिति का वर्णन जो कि किसी एक स्थिति से विपरीत स्थिति में परिवर्तित होती है

penetrate /ˈपेनिट्रेट्/ *v.* **1** किसी वस्तु में, विशेषतः कठिनाई से, भीतर जाना, भेदना, घुसना **2** किसी कठिन वस्तु को समझने का प्रयास करना
▸ **penetration** *n.* वेधन, प्रवेश, भेदन

penguin /ˈपेङ्ग्विन्/ *n.* अंटार्कटिक (दक्षिण ध्रुव) में पाया जानेवाला श्वेत-श्याम समुद्री पक्षी जो उड़ नहीं पाता, पेंग्विन

penicillin /ˌपेनिˈसिलिन्/ *n.* बैक्टीरियाजनित रोगों और संक्रमण के निवारण एवं उपचार के लिए ऐंटीबॉयटिक औषधि के रूप में प्रयुक्त पदार्थ, पेनिसिलीन

peninsula /पˈनिन्स्यला/ *n.* भूक्षेत्र जो लगभग जल से घिरा हुआ है, प्रायद्वीप

penis /ˈपीनिस्/ *n.* पुरुष-इंद्रिय जो पेशाब निकालने और संभोग के लिए प्रयुक्त होता है, शिश्न

penitent /ˈपेनिटन्ट्/ *adj.* कुछ अनुचित कर बैठने के लिए, खेदपूर्ण

penitentiary /ˌपेनिˈटेन्शरि/ *n.* (*pl.* **penitentiaries**) कारागार, जेल

penniless /ˈपेनिलस्/ *adj.* निर्धन, जिसके पास कुछ भी धनराशि न हो

penny /ˈपेनि/ *n.* (*pl.* **pence** or **pennies**) **1** पेनी, एक छोटा भूरा ब्रिटिश सिक्का, एक पाउंड में 100 पेंस होते हैं **2** एक सेन्ट

pension /ˈपेन्शन्/ *n.* सेवानिवृत्त या पदनिवृत्त व्यक्ति को सरकार या कंपनी द्वारा नियमित रूप से मिलने वाली धनराशि, पेंशन ▸ **pensioner** *n.* सेवानिवृत या पदनिवृत व्यक्ति

pension /ˈपेन्शन्/ *n.* एक निश्चित आयु के बाद (वृद्ध होने पर) सेवा निवृत्त या पद निवृत्त व्यक्ति को सरकार या कंपनी द्वारा नियमित रूप से मिलने वाली धनराशि, पेंशन

pensive /ˈपेनसिव्/ *adj.* किसी गंभीर विषय पर गहराई से सोचना, विचार मग्न, विषादग्रस्त ▸ **pensively** *adv.* उदासी से, चिंता से

pentagon /ˈपेन्टगन्/ *n.* आकृति जिसकी पाँच ऋजु भुजाएँ होती हैं, पंचभुज

penthouse /ˈपेन्ट्हाउस्/ *n.* ऊँचे भवन की सबसे ऊँची मंज़िल पर बना क़ीमती फ़्लैट

pent-up /ˌपेन्ट्ˈअप्/ *adj.* (भावनाओं के लिए प्रयुक्त) जो भीतर मन में हों पर अभिव्यक्त नहीं किए गए हों, दबी (भावनाएँ)

p

penultimate /पिनˈअल्टिमट्/ *adj.* (श्रेणी में), अंतिम के ठीक पूर्व

penury /ˈपेन्यरि/ *n.* अत्यधिक ग़रीबी, दरिद्रता, अति अभाव की स्थिति

peon /ˈपीअन्/ *n.* (भारत और कुछ दक्षिण एशियाई देशों में) पत्रवाहक, चपरासी

people /ˈपीप्ल्/ *n.* **1** (*pl.*) एक से अधिक व्यक्ति, लोग **2** (*pl.* **peoples**) किसी स्थान या प्रजाति के सभी पुरुष, महिलाएँ और बच्चे **3** (*pl.*) देश के आम नागरिक

pepper /ˈपेप(र्)/ *n.* **1** काली मिर्च, इसे भोजन में समूचा या पीसकर तेज़ स्वाद के लिए डालते हैं **2** लाल, हरी या पीली मिर्च जिसकी सब्ज़ी बनाते हैं, मिर्च भीतर से लगभग खाली होती है ▸ **pepper** *v.* किसी व्यक्ति या वस्तु को गोली, छर्रे आदि मारना

peppercorn /ˈपेपकॉन्/ *n.* काली मिर्च का दाना, इसे छोटा-छोटा कूटकर या महीन पीसकर भोजन में प्रयोग करते हैं

peppermint /ˈपेपमिन्ट्/ *n.* प्रबल अच्छा ज़ायक़ा देने वाला एक प्राकृतिक पदार्थ, यह मिठाई या टॉफ़ी और दवाइयों के काम में आता है, पेपरमिन्ट

p

pepperoni /ˌपेपˈरोनि/ *n.* काली मिर्च आदि मसाले मिलाकर बीफ़ और सूअर के मांस के कीमे का स्वादिष्ट गुलमा, लंगोचा, पेपरोनी

per /प(र्), प्रबल रूप प(र्)/ *prep.* (प्रत्येक) प्रति, के अनुसार

perceive /पˈसीव्/ *v.* **1** इंद्रियों द्वारा ग्रहण करना, देखना, जानना, बोध होना **2** किसी बात को किसी विशेष दृष्टिकोण से समझना या सोचना

percentage /पˈसेन्टिज्/ *n.* प्रतिशतता, प्रतिशत दर, कुल योग को सौ मानकर उसका शतांश निकालना, किसी पूर्ण का अंश या भाग

perceptible /पˈसेप्टब्ल्/ *adj.* बोधगम्य, प्रतीत या दिखाई पड़ने वाला

perception /पˈसेप्श्न्/ *n.* **1** इंद्रियों द्वारा ग्रहण या बोध, प्रत्यक्षण **2** एक दृष्टिकोण विशेष, राय, मत

perceptive /पˈसेप्टिव्/ *adj.* किसी वस्तु को तुरंत समझने वाला, सुग्रहणशील

perch /पच्/ *v.* **1** (पक्षी का) किसी शाखा पर बैठना **2** किसी वस्तु के एक सिरे पर बैठना या रखना ▸ **perch** *n.* पेड़ की शाखा या पिंजरे की मध्यदंडिका जिस पर पक्षी बैठता है

percolate /ˈपकलेट्/ *v.* **1** (द्रव, गैस आदि के लिए प्रयुक्त) महीन छलनी या कपड़े से छानना, छोटे छिद्रों से रिसना या बहना **2** कॉफ़ी यंत्र (परकोलेटर) से काफ़ी बनाना, इस प्रकार स्रवण होना या बनना

percussion /पˈकश्न्/ *n.* ड्रम, ढोलक आदि वाद्य यंत्र जो समाघात से बजाए जाते हैं

perennial /पˈरेनिअल्/ *adj.* **1** चिरस्थायी या निरंतर, शाश्वत **2** (पौधों के लिए प्रयुक्त) दो या अधिक वर्षों तक जीवित रहने वाले, बहुवर्षी

perfect /ˈपफ़िक्ट्/ *adj.* **1** पूर्णतः अच्छा, परिपूर्ण, दोषरहित **2** सर्वथा उपयुक्त या सही **3** अंग्रेज़ी व्याकरण में **has/ have/ had** के साथ भूत कृदंत जोड़ने से बना क्रिया का काल, पूर्ण (काल) ▸ **perfect** *v.* परिष्कृत करना, त्रुटिरहित बनाना

perfectionist /पˈफ़ेक्शनिस्ट्/ *n.* ऐसा व्यक्ति जो अपना काम उत्तम रीति से करे तथा दूसरों से भी वैसी ही आशा करे, पूर्णतावादी

perforate /'पफ़रेट्/ *v.* किसी वस्तु में छोटे-छोटे छेद करना, छेदित करना

perform /प'फ़ॉम्/ *v.* **1** कोई काम आदि करना जिसके लिए आदेश है **2** दर्शकों के सामने अभिनय या गायन, नृत्य आदि का कार्यक्रम प्रस्तुत करना

perfume /'पफ़्यूम्/ *n.* **1** सुगंधित द्रव पदार्थ जिसे सुगंध के लिए शरीर पर छिड़का जाता है, इत्र **2** सुहानी (प्रायः मधुर) सुगंध

perhaps /प'हैप्स्, प्रैप्स्/ *adv.* (अनिश्चय का भाव प्रकट करने के लिए प्रयुक्त) संभवतः, शायद, कदाचित्

peril /'पेरल्/ *n.* **1** गंभीर ख़तरा, संकट **2** बहुत ख़तरनाक स्थिति या वस्तु ▶ **perilous** *adj.* ख़तरनाक, जोखिम-भरा

perimeter /प'रिमिट(र्)/ *n.* **1** किसी भूक्षेत्र का बाहरी किनारा या सीमा, परिधि **2** (रेखागणित में) परिमाप

period /'पिअरिअड्/ *n.* **1** समय की लंबाई, अवधि, मियाद **2** पाठशाला में पाठ का समय, पीरियड, घंटा **3** स्त्रियों के मासिक रक्तस्राव का समय

periodic /ˌपिअरि'ऑडिक्/ *adj.* नियमित रूप से होने वाला

periodical /ˌपिअरि'ऑडिक्ल्/ *n.* नियत समय पर प्रकाशित होने वाली पत्रिका, नियतकालिक

periphery /प'रिफ़रि/ *n.* (*pl.* **peripheries**) **1** क्षेत्र-विशेष का बाहरी सिरा, परिधि **2** किसी वस्तु (जैसे कोई विशेष गतिविधि या सामाजिक वर्ग या राजनीतिक दल) का कम महत्वपूर्ण भाग, किसी वस्तु का गौण अंश

periscope /'पेरिस्कोप्/ *n.* (विशेषतः) पनडुब्बी में लगा नली के समान यंत्र जिससे जल के नीचे रहकर भी समुद्र तल के ऊपर देखा जा सकता है, पेरिस्कोप

perish /'पेरिश्/ *v.* मर जाना या नष्ट हो जाना ▶ **perishable** *adj.* (भोजन) जल्दी ख़राब हो जाने वाला, नष्ट हो जाने वाला

perjury /'पजरि/ *n.* न्यायालय में असत्य कथन, झूठी गवाही, शपथ-भंग

perk /पक्/ *v.* (**perk (sb/sth) up**) अधिक प्रफुल्लित और स्फूर्तिमान होना या बनाना ▶ **perk** *n.* वेतन के अतिरिक्त प्राप्त सुविधा या लाभ

perm /पम्/ *n.* बालों को लहरदार या घुँघराला बनाने के लिए विशेष रसायनों का प्रयोग ▶ **perm** *v.* (बालों को) घुँघराला बनाना

permanent /'पमनन्ट्/ *adj.* देर तक या सदा के लिए रहने वाला, स्थायी, अपरिवर्तित, जो न बदले

permeable /'पमिअबल्/ *adj.* (जिसमें से द्रव पदार्थ या गैस आर-पार चले जाएँ), पारगम्य

permeate /'पमिएट्/ *v.* **1** (द्रव्य या गैस का) छिद्रिल वस्तु से पारगमन करना **2** (गंध या गैस का) कमरे में फैल जाना या किसी वस्तु के प्रत्येक भाग में समा जाना

permissible /प'मिसब्ल्/ *adj.* क़ानून या नियमों द्वारा अनुमति योग्य, अनुज्ञेय

permission /प'मिश्न्/ *n.* कुछ करने की अनुमति, विशेषतः किसी अधिकारी द्वारा दी गई

permit /प'मिट्/ *v.* (**permitting, permitted**) **1** किसी बात की अनुमति देना या कोई बात होने देना **2** किसी बात को संभव बनाना ▶ **permit** *n.* आधिकारिक रूप से अनुमति देने वाला

p

पत्र (विशेषतः सीमित समय के लिए), अनुमति-पत्र, परमिट

permutation /ˌपम्यु'टेशन्/ *n.* क्रम परिवर्तन, क्रम-परिवृत्ति, अदल-बदल

pernicious /प'निशस्/ *adj.* (प्रभाव आदि) हानिकारक, घातक, विनाशकारी

perpendicular /ˌपपन्'डिक्यल(र्)/ *adj.* **1** किसी वस्तु के कोण पर, अभिलंब, लंबवत् **2** सीधे ऊपर की ओर, सीधा खड़ा

perpetrate /'पपट्रेट्/ *v.* कोई अपराध, ग़लत काम या बुरा काम करना ▸ **perpetration** *n.* अपराध-कर्म

perpetual /प'पेचुअल्/ *adj.* **1** लगातार लंबे समय तक बना रहने वाला, अविरल, शाश्वत **2** बार-बार घटित होने वाला (ऐसे कि परेशान करे)

perpetuate /प'पेचुएट्/ *v.* लंबे समय तक क़ायम या बनाए रखना

perpetuity /ˌपेप'ट्यूअटि/ *n.* सदा रहने की स्थिति, शाश्वतता, नित्यता

perplex /प'प्लेक्स्/ *v.* (व्यक्ति को) चकरा देना, उलझन में डालना ▸ **perplexity** *n.* उलझन, असमंजस, दुविधा

persecute /'पसिक्यूट्/ *v.* **1** किसी व्यक्ति को सताना या अत्याचार करना, विशेषतः जाति, धर्म या राजनीतिक विश्वासों के कारण **2** जान-बूझ कर किसी को परेशान करना और उसके जीवन को दूभर बना देना ▸ **persecution** *n.* अत्याचार, उत्पीड़न

persevere /ˌपसि'विअ(र्)/ *v.* किसी कठिन काम को करने या उसमें सफल होने की कोशिश करते रहना, अध्यवसाय करना

persist /प'सिस्ट्/ *v.* **1** (लोगों द्वारा निरुत्साहित किए जाने के बावजूद) किसी कार्य को निरंतर करते रहना **2** अस्तित्व बनाए रहना ▸ **persistence** *n.* दृढ़ता, आग्रह

person /'पसन्/ *n.* (*pl.* **people**) **1** पुरुष या महिला, व्यक्ति, मनुष्य, इनसान **2** अंग्रेज़ी व्याकरण में सर्वनाम का एक प्रकार, (**'I/we'**) उत्तम पुरुष है, (**'you'**) मध्यम पुरुष, (**'he/she/it/they'**) अन्य पुरुष

persona /प'सोन/ *n.* (*pl.* **personae** or **personas**) **1** (वास्तविक चरित्र से भिन्न) व्यक्तित्व का विशिष्ट पहलू **2** लेखक या अभिनेता द्वारा ग्रहण चरित्र

personage /'पसनिज्/ *n.* विशिष्ट, महत्वपूर्ण व्यक्ति, मान्य व्यक्ति, विख्यात व्यक्ति

personal /'पसन्ल्/ *adj.* **1** व्यक्ति-विशेष का या उससे संबंधित, व्यक्तिगत, वैयक्तिक **2** व्यक्ति की निजी भावनाओं, स्वास्थ्य या उसके अन्य व्यक्तियों से संबंधों के विषय में

personality /ˌपस'नैलटि/ *n.* (*pl.* **personalities**) **1** व्यक्ति के विशेष गुण जो उसे दूसरों से भिन्न, और इसलिए विशेष बनाते हैं, व्यक्तित्व **2** प्रसिद्ध व्यक्ति (विशेषतः खेल, टीवी आदि क्षेत्रों में)

personalize /'पसनलाइज़्/ *v.* व्यक्तिगत संबद्धता दिखाने के लिए किसी वस्तु पर अपना नाम आदि अंकित करना

personify /प'सॉनिफ़ाइ/ *v.* **1** किसी गुण विशेष का मानव रूप में उदाहरण होना **2** (कविता में) किसी वस्तु या मनोभाव को मानव रूप में चित्रित करना ▸ **personification** *n.* मानवीकरण

personnel /ˌपस'नेल्/ *n.* **1** (*pl.*) किसी संगठन या सेना के किसी अंग के कार्यकर्ता, स्टाफ़, कार्यकर्ता-वर्ग

2 किसी कंपनी या संगठन के स्टाफ़ को नियुक्त और प्रशिक्षित करने वाला विभाग, कार्मिक विभाग

perspective /प'स्पेक्‌टिव्/ *n.* 1 समस्या को जानने और निर्णय लेने का सही दृष्टिकोण, परिप्रेक्ष्य 2 किसी बात के विषय में व्यक्ति-विशेष का दृष्टिकोण या मत 3 सपाट सतह पर ऐसा चित्रण कि कुछ वस्तुएँ औरों से काफ़ी दूर दिखाई पड़ें

perspire /प'स्पाइअ(र्)/ *v.* पसीना बहाना, पसीना आना ▸ **perspiration** *n.* पसीना, पसीना आने की प्रक्रिया

persuade /प'स्वेड्/ *v.* 1 समझा-बुझाकर किसी को काम के लिए राज़ी करना, मनाना 2 किसी को किसी बात पर विश्वास करवा लेना

persuasion /प'स्वेश़न्/ *n.* 1 किसी को कुछ करने या मानने के लिए राज़ी करने की क्रिया, प्रत्यायन 2 धार्मिक या राजनीतिक मत या विश्वास

persuasive /प'स्वेसिव्/ *adj.* कुछ करने या मानने के लिए राज़ी करने में समर्थ, प्रत्यायी

pertain /प'टेन्/ *v.* (विशिष्ट स्थिति या समय आदि से) संबंधित होना, सरोकार रखना

pertinent /'पटिनन्ट्/ *adj.* चर्चाधीन विषय से गहरे संबंधित, संगत, प्रासंगिक

perturb /प'टब्/ *v.* किसी को चिंतित या परेशान कर देना ▸ **perturbed** *adj.* चिंतित या परेशान

peruse /प'रूज़्/ *v.* ध्यानपूर्वक पढ़ना, अवलोकन करना ▸ **perusal** *n.* ध्यानपूर्वक पढ़ने की क्रिया, अवलोकन

pervade /प'वेड्/ *v.* सर्वत्र फैल जाना, व्याप्त होना

perverse /प'वस्/ *adj.* तर्कविरुद्ध या अमान्य व्यवहार करने वाला व्यक्ति, दुष्कर्म में रहने वाला, विकृत रुचि वाला ▸ **perversely** *adv.* विकृत भाव से, उद्दंडतापूर्वक

pervert /प'वट्/ *v.* 1 किसी प्रणाली, प्रक्रिया आदि को बदलकर विकृत या भ्रष्ट कर देना 2 व्यक्ति को सुविचार से विमुख करना ▸ **pervert** *n.* आम मत में अस्वाभाविक या अस्वीकार्य यौन-आचरण करने वाला व्यक्ति

pessimism /'पेसिमिज़म्/ *n.* अनिष्ट और असफलता की आशंका से पीड़ित रहने की मनःस्थिति, निराशावादिता ▸ **pessimistic** *adj.* निराशावादी

pest /पेस्ट्/ *n.* 1 पौधों, खाद्य पदार्थों को हानि पहुँचाने वाला कीट, पशु या पक्षी 2 चिढ़ पैदा करने वाला व्यक्ति वस्तु

pester /'पेस्ट(र्)/ *v.* व्यक्ति को परेशान कर देना (एक बात को अनेक बार पूछ कर या अन्य प्रकार से)

pesticide /'पेस्टिसाइड्/ *n.* कीटनाशक रसायन जो अन्न की फ़सलें खा जाने वाले कीटों आदि को नष्ट करता है

pestilence /'पेस्टिलन्स्/ *n.* महामारी, जनपदमारी

pestle /'पेस्ल्/ *n.* मूसल

pet /पेट्/ *n.* 1 पालतू पशु या पक्षी जिसे मनबहलाव के लिए पाला जाता है 2 दुलारा व्यक्ति

petal /'पेट्ल्/ *n.* फूल की पंखुड़ी

petite /प'टीट्/ *adj.* (लड़की या महिला के लिए प्रयुक्त) आकर्षक ढंग से छोटी और पतली

petition /प'टिश़न्/ *n.* याचिका, अर्ज़ी, औपचारिक अनुरोध-पत्र जिस पर अनेक व्यक्ति हस्ताक्षर कर सरकार आदि से कुछ

अनुरोध करते हैं ▸ **petition** *v.* अर्ज़ी देना, याचिका प्रस्तुत करना

petrify /'पेट्रिफ़ाइ/ *n.* **1** जैव सामग्री को पत्थर में बदलना **2** भय से लक़वा होना

petrol /'पेट्रल्/ *n.* पेट्रोल

petroleum /प'ट्रोलिअम्/ *n.* खनिज तेल जिससे पेट्रोल, प्लास्टिक और अन्य प्रकार के रासायनिक तत्व तैयार होते हैं, पेट्रोलियम

petticoat /'पेटिकोट्/ *n.* साया, पेटिकोट

petty /'पेटि/ *adj.* **1** छोटा और नगण्य **2** दूसरों के प्रति निर्दयी या अप्रिय (बिना किसी विशेष कारण के)

petulant /'पेट्युलन्ट्/ *adj.* चिड़चिड़ा एवं असभ्य (प्रायः बच्चे की तरह), तुनकमिज़ाज

pH /ˌपी'एच्/ *n.* किसी पदार्थ में अम्ल या क्षार के स्तर को मापने की इकाई, पीएच

phantom /'फ़ैन्टम्/ *n.* **1** (जीवित व्यक्ति द्वारा देखी और सुनी जानेवाली) मृत आत्मा, भूत-प्रेत **2** काल्पनिक सत्ता वाली वस्तु

pharaoh /'फ़ेअरो/ *n.* प्राचीन मिस्र के शासकों का नाम, फेरो

pharmaceutical /ˌफ़ाम'स्यूटिक्ल्,-'सू-/ *adj.* औषधियों और दवाओं के निर्माण से संबंधित

pharmacist /'फ़ामसिस्ट्/ *n.* औषधि निर्माता तथा विक्रेता

pharmacy /'फ़ामसि/ *n.* (*pl.* **pharmacies**) **1** दवा और औषधि बनाने और बेचने की दुकान, औषधि-विक्रय केंद्र, औषधिशाला **2** औषधि-निर्माण

pharynx /'फ़ैरिङ्क्स्/ *n.* गले के अंत में कोमल भाग जहाँ नाक और मुँह के मार्ग गले से जुड़ते हैं, ग्रसनी

phase /फ़ेज़्/ *n.* किसी वस्तु के विकास की अवस्था या चरण ▸ **phase** *v.* **1** (**phase sth in**) किसी वस्तु को एक समयावधि में क्रमशः चरणों में या क्रमावस्था में प्रस्तुत करना या उसका प्रयोग आरंभ करना **2** (**phase sth out**) एक समयावधि में किसी वस्तु का क्रमशः चरणों में प्रयोग बंद कर देना

PhD /ˌपी एच 'डी/ *abbr.* **'Doctor of Philosophy'** का संक्षिप्त रूप, किसी विषय में अनुसंधान कार्य पूरा करने पर विश्वविद्यालय द्वारा प्रदान की गई उपाधि, विद्या वाचस्पति

phenomenal /फ़'नॉमिन्ल्/ *adj.* असाधारण या उल्लेखनीय ▸ **phenomenally** *adj.* असाधारण रूप से

phenomenon /फ़'नॉमिनन्/ *n.* (*pl.* **phenomena**) प्रकृति या समाज में कोई सचाई या घटना, विशेषतः ऐसी जो पूरी तरह समझ में न आए

phial /'फ़ाइअल्/ *n.* (द्रव औषधि के लिए) छोटी शीशी

philander /फ़ि'लैन्डर्/ *v.* (व्यक्ति) जो एक या एक से अधिक स्त्रियों के साथ यौन-संबंध रखता है, एय्याश करना

philanthropy /फ़ि'लैन्थ्रपि/ *n.* दान आदि के द्वारा ज़रूरतमंदों की सहायता, परोपकार, लोकोपकार

philately /फ़ि'लैटलि/ *n.* डाक टिकट संग्रह एवं संकलन व उनका अध्ययन

philistine /'फ़िलिस्टाइन्/ *n.* कला, साहित्य, संगीत आदि के सौंदर्य को न समझनेवाला, संस्कारशून्य व्यक्ति, अशिक्षित मनुष्य

philology /फ़ि'लॉलजि/ *n.* भाषा शास्त्र, वाङ्मीमांसा

philosophical /ˌफ़िल'सॉफ़िकल्/ *adj.* **1** दर्शन-विषयक **2** अशुभ घटने पर भी शांतचित्त और स्थिरमति

philosophy /फ़'लॉसफ़ि/ *n.* (*pl.* **philosophies**) **1** जीवन के अर्थ एवं मतों से संबंधित विचारों का अध्ययन, दर्शन-शास्त्र **2** जीवन का अर्थ समझने वाली या नैतिक व्यवहार के नियमों का निर्धारण करने वाली जीवन-दृष्टि, जीवन-दर्शन

phlegm /फ़्लेम्/ *n.* कफ़, बलग़म

phobia /'फ़ोबिआ/ *n.* (किसी वस्तु के प्रति) अत्यधिक भय या घृणा जिसका कारण समझाया नहीं जा सकता

phoenix /'फ़ीनिक्स्/ *n.* एक मिथकीय पक्षी जिसके बारे में कहा जाता है कि जिसने अपने-आप को जला दिया और अपने भस्म से पुनः उत्पन्न हुआ, अमरपक्षी

phone /फ़ोन्/ *n.* दूरभाष, फ़ोन ▸ **phone** *v.* फ़ोन आना, फ़ोन करना

phonetic /फ़'नेटिक्/ *adj.* **1** मानव-भाषा की ध्वनियों से संबंधित, इन ध्वनियों को प्रकट करने वाले विशेष चिह्नों का प्रयोग करते हुए **2** (वर्तनी) उच्चारण के अनुसार

phosphorescent /ˌफ़ॉस्फ़'रेसन्ट्/ *adj.* **1** स्फुरदीप्ति **2** ऐसी रोशनी उत्पन्न करने वाला जिसमें गरमी न हो या इतनी कम हो कि महसूस न हो सके

phosphorus /'फ़ॉस्फ़रस्/ *n.* एक रासायनिक तत्व जो विविध रूपों में मिलता है, जो अँधेरे में चमकता है और वायु का स्पर्श पाते ही जल उठता है, फ़ॉस्फ़ोरस

photo /'फ़ोटो/ *n.* (*pl.* **photos**) छाया चित्र, फ़ोटोग्राफ़

photocopy /'फ़ोटोकॉपि/ *n.* (*pl.* **photocopies**) फ़ोटोकॉपियर से बनी किसी दस्तावेज़ आदि की प्रतिलिपि, फ़ोटोकॉपी ▸ **photocopy** *v.* फ़ोटोकॉपियर से दस्तावेज़ आदि की प्रतिलिपि बनाना

photograph /'फ़ोटग्राफ़/ *n.* कैमरे से लिया गया चित्र, फ़ोटो, छायाचित्र ▸ **photograph** *v.* फ़ोटो लेना

photon /'फ़ोटॉन्/ *n.* एक विशेष प्रकार की ऊर्जा (जैसे प्रकाश) की इकाई, फ़ोटोन

photosynthesis /ˌफ़ोटो'सिन्थसिस्/ *n.* सूर्य के प्रकाश से हरे पौधों द्वारा कार्बन डाइ-ऑक्साइड और जल को भोजन का रूप देने की प्रक्रिया, प्रकाश-संश्लेषण, फ़ोटोसिंथीसिस

phrase /फ़्रेज़्/ *n.* एक साथ प्रयुक्त शब्दसमुच्चय, पदबंध, वाक्यांश या पदबंध में क्रिया का पूर्ण रूप प्रयुक्त नहीं होता ▸ **phrase** *v.* विशेष रीति से शब्दविन्यास करना

physical /'फ़िज़िकल्/ *adj.* **1** शारीरिक **2** जीवन की वास्तविक भौतिक वस्तुओं (जिनका स्पर्श किया जा सकता है) या प्रकृति के नियमों से संबंधित **3** भौतिक विज्ञान और जड़ वस्तुओं से संबंधित

physician /फ़ि'ज़िशन्/ *n.* चिकित्सा कार्य का अर्हता-प्राप्त चिकित्सक (वैद्य, डॉक्टर, हकीम)

physics /'फ़िज़िक्स्/ *n.* प्रकाश, ध्वनि, ताप, विद्युत, दाब आदि प्राकृतिक शक्तियों का वैज्ञानिक अध्ययन, भौतिक विज्ञान

physiology /ˌफ़िज़ि'ऑलजि/ *n.* शरीर क्रिया-विज्ञान

physiotherapy /ˌफ़िज़िओ'थ़ेरपि/ *n.* व्यायाम, प्रकाश, ताप, मांसपेशियों की मालिश आदि के द्वारा की जाने वाली चिकित्सा, फ़िज़ियोथेरापी

physique /फ़ि'ज़ीक्/ *n.* व्यक्ति के शरीर का रूपाकार, शारीरिक गठन, डील-डौल

pi /पाइ/ *n.* वृत्त की परिधि और उसके व्यास के संबंध को दिखाने के लिए प्रयुक्त चिह्न विशेष जिसका मूल्य लगभग 3.14159 है, पाइ

piano /पि'ऐनो/ *n.* (*pl.* **pianos**) एक बड़ा वाद्य जिसकी काली और सफ़ेद कुंजियों को दबाकर बजाया जाता है, पियानो

pick /पिक्/ *v.* **1** (व्यक्तियों या वस्तुओं के समूह में से) चुनना, चयन करना, छाँटना **2** (फूल या फल) चुनना, बीनना (जहाँ से उगाए जा रहे हों) ▸ **pick** *n.* चुनी हुई, छाँटी हुई वस्तु, मनपसंद वस्तु

picket /पिकिट्/ *n.* हड़ताल के दौरान कार्यस्थल में कार्यकर्ताओं के प्रवेश को रोकते कर्मचारी, हड़ताली कर्मचारी ▸ **picket** *v.* धरना देना, पिकेटिंग करना

pickle /'पिक्ल्/ *n.* सिरके या नमकीन जल के प्रयोग से बना अचार ▸ **pickle** *v.* अचार डालना

P

picnic /'पिक्निक्/ *n.* सैर-सपाटे के लिए (साथ ले जाकर) बाहर जाकर खाया जाने वाला भोजन, वनभोज ▸ **picnic** *v.* सैर-सपाटे के दौरान बाहर ले जाकर भोजन खाना

pictorial /पिक्'टॉरिअल्/ *adj.* चित्रों द्वारा अभिव्यक्त करते हुए, सचित्र, चित्रमय

picture /'पिक्च(र्)/ *n.* **1** चित्र, पेंटिंग, आरेख, फ़ोटो **2** टीवी के परदे पर प्रकट आकृति या छवि **3** किसी वस्तु के रूपाकार का अच्छा-ख़ासा अनुमान कराने वाला वर्णन ▸ **picture** *v.* **1** मन में छवि बनाना **2** किसी व्यक्ति या वस्तु का चित्र बनाना

picturesque /ˌपिक्च'रेस्क्/ *adj.* (प्रायः कोई पुराना भवन या स्थान) आकर्षक, मनोरम

pie /पाइ/ *n.* फल, मांस या सब्ज़ियों से भरी पेस्ट्री, पाइ

piece /पीस्/ *n.* **1** एक अदद चीज़, एक की संख्या में कोई वस्तु, एक पृथक उदाहरण **2** अंश, भाग, हिस्सा ▸ **piece** *v.* (**piece sth together**) **1** विभिन्न सूत्रों से किसी वस्तु के विषय में सचाई का पता लगाना **2** टुकड़ों को जोड़कर एक करना

pier /पिअ(र्)/ *n.* ज़मीन से समुद्र में बना लोहे या लकड़ी का ढाँचा जहाँ नावें रुकती हैं और यात्री चढ़ते-उतरते हैं या माल को लादा-उतारा जाता है, पोतघाट

pierce /पिअस्/ *v.* **1** नुकीले औज़ार से किसी वस्तु में छेद करना **2** किसी वस्तु में से गुज़र जाना या उसके अंदर घुस जाना

piety /'पाइअटि/ *n.* ईश्वर और धर्म के प्रति सम्मान का द्योतक आचरण, धर्मपरायणता

pig /पिग्/ *n.* **1** सूअर **2** अप्रिय या पेटू व्यक्ति ▸ **pig** *v.* (**pigging, pigged**) बहुत अधिक खा जाना

pigeon /'पिजिन्/ *n.* प्रायः शहरों में पाया जानेवाला मोटा भूरा पक्षी, कबूतर, कपोत

pigment /'पिग्मन्ट्/ *n.* रंजक पदार्थ जिसके प्रयोग से चीज़ों पर रंग आ जाता है

pile /पाइल्/ *n.* **1** एक के ऊपर एक करके रखी वस्तुओं का ढेर, वस्तुओं का अंबार **2** बड़ी मात्रा या राशि ▸ **pile** *v.* **1** वस्तुओं का ढेर बना देना (एक के ऊपर दूसरी को रखकर) **2** किसी एक वस्तु पर अन्य वस्तुओं का ढेर लगा देना

pilgrim /'पिल्ग्रिम्/ *n.* तीर्थयात्री

pill /पिल्/ *n.* **1** दवा की गोली **2** महिलाओं द्वारा प्रयुक्त गर्भ-निरोधक गोली

pillar /'पिल(र्)/ *n.* **1** पत्थर, लकड़ी या लोहे आदि का खंभा (भवन के किसी भाग को थामे रखने के लिए प्रयुक्त), स्तंभ **2** दृढ़ चरित्र वाला व किसी के लिए महत्वपूर्ण व्यक्ति

pillion /'पिलिअन्/ *n.* मोटर-साइकिल पर (सहयात्री के लिए) पीछे की सीट

pillow /'पिलो/ *n.* तकिया, सिरहाना

pilot /'पाइलट्/ *n.* विमान-चालक, पायलट ▸ **pilot** *v.* **1** किसी वाहन को संचालित करना, विशेषतः विमान या नाव को **2** कठिनाई में किसी का मार्गदर्शन करना ▸ **pilot** *adj.* प्रयोगात्मक या परीक्षणात्मक

pimp /पिम्प्/ *n.* दलाली का काम करने वाला, वेश्या-दलाल, कुटना

pimple /'पिम्प्ल्/ *n.* त्वचा पर छोटी फुंसी, मुहाँसा

PIN /पिन्/ *n.* (*also* **Pin number**) व्यक्ति की पहचान कराने वाली संख्या जो कैश मशीन से कार्ड द्वारा पैसा निकालने में प्रयोग के लिए ग्राहक को बैंक जारी करता है, व्यक्तिगत जानकारी संख्या, पिन नंबर

pinch /पिन्च्/ *v.* **1** किसी को चिकोटी काटना (ताकि उसे दर्द हो) **2** किसी को बहुत कसकर पकड़ना, प्रायः दर्द करते हुए **3** चुराना ▸ **pinch** *n.* **1** चिकोटी **2** चुटकी भर मात्रा

pine /पाइन्/ *n.* देवदार या चीड़ का पेड़ (फ़र्नीचर निर्माण में प्रयुक्त) **2** देवदार या चीड़ की लकड़ी ▸ **pine** *v.* (किसी के न रहने या दूर चले जाने के कारण) दुखी होना, शोक में होना

pineapple /'पाइन्ऐपल्/ *n.* अनन्नास (का फल)

ping /पिङ्/ *n.* घंटी की तेज़ टनटन या धातु के टकराने से उत्पन्न टनटनाहट ▸ **ping** *v.* टनटन होना

pink /पिङ्क्/ *adj.* & *n.* गुलाबी रंग

pinnacle /'पिनक्ल्/ *n.* **1** किसी का सर्वोत्कृष्ट भाग, शिखर, पराकाष्ठा **2** पहाड़ पर ऊँची नुकीली चट्टान, शिखरिका

pint /पाइन्ट्/ *n.* **1** द्रव की एक माप, पाइंट (0.57 लिटर, एक गैलन में 8 पाइंट होते हैं)

pioneer /ˌपाइअ'निअ(र्)/ *n.* **1** मानवीय ज्ञान, संस्कृति आदि के क्षेत्र में अग्रणी व्यक्ति **2** किसी नई जगह पर सबसे पहले बसने वालों में से एक, किसी नए स्थान का अन्वेषक ▸ **pioneer** *v.* सबसे पहले खोजना

pious /'पाइअस्/ *adj.* धर्म में गहरा विश्वास करने या प्रदर्शित करने वाला, भक्त, धर्मपरायण

pipe /पाइप्/ *n.* **1** पाइप (गैस या द्रव के निकलने के लिए), नली या नल **2** तंबाकू पीने वाला पाइप **3** छेदयुक्त नली वाला वाद्य यंत्र (इसे फूँक कर बजाते हैं), पाइप ▸ **pipe** *v.* पाइप में से द्रव या गैस कहीं पहुँचाना

pipeline /'पाइप्लाइन्/ *n.* पाइपों से बनी शृंखला जिसमें द्रव या गैस को दूर तक पहुँचाया जाता है, पाइपलाइन, बड़ी नली

pirate /'पाइरट्/ *n.* **1** जलदस्यु, समुद्री डाकू (कहानियों में वर्णित या पिछले ज़माने में होने वाला) **2** पुस्तक आदि की अवैध नक़ल को चोरी से बेचने वाला, कृतिचोर ▸ **pirate** *v.* पुस्तक आदि की अवैध नक़ल करना (बेचने के लिए), साहित्यिक-कलात्मक चोरी करना

pistachio /पि'स्टैशिओ, -'स्टाशिओ/ *n.* (*pl.* **pistachios**) पिस्ता

pistil /'पिस्टिल्/ *n.* फूल का बीजोत्पादक मादा हिस्सा, स्त्रीकेसर, गर्भकेसर

p

pistol /ˈपिस्ट्ल्/ *n.* पिस्तौल, तमंचा

piston /ˈपिस्टन्/ *n.* इंजन की एक नली के अंदर कसकर बैठाया हुआ धातुखंड जो इंजन के अन्य भागों को गतिमान करता है, पिस्टन

pit /पिट्/ *n.* गड्ढा, गर्त ▸ **pit** *v.* (**pitting, pitted**) किसी सतह पर छोटे-छोटे गड्ढे या सूराख़ बनाना

pitch /पिच्/ *n.* **1** कुछ खेल जैसे क्रिकेट, खेलने के लिए मैदान का विशेष क्षेत्र, पिच, खेल-पट्टी **2** भावनाओं, गतिविधियों आदि की तीव्रता या स्तर **3** स्वर की ऊँचाई का स्तर (विशेषतः संगीत में) **4** किसी काम के लिए प्रेरित करने वाले तर्क या बातें ▸ **pitch** *v.* **1** किसी वस्तु को स्तर-विशेष पर स्थापित करना **2** (गेंद आदि को) फेंकना, कुछ फेंका जाना **3** तंबू लगाना

pitcher /ˈपिच(र्)/ *n.* **1** द्रव पदार्थों के लिए बड़ा बर्तन (सुराही, घड़ा, जग आदि), पिचर

piteous /ˈपिटिअस्/ *adj.* दयनीय, करुणाजनक ▸ **piteously** *adv.* दयनीय ढंग से

pithy /ˈपिथि/ *adj.* स्पष्टता से व्यक्त, सारगर्भित

pitiful /ˈपिटिफ़्ल्/ *adj.* दयनीय, कारुणिक ▸ **pitifully** *adv.* दयनीय ढंग से

pitiless /ˈपिटिलस्/ *adj.* निर्दय, निष्करुण

pittance /ˈपिटन्स्/ *n.* (आवश्यकता या योग्यतानुसार नहीं) अल्पवेतन या राशि, ख़ैरात

pity /ˈपिटि/ *n.* **1** दया, करुणा, तरस, रहम **2** थोड़ा दुखी या निराश करने वाली बात ▸ **pity** *v.* दुखी या संकटग्रस्त व्यक्ति पर दया करना

pivot /ˈपिवट्/ *n.* **1** पहिए आदि की धुरी या कीली **2** केंद्रबिंदु या सबसे महत्वपूर्ण व्यक्ति या वस्तु ▸ **pivot** *v.* धुरी पर घुमाना या संतुलित करना

pivotal /ˈपिवट्ल्/ *adj.* केंद्रीभूत, केंद्रीय, मुख्य, प्रधान

pixel /ˈपिक्स्ल्/ *n.* कंप्यूटर स्क्रीन पर अति सूक्ष्म अपने में संपूर्ण क्षेत्रों में से एक जो मिलकर पूरा चित्र बनाते हैं

pizza /ˈपीट्सा/ *n.* इटैलियन खाद्य जिसमें सपाट गोल ब्रेड पर सब्ज़ी, पनीर, मांस आदि रखकर ओवन में पकाया जाता है, पिज़्ज़ा

placard /ˈप्लैकाड्/ *n.* सूचना पत्रक, बड़े आकार की लिखी या छपी सूचना जिसे छड़ी पर चिपकाकर सार्वजनिक स्थान पर रखा जाता है या विरोध प्रदर्शन में ले जाया जाता है

place /प्लेस्/ *n.* **1** विशेष स्थिति या क्षेत्र **2** विशेष ग्राम, नगर, देश आदि ▸ **place** *v.* **1** विशेष स्थान पर कोई वस्तु रखना (सावधानी से या जानबूझकर) **2** किसी को विशेष दशा या स्थिति में डाल देना **3** किसी के विषय में कोई धारणा रखना

placement /ˈप्लेस्मन्ट्/ *n.* स्थान-निर्धारण का काम, कार्य-अनुभव के लिए अस्थायी नौकरी पर लगना, नौकरी दिलाना

placid /ˈप्लैसिड्/ *adj.* (व्यक्ति या पशु) शांत और जल्दी उत्तेजित न होने वाला ▸ **placidly** *adv.* शांत भाव से

plagiarize /प्लेजराइज़्/ *v.* किसी के लेख, लेखांश, विचारों, आविष्कारों आदि को चुराना, अपना बताकर काम में लाना, साहित्यिक चोरी करना

plague /प्लेग्/ *n.* **1** तेज़ी से फैलने वाला कोई भी संक्रामक रोग जिससे बड़ी

संख्या में रोगियों की मृत्यु हो जाती है 2 चूहों से फैलने वाला संक्रमणात्मक रोग, प्लेग, इसमें रोगी का शरीर सूज जाता है, तापमान बढ़ जाता है और प्रायः मृत्यु हो जाती है ▸ **plague** *v.* किसी के लिए मुसीबतें खड़ी करना

plain /प्लेन्/ *adj.* 1 देखने, सुनने, समझने में आसान, स्पष्ट 2 (व्यक्ति, विचार, कार्य आदि) मन की बात कह देने वाले, जैसा अंदर वैसा बाहर कहने वाले, सीधे व स्पष्ट 3 सादा, सजावट या उलझाव वाले नहीं ▸ **plain** *n.* कम वृक्षों वाला बड़ा समतल इलाक़ा, बड़ा सपाट मैदान

plaintiff /'प्लेन्टिफ़/ *n.* अदालत में किसी पर मुक़दमा दायर करने वाला, वादी, मुद्दई

plaintive /'प्लेन्टिव़/ *adj.* दुखी, कातर (विशेषतः शिकायती लहजे में)

plait /प्लैट्/ *v.* बालों आदि की तीन लटों से चोटी बनाना ▸ **plait** *n.* बालों की चोटी

plan /प्लैन्/ *n.* 1 योजना, विचार (किसी काम या कुछ करने के लिए) 2 किसी भवन, मशीन, सड़क आदि के (आकार, शकल और माप के) ब्योरे वाले नक़्शे ▸ **plan** *v.* (**plan**n**ing, plan**n**ed**) 1 भविष्य के कामों के विषय में निर्णय करना, उन्हें व्यवस्थित या उनकी तैयारी करना, योजना बनाना 2 कुछ करने का इरादा या उसकी आशा करना ▸ **planning** *n.* योजना-निर्माण (की क्रिया), नियोजन

plane /प्लेन्/ *n.* 1 विमान, वायुयान, हवाई जहाज़ 2 समतल सतह

planet /'प्लैनिट्/ *n.* 1 ग्रह (अंतरिक्ष में एक पिंड जो सूर्य या दूसरे तारे की परिक्रमा करता है) 2 पृथ्वी (विशेषतः पर्यावरण-चर्चा के संदर्भ में)

planetarium /,प्लैनि'टेअरिअम्/ *n.* कृत्रिम वक्राकार छत वाली इमारत जो रात्रिकालीन आकाश का काम करती है और शिक्षा एवं मनोरंजन के लिए ग्रहों की स्थिति और गति दिखाने के लिए प्रयोग में लाई जाती है, नभोमंडल, तारागृह

plank /प्लैङ्क्/ *n.* वस्तुएँ बनाने के लिए प्रयुक्त लकड़ी का तख़्ता, पटरा

plankton /'प्लैङ्क्टन्/ *n.* समुद्र, नदी या झील में रहने वाले सूक्ष्म जीव (वनस्पति या जंतु)

plant /प्लान्ट्/ *n.* 1 पौधा 2 बहुत बड़ा कारख़ाना, फ़ैक्टरी, प्लांट, संयंत्र

plant /प्लान्ट्/ *v.* 1 ज़मीन में उगने के लिए पौधे लगाना, बीज बोना 2 स्थान-विशेष या पद-विशेष पर अपनी स्थिति को सुदृढ़ कर लेना

plantation /प्लान्'टेश्न्/ *n.* 1 चाय, कपास, तंबाकू आदि उगाने के लिए बड़े खेत (विशेषतः गरम देशों में)

plaque /प्लाक्/ *n.* 1 दीवार में लगाई गई पत्थर या धातु की पट्टिका जिस पर व्यक्ति या घटना की स्मृति में उसका नाम और तिथि अंकित होते हैं, स्मृति-पट्टिका, फलक 2 दाँतों पर जम जाने वाली हानिकर परत

plaster /'प्लास्ट(र्)/ *n.* 1 दीवार, छत आदि पर लगाने का प्लास्टर जो पानी में विशेष चूरा मिलाने से बनता है, पलस्तर 2 टूटी हड्डी पर उपचार के लिए लगाया गया प्लास्टर (एक प्रकार का सफ़ेद पाउडर जिसमें पानी मिलाने पर वह सख़्त हो जाता है) ▸ **plaster** *v.* 1 दीवार आदि पर प्लास्टर करना (सतह को चिकना करने के लिए) 2 किसी व्यक्ति,

P

स्थान या वस्तु को किसी अन्य वस्तु से पाट देना

plastic /'प्लैस्‌टिक्/ *n.* रसायनों से बनी हलकी मज़बूत वस्तु ज़िससे अनेक तरह की वस्तुएँ बनती हैं, प्लास्टिक ▸ **plastic** *adj.* प्लास्टिक से बना

plate /प्लेट्/ *n.* **1** प्लेट, तश्तरी (जिस पर भोजन रखकर परोसा या खाया जाता है) **2** धातु या काँच की पतली चद्दर **3** नाम आदि से अंकित धातु-पट्टिका **4** सोने या चाँदी की परत चढ़ी धातु **5** (भूविज्ञान में) भूसतह बनाने वाली बड़ी चट्टान की परत ▸ **plate** *v.* **1** किसी अन्य धातु (विशेषतः सोना या चाँदी) की पतली परत चढ़ी कोई धातु **2** धातु की चद्दरों या अन्य किसी कठोर पदार्थ से किसी वस्तु (जैसे दीवार) को मढ़ देना

plateau /'प्लैटो/ *n.* (*pl.* **plateaus**) **1** ऊँचाई पर स्थित फैली हुई समतल भूमि, पठार **2** स्थिर स्थिति (जिसमें विकास या परिवर्तन की संभावना नगण्य हो)

p

platelet /'प्लेट्‌लट्/ *n.* तश्तरी के आकार की बहुत छोटी रक्त-कोशिका, प्लेटलट, इससे रक्त गाढ़ा होता है और कभी किसी अंग के कट जाने पर ख़ून का बहना रुक जाता है

platform /'प्लैट्‌फ़ॉर्म्/ *n.* **1** रेलवे स्टेशन का प्लेटफ़ॉर्म **2** सभा-मंडप का ऊँचा चबूतरा (जहाँ से वक्ता भाषण देते हैं या कलाकार अपना प्रदर्शन करते हैं) **3** चुनाव लड़ने वाले राजनीतिक दल के विचार और उद्देश्य

platinum /'प्लैटिनम्/ *n.* एक हलके रुपहले रंग की धातु जिससे महँगे आभूषण बनते हैं, प्लेटिनम

platoon /प्ल'टून्/ *n.* छोटी सैनिक टुकड़ी, पलटन

platter /'प्लैट(र्)/ *n.* भोजन परोसने की बड़ी थाली, परात

plausible /'प्लॉज़बल्/ *adj.* विश्वसनीय, तर्कसंगत

play /प्ले/ *v.* **1** खेलना, मज़े करना **2** किसी खेल में भाग लेना **3** कोई वाद्य यंत्र बजाना **4** किसी नाटक, फ़िल्म, टीवी कार्यक्रम आदि में भाग लेना, किसी चरित्र की भूमिका करना ▸ **play** *n.* **1** रंगमंच, टीवी या रेडियो पर प्रस्तुत नाटक **2** खेल, खेल-प्रदर्शन

playful /'प्लेफ़ल्/ *adj.* **1** विनोदपूर्ण रीति से कहा या किया गया, हलका-फुलका, अगंभीर **2** विनोदप्रिय, विनोदी स्वभाव का, खेलने का इच्छुक, खेलवाड़ी

plaza /'प्लाज़/ *n.* नगर के बीच का बड़ा मैदान, एक सार्वजनिक चौक, चौक

plea /प्ली/ *n.* **1** सशक्त और भावुक निवेदन, याचना, अपील **2** न्यायालय में सफ़ाई या दलील

plead /प्लीड्/ *v.* **1** गंभीरतापूर्वक याचना करना, चिरौरी करना **2** न्यायालय में सफ़ाई देना

pleasant /'प्लेज़न्ट्/ *adj.* सुहाना, आनंददायक या अनुकूल ▸ **pleasantly** *adv.* सुखद ढंग से, सुखपूर्वक

please /प्लीज़्/ *exclam.* **1** (किसी से विनम्र अनुरोध करने के लिए प्रयुक्त) कृपया **2** किसी की पेशकश को मान लेने के लिए शिष्टोक्ति, जी हाँ, हाँ जी ▸ **please** *v.* **1** किसी को ख़ुश या प्रसन्न करना, संतुष्ट करना

pleased /प्लीज़्ड्/ *adj.* किसी बात के लिए प्रसन्न या संतुष्ट

pleasure /'प्लेश़(र्)/ *n.* **1** प्रसन्नता या संतुष्टि **2** आनंद (न कि कोई काम)
pleat /प्लीट्/ *n.* कपड़े की चुनट (स्थायी रूप से सिली गई)
plebeian /प्ल'बीअन्/ *adj.* **1** साधारण लोगों या निम्न सामाजिक वर्ग से संबंधित, सर्वसाधारण **2** संस्कृति या शिक्षा का अभाव, गँवार, अशिष्ट ▸ **plebeian** *n.* (मूल रूप से प्राचीन रोम में प्रयुक्त) (निम्न सामाजिक वर्ग का) सामान्य व्यक्ति, साधारण व्यक्ति, आम आदमी
plebiscite /'प्लेबिसिट्, -साइट्/ *n.* किसी महत्वपूर्ण प्रश्न पर किसी देश या क्षेत्र की जनता का मतदान द्वारा निर्णय, जनमत-संग्रह
pledge /प्लेज्/ *n.* औपचारिक वचन या सहमति ▸ **pledge** *v.* कुछ करने के लिए औपचारिक वचन देना
plentiful /'प्लेन्टिफ़्ल्/ *adj.* बड़ी मात्रा या राशि में उपलब्ध, प्रचुर
plenty /'प्लेन्टि/ *pron.* & *adv.* **1** प्रचुर, बहुतायत, भरपूर, जितना चाहिए उतना भर **2** (more से पहले प्रयुक्त) प्रचुर, ख़ूब सारा
plethora /'प्लेथर/ *n.* आवश्यकता से अधिक, भरमार, प्रचुरता, बाहुलता, आधिक्य
pliers /'प्लाइअज़्/ *n.* (*pl.*) वस्तुओं को कसकर पकड़ने और तार काटने के लिए प्रयुक्त चिमटा, चिमटी, प्लास
plight /प्लाइट्/ *n.* दुर्दशा, प्रतिकूल या कठिन दशा या स्थिति
plod /प्लॉड्/ *v.* (**plodding, plodded**) **1** भारी क़दमों से या थकी चाल से (धीरे-धीरे) चलना **2** मंदगति से काम में प्रगति करना, विशेषतः जब काम कठिन या उबाऊ हो
plonk /प्लॉङ्क्/ *v.* **1** किसी वस्तु को नीचे रखना (विशेषतः झनझनाते हुए या लापरवाही के साथ) **2** लापरवाही के साथ धम्म से नीचे बैठना
plop /प्लॉप्/ *v.* छपछप करते हुए गिरना ▸ **plop** *n.* छपछप ध्वनि, पानी में किसी छोटी वस्तु के गिरने की आवाज़
plot /प्लॉट्/ *n.* **1** नाटक या उपन्यास का कथानक, कथावस्तु **2** कुचक्र (ग़लत या ग़ैर-क़ानूनी काम करने की गुप्त योजना), षड्यंत्र **3** किसी विशेष उपयोग के लिए अंकित छोटा भूखंड ▸ **plot** *v.* (**plotting, plotted**) **1** षड्यंत्र या कुचक्र रचना **2** मानचित्र, आरेख आदि पर कुछ अंकित करना
plough /प्लाउ/ *n.* हल, लांगल, खेती का बड़ा औज़ार जिसे ट्रैक्टर या जानवर खींचता है, इससे मिट्टी को बोआई के लिए तैयार किया जाता है ▸ **plough** *v.* हल चलाना या जोतना
ploy /प्लॉइ/ *n.* (मनचाही वस्तु पाने या किसी को मनाने के लिए कही गई बात या किया गया काम), चाल, तिकड़म, युक्ति
pluck /प्लक्/ *v.* **1** कहीं से कोई वस्तु हटाना या छीन लेना **2** मृत पक्षी के पंख नोचना (प्रायः पकाने के पूर्व) **3** तार वाले वाद्य पर अँगुलियाँ चलाकर उसे बजाना ▸ **pluck** *n.* साहस और दृढ़ निश्चय
plug /प्लग्/ *n.* **1** बिजली का प्लग, प्लास्टिक या रबर से बना जिसमें दो या तीन पिन होते हैं **2** स्नानगृह आदि में छेद बंद करने वाली रबड़ या प्लास्टिक की डाट, प्लग ▸ **plug** *v.* (**plugging, plugged**) **1** किसी वस्तु से छेद को अच्छी तरह भरना या बंद करना **2** नई पुस्तक, फ़िल्म आदि की प्रशंसा करना ताकि लोग उसे ख़रीदें या देखें

plum /प्लम्/ *n.* आलूचा, आलूबुख़ारा

plumb /प्लम्/ *v.* **1** साहुल सूत्र से पानी की गहराई नापना या दीवार की लंबता जाँचना **2** सावधानीपूर्वक जाँच-पड़ताल कर किसी रहस्य को पूर्णतया समझना, ताड़ लेना ▸ **plumb** *adv.* **1** यथार्थता से, बिल्कुल सही तरह से **2** पूर्णतया

plumber /ˈप्लम(र्)/ *n.* नल का मिस्तरी, नलसाज़

plummet /ˈप्लमिट्/ *v.* ऊँचे स्तर या पद से अचानक और तेज़ी से गिरना

plump /प्लम्प्/ *adj.* (व्यक्ति या पशु) मोटा-ताज़ा, गोल-मटोल (जो देखने में अच्छा लगे) ▸ **plump** *v.* (**plump yourself/sb/sth down**) धड़ाम से नीचे बैठना या किसी वस्तु को रखना

plunder /ˈप्लन्ड(र्)/ *n.* लोगों से या जगह-जगह से सामान की लूटपाट (विशेषतः युद्ध या दंगों में), लूट का सामान ▸ **plunder** *v.* लूटना, विशेषतः युद्ध या दंगों में

plunge /प्लन्ज्/ *v.* **1** अचानक ज़ोरों से छलाँग लगाना, गिरना या गिर जाना, डुबकी लगाना **2** ताक़त के साथ कहीं कुछ घुसाना **3** व्यक्ति या वस्तु को किसी विशेष स्थिति या दशा में डाल देना ▸ **plunge** *n.* आकस्मिक छलाँग या गिरावट

plural /ˈप्लुअरल्/ *n.* बहुवचन रूप ▸ **plural** *adj.* बहुवचन का सूचक

plus /प्लस्/ *prep.* **1** और, मिलाकर **2** के अतिरिक्त, साथ ही ▸ **plus** *adj.* **1** अधिक, इंगित संख्या या मात्रा से अधिक **2** (छात्रों के शैक्षिक कार्य के मूल्यांकन में प्रयुक्त) कुछ अधिक ▸ **plus** *n.* **1** योग का चिन्ह (+) **2** स्थिति में लाभ की बात

plutonium /प्लूˈटोनिअम्/ *n.* प्लूटोनियम, एक ख़तरनाक रेडियोधर्मी तत्व जो विशेष रूप से परमाणु ऊर्जा उत्पादन केंद्रों में ईंधन के रूप में प्रयोग किया जाता है, प्लूटोनियम

ply /प्लाइ/ *v.* लोगों को सेवा उपलब्ध कराना या माल बेचना विशेषतः सड़क पर

PM *abbr.* **Prime Minister** का संक्षिप्त रूप, प्रधान मंत्री

p.m. /ˌपीˈएम्/ *abbr.* दोपहर के बाद, अपराह्न में

pneumonia /न्यूˈमोनिआ/ *n.* फेफड़ों की गंभीर बीमारी जिसके कारण साँस लेने में कठिनाई होती है, निमोनिया

PO /ˌपीˈओ/ *abbr.* **Post Office** का संक्षिप्त रूप, डाकख़ाना, पोस्ट ऑफ़िस

poach /पोच्/ *v.* **1** मछली या अंडों आदि को थोड़े द्रव में हलके ताप से पकाना **2** ग़ैर-क़ानूनी ढंग से पशुओं का शिकार करना

pocket /ˈपॉकिट्/ *n.* **1** जेब, पॉकेट **2** कार का दरवाज़ा, सूटकेस आदि में वस्तुएँ रखने की थैली ▸ **pocket** *v.* **1** किसी वस्तु को जेब में रखना

pod /पॉड्/ *n.* मटर, सेम आदि की फली

podium /ˈपोडिअम्/ *n.* छोटा मंच जिस पर वक्ता, कलाकार आदि खड़े होते हैं

poem /ˈपोइम्/ *n.* कविता

poetry /ˈपोअट्रि/ *n.* कविताओं का संग्रह, सब प्रकार की कविताएँ

poignant /ˈपॉइन्यन्ट्/ *adj.* करुणाजनक या मार्मिक

point /पॉइन्ट्/ *n.* **1** किसी के द्वारा प्रस्तुत विशिष्ट तथ्य, विचार या सम्मति, प्वाइंट **2** चर्चा का सबसे महत्वपूर्ण अंश, मुख्य बात ▸ **point** *v.* **1** अँगुली, छड़ी आदि से किसी वस्तु की स्थिति दिखाना या

किसी की ओर लोगों का ध्यान आकृष्ट करना 2 किसी व्यक्ति या वस्तु की ओर निशाना साधना

pointed /'पॉइन्‌टिड्/ *adj.* 1 नुकीला 2 (किसी के लिए कही गई बात) परोक्ष रूप से आलोचनापूर्ण या निंदात्मक

pointer /'पॉइन्‌ट(र्)/ *n.* 1 सहायक या उपयोगी सलाह या जानकारी 2 कंप्यूटर स्क्रीन पर तीर जैसा चिह्न जिसे माउस की सहायता से घुमाया जाता है)

pointless /'पॉइन्ट्‌लस्/ *adj.* व्यर्थ, निरर्थक ▸ **pointlessly** *adj.* निरर्थक रूप से

poison /'पॉइज़्न्/ *n.* विष, ज़हर ▸ **poison** *v.* 1 किसी व्यक्ति या वस्तु को विष देकर मारना या हानि पहुँचाना 2 किसी वस्तु में विष मिला देना, विषाक्त करना

poke /पोक्/ *v.* 1 अँगुली, छड़ी या किसी लंबी पतली वस्तु से व्यक्ति या वस्तु को कोंचना, कुरेदना 2 किसी वस्तु या दिशा-विशेष में फुर्ती से किसी वस्तु को घुमाना या धकेलना ▸ **poke** *n.* कुरेदन किसी व्यक्ति या वस्तु का मज़ाक़ उड़ाना (प्रायः अभद्रता या निर्दयता से)

polar /'पोल(र्)/ *adj.* उत्तरी या दक्षिणी ध्रुव का/के निकट, ध्रुव प्रदेशीय

polarize /'पोलराइज़्/ *v.* व्यक्तियों को पूर्णतः विपरीत विचार वाले दो समूहों में बाँट देना, ध्रुवीकरण करना

pole /पोल्/ *n.* 1 लकड़ी या धातु का डंडा या लट्ठा (विशेषतः किसी वस्तु को सँभालने के लिए) 2 पृथ्वी का उत्तरी या दक्षिणी ध्रुव (मानचित्र में एकदम शीर्ष या तल पर प्रदर्शित) 3 चुंबक के दो सिरों में से कोई एक या बिजली की बैटरी का धनात्मक या ऋणात्मक बिंदु

police /प'लीस्/ *n.* (*pl.*) क़ानून और व्यवस्था बनाए रखने के लिए शासकीय संगठन, पुलिस बल ▸ **police** *v.* पुलिस या इसी प्रकार के अन्य संगठन की सहायता से क़ानून और व्यवस्था बनाए रखना

policy /'पॉलसि/ *n.* (*pl.* **policies**) 1 सरकार, कंपनी आदि की नीति, कार्य-योजना 2 स्थिति विशेष के लिए किसी व्यक्ति की सर्वोत्तम कार्य योजना 3 बीमा कंपनी के साथ हुए क़रार का दस्तावेज़, बीमा पॉलिसी

polio /'पोलिओ/ *n.* कुछ मांसपेशियों के कमज़ोर पड़ जाने का गंभीर रोग, पोलियो

polish /'पॉलिश्/ *v.* जूते, मेज़ आदि को पॉलिश से चमकाना ▸ **polish** *n.* 1 जूते आदि को चमकाने की क्रीम, द्रव वस्तु, पॉलिश

polite /प'लाइट्/ *adj.* सुशील और दूसरों का सम्मान करने वाला, नम्र, शिष्ट ▸ **politely** *adv.* नम्रतापूर्वक, शिष्टता से

political /प'लिटिक्‌ल्/ *adj.* 1 राजनीतिक, राजनीति और सरकार से संबंधित 2 संगठन के अंदर सत्ता के लिए स्पर्धा से संबंधित

politician /ˌपॉल'टिश्न्/ *n.* राजनीतिक गतिविधियों में संलग्न व्यक्ति, विशेषतः संसद या सरकार का सदस्य, राजनेता

politics /'पॉलटिक्स्/ *n.* 1 ऐसे कार्य और अभिमत जिनका संबंध किसी देश का शासन चलाने से हो, राजनीति 2 (*pl.*) किसी व्यक्ति के राजनीतिक विचार और विश्वास 3 किसी संगठन के सदस्यों में सत्ता के लिए स्पर्धा से संबंधित मामले

poll /पोल्/ *n.* 1 किसी मुद्दे पर अनेक व्यक्तियों से उनकी राय जानकर जनमत का निर्धारण, जनमत-सर्वेक्षण 2 चुनाव

में मतदान, मतों की संख्या, मतगणना ▸ **poll** *v.* **1** चुनाव में मत प्राप्त करना **2** किसी मुद्दे पर लोगों की राय जानना

pollen /ˈपॉलन्/ *n.* फूल के पराग कण, परागकणों को हवा, कीड़े आदि उसी प्रकार के अन्य फूलों तक पहुँचाते हैं और फलस्वरूप फूलों में बीज बन जाते हैं

pollinate /ˈपॉलनेट्/ *v.* पराग खींचना, फूल या पौधे में परागकणों का पहुँचना

pollute /पˈलूट्/ *v.* (वायु, नदियों आदि को) प्रदूषित करना, मलिन करना

polo /ˈपोलो/ *n.* पोलो, चौग़ान का खेल जो घुड़सवारों के दलों के बीच खेला जाता है, खिलाड़ी लंबी छड़ियों से गेंद को मारकर गोल करते हैं, पोलो

polyglot /ˈपॉलिग्लॉट्/ *adj.* एक से अधिक भाषा का ज्ञान या उसमें लेखन, बहुभाषी ▸ **polyglot** *n.* बहुभाषाविद

polygraph /ˈपॉलिग्रैफ़्/ *n.* बहुलिपिक (यंत्र), झूठखोजी (यंत्र)

polymer /ˈपॉलिम(र्)/ *n.* बड़े आकार के अणुओं वाला एक प्रकार का प्राकृतिक या कृत्रिम रासायनिक यौगिक, बहुलक, पॉलिमर

polyp /ˈपॉलिप्/ *n.* **1** शरीर, विशेषतः नाक, में उभरा छोटा मांसपिंड जो प्रायः हानिकर नहीं होता, पॉलिप **2** एक छोटा और बहुत साधारण समुद्री जीव जिसका शरीर एक नली की शक्ल का होता है

polytechnic /ˌपॉलिˈटेक्निक्/ *n.* किशोर या अधिक आयु के छात्रों को तकनीकी व्यावहारिक शिक्षा देने वाला कॉलेज, पॉलिटेक्नीक

polytheism /ˈपॉलिथिइज़म्/ *n.* ईश्वर के अतिरिक्त अनेक देवताओं में विश्वास, बहुदेव पूजा, बहुदेववाद

polythene /ˈपॉलिथीन्/ *n.* एक प्रकार का बहुत महीन प्लास्टिक इसे खाद्य पदार्थों के लिए थैलियाँ बनाने में प्रयोग किया जाता है ताकि उन्हें शुष्क अवस्था में रखा जा सके, पॉलिथीन

polyunsaturated /ˌपॉलिअन्ˈसैचरेटिड्/ *adj.* (चरबी और तेल) स्वास्थ्य के लिए लाभकारी रासायनिक संरचना वाले

pomegranate /ˈपॉमिग्रैनिट्/ *n.* अनार (का फल)

pomp /पॉम्प्/ *n.* (किसी बड़े औपचारिक समारोह का) तड़क-भड़क, ठाट-बाट

pompous /ˈपॉम्पस्/ *adj.* स्वयं को दूसरों से अधिक महत्वपूर्ण समझते हुए और भाषा व्यवहार में इसका प्रदर्शन करते हुए, तड़क-भड़क वाला, आडंबरपूर्ण

pond /पॉन्ड्/ *n.* तालाब (झील से छोटा जलक्षेत्र)

ponder /ˈपॉन्ड(र्)/ *v.* किसी विषय पर गंभीरतापूर्वक या देर तक सोचना

pony /ˈपोनि/ *n.* (*pl.* **ponies**) टट्टू (एक प्रकार का छोटी जाति का घोड़ा)

pool /पूल्/ *n.* **1** किसी सतह पर थोड़ी मात्रा में जमा कोई द्रव पदार्थ **2** (= **swimming pool**) तालाब **3** समूह के सदस्यों की साझा संपत्ति (धनराशि, उपयोगी सामान, आदि), सामूहिक निधि या सामान ▸ **pool** *v.* लोगों से धन, विचार आदि एकत्रित करना (सामान्य लाभ के लिए)

poor /पॉ(र्), पुअ(र्)/ *adj.* आरामदायक जीवन के लिए पर्याप्त धन का अभाव, ग़रीब, निर्धन ▸ **poor** *n.* **1** ग़रीब लोग, निर्धन वर्ग **2** गुणवत्ता में कम या दुर्दशाग्रस्त

poorly /ˈपॉलि/ *adv.* अच्छा नहीं, काफ़ी कम, बुरी तरह से ▸ **poorly** *adj.* अच्छा नहीं, अस्वस्थ, बीमार

pop /पॉप्/ *v.* (**popping, popped**) 1 तड़ाक या फट्-सी आवाज़ करना, ऐसी आवाज़ पैदा करना 2 मजाक उड़ाना (प्रायः अभद्रता या निर्दयता से) 3 जल्दी-से या अचानक कहीं आना या जाना 4 जल्दी-से या अचानक कहीं कुछ रख देना या लेना ▸ **pop** *n.* 1 युवा वर्ग में बहुत लोकप्रिय आधुनिक संगीत, पॉप संगीत 2 तड़ाक या फट् जैसी आवाज़

pope /पोप्/ *n.* रोमन कैथोलिक चर्च का सर्वोच्च धर्मगुरु, पोप

poppy /'पॉपि/ *n.* (*pl.* **poppies**) गहरे लाल रंग का एक जंगली फूल जिसमें छोटे काले बीज होते हैं, पोस्ता, ख़सख़स

popular /'पॉप्यल(र्)/ *adj.* 1 लोकप्रिय, अधिकतर लोगों को पसंद 2 जनसाधारण की रुचि और ज्ञानसार के अनुकूल

popularize /'पॉप्युलराइज़्/ *v.* किसी वस्तु को लोकप्रिय बनाना

population /ˌपॉप्यु'लेशन्/ *n.* 1 किसी विशेष क्षेत्र, नगर, देश में रहने वालों की संख्या, जनसंख्या, आबादी 2 विशेष स्थान पर रहने वाले समस्त व्यक्ति या कहीं पर रहने वाले विशेष प्रकार के समस्त व्यक्ति या जीव-जंतु

porcelain /'पॉसलिन्/ *n.* महँगे कप, प्लेट आदि बनाने में प्रयुक्त एक कठोर सफ़ेद पदार्थ, चीनी मिट्टी

porch /पॉच्/ *n.* घर या चर्च का ढका हुआ प्रवेश द्वार, पोर्च, द्वारमंडप

porcupine /'पॉक्युपाइन्/ *n.* एक जंतु जिसके शरीर पर पतले नुकीले कांटे से होते हैं जो किसी प्राणी के आक्रमण के समय ऊपर खड़े हो जाते हैं (स्वयं की सुरक्षा हेतु), साही

pore /पॉ(र्)/ *n.* रोमकूप, रोएँ का छेद (जिनसे पसीने निकलते है) ▸ **pore** *v.* (**pore over sth**) (किसी वस्तु को) बहुत सावधानी से पढ़ना या उसका अध्ययन करना

pork /पॉक्/ *n.* सूअर का मांस

pornography /पॉ'नॉग्रफ़ि/ *n.* कामवासना उत्तेजित करने के लिए यौनक्रियाओं का वर्णन करने वाली पुस्तकें, पत्रिकाएँ, फ़िल्में आदि

porous /'पॉरस्/ *adj.* छिद्रिल (ऐसा कि द्रव या हवा रिस सके), सरंध्र

porpoise /'पॉपस्/ *n.* नुकीली नाक वाला डॉलफ़िन से मिलता-जुलता समुद्री जीव जो समूह बनाकर रहता है

porridge /'पॉरिज्/ *n.* दलिया (दूध या पानी में पका)

port /पॉट्/ *n.* 1 वह स्थल जहाँ जहाज़ सवारियों को या माल को उतारने-चढ़ाने के लिए खड़े रहते हैं, बंदरगाह 2 बंदरगाह से लगा शहर, पत्तन

portable /'पॉटब्ल्/ *adj.* जिसे आसानी से हिलाया या कहीं ले जाया जा सके, सुवाह्य

portal /'पॉट्ल्/ *n.* इंटरनेट का प्रवेश द्वार का काम करने वाली वेबसाइट (इंटरनेट पर विविध प्रकार की सूचनाएँ संगृहीत रहती हैं) जो विशेष प्रकार की सूचना में रुचि रखनेवाले व्यक्ति के लिए उपयोगी होती है, पोर्टल

portend /पॉ'टेन्ड्/ *v.* (अप्रिय, अवांछित घटना आदि की) पूर्वसूचना देना, पूर्वाभास होना

portent /'पॉटेन्ट्/ *n.* (अप्रिय, अवांछित घटना आदि की) पूर्वसूचना, पूर्वाभास, पूर्वलक्षण, अपशकुन

porter /ˈपॉट(र्)/ *n.* **1** रेलवे स्टेशन आदि पर सामान ले जाने वाला व्यक्ति, कुली, हमाल **2** होटल या किसी बड़े भवन का द्वारपाल, दरबान

portfolio /ˌपॉट्ˈफ़ोलिओ/ *n.* (*pl.* **portfolios**) **1** काग़ज़ात, आरेख आदि का बस्ता, पेटिका **2** छायाचित्र, आरेख, काग़ज़ात आदि का संग्रह जो रोज़गार के लिए आवेदन करते समय पूर्व अनुभव को दर्शाने के लिए प्रयुक्त होता है, पोर्टफ़ोलियो

portion /ˈपॉश्न्/ *n.* **1** किसी वस्तु का भाग या अंश **2** एक व्यक्ति के लिए भोजन (विशेषतः रेस्तराँ में)

portrait /ˈपॉट्रिट्/ *n.* **1** किसी व्यक्ति का चित्र, पेंटिंग या फ़ोटो **2** व्यक्ति या वस्तु का शब्दों में वर्णन, शब्दचित्र

portray /पॉˈट्रे/ *v.* **1** किसी को चित्र में दर्शाना, किसी का लेख में वर्णन या चित्रण करना **2** किसी का विशेष प्रकार से वर्णन या चित्रण करना **3** नाटक या फ़िल्म में किसी पात्र की भूमिका निभाना

P

pose /पोज़्/ *v.* **1** किसी के लिए कोई प्रश्न उत्पन्न या प्रस्तुत करना (जिसे निपटाया जाना हो) किसी को निपटाने के लिए कुछ दे देना या कुछ परेशानी उत्पन्न कर देना **2** चित्र, फ़ोटो आदि के लिए विशिष्ट मुद्रा में बैठना या खड़ा होना **3** कोई दूसरा होने का ढोंग रचना ▸ **pose** *n.* **1** चित्र बनवाने या फ़ोटो खिंचवाने के लिए खड़ा होने, बैठने आदि की मुद्रा **2** लोगों को प्रभावित करने के लिए दिखावा, आडंबर

posh /पॉश्/ *adj.* लोकप्रिय शैली का और महँगा

position /पˈज़िश्न्/ *n.* **1** किसी का स्थान (वर्तमान या उपयुक्त) **2** किसी के बैठने या खड़ा होने का ढंग या इंगित की जा रही दिशा **3** किसी की तत्कालीन दशा या स्थिति **4** तुलनात्मक दृष्टि से व्यक्ति, कंपनी आदि का स्थान या स्तर ▸ **position** *v.* किसी को विशेष स्थान या स्थिति में रखना

positive /ˈपॉज़टिव्/ *adj.* **1** किसी स्थिति के अच्छे पक्ष के विषय में ऐसे सोचना या बातें करना कि अपना और दूसरे का विश्वास बढ़े, रचनात्मक, सकारात्मक **2** सुनिश्चित, पक्का

possess /पˈज़ेस्/ *v.* किसी वस्तु को अधिकार में रखना या उस पर स्वामित्व होना

possession /पˈज़ेश्न्/ *n.* **1** किसी पर अधिकार या स्वामित्व **2** वस्तु जिस पर अधिकार या स्वामित्व है

possessive /पˈज़ेसिव्/ *adj.* **1** (वस्तुओं को) किसी के साथ बाँटने का अनिच्छुक, (वस्तुओं पर) क़ाबिज़ होने की मनोवृत्ति वाला **2** संबंधवाचक (व्यक्ति और वस्तु का संबंध दिखाने वाला)

possible /ˈपॉसब्ल्/ *adj.* **1** संभव (जो घटित हो सके या किया जा सके), शक्य **2** उपयुक्त या स्वीकार्य

post /पोस्ट्/ *n.* **1** चिट्ठियों, बंडलों आदि को एकत्र करने और निपटाने की व्यवस्था या ऐसा करने वाला संगठन, डाक व्यवस्था **2** चिट्ठियाँ, बंडल आदि (जिन्हें एकत्र और वितरित किया जाता है) **3** नौकरी, पद ▸ **post** *v.* **1** पत्र, बंडल आदि डाक से भेजना **2** किसी को कहीं तैनात करना **3** किसी को कहीं पहरे पर या ड्यूटी पर लगाना **4** (कहीं) नोटिस आदि लगाना (जहाँ सब उसे देख सकें)

post- /पोस्ट्/ *prefix* पश्च-, उत्तर, के बाद

postage /'पोस्‌टिज्/ *n.* डाक-व्यय, डाक-शुल्क

postal /'पोस्ट्‌ल्/ *adj.* डाक-विषयक, पत्रादि भेजने और एकत्र करने से संबंधित

poster /'पोस्ट(र्)/ *n.* **1** सार्वजनिक स्थान पर (प्रायः विज्ञापन के लिए) बड़ा चित्र या नोटिस, पोस्टर **2** सजावट के लिए दीवार पर लगाने का बड़ा मुद्रित चित्र, पोस्टर

posterior /पॉ'स्टिअरिअ(र्)/ *adj.* पीछे स्थित, पिछला ▸ **posterior** *n.* शरीर का वह भाग जिस पर बैठते हैं, पश्च, नितंब

posterity /पॉ'स्टेरटि/ *n.* वंशज, भावी पीढ़ियाँ

postgraduate /ˌपोस्ट्'ग्रैजुअट्/ *n.* विश्वविद्यालय में अपनी प्रथम डिग्री की प्राप्ति के बाद वहाँ उच्च उध्ययन करनेवाला व्यक्ति, स्नातकोत्तर कक्षा का छात्र, स्नातकोत्तर डिग्री धारक व्यक्ति

posthumous /'पॉस्ट्युमस्/ *adj.* मरणोपरांत, निधनोत्तर

post-mortem /ˌपोस्ट्'मॉटम्/ *n.* (मृत्यु का कारण जानने के लिए) डॉक्टरी शव-परीक्षा, पोस्ट-मार्टम

postpone /प'स्पोन्/ *v.* नियोजित घटना, कार्यक्रम आदि को स्थगित करना, विलंब से करना

postscript /'पोस्ट्‌सिक्रप्ट्/ *n.* पत्र आदि के अंत में जोड़ा गया अतिरिक्त अंश (सूचना या संदेश)

postulate /'पॉस्ट्युलेट्/ *v.* किसी चीज़ के सही होने का प्रस्ताव करना या स्वीकार कर लेना ताकि किसी सिद्धांत के आधार के रूप में इसका प्रयोग किया जा सके, मान लेना ▸ **postulate** *n.* किसी सिद्धांत का वह आधार जिसे सही होने के कारण विश्वास या स्वीकार किया जाता है, आधारतत्व, अभिधारणा

posture /'पॉस्‌च(र्)/ *n.* किसी व्यक्ति के बैठने, खड़ा होने, चलने आदि की मुद्रा

pot /पॉट्/ *n.* **1** भगौना, बरतन, हँडिया (जिसमें भोजन बनाया जाता है) **2** विशेष प्रयोजन से प्रयुक्त कोई पात्र (गमला आदि) ▸ **pot** *v.* (**potting, potted**) (मिट्टी भरे) गमले में पौधा लगाना

potable /'पोटब्‌ल्/ *adj.* (पानी) पीने के लिए सुरक्षित

potato /प'टेटो/ *n.* (*pl.* **potatoes**) ज़मीन के भीतर क़ंद के रूप में उगनेवाली एक सब्ज़ी, आलू

potent /'पोट्‌न्ट्/ *adj.* शक्तिशाली या प्रभावकारी

potential /प'टेन्‌शल्/ *adj.* जिसके कुछ होने, प्रयोग में आने आदि की संभावना हो, संभाव्य ▸ **potential** *n.* व्यक्ति या वस्तु में विद्यमान गुण या क्षमताएँ जो अभी तक पूर्णतया विकसित नहीं

pothole /'पॉट्‌होल्/ *n.* (यातायात और ख़राब मौसम से) सड़क पर बना गड्ढा

potion /'पोश्‌न्/ *n.* **1** वशीकरण शक्ति के लिए पेय, पतली औषधि **2** विष का घूँट

potpourri /ˌपोपु'री/ *n.* (प्रायः बोतल या कटोरे में कमरे में रखा) सूखी पंखुड़ियों तथा पत्तों का सुगंधित मिश्रण

potter /'पॉट(र्)/ *v.* मस्ती से समय बिताना (मनपसंद छोटे-छोटे काम करते हुए व बिना जल्दबाज़ी के) ▸ **potter** *n.* मिट्टी के बर्तन आदि बनानेवाला, कुम्हार

pottery /'पॉटरि/ *n.* (*pl.* **potteries**) **1** मिट्टी के बर्तन (प्याले, प्लेटों आदि)

P

2 मिट्टी के बर्तन बनाने की क्रिया या कला

potty /'पॉटि/ *n.* (*pl.* **potties**) छोटे बच्चों का मल त्याग पात्र, शौच पात्र

pouch /पाउच्/ *n.* **1** चमड़े की छोटी थैली, पाउच **2** कुछ मादा पशुओं (जैसे कंगारू) की बच्चा रखने हेतु पेट पर बनी चमड़े की थैली

poultry /'पोल्ट्रि/ *n.* **1** (*pl.*) अंडों व मांस के लिए पाली गई बतख़ आदि **2** मुर्ग़ियों आदि का मांस

pounce /पाउन्स्/ *v.* किसी पर एकाएक झपटते हुए हमला करना

pound /पाउन्ड्/ *n.* **1** पाउंड (ब्रिटेन की मुद्रा), सौ पेंस **2** तौल की इकाई, पाउंड, (0.454 किलोग्राम के बराबर) ▸ **pound** *v.* **1** किसी वस्तु को अनेक बार पीटना या कूटना, (ऊँची आवाज़ पैदा करते हुए) तड़ातड़ मारना **2** (हृदय, रक्त आदि का) तेज़ी से और ऊँची आवाज़ के साथ धड़कना

pour /पॉ(र्)/ *v.* **1** द्रव या अन्य पदार्थ को उड़ेलना **2** (द्रव, धुआँ, प्रकाश आदि का) तेज़ी से लगातार और बड़ी मात्रा में बाहर निकलना या अंदर आना **3** कप या गिलास में पेय पदार्थ परोसना

pout /पाउट्/ *v.* दोनों होंठ, या निचला होंठ, आगे की ओर निकालना (खीझ प्रकट करने या आकर्षक दिखने के लिए) ▸ **pout** *n.* ऐसी मुखमुद्रा

poverty /'पॉवटि/ *n.* ग़रीबी, निर्धनता

POW /ˌपी ओ 'डब्ल्यू/ *abbr.* **'prisoner of war'** का संक्षिप्त रूप, युद्ध बंदी

powder /'पाउड(र्)/ *n.* चूर्ण या चूरा, पाउडर, (किसी भी वस्तु का) ▸ **powder** *v.* पाउडर लगाना (मुँह आदि पर)

power /'पाउअ(र्)/ *n.* **1** लोगों या वस्तुओं को नियंत्रित करने या कोई काम करने की योग्यता, सामर्थ्य, क्षमता **2** किसी देश या क्षेत्र पर राजनीतिक नियंत्रण, सत्ता **3** कुछ करने का अधिकार ▸ **power** *v.* किसी वस्तु (यंत्र आदि) को चलाने के लिए उसे ऊर्जा प्रदान करना

powerful /'पाउअफ़्ल्/ *adj.* **1** शक्तिशाली, प्रभावशाली, असरदार **2** शक्तिशाली, सशक्त, ताक़तवर

PR /ˌपी 'आ(र्)/ *abbr.* **1** जनसंपर्क **2** आनुपातिक प्रतिनिधित्व

practicable /'प्रैक्टिकब्ल्/ *adj.* (कोई विचार, योजना या सुझाव) जिसे सफलतापूर्वक किया जा सके, व्यावहारिक, साध्य

practical /'प्रैक्टिक्ल्/ *adj.* **1** व्यावहारिक (न कि काल्पनिक या सैद्धांतिक) **2** संभवतः फलदायी, सही या विवेकपूर्ण ▸ **practical** *n.* प्रायोगिक पाठ या परीक्षा

practice /'प्रैक्टिस्/ *n.* **1** व्यवहार, प्रयोग (न कि कल्पनाएँ या विचार) **2** संस्था या स्थिति-विशेष में कोई काम करने का रिवाज या अपेक्षानुकूल तरीक़ा, आदत, रिवाज या प्रथा **3** अभ्यास, रियाज़ (कुशलता-प्राप्ति के लिए कोई काम अनेक बार करने या उसे नियमित रूप से सीखने की क्रिया) ▸ **practise** *v.* **1** अभ्यास करना, रियाज़ करना (कुशलता प्राप्ति के लिए कोई काम नियमित रूप से करना या उसे सीखना) **2** डॉक्टरी या वकालत करना

practitioner /प्रैक्'टिशन(र्)/ *n.* व्यवसाय से डॉक्टर, दंत-चिकित्सक या वकील

pragmatic /प्रैग्'मैटिक्/ *adj.* व्यावहारिक, यथार्थवादी (न कि सिद्धांतवादी या कल्पनाशील)

P

prairie /'प्रेअरि/ *n.* लगभग वृक्षहीन घास का बड़ा मैदान (विशेषतः उत्तरी अमेरिका में), शाद्वल प्रदेश

praise /प्रेज़्/ *v.* व्यक्ति या वस्तु की प्रशंसा करना, उसे सराहना ▸ **praise** *n.* प्रशंसा, सराहना (के शब्द)

pram /प्रैम्/ *n.* चार पहियों की बच्चा-गाड़ी, प्रैम

prank /प्रैङ्क्/ *n.* मज़ाक़ के रूप में किसी के साथ की गई चालाकी, शरारत, नटखटपन

prawn /प्रॉन्/ *n.* झींगा (मछली)

pray /प्रे/ *v.* (ईश्वर या देवी या देवता से) प्रार्थना करना

prayer /प्रेअ(र्)/ *n.* **1** (ईश्वर या देवी या देवता से) प्रार्थना (के शब्द) **2** प्रार्थना (की क्रिया)

pre- /प्री/ *prefix* पूर्व-, प्राक्-, पूर्ववर्ती

preach /प्रीच्/ *v.* **1** किसी धार्मिक विषय पर प्रवचन करना, उपदेश करना **2** नैतिकता या व्यवहार पर भाषण देना

preamble /प्री'ऐम्बल्/ *n.* अपने प्रयोजन का व्याख्यान करने हेतु किसी पुस्तक, लेख या भाषण का प्राक्कथन या आमुख, प्रस्तावना, उद्देशिका

precarious /प्रि'केअरिअस्/ *adj.* असुरक्षित या अनिश्चित, ख़तरनाक ▸ **precariously** *adv.* ख़तरनाक ढंग से

precaution /प्रि'कॉश्न्/ *n.* भविष्य के ख़तरे या समस्या से बचने के लिए किया गया उपाय, एहतियात, सावधानी ▸ **precautionary** *adj.* एहतियाती

precede /प्रि'सीड्/ *v.* किसी अन्य व्यक्ति या वस्तु से पहले होना, जाना या आना, पूर्ववर्ती होना (स्थान, समय या क्रम में)

precept /'प्रीसेप्ट्/ *n.* आचरण या विचार संबंधी नियम, नीति, नीतिवचन

precinct /'प्रीसिङ्क्ट्/ *n.* **1** किसी नगर में दुकानों के लिए निर्धारित क्षेत्र (जहाँ कारों का प्रवेश निषिद्ध हो) **2** नगर का वह क्षेत्र जिसका अपना पुलिस थाना हो **3** (*pl.* **precincts**) किसी भवन के आसपास का क्षेत्र

precious /'प्रेशस्/ *adj.* **1** क़ीमती, बहुमूल्य (सामान्यतः दुर्लभ होने के कारण) **2** अत्यंत प्रिय

precipice /'प्रेसपिस्/ *n.* खड़ी चट्टान

precipitate /प्रि'सिपिटेट्/ *v.* **1** किसी घटना को (विशेषतः प्रतिकूल घटना को) अचानक या समय से पूर्व घटित करना या होने देना **2** किसी व्यक्ति या वस्तु को अचानक किसी विशेष दशा या स्थिति में धकेल देना ▸ **precipitate** *adj.* (कोई कार्य या निर्णय) बिना सोचे-समझे अचानक या जल्दबाज़ी में किया गया

precipitation /प्रि,सिपि'टेश्न्/ *n.* **1** (पड़ने वाली) बरसात, बर्फ़, आदि, बरसात, बर्फ़ आदि की पड़ी मात्रा **2** वह रासायनिक प्रक्रिया जिसमें ठोस पदार्थ को द्रव से अलग किया जाता है, अवक्षेपण

précis /'प्रेसी/ *n.* संक्षेप, सार

precise /प्रि'साइस्/ *adj.* **1** स्पष्ट और सही **2** पूर्णतया ठीक, त्रुटिहीन, विशिष्ट **3** (व्यक्ति) छोटे ब्योरों के (भी) सही होने के विषय में सावधान

preclude /प्रि'क्लूड्/ *v.* कोई बात होने न देना या किसी को कोई काम करने न देना, किसी बात को असंभव बना देना

precocious /प्रि'कोशस्/ *adj.* (बच्चा) सामान्य से कम आयु में (अपने से बड़ों की) योग्यताएँ विकसित कर लेने

वाला, छोटी आयु में बड़ों जैसा आचरण करने वाला, अकालपक्व, पूर्वविकसित

preconceived /ˌप्रीकन्ˈसीव्ड्/ *adj.* (विचार या सम्मति) पर्याप्त जानकारी या अनुभव होने से पहले बना ली गई, पूर्व-अवधारित

precursor /प्रीˈकस(र्)/ *n.* पहले से ही विद्यमान तथा उसी से विकसित या प्रभावित, अग्र, पूर्ववर्ती

predator /ˈप्रेडट(र्)/ *n.* अन्य जीवों को मारने और खाने वाला जानवर, परजीवभक्षी, हिंसक पशु

predatory /ˈप्रेड्ट्रि/ *adj.* **1** (जानवर) अन्य जीवों को मार और खाकर जीवित रहने वाला, परजीवभक्षी **2** (व्यक्ति) स्वयं के आर्थिक लाभ या यौन शोषण के लिए दुर्बलों का शोषण करने वाला

predecessor /ˈप्रीडिसेस(र्)/ *n.* पूर्ववर्ती अधिकारी (जो इसके पूर्व इसी नौकरी में या पद पर रह चुका है)

predestined /ˌप्रीˈडेस्टिन्ड्/ *adj.* किसी कार्य या घटना का होना निश्चित, पूर्वनिश्चित, पूर्वनियत

predicament /प्रिˈडिकमन्ट्/ *n.* अप्रिय और कठिन स्थिति जिससे बाहर निकलना कठिन हो

predicate /ˈप्रेडिकेट्/ *n.* (वाक्य में) कर्ता या उसके उद्देश्य के विषय में जो कहा जाए, विधेय

predict /प्रिˈडिक्ट्/ *v.* (किसी बात की) भविष्यवाणी करना

predilection /ˌप्रीडिˈलेक्शन्/ *n.* किसी चीज़ के प्रति गहरा झुकाव, अनुराग, गहरी पसंद

predominant /प्रिˈडॉमिनन्ट्/ *adj.* सबसे अधिक दिखाई पड़ने वाला, स्पष्टतया दर्शनीय, सशक्त या महत्वपूर्ण

pre-empt /प्रिˈएम्प्ट्/ *v.* **1** किसी बात को (उस पर रोक लगाकर) होने न देना **2** किसी अन्य से पहले कोई काम कर देना या कुछ कह देना

preen /प्रीन्/ *v.* **1** (पक्षी का) चोंच से पंख साफ करना **2** स्वयं को सँवारने में बहुत समय व्यतीत करना और अपने रूप को सराहना **3** ख़ुद से ख़ुश रहना और अपनी ख़ुशी प्रकट करना

preface /ˈप्रेफ़स्/ *n.* पुस्तक के प्रतिपाद्य का लेखक द्वारा आरंभ में संक्षिप्त परिचय, निवेदन, प्रस्तावना

prefer /प्रिˈफ़(र्)/ *v.* (**preferring, preferred**) एक के स्थान पर दूसरे को चुनना, (तुलना में) किसी वस्तु को अधिक पसंद करना

preferable /ˈप्रेफ़्रबल्/ *adj.* बेहतर या अधिक उपयुक्त

preference /ˈप्रेफ़्रन्स्/ *n.* **1** एक की अपेक्षा दूसरी में अधिक रुचि, (किसी को किसी पर) अधिमान्यता, तरजीह **2** (अन्य की अपेक्षा) किसी व्यक्ति या समूह के प्रति दिखाई गई कृपा-दृष्टि

preferential /ˌप्रेफ़ˈरेन्शल्/ *adj.* (अन्य की अपेक्षा) किसी व्यक्ति या समूह के प्रति कृपा-दृष्टि दिखाते हुए, बेहतर, तरजीही, श्रेष्ठ

prefix /ˈप्रीफ़िक्स्/ *n.* शब्द के आरंभ में लगा वह अक्षर या अक्षर समूह जिससे शब्द का अर्थ बदल जाता है, पूर्वसर्ग, उपसर्ग

pregnant /ˈप्रेग्नन्ट्/ *adj.* (महिला या मादा पशु) गर्भवती (जिसके शरीर के अंदर शिशु पल रहा है)

prehistoric /ˌप्रीहिˈस्टॉरिक्/ *adj.* इतिहास में घटनाओं के लिखित विवरण से पूर्व का, प्रागैतिहासिक, इतिहास-पूर्व

prejudice /'प्रेजुडिस्/ *n.* किसी व्यक्ति या वस्तु के प्रति प्रबल नापसंदगी या अविश्वास, विशेषतः उसकी जाति, धर्म या लिंग के कारण, पूर्वाग्रह ▸ **prejudice** *v.* **1** किसी को (किसी व्यक्ति या वस्तु के प्रति) इस तरह प्रभावित करना कि उसके मन में व्यक्ति या वस्तु के प्रति असंगत या अनुचित धारणा बन जाए, पूर्वाग्रहग्रस्त करना **2** किसी व्यक्ति या वस्तु पर हानिकर प्रभाव होना

preliminary /प्रि'लिमिनरि/ *adj.* (तुलना में) अधिक महत्वपूर्ण स्थिति से पहले आने या होने वाला, प्रारंभिक, प्राथमिक ▸ **preliminary** *n.* (*pl.* **preliminaries**) किसी महत्वपूर्ण घटना से पहले होने वाली गतिविधियाँ या की जाने वाली तैयारी, प्रारंभिक उपाय या चरण

prelude /'प्रेल्यूड्/ *n.* **1** मुख्य संगीत से पहले (उसकी प्रस्तावना में) प्रस्तुत लघु संगीत, पूर्वरंग **2** घटना जो किसी अधिक महत्वपूर्ण भावी घटना की प्रस्तावना के रूप में घटित हो

premature /'प्रेमच(र्),ˌप्रेम'चुअ(र्)/ *adj.* **1** सामान्य या प्रत्याशित समय से पहले घटित, समय-पूर्व **2** बहुत जल्दी घटित या किया गया, अपरिपक्व

premeditated /ˌप्री'मेडिटेटिड्/ *adj.* (अपराध) पहले से योजनाबद्ध या नियोजित

premenstrual /ˌप्री'मेन्स्ट्रुअल्/ *adj.* मासिक धर्म से पूर्व होनेवाला

premier /'प्रेमिअ(र्)/ *adj.* महत्व में सर्वप्रथम, सर्वोत्तम ▸ **premier** *n.* (विशेषतः अख़बारों या मीडिया में प्रयुक्त) प्रधानमंत्री

premiere /'प्रेमिअ(र्)/ *n.* नाटक, फ़िल्म आदि का पहला सार्वजनिक प्रदर्शन

premises /'प्रेमिसिज़्/ *n.* (*pl.*) कोई भूखंड और उस पर बनी इमारतें (जो किसी संस्था की हों या उसके प्रयोग में हों), परिसर

premium /'प्रीमिअम्/ *n.* **1** दुर्घटना, क्षति आदि के बीमा के लिए किसी कंपनी को दी गई नियमित रक़म, बीमे की क़िस्त **2** भुगतान की कुछ अंतिरिक्त राशि, अधिशुल्क

premonition /ˌप्रीम'निशन्,ˌप्रेम-/ *n.* आगामी संकट की मन-ही-मन अनुभूति, पूर्वानुमान, पूर्वबोध

preparation /प्रेप'रेशन्/ *n.* **1** (व्यक्ति या वस्तु की) तैयारी **2** किसी बात के लिए की गई तैयारियाँ

preparatory /प्रि'पैरट्रि/ *adj.* (किसी बात की) तैयारी के लिए किया गया, आरंभिक

prepare /प्रि'पेअ(र्)/ *v.* व्यक्ति या वस्तु का तैयार होना या उसे तैयार करना

preposition /ˌप्रेप'ज़िशन्/ *n.* स्थान, समय, दिशा आदि के संकेत के लिए संज्ञा या सर्वनाम से पहले प्रयुक्त शब्द या वाक्यांश, पूर्वसर्ग

preposterous /प्रि'पॉस्टरस्/ *adj.* मूर्खतापूर्ण, हास्यास्पद, गंभीरता से लेने योग्य नहीं

prerequisite /ˌप्री'रेक्वज़िट्/ *n.* किसी अन्य बात के घटित होने या अस्तित्व में रहने के लिए आवश्यकता, पूर्वापेक्षा

prerogative /प्रि'रॉगटिव्/ *n.* किसी व्यक्ति या वस्तु का विशेष अधिकार, प्राधिकार

prescribe /प्रि'स्क्राइब्/ *v.* **1** किसी के लिए दवा या इलाज तय करना, नुसख़ा लिखना **2** (विशिष्ट अधिकार संपन्न

व्यक्ति या संस्था द्वारा) कुछ निर्धारित करना

prescription /प्रि'स्क्रिप्शन्/ *n.* डॉक्टर का लिखा दवा का परचा, नुसख़ा

prescriptive /प्रि'स्क्रिप्टिव्/ *adj.* 1 निर्देशात्मक, आदेशात्मक 2 भाषा के प्रयोग के नियम की व्याख्या (इसे कैसे प्रयोग किया जाना चाहिए न कि यह कैसे प्रयोग किया जाता है)

presence /'प्रेज़्न्स्/ *n.* 1 (स्थान विशेष में या पर) उपस्थिति, मौजूदगी 2 विशेष कारण से किसी स्थान पर उपस्थित सैनिक या पुलिसकर्मी

present /'प्रेज़्न्ट्/ *adj.* 1 वर्तमान, मौजूदा, इस समय का 2 स्थान-विशेष में/पर विद्यमान, उपस्थित, मौजूद ▸ **present** *n.* 1 भेंट, उपहार, तोहफ़ा 2 वर्तमान समय

presentable /प्रि'ज़ेन्टब्ल्/ *adj.* अपरिचितों के सामने लाने योग्य, प्रस्तुति योग्य, प्रदेय

presently /'प्रेज़्न्ट्लि/ *adv.* 1 शीघ्र, कुछ ही देर में 2 थोड़ी देर बाद 3 इस समय, संप्रति

preservative /प्रि'ज़र्विटव्/ *n.* भोजन आदि को ख़राब होने से सुरक्षित रखने के लिए प्रयुक्त पदार्थ, परिरक्षक, प्रिज़र्वेटिव

preserve /प्रि'ज़र्व्/ *v.* किसी वस्तु को सुरक्षित या अच्छी हालत में रखना

preside /प्रि'ज़ाइड्/ *v.* (परिचर्चा, बैठक आदि की) अध्यक्षता करना

president /'प्रेज़िडन्ट्/ *n.* 1 राष्ट्र का अध्यक्ष, राष्ट्रपति 2 किसी संस्था का सर्वोच्च अधिकारी या अध्यक्ष

press /प्रेस्/ *n.* 1 समाचारपत्र और उनमें काम करने वाले पत्रकार 2 समाचारपत्रों में किसी व्यक्ति या वस्तु के विषय में प्रकाशित सामग्री 3 मुद्रण या प्रकाशन व्यवसाय 4 दबाव डालने की क्रिया ▸ **press** *v.* 1 ज़ोर से दबाना 2 कपड़े पर इस्तरी करना

pressure /'प्रेश(र)/ *n.* 1 किसी वस्तु को दबाने या धकेलने से उत्पन्न शक्ति, दबाव 2 गैस या द्रव के किसी वस्तु के अंदर बंद होने पर बनी ऊर्जा, दाब 3 किसी स्थिति के भारी-भरकम होने से उत्पन्न चिंताएँ या कठिनाइयाँ, तनाव, दबाव, परेशानी

pressurize /'प्रेशराइज़्/ *v.* किसी से कुछ करवाने के लिए उस पर दबाव डालना

prestige /प्रे'स्टीश़्/ *n.* उच्च सामाजिक पद पर स्थित या अत्यंत सफल रहे व्यक्ति के प्रति आदर और प्रशंसा का भाव, प्रतिष्ठा, ख्याति ▸ **prestigious** *adj.* प्रतिष्ठित, ख्यातिप्राप्त, ऊँची साख वाला

presume /प्रि'ज़्यूम्/ *v.* किसी बात की पक्की जानकारी न होने पर भी उसे सच मान लेना, किसी बात की कल्पना कर लेना या धारणा बना लेना ▸ **presumption** *n.* परिकल्पना, धारणा, संभावना

presumptuous /प्रि'ज़म्प्चुअस्/ *adj.* बिना सुनिश्चित हुए ज़रूरत से अधिक आत्मविश्वासपूर्ण (ऐसा कि दूसरों को बुरा लगे), अक्खड़, ढीठ

presuppose /,प्रीस'पोज़्/ *v.* 1 किसी बात को बिना सिद्ध हुए सत्य या अस्तित्वयुक्त मान लेना और तदनुसार कार्रवाई करना 2 (किसी के) सत्य या अस्तित्व में होने के लिए किसी बात पर निर्भर होना, (किसी बात का) शर्त के रूप में आवश्यक होना

pretence /प्रि'टेन्स्/ *n.* प्रदर्शन, ढोंग, दिखावा

pretend /प्रि'टेन्ड्/ *v.* **1** प्रदर्शन, ढोंग या दिखावा करना **2** (विशेषतः बच्चों के लिए प्रयुक्त) खेल-खेल में किसी बात के सच होने की कल्पना करना

pretension /प्रि'टेन्शन्/ *n.* **1** (किसी को प्रभावित करने के उद्देश्य से) अधिक महत्वपूर्ण, बुद्धिमान, सफल आदि दिखने का प्रयास, दिखावा, प्रदर्शन, आडंबर **2** झूठा दावा

pretentious /प्रि'टेन्शस्/ *adj.* वास्तविकता से अधिक गंभीर या बड़ा होने का दिखावा करने वाला, मिथ्याभिमानी, आडंबरी, बनावटी

pretext /'प्रीटेक्स्ट्/ *n.* बहाना, हीला

pretty /'प्रिटि/ *adj.* दिखने या सुनने में अच्छा और आकर्षक ▸ **pretty** *adv.* काफ़ी, बहुत कुछ

prevail /प्रि'व़ेल्/ *v.* **1** स्थान-विशेष या समय-विशेष में (किसी बात का) विद्यमान या प्रचलन में होना **2** किसी की विजय होना या किसी को मान लिया जाना (विशेषतः संघर्ष या विचार-विमर्श में)

prevalent /'प्रेव़लन्ट्/ *adj.* स्थान-विशेष में समय-विशेष पर सर्वाधिक प्रचलित

prevent /प्रि'व़ेन्ट्/ *v.* किसी बात को होने न देना या किसी को कोई काम करने से रोक देना

preventive /प्रि'व़ेन्टिव़्/ *adj.* किसी बात को रोकने या न होने देने की मंशा वाला, निवारक

preview /'प्रीव्यू/ *n.* पूर्वदर्शन (नाटक, फ़िल्म आदि के सार्वजनिक प्रदर्शन से पहले का प्रदर्शन), पूर्वसमीक्षा

previous /'प्रीविअस्/ *adj.* किसी से पहले या जल्दी आने या होने वाला, पूर्व, पूर्ववर्ती, पिछला, पहले का ▸ **previously** *adv.* पहले, पूर्व में

prey /प्रे/ *n.* एक पशु या पक्षी द्वारा मार कर खाया गया अन्य पशु या पक्षी, शिकार ▸ **prey** *v.* **(prey on sth)** (पशु या पक्षी द्वारा) दूसरे पशुओं या पक्षियों का शिकार करना (मारकर खा जाना)

price /प्राइस्/ *n.* **1** (किसी वस्तु को ख़रीदने के लिए देय धनराशि), मूल्य, क़ीमत, दाम **2** कुछ पाने के लिए या किसी बात के फलस्वरूप होने वाला कटु अनुभव, क़ीमत, मूल्य ▸ **price** *v.* किसी वस्तु का मूल्य तय करना या उस पर लिखना

priceless /'प्राइस्लस्/ *adj.* बहुमूल्य, बहुत क़ीमती

prick /प्रिक्/ *v.* किसी वस्तु में छेद करना या किसी को कोई नुकीली चीज़ चुभोना ▸ **prick** *n.* चुभने से उत्पन्न दर्द, चुभन

prickle /'प्रिक्ल्/ *n.* कुछ पौधों और पशुओं पर काँटेनुमा बाल ▸ **prickle** *v.* (डर आदि के कारण) त्वचा में चुभन पैदा होना या करना

prickly /'प्रिक्लि/ *adj.* **1** काँटेदार **2** (त्वचा में) चुभन पैदा करने वाला **3** (व्यक्ति) जल्दी क्रोधित हो जाने वाला, गुस्सैल

pride /प्राइड्/ *n.* **1** अपनी या मित्रों की उपलब्धि पर होने वाला आनंद या हर्ष, गर्व, अभिमान **2** स्वाभिमान, आत्म-गौरव **3** दूसरों से अपने को बेहतर समझने का भाव, घमंड ▸ **pride** *v.* **(pride yourself on sth/doing sth)** अपने काम पर गर्व अनुभव करना

priest /प्रीस्ट्/ *n.* पुरोहित, पुजारी (धार्मिक अनुष्ठान करने वाला व्यक्ति)

prim /प्रिम्/ *adj.* (व्यक्ति) ऐसा शिष्टता प्रिय (व्यक्ति) जो दूसरों की अशिष्टता से तुरंत परेशान हो जाए, तकल्लुफ़-मिज़ाज,

औपचारिक ▸ **primly** *adv.* औपचारिकता से

prima facie /ˌप्राइम 'फ़ेशि/ *adj.* प्रथम दृष्टया, प्रत्यक्ष, देखते ही, ज़ाहिरी तौर पर ▸ **prima facie** *adv.* प्रत्यक्षतः, प्रथम दृष्टि में

primary /'प्राइमरि/ *adj.* 1 सबसे बड़ा, मुख्य, प्रधान 2 पाँच से ग्यारह वर्ष की आयु के बच्चों की शिक्षा से संबंधित, प्राथमिक शिक्षा, विद्यालय आदि

primate /'प्राइमेट्/ *n.* मानवों, वानरों और वानर-सदृश पशुओं के समूह का कोई प्राणी, नर-वानर, विकसित प्राणी वर्ग का जीव, प्राइमेट

prime /प्राइम्/ *adj.* 1 मुख्य, प्रधान, सर्वाधिक उपयुक्त 2 उत्कृष्ट, सर्वोत्तम ▸ **prime** *n.* शक्ति, सौंदर्य आदि की दृष्टि से श्रेष्ठतम अवस्था, शिखर-काल

primer /'प्राइम(र्)/ *n.* 1 लकड़ी या धातु की सतह पर चढ़ाई जानेवाली रंग की पहली परत, पहला लेप, अस्तर, प्राइमर 2 बच्चे को पढ़ना सिखानेवाली प्राथमिक पुस्तक, प्रवेशिका, प्राइमर

primeval /प्राइ'मीव़्ल्/ *adj.* विश्व के इतिहास के प्राचीनतम युग का, अति प्राचीन, पुरातन, आद्यकालिक

primitive /'प्रिमटिव़्/ *adj.* 1 अत्यंत साधारण और अविकसित 2 मानव या पशु जगत के विकास की अत्यंत आरंभिक अवस्था से संबंधित, आदिम, आदिकालीन

prince /प्रिन्स्/ *n.* 1 राजा या रानी का पुत्र या कोई अन्य निकट संबंधी पुरुष, राजकुमार 2 किसी छोटे देश का शासक, युवराज

princess /ˌप्रिन्'सेस्/ *n.* 1 राजा या रानी की पुत्री या कोई अन्य निकट संबंधी स्त्री, राजकुमारी 2 राजकुमार की पत्नी

principal /'प्रिन्सप्ल्/ *adj.* सबसे महत्वपूर्ण, मुख्य ▸ **principal** *n.* स्कूल, कॉलेज आदि का प्राचार्य, प्रधानाचार्य, प्रिंसिपल

principle /'प्रिन्सप्ल्/ *n.* 1 अच्छे आचरण का नियम (व्यक्ति की सदाचार विषयक मान्यता पर आधारित) 2 सामान्य सिद्धांत, नियम या विचार

print /प्रिन्ट्/ *v.* 1 छापना, मुद्रित करना 2 पुस्तक, समाचारपत्र आदि छापना 3 किसी बात को पुस्तक आदि में शामिल करना या छापना 4 निगेटिव से फ़ोटो बनाना 5 कपड़े, काग़ज़ आदि पर छपाई करना ▸ **print** *n.* 1 पुस्तक आदि में छपे अक्षर, शब्द आदि, टाइप, मुद्रण 2 समाचार पत्र, पुस्तक आदि के प्रकाशन का व्यवसाय 3 चिह्न, निशान या छाप (किसी वस्तु को अन्य पर दबाने से बना)

prior /'प्राइअ(र्)/ *adj.* पूर्ववर्ती, (किसी से) पहले या शुरू में आने वाला

prioritize /प्राइ'ऑरटाइज़्/ *v.* 1 (महत्व की दृष्टि से) करने योग्य कार्यों, समस्याओं आदि का क्रम तय करना (ताकि सबसे आवश्यक को पहले निपटाया जा सके), विभिन्न मुद्दों को प्राथमिकता-क्रम में रखना 2 किसी बात को अन्य बातों से अधिक महत्वपूर्ण मानना

priority /प्राइ'ऑरटि/ *n.* (*pl.* **priorities**) 1 महत्व पर आधारित क्रम की दृष्टि से, अग्रता, वरीयता 2 सबसे महत्वपूर्ण या सबसे पहले करने योग्य काम, प्राथमिकता

prise /प्राइज़्/ *v.* दरवाज़ा, ढक्कन आदि खोलने के लिए ज़ोर लगाना

prism /'प्रिज़म्/ *n.* 1 एक सम पार्श्व ठोस वस्तु जिसके एक पार्श्व के किनारे दूसरे पार्श्व के किनारों के समानांतर तथा

आकार एवं आकृति की दृष्टि से समान होते हैं, प्रिज़्म **2** काँच या प्लास्टिक की वस्तु जो अपने ऊपर पड़ती हुई प्रकाश-किरण को सात अलग-अलग रंगों में बाँट देती है

prison /ˈप्रिज़न्/ *n.* जेल, कारागार, क़ैदख़ाना

prisoner /ˈप्रिज़न(र्)/ *n.* बंदी, क़ैदी

pristine /ˈप्रिस्टीन्/ *adj.* **1** बिलकुल स्वच्छ एवं निर्मल, नए की तरह **2** पुरातन, मूल रूप में, अपरिवर्तित, असली

privacy /ˈप्रिवसि/ *n.* **1** (व्यक्ति की) एकांतता की स्थिति (जिसमें उसे न कोई देखे न उसकी शांति भंग करे) **2** लोगों की नज़र से बचे रहने की स्थिति

private /ˈप्राइवट्/ *adj.* **1** केवल एक व्यक्ति या समूह से संबंधित (अन्य सदस्यों से सहभाजित नहीं) निजी, व्यक्तिगत **2** निजी (नौकरी या व्यवसाय से संबंधित नहीं) **3** किसी एक व्यक्ति या कंपनी का (न कि सरकारी) ▸ **private** *n.* सबसे छोटे स्तर का सैनिक, मामूली सिपाही

privatize /ˈप्राइविटाइज़्/ *v.* सरकारी संरक्षण के व्यापार या उद्योग को निजी कंपनी को बेचना, व्यापार या उद्योग निजीकरण करना ▸ **privatization** *n.* व्यापार या उद्योग का निजीकरण

privilege /ˈप्रिवलिज्/ *n.* **1** (केवल एक व्यक्ति या समूह का) विशेष अधिकार या लाभ, विशेषाधिकार **2** हर्षानुभूति कराने वाला विशेष लाभ, सौभाग्य, अवसर

privy /ˈप्रिवी/ *adj.* रहस्य के ज्ञान को बताना, जिसे कोई अपनी गुप्त योजना बता दे, गुप्त जानकारी से संबंधित

prize /प्राइज़्/ *n.* पुरस्कार, इनाम (खेल प्रतियोगिता, दौड़ आदि सफलता प्राप्त करने पर) में ▸ **prize** *adj.* पुरस्कार प्राप्त, पुरस्कार जीतने या जीत सकने वाला ▸ **prize** *v.* किसी वस्तु का मूल्यवान समझना, महत्त्व देना

pro /प्रो/ *n.* (*pl.* **pros**) **1** पैसे के लिए खेलने या खेल सिखाने वाला व्यक्ति, पेशेवर खिलाड़ी **2** बहुत दक्ष और अनुभवी व्यक्ति

pro- /प्रो/ *prefix* के पक्ष में, समर्थन में

proactive /ˌप्रोˈऐक्टिव्/ *adj.* घटनाओं की सक्रियता को स्वयं आरंभ करने वाला, न कि प्रतिक्रिया हेतु उनके स्वयं घटित होने तक प्रतीक्षारत, अग्रसक्रिय, निश्चयपूर्वक सक्रिय ▸ **proactively** *adv.* अग्रसक्रियता के साथ

probability /ˌप्रॉबˈबिलटि/ *n.* (*pl.* **probabilities**) **1** (किसी बात की) संभावना **2** संभावित स्थिति

probable /ˈप्रॉबब्ल्/ *adj.* संभावित, अपेक्षित, संभावनीय

probation /प्रˈबेश्न्/ *n.* **1** अपराधियों की परिवीक्षा-पद्धति जिसमें अपराधी जेल नहीं जाता परंतु एक विशेष अधिकारी के सम्मुख नियत अवधि तक नियमित रूप से उपस्थित होता है **2** परिवीक्षा-काल जिसमें नवनियुक्त व्यक्ति की योग्यता की परख की जाती है

probe /प्रोब्/ *v.* **1** रहस्य या गुप्त बातें मालूम करने के लिए सवाल पूछना **2** किसी की जाँच करना या कुछ खोजना (विशेषतः किसी लंबे पतले उपकरण से) ▸ **probe** *n.* **1** (छिपाई बातें मालूम करने के लिए) सवाल पूछने, तथ्य एकत्रित करने आदि की प्रक्रिया, जाँच **2** एक सलाईनुमा उपकरण विशेषतः शरीर के एकदम अंदरूनी अंगों की जाँच के लिए

problem /ˈप्रॉब्लम्/ *n.* **1** समस्या, मसला जिससे निपटना या जिसे समझना

कठिन हो 2 प्रश्न जिसका हल काफ़ी सोचने से निकले

procedure /प्र'सीज(र्)/ *n.* कुछ करने का सामान्य या सही ढंग, प्रक्रिया

proceed /प्र'सीड्/ *v.* 1 कुछ करना जारी रखना, कोई बात होते रहना 2 पिछले को पूरा कर अगले चरण की ओर बढ़ना

proceedings /प्र'सीडिङ्ज़्/ *n.* (*pl.*) 1 क़ानूनी कार्रवाई 2 किसी औपचारिक बैठक, समारोह आदि की कार्रवाई

proceeds /'प्रोसीड्ज़्/ *n.* (*pl.*) कुछ बेचने से प्राप्त धन

process /'प्रोसेस्/ *n.* 1 किसी विशेष प्रयोजन से की गई क्रियाओं की शृंखला 2 स्वाभाविक रूप से होने वाले परिवर्तनों की शृंखला ▸ **process** *v.* 1 सुरक्षित रखने, परिवर्तित करने आदि के लिए किसी वस्तु पर रसायनों आदि का प्रयोग करना 2 कंप्यूटर आदि पर सूचना को साधना या संसाधित करना

procession /प्र'सेशन्/ *n.* लोगों, वाहनों आदि का पंक्ति बनाकर मंद गति से चलने की गतिविधि, विशेषतः किसी समारोह के प्रसंग में, जुलूस, शोभायात्रा

proclaim /प्र'क्लेम्/ *v.* किसी बात की औपचारिक या सार्वजनिक रूप से घोषणा करना ▸ **proclamation** *n.* औपचारिक या सार्वजनिक घोषणा

procrastinate /प्रो'क्रैस्टिनेट्/ *v.* अनिच्छा के कारण किसी कार्य को स्थगित करना, टालना ▸ **procrastination** *n.* (अनिच्छा के कारण कार्य में) टालमटोल, विलंब, स्थगन

procreate /प्रो,क्रिएट्/ *v.* उत्पन्न करना, प्रजनन करना, जनना ▸ **procreation** *n.* प्रजनन, जनन, वंशवृद्धि

procure /प्र'क्युअ(र्)/ *v.* कुछ प्राप्त करना विशेषतः कठिनाई से

prod /प्रॉड्/ *v.* (**prodding**, **prodded**) उँगली या नुकीली वस्तु से किसी को धकेलना या दबाना, कोंचना या छेड़ना ▸ **prod** *n.* धक्का, कोंचने की क्रिया ▸ **prodding** *n.* कोंचने, छेड़ने, धकियाने या दबाने की क्रिया

prodigal /'प्रॉडिगल्/ *adj.* 1 फ़िज़ूलख़र्च, अपव्ययी, ख़र्चीला 2 अत्यंत उदार ▸ **prodigality** *n.* अपव्यय, फ़िज़ूलख़र्ची

prodigious /प्र'डिजस्/ *adj.* बहुत बड़ा या शक्तिशाली और आश्चर्यजनक ▸ **prodigious** *adj.* आश्चर्यजनक रूप से योग्यता, बल आदि से युक्त, असाधारण रूप से शक्तिशाली, योग्य आदि, अदभुत, विलक्षण ▸ **prodigiously** *adv.* आश्चर्यजनक रूप से, असाधारण रूप से

prodigy /'प्रॉडजि/ *n.* (*pl.* **prodigies**) विलक्षण प्रतिभासंपन्न बालक या बालिका

produce /प्र'ड्यूस्/ *v.* 1 (किसी वस्तु का) उत्पादन करना (विशेषतः बड़े परिमाण में) 2 प्राकृतिक प्रक्रिया से कुछ उगाना या उत्पन्न करना 3 फ़िल्म, नाटक आदि को सार्वजनिक प्रदर्शन के लिए तैयार करने का दायित्व वहन करना, फ़िल्म आदि का निर्माण करना ▸ **produce** *n.* खेत की उपज (फ़सल आदि)

product /'प्रॉडक्ट्/ *n.* 1 कारख़ाने में निर्मित या प्राकृतिक प्रक्रिया से बनी वस्तु 2 किसी बात का परिमाण 3 दो संख्याओं को गुणा करने से प्राप्त संख्या, गुणनफल

productive /प्र'डक्टिव्/ *adj.* 1 उत्पादित या उत्पन्न करने वाला

(विशेषतः बड़े परिमाण में), उत्पादनकारी 2 उपयोगी, फलप्रद ▸ **productivity** *n.* उत्पादकता

profane /प्र'फ़ेन्/ *adj.* **1** पवित्र वस्तुओं के प्रति असम्मान, धर्मनिंदक, अधार्मिक **2** धार्मिक या पावन वस्तुओं से संबंधित नहीं, धर्मनिरपेक्ष ▸ **profanity** *n.* अधर्मिता, अपवित्रता

profess /प्र'फ़ेस्/ *v.* **1** किसी बात के सच या सही होने का दावा करना (प्रायः झूठा) **2** अपने विश्वास, मनोभाव आदि को ईमानदारी से व्यक्त करना

profession /प्र'फ़ेश्न्/ *n.* **1** जीविका, पेशा, व्यवसाय (जिसके लिए उच्च प्रशिक्षण और/या शिक्षा अपेक्षित है) **2** किसी विशिष्ट पेशे के सब व्यक्ति

professional /प्र'फ़ेशनल्/ *adj.* **1** उच्च स्तरीय प्रशिक्षण और/या शिक्षा की अपेक्षा वाले व्यवसाय या पेशे से संबंधित, व्यावसायिक, पेशेवराना **2** निपुणता, प्रशिक्षण या सावधानी के साथ (कुछ) करते हुए ▸ **professional** *n.* **1** उच्च प्रशिक्षण और/या शिक्षा की अपेक्षा वाली नौकरी करने वाला व्यक्ति, पेशेवर व्यक्ति, व्यावसायिक, प्रोफ़ेशनल **2** पेशेवर खिलाड़ी या खेल-प्रशिक्षक, पैसा लेकर खेलने या खेल आदि का प्रशिक्षण देने वाला व्यक्ति

professor /प्र'फ़ेस(र्)/ *n.* **1** सर्वोच्च स्तर का विश्वविद्यालयी शिक्षक, प्रोफ़ेसर **2** कॉलेज या विश्वविद्यालय का शिक्षक

proficient /प्र'फ़िशन्ट्/ *adj.* किसी विशेष काम को करने में दक्ष, निपुण, कुशल ▸ **proficiency** *n.* निपुणता, दक्षता

profile /'प्रोफ़ाइल्/ *n.* **1** मानव चेहरे का एक बग़ल का चित्र (न कि सामने का), पार्श्वचित्र, पार्श्विका **2** किसी व्यक्ति का संक्षिप्त परिचय (उसके विषय में उपयोगी जानकारी देने वाला), रूपरेखा, ख़ाका

profit /'प्रॉफ़िट्/ *n.* लागत से अधिक दाम पर बेचने से प्राप्त धन, नफ़ा, लाभ, फ़ायदा ▸ **profit** *v.* किसी से लाभ प्राप्त करना, फ़ायदा मिलना, किसी को लाभ या फ़ायदा पहुँचाना

profitable /'प्रॉफ़िटबल्/ *adj.* **1** लाभकारी, फ़ायदेमंद, जिसमें धन की प्राप्ति हो **2** (किसी बात में) सहायक या उपयोगी ▸ **profitability** *n.* लाभप्रदता

profligate /'प्रॉफ़्लिगट्/ *adj.* समय, धन आदि का व्यय या उनका बेपरवाही से प्रयोग करनेवाला, अपव्ययी, फ़िज़ूलख़र्च ▸ **profligacy** *n.* अपव्यय, फ़िज़ूलख़र्ची

profound /प्र'फ़ाउन्ड्/ *adj.* **1** अत्यधिक, प्रबल, मन को अत्यधिक प्रभावित करने वाला, हार्दिक **2** अत्यधिक ज्ञान या विचार से पूर्ण या उसकी अपेक्षा वाला ▸ **profoundly** *adv.* अत्यधिक

profuse /प्र'फ़्यूस्/ *adj.* अत्यधिक मात्रा में, प्रचुर ▸ **profusely** *adv.* प्रचुरता से

progeny /'प्रॉजनि/ *n.* (*pl.*) संतान, पशु और पौधों के नवागत (शावक या पादप)

progesterone /प्र'जेस्टरोन्/ *n.* महिलाओं और मादा पशुओं के शरीर में उत्पन्न विशेष हॉरमोन जो उनके गर्भ धारण करने में सहायक होता है, प्रोजेस्ट्रॉन

prognosis /प्रॉग्'नोसिस्/ *n.* (*pl.* **prognoses**) **1** डॉक्टरी अनुभव के आधार पर रोग का पूर्वानुमान, पूर्वलक्षण **2** किसी के भावी विकास के विषय में अंकन

programme /'प्रोग्रैम्/ *n.* **1** रेडियो या टीवी का कार्यक्रम **2** कार्यक्रम, प्रोग्राम, योजना **3** किसी समारोह, खेल आदि के कार्यक्रम का विवरण ▸ **programme** *v.* (**programming, programmed;** *US* **programing, programed**) **1** योजना बनाना **2** किसी वस्तु को विशिष्ट रीति से स्वतः कार्य करने हेतु योजनाबद्ध करना या प्रोग्रामित करना

progress /'प्रोग्रेस्/ *n.* **1** आगे की ओर या लक्ष्य की ओर गति, प्रगति **2** समाज में परिवर्तन या सुधार ▸ **progress** *v.* **1** प्रगति करना, विकास करना **2** आगे बढ़ना, जारी रहना

progressive /प्र'ग्रेसिव्/ *adj.* **1** आधुनिक कार्य-पद्धतियों और विचारों वाला, प्रगतिशील **2** क्रमिक, लगातार घटित या विकसित होने वाला

prohibit /प्र'हिबिट्/ *v.* क़ानून द्वारा किसी बात को मना करना, निषेध करना, प्रतिबंध लगाना

prohibitive /प्र'हिबटिव्/ *adj.* (क़ीमत या लागत) इतनी अधिक कि लोग कोई वस्तु ख़रीद न सकें या कोई काम कर न सकें, ख़रीद के लिए हतोत्साहक

project /'प्रॉजेक्ट्/ *n.* **1** परियोजना, प्रकल्प, योजनाबद्ध और सावधानी से व्यवस्थित कार्य जिसमें प्रायः अनेक लोगों की भागीदारी होती है **2** विषय-विशेष पर छात्र द्वारा सामग्री एकत्रित कर उसके विषय में लेखन ▸ **project** *v.* **1** भविष्योन्मुखी कार्य-योजना बनाना **2** किसी वस्तु के आकार, लागत या मात्रा का अनुमान या हिसाब लगाना

projectile /प्र'जेक्टाइल/ *n.* **1** बंदूक़ या किसी हथियार से दाग़ी गई गोली आदि कोई वस्तु **2** प्रक्षिप्त किया जाने वाला अस्त्र, प्रक्षेपास्त्र

projection /प्र'जेक्शन्/ *n.* **1** वर्तमान स्थिति के आधार पर भविष्य की बातों (धनराशि, स्थिति आदि) का अनुमान **2** किसी सतह पर फ़िल्म आदि (के चित्र) का प्रक्षेपण, परदे पर फ़िल्म आदि का प्रदर्शन, छायाचित्रण

projector /प्र'जेक्ट(र्)/ *n.* चित्रों या फ़िल्मों को परदे या दीवार पर प्रक्षेपित या प्रदर्शित करने वाली मशीन, प्रक्षेपण-यंत्र, प्रोजेक्टर

proletariat /ˌप्रोलि'टेअरिअट्/ *n.* **1** (मार्क्सवाद से संबंधित) श्रमजीवी, संपत्तिहीन श्रमिक वर्ग **2** प्राचीन रोम के समाज का सबसे पिछड़ा वर्ग

proliferate /प्र'लिफ़रेट्/ *v.* संख्या की दृष्टि से (किसी वस्तु की) तीव्रता से वृद्धि होना, प्रफलन होना ▸ **proliferation** *n.* त्वरित संख्या-वृद्धि, संख्या में तेज़ी से बढ़ोतरी, बहुजनन, प्रफलन

prolific /प्र'लिफ़िक्/ *adj.* (विशेषतः लेखक, कलाकार आदि) प्रचुर मात्रा में कृतियों की रचना करने वाला, बहुसर्जक, बहुकृतिक

prologue /'प्रोलॉग्/ *n.* नाटक, कविता आदि को प्रस्तुत करने वाला लेख या भाषण, प्रस्तावना

prolong /प्र'लॉङ्/ *v.* किसी वस्तु आदि की अवधि बढ़ाना

prom /प्रॉम्/ *n.* सत्र के अंत में हाई स्कूल छात्रों द्वारा प्रस्तुत औपचारिक नृत्य, छात्र-नृत्य

promenade /ˌप्रॉम'नाड्/ *n.* तटीय शहर में समुद्र के साथ-साथ (लोगों के लिए बना) चौड़ा विचरण-पथ, तटपथ

prominent /'प्रॉमिनन्ट्/ *adj.* **1** महत्वपूर्ण या प्रसिद्ध **2** साफ़ दिखने

p

वाला, जो आसानी से दिखाई दे
▸ **prominence** *n.* प्रमुखता
▸ **prominently** *adv.* प्रमुखता से

promiscuous /प्र'मिस्क्युअस्/ *adj.* अनेक व्यक्तियों के साथ यौन-संबंध रखने वाला, व्यभिचारी (व्यक्ति)
▸ **promiscuity** *n.* व्यभिचार

promise /'प्रॉमिस्/ *v.* **1** किसी काम को करने या न करने या कुछ होने का वचन देना, वादा करना **2** किसी को कुछ देने का वचन देना ▸ **promise** *n.* **1** वादा या वचन, प्रतिज्ञा **2** कुछ करने में सक्षम या सफल होने के संकेत

promising /'प्रॉमिसिङ्/ *adj.* उत्कृष्ट या सफल होने के संकेत देने वाला

promote /प्र'मोट्/ *v.* **1** किसी बात को प्रोत्साहित करना, किसी बात के होने या बढ़ने में सहायता करना **2** किसी वस्तु की बिक्री या लोकप्रियता बढ़ाने के लिए प्रचार करना

prompt /प्रॉम्प्ट्/ *adj.* **1** अत्यावश्यक, बिना बिलंब किये (कार्य) **2** (व्यक्ति) तत्पर, मुस्तैद, बिना विलंब काम करने वाला ▸ **prompt** *v.* कुछ होने का कारण बनना, किसी को कोई निर्णय लेने के लिए प्रेरित करना

promulgate /'प्रॉमल्गेट्/ *v.* **1** (विचार, विश्वास आदि)प्रचारित करना, प्रकाशित करना **2** नए क़ानून या प्रणाली की औपचारिक रूप से घोषणा करना, एलान करना

prone /प्रोन्/ *adj.* किसी रोग से पीड़ित होने या ग़लती करने की संभावना से ग्रस्त

prong /प्रॉङ्/ *n.* **1** खाने के काँटे का कोई एक नुकीला भाग **2** लक्ष्य प्राप्ति के उद्देश्य से प्रेरित आक्रमण, तर्क आदि के विभिन्न पक्षों में कोई एक

pronoun /'प्रोनाउन्/ *n.* संज्ञा अथवा संज्ञावाले वाक्यांश के बदले प्रयुक्त शब्द, सर्वनाम

pronounce /प्र'नाउन्स्/ *v.* **1** किसी शब्द या ध्वनि का विशेष रीति से उच्चारण करना **2** कोई बात औपचारिक, आधिकारिक या सार्वजनिक रूप से कहना, घोषित करना ▸ **pronounced** *adj.* एकदम साफ़ दिखने वाला, प्रकट, सुस्पष्ट

proof /प्रूफ़/ *n.* **1** किसी बात को सत्य सिद्ध करने वाली जानकारी, दस्तावेज़ आदि, प्रमाण, सबूत **2** मुद्रित सामग्री की पहली प्रति जिसमें ग़लतियाँ सुधारी जा सकती हैं,पहली छाप, प्रूफ़

prop /प्रॉप्/ *v.* (**propping, propped**) व्यक्ति या वस्तु को (टेक लगाकर या उसे किसी पर रखकर) सहारा देना ▸ **prop** *n.* सहारा देने या सही स्थिति में रखने के लिए प्रयुक्त छड़ी या कोई अन्य वस्तु, टेक

propaganda /ˌप्रॉप'गैन्डा/ *n.* (राजनीतिक नेता, दल आदि के लिए समर्थन जुटाने में प्रयुक्त) असत्य या अतिशयोक्तिपूर्ण जानकारी और विचार, मतप्रचार, दुष्प्रचार

propagate /'प्रॉपगेट्/ *v.* मूल पौधे से नए पौधे उत्पन्न करना ▸ **propagation** *n.* वनस्पति-प्रजनन

propel /प्र'पेल्/ *v.* (**propelling, propelled**) आगे की ओर या दिशा-विशेष में व्यक्ति या वस्तु को धकेलना या चलाना

propeller /प्र'पेल(र्)/ *n.* तेज़ी से घूमने वाला पंखनुमा यंत्र (जो जलपोत या विमान को धकेलता है), नोदक, प्रोपेलर

proper /'प्रॉप(र्)/ *adj.* **1** उचित,

उपयुक्त या सही 2 वास्तविक या पर्याप्त, अच्छे ढंग से 3 सामाजिक और नैतिक दृष्टि से स्वीकार्य, समुचित, समीचीन मर्यादानुसार 4 यथार्थ या मुख्य

property /ˈप्रॉपटि/ *n.* (*pl.* **properties**) 1 (किसी के) स्वामित्व वाली वस्तु या वस्तुएँ 2 भूमि और भवन, संपत्ति, जायदाद किसी वस्तु का विशेष गुण या वैशिष्ट्य

prophecy /ˈप्रॉफ़सि/ *n.* (*pl.* **prophecies**) भविष्यवाणी ▸ **prophesy** *v.* भविष्यवाणी करना

prophet /ˈप्रॉफ़िट्/ *n.* 1 (ईसाई, यहूदी और इस्लाम धर्मों में) पैग़ंबर जिन्हें ईश्वर ने जनता को ईश्वरीय संदेश देने के लिए धरती पर भेजा है ▸ **prophetic** *adj.* पैग़ंबरी, भविष्यसूचक

prophylactic /ˌप्रॉफ़िˈलैक्टिक्/ *adj.* रोगनिरोधी, रोग को रोकने के लिए किया गया या प्रयुक्त ▸ **prophylactic** *n.* रोगनिरोधी औषधि, युक्ति या कार्यकलाप

propitiate /प्रˈपिशिएट्/ *v.* किसी नाराज़ या रुष्ट व्यक्ति को शांत कर लेना और संतुष्ट करना, मना लेना

propitious /प्रˈपिशस्/ *adj.* अनुकूल, संभवतः सफल परिणाम उत्पन्न करने वाला

proponent /प्रˈपोनन्ट्/ *n.* विशिष्ट विचार का सार्वजनिक समर्थक या विशेष काम के लिए (लोगों को) मनानेवाला, प्रतिपादक

proportion /प्रˈपॉश्न्/ *n.* 1 पूर्ण का एक भाग या अंश 2 आकार या मात्रा की दृष्टि से एक वस्तु का दूसरी वस्तु से संबंध, अनुपात

proportional /प्रˈपॉशनल्/ *adj.* किसी अन्य की तुलना में सही आकार, मात्रा या डिग्री का, उचित अनुपात में, समानुपातिक ▸ **proportionally** *adv.* आनुपातिक दृष्टि से, सही अनुपात में

proposal /प्रˈपोज़्ल्/ *n.* 1 औपचारिक प्रस्ताव, सुझाव 2 विवाह-प्रस्ताव

propose /प्रˈपोज़्/ *v.* 1 किसी योजना या कार्यक्रम को विचारार्थ प्रस्तुत करना 2 कुछ करने का इरादा रखना, किसी काम की योजना बनाना

proposition /ˌप्रॉपˈज़िशन्/ *n.* 1 कोई विचार, योजना या प्रस्ताव (विशेषतः व्यवसाय के क्षेत्रों में), सुझाव 2 किसी बात के विषय में व्यक्त विचार या सम्मति

proprietor /प्रˈप्राइअट(र्)/ *n.* किसी व्यवसाय, होटल आदि का मालिक, स्वामी

propulsion /प्रˈपल्शन्/ *n.* (गाड़ी आदि को) आगे बढ़ानेवाली शक्ति, प्रणोदक ▸ **propulsive** *adj.* प्रेरक, नोदक

pro rata /ˌप्रो ˈराट/ *adj.* (वेतन आदि के लिए प्रयुक्त) किए गए काम की मात्रा या प्रयुक्त वस्तु के अनुपात में परिकलित, यथानुपात ▸ **pro rata** *adv.* प्रत्येक के हिस्से के अनुसार, अनुपात से

prose /प्रोज़्/ *n.* कविता से भिन्न लिखित या मौखिक भाषा प्रयोग का खंड, गद्य

prosecute /ˈप्रॉसिक्यूट्/ *v.* अदालत में किसी पर औपचारिक रूप से अपराध का अभियोग लगाना या दोषारोपण करना

prospect /ˈप्रॉस्पेक्ट्/ *n.* 1 कुछ घटित होने की संभावना, आसार 2 भविष्य में जो हो सकता है या होने वाला है उसका विचार, संभावना

prospective /प्रˈस्पेक्टिव्/ *adj.* संभावित, संभव

p

prospectus /प्र'स्पेक्टस/ *n.* स्कूल या कॉलेज के विषय में जानकारी देने वाली (प्रचारार्थ) पुस्तिका नियमावली, विवरण-पुस्तिका

prosper /'प्रॉस्प(र्)/ *v.* सफलतापूर्वक विकसित होना, फलना-फूलना, धन की दृष्टि से समृद्ध होना

prosperous /'प्रॉस्परस/ *adj.* समृद्ध (धनी और सफल)

prostitute /'प्रॉस्टिट्यूट/ *n.* वेश्या

prostrate /प्रॉ'स्ट्रेट्/ *adj.* नीचे मुँह कर ज़मीन पर सीधा लेटा हुआ, साष्टांग, दंडवत प्रणाम करता हुआ

protagonist /प्र'टैगनिस्ट्/ *n.* (साहित्य में) किसी नाटक, फ़िल्म या पुस्तक का प्रधान पात्र, नायक

protect /प्र'टेक्ट्/ *v.* व्यक्ति या वस्तु को सुरक्षित रखना, व्यक्ति या वस्तु की रक्षा करना

protective /प्र'टेक्टिव्/ *adj.* **1** व्यक्ति या वस्तु को नुक़सान से बचाने वाला, रक्षात्मक **2** व्यक्ति या वस्तु को सुरक्षित रखने की प्रवृत्तिवाला, रक्षाकारी

protégé /'प्राटझे/ *n.* प्रसिद्ध, प्रभावशाली अनुभवी व्यक्ति द्वारा व्यक्तिगत विकास के लिए या कॅरिअर के क्षेत्र में प्रशिक्षित युवक, आश्रित

protein /'प्रोटीन्/ *n.* मांस, मछली, अंडे, दूध आदि में बहुलता से उपलब्ध और मनुष्यों तथा पशुओं के शारीरिक विकास और स्वस्थ रहने में सहायक पदार्थ, प्रोटीन

protest /'प्रोटेस्ट्/ *n.* किसी बात की नापसंदगी या अस्वीकृति दिखाने वाला वक्तव्य या कार्य, विरोध ▸ **protest** *v.* **1** (विशेषतः सार्वजनिक) विरोध प्रदर्शन करना **2** किसी बात को दृढ़तापूर्वक कहना विशेषतः जब अन्य लोग संदेह करें

Protestant /'प्रॉटिस्टन्ट्/ *n.* ईसाई धर्म के प्रोटेस्टेंट चर्च का अनुयायी। यह चर्च कैथोलिक चर्च से अलग हुआ था ▸ **Protestant** *adj.* प्रोटेस्टेंट

protocol /'प्रोटकॉल्/ *n.* **1** औपचारिक अवसरों पर सुनिश्चित नियमों और प्रक्रियाओं की व्यवस्था (प्रायः दो सरकारों के मध्य), औपचारिक शिष्टाचार **2** (विशेषतः दो सरकारों के बीच हुई) लिखित संधि का प्रथम या मूल रूप, लिखित संधि में जोड़ा गया अतिरिक्त अंश, विज्ञप्ति

proton /'प्रोटॉन्/ *n.* अणु के तीन घटक अंश में से एक, प्रोटॉन, इस में धनात्मक विद्युत चार्ज होता है

prototype /'प्रोटटाइप्/ *n.* किसी वस्तु का आदि प्रारूप (मॉडल या डिज़ाइन, जिससे दूसरे रूप विकसित हों)

protrude /प्र'ट्रूड्/ *v.* (सतह आदि का) बाहर की ओर निकलना

proud /प्राउड्/ *adj.* **1** किसी उपलब्धि पर हर्षित और संतुष्ट, गर्वित या गर्वयुक्त, गौरवान्वित **2** स्वयं को श्रेष्ठ एवं महत्वपूर्ण समझने की भावना, अहंकारी, अभिमानी **3** स्वयं के प्रति सम्मान, स्वाभिमानी, ख़ुद्दार ▸ **proudly** *adv.* गर्वपूर्वक

prove /प्रूव्/ *v.* (**1** किसी बात को (तथ्यों और प्रमाणों के द्वारा) सत्य सिद्ध करना **2** (समय के दौरान) कोई विशेष बात साबित होना, निकलकर आना या पता चलना **3** (किसी काम में) लोगों के सामने अपनी क्षमता सिद्ध करना

proverb /'प्रॉवब्/ *n.* कहावत, लोकोक्ति

proverbial /प्र'वबिअल्/ *adj.* **1** यह दिखाने के लिए प्रयुक्त कि आप किसी

प्रसिद्ध उक्ति की चर्चा या संकेत कर रहे हैं **2** लोकप्रसिद्ध, जाना-माना

provide /प्र'व़ाइड्/ *v.* किसी को कुछ देना या प्रयोग के लिए उपलब्ध कराना, किसी वस्तु की आपूर्ति

provided /प्र'व़ाइडिड्/ *conj.* यदि, इस शर्त पर कि, बशर्ते कि

providence /'प्रॉविडन्स्/ *n.* हमारे जीवन तथा इसमें घटित होनेवाली घटनाओं को नियंत्रित करनेवाली शक्ति, परमात्मा, ईश्वर

province /'प्रॉविन्स्/ *n.* **1** देश का कोई प्रांत या प्रदेश जो स्वायत्तशासी होता है या अपना शासन स्वयं चलाता है **2** (*pl.* **provinces**) राजधानी के अतिरिक्त देश के विभिन्न भाग

provincial /प्र'विन्श्ल्/ *adj.* **1** प्रांतीय, प्रादेशिक **2** राजधानी से भिन्न प्रदेशों से संबंधित **3** (व्यक्ति या उसके विचार) नए या भिन्न विचारों या लोकप्रिय शैलियों को अपनाने का अनिच्छुक, संकीर्ण दृष्टि वाला

provision /प्र'विश़्न्/ *n.* **1** किसी को कुछ देने या पहुँचाने अथवा उपयोग हेतु कुछ उपलब्ध कराने की क्रिया, अभिपूर्ति **2** भविष्य की स्थितियों से निपटने की तैयारी **3** (*pl.* **provisions**) खाद्य और पेय सामग्री (विशेषतः लंबी यात्रा के लिए)

provisional /प्र'विश़नल्/ *adj.* केवल वर्तमान तक सीमित, जिसमें भविष्य में परिवर्तन संभावित हो, अनंतिम, अंतरकालीन, कच्चा

provoke /प्र'व़ोक्/ *v.* **1** विशेष भाव या प्रतिक्रिया उत्पन्न करना, उकसाना **2** किसी को जान-बूझकर क्रोधित या नाराज़ करना (ऐसी बात कहना या ऐसा काम करना), भड़काना

prowess /'प्राउअस्/ *n.* उत्कृष्ट निपुणता, कौशल, विशिष्ट प्रवीणता

prowl /प्राउल्/ *v.* (शिकार ढूँढ़ता कोई पशु या चोरी की मंशा से प्रतीक्षा करता कोई व्यक्ति), चुपचाप व गोपनीय रीति से दबे पाँव इधर-उधर विचरना ▸ **prowler** *n.* विचरण करता पशु या व्यक्ति

proximity /प्रॉक्'सिमटि/ *n.* (स्थान और समय की दृष्टि से) निकटता

proxy /'प्रॉक्सि/ *n.* किसी अन्य का प्रतिनिधित्व करने का अधिकार, प्रतिनिधित्व, मुख़्तारी

prude /प्रूड्/ *n.* यौन विषयों में अति संकोची व्यक्ति, अतिलज्जालु व्यक्ति ▸ **prudish** *adj.* अतिलज्जालु

prudent /'प्रूड्न्ट्/ *adj.* मूल्यांकन और निर्णय करने में सावधान और विवेकपूर्ण, अनावश्यक ख़तरों से बचते हुए ▸ **prudence** *n.* विवेकशीलता

prune /प्रून्/ *n.* सुखाया हुआ आलूबुख़ारा ▸ **prune** *v.* किसी पेड़ या झाड़ी को काँटना-छाँटना ताकि वह सुंदर दिखाई दे

pry /प्राइ/ *v.* दूसरों के निजी मामलों को जानने की कोशिश करना, ताक-झाँक करना

PS / पी'एस्/ *abbr.* (पत्र के अंत में कुछ जोड़ने के लिए प्रयुक्त) पश्चलेख, पुनश्चः

psalm /साम्/ *n.* ईश्वर की स्तुति में गाया गया स्त्रोत गान या प्रार्थना (विशेषतः बाइबिल से)

pseudo /'सूडो/ *adj.* जाली, नक़ली, झूठा

pseudonym /'सूडनिम्,'स्यू-/ *n.* छद्मनाम, उपनाम (असली नाम के बदले प्रयुक्त, विशेषतः किसी लेखक द्वारा)

psyche /'साइकि/ *n.* मन, चित्त, गहनतम भावनाएँ और मनोवृत्तियाँ

psychiatry /साइ'काइअट्रि/ *n.* मनोरोग अध्ययन और चिकित्सा, मनःचिकित्सा ▸ **psychiatric** *adj.* मनोरोग-विषयक, मनश्चिकित्सा-संबंधी

psychic /'साइकिक्/ *adj.* मनस्तत्व, (व्यक्ति या उसका चित्त) असाधारण शक्तियों वाला और इंद्रियातीत-ज्ञानेंद्रियों की पहुँच से बाहर (जैसे दूसरों के मन को पढ़ लेना या भविष्य को जान लेना)

psychoanalysis /,साइकोअ 'नैलसिस्/ *n.* रोगी के विगत अनुभवों, मनोभावों, स्वप्नों आदि की पड़ताल के आधार पर मनोरोग उपचार की पद्धति, मनो-विश्लेषण, मनोरोग-विश्लेषण ▸ **psychoanalyse** *v.* मनो-विश्लेषण करना

psychology /साइ'कॉलजि/ *n.* **1** मानव-मस्तिष्क और उसके प्रकार्यों का अध्ययन, मनोविज्ञान **2** व्यक्ति की मानसिक विशेषताएँ, मनोवृत्ति

psychopath /'साइकपैथ्/ *n.* गंभीर मनोरोग से ग्रस्त व्यक्ति जो अपने या दूसरों के साथ हिंसात्मक व्यवहार कर सकता है, मनोरोगी, मनोविकृत

psychosis /साइ'कोसिस्/ *n.* (*pl.* **psychoses**) व्यक्ति के समूचे व्यक्तित्व को विकृत कर देने वाला एक गंभीर मनोरोग, मनोविकृति, मनोविक्षिप्ति ▸ **psychotic** *adj.* & *n.* मनोविक्षिप्ति-ग्रस्त, मनोविक्षिप्ति

psychotherapy /,साइको'थेरपि/ *n.* मनोरोग-चिकित्सा जिसमें रोगी को दवाएँ देने के स्थान पर उसकी समस्याओं के विषय में बात की जाती है, साइकोथेरॉपी

PTO /,पी टी'ओ/ *abbr.* पृष्ठ के अंत में अंकित संक्षिप्ति जिसका अर्थ है 'कृपया पृष्ठ पलटिए'

pub /पब्/ *n.* सार्वजनिक मदिरालय, मधुशाला, पब

puberty /'प्यूबटि/ *n.* वह समय जब बालक या बालिका में यौवन के लक्षण प्रकट होने लगें, यौवनारंभ, वयःसंधि

pubescent /प्यू'बेस्न्ट्/ *adj.* यौवन के आगमन का समय, यौवनारंभ, तरूण

pubic /'प्यूबिक्/ *adj.* जनेंद्रियों के आस-पास का

public /'पब्लिक्/ *adj.* **1** जन-साधारण से संबंधित (न कि समाज के उच्च वर्ग से) लोक-/जन- **2** आम, सार्वजनिक जन-साधारण के उपयोग का, जो निजी न हो ▸ **public** *n.* जनता

publication /,पब्लि'केश्न्/ *n.* **1** (पुस्तक, पत्रिका आदि को) प्रकाशित करने की क्रिया, प्रकाशन **2** प्रकाशित पुस्तक, पत्रिका आदि

publicity /पब्'लिसटि/ *n.* **1** समाचारपत्रों, टीवी आदि द्वारा व्यक्ति या वस्तु की ओर दिया गया ध्यान, प्रचार **2** व्यक्ति या वस्तु की ओर ध्यान आकृष्ट करने का काम, विज्ञापन

publicize /'पब्लिसाइज़्/ *v.* किसी वस्तु को प्रचारित करना (उसकी ओर लोगों का ध्यान आकृष्ट करना)

publish /'पब्लिश्/ *v.* **1** (पुस्तक, पत्रिका आदि को) प्रकाशित करना **2** (लेखक आदि का) पुस्तक, लेख आदि प्रकाशित करना

pudding /'पुडिङ्/ *n.* **1** भोजन के अंत में खाया जाने वाला मीठा पकवान (फ़िरनी आदि), पुडिंग **2** ब्रेड, मैदा या चावल, अंडे, दूध आदि से बना मीठा पकवान

puddle /'पड्ल्/ *n.* किसी द्रव विशेषतः बरसाती पानी से बना छोटा ताल, बरसाती पोखरा, डबरा, डबरी

puff /पफ़्/ *v.* **1** (हवा, धुएँ आदि का) उड़ना या बादलों के आकार में, सघन रूप में बाहर आना **2** सिगरेट, पाइप आदि पीना **3** हाँफना ▸ **puff** *n.* **1** हवा का झोंका, धुएँ आदि की फूँक **2** सिगरेट या पाइप का कश

puffin /ˈपफ़िन्/ *n.* उत्तरी एटलांटिक का बड़ी और चटकीली चोंच वाला एक पक्षी

puffy /ˈपफ़ि/ *adj.* (व्यक्ति के शरीर का अंग) जो नरम और सूजा हुआ लगे

puke /प्यूक्/ *v.* उल्टी करना, वमन करना ▸ **puke** *n.* उल्टी, वमन

pull /पुल्/ *v.* **1** व्यक्ति या वस्तु को अपनी ओर खींचना **2** निर्दिष्ट दिशा में किसी वस्तु को खींचना **3** किसी को थाम या बाँधकर पीछे-पीछे घसीटना (गति की अनुकूल दिशा में) ▸ **pull** *n.* **1** व्यक्ति या वस्तु को अपनी ओर खींचने की क्रिया, खिंचाई, कर्षण **2**. खींच, भौतिक शक्ति या आकर्षण (जो व्यक्ति या वस्तु को किसी ओर धकेले)

pulley /ˈपुलि/ *n.* गरारी, घिरनी, पुली (भारी सामान उठाने की मशीन जिसमें एक रस्सी और चरख़ी होती है)

pullover /ˈपुलओव़(र्)/ *n.* बिना बटन और पूरी बाँह का ऊनी स्वेटर, पुलोवर

pulmonary /ˈपल्मनरि/ *adj.* फेफड़ों का या उससे संबंधित

pulp /पल्प्/ *n.* **1** किसी वस्तु को मसलने या कूटने-पीटने से बनी गूदे जैसी नरम चीज़ **2** फलों या साग-सब्ज़ियों का गूदा

pulpit /ˈपुल्पिट्/ *n.* चर्च में बना मंच जहाँ से पादरी प्रवचन करते हैं, प्रवचन-मंच

pulsar /ˈपल्सा(र्)/ *n.* अदृश्य तारा जो तीव्र गति से नियमित रेडियो संकेत भेजता है, पलसार

pulsate /पल्ˈसेट्/ *v.* नियमित गति से तेज़ी के साथ हरकत करना या काँपना, स्पंदित होना

pulse /पल्स्/ *n.* (नाड़ी, कलाई, गरदन में महसूस होने वाली) धड़कन, स्पंदन जो हृदय द्वारा शरीर में एक प्रवाह को गति देने से उत्पन्न होती है ▸ **pulse** *v.* तीव्र नियमित गति से हरकत करना, स्पंदित होना, फड़कना, धड़कना

puma /ˈप्यूमा/ *n.* लाल-भूरे या धूसर राख जैसे रंग के बालों वाला अमेरिकी बिलाव, प्यूमा

pumice /ˈपमिस्/ *n.* बहुत हलका धूसर या मटमैले रंग का पत्थर जो चूरे के रूप में सफ़ाई और पॉलिश करने तथा बड़े टुकड़ों के रूप में त्वचा को कोमल बनाने के लिए उस पर रगड़ने के काम आता है, झाँवा, झामक

pump /पम्प्/ *v.* **1** दिशा-विशेष में गैस या द्रव को धकेलना, पंप करना **2** (द्रव का) पंप के दबाव से दिशा-विशेष की ओर बहना ▸ **pump** *n.* **1** गैस या द्रव पदार्थ को दिशा विशेष में धकेलने, बलपूर्वक निकालने या भरने की मशीन, पंप **2** (*pl.* **pumps**) स्त्रियों के बिना फ़ीते के जूते

pumpkin /ˈपम्प्किन्/ *n.* कद्दू, सीताफल

pun /पन्/ *n.* दो अर्थों वाले या एक-समान उच्चारण परंतु भिन्न अर्थों वाले शब्दों का विनोदी प्रयोग, श्लेष (अलंकार)

punch /पन्च्/ *v.* **1** किसी को मुक्का या घूँसा मारना **2** पंच मशीन से किसी में छेद करना ▸ **punch** *n.* **1** घूँसा, ज़ोरदार मुक्का **2** छेद करने की मशीन, पंच, छेदन यंत्र

punctual /ˈपङ्क्चुअल्/ *adj.* सही समय पर कुछ करने या होने वाला, वक़्त

का पाबंद, समयनिष्ठ ▸ **punctuality** *n.* वक़्त की पाबंदी, समय–पालन

punctuate /ˈपङ्क्चुएट्/ *v.* **1** बीच–बीच में बाधित करना **2** विराम–चिह्न लगाना

punctuation /ˌपङ्क्चुˈएश्न्/ *n.* लिखने में प्रयुक्त विराम आदि चिह्न (जिनसे वाक्य और वाक्यांश अलग दिखाई पड़ते हैं)

puncture /ˈपङ्क्च(र्)/ *n.* किसी नुकीली चीज़ से किया गया छोटा छेद (विशेषतः साइकिल या कार के टायर में), पंचर

pungent /ˈपन्जन्ट्/ *adj.* (गंध) बहुत तीखी

punish /ˈपनिश्/ *v.* (ग़लती या बुरे काम के लिए) किसी को दंड देना

punitive /ˈप्यूनटिव्/ *adj.* **1** दंडात्मक, दंड के रूप में प्रयुक्त **2** बहुत कठोर, जिसे झेलना कठिन हो

puny /ˈप्यूनि/ *adj.* बहुत छोटा और दुर्बल

pup /पप्/ *n.* **1** कुत्ते का बच्चा, पिल्ला **2** सील मछली आदि का बच्चा

pupil /ˈप्यूप्ल्/ *n.* **1** स्कूल में पढ़ने वाला छात्र **2** विशेषज्ञ द्वारा कला–कौशल का प्रशिक्षण ले रहा छात्र **3** आँखों की पुतली (गोल काला बिंदु)

puppet /ˈपपिट्/ *n.* **1** कठपुतली (मानव या पशु के आकार में) **2** दूसरों की इच्छानुसार काम करने वाला व्यक्ति या संस्था

puppy /ˈपपि/ *n.* (*pl.* **puppies**) पिल्ला (कुत्ते का छोटा बच्चा)

purchase /ˈपचस्/ *n.* **1** कुछ ख़रीदने की क्रिया, ख़रीदारी, क्रय **2** ख़रीदी गई वस्तु ▸ **purchase** *v.* ख़रीदना, क्रय करना

pure /प्युअ(र्)/ *adj.* **1** शुद्ध (बिना मिलावट का) **2** स्वच्छ और हानिकर पदार्थों से रहित **3** पवित्र, निष्पाप, शुद्ध

puree /ˈप्युअरे/ *n.* (सब्ज़ियों और फलों के गूदे आदि को खूब उबालकर बनाया हुआ) शोरबा

purgative /ˈपगटिव्/ *adj.* रेचक या विरेचक (औषधि), विरेचन, जुलाब

purgatory /ˈपगट्रि/ *n.* **1** (रोमन कैथोलिक चर्च के अनुसार) वह स्थान जहाँ मृतकों की आत्माओं को उनके बुरे कामों के लिए सज़ा दी जाती है, नरक **2** वह स्थिति जिसमें परेशानी झेलनी पड़ती है, यातना, कष्ट

purge /पज्/ *v.* राजनीतिक दल, संस्था आदि से अनचाहे वर्ग के सदस्यों को हटाना, शुद्धिकरण करना

purify /ˈप्युअरिफ़ाइ/ *v.* किसी वस्तु को शुद्ध या साफ़ करना, अशुद्ध या हानिकर तत्वों को दूर करना, शोधन करना

puritan /ˈप्युअरिटन्/ *n.* नैतिकता पर बहुत अधिक बल देने वाला व्यक्ति जो भोग–विलास को ग़लत मानता है, शुद्धाचारवादी

purple /ˈपप्ल्/ *adj.* & *n.* बैंगनी (रंग का), नील–लोहित, जामुनी

purport /पˈपॉट्/ *v.* कोई विशेष अभिप्राय होने या उत्पन्न करने का आभास देना (भले ही वह सच न हो)

purpose /ˈपपस्/ *n.* **1** (किसी का) प्रयोजन, उद्देश्य, आशय या इरादा **2** (*pl.* **purposes**) स्थिति–विशेष की अपेक्षाएँ, आवश्यकताएँ **3** व्यक्ति–विशेष के अनुसार सार्थक बात (अर्थ या तर्क)

purposely /ˈपपस्लि/ *adv.* विशेष इरादे से

purr /प(र्)/ *v.* (बिल्ली का) घुरघुराना (आनंद प्रकट करने के लिए)

purse /पस्/ *n.* पर्स, चमड़े आदि की छोटी थैली, बटुआ (विशेषतः महिलाओं द्वारा प्रयुक्त)

purser /ˈपस(र्)/ *n.* जहाज़ पर हिसाब-किताब रखने और यात्रियों की देखभाल करने वाला अधिकारी, पर्सर, पोतनीस

pursue /पˈस्यू/ *v.* **1** किसी का पीछा करना (उसे पकड़ने के लिए) **2** कुछ पाने की कोशिश करना या किसी काम में लगे रहना (अरसे तक)

pursuit /पˈस्यूट्/ *n.* **1** कुछ पाने की कोशिश **2** व्यवसाय, धंधा या मनोविनोद संबंधी कार्यकलाप

pus /पस्/ *n.* पस, मवाद, पीप

push /पुश्/ *v.* **1** किसी को आगे की ओर या अपने से दूर धकेलना, ठेलना **2** दूसरे को धकेलकर आगे की ओर बढ़ना **3** (किसी मशीन को चालू करने आदि के लिए) कोई स्विच, बटन आदि दबाना ▸ **push** *n.* धक्का, ठेल

P

pushy /ˈपुशि/ *adj.* (व्यक्ति) अभीष्ट वस्तु पाने के लिए ढीठ होकर प्रयत्न करने वाला

puss /पुस्/ *n.* बिल्ली से बात करने या उसे पुकारने के लिए प्रयुक्त (शब्द)

pustule /ˈपस्ट्यूल्/ *n.* मवाद वाली छोटी फुँसी, पीप फुंसी, फुंसी

put /पुट्/ *v.* **1** किसी को किसी स्थान या स्थिति में रखना या डालना **2** किसी में या पर कुछ लगाना **3** कुछ लिखना **4** किसी को निर्दिष्ट स्थिति या दशा में लाना **5** किसी को कुछ अनुभव कराना या किसी से प्रभावित होना

putty /ˈपटि/ *n.* खिड़कियों में शीशा लगाने के लिए प्रयुक्त एक नरम चीज़ जो सूखकर कड़ी हो जाती है, पुटीन

puzzle /ˈपज़्ल्/ *n.* **1** जिसे समझना या समझाना कठिन हो, गूढ़ बात, रहस्य **2** खेल या खिलौना जिसके लिए बहुत सोचना पड़े, पहेली ▸ **puzzle** *v.* **1** किसी को उलझन में डाल देना (बात को समझ न पाने के कारण) **2** (किसी के विषय में) गंभीर चिंतन करना (समझने या समझाने के लिए)

pygmy /ˈपिग्मि/ *n.* (*pl.* **pygmies, pigmies**) **1** अफ़्रीका और दक्षिण-पूर्व एशिया की बौनी मानव जाति का सदस्य, पिग्मी **2** बौना या किसी रूप में दुर्बल व्यक्ति या वस्तु ▸ **pygmy** *adj.* बौनी प्रजाति का (पौधा या पशु)

pyjamas /पˈजामज़्/ *n.* (*pl.*) पायजामा, पाजामा (रात को सोते समय पहनने की ढीली पोशाक)

pylon /ˈपाइलन्/ *n.* ऊँचा धातु-निर्मित तोरणनुमा खंभा जिस पर विद्युत-तार डाले जाते हैं

pyramid /ˈपिरमिड्/ *n.* चौरस आधार और त्रिभुजनुमा तीन या चार पार्श्वों वाली आकृति, पिरामिड

pyre /ˈपाइअ(र्)/ *n.* लकड़ियों का ढेर जिसपर शव जलाते हैं, चिता

python /ˈपाइथन्/ *n.* अजगर (साँप) जो पशुओं को बुरी तरह भींचकर मार डालता है

Qq

Q *abbr.* प्रश्न

QED *abbr.* **Quod Erat Demonstradum** का संक्षिप्त रूप, यह कहने के लिए प्रयुक्त कि यह दावे की सचाई सिद्ध करता है

quack /क्वैक्/ *n.* **1** बत्तख़ की काँ–काँ **2** नीम हकीम या डॉक्टर होने का पाखंड करने वाला व्यक्ति, कठवैद्य ▸ **quack** *v.* बत्तख़ का या बत्तख़ की तरह काँ–काँ करना

quad /क्वॉड्/ *n.* (वर्ग और आयत आदि) चतुष्कोण

quadrangle /'क्वॉड्रैङ्ग्ल्/ *n.* चतुष्कोणीय खुला स्थान जिसके चारों ओर अनेक भवन हों (प्रायः स्कूल, कॉलेज आदि में)

quadrant /'क्वॉड्रन्ट्/ *n.* **1** वृत्त का चौथाई भाग, चतुर्थांश **2** कोण–मापी यंत्र (स्थिति जानने के लिए विशेषतः नौ–चालन या तारों की दशा देखने में प्रयुक्त)

quadrilateral /ˌक्वॉड्रि'लैटरल्/ *n.* चतुर्भुज (चार सीधी भुजाओं वाली चौरस आकृति) ▸ **quadrilateral** *adj.* चतुर्भुजीय

quadruped /'क्वॉड्रुपेड्/ *n.* चौपाया जानवर, चतुष्पाद

quadruple /क्वॉ'ड्रूपल्/ *v.* चौगुना करना या चार से गुणा करना या गुणित होना, चतुर्गुण

quadruplet /'क्वॉड्रुप्लट्/ *n.* एक ही माँ के एक ही समय में जन्मे चार बच्चों या पशु–शावकों में से एक

quagmire /'क्वैग्माइअ(र्), 'क्वॉग्माइअ(र्) / *n.* **1** गीला तथा कीचड़–भरा भूक्षेत्र, दलदल **2** कठिन, जटिल या ख़तरनाक स्थिति

quail /क्वेल्/ *n.* **1** बटेर (एक छोटी भूरी चिड़िया जिसका मांस और अंडा खाया जाता है) **2** बटेर का मांस

quaint /क्वेन्ट्/ *adj.* आकर्षक या अनूठा (अतीत की वस्तु होने के कारण), अनोखा

quake /क्वेक्/ *v.* **1** (व्यक्ति या वस्तु का) काँपना **2** (डर या सर्दी के मारे) काँपना ▸ **quake** *n.* **1** कंपन, कँपकँपी **2** भूकंप

qualification /ˌक्वॉलिफ़ि'केश्न्/ *n.* **1** (पास की गई) परीक्षा या (पूरा किया गया) पाठ्यक्रम, योग्यता, अर्हता **2** विशेष कार्य के लिए अपेक्षित निपुणता या गुण, परिगुण

qualify /'क्वॉलिफ़ाइ/ *v.* **1** किसी विशेष कार्य के लिए अपेक्षित परीक्षा पास करना, किसी बात के लिए उपयुक्त या पर्याप्त होना **2** किसी बात के लिए अधिकार पाना या किसी को किसी काम के लिए अधिकार देना

qualitative /'क्वॉलिटटिव़्/ *adj.* गुणात्मक या गुण–परक (न कि मात्रा परक) किसी वस्तु के गुणों या विशेषताओं से संबंधित (न कि उसके परिमाण से)

quality /'क्वॉलटि/ *n.* (*pl.* **qualities**) **1** (किसी वस्तु की) उत्कृष्टता का स्तर (कम या अधिक), गुणवत्ता **2** उच्च

स्तर, दर्जा या कोटि **3** (व्यक्ति या वस्तु की/के) विशेषता, गुण

qualm /क्वाम्/ *n.* (किसी बात के नैतिक औचित्य के विषय में) आशंका या चिंता

quandary /ˈक्वॉन्डरि/ *n.* (*pl.* **quandaries**) (किसी बात को लेकर) असमंजस, दुविधा, कठिन स्थिति

quantify /ˈक्वॉन्टिफ़ाइ/ *v.* किसी स्थिति को परिमाण या संख्या की शब्दावली में व्यक्त करना, परिमाणित करना
▸ **quantifiable** *adj.* परिमाणनात्मक
▸ **quantification** *n.* परिमाणन

quantitative /ˈक्वॉन्टिटटिव्/ *adj.* परिमाणपरक न कि गुणवत्तापरक

quantity /ˈक्वॉन्टटि/ *n.* (*pl.* **quantities**) **1** किसी वस्तु का परिमाण (संख्या या मात्रा), बड़ी तादाद **2** (किसी वस्तु की) बड़ी संख्या या मात्रा, बड़ी तादाद

quantum /ˈक्वॉन्टम/ *n.* (*pl.* **quanta**) विद्युत-चुंबकीय ऊर्जा की अत्यल्प मात्रा या प्रमात्र, क्वांटम

quarantine /ˈक्वॉरन्टीन/ *n.* छूत की बीमारी वाले व्यक्ति या पशु को (दूसरे व्यक्तियों या पशुओं से) अलग रखने की अवधि, संगरोध (-अवधि)

quarrel /ˈक्वॉरल्/ *n.* **1** झगड़ा या विवाद (बातचीत में) **2** व्यक्ति या वस्तु के विषय में शिकायत का कारण या असहमति ▸ **quarrel** *v.* (**quarre<u>l</u>ling, quarre<u>l</u>led**; *US* **quarre<u>l</u>ing, quarre<u>l</u>ed**) **1** बातों से झगड़ना, विवाद करना **2** किसी बात पर झगड़ना

quart /क्वॉर्ट्/ *n.* द्रव के माप की एक इकाई जो दो पिंट के बराबर होती है, चौथाई गैलन

quarter /ˈक्वॉट(र्)/ *n.* **1** चौथा भाग, चतुर्थांश, चौथाई **2** हर घंटे के 15 मिनट पहले या बाद में (क्रमशः पौने या सवा से व्यक्त जैसे पौने दो या सवा दो)

quarterly /ˈक्वॉटलि/ *adj.* & *adv.* तिमाही, त्रैमासिक (तीन माह में एक बार होने या बनने वाला)

quartet /क्वॉटेट्/ *n.* **1** चार सहगायकों या सहवादकों का समूह, क्वार्टेट **2** चार सहगायकों या सहवादकों का सहगान या सहवादन, चतुष्पदी, चौराग, क्वार्टेट

quarto /ˈक्वॉटो/ *n.* (*pl.* **quartos**) पुस्तक के पृष्ठ को चार बराबर भागों में मोड़ने से प्राप्त आकार

quartz /क्वॉट्स्/ *n.* स्फटिक (एक प्रकार का कड़ा पत्थर जो एकदम सही समय देने के लिए घड़ियों में प्रयुक्त होता है), काचमणि, क्वार्ट्ज़

quasar /ˈक्वेज़ा(र्)/ *n.* बहुत दूर और बहुत चमकदार एक प्रकार का तारा जो कभी-कभी शक्तिशाली रेडियो संकेत भेजता है, क्वासर

quash /क्वॉश्/ *v.* **1** आधिकारिक निर्णय को रद्द कर देना **2** बल प्रयोग से किसी को दबा या कुचल देना

quasi- /ˈक्वेज़ाइ,-साइ/ *prefix* **1** जो जैसा लगे वैसा वस्तुतः हो न, -वत्/-सा/-प्राय (जैसे सत्यवत, सत्य-सा, सत्यप्राय) **2** अर्ध-, आंशिक, लगभग

quatrain /ˈक्वॉट्रेन्/ *n.* चार पंक्तियोंवाली कविता, चतुष्पदी

quay /की/ *n.* बंदरगाहों पर जहाज़ों से माल उतारने-लादने का प्लेटफ़ार्म, ऊँचा चबूतरा, (जहाज़ी) घाट

queasy /ˈक्वीज़ि/ *adj.* खुद को अस्वस्थ अनुभव करने वाला, वमन करने का इच्छुक

queen /क्वीन्/ *n.* **1** (किसी देश की) शासिका, महारानी **2** राजा की पत्नी, रानी

queer /क्विअ(र्)/ *adj.* विचित्र, अजीब या असामान्य

quell /क्वेल्/ *v.* किसी को दबाना या कुचलना, दमन करना

quench /क्वेन्च्/ *v.* (पानी आदि पीकर) प्यास बुझाना

querulous /ˈक्वेरलस्/ *adj.* प्रायः शिकायत करते रहने वाला, शिकायती

query /ˈक्विअरि/ *n.* (*pl.* **queries**) प्रश्न (विशेषतः कोई जानकारी पाने या किसी बात के विषय में संदेह व्यक्त करने के लिए), पृच्छा ▸ **query** *v.* पूछताछ करना

quest /क्वेस्ट्/ *n.* लंबी खोज या तलाश (कुछ दुष्कर वस्तु के लिए)

question /ˈक्वेस्चन्/ *n.* **1** (किसी विषय में) प्रश्न, सवाल **2** विचारणीय या समाधान की अपेक्षा वाली समस्या या कठिनाई ▸ **question** *v.* **1** (किसी से) कोई प्रश्न या सवाल पूछना **2** किसी विषय में संदेह व्यक्त या अनुभव करना

questionable /ˈक्वेस्चनब्ल्/ *adj.* **1** संदिग्ध, अनिश्चित **2** जिसके अनुचित या अनैतिक होने की संभावना हो, शंका करने योग्य

questionnaire /ˌक्वेस्चˈनेअ(र्)/ *n.* प्रश्नों की ऐसी सूची जिसका उत्तर अनेक व्यक्ति दें, प्रश्नावली (विषय-विशेष के संबंध में जानकारी इकट्ठा करने के लिए प्रयुक्त)

queue /क्यू/ *n.* (किसी प्रतीक्षा में लोगों, कारों आदि की पंक्ति, क़तार या लाइन, क्यू ▸ **queue** *v.* (किसी काम के लिए प्रतीक्षा में) क्यू या लाइन लगाना, पंक्तिबद्ध होना

quiche /कीश्/ *n.* विशेष प्रकार की पेस्ट्री जिसमें अंडे, दूध, पनीर, प्याज़ आदि का मिश्रण भरा होता है (अवन में पकी इस पेस्ट्री को ठंडा खा सकते हैं या गरम भी), कीश

quick /क्विक्/ *adj.* **1** फुरती से किया गया, थोड़ा समय लेने या रहने वाला **2** तेज़ी से या तुरंत कुछ करते हुए ▸ **quick** *adv.* जल्दी, तेज़ी से

quid /क्विड्/ *n.* (*pl.* **quid**) पाउंड की मुद्रा

quiet /ˈक्वाइअट्/ *adj.* **1** शांत, ख़ामोश **2** जहाँ न अधिक क्रियाशीलता हो न लोग हों, शांत, ख़ामोश ▸ **quiet** *n.* शांति और बहुत कम शोरगुल या हरकत ▸ **quietly** *adv.* शांतिपूर्वक, ख़ामोशी से

quieten /ˈक्वाइअट्न्/ *v.* व्यक्ति या वस्तु को शांत या चुप करा देना

quill /क्विल्/ *n.* **1** पक्षी का बड़ा पंख (डैने या पूँछ से) **2** पक्षी के पंख से बनी क़लम

quilt /क्विल्ट्/ *n.* रज़ाई, लिहाफ़

quinine /क्विˈनीन्/ *n.* मलेरिया की दवा, कुनैन (एक दक्षिण अमेरिकी वृक्ष की छाल से बनी)

quintessential /ˌक्विन्टिˈसेन्शल्/ *adj.* सर्वोत्कृष्ट ▸ **quintessence** *n.* सारतत्व, निचोड़, सर्वोत्कृष्टता का उदाहरण ▸ **quintessentially** *adv.* सर्वोत्कृष्ट रूप से, सारतत्व रूप से

quintet /क्विन्ˈटेट्/ *n.* **1** सहगान या सहवादन करने वाले पाँच व्यक्तियों का दल **2** पंचक, पाँच व्यक्तियों द्वारा सहगान

quintuplet /ˈक्विन्टुप्लट्/ *n.* एक ही माँ के एक साथ जन्मे पाँच बच्चों में से कोई एक

quip /क्विप्/ *n.* हास्यपूर्ण उक्ति, हास्योक्ति, परिहास, चुटकुला ▸ **quip** *v.* उपहास करना, परिहास करना

quirk /क्वर्क्/ *n.* **1** अजीब आदत या व्यवहार **2** विचित्र आकस्मिक घटना ▸ **quirky** *adj.* विचित्र

quit /क्विट्/ *v.* **1** कोई नौकरी या स्थान छोड़ना **2** कुछ करना बंद कर देना या छोड़ देना

quite /क्वाइट्/ *adv.* **1** अधिक नहीं, किसी हदतक, अपेक्षाकृत **2** (किसी बात पर बल देने के लिए प्रयुक्त) पूर्णतया, बहुत अधिक

quiver /ˈक्विव(र्)/ *v.* हलके-से काँपना, थरथराना ▸ **quiver** *n.* **1** कंपन, स्पंदन, थरथराहट **2**. तरकश, तूणीर

quixotic /ˌक्विक्ˈसॉटिक्/ *adj.* आदर्श और अव्यावहारिक, अवास्तविक

quiz /क्विज़्/ *n.* (*pl.* **quizzes**) खेल या प्रतियोगिता जिसमें प्रश्नों के उत्तर देने होते हैं, प्रश्नोत्तरी ▸ **quiz** *v.* जानकारी पाने के लिए (किसी से) ढेरों प्रश्न करना, पूछ-ताछ करना

q

quizzical /ˈक्विज़िक्ल्/ *adj.* (दृष्टि, मुस्कान आदि) मानो प्रश्न करती हुई, प्रश्नभरी ▸ **quizzically** *adv.* प्रश्नात्मक ढंग से, प्रश्न करने के ढंग से

quorum /ˈक्वॉरम्/ *n.* गणपूर्ति, कोरम (सदस्यों की वह न्यूनतम संख्या जिसके होने पर ही बैठक में निर्णय लिए जा सकें)

quota /ˈक्वोटा/ *n.* नियतांश, कोटा (किसी उद्देश्य से व्यक्तियों या वस्तुओं की निर्धारित संख्या या मात्रा)

quotation /क्वोˈटेश्न्/ *n.* **1** किसी पुस्तक, भाषण, नाटक आदि का उद्धृत किया जाने वाला रोचक या उपयोगी वाक्यांश, उद्धरण, अवतरण **2** किसी काम की संभावित लागत का विवरण, भाव, दर, कोटेशन

quote /क्वोट्/ *v.* **1** पहले कही या लिखी गई बात को सही-सही दोहराना, दूसरे के शब्दों को उद्धृत करना **2** अपने कथन की पुष्टि में किसी बात को मिसाल के तौर पर पेश करना

quotidian /क्वॉˈटिडिअन्/ *adj.* प्रतिदिन का, दैनिक, सामान्य

quotient /ˈक्वोश्न्ट्/ *n.* एक संख्या को दूसरी से विभाजित करने पर प्राप्त संख्या, भागफल, लब्धि

Q.v. *abbr.* लैटिन शब्द **'quod vide'** का संक्षिप्त रूप, आगे की सूचना के लिए पाठक को पुस्तक का अन्य अंश पढ़ने का निर्देश दिया जाता है

Rr

R *abbr.* **river** का संक्षिप्त रूप, नदी

rabbi /'रैबाइ/ *n.* (*pl.* **rabbis**) रब्बी, यहूदियों का धार्मिक गुरु (और यहूदी क़ानून का विशेषज्ञ)

rabbit /'रैबिट्/ *n.* ख़रगोश, शशक

rabble /'रैब्ल्/ *n.* शोरग़ुल करती या हिंसा पर उतारू भीड़, असंगठित भीड़

rabid /'रैबिड्/ *adj.* **1** कट्टरपंथी, धर्मांध, हठीला **2** पागल कुत्ते के काटने से होने वाला रोग, गलसंत्रास

rabies /'रेबीज़्/ *n.* एक ख़तरनाक छूत का रोग (जो इस रोग से ग्रस्त पशु के काटने से किसी व्यक्ति को हो सकता है), रेबीज़

race /रेस्/ *n.* **1** दौड़-प्रतियोगिता (व्यक्तियों, पशुओं, कारों आदि की) **2** (मानव) जाति (त्वचा का रंग, बालों का प्रकार, चेहरे की शकल आदि से निर्धारित मनुष्यों का वर्ग) ▸ **race** *v.* **1** दौड़-प्रतियोगिता में भाग लेना, किसी से दौड़ में स्पर्धा करना **2** तेज़ चलना या किसी को तेज़ चलाकर ले जाना

racial /'रेश्ल्/ *adj.* मानव जातियों से संबंधित, विभिन्न मानव जातियों में होने वाला ▸ **racially** *adv.* जाति-संबंधी, जातीय दृष्टि से

racism /'रेसिज़म्/ *n.* जातिवाद (कुछ जातियों को दूसरी जातियों से उत्कृष्ट मानना), अन्य जाति के लोगों से अनुचित व्यवहार ▸ **racist** *n.* & *adj.* जातिवादी

rack /रैक्/ *n.* (प्रायः) सरियों से बना ढाँचा (जिसके अंदर या ऊपर सामान रखा जाता है), रैक

racket /'रैकिट्/ *n.* **1** शोरग़ुल, हल्ला **2** ग़ैर-क़ानूनी ढंग से पैसा बनाने का काम, धोखाधड़ी

radar /'रेडा(र्)/ *n.* रडार (चलते जहाज़, उड़ते विमान आदि की स्थिति का पता लगाने के लिए रेडियो तरंगों का उपयोग करने वाली उपकरण-प्रणाली)

radial /'रेडिअल्/ *adj.* (रेखाएँ, सड़कें, प्रकाश किरणें आदि) सामान्य केंद्र बिंदु से निकलकर वृत्त के किनारे की ओर जानेवाला, अर्धव्यास के समान ▸ **radial** *n.* (मज़बूती एवं सुरक्षा के दृष्टिकोण से) इस प्रकार तैयार किया गया कार का पहिया जिसमें कपड़े की परतों के फ़ीते पहिए की परिधि के सही कोण पर होते हैं, अरीय, रेडिअल

radiant /'रेडिअन्ट्/ *adj.* **1** उल्लासपूर्ण **2** प्रकाश या ताप को बिखेरने वाला, विकिरणकारी

radiate /'रेडिएट्/ *v.* **1** (व्यक्ति का) मुखाकृति या व्यवहार द्वारा किसी विशिष्ट गुण या भावना का स्पष्ट प्रदर्शन करना **2** प्रकाश या ताप को बिखेरना

radiation /ˌरेडि'एश्न्/ *n.* **1** कुछ पदार्थों से निकलकर फैलने वाली शक्तिशाली और ख़तरनाक किरणें, विकिरण **2** किसी वस्तु से फैलने वाला ताप, प्रकाश या ऊर्जा

radiator /'रेडिएट(र्)/ *n.* **1** रेडिएटर (कमरा गरम करने का धातु-निर्मित और गरम पानी से भरा यंत्र जिसे दीवार पर

लगाया जाता है) 2 कार का रेडिएटर (जो इंजन को ठंडा रखता है)

radical /ˈरैडिक्ल्/ *adj.* 1 (परिवर्तन) अत्यधिक, पूर्ण 2 क्रांतिकारी सामाजिक या राजनीतिक परिवर्तन का इच्छुक ▸ **radical** *n.* क्रांतिकारी सामाजिक या राजनीतिक परिवर्तन का इच्छुक व्यक्ति, उग्र सुधारवादी ▸ **radically** *adv.* आमूल, मूल रूप से, मूलतः

radio /ˈरेडिओ/ *n.* (*pl.* **radios**) 1 रेडियो, लोगों के लिए कार्यक्रमों का प्रसारण, प्रसारित कार्यक्रम 2 रेडियो सेट (उपकरण), जहाज़, विमान, घर आदि पर रेडियो संदेश या कार्यक्रम भेजने या प्राप्त करने वाला उपकरण ▸ **radio** *v.* रेडियो तरंगों द्वारा भेजना या से प्राप्त करना ▸ **radio-** *prefix* 1 रेडियो तरंगों या रेडियो, टीवी कार्यक्रमों के प्रसारण से संबंधित 2 रेडियो सक्रियता या विकिरणशीलता से संबंधित

radioactive /ˌरेडिओˈऐक्टिव्/ *adj.* रेडियो-सक्रिय या विकिरणशील (अणु-विखंडन से उत्पन्न शक्तिशाली और ख़तरनाक किरणें बिखेरने वाला) ▸ **radioactivity** *n.* रेडियोसक्रियता, विकिरणशीलता

r

radiocarbon /ˌरेडिओˈकाबन्/ *n.* कार्बन का रेडियो विकिरण रूप जो उस सामग्री में विद्यमान रहता है जिससे सजीव वस्तुएँ बनती हैं, रेडियोकार्बन

radiology /ˌरेडिˈऑल्जि/ *n.* विकिरणशील तत्वों के किरणों का चिकित्सा संबंधी विज्ञान, विकिरण-चिकित्सा विज्ञान

radiotherapy /ˌरेडिओˈथ़ेरपि/ *n.* एक्स-रे या उसी प्रकार के विकिरण का प्रयोग करते हुए रोग का उपचार, विकिरण-चिकित्सा, एक्स-रे चिकित्सा

radish /ˈरैडिश्/ *n.* एक प्रकार की जड़ जिसे सब्ज़ी के रूप में खाया जाता है, मूली

radium /ˈरेडिअम्/ *n.* रेडियम (एक रासायनिक तत्व), रेडियम सफ़ेद रंग का रेडियोसक्रिय या विकिरणशील धातु है जो कुछ गंभीर रोगों के इलाज के काम आता है

radius /ˈरेडिअस्/ *n.* (*pl.* **radii**) 1 वृत्त का व्यासार्ध, त्रिज्या (वृत्त के केंद्र से परिधि तक की दूरी) 2 (चिकित्सा) बाँह की कलाई से कुहनी तक की छोटी हड्डी, बहिःप्रकोष्ठिका

raffle /ˈरैफ़्ल्/ *n.* लॉटरी, किसी विशेष कार्यों या संगठन के लिए नंबर वाले ऐसे टिकट बेचकर धनसंग्रह का काम जिनमें से चुने हुए टिकटों पर इनाम दिए जाते हैं

raft /राफ़्ट्/ *n.* लकड़ी के लट्ठों को जोड़कर बनाया गया बेड़ा जो नाव या बहते चबूतरे या प्लेटफ़ार्म का काम करता है, बेड़ा

rafter /ˈराफ़्ट(र्)/ *n.* छत को सहारा देने वाली (लकड़ी की कड़ी, शहतीर, धरन)

rag /रैग्/ *n.* 1 साफ़ करने के लिए पुराना कपड़ा, चिथड़ा, लत्ता 2 (*pl.*) फटे-पुराने कपड़े

rage /रेज्/ *n.* क्रोधोन्माद (उग्र क्रोध जिसे नियंत्रित करना कठिन हो) ▸ **rage** *v.* 1 किसी बात पर बहुत क्रोध करना (विशेषतः चिल्लाते हुए) 2 (युद्ध, रोग, आँधी आदि का) ज़ोर-शोर से जारी रहना ▸ **raging** *adj.* ज़ोरदार, प्रचंड

ragged /ˈरैगिड्/ *adj.* 1 (कपड़ों के लिए प्रयुक्त) फटे-पुराने, जीर्ण-शीर्ण 2 ऊबड़-खाबड़, खुरदुरा, कटा-फटा

raid /रेड्/ *n.* 1 थल-सैनिकों, पानी के जहाज़ों या विमानों से शत्रु पर अचानक

आक्रमण 2 अपराधियों को, या चोरी का माल ढूँढ़ती पुलिस का छापा ▸ **raid** *v.* छापा मारना, धावा बोलना

rail /रेल्/ *n.* 1 (दीवार में लगी) चीज़ें टाँगने की रेलिंग या छड़ 2 रेल यातायात व्यवस्था, यातायात के साधन के रूप में रेलगाड़ियाँ

railing /ˈरेलिङ्/ *n.* (पार्क, बाग़ आदि के चारों ओर) लोहे की छड़ों से बनी बाड़, जंगला, रेलिंग

rain /रेन्/ *n.* 1 वर्षा, बारिश 2 (*pl.* **rains**) (उष्णप्रदेशीय देशों में) बरसात का मौसम ▸ **rain** *v.* 1 वर्षा होना, पानी बरसना 2 किसी पर किसी वस्तु की बौछार होना या करना

raise /रेज़्/ *v.* 1 (कुछ) ऊपर उठाना 2 किसी वस्तु के स्तर में वृद्धि करना या उसे बेहतर या अधिक सशक्त करना

raisin /ˈरेज़्न्/ *n.* किशमिश

rake /रेक्/ *n.* (खेत या बग़ीचे में काम आने वाला) पाँचा (लंबे हत्थे और धातु निर्मित दाँतों वाला औज़ार जो पत्ते इकट्ठे करने या धरती को समतल बनाने के काम आता है) ▸ **rake** *v.* पाँचे से कुछ इकट्ठा करना या समतल बनाना

rally /ˈरैलि/ *n.* (*pl.* **rallies**) 1 रैली, बड़ी जनसभा (विशेषतः राजनीतिक समर्थन के लिए आयोजित) 2 आम सड़कों पर कारों या मोटर-साइकिलों की दौड़ ▸ **rally** *v.* 1 लोगों का इकट्ठा होना या लोगों को इकट्ठा करना (किसी की सहायता या समर्थन के लिए) 2 बीमारी या दुर्बलता के बाद पुनः स्वास्थ्य-लाभ करना

RAM /रैम्/ *abbr.* **random-access memory** का संक्षिप्त रूप (कंप्यूटर-स्मृति-कोश जिसमें सूचना-सामग्री को परिवर्तित या विलोपित किया जा सकता है तथा क्रम बदल-बदल कर उसे देखा जा सकता है), रैम

Ramadan (*also* **Ramzan**) /ˈरैमडैन्/ *n.* मुस्लिम वर्ष का नौवाँ महीना (जिसमें मुसलमान दिन भर रोज़े रखते हैं), रमज़ान

ramble /ˈरैम्बल्/ *v.* 1 ग्रामीण अंचल में सैर-सपाटा करना 2 (बोलते-बोलते) विषय से बहक जाना ▸ **ramble** *n.* ग्रामीण अंचल में व्यवस्थित सैर-सपाटा

ramification /ˌरैमिफ़िˈकेशन्/ *n.* (किसी निर्णय या कार्य के) जटिल अनपेक्षित परिणाम

ramp /रैम्प्/ *n.* 1 ऊपर-नीचे के तलों को जोड़ने वाली ढाल, रैम्प (जिसे चढ़ने-उतरने के लिए सीढ़ियों के बदले इस्तेमाल किया जा सकता है) 2 कृत्रिम ढलाऊ भूमि जिसपर मॉडल चलकर परिधान, गहने आदि का (फ़ैशन शो में) प्रदर्शन करते हैं

rampage /रैम्ˈपेज्/ *v.* झुंड बनाकर क्रोधोन्माद में कहीं से दौड़ते-भागते गुज़रना (प्रायः तोड़फोड़ और लोगों पर हमला करते हुए), हिंसात्मक व्यवहार करना

rampant /ˈरैम्पन्ट्/ *adj.* (बुरी चीज़ों का) अनियंत्रित रूप से सर्वत्र विद्यमान होना या फैलना

rampart /ˈरैम्पाट्/ *n.* (महल, क़िला, शहर आदि की सुरक्षा के लिए) पत्थर या मिट्टी की बनी दीवार (चारों ओर), परकोटा, प्राचीर

ramshackle /ˈरैम्शैक्ल्/ *adj.* (प्रायः इमारत) पुरानी और टूटी-फूटी, जर्जर

ranch /रैन्च्/ *n.* बड़ा पशु-फ़ॉर्म (विशेषतः अमेरिका या ऑस्ट्रेलिया में)

rancid /ˈरैन्सिड्/ *adj.* बासी और विकृत गंध वाली खाद्य सामग्री

rancour /'रैङ्क(र्)/ *n.* (*US* **rancor**) हानि पहुँचाने की भावना, आक्रोश, घोर द्वेष ▸ **rancorous** *adj.* विद्वेषी, द्वेषपूर्ण, घृणापूर्ण

random /'रैन्डम्/ *adj.* सांयोगिक, बेतरतीब, अनियमित, क्रमरहित ▸ **randomly** *adv.* क्रमरहित रूप से, बिना पूर्व विचार या निर्णय के, यों ही

range /रेन्ज्/ *n.* **1** एक ही प्रकार की विभिन्न वस्तुएँ **2** पर्वतों या पहाड़ियों की शृंखला या पंक्ति ▸ **range** *v.* **1** दो मात्राओं, आकारों आदि के बीच बदलते रहना **2** (दो सीमाओं के भीतर) पूर्व निर्दिष्ट वस्तुओं के साथ विविध वस्तुओं का शामिल होना, एक सीमाबिंदु से दूसरे के बीच में अनेक वस्तुओं का होना

ranger /रेन्ज(र्)/ *n.* वन का रखवाला, वनपाल

rank /रैङ्क्/ *n.* **1** सेना, समाज आदि में किसी व्यक्ति की (प्रायः उच्च) स्थिति या पद **2** वस्तुओं या व्यक्तियों का वर्ग या पंक्ति ▸ **rank** *v.* व्यक्ति या वस्तु की उसके महत्व, गुणवत्ता, सफलता आदि के अनुसार स्थिति निर्धारित करना, इस प्रकार किसी का किसी स्थिति में या पद पर होना

r

ransack /'रैन्सैक्/ *v.* सामान को उलट-पुलट करते हुए और हानि पहुँचाते हुए किसी स्थान पर वस्तु विशेष की खोजबीन करना

ransom /'रैनसम्/ *n.* फ़िरौती (अपहरण कर बंदी बना लिए गए व्यक्ति को छुड़ाने के लिए माँगी या दी गई धनराशि)

rant /रैन्ट्/ *v.* उच्च, क्रुद्ध स्वर और संभ्रमित प्रकार से बोलना या शिकायत करना ▸ **rant** *n.* थोथी निंदा, लंबे समय तक शिकायत करके अपनी नाराज़गी दिखाना

rap /रैप्/ *n.* **1** खिड़की, दरवाज़े आदि पर खटखटाहट **2** एक प्रकार का तीव्र लय युक्त संगीत, रैप संगीत ▸ **rap** *v.* (**rapping, rapped**) **1** किसी सतह (दरवाज़ा आदि) को खटखटाना **2** (सामाचारपत्रों के शीर्षकों में प्रयुक्त) किसी की तीखी आलोचना करना

rape /रेप्/ *v.* किसी से बलात्कार या दुष्कर्म करना (प्रायः धमकाकर या हिंसापूर्वक) ▸ **rape** *n.* **1** बलात्कार, दुष्कर्म **2** किसी सुंदर वस्तु का विनाश

rapid /'रैपिड्/ *adj.* द्रुत (गति से होने वाला) या द्रुतगामी ▸ **rapidity** *n.* द्रुत गति, द्रुतता, तेज़ी, शीघ्रता ▸ **rapidly** *adv.* द्रुत गति से

rapier /'रेपिअ(र्)/ *n.* (केवल भोंकने के काम आने वाली) पतली और हलकी तलवार, कटारी

rapist /'रेपिस्ट्/ *n.* बलात्कारी, दुष्कर्मी

rapport /रै'पॉ(र्)/ *n.* मैत्री संबंध जिसमें लोग एक-दूसरे को अच्छी तरह समझते हैं, आपसी समझदारी पर आधारित घनिष्ठता, सौहार्द

rapt /रैप्ट्/ *adj.* तन्मय, तल्लीन, एकनिष्ठ (कि किसी अन्य बात का पता ही न चले)

rare /रेअ(र्)/ *adj.* **1** दुर्लभ, विरल (बहुत कम किया जाने, दीखने या होने वाला) **2** (मांस) अधपका (इसलिए अंदर से अब भी लाल) ▸ **rarely** *adv.* विरले ही

raring /'रेअरिङ्/ *adj.* कुछ करने को अति आतुर या उत्सुक

rascal /'रास्कल्/ *n.* उद्धत या शरारती व्यक्ति (विशेषतः बच्चा)

rash /रैश्/ *n.* **1** (बीमारी में या प्रतिक्रियावश) शरीर पर उभरे छोटे-छोटे लाल दाने, चकत्ते **2** एक के बाद एक

घटित होने वाली दुखद घटनाएँ ▸ **rash** *adj.* (व्यक्ति) जल्दबाज़ या उतावला और अविवेकी, (काम) जल्दबाज़ी में किया गया, अविवेकपूर्ण ▸ **rashly** *adv.* जल्दबाज़ी में

raspberry /ˈराज़्बरि/ *n.* (*pl.* **raspberries**) झाड़ियों पर उगनेवाला छोटा, नरम, लाल फल, मकोय, रसभरी (का फल)

rat /रैट्/ *n.* बड़ा चूहा, मूषक

rate /रेट्/ *n.* **1** दर (किसी घटना के घटित होने की चाल या उसकी आवृत्ति या अवधि विशेष में उसकी विद्यमानता की आवृत्ति) **2** किसी वस्तु के लिए निर्धारित क़ीमत या किसी को किया गया भुगतान ▸ **rate** *v.* **1** व्यक्ति या वस्तु का मूल्यांकन होना या करना **2** (महत्व आदि की दृष्टि से) विशेष उल्लेख योग्य माना जाना

rather /ˈराद(र्)/ *adv.* काफ़ी, किसी हद तक

ratify /ˈरैटिफ़ाइ/ *v.* किसी समझौते की औपचारिक संपुष्टि करना (मतदान या हस्ताक्षर द्वारा) ▸ **ratification** *n.* संपुष्टि, अनुसमर्थन

rating /ˈरेटिङ्/ *n.* **1** किसी की लोकप्रियता, महत्व, श्रेष्ठता आदि की माप **2** टीवी के किसी विशेष कार्यक्रम के दर्शकों की संख्या बताने वाला अंक-समुच्चय (कार्यक्रम की लोकप्रियता की माप)

ratio /ˈरेशिओ/ *n.* अनुपात (दो संख्याओं के बीच संबंध जो बताता है कि एक संख्या दूसरी से कितनी बड़ी है)

ration /ˈरैशन्/ *n.* राशन, खाद्य पदार्थ, पेट्रोल आदि की नियम द्वारा मर्यादित मात्रा (कमी के दिनों में) ▸ **ration** *v.* नियंत्रित वितरण करना ▸ **rationing** *n.* राशनिंग, सीमांकन

rational /ˈरैशनल्/ *adj.* **1** (व्यक्ति) विवेकशील, समझदार (निर्णय करने में भावनाओं के स्थान पर तर्कबुद्धि का प्रयोग करने वाला) **2** तर्क पर आधारित, विवेकपूर्ण या तर्कसंगत ▸ **rationally** *adv.* विवेकपूर्वक

rationale /ˌरैशˈनाल्/ *n.* विशिष्ट निर्णय, कार्रवाई, धारणा आदि के आधारवर्ती सिद्धांत या तर्क

rationalism /ˈरैश्नलिज़म्/ *n.* तर्क को धर्म का वास्तविक आधार मानने की प्रवृत्ति, तर्कवाद

rationalize /ˈरैश्नलाइज़्/ *v.* **1** किसी कार्य का औचित्य-स्थापन करना (वास्तविक कारण को संभवतः छिपाने के लिए) **2** किसी व्यवसाय या व्यवस्था को बेहतर ढंग से सुसंगठित करना ▸ **rationalization** *n.* सुव्यवस्थीकरण, औचित्य-स्थापन

rattle /ˈरैट्ल्/ *v.* **1** खड़खड़ाना, किसी वस्तु को ऐसे हिलाना कि खड़खड़ की आवाज़ हो **2** किसी को अचानक चिंतित कर देना ▸ **rattle** *n.* **1** बच्चों का झुनझुना **2** खड़खड़ की आवाज़, खड़खड़ाहट

raucous /ˈरॉकस्/ *adj.* (लोगों की आवाज़) ऊँची और कर्णकटु, कर्कश

raunchy /ˈरॉन्चि/ *adj.* **1** लैंगिक रूप से उत्तेजक, कामोत्तेजक **2** गंदा, मैला-कुचैला

ravage /ˈरैविज्/ *v.* किसी चीज़ को बुरी तरह नुक़सान पहुँचाना, किसी वस्तु को नष्ट करना

rave /रेव्/ *v.* **1** व्यक्ति या वस्तु की अत्यधिक प्रशंसा करना **2** गुस्से से

बोलना या पागल की तरह प्रलाप करना ▸ **rave** *n.* इलेक्ट्रॉनिक संगीत पर थिरकते लोगों की बड़ी पार्टी (खुली जगह पर या किसी ख़ाली इमारत में)

raven /ˈरेव्न्/ *n.* कर्कश ध्वनि वाला एक बड़ा काला पक्षी (चमकीला कौआ, डोम कौआ)

ravenous /ˈरैव़नस्/ *adj.* बहुत भूखा, मरभुक्खा ▸ **ravenously** *adv.* मरभुक्खेपन से

ravine /रˈव़ीन्/ *n.* खड़े पार्श्वों वाली गहरी सँकरी घाटी, दर्रा

raving /ˈरेविङ्/ *adj.* & *adv.* विशेष स्थिति या विशेषता पर बल देने के लिए प्रयुक्त

ravish /ˈरैविश्/ *v.* **1** बलात्कार करना, सतीत्व भंग करना

ravishing /ˈरैविशिङ्/ *adj.* अति सुंदर एवं आकर्षक, सम्मोहक ▸ **ravishingly** *adv.* आकर्षक ढंग से, सम्मोहक ढंग से

raw /रॉ/ *adj.* **1** कच्चा, न पकाया हुआ **2** प्राकृतिक अवस्था में, कच्ची स्थिति में, अनगढ़

ray /रे/ *n.* प्रकाश, ताप या ऊर्जा की रेखा

raze /रेज़्/ *v.* (भवन, शहर आदि) पूर्णतः नष्ट कर देना, ध्वस्त करना

r

razor /ˈरेज़(र्)/ *n.* (दाढ़ी बनाने या बाल साफ़ करने का) रेज़र, उस्तरा

re /री/ *prep.* पत्र के विषय का संकेत करने के लिए प्रयुक्त शब्द, संदर्भ

reach /रीच्/ *v.* **1** उद्दिष्ट स्थान पर या स्थिति में पहुँचना **2** हाथ या बाँह बढ़ाना (कुछ छूने या लेने की कोशिश में) ▸ **reach** *n.* दूरी जहाँ तक हाथ बढ़ सके, पहुँच

react /रिˈऐक्ट्/ *v.* **1** प्रतिक्रिया व्यक्त करना (कोई क्रिया करना या कुछ कहना) **2** कुछ खाने, सूँघने आदि से बीमार हो जाना

reaction /रिˈऐक्श्न्/ *n.* **1** (किसी की) प्रतिक्रिया (व्यवहार या वाणी द्वारा व्यक्त) **2** रासायनिक क्रिया, अभिक्रिया (दो या अधिक तत्वों के संपृक्त होने से उत्पन्न रासायनिक परिवर्तन)

reactionary /रिˈऐक्शनरि/ *n.* (*pl.* **reactionaries**) प्रतिक्रियावादी व्यक्ति (राजनीतिक या सामाजिक परिवर्तन में बाधक व्यक्ति) ▸ **reactionary** *adj.* प्रतिक्रियात्मक, प्रतिक्रियावादी

reactor /रिˈऐक्ट(र्)/ *n.* नाभिकीय शक्ति पैदा करने का यंत्र, परमाणु विघटन का यंत्र, रिएक्टर

read /रीड्/ *v.* **1** पढ़ना (शब्दों या प्रतीकों को देखना और समझना) **2** (किसी को) पढ़कर सुनाना ▸ **read** *n.* पढ़ने की अवधि या क्रिया

readership /ˈरीडशिप्/ *n.* पाठक-संख्या (विशेष समाचारपत्र, पत्रिका आदि को पढ़ने वालों की संख्या)

ready /ˈरेडि/ *adj.* कुछ करने या इस्तेमाल होने के लिए तैयार और सक्षम ▸ **ready** *adv.* बना-बनाया या किया-कराया, किसी के लिए विशेषतया निर्मित नहीं

real /ˈरीअल्, रिअल्/ *adj.* **1** असली, वास्तविक, काल्पनिक नहीं **2** प्राकृतिक, कृत्रिम या नक़ली नहीं ▸ **real** *adv.* बहुत, वास्तव में

realign /ˌरीअˈलाइन्/ *v.* **1** व्यवस्था, स्थिति या दिशा आदि में थोड़ा बदलाव लाना **2** नई स्थिति के साथ तालमेल बिठाने के लिए थोड़ा परिवर्तन करना ▸ **realignment** *n.* बदलाव, परिवर्तन, पुनः गठजोड़

realism /ˈरीअलिज़म्, ˈरिअ-/ *n.* 1 स्थिति की वास्तविकता को समझने और भावनाओं से प्रभावित न होने वाला आचरण, यथार्थवादिता 2 (कला, साहित्य आदि में) यथार्थवाद, वास्तववाद

realistic /ˌरीअˈलिस्टिक्ˌरिअ-/ *adj.* 1 स्थिति-विशेष में जो हो सकता है उसे बुद्धिमानी से समझते हुए, स्थिति की असलियत को समझते हुए 2 वस्तुओं को उनकी वास्तविकता में दिखाते हुए, वास्तववादी ▸ **realistically** *adv.* वास्तविक रूप से

reality /रिˈऐलटि/ *n.* (*pl.* **realities**) 1 वास्तविकता, यथार्थ (जीवन जैसा है वैसा, न कि जैसा वह लग सकता है या जैसा हमें पसंद है) 2 वास्तविक अनुभव

realize /ˈरिअलाइज़्/ *v.* 1 जानना और समझना (सचाई या भौतिक वास्तविकता को) 2 किसी बात या कुछ घटित होने का एहसास होना (प्रायः देर से) ▸ **realization** *n.* अनुमति, (कार्य) सिद्धि

really /ˈरिअलि/ *adv.* 1 वास्तव में, सचमुच 2 बहुत, बहुत अधिक

realm /रेल्म्/ *n.* 1 (कार्य, रुचि आदि का) क्षेत्र 2 (राजा या रानी द्वारा) शासित देश या राज्य, प्रभुता

ream /रीम्/ *n.* 1 काग़ज़ के 20 दस्ते या 500 ताव, रिम 2 अधिक मात्रा में लिखना

reap /रीप्/ *v.* फ़सल काटकर सँभालना

reappear /ˌरीअˈपिअ(र्)/ *v.* पुनः प्रकट या पेश होना या दिखाई देना ▸ **reappearance** *n.* पुनःप्रकटन, दोबारा पेशी

rear /रिअ(र्)/ *n.* 1 पिछला हिस्सा, पिछवाड़ा या पृष्ठ भाग 2 शरीर का वह हिस्सा जिसपर बैठते हैं, नितंब ▸ **rear** *adj.* पृष्ठ, पिछला (किसी दौड़, लोगों की क़तार आदि में) सबसे पीछे होना ▸ **rear** *v.* 1 बच्चों के पालन-पोषण और शिक्षा की व्यवस्था करना 2 (फ़ार्म आदि पर) पशुओं के प्रजनन और पालन की व्यवस्था करना

rearm /रीˈआम/ *v.* (व्यक्ति को) पुनः हथियारों से लैस करना, (देश का) पुनर्शस्त्रीकरण करना

rearrange /ˌरीअˈरेन्ज्/ *v.* 1 वस्तुओं को पुनर्व्यवस्थित करना (उनका स्थान या क्रम बदलना) 2 पूर्वनिर्धारित बैठक, योजना आदि में परिवर्तन करना

reason /ˈरीज़्न्/ *n.* 1 कारण, व्याख्या या औचित्य-वर्णन (किसी घटना या कार्य का) 2 युक्ति, दलील (किसी काम के सही या उचित होने की) 3 विवेक, तर्क-शक्ति (सोचने और बुद्धिमानी के निर्णय करने की क्षमता) ▸ **reason** *v.* कोई निर्णय करना या राय बनाना (तर्कयुक्त सोच-विचार के बाद)

reassure /ˌरीअˈशॉ(र्)/ *v.* किसी को आश्वस्त करना (चिंता या भय से मुक्त होने के लिए) ▸ **reassuring** *adj.* आश्वासनकारी ▸ **reassuringly** *adv.* आश्वासनपूर्वक

rebate /ˈरीबेट्/ *n.* (अधिक भुगतान हो जाने के कारण) लौटाई गई राशि

rebel /ˈरेबल्/ *n.* 1 राजद्रोही, सत्ता-विरोधी व्यक्ति (परिवर्तन की इच्छा से राज्य-शासन से संघर्ष करने वाला व्यक्ति) 2 विद्रोही, बाग़ी (अधिकारियों के आदेश या नियमों को न मानने वाला व्यक्ति)

rebel /रिˈबेल्/ *v.* (**rebelling**, **rebelled**) सत्ता, समाज, किसी क़ानून आदि के विरुद्ध संघर्ष करना

rebirth /ˌरी'बथ्/ *n.* **1** पुनर्जन्म **2** नए जीवन या विकास की अवधि, पुनरजीवन

rebound /रि'बाउन्ड्/ *v.* (किसी का) टकराकर दूसरी तरफ़ चले जाना (या लौटना) ▸ **rebound** *n.* प्रतिक्षेप

rebuild /ˌरी'बिल्ड्/ *v.* (किसी वस्तु को) फिर से बनाना, का पुनर्निर्माण करना

rebuke /रि'ब्यूक्/ *v.* किसी को झाड़ पिलाना, डाँटना-फटकारना (ग़लती पर) ▸ **rebuke** *n.* झाड़, डाँट-फटकार

recall /रि'कॉल्/ *v.* **1** अतीत की कोई बात (तथ्य, घटना, क्रिया आदि) याद करना **2** किसी व्यक्ति को वापस बुलाना, किसी वस्तु को वापस मँगाना

recap /'रीकैप्/ (**recapping, recapped**) *v.* किसी बात के मुख्य बिंदुओं को दोहराना या उनका पुनरावलोकन करना (बात को समझ लिए जाने की पुष्टि के लिए)

recapitulate /ˌरीक'पिचुलेट्/ *v.* (निर्णय, परिचर्चा, व्याख्यान आदि) संक्षेप में दुहराना, सिंहावलोकन करना, सारांश देना

recapture /ˌरी'कैप्च(र्)/ *v.* **1** शत्रु या प्रतिस्पर्धा द्वारा क़ब्ज़ा की गई वस्तुओं को पुनः प्राप्त कर लेना **2** अतीत के प्रसंग का पुनः सृजन या अनुभव करना

recede /रि'सीड्/ *v.* **1** दूर जाना और ओझल होने लगना **2** (आशा, भय, संयोग आदि) कम हो जाना या मंद पड़ जाना

receipt /रि'सीट्/ *n.* **1** रसीद (प्राप्त वस्तु की) **2** प्राप्ति (कुछ प्राप्त करने की क्रिया)

receive /रि'सीव्/ *v.* **1** प्राप्त या स्वीकार करना (दूसरे के द्वारा भेजी या दी गई वस्तु को) **2** विशेष प्रकार का बरताव या सुलूक मिलना या चोट खाना

receiver /रि'सीव(र्)/ *n.* **1** टेलीफ़ोन का रिसीवर (सुनने-बोलने के लिए प्रयुक्त टेलीफ़ोन उपकरण), चोंगा **2** टीवी या रेडियो का रिसीवर (इलेक्ट्रॉनिक संकेतों को ध्वनि या चित्र में बदलने वाला उपकरण)

recent /'रीस्न्ट्/ *adj.* हालिया, कुछ ही देर पहले का, हाल का

receptacle /रि'सेप्टक्ल्/ *n.* **1** कुछ रखने का पात्र, आधान, (जैसे संदूक, थैला) **2** तने के शीर्ष पर गोलाकार स्थान जो फूल के अग्रभाग को थामता है, पुष्पधर

reception /रि'सेप्शन्/ *n.* **1** किसी होटल या दफ़्तर का स्वागत-कक्ष, रिसेप्शन **2** महत्वपूर्ण व्यक्तियों के सम्मान में आयोजित औपचारिक स्वागत-समारोह

receptionist /रि'सेप्शनिस्ट्/ *n.* होटल, दफ़्तर आदि के स्वागत-कक्ष में नियुक्त व्यक्ति (जो फ़ोन सुनने, अतिथियों का स्वागत करने आदि का काम करता है), स्वागतकर्ता

receptive /रि'सेप्टिव्/ *adj.* नए विचारों, सुझावों आदि को सुनने के लिए तैयार, ग्रहणशील

receptor /रि'सेप्ट(र्)/ *n.* ऊष्मा, प्रकाश आदि बाह्य परिवर्तनों के प्रति शरीर को विशेष ढंग से प्रतिक्रिया करने के लिए प्रेरित करनेवाले संवेदी अंग या स्नायु, ग्राही

recess /रि'सेस्/ *n.* **1** मध्यावकाश (संसद, समितियों आदि की बैठक आदि के बीच अवकाश का समय) **2** अदालत की कार्रवाई में अल्पकालिक विराम

recession /रि'सेश्न्/ *n.* (किसी देश के व्यापार और उद्योग में) मंदी का दौर

recharge /ˌरी'चाज्/ *v.* बैटरी में पुनः विद्युत शक्ति भरना, बैटरी को रिचार्ज करना, (किसी को) विद्युत शक्ति से भर देना ▸ **rechargeable** *adj.* रिचार्ज करने योग्य

recipe /'रेसपि/ *n.* **1** भोजन बनाने या कोई खाने की चीज़ तैयार करने के निर्देश, पाकविधि **2** कुछ पाने या बनाने का उपाय

recipient /रि'सिपिअन्ट्/ *n.* कुछ प्राप्त करने वाला व्यक्ति, प्राप्तकर्ता

reciprocal /रि'सिप्रक्ल्/ *adj.* पारस्परिक एक–दूसरे के हित में दो व्यक्तियों या वर्गों के बीच होने वाला

reciprocate /रि'सिप्रकेट्/ *v.* **1** परस्पर आदान–प्रदान करना (भावनाओं या आचरण का), दो व्यक्तियों का एक–दूसरे के प्रति समान भाव रखना या आचरण करना **2** सीध में आगे–पीछे गति करना ▸ **reciprocation** *n.* आदान–प्रदान

recital /रि'साइट्ल्/ *n.* संगीत–प्रस्तुति या कविता पाठ का सार्वजनिक कार्यक्रम

recite /रि'साइट्/ *v.* (याद की हुई) कविता आदि रचना सुनाना

reckless /'रेक्लस्/ *adj.* दुःसाहसी (अपनी हरकतों के संभावित दुष्परिणामों या ख़तरों के प्रति लापरवाह) ▸ **recklessly** *adv.* दुःसाहस के साथ, लापरवाही से

reckon /'रेकन्/ *v.* **1** मानना, समझना, किसी विषय में कोई विचार होना **2** मोटे तौर पर कोई हिसाब लगाना

reclaim /रि'क्लेम्/ *v.* **1** खोया हुआ या अन्यत्र ले जाया गया सामान (किसी से) वापस पाना **2** बेकार हो चुकी चीज़ों से (आवश्यक प्रक्रिया द्वारा) उपयोगी वस्तुएँ प्राप्त कर लेना ▸ **reclamation** *n.* सुधार, उद्धार, भूमि–उद्धार

recline /रि'क्लाइन्/ *v.* आराम के साथ (सहारा लेते हुए) बैठना या लेटना ▸ **reclining** *adj.* सहारे लिए हुए, लेटा हुआ

recluse /रि'क्लूस्/ *n.* **1** एकांतवासी **2** विरागी, संन्यासी ▸ **reclusive** *adv.* एकांतप्रिय

recognition /ˌरेकग्'निश्न्/ *n.* **1** किसी को पहचानने की क्रिया **2** किसी का (सत्य या आधिकारिक होने के रूप में) मान्यता देने की क्रिया

recognize /'रेकग्नाइज़्/ *v.* **1** किसी को पहचानना (पहले देखे या सुने को दुबारा जानना) **2** किसी बात को सत्य के रूप में स्वीकार करना

recoil /रि'कॉइल्/ *v.* अप्रिय व्यक्ति या वस्तु से (घबराकर या घृणा से) पीछे हटना

recollect /ˌरेक'लेक्ट्/ *v.* किसी बात को याद करना (विशेषतः कुछ प्रयास के पश्चात्), स्मरण करना

recommend /ˌरेक'मेन्ड्/ *v.* **1** किसी की (किसी से) (किसी काम के लिए) सिफ़ारिश करना, अनुशंसा करना **2** किसी को (कोई विशेष काम करने की) सलाह देना

recommendation /ˌरेकमेन्'डेश्न्/ *n.* **1** (किसी बात की) सिफ़ारिश, अनुशंसा **2** संस्तुति, सिफ़ारिश (स्थिति–विशेष में करने योग्य बातों के विषय में टिप्पणी)

recompense /'रेकम्पेन्स्/ *v.* किसी को विशेष प्रयास या काम करने के लिए या किसी को हुई क्षति की पूर्ति में धन आदि देना ▸ **recompense** *n.* क्षतिपूर्ति, मुआवज़ा

reconcile /ˈरेकन्साइल/ *v.* **1** परस्पर विपरीत प्रतीत होने वाली स्थितियों में ताल-मेल बैठाना **2** झगड़े के बाद दो व्यक्तियों में पुनः मेल-मिलाप करा देना ▸ **reconciliation** *n.* पुनः मेल-मिलाप, सामंजस्य, समन्वय

reconnaissance /रिˈकॉनिसन्स/ *n.* सैन्य कारणों से किसी स्थान या क्षेत्र का सर्वेक्षण, टोह

reconsider /ˌरीकन्ˈसिड(र्)/ *v.* (किसी बात पर) पुनःविचार करना (विशेषतः जब निर्णय बदलने की ज़रूरत हो)

reconstitute /ˌरीˈकॉन्स्टिट्यूट/ *v.* **1** संगठन या समूह को नया स्वरूप देना, पुनर्गठित करना, दुबारा बनाना **2** पानी डालकर सूखे आहार को मूल रूप में वापस लाना ▸ **reconstitution** *n.* पुनर्गठन, पुनर्निर्माण

reconstruct /ˌरीकन्ˈस्ट्रक्ट/ *v.* **1** नष्ट या क्षतिग्रस्त वस्तु का पुनर्निर्माण करना **2** एकत्रित जानकारी के आधार पर स्थिति का पूरा ख़ाका तैयार करना ▸ **reconstruction** *n.* पुनर्निर्माण, पुनःकल्पन, पुनर्रचना

record /ˈरेकॉड्/ *n.* **1** घटित घटनाओं और किए गए कामों का लिपिबद्ध विवरण, अभिलेख, रिकॉर्ड **2** किसी क्षेत्र में (विशेषतः खेल में) सर्वोत्तम प्रदर्शन या उपलब्धि का उच्चतम या निम्नतम स्तर ▸ **record** *v.* **1** तथ्यों या घटनाओं को भविष्य में उपयोग के लिए लिपिबद्ध या फ़िल्मांकित करना **2** संगीत, फ़िल्म, कार्यक्रम आदि को सीडी या कैसेट पर रिकॉर्ड करना (ताकि बाद में उसे सुना या देखा जा सके)

recorder /रिˈकॉड(र्)/ *n.* **1** ध्वनियों, चित्रों को रिकॉर्ड करने वाली मशीन **2** (बाँसुरी के समान बजाया जाने वाला) बच्चों का एक संगीत यंत्र

recount /रिˈकाउन्ट/ *v.* विस्तार से बताना, सविस्तार वर्णन करना ▸ **recount** *n.* (मत-पत्र) फिर से गिनना, दोबारा गिनती करना

recourse /रिˈकॉस्/ *n.* कठिन समय में उपयोग की वस्तु या सहायता का स्रोत, शरण, सहारा, आश्रय

recover /रिˈकव़(र्)/ *v.* **1** बीमारी के बाद स्वास्थ्य लाभ करना **2** कष्टप्रद अनुभव आदि के बाद पुनः सामान्य स्थिति में आना **3** खोयी हुई वस्तु को ढूँढ़ लेना

recreate /ˌरीक्रिˈएट्/ *v.* पुनः सृजन करना, दोबारा करना या बनाना

recreation /ˌरेक्रिˈएश्न्/ *n.* मनोरंजन, मन-बहलाव, कोई मनोरंजन-क्रिया ▸ **recreational** *adj.* मनोरंजन-संबंधी

recrimination /रिˌक्रिमिˈनेश्न्/ *n.* किसी विषय में किसी व्यक्ति द्वारा दूसरे पर पलटकर लगाया गया आरोप-प्रत्यारोप विशेषतः दूसरे के द्वारा लगाए गए आरोप के जवाब में

recruit /रिˈक्रूट्/ *n.* सेना या ऐसे ही किसी संगठन में अभी भरती हुआ व्यक्ति, रंगरूट ▸ **recruit** *v.* किसी कंपनी, संगठन, सशस्त्र सेना आदि में नई भरती करना ▸ **recruitment** *n.* भरती

rectangle /ˈरेक्टैङ्ग्ल्/ *n.* 90 डिग्री कोणों तथा चार लंबवत पार्श्वोंवाली आकृति जिसके दो पार्श्व दो अन्य पार्श्वों से लंबे होते हैं, आयत ▸ **rectangular** *adj.* आयताकार

rectify /ˈरेक्टिफ़ाइ/ *v.* अशुद्ध को शुद्ध करना, सही करना, सुधारना

rectum /ˈरेक्टम्/ *n.* शरीर के भीतर नली का वह अंतिम खंड जिससे होकर अपशिष्ट

पदार्थ बाहर निकलता है, मलद्वार, गुदा ▸ **rectal** *adj.* गुदा-संबंधी

recuperate /रि'कूपरेट्/ *v.* बीमारी या चोट के बाद पनुः स्वस्थ होना ▸ **recuperation** *n.* स्वास्थ्य-लाभ

recur /रि'क(र्)/ *v.* दोबारा या अनेक बार घटित होना, पुनरावृत्त होना ▸ **recurrence** *n.* पुनरावृत्ति ▸ **recurrent** *adj.* पुनरावर्तक

recycle /,री'साइक्ल्/ *v.* **1** इस्तेमाल की जा चुकी वस्तुओं को पुनः इस्तेमाल के लिए तैयार करना, पुनः चक्रित करना, पुनश्चक्रण **2** इस्तेमाल की जा चुकी वस्तुओं को सँभालकर रखना और उन्हें फिर से इस्तेमाल करना ▸ **recyclable** *adj.* पुनः इस्तेमाल करने योग्य, पुनः प्रयोग्य

red /रेड्/ *n.* & *adj.* (**redder, reddest**) **1** लाल (रंग का), ख़ून के रंग का **2** झेंपने, ग़ुस्सा होने, शर्माने आदि से चेहरे पर आया रंग, लाल

redeem /रि'डीम्/ *v.* **1** किसी को पूर्णतया घटिया होने से बचा लेना **2** लोगों की नज़रों में अच्छा बनने के लिए कुछ करना (विशेषतः कोई ग़लत काम करने के बाद)

redolent /'रेडलन्ट्/ *adj.* **1** उल्लिखित विषय की याद दिलानेवाला, द्योतक, सूचक **2** सुगंधित ▸ **redolence** *n.* सुगंध

redress /रि'ड्रेस्/ *v.* सही करना, सुधार करना, ठीक करना ▸ **redress** *n.* (चोट, क्षति आदि के लिए) निवारण या क्षतिपूर्ति, हरजाना

reduce /रि'ड्यूस्/ *v.* **1** मात्रा, क़ीमत, आकार आदि की दृष्टि से घटाना, छोटा करना **2** व्यक्ति या वस्तु को विशिष्ट स्थिति (प्रायः बदतर) में ला देना या धकेल देना

reduction /रि'डक्शन्/ *n.* **1** पहले से कम या छोटा होने या करने की क्रिया, कमी, घटाव, कटौती **2** कटौती की मात्रा (विशेषतः दाम में)

redundant /रि'डन्डन्ट्/ *adj.* **1** (कर्मचारी) ग़ैर-ज़रूरी और इसलिए बेकार, फ़ालतू, अतिरिक्त **2** अनिवार्य या इच्छित नहीं ▸ **redundancy** *n.* (*pl.* **redundancies**) बेकार, फ़ालतू, अतिरिक्त

reed /रीड्/ *n.* **1** सरकंडा, नरकट, नरकुल (जो पानी में या उसके पास उगता है) **2** (बाँसुरी जैसे) कुछ वाद्य यंत्रों में लगी लकड़ी की छोटी पत्ती (जो फूँक मारने पर आवाज़ उत्पन्न करती है), कंपिका, रीड

reedy /'रीडि/ *adj.* (ध्वनि) ऊँची और पतली, सुरीली नहीं

reef /रीफ़्/ *n.* (समुद्र के जल में थोड़ा नीचे या सतह पर बनी) चट्टानों, वनस्पतियों आदि की शृंखला, शैलभित्ति, जल-शैल

reek /रीक्/ *v.* दुर्गंध देना, बदबू मारना ▸ **reek** *n.* दुर्गंध, बदबू

reel /रील्/ *n.* रील, चरख़ी (जिस पर धागा, तार, कैमरे की फ़िल्म आदि लपेटे जाते हैं) ▸ **reel** *v.* **1** (नशे में होने या चोट खा जाने के कारण) लड़खड़ाते या डगमगाते हुए चलना **2** (किसी बात से) आहत होना या परेशानी महसूस करना

refer /रि'फ़(र्)/ *v.* (**referring, referred**) **1** व्यक्ति या वस्तु के विषय में उल्लेख या चर्चा करना **2** अपेक्षित जानकारी के लिए किसी से पूछना या पुस्तक आदि देखना

referee /ˌरेफ़ˈरी/ *n.* **1** (फुटबॉल आदि खेलकूद में) रेफ़री, निर्णायक **2** किसी की (जैसे नौकरी के उम्मीदवार की) योग्यता आदि को (प्रायः पत्र द्वारा) प्रमाणित करने वाला व्यक्ति, रेफ़री ▸ **referee** *v.* रेफ़री का काम करना, रेफ़री होना

reference /ˈरेफ़्रन्स्/ *n.* **1** व्यक्ति या वस्तु के विषय में लिपिबद्ध या मौखिक वक्तव्य, उल्लेख, ज़िक्र **2** जानकारी पाने के लिए कुछ देखने की क्रिया

referendum /ˌरेफ़ˈरेन्डम्/ *n.* (*pl.* **referendums** or **referenda**) विशिष्ट राजनीतिक मुद्दे पर जनमत संग्रह

refill /ˌरीˈफ़िल्/ *v.* (किसी को) फिर से भरना ▸ **refill** *n.* फिर से भरा जाने वाला पदार्थ, रीफ़िल (पेन आदि का)

refine /रिˈफ़ाइन्/ *v.* **1** (मिलावट दूर कर) किसी पदार्थ को शुद्ध करना **2** छोटे-मोटे परिवर्तन लाकर किसी में सुधार करना

refinery /रिˈफ़ाइनरि/ *n.* (*pl.* **refineries**) मिलावट दूर कर किसी वस्तु को शुद्ध करने का कारख़ाना, (तेल आदि) शोधक कारख़ाना

r

reflect /रिˈफ़्लेक्ट्/ *v.* **1** (किसी सतह से) प्रकाश, ताप या ध्वनि को वापस भेजना या परावर्तित करना **2** कुछ दिखाना या व्यक्त करना

reflection /रिˈफ़्लेक्श्न्/ *n.* **1** (दर्पण, जल या किसी चमकदार सतह पर दिखने वाला) प्रतिबिंब **2** किसी चीज़ का आभास (कि वह कैसी है)

reflective /रिˈफ़्लेक्टिव्/ *adj.* **1** (व्यक्ति, मनोदशा आदि) विचारशील **2** (कोई सतह) प्रकाश या ताप को लौटाने वाला, परावर्तनशील

reflex /ˈरीफ़्लेक्स्/ *n.* **1** (बिना पूर्व विचार के) एकाएक हुई हरकत या क्रिया, प्रतिवर्ती क्रिया **2** (*pl.* **reflexes**) आवश्यकता के समय तुरंत सक्रिय हो जाने की योग्यता

reflexive /रिˈफ़्लेक्सिव्/ *adj.* & *n.* निजवाचक (शब्द या क्रिया रूप जो यह दिखाए कि कार्य को करने वाला भी उससे प्रभावित होता है), आत्मवाचक

reform /रिˈफ़ॉम्/ *v.* **1** व्यवस्था, क़ानून आदि में सुधार लाना **2** व्यक्ति का अपने आचरण को सुधारना, दूसरे के आचरण को सुधारना ▸ **reform** *n.* सुधार

refract /रिˈफ़्रैक्ट्/ *v.* (भौतिक विज्ञान में) (पानी, काँच आदि का) प्रकाश रेखा का दिशा-परिवर्तन करना (जब प्रकाश एक कोण में से गुज़रे) ▸ **refraction** *n.* अपवर्तन

refrain /रिˈफ़्रेन्/ *v.* कुछ करने से अपने को रोकना, कोई (ख़ास) काम न करना ▸ **refrain** *n.* गीत में टेक (जो प्रायः प्रत्येक छंद के अंत में दोहराई जाती है)

refresh /रिˈफ़्रेश्/ *v.* व्यक्ति या वस्तु की थकावट दूर करना, नई स्फूर्ति देना

refreshment /रिˈफ़्रेश्मन्ट्/ *n.* **1** (*pl.* **refreshments**) (सिनेमा, थिएटर तथा अन्य सार्वजनिक स्थलों आदि में उपलब्ध) अल्पाहार, नाश्ता **2** तरोताज़ा होने की स्थिति, ताज़गी, ताज़गी देने वाले खाद्य और पेय पदार्थ

refrigerate /रिˈफ़्रिजरेट्/ *v.* सुरक्षित रखने के लिए भोजन आदि को ठंडा करना, भोजन का प्रशीतन करना ▸ **refrigeration** *n.* प्रशीतन ▸ **refrigerator** *n.* धातु की बड़ी मशीन जिसमें खाद्य पदार्थ को ठंडा बनाए रखा

जाता है ताकि वह ख़राब न हो, प्रशीतक, रेफ्रिजरेटर

refuge /ˈरिफ़्यूज़्/ *n.* किसी ख़तरा, अशांति, परेशानी आदि से सुरक्षा, सुरक्षित स्थान, शरणस्थल

refugee /ˌरेफ़्यु ˈजी/ *n.* भोजन के अभाव अथवा युद्ध की स्थिति में अथवा राजनीतिक या धार्मिक कारणों से देश छोड़ने को विवश व्यक्ति, शरणार्थी

refund /ˈरीफ़न्ड्/ *n.* वापस किया गया धन (विशेषतः अधिक भुगतान हो जाने या ख़रीदी वस्तु के पसंद न आने के कारण) ▸ **refund** *v.* धन वापस करना ▸ **refundable** *adj.* वापस करने योग्य, प्रतिदेय

refurbish /ˌरीˈफ़बिश्/ *v.* **1** (कमरा, इमारत, आदि) सजाना या मरम्मत करना (सुंदर, उपयोगी आदि बनाने के लिए) **2** (योजना, विचार, कौशल आदि) बदलना या सुधार करना ▸ **refurbishment** *n.* नवीकरण, पुनर्सज्जा

refuse /रिˈफ़्यूज़्/ *v.* (किसी बात को मानने, काम को करने से) इनकार करना या बात नामंज़ूर होना ▸ **refuse** *n.* चीज़ें जो आप फेंक देते हैं, बेकार की चीज़ें, कूड़ा–करकट

refute /रिˈफ़्यूट्/ *v.* **1** (कथन, सिद्धांत, तर्क आदि) ग़लत साबित करना **2** दावा अनुचित ठहराना, खंडन करना ▸ **refutable** *adj.* खंडनीय ▸ **refutation** *n.* खंडन

regain /रिˈगेन्/ *v.* खोयी हुई चीज़ को पुनः प्राप्त करना

regal /ˈरीग्ल्/ *adj.* बहुत शानदार (मानो राजा या रानी के लायक़), राजोचित, राजसी, शाही

regale /रिˈगेल्/ *v.* (**regale sb with sth**) चुटकुले, कहानियाँ आदि सुनाकर मनोरंजन करना

regalia /रिˈगेलिअ/ *n.* औपचारिक अवसरों पर प्रयुक्त होने वाले विशिष्ट वस्त्र और राजवंश की वस्तुएँ, राजचिह्न

regard /रिˈगाड्/ *v.* **1** व्यक्ति या वस्तु को वैसा समझना जैसा बताया गया हो या व्यक्ति या वस्तु को यथानिर्दिष्ट रूप से समझना **2** व्यक्ति या वस्तु को क्षणभर के लिए देखना ▸ **regard** *n.* **1** किसी व्यक्ति या वस्तु के प्रति ध्यान या उसके लिए चिंता **2** किसी व्यक्ति या वस्तु के लिए कोमल भावनाएँ, आदर, सम्मान

regarding /रिˈगाडिङ्/ *prep.* के विषय में या के संबंध में

regardless /रिˈगाड्लस/ *adv.* & *prep.* किसी की परवाह न करते हुए, कठिनाइयों और समस्याओं को महत्वहीन या बेअसर मानते हुए

regency /ˈरीजन्सि/ *n.* प्रतिशासक द्वारा किए गए शासन की अवधि, प्रतिशासक का कार्यकाल

regenerate /रिˈजेनरेट्/ *v.* **1** (व्यक्ति या संस्था का) उद्धार करना, बल प्रदान करना **2** नए उत्तक पैदा करना, पुनरुत्पन्न करना

regent /ˈरीजन्ट्/ *n.*(राजा की अल्पवयस्कता, अनुपस्थिति आदि में) शासन चलाने वाला, प्रतिशासक

regime /रेˈशीम्/ *n.* शासन प्रणाली या व्यवस्था (विशेषतः ऐसी जो निष्पक्ष रूप से निर्वाचित नहीं)

regiment /ˈरेजिमन्ट्/ *n.* रेजिमेंट (कर्नल के नेतृत्व में सैन्य टुकड़ी) ▸ **regimental** *adj.* रेजिमेंट से संबंधित

region /ˈरीजन्/ *n.* **1** देश या विश्व का कोई भाग, क्षेत्र, (ज़मीन का) कोई बड़ा

इलाक़ा 2 शरीर का कोई (बड़ा) हिस्सा
register /ˈरेजिस्ट(र्)/ *v.* **1** किसी नाम को बाक़ायदा सूचीबद्ध करना, नाम का पंजीकरण करना **2** (थर्मामीटर आदि) किसी मापन-उपकरण पर कुछ दर्ज करना या दर्ज होना ▸ **register** *n.* **1** नाम आदि की अधिकृत सूची या ऐसी सूची वाली कॉपी, पंजिका, रजिस्टर **2** लेखन में प्रयुक्त भाषा का प्रयोगमूलक भेद (औपचारिक या अनौपचारिक प्रयुक्ति, रजिस्टर)

registrar /ˌरेजिˈस्ट्रा(र्), ˈरेजिस्ट्रा(र्)/ *n.* **1** रजिस्ट्रार (जन्म, विवाह तथा मृत्यु आदि से संबंधित अधिकृत सूचियों का प्रभारी अधिकारी), पंजीकरण-अधिकारी **2** कॉलेज या विश्वविद्यालय का रजिस्ट्रार, कुल सचिव (छात्रों से संबंधित मामलों का प्रभारी अधिकारी)

registry /ˈरेजिस्ट्रि/ *n.* (*pl.* **registries**) पंजीगृह रजिस्टर रखने का स्थान, पंजी कार्यालय

regress /रिˈग्रेस्/ *v.* आचरण या स्थिति की पूर्व या अविकसित अवस्था में लौट जाना, बदतर होना, पतन होना

regret /रिˈग्रेट्/ *v.* (**regretting, regretted**) **1** दुखी या खिन्न होना (कुछ कर देने या न कर पाने के लिए) **2** किसी बात पर खेद व्यक्त करने के रूप में प्रयुक्त, (को) खेद है ▸ **regret** *n.* खेद, दुख (उस बात के लिए जिसे अब बदला नहीं जा सकता) ▸ **regretful** *adj.* उदास, खिन्न ▸ **regretfully** *adv.* खेदपूर्वक

regrettable /रिˈग्रेटबल्/ *adj.* खेदजनक, शोचनीय ▸ **regrettably** *adv.* शोचनीय रूप से

regular /ˈरेग्यल(र्)/ *adj.* **1** नियमित, जहाँ प्रत्येक वस्तु या उसके अंग के बीच स्थान की मात्रा या समय की अवधि समान हो **2** प्रायः किया जाने या घटित होते रहने वाला ▸ **regular** *n.* **1** नियमित ग्राहक (विशेष दुकान, आदि का) **2** नियमित खिलाड़ी (विशिष्ट खेल का) ▸ **regularly** *adv.* नियमित रूप से, नियत अंतराल पर ▸ **regularity** *n.* नियमितता

regulate /ˈरेग्युलेट्/ *v.* **1** किसी को नियंत्रित करना (क़ानून या नियम की सहायता से) **2** किसी मशीन, उपकरण (आदि को नियंत्रित या व्यवस्थित करना)

regulation /ˌरेग्युˈलेश्न्/ *n.* **1** नियम या क़ानून (कुछ नियंत्रित करने का) **2** नियमों की सहायता से किसी पर नियंत्रण

regurgitate /रिˈगजिटेट्/ *v.* **1** भोजन को उगलना **2** सुनी या पढ़ी बात को दोहराना (बिना उसके विषय में सोचे या उसे समझे)

rehabilitate /ˌरीअˈबिलिटेट्/ *v.* अस्वस्थ होने, क़ैद में रहने आदि के बाद सामान्य जीवन बिताने में किसी की सहायता करना ▸ **rehabilitation** *n.* पुनर्वास

rehash /ˌरीˈहैश्/ *v.* पुरानी सामग्री को नए रूप में प्रस्तुत करना, नया रूप देना ▸ **rehash** *n.* नया रूप, मिलावट

rehearsal /रिˈहस्ल्/ *n.* नाटक, नृत्य, संगीत आदि का पूर्वाभ्यास (सार्वजनिक प्रदर्शन से पहले), रिहर्सल ▸ **rehearse** *v.* (**rehearses, rehearsing, rehearsed**) पूर्वाभ्यास करना, रिहर्सल करना

reign /रेन्/ *v.* **1** (राजा या रानी का) किसी देश पर शासन करना **2** स्थिति-

r

विशेष में किसी बात का सर्वाधिक प्रभावशाली होना ▸ **reign** *n.* 1 राजकाल, राजत्वकाल, शासनकाल, शासन, हुकूमत अवधि 2 दल, संगठन आदि का प्रबंधनकाल, आधिपत्य

reimburse /ˌरीइम्ˈबस्/ *v.* किसी व्यक्ति को पैसा लौटाना, व्यय की प्रतिपूर्ति करना

rein /रेन्/ *n.* घोड़े की लगाम, रास

reincarnate /ˌरीइन्ˈकॉनेट्/ *v.* एक नए शरीर में पुनः जन्म लेना, का पुनर्जन्म होना ▸ **reincarnation** *n.* पुनर्जन्म, नया अवतार

reindeer /ˈरेन्डिअ(र्)/ *n.* (*pl.* **reindeer**) रेनडियर, उत्तरी ठंडे प्रदेशों में पाया जाने वाला (हिरण जैसा) बड़ा भूरा-सा वन्य पशु

reinforce /ˌरीइन्ˈफ़ॉस्/ *v.* अधिक मज़बूत करना, सुदृढ़ करना

reinstate /ˌरीइन्ˈस्टेट्/ *v.* 1 किसी को उसके पूर्व पद या नौकरी पर वापस लेना 2 किसी को उसका पूर्व पद या दायित्व लौटाना ▸ **reinstatement** *n.* बहाली, पुनः स्थापना

reiterate /रिˈइटरेट्/ *v.* (पूर्वोक्त कथन, विचार आदि) (आशय स्पष्ट करने या बल देने के लिए) दुहराना, बार-बार कहना

reject /रिˈजेक्ट्/ *v.* व्यक्ति या वस्तु को अस्वीकार करना (मानने से इनकार करना) ▸ **rejection** *n.* अस्वीकृति, नामंज़ूरी ▸ **reject** *n.* (घटिया होने के कारण) अस्वीकृत वस्तु (या व्यक्ति)

rejoice /रिˈजॉइस्/ *v.* बहुत हर्षित होना या हर्ष मनाना ▸ **rejoicing** *n.* हर्षोल्लास

rejoin /ˌरीˈजॉइन्/ *v.* किसी के साथ फिर से मिल जाना

rejuvenate /रिˈजूवनेट्/ *v.* किसी को युवा बना देना ▸ **rejuvenation** *n.* पुनर्यौवन

relapse /रिˈलैप्स्/ *v.* सुधरने के बाद फिर से बिगड़ जाना, पुनरावर्तन ▸ **relapse** *n.* पुनर्विकृति (स्वास्थ्य या आदत में)

relate /रिˈलेट्/ *v.* 1 वस्तुओं, स्थितियों आदि में संबंध दिखाना या स्थापित करना 2 किसी को कोई कहानी सुनाना

relation /रिˈलेशन्/ *n.* 1 (*pl.* **relations**) (लोगों, वर्गों, देशों आदि के बीच) संबंध (एक दूसरे के प्रति सोच/के साथ व्यवहार का ढंग) 2 किन्हीं दो या अधिक वस्तुओं के बीच संबंध

relationship /रिˈलेशन्शिप्/ *n.* 1 (किसी के साथ या किन्हीं दो व्यक्ति, संगठनों या देशों के बीच) संबंध 2 (किसी के साथ या किन्हीं दो व्यक्तियों के बीच) मैत्रीपूर्ण या प्रेममय संबंध

relative /ˈरेलटिव्/ *adv.* 1 किसी अन्य व्यक्ति या वस्तु से तुलना करने पर अन्य व्यक्ति, वस्तु, सापेक्ष ▸ **relative** *n.* (आपके) परिवार का सदस्य, नातेदार, रिश्तेदार, संबंधी (व्यक्ति)

relativity /ˌरेलˈटिवटि/ *n.* (भौतिक विज्ञान में) सापेक्षता का सिद्धांत, सापेक्षवाद

relax /रिˈलैक्स्/ *v.* 1 आराम फ़रमाना, विश्राम करना, (काम या श्रम के बाद) 2 तनावमुक्त होना, शांत और चिंतामुक्त हो जाना 3 नियमों को शिथिल करना

relay /रिˈले, ˈरीले/ *v.* 1 संकेत या संदेश को (प्राप्त कर) आगे भेजना 2 रेडियो या टीवी पर कार्यक्रम प्रसारित करना ▸ **relay** *n.* टीम के सदस्यों की सहयोगात्मक दौड़ (जिसमें प्रत्येक सदस्य

अपना हिस्सा पूरा करता है), चौकी दौड़, रिले रेस

release /रि'लीस्/ *v.* 1 व्यक्ति या वस्तु को (किसी से या कहीं से) मुक्त करना, जाने देना 2 फ़िल्म, रिकॉर्ड आदि को सार्वजनिक उपयोग के लिए उपलब्ध कराना, विमोचन करना ▸ **release** *n.* 1 किसी की मुक्ति या मुक्ति की स्थिति 2 सार्वजनिक उपयोग के लिए जारी पुस्तक, फ़िल्म, रिकॉर्ड आदि, सार्वजनिक उपयोग के लिए जारी करने की क्रिया, विमोचन

relegate /'रेलिगेट्/ *v.* व्यक्ति या वस्तु का स्तर या पद घटाना, पदावनत करना ▸ **relegation** *n.* पदावनति

relent /रि'लेन्ट्/ *v.* 1 नरम पड़ जाना (अंत में वह मान लेना जो पहले अमान्य था) 2 शिथिल पड़ जाना, ज़ोर कम हो जाना

relentless /रि'लेन्ट्लस्/ *adj.* लगातार, अनवरत, निरंतर ▸ **relentlessly** *adv.* लगातार, अनवरत भाव से

relevant /'रेलवन्ट्/ *adj.* 1 प्रासंगिक, संबद्ध (विचार किए जा रहे विषय या जो हो रहा है उससे संबद्ध) 2 महत्वपूर्ण और उपयोगी ▸ **relevance** *n.* प्रासंगिकता

reliable /रि'लाइअब्ल्/ *adj.* विश्वसनीय, भरोसेमंद ▸ **reliability** *n.* विश्वसनीयता ▸ **reliably** *adv.* विश्वसनीय रूप से

reliance /रि'लाइअन्स्/ *n.* 1 व्यक्ति या वस्तु पर विश्वास या भरोसा 2 किसी व्यक्ति या वस्तु के बिना रहना या काम करना असंभव होने की स्थिति, अपरिहार्यता, व्यक्ति या वस्तु पर निर्भरता, अनिवार्यता

relic /'रेलिक्/ *n.* अवशेष (वर्तमान तक सुरक्षित अतीत की वस्तु, परंपरा आदि)

relief /रि'लीफ़्/ *n.* 1 कष्ट, चिंता आदि से राहत या चैन 2 दर्द, चिंता आदि की समाप्ति या कमी, आराम

relieve /रि'लीव्/ *v.* कष्ट या चिंता में राहत पहुँचाना

religion /रि'लिजन्/ *n.* 1 ईश्वर, देवताओं में विश्वास और संबंधित दार्शनिक विचारधारा तथा कर्मकांड 2 एकेश्वरवाद या बहुदेवतावाद पर आधारित धार्मिक विश्वास, धर्म ▸ **religious** *adj.* 1 धार्मिक, धर्म-विषयक 2 धर्मनिष्ठ, धर्मपरायण

relinquish /रि'लिङ्क्विश्/ *v.* त्याग देना, छोड़ देना (कोई वस्तु या काम)

relish /'रेलिश्/ *v.* किसी वस्तु का आनंद लेना या किसी बात की उत्सुकता से प्रतीक्षा करना ▸ **relish** *n.* 1 अत्यंत आनंद 2 फल और सब्ज़ियों से बनी गाढ़ी ठंडी चटनी

relocate /ˌरीलो'केट्/ *v.* (काम-धंधे आदि के लिए) दूसरे इलाक़े में चले जाना, स्थान बदलना ▸ **relocation** *n.* पुनः स्थापन, अन्यत्र स्थापन

reluctant /रि'लक्टन्ट्/ *adj.* (कोई विशेष कार्य करने का) अनिच्छुक (उसके औचित्य में कुछ संदेह के कारण) ▸ **reluctance** *n.* कार्य-विशेष के प्रति अनिच्छा या हिचक ▸ **reluctantly** *adv.* अनिच्छापूर्वक, हिचकते हुए

rely /रि'लाइ/ *v.* 1 किसी पर निर्भर होना (ठीक ढंग से रह पाने या कुछ कर पाने के लिए) 2 किसी पर भरोसा या विश्वास करना (किसी काम के लिए)

remain /रि'मेन्/ *v.* 1 एक ही स्थान या दशा में रहना या बने रहना 2 बाक़ी रह

जाना (दूसरों के चले जाने के बाद)

remainder /रि'मेन्ड(र्)/ *n.* बचे हुए व्यक्ति या वस्तुएँ आदि शेष, बाक़ी

remains /रि'मेन्ज़्/ *n.* (*pl.*) **1** बाक़ी बचा हुआ भाग (अन्य भागों के इस्तेमाल हो जाने के बाद) **2** मृत शरीर (कभी-कभी ऐसा जो मृत्यु होने के काफ़ी देर बाद कहीं पड़ा मिला हो), पार्थिव अवशेष

remand /रि'मान्ड्/ *n.* क़ैदी पर मुक़दमा शुरू होने से पहले का समय, रिमांड ▸ **remand** *v.* (क़ैदी को) हवालात वापस भेजना, (क़ैदी) रिमांड पर भेजना (मुक़दमा शुरू होने की प्रतीक्षा में/हवालात में बंद)

remark /रि'माक्/ *v.* कुछ कहना या लिखना, टिप्पणी करना ▸ **remark** *n.* टिप्पणी, कथन

remarkable /रि'माकब्ल्/ *adj.* असाधारण और आश्चर्यजनक (ध्यान देने योग्य) ▸ **remarkably** *adv.* उल्लेखनीय या आश्चर्यजनक रूप से

remedial /रि'मीडिअल्/ *adj.* **1** सुधारात्मक या उपचारात्मक **2** मंदबुद्धियों के लिए सहायक

remedy /'रेमडि/ *n.* (*pl.* **remedies**) **1** दर्द या बीमारी को ठीक करने वाली कोई वस्तु, इलाज, उपाय **2** समस्या का समाधान ▸ **remedy** *v.* सुधारना (ग़लत या अनुचित को), उपचार करना

remember /रि'मेम्ब(र्)/ *v.* **1** व्यक्ति या वस्तु का ध्यान रहना या उसे याद करना **2** करने योग्य काम को करना न भूलना या कुछ करना न भूलना

remind /रि'माइन्ड्/ *v.* **1** किसी को कुछ याद दिलाना (विशेषतः किसी ख़ास बात के लिए) **2** किसी को किसी व्यक्ति या वस्तु की याद दिलाना, स्मरण कराना

reminisce /ˌरेमि'निस्/ *v.* अतीत की सुखद बातों की चर्चा करना, संस्मरण करना

reminiscence /ˌरेमि'निस्न्स्/ *n.* (*pl.* **reminiscences**) संस्मरण, संस्मृति, (बीते हुए दिनों की) घटनाओं या अनुभवों का स्मरण

reminiscent /ˌरेमि'निस्न्ट्/ *adj.* व्यक्ति या वस्तु का स्मरण कराने वाला, के सदृश, स्मरणशील

remission /रि'मिश्न्/ *n.* **1** वह समय जब कोइ गंभीर बीमारी कुछ समय के लिए ठीक हो जाती है, सुधार **2** (अदा की जानेवाली राशि में) छूट या कमी, कटौती

remit /रि'मिट्/ *v.* (**remitting, remitted**) **1** (पैसा आदि) किसी व्यक्ति या स्थान को भुगतान करना **2** कर्ज़ माफ़ करना, कर्त्तव्य या सज़ा से छूट देना, छोड़ देना

remittance /रि'मिट्न्स्/ *n.* **1** प्रेषित धन (प्रायः किसी भुगतान के लिए) **2** धन-प्रेषण (भुगतान हेतु)

remnant /'रेम्नन्ट्/ *n.* किसी का बचा हुआ टुकड़ा, शेष

remonstrate /'रेमन्स्ट्रेट्/ *v.* विरोध करना, आपत्ति करना, एतराज़ करना

remorse /रि'मॉस्/ *n.* पश्चात्ताप (ग़लती करने का दुख), ग्लानि, अनुताप ▸ **remorseful** *adj.* पश्चात्तापी, ग्लानिपूर्ण, अनुताप

remorseless /रि'मॉस्लस्/ *adj.* **1** निर्दय **2** न रुकने वाला या कमज़ोर पड़ता हुआ ▸ **remorselessly** *adv.* निर्दयतापूर्वक

remote /रि'मोट्/ *adj.* **1** (किसी स्थान से) बहुत दूर, दूरवर्ती **2** अलग रहने वाला, अमित्रवत या दूसरों में दिलचस्पी न

लेने वाला, बेमिलनसार, असंबद्ध ▸ **remoteness** *n.* दूरी

removal /रि'मूवल्/ *n.* **1** व्यक्ति या वस्तु को हटा लेने की क्रिया, निराकरण **2** मकान बदलने का काम

remove /रि'मूव्/ *v.* **1** व्यक्ति या वस्तु को हटा या मिटा देना **2** किसी को नौकरी या पद से हटा देना

remunerate /रि'म्यूनरेट्/ *v.* (काम के लिए) मेहनताना देना, पारिश्रमिक देना

Renaissance /रि'नेसन्स/ *n.*(14वीं–16वीं शताब्दी में कला, साहित्य आदि का) पुनर्जागरण, पुनरुत्थान

renal /'रीनल्/ *adj.* गुरदों पर असर डालने वाला या उनसे संबंधित, वृक्कीय

render /'रेन्ड(र्)/ *v.* **1** व्यक्ति या वस्तु को किसी स्थिति में डाल देना **2** किसी को सहायता आदि देना

rendezvous /'रॉन्डिव़,-डे-/ *n.* (*pl.* **rendezvous**) **1** किसी के साथ तय हुई भेंट, पूर्व निश्चित भेंट **2** ऐसा स्थान जहाँ (वर्ग-विशेष के) लोग प्रायः मिलते हैं

rendition /रे'न्डिशन्/ *n.* नाटकीय अथवा संगीत कला का चित्रण या अभिव्यक्तिकरण, व्याख्या

r

renegade /'रेनिगेड्/ *n.* **1** स्वपक्षत्यागी (व्यक्ति), जो अपने पक्ष को छोड़कर दूसरे विरोधी पक्ष में शामिल हो जाए **2** भिन्न विचारों के कारण किसी ख़ास समूह या समाज से अलग हो जाने वाला व्यक्ति, विद्रोही, बाग़ी, अवज्ञाकारी

renege /रि'नीग्/ *v.* वचन या क़रार को बनाए रखने में असफल होना, वायदा कर के मुकर जाना, मुकरना

renew /रि'न्यू/ *v.* **1** (किसी काम को) फिर से शुरू करना **2** अधिक समय के लिए किसी को वैध बनाना ▸ **renewal** *n.* नवीकरण

renounce /रि'नाउन्स्/ *v.* किसी पर दावा या स्वामित्व छोड़ देना, त्याग देना

renovate /'रेनवेट्/ *v.* पुरानी इमारत की मरम्मत कर उसे बढ़िया बना देना, नूतन करना ▸ **renovation** *n.* नवीकरण, मरम्मत

renown /रि'नाउन्/ *n.* प्रसिद्धि और आदर ▸ **renowned** *adj.* प्रसिद्ध

rent /रेन्ट्/ *n.* (ज़मीन, मकान या इमारत का) किराया ▸ **rent** *v.* **1** (ज़मीन, मकान, मशीन आदि का) किराया देना **2** किसी को ज़मीन, मकान, आदि किराए पर देना

rental /'रेन्टल्/ *n.* (किराए पर लिए टेलीफ़ोन आदि के) किराए की राशि

renunciation /रि,नन्सि'एशन्/ *n.* किसी वस्तु या विश्वास का औपचारिक रूप से त्याग, परित्याग

reorganize /रि'ऑगनाइज़/ *v.* पुनः या नए तरीक़े से किसी को संगठित करना ▸ **reorganization** *n.* पुनर्गठन

rep /रेप्/ *n.* किसी कंपनी का एजेंट या प्रतिनिधि (जो अपनी कंपनी का माल बेचने के लिए एक विशेष इलाक़े में घूम-घूम कर ख़रीदारों से संपर्क करता है)

repair /रि'पेअ(र्)/ *v.* किसी पुरानी या क्षतिग्रस्त वस्तु की मरम्मत करना ▸ **repair** *n.* क्षतिग्रस्त वस्तु की मरम्मत

reparation /,रेप'रेश्न्/ *n.* **1** ग़लती में सुधार करना **2** (*pl.* **reparations**) पराजित देश द्वारा युद्ध में हुई क्षति के लिए दिया मुआवज़ा, क्षतिपूर्ति

repartee /,रेपा'टि/ *n.* चातुर्यपूर्ण बातचीत, हास्यास्पद प्रत्युत्तर

repast /रि'पास्ट्/ *n.* भोजन के समय रखे गए खाद्य-पदार्थ, भोजन, आहार

repay /रि'पे/ *v.* **1** किसी से लिया पैसा उसे वापस देना, उधार चुकाना **2** सहायता, दया आदि के बदले किसी को कुछ देना

repeal /रि'पील्/ *v.* किसी क़ानून को औपचारिक रूप से रद्द करना

repeat /रि'पीट्/ *v.* **1** किसी बात को दोबारा या अनेक बार कहना, लिखना या करना **2** किसी दूसरे के लिखे, कहे या पहले से याद किए को सुनाना (कहना या लिखना) ▸ **repeat** *n.* दोहराई गई बात

repel /रि'पेल्/ *v.* (**repelling, repelled**) **1** किसी व्यक्ति या वस्तु को पीछे या दूर भेज या धकेल देना **2** वितृष्णा या घृणा पैदा कर देना

repellent /रि'पेलन्ट्/ *n.* कीड़ों आदि को भगाने वाला रासायनिक पदार्थ ▸ **repellent** *adj.* विकर्षक, घृणाजनक, घिनौना

repent /रि'पेन्ट्/ *v.* पछताना, पश्चात्ताप करना बुरे काम के लिए) ▸ **repentance** *n.* पश्चात्ताप, पछताना ▸ **repentant** *adj.* पश्चात्तापी, पछताने वाला

repercussions /ˌरीप'कश्न्/ *n.* घटना या कार्य के बाद का परिणाम, प्रतिघात, प्रतिक्रिया

repertoire /'रेपट्वा(र्)/ *n.* **1** नाटकों, गानों आदि का पूरा संग्रह जिसे अभिनेता या गायक प्रस्तुत कर सकते हैं, **2** वे सब काम जो कोई व्यक्ति कर सकता है, प्रदर्शनों की सूची

repetition /ˌरेप'टिश्न्/ *n.* पुनरावृति, दोहराई हुई वस्तु ▸ **repetitive** *adj.* अरुचिकर, उबाऊ (बार-बार दोहराए जाने के कारण)

replace /रि'प्लेस्/ *v.* **1** किसी व्यक्ति या वस्तु का स्थान लेना, किसी व्यक्ति या वस्तु के स्थान पर दूसरे को ले आना **2** किसी व्यक्ति या वस्तु को बेहतर या नए व्यक्ति या वस्तु से बदल देना

replay /'रीप्ले/ *n.* **1** दोबारा खेला गया मैच (पहली बार निर्णय न होने के कारण, रिप्ले **2** टीवी, फ़िल्म या कैसेट पर दोबारा देखने या सुनने योग्य चीज़, रिप्ले ▸ **replay** *v.* **1** मैच दोबारा खेलना (पहली बार निर्णय न होने के कारण) **2** रिकॉर्ड किए हुए को दोबारा चलाना या बजाना

replenish /रि'प्लेनिश्/ *v.* (कुछ) भरना या पूरा करना, पुनर्भरण करना ▸ **replenishment** *n.* पुनर्भरण, आपूरण, भराई

replica /'रेप्लिका/ *n.* (किसी वस्तु की) ठीक-ठीक नक़ल, प्रतिकृति

replicate /'रेप्लिकेट्/ *v.* किसी वस्तु की प्रतिकृति या हूबहू नक़ल करना या बनाना ▸ **replication** *n.* प्रतिकृति, नक़ल

reply /रि'प्लाइ/ *v.* जवाब या उत्तर के रूप में किसी को कुछ कहना, लिखना या कुछ करना ▸ **reply** *n.* (*pl.* **replies**) उत्तर, जवाब

report /रि'पॉट्/ *v.* **1** लोगों को देखे, सुने या किए आदि की जानकारी, रिपोर्ट या विवरण देना **2** (अख़बार, टीवी या रेडियो पर) घटित घटना के विषय में लिखना या बोलना ▸ **report** *n.* **1** रिपोर्ट, विवरण (देखे, सुने, किए, पढ़े आदि का लिपिबद्ध या मौखिक वर्णन) **2** स्कूल, कॉलेज आदि के छात्र की रिपोर्ट (उसकी प्रगति, उपलब्धि या व्यवहार का लिखित विवरण)

reporter /रि'पॉट(र्)/ *n.* रिपोर्टर, संवाददाता (ख़बरों के विषय में अख़बारों,

पत्रिकाओं में लिखने वाला या टीवी, रेडियो के लिए ख़बरें भेजने वाला व्यक्ति

repose /रि'पोज़्/ *n.* विश्राम या नींद की अवस्था ▸ **repose** *v.* **1** स्थान विशेष पर होना **2** स्थान विशेष पर विश्राम करना

reprehensible /ˌरेप्रि'हेन्सबल्/ *adj.* ख़राब, नैतिक रूप से ग़लत, निंदनीय

represent /ˌरेप्रि'ज़ेन्ट्/ *v.* **1** किसी का प्रतिनिधित्व करना (उसके स्थान पर काम करना या बोलना), किसी वर्ग या देश का प्रतिनिधि होना **2** किसी बात का परिचायक होना, कुछ होना ▸ **representation** *n.* **1** व्यक्ति या वस्तु का प्रतिनिधित्व (चित्रण या वर्णन का प्रकार), प्रतिनिधित्व (चित्रण या वर्णन) करने वाली वस्तु **2** किसी को अपना प्रतिनिधि बनाने की क्रिया, प्रतिनिधायन

representative /ˌरेप्रि'ज़ेन्टटिव्/ *adj.* किसी बड़े वर्ग का प्रतिनिधित्व (जिससे व्यक्ति या वस्तु का संबंध है) ▸ **representative** *n.* व्यक्ति या वर्ग का प्रतिनिधि

repress /रि'प्रेस्/ *v.* **1** मनोभाव को नियंत्रित करना या प्रकट या महसूस न होने देना **2** लोगों की स्वतंत्रता का दमन करना ▸ **repression** *n.* दमन, निग्रह,

reprieve /रि'प्रीव्/ *v.* मृत्युदंड प्राप्त व्यक्ति की सज़ा को रोकना या उसे कुछ देर का विराम देना, प्रविलंबन करना ▸ **reprieve** *n.* प्राणदंड-स्थगन या विराम, विलंबन

reprimand /'रेप्रिमान्ड्/ *v.* (ग़लत काम करने पर) किसी की भर्त्सना करना, फटकार लगाना (औपचारिक रूप से) ▸ **reprimand** *n.* भर्त्सना, फटकार

reprint /ˌरी'प्रिंट्/ *n.* पुस्तक का नया संस्करण, आवृत्ति

reprisal /रि'प्राइज़ल्/ *n.* बदले की कार्रवाई (विशेषतः सेना द्वारा), प्रतिशोध

reproach /रि'प्रोच्/ *v.* ग़लती पर किसी को डाँटना या फटकारना ▸ **reproach** *n.* आलोचना ▸ **reproachful** *adj.* निंदात्मक ▸ **reproachfully** *adv.* निंदात्मक ढंग से

reproduce /ˌरीप्र'ड्यूस्/ *v.* **1** किसी की नक़ल बनाना, किसी को पुनः बनाना **2** (व्यक्ति या पशु-पौधे का) प्रजनन करना, संतान को जन्म देना

reproduction /ˌरीप्र'डक्शन्/ *n.* **1** संतान उत्पन्न करने की प्रक्रिया, प्रजनन, संतानोत्पादन **2** किसी वस्तु की प्रतियाँ तैयार करना

reproof /रि'प्रूफ़्/ *n.* फटकार, भर्त्सना (अनुचित काम पर)

reprove /रि'प्रूव्/ *v.* आलोचना करना, निंदा करना ▸ **reproving** *adj.* निंदात्मक, आलोचनात्मक ▸ **reprovingly** *adv.* निंदात्मक तरीक़े से, आलोचनात्मक तरीक़े से

reptile /'रेप्टाइल्/ *n.* सरीसृप, रेंगने वाला जीव, जैसे मगरमच्छ, साँप (इनका ख़ून ठंडा होता है एवं त्वचा छिलके वाली, और इनके बच्चों का जन्म अंडों से होता है)

republic /रि'पब्लिक्/ *n.* गणतंत्र, गणतांत्रिक राज्य (जिसकी सरकार और नेता दोनों निर्वाचित होते हैं)

republican /रि'पब्लिकन्/ *n.* गणतंत्र समर्थक व्यक्ति (जो सरकार और उसके नेता के निर्वाचित होने का समर्थन करे) ▸ **republican** *adj.* गणतंत्रात्मक

repudiate /रि'प्यूडिएट्/ *v.* खंडन

करना, किसी बात को स्वीकार करने या मानने से इनकार करना ▸ **repudiation** *n.* खंडन, अस्वीकरण

repugnant /रि'पग्नन्ट्/ *adj.* अत्यधिक अरुचिकर, बेहद नापसंद

repulse /रि'पल्स्/ *v.* **1** दुश्मन के आक्रमण को रोकना **2** अस्वीकृति, दुत्कार

repulsion /रि'पल्शन्/ *n.* **1** अत्यधिक अरुचि, नफ़रत, जुगुप्सा **2** प्रतिकर्षण (वस्तुओं को एक-दूसरे से दूर धकेलने वाली शक्ति), अपकर्षण

repulsive /रि'पल्सिव्/ *adj.* घोर नफ़रत पैदा करने वाला, घृणास्पद

reputable /'रेप्यटब्ल्/ *adj.* प्रतिष्ठित, ख्यातिप्राप्त

reputation /ˌरेप्यु'टेशन्/ *n.* व्यक्ति या वस्तु के विषय में लोगों की आम धारणा

repute /रि'प्यूट्/ *n.* व्यक्ति या वस्तु के विषय में लोगों की धारणा, ख्याति, नाम

request /रि'क्वेस्ट्/ *n.* (किसी बात के लिए) अनुरोध या निवेदन, प्रार्थना ▸ **request** *v.* किसी बात के लिए (किसी से) अनुरोध या निवेदन करना

requiem /'रेक्विअम्, 'रेक्विएम्/ *n.* **1** (ईसाई धर्म में) मृत आत्मा की शांति के लिए आयोजित प्रार्थना सभा **2** इस प्रकार के समारोह के लिए तैयार विशेष संगीत, शोक गीत

require /रि'क्वाइअ(र्)/ *v.* **1** (किसी बात की) आवश्यकता होना **2** किसी बात की अधिकृत रूप से माँग करना या कोई आदेश देना, से अपेक्षा होना, के लिए आवश्यक होना ▸ **requirement** *n.* अपेक्षा, ज़रूरत, माँग

requisite /'रेक्विज़िट्/ *adj.* विशेष प्रयोजन के लिए आवश्यक या अपेक्षित ▸ **requisite** *n.* (किसी बात के लिए या की) ज़रूरत, आवश्यकता, अपेक्षा

rescind /रि'सिन्ड्/ *v.* किसी क़ानून, अनुबंध, निर्णय आदि को अधिकृत रूप से निरस्त करना, रद्द या मंसूख़ करना

rescue /'रेस्क्यू/ *v.* (ख़तरनाक या अप्रिय स्थिति से) व्यक्ति या वस्तु को बचाना या का उद्धार करना ▸ **rescue** *n.* बचाव, उद्धार ▸ **rescuer** *n.* उद्धारक, बचाने वाला

research /रि'सच्/ *n.* किसी विषय में या पर अनुसंधान या शोधकार्य ▸ **research** *v.* अनुसंधान या शोधकार्य करना

resemble /रि'ज़ेम्ब्ल्/ *v.* दूसरे व्यक्ति या वस्तु जैसा होना या दिखना ▸ **resemblance** *n.* सादृश्य, समानता

resent /रि'ज़ेन्ट्/ *v.* (अनुचित प्रतीत होने के कारण) किसी बात का बुरा मानना या पर नाराज़ होना ▸ **resentful** *adj.* नाराज़, रुष्ट ▸ **resentment** *n.* नाराज़गी

reservation /ˌरेज़'वेशन्/ *n.* **1** आरक्षित स्थान (सीट, टेबल, कमरा आदि) **2** (किसी योजना, विचार आदि के विषय में) शंका

reserve /रि'ज़व्/ *v.* **1** विशेष प्रयोजन से या भविष्य में इस्तेमाल के लिए किसी चीज़ को सुरक्षित रखना **2** सीट, टेबल, कमरा आदि आरक्षित कराना, बुक कराना ▸ **reserve** *n.* **1** विशेष प्रयोजन से या भविष्य में उपयोग के लिए सुरक्षित कोई वस्तु **2** क़ानून द्वारा सुरक्षित भूभाग (वहाँ के पौधे, पशु आदि)

reserved /रि'ज़व्ड्/ *adj.* संकोची तथा मनोभावों को छिपाकर रखने वाला

reservoir /'रेज़व्वा(र्)/ *n.* बड़ा

जलाशय (जिसमें विशेष क्षेत्र, नगर आदि के लिए जल संचित हो)

reshuffle /ˌरीˈशफ़ल्/ *v.* समूह के सदस्यों के कामों में फेरबदल करना (जैसे सरकारी तंत्र में) ▸ **reshuffle** /ˈरीशफ़ल्/ *n.* फेरबदल

reside /रिˈज़ाइड्/ *v.* किसी स्थान पर रहना, निवास करना ▸ **residence** *n.* (किसी स्थान पर) निवास, रिहायश

residue /ˈरेज़िड्यू/ *n.* अवशेष, (किसी वस्तु के मुख्य भाग के प्रयोग में आने के बाद) बचा हुआ अंश

resign /रिˈज़ाइन्/ *v.* **1** नौकरी या पद छोड़ना या से त्यागपत्र देना **2** किसी अप्रिय स्थिति को स्वीकार कर लेना (उसे बदलने में असमथर्ता के कारण)

resignation /ˌरेज़िग्ˈनेशन्/ *n.* **1** औपचारिक त्यागपत्र (नौकरी या पद छोड़ने के लिए पत्र या वक्तव्य) **2** अप्रिय स्थिति को स्वीकार कर लेने की स्थिति

resilient /रिˈज़िलिअन्ट्/ *adj.* रोग, आघात, परिवर्तन आदि से सँभलने में समर्थ, प्रतिस्कंदी, लचीला ▸ **resilience** *n.* रोग आदि से सँभलने का सामर्थ्य, प्रतिस्कंदन

resin /ˈरेज़िन्/ *n.* **1** कुछ वृक्षों से प्राप्त एक चिपचिपा पदार्थ जो वार्निश, दवाइयाँ आदि बनाने में इस्तेमाल होता है, राल **2** प्लास्टिक बनाने में प्रयुक्त राल जैसा एक कृत्रिम पदार्थ

resist /रिˈज़िस्ट्/ *v.* **1** कुछ घटित होने से या किसी को कुछ करने से रोकने की कोशिश करना, व्यक्ति या वस्तु का प्रतिरोध या विरोध करना **2** अपने को रोकना (अभीष्ट वस्तु को प्राप्त करने से या अभीष्ट काम करने से)

resistance /रिˈज़िस्टन्स्/ *n.* **1** कुछ घटित होने या किसी को कुछ करने से रोकने की क्रिया, व्यक्ति या वस्तु का प्रतिरोध या विरोध **2** व्यक्ति की रोग-प्रतिरोधन शक्ति

resolute /ˈरेज़लूट्/ *adj.* दृढ़निश्चयी, कृतसंकल्प ▸ **resolutely** *adv.* दृढ़तापूर्वक

resolution /ˌरेज़ˈलूशन्/ *n.* **1** दृढ़ता, संकल्पबद्धता **2** समस्या, विवाद आदि का समाधान या निपटारा

resolve /रिˈज़ॉल्व्/ *v.* **1** किसी समस्या का हल निकालना **2** कोई निर्णय करना और उस पर डटे रहना, कृतसंकल्प होना

resonant /ˈरेज़नन्ट्/ *adj.* **1** (ध्वनि) गहरी, स्पष्ट और गुंजायमान **2** गुंजायमान ध्वनियों को उत्पन्न करने वाला

resonate /ˈरेज़नेट्/ *v.* **1** (स्वर, उपकरण आदि का) गहरी, स्पष्ट और गुंजायमान ध्वनि उत्पन्न करना **2** किसी को कुछ याद दिलाना, किसी के सोच या मान्यताओं से अनुकूलता अनुभव करना

resort /रिˈज़ॉट्/ *n.* लोगों की अवकाश-कालीन आनंद-स्थली, सैरगाह ▸ **resort** *v.* (विवशता में किसी भी अरुचिकर) उपाय का सहारा लेना

resounding /रिˈज़ाउन्डिङ्/ *adj.* **1** बहुत ऊँची आवाज़ वाला **2** उल्लेखनीय, असाधारण

resource /रिˈसॉस्, -ˈज़ॉस्/ *n.* उपयोग के लिए उपलब्ध सामग्री, संसाधन ▸ **resourceful** *adj.* उपाय-कुशल, चतुर, साधनसंपन्न

respect /रिˈस्पेक्ट्/ *n.* **1** व्यक्ति या वस्तु के प्रति आदर-भावना **2** बड़ों का ध्यान या लिहाज़ ▸ **respect** *v.* **1** व्यक्ति या वस्तु का आदर करना **2** व्यक्ति या वस्तु

का लिहाज़ करना या उस का ध्यान रखना ▸ **respectful** *adj.* आदरपूर्ण, श्रद्धायुक्त ▸ **respectfully** *adv.* आदरपूर्वक, श्रद्धापूर्वक

respectable /रि'स्पेक्टबल्/ *adj.* 1 सम्मान-योग्य, आदरणीय (समाज में अच्छा, उचित या सही माना जाने वाला) 2 काफ़ी अच्छा या काफ़ी बड़ा ▸ **respectability** *n.* सम्माननीयता

respective /रि'स्पेक्टिव्/ *adj.* अपना-अपना (निर्दिष्ट व्यक्तियों में प्रत्येक से अलग-अलग संबंधित)

respectively /रि'स्पेक्टिव्लि/ *adv.* क्रमशः, क्रमानुसार (उसी क्रम में जिसमें व्यक्ति या वस्तु का पहले निर्देश हुआ है)

respirator /'रेस्परेट(र्)/ *n.* 1 (प्राकृतिक रूप से श्वसन में असमर्थ होने पर) श्वसन क्रिया में रोगी की लंबे समय तक सहायता करने वाला उपकरण, श्वसन-सहायक यंत्र 2 श्वास-यंत्र (धुएँ, गैस आदि वाले स्थान पर साँस लेने के लिए नाक और मुँह पर पहना जाने वाला यंत्र)

respiratory /र'स्पिरट्रि, 'रेस्परट्रि/ *adj.* श्वसन-विषयक

respire /रि'स्पाइअ(र्)/ *v.* साँस लेना-छोड़ना

respite /'रेस्पाइट्/ *n.* (कठिन या अप्रिय स्थिति से) थोड़े समय का विश्राम, थोड़ी फ़ुरसत

resplendent /रि'स्प्लेन्डन्ट्/ *adj.* आकर्षक ढंग से चमकीला, दमकता हुआ, चमचमाता हुआ, दैदीप्यमान

response /रि'स्पॉन्स्/ *n.* (व्यक्ति या वस्तु को) उत्तर या प्रतिक्रिया

responsibility /रि,स्पॉन्स'बिलटि/ *n.* (*pl.* **responsibilities**) 1 उत्तरदायित्व, ज़िम्मेदारी, जवाबदेही (किसी के प्रति, किसी काम के लिए) 2 किसी बात का दोष

responsible /रि'स्पॉन्सबल्/ *adj.* 1 उत्तरदायी, ज़िम्मेदार (किसी के प्रति, किसी काम के लिए) 2 (व्यक्ति) उचित और समझदारी के आचरण के लिए भरोसे लायक़

responsive /रि'स्पॉन्सिव्/ *adj.* व्यक्ति या वस्तु का ध्यान रखने वाला और उपयुक्त या अनुकूल प्रतिक्रिया करने वाला, प्रतिसंवेदी

rest /रेस्ट्/ *v.* 1 (सक्रिय रहने या बीमारी के बाद) सुस्ताना, सोना या आराम करना 2 (किसी वस्तु को किसी दूसरी वस्तु पर) टिकाना, टेकना, सहारा लेना या देना, टेक लगाना या लगना ▸ **rest** *n.* 1 विश्राम, आराम (सुस्ताना, सोना या कुछ न करना) 2 बाक़ी बचा हुआ, शेष, अन्य, बाक़ी रह गए

restaurant /'रेस्ट्रॉन्ट्/ *n.* रेस्तराँ, भोजनालय

restful /'रेस्ट्फ़्ल्/ *adj.* सुखद, शांतिप्रद

restitution /,रेस्टि'ट्यूशन्/ *n.* 1 खोई या चुराई हुई वस्तु की उसके मालिक को वापसी 2 (क़ानून में) चोट आदि के लिए व्यक्ति को मुआवज़ा

restless /'रेस्ट्लस्/ *adj.* 1 बेचैन, अशांत या निश्चेष्ट (ऊब जाने, घबरा जाने या अधीर हो जाने के कारण) 2 (समयावधि) निद्रा या विश्रामरहित ▸ **restlessly** *adv.* बेचैनी से

restorative /रि'स्टॉरटिव्/ *adj.* 1 स्वास्थ्यवर्द्धक, बलवर्द्धक 2 शरीर या इसके अंग की चिकित्सा से संबंधित, आरोग्यकारक ▸ **restorative** *n.* स्वास्थ्य, बल बढ़ानेवाला,

restore /रि'स्टॉ(र्)/ *v.* **1** व्यक्ति या वस्तु को उसकी पूर्व दशा या स्थिति में लाना **2** खोई या चुराई वस्तु को लौटाना, वापस करना

restrain /रि'स्ट्रेन्/ *v.* व्यक्ति या वस्तु को नियंत्रण में रखना, व्यक्ति या वस्तु को कुछ करने से रोकना

restraint /रि'स्ट्रेन्ट्/ *n.* **1** शांत या नियंत्रित व्यवहार, संयम **2** (किसी पर) प्रतिबंध या नियंत्रण

restrict /रि'स्ट्रिक्ट्/ *v.* व्यक्ति या वस्तु पर (किसी बात के लिए) पाबंदी लगाना

restriction /रि'स्ट्रिक्श्न्/ *n.* **1** प्रतिबंधात्मक व्यवस्था (नियम या क़ानून), रोक, पाबंदी (संख्या, मात्रा, आकार आदि की दृष्टि से) **2** प्रतिबंध, रोक

result /रि'ज़ल्ट्/ *n.* **1** परिणाम, नतीजा, फल (किसी अन्य बात के कारण घटित स्थिति), अंतिम स्थिति (घटनाओं की शृंखला की) **2** किसी कार्य का अच्छा प्रभाव ▸ **result** *v.* (किसी अन्य बात के कारण) कुछ घटित होना या मौजूद होना, परिणाम होना या निकलना

r

resultant /रि'ज़ल्टन्ट्/ *adj.* परिणामस्वरूप, परिणाम के तौर पर उत्पन्न, परिणामी

resume /रि'ज़्यूम्, -'ज़्यू-/ *v.* पुनः आरंभ होना या करना, जारी रहना या रखना (विराम या बाधा के बाद)

resurgence /रि'सजन्स्/ *n.* (किसी मृतप्राय गतिविधि का) पुनरुज्जीवन

resurrect /ˌरेज़'रेक्ट्/ *v.* (लंबे समय तक अनुपयुक्त या अनुपस्थित वस्तु को) पुनर्जीवित करना

resuscitate /रि'ससिटेट्/ *v.* (लगभग निष्प्राण हो चुके व्यक्ति को) पुनः होश में लाना या जीवित करना ▸ **resuscitation** *n.* पुनः होश में लाने की क्रिया

retail /'रीटेल्/ *n.* दुकानों आदि पर सामान की खुदरा या फुटकर बिक्री (आम ग्राहकों को)

retain /रि'टेन्/ *v.* किसी वस्तु को रखना या बनाए रखना या रखे रहना, न गँवाना

retaliate /रि'टैलिएट्/ *v.* किसी के दुर्व्यवहार का जवाब कटु व्यवहार से देना, बदले की कार्रवाई करना ▸ **retaliation** *n.* बदले की कार्रवाई, प्रतिकार

retard /रि'टाड्/ *v.* (प्रगति या विकास) धीमा करना, देर करना, विलंब करना, बाधा डालना ▸ **retardation** *n.* रोक, गतिरोध, मंदता, बाधा ▸ **retard** *n.* (व्यक्ति के) असामान्य विकास को दर्शाने के लिए प्रयुक्त, अवरुद्ध विकासवाला ▸ **retarded** *adj.* अपूर्ण विकसित, मंदगति से विकसित

retch /रेच्/ *v.* मिचली होना, उबकाई आना (वमन क्रिया वाली हरकतें करना परंतु वस्तुतः वमन न होना)

retention /रि'टेन्श्न्/ *n.* किसी वस्तु को रखने या वस्तु के रखे जाने की क्रिया, धारण, अवधारण, प्रतिधारण

retentive /रि'टेन्टिव्/ *adj.* (स्मृति या मस्तिष्क के लिए प्रयुक्त) शीघ्र याद करने में समर्थ, धारणशील, तीव्र स्मरण शक्तिवाला

rethink /'रीथिङ्क्, ˌरी'थिङ्क्/ *v.* किसी इरादे आदि पर पुनर्विचार करना (इसलिए कि शायद उसे बदलना पड़े)

reticent /'रेटिसन्ट्/ *adj.* (किसी विषय में) लोगों से बातें करने को अनिच्छुक, अल्पभाषी ▸ **reticence** *n.* अल्पभाषिता

retina /ˈरेटिना/ *n.* दृष्टिपटल, रेटिना, (आँख में पीछे का वह हिस्सा जो प्रकाश के प्रति संवेदनशील है और जो हम देखते हैं उसे मस्तिष्क को संप्रेषित करता है)

retinue /ˈरेटिन्यू/ *n.* किसी महत्वपूर्ण व्यक्ति के साथ सेवकों का दल, अनुचर वर्ग

retire /रिˈटाइअ(र्)/ *v.* **1** सेवा से निवृत्त होना या अवकाश प्राप्त करना, रिटायर होना (प्रायः सेवानिवृत्ति की आयु पर) **2** (घर छोड़कर) किसी शांत या निजी स्थान पर चले जाना, एकांतवास को चले जाना

retiring /रिˈटाइअरिङ्/ *adj.* (व्यक्ति) एकांतप्रिय, संकोची

retort /रिˈटॉट्/ *v.* किसी की बात का तुरंत जवाब देना (चिढ़कर या विनोदी ढंग से) ▸ **retort** *n.* **1** त्वरित, खीझ-भरा या विनोदपूर्ण उत्तर **2** लंबी तंग मुड़ी हुई टोंटी वाली बोतल जो प्रयोगशाला में जल आसवन के काम आती है

retrace /रिˈट्रेस्/ *v.* (ठीक उसी रास्ते) लौटना, पिछली बातों को दोहराना, आदि

retract /रिˈट्रेक्ट्/ *v.* अपनी बात से पीछे हट जाना, पूर्व कथन को वापस ले लेना, मुकर जाना

retreat /रिˈट्रीट्/ *v.* **1** (सेना का) मोर्चे से पीछे हट जाना (हारकर या फिर से तैयार होने के लिए) **2** पीछे हटना, एकांतवास में चले जाना ▸ **retreat** *n.* **1** दूर और पीछे हटने की क्रिया (कठिन या ख़तरनाक स्थिति से) **2** एकांत स्थान (शांति या विश्राम के लिए)

retrench /रिˈट्रेन्च्/ *v.* **1** (सरकार, व्यवसाय आदि के लिए प्रयुक्त) व्यय में कटौती करना, ख़र्च घटाना, कम ख़र्च करना, मितव्यय करना **2** नौकरी से हटाना, छटनी करना ▸ **retrenchment** *n.* छटनी, घटाव

retribution /ˌरेट्रिˈब्यूशन्/ *n.* अपराध की सज़ा

retrieve /रिˈट्रीव्/ *v.* **1** (किसी वस्तु को) पुनः प्राप्त करना (वहाँ से जहाँ वह छूटी या खोई थी) **2** (मेमोरी में) संचित सूचना को प्राप्त करना ▸ **retrieval** *n.* पुनः प्राप्ति

retro /ˈरेट्रो/ *adj.* **1** हाल ही के अतीत से शैली की अनुकृति बनाने वाला, पूर्वव्यापी **2** पीछे, पीछे की ओर, पश्च

retrograde /ˈरेट्रग्रेड्/ *adj.* (कार्य) स्थिति को बदतर बनाने वाला पतनोन्मुख या पूर्व स्थिति पर लौट आने वाला या प्रतिगामी

retrospect /ˈरेट्रस्पेक्ट्/ *n.* पुनरावलोकन करना, बीते हुए को याद करना

retrospective /ˌरेट्रˈस्पेक्टिव्/ *adj.* **1** पुनः अतीत को देखते हुए, अतीतलक्षी, पश्चदर्शी **2** (क़ानून, निर्णय, भुगतान आदि) पिछली तारीख़ से लागू, पूर्व-प्रभावी ▸ **retrospectively** *adv.* पूर्व प्रभाव से, भूतलक्षी प्रभाव से

return /रिˈटन्/ *v.* **1** कहीं पहुँचना या लौटना **2** कुछ वापस देना, भेजना, रखना या लेना ▸ **return** *n.* **1** लौटकर आने या जाने की क्रिया (किसी स्थान पर, पिछले कार्यकलाप की ओर या स्थिति या दशा में) **2** (टेनिस में) गेंद को मार या फेंककर लौटाने की क्रिया **3** व्यापार आदि से लाभ

reunion /रीˈयूनिअन्/ *n.* **1** पुनर्मिलन (की) पार्टी या अवसर (पुराने मित्रों या साथियों से लंबे वियोग के बाद) **2** (लंबे वियोग के बाद) पुनर्मिलन

reunite /ˌरीयू'नाइट्/ *v.* पुनर्मिलन होना, व्यक्तियों, समूहों आदि का पुनर्मिलन करा देना

rev /रेव्/ *v.* (**revving, revved**) इंजन का परिक्रमण करना (तेज़ी से और आवाज़ करते हुए घूमना) ▸ **rev** *n.* (इंजन का) एक परिक्रमण (एक पूरा चक्कर)

revamp /ˌरी'वैम्प्/ *v.* अधिक आकर्षक या आधुनिक बनाने के लिए बदलाव लाना, नया रूप देना, नवीकरण करना ▸ **revamp** *n.* नवीकरण, पुनरुद्धार

reveal /रि'वील्/ *v.* **1** (गुप्त या पूर्वतः अज्ञात वस्तु को) प्रकट करना, रहस्य खोल लेना **2** (जो पहले छुपा था उसे) दिखाना, प्रदर्शित करना

revel /'रेव्ल्/ *v.* (**revelling, revelled**; *US* **reveling, reveled**) (**revel in sth/doing sth**) (किसी बात का) भरपूर आनंद लेना

revelation /ˌरेव'लेश्न्/ *n.* **1** रहस्योद्घाटन, (गुप्त या पूर्वतः अज्ञात विशेषतः किसी आश्चर्यकारी बात का) प्रकटीकरण **2** आश्चर्यकारी वस्तु या व्यक्ति (जो किसी के बारे में आपका विचार बदल दे)

revenge /रि'वेन्ज्/ *n.* (किसी से किसी बात का) बदला, प्रतिशोध (चोट के बदले चोट) ▸ **revenge** *v.* किसी से बदला लेना

revenue /'रेवन्यू/ *n.* सरकार, कंपनी आदि की नियमित आय, राजस्व

reverberate /रि'वबरेट्/ *v.* **1** (ध्वनि का) गूँजना, प्रतिध्वनित होना **2** (कमरा आदि स्थान) मारे शोर के हिलने-सा लगना या तीव्र ध्वनि से कंपायमान हो जाना

revere /रि'विअ(र्)/ *v.* किसी व्यक्ति या वस्तु के लिए बहुत आदर या प्रशंसा का भाव रखना, व्यक्ति या वस्तु में श्रद्धा रखना ▸ **reverence** *n.* श्रद्धा

Reverend /'रेवरन्ड्/ (*abbr.* **Rev.**) *adj.* ईसाई पादरी की उपाधि, रेवरेंड

reverie /'रेवरि/ *n.* अपने ही ख़्यालों में मग्न, दिवास्वप्न

reversal /रि'वर्स्ल्/ *n.* विपरीत के लिए बदलाव, विपरीत के लिए बदलाव होने की क्रिया

reverse /रि'वर्स्/ *v.* **1** पहले किए का उलटा या विपरीत करना **2** (वाहन में) पीछे की ओर जाना, वाहन को पीछे को चलाना ▸ **reverse** *n.* **1** पूर्णतः विपरीत (जो अभी कहा गया है या जो अपेक्षित है उसका) **2** कार को पीछे ले जाने के लिए प्रयुक्त गियर, रिवर्स गियर विपरीत क्रम में, अंत से प्रारंभ की ओर ▸ **reverse** *adj.* विपरीत (उसके कि जो अपेक्षित है या अभी कहा गया है)

revert /रि'वर्ट्/ *v.* पूर्व दशा या क्रिया में लौट जाना

review /रि'व्यू/ *n.* **1** (किसी बात का) पुनः परीक्षण या उस पर पुनर्विचार (उसमें परिवर्तन की आवश्यकता पर निर्णय हेतु) **2** पुस्तक, फ़िल्म आदि की (लिपिबद्ध या मौखिक) समीक्षा (अख़बार, पत्रिका, टीवी या रेडियो पर) ▸ **review** *v.* **1** (किसी बात का) पुनः परीक्षण या उस पर पुनर्विचार करना (उसमें परिवर्तन की आवश्यकता पर निर्णय हेतु) **2** (रेडियो या टीवी पर वार्ता या पत्रिका में लेख के रूप में पुस्तक आदि की समीक्षा करना)

revise /रि'वाइज़्/ *v.* **1** किसी वस्तु में परिवर्तन करना (उसे शुद्ध करने या सुधारने के लिए), संशोधन या परिशोधन करना

2 पढ़े हुए को दोहराना (विशेषतः परीक्षा की तैयारी के लिए), पुनरावृत्ति करना

revival /रि'वाइवल्/ *n.* **1** पुनः सशक्त या जनप्रिय होना या करना, पुनरुज्जीवन **2** नाटक का पुनः मंचन (कुछ अंतराल के बाद)

revive /रि'वाइव्/ *v.* **1** किसी का पुनरुज्जीवित होना या करना **2** पुनः जनप्रिय होना या करना, पुनः प्रचलन होना या करना

revoke /रि'वोक्/ *v.* किसी वस्तु (जैसे क़ानून) को रद्द करना

revolt /रि'वोल्ट्/ *v.* **1** किसी व्यक्ति या सत्ताधारी के विरुद्ध सामूहिक विद्रोह करना (प्रायः हिंसात्मक रीति से) **2** किसी के मन में घृणा भर देना ▸ **revolt** *n.* विद्रोह

revolution /,रेव'लूशन्/ *n.* **1** क्रांति (जनसमूह द्वारा शासन व्यवस्था को बदलने का प्रयास विशेषतः हिंसक रीति से) **2** किसी की कार्यपद्धति आदि में आमूल परिवतर्न (प्रायः प्रगति के फलस्वरूप) **3** परिक्रमण (किसी वस्तु के चारों ओर का चक्कर)

revolutionary /,रेव'लूशनरि/ *adj.* **1** क्रांतिकारी (राजनीतिक क्रांति से संबंधित या उसका समर्थक) **2** अत्यधिक परिवर्तनकारी, कायापलट करने वाला ▸ **revolutionary** *n.* (*pl.* **revolutionaries**) क्रांतिकारी व्यक्ति (शासन-व्यवस्था को बदलने के लिए हिंसात्मक प्रयासों का प्रवर्तक या समर्थक व्यक्ति)

revolutionize /,रेव'लूशनाइज़/ *v.* किसी को पूरी तरह बदल देना, क्रांति ले आना (प्रायः उसमें सुधार के साथ)

revolve /रि'व़ॉल्व/ *v.* किसी केंद्रीय बिंदु के चारों ओर चक्कर लगाना, वृत्ताकार घूमना

revolver /रि'व़ॉल्व(र)/ *n.* रिवॉल्वर, एक प्रकार की छोटी बंदूक़

revulsion /रि'वल्शन्/ *n.* घृणा या जुगुप्सा का भाव (घिनौनी चीज़ के कारण)

reward /रि'वॉड्/ *n.* **1** पुरस्कार, इनाम (अच्छा काम करने, मेहनत करने आदि के लिए प्रशंसा के रूप में दी गई कोई वस्तु) **2** (पुलिस की सहायता करने, खोई वस्तु लौटाने आदि के लिए) प्रशंसा स्वरूप दी गई धनराशि ▸ **reward** *v.* किसी को पुरस्कार देना (अच्छा काम करने, परिश्रम करने आदि के लिए)

rhapsody /'रैपसडि/ *n.* **1** आनंदातिरेक की अभिव्यक्ति **2** (एक ही समय में पूरा गाया जा सकने वाला) संगीत का एक अंश, प्रशस्ति गीत

rhetoric /'रेटरिक्/ *n.* वाग्मिता, वाक्पटुता (प्रभावपूर्ण रीति से या लोगों को प्रभावित करने के लिए कुछ कहने या लिखने की कला, कभी-कभी केवल दिखावे के लिए) ▸ **rhetorical** *adj.* वाक्पटुता-विषयक, आलंकारिक ▸ **rhetorically** *adv.* वाक्पटुतापूर्वक, आलंकारिक रीति से

rhetorical question *n.* प्रश्नालंकार, भाषणगत प्रश्न (ऐसा प्रश्न जिसका उत्तर अपेक्षित नहीं, अभिव्यक्ति की शोभा)

rheumatism /'रूमटिज़म्/ *n.* संधिवात, गठिया (का रोग)

rhino /'राइनो/ *n.* (*pl.* **rhinos**) (*also* **rhinoceros**) (*pl.* **rhinoceros** or **rhinoceroses**) गैंडा (अफ्रीक़ा या एशिया में पाया जाता है)

rhododendron /ˌरोड ˈडेन्ड्रन्/ *n.* बड़े-बड़े फूलों वाली सदाबहार झाड़ी-विशेष
rhombus /ˈरॉम्बस्/ *n.* समचतुर्भुज (भुजाएँ समान परंतु कोण 90° के नहीं)
rhyme /राइम्/ *n.* **1** तुक, अंत्यानुप्रास (शब्दगत ध्वनियों की समानता), क़ाफ़िया **2** तुकांत अभिव्यक्ति (लिखित या मौखिक) ▸ **rhyme** *v.* **1** शब्दों की तुक मिलना, किसी रचना का तुकांत होना (रचना की पंक्तियों के अंत, समान ध्वनि वाले शब्दों का प्रयोग होना) **2** (शब्दों, पंक्तियों की) तुक मिलना
rhythm /ˈरिदम्/ *n.* लय, ताल (ध्वनि या गति की नियमित आवृत्ति का पैटर्न) ▸ **rhythmic** *adj.* लयबद्ध, तालबद्धपूर्वक ▸ **rhythmically** *adv.* तालपूर्वक
rib /रिब्/ *n.* पसली की हड्डी, पर्शुका
ribald /ˈरिबल्ड्, ˈराइबॉल्ड्/ *adj.* हास्यजनक लेकिन भद्दे तरीक़े से की गई यौन-संबंधी टिप्पणी या बात, फूहड़, अश्लील
ribbon /ˈरिबन्/ *n.* फ़ीता, रिबन (किसी वस्तु को बाँधने या सजाने के लिए)
ribcage /ˈरिब्केज्/ *n.* छाती के आसपास हड्डियों की प्रत्येक शृंखला, छाती को घेरती हुए अस्थियों की दीवार, पंजर
riboflavin /ˌराइबˈफ़्लेविन्/ *n.* विटामिन बी, राइबोफ़लेविन
rice /राइस्/ *n.* धान, चावल
rich /रिच्/ *adj.* **1** धनी, अमीरी (धन और संपत्ति वाला), ग़रीब नहीं **2** भरपूर, बहुलतापूर्वक, बहुतायत वाला ▸ **richness** *n.* अमीरी, समृद्धि, प्रचुरता
richly /ˈरिच्लि/ *adv.* **1** उदारता से, भरपूर **2** उचित रूप से, सही तौर पर (लोगों की दृष्टि में)
Richter scale /ˈरिक्ट स्केल्/ *n.* भूकंप की उग्रता या भयंकरता को मापने का पैमाना, रिक्टर स्केल
rickets /ˈरिकिट्स्/ *n.* सूखा रोग (पोषक आहार के अभाव में बच्चों को होने वाला अस्थि रोग जिसमें विशेषतः टाँगों की हड्डियाँ नरम पड़कर मुड़ जाती हैं), रिकेट्स
rickety /ˈरिकटि/ *adj.* जर्जर, टुटियल, दुर्बल
rid /रिड्/ *v.* अप्रिय या अनचाहे व्यक्ति या वस्तु से पीछा छुड़ाना (अपना या दूसरे का)
riddance /ˈरिड्न्स्/ *n.* (**good riddance**) अनचाहे व्यक्ति या वस्तु से छुटकारा मिलने पर ख़ुशी या संतोष व्यक्त करने के लिए प्रयुक्त
riddle /ˈरिड्ल्/ *n.* **1** पहेली, बुझौवल **2** पेचीदा व्यक्ति, वस्तु या घटना (ऐसा जिसे समझा या समझाया न जा सके)
ride /राइड्/ *v.* **1** घोड़े आदि पर सवार होना (और उसे क़ाबू में रखना) **2** साइकिल आदि पर सवार होना (और उसे क़ाबू में रखना) ▸ **ride** *n.* **1** घोड़ा, साइकिल, कार, बस आदि की सवारी (थोड़ी दूर की) **2** मनोरंजन पार्क में झूला (मन बहलाव या उत्तेजनापूर्ण आनंद के लिए), झूले की सवारी, बस, कार आदि में यात्री के रूप में सफ़र करना ▸ **rider** *n.* सवार, घुड़सवार
ridge /रिज्/ *n.* **1** पहाड़ियों या पहाड़ों के शिखर पर का लंबा तंग उठा हुआ हिस्सा, उन्नत भूभाग **2** रेखा या लकीर जहाँ दो सतहें एक कोण पर मिलती हैं
ridicule /ˈरिडिक्यूल्/ *n.* किसी की खिल्ली उड़ाने वाली निर्लज्ज हँसी या आचरण ▸ **ridicule** *v.* खिल्ली उड़ाना,

r

मज़ाक़ बनाना

ridiculous /रि'डिक्यलस्/ *adj.* मूखर्तापूर्ण या बेतुका ▸ **ridiculously** *adv.* बेतुकेपन से

rife /राइफ़्/ *adj.* (विशेषतः बुरी बातें) फैली हुई, बहुविदित, सर्वविदित

riff-raff /'रिफ़ रैफ़/ *n.* निम्न वर्ग (के लोग), कुली-कबाड़ी

rifle /'राइफ़ल्/ *n.* राइफ़ल (लंबी नली की बंदूक़) ▸ **rifle** *v.* किसी वस्तु को ढूँढ़ना (प्रायः उसे चुराने की दृष्टि से)

rift /रिफ़्ट्/ *n.* **1** मित्रों, संगठनों आदि में गंभीर मतभेद, मनमुटाव (जो संबंधों को बीच में ही ख़त्म कर दे) **2** ज़मीन, चट्टान आदि में बड़ी दरार या छेद

rig /रिग्/ *v.* **1** लाभ उठाने के लिए बेईमानी करना **2** विमान के पुर्ज़ों को जोड़ना और ठीक-ठाक करना

right /राइट्/ *adj.* **1** शुद्ध, सही, सच **2** (आचरण, कार्य आदि) उचित, नैतिक और सामाजिक दृष्टि से ठीक **3** दायाँ, दाहिना ▸ **rightness** *n.* न्यायशीलता ▸ **right** *adv.* **1** एकदम ठीक, एकदम सीधे **2** सारा का सारा, पूरी तरह ▸ **right** *n.* **1** नैतिक रूप से मान्य और उचित **2** दाहिना पार्श्व या दिशा ▸ **right** *v.* किसी को सही स्थिति में वापस ले आना, सही करना

righteous /'राइचस्/ *adj.* नैतिक रूप से मान्य या उचित

rightful /'राइट्फ़ल्/ *adj.* क़ानूनन या नैतिक दृष्टि से सही, न्यायोचित ▸ **rightfully** *adv.* न्यायोचित रूप से

right-handed *adj.* दाहिने हाथ से लिखना आदि करने वाला, दक्षिण हस्त चालक

rigid /'रिजिड्/ *adj.* **1** किसी को बदलने में असमर्थ या परिवर्तित होने का अनिच्छुक **2** कठिनाई से मुड़ने वाला, कड़ा, कठोर ▸ **rigidity** *n.* कड़ापन, कठोरता ▸ **rigidly** *adv.* कठोरता से

rigmarole /'रिग्मरोल्/ *n.* **1** एक लंबी जटिल प्रक्रिया **2** लंबी जटिल कहानी, अनर्गल प्रलाप

rigorous /'रिगरस्/ *adj.* बहुत सावधानी और बारीकी से किया गया, परिशुद्ध ▸ **rigorously** *adv.* परिशुद्धता के साथ

rigour /'रिग(र्)/ *n.* **1** बहुत सावधानी और बारीकी से कुछ करने की क्रिया **2** कड़ाई, सख़्ती, कठोरता

rim /रिम्/ *n.* किसी गोलाकार वस्तु का किनारा (उसके शीर्ष पर या बाहर की ओर)

ring /रिङ्/ *n.* **1** अँगूठी, मुद्रिका **2** घेरा (गोल निशान या आकार) ▸ **ring** *v.* (**ringing, rang, rung**) **1** किसी को या किसी बात के लिए फ़ोन करना **2** गूँजना, प्रतिध्वनित होना

ringworm /'रिङ्वम्/ *n.* (एक त्वचा रोग जिसमें लाल चकत्ते पड़ जाते हैं) दाद, दद्रु

rinse /रिन्स्/ *v.* पानी से धोना (साबुन या मैल निकालने के लिए), खँगालना, पछारना ▸ **rinse** *n.* धोने, खँगालने की क्रिया

riot /'राइअट्/ *n.* दंगा, बलवा, हंगामा (लोगों द्वारा किसी सार्वजनिक स्थान पर, प्रायः विरोधस्वरूप) ▸ **riot** *v.* (प्रायः सार्वजनिक स्थान पर) उपद्रव मचाना, दंगा करना ▸ **rioter** *n.* उपद्रवी, दंगाई

RIP /,आर् आइ'पि/ *abbr.* **'Rest in Peace'** का संक्षिप्त रूप, (क़ब्रों पर अंकित) ईश्वर शांति दे

ripe /राइप्/ *adj.* **1** (फल, अनाज आदि) पका हुआ **2** (किसी स्थिति के

लिए तैयार या उपयुक्त) ▸ **ripen** *v.* पकना, पकाना

riposte /रि'पॉस्ट्/ *n.* **1** शीघ्र, समझदारी-भरा परिहासयुक्त उत्तर, प्रत्युत्तर **2** प्रतिक्रियास्वरूप किया गया, जवाबी प्रहार

ripple /'रिप्ल्/ *n.* **1** छोटी-सी लहर या पानी की हलकी-सी हरकत **2** आवाज़ का क्रमिक उतार-चढ़ाव, व्यक्ति या व्यक्तिसमूह के मन में धीरे-धीरे व्याप्त होने वाला कोई भाव ▸ **ripple** *v.* लहराना, लहरें बनाना

rise /राइज़्/ *n.* **1** वृद्धि (मात्रा, संख्या या स्तर में) **2** किसी का उत्थान और अभ्युदय (अधिक शक्तिशाली या महत्वपूर्ण हो जाने की प्रक्रिया) ▸ **rise** *v.* **(rose, risen) 1** ऊपर उठना, चढ़ना या ऊपर की ओर जाना, बढ़ना **2** (सूर्य, चंद्रमा आदि का) उदय होना, क्षितिज पर प्रकट होना ▸ **rising** *adj.* उठान, वृद्धि, उदय

risk /रिस्क्/ *n.* **1** ख़तरा, किसी ख़तरनाक या अप्रिय बात के घटित हो जाने की आशंका, जोखिम या हानि का ख़तरा **2** ख़तरे या जोखिम का कारण व्यक्ति या वस्तु ▸ **risk** *v.* **1** ख़तरा मोल लेना **2** किसी को या अपने को जोखिम में डालना ▸ **risky** *adj.* **(riskier, riskiest)** जोखिम की संभावना वाला, जोखिम-भरा, ख़तरनाक

risqué /'रिस्के/ *adj.* थोड़ा-सा अशोभनीय

rite /राइट्/ *n.* वर्ग विशेष द्वारा (प्रायः धार्मिक प्रयोजन से) किया गया अनुष्ठान

ritual /'रिचुअल्/ *n.* अनुष्ठान,(हमेशा ही समान ढंग से किया जाने वाला कार्य, संस्कार या प्रक्रिया) ▸ **ritual** *adj.* कर्मकांडपरक, आनुष्ठानिक ▸ **ritually** *adv.* कर्मकांडपूर्वक

rival /'राइवल्/ *n.* प्रतिद्वंद्वी व्यक्ति या वस्तु ▸ **rival** *v.* **(rivalling, rivalled)** किसी व्यक्ति या वस्तु की बराबरी करना

rivalry /'राइवल्रि/ *n.* (*pl.* **rivalries**) ऐसी स्थिति जिसमें एक ही चीज़ के लिए दो व्यक्ति प्रतिस्पर्धा करते हैं, प्रतिद्वंद्विता, प्रतिस्पर्धा (व्यक्तियों, समूहों आदि में)

river /'रिव(र्)/ *n.* नदी, दरिया

rivet /'रिविट्/ *n.* दो धातुखंडों या अन्य कठोर वस्तुओं को जोड़ने की (विशेष) कील, कीलक, रिवेट ▸ **rivet** *v.* आकर्षण या रुचि को बनाए रखना ▸ **riveting** *adj.* रुचिपूर्ण

RNA /ˌआर् एन् 'ए/ *abbr. & n.* सब पशुओं और पौधों की कोशिकाओं में पाया जाने वाला एक रसायन, आरएनए

road /रोड्/ *n.* **1** सड़क, रोड **2** कुछ हासिल करने का तरीक़ा

roam /रोम्/ *v.* बिना किसी योजना या लक्ष्य के घूमना-फिरना, भटकना

roar /रॉ(र्)/ *v.* **1** ठहाके लगाना **2** ज़ोर से चिल्लाते हुए कुछ कहना ▸ **roar** *n.* ठहाका, शोर-गुल, गर्जन, दहाड़

roaring /'रॉरिङ्/ *adj.* **1** ज़ोर से शोर करते हुए, गरजते या दहाड़ते हुए **2** ज़ोरदार, अत्यधिक

roast /रोस्ट्/ *v.* **1** आग में या अवन में भूनना या पकाना **2** भूनना ▸ **roast** *adj.* पका, भुना ▸ **roast** *n.* **1** अँगीठी में पकाया गोश्त

rob /रॉब्/ *v.* **(robbing, robbed) 1** (किसी व्यक्ति या स्थान से पैसा आदि) लूटना **2** (किसी को उसके प्राप्य से) वंचित करना ▸ **robbery** *n.* (*pl.*

robberies) लूटमार, डाका
robe /रोब्/ *n.* लाबादा, ढीली लंबी पोशाक (विशेषतः विशेष कार्यक्रमों पर पहनी जाने वाली)
robin /ˈरॉबिन्/ *n.* चमकीले लाल रंग की छाती वाली भूरे रंग की चिड़िया, रॉबिन
robot /ˈरोबॉट्/ *n.* मनुष्य की तरह काम करने वाली स्वचालित मशीन, रोबोट, यंत्र-मानव
robust /रोˈबस्ट्/ *adj.* तगड़ा और स्वस्थ
rock /रॉक्/ *n.* **1** पत्थर की चट्टान **2** रॉक संगीत (एक प्रकार का तेज़ संगीत, विद्युत गिटार आदि पर बजाया जाने वाला, पॉप संगीत) ▸ **rock** *v.* **1** आगे-पीछे या दाएँ-बाएँ हिलना, इस प्रकार किसी को हिलाना **2** किसी वस्तु को ज़ोर से हिलाना, झकझोर देना
rocket /ˈरॉकिट्/ *n.* **1** रॉकेट, अंतरिक्ष यात्रा के लिए प्रयुक्त यान, अंतरिक्ष यान **2** प्रक्षेपास्त्र (हवा में बम को अपने साथ ले जाने वाला अस्त्र) ▸ **rocket** *v.* तेज़ी से बढ़ना या ऊपर उठना
rocky /ˈरॉकि/ *adj.* चट्टानों से भरा या बना हुआ, चट्टानी
rod /रॉड्/ *n.* छड़, सरिया, सलाई (लकड़ी, धातु आदि की) सरिया
rodent /ˈरोड्न्ट्/ *n.* कुतरने वाला जीव (जैसे चूहा, ख़रगोश आदि, जिसके आगे के दाँत मज़बूत और तेज़ होते हैं)
rodeo /ˈरोडिओ, रोˈडेओ/ *n.* (*pl.* **rodeos**) बदमस्त घोड़ों पर सवारी आदि की प्रतियोगिता या प्रदर्शन
rogue /रोग्/ *adj.* अपने सदृश व्यक्तियों या वस्तुओं से भिन्न आचरण करने वाला और प्रायः नुक़सानदेह, बदमाश
roguish /ˈरोगिश्/ *adj.* शरारती, नटखट
role /रोल्/ *n.* **1** स्थिति विशेष में व्यक्ति या वस्तु की स्थिति या कार्य, भूमिका **2** नाटक, फ़िल्म आदि में अभिनेता की भूमिका
roll /रोल्/ *n.* **1** बेलन के आकार में लपेटी हुई वस्तु **2** गोल-गोल घूमने या (किसी वस्तु को) घुमाने की क्रिया ▸ **roll** *v.* **1** गोल-गोल घूमते हुए जाना, किसी वस्तु को गोल-गोल घुमाते हुए चलाना **2** सहज रूप से चलना (प्रायः पहियों पर), बहना
roller /ˈरोल(र्)/ *n.* **1** कोई बेलनाकार उपकरण या मशीन का अंग (जो किसी को समतल करे या चलाए), बेलन, रोलर **2** प्लास्टिक की छोटी बेलनाकार कंघी (बालों को घुंघराला बनाने के लिए)
rollicking /ˈरॉलिकिङ्/ *adj.* हँसमुख, मस्त, दिलचस्प, प्रफुल्ल, मनमौजी, ज़िंदादिल
ROM /रॉम्/ *abbr.* **'read-only memory'** का संक्षिप्त रूप, (कंप्यूटर स्मृति या मेमोरी जिसमें आवश्यक निर्देश या सूचना-सामग्री स्थायी रूप से रहते हैं, उन्हें परिवर्तित या मिटाया नहीं जा सकता)
Roman /ˈरोमन्/ *adj.* **1** प्राचीन रोम या रोमन साम्राज्य से संबंधित, रोमन **2** आधुनिक रोम (नगर) से संबंधित ▸ **Roman** *n.* रोमवासी
romantic /रोˈमैन्टिक्/ *adj.* **1** भावुकतापूर्ण और प्रेमोद्दीपक, प्रेम दिखाने वाला, रूमानी **2** प्रेम-प्रसंग वाला, रूमानी ▸ **romantically** *adv.* रूमानीपन से ▸ **romantic** *n.* रोमांटिक, कल्पनाशील व्यक्ति
romanticize /रोˈमैन्टिसाइज़्/ *v.* किसी चीज़ को रूमानी बनाना (असलियत से अधिक से अधिक रोचक, उत्तेजक आदि बनाना)

r

romp /रॉम्प्/ *v.* (बच्चों और पशुओं का) उछल-कूद मचाना (ख़ुशी के मारे और शोर मचाते हुए) ▸ **romp** *n.* उधम, उछल-कूद सरलता से जीत जाना

roof /रूफ़्/ *n.* (*pl.* **roofs**) **1** (भवन, वाहन आदि की) छत **2** किसी वस्तु के अंदर का उच्चतम अंग या बिंदु

room /रूम्, रुम्/ *n.* **1** कमरा (किसी घर या भवन का एक हिस्सा जिसकी अपनी दीवारें, फ़र्श और भीतरी छत होते हैं) **2** ख़ाली जगह या स्थान, पर्याप्त रिक्त स्थान

room-mate /'रूम्मेट्/ *n.* कमरे का साथी (कमरे में आपके साथ रहने वाला व्यक्ति)

room service *n.* (होटल के) कमरे में भोजन आदि पहुँचाने की व्यवस्था, कक्ष-सेवा

roomy /'रूमि/ *adj.* पर्याप्त जगह वाला लंबा-चौड़ा खुला, विस्तृत

roost /रूस्ट्/ *n.* पक्षियों का बसेरा (विश्राम या शयन का स्थान) ▸ **roost** *v.* पक्षियों का बसेरा करना, विश्राम करना

rooster /'रूस्ट(र्)/ *n.* पालतू मुर्गा

root /रूट्/ *n.* **1** (पेड़-पौधों की) जड़ (जो ज़मीन के अंदर रहकर मिट्टी से आहार लेती है) **2** बाल या दाँत की जड़

r

rope /रोप्/ *n.* रस्सी, किसी को काम करने का तरीक़ा दिखाना, बताना या सिखाना ▸ **rope** *v.* व्यक्ति या वस्तु को रस्सी से बाँधना

rosary /'रोज़रि/ *n.* (*pl.* **rosaries**) सुमिरनी, जयमाला (लकड़ी आदि के दानों की माला जिससे भक्त लोग प्रार्थनाओं की गिनती करते हैं)

rose /रोज़्/ *n.* गुलाब का फूल

rosemary /'रोज़मरि/ *n.* एक सदाबहार सुगंधित पौधा, रोज़मेरी

rosette /रो'ज़ेट्/ *n.* लंबे फ़ीतों से बना (गुलाब की शकल का) बिल्ला (जो प्रतियोगियों को पुरस्कारस्वरूप प्रदान किया जाता है या जिसे किसी राजनीतिक दल को समर्थन व्यक्त करने के लिए कपड़ों पर लगाया जाता है)

roster /'रॉस्ट(र्)/ *n.* व्यक्तियों के काम पर आने की बारी की सूची, (कर्तव्य) क्रम सूची, रोस्टर

rostrum /'रॉस्ट्रम्/ *n.* भाषण आदि देने के लिए मंच, चबूतरा

rosy /'रोज़ि/ *adj.* (**rosier, rosiest**) **1** गुलाबी और देखने में सुंदर **2** अनुकूल संभावनाओं से परिपूर्ण, उज्ज्वल

rot /रॉट्/ *v.* (**rotting, rotted**) (किसी चीज़) का सड़ना या ख़राब होना या को सड़ाना या ख़राब करना (प्राकृतिक प्रक्रिया के अंतर्गत) ▸ **rot** *n.* सड़न, विगलन

rotary /'रोटरि/ *adj.* धुरी पर घूमने वाला, चक्रिल, घूर्णक

rotate /रो'टेट्/ *v.* **1** धुरी पर घूमना या घुमाना, चक्कर लगाना या लगवाना, घूर्णन करना **2** किसी बात का बारी-बारी से या विशेष क्रम में होना या करना

rote /रोट्/ *n.* बार-बार बोलकर सीखना न कि उसे समझकर सीखना, रटना, कंठस्थ करना

rotten /'रॉटन्/ *adj.* **1** (खाद्य और अन्य वस्तुएँ) बासी, सड़ा-गला **2** बहुत बेकार (की बात)

rotund /रो'टन्ड्/ *adj.* गोल-मटोल, मोटा

rough /रफ़्/ *adj.* **1** खुरदरा (चिकना, कोमल या समतल नहीं) **2** उग्र, शांत या कोमल नहीं, रूखा ▸ **roughness** *n.* रूखापन ▸ **rough** *n.* अशिष्टता, अप्रिय

परिस्थिति ▸ **rough** *adv.* अनगढ़ या उग्र ढंग से

roughage /'रफ़िज्/ *n.* खाद्य पदार्थों का रेशेदार हिस्सा, चोकर, मोटा-झोंटा अंश (भोजन को पचाने में सहायक), रुक्षांश

roulette /रू'लेट्/ *n.* रुलेट का खेल (जिसमें गेंद को घूमते हुए संख्यांकित पहिए पर डाला जाता है और पहिया जिस संख्या पर रुकता है उस संख्या पर बाज़ी लगाई जाती है)

round /राउन्ड्/ *adj.* गोल (वृत्त या गेंद के आकार का) ▸ **round** *adv.* & *prep.* **1** वृत्ताकार या वक्राकार, (किसी वस्तु के) सभी ओर **2** पूर्ण वृत्त के आकार में ▸ **round** *n.* **1** दौर (घटनाओं का दौर या शृंखला) **2** फेरा, गश्त (नौकरी या काम के सिलसिले में) ▸ **round** *v.* घेरे या चक्कर में घूमना

roundabout /'राउन्डबाउट्/ *n.* **1** चौराहे का गोल चक्कर (जिसको चक्कर लगाते हुए ट्रैफ़िक को जाना होता है) **2** चरखी झूला, चक्करदार झूला (बच्चों के खेलने के लिए) ▸ **roundabout** *adj.* अधिक लंबा (आवश्यकता से या सामान्य से), घुमाव-फिराव वाला (सीधा नहीं)

rouse /राउज़्/ *v.* **1** (किसी को) जगाना **2** किसी को अत्यंत क्रोधित, उत्तेजित कर देना, भड़काना

rout /राउट्/ *v.* (किसी को) बुरी तरह हरा देना ▸ **rout** *n.* बुरी या पूर्ण हार

route /रूट्/ *n.* **1** एक स्थान से दूसरे स्थान तक जाने का रास्ता **2** कुछ प्राप्त करने का मार्ग या उपाय

routine /रू'टीन्/ *n.* **1** नियमित रूप से कुछ करने का सामान्य तरीक़ा और क्रम, नित्यक्रम, रुटीन **2** उबाऊ काम (बार-बार किए जाने के फलस्वरूप) ▸ **routine** *adj.* **1** सामान्य और नियमित, असामान्य या विशेष नहीं **2** उबाऊ, उत्तेजक या रोचक नहीं

roving /'रोविङ्/ *adj.* एक स्थान से दूसरे स्थान तक घूमते रहनेवाला, घुमक्कड़, घुमंतू, भ्रमणकारी, सैलानी, यायावर

row /रो/ *n.* **1** व्यक्तियों या वस्तुओं की पंक्ति, क़तार **2** थियेटर, सिनेमा आदि में सीटों की पंक्ति या क़तार, लाइन ▸ **row** *v.* **1** चप्पुओं से नाव खेना **2** खेते हुए नाव में सैर कराना ▸ **row** *n.* नौका-विहार

rowdy /'राउडि/ *adj.* शोर मचाने वाला और उपद्रवी ▸ **rowdily** *adv.* शोर मचाते या झगड़ते हुए ▸ **rowdiness** *n.* उपद्रव, हुल्लड़बाज़ी

royal /'रॉइअल्/ *adj.* **1** राजकीय, शाही (राजा या रानी या राजपरिवार से संबंधित) **2** (संस्थाओं या संगठनों के नाम के साथ प्रयुक्त शब्द) राजपरिवार के किसी सदस्य द्वारा पोषित, राजवंश का ▸ **royal** *n.* राजपरिवार का सदस्य

royalty /'रॉइअल्टि/ *n.* (*pl.* **royalties**) **1** राजपरिवार के सदस्य **2** लेखक को उसकी प्रत्येक रचना या कलाकार को प्रत्येक प्रदर्शन पर मिलने वाली धनराशि, रॉयल्टी

rpm /ˌआ पी'एम्/ *abbr.* **revolutions per minute** का संक्षिप्त रूप, प्रति-मिनट परिक्रमण

RSVP /ˌआर् एस् वी'पी/ *abbr.* (निमंत्रण पत्रों में प्रयुक्त) उत्तरापेक्षी

rub /रब्/ *v.* (**rubbing, rubbed**) **1** (किसी सतह को) रगड़ना **2** किसी

सतह पर क्रीम आदि मलना 3 (किसी पर या के साथ) मसलना (प्रायः दर्द करते या क्षति पहुँचाते हुए) ▸ **rub** *n.* जले पर नमक छिड़कना, दुर्दशा को बदतर बना देना, बड़े लोगों से मिलना-जुलना और उनके साथ रहना

rubber /'रब(र्)/ *n.* **1** रासायनिक प्रक्रिया द्वारा प्राप्त या उष्णकटिबंधीय वृक्ष से उत्पन्न द्रव से तैयार एक मज़बूत पदार्थ जिससे पहिये, जूते आदि तैयार किए जाते है रबड़ **2** पेंसिल से लिखे को मिटाने वाला रबड़

rubbish /'रबिश्/ *n.* **1** बेकार की चीज़ें, कूड़ा-करकट, रद्दी माल **2** कोई बात जो बुरी, बेवकूफ़ी-भरी या ग़लत लगे, अनर्गल प्रलाप, बेकार की बात

rubble /'रब्ल्/ *n.* ईंट, पत्थर आदि के टुकड़े, मलबा (विशेषतः टूटे मकान का)

rubric /'रूब्रिक् / *n.* किताब, परीक्षा पत्र आदि में अलग ढंग से मुद्रित शीर्षक या दिशा-निर्देश, मुख्य निर्देश

ruby /'रूबि/ *n.* (*pl.* **rubies**) माणिक, लाल (रत्न), रूबी

rucksack /'रक्सैक्/ *n.* पीठथैला (चीज़ें पीठ पर लादकर ले जाने का थैला)

ruckus /'रकस् / *n.* शोर-गुल, हल्ला-गुल्ला, हंगामा

rudder /'रड(र्)/ *n.* पतवार, कर्ण (नाव या विमान की दिशा नियंत्रित करने वाला काष्ठ या धातु खंड)

rude /रूड्/ *adj.* **1** अशिष्ट (किसी के प्रति) (किसी बात पर) **2** अश्लील, भद्दा ▸ **rudely** *adv.* अशिष्टतापूर्वक ▸ **rudeness** *n.* अशिष्टता

rudiment /'रूडिमन्ट्/ *n.* (*pl.* **rudiments**) **1** (विषय का) मूल तत्व, मूल सिद्धांत **2** अविकसित अंग

rudimentary /,रूडि'मेन्ट्रि/ *adj.* प्रारंभिक या साधारण

rueful /'रूफ़्ल्/ *adj.* पश्चातापी, उदास, विषादमय, अनुतप्त

ruffian /'रफ़िअन्/ *n.* हिंसक व्यक्ति, गुंडा, बदमाश

ruffle /'रफ़्ल्/ *v.* **1** किसी चीज़ को उलटा-पुलटा या बेतरतीब कर देना **2** (किसी को) परेशान कर देना या उलझन में डाल देना

rug /रग्/ *n.* **1** क़ालीन, ग़लीचा **2** मोटी चादर, कंबल आदि (गरमी के लिए टाँगों या कंधों पर डाले जाने वाले, विशेषतः यात्रा के दौरान)

rugby /'रग्बि/ *n.* एक प्रकार का फ़ुटबॉल का खेल (जिसमें 13 या 15 खिलाड़ी होते हैं), रग्बी

rugged /'रगिड्/ *adj.* **1** (ज़मीन) ऊबड़-खाबड़ (जिसमें पेड़-पौधे कम और पत्थर के टुकड़े अधिक हों) **2** (व्यक्ति) तगड़ा और सुंदर

ruin /'रूइन्/ *v.* **1** किसी चीज़ को तबाह कर देना, बरबाद कर देना (कि वह बिलकुल बेकार हो जाए) **2** किसी को उसके धन, सफलता की आशा, आदि से वंचित कर देना ▸ **ruin** *n.* **1** तबाही, बरबादी, विनाश **2** धन की बरबादी, सफलता की आशा की समाप्ति आदि या उसका कारण

ruinous /'रूइनस्/ *adj.* गंभीर समस्याएँ उत्पन्न करने वाला (विशेषतः रुपये-पैसे के मामले में)

rule /रूल्/ *n.* **1** खेल आदि का नियम, क़ायदा **2** स्थिति विशेष के लिए परामर्श, सलाह ▸ **rule** *v.* **1** देश, जनता आदि पर शासन करना **2** औपचारिक रूप से निर्णय देना

ruler /'रूल(र्)/ *n.* **1** देश आदि का शासक व्यक्ति **2** (लकड़ी या प्लास्टिक का) पैमाना, पटरी, चपती, रेख़नी

ruling /'रूलिङ्/ *adj.* किसी संस्था, देश आदि में सबसे अधिक प्रभावशाली ▸ **ruling** *n.* अधिकारिक निर्णय, व्यवस्था

rum /रम्/ *n.* गुड़ की शराब, रम

rumble /'रम्बल्/ *v.* गड़गड़ाना, घड़घड़ाना. ▸ **rumble** *n.* गड़गड़ाहट, घड़घड़ाहट

ruminant /'रूमिनन्ट्/ *n.* पशु का जुगाली करना ▸ **ruminant** *adj.* जुगाली करने वाला

ruminate /'रूमिनेट्/ *v.* **1** विचार करना, चिंतन करना, मनन करना **2** (गाय जैसे पशुओं के लिए प्रयुक्त) पेट से आहार को वापिस मुँह में लाना (फिर से चबाने के लिए), जुगाली करना ▸ **rumination** *n.* चिंतन, जुगाली

rummage /'रमिज्/ *v.* कुछ ढूँढ़ते हुए चीज़ें इधर-उधर फैलाना

rumour /'रूम(र्)/ *n.* अफ़वाह, उड़ती ख़बर, जनप्रवाद (लोगों के बीच चर्चित ऐसी ख़बर या जानकारी जिसकी सचाई संदिग्ध हो) ▸ **rumour** *v.* अफ़वाह के रूप में प्रसारित, अफ़वाह फैलाना

run /रन्/ *v.* (**running, ran, run**) **1** दौड़ना (टाँगों के सहारे, चलने से अधिक तेज़ गति करना) **2** किसी की व्यवस्था करना या दायित्व वहन करना, कोई सेवा उपलब्ध कराना **3** किसी पद के लिए चुनाव में खड़ा होना ▸ **run** *n.* **1** दौड़ **2** बेसबॉल और क्रिकेट में (स्कोर) रन

rung /रङ्/ *n.* सीढ़ी का डंडा जिस पर पैर रखते हैं, सोपान

runner /'रन(र्)/ *n.* **1** दौड़ने वाला या धावक व्यक्ति या पशु (विशेषतः किसी दौड़ में) **2** बंदूक़ों, नशीली वस्तुओं आदि को अवैध रूप से एक देश से दूसरे देश में ले जाने वाला व्यक्ति, तस्कर

rupee /रू'पी/ *n.* (*pl.* **rupees**) रुपया (भारत, पाकिस्तान, श्रीलंका, नेपाल आदि देशों की मुद्रा)

rupture /'रप्च(र्)/ *n.* **1** अचानक हुआ विस्फोट, फटन या दरार **2** दो व्यक्तियों या वर्गों में एकाएक संबंध-विच्छेद, अच्छे संबंधों की समाप्ति ▸ **rupture** *v.* फटन होना, (संबंध) विच्छेद करना

rural /'रुअरल्/ *adj.* देहाती, ग्रामीण (न कि शहरी)

ruse /रूज़्/ *n.* चाल या छल, धोखा

rush /रश्/ *v.* **1** प्रायः बहुत तेज़ी से चलना, गतिशील होना या कोई काम करना **2** किसी को बिना सोचे-समझे कुछ करने के लिए विवश करना या स्वयं ऐसा करना ▸ **rush** *n.* **1** रेल-पेल, हबड़-धबड़, एकाएक तेज़ हलचल **2** (किसी वस्तु की) भारी माँग का समय

rust /रस्ट्/ *n.* (लोहे आदि पर लगा) ज़ंग, मोरचा (वायु और जल की मिलन-क्रिया के कारण) ▸ **rust** *v.* ज़ंग खाना, मोरचा लगना, ज़ंग खाने या मोरचा लगने का कारण बनना

rustic /'रस्टिक्/ *adj.* देहाती, ग्रामीण (क्षेत्र या व्यक्तियों से संबंधित), सीधा-सादा

rustle /'रस्ल्/ *v.* सरसराना, फड़फड़ाना (सूखे पत्तों या काग़ज़ों में हरकत होने की-सी आवाज़ पैदा करना) ▸ **rustle** *n.* सरसराहट, खरखराहट

rusty /'रस्टि/ *adj.* **1** (धातु-निर्मित

वस्तुएँ) ज़ंग खाई हुई, मोरचेदार **2** (कोई कौशल) अप्रयोग या अभ्यास के कारण विस्मृतप्राय

rut /रट्/ *n.* (मुलायम भूमि पर) पहियों की लीक ▸ **rut** *v.* (**rutting, rutted**) लकीर डालना, पहिये की लकीर पड़ना

ruthless /ˈरूथ्लस्/ *adj.* (व्यक्ति और उनका आचरण) कठोर और निर्मम, इच्छापूर्ति पर अटल और दूसरों के प्रति असंवेदनशील ▸ **ruthlessly** *adv.* निर्ममतापूर्वक

rye /राइ/ *n.* राई (ठंडे देशों में उगने वाला पौधा जिसके दाने से आहार का आटा और व्हिस्की, शराब बनते हैं)

Ss

S *abbr.* **1** छोटा (आकार में) **2** दक्षिण का, दक्षिणी

sabbath /'सैबथ्/ *n.* कुछ धर्मों में साप्ताहिक विश्राम और ईश्वर-प्रार्थना का दिन (ईसाईयों के लिए रविवार, यहूदियों के लिए शनिवार)

sabbatical /स'बैटिक्ल्/ *n.* (यात्रा या अध्ययन के उद्देश्य से) कालेज या विश्वविद्यालय के शिक्षक को उनके सामान्य कार्य से दी गई छुट्टी, अध्ययन अवकाश

sabotage /'सैबटाश़्/ *n.* जान-बूझ कर और गुप्त रूप से वाहन, मशीनरी आदि को पहुँचाई गई क्षति (ताकि शत्रु या प्रतिस्पर्धी को उसका लाभ न मिल सके), उद्देश्यपूर्ण ध्वंस-लीला, तोड़-फोड़, अंतर्ध्वंस ▸ **sabotage** *v.* जान-बूझ कर तोड़-फोड़ करना

sac /सैक्/ *n.* खोखला, लचीला थैले की तरह एक संरचना, कोश

saccharin /'सैकरिन्/ *n.* सैकरीन, चीनी के स्थान पर प्रयुक्त एक मीठा रासायनिक पदार्थ, सैकरिन

sachet /'सैशे/ *n.* प्लास्टिक या काग़ज़ का छोटा पैकेट (जिसमें थोड़ी मात्रा में कोई द्रव या पाउडर भरा हो), सैशे

sack /सैक्/ *n.* बोरा, बोरी (किसी खुरदरी मोटी चीज़, काग़ज़ या प्लास्टिक से निर्मित तथा समान को ले जाने या उसे इकट्ठा करने के लिए प्रयुक्त) ▸ **sack** *v.* किसी कर्मचारी को नौकरी से बर्ख़ास्त करना (अक्षमता, अनुचित आचरण आदि के कारण)

sacred /'सेक्रिड्/ *adj.* **1** ईश्वर, किसी देवता या धर्म से संबंधित **2** पवित्र, पावन

sacrifice /'सैक्रिफ़ाइस्/ *n.* **1** (अधिक बड़ी उपलब्धि के लिए) किसी विशेष या मूल्यवान वस्तु का त्याग, इस प्रकार किया गया कुछ त्याग **2** किसी देवता को बलि चढ़ाई गई कोई वस्तु (विशेषतः विशेष रीति से वध किया गया पशु), चढ़ावा, बलि चढ़ाया गया पशु ▸ **sacrifice** *v.* **1** (अधिक बड़ी उपलब्धि के लिए) किसी विशेष या मूल्यवान वस्तु का त्याग करना **2** किसी देवता को पशु की बलि चढ़ाना (उसे प्रसन्न करने के लिए)

sacrilege /'सैक्रलिज्/ *n.* पवित्र वस्तु या स्थान का अपमान, अपवित्रीकरण

sacrosanct /'सैक्रोसैङ्क्ट्/ *adj.* इतना महत्वपूर्ण, पवित्र, ख़ास कि उसपर अंगुली नहीं उठाई जा सकती या बदला नहीं जा सकता, परम पवित्र

sad /सैड्/ *adj.* (**sadder, saddest**) **1** उदास या उदास करने वाला **2** बुरा, ख़राब, दुखद ▸ **sadden** *v.* दुखी या उदास करना ▸ **sadness** *n.* उदासी, दुख

saddle /'सैड्ल्/ *n.* **1** (प्रायः चमड़े से बनी) घोड़े की ज़ीन, काठी (सवार के बैठने के लिए) **2** साइकिल या मोटरसाइकिल की सीट ▸ **saddle** *v.* ज़ीन या काठी कसना

sadism /'सेडिज़म्/ *n.* दूसरे को यातना देकर प्राप्त सुख, विशेषतः यौन-सुख

safari /स'फ़ारि/ *n.* (*pl.* **safaris**)

वन्य पशु दर्शन या आखेट के लिए सैर (विशेषतः पूर्वी अफ़्रीका में)

safe /सेफ़/ *adj.* **1** जिसे कोई ख़तरा न हो, जिसे क्षति न पहुँचाई जा सके, सुरक्षित **2** जो किसी के लिए ख़तरा, हानिप्रद न हो, निरापद ▸ **safe** *n.* (पैसा, गहना, दस्तावेज़ आदि रखने की) तिजोरी, सेफ़ (मज़बूत धातु-निर्मित और विशेष ताले वाला बक्सा या अलमारी) ▸ **safely** *adv.* कुशलपूर्वक, सुरक्षित हाथों में, ख़तरा मोल न लेते हुए, बहुत सावधानी के साथ

safeguard /ˈसेफ़्गाड्/ *n.* संभावित ख़तरों से सुरक्षा देने वाली वस्तु, सुरक्षा, संरक्षण ▸ **safeguard** *v.* सुरक्षा करना, बचाना, रक्षा करना

safety /ˈसेफ़्टि/ *n.* सुरक्षित रहने की स्थिति, सुरक्षा, (दूसरों के लिए) ख़तरनाक या (स्वयं) ख़तरे में या संकटग्रस्त न होना

saffron /ˈसैफ़्रन/ *n.* **1** केसर, ज़ाफ़रान (केसर के पौधे से प्राप्त चमकीला पीला पाउडर जिसके प्रयोग से खाद्य पदार्थों में रंग आ जाता है) **2** नारंगी-पीला रंग, केसरिया रंग ▸ **saffron** *adj.* नारंगी-पीला, केसरिया, ज़ाफ़रानी

S

sag /सैग्/ *v.* लटक या झुक जाना (विशेषतः बीच में से)

saga /ˈसागा/ *n.* बहुत लंबी कहानी, घटनाओं की लंबी शृंखला

sage /सेज्/ *n.* **1** सुगंधित जड़ी-बूटी **2** मनीषी, चिंतक, विवेकशील ▸ **sagely** *adv.* बुद्धिमत्ता से, विवेक से

sago /ˈसेगो/ *n.* साबूदाना, सागू

sail /सेल्/ *v.* **1** (नाव या जहाज़ और उसकी सवारियों का) नदी या समुद्र में, जल में यात्रा करना **2** नदी या समुद्र यात्रा आरंभ करना ▸ **sail** *n.* **1** जहाज़ या नाव का पाल (जिससे हवा टकराती है और जहाज़ या नाव को चलाती है) **2** पाल वाली नाव या जहाज़ पर सैर

sailor /ˈसेल(र्)/ *n.* नाविक (जहाज़ का कर्मचारी या नाव को चलाने वाला)

saint /सेन्ट्, सन्ट्/ *n.* **1** कोई उत्कृष्ट या धार्मिक व्यक्ति जिसे ईसाई चर्च उसकी मृत्यु के बाद विशेष सम्मान देता है, पवित्रात्मा, संत, सेंट **2** श्रेष्ठ, दयालु व्यक्ति, महात्मा

sake /सेक्/ *n.* **(for the sake of) 1** किसी वस्तु को प्राप्त करने या सुरक्षित रखने के लिए, किसी उद्देश्य से **2** किसी की सहायता करने के लिए

salacious /सˈलेशस्/ *adj.* (पुस्तक, पत्रिका, फ़िल्म आदि के लिए प्रयुक्त) यौन क्रियाओं से संबंधित, अत्यधिक यौन संबंधी विवरणों सहित, अश्लील, कामुक ▸ **salaciousness** *n.* अश्लीलता, कामुकता

salad /ˈसैलड्/ *n.* सलाद (मिली-जुली सब्ज़ियाँ प्रायः कच्ची, जो भोजन के साथ खाई जाती हैं)

salamander /ˈसैलमैन्ड(र्)/ *n.* सरट, गिरगिट (जल और स्थल दोनों पर रहने वाला छोटा प्राणी जिसकी खाल प्रायः चमकीली होती है)

salami /सˈलामि/ *n.* (*pl.* **salami** or **salamis**) एक प्रकार की मसालेदार परिरक्षित चटनी, गुलमा

salary /ˈसैलरि/ *n.* (*pl.* **salaries**) वेतन (काम के लिए प्रायः प्रति माह मिलने वाली राशि), तनख़्वाह

sale /सेल्/ *n.* **1** बिक्री, विक्रय (वस्तुओं को बेचना या वस्तुओं का बिकना), बिक्री का अवसर या आयोजन **2** (*pl.*

sales) बिक्री की मात्रा (बेची गई वस्तुओं की तादाद)
salient /ˈसेलिअन्ट्/ *adj.* सर्वाधिक महत्वपूर्ण या सबसे अधिक दिखाई पड़ने वाला
saline /ˈसेलाइन्/ *adj.* रासायनिक नमक से भरा हुआ, लवणीय
saliva /सˈलाइवा/ *n.* लार, लाला ▸ **salivate** *v.* अधिक लार निकलना या बहना
sallow /ˈसैलो/ *adj.* (व्यक्ति की त्वचा या चेहरा) अस्वस्थता का सूचक पीलापन लिए हुए, पीला, फीका
salmon /ˈसैमन्/ *n.* (*pl.* **salmon**) सामन मछली (बड़ी मछली जिसकी त्वचा रुपहली तथा मांस गुलाबी होता है और खाया जाता है)
salon /ˈसैलॉन्/ *n.* सौंदर्य प्रसाधन या केशचर्या या महँगे कपड़े बेचने की दुकान, सैलून
salsa /ˈसैल्स/ *n.* **1** एक मसालेदार चटनी या सॉस **2** एक अमरीकी-लातीनी नृत्य जो जाज़ और रॉक पद्धति मिश्रित संगीत के साथ होता है, सालसा
salt /सॉल्ट्/ *n.* **1** नमक (भोजन में स्वाद वर्धन के लिए प्रयुक्त) **2** (रसायनशास्त्र में) धातु और अम्ल का यौगिक, लवण, साल्ट ▸ **salt** *v.* किसी वस्तु में या पर नमक डालना ▸ **salty** *adj.* नमकीन, खारा
salute /सˈलूट्/ *n.* **1** सैनिक आदि द्वारा अभिवादन, सैल्यूट (हाथ को माथे पर ले जाकर किया गया सम्मान-प्रदर्शन), सलामी **2** सम्मानद्योतक वस्तु या कार्य ▸ **salute** *v.* सैल्यूट मारना, अभिवादन करना ▸ **salutation** *n.* (अभिवादन या स्वागत के लिए प्रयुक्त) प्रणाम, नमस्कार
salvage /ˈसैल्विज्/ *n.* सामान को नष्ट या क्षतिग्रस्त होने से बचाने की क्रिया (विशेषतः दुर्घटना या घोर संकट के समय), भ्रंशोद्धार, बचाया हुआ सामान ▸ **salvage** *v.* किसी को नष्ट या क्षतिग्रस्त होने से बचाने की व्यवस्था करना, किसी वस्तु या स्थिति को संकटग्रस्त होने से बचाना
salvation /सैल्ˈवेशन्/ *n.* **1** (ईसाई धर्म में) शैतान के प्रभाव से बचाव **2** संकटमोचक वस्तु या व्यक्ति
salve /सैल्व/ *n.* **1** (शांति देने वाली) मरहम **2** (मानसिक) संताप दूर करने का साधन
Samaritan /सˈमैरिटन्/ *n.* (**a good Samaritan**) (व्यक्ति) मदद करनेवाला एवं दयालु (जरूरतमंद की), मुसीबत में काम आनेवाला
samba /ˈसैम्ब/ *n.* एक ब्राज़ीली नृत्य, सामब
same /सेम्/ *adj.* & *adv.* & *pron.* **1** अलग नहीं, कोई और या अन्य नहीं, वही, एकदम पहले वाला **2** पूर्व निर्दिष्ट के पूर्णतया समान
sample /ˈसाम्पल्/ *n.* नमूना (व्यक्तियों की थोड़ी संख्या या वस्तुओं की थोड़ी मात्रा जिसकी जाँच के आधार पर शेष व्यक्ति या वस्तु के विषय में पता चले कि वे कैसे या कैसी हैं) ▸ **sample** *v.* नमूना लेना या परीक्षण करना
sanatorium /ˌसैनˈटॉरिअम्/ (*pl.* **sanatoriums** or **sanatoria**) *n.* (उपचार और स्वास्थ्य-लाभ के लिए अस्पताल जैसा स्थान), आरोग्य-निकेतन, निवास, स्वास्थ्य-सुधार केंद्र, सैनिटोरियम
sanctify /ˈसैङ्क्टिफ़ाइ/ *v.* **1** किसी चीज़ को शुद्ध या पवित्र बनाना **2** (किसी

चीज़ को) सही, क़ानूनी या स्वीकार्य बनाना या स्वीकृति देना ▸ **sanctification** *n.* पवित्रीकरण, स्वीकृति

sanction /ˈसैङ्क्शन्/ *n.* **1** किसी देश से व्यापार, संपर्क आदि पर आधिकारिक दंडात्मक प्रतिबंध (उसे अंतरराष्ट्रीय क़ानून के पालन आदि के लिए बाध्य करने हेतु) **2** (नियम या क़ानून के भंग के लिए) दंड ▸ **sanction** *v.* (किसी बात के लिए) आधिकारिक अनुमति, मंज़ूरी या संस्वीकृति देना

sanctity /ˈसैङ्क्टटि/ *n.* (*pl.* **sanctities**) **1** अत्यंत महत्वपूर्ण होने के कारण सुरक्षा एवं संरक्षण के योग्य होने की अवस्था या परिस्थिति **2** पवित्रता की अवस्था

sanctuary /ˈसैङ्क्चुअरि/ *n.* (*pl.* **sanctuaries**) **1** पशु-पक्षियों के सुरक्षित विचरण का स्थान, अभ्यारण्य **2** सुरक्षित शरणस्थल (शत्रु, पुलिस आदि की पहुँच से परे)

sanctum /ˈसैङ्क्टम्/ *n.* **1** निजी कमरा जहाँ सभी को जाने की अनुमति नहीं होती है, एकांत **2** पुण्यस्थान, पवित्र जगह

sand /सैन्ड्/ *n.* **1** बालू, रेत **2** (*pl.* **sands**) बड़ा रेतीला इलाक़ा ▸ **sandy** *adj.* रेतीला, बलुआ (रेत या बालू से ढका या भरा हुआ)

sandal /ˈसैन्ड्ल्/ *n.* सैंडल (पैरों में पहनने की विशेष प्रकार की चप्पल या जूता)

sandalwood /ˈसैन्ड्लवुड्/ *n.* संदल, चंदन की लकड़ी (जिससे चंदन तेल निकलता है और इत्र बनता है)

sandwich /ˈसैन्विज्/ *n.* सैंडविच (ब्रेड के दो टुकड़े जिनके बीच में खाद्य वस्तु हो) ▸ **sandwich** *v.* दो व्यक्तियों या वस्तुओं के बीच किसी को रखना या दबाना, बीच में ठूँसना

sane /सेन्/ *adj.* **1** (व्यक्ति) मानसिक रूप से सामान्य दशावाला, स्वस्थचित्त, सनकी नहीं, समझदार **2** (व्यक्ति, विचार या निर्णय) विवेकपूर्ण, अच्छी निर्णयशक्ति वाला

sanguine /ˈसैङ्ग्विन्/ *adj.* भविष्य के प्रति आशावान तथा विश्वासपूर्ण, आशावादी ▸ **sanguinely** *adv.* दृढ़ विश्वास के साथ

sanitarium /ˌसैनˈटेअरिअम्/ *n.* (*US* **sanatorium**) आरोग्य धाम, स्वास्थ्य सुधार-केंद्र, सैनिटोरियम

sanitary /ˈसैनट्रि/ *adj.* स्वास्थ्य-रक्षा-विषयक (जैसे सफ़ाई कैसे रखी जाए)

sanitation /ˌसैनिˈटेशन्/ *n.* सफ़ाई के उपकरण (विशेषतः मल साफ़ करने के)

sanitize /ˈसैनिटाइज़्/ *v.* **1** (किसी चीज़ को स्वीकार्य बनाने के लिए) विवादास्पद या अप्रिय भाग को हटाना या मिटाना, अप्रिय हिस्से का काट-छाँट करना **2** कीटाणु या गंदगी हटाने के लिए रसायनों आदि से अच्छी तरह सफ़ाई करना, साफ़-सुथरा बनाना, स्वच्छ बनाना

sanity /ˈसैनटि/ *n.* **1** मन के स्वस्थ होने की स्थिति, स्वस्थचित्तता **2** समझदार और विवेकी होने की स्थिति, विवेकपूर्णता

Sanskrit *n.* इंडो-यूरोपीयन भाषा परिवार का प्राचीनतम भाषाओं में से एक भारत की प्राचीन भाषा, संस्कृत

sap /सैप्/ *n.* सत्व, पेड़ों या पौधों से स्वयं निकलता हुआ रस ▸ **sap** *v.* (**sapping, sapped**) (किसी को)

कमज़ोर करना, धीरे-धीरे नष्ट करना

sapphire /'सैफ़ाइअ(र्)/ *n.* नीलम, नील मणि

sarcasm /'साकैज़म्/ *n.* व्यंग्यपूर्ण टिप्पणी, (जिसका अभिप्रेत अर्थ सामान्य शब्दार्थ के विपरीत हो और जिसे दूसरों की निंदा या अपमान करने के लिए प्रयोग किया जाए), कटाक्ष ▸ **sarcastic** *adj.* व्यंग्यात्मक ▸ **sarcastically** *adv.* व्यंग्यपूर्वक

sardine /,सा'डीन्/ *n.* सार्डीन मछली (बहुत छोटी रुपहली मछली जिसे खाया जाता है)

sardonic /सॉ'डॉनिक्/ *adj.* ख़ुद को श्रेष्ठ समझनेवाला तथा दूसरों के प्रति आदर भाव न रखनेवाला, निरादरपूर्ण ▸ **sardonically** *adv.* निरादरपूर्वक, कटुतापूर्वक

sari /'सारी/ *n.* (*pl.* **saris**) साड़ी (भारतीय उपमहाद्वीप की महिलाओं का परिधान)

sarong /स'रॉङ्/ *n.* सरौंग, मलेशिया और इंडोनेशिया के स्त्रियों-पुरुषों द्वारा बाँधा जाने वाला पेटीकोटनुमा परिधान या लुंगी

sartorial /सा'टॉरिअल्/ *adj.* (संज्ञा के पहले) (विशेषकर पुरुषों की पोशाक के लिए) पहनने का तरीक़ा या सिले होने के ढंग से संबंधित, दर्ज़ी के काम का, सिलाई संबंधी, पोशाक का ▸ **sartorially** *adv.* पोशाक से संबंधित, सिलाई से संबंधित

sash /सैश्/ *n.* कंधे से कमर तक पहुँचने वाला या कमर के चारों तरफ़ बाँधा जाने वाला कपड़े का लंबा टुकड़ा, कमरबंद

sashay /'सैशे/ *v.* (अनौपचारिक) चलते हुए अपने नितंब मटकाते हुए

Satan /'सेट्न्/ *n.* शैतान ▸ **satanic** *adj.* 1 आसुरी, शैतानी 2 शैतान की पूजा

satchel /'सैचल्/ *n.* स्कूल में किताबें ले जाने का बच्चों का बैग, बस्ता

sated /'सेटिड्/ *adj.* पूर्णतया संतुष्ट, जी भर जाना

satellite /'सैटलाइट्/ *n.* 1 कृत्रिम उपग्रह (विशेष प्रयोजन से अंतरिक्ष में भेजा गया इलेक्ट्रॉनिक उपकरण जो पृथ्वी या अन्य ग्रह की परिक्रमा करता है) 2 प्राकृतिक उपग्रह (जो अंतरिक्ष में अन्य ग्रह की परिक्रमा करता है)

satiate /'सेशिएट्/ *v.* किसी इच्छा, ज़रूरत या भूख को पूरी तरह शांत करना, पूर्णतया संतुष्ट करना, तृप्त करना ▸ **satiation** *n.* तृप्ति, संतुष्टि

satin /'सैटिन्/ *n.* साटन (एक प्रकार का चिकना और चमकदार कपड़ा)

satire /'सैटाइअ(र्)/ *n.* 1 (ख़राब या मूर्ख व्यक्ति, विचार या आचरण पर) किया गया व्यंग्य (उनकी आलोचना में) 2 व्यंग्य रचना या नाटक, फ़िल्म आदि ▸ **satirical** *adj.* व्यंग्यात्मक ▸ **satirically** *adv.* व्यंग्यपूर्वक

satirize /'सैटराइज़्/ *v.* किसी व्यक्ति, संस्था, प्रणाली आदि के दोषों पर व्यंग्य करना

satisfaction /,सैटिस्'फ़ैक्श्न्/ *n.* संतुष्टि (अभीष्ट उद्देश्य या वस्तु की उपलब्धि या कार्य को संपन्न करने पर प्रसन्नता), संतुष्टि देने वाली वस्तु

satisfactory /,सैटिस्'फ़ैक्टरि/ *adj.* संतोषजनक (उद्देश्य विशेष के लिए पर्याप्त), स्वीकार्य ▸ **satisfactorily** *adv.* संतोषजनक रूप से

satisfy /'सैटिस्फ़ाइ/ *v.* (**satisfying, satisfied**) 1 किसी को उसका अभीष्ट

काम कर या वस्तु देकर प्रसन्न या संतुष्ट करना **2** किसी बात के लिए अपेक्षित वस्तु का होना या काम करना, पूरा करना

saturate /ˈसैचरेट्/ *v.* **1** (किसी चीज़ को) ख़ूब भिगो देना, तर-बतर कर देना, सराबोर करना **2** किसी चीज़ को पूरी तरह भर देना या पाट देना (कि उसमें और न समा सके), संतृप्त करना ▸ **saturation** *n.* अत्यधिकतम, संतृप्ति

Saturday /ˈसैटडे,-डी/ *n.* शनिवार

sauce /सॉस्/ *n.* सॉस, चटनी

saucer /ˈसॉस(र्)/ *n.* तश्तरी, प्लेट

saucy /ˈसॉसि/ *adj.* **(saucier, sauciest) 1** अशिष्ट, धृष्ट **2** अश्लील बात का सुझाव देने वाला ▸ **saucily** *adv.* (अनौपचारिक) धृष्टतापूर्वक

sauna /ˈसॉना/ *n.* **1** वाष्प स्नान (गरम कमरे में किया जाने वाला) **2** वाष्प स्नान का स्नानघर

saunter /ˈसॉन्ट(र्)/ *v.* टहलना, चहल-क़दमी करना (बिना जल्दबाज़ी घूमना-फिरना)

sausage /ˈसॉसिज्/ *n.* गुलमा, लंगोचा (लंबी पतली शकल में बना मसालेदार गोश्त जिसका छोटा टुकड़ा ठंडा खाया जाता है और पूरा टुकड़ा पका कर गरम)

S **sauté** /ˈसोटे/ *v.* **(sautéing, sautéed** or **sautéd)** (खाद्य पदार्थ के लिए प्रयुक्त) कम घी या तेल में झटपट तलना, हलके से तलना ▸ **sauté** *adj.* हलका तला हुआ, हलके से तला हुआ

savage /ˈसैविज्/ *adj.* अति निर्दय, हिंसक या बर्बर ▸ **savage** *v.* हिंसा का शिकार होना या बनाना ▸ **savagely** *adv.* घोर निर्ममतापूर्वक, बर्बरतापूर्वक ▸ **savagery** *n.* घोर निर्ममता, बर्बरता

savannah /सˈवैना/ *n.* घास का बड़ा मैदानी क्षेत्र (विशेषतः अफ्रीका में)

save /सेव्/ *v.* **1** किसी को बचाना, रक्षा करना (मृत्यु, क्षति, हानि आदि से) **2** पैसा ख़र्च न करना या बचाकर रखना (भविष्य के लिए) ▸ **save** *n.* (फ़ुटबॉल आदि में) गोल बचाने का कार्य, गोल का बचाव ▸ **saver** *n.* (भविष्य में प्रयोग के लिए) पैसा बचानेवाला व्यक्ति

savings *n.* (*pl.*) भविष्य के लिए बचाया गया धन, बचत

saviour /ˈसेव्य(र्)/ *n.* (*US* **savior**) (संकट, हानि, मृत्यु आदि से) किसी को छुड़ाने या बचाने वाला व्यक्ति, परित्राता, उद्धारक

savour /ˈसेव(र्)/ *v.* (*US* **savor**) **1** भोजन या पेय का स्वाद लेना, स्वाद, रस, मज़ा **2** पूर्णतया आस्वादन करना या मज़ा लेना ▸ **savoury** *adj.* (*US* **savory**) (खाद्य पदार्थ) मीठे से भिन्न स्वाद का, नमकीन आदि

saw /सॉ/ *n.* आरा (लकड़ी चीरने का) ▸ **saw** *v.* **(sawing, sawed, sawn)** चीरना, (आरी से) काटना

saxophone /ˈसैक्सफ़ोन्/ *n.* फूँक मार कर बजाने का धातु-निर्मित वाद्य यंत्र (विशेषतः जाज़ जैसे आधुनिक संगीत में प्रयुक्त), सैक्सोफ़ोन

say /से/ *v.* **(saying, said) 1** (शब्दों की सहायता से) (किसी को कुछ) कहना, बोलना **2** राय व्यक्त करना (किसी विषय में) ▸ **say** *n.* (कोई मामला तय करने की) शक्ति या अधिकार

saying /ˈसेइङ्/ *n.* लोकोक्ति (कुछ परामर्श देने वाली या किसी बात को सच मानने वाली जग प्रसिद्ध उक्ति), कहावत

scab /स्कैब्/ *n.* (कटने या फटने से बने) घाव पर जमने वाली पपड़ी, खुरंड

scaffold /ˈस्कैफ़ोल्ड्/ *n.* फाँसी का तख़्ता
scaffolding /ˈस्कैफ़लिडङ्/ *n.* भवन-निर्माण के लिए प्रयुक्त ढाँचा, पाड़, (धातु के लंबे डंडों और लकड़ी के तख़्तों से बना मचान जिस पर खड़े होकर कारीगर काम करते हैं)
scald /स्कॉल्ड्/ *v.* गरम द्रव से किसी व्यक्ति या वस्तु को जला देना ▸ **scald** *n.* गरम द्रव के पड़ने से उत्पन्न जलन ▸ **scalding** *adj.* उबलता हुआ
scale /स्केल्/ *n.* **1** किसी वस्तु का आकार, पैमाना (विशेषतः तुलनात्मक दृष्टि से) **2** मछली आदि का कवच, शल्क ▸ **scale** *v.* ऊँची दीवार या खड़ी चट्टान आदि पर चढ़ना
scalp /स्कैल्प्/ *n.* सिर की खाल, शिरोवल्क
scalpel /ˈस्कैल्पल्/ *n.* सर्जन का चाक़ू (शल्य-क्रिया में प्रयुक्त)
scam /स्कैम्/ *n.* पैसे कमाने का चतुर परंतु कपटपूर्ण योजना, स्कैम
scamper /ˈस्कैम्प(र्)/ *v.* (विशेषतः बच्चे या छोटे पशु का) तेज़ी से हड़बड़ाकर दौड़ना
scan /स्कैन्/ *v.* (**scanning, scanned**) **1** किसी चीज़ के प्रत्येक अंश को जल्दी-जल्दी देखना (अभीष्ट को खोज लेने तक) **2** (मशीन का) शरीर के या सूटकेस आदि के अंदरूनी भाग का सूक्ष्म निरीक्षण करना ▸ **scan** *n.* **1** एक डॉक्टरी परीक्षण जिसमें मशीन एक्स-रे की सहायता से, व्यक्ति के शरीर के अंदर का चित्र कंप्यूटर-स्क्रीन पर उपस्थित करती है **2** गर्भवती महिलाओं के लिए डॉक्टरी परीक्षण जिसमें मशीन गर्भ स्थित शिशु का चित्र प्रस्तुत करती है ▸ **scanner** *n.* स्कैनर (एक इलेक्ट्रॉनिक यंत्र जो चित्रों या इलेक्ट्रॉनिक जानकारी को देखता, रिकॉर्ड करता या प्रेषण-योग्य करता है)
scandal /ˈस्कैन्ड्ल्/ *n.* **1** बदनामी वाला काम, आचरण या स्थिति (जिससे लोगों को आघात पहुँचे), ऐसे आचरण से आहत जनभावना (क्रोध आदि) **2** बदनामी का क़िस्सा, कलंकवार्ता ▸ **scandalous** *adj.* अत्यंत विक्षोभकारी या अनुचित, लज्जाजनक ▸ **scandalize** *v.* ख़राब या ग़लत समझे जाने वाले काम से दूसरों को विक्षुब्ध करना
scant /स्कैन्ट्/ *adj.* अत्यल्प (बहुत अधिक नहीं), अपर्याप्त (जितना अपेक्षित हो उतना नहीं) ▸ **scantily** *adv.* अल्पमात्रा में, बहुत कम ▸ **scanty** *adj.* (**scantier, scantiest**) संख्या या मात्रा में बहुत कम, अत्यल्प
scapegoat /ˈस्केप्गोट्/ *n.* बलि का बकरा (दूसरों की ग़लती के लिए दंडित व्यक्ति)
scar /स्का(र्)/ *n.* **1** त्वचा पर चोट का निशान, दाग़ **2** पहाड़ी या ऊँची खड़ी चट्टान पर घास-रहित क्षेत्र या नंगी जगह ▸ **scar** *v.* (**scarring, scarred**) विक्षत होना
scarce /स्केअस्/ *adj.* विरल (अधिक मात्रा में उपलब्ध नहीं), दुर्लभ ▸ **scarcity** *n.* (*pl.* **scarcities**) विरलता, दुर्लभता, अभाव ▸ **scarcely** *adv.* **1** बहुत ही कम, मुश्किल से, नहीं के बराबर **2** किसी बात की तर्कहीनता या असंभाव्यता को व्यक्त करने के लिए प्रयुक्त
scare /स्केअ(र्)/ *v.* **1** (व्यक्ति या वस्तु को) डरा देना, भयभीत कर देना **2** डर जाना ▸ **scare** *n.* **1** डर, भय **2** आतंक, संत्रास

scarf /स्काफ़/ *n.* (*pl.* **scarves** or **scarfs**) **1** स्कार्फ़, रुमाल (प्रायः ऊन का जो गरम रखने के लिए गरदन के चारों ओर लपेटा जाता है) **2** महिलाओं का दुपट्टा (जो गरदन, कंधों या सिर पर लिया जाता है)

scarlet /ˈस्कालट्/ *adj.* & *n.* सिंदूरी रंग

scary /ˈस्केअरि/ *adj.* (**scarier, scariest**) डरावना, भयानक

scathing /ˈस्केदिङ्/ *adj.* किसी के विषय में अत्यंत निषेधात्मक विचार वाला, अत्यंत कठोर, अत्यंत कटु

scatter /ˈस्कैट(र्)/ *v.* **1** (लोगों या पशुओं के समूह का) तितर-बितर हो जाना, विभिन्न दिशाओं में तेज़ी से बिखर जाना **2** वस्तुओं को इधर-उधर बिखरा देना, छितरा देना

scavenge /ˈस्कैविन्ज्/ *v.* कूड़े-कचरे और गंदगी में से खाने का सामान ढूँढ़ना ▸ **scavenger** *n.* कूड़े-कचरे में से खाना ढूँढ़ने वाला पशु आदि

scenario /सˈनारिओ/ *n.* (*pl.* **scenarios**) **1** भावी घटनाओं का परिदृश्य **2** नाटक या फ़िल्म की दृश्यावली

scene /सीन्/ *n.* **1** घटनास्थल **2** तीव्र क्रोध या अन्य भावनाओं का सार्वजनिक प्रदर्शन

S

scenery /ˈसीनरि/ *n.* **1** प्राकृतिक दृश्य **2** रंगमंच की सज्जा (फ़र्नीचर, परदे आदि)

scenic /ˈसीनिक्/ *adj.* सुंदर दृश्यों वाला

scent /सेन्ट्/ *n.* **1** सुगंध, ख़ुशबू **2** किसी पशु की गंध जिसकी सहायता से दूसरे पशु उसके पीछे-पीछे जाते हैं ▸ **scent** *v.* कुछ सूँघना ▸ **scented** *adj.* सुगंधित

sceptic /ˈस्केप्टिक्/ *n.* (*US* **skeptic**) किसी बात की सचाई, औचित्य आदि में संशय करने वाला, संशयवादी, संशयात्मा ▸ **sceptical** *adj.* संशयी, अविश्वासी ▸ **scepticism** *n.* संशयवाद, अविश्वास

sceptre /ˈसेप्ट(र्)/ *n.* (*US* **scepter**) औपचारिक अवसरों पर राजत्वसूचक छड़ी, राजदंड

schedule /ˈशेड्यूल्/ *n.* होने वाली बातों या किए जाने वाले काम की योजना, समय-सारणी, कार्य-योजना ▸ **schedule** *v.* किसी बात की समय-सारणी या कार्य-योजना को क्रियान्वित करना

schema /ˈस्कीम/ *n.* (*pl.* **schemata** or **schemas**) योजना या सिद्धांत की रूपरेखा, ख़ाका

schematic /स्कीˈमैटिक्/ *adj.* **1** महत्वपूर्ण विशेषताएँ (न कि विस्तृत विवरण) दर्शानेवाला आरेख या प्रस्तुति, आरेखीय, सरलीकृत **2** योजनानुसार, योजनाबद्ध ▸ **schematically** *adv.* योजनाबद्ध तरीक़े से, आरेखीय रूप से

scheme /स्कीम्/ *n.* आधिकारिक योजना या प्रणाली (कोई काम करने या कुछ आयोजित करने की सुनियोजित व्यवस्था) ▸ **scheme** *v.* षड्यंत्र रचना

schism /ˈस्किज़म्, ˈसिज़म्/ *n.* (समूह या संगठन के सदस्यों के बीच) तीव्र मतभेद जो उन्हें अलग समूहों में बाँट देती है, फूट, संबंध विच्छेद ▸ **schismatic** *adj.* फूट, विधार्मिक

schizophrenia /ˌस्किट्स्ˈफ्रीनिआ/ *n.* एक गंभीर मनोरोग जिसमें रोगी वास्तविक और काल्पनिक संसार में भेद नहीं कर पाता तथा विचित्र एवं अनपेक्षित

रीति से आचरण करता है, मनोविदलता, खंडित मनस्कता ▸ **schizophrenic** *adj.* & *n.* मनोविदलित, खंडित मनस्कता वाला

scholar /'स्कॉल(र्)/ *n.* **1** विद्वान, पंडित (विषय-विशेष का) **2** (परीक्षा या प्रतियोगिता में सफल होकर) शिक्षावृत्ति पाने वाला विद्यार्थी या छात्र ▸ **scholarly** *adj.* विद्वतापूर्ण, अध्ययनशील और विषय मर्मज्ञ

scholarship /'स्कॉलशिप्/ *n.* **1** शिक्षावृत्ति (परीक्षा या प्रतियोगिता में सफल होने वाले व्यक्ति को अध्ययन-हेतु मिलने वाली धनराशि, छात्रवृत्ति **2** विषय-विशेष का गंभीर अध्ययन, विद्वता, पांडित्य

scholastic /सक'लैस्टिक्/ *adj.* स्कूल तथा शिक्षा से संबंधित, विद्यालयी, शिक्षा संबंधी

school /स्कूल/ *n.* **1** स्कूल, विद्यालय, पाठशाला **2** स्कूल में व्यतीत किया गया समय, स्कूल में पढ़ने की प्रक्रिया

science /'साइन्स/ *n.* **1** भौतिक जगत और प्रकृति के नियमों का अध्ययन और ज्ञान, विज्ञान **2** विज्ञान की कोई शाखा (जीवविज्ञान, रसायनविज्ञान आदि) ▸ **scientific** *adj.* वैज्ञानिक ▸ **scienfifically** *adv.* वैज्ञानिक रूप से

scientist /'साइन्टिस्ट्/ *n.* विज्ञान (की शाखाओं, विशेषतः जीवविज्ञान, रसायन विज्ञान या भौतिक विज्ञान) का अध्ययन या अध्यापन करने वाला व्यक्ति, वैज्ञानिक, विज्ञानविद्

scintillating /'सिन्टिलेटिङ्/ *adj.* बहुत प्रभावकारी या कौशलपूर्ण, बहुत शानदार

scion /'साइअन्/ *n.* **1** (विशेषकर प्रभावशाली परिवार का) उत्तराधिकारी या वयस्क सदस्य, वंशज, युवा वंशज **2** विशेषकर पौधे का वह भाग जो नया पौधा बनाने के लिए काटा गया है, क़लम, अंकुर सहित डाली

scissors /'सिज़ज़्/ *n.* (*pl.*) क़ैंची

sclerosis /स्कल'रोसिस्/ *n.* (शरीर के) ऊतक का कड़ा होना, ऊतक-काठिन्य

scoff /स्कॉफ़्/ *v.* **1** किसी व्यक्ति या वस्तु की हँसी उड़ाना, को ताना मारना **2** कोई वस्तु जल्दी-जल्दी प्रचुर मात्रा में खाना, भकोसना

scold /स्कोल्ड्/ *v.* (ख़राब या ग़लत काम के लिए) किसी को डाँटना, डपटना, फटकारना

scooter /'स्कूट(र्)/ *n.* **1** स्कूटर **2** बच्चों की दोपहिया खिलौनानुमा गाड़ी (जिसे एक पैर ज़मीन पर रखते हुए धकेला जाता है)

scope /स्कोप्/ *n.* **1** किसी बात की गुंजाइश, कुछ करने की संभावना या अवसर **2** कार्य-क्षेत्र, व्याप्ति या विस्तार (चर्चाधीन या विचाराधीन विषय-वैविध्य)

scorch /स्कॉच्/ *v.* किसी वस्तु को झुलसाना (इस प्रकार जलाना कि वह बदरंग हो जाए पर नष्ट न हो)

score /स्कॉ(र्)/ *n.* **1** खेल, प्रतियोगिता आदि में बनाए गोल, प्राप्त अंक आदि का लेखा, स्कोर **2** (*pl.* **scores**) बहुत सारे ▸ **score** *v.* खेल, प्रतियोगिता, परीक्षा आदि में गोल बनाना, अंक प्राप्त करना आदि, स्कोर करना

scorn /स्कॉन्/ *n.* घृणा, अवज्ञा, अनादर-भाव, तिरस्कार ▸ **scorn** *v.* **1** किसी व्यक्ति या वस्तु के प्रति अनादर-भाव रखना, अवज्ञा करना **2** (घमंड में आकर) दूसरे की सहायता या सलाह को

न मानना, तिरस्कार करना ▸ **scornful** *adj.* तिरस्कारपूर्ण, अवज्ञापूर्ण ▸ **scornfully** *adv.* तिरस्कारपूर्वक, अवज्ञापूर्ण

scorpion /'स्कॉपिअन्/ *n.* बिच्छू, वृश्चिक

Scot /स्कॉट्/ *n.* स्कॉटलैंड का निवासी ▸ **Scottish** *adj.* स्कॉटलैंड, वहाँ के निवासियों, संस्कृति आदि का या उनसे संबंधित, स्कॉटिश

Scotch /स्कॉच्/ *n.* स्कॉटलैंड की ह्विस्की, स्कॉच, गिलासभर स्कॉच

scot-free *adv.* जिसे कुछ अदा न करना पड़े, बिना दंड पाए

scoundrel /'स्काउन्ड्रल्/ *n.* दुष्ट, बदनाम, बेईमान

scour /'स्काउअ(र्)/ *v.* **1** खुरदरी वस्तु से रगड़कर साफ़ करना, माँजना **2** व्यक्ति या वस्तु की खोज में किसी स्थान की बारीक़ी से या गहराई से तलाशी लेना

scourge /स्कर्ज्/ *n.* महाकष्ट या विपत्ति का कारण व्यक्ति या वस्तु

scout /स्काउट्/ *n.* **1** बालचर (लड़कों का स्वयंसेवी संगठन जो युवाओं में आत्मनिर्भरता तथा परोपकार भावना को प्रोत्साहित करता है, स्काउट **2** सैनिकों के आगे-आगे चलने वाला गुप्तचर सिपाही (जो शत्रु की स्थिति तथा वहाँ पहुँचने के सर्वोत्तम रास्ते का पता लगाता है)

scowl /स्काउल्/ *n.* चढ़ी हुई त्योरी, तेवर, भ्रू-भंग (नाक-भौं चढ़े हुए) ▸ **scowl** *v.* त्योरी चढ़ाना, तेवर दिखाना, नाक-भौं सिकोड़ना

scrabble /'स्क्रैबल्/ *v.* कुछ ढूँढ़ने या पाने के लिए उँगलियाँ या पैर घुमाना, कुछ टटोलना

scramble /'स्क्रैम्बल्/ *v.* **1** हाथों के सहारे जल्दी-जल्दी ऊपर की ओर या किसी वस्तु के ऊपर चढ़ना, जल्दी-जल्दी कहीं जाना **2** छीना-झपटी करना (ऐसी वस्तु के लिए जिसे दूसरे भी चाहते हैं) ▸ **scramble** *n.* चढ़ाई, छीना-झपटी

scrap /स्क्रैप्/ *n.* **1** किसी चीज़ का टुकड़ा **2** रद्दी सामान, कूड़ा-करकट (जिसमें प्रयुक्त माल से दोबारा कुछ बनाया जा सके) ▸ **scrap** *v.* (**scrapping, scrapped**) (अनचाही हो चुकी चीज़ से) छुटकारा पाना

scrape /स्क्रेप्/ *v.* **1** चाकू आदि से किसी सतह पर लगी चीज़ हटाना, खुरचना **2** किसी खुरदरी या कठोर चीज़ से रगड़ खाकर चोट लगा लेना ▸ **scrape** *n.* **1** खड़खड़ाहट (दो वस्तुओं को परस्पर रगड़ने से उत्पन्न) **2** खरोंच, चोट (पुरानी चीज़ से रगड़ खाकर)

scratch /स्क्रैच्/ *v.* **1** नाख़ूनों से त्वचा को खरोंचना (खुजली के कारण) **2** चाकू आदि से किसी सतह या व्यक्ति की त्वचा को खुरचना, कुरेदना ▸ **scratch** *n.* **1** (किसी सतह की रगड़न के फलस्वरूप) खरोंच निशान या खड़खड़ाहट **2** खुजली, खुजलाहट, ख़राश ▸ **scratchy** *adj.* अपघर्षी, खुरदरा

scrawl /स्क्रॉल्/ *v.* लापरवाही से जल्दी-जल्दी कुछ लिख देना, घसीट मार कर लिखना, घसीटना ▸ **scrawl** *n.* अस्पष्ट लिखावट, घसीटी लिखावट घसीट, घसीट मारकर लिखा हुआ

scream /स्क्रीम्/ *v.* ज़ोर से चीख़ना (डर, उत्तेजना, गुस्सा, दर्द आदि के कारण) ▸ **scream** *n.* **1** ज़ोर की चीख़

S

2 अजीबोग़रीब व्यक्ति या वस्तु

screech /स्क्रीच्/ *v.* चीख़कर बोलना, कर्कश ध्वनि निकालना, चिल्लाना ▸ **screech** *n.* चीख़, चीत्कार, कर्कश ध्वनि

screen /स्क्रीन्/ *n.* **1** परदा, कर्टन **2** टीवी या कंप्यूटर का स्क्रीन ▸ **screen** *v.* **1** (परदे आदि की सहायता से) कुछ छिपाना, आड़ में करना या किसी चीज़ को हानिग्रस्त होने से बचाना **2** रोग-विशेष की जानकारी के लिए रोगी की या नौकरी-विशेष के लिए उम्मीदवार की उपयुक्तता की जाँच करना

screw /स्क्रू/ *n.* पेंच, स्क्रू ▸ **screw** *v.* **1** (किसी वस्तु को) पेंच कसकर जमाना **2** किसी वस्तु को पेंच से कसना या किसी वस्तु पर पेंच कसना

scribble /ˈस्क्रिब्ल्/ *v.* **1** लापरवाही से जल्दी-जल्दी कुछ लिखना, घसीट मारना, घसीटना **2** पेन या पेंसिल से निरर्थक चिह्न बनाना ▸ **scribble** *n.* घसीट लिखाई

scribe /स्क्राइब्/ *n.* **1** (विशेषकर मुद्रण कला के आविष्कार से पहले) पांडुलिपि, दस्तावेज़ आदि की हस्तलिखित प्रति तैयार करनेवाला, लेखक **2** लेखक या पत्रकार

script /स्क्रिप्ट्/ *n.* **1** नाटक, फ़िल्म, भाषण आदि लिपिबद्ध रूप में, आलेख, पटकथा, स्क्रिप्ट **2** लेखन-प्रणाली, लिपि

scripture /ˈस्क्रिप्च(र्)/ *n.* (*pl.* **scriptures**) धर्म-विशेष का धार्मिक ग्रंथ, धर्मग्रंथ (जैसे, ईसाईयों की बाइबिल)

scroll /स्क्रोल्/ *n.* काग़ज़ का खर्रा (जिस पर कुछ लिखा हो) ▸ **scroll** *v.* कंप्यूटर स्क्रीन पर लिखे हुए को ऊपर-नीचे या दाएँ-बाँए चलाना या घुमाना

scroll bar *n.* कंप्यूटर स्क्रीन पर लिखे हुए को ऊपर-नीचे या दाएँ-बाएँ चलाने वाला टूल, स्क्रॉलबार

scrotum /ˈस्क्रोटम्/ *n.* (*pl.* **scrota** or **scrotums**) अंडकोश, फ़ोता

scrub /स्क्रब्/ *v.* (**scrubbing, scrubbed**) **1** (प्रायः ब्रश से) अच्छी तरह रगड़कर (किसी को) साबुन और पानी से साफ़ करना, माँजना **2** रगड़कर (किसी वस्तु को) हटाना या रगड़ने से हट या मिट जाना ▸ **scrub** *n.* **1** (प्रायः ब्रश से) अच्छी तरह रगड़कर हटाने का कार्य, सफ़ाई **2** झाड़-झंखाड़ (बहुत कम वर्षा वाले इलाक़े में)

scruff /स्क्रफ़्/ *n.* (**by the scruff of the/your neck**) गरदन पकड़ कर

scruffy /ˈस्क्रफ़ि/ *adj.* (**scruffier, scruffiest**) गंदा और मैला

scrumptious /ˈस्क्रम्प्शस/ *adj.* (अनौपचारिक) सुस्वादु और मज़ेदार

scruple /ˈस्क्रूप्ल्/ *n.* **1** इस आशंका से कि क्या यह कार्य नैतिक दृष्टि से सही है, नैतिकता के कारण झिझक या संकोच ▸ **scruple** *v.* (**not scruple to do**) कुछ करने के लिए न झिझकना, चाहे वह ग़लत ही क्यों न हो

S

scrupulous /ˈस्क्रूप्यलस्/ *adj.* **1** अति सावधान या ब्योरों पर अधिक ध्यान देने वाला **2** सही या सच के प्रति सतर्क, धर्मसाध्य ▸ **scrupulously** *adv.* अति सावधानी से, नियमनिष्ठापूर्वक

scrutinize /ˈस्क्रूटिनाइज़्/ *v.* (किसी वस्तु को) सावधानी से देखना या जाँचना ▸ **scrutiny** *n.* अति सावधानी से की

गई जाँच, सूक्ष्म परीक्षण

scuba-diving /ˈस्कूबा डाइविङ्/ *n.* श्वासयंत्र के साथ ग़ोताख़ोरी

scuffle /ˈस्कफ़ल्/ *n.* हाथापाई, हाथाबाँही, झड़प

sculpt /ˈस्कल्प्ट्/ *v.* तराशना और आकार देना, उत्कीर्ण करना

sculpture /ˈस्कल्प्च(र्)/ *n.* **1** मूर्तिकला (पत्थर, लकड़ी, मिट्टी आदि से प्रतिमाओं या वस्तुओं का निर्माण **2** इस प्रकार निर्मित मूर्ति या मूर्तियाँ

scum /स्कम्/ *n.* **1** मलफेन (किसी द्रव की सतह पर झाग की शक्ल में जमा गंदगी), गंदी झिल्ली **2** सम्मान के अयोग्य व्यक्ति के लिए अपमानजनक शब्द, नीच

scurry /ˈस्करि/ *v.* (**scurrying, scurried**) छोटे-छोटे तेज़ क़दमों से आगे बढ़ना, जल्दी करना या मचाना

scurvy /ˈस्कवि/ *n.* विटामिन 'सी' की कमी से उत्पन्न रोग (जिसमें मसूड़ों से ख़ून आता है), स्कर्वी

scuttle /ˈस्कट्ल्/ *v.* छोटे क़दमों से या काफ़ी झुकते हुए तेज़ भागना

scythe /साइद्/ *n.* हँसिया, दराँती

sea /सी/ *n.* **1** (सामान्यतः) समुद्र, सागर **2** विशिष्ट समुद्री क्षेत्र (जो चाहे महासागर का अंश हो या ज़मीन से घिरा हो)

S

seam /सीम्/ *n.* **1** कपड़े की सिलाई की सीवन (दो वस्त्र खंडों को एक साथ सीने से बनी रेखा) **2** ज़मीन के नीचे कोयले की परत ▸ **seamed** *adj.* झुर्रीदार, जोड़ वाला

seamless /ˈसीम्लेस्/ *adj.* **1** (कपड़े के लिए प्रयुक्त) बिना सिलाई का, सीवन रहित, बिना जोड़ का, जोड़रहित **2** निरंतर, व्यवधान या रुकावटरहित

séance /ˈसेआँस्/ *n.* (दिवंगत आत्माओं से बातचीत करने की) बैठक, प्रेतवाहन बैठक

sear /सिअ(र्)/ *v.* झुलसाना, झुलसा देना, जलाना

search /सच्/ *v.* अभीष्ट वस्तु की खोज में किसी की बारीक़ी से जाँच करना, खोई हुई वस्तु को तलाशना ▸ **search** *n.* **1** किसी की तलाश (विशेषतः बारीक़ी से जाँच कर) **2** कंप्यूटर से डाटाबेस या नेटवर्क में (अभीष्ट) सूचना-सामग्री या जानकारी की खोज

season /ˈसीज़्न्/ *n.* **1** मौसम, ऋतु (प्राकृतिक वातावरण की दृष्टि से वर्ष की एक अवधि) **2** वर्ष का वह समय जब कोई विशेष गतिविधि प्रायः सर्वत्र हो या लोकप्रिय हो ▸ **season** *v.* मिर्च-मसाले डालकर भोजन को छौंकना, बघारना ▸ **seasonal** *adj.* ख़ास मौसम में होने या मिलने वाला, मौसमी, सामयिक ▸ **seasoning** *n.* छौंक, बघार

seat /सीट्/ *n.* **1** बैठने का आसन, स्थान या सीट **2** विधान मंडल या संसद का पद (जो चुनाव में जीता जाता है) ▸ **seat** *v.* **1** बैठना **2** नियत संख्या में लोगों को बैठाना (उनके लिए कुरसियों आदि की व्यवस्था करना)

secede /सिˈसीड्/ *v.* (राज्य, देश आदि का) राज्यों, देशों के संघ को आधिकारिक रूप से छोड़ देना और स्वतंत्र हो जाना ▸ **secession** *n.* संबंध-विच्छेद, अलगाव, फूट

secluded /सिˈक्लूडिड्/ *adj.* निर्जन (लोगों की बस्ती से बहुत दूर), एकांत, बहुत शांत ▸ **seclusion** *n.* अन्य से अलग होकर रहना, एकांत

second /ˈसेकन्ड्/ *pron. & det. & adv. & n.* दूसरा, द्वितीय ▸ **second** *n.* **1** मिनट का साठवाँ हिस्सा, सेकंड **2** क्षणभर ▸ **second** *v.* बैठक में किसी सुझाव या विचार का अनुमोदन करना (चर्चा एवं मतदान हेतु) ▸ **secondly** *adv.* दूसरी बात, दूसरे, दूसरा (तर्क या मत देते हुए प्रयुक्त)

secondary /ˈसेकन्ड्रि/ *adj.* **1** (दूसरे की अपेक्षा) गौण **2** किसी अन्य से उत्पन्न या विकसित

secret /ˈसीक्रट्/ *n.* **1** गोपनीय बात (जो दूसरों को न पता हो न पता चले), दूसरों से छिपाने योग्य बात **2** एकमात्र या सर्वोत्तम उपाय (कुछ करने या पाने का रहस्य) ▸ **secret** *adj.* **1** गोपनीय (दूसरों से छिपाने योग्य) **2** दूसरों से छिपाकर किए जाने वाले काम ▸ **secretly** *adv.* गुप्त रूप से

secretariat /ˌसेक्रˈटेअरिअट्/ *n.* सचिवालय, (किसी बड़े अंतरराष्ट्रीय या राजनीतिक संगठन विशेषतः महासचिव का कार्यालय, जिस पर संगठनों को संचालित करने का दायित्व होता है)

secretary /ˈसेक्रट्रि/ *n.* (*pl.* **secretaries**) **1** दफ़्तर में काम करने वाला व्यक्ति (जो टाइप करना, फ़ोन का काम देखना, रिकार्ड सँभालना आदि करता है), सेक्रेटरी, सचिव **2** किसी क्लब या सोसाइटी का अधिकारी (जिस पर रिकार्ड सँभालने, पत्राचार करने आदि का दायित्व होता है) ▸ **secretarial** *adj.* लिपिकीय, सचिव-संबंधी

secrete /सिˈक्रीट्/ *v.* **1** (पौधे, पशु या व्यक्ति के किसी अंग के लिए प्रयुक्त) विशेष प्रकार का द्रव निकालना **2** किसी गुप्त स्थान पर कुछ छिपाना ▸ **secretion** *n.* **1** पौधे या शरीर द्वारा स्राव की क्रिया, स्रवण **2** पौधे या शरीर द्वारा स्रावित द्रव्य, स्राव

secretive /ˈसीक्रटिव्/ *adj.* बातों को दूसरों से छिपाने के स्वभाव वाला, गोपनशील, गोपनप्रिय ▸ **secretively** *adv.* गोपनप्रिय रीति से ▸ **secretiveness** *n.* गोपनप्रियता

sect /सेक्ट्/ *n.* पंथ (विशेष धार्मिक या राजनीतिक विश्वासों वाला वर्ग जो अपने से बड़े वर्ग से अलग होने के फलस्वरूप बनता है), संप्रदाय

sectarian /सेक्ˈटेअरिअन्/ *adj.* सांप्रदायिक, पंथिक (विभिन्न धार्मिक वर्गों की भिन्नताओं से संबंधित) ▸ **sectarianism** *n.* सांप्रदायिकता, संप्रदायवाद

section /ˈसेक्शन्/ *n.* **1** खंड, भाग **2** किसी वस्तु का दृश्य या आरेख या चित्र (लगे कि उसे ऊपर से नीचे तक काटा गया है ताकि अंदर का हिस्सा दिखाई पड़े), कर्तन

sector /ˈसेक्ट(र्)/ *n.* **1** देश की व्यापारिक गतिविधि का भाग या क्षेत्र **2** त्रिज्य-खंड, वृत्त-खंड, त्रिज्याओं के बीच का क्षेत्र

secular /ˈसेक्यल(र्)/ *adj.* धर्म से संबंधित नहीं, लौकिक, धर्मनिरपेक्ष

secure /सिˈक्युअ(र्)/ *adj.* **1** संदेह या चिंता से मुक्त, आश्वस्त, सुरक्षित **2** जिसमें हानि संभावित नहीं, सुरक्षित, निरापद ▸ **secure** *v.* **1** किसी वस्तु को अच्छी तरह जमा देना या जकड़ देना **2** किसी वस्तु को प्राप्त करना या उपलब्ध करना (विशेषतः बहुत प्रयत्न के बाद) ▸ **securely** *adv.* सुरक्षित रूप से

security /सिˈक्युअरटि/ *n.* (*pl.*

S

securities) **1** सुरक्षित और चिंतामुक्त होने की स्थिति, सुरक्षा और चिंतामुक्ति, जीवन की कठिनाइयों से सुरक्षा **2** (हमला, ख़तरा, चोरों आदि से बचाव के लिए) सुरक्षा व्यवस्था

sedan /सि'डैन्/ *n.* (*US*) **1** दो क्षैतिज धुरों के बीच एक प्रकार की कुर्सी, पालकी **2** चार या अधिक लोगों के लिए कार

sedate /सि'डेट्/ *adj.* शांत, गंभीर एवं सौम्य ▸ **sedate** *v.* किसी को शांत करने या सुलाने के लिए नशीली गोली या दवाई देना ▸ **sedation** *n.* प्रशमन, प्रशांति ▸ **sedative** *n.* कोई नशीला पदार्थ या औषधि जिसे लेकर व्यक्ति शांत हो जाए या सोने लगे, शामक

sedentary /'सेड्न्ट्रि/ *adj.* जिसमें व्यक्ति देर तक बैठा रहे, सक्रिय नहीं

sediment /'सेडिमन्ट्/ *n.* तलछट, द्रव के तले पर जमा गाढ़ा पदार्थ ▸ **sedimentary** *adj.* तलछटी, तलछट-संबंधी

sedition /सि'डिश्न्/ *n.* जनता को शासन के विरोध में खड़े होने के लिए प्रेरित करने वाला आचरण (वाणी या व्यवहार या कार्य), राजद्रोह ▸ **seditious** *adj.* राजद्रोहात्मक, राजद्रोही

S

seduce /सि'ड्यूस्/ *v.* **1** किसी को किसी बात का प्रलोभन देना **2** यौन-संबंध के लिए राज़ी करना, फुसलाना, विलोभ, फुसलाहट ▸ **seductive** *adj.* कामुक रूप से आकर्षक, मोहक

see /सी/ *v.* **(seeing, saw, seen)** **1** देखना, नेत्रों द्वारा प्रत्यक्ष करना, दृष्टि-शक्ति का प्रयोग करना **2** फ़िल्म, नाटक आदि देखना

seed /सीड्/ *n.* **1** बीज **2** किसी मनोभाव या घटना का आरंभ (जो बाद में बढ़ता या बढ़ती जाए)

seek /सीक्/ *v.* **(seeking, sought)** **1** कुछ ढूँढ़ने या पाने की कोशिश करना, तलाश करना **2** (किसी से) कुछ माँगना, लेना या अनुरोध करना

seem /सीम्/ *v.* कुछ होने या करने की प्रतीति कराना, प्रतीत होना, लगना

seeming /'सीमिङ्/ *adj.* कुछ लगता हुआ, कुछ प्रतीत होता हुआ ▸ **seemingly** *adv.* प्रकट रूप से

seep /सीप्/ *v.* (द्रव का) रिसना (किसी वस्तु के अंदर धीरे-धीरे जाना) ▸ **seepage** *n.* द्रव या गैस आदि का रिसाव, स्राव

seer /सिअ(र्)/ *n.* भविष्य में घटित होनेवाली घटनाओं की भविष्यवाणी का दावा करनेवाला, भविष्यद्रष्टा, मनीषी, ऋषि, पैग़ंबर

see-saw *n.* झूला पट्टी, झूलने वाला तख़्ता, झुलावा

seethe /सीद्/ *v.* **1** क्रोध से उबलना. **2** बहुत भीड़-भरा होना

segment /'सेग्मन्ट्/ *n.* **1** किसी का खंड या भाग **2** नारंगी की फाँक

seismic /'साइज़्मिक्/ *adj.* भूकंप से संबंधित या उससे उत्पन्न, भूकंपीय

seismograph /'साइज़्मग्राफ़्/ *n.* भूकंपमापी यंत्र, भूकंपलेखी

seismology /साइज़्'मॉलजि/ *n.* भूकंप-विज्ञान

seize /सीज़्/ *v.* **1** किसी वस्तु को एकाएक और कसकर पकड़ लेना, छीन लेना, झपट लेना **2** किसी को क़ब्ज़े में कर लेना या हथिया लेना

seizure /'सीझ़(र्)/ *n.* **1** बलप्रयोग से या क़ानूनन किसी वस्तु पर नियंत्रण या

आधिपत्य 2 किसी बीमारी का तेज़ झटका (विशेषतः मस्तिष्क पर)

seldom /'सेल्डम्/ *adv.* यदा-कदा, शायद ही कभी, कदाचित्, अचानक

select /सि'लेक्ट्/ *v.* एक जैसे व्यक्तियों या वस्तुओं में से एक को चुनना, चयन करना ▸ **select** *adj.* **1** सावधानी से चयनित, सर्वोत्तम, चुनिंदा **2** धनी व्यक्तियों द्वारा प्रयुक्त या उनका अपना या उनके स्वामित्व वाला

selection /सि'लेक्शन्/ *n.* **1** चयन करना या चुना जाना, चयन **2** चुने गए लोग या वस्तुएँ, चयन, संकलन, चयनिका

selective /सि'लेक्टिव्/ *adj.* **1** चयन करने में सावधान, चयनशील **2** चयन करने में सावधानी बरतते हुए, चयन प्रधान ▸ **selectively** *adv.* चयनात्मकता के साथ

self /सेल्फ़्/ *n.* (*pl.* **selves**) व्यक्ति का अपना स्वभाव या अपने गुण

self- *prefix* आत्म-, स्वयं-, स्वतः-, स्व- (अपना, अपने को या अपने से या स्वयं)

self-assurance *n.* आत्म-विश्वास, हौसला ▸ **self-assured** *adj.* आत्मविश्वासी

self-centred *adj.* आत्म-केंद्रित (केवल अपनी चिंता करने वाला), स्वार्थी, ख़ुदग़र्ज़

self-confidence *n.* आत्मविश्वास ▸ **self-confident** *adj.* अपने आप पर भरोसा रखने वाला, आत्मविश्वासी

self-conscious *adj.* आत्मचेतन (अपने विषय में दूसरों के विचारों को लेकर अति चिंतित), आत्म प्रबुद्ध ▸ **self-consciously** *adv.* आत्मचेतन भाव से ▸ **self-consciousness** *n.* आत्मचेतना

self-control *n.* आत्मनियंत्रण (अपनी भावनाओं पर नियंत्रण रखने की क्षमता) ▸ **self-controlled** *adj.* आत्मसंयमी

self-denial *n.* नैतिक या धार्मिक कारणों से या पैसों के अभाव में स्वयं को अपनी पसंदीदा चीज़ से वंचित रखना, आत्मत्याग, स्वार्थत्याग

self-evident *adj.* जिसे प्रमाण-पुष्ट करने या समझाने की आवश्यकता नहीं, स्वतः प्रमाण, सुस्पष्ट

self-importance *n.* अपने-आप को बड़ा समझना, अहंमन्यता

self-interest *n.* स्वार्थ, आत्महित

selfish /'सेल्फ़िश्/ *adj.* स्वार्थी, ख़ुदग़रज़ ▸ **selfishly** *adv.* स्वार्थ भाव से, ख़ुदग़रज़ी के साथ ▸ **selfishness** *n.* स्वार्थ भाव, स्वार्थता, ख़ुदग़रज़ी

selfless /'सेल्फ़्लस्/ *adj.* निःस्वार्थ

self-made *adj.* अपने निजी प्रयासों से धनी या सफल होने वाला, स्वनिर्मित, कर्मठ

self-raising flour *n.* ख़मीर वाला आटा (जिससे केक आदि बनते समय फूल उठते हैं), स्वयं फूलने वाला आटा

self-respect *n.* आत्मसम्मान, स्वाभिमान ▸ **self-respecting** *adj.* स्वाभिमानी

self-righteous *adj.* स्वयं को हमेशा सही (और दूसरों को ग़लत) और इसलिए ख़ुद को दूसरों से बेहतर मानने वाला, दंभी ▸ **self-righteously** *adv.* दंभपूर्वक ▸ **self-righteousness** *n.* आत्मधर्माभिमानिता, दंभ

self-satisfied *adj.* आत्मसंतुष्ट (अपने से या अपने काम से अति प्रसन्न)

▸ **self-satisfaction** *n.* आत्म संतुष्टि

self-seeking *adj.* अपनी भलाई तथा ज़रूरतों में रुचि रखना बिना दूसरों की ज़रूरतों की परवाह किए, स्वार्थपरायण

▸ **self-seeking** *n.* स्वार्थ

self-service *adj.* स्वयं-सेवा (ऐसी दुकान, रेस्तराँ आदि के लिए प्रयुक्त जहाँ ग्राहक अपना सामान ख़ुद लेता है तथा कांउटर पर ख़ुद भुगतान करता है)

self-styled *adj.* स्वघोषित (अपने लिए किसी नाम या उपाधि की घोषणा करते हुए, विशेषतः अनधिकृत रूप से), स्वकथित

self-sufficient *adj.* आत्मनिर्भर ▸ **self-sufficiency** *n.* स्वावलंबन, आत्मनिर्भरता

sell /सेल्/ *v.* **(selling, sold) 1** किसी को कुछ बेचना **2** ख़रीदने के लिए ग्राहक को कुछ पेश करना ▸ **seller** *n.* बेचने वाला, विक्रेता

Sellotape™ /सेलटेप्/ *n.* (*also* **sticky tape**) सेलुलोस का बना चिपकने वाला पारदर्शी फीता, सेलोटेप

semantic /सि'मैन्टिक्/ *adj.* शब्दों और वाक्यों के अर्थ से संबंधित ▸ **semantically** *adv.* अर्थ की दृष्टि से

S

semblance /'सेम्ब्लन्स्/ *n.* कुछ होने या किसी विशिष्ट गुण से युक्त होने का आभास

semen /'सीमेन्/ *n.* (पुरुष का वीर्य) शुक्र (संतानोत्पत्ति का कारण)

semester /सि'मेस्ट(र्)/ *n.* स्कूल या कॉलेज का अध्ययन सत्र

semi- /'सेमि/ *prefix* अर्ध-, आंशिक

semicircle /'सेमिसर्कल्/ *n.* अर्धवृत्त, अर्धवृत्ताकार वस्तु ▸ **semicircular** *adj.* अर्धवृत्ताकार

semicolon /,सेमि'कोलन्/ *n.* वाक्य के अंशों या सूची तालिका के मदों को अलग करने के लिए प्रयुक्त एक विराम चिह्न (;), अर्धविराम, सेमिकोलन

semiconductor /,सेमिकन्'डक्ट(र्)/ *n.* अर्धचालक (विशिष्ट दशाओं में ताप या विद्युत का चालन करने वाला एक ठोस पदार्थ), सेमिकंडक्टर

semi-final *n.* अंतिम मैच से पहले का मैच (जिसमें यह निर्णय होता है कि फ़ाइनल मुक़ाबला किन खिलाड़ियों-दलों के बीच होगा), पूर्वांतिम या अंतिम-पूर्व मैच, सेमि-फ़ाइनल ▸ **semi-finalist** *n.* सेमि-फ़ाइनल खेलने वाली टीम या खिलाड़ी

seminal /'सेमिनल्/ *adj.* **1** (लेखक, पुस्तक आदि के लिए प्रयुक्त) मौलिक, महत्वपूर्ण तथा भविष्य की घटनाओं पर गहरा प्रभाव डालनेवाला **2** वीर्य-संबंधी, शुक्र-संबंधी

seminar /'सेमिना(र्)/ *n.* **1** शिक्षक और छोटे छात्रवर्ग के बीच परिसंवाद, उपकक्षा **2** संगोष्ठी (कार्य-प्रणालियों आदि पर चर्चा हेतु व्यवसाय से संलग्न व्यक्तियों की बैठक), परिसंवाद

seminary /'सेमिनरि/ *n.* (*pl.* **seminaries**) पुजारियों, धर्मगुरुओं या पुरोहितों को प्रशिक्षित करनेवाला आध्यात्मिक विद्यालय, धर्मगोष्ठी, सेमिनरी

semiotics /,सेमि 'ऑटिक्स्/ *n.* संकेतों और प्रतीकों का अध्ययन, प्रतीक विज्ञान, संकेत विज्ञान ▸ **semiotic** *adj.* संकेत विज्ञानी

semi-precious *adj.* (रत्न या आभूषण के लिए प्रयुक्त) हीरे या माणिक जैसे बहुमूल्य रत्नों से कम मूल्यवान, अर्द्ध-मूल्यवान

senate *n.* (**the Senate**) अमेरिका जैसे कुछ देशों में सरकार का हिस्सा, सीनेट ▸ **senator** *n.* सीनेट का सदस्य

send /सेन्ड्/ *v.* (**sending, sent**) **1** कहीं कुछ भेजना या भिजवाना (विशेषतः डाक, रेडियो आदि के द्वारा) **2** किसी को कहीं जाने के लिए या कुछ करने के लिए कहना, किसी को कहीं भिजवाना

senile /ˈसीनाइल्/ *adj.* सनकी और भुलक्कड़ (बुढ़ापे के कारण), जराजीर्ण ▸ **senility** *n.* जराजीर्णता, सठियाना

senior /ˈसीनिअ(र्)/ *adj.* **1** किसी कंपनी, संस्था आदि में उच्च या उच्चतर पद पर प्रतिष्ठित, वरिष्ठ, सीनियर **2** पुत्र के समान नाम वाले पिता के नाम के साथ प्रयुक्त (भ्रम से बचने के लिए) ▸ **senior** *n.* **1** एक या अधिक व्यक्तियों से) आयु या पद में बड़ा **2** (स्कूल में) आयु में बड़ा छात्र ▸ **seniority** *n.* वरिष्ठता, वरीयता

sensation /सेन्ˈसेशन्/ *n.* **1** संवेदन, पूरे शरीर या अंग पर पड़े प्रभाव से उत्पन्न अनुभूति **2** स्पर्शानुभूति (स्पर्श करने या होने को अनुभव कर सकना)

sensational /सेन्ˈसेशनल्/ *adj.* **1** सनसनीख़ेज़ (सनसनी पैदा करने या पैदा करने की कोशिश करते हुए) **2** बहुत अच्छा या सुंदर, अति उत्तेजक ▸ **sensationally** *adv.* सनसनीख़ेज़ ढंग से ▸ **sensationalism** *n.* सनसनी फैलाने का काम ▸ **sensationalize** *v.* (किसी सूचना के बारे में) सनसनी फैलाकर रुचि पैदा करना, सनसनी फैलाना, सार्वजनिक उत्तेजना पैदा करना, दिलचस्पी पैदा करना

sense /सेन्स्/ *n.* **1** विचारपूर्वक या समझदारी से सोचने या करने की क्षमता, अच्छी परख या समझ **2** कुछ समझने की क्षमता, किसी चीज़ के स्वरूप या मूल्य को जानने या पहचानने की क्षमता ▸ **senseless** *adj.* **1** निरर्थक या निरुद्देश्य **2** बेहोश, निश्चेतन

sensibility /ˌसेन्सˈबिलटि/ *n.* (*pl.* **sensibilities**) **1** संवेदनशीलता, गहन भावों को समझने और अनुभव करने की क्षमता (जैसे कला, साहित्य आदि में) **2** (*pl.* **sensibilities**) व्यक्ति की भावनाएँ (विशेषतः जल्दी बुरा मान जाने की स्थिति में), भावुकता, संवेदनशीलता

sensible /ˈसेन्सब्ल्/ *adj.* (व्यक्ति और उसका आचरण) तर्क और अनुभव पर आधारित निर्णय करने में समर्थ, समझदार, व्यवहार-कुशल ▸ **sensibly** *adv.* समझदारी से

sensitive /ˈसेन्सटिव्/ *adj.* **1** लोगों की भावनाओं, समस्याओं आदि के प्रति सचेत और उन्हें समझने में समर्थ, संवेदनशील **2** चिड़चिड़ा (जल्दी परेशान, गुस्सा या नाराज़ हो जाने वाला, विशेषतः किसी विशेष बात को लेकर), तुनकमिज़ाज ▸ **sensitively** *adv.* अति सावधानी से ▸ **sensitivity** *n.* अति संवेदनशीलता, भावुकता

sensitize /ˈसेन्सटाइज़्/ *v.* **1** (विशेषकर किसी समस्या के प्रति अधिक सचेत करना, सुग्राही बनाना **2** पदार्थ विशेष या रासायनिक तथा भौतिक परिवर्तनों के प्रति संवेदनशील बनाना ▸ **sensitization** *n.* संवेदीकरण, संवेदनग्रहण

sensor / ˈसेन्सर/ *n.* ताप, प्रकाश आदि का पता लगाने या मापने वाला यंत्र ▸ **sensory** *adj.* ज्ञानेंद्रियों से संबंधित

S

sensual /ˈसेन्शुअल्/ *adj.* शारीरिक या यौन आनंद से संबंधित, कामुक ▸ **sensuality** *n.* कामुकता

sensuous /ˈसेन्शुअस्/ *adj.* मन या शरीर को इंद्रियजन्य आनंद देने वाला ▸ **sensuously** *adv.* इंद्रियजन्य रीति से ▸ **sensuousness** *n.* इंद्रियजन्यता

sentence /ˈसेन्टन्स्/ *n.* **1** सामान्य कथन, प्रश्न आदि का व्यंजक, ऐसा शब्दविन्यास जिसमें एक कर्ता हो और एक क्रिया, अंग्रेज़ी आदि में लिखते समय वाक्य का आरंभ बड़े अक्षर से होता है और अंत पूर्ण विराम (.) से, वाक्य **2** न्यायाधीश द्वारा अपराधी को दिया गया दंड ▸ **sentence** *v.* (न्यायाधीश द्वारा) अपराधी को सज़ा सुनाना

sentient /ˈसेन्टिअन्ट्, ˈसेन्शन्ट्/ *adj.* देखने एवं अनुभव करने के लिए अपनी क्षमता का उपयोग करनेवाला, सचेतन, संवेदनशील ▸ **sentience** *n.* चेतना, संवेदन

sentiment /ˈसेन्टिमन्ट्/ *n.* **1** मनोभाव से उत्पन्न या प्रभावित कोई मनोवृत्ति या विचार **2** करुणा, रूमानी प्रेम, विषाद आदि भाव (जिनका व्यक्ति के कार्य या आचरण पर प्रभाव पड़ता है जो कभी-कभी प्रसंग-विशेष में अनुपयुक्त लगता है) ▸ **sentimental** *adj.* भावुक, भावनात्मक ▸ **sentimentality** *n.* भावुकता, भावनात्मक

sentinel /ˈसेन्टिनल्/ *n.* संतरी, प्रहरी, पहरेदार

sentry /ˈसेन्ट्रि/ *n.* (*pl.* **sentries**) संतरी (किसी भवन की रक्षा हेतु बाहर खड़े सिपाही), पहरेदार

separate /ˈसेप्रट्/ *adj.* **1** अलग, पृथक, न जुड़ा हुआ **2** भिन्न, असंबंधित ▸ **separate** *v.* **1** अलग हो जाना, व्यक्तियों या वस्तुओं का अलग कर देना **2** पति-पत्नी का अलग-अलग हो जाना ▸ **separately** *adv.* अलग-अलग, अलग से

separation /ˌसेप्ˈरेशन्/ *n.* **1** अलगाव, पार्थक्य (अलग करने या होने की क्रिया), अलगाव की स्थिति या अवधि **2** पति-पत्नी में अब साथ-साथ न रहने का समझौता

separatist /ˈसेप्रटिस्ट्/ *n.* बड़े वर्ग से आज़ादी माँगने वाले समूह का सदस्य, अलगाववादी, पार्थक्यवादी

September /सेप्ˈटेम्ब(र्)/ *n.* सितंबर, साल का नौवाँ महीना (अगस्त के बाद का)

septic /ˈसेप्टिक्/ *adj.* विषाक्त कीटाणुओं से संक्रमित, पूतिक, सेप्टिक

septicaemia /ˌसेप्टिˈसीमिआ/ *n.* (*US* **septicemia**) विषाक्त कीटाणुओं से रक्तदूषण, रक्तविषाक्तता, पूतिरक्तता

sepulchre /ˈसेप्ल्क(र्)/ *n.* (*US* **sepulcher**) मक़बरा (चट्टान को काटकर बनायी गयी या पत्थर की बनी), समाधि, क़ब्र

sequel /ˈसीक्वल्/ *n.* **1** उत्तर-कथा (पुस्तक, फ़िल्म या रचना जो पिछली कथा को आगे बढ़ाए), पश्च-कथा **2** (पूर्व घटना की) उत्तरवर्ती स्थिति या उसका परिणाम

sequential /सीˈक्वेन्शल्/ *adj.* क्रमिक, आनुक्रमिक (समय या स्थान की दृष्टि से क्रमबद्ध) ▸ **sequentially** *adv.* क्रम से, क्रमबद्ध, क्रमानुसार

sequester /सिˈक्वेस्ट(र्)/ *v.* **1** अलग-थलग करना, पृथक करना **2** (ऋणी की संपदा को) अस्थायी रूप से ज़ब्त कर

लेना, संपत्ति को वादी और प्रतिवादी दोनों से ले लेना

sequin /'सीक्विन्/ *n.* सजावट के लिए कपड़ों पर टाँकने की सीप, कटोरी (धातु या प्लास्टिक की) ▸ **sequinned** *adj.* सीपियों से सजा

serenade /ˌसेर'नेड्/ *n.* **1** पुरुष द्वारा महिला के प्रेम में गाया गया गीत या संगीत (विशेषकर रात में उसकी खिड़की के बाहर खड़े होकर), प्रणयगीत **2** कई टुकड़ों में मधुर संगीत (प्रायः वाद्य यंत्रों के छोटे समूह के लिए), संगीत रचना
▸ **serenade** *v.* विशेषकर महिला के प्रेम में गीत गाना या वाद्ययंत्र बजाना (रात में उसकी खिड़की के बाहर खड़े होकर), प्रणयगीत सुनाना

serendipity /ˌसेरन्'डिपटि/ *n.* संयोगवश कुछ मूल्यवान या मनोरम चीज़ की प्राप्ति या संयोगवश कुछ सुखद घटित होना, आकस्मिक लाभवृत्ति
▸ **serendipitous** *adj.* आकस्मिक रूप से लाभ देनेवाला

serene /स'रीन्/ *adj.* शांत और अविक्षुब्ध या गंभीर ▸ **serenely** *adv.* शांतभाव से, अविक्षुब्ध रूप से या गंभीरतापूर्वक ▸ **serenity** *n.* शांति, गंभीरता

serf /सफ़्/ *n.* (विगत में) भूस्वामी को ज़मीन पर रहने, कार्य करने, तथा आज्ञा पालन करने को विवश व्यक्ति, कृषिदास

sergeant /'साजन्ट्/ *n.* **1** थल सेना या वायुसेना में निम्न श्रेणी का अधिकारी, सार्जेंट **2** पुलिस में मध्यक्रम का अधिकारी, पुलिस सार्जेंट

serial /'सिअरिअल्/ *n.* धारावाहिक (पत्रिका, टीवी, रेडियो पर एक अवधि तक कड़ियों में प्रस्तुत कहानी)
▸ **serialize** *v.* क्रमबद्ध करना, धारावाहिक निकालना ▸ **serially** *adv.* क्रमिक रूप से

series /'सिअरीज़्/ *n.* (*pl.* **series**) **1** शृंखला (क्रम से घटित होने वाली एक जैसी या संबंधित घटनाएँ), सिलसिला **2** रेडियो, टीवी पर प्रस्तुत कथा-शृंखला (जिसमें कथा अपने में पूरी होती है और सबके मुख्य पात्र समान होते हैं)

serious /'सिअरिअस्/ *adj.* **1** दुर्दशाग्रस्त, बुरी हालत या ख़तरनाक या चिंताजनक **2** (व्यक्ति) गंभीर, मज़ाक़िया नहीं, सावधानी और बुद्धिमानी से मसलों पर सोचने वाला
▸ **seriousness** *n.* गंभीरता
▸ **seriously** *adv.* गंभीर रूप से, गंभीरता से

sermon /'समन्/ *n.* धार्मिक या नैतिक विषय पर प्रवचन (चर्च आदि में धार्मिक अनुष्ठान के अंग के रूप में)
▸ **sermonize** *v.* नैतिक प्रवचन देना, व्याख्यान देते फिरना

serpent /'सपन्ट्/ *n.* साँप (विशेषतः बड़ा) ▸ **serpentine** *adj.* सर्पाकार, सर्पिल, चक्करदार

serrated /स'रेटिड्/ *adj.* दंदानेदार, दाँतेदार ▸ **serration** *n.* कंगूरा, दाँत

serum /'सिअरम्/ *n.* (*pl.* **sera** or **serums**) **1** रक्त का जलीय अंश (ख़ून जमने के बाद शेष रहा) **2** सीरम (पशु के ख़ून में से लिया गया द्रव जो रोग, विष आदि के प्रभाव से रक्षा के लिए मनुष्यों के शरीर में पहुँचाया जाता है)

servant /'सवन्ट्/ *n.* नौकर (वेतन पर घर के काम करने वाला व्यक्ति)

serve /सव्/ *v.* **1** भोजन परोसना, रेस्तराँ, बार आदि में ग्राहकों से आदेश

लेकर उन्हें खाद्य और पेय पदार्थ पहुँचाना **2** उद्देश्य-विशेष के लिए उपयोगी या उपयुक्त होना

server /'सव(र्)/ *n.* सूचना-संचय करने वाला ऐसा कंप्यूटर जिससे अन्य अनेक कंप्यूटर भंडारित सूचना को ग्रहण करते हैं, सर्वर

service /'सविस्/ *n.* **1** जनता की आवश्यकता की पूर्ति करने वाली प्रणाली या संख्या, सेवा, संस्था द्वारा किया गया विशिष्ट काम या संस्था द्वारा उपलब्ध कराई गई सेवा **2** ग्राहकों को विशिष्ट सेवा (न कि सामान) उपलब्ध कराने वाला व्यवसाय, सेवा-व्यवसाय द्वारा किया गया काम ▸ **service** *v.* कार, मशीन आदि की जाँच और (आवश्यकतानुसार) मरम्मत करना

servility /स'विलिटि/ *n.* दासता, चापलूसी

serving /'सविङ्/ *n.* एक व्यक्ति के लिए भोजन की मात्रा

servitude /'सविट्यूड्/ *n.* ग़ुलामी की स्थिति, पराधीनता, आज्ञापालन के लिए विवश होने की स्थिति, जबरन सेवा, ग़ुलामी, दासता

sesame /'सेसमि/ *n.* तिल का पौधा (जिससे तिल के दाने मिलते हैं और दानों से तेल)

S

session /'सेशन्/ *n.* **1** कार्य विशेष में लगी समयावधि **2** अदालत, संसद आदि का सत्र (औपचारिक बैठक या बैठकों की शृंखला)

set /सेट्/ *v.* (,**setting, set**) **1** किसी स्थान या स्थिति में किसी को रखना या रखवाना **2** विशेष स्थिति या घटना को मूर्त रूप दिलवाना, किसी कार्य को मूर्त रूप देना ▸ **set** *n.* **1** परस्पर संबंधित वस्तुओं का समूह, सेट **2** टीवी या रेडियो संकेत प्राप्त करने वाला उपकरण ▸ **set** *adj.* **1** विशेष स्थिति में स्थापित **2** नियत (और न बदलने वाला), पक्का, दृढ़

settle /'सेट्ल्/ *v.* **1** बहस या विवाद को सुलझा लेना **2** किसी बात को अंतिम रूप से तय या व्यवस्थित कर देना

settlement /'सेट्ल्मन्ट्/ *n.* **1** विवाद का विधिमान्य समाधान, समाधान पर पहुँचने की क्रिया **2** बस्ती (लोगों के आकर बस जाने का ऐसा स्थान जहाँ पहले नगण्य आबादी थी), उपनिवेश, किसी स्थान पर लोगों के आकर बस जाने की प्रक्रिया

seven /'सेव्न्/ *adj.* & *n.* सात (की संख्या) ▸ **seventh** *adj.* & *n.* सातवाँ

seventeen /,सेव्न्'टीन्/ *adj.* & *n.* सत्रह (की संख्या) ▸ **seventeenth** *adj.* & *n.* सत्रहवाँ

seventy /'सेव्न्टि/ *adj.* & *n.* (*pl.* **seventies**) सत्तर (की संख्या) ▸ **seventieth** *adj.* & *n.* सत्तरवाँ

sever /'सेव(र्)/ *v.* **1** किसी वस्तु के दो टुकड़े करना, किसी वस्तु को काट देना **2** किसी के साथ संबंध या संपर्क समाप्त करना

several /'सेव्रल्/ *pron.* & *det.* दो से कुछ अधिक (बहुत अधिक नहीं), अनेक, कुछ

severe /सि'विअ(र्)/ *adj.* **1** कठोर, सख़्त (जिससे व्यक्ति को तकलीफ़, परेशानी या कठिनाई हो) **2** बहुत कठिन, कष्टप्रद या गंभीर ▸ **severely** *adv.* अत्यधिक ▸ **severity** *n.* उग्रता

sew /सो/ *v.* (**sewing, sewed, sewn**) (कपड़ों को या कपड़ों के साथ किसी वस्तु को) सीना (सुई और धागे के साथ टाँके मारते हुए)

sewage /'सूइज्/ *n.* घरों से निकलकर भूमिगत नालियों में बहता मल

sewer /'सूअ(र्)/ *n.* मल को बहाकर मल-संसाधन केंद्र पर ले जाने वाला भूमिगत नाला ▸ **sewerage** *n.* गंदे नाले

sex /सेक्स/ *n.* **1** लिंग (पुरुष या स्त्री होने की स्थिति) **2** स्त्री-पुरुष सहवास या संभोग (जिसमें स्त्री का गर्भवती होना संभावित हो)

sexism /'सेक्सिज़म्/ *n.* व्यक्तियों, विशेषतः स्त्रियों के साथ अन्याय (उनके लिंग के कारण), लैंगिक भेदभाव, लिंगभेद की भावना ▸ **sexist** *adj. & n.* लिंगभेदवादी

sexual /'सेक्शुअल/ *adj.* लिंग-संबंधी, यौन, काम-विषयक ▸ **sexually** *adv.* यौन दृष्टि से, काम भावना से

sexuality /ˌसेक्शु'ऐलटि/ *n.* (*pl.* **sexualities**) यौन क्रियाओं या इच्छाओं की प्रकृति, लैंगिकता

sexy /'सेक्सि/ *adj.* (**sexier, sexiest**) कामोद्दीपक या कामोत्तेजक

shabby /'शैबि/ *adj.* (**shabbier, shabbiest**) **1** बुरी हालत में (बहुत अधिक प्रयोग में आने या घिस जाने के कारण) **2** (किसी के साथ व्यवहार) अनुचित, क्षुद्र ▸ **shabbily** *adv.* भद्दे ढंग से, फूहड़पन से

shack /शैक्/ *n.* लकड़ी या धातुखंडों से बना छोटा बेढंगा मकान, झोंपड़ा

shackle /'शैकल्/ *n.* हथकड़ी, बेड़ी ▸ **shackle** *v.* **1** (किसी को) हथकड़ी या बेड़ी डालना या लगाना **2** किसी को अपनी इच्छा अनुसार कुछ कहने या व्यवहार करने से रोकना

shade /शेड्/ *n.* **1** छायादार क्षेत्र (सूर्य के प्रकाश से परे कुछ अँधेरा तथा अपेक्षाकृत ठंडा स्थान) **2** एक विशेष प्रकार का रंग (किसी रंग की) आभा ▸ **shade** *v.* **1** सीधे प्रकाश से किसी को बचाना, किसी वस्तु पर शेड लगाना **2** (पेंसिल आदि से) किसी स्थान को धुँधला छायांकित कर देना

shadow /'शैडो/ *n.* **1** परछाईं (प्रकाश और सतह के बीच में किसी के आने से सतह पर बनी उसकी धुँधली आकृति), साया **2** लेशमात्र, अल्प, थोड़ा-सा ▸ **shadow** *v.* (किसी का) पीछा करना और उसकी हरकतों पर निगाह रखना

shady /'शेडि/ *adj.* (**shadier, shadiest**) **1** छायादार, सूर्य के प्रकाश से बचाने वाला **2** बेईमानी वाला या अवैध या ग़ैर-क़ानूनी

shake /शेक्/ *v.* (**shaking, shook, shaken**) **1** हिलना, हिलाना (इधर-उधर और ऊपर-नीचे जल्दी-जल्दी गति करना, करवाना) **2** किसी को विक्षुब्ध या परेशान कर देना ▸ **shake** *n.* हिलाने या हिलाए जाने की क्रिया

shaky /'शेकि/ *adj.* (**shakier, shakiest**) **1** (डर या बीमारी के कारण) काँपता हुआ या कमज़ोरी अनुभव करता हुआ **2** अस्थिर, डाँवाँडोल, कमज़ोर, बहुत अच्छा नहीं ▸ **shakily** *adv.* अस्थिरतापूर्वक

shall /शल, प्रबल रूप शैल/ *aux. v.* **1** जानकारी या सलाह माँगने के लिए प्रयुक्त **2** कुछ (सहायता) करने की इच्छा जतलाने के लिए प्रयुक्त

shallot /श'लॉट्/ *n.* प्याज़ की शकल की तीखे स्वाद की सब्ज़ी

shallow /'शैलो/ *adj.* **1** छिछला, गहरा नहीं, जिसकी ऊपरी सतह और तले

के बीच दूरी कम हो 2 अगंभीर, उथला, ओछा (जो गंभीर या विचारशील न हो) ▸ **shallowness** *n.* छिछलापन, ओछापन, अगंभीरता

sham /शैम्/ *n.* 1 (अमान्य) नक़ली या बनावटी परिस्थिति, भाव या प्रणाली 2 ढोंगी व्यक्ति ▸ **sham** *v.* (**shamming, shammed**) ढोंग करना, पाखंड करना

shambles /'शैम्बल्ज़्/ *n.* 1 पूर्ण अव्यवस्था, अस्तव्यस्त, गड़बड़ 2 गंदा तथा अस्तव्यस्त स्थान, बेतरतीब स्थान

shame /शेम्/ *n.* 1 लज्जा, शर्म (मूर्खतापूर्ण या अनैतिक काम से उत्पन्न अपराध और व्याकुलता की भावना), लज्जाशीलता, शर्मीलापन 2 लज्जाजनक वास्तविकता या स्थिति, खेद की बात ▸ **shame** *v.* (ग़लत काम करने वाले को) शर्मिंदा करना ▸ **shameful** *adj.* शर्मनाक ढंग से, लज्जाजनक रूप से ▸ **shamefully** *adv.* शर्मनाक, लज्जाजनक, निंदनीय रूप से

shampoo /शैम्'पू/ *n.* 1 शैंपू (बालों को धोने के लिए प्रयुक्त तरल पदार्थ), क़ालीन, कार आदि को साफ़ करने का इसी प्रकार का तरल पदार्थ, शैंपू 2 शैंपू से धोने की क्रिया ▸ **shampoo** *v.* (**shampooing, shampooed**) शैंपू करना

S

shanty /'शैन्टि/ *n.* (*pl.* **shanties**) 1 विशेषकर बड़े शहर की सीमा पर बनी झोंपड़ी, झुगी-झोंपड़ी 2 मल्लाहों द्वारा जलयात्रा के समय गाया जानेवाला गीत, नाविकों का गीत

shape /शेप्/ *n.* 1 शक्ल, आकृति (किसी वस्तु के बाहरी सिरों या सतहों का रूप), विशिष्ट आकृति वाली वस्तु का कोई उदाहरण 2 व्यक्ति या वस्तु की भौतिक दशा, व्यक्ति या वस्तु की अच्छी या बुरी दशा ▸ **shape** *v.* 1 किसी वस्तु को विशेष आकृति में ढालना 2 किसी वस्तु के विकास पर प्रभाव डालना, किसी वस्तु की विशिष्ट आकृति या प्रकृति निर्धारित करना ▸ **shapeless** *adj.* बेढंगा, भद्दा ▸ **shapely** *adj.* आकर्षक और सुडौल चेहरा होते हुए

shard /शाड्/ *n.* टूटे हुए मिट्टी के बर्तन या शीशे का टुकड़ा

share /शेअ(र्)/ *v.* 1 किसी वस्तु को दो या अधिक लोगों में बाँटना 2 दूसरों के साथ किसी बात में हिस्सेदारी करना ▸ **share** *n.* 1 किसी वस्तु का अंश या मात्रा (अनेक लोगों में विभाजित) 2 कंपनी का शेयर, अंश, पत्ती (कंपनी की स्वामित्व-पूँजी के समान अंशों में से एक अंश जो ग्राहक ख़रीदता है)

shark /शाक्/ *n.* शार्क मछली (एक बड़ी, प्रायः ख़तरनाक, समुद्री मछली जिसकी दंतपंक्ति नुकीली होती है)

sharp /शाप्/ *adj.* 1 तेज़ धार या नोंक वाला, धारदार या नोकदार, जो आसानी से किसी वस्तु को काट दे या उसमें छेद कर दे, पैना, तीक्ष्ण 2 (दिशा या स्तर में परिवर्तन) अत्यधिक और आकस्मिक, तीखा, अंधा (मोड़) ▸ **sharp** *adv.* 1 (समय के लिए प्रयुक्त) ठीक, बिलकुल ठीक, सही 2 फुर्ती से घूमते हुए ▸ **sharply** *adv.* तेज़ी से ▸ **sharpness** *n.* तेज़ी

shatter /'शैट(र्)/ *v.* 1 (शीशा आदि) टुकड़े-टुकड़े हो जाना या टुकड़े-टुकड़े कर देना 2 (किसी वस्तु को) पूर्णतया नष्ट कर देना, छिन्न-भिन्न कर देना

shave /शेव्/ *v.* उस्तरे से हजामत बनाना

(गालों के या अन्य अंग के बाल साफ़ करना) ▸ **shave** *n.* हजामत

shaven /ˈशेव्न्/ *adj.* हजामत किया हुआ, सफ़ाचट

shaving /ˈशेविङ् / *n.*(लकड़ी आदि की) कटी हुई पतली पट्टी, छीलन, कतरन

shawl /शॉल्/ *n.* शाल, (महिलाओं द्वारा कंधों या सिर पर डालने या बच्चे को लपेटने की चादर)

she /शी/ *pron.* (क्रिया का कर्ता) पूर्व निर्दिष्ट स्त्री का वाचक शब्द, 'यह', 'वह'

sheaf /शीफ़्/ *n.* (*pl.* **sheaves**) **1** (काग़ज़ों का) बंडल, पुलिंदा **2** कटाई के बाद बाँधे हुए मक्की या गेहूँ के पूल या गट्ठर

shear /शिअ(र्)/ *v.* (**shearing, sheared, shorn**) भेड़ की ऊन उतारना या काटना

sheath /शीथ्/ *n.* (*pl.* **sheaths**) चाकू या पैने हथियार का खोल, आवरण, म्यान

shed /शेड्/ *n.* सायबान (कुछ चीज़ें या पशु रखने के लिए प्रयुक्त) छप्पर, शेड ▸ **shed** *v.* (**shedding, shed**) **1** (कुछ) गिराना, उतारना **2** अवांछित चीज़ से छुटकारा पाना या उसे उतार फेंकना

sheep /शीप्/ *n.* (*pl.* **sheep**) भेड़ (जिसकी ऊन या मांस उपयोग किया जाता है)

sheepish /ˈशीपिश्/ *adj.* बेवक़ूफ़ी करने के कारण शर्म-संकोच भरा, मुँहचोर ▸ **sheepishly** *adv.* संकोचपूर्वक, मुँह चुराते हुए

sheer /शिअ(र्)/ *adj.* **1** किसी वस्तु के आकार कोटि या मात्रा पर बल देने के लिए प्रयुक्त, महज़, निरा, सिर्फ़, केवल, मात्र **2** एकदम खड़ा, लगभग लंबवत

sheet /शीट्/ *n.* **1** बिस्तर (पर बिछाने) की चादर **2** काग़ज़ (लिखने, छापने आदि में प्रयुक्त)

sheikh (or **sheik**) /शेक्/ *n.* शेख़, अरब शासक ▸ **sheikhdom** *n.* शेख़ द्वारा शासित क्षेत्र

shelf /शेल्फ़्/ *n.* (*pl.* **shelves**) ताक़, (दीवार में जड़ा लकड़ी, शीशे आदि का फट्टा) या अलमारी का ख़ाना (जिसके ऊपर चीज़ें रखी जाएँ), शेल्फ़ ▸ **shelf-life** *n.* जो चीज़ बेचनी होती है उसके ताज़ा और प्रयोग करने के योग्य रहने का समय

shell /शेल्/ *n.* **1** (अंडे, गिरियों और कुछ जीवों का) बाहरी आवरण, छिलका, कोष **2** किसी वस्तु की दीवारें या बाहरी कड़ा ढाँचा ▸ **shell** *v.* **1** मूँगफली आदि के छिलके उतारना **2** तोप से गोले दाग़ना या छोड़ना

shelter /ˈशेल्ट(र्)/ *n.* **1** संकट या ख़राब मौसम से सुरक्षा, शरण, पनाह **2** (ख़राब मौसम, हमले आदि से) सुरक्षा प्रदान करने वाला स्थान, शरणस्थल, पनाह ▸ **shelter** *v.* **1** सुरक्षा पाना या सुरक्षित जगह पर पहुँचना **2** किसी को सुरक्षा देना, (संभावित हानि या संकट से दूर) सुरक्षित स्थान उपलब्ध कराना

shelve /ˈशेल्व्/ *v.* योजना आदि को स्थगित करना (अल्प काल के लिए अथवा स्थायी रूप से)

shepherd /ˈशेपड्/ *n.* गड़रिया ▸ **shepherd** *v.* लोगों को रास्ता बताना और भटकने से बचाना

sherbet /ˈशबत्/ *n.* **1** एक मीठा, सुगंधित पाउडर जिसके मुँह में जाते ही बुलबुले बन जाते हैं तथा जो मिठाई के रूप में खाया जाता है **2** शरबत

S

sheriff /ˈशेरिफ़्/ *n.* अमेरिकी काउंटि में क़ानूनी मामलों का अफ़सर, शेरिफ़

Sherpa /ˈशेप/ *n.* (*pl.* **Sherpa** or **Sherpas**) नेपाल और तिब्बत के हिमालय में रहने वाले लोग, शेरपा

sherry /ˈशेरि/ *n.* (*pl.* **sherries**) एक प्रकार की तेज़ स्पैनिश शराब, शेरी, गिलासभर शेरी

shield /शील्ड्/ *n.* **1** धातु या लकड़ी की ढाल (प्राचीन काल में सैनिकों द्वारा आत्मरक्षा के लिए प्रयुक्त) **2** किसी की रक्षा के लिए ढाल के समान प्रयुक्त कोई व्यक्ति या वस्तु, रक्षा कवच ▸ **shield** *v.* संकट या हानि से किसी को बचाना

shift /शिफ़्ट्/ *v.* **1** एक स्थिति या स्थान से दूसरी में (किसी को) रखना या (स्वयं) जाना, खिसकाना, खिसकना **2** किसी बात के प्रति अपने विचार या रुख़ को बदल लेना ▸ **shift** *n.* **1** (किसी बात के प्रति) विचार या रुख़ में परिवर्तन **2** फ़ैक्टरी आदि की शिफ़्ट, पाली, कार्यसमय (उन अवधियों में से एक जिनमें कोई कार्यदिवस विभक्त हो)

shilling /ˈशिलिङ्/ *n.* **1** शिलिंग (केन्या आदि में प्रचलित मुद्रा की बेसिक इकाई) **2** पाँच पेंस का ब्रिटिश सिक्का (पहले प्रचलित)

S

shimmer /ˈशिम(र्)/ *v.* झिलमिलाना (हिलने का आभास देते हुए कोमल प्रकाश के साथ चमकना)

shin /शिन्/ *n.* घुटने से नीचे टख़ने तक पैर का अग्रभाग

shine /शाइन्/ *v.* (**shining, shone, shined**) **1** चमकाना या चमक बिखेरना, चमकना **2** किसी पर रोशनी फेंकना या डालना ▸ **shine** *n.* **1** चमक, जगमगाहट (चमकाई गई सतह पर प्रकाश पड़ने से उत्पन्न छटा) **2** किसी वस्तु को चमकाने की क्रिया (ताकि वह चमके) ▸ **shiny** *adj.* चमकदार, चमकीला

shingle /ˈशिङ्ग्ल्/ *n.* (समुद्र तट पर) कंकड़ों का ढेर

ship /शिप्/ *n.* जहाज़, जलयान, जलपोत (समुद्र द्वारा यात्री या माल ले जाने के लिए प्रयुक्त) ▸ **ship** *v.* (**shipping, shipped**) जहाज़ या यातायात के अन्य साधन द्वारा कुछ भेजना या ले जाना

shirk /शक्/ *v.* कठिन या अप्रिय काम से जी चुराना (विशेषतः बहुत आलसी होने के कारण), टालना ▸ **shirker** *n.* काम से जी चुरानेवाला, कामचोर

shirt /शट्/ *n.* क़मीज़, शर्ट (सूती कपड़े आदि की)

shiver /ˈशिव(र्)/ *v.* ठिठुरना, काँपना (विशेषतः डर या ठंड के मारे) ▸ **shiver** *n.* ठिठुरन, कँपकँपी

shock /शॉक्/ *n.* **1** एकाएक अप्रिय घटना घट जाने से उत्पन्न मनःस्थिति, झटका, आघात, सदमा, धक्का, इस मनःस्थिति को उत्पन्न करने वाली परिस्थिति **2** शरीर में चोट लगने से उत्पन्न बहुत कमज़ोरी (का रोग) ▸ **shock** *v.* **1** किसी के मन में दुखद आश्चर्य उत्पन्न करना, सदमा पहुँचाना **2** किसी के मन में घृणा या क्रोध उत्पन्न करना ▸ **shocked** *adj.* आहत

shocking /ˈशॉकिङ्/ *adj.* **1** जो लोगों के मन में घृणा या क्रोध भर दे, घृणाजनक या क्रोधजनक, नैतिक दृष्टि से अनुचित **2** बहुत बुरा, घटिया

shoe /शू/ *n.* जूता (प्रायः चमड़े या प्लास्टिक का) ▸ **shoe** *v.* (**shoeing, shoed**) घोड़े के नाल ठोकना

shoo /शू/ *v.* (*pp* **shoed**) 'शू' कहते और हाथ हिलाते हुए किसी को भगाना ▸ **shoo** *exclam.* बच्चे या पशु को भगाने के लिए प्रयुक्त

shoot /शूट्/ *v.* **1** बंदूक़ या कोई दूसरा अस्त्र चलाना **2** तेज़ी से और अचानक निकलना, जाना, किसी को इस तरह भेजना. ▸ **shoot** *n.* पौधे या पेड़ का नया अंश, अंकुर ▸ **shooter** *n.* गोली चलानेवाला, निशानेबाज़

shop /शॉप्/ *n.* कोई इमारत या इमारत का हिस्सा जहाँ वस्तुओं का क्रय-विक्रय हो, दुकान ▸ **shop** *v.* (**shopping**, **shopped**) चीज़ें ख़रीदने दुकान या दुकानों पर जाना, ख़रीदारी करना ▸ **shopper** *n.* ख़रीदार ▸ **shopping** *n.* ख़रीदी गई वस्तुएँ, ख़रीदारी

shore /शॉ(र्)/ *n.* समुद्र या झील का तट ▸ **shore** *v.* (**shore sth up**) **1** लकड़ी या धातु की बल्लियों से किसी भवन या बड़े ढाँचे को सहारा देना (गिरने से बचाने के लिए) **2** कमज़ोर या शीघ्र गिर सकने वाली चीज़ को सहारा देना

short /शॉट्/ *adj.* & *adv.* **1** छोटा (लंबाई में) **2** लंबे समय तक न चलने वाला, संक्षिप्त ▸ **short** *n.* घुटनों या जाँघ तक पहुँचने वाली छोटी पतलून, जाँघिया, निकर ▸ **shorten** *v.* छोटा करना, कम करना

shortage /'शॉटिज्/ *n.* किसी वस्तु की कमी या अपर्याप्तता

shortly /'शॉट्लि/ *adv.* **1** शीघ्र, अविलंब **2** जल्दबाज़ी और गुस्से से, रूखेपन से

shot /शॉट्/ *n.* **1** (बंदूक़ आदि की गोली दाग़ने की क्रिया या इस क्रिया से उत्पन्न आवाज़, बंदूक़ से निशाना या बंदूक़ का धमाका) **2** (खेल में) गेंद को ठोकर मारने, फेंकने या हिट करने की क्रिया (अंक बनाने या गोल करने के लिए)

should /शड्, प्रबल रूप शुड्/ *modal v.* **1** (कर्तव्य या ज़रूरत का औचित्य व्यक्त करने के लिए प्रयुक्त) चाहिए (करना, जाना आदि) **2** सलाह देने या माँगने के लिए प्रयुक्त

shoulder /'शोल्ड(र्)/ *n.* **1** कंधा, स्कंध **2** कोट, क़मीज़ आदि का कंधा (इन कपड़ों का कंधों पर आने वाला भाग) ▸ **shoulder** *v.* **1** किसी बात की ज़िम्मेदारी लेना **2** किसी को कंधे से धक्का देना

shout /शाउट्/ *v.* **1** ऊँची आवाज़ में बोलना या चीख़ना **2** ऊँची आवाज़ में या चीख़कर कुछ कहना ▸ **shout** *n.* चीख़, पुकार

shove /शव्/ *v.* रूखेपन से ठेलना ▸ **shove** *n.* धक्का

shovel /'शव्ल्/ *n.* बेलचा (मिट्टी, बर्फ़, रेत आदि हटाने के लिए प्रयुक्त) ▸ **shovel** *v.* (**shovelling**, **shovelled**; *US* **shoveling**, **shoveled**) बेलचा चलाना या बेलचे से हटाना

show /शो/ *v.* (**showing**, **showed**, **shown**) **1** किसी को कोई व्यक्ति या वस्तु देखने देना, दिखाना, प्रदर्शित करना **2** किसी बात को स्पष्ट करना, किसी बात के विषय में जानकारी देना ▸ **show** *n.* **1** दर्शकों के मनोरंजन के लिए प्रस्तुत कार्यक्रम **2** एक अवसर जब वस्तुओं के संग्रह को लोग एक स्थान पर देखते हैं, प्रदर्शनी, नुमाइश (वस्तुओं की)

showcase /'शोकेस्/ *n.* **1** शीशे की प्रदर्शन-मंजूषा **2** कुछ प्रशंसात्मक चीज़

प्रस्तुत करने का अवसर

shower /ˈशाउअ(र्)/ *n.* 1 नल के नीचे खड़े होकर नहाते समय शरीर पर पानी छिड़कने वाला उपकरण, फुहारा, शॉवर, शॉवरयुक्त स्नानघर, फुहारा-घर 2 बौछार (वर्षा की) ▸ **shower** *v.* 1 किसी पर (किसी वस्तु के) बहुत-से छोटे-छोटे कणों की बरसात-सी होना 2 फुहारा-स्नान करना

shrapnel /ˈश्रैप्नल्/ *n.* बम में से छिटकी गोलियाँ या धातु के कण .

shred /श्रेड्/ *n.* 1 किसी चीज़ का कटा या फाड़ा हुआ छोटा महीन टुकड़ा, धज्जी, कतरन 2 लेश, कण (किसी वस्तु का) ▸ **shred** *v.* (**shredding, shredded**) किसी वस्तु को छोटे महीन टुकड़ों में चीरना या काटना, कतरना

shrewd /श्रूड्/ *adj.* चतुर, सयाना ▸ **shrewdly** *adv.* सयानेपन से, चतुराई से

shriek /श्रीक्/ *v.* 1 चीख़ मारना 2 चीख़कर (कुछ) कहना या बोलना ▸ **shriek** *n.* चींख़, पुकार

shrill /श्रिल्/ *adj.* (आवाज़) तेज़ और कानफोड़, अप्रिय ▸ **shrillness** *n.* तीक्षणता, तीखापन

S

shrimp /श्रिम्प्/ *n.* (*pl.* **shrimp** or **shrimps**) झींगा मछली

shrine /श्राइन्/ *n.* विशिष्ट व्यक्ति या सामाजिक वर्ग के लिए, धार्मिक कारणों से या व्यक्ति-विशेष से संबंधित होने के कारण महत्वपूर्ण कोई स्थल; मंदिर, पूजास्थल, मक़बरा, समाधि

shrink /श्रिङ्क्/ *v.* (**shrinking, shrank, shrunk**) 1 किसी वस्तु का सिकुड़ जाना या सिकोड़ देना, (आकार में छोटा हो जाना या कर देना) 2 (डर या घृणा के कारण) पीछे हटना ▸ **shrinkage** *n.* सिकुड़न, संकुचन

shrivel /ˈश्रिव्ल्/ *v.* (**shrivelling, shrivelled**; *US* **shriveling, shriveled**) मुरझा या सूख जाना (विशेषतः गरमी पड़ने के कारण)

shroud /श्राउड्/ *n.* कफ़न ▸ **shroud** *v.* किसी वस्तु को ढकना या छिपाना

shrub /श्रब्/ *n.* झाड़ी ▸ **shrubby** *adj.* झाड़ीदार, झाड़-झकड़ियों वाला

shrug /श्रग्/ *v.* (**shrugging, shrugged**) (ग़ैर-जानकारी या अरुचि जतलाने के लिए) कंधे उचकाना ▸ **shrug** *n.* कंधे की उचक

shudder /ˈशड(र्)/ *v.* थरथराना, एकाएक ज़ोर से काँपने लगना (विशेषतः अमंगल की भावना या विचार से) ▸ **shudder** *n.* थरथराहट, कँपकँपी

shuffle /ˈशफ़्ल्/ *v.* 1 पैरों को (उठाकर चलने के बजाय) घसीटते हुए चलना 2 शरीर या पैरों की स्थिति बदलते रहना (ऊबकर या घबराकर) ▸ **shuffle** *n.* 1 पैरों को घसीटकर (न कि उठाकर) चलने की क्रिया, घसीट-चाल 2 ताश के पत्तों को फेंटने की क्रिया, फेंट

shun /शन्/ *v.* (**shunning, shunned**) किसी से मुहँ मोड़ना, किसी से दूर रहना

shunt /शन्ट्/ *v.* 1 रेल के डिब्बे को एक पटरी से दूसरी (बग़ल की) पटरी पर ले जाना, शंट करना 2 किसी को एक स्थान से दूसरे पर भेज देना

shut /शट्/ *v.* (**shutting, shut**) 1 (किसी को) बंद करना, (किसी का) बंद होना 2 (दुकान, रेस्तराँ आदि का) काम करना बंद करना, बंद हो जाना या कर देना ▸ **shut** *adj.* 1 बंद (स्थिति

में) **2** (जनता के लिए) बंद

shutter /'शटर्(र्)/ *n.* **1** लकड़ी या धातु की बनी (खिड़की की) झिलमिली, शटर (जिसे खोला और बंद किया जा सकता है) **2** कैमरे का शटर (कैमरे का वह भाग जो रोशनी को अंदर आने देने के लिए क्षण भर के लिए खुलता है ताकि फ़ोटो लिया जा सके)

shuttle /'शट्ल्/ *n.* दो स्थानों के बीच नियमित रूप से चलने वाली रेलगाड़ी, बस या विमान, शटल ▸ **shuttlecock** *n.* (बैडमिंटन के खेल में) चिड़िया, शटलकॉक

shy /शाइ/ *adj.* **1** लोगों से मिलने और बात करने में घबराहट और बेचैनी अनुभव करने वाला, संकोची, शरमीला, झेंपू **2** कुछ करने या किसी काम से जुड़ने से डरने वाला ▸ **shy** *v.* (**shying, shies, shied**) (घोड़े का) अचानक डरकर पीछे हटना या इधर-उधर भागना, भड़क जाना, बिदक जाना ▸ **shyly** *adv.* संकोचपूर्वक ▸ **shyness** *n.* संकोच भावना, शर्म, झेंप

Siamese twins /ˌसाइअमीज़्ˈट्विन्/ *n.* जुड़वाँ जिनके शरीर जन्म के समय से ही जुड़े हुए हों, जुड़वाँ

sibling /'सिबलिङ्/ *n.* (सगा) भाई या बहन

sic /सिक्, सीक्/ *adv.* बाह्य स्रोत से अपने मूल रूप में उद्धृत शब्द के आगे लिखित (यह दिखाने के लिए कि शब्द में कुछ ग़लती है और लेखक यह बात जानता है), एवमेव

sick /सिक्/ *adj.* **1** स्वस्थ नहीं, बीमार **2** ऊब जाना या नाराज़ हो जाना (किसी बात की अति हो जाने के कारण) ▸ **sick** *n.* वमन किया हुआ भोजन, उलटी

sicken /'सिकन्/ *v.* किसी को विक्षुब्ध कर देना ▸ **sickening** *adj.* विक्षोभकारी

sickle /'सिक्ल्/ *n.* हँसिया, लंबी घास, मक्का आदि काटने की दराँती

sickness /'सिक्नस्/ *n.* **1** बीमारी, रोग, रुग्णावस्था **2** वमन करने की इच्छा, मिचली

side /साइड्/ *n.* **1** किसी वस्तु की कोई एक समतल बाहरी सतह, पार्श्व, फ़लक **2** (मध्य भाग से दूर, किसी वस्तु का) किनारा ▸ **side** *v.* (**side with against sb**) (दूसरे के विरुद्ध) किसी का समर्थन करना या साथ देना

sideline /'साइड्लाइन्/ *n.* **1** मुख्य जीविका-कार्य से अतिरिक्त (गौण) कार्य (विशेषतः कुछ अतिरिक्त धन अर्जित करने के लिए), उपजीविका, उपवेतन **2** (*pl.* **sidelines**) फ़ुटबॉल का मैदान, टेनिस का कोर्ट आदि में लंबाई की तरफ़ खिंची दो रेखाएँ, पार्श्व रेखाएँ, इन रेखाओं के पीछे का स्थान, पार्श्व-क्षेत्र

siege /सीज्/ *n.* (सैनिकों द्वारा किसी शहर की या पुलिस द्वारा किसी इमारत की) घेराबंदी (लोगों का अंदर जाना-बाहर आना रोकने के लिए)

siesta /सिˈएस्टा/ *n.* दोपहर की झपकी या दोपहर का विश्राम (विशेषतः गरम देशों में), सिएस्टा

sieve /सिव्/ *n.* चलनी या छलनी, छाननी, छन्ना ▸ **sieve** *v.* छानना (छलनी से)

sift /सिफ़्ट्/ *v.* **1** (आटा, चीनी आदि को) छानना (ढेले आदि को अलग करने के लिए) **2** किसी मामले की गहराई से छानबीन करना

sigh /साइ/ *v.* **1** आह भरना, लंबी गहरी साँस खींचना (थकान, उदासी आदि को

S

प्रकट करने वाली) **2** आह भरते या गहरी साँस खींचते हुए कुछ कहना ▸ **sigh** *n.* आह, लंबी, गहरी साँस

sight /साइट्/ *n.* दृष्टि, नज़र, देखने की क्षमता ▸ **sight** *v.* किसी को देख लेना (विशेषतः कुछ प्रयत्न के बाद) ▸ **sightless** *adj.* दृष्टिहीन, अंधा

sightseeing /ˈसाइट्सीइङ्/ *n.* (पर्यटक के रूप में) किसी नगर आदि के दर्शनीय स्थानों की सैर

sign /साइन्/ *n.* **1** (किसी के विद्यमान होने, अस्तित्व में होने या घटित हो सकने का) चिह्न **2** कुछ जानकारी, निर्देश या चेतावनी देने का संकेत (लकड़ी, काग़ज़ आदि पर लिखित रूप में या चित्र के रूप में) ▸ **sign** *v.* **1** पत्र, दस्तावेज़ आदि पर हस्ताक्षर करना **2** किसी व्यक्ति के साथ अनुबंध करना (कि वह आपके लिए काम करे)

signal /ˈसिग्नल्/ *n.* **1** विशेष संदेश देने वाला चिह्न, कार्य या ध्वनि, संकेत **2** कोई घटना, कार्य या तथ्य (किसी बात के अस्तित्व या घटित होने की संभावना का सूचक) ▸ **signal** *v.* (**signalling, signalled**) इशारे होना, इशारे करना

signatory /ˈसिग्नट्रि/ *n.* (*pl.* **signatories**) किसी संधि आदि पर हस्ताक्षर करने वाला व्यक्ति या देश, हस्ताक्षरकर्ता

signature /ˈसिग्नच(र्)/ *n.* व्यक्ति द्वारा लिखा (और सदा एक ही प्रकार से लिखा) गया उसका नाम, हस्ताक्षर, दस्तख़त

significance /सिग्ˈनिफ़िकन्स्/ *n.* किसी बात का महत्व या अभिप्राय

significant /सिग्ˈनिफ़िकन्ट्/ *adj.* **1** महत्वपूर्ण, काफ़ी बड़ा (इतना कि दीख जाए) **2** विशिष्ट अभिप्राय वाला, सार्थक ▸ **significantly** *adv.* सार्थक रूप से

signify /ˈसिग्निफ़ाइ/ *v.* **1** किसी बात का संकेत होना, कुछ अर्थ होना **2** कुछ व्यक्त या सूचित करना

Sikh *n.* भारत में हिंदू धर्म से विकसित हुए एक धर्म (सिक्ख धर्म) का सदस्य, यह धर्म एकेश्वरवाद की शिक्षा देता है, सिक्ख ▸ **Sikh** *adj.* सिक्ख ▸ **Sikhism** *n.* सिक्ख धर्म

silence /ˈसाइलन्स्/ *n.* **1** शांति, ख़ामोशी, नीरवता **2** मौन, चुप्पी या ख़ामोशी ▸ **silence** *v.* चुप करना या कराना, मौन कर देना

silencer /ˈसाइलन्स(र्)/ *n.* **1** वाहनों के नीचे लगी विशेष नली (एग्ज़ॉस्ट पाइप) जो इंजन की आवाज़ को कम कर देती है, आवाज़ रोक, साइलेंसर **2** बंदूक़, पिस्तौल या राइफ़ल का साइलेंसर

silhouette /ˌसिलुˈएट्/ *n.* हलके रंग की पृष्ठभूमि पर किसी की काली ठोस आकृति, छायाचित्र ▸ **silhouetted** *adj.* छायाचित्रित

silk /सिल्क्/ *n.* रेशम का कपड़ा (रेशम के कीड़ों के बनाए तारों से निर्मित)

sill /सिल्/ *n.* खिड़की के नीचे का (अंदर या बाहर का) पटरा, दासा, सिल

silly /ˈसिलि/ *adj.* (**sillier, silliest**) **1** नासमझ, नासमझी-भरा, बेवक़ूफ़, बेवक़ूफ़ी-भरा **2** हास्यास्पद लगने वाला ▸ **silliness** *n.* नासमझी, बेवक़ूफ़ी

silo /ˈसाइलो/ *n.* (*pl.* **silos**) **1** मीनारनुमा ढाँचा (अनाज आदि को सुरक्षित रखने के लिए), साइलो **2** (सर्दियों में पशुओं को उपयोग के लिए) हरा चारा या वनस्पतियों को सुरक्षित रखने का गड्ढा, खत्ता

silt /सिल्ट्/ *n.* नदी के तले या किनारों पर जमा रेत, मिट्टी या कीचड़, गाद

silver /'सिल्व(र)/ *n.* **1** चाँदी (एक क़ीमती धूसर-श्वेत धातु, गहने सिक्के आदि बनाने के लिए प्रयुक्त) **2** चाँदी की वस्तुएँ (जैस छुरियाँ, काँटे, चम्मच, तश्तरियाँ) ▸ **silver** *adj.* चाँदी के रंग का, रुपहला, चाँदी जैसा

SIM card *n.* मोबाइल फ़ोन के अंदर प्लास्टिक का छोटा कार्ड जिसमें फ़ोन और उसे इस्तेमाल करने वाले के संबंध में सूचनाएँ होती हैं, सिम कार्ड

similar /'सिमिल(र)/ *adj.* किसी के समान (परंतु पूर्णतः वही नहीं), किसी के जैसा या सदृश ▸ **similarly** *adv.* वैसा ही, उस जैसा, उसी प्रकार

simile /'सिमलि/ *n.* किसी अन्य वस्तु से समानता दिखाने के लिए प्रयुक्त शब्द या वाक्यांश, समानतासूचक शब्दों का प्रयोग, उपमा, अलंकार

simple /'सिम्प्ल्/ *adj.* **1** समझने, करने या प्रयोग करने में आसान, सुबोध, कठिन या जटिल नहीं, सरल **2** सजावट या अनावश्यक अतिरिक्त वस्तुओं से रहित, अनलंकृत, सादा और मामूली

simplify /'सिम्प्लिफ़ाइ/ *v.* किसी काम या बात को सुबोध बनाना, किसी चीज़ की जटिलता को कम करना, सरल बनाना ▸ **simplification** *n.* सरलीकरण

simplistic /सिम्'प्लिस्टिक्/ *adj.* किसी समस्या, स्थिति आदि को कम कठिन और जटिल प्रतीत कराते हुए, एकांगी

simulate /'सिम्युलेट्/ *v.* कंप्यूटरों, मॉडलों आदि की सहायता से यथार्थ जैसी स्थितियों की सृष्टि करना (प्रायः अनुसंधान या प्रशिक्षण के प्रयोजन से), वास्तविकता का अनुरूपण करना ▸ **simulation** *n.* अनुरूपण, नक़ल

simultaneous /ˌसिम्ल्'टेनिअस्/ *adj.* (दो या अधिक वस्तुओं का) ठीक एक ही समय घटित होने या किया जाने वाला, सहकालिक, समक्षणिक ▸ **simultaneously** *adv.* साथ-साथ, एक साथ, एक ही समय

sin /सिन्/ *n.* धार्मिक दृष्टि से निषिद्ध कार्य या आचरण, पाप (कर्म) ▸ **sin** *v.* (**sinning, sinned**) पाप करना ▸ **sinner** *n.* पापी

since /सिन्स्/ *adv.* & *conj.* & *prep.* **1** अतीत में विशिष्ट समय-बिंदु से (अतीत में ही) बाद के किसी बिंदु तक या (वर्तमान में) अभी तक, तब से अब तक **2** क्योंकि, यद्यपि

sincere /सिन्'सिअ(र)/ *adj.* **1** (व्यक्ति) अपने मन की बात करने वाला, सच्चा, दिखावटी नहीं, निश्छल **2** (व्यक्ति का मनोभाव, विश्वास या आचरण) सच्चा, वास्तविक, जो माने वही कहे, ईमानदार ▸ **sincerely** *adv.* निष्ठापूर्वक, सचाई से ▸ **sincerity** *n.* ईमानदारी, सचाई, निष्ठा

sinew /'सिन्यू/ *n.* मांसपेशियों को हड्डी से जोड़ने वाली मोटी नस, महास्नायु, महानाड़ी, कंडरा

sing /सिङ्/ *v.* (**sang, sung**) मुँह से संगीतमयी ध्वनियाँ निकालना, गाना ▸ **singing** *n.* गायन

single /'सिङ्ग्ल्/ *adj.* **1** केवल एक **2** इस बात पर बल देने के लिए प्रयुक्त कि किसी समूह या शृंखला की प्रत्येक इकाई की चर्चा की जा रही है, अलग, पृथक ▸ **single** *n.* **1** (कहीं जाने का) (केवल) एक तरफ़ का टिकट **2** सीडी, टेप आदि जिसमें एक ओर केवल एक

गीत हो, ऐसी सीडी या टेप पर (रिकॉर्ड किया) मुख्य गीत ▸ **single** *v.* (**single sb/sth out**) समूह में से किसी एक व्यक्ति या वस्तु पर विशेष ध्यान देना या उससे विशेष बरताव करना, समूह में से किसी एक को छाँटना, चुनना

singular /ˈसिङ्ग्यल(र्)/ *adj.* 1 (संख्या में) एक व्यक्ति या वस्तु का सूचक शब्दरूप, एकवचन या एकवचनांत (रूप) 2 असामान्य, असाधारण ▸ **singular** *n.* एकवचन रूप ▸ **singularly** *adv.* विशिष्ट रूप से

sinister /ˈसिनिस्ट(र्)/ *adj.* बुरा लगने वाला या अनर्थकारी, अमंगलसूचक

sink /सिङ्क्/ *v.* (**sank, sunk**) 1 डूबना या (किसी वस्तु को) डुबोना (तरल या कोमल पदार्थ में) 2 नीचे जाना, अस्त होना, निम्नतर स्थिति या स्तर पर चला जाना, धँसना ▸ **sink** *n.* रसोई में बरतन आदि धोने की हौज़, सिंक

sinuous /ˈसिन्युअस्/ *adj.* चलते समय भव्यता के साथ मुड़ने तथा लचकनेवाला, लहरदार, अनेक घुमावोंवाला, चक्करदार, घुमावदार, मोड़दार

sinus /ˈसाइनस्/ *n.* नाक से जुड़ी चेहरे की हड्डियों के बीच ख़ाली जगह, अस्थि-रंध्र, शिरानाल ▸ **sinusitis** *n.* साइनस की पीड़ादायक सूजन

sip /सिप्/ *v.* (**sipping, sipped**) थोड़ा-थोड़ा करके कोई तरल पदार्थ पीना, चुस्की भरना, घूँट-घूँट पीना ▸ **sip** *n.* चुस्की, घूँट

siphon (*also* **syphon**) /ˈसाइफ़न्/ *v.* 1 नली के द्वारा तरल पदार्थ एक पात्र से (प्रायः) दूसरे पात्र में पहुँचाना, ख़ाली करना, द्रवनाल करना 2 (लंबे समय तक) कंपनी के धन की चोरी करते रहना

sir /स(र्)/ *n.* 1 (किसी दुकान आदि में अपरिचित अथवा अन्यत्र किसी भी व्यक्ति के लिए) विनम्रतासूचक संबोधन, श्रीमान्, श्रीमान् जी, जनाब, सर 2 उच्चतम ब्रिटिश सम्मान-प्राप्त व्यक्ति के नाम से पहले प्रयुक्त उपाधि, सर

siren /ˈसाइरन्/ *n.* चेतावनी या संकेत के रूप में ऊँची, लंबी आवाज़ करने वाला उपकरण, भोंपू, साइरन

sisal /ˈसाइसल्/ *n.* उष्ण क्षेत्रों के एक पौधे के पत्तों से बने रेशे (रस्सी,फ़र्श की दरी आदि बनाने के लिए प्रयुक्त)

sister /ˈसिस्ट(र्)/ *n.* 1 बहन 2 (अस्पताल में) वरिष्ठ महिला नर्स, सिस्टर

sit /सिट्/ *v.* (**sitting, sat**) 1 बैठना, कुरसी आदि पर नितंबों के बल टिकना 2 किसी को बैठने की स्थिति में रखना, बैठाना, किसी को नीचे बैठाना

sitar /सिˈटा(र्)/ *n.* लंबी गर्दन वाला भारतीय वीणा, सितार

site /साइट्/ *n.* 1 वह स्थान जहाँ कोई इमारत खड़ी थी, है या होगी, भवन स्थल 2 वह स्थान जहाँ कुछ घटित हुआ या कोई काम हुआ, घटनास्थल ▸ **site** *v.* स्थान चुनना या तय करना

sitting /ˈसिटिङ्/ *n.* 1 न्यायालय या संसद का अधिवेशन, सत्र, बैठक (काम करने की समयावधि) 2 स्कूल, होटल आदि में सबके एक साथ भोजन करने का समय

situation /ˌसिचुˈएशन्/ *n.* 1 स्थान-विशेष में या समय-विशेष पर घटित होने वाली घटनाएँ, स्थिति, दशा 2 भवन, नगर आदि की स्थिति, अवस्थिति (आस-पास के क्षेत्र की दृष्टि से)

six /सिक्स्/ *adj. & n.* छह (की

संख्या), छह (का अंक) ▸ **sixth** *adj.* & *n.* छठा

sixteen /ˌसिक्स्'टीन्/ *adj.* & *n.* सोलह (की संख्या), सोलह (का अंक) ▸ **sixteenth** *adj.* & *n.* सोलहवाँ

sixty /'सिक्स्टि/ *adj.* & *n.* **1** साठ **2** (*pl.* **the sixties**) 60 और 69 के बीच की संख्याएँ, वर्ष या तापमान, साठ का दशक

size /साइज़्/ *n.* **1** वस्तु का आकार (वस्तु कितनी छोटी या बड़ी **2** निर्मित वस्तुओं की निश्चित) नापों में से एक ▸ **size** *v.* (**size sb/sth up**) किसी के विषय में कोई राय बनाना या उसे आँकना ▸ **sizeable** *adj.* काफ़ी बड़ा, अच्छा-ख़ासा

skate /स्केट्/ *n.* बर्फ़ पर स्केटिंग (तेज़ी से फिसलने) में प्रयुक्त (विशेष) जूता जिसकी तली पर छोटे पहिए लगे होते हैं, हिम विसर्पण पादुका *v.* स्केटिंग के जूते पहनकर बर्फ़ पर स्केटिंग करना या फिसलना ▸ **skater** *n.* स्केटिंग करने वाला

skeleton /'स्केलिट्न्/ *n.* मानव या पशु के शरीर में हड्डियों से बना ढाँचा, कंकाल, अस्थि-पंजर ▸ **skeleton** *adj.* संचालित करने के लिए अपेक्षित कर्मचारियों की न्यूनतम संख्या वाली (संस्था, सेवा आदि) ▸ **skeletal** *adj.* **1** कंकाल-मात्र, ढाँचा-जैसा **2** बहुत पतला

sketch /स्केच्/ *n.* **1** सीमित ब्योरों वाला सरल और जल्दी में बनाया आरेख, कच्चा, ख़ाका, कच्चा नक़्शा **2** रूपरेखा, बिना ब्योरों का संक्षिप्त विवरण ▸ **sketch** *v.* आरेख बनाना

skewed /स्क्यूड्/ *adj.* **1** (सूचना के लिए प्रयुक्त) सही नहीं (किसी से प्रभावित होने के कारण या तथ्यों के अभाव में) **2** विशिष्ट स्थान, समूह आदि के प्रति पक्षपातपूर्ण

skewer /'स्क्यूअ(र्)/ *n.* किसी धातु या लकड़ी की लंबी पतली नुकीली चीज़, सीख़ (जिसमें गोश्त, सब्ज़ी आदि के टुकड़े फँसाकर भूने जाते हैं), सीख़ ▸ **skewer** *v.* सीख़ में (गोश्त, सब्ज़ी आदि) भूनना

ski /स्की/ *v.* स्की बाँधकर बर्फ़ पर चलना ▸ **ski** *adj.* स्की से संबंधित ▸ **skiing** *n.* स्की बाँधकर बर्फ़ पर चलने की क्रिया, स्कीइंग ▸ **ski** *n.* लकड़ी या प्लास्टिक के लंबे, चपटे तंग तख़्तों की जोड़ी में से एक जिसे जूतों से बाँधकर बर्फ़ पर फिसलते हैं, स्की

skid /स्किड्/ *v.* (**skidding, skidded**) (वाहन का) एकाएक बेक़ाबू होकर आगे की ओर या दाएँ-बाँए फिसल या रपट जाना ▸ **skid** *n.* फिसलने या रपटने की क्रिया

skilful /'स्किल्फ़्ल्/ *adj.* **1** (व्यक्ति) कोई काम करने में निपुण, कुशल **2** निपुणता के साथ किया गया, कौशलपूर्ण, दक्षतापूर्ण ▸ **skilfully** *adv.* निपुणतापूर्वक, दक्षतापूर्वक

S

skill /स्किल्/ *n.* **1** किसी काम को अच्छे ढंग से करने की योग्यता (विशेषतः प्रशिक्षण, अभ्यास आदि के फलस्वरूप), निपुणता, कुशलता, दक्षता **2** किसी काम को अच्छे ढंग से करने के लिए अपेक्षित योग्यता, विशिष्ट योग्यता निपुणता या कुशलता

skim /स्किम्/ *v.* (**skimming, skimmed**) **1** तरल पदार्थ की सतह से कुछ हटाना **2** किसी वस्तु को छूते-से या

ज़रा-सा छूते हुए उसके ऊपर से या उसके पार निकल जाना ▸ **skimmed milk** *n.* बिना मलाई वाला दूध

skimp /स्किम्प्/ *v.* किसी वस्तु को ज़रूरत से कम प्रयोग में लाना या उपलब्ध कराना ▸ **skimpy** *adj.* (**skimpier, skimpiest**) ज़रूरत से कम वाला, बहुत छोटा या कम

skin /स्किन्/ *n.* 1 मनुष्य की त्वचा या पशु की खाल 2 कुछ फलों या सब्ज़ियों का छिलका 3 सासेज की ऊपरी परत ▸ **skin** *v.* (**skinning, skinned**) (किसी से) चमड़ा उतारना या निकालना

skinny /ˈस्किनि/ *adj.* (**skinnier, skinniest**) (व्यक्ति) दुबला-पतला, सींकिया

skip /स्किप्/ *v.* (**skipping, skipped**) 1 उछलना-कूदना, कूद-फाँद करना 2 नियमित गतिविधि को न करना ▸ **skip** *n.* 1 उछल-कूद, कूद-फाँद 2 मलबा या कचरा डालने का बड़ा टोकरा या बालटी (प्रायः मकान आदि बनाते समय प्रयुक्त)

skipper /ˈस्किप(र)/ *n.* नाव या जलयान या खेलने वाले दल का कप्तान, स्किपर

skirmish /ˈस्कमिश्/ *n.* (लोगों के बीच) झड़प

S

skirt /स्कर्ट्/ *n.* 1 महिलाओं और लड़कियों के पहनने का एक तरह का लहँगा, घाघरा, स्कर्ट 2 किसी वाहन या मशीन के आधार का बाहरी या रक्षक आवरण ▸ **skirt** *v.* किसी (वस्तु स्थान आदि) के किनारे-किनारे चलना, सीमांत पर चलना

skit /स्किट्/ *n.* व्यंग्य नाटक या लेख

skittles /ˈस्किट्ल्ज़/ *n.* स्किटल्स का खेल (जिसमें खिलाड़ी बोतलनुमा वस्तुओं को उन पर या की ओर गेंद फेंक या लुढ़काकर अधिक-से-अधिक संख्या में गिराने की कोशिश करता है)

skulk /स्कल्क्/ *v.* (यह समझते हुए कि कोई देखेगा नहीं) चुपके से और चोरी-चोरी कहीं छुपे रहना (विशेषतः बुरा काम करने की योजना बनाने के कारण)

skull /स्कल्/ *n.* मनुष्य या पशु के सिर की अस्थि-संरचना, खोपड़ी, कपाल

skunk /स्कङ्क्/ *n.* अमरीका का एक पशु जो आत्मरक्षा के लिए दुर्गंध उत्पन्न करता है, स्कंक

sky /स्काइ/ *n.* (*pl.* **skies**) आकाश (ज़मीन पर से ऊपर की ओर दिखने वाला स्थान जहाँ सूर्य, चंद्रमा और तारे दिखाई देते हैं), आसमान

slab /स्लैब्/ *n.* किसी वस्तु का मोटा चपटा टुकड़ा, पटिया, स्लैब

slack /स्लैक्/ *adj.* 1 शिथिल, ढीला, जो कसा हुआ न हो 2 (व्यापार) मंदा, जिस अवधि में ग्राहक कम हो जाएँ

slag /स्लैग्/ *v.* (**slag sb off**) किसी के विषय में कटु शब्द कहना या निंदा करना ▸ **slag** *n.* धातु-मल, लोह-चून (चट्टान में से धातु निकाल लेने के बाद बचा कचरा या मल)

slam /स्लैम्/ *v.* (**slamming, slammed**) 1 ऊँची आवाज़ के साथ ज़ोर से दरवाज़ा बंद हो जाना या उसे बंद कर देना 2 किसी वस्तु को बहुत तेज़ी और ज़ोर से कहीं रख देना, पटक देना

slang /स्लैङ्/ *n.* बहुत अनौपचारिक शब्द और मुहावरे जो बोलचाल की भाषा में अधिक प्रयुक्त होते हैं, कभी-कभी इसे छात्र, युवा, अपराधी आदि विशिष्ट वर्ग ही इस्तेमाल करते हैं (वर्गभाषा), अपभाषा

slant /स्लान्ट्/ *v.* 1 तिरछा होना

(लंबवत या क्षैतिज नहीं, खड़ी या पड़ी नहीं), तिर्यक होना **2** इस प्रकार से सूचना देना, घटनाओं का वर्णन आदि करना कि उससे पक्ष या विचार-विशेष की पुष्टि हो, पक्षपातपूर्ण ढंग से या तोड़-मरोड़ कर बात को पेश करना ▸ **slant** *n.* **1** तिरछी स्थिति, ढाल **2** विशेष दृष्टिकोण से सोचने, लिखने आदि का ढंग, दृष्टिकोण-विशेष ▸ **slanting** *adj.* तिरछापन लिए हुए

slap /स्लैप्/ *v.* (**slapping, slapped**) **1** किसी को थप्पड़ मारना, तमाचा जड़ना **2** कोई वस्तु धम से पटक देना ▸ **slap** *n.* तमाचा, थप्पड़ ▸ **slap** *adv.* एकाएक बुरे वक्त या स्थान पर कुछ घटित होने को व्यक्त करने के लिए प्रयुक्त, अचानक और भयानक रूप से

slash /स्लैश्/ *v.* **1** ज़ोरदार झटके से किसी वस्तु को चीरना, काटना या चीरने या काटने की कोशिश करना **2** धन की मात्रा या क़ीमत आदि में भारी कटौती करना ▸ **slash** *n.* **1** किसी को काटने के लिए छुरी आदि से लगाया गया चीरा **2** विकल्प-सूचक (जैसे breakfast **and/or** lunch) और भिन्न संख्याएँ (जैसे ¼) लिखने के लिए प्रयुक्त चिह्न(/)

slate /स्लेट्/ *n.* **1** स्लेट पत्थर (गहरे राख जैसे रंग का पत्थर जिसके आसानी से चौरस टुकड़े हो जाते हैं) **2** स्लेट का पतला टुकड़ा (छतें पाटने के लिए प्रयुक्त)

slaughter /ˈस्लॉट(र्)/ *v.* **1** पशु को मारना-काटना (प्रायः खाने के लिए) **2** एक ही समय बहुत-से लोगों को मार देना (विशेषतः निर्ममतापूर्वक) ▸ **slaughter** *n.* पशु-वध, नर-संहार ▸ **slaughterhouse** *n.* बूचड़खाना, क़साईख़ाना

slave /स्लेव्/ *n.* (विगत में) गुलाम, दास (ऐसा व्यक्ति जिसका मालिक कोई अन्य व्यक्ति हो और जिसे मालिक के लिए काम करना पड़े) ▸ **slave** *v.* बहुत मेहनत से काम करना ▸ **slavery** *n.* गुलामी, दासता, दास-प्रथा

slay /स्ले/ *v.* (**slew, slain**) मार डालना, हत्या कर देना

sleaze /स्लीज़्/ *n.* **1** (राजनेताओं, सार्वजनिक अधिकारियों या व्यावसायिक लोगों का) ग़ैर-क़ानूनी, अनैतिक या झूठा व्यवहार **2** (यौन क्रिया से संबद्ध होने के कारण) अनैतिक तथा सामाजिक रूप से अस्वीकार्य, भद्दा, घटिया, फूहड़ व्यवहार ▸ **sleazy** *adj.* (स्थान या व्यक्ति) बुरा और (संभवतः) अनैतिक कार्यों से संबद्ध

sledge /स्लेज्/ *n.* (*US* **sled**) बर्फ़ पर चलने वाली बिना पहियों की गाड़ी, स्लेज/स्लेड, बर्फ़गाड़ी ▸ **sledge** *v.* बर्फ़गाड़ी से सफ़र करना

sleek /स्लीक्/ *adj.* **1** (बाल या फ़र) चिकना और चमकदार **2** (वाहन) रमणीक और चिकनी सतह वाला

sleep /स्लीप्/ *n.* **1** निद्रा, नींद **2** नींद की अवधि ▸ **sleep** *v.* (**sleeping, slept**) **1** सोना (आँखें बंद तथा मन एवं शरीर निष्क्रिय, इस स्थिति में विश्राम करना) **2** (होटल आदि स्थान के लिए प्रयुक्त) विशेष संख्या में लोगों के लिए पर्याप्त बिस्तर या शय्याएँ होना

sleeper /ˈस्लीप(र्)/ *n.* **1** विशेष ढंग से सोने की आदत वाला व्यक्ति (उखड़ी नींद सोने वाला जल्दी जाग जाता है) **2** रेलगाड़ी की शायिका या सोने के लिए गद्देदार फट्टा, शायिकाओं वाली रेलगाड़ी, शयनयानों वाली रेलगाड़ी

sleepy /ˈस्लीपि/ *adj.* **1** उनींदा, निद्रालु

(थका हुआ और सोने का इच्छुक) 2 (स्थान) बहुत शांत और कम सरगर्मी वाली ▸ **sleepily** *adv.* सोते-से हुए, शांतिपूर्वक

sleet /स्लीट्/ *n.* ओलों के साथ होने वाली वर्षा, हिमवृष्टि

sleeve /स्लीव़्/ *n.* (क़मीज़ आदि की) आस्तीन, बाँह

slender /'स्लेन्ड(र्)/ *adj.* 1 (व्यक्ति का शरीर या शरीर का अंग) पतला, इकहरा, छरहरा 2 अभीष्ट से कम (मात्रा या आकार में), अयथेष्ट, नाकाफ़ी

sleuth /स्लूथ्/ *n.* अपराध के संबंध में सूचनाएँ प्राप्त करने, अपराधियों को खोज निकालने तथा आपराधिक मामलों को सुलझाने की कोशिश करनेवाला, जासूस, गुप्तचर

slice /स्लाइस्/ *n.* 1 फाँक, क़तला (खाने के बड़े टुकड़े से काटा गया छोटा टुकड़ा) 2 (किसी वस्तु का) अंश, भाग ▸ **slice** *v.* 1 (किसी वस्तु की) फाँकें काटना, क़तलें बनाना 2 (गेंद वाले खेलों में) गेंद को तले पर या बग़ल से ऐसे मारना कि वह तिरछे जाए, गेंद को तिरछे उड़ाना

slick /स्लिक्/ *adj.* 1 विधि और अच्छे ढंग से तथा सहज रूप में किया गया 2 लोगों को मनाने में चतुर (परंतु कुछ चालाकी से), सयाना, होशियार ▸ **slick** *adj.* चतुर और फुर्तीला

slide /स्लाइड्/ *v.* 1 किसी चीज़ का बिना अटके सरकना या उसे सरकाना 2 (किसी का) चुपके से खिसकना या (किसी को) खिसकाना ▸ **slide** *n.* 1 काँच की पट्टी (जिस पर कुछ लगाकर उसकी सूक्ष्मदर्शी द्वारा जाँच की जाती है), स्लाइड 2 सीढ़ी और धातु, प्लास्टिक आदि के डंडे वाला एक ढाँचा (जिसमें बच्चे सीढ़ी पर चढ़कर दूसरी ओर फिसल कर नीचे आते हैं), स्लाइड

slight /स्लाइट्/ *adj.* 1 बहुत छोटा, बड़ा या गंभीर नहीं, मामूली 2 (व्यक्ति का शरीर) पतला और हलका, दुबला-पतला

slim /स्लिम्/ *adj.* (**sli<u>m</u>mer, sli<u>m</u>mest**) 1 इकहरा, छरहरा 2 इच्छित के अनुसार नहीं, अभीष्ट से कम ▸ **slim** *v.* अधिक पतला और हलका होना या होने का प्रयत्न करना (कम भोजन, व्यायाम आदि के द्वारा)

slime /स्लाइम्/ *n.* कीचड़

slimy /'स्लाइमि/ *adj.* 1 चिपचिपा, कीचड़ वाला 2 (व्यक्ति) दोस्ती का दिखावा करने वाला (अतएव अविश्वसनीय या अप्रिय)

sling /स्लिङ्/ *n.* ज़ख़्मी हाथ, कलाई आदि को सहारा देने के लिए प्रयुक्त पट्टी (जो बाँह के नीचे से आकर गरदन से लटकती है), गलपट्टी ▸ **sling** *v.* (**slung**) 1 रूखेपन या लापरवाही से किसी चीज़ को कहीं डाल या फेंक देना 2 किसी चीज़ को ढीला-ढाला लटका देना ▸ **slinger** *n.* ग़ुलेल चलाने वाला

slink /स्लिङ्क्/ *v.* (**slinking, slunk**) चोरी-चोरी, चुपके-चुपके आना-जाना (अपराध-बोध या लज्जा के कारण)

slip /स्लिप्/ *v.* (**sli<u>pp</u>ing, sli<u>pp</u>ed**) 1 अचानक फिसलकर गिर पड़ना या गिरते-गिरते बचना 2 अपने स्थान से या हाथ से किसी वस्तु का अचानक खिसक जाना ▸ **slip** *n.* 1 छोटी भूल (प्रायः असावधानीवश या ध्यान न देने के कारण) 2 काग़ज़ का छोटा टुकड़ा, परची

slipper /'स्लिप(र्)/ *n.* हलकी नरम चप्पल (घर में पहनने की), स्लीपर, चट्टी

slippery /ˈस्लिपरि/ *adj.* (कोई सतह या वस्तु) फिसलन-भरा (चिकना, गीला आदि होने के कारण जहाँ चलना या जिसे पकड़ना कठिन हो)

slit /स्लिट्/ *n.* चीरा, दरार (लंबा, सँकरा कटाव) या छेद ▸ **slit** *v.* (**slitting, slit**) किसी वस्तु में चीरा लगाना

slither /ˈस्लिद(र्)/ *v.* साँप की तरह ज़मीन पर दाएँ-बाएँ फिसलते हुए चलना

sliver /ˈस्लिव(र्)/ *n.* (किसी बड़ी चीज़ से टूटे) छोटे-छोटे, पतले, नुकीले टुकड़े

slob /स्लॉब्/ *n.* (अपमान के अर्थ में प्रयुक्त) बेहद आलसी या मैला-कुचैला व्यक्ति

slobber /ˈसलॉब(र्)/ *v.* लार से भिगो देना, किसी के ऊपर लार टपकाना

slog /स्लॉग्/ *v.* (**slogging, slogged**) **1** कठिन या उबाऊ काम को लंबे समय तक करना **2** बहुत प्रयत्न के साथ निर्धारित दिशा में चलना ▸ **slog** *n.* देर तक चला कठिन, उबाऊ काम या लंबी, थकाऊ यात्रा

slogan /ˈस्लोगन्/ *n.* (राजनीतिक व्यवहार या विज्ञापन की भाषा में प्रयुक्त) नारा, स्लोगन (एक छोटा वाक्यांश जिसे याद करना सरल हो)

slop /स्लॉप्/ *v.* (**slopping, slopped**) (तरल पदार्थ का) पात्र के किनारे से होकर बाहर निकलना, छलकना, तरल पदार्थ को छलकाना

slope /स्लोप्/ *n.* **1** ढालू सतह या ज़मीन (जो ऊपर या नीचे की ओर जाए), ढाल **2** ढाल (ऊँची-नीची सतह) की मात्रा, ढलान (ढाल होने की स्थिति) ▸ **slope** *v.* ढालू होना

sloppy /ˈस्लॉपि/ *adj.* (**sloppier, sloppiest**) **1** लापरवाह (जिसमें सावधानी, विचार या प्रयत्न की कमी हो), गंदा, बेढंगा **2** (कपड़े) तंग और बेढंगे

slot /स्लॉट्/ *n.* **1** मशीन आदि में सीधा तंग छेद, झिरी **2** स्थान (किसी सूची, प्रणाली, संस्था आदि में) ▸ **slot** *v.* (**slotting, slotted**) निर्धारित स्थान (झिरी आदि में) बैठाना, झिरी (आदि) में ठीक बैठ जाना

sloth /स्लोथ्/ *n.* **1** आलस्य, सुस्ती **2** दक्षिण अमरीका का पेड़ों पर रहने वाला स्तनपायी पशु जो धरती पर बहुत धीरे चल पाता है ▸ **slothful** *adj.* आलसी, सुस्त

slouch /स्लाउच्/ *v.* सुस्ती से (सिर और बाँहें लटकाते हुए) बैठना, खड़ा होना या चलना

slow /स्लो/ *adj.* & *adv.* **1** धीमी गति से चलते, करते या घटित होते हुए, धीमा या धीमे, वेग से नहीं, मंद **2** धीमी गति से सीखने या समझने वाला, मंदबुद्धि ▸ **slowly** *adv.* धीरे-धीरे, मंद गति से ▸ **slowness** *n.* सुस्ती, धीमापन, मंथरता ▸ **slow** *v.* मंद गति से चलना शुरू करना, कोई काम धीमा करना या होना, किसी से यह सुस्ती करना

sludge /स्लज्/ *n.* गाढ़ा, नरम बदबूदार पदार्थ, तलछट, कीचड़, गंदगी

slug /स्लग्/ *n.* (बिना शंख का) ज़मीन पर घूमने और वनस्पतियाँ खाने वाला घोंघा, सुस्त ▸ **slug** *v.* (**slugging, slugged**) धीरे-धीरे चलना, आलस्य में होना

sluggish /ˈस्लगिश्/ *adj.* सुस्ती-भरी धीमी गति से चलने या काम करने वाला, ढीला-ढाला ▸ **sluggishly** *adv.* ढीले-ढाले तरीक़े से

sluice /स्लूस्/ *n.* नहर के पानी को नियंत्रित करने (रोकने या खोलने) के लिए

S

प्रयुक्त विशेष प्रकार का दरवाज़ा, स्लूस गेट, जल–द्वार

slumber /ˈस्लम्ब(र्)/ *v.* गहरी नींद सोना ▸ **slumber** *n.* नींद, झपकी

slump /स्लम्प्/ *v.* **1** (आर्थिक गतिविधि, दामों आदि में) अचानक भारी गिरावट आ जाना **2** (थककर या कमज़ोरी के कारण) गिर पड़ना या धम्म से बैठ जाना ▸ **slump** *n.* **1** (किसी चीज़ की बिक्री, क़ीमतों, मूल्यों आदि में) अचानक भारी गिरावट **2** आर्थिक मंदी (आर्थिक दुरवस्था जिसमें लोगों को काम नहीं मिलता)

slur /स्ल(र्)/ *v.* (**slurring, slurred**) शब्दों का अस्पष्ट उच्चारण करना (प्रायः शराब के असर में) ▸ **slur** *n.* किसी को बदनाम या लांछित करने वाले शब्द, लांछन, कलंक, निंदा

slurp /स्लप्/ *v.* आवाज़ करते हुए कुछ पीना

slurry /ˈस्लरि/ *n.* गोबर मिला पानी वाला (गारे जैसा) द्रव (किसानों द्वारा उपज बढ़ाने के लिए खेतों में प्रयुक्त)

slush /स्लश्/ *n.* **1** बर्फ़ का कीचड़ (पानी और गंदगी मिल जाने के फलस्वरूप) **2** दयनीय फ़िल्में, पुस्तकें, मनोभाव आदि (बहुत रूमानी और भावुक होने के कारण) ▸ **slushy** *adj.* कीचड़दार, अतिरूमानी

sly /स्लाइ/ *adj.* **1** (व्यक्ति या कार्य) चोरी–छिपे या बेईमानी से काम करने वाला या किया गया, कपटपूर्ण, बेईमानी–भरा **2** (कार्य) रहस्यपूर्ण लगने वाला ▸ **slyly** *adv.* कपटपूर्ण

smack /स्मैक्/ *v.* किसी को चपत लगाना (विशेषतः सज़ा के तौर पर) ▸ **smack** *n.* तमाचा, चाँटा, थप्पड़

small /स्मॉल्/ *adj.* **1** छोटा (आकार, संख्या, मात्रा आदि की दृष्टि से) **2** छोटा (बच्चा)

smart /स्मार्ट्/ *adj.* **1** (व्यक्ति) साफ़–सुथरा, बना–ठना, आकर्षक **2** चतुर, बुद्धिमान, विवेकशील ▸ **smartly** *adv.* आकर्षक रूप से

smash /स्मैश्/ *v.* **1** धमाके के साथ किसी चीज़ का चूर–चूर हो जाना या उसे चूर–चूर कर देना **2** (टेनिस में) गेंद को दबाकर मारना (हवा में ऊँची उठी हुई गेंद को जाल के ऊपर से नीचे की ओर मारना) ▸ **smash** *n.* **1** चूर–चूर होने की क्रिया या आवाज़ **2** अत्यंत सफल गाना, नाटक, फ़िल्म आदि

smear /स्मिअ(र्)/ *v.* किसी पर कोई चिकनी चीज़ पोतना या लगाना ▸ **smear** *n.* **1** कोई चिकनी चीज़ (किसी को) लगाने से बना धब्बा, चिकनाई का दाग़ **2** किसी बड़े आदमी को बदनाम करने के लिए किया गया झूठा प्रचार (विशेषतः राजनीति में)

smell /स्मेल्/ *v.* (**smelt** or **smelled**) **1** सुगंध फैलाना, महकना **2** दुर्गंध फैलाना, बदबू मारना ▸ **smell** *n.* **1** गंध, बू, सूँघी जानेवाली वस्तु **2** सूँघकर वस्तुओं को जानने की क्षमता, घ्राण शक्ति

smelt /स्मेल्ट्/ *v.* (धातु को निकालने के लिए) कच्ची धातु को तपाना और पिघलाना

smile /स्माइल्/ *n.* (चेहरे पर) मुस्कराहट, मुस्कान (प्रसन्नता, आनंद आदि की सूचक) ▸ **smile** *v.* **1** मुस्कराना **2** मुस्कराकर कुछ कहना या व्यक्त करना

smirk /स्मक्/ *n.* भद्दी या बनावटी मुस्कराहट (अपनी सफलता या चतुराई

S

पर) ▸ **smirk** *v.* भद्दे या बनावटी ढंग से मुस्कराना

smith /स्मिथ्/ *n.* **1** धातु गढ़ने का काम करने वाला, धातुकर्मी **2** लोहार, सुनार आदि

smitten /ˈस्मिट्न्/ *adj.* **1** अचानक प्रेम या स्नेह की अनुभूति, प्रणयोन्मत्त **2** किसी रोग या भावना से बुरी तरह प्रभावित, प्रेम या दुःख से पागल

smog /स्मॉग्/ *n.* धुएँ वाला कोहरा, धूम-कोहरा (यह पूरे शहर पर भी छा जाता है)

smoke /स्मोक्/ *n.* **1** (स्लेटी, सफ़ेद या काला) धुआँ (किसी वस्तु के जलने से उत्पन्न) **2** सिगरेट आदि पीने की क्रिया ▸ **smoke** *v.* **1** सिगरेट आदि का कश भरना और छोड़ना, सिगरेट आदि पीना **2** धुआँ निकालना या उगलना ▸ **smoker** *n.* धूम्रपान करने वाला व्यक्ति ▸ **smoking** *n.* धूम्रपान

smooch /स्मूच्/ *v.* (अनौपचारिक) चूमना और आलिंगन करना

smooth /स्मूद्/ *adj.* **1** चिकना (पूरी तरह से समतल सतह वाला, जिसमें न कोई गूमड़ या गाँठ हो न कोई छेद न खुरदरापन) **2** बिना किसी बाधा के, बाधारहित, निर्विघ्न, सरलता से संपन्न ▸ **smoothness** *n.* चिकनापन, अबाधता ▸ **smooth** *v.* किसी सतह को चिकना बनाना (निर्दिष्ट दिशा में हाथों को चलाकर)

smoothie /ˈस्मूदि/ *n.* दूध, आइसक्रीम और फल के मिश्रण से बना पेय पदार्थ

smother /ˈस्मद(र्)/ *v.* **1** (कपड़े से मुँह ढकते हुए) दम घोंटकर मार डालना **2** किसी में ढेर-सारी कोई चीज़ डाल देना, किसी में कुछ भर देना

smoulder /ˈस्मोल्ड(र्)/ *v.* (*US* **smolder**) सुलगना (बिना लपट धीरे-धीरे जलना)

SMS /ˌएस् एम् ˈएस्/ *abbr.* **'short message service'** का संक्षिप्त रूप, संक्षिप्त संदेश सेवा, डिजिटल मोबाइल फ़ोन और अन्य मोबाइल यंत्रों जैसे पामटॉप आदि में उपलब्ध संक्षिप्त संदेश या पाठ संदेश भेजने का प्राविधान, एसएमएस

smudge /स्मज्/ *v.* **1** किसी चीज़ को (छूकर) गंदा या मैला करना, धब्बे डालना **2** धब्बे लग जाना, (पर) धब्बे आ जाना ▸ **smudge** *n.* धब्बा

smug /स्मग्/ *adj.* आत्मतुष्ट, दंभी (अपनी उपलब्धियों पर स्वयं ही ख़ुश) ▸ **smugly** *adv.* आत्मतुष्ट भाव से, दंभ के साथ ▸ **smugness** *n.* आत्मसंतोष, दंभ

smuggle /ˈस्मग्ल्/ *v.* माल की तस्करी करना, माल को ग़ैर-क़ानूनी ढंग से चोरी-चोरी देश के अंदर लाना या देश से बाहर ले जाना), मानव की तस्करी करना ▸ **smuggler** *n.* तस्कर

snack /स्नैक्/ *n.* जलपान ▸ **snack** *v.* किसी चीज़ (फल, मिठाई आदि) का नाश्ता करना

snag /स्नैग्/ *n.* छोटी कठिनाई या प्रतिकूलता (प्रायः अप्रत्याशित या छिपी हुई) ▸ **snag** *v.* (**snagging, snagged**) किसी तेज़ धार की चीज़ पर कपड़े का फँस जाना और फट जाना

snail /स्नेल्/ *n.* घोंघा (सीपी में रहने वाला कोमल शरीर और बिना टाँगों का छोटा जीव जो धीरे-धीरे चलता है)

snake /स्नेक्/ *n.* साँप, सर्प ▸ **snake** *v.* साँप की तरह चलना, सर्पण करना

▸ **snaky** *adj.* कपटी, दुष्ट, सर्पिल

snap /स्नैप्/ *v.* (**snapping, snapped**) 1 अचानक कुछ तोड़ देना या टूट जाना (प्रायः तेज़ आवाज़ के साथ) चटकाना या चटकना, तड़काना या तड़कना 2 भड़ककर बोलना या कुछ कहना ▸ **snap** *n.* 1 किसी वस्तु के एकाएक टूटने से उत्पन्न तेज़ आवाज़, चिटक, चिटका, तड़क 2 ताश का विशेष खेल (जिसमें खिलाड़ी बोलते हैं 'स्नैप' जब अलग-अलग खिलाड़ी एक जैसे दो पत्ते फेंकते हैं) ▸ **snap** *adj.* एकाएक जल्दबाज़ी से किया गया (प्रायः बिना सोचे-समझे)

snappy /'स्नैपि/ *adj.* (**snappier, snappiest**) 1 (अनौपचारिक) छोटा और चतुर , तीखा या करारा नारा 2 जानदार या ओजस्वी (शैली)

snare /स्नेअ(र्)/ *n.* पक्षियों या छोटे पशुओं को फँसाने का जाल, फंदा ▸ **snare** *v.* (पशु या पक्षी को) जाल में फँसाना

snarl /स्नाल्/ *v.* (पशु का) दाँत चमकाते हुए गुर्राना ▸ **snarl** *n.* गुर्राहट

snatch /स्नैच्/ *v.* 1 झपट्टा मारकर कुछ ले लेना, झपटना, छीनना 2 उपलब्ध समय या अवसर का उपयोग करते हुए जल्दी से कुछ ले लेना या हाथ में कर लेना या प्राप्त करना ▸ **snatch** *n.* 1 झपट्टा, झपट (किसी वस्तु को हथियाने की कोशिश में एकाएक की गई हरकत) 2 किसी वस्तु का छोटा अंश या छोटी अवधि

sneak /स्नीक्/ *v.* 1 आँख बचाकर चुपके-चुपके चोरी-चोरी (बताई गई दिशा में) निकल जाना 2 चोरी-छिपे कुछ करना या लेना ▸ **sneaky** *adj.* गुप्त, डरपोक ▸ **sneak** *n.* किसी व्यक्ति (विशेषतः बच्चे) के द्वारा किसी की बुरी बातों या ग़लतियों के विषय में (किसी को) बताना, चुग़ली खाना, मुख़बिरी करना ▸ **sneakily** *adv.* नजर बचाकर, चोरी-छुपे

sneaker /'स्नीक(र्)/ *n.* खेलों आदि के लिए पहना जाने वाला मुलायम जूता

sneer /स्निअ(र्)/ *v.* मुँह बिचकाते हुए या ताना मारते हुए किसी की हँसी उड़ाना ▸ **sneer** *n.* तिरस्कार भरे शब्द, उपहास

sneeze /स्नीज़्/ *v.* (ठंड आदि के कारण) छींक मारना, छींकना ▸ **sneeze** *n.* छींक

snide /स्नाइड्/ *adj.* कटु निंदात्मक (शब्द या टिप्पणी)

sniff /स्निफ़्/ *v.* 1 नाक से साँस खींचते हुए सूँ-सूँ करना (विशेषतः ज़ुकाम या रोग के कारण) 2 सूँ-सूँ करके कुछ सूँघना ▸ **sniff** *n.* साँस लेते हुए सूँघने की क्रिया

sniffle /'स्निफ़ल्/ *v.* नाक से एकाएक साँस खींचते हुए सूँ-सूँ करना (विशेषतः सर्दी लगने या रोने के कारण)

snigger (*also* **snicker**) /'स्निग(र्)/ *v.* किसी की खिल्ली उड़ाते हुए मुँह दबाकर चुपके से हँसना, ठी-ठी करना ▸ **snigger** *n.* धीमी, अप्रिय और उपहासात्मक हँसी

snip /स्निप्/ *v.* (**snipping, snipped**) कैंची द्वारा तेज़ी से या झटके से काटना ▸ **snip** *n.* 1 कैंची से की गई छोटी कटाई, चीरा 2 बेहद सस्ती वस्तु, मिट्टी के भाव बिकने वाली वस्तु

sniper /'स्नाइप(र्)/ *n.* छिपकर गोलियाँ चलाने वाला व्यक्ति, बंदूक़धारी स्नाइपर ▸ **snipe** *v.* 1 दूर से छिपकर गोलियाँ चलाना 2 कपटपूर्ण तरीक़े से किसी की आलोचना करना

snippet /'स्निपिट्/ *n.* छोटी-सी जानकारी या ख़बर

snob /स्नॉब्/ *n.* घमंडी, अकड़ू, वर्गदंभी (जो सामाजिक स्तर में छोटों से अपने को बड़ा समझे और बड़ों की तारीफ़ करे) ▸ **snobbish** *adj.* दंभपूर्ण, घमंड-भरा ▸ **snobbishly** *adv.* दंभपूर्वक, घमंड से घमंड, दंभ

snobbery /'स्नॉबरि/ *n.* दंभ, घमंड

snooker /'स्नूक(र्)/ *n.* स्नूकर का खेल (जिसमें दो खिलाड़ी रंग-बिरंगी गेंदों को मेज़ के कोनों पर बनी जेबों में, लंबी छड़ी से ठेलकर, डालने की कोशिश करते हैं)

snoop /स्नूप्/ *v.* ताक-झाँक करना (कुछ पता लगाने के लिए, लुक-छिप कर और बिना अनुमति के इधर-उधर देखना) ▸ **snooper** *n.* ताक-झाँक करने वाला व्यक्ति

snooze /स्नूज़्/ *v.* झपकी लेना (विशेषतः दिन में) ▸ **snooze** *n.* झपकी

snore /स्नॉ(र्)/ *v.* (सोते समय) ख़र्राटे भरना ▸ **snore** *n.* ख़र्राटा

snorkel /'स्नॉक्ल्/ *n.* ग़ोताख़ोर द्वारा ग़ोता लगाते समय साँस लेने के लिए प्रयुक्त उपकरण, नली ▸ **snorkel** *v.* (**snorkelling, snorkelled;** *US* **snorkeling, snorkeled**) श्वास नली लगाकर ग़ोता लगाना

snort /स्नॉट्/ *v.* **1** (पशुओं का) फुफकारना (नाक और मुँह से हवा निकालते हुए आवाज़ करना) **2** (व्यक्तियों का) फुफकारना (अपनी नापसंदगी या अधीरता प्रकट करने के लिए) ▸ **snort** *n.* फुफकार, फुँकार

snot /स्नॉट्/ *n.* रेंट, नाक से निकलने वाला तरल पदार्थ

snout /स्नाउट्/ *n.* पशुओं की थूथन, थुथनी (लंबी नाक, लंबे मुँह का आगे को निकला हुआ भाग)

snow /स्नो/ *n.* हिम, बर्फ़ (आकाश से गिरने वाले जमे हुए जल के छोटे, कोमल, सफ़ेद टुकड़े) ▸ **snow** *v.* (बर्फ़ का) आकाश से गिरना, हिमपात होना

snowball /'स्नोबॉल्/ *n.* बर्फ़ का गोला (जिससे बच्चे खेलते हैं) ▸ **snowball** *v.* तेज़ी से अधिकाधिक बढ़ना, फैलना या महत्वपूर्ण (एवं विचारणीय) हो जाना, गंभीर हो जाना

snub /स्नब्/ *v.* (**snubbing, snubbed**) (किसी से) रूखा बरताव करना (जैसे, उसकी ओर नज़र न डालना या उससे बात न करना) ▸ **snub** *n.* रूखा बरताव

snug /स्नग्/ *adj.* **1** हलका गरम और आरामदेह **2** कसा हुआ, चुस्त ▸ **snugly** *adv.* चुस्ती से, आरामदेह होते हुए

snuggle /'स्नग्ल्/ *v.* किसी से सटकर बैठना, छाती से लगना आदि (सुरक्षा, गरमी और आराम के अनुभव के लिए)

so /सो/ *adv.* **1** किसी विशेषण या क्रियाविशेषण पर बल देने के लिए प्रयुक्त (विशेषतः जब विशिष्ट प्रतिक्रिया का निर्देश करना हो), इतना, बहुत **2** व्यक्तियों या वस्तुओं की तुलना करने के लिए निषेधवाचक वाक्यों में प्रयुक्त ▸ **so** *conj.* **1** नतीजा यह कि, नतीजतन, परिणामस्वरूप, इसलिए **2** इस प्रयोजन से कि, इसलिए कि, ताकि

soak /सोक्/ *v.* **1** पूरी तरह भीग जाना या भिगो देना **2** (तरल पदार्थ का) किसी वस्तु में या में से जाना, तरबतर होना

soap /सोप्/ *n.* साबुन ▸ **soapy** *adj.* साबुन जैसा, झागदार, साबुनी

soar /सॉ(र्)/ *v.* 1 हवा में ऊँचे उड़ना 2 बहुत तेज़ी से बढ़ना

sob /सॉब्/ *v.* (**sobbing, sobbed**) छोटे-छोटे साँस भरते हुए रोना, सिसकना, सिसकते हुए कुछ कहना ▸ **sob** *n.* सिसकी

sober /'सोब(र्)/ *adj.* 1 (व्यक्ति) अमत्त, न पिए हुए, सौम्य 2 मज़ाक़िया नहीं, गंभीर ▸ **soberly** *adv.* सौम्यता से, गंभीरता से ▸ **sober** *v.* (**sober (sb) up**) मदिरा के प्रभाव से मुक्त हो जाना या मुक्त करना ▸ **sobriety** *n.* गंभीरता, संयम

sobriquet /'सोब्रिके/ *n.* उपनाम या अनाधिकारिक उपाधि

soccer /'सॉक(र्)/ *n.* गोल गेंद से खेला जाने वाला फुटबाल का एक रूप, सॉकर

social /'सोश्ल्/ *adj.* 1 समाज और सामाजिक ढाँचे से संबंधित, सामाजिक, समाज-मूलक 2 लोगों से मिलने और मौज-मस्ती करने से संबंधित ▸ **socially** *adv.* सामाजिक रूप से

socialism /'सोशलिज़म्/ *n.* समाजवाद, धन और संपत्ति के वितरण में समाज के सब सदस्यों को समान मानने की राजनीतिक विचारधारा ▸ **socialist** *adj.* & *n.* समाजवादी

socialite /'सोशलाइट्/ *n.* आधुनिक पार्टियों एवं सामाजिक घटनाओं में सम्मिलित होनेवाला (जिसके विषय में अख़बार, पत्रिकाओं आदि में खबरें छपती हैं), रईस, प्रतिष्ठित या प्रसिद्ध व्यक्ति

socialize /'सोशलाइज़्/ *v.* 1 लोगों से मिलना तथा उनके साथ समय बिताना, सामाजिक बनना, मिलनसार होना 2 (समाज में स्वीकार्य होने के लिए) सही व्यवहार करने के लिए प्रशिक्षित करना, सामाजिक नियमों के बारे में शिक्षा देना

society /स'साइअटि/ *n.* (*pl.* **societies**) 1 समाज (किसी देश या क्षेत्र के लोग जिन्हें एक समूह माना जाए और जिनकी प्रथाएँ और क़ानून साझे हों) 2 विशेष अभिरुचि या प्रयोजन की दृष्टि से समान लोगों की संस्था, क्लब, सोसाइटी

sociology /ˌसोसि'ऑलजि/ *n.* समाजशास्त्र, मानव समाजों और सामाजिक व्यवहार का अध्ययन ▸ **sociological** *adj.* समाजशास्त्र-विषयक, समाजशास्त्रीय

sock /सॉक्/ *n.* मोज़ा, ज़ुराब

socket /'सॉकिट/ *n.* 1 सॉकिट, प्लग (दीवार में स्थान जहाँ किसी बिजली के पुरज़े को विद्युत आपूर्ति से जोड़ा जाए) 2 कोई छेद, विवर या कोटर जिसमें कुछ फ़िट हो जाए

soda /'सोडा/ *n.* 1 सोडा (बुलबुलेदार विशेष पानी जिसे अन्य पेयों के साथ मिलाया जा सकता है) 2 (*US* = **fizzy drink**) झागयुक्त ग़ैर मादक-पेय

sodium /'सोडिअम्/ *n.* सोडियम (नरम और चाँदी जैसी शुभ्र धातु जो प्राकृतिक रूप में केवल रासायनिक यौगिकों, जैसे नमक में पाई जाती है)

sodomy /'सॉडमि/ *n.* लौंडेबाज़ी ▸ **sodomite** *n.* लौंडेबाज़

sofa /'सोफ़ा/ *n.* सोफ़ा

soft /सॉफ़्ट्/ *adj.* 1 कठोर या पक्का नहीं, कोमल, नरम, मुलायम 2 छूने में चिकना और सुहाना लगने वाला, खुरदरा या रूखा नहीं ▸ **softly** *adv.* हलके से, कोमलता से ▸ **softness** *n.* कोमलता, सौम्यता, चिकनापन, किसी के लिए अनुकूलता या स्नेह होना

soften /'सॉफ़्न्/ *v.* 1 अधिक कोमल

या सौम्य हो जाना, किसी को अधिक कोमल या सौम्य बना देना 2 किसी को नरम बना देना (उग्रता और कटुता को कम कर देना)

soggy /'सॉगि/ *adj.* बहुत गीली और नरम (और इसलिए परेशानी पैदा करने वाला)

soil /सॉइल/ *n.* 1 मिट्टी, धरती 2 किसी देश की भूमि ▸ **soil** *v.* मैला करना, धब्बे डालना

soirée /'सवारे/ *n.* सांध्य मिलन, सांध्य समागम, सांध्यगोष्ठी

sojourn /'सॉजन्/ *n.* किसी के घर पर कुछ समय ठहरना, अस्थायी निवास ▸ **sojourn** *v.* थोड़े दिन के लिए रहना, पड़ाव डालना

solace /'सॉलस्/ *n.* उदासी या निराशा के क्षणों में तसल्ली देने वाला व्यक्ति या वस्तु, सांत्वनाकारी व्यक्ति या वस्तु

solar /'सोल(र्)/ *adj.* 1 सूर्य से संबंधित, सौर 2 सौर ऊर्जा का प्रयोग करने संबंधी

solder /'सोल्ड(र्), 'सॉल्ड(र्)/ *v.* राँगे से धातु या तार से परस्पर जोड़ना, राँगे से टाँका लगाना ▸ **solder** *n.* राँगे का टाँका

soldier /'सोल्ज(र्)/ *n.* थल सेना का सदस्य, थल सैनिक

sole /सोल्/ *adj.* 1 केवल, सिर्फ़, एकमात्र 2 केवल एक व्यक्ति का या से संबंधित, साझे का नहीं, अनन्य ▸ **sole** *n.* 1 पैर का तलुवा 2 (*pl.* **sole**) खाने की चपटी समुद्री मछली, कुकुरजीभी ▸ **solely** *adv.* केवल, एकमात्र

solemn /'सॉलम्/ *adj.* 1 (व्यक्ति) अति गंभीर, प्रसन्न या मुस्कराते हुए नहीं 2 सत्यनिष्ठ, औपचारिक या सौम्य ढंग से किया या कहा गया ▸ **solemnity** *n.* सत्यनिष्ठा, गंभीरता ▸ **solemnly** *adv.* गंभीरतापूर्वक, सत्यनिष्ठापूर्वक

solemnize /'सॉलम्नाइज़् / *v.* आधिकारिक धार्मिक समारोह संपादित करना (प्रायः विवाह), (संस्कार) विधिपूर्वक संपादित करना

solicit /स'लिसिट्/ *v.* (**soliciting, solicited**) 1 धन, सहायता, समर्थन आदि माँगना 2 (वेश्या द्वारा) ग्राहक को पटाना (पैसे के बदले यौन-क्रिया के लिए स्वयं को पेश करना)

solicitor /स'लिसिट(र्)/ *n.* क़ानूनी परामर्श देने, क़ानूनी दस्तावेज़ तैयार करने, ज़मीन ख़रीदवाने और बिकवाने आदि का काम करने वाला वकील, सॉलिसिटर

solid /'सॉलिड्/ *adj.* 1 कड़ा और पक्का, द्रव या गैस नहीं, ठोस 2 जिसके अंदरूनी भाग में छेद या ख़ाली स्थान न हो, खोखला नहीं, घनीभूत, सघन ▸ **solid** *n.* 1 ठोस पदार्थ या वस्तु, द्रव या गैस नहीं 2 लंबाई, चौड़ाई और ऊँचाई (तीनों आयामों) वाली (न कि चौरस आकृति की) वस्तु, त्रि-आयामी वस्तु ▸ **solidly** *adv.* 1 मज़बूती से 2 लगातार, बिना रूके

solidarity /ˌसॉलि'डैरटि/ *n.* (उद्देश्यों की समानता के आधार पर) एक वर्ग का दूसरे वर्ग को समर्थन, दो वर्गों की एकजुटता, एकता

S

solidify /स'लिडिफ़ाइ/ *v.* (**solidifying, solidified**) कड़ा या ठोस हो जाना ▸ **solidification** *n.* ठोस होने की क्रिया, जमना

soliloquy /स'लिलक्वि/ *n.* (*pl.* **soliloquies**) स्वगत कथन (नाटक में, मंच पर उपस्थित पात्र का अपने आप से

ऊँचे स्वर में बात करना), स्वगत कथन की क्रिया ▸ **soliloquize** *v.* स्वगत कथन करना

solitaire /ˌसॉलि'टेअ(र्)/ *n.* 1 एक व्यक्ति द्वारा खेले जाने वाला शतरंज जैसा खेल (जिसमें बोर्ड या बिसात पर मोहरे ऐसे चले जाते हैं कि काटा-काटी के बाद अंत में एक मोहरा बचता है) 2 एक बहुमूल्य पत्थर विशेषतः हीरा

solo /'सोलो/ *n.* (*pl.* **solos**) केवल एक व्यक्ति द्वारा गाई या बजाई जाने वाली संगीत-रचना; एकल संगीत-रचना ▸ **soloist** *n.* एक वादक या गायक ▸ **solo** *adj.* & *adv.* 1 एक व्यक्ति द्वारा अकेले (किया हुआ), स्वयं अकेले 2 एकल संगीत रचना से संबंधित या उसका कलाकार (गायक या वादक)

solstice /'सोल्स्टिस्/ *n.* वर्ष में मध्याह्न बेला में सूर्य का उच्चतम या निम्नतम बिंदु पर पहुँचने का समय (जो वर्ष के सबसे बड़े या सबसे छोटे दिन के रूप में प्रकट होता है), अयनांत

soluble /'सॉल्यबल्/ *adj.* 1 तरल पदार्थ में घुल जाने वाला, घुलनशील, विलेय 2 (समस्या, प्रश्न आदि) जिसका कोई उत्तर हो, उत्तरसापेक्ष, जिसका कोई समाधान हो, समाधेय ▸ **solubility** *n.* घुलनशीलता

solution /स'लूशन्/ *n.* 1 किसी समस्या, कठिनाई आदि से निपटने का ढंग, हल, समाधान 2 (कोई) तरल पदार्थ जिसमें कोई ठोस पदार्थ घोला गया हो, घोल

solve /सॉल्व्/ *v.* 1 किसी समस्या या कठिनाई को हल करना या का समाधान ढूँढ़ना 2 किसी (क्विज़ आदि) प्रतियोगिता, गणित का प्रश्न, प्रश्नमाला आदि का सही उत्तर मालूम करना

solvent /'सॉल्वन्ट्/ *n.* अन्य पदार्थ को अपने में विलीन करने वाला तरल, विलायक

sombre /'सॉम्ब(र्)/ *adj.* (*US* **somber**) 1 गहरे रंग का, धुँधला 2 खिन्न और गंभीर ▸ **sombrely** *adv.* खिन्नता के साथ, धुँधलेपन से

some /सम्, प्रबल रूप सम्/ *det.* & *pron.* 1 (किसी वस्तु की) निश्चित या विशेष मात्रा या संख्या, कुछ राशि 2 उन प्रश्नवाचक वाक्यों में प्रयुक्त जहाँ अनुकूल उत्तर अपेक्षित हो, कुछ, थोड़ा

somebody (*also* **someone**) /'सम्बडि/ *pron.* कोई (जिसके विषय में या जिसका नाम पता नहीं)

somehow /'सम्हाउ/ *adv.* 1 ऐसे ढंग से जो मालूम या निश्चित नहीं है, 2 किसी अज्ञात या अस्पष्ट कारण से

somersault /'समसॉल्ट्/ *n.* क़लाबाज़ी, कलैया (सिर के ऊपर से एड़ियाँ निकालते हुए कूदना)

something /'समथिङ्/ *pron.* अज्ञात या अनाम या नामहीन वस्तु

sometime /'सम्टाइम्/ *adv.* समय जो नहीं मालूम कि ठीक-ठीक कब या जो अभी निशिचत नहीं है, कभी

sometimes /'सम्टाइम्ज़्/ *adv.* कुछ मौकों पर, कभी-कभी

somewhere /'सम्वेअ(र्)/ *adv.* स्थान पर/में/(को) जो आपको नहीं मालूम या जिसका नाम आप नहीं बताते, कहीं

son /सन्/ *n.* पुत्र, बेटा, लड़का

song /सॉङ्/ *n.* 1 गीत, गाना, गान 2 गाना (सामान्य रूप से), कोई गाना, गाने के साथ का संगीत

sonic /'सॉनिक्/ *adj.* ध्वनि तरंगों से

संबंधित, ध्वनिक
sonnet /'सॉनिट्/ *n.* सॉनेट, (14 पंक्तियोंवाली कविता जिसमें प्रत्येक पंक्ति में प्रायः 10 अक्षर होते हैं और अंत्यानुप्रास-प्रणाली नियत होती है), चतुर्दशपदी कविता
sonorous /'सॉनरस्/ *adj.* सुखद गहरी आवाज़, गुंजायमान ▸ **sonority** *n.* गूँज, सुरीलापन ▸ **sonorously** *adv.* गुंजायमान ढंग से, सुरीलेपन से
soon /सून्/ *adv.* **1** अब से कुछ देर में, जल्दी, शीघ्र, कोई और बात हो जाने के कुछ देर बाद **2** (समय से) पहले, जल्दी
soot /सुट्/ *n.* चिमनियों में जमा कालिख (जलती चीज़ों से उत्पन्न)
soothe /सूद्/ *v.* **1** किसी व्यक्ति की परेशानी या विक्षोभ कम करना, किसी को आराम या राहत पहुँचाना **2** शरीर के किसी अंग या मनोभाव की पीड़ा को शांत करना ▸ **soothing** *adj.* शांतिदायक, आराम पहुँचाने वाला ▸ **soothingly** *adv.* शांतिप्रद होते हुए
sophisticated /स'फ़िस्टिकेटिड्/ *adj.* **1** सांसारिक और सामाजिक मामलों में अति अनुभवी, दुनियादार, सयाना, फ़ैशन, संस्कृति आदि का जानकार **2** (मशीनें, प्रणालियाँ आदि) प्रगत या उन्नत और जटिल ▸ **sophistication** *n.* सुविज्ञता, विवेक, परिष्करण
soppy /'सॉपि/ *adj.* (**soppier, soppiest**) उथली भावुकता से भरा हुआ, बेवकूफ़
soprano /स'प्रानो/ *n.* (*pl.* **sopranos**) उच्चतम स्वर, ऐसे स्वर में गाने वाला व्यक्ति
sorcerer /'सॉसर(र्)/ *n.* (कहानियों में) जादूगर, जादू-टोना करने वाला 'ओझा'
sordid /'सॉडिड्/ *adj.* **1** अप्रिय, कुत्सित, असत्याचारी या भ्रष्ट **2** बहुत गंदा और दूषित
sore /सॉ(र्)/ *adj.* (शरीर का अंग) दुखता हुआ (विशेषतः छुए जाने पर) ▸ **sore** *n.* शरीर का दुखता, लाल पड़ चुका अंग (जहाँ पर त्वचा कट या कीटाणु-ग्रस्त हो गई हो), घाव, ज़ख़्म, फोड़ा, व्रण ▸ **soreness** *n.* दुखने की स्थिति, पीड़ा
sorely /'सॉलि/ *adv.* अत्यधिक, गंभीरता से
sorrow /'सॉरो/ *n.* **1** गहरी खिन्नता, दुख, उदासी (अप्रिय घटना के कारण) **2** अत्यंत दुखद घटना या स्थिति ▸ **sorrowful** *adj.* दुखपूर्ण, दुखी ▸ **sorrowfully** *adv.* दुखद रूप से
sorry /'सॉरि/ *adj.* (**sorrier, sorriest**) **1** दुखी या निराश **2** (किए पर) क्षमा माँगने के लिए प्रयुक्त ▸ **sorry** *exclam.* **1** खेद व्यक्त करने, क्षमा माँगने आदि के लिए प्रयुक्त **2** (ठीक से न सुन पाने के कारण बात को फिर से कहने का अनुरोध करने के लिए प्रयुक्त)
sort /सॉट्/ *n.* **1** प्रकार या क़िस्म **2** विशेष प्रकार का पात्र, व्यक्ति ▸ **sort** *v.* **1** वस्तुओं के प्रकार आदि के अनुसार उनका वर्गीकरण करना, एक प्रकार की चीज़ों को दूसरे प्रकार की चीज़ों से अलग करना **2** समस्याओं या कठिनाइयों का हल ढूँढ़ना, किसी को व्यवस्थित करना
SOS /ˌएस् ओ'एस्/ *n.* (*pl.* **SOSs**) जलयान या वायुयान से भेजा गया संकट संदेश (सहायता के लिए), अत्यावश्यक सहायता के लिए संकट संदेश
soul /सोल्/ *n.* **1** व्यक्ति की आत्मा (जो

शरीर के साथ मरती नहीं, अनश्वर है), जीवात्मा **2** व्यक्ति की अंतरात्मा, अन्तर्मन (गहनतम विचारों और भावनाओं का निवास-स्थल) ▸ **soulful** *adj.* अत्यंत भावपूर्ण, जीवंत ▸ **soulless** *adj.* भावना, ऊष्मा या अभिरुचि से रहित

sound /साउन्ड्/ *n.* **1** आवाज़, ध्वनि (ऐसी चीज़ जिसे हम सुनते हैं या जो हमें सुनाई देती है) **2** टीवी, रेडियो आदि की आवाज़ ▸ **sound** *v.* **1** (कुछ सुनकर या पढ़कर) विशेष प्रकार का प्रभाव होना, (कुछ) लगना, मालूम पड़ना, **2** बजाना, आवाज़ उत्पन्न करना, हॉर्न आदि बजाकर कोई संकेत देना ▸ **sound** *adj.* **1** विवेकशील, विश्वसनीय और (संभवतः) अच्छे नतीजे देने वाला **2** स्वस्थ और सशक्त, अच्छी दशा में ▸ **soundness** *n.* गंभीरता, स्वास्थ्य, आरोग्य

soup /सूप्/ *n.* गोश्त, सब्ज़ियों आदि को पानी में पकाकर बनाया गया रसा, शोरबा, झोल, सूप ▸ **soup (soup up)** *v.* कार, कंप्यूटर आदि को अधिक शक्तिशाली बनाने के लिए उसमें बदलाव लाना, बेहतर बनाना

S

sour /ˈसाउअ(र्)/ *adj.* **1** नींबू के जैसे तीखे स्वाद वाला, खट्टा, अम्ल **2** (विशेषतः दूध) बेस्वाद या दुर्गंधयुक्त (बासी होने के कारण) ▸ **sour** *v.* बिगाड़ देना, ख़राब कर देना ▸ **sourly** *adv.* कटुता के साथ ▸ **sourness** *n.* कटुता, प्रिय या मित्रवत न रह जाना, ख़राब हो जाना, बिगड़ जाना इच्छित वस्तु को न पाने पर उसके लिए अनिच्छा का दिखावा करते हुए

source /सॉस्/ *n.* स्थान, व्यक्ति या वस्तु जो किसी का उद्गम, प्रारंभ या प्राप्ति का बिंदु हो, स्रोत, उद्गम, मूल

south /साउथ्/ *n.* **1** दक्षिण दिशा (सूर्य के सामने खड़े होकर दाईं ओर की दिशा), दिग्दर्शक यंत्र पर अंकित दक्षिण दिशा का सूचक बिंदु **2** किसी देश, नगर, क्षेत्र या विश्व का दक्षिणी भाग, दक्षिण, दक्खिन ▸ **south** *adj. & adv.* **1** दक्षिणी, दक्षिण में स्थित **2** दक्षिण को या की ओर **southerly** *adj. & adv.* दक्षिण का, दक्षिण की ओर से आनेवाला

south-east *n. abbr.* **SE** दक्षिण और पूर्व के मध्य की दिशा या क्षेत्र, दक्षिण-पूर्व ▸ **south-east** *adj. & adv.* किसी स्थान या देश के दक्षिण-पूर्व में, से या को

southern /ˈसदन्/ *adj.* कहीं से दक्षिण दिशा का, में या से, दक्षिणी ▸ **southerner** *n.* देश के दक्षिणी भाग में जन्मा या रहने वाला व्यक्ति, दक्षिणवासी, दक्षिणात्य

souvenir /ˌसूवˈनिअ(र्)/ *n.* स्मृति चिह्न, निशानी (कोई वस्तु जो किसी यात्रा-स्थल या छुट्टी या विशेष कार्यक्रम की याद दिलाती रहे)

sovereign /ˈसॉव्रिन्/ *n.* शासक (राजा या रानी) ▸ **sovereign** *adj.* **1** (देश) अन्य देश के अधीन नहीं, स्वतंत्र, आज़ाद **2** प्रभुसत्ता-संपन्न, संप्रभु ▸ **sovereignty** *n.* संप्रभुता

sow /सो/ *n.* मादा सूअर ▸ **sow** *v.* (**sowing, sowed,** *pp.* **sown** or **sowed**) ज़मीन में बीज बोना, पौधा रोपना

soya bean *n.* (*US* **soybean**) (एक प्रकार का अति पोषक लोबिया जिसमें प्रोटीन अधिक होता है) सोयाबीन

spa /स्पा/ *n.* **1** खनिज जल वाला सोता

(इस जल को स्वास्थ्यकर माना जाता है) **2** हेल्थ स्पा, नियमित व्यायाम और सौंदर्य उपचार द्वारा स्वास्थ्य एवं सौंदर्यवर्धन का स्थल

space /स्पेस्/ *n.* **1** ख़ाली या बेकार पड़ा स्थान या इलाक़ा **2** पृथ्वी और अन्य ग्रहों एवं तारों के चारों ओर का क्षेत्र, अंतरिक्ष ▸ **space** *v.* वस्तुओं को बीच में जगह छोड़ते हुए व्यवस्थित करना या लगाना ▸ **spacecraft** *n.* अंतरिक्षयान

spacious /'स्पेशस्/ *adj.* जिसमें बहुत जगह हो, आकार में बड़ा, लंबा-चौड़ा ▸ **spaciousness** *n.* लंबा-चौड़ापन, विस्तार

spade /स्पेड्/ *n.* **1** फावड़ा (खोदने का औज़ार) **2** (*pl.* **spades**) हुकुम के पत्ते

spaghetti /स्प'गेटि/ *n.* लंबे सींकों जैसा आटा और पानी से बना एक प्रकार का इतालवी खाद्य, पास्ता, स्पैगटि

spam /स्पैम्/ *n.* ई-मेल के माध्यम से भेजा गया अवांछित संदेश (विशेषकर विज्ञापन) ▸ **spam** *v.* (**spamming, spammed**) अनेक लोगो को अवांछित ई-मेल भेजना

span /स्पैन्/ *n.* **1** एक सिरे से दूसरे सिरे तक की लंबाई या दूरी **2** किसी वस्तु के रहने या बने रहने की अवधि या समयावधि ▸ **span** *v.* (**spanning, spanned**) **1** किसी वस्तु पर से पुल बनाना **2** निश्चित समयावधि तक रहना या बने रहना

spank /स्पैङ्क्/ *v.* बच्चे के नितंब पर थप्पड़ मारना (सज़ा के तौर पर)

spanner /'स्पैन(र्)/ *n.* पाना, स्पैनर (क़ाबले खींचने या कसने का एक औज़ार)

spare /स्पेअ(र्)/ *adj.* **1** अतिरिक्त, बचाकर रखा हुआ (भविष्य में संभावित उपयोग के लिए) **2** ख़ाली, फ़ालतू ▸ **spare** *n.* अतिरिक्त सामान ▸ **spare** *v.* **1** किसी को कुछ दे सकना **2** किसी को अप्रिय अनुभव में से गुज़रने या परेशान होने से बचाना

sparing /'स्पेअरिङ्/ *adj.* किसी वस्तु के अल्प अंश का प्रयोग करते हुए, सावधानीपूर्ण ▸ **sparingly** *adv.* किफ़ायत से, संयम से

spark /स्पाक्/ *n.* **1** आग की चिंगारी, स्फुलिंग, अग्निकण **2** बिजली से उत्पन्न प्रकाश की चमक, कौंध ▸ **spark** *v.* विद्युत या आग की चिंगारी का फूटना, भड़कना

sparkle /'स्पाक्ल्/ *v.* झिलमिलाना (छोटे-छोटे प्रकाश-बिंदुओं का चमकना) ▸ **sparkle** *n.* झिलमिलाहट

sparrow /'स्पैरो/ *n.* गौरैया (विश्व के विभिन्न भागों में सामान्य रूप से पाया जानेवाला पक्षी)

sparse /स्पास्/ *adj.* राशि या मात्रा की दृष्टि से थोड़ा, छितरा हुआ (न कि घना), झिल्लड़, विरल ▸ **sparsely** *adv.* छितरेपन से, विरलेपन से ▸ **sparseness** *n.* छितरापन, विरलता

spartan /'स्पाट्न्/ *adj.* बहुत सादा और सुख-साधन रहित

spasm /'स्पैज़म्/ *n.* ऐंठन, मरोड़ (मांसपेशी की एकाएक होने वाली हरकत जो नियंत्रित नहीं हो पाती), पेशी अंकुचन अनियमित रूप से, ऐंठन के साथ

spastic /'स्पैस्टिक्/ *adj.* **1** (मस्तिष्क संबंधी पक्षाघात के कारण) मांसपेशियों और उसकी गति पर अनियंत्रण से संबंधित, अब इसका प्रयोग अपमानजनक समझा जाता है, दिमाग़ के फ़ालिज से

संबंधित, स्पैस्टिक **2** बच्चों द्वारा मूर्ख के संदर्भ में प्रयुक्त (अपमानजनक ढंग से) ▸ **spastic** *n.* कमज़ोर, मंद बुद्धि

spatial /ˈस्पेशल्/ *adj.* किसी वस्तु के आकार स्थिति और क्षेत्र से संबंधित, स्थानिक, भौगोलिक ▸ **spatially** *adv.* स्थान की दृष्टि से

spatter /ˈस्पैट(र्)/ *v.* किसी पर बूँदें छिड़कना, छींटे डालना

spatula /ˈस्पैचला/ *n.* उथला या चपटा चम्मच (जिससे बनते हुए खाद्य पदार्थ को बरतन में उलटा-पुलटा किया और फैलाया जा सकता है), स्पैचुला

spawn /स्पान्/ *v.* **1** (मछली, मेंढक आदि द्वारा) अंडे या बच्चे पैदा करना या तलछट पर छोड़ देना **2** (विपत्ति, असंतुष्टि आदि) का कारण होना, पैदा करना

speak /स्पीक्/ *v.* (**speaking, spoke,** *pp.* **spoken**) **1** कुछ बोलना, कहना **2** भाषा के प्रयोग में समर्थ होना (समझना और बोलना)

speaker /ˈस्पीक(र्)/ *n.* **1** लोगों में भाषण देने वाला व्यक्ति, वक्ता, भाषण-कर्ता **2** भाषा-विशेष को बोलने वाला व्यक्ति, विशिष्ट भाषा प्रयोक्ता

spear /स्पिअ(र्)/ *n.* भाला, बरछी, शूल ▸ **spearhead** *n.* नेतृत्व करनेवाला, मुख्य भूमिका निभाने वाला, अग्रणी

S

spearmint /ˈस्पिअमिन्ट्/ *n.* पुदीना

special /ˈस्पेश्ल्/ *adj.* **1** प्रायः होने वाला या साधारण नहीं, विशेष, किसी ख़ास कारण से महत्वपूर्ण **2** किसी विशेष प्रयोजन की पूर्ति करने वाला, विशिष्ट (विशेषतायुक्त) ▸ **special** *n.* वस्तु जो प्रायः होने वाली या साधारण कोटि की न हो, विशेष वस्तु

specialist /ˈस्पेशलिस्ट्/ *n.* किसी विशेष विषय का अधिकारी विद्वान, विशेषज्ञ

speciality /ˌस्पेशिˈऐलटि/ *n.* (*pl.* **specialities**) **1** (किसी व्यक्ति की) विशेषज्ञता का क्षेत्र या विषय **2** कोई वस्तु जिसके लिए कोई व्यक्ति, स्थान, उद्योग आदि प्रसिद्ध हो

specialize /ˈस्पेशलाइज़्/ *v.* विषय-विशेष, वस्तु-विशेष (के उत्पादन) आदि में विशेष योग्यता प्राप्त करना ▸ **specialization** *n.* विशेषज्ञता विशिष्टीकरण

species /ˈस्पीशीज़्/ *n.* (*pl.* **species**) एक ही प्रकार के और एक साथ प्रजनित पौधों या पशुओं का वर्ग, जाति, प्रजाति, वर्ग

specification /ˌस्पेसिफ़िˈकेशन्/ *n.* (किसी वस्तु के विषय में या उसे बनाने के संबंध में) विस्तृत जानकारी

specify /ˈस्पेसिफ़ाइ/ *v.* (**specifying, specified**) स्पष्टता या विस्तार से कुछ कहना या किसी का उल्लेख करना

specimen /ˈस्पेसिमन्/ *n.* **1** किसी विशेष प्रकार की वस्तु का उदाहरण (विशेषतः विशेषज्ञों या वैज्ञानिकों द्वारा अध्ययन-योग्य), नमूना, निदर्श **2** किसी वस्तु की थोड़ी मात्रा (डॉक्टरी या वैज्ञानिक परीक्षण के लिए), नमूना

speck /स्पेक्/ *n.* बिंदु, कण

speckle /ˈस्पेक्ल्/ *n.* छोटी चित्ती, (रंग का) धब्बा ▸ **speckled** *adj.* धब्बेदार, चित्तीदार

spectacle /ˈस्पेक्टकल्/ *n.* (*informal* **specs**) **1** प्रभावशाली या विक्षोभकारी दृश्य, नज़ारा **2** (*pl.* **spectacles**) ऐनक, चश्मा

spectacular /स्पेक्ˈटैक्यल(र्)/ *adj.* (देखने में) बहुत शानदार और भव्य

▸ **spectacularly** *adv.* शान से, शानदार ढंग से

spectator /स्पेक्'टेट(र्)/ *n.* किसी कार्यक्रम (विशेषतः खेल-कूद संबंधी) का दर्शक

spectrum /'स्पेक्ट्रम्/ *n.* (*pl.* **spectra**) **1** सात रंगों की पट्टी (जिसमें शुभ्र प्रकाश रेखा विभक्त हो सकती है), वर्णक्रम, वर्णपट, रंगावली, स्पेक्ट्रम **2** किसी वस्तु के समस्त संभव भेद, संपूर्ण शृंखला

speculate /'स्पेक्युलेट्/ *v.* **1** (किसी के विषय में) कुछ अनुमान लगाना, अटकल लगाना **2** किसी चीज़ पर सट्टा लगाना (लाभ कमाने के लिए कुछ ख़रीदना और बेचना) ▸ **speculation** *n.* अटकल, अनुमान सट्टेबाज़, सटोरिया ▸ **speculative** *adj.* अटकलबाज़, काल्पनिक

speech /स्पीच्/ *n.* **1** (लोगों को दिया गया) भाषण, व्याख्यान **2** बोलने की शक्ति, वाक् शक्ति

speechless /'स्पीच्लस्/ *adj.* कुछ बोलने में असमर्थ (विक्षोभ, क्रोध आदि के कारण), अवाक्, मूक

speed /स्पीड्/ *n.* **1** गति, चाल, रफ़्तार **2** गति करने की दर ▸ **speed** *v.* **1** बहुत वेग से गति करना **2** वैध सीमा से अधिक गति से कार आदि चलाना

speedy /'स्पीडि/ *adj.* (**speedier, speediest**) तेज़, द्रुतगामी, शीघ्र, तत्काल ▸ **speedily** *adv.* तेज़ी से, शीघ्रता से ▸ **speediness** *n.* तेज़ी, शीघ्रता

spell /स्पेल्/ *v.* (**spelling, spelled, spelt**) **1** किसी शब्द के अक्षरों को सही क्रम में लिखना या बोलना **2** कुछ अर्थ होना, कुछ परिणाम निकलना ▸ **spell** *n.* **1** छोटी समयावधि, दौर **2** (विशेषतः कहानियों में) मंत्र, जादू (जो दूसरे को मोहित या वशीभूत कर ले) ▸ **spelling** *n.* वर्तनी, हिज्जे

spend /स्पेन्ड्/ *v.* (**spending, spent**) **1** किसी वस्तु के लिए पैसा देना या भुगतान करना, ख़र्च करना **2** समय गुज़ारना या बिताना

sperm /स्पम्/ *n.* (*pl.* **sperm** or **sperms**) **1** पुरुष के प्रजननांगों में बनने वाला कोशाणु (जो स्त्री के अंडे से मिलकर शिशु को जन्म देता है), शुक्राणु **2** वीर्य, शुक्र (जिसमें शुक्राणु रहते हैं) **spermatozoon** /'स्पमट'ज़ुअन्/ *n.* (*pl.* **spermatozoa**) शुक्राणु (जो अंडे पैदा करते हैं)

spew /स्प्यू/ *v.* **1** तेज़ प्रवाह से बहना या प्रवाहित करना, विशेषतः बड़ी मात्रा में **2** वमन करना

sphere /स्फ़िअ(र्)/ *n.* **1** गेंद के आकार की कोई गोल वस्तु, गोला **2** अभिरुचि या क्रियाशीलता का क्षेत्र ▸ **spherical** *adj.* गोलाकार, गेंदाकार, गोलीय

sphincter /'स्फ़िङ्क्ट(र्)/ *n.* (शरीर के किसी अंग के चारों ओर) गोलाकार मांसपेशी (जिसके कस जाने पर छेद बंद हो जाता है), अवरोधिनी

sphinx /स्फ़िङ्क्स्/ *n.* मिस्र में पत्थर की ऐसी प्राचीन मूर्ति जिसका सिर मानव का तथा धड़ ज़मीन पर लेटे सिंह का होता है

spice /स्पाइस्/ *n.* **1** (मिर्च, हल्दी आदि) मसाला (भोजन का स्वाद बढ़ाने के लिए प्रयुक्त) **2** उत्तेजना और दिलचस्पी ▸ **spice** *v.* **1** भोजन में मसाले डालना, भोजन को मसालों से चटपटा और मज़ेदार बनाना **2** किसी

स्थिति को अधिक उत्तेजक (और दिलचस्प) बनाना ▸ **spicy** *adj.* मसालेदार, चटपटा

spick and span *adj.* स्वच्छ और उपयुक्त (वेशभूषा में)

spider /'स्पाइड(र्)/ *n.* मकड़ी या मकड़ा (आठ टाँगों वाला छोटा कीट जिसके बुने जाले में कीड़े फँसते हैं और उसका भोजन बनते हैं)

spike /स्पाइक्/ *n.* धातु, लकड़ी आदि के खंड या छड़ का नुकीला भाग, नोक

spill /स्पिल्/ *v.* (**spilling, spilled** or **spilt**) **1** (तरल पदार्थ का) पात्र से एकाएक बाहर निकल आना, छलकना, तरल पदार्थ को छलकाना **2** झटके से बाहर आकर इधर-उधर बिखर जाना ▸ **spill** *n.* छलकाव, भेद खोल देना, रहस्य को प्रकट कर देना

spin /स्पिन्/ *v.* (**spinning, spun**) **1** तेज़ी से किसी चीज़ का घूमना या (को) घुमाना, किसी वस्तु का चक्कर खाना या (को) खिलाना **2** ऊन, कपास आदि से धागा बनाना, ऊन, कपास आदि कातना ▸ **spin** *n.* **1** किसी वस्तु को घुमाने की क्रिया, घुमाव, चक्रण **2** (विशेषतः राजनीति में) किसी कठिनाई आदि के विषय में जनता को सुहाने वाली बात, बहलावा

spinach /'स्पिनिच्, -इज्/ *n.* पालक (का साग)

spinal /'स्पाइन्ल्/ *adj.* रीढ़-विषयक, मेरुदंडीय ▸ **spinal cord** *n.* मेरुदंड की तंत्रिका या सूक्ष्म तंतु जो शरीर के सभी अंगों को मस्तिष्क से जोड़ती है, मेरु रज्जु

spindle /'स्पिन्ड्ल्/ *n.* **1** एक छड़ जो मशीन में घूमती है, अथवा मशीन के अन्य भाग इसके चारों ओर घूमते हैं, धुरी **2** तकली, तकुआ, जिससे (हाथों से) सूत काता जाता है

spine /स्पाइन्/ *n.* **1** मानव या पशु की रीढ़ की हड्डी **2** कुछ पौधों और पशुओं (की पीठ) पर काँटे

spineless /'स्पाइन्लस्/ *adj.* दुर्बल और डरपोक

spinster /'स्पिन्स्ट(र्)/ *n.* अविवाहिता, चिर कुमारी (विशेषतः बड़ी उम्र की महिला)

spiral /'स्पाइरल्/ *n.* सर्पिल रेखा (केंद्र बिंदु से सर्प के रेंगने के आकार में चलती रेखा) ▸ **spiral** *adj.* चक्करदार, पेंचदार, सर्पिल ▸ **spiral** *v.* (**spiralling, spiralled**; *US* **spiraling, spiraled**) सर्पिल गति से बढ़ना, लगातार बढ़ना

spire /'स्पाइअ(र्)/ *n.* (चर्च का) मीनार, नुकीला शिखर, लाट

spirit /'स्पिरिट्/ *n.* **1** आत्मा (मानव-शरीर का अभौतिक अंश), चित्त (विचार और भावनाएँ, न कि शरीर) **2** प्रेतात्मा (विश्वास के अनुसार, मानव-शरीर की मृत्यु के बाद भी विद्यमान अंग), भूत या शरीर-रहित जीव ▸ **spirit** *v.* (**spirited, spiriting**) किसी को चुपचाप उड़ा ले जाना

spirited /'स्पिरिटिड्/ *adj.* ऊर्जा, दृढ़ता और साहस से पूर्ण

spiritual /'स्पिरिचुअल्/ *adj.* **1** गहन विचारों, भावनाओं या मनोभावों से संबंधित (न कि शरीर या भौतिक वस्तुओं से) आत्मिक, आध्यात्मिक **2** चर्च या धर्म से संबंधित, धार्मिक ▸ **spiritually** *adv.* आत्मिक, आध्यात्मिक, धार्मिक दृष्टि से

spiritualism /'स्पिरिचुअलिज़म्/ *n.* प्रेतात्मवाद, प्रेतविद्या (यह धारणा कि मृत

व्यक्ति जीवियों के साथ, प्रायः किसी विशिष्ट व्यक्ति माध्यम के ज़रिए, संपर्क साध सकते हैं) आध्यात्मिकी
▸ **spiritualist** *n.* प्रेतविद्या-विशारद, प्रेतात्मवादी, आध्यात्मवादी

spit /स्पिट्/ *v.* (**spitting, spat, spit**) तरल पदार्थ, भोजन आदि को थूकना (बलपूर्वक बाहर निकालना) ▸ **spit** *n.* **1** लार, थूक, पीक **2** समुद्र, झील आदि में से बाहर को निकलता लंबा सँकरा भूखंड, भूजिह्वा

spite /स्पाइट्/ *n.* किसी को हानि या कष्ट पहुँचाने की इच्छा, दुर्भावना
▸ **spite** *v.* के होते हुए भी, के बावजूद (आशा के विपरीत कुछ घटित होने को व्यक्त करने के लिए प्रयुक्त)

spiteful /'स्पाइट्फ़्ल्/ *adj.* द्वेषपूर्ण (किसी को अपमानित या दुखी करने के लिए निर्मम बरताव करते हुए)
▸ **spitefully** *adv.* द्वेषपूर्वक

spittle /'स्पिट्ल्/ *n.* थूक, लार

splash /स्प्लैश्/ *v.* किसी व्यक्ति या वस्तु पर (तरल पदार्थ के) छींटे पड़ना या डालना (शोर के साथ गिरना, गिराना या बूँदें उछलना) ▸ **splash** *n.* **1** छींटे उड़ने का शब्द (तरल पदार्थ और किसी वस्तु में टकराहट से उत्पन्न), छपाका, छपछप, छपाक **2** तरल पदार्थ की बूँद (जो किसी पर गिरे)

splatter /'स्प्लैट(र्)/ *v.* (तरल पदार्थ की) मोटी बूँदों का उछलना और आवाज़ के साथ किसी से टकराना, किसी पर पानी की बड़ी बूँदें फेंकना या गिरना

spleen /स्प्लीन्/ *n.* **1** तिल्ली (पेट या आमाशय के पास छोटा अंग जिस पर रक्त का शुद्ध होना निर्भर है), प्लीहा **2** क्रोध, गुस्सा

splendid /'स्प्लेन्डिड्/ *adj.* **1** बहुत अच्छा, अत्युत्तम **2** बहुत शानदार
▸ **splendidly** *adv.* बहुत शान से

splendour /'स्प्लेन्ड(र्)/ *n.* (*US* **splendor**) अति प्रभावशाली सौंदर्य, शान, वैभव, भव्यता

splint /स्प्लिन्ट्/ *n.* (बाँह या टाँग की टूटी हड्डी को सीधा रखने के लिए प्रयुक्त) (लकड़ी या धातु की) खपची, चपटी

splinter /'स्प्लिन्ट(र्)/ *n.* (बड़े टुकड़े से टूटकर अलग हुआ) लकड़ी, धातु या काँच का छोटा पतला पैना टुकड़ा, किरच
▸ **splinter** *v.* टुकड़ों या किरचों में टूटना या तोड़ना

split /स्प्लिट्/ *v.* (**splitting, split**) विभाजित करना, खंडित करना, टुकड़े करना

splurge /स्प्लज्/ *n.* अनावश्यक तथा (कभी-कभी क्षमता से अधिक) महँगी चीज़ों की ख़रीद, पैसों का अतिव्यय, दिखावा ▸ **splurge** *v.* महँगी अनावश्यक चीज़ों पर व्यय करना, दिखावा करना

spoil /स्पॉइल्/ *v.* (**spoiling, spoilt** or **spoiled**) **1** किसी अच्छी चीज़ को ख़राब, बेकार आदि कर देना, किसी वस्तु को बिगाड़ देना **2** किसी से (विशेषतः बच्चे से) अत्यधिक लाड़-प्यार करना (इतना कि वह बिगड़ जाए)

spoilsport /'स्पॉइल्स्पॉट्/ *n.* दूसरों का खेल बिगाड़ने वाला या दूसरों के आनंद में बाधक व्यक्ति

spoke /स्पोक्/ *n.* पहिए को परिमा या रिम से जोड़ने वाली (धातु की) तीली, अर

spokesman (or **spokeswoman** or **spokesperson**) /'स्पोक्स्मन्/ *n.*

(*pl.* **-men**) किसी समूह या संस्था का प्रवक्ता (उसकी ओर से बोलने वाला पुरुष), पुरुष-प्रवक्ता

sponge /स्पन्ज्/ *n.* स्पंज (नरम, हलका, छिद्रिल और पानी को अपने में रोक रखने वाला एक कृत्रिम या प्राकृतिक पदार्थ) (कुछ धोने या साफ़ करने के लिए प्रयुक्त) ▸ **sponge** *v.* (**sponging** or **spongeing, sponged**) गीले स्पंज या कपड़े से कोई दाग़ आदि हटाना या कुछ साफ़ करना

sponsor /ˈस्पॉन्स(र्)/ *n.* **1** विशेष खेल स्पर्धा आदि के लिए (विज्ञापन-प्रदर्शन की सुविधा के साथ आर्थिक सहयोग करने वाला व्यक्ति या संस्था, प्रायोजक (व्यक्ति या संस्था) **2** (निर्धारित कार्य कर लेने पर) किसी व्यक्ति की सहायता हेतु उसे धन देने वाला व्यक्ति, समर्थक ▸ **sponsor** *v.* कोई कार्यक्रम प्रायोजित करना (उसके आयोजन के लिए धन देना) ▸ **sponsorship** *n.* प्रायोजकत्व, प्रायोजकता

spontaneous /स्पॉन्ˈटेनिअस्/ *adj.* अचानक किया गया या घटित हुआ, आकस्मिक, अनियोजित, सहज रूप से होने वाला ▸ **spontaneously** *adv.* सहज रूप से, अकस्मात् ▸ **spontaneity** *n.* सहजता, आकस्मिकता

spoof /स्पूफ़्/ *n.* किसी फ़िल्म, टीवी कार्यक्रम आदि की मज़ाक़िया नक़ल (जिसमें मूल की निजी विशेषताओं को बढ़ा-चढ़ाकर पेश किया जाए)

spoon /स्पून्/ *n.* (छोटा या बड़ा) चम्मच, चमचा (खाने, खाने की वस्तुओं को मिश्रित करने या परोसने के लिए प्रयुक्त) ▸ **spoon** *v.* चम्मच से लेना या उठाना

sporadic /स्पˈरैडिक्/ *adj.* अनियमित (रूप से किया गया या होने वाला) ▸ **sporadically** *adv.* अनियमित रूप से, कभी-कभी

spore /स्पॉ(र्)/ *n.* बीजाणु (कुछ पौधों के (बहुत छोटे) कोशाणु जैसे बीज जिनसे नए पौधे उत्पन्न होते हैं)

sport /स्पॉट्/ *n.* **1** खेल-कूद, क्रीड़ाएँ (व्यायाम या आनंद के लिए शारीरिक खेल या अन्य क्रियाकलाप) **2** कोई विशेष खेल या विशेष प्रकार का खेल ▸ **sporting** *adj.* खेल-कूद संबंधी

spot /स्पॉट्/ *n.* **1** किसी सतह पर छोटा गोल निशान, चित्ती **2** (किसी वस्तु पर) छोटा गंदा निशान, धब्बा, दाग़ ▸ **spot** *v.* (**spotting, spotted**) किसी को देखना या किसी पर ध्यान जाना (विशेषतः एकाएक या जब ऐसा करना सरल न हो)

spotless /ˈस्पॉट्लस्/ *adj.* बेदाग़, साफ़-सुथरा

spouse /स्पाउस्/ *n.* जीवन-साथी, पति या पत्नी

spout /स्पाउट्/ *n.* चायदानी आदि की नली या टोंटी ▸ **spout** *v.* **1** (तेज़ी से) द्रव पदार्थ की धार बहना, (तेज़ी से) द्रव पदार्थ की धार बहाना **2** बकबक करना (बहुत अधिक ऐसे बोलना कि ऊब हो या बुरा लगे)

sprain /स्प्रेन्/ *v.* कलाई या टखने का मोच खा जाना ▸ **sprain** *n.* मोच

sprawl /स्प्रॉल्/ *v.* **1** पसरकर बैठना या लेटना (बेतरतीब ढंग से बाहें और टाँगें फैलाते हुए बैठना या लेटना) **2** बड़े भूक्षेत्र में फैल जाना ▸ **sprawling** *adj.* फैला हुआ, विस्तृत

spray /स्प्रे/ *n.* **1** फुहार (किसी तरल पदार्थ की) **2** दाब-व्यवस्था-युक्त

विशेष फ़व्वारे से छोड़ा जाने वाला तरल पदार्थ ▸ **spray** *v.* (तरल पदार्थ की) फुहार निकलना, (तरल पदार्थ की) फुहार छोड़ना

spread /स्प्रेड्/ *v.* **1** (किसी वस्तु का) बड़े भूक्षेत्र या लोगों की बड़ी संख्या में फैलना या (उसे) फैलाना **2** तह लगी वस्तु को खोलकर कहीं बिछाना, वस्तुओं को ले जाकर किसी स्थान पर फैलाना ▸ **spread** *n.* **1** किसी वस्तु की विद्यमान मात्रा या संख्या में वृद्धि या किसी वस्तु से प्रभावित क्षेत्र का विस्तार, प्रसार या फैलाव **2** ब्रेड पर लगाने का (क्रीम जैसा) कोमल पदार्थ

spree /स्प्री/ *n.* आमोद-प्रमोद, ख़रीदारी आदि के (प्रायः अति तक पहुँचे) क्रियाकलाप की संक्षिप्त अवधि, रंगरेलियों, ख़रीदारी आदि का दौर

spring /स्प्रिङ्/ *n.* **1** शरद ऋतु तथा ग्रीष्म ऋतु के मध्य का वह समय जब मौसम थोड़ा गरम होने लगता है तथा पेड़, पौधो में नई पत्तियाँ आ जाती हैं, वसंत ऋतु **2** पतले तार का गोलाई में ऐंठकर बनाया गया टुकड़ा जिसके ऊपर लगाए गए बल को वापस लेने पर वह अपने मूल रूप और आकार में वापस आ जाता है, स्प्रिंग, कमानी, पत्तीदार कमानी ▸ **spring** *v.* **(sprang, sprung)** **1** तेज़ी से उछलना या छलाँग मारना **2** (किसी वस्तु का) अचानक और झटके से हरकत करना

sprinkle /ˈस्प्रिङ्क्ल/ *v.* (कहीं पर तरल पदार्थ की बूँदें या किसी वस्तु के कण) छिड़कना, बुरकना, का छिड़काव करना

sprinkler /ˈस्प्रिङ्क्ल(र्)/ *n.* पानी छिड़कने का छिद्रीला उपकरण (बग़ीचों में घास को सींचने और इमारतों में आग को फैलने से रोकने के लिए प्रयुक्त), फुहारा, झारा, सेंचक, स्प्रिंकलर

sprint /स्प्रिन्ट्/ *v.* (थोड़ी दूरी) अति वेग से दौड़ना ▸ **sprint** *n.* थोड़ी दूरी की तेज़ दौड़

sprout /स्प्राउट्/ *v.* (पौधों का) अंकुरित होना या पत्ते उगना आरंभ करना, पल्लवित होना ▸ **sprout** *n.* अंकुर, कल्ला, अँखुआ

spruce /स्प्रूस्/ *v.* **(spruce up)** सजना, सँवरना

spur /स्प(र्)/ *n.* **1** घोड़े के तेज़ दौड़ाने के लिए घुड़सवार के जूतों के तले में लगा धातु का एड़ या महमेज **2** प्रेरक (वस्तु) (जो किसी कार्य को शीघ्रता से करने या होने को प्रेरित करे) ▸ **spur** *v.* **(spurring, spurred)** अधिक मेहनत या तेज़ी से काम करने के लिए (किसी को) प्रेरित या बाध्य करना

spurious /ˈस्प्युअरिअस्/ *adj.* **1** बनावटी यद्यपि देखने में सच्चा लगता हो, अवैध, जाली, नक़ली **2** (कथन, निर्णय आदि के लिए प्रयुक्त) ग़लत विचारों पर आधारित, मिथ्या ▸ **spuriously** *adv.* अवैध ढंग से, ग़लत ढंग से

spurn /स्पन्/ *v.* पेश की गई वस्तु को ठुकराना, स्वीकार न करना

spurt /स्पट्/ *v.* **1** (तरल पदार्थ का) तेज़ी से बहुत शक्ति के साथ बह निकलना, की धार छूटना, (तरल पदार्थ की) धार छोड़ना **2** एकाएक रफ़्तार या कोशिश बढ़ा देना ▸ **spurt** *n.* धार, फुहार

spy /स्पाइ/ *n.* (*pl.* **spies**) गुप्तचर, जासूस ▸ **spy** *v.* **1** किसी के विषय में गुप्त जानकारी लेने का प्रयत्न करना **2** देखना

squabble /ˈस्क्वॉब्ल्/ *v.* छोटी-मोटी बात पर ऊँचे स्वर में झगड़ा करना ▸ **squabble** *n.* छोटी-मोटी बात पर झगड़ा

squad /स्क्वॉड्/ *n.* दल के रूप में किसी विशेष काम करने वालों का समूह, दस्ता

squadron /ˈस्क्वॉड्रन्/ *n.* सैन्य विमानों या पोतों का दस्ता, स्क्वाड्रन

squalid /ˈस्क्वॉलिड्/ *adj.* बहुत गंदा, मैला-कुचैला और घिनौना

squander /ˈस्क्वॉन्ड(र्)/ *v.* समय, पैसा आदि बरबाद करना

square /स्क्वेअ(र्)/ *n.* **1** (*abbr.* **sq**) वर्ग (चार समान भुजाओं और चार समकोणों वाली आकृति) **2** किसी क़स्बे या नगर में चारों ओर भवनों से घिरा खुला इलाक़ा, चौक ▸ **square** *adj.* & *adv.* **1** (कोई) वर्गाकार (वस्तु) (जिसकी चारों भुजाएँ और कोण समान हों) **2** वर्ग के शक्ल की या समकोण बनाती हुई-सी (कोई वस्तु) ▸ **square** *v.* किसी वस्तु से संगत होना, मेल खाना, किसी के साथ पूरा ताल-मेल बैठाना या सामंजस्य स्थापित करना

squash /स्क्वॉश्/ *v.* **1** (को) कुचल देना (किसी वस्तु को ऐसे दबाना कि वह टूट-फूट जाए, उसकी शक्ल बदल जाए या वह चपटी हो जाए), (का) भुरता बना देना **2** छोटी-सी जगह पर (ज़बरदस्ती) घुसकर बैठना या दूसरों को बैठाना ▸ **squash** *n.* **1** भीड़-भाड़ (थोड़े-से स्थान पर बहुत-से लोग) **2** फलों के रस और चीनी से बना पेय, एक प्रकार का शरबत (जिसमें पानी मिलाकर पिया जाता है), स्क्वॉश

squat /स्क्वॉट्/ *v.* (**squatting**, **squatted**) **1** उकड़ूँ बैठना (टाँगों को मोड़कर ज़मीन से कुछ ऊपर पैरों के बल बैठना) **2** ख़ाली मकान पर बिना मालिक से पूछे या नाजायज़ क़ब्ज़ा जमा लेना ▸ **squat** *adj.* छोटा और मोटा या ऊँचाई के अनुपात में अधिक चौड़ा

squawk /स्क्वॉक्/ *v.* (पक्षी का) चीख़ मारने जैसी आवाज़ करना ▸ **squawk** *n.* चीख़, चिल्लाहट

squeak /स्क्वीक्/ *n.* चूँ-चूँ (की आवाज़), चीं-चीं, चरमराहट ▸ **squeak** *v.* चीं-चीं या चूँ-चूँ करना ▸ **squeaky** *adj.* चीं-चीं करने वाला

squeal /स्क्वील्/ *v.* (दर्द, डर या ख़ुशी के मारे) किलकारी मारना, चिल्ला उठना ▸ **squeal** *n.* किलकारी

squeeze /स्क्वीज़्/ *v.* **1** (विशेष प्रयोजन से) किसी वस्तु को कसकर दबाना **2** थोड़ी-सी जगह में या में से किसी को ज़बरदस्ती बैठाना या निकालना ▸ **squeeze** *n.* **1** (किसी चीज़ को) कसकर दबाने की क्रिया **2** (नारंगी, नींबू आदि को) दबाकर निकाले गए रस की मात्रा

squelch /स्क्वेल्च्/ *v.* (गाढ़े कीचड़ में चलते हुए) फच-फच की आवाज़ करना

squid /स्किड्/ *n.* (*pl.* **squid** or **squids**) कोमल शरीर और दस स्पर्शकों वाला (खाने का) एक समुद्री जीव, समुद्रफेनी

squiggle /ˈस्किग्ल्/ *n.* (जल्दबाज़ी में खींची गई) टेढ़ी-मेढ़ी रेखा

squint /स्किन्ट्/ *v.* **1** अधखुली आँखों से (किसी को) देखना **2** भेंगा होना (एक ही समय में अलग-अलग दिशाओं में देखने का आभास कराना) ▸ **squint** *n.* भेंगापन

squirrel /ˈस्किरल्/ *n.* गिलहरी

S

squirt /स्क्वर्ट/ *v.* (किसी विशेष दिशा में) एकाएक द्रव की धार, फुहार छूटना या छोड़ना ▸ **squirt** *n.* (किसी द्रव की) धार, फुहार

St *abbr.* **1** (= **saint**) संत, महात्मा **2** (= **street**) सड़क, गली **3** स्टोन, तोल की एक माप

stab /स्टैब्/ *v.* (**sta<u>bb</u>ing, sta<u>bb</u>ed**) (किसी को या में) छुरा या कोई नुकीली चीज़ भोंकना, घोंपना या घुसेड़ना ▸ **stab** *n.* **1** छुरे का घाव (छुरा आदि भोंकने से हुआ घाव) **2** तीखा और अचानक उठा दर्द, टीस

stabilize /ˈस्टेबलाइज़्/ *v.* किसी वस्तु या स्थिति का बिना बदले स्थिर रहना या उसे ऐसा बनाना

stable /ˈस्टेबल्/ *adj.* स्थिर, मज़बूत और जिसमें परिवर्तन संभावित नहीं, अनबदला ▸ **stable** *n.* अस्तबल, घुड़साल

stack /स्टैक्/ *n.* **1** (किसी वस्तु का) तरीक़े से लगाया गया ढेर, अंबार, टाल **2** बड़े परिमाण में कोई वस्तु ढेर सारी (कोई) चीज़ ▸ **stack** *v.* (किसी वस्तु की) सुव्यवस्थित ढेरी बनाना, चट्टा लगाना

stadium /ˈस्टेडिअम्/ *n.* (*pl.* **stadiums** or **stadia**) स्टेडियम (प्रायः बिना छत का, बड़ा ढाँचा जहाँ बैठकर लोग खेल देखते हैं)

staff /स्टाफ़्/ *n.* किसी संस्था के कार्यकर्ता या कर्मचारी, स्टाफ़ ▸ **staff** *v.* कर्मचारी रखना

stag /स्टैग्/ *n.* (नर) हिरण

stage /स्टेज्/ *n.* **1** किसी वस्तु की प्रगति या विकास का एक अंश, चरण, अवस्था **2** रंगशाला आदि का मंच, रंगमंच ▸ **stage** *v.* **1** नाटक, संगीत समारोह आदि का सार्वजनिक रूप से आयोजन करना **2** किसी कार्यक्रम का आयोजन करना

stagger /ˈस्टैग(र्)/ *v.* (बीमार, नशे में या वज़नदार चीज़ लिए होने के कारण) लड़खड़ाना, डगमगाना (छोटे-छोटे क़दमों से गिरते-पड़ते चलना)

stagnant /ˈस्टैग्नन्ट्/ *adj.* **1** (पानी) ठहरा हुआ, रुका हुआ (और इसलिए गंदा और बदबूदार) **2** (व्यापार आदि) गतिहीन, सुस्त, मंद, विकासरुद्ध

stagnate /स्टैग्ˈनेट्/ *v.* **1** विकास परिवर्तन या गति नहीं होना, निष्क्रिय पड़ जाना **2** (पानी का) एक जगह रुक जाना ▸ **stagnation** *n.* निष्क्रियता, रुद्धता

stain /स्टेन्/ *v.* धब्बा या दाग़ लगना (जो आसानी से साफ़ न हो सके) ▸ **stain** *n.* दाग़, धब्बा

stair /स्टेअ(र्)/ *n.* **1** (*pl.* **stairs**) (किसी इमारत के अंदर बनी) सीढ़ियाँ, ज़ीना (एक मंज़िल से दूसरी में जाने के लिए प्रयुक्त) **2** (भवन के अंदर बनी) सीढ़ियों की एक सीढ़ी, सीढ़ी का तख़्ता

stake /स्टेक्/ *n.* **1** (एक ओर से नोक वाला) लकड़ी या धातु का खूँटा (ज़मीन में गाड़ने के लिए) **2** अपने स्वामित्व वाली कंपनी आदि का एक भाग (कंपनी में पैसा लगाने के कारण), कंपनी में भागीदारी, शेयरधारिता ▸ **stake** *v.* (कुछ कर के) अपने भविष्य आदि को दाँव पर लगाना (अनुकूल फल की आशा में)

stale /स्टेल्/ *adj.* **1** (खाने की वस्तु या हवा) बासी **2** जो अब दिलचस्प या उत्तेजक नहीं रहा, घिसा-पिटा

stalk /स्टॉक्/ *n.* डंठल, डंडी ▸ **stalk** *v.* **1** लुक-छिप कर शिकार का पीछा करना

2 (देर तक) किसी व्यक्ति का पीछा करना (ऐसे कि वह डर या परेशान हो जाए)

stall /स्टॉल्/ *n.* **1** स्टॉल, छोटी दुकान (सामने से खुली या जिसमें सामान रखकर बेचने के लिए एक मेज़ लगी हो) **2** (*pl.* **stalls**) (किसी रंगशाला या सिनेमा घर में) सबसे आगे की सीटें ▸ **stall** *v.* **1** (पर्याप्त पेट्रोल आदि के अभाव में) वाहन के इंजन का अचानक बंद हो जाना, ग़लती से इस प्रकार इंजन को बंद कर देना **2** किसी काम को या किसी बात को होने से रोक देना (बाद में करने या होने के लिए)

stallion /'स्टैलिअन्/ *n.* वयस्क घोड़ा (विशेषतः प्रजनन क्रिया के लिए सुरक्षित)

stamina /'स्टैमिना/ *n.* दम-ख़म, दम, ऊर्जस्विता (प्रचुर शारीरिक या मानसिक श्रम की अपेक्षा वाले काम को लंबे समय तक करने की क्षमता), जीवट

stammer /'स्टैम(र्)/ *v.* हकलाना ▸ **stammer** *n.* हकलाहट, हकलाने की प्रवृत्ति

stamp /स्टैम्प्/ *n.* **1** डाक-टिकट **2** ठप्पा, छाप, मोहर ▸ **stamp** *v.* **1** पैर पटकना (ज़ोर से और आवाज़ करते हुए) **2** पैर पटकते हुए चलना

S

stampede /स्टैम्'पीड्/ *n.* (डर या उत्तेजना के कारण) बहुत सारे पशुओं या मनुष्यों का एक ही दिशा में भागने लगना, भगदड़ ▸ **stampede** *v.* भगदड़ मचना या मचाना

stance /स्टैन्स्, स्टान्स्/ *n.* **1** किसी विषय पर सार्वजनिक रूप से व्यक्त (किसी का) दृष्टिकोण **2** खड़े होने की मुद्रा (विशेषतः कोई खेल खेलते समय)

stand /स्टैन्ड्/ *v.* (**standing, stood**) **1** खड़ा होना (न कि बैठा या लेटा होना), सीधा खड़ा रहना **2** (उठकर) खड़ा हो जाना ▸ **stand** *n.* **1** वस्तु को टेकने या टिकाने का साधन (कोई मेज़ आदि) (ताकि लोग उस वस्तु को देख सकें, ख़रीद सकें), स्टैंड **2** खेल के मैदान पर दर्शकों के बैठने के लिए ढाँचा (जिसकी क़तारबद्ध सीटें आगे से नीची तथा पीछे से ऊँची हों), स्टैंड, दर्शक-स्थली

standard /'स्टैन्डड्/ *n.* **1** गुणवत्ता का स्तर, मानक **2** अन्य की तुलना में गुणवत्ता का स्तर ▸ **standard** *adj.* **1** सामान्य या औसत, विशेष या असाधारण नहीं **2** सामान्य और शुद्ध के रूप में सामान्य रूप से मान्य, स्टैंडर्ड

standardize /'स्टैन्डडाइज़्/ *v.* एक दूसरे से भिन्न वस्तुओं को एक ही रूप में ढालना, मानकयुक्त या मानकीकृत करना ▸ **standardization** *n.* मानकीकरण

standing /'स्टैन्डिङ्/ *n.* **1** किसी की स्थिति, हैसियत या प्रतिष्ठा **2** किसी वस्तु के अस्तित्व की अवधि ▸ **standing** *adj.* जो हमेशा रहे, स्थायी

stanza /'स्टैन्ज़ा/ *n.* बंद, छंद, पद

staple /'स्टेप्ल्/ *n.* स्टेपलर (विशेष औज़ार) से काग़ज़ों को बाँधने या जोड़ने का छोटा पतला मुड़ा हुआ तार का टुकड़ा, स्टेपल ▸ **staple** *v.* स्टेपल से काग़ज़ों को बाँधना या जोड़ना ▸ **stapler** *n.* स्टेपलर

star /स्टा(र्)/ *n.* **1** तारा, सितारा, नक्षत्र, तारक **2** तारे जैसी कोई आकृति, सजावट की वस्तु, चिह्न आदि ▸ **star** *v.* (**starring, starred**) **1** किसी नाटक, फ़िल्म आदि के मुख्य अभिनेताओं में से एक होना **2** किसी व्यक्ति का (किसी फ़िल्म में) अभिनेता होना या अभिनय

करना ▸ **starry** *adj.* तारों भरा

starch /स्टाच्/ *n.* **1** स्टार्च (आलू, चावल और डबल रोटी में पाया जाने वाला श्वेत पदार्थ) **2** कलफ़, माँड

stare /स्टेअ(र्)/ *v.* (आश्चर्य, विक्षोभ आदि के कारण) किसी को देर तक देखते रहना, घूरना, टकटकी लगाकर देखना

stark /स्टाक्/ *adj.* **1** एकदम ख़ाली या सफ़ाचट और आकर्षणविहीन **2** कठोर और अनिवार्य ▸ **stark** *adv.* पूरी तरह से, अत्यधिक

start /स्टाट्/ *v.* **1** कुछ करना आरंभ करना **2** कोई काम आरंभ करना या करवाना ▸ **start** *n.* **1** (किसी बात का) आरंभ, शुरुआत **2** कुछ आरंभ करने का कार्य या प्रक्रिया

startle /'स्टाट्ल्/ *v.* (किसी को) चौंका देना (थोड़ा परेशान करते या डराते हुए आश्चर्य में डाल देना) ▸ **startled** *adj.* चौंका हुआ ▸ **startling** *adj.* चौंकाने वाला

starve /स्टाव्/ *v.* भूखा रहने के कारण कष्ट पाना या मर जाना, भूखा मरना, किसी को भूखा रखकर कष्ट देना या मार देना, भूखा मारना ▸ **starvation** *n.* भुखमरी

state /स्टेट्/ *n.* **1** (समय-विशेष पर किसी की मानसिक, भावनात्मक या शारीरिक दशा, अवस्था) **2** राज्य (जिसे एक निश्चित शासन के अंतर्गत संगठित एक राजनीतिक समुदाय माना जाए), देश ▸ **state** *v.* कुछ कहना या लिखना (विशेषतः औपचारिक रूप से) ▸ **stately** *adj.* नियमित और भव्य

statement /'स्टेट्मन्ट्/ *n.* **1** कथन, वक्तव्य (कही या लिखी कोई बात, विशेषतः औपचारिक रूप से) **2** (= **bank statement**) विवरण

static /'स्टैटिक्/ *adj.* थमा हुआ, स्थिर (जिसमें कोई गति, परिवर्तन या विकास न हो रहा हो) ▸ **static** *n.* **1** (आकाशीय विद्युत के प्रभाव से रेडियो या टीवी के प्रसारण में ख़लल डालने वाली) अचानक उत्पन्न आवाज़ें **2** विद्युत जो किसी सतह पर जमा हो जाए

station /'स्टेश्न्/ *n.* **1** रेलवे स्टेशन, स्टेशन **2** बस अड्डा, बस स्थानक ▸ **station** *v.* निश्चित अवधि के लिए किसी को (विशेषतः सशस्त्र सैनिकों को) किसी स्थान पर तैनात करना

stationary /'स्टेशन्रि/ *adj.* खड़ा हुआ, स्थिर, गतिहीन

stationer's /'स्टेशनज़्/ *n.* लेखन-सामग्री (काग़ज़, क़लम, लिफ़ाफ़े आदि) बेचने की दुकान

stationery /'स्टेशन्रि/ *n.* लेखन-सामग्री (क़लम, पेंसिल, काग़ज़ आदि)

statistics /स्ट'टिस्टिक्स्/ *n.* **1** (*pl.*) (किसी स्थिति आदि के विषय में जानकारी उपलब्ध कराने के लिए संगृहीत) तथ्यात्मक संख्याएँ, आँकड़े **2** आँकड़ों के संग्रह और अध्ययन का विज्ञान, सांख्यिकी, स्टैटिस्टिक्स ▸ **statistical** *adj.* संख्यात्मक ▸ **statistically** *adv.* संख्यात्मक दृष्टि से

statue /'स्टैचू/ *n.* मूर्ति, प्रतिमा (पत्थर या धातु की)

statutory /'स्टैचट्रि/ *adj.* क़ानून द्वारा निर्धारित, सांविधिक

staunch /स्टॉन्च्/ *adj.* किसी व्यक्ति या वस्तु को ज़ोर-शोर से मानने या उसका समर्थन करने वाला, निष्ठावान, वफ़ादार, कट्टर

stay /स्टे/ *v.* **1** किसी स्थान पर ठहरे रहना (वहाँ से चले न जाना) **2** (बिना परिवर्तन के) दशा या स्थिति विशेष में बने रहना ▸ **stay** *n.* (आगंतुक या अतिथि के रूप में) कहीं पर टिकने की अवधि, वास-अवधि

steadfast /ˈस्टेड्फ़ास्ट्/ *adj.* विश्वसनीय एवं निष्ठावान, वफ़ादार, (अपने लक्ष्य या रुख़ में) स्थिर, अडिग, अटल ▸ **steadfastly** *adv.* स्थिरता से ▸ **steadfastness** *n.* स्थिरता

steady /ˈस्टेडि/ *adj.* (**steadier, steadiest**) **1** नियमित गति से और क्रमशः विकसित होता, बढ़ता और घटित होता हुआ **2** स्थिर और तदैव, अपरिवर्तित और (इसलिए) सुरक्षित ▸ **steadily** *adv.* नियमित गति से और क्रमशः ▸ **steady** *v.* किसी को स्थिर करना (किसी को हिलने, काँपने या गिरने न देना), स्थिर होना (न हिलना, काँपना या गिरना)

steak /स्टेक्/ *n.* गोश्त या मछली का मोटा चपटा टुकड़ा, टिक्का

steal /स्टील्/ *v.* (**stole, stolen**) **1** चुराना, चोरी करना (किसी व्यक्ति, दुकान आदि से, बिना पूछे और लौटाने या भुगतान करने के इरादे के बिना, कोई वस्तु ले लेना **2** चोरी-चोरी और चुपके-चुपके कहीं चले जाना

S

stealth /स्टेल्थ्/ *n.* गुप्त रूप से या बिना शोरगुल के किया गया काम, चोरी, छिपाव, दुराव ▸ **stealthy** *adj.* दुरावपूर्ण, गुप्त रीति से किया गया ▸ **stealthily** *adv.* दुरावपूर्वक, गुप्त रीति से

steam /स्टीम्/ *n.* वाष्प, भाप (खौलते पानी से उत्पन्न गरम गैस) ▸ **steam** *v.* **1** भाप निकालना **2** खाद्य पदार्थ को खौलते पानी के ऊपर रख देना (भाप से पकने के लिए), खाद्य पदार्थ को भाप से पकाना

steel /स्टील्/ *n.* इस्पात (लोहे में कार्बन मिलाकर बनाया गया मज़बूत धातु) (छुरियाँ, औज़ार, मशीनें आदि बनाने के लिए प्रयुक्त), फ़ौलाद, स्टील ▸ **steel** *v.* किसी कठिन या अप्रिय बात का सामना करने के लिए स्वयं को तैयार करना

steep /स्टीप्/ *adj.* **1** (पहाड़ी, पहाड़, सड़क आदि) बहुत अधिक चढ़ाव या उतार वाला, लगभग लंब के समान सीधा खड़ा) **2** (किसी बात में वृद्धि या गिरावट) अत्यधिक **3** बहुत महँगा ▸ **steeply** *adv.* अत्यधिक ▸ **steepness** *n.* अत्यधिकता

steer /स्टिअ(र्)/ *v.* **1** वाहन की गति की दिशा को नियंत्रित करना **2** स्थिति को अपने नियंत्रण में कर उसके विकास को निर्देशित करना

stellar /ˈस्टेल(र्)/ *adj.* तारों से संबंधित, तारकीय

stem /स्टेम्/ *n.* **1** (पेड़-पौधों का) तना **2** शब्द का मुख्य अंश, प्रतिपादक या धातु ▸ **stem** *v.* (**stemming, stemmed**) किसी वस्तु को बढ़ने या फैलने से रोकना, रोकथाम करना

stench /स्टेन्च्/ *n.* दुर्गंध, बदबू

stencil /ˈस्टेन्सल्/ *n.* धातु, प्लास्टिक या गत्ते का पतरा जिस पर डिज़ाइन कटा होता है और जिसे (डिज़ाइन को) किसी सतह पर पेंट करके उतारा जाता है, स्टेंसिल, इस प्रकार बना पैटर्न या डिज़ाइन ▸ **stencil** *v.* (**stencilling, stencilled**) स्टेंसिल पर चित्रण करना

step /स्टेप्/ *n.* **1** क़दम, डग **2** प्रक्रिया का चरण, सोपान ▸ **step** *v.*

(**stepping, stepped**) **1** क़दम रखना, डग भरना **2** थोड़ी दूर चलना या थोड़ा चलना, कहीं जाना

step- /स्टेप्/ *prefix* सौतेला

stepchild /'स्टेप्‌चाइल्ड्/ *n.* (*pl.* **stepchildren**) सौतेली संतान

stepfather /'स्टेप्‌फ़ाद(र्)/ *n.* सौतेला पिता, कठबाप

stepladder /'स्टेप्‌लैड(र्)/ *n.* फ़ोल्डिंग सीढ़ी (ऊपर के भाग पर जुड़ी दो हिस्सों वाली छोटी सीढ़ी, जिसमें केवल एक में डंडे होते हैं, यह बिना सहारे खड़ी हो सकती है तथा काम न होने पर फ़ोल्ड करके रखी जा सकती है)

stepmother /'स्टेप्‌मद(र्)/ *n.* सौतेली माँ, कठमाँ

steppe /स्टेप्/ *n.* (लगभग वृक्षरहित) घास का बड़ा मैदान (विशेषतः दक्षिण-पूर्व यूरोप और साइबेरिया में)

stepping stone *n.* **1** वे चपटे पत्थर जिन पर पैर रखकर नदी को लाँघते हैं **2** प्रगति या लक्ष्य-प्राप्ति में सहायक वस्तु या बात

stereo /'स्टेरिओ/ (*pl.* **stereos**) *n.* **1** दो स्पीकरों वाला रेडियो या सीडी, कैसेट बजाने का यंत्र, स्टेरियो **2** रिकार्ड हुआ संगीत, भाषण आदि सुनाने वाली, दो स्पीकरों वाली, प्रणाली, स्टेरियो सिस्टम ▸ **stereo** *adj.* दो स्पीकरों वाला, त्रि-आयामी (लंबाई, चौड़ाई, गहराई का बोध कराने वाला)

stereotype /'स्टेरिअटाइप्/ *n.* किसी व्यक्ति या वस्तु के विषय में रूढ़ या घिसी-पिटी धारणा (जो वास्तविकता में प्रायः सच नहीं होती) ▸ **stereotype** *v.* (किसी को) घिसा-पिटा रूप देना, रूढ़ स्वरूप देना

sterile /'स्टेराइल्/ *adj.* **1** प्रजनन में असमर्थ, नपुंसक, बाँझ, **2** पूर्णतया स्वच्छ और जीवाणु-रहित ▸ **sterility** *n.* व्यर्थता, प्रजनन-असमर्थता, नपुंसकता

sterling /'स्टलिङ्/ *n.* ब्रिटेन में प्रचलित मुद्रा (जिसकी आधारभूत इकाई पाउंड है), स्टर्लिंग ▸ **sterling** *adj.* अत्यंत उत्कृष्ट

stern /स्टन्/ *adj.* कठोर, बहुत गंभीर, मुस्कान-रहित ▸ **sternly** *adv.* कठोरतापूर्वक ▸ **stern** *n.* जहाज़ या नाव का पश्च भाग

sternum /'स्टनम्/ *n.* छाती के मध्य में स्थित लंबी समतल हड्डी जिससे पसली के ऊपरी भाग की सात हड्डियाँ जुड़ी होती हैं, उरोस्थि

steroid /'स्टेरॉइड्/ *n.* शरीर में प्राकृतिक रूप से उत्पन्न होने वाला एक रासायनिक पदार्थ, स्टेरॉयड (स्टेरॉयड अनेक प्रकार के होते हैं और इन्हें रोगों के उपचार के लिए और खिलाड़ियों द्वारा अवैध रूप से अपनी क्षमता बढ़ाने के लिए प्रयोग में लाया जाता है)

stethoscope /'स्टेथस्कोप्/ *n.* डॉक्टर द्वारा हृदय और फेफड़ों की जाँच के लिए प्रयुक्त उपकरण, स्टेथस्कोप

stew /स्ट्यू/ *n.* सीझा हुआ गोश्त या सब्ज़ी (जो तरल पदार्थ में देर तक हलकी आँच में पकने से बनती है) ▸ **stew** *v.* गोश्त या सब्ज़ी का सीझना, को सिझाना

steward /'स्ट्यूअड्/ *n.* **1** विमान, जलयान या रेलगाड़ी में परिचारक (यात्रियों की देखभाल के लिए नियुक्त पुरुष) **2** दौड़ आदि के बड़े आयोजन में सहायक व्यक्ति

stick /स्टिक्/ *v.* (**stuck**) **1** (किसी वस्तु में कोई नुकीली चीज़) चुभाना,

(किसी वस्तु में) चुभाया जाना **2** (गोंद आदि से एक वस्तु को दूसरी वस्तु से) चिपकाना ▸ **stick** *n.* लकड़ी का छोटा डंडा, छड़ी

sticker /ˈस्टिक(र्)/ *n.* चिपकने वाला काग़ज़ जिस पर कुछ लिखा हो या चित्र बना हो, स्टिकर

stickler /ˈस्टिक्ल(र्)/ *n.* निर्णायक या मध्यस्थ व्यक्ति जो अन्य व्यक्तियों से ऐसे विशिष्ट व्यवहार की अपेक्षा करता है जो उसे महत्वपूर्ण लगता है

sticky /ˈस्टिकि/ *adj.* (**stickier, stickiest**) **1** सहज चिपकने वाली या चिपकौआ वस्तु, चिपचिपी वस्तु **2** (स्थिति) कठिन या अप्रिय

stiff /स्टिफ़्/ *adj.* **1** (वस्तु, काग़ज़ आदि) सख़्त, कड़ा और न झुकने या मुड़ने वाला **2** (शरीर के अंग) जो आसानी से मुड़ न सकें ▸ **stiff** *adv.* अत्यधिक ▸ **stiffly** *adv.* रूखेपन और औपचारिकता से ▸ **stiffness** *n.* कड़ापन

stiffen /ˈस्टिफ़्न्/ *v.* **1** (व्यक्ति का) (प्रायः भय या क्रोध के कारण) अचानक रुक जाना और तनकर खड़ा हो जाना **2** कड़ा पड़ जाना, अकड़ जाना, (किसी वस्तु को) कड़ा बना देना (कि वह मुड़ न सके)

stigma /ˈस्टिग्मा/ *n.* **1** कलंक, लांछन, तोहमत (किसी बीमारी, किसी के बर्ताव आदि के विषय में लोगों की निंदात्मक सोच) **2** पुष्प के गर्भकेसर का अग्रभाग, वर्तिकाग्र

stigmatize /ˈस्टिग्मटाइज़्/ *v.* कलंकित करना, धब्बा लगाना, कलंक लगाना ▸ **stigmatization** *n.* कलंक, धब्बा

stiletto /स्टि ˈलेटो/ *n.* (*pl.* **stilettos** or **stilettoes**) **1** (महिला की) (नुकीली, ऊँची एड़ीवाली) जूतियाँ, नुकीली ऊँची जूती की एड़ी, ऊँची नोकदार एड़ी **2** नुकीली धारवाला छोटा ख़ंजर, कटारी

still /स्टिल्/ *adv.* **1** अब भी (कहीं से आरंभ होकर अब तक या बात करने तक जारी रहते हुए) **2** अभी तो (अतिरिक्त होने के अर्थ में), अधिक, और ▸ **still** *adj.* & *adv.* **1** बिना हरकत किए, निश्चल, स्थिर **2** हलचलरहित या शांत ▸ **stillness** *n.* निश्चलता, शांति ▸ **still** *n.* (फ़िल्म, कैमरे या विडियो से लिया गया) एक फ़ोटो

stilt /स्टिल्ट्/ *n.* **1** (दो में से एक) लंबा बाँस जिस पर पैर रखकर (नटबाज़ी में) व्यक्ति चलता है, पैर बाँसा, गेड़ी **2** ज़मीन या पानी के ऊपर इमारत को सहारा देने वाला (अनेक खंभों में से एक) खंभा

stimulant /ˈस्टिम्यलन्ट्/ *n.* उत्तेजक नशीला पदार्थ या स्फूर्तिदायक औषधि, उद्दीपक

stimulus /ˈस्टिम्यलस्/ *n.* (*pl.* **stimuli**) (किसी को) सक्रिय करने, विकास की ओर ले जाने या (किसी में) रुचि बढ़ाने वाली कोई बात, उद्दीपक, प्रेरक, प्रोत्साहनकारी तत्व

sting /स्टिङ्/ *v.* (**stinging, stung**) **1** (किसी कीड़े, पौधे आदि का) किसी व्यक्ति या पशु को विषैला डंक मारना जिसके प्रभाव से व्यक्ति या पशु को एकाएक दर्द होता है **2** काटने का-सा एकाएक तीखा दर्द पैदा करना ▸ **sting** *n.* **1** (कुछ कीड़ों और जीवों का) डंक (जो शरीर को विषग्रस्त कर देता है) **2** पशु या कीड़े के डंक लगने से हुआ दर्द, दंश

stingy /'स्टिन्जि/ *adj.* कंजूस ▸ **stinginess** *n.* कंजूसी
stink /स्टिङ्क्/ *v.* (**stank, stunk**) 1 भयंकर दुर्गंध होना, तेज़ बदबू मारना या उठना 2 बहुत बुरा घिनौना या बेईमानी भरा प्रतीत होना ▸ **stink** *n.* दुर्गंध, बदबू
stint /स्टिन्ट्/ *n.* किसी काम को करने में लगी निश्चित अवधि
stipend /'स्टाइपेन्ड्/ *n.* वृत्ति, वज़ीफ़ा
stipulate /'स्टिप्युलेट्/ *v.* (किसी बात को) आवश्यक शर्त के रूप में प्रस्तुत करना, अनुबंध करना ▸ **stipulation** *n.* अनुबंध, आवश्यक शर्त
stir /स्ट(र्)/ *v.* (**stirring, stirred**) 1 चम्मच आदि से किसी तरल पदार्थ को चलाना, विलोड़ना 2 हिलना, डोलना या किसी को हिलाना, डोलाना ▸ **stir** *n.* 1 चलाने या विलोड़ित करने की क्रिया, विलोड़न 2 उत्तेजित या भयभीत करने वाली कोई बात (जिसकी सब चर्चा करें)
stirrup /'स्टिरप्/ *n.* घुड़सवार की रक़ाब (जिसमें वह पैर डालता है)
stitch /स्टिच्/ *n.* 1 (सिलाई का) टाँका, तोपा 2 (डॉक्टर का लगाया) टाँका (कट जाने पर या शल्य-क्रिया के बाद), स्टिच ▸ **stitch** *v.* सिलना या सीना, टाँके लगाना
stock /स्टॉक्/ *n.* 1 (दुकान आदि में रखा) बिक्री के लिए माल, स्टॉक 2 तुरंत प्रयोग के लिए उपलब्ध वस्तुओं की मात्रा, भंडार ▸ **stock** *v.* 1 (दुकान में) माल जमा करके रखना 2 किसी स्थान को (किसी वस्तु से) भर देना ▸ **stock** *adj.* घिसा-पिटा (जवाब, आदि जिसमें कोई नई बात न हो)
stockbroker /'स्टॉक्ब्रोक(र्)/ *n.* शेयर-दलाल (दूसरों के लिए कंपनी के शेयरों की ख़रीद-फ़रोख़्त करने वाला व्यक्ति)
stock exchange *n.* 1 शेयर-बाज़ार (स्थान जहाँ कंपनी के शेयर ख़रीदे-बेचे जाते हैं) 2 शेयर-मार्केट (कंपनी के शेयरों का व्यापार या क्रय-विक्रय)
stocking /'स्टॉकिङ्/ *n.* लंबा मोज़ा (विशेषतः महिलाओं द्वारा प्रयुक्त)
stoic /'स्टोइक्/ *adj.* दुख के प्रति उदासीन, विरक्त ▸ **stoically** *adv.* विरक्त भाव से ▸ **stoicism** *n.* विरक्ति ▸ **stoical** *adj.* सुख-दुःख आदि के प्रति उदासीन, समत्वबुद्धि, आत्मसंयमी
stoke /स्टोक्/ *v.* 1 (भट्टी आदि में) कोयला भरना या झोंकना 2 किसी प्रवृत्ति, भाव आदि को बढ़ावा देना
stole /स्टोल्/ *n.* स्त्रियों का कंधे पर ओढ़ने का दुपट्टा, स्टोल
stomach /'स्टमक्/ *n.* 1 आमाशय (पेट में भोजन एकत्र होने की थैली), मेदा 2 पेट ▸ **stomach** *v.* अप्रिय लगने वाली बात को सहन कर सकना
stomp /स्टॉम्प्/ *v.* धम-धम करके चलना
stone /स्टोन्/ *n.* 1 पत्थर 2 पत्थर का टुकड़ा
stony /'स्टोनि/ *adj.* 1 (ज़मीन) पथरीली (जिसके अंदर पत्थर भरे हों या ऊपर पत्थर बिछे हों) 2 मित्रवत नहीं, पाषाण-हृदय, कठोर, संगदिल
stool /स्टूल्/ *n.* तिपाई (ऐसी चौकी जिसकी न बाँहें हों, न पीछे का सहारा), स्टूल
stoop /स्टूप्/ *v.* झुकना (सिर और कंधों को आगे और नीचे की ओर मोड़ना) ▸ **stoop** *n.* झुकाव, नति
stop /स्टॉप्/ *v.* (**stopping,**

stopped) 1 रुकना या (किसी को) रोकना (गतिमान न रहना या न रहने देना) 2 रुक जाना, बंद हो जाना या रोक देना या बंद कर देना ▸ **stop** *n.* 1 रुकने की क्रिया या रोक दिए जाने की स्थिति, ठहराव, विराम 2 बस, ट्रेन आदि के रुकने का स्थान (जहाँ लोग चढ़-उतर सकते हैं), बस या ट्रेन स्टॉप

stopgap /ˈस्टॉप्गैप्/ *n.* (किसी काम के लिए स्थायी होने तक) अस्थायी व्यवस्था के रूप में कोई व्यक्ति या वस्तु

storage /ˈस्टॉरिज्/ *n.* (आवश्यकता होने तक) वस्तुओं को संचित किए रखने की क्रिया, संग्रहण, संग्रहण-स्थल, गोदाम, भंडार

store /स्टॉ(र्)/ *n.* 1 स्टोर, बड़ी दुकान 2 भविष्य में उपयोग के लिए सुरक्षित सामान, भंडार गृह ▸ **store** *v.* भविष्य के प्रयोग के लिए किसी वस्तु या वस्तु की आपूर्ति को सुरक्षित रखना

storey /ˈस्टॉरि/ *n.* (*pl.* **storeys**) (इमारत की) मंज़िल, तल्ला

stork /स्टॉक्/ *n.* लक़लक़, एक सारसनुमा पक्षी जो प्रायः इमारतों की छत पर अपना घोंसला बनाता है

storm /स्टॉम्/ *n.* आँधी-तूफ़ान (बहुत ख़राब मौसम जिसमें बहुत वर्षा, तेज़ हवाएँ आदि हों) ▸ **storm** *v.* 1 बहुत क्रोध दिखाते और लगभग चीख़ते हुए कहीं आना या कहीं से जाना 2 (किसी भवन, नगर आदि पर) सहसा धावा बोलकर क़ब्ज़ा करने का प्रयास करना

story /ˈस्टॉरि/ *n.* (*pl.* **stories**) 1 (काल्पनिक) कथा या कहानी, क़िस्सा 2 किसी घटना का विवरण (विशेषतः बोलकर दिया गया), कहानी

stout /स्टाउट्/ *adj.* 1 (व्यक्ति) मोटा-सा 2 मज़बूत और मोटा

stove /स्टोव्/ *n.* 1 गैस या बिजली की सिगड़ी, स्टोव, चूल्हा 2 अँगीठी, सिगड़ी

stow /स्टो/ *v.* (आवश्यकता होने तक) किसी वस्तु को कहीं रखे रहना

straddle /ˈस्ट्रैड्ल्/ *v.* 1 (व्यक्ति का) टाँगें फैलाकर (किसी वस्तु पर) बैठना या खड़ा होना 2 (किसी भवन, पुल आदि का) किसी नदी, सड़क या भूखंड के आर-पार जाना या दोनों तरफ़ फैला होना

straggle /ˈस्ट्रैग्ल्/ *v.* 1 समूह के बाक़ी लोगों से पिछड़ जाना, अलग हो जाना, भटक जाना आदि 2 बेढंगेपन से या इधर-उधर उग आना, फैल जाना या बिखर जाना ▸ **straggler** *n.* भटकने वाला, भटकैया ▸ **straggly** *adj.* बिखरा हुआ, छितरा हुआ, अस्त-व्यस्त, फैला हुआ

straight /स्ट्रेट्/ *adj.* 1 जिसमें न मोड़ हों न घुमाव, सीधा 2 एकदम सीधा (एकदम खड़ी, लंबवत या क्षैतिज दशा में) ▸ **straight** *adv.* 1 घुमावदार, लंबवत, क्षैतिज या कोण बनाता हुआ नहीं, सीधी रेखा में, सीध में 2 बिना रुके, सीधे

straightforward /ˌस्ट्रेट्ˈफ़ॉवड्/ *adj.* 1 सुबोध जिसे करना या समझना आसान हो, सरल 2 ईमानदार और स्पष्टवादी या खुले दिल-दिमाग़ का

strain /स्ट्रेन्/ *n.* 1 (किसी भौतिक शक्ति द्वारा खींचे या धकेले जाने से किसी पर पड़ा) दबाव 2 किसी बात की अत्यधिकता (जैसे अत्यधिक परिश्रम) से उत्पन्न चिंता या दबाव ▸ **strain** *v.* 1 किसी काम के लिए काफ़ी अधिक मानसिक या शारीरिक श्रम करना 2 शरीर के किसी अंग में मोच आ जाना (उसका अत्यधिक उपयोग के कारण)

S

strained /स्ट्रेन्ड्/ *adj.* **1** सहज या मैत्रीपूर्ण नहीं, तनावपूर्ण, असामान्य **2** घोर परिश्रम के कारण थका हुआ-सा

strainer /ˈस्ट्रेन्(र्)/ *n.* ठोस से द्रव अलग करनेवाला एक पात्र जिसमें बहुत सारे छिद्र होते हैं, छन्नी

strait /स्ट्रेट्/ *n.* **1** दो बड़े समुद्रों को मिलाने वाला सँकरा समुद्र खंड, जलडमरूमध्य, जलसंयोजी **2** (*pl.* **straits**) संकट की स्थिति (विशेषतः धन के अभाव से उत्पन्न)

strand /स्ट्रैन्ड्/ *n.* **1** कपास, ऊन आदि का एक अकेला तार या धागा, एक अकेला बाल, (एक) लड़ या लड़ी **2** किसी कहानी, स्थिति या विचार का एक अंश

strange /स्ट्रेन्ज्/ *adj.* **1** असामान्य या अप्रत्याशित, विचित्र, अजीब **2** जिसे पहले देखा, मिला, जाना आदि न हो ▸ **strangely** *adv.* विचित्र या अजीब ढंग से ▸ **strangeness** *n.* विचित्रता

stranger /ˈस्ट्रेन्ज(र्)/ *n.* **1** अपरिचित व्यक्ति, अजनबी **2** किसी स्थान से अपरिचित कोई व्यक्ति

strangle /ˈस्ट्रैङ्ग्ल्/ *v.* **1** (हाथ, रस्सी आदि से) गरदन या गला घोंटकर किसी को मार देना **2** (किसी के) विकास को अवरुद्ध कर देना

strangulation /ˌस्ट्रैङ्ग्यु'लेशन्/ *n.* गला घोंटकर वध, गला घुटने से मृत्यु

strap /स्ट्रैप्/ *n.* (चमड़े, कपड़े, प्लास्टिक आदि का) पट्टा या फ़ीता (कुछ बाँधकर ले जाने या ठीक-ठाक रखने के लिए प्रयुक्त) ▸ **strap** *v.* फ़ीता बाँधना या बंधे होना

strategic /स्ट्र'टीजिक्/ *adj.* **1** लक्ष्य की प्राप्ति में सहायक युक्तिपूर्ण, (किसी को) लाभ की स्थिति में पहुँचाते हुए, अनुकूल **2** युद्ध में सफलता या सुरक्षा प्रणाली को कारगर बनाने की (किसी देश की) योजनाओं से संबंधित, रणनीतिक, सामरिक महत्व का ▸ **strategically** *adv.* रणनीतिक दृष्टि से

strategy /ˈस्ट्रैटजी/ *n.* (*pl.* **strategies**) **1** लक्ष्य प्राप्ति कराने वाली योजना, रणनीति, रण योजना **2** कार्यनीति या लक्ष्य प्राप्ति की योजना का निर्माण

stratify /ˈस्ट्रैटिफ़ाइ/ *v.* (किसी वस्तु या उसके विभिन्न भागों को) परतों में संगठित करना, स्तरीकरण करना

stratosphere /ˈस्ट्रैटस्फ़िअ(र्)/ *n.* पृथ्वी के धरातल से 10 से 50 किमी तक के वायुमंडल की परत, समतापमंडल ▸ **stratospheric** *adj.* समतापमंडल से संबंधित

stratum /ˈस्ट्राटम्/ *n.* (*pl.* **strata**) चट्टान, ज़मीन आदि की परत या परतें

straw /स्ट्रॉ/ *n.* **1** गेहूँ आदि का भूसा, पुआल, पयाल **2** भूसे का एक तिनका

strawberry /ˈस्ट्रॉबरि/ *n.* (*pl.* **strawberries**) स्ट्रॉबेरि फल (बेर जैसा छोटे बीज वाला छोटा नरम लाल फल)

stray /स्ट्रे/ *v.* **1** अपने स्थान से दूर निकल जाना, भटक जाना **2** (चिंतनाधीन या चर्चाधीन) विषय से हट जाना, विषयांतर करना ▸ **stray** *n.* बेघर कुत्ता, बिल्ली आदि, आवारा या छुट्टा पशु ▸ **stray** *adj.* आवारा, छुट्टा

streak /स्ट्रीक्/ *n.* **1** पतली रेखा या निशान, धारी **2** व्यक्ति के चरित्र की कोई विशेषता जो उसके आचरण में झलकती है, प्रवृत्ति, झुकाव ▸ **streak** *v.* तेज़ दौड़ना, बड़ी तेज़ी से आना-जाना

stream /स्ट्रीम्/ *n.* **1** छोटी (सँकरी)

नदी 2 द्रव या गैस का सतत प्रवाह या धारा ▸ **stream** *v.* **1** (द्रव, गैस या प्रकाश की) धारा फूटना **2** (व्यक्तियों या वस्तुओं का) ताँता लगना, सतत प्रवाह के रूप में कहीं पहुँचना

streamer /ˈस्ट्रीम(र्)/ *n.* रंगीन काग़ज़ की लंबी पट्टी, पताका, फरहरा

street /स्ट्रीट्/ *n.* **1** मार्ग, गली, स्ट्रीट **2** सड़कों के नाम के साथ प्रयुक्त

strength /स्ट्रेङ्थ्/ *n.* **1** शारीरिक बल, शक्ति, ताक़त, किसी में शारीरिक बल या शक्ति की मात्रा **2** (किसी वस्तु की) भारी वज़न सँभालने, उससे न टूटने या न बिगड़ने की क्षमता, शक्ति

stress /स्ट्रेस्/ *n.* **1** (काम की अधिकता से उत्पन्न) चिंता और दबाव, तनाव **2** (किसी बात पर) विशेष ध्यान, बल (उसके महत्वपूर्ण होने के कारण) ▸ **stress** *v.* किसी बात पर विशेष बल या ध्यान देना (उसके महत्वपूर्ण होने के कारण)

stretch /स्ट्रेच्/ *v.* **1** किसी वस्तु को अधिक लंबा या चौड़ा करने के लिए खींचना, (किसी वस्तु का) खिंचकर अधिक लंबा या चौड़ा हो जाना, बढ़ जाना, तनन **2** हाथ-पैर को अधिक-से-अधिक पसारना या बाहर की ओर फैलाना, अँगड़ाई लेना ▸ **stretch** *n.* **1** ज़मीन या पानी का क्षेत्र **2** बाज़ुओं, टाँगों तथा पीठ आदि की मांसपेशियों को अधिकतम खींचने की क्रिया, अँगड़ाई

stretcher /ˈस्ट्रेच(र्)/ *n.* घायल व्यक्ति को ले जाने वाला डोला, स्ट्रेचर (दो समानांतर डंडों पर लगा कपड़ा)

stricken /ˈस्ट्रिकन्/ *adj.* **1** (किसी अप्रिय भावना, रोग या कठिन परिस्थिति से) ग्रस्त **2** -ग्रस्त

S

strict /स्ट्रिक्ट्/ *adj.* **1** सख़्त, कठोर (नियम भंग या ग़लत व्यवहार को सहन न करने वाला) **2** जिसका पूर्णतः पालन अपेक्षित हो

stride /स्ट्राइड्/ *v.* **(striding, strode)** लंबे डग भरना (आत्मविश्वास या दृढ़ संकल्प से युक्त होने के कारण) ▸ **stride** *n.* एक लंबा क़दम, डग

strident /ˈस्ट्राइड्न्ट्/ *adj.* (स्वर या ध्वनि) तीव्र और कर्णकटु, कानफोड़ू, तीक्ष्ण

strife /स्ट्राइफ़्/ *n.* लोगों या गुटों के बीच संघर्ष, विवाद या झगड़ा

strike /स्ट्राइक्/ *n.* **1** वह अवधि जब कम करने के लिए बेहतर दशाओं तथा अधिक धन की मांग के समर्थन में लोगों द्वारा काम करने से मना कर देना, हड़ताल **2** अचानक किया हमला (विशेषतः विमान द्वारा) ▸ **strike** *v.* **(striking, struck) 1** (किसी को) मारना, लगना, (किसी से) टकराना **2** किसी पर अचानक हमला कर उसे क्षति पहुँचाना

striker /ˈस्ट्राइक(र्)/ *n.* **1** हड़ताली कर्मचारी **2** (फुटबॉल में) गोल करने वाला खिलाड़ी, स्ट्राइकर

striking /ˈस्ट्राइकिङ्/ *adj.* बहुत स्पष्ट, अति प्रभावशाली ▸ **strikingly** *adv.* बहुत स्पष्टता से, प्रभावशाली तरीक़े से

string /स्ट्रिङ्/ *n.* **1** डोरी, फ़ीता, सुतली (वस्तुओं को बाँधने के लिए प्रयुक्त) **2** (वॉयलिन, गिटार आदि) वाद्यों का तार, तंत्री (जिससे स्वर उत्पन्न होते हैं) ▸ **string** *v.* वस्तुओं को डोरी आदि से लटका देना

stringent /ˈस्ट्रिन्जन्ट्/ *adj.* (क़ानून, नियम आदि) बहुत कठोर

strip /स्ट्रिप्/ *n.* (काग़ज़ आदि की)

धज्जी, पट्टी ▸ **strip** *v.* (**stripping, stripped**) **1** अपने कपड़े उतार लेना, दूसरे के कपड़े उतार देना **2** किसी से कोई वस्तु ले लेना, किसी वस्तु से कुछ हटा देना

stripe /स्ट्राइप्/ *n.* रंगीन धारी ▸ **striped** *adj.* रंगीन धारियों वाला, धारीदार

stripper /ˈस्ट्रिप(र्)/ *n.* अपने कपड़े उतारकर लोगों का मनोरंजन करनेवाला व्यक्ति, स्ट्रिपर

strive /स्ट्राइव्/ *v.* (**strove, striven**) कठोर परिश्रम करना (कुछ करने या पाने के लिए)

stroke /स्ट्रोक्/ *n.* **1** लिखते या चित्र बनाते समय (क़लम या ब्रश से) बना निशान **2** तैरते, नौकायन करते, गोल्फ़ आदि खेलते समय होने वाला हस्त–संचालन, स्ट्रोक ▸ **stroke** *v.* **1** थपथपाना, हाथ फेरना, सहलाना **2** किसी वस्तु को सरकाना (किसी वस्तु को धीमे से हटाकर कहीं और रखना)

stroll /स्ट्रोल्/ *n.* चहलक़दमी, सैर ▸ **stroll** *v.* चहलक़दमी या सैर करना, टहलना

strong /स्ट्रॉङ्/ *adj.* **1** (व्यक्ति) शरीर से ताक़तवर, बलवान, हृष्ट–पुष्ट, वज़न उठाने या ले जाने में समर्थ **2** (वस्तु) मज़बूत, पक्का या टिकाऊ

structural /ˈस्ट्रक्चरल्/ *adj.* संरचना का, संरचना का भाग बनाना, संरचनात्मक ▸ **structurally** *adv.* संरचनात्मक रूप में

structure /ˈस्ट्रक्च(र्)/ *n.* **1** बनावट, रचना **2** भवन या ढाँचा (अनेक खंड से रचित या निर्मित वस्तु) ▸ **structure** *v.* (किसी वस्तु को) सुव्यवस्थित करना

struggle /ˈस्ट्रगल्/ *v.* **1** कोई (विशेषतः कठिन) काम करने के लिए कठोर प्रयास करना **2** संघर्ष करना (किसी बात को होने से रोकने के लिए या किसी से छुटकारा पाने के लिए) ▸ **struggle** *n.* **1** संघर्ष (किसी कठिन काम को कर पाने या कठिन लक्ष्य को प्राप्त करने के लिए) **2** कठिन लक्ष्य

stub /स्टब्/ *n.* सिगरेट या पेंसिल का अंत में बचा हुआ टुकड़ा, टोंटा, टुर्रा

stubble /ˈस्टब्ल्/ *n.* **1** मक्का, गेहूँ आदि की फ़सल काट लिए जाने पर खेत में खड़ी नीचे की खूँटी **2** (कुछ समय तक हजामत न बनने से उग आए) दाढ़ी के छोटे कड़े बाल

stubborn /ˈस्टबन्/ *adj.* दूसरों की बात न मानने वाला हठी, ज़िद्दी, अपनी (बातों, योजनाओं और फ़ैसलों) पर अड़ने वाला, अड़ियल ▸ **stubbornly** *adv.* हठपूर्वक, अड़ते हुए ▸ **stubbornness** *n.* हठ, ज़िद, अड़ियलपन

stuck /स्टक्/ *adj.* **1** अटका हुआ, रुका हुआ **2** (कठिन होने के कारण) अभ्यास कार्य जारी रखने में असमर्थ

stud /स्टड्/ *n.* **1** (जैकेट आदि पर) दुहरे सिरे का बटन (जो उभरा हुआ दिखाई देता है), स्टड (बटन) **2** नाक या कान की कील

student /ˈस्ट्यूडन्ट्/ *n.* (कॉलेज या विश्वविद्यालय) का छात्र या विद्यार्थी

studio /ˈस्टूडिओ/ *n.* (*pl.* **studios**) **1** कलाकार या फ़ोटोग्राफ़र का काम करने का कमरा, स्टूडिओ **2** कमरा या भवन जहाँ फ़िल्में या टीवी कार्यक्रम तैयार किए जाते हैं, या संगीत, रेडियो कार्यक्रम आदि रिकार्ड किए जाते हैं, फ़िल्म या टीवी स्टूडियो

studious /ˈस्टूडिअस्/ *adj.* (व्यक्ति)

अध्ययन में काफ़ी अधिक समय लगाने वाला, अध्ययनशील

study /'स्टडि/ *n.* (*pl.* **studies**) 1 (किसी विषय में) कुछ सीखने का क्रिया-कलाप, अध्ययन, पढ़ाई 2 (*pl.* **studies**) अध्ययन के विषय ▸ **study** *v.* 1 कुछ सीखने में समय लगाना, अध्ययन या पढ़ाई करना 2 किसी चीज़ को सावधानी से देखना, बारीक़ी से नज़र डालना

stuff /स्टफ़/ *n.* 1 बिना नाम लिए किसी वस्तु का निर्देश करने के लिए प्रयुक्त, चीज़, सामान 2 लोगों के नित्य प्रति के क्रिया-कलाप (कुछ कहना, सोचना आदि) का सामान्य रूप से निर्देश करने के लिए प्रयुक्त, काम, बात ▸ **stuff** *v.* 1 किसी वस्तु में कुछ भरना या डालना 2 जल्दबाज़ी में या लापरवाही से किसी वस्तु में कुछ घुसेड़ देना, ठूँसकर भर देना

stuffing /'स्टफ़िङ्/ *n.* 1 (पकाने या बनाने से पहले) चिकन; सब्ज़ी आदि में भरवाँ मसाला भरना 2 गद्दियों, नरम खिलौनों आदि के अंदर डाली जाने वाली चीज़ें

stuffy /'स्टफ़ि/ *adj.* 1 (कमरा) घुटन-भरा 2 (व्यक्ति) तकल्लुफ़प्रिय और पुरानी चाल का

S

stumble /'स्टम्ब्ल्/ *v.* 1 चलते या दौड़ते समय ठोकर खाना 2 बोलने या संगीत बजाने आदि के दौरान ग़लती कर जाना

stump /स्टम्प्/ *n.* 1 (पेड़ का) ठूँठ, (सिगरेट का) टोंटा 2 (क्रिकेट में) स्टंप्स, लकड़ी के तीन ठूँठों का समुच्चय जिन्हें विकेट कहते हैं ▸ **stump** *v.* किसी प्रश्न या समस्या का हल न ढूँढ़ पाना, किसी प्रश्न या समस्या से चकरा जाना

stun /स्टन्/ *v.* (**stun<u>n</u>ing, stun<u>n</u>ed**) 1 किसी व्यक्ति या पशु को बेहोश कर देना या चकरा देना (विशेषतः उसके सिर पर मारकर), अचेत कर देना 2 (अप्रत्याशित समाचार देकर) किसी को हक्का-बक्का कर देना ▸ **stunned** *adj.* बेहोश, चकराया हुआ या हक्का-बक्का

stunner /'स्टन(र्)/ *n.* 1 अत्यंत आकर्षक या प्रभावकारी व्यक्ति या वस्तु 2 हैरान कर देने वाली घटना या समाचार

stunning /'स्टनिङ्/ *adj.* बहुत आकर्षक, प्रभावशाली या चकित कर देने वाला, अकल्पनीय

stunt /स्टन्ट्/ *n.* 1 लोगों का ध्यान आकृष्ट करने के लिए किया गया कोई काम 2 लोगों के मनोरंजन के लिए या फ़िल्म में किया गया कोई कठिन या ख़तरनाक काम, करतब, क़लाबाज़ी, कमाल ▸ **stunt** *v.* (किसी के) सम्यक विकास या वृद्धि को रोक देना

stupendous /स्ट्यू'पेन्डस्/ *adj.* अति विशाल या प्रभावशाली

stupid /'स्ट्यूपिड्/ *adj.* 1 मूर्ख, नासमझ 2 किसी के प्रति अपना क्रोध या नापसंदगी व्यक्त करने के लिए प्रयुक्त ▸ **stupidity** *n.* मूर्खता, नासमझी ▸ **stupidly** *adv.* मूर्खता या नासमझी से

stupor /'स्ट्यूप(र्)/ *n.* लगभग बेहोशी या मानसिक जड़ता की स्थिति

sturdy /'स्टर्डि/ *adj.* (**sturdier, sturdiest**) हृष्ट-पुष्ट और स्वस्थ, जल्दी न टूटने वाला, मज़बूत, दृढ़ ▸ **sturdily** *adv.* दृढ़ता या मज़बूती से ▸ **sturdiness** *n.* दृढ़ता, मज़बूती

stutter /'स्टट(र्)/ *v.* हकलाना ▸ **stutter** *n.* हकलाहट

sty /स्टाइ/ *n.* (*pl.* **sties** or **styes**)

(*also* **stye**) **1** पलक पर निकली फुंसी, अंजनी या गुहेरी, विलनी **2** (= **pigsty**), सुअरबाड़ा, सुअरख़ाना

style /स्टाइल्/ *n.* **1** रीति, शैली, विशिष्ट ढंग **2** (किसी चीज़ का) फ़ैशन, आकृति या डिज़ाइन, बनावट या बनत

stylish /ˈस्टाइलिश्/ *adj.* फ़ैशनेबल और आकर्षक

stylist /ˈस्टाइलिस्ट्/ *n.* (साज-सज्जा, वेशभूषा, केश-सजा आदि का) शैलीकार

stylus /ˈस्टाइलस्/ *n.* (*pl.* **styluses**) **1** ग्रामोफ़ोन की सुई, स्टाइलस **2** मोम के पत्तरों, धातु या विशिष्ट कंप्यूटर स्क्रीनों पर लिखने के लिए प्रयुक्त (प्राचीन) लेखन की नुकीली क़लम

suave /स्वाव्/ *adj.* (व्यक्ति) आत्मविश्वासी, सुरुचि संपन्न और शिष्ट, भद्र (कभी-कभी दिखावटी तौर पर)

sub- /सब्/ *prefix* **1** (से) नीचे, अध, किसी से कम, उप-/अवर-/अनु- **2** (के) नीचे, अधो- **3** किसी वस्तु का छोटा अंश बनाते हुए, उप-

subatomic /ˌसबˈटॉमिक्/ *adj.* परमाणु के भीतर पाया जाने वाला अपेक्षाकृत छोटा

subconscious /ˌसब्ˈकॉन्शस्/ *n.* अवचेतन मन ▸ **subconscious** *adj.* अवचेतन ▸ **subconsciously** *adv.* अवचेतन रूप से

subcontinent /ˌसब्ˈकॉन्टिनन्ट्/ *n.* (भारतीय) उपमहाद्वीप (विशेष रूप से एशिया महाद्वीप का भारत-पाकिस्तान-बांग्लादेश खंड), सबकॉन्टिनेंट

subculture /ˈसबकल्च(र्)/ *n.* राष्ट्रीय संस्कृति के अंतर्गत एक सामाजिक वर्ग जिसके आचार-व्यवहार, विश्वास, रीति-रिवाज अन्य बहुसंख्यक वर्ग से कुछ भिन्न होते हैं

subdivide /ˌसब्डिˈवाइड्/ *v.* उपविभाजित या प्रविभाजित होना या करना ▸ **subdivision** *n.* उपविभाजन, प्रविभाजन

subdue /सब्ˈड्यू/ *v.* किसी को हराना या नियंत्रण में लाना, अधीन करना, अभिभूत करना

subject /ˈसब्जिक्ट्/ *n.* **1** विचार, वर्णन या चर्चा का विषय (व्यक्ति या वस्तु) **2** स्कूल, विश्वविद्यालय आदि में अध्ययन का विषय ▸ **subject** *v.* (**subject sb/sth to sth**) किसी को कोई प्रतिकूल अनुभव कराना, किसी प्रतिकूल का शिकार बनाना ▸ **subject** *adj.* **1** जिसके किसी बात से प्रभावित होने की संभावना हो, प्रभावित होने की संभावना वाला, प्रभावशील **2** (शर्त के रूप में) किसी बात पर निर्भर

subjective /सब्ˈजेक्टिव्/ *adj.* (तथ्यों के स्थान पर) निजी रुचियों और विचारों पर आधारित, व्यक्तिनिष्ठ, आत्मनिष्ठ, स्वनिष्ठ ▸ **subjectively** *adv.* व्यक्तिनिष्ठता से

sub judice /ˌसब्ˈजूडिसि/ *adj.* विचाराधीन, विचाराधीन केस को सार्वजनिक बनाना ग़ैर-क़ानूनी होता है, न्यायाधीन

subjugate /ˈसब्जुगेट्/ *v.* किसी व्यक्ति या वस्तु को परास्त करना, किसी व्यक्ति या वस्तु का दमन करना या उसे अपने अधीन करना ▸ **subjugation** *n.* अधीनीकरण, वशीकरण, दमन

sublet /ˌसब्ˈलेट्/ *v.* किराए पर लिए हुए स्थान को किराए पर देना

sublimate /ˈसब्लिमेट्/ *v.* अपनी अंतर्निहित ऊर्जा विशेषकर लैंगिक ऊर्जा

को व्यायाम, कला आदि सामाजिक रूप से स्वीकार्य कार्य के लिए प्रेरित करना, उदात्त बनाना, दिशा देना ▸ **sublimation** *n.* दिशा, उदात्तीकरण

sublime /स'ब्लाइम्/ *adj.* उदात्त, अतिश्रेष्ठ और अतएव अतिप्रशंसनीय ▸ **sublimely** *adv.* उदात्त भाव से

subliminal /ˌसब्'लिमिन्ल्/ *adj.* मस्तिष्क को प्रभावित करनेवाला (अनजाने रूप में), अवचेतन ▸ **subliminally** *adv.* अवचेतन रूप से

submarine /ˌसब्म'रीन्/ *n.* पनडुब्बी

submerge /सब्'मर्ज्/ *v.* जलमग्न होना या करना ▸ **submerged** *adj.* जलमग्न, निमग्न

submission /सब्'मिश्न्/ *n.* 1 आत्मसमर्पण, अधीनता-स्वीकरण 2 किसी सरकारी संगठन की योजना, दस्तावेज़ आदि प्रस्तुत करने की क्रिया (अध्ययन तथा विचार हेतु), प्रस्तुतीकरण, प्रस्तुत की गई योजना, दस्तावेज़ आदि ▸ **submissive** *adj.* आज्ञाकारी, नम्र, दब्बू

submit /सब्'मिट्/ *v.* (**submi<u>tt</u>ing, submi<u>tt</u>ed**) 1 किसी सरकारी संगठन को योजना, दस्तावेज़ आदि (अध्ययन और विचार हेतु) प्रस्तुत करना 2 विजेता की शक्ति या नियंत्रण को स्वीकार करना

subordinate /स'बॉडिनट्/ *adj.* किसी के अधीन (कम शक्ति या अधिकार वाला) महत्व में किसी से कम या छोटा, अधीनस्थ ▸ **subordinate** *n.* अधीनस्थ व्यक्ति ▸ **subordinate** *v.* किसी व्यक्ति या वस्तु को दूसरे से कम महत्व का मानना, अधीनस्थ करना

subpoena /स'पीना/ *n.* गवाही देने के लिए अदालत में उपस्थित होने का लिखित आदेश, न्यायालय-उपस्थिति आदेश, सपीना ▸ **subpoena** *v.* (किसी को) न्यायालय में उपस्थित होने का आदेश जारी करना, सपीना जारी करना

subscribe /सब्'स्क्राइब्/ *v.* 1 किसी अख़बार या पत्रिका का निर्धारित शुल्क देकर ग्राहक बनना 2 किसी विचार, मान्यता का अनुमोदन करना

subscription /सब्'स्क्रिप्श्न्/ *n.* अख़बार या पत्रिका या किसी संस्था का वार्षिक सदस्यता-शुल्क

subsequent /'सब्सिक्वन्ट्/ *adj.* बाद का या बाद में होने या आने वाला, परवर्ती या उत्तरवर्ती ▸ **subsequently** *adv.* बाद में, तदनंतर

subservient /सब्'सविअन्ट्/ *adj.* 1 अत्यधिक आज्ञाकारी, जी-हज़ूरिया, ताबेदार 2 कम महत्वपूर्ण ▸ **subservience** *n.* अति-आज्ञाकारिता, वश्यता

subset /'सब्सेट्/ *n.* एक समुच्चय जिसके सभी तत्व दूसरे समुच्चय में रखे जाते हैं, उपसमुच्चय, उपवर्ग

subside /सब्'साइड्/ *v.* 1 अधिक शांत या शिथिल हो जाना या मंद पड़ जाना 2 (भूमि, भवन आदि का) नीचे धँस जाना ▸ **subsidence** *n.* धसकन, उतार, अवतलन

subsidiary /सब्'सिडिअरि/ *adj.* किसी से संबंधित परंतु उससे कम महत्व का, गौण ▸ **subsidiary** *n.* (*pl.* **subsidiaries**) व्यापारिक कंपनी जो बड़ी कंपनी के अंतर्गत तथा उससे नियंत्रित हो, नियंत्रित कंपनी या व्यवसाय

subsidize /'सब्सिडाइज़्/ *v.* (सरकार, आदि का) आर्थिक सहायता देना (सेवा

की लागत में कमी लाने के लिए), इमदाद देना

subsidy /'सब्सडि/ *n.* (*pl.* **subsidies**) सरकार आदि द्वारा, किसी संस्था को या सेवा की लागत कम करने के लिए, दी गई आर्थिक सहायता, इमदाद, सहायकी

subsist /सब्'सिस्ट्/ *v.* बहुत थोड़े भोजन या धन के साथ जीवनयापन की व्यवस्था करना, ग़रीबी में जीवित भर रहना, निर्वाह करना ▸ **subsistence** *n.* गुज़ारा, मात्र जीवन-निर्वाह

subsoil /'सब्सॉइल्/ *n.* (भूगोल में) पृथ्वी की सतह और नीचे की कड़ी चट्टान के बीच की मिट्टी की परत, अवमृदा, अवभूमि

substance /'सब्स्टन्स्/ *n.* **1** कोई ठोस या तरल पदार्थ **2** महत्व, मूल्य या सचाई

substantial /सब्'स्टैन्शल्/ *adj.* **1** मात्रा में बड़ा या अधिक, अच्छा-ख़ासा, प्रचुर **2** बड़ा या मज़बूत

substantiate /सब्'स्टैन्शिएट्/ *v.* पुष्टि के लिए सूचना या प्रमाण देना, सही साबित करना, पुष्टि करना ▸ **substantiation** *n.* पुष्टि, प्रमाणीकरण

substitute /'सब्सटिट्यूट्/ *n.* किसी अन्य का स्थान लेने वाला व्यक्ति या वस्तु, स्थानापन्न व्यक्ति या वस्तु ▸ **substitute** *v.* एक के स्थान पर दूसरे का प्रयोग करना ▸ **substitution** *n.* प्रतिस्थापन

subsume /सब्'स्यूम्/ *v.* शामिल करना या समझना

subterranean /ˌसबट'रेनिअन्/ *adj.* भूमिगत, भूगर्भगत (ज़मीन से नीचे), अंतःभूमिक

subtext /'सबटेक्स्ट्/ *n.* (कुछ करने के पीछे) छिपा हुआ अर्थ या कारण, अंतर्निहित विषय या थीम

subtitle /'सब्टाइट्ल्/ *n.* टीवी या सिनेमा घर में प्रदर्शित फ़िल्म में नीचे अंकित शब्दावली, जो विदेशी फ़िल्म या कार्यक्रम का अनुवाद होती है या वक्ता द्वारा कही गई बात (श्रवण विकलांग लोगों की सहायता के लिए), सब-टाइटल ▸ **subtitle** *v.* सब-टाइटलों का प्रयोग करना

subtle /'सट्ल्/ *adj.* **1** बहुत गाढ़ा या चमकदार नहीं, हलका सूक्ष्म, बारीक़ **2** चतुराई भरा, घुमा-फिराकर अपनी बात कहने वाला, कुछ जटिल, गूढ़ ▸ **subtlety** *n.* (*pl.* **subtleties**) सूक्ष्मता, बारीक़ी, परोक्षता ▸ **subtly** *adv.* चतुराई से, गूढ़ रीति से

subtract /सब्'ट्रैक्ट्/ *v.* एक संख्या में से दूसरी संख्या या मात्रा घटाना ▸ **subtraction** *n.* घटाने की क्रिया, घटाव

subtropical /ˌसब्'ट्रॉपिक्ल्/ *adj.* (भूगोल में) विश्व के उष्ण(कटिबंधीय) भागों के निकट के क्षेत्रों में स्थित या उनसे संबंधित, उपोष्ण

suburb /'सबब्/ *n.* नगर के केंद्रीय भाग से बाहर का निवास-क्षेत्र, उपनगर ▸ **suburban** *adj.* उपनगरीय ▸ **suburbia** *n.* उपनगर-निवासियों का तौर-तरीक़ा

subversive /सब्'वसिव्/ *adj.* शासन, धर्म या राजनीतिक व्यवस्था पर गुप्त और परोक्ष आक्रमण द्वारा उसे विनष्ट या क्षतिग्रस्त करने का प्रयास करते हुए, विध्वंस ▸ **subversive** *n.* विध्वंसकारी गतिविधि ▸ **subversion** *n.* विध्वंस, तोड़-फोड़, तख़्ता-पलटाव

subvert /सब्ˈव़ट्/ *v.* शासन, धर्म या राजनीतिक व्यवस्था पर गुप्त और परोक्ष आक्रमण द्वारा उसे विनष्ट या क्षतिग्रस्त करने का प्रयास करना, तोड़-फोड़ करना, तख़्ता पलटना

subway /ˈसब्वे/ *n.* व्यस्त सड़क या रेल पटरी के नीचे पैदल जाने का रास्ता, सुरंगी रास्ता, सुरंग पथ, भूमिगत पैदल पारपथ, तलमार्ग

succeed /सक्ˈसीड्/ *v.* **1** अभीष्ट को प्राप्त कर लेना, सफल होना, कामयाब होना **2** किसी अन्य के बाद कोई काम या महत्वपूर्ण पद प्राप्त करना, किसी का उत्तराधिकारी होना

success /सक्ˈसेस्/ *n.* **1** अभीष्ट की प्राप्ति हो जाने की स्थिति, यश, धन आदि की प्राप्ति, सफलता, कामयाबी **2** वस्तु जिसकी उपलब्धि हो, वस्तु जो लोकप्रिय हो जाए

successful /सक्ˈसेसफ़ल्/ *adj.* सफल, अभीष्ट को उपलब्ध किए हुए, लोकप्रिय, समृद्ध आदि ▸ **successfully** *adv.* सफलतापूर्वक

succession /सक्ˈसेशन्/ *n.* **1** समय या क्रम की दृष्टि से सिलसिलेवार व्यक्ति या वस्तुएँ, अनुक्रम **2** किसी के बाद महत्वपूर्ण पद पर अधिकार, उत्तराधिकार

S

successive /सक्ˈसेसिव्/ *adj.* आनुक्रमिक, निरंतर ▸ **successively** *adv.* आनुक्रमिकता से

succinct /सक्ˈसिङ्क्ट्/ *adj.* स्पष्टता और संक्षेप में प्रस्तुत, सारगर्भित ▸ **succinctly** *adv.* स्पष्टतया और संक्षेप में

succulent /ˈसक्यलन्ट्/ *adj.* (फल, सब्ज़ियाँ और गोश्त) रस से भरपूर और बहुत स्वादिष्ट, रसीला

succumb /सˈकम्/ *v.* संघर्ष बंद कर देना, झुक जाना, हार मान लेना

such /सच्/ *det. & pron.* **1** (पूर्व निर्दिष्ट व्यक्ति या वस्तु का संकेत करने के लिए प्रयुक्त) ऐसा, वैसा, इस या उस प्रकार का **2** किसी बात की मात्रा पर बल देने के लिए प्रयुक्त, इतना अधिक

suck /सक्/ *v.* **1** द्रव की चुसकी लेना (मुँह में अंदर की ओर खींचना) **2** किसी चीज़ को (मुँह में रख कर) चूसते-चाटते रहना

sucker /ˈसक(र्)/ *n.* **1** भोला-भाला, बुद्धू (सहज विश्वासी और जल्दी धोखे में या लोगों की बातों में आ जाने वाला) **2** पौधों, पशुओं या कीटों का वह अंग जिसके सहारे वह ज़मीन से चिपक जाता है, अंतर्भूस्तरी

suckle /ˈसकल्/ *v.* (माँ का बच्चे को) दूध पिलाना, स्तनपान कराना

sucrose /ˈसूक्रोज़्, -क्रोस्/ *n.* गन्ने या चुक़ंदर से बनने वाली चीनी, इक्षु शर्करा

suction /ˈसंक्शन्/ *n.* किसी डिब्बे या पात्र के अंदर की वायु को खींचकर बाहर निकालना (ताकि किसी अन्य वस्तु को खींचकर अंदर लाया जा सके या डिब्बे की दोनों सतहें चिपक सकें), चूषन

sudden /ˈसड्न्/ *adj.* जल्दबाज़ी में या अचानक किया गया या घटित हुआ, एकाएक, सहसा या आकस्मिक ▸ **suddenly** *adv.* एकाएक, अचानक ▸ **suddenness** *n.* हड़बड़ी या जल्दबाज़ी, आकस्मिकता

Sudoku /सुˈडोकू/ *n.* एक खेल जिसमें 1 से 9 तक के अंक को ख़ास तरीक़े से वर्गाकार लिखा जाता है, सुदोकू, सुडोकू

sue /सू/ *v.* (वादी द्वारा) अदालत में (किसी पर) मुक़दमा दायर करना (वादी को हुए नुक़सान का हर्जाना वसूल करने के लिए)

suede /स्वेड्/ *n.* एक प्रकार का नरम चमड़ा जिसकी सतह चिकनी नहीं होती और छूने पर कपड़ा-सा लगता है, स्वेड

suffer /ˈसफ़(र्)/ *v.* **1** दर्द, विषाद, कठिनाई आदि अप्रिय बातें सहन करना, कष्ट भोगना **2** बदतर स्थिति में पहुँचना ▸ **sufferer** *n.* कष्टभोगी, पीड़ित ▸ **suffering** *n.* पीड़ा, कष्ट या वेदना

suffice /सˈफ़ाइस्/ *v.* **1** (किसी व्यक्ति या वस्तु के लिए) पयार्प्त होना **2** यह सुझाने के लिए प्रयुक्त कि अपने अभिप्राय को स्पष्ट करने के लिए कहा गया वक्तव्य पर्याप्त है

sufficient /सˈफ़िश्न्ट्/ *adj.* जितना आवश्यक हो उतना, पर्याप्त ▸ **sufficiently** *adv.* पर्याप्त मात्रा में

suffix /ˈसफ़िक्स्/ *n.* शब्द के अंत में लगने वाला प्रत्यय (जिससे शब्द का अर्थ या प्रयोग-विधान बदल जाता है), अनुलग्न

suffocate /ˈसफ़केट्/ *v.* गला घुटने से मर जाना, दम घुटना, गला घोटकर (किसी को) मार देना, दम घोटना ▸ **suffocating** *adj.* दमघोंटू, गला घोंटू ▸ **suffocation** *n.* घुटन, गला घुटने या घोंटने की क्रिया

suffrage /ˈसफ़्रिज्/ *n.* राजनीतिक चुनाव में मत देने का अधिकार, मताधिकार

sugar /ˈशुग(र्)/ *n.* **1** चीनी, शक्कर **2** (चाय, काफ़ी आदि के कप में) आ सकने वाली चीनी की मात्रा, कपभर चीनी, चीनी या शक्कर का ढेला

suggest /सˈजेस्ट्/ *v.* **1** (चर्चा या विचार हेतु) कोई सुझाव देना (किसी योजना या राय का उल्लेख करना) **2** (किसी प्रयोजन के लिए) किसी व्यक्ति, वस्तु या स्थान के उपयुक्त होने की बात करना या का सुझाव देना

suggestion /सˈजेस्चन्/ *n.* **1** (चर्चा या विचार हेतु) कोई सुझाव (कोई योजना या राय) **2** किसी व्यक्ति को कोई सुझाव देने का कार्य, कोई सलाह देने का कार्य, कुछ सुझाने की क्रिया

suggestive /सˈजेस्टिव्/ *adj.* **1** विचारोत्तेजक (किसी बात पर विचार करने के लिए प्रेरित करने वाला), सांकेतिक (किसी स्थिति का संकेत होते हुए) **2** अश्लील ▸ **suggestively** *adv.* सांकेतिक रूप से

suicide /ˈसूइसाइड्/ *n.* आत्महत्या करना (जान-बूझ कर अपने को मार देना)

suit /सूट्/ *n.* **1** औपचारिक अवसरों पर पहनने का सूट (जिसमें पैंट और कोट एक ही कपड़े से बनते हैं) **2** विशेष क्रिया-कलाप के लिए कोई पोशाक या सूट ▸ **suit** *v.* **1** किसी के लिए सुविधाजनक या उपयोगी होना, सूट करना **2** (कपड़ों, रंगों आदि का) किसी पर फबना या जँचना

suitable /ˈसूटब्ल्/ *adj.* (किसी के लिए) सही या उचित या उपयुक्त ▸ **suitability** *n.* औचित्य, उपयुक्तता ▸ **suitably** *adv.* उचित या उपयुक्त रूप से

suite /स्वीट्/ *n.* **1** (साज-सज्जा युक्त) कमरों का सेट (विशेषतः होटल में) **2** (एक ही ढंग के या एक ही कपड़े से मढ़े दो या अधिक नगों वाला) फ़र्नीचर का सेट

suitor /ˈसूट(र्), ˈसयूट(र्)/ *n.* **1** किसी विशिष्ट महिला से विवाह करनेवाला, विवाहार्थी **2** किसी अन्य कंपनी को ख़रीदने या उसमें विलीन हो जाने का इच्छुक व्यक्ति या कंपनी, वादी

S

sulk /सल्क्/ *v.* रूठना (अपना गुस्सा जतलाने के लिए न किसी से बोलना न मुस्कराना), कोप करना, कुढ़ना ▸ **sulky** *adj.* रुष्ट, नाराज़ ▸ **sulkily** *adv.* रूठते हुए, नाराज़गी के साथ

sullen /ˈसलन्/ *adj.* चिड़चिड़ा और उदासी भरा (लोगों से बोलने का अनिच्छुक), खिन्न ▸ **sullenly** *adv.* चिड़चिड़ेपन या रूखेपन से, उदास होकर

sulphur /ˈसल्फ़(र्)/ *n.* गंधक, सल्फ़र (तेज़ अप्रिय गंध वाला पीले रंग का प्राकृतिक पदार्थ)

sultan *n.* सुलतान (कुछ मुस्लिम देशों में शासक)

sultana /सल्ˈटान/ *n.* बीजरहित सूखे अंगूर जिनका खाना बनाने में प्रयोग किया जाता है, किशमिश

sultry /ˈसल्ट्रि/ *adj.* **1** (मौसम) उमस भरा (गरम और कष्टप्रद) **2** (महिला) कामोत्तेजक आचरण करने वाली, कामुक

sum /सम्/ *n.* **1** धन की राशि **2** दो या अधिक संख्या का जोड़, योगफल ▸ **sum** *v.* (**su<u>mm</u>ing, su<u>mm</u>ed**) (**sum up**) किसी अवतरण के मुख्य भावों को संक्षेप में कहना, संक्षेप में दोहराना, समाहार करना

summary /ˈसमरि/ *n.* (*pl.* **summaries**) किसी (अवतरण) का सार–संक्षेप ▸ **summary** *adj.* सरसरी तौर पर किया गया (जल्दबाज़ी में और बिना सही–ग़लत के विचार से किया गया) ▸ **summarize** *v.* (किसी का) सार–संक्षेप तैयार करना, संक्षेपण करना

summer /ˈसम(र्)/ *n.* वसन्त ऋतु के बाद तथा शरद ऋतु के पहले आनेवाली ऋतु, यह वर्ष की सबसे गरम ऋतु होती है, ग्रीष्म ऋतु ▸ **summery** *adj.* ग्रीष्मकालीन

summit /ˈसमिट्/ *n.* **1** पर्वत का शिखर **2** शिखर–वार्ता (दो या अधिक देशों के शासकों के बीच विचार–विमर्श)

summon /ˈसमन्/ *v.* **1** किसी व्यक्ति को किसी स्थान पर पहुँचने का आदेश देना, किसी को बुला भेजना **2** (कठिनाई के बावजूद) अपेक्षित बल, साहस या अन्य आवश्यक गुण सँजोना या बटोरना

summons /ˈसमन्ज़्/ *n.* (*pl.* **summonses**) न्यायालय में उपस्थित होने का आदेश, सम्मन

sumo /ˈसूमो/ *n.* जापान में एक प्रकार की कुश्ती, सूमो

sumptuous /ˈसम्प्चुअस्/ *adj.* अत्यंत बहुमूल्य और प्रभावशाली, भव्य

sun /सन्/ *n.* **1** पृथ्वी को ताप और प्रकाश देनेवाला दिन के समय आकाश में चमकनेवाला एक तारा, सूर्य, सूरज **2** सूर्य का प्रकाश और ताप, धूप ▸ **sun** *v.* (**su<u>nn</u>ing, su<u>nn</u>ed**) धूप सेंकना (चमकते सूर्य की गरमी का सुख पाने के लिए घर से बाहर बैठना या लेटना)

sundae /ˈसन्डे, ˈसन्डि/ *n.* (लंबे गिलास में परोसी जानेवाली) फल–मिश्रित आइसक्रीम

Sunday /ˈसन्डे, -डी/ *n.* रविवार, इतवार

sunken /ˈसङ्कन्/ *adj.* **1** पानी में डूबा हुआ, जलमग्न **2** (बीमारी या बुढ़ापे के कारण) धँसी हुई (आँखें), पिचके हुए (गाल)

sunny /ˈसनि/ *adj.* धूपदार (जिसमें बहुत धूप आती हो)

super /ˈसूप(र्)/ *adj.* **1** उत्कृष्ट, विशिष्ट **2** बहुत बढ़िया, कमाल का

superannuated /ˌसूपरˈऐन्युएटिड्,

S

ˌस्यूपर्ˈऐनयुएटिड्/ *adj.* प्रचलन से बाहर, पुराना, अप्रचलित

superb /सूˈपब्/ *adj.* बहुत बढ़िया, उत्कृष्ट ▸ **superbly** *adv.* उत्कृष्ट रूप से

supercharged /ˈसूपचाज्ड्, ˈस्यूपचाज्ड्/ *adj.* **1** (इंजन के लिए प्रयुक्त) अधिक शक्तिशाली (ईंधन या हवा के अधिक दाब पर आपूर्ति के कारण) **2** अधिक शक्तिशाली, (सामान्य से अधिक) प्रभावशाली, अधिभारित ▸ **supercharger** *n.* अतिभरक

supercomputer /ˈसूपकम्प्यूट(र्)/ *n.* एक शक्तिशाली कंप्यूटर, महा अभिकलित्र

superficial /ˌसूपˈफ़िश्ल्/ *adj.* **1** जिसे गहराई से या पूर्णता में न जाना या सोचा गया हो, छिछला, उथला **2** सतही, गहरा नहीं, ऊपरी ▸ **superficiality** *n.* सतहीपन उथलापन, अल्पज्ञता ▸ **superficially** *adv.* सतहीपन से, अल्पज्ञता से

superfluous /सूˈपफ़्लुअस्/ *adj.* अपेक्षित से अधिक, अतिरिक्त या फ़ालतू, अनावश्यक

superhuman /ˌसुपˈह्यूमन्/ *adj.* मानव की सामान्य क्षमता से अधिक, अतिमानवीय, अलौकिक

superimpose /ˌसूपरिम्ˈपोज़्/ *v.* किसी वस्तु को दूसरी वस्तु पर अध्यारोपित करना

superintendent /ˌसूपरिन्ˈटेन्डन्ट्/ *n.* **1** उच्च पुलिस अधिकारी, (पुलिस), पुलिस अधीक्षक, सुपरिंटेंडेंट **2** बड़े भवन की देख-भाल करने वाला व्यक्ति, भवन-अधीक्षक

superior /सूˈपिअरिअ(र्)/ *adj.* **1** सामान्य या अन्य से श्रेष्ठ, अधिक उत्कृष्ट **2** उच्च, उच्चतर या ज्येष्ठ (अधिकारी) ▸ **superiority** *n.* उच्चता, श्रेष्ठता ▸ **superior** *n.* उच्च अधिकारी

superlative /सूˈपलटिव्/ *n.* विशेषणों या क्रियाविशेषणों के उत्तमतासूचक रूप

supermarket /ˈसूपमाकिट्/ *n.* सुपर मार्केट, सुपर बाज़ार (एक ही भवन में घरेलू उपयोग का सारा सामान बेचने वाली बड़ी दुकान)

supernatural /ˌसूपˈनैच्रल्/ *adj.* विज्ञान के नियमों से जिसकी व्याख्या न की जा सके, अलौकिक, अतिप्राकृत ▸ **supernatural** *n.* घटनाएँ, शक्तियाँ या योग्यताएँ जिनकी व्याख्या विज्ञान के नियमों से नहीं की जा सकती, अलौकिक या दिव्य घटनाएँ, शक्तियाँ

supernova /ˌसूपˈनोवा/ *n.* (*pl.* **supernovae** or **supernovas**) विस्फोट के कारण अचानक तेज़ प्रकाश उत्पन्न करनेवाला, अभिनव-तारा, सुपरनोवा

superpower /ˈसूपपाउअ(र्)/ *n.* महाशक्ति (सैन्य या आर्थिक दृष्टि से अत्यधिक शक्तिशाली या प्रभावशाली देश, जैसे संयुक्त राज्य अमेरिका)

superscript /ˈसूपस्क्रिप्ट्, ˈस्यूपस्क्रिप्ट्/ *adj.* (वर्ण, संख्या या संकेत के लिए प्रयुक्त) पंक्ति से ऊपर लिखा या छपा हुआ, ऊपरी

supersede /ˌसूपˈसीड्/ *v.* पूर्व में विद्यमान या प्रयोग में आ रही वस्तु को हटाकर उसका स्थान ले लेना, अधिक्रमण करना

supersonic /ˌसूपˈसॉनिक्/ *adj.* पराध्वनिक, वायुगतिकीय

superstition /ˌसूपˈस्टिशन्/ *n.*

अंधविश्वास ▸ **superstitious** *adj.* अंधविश्वासी

superstructure /ˈसूपस्ट्रक्च(र्)/ *n.* किसी चीज़ के ऊपर की गई रचना, (इमारत या जहाज़ का) ऊपरी ढाँचा, अधिरचना

supervise /ˈसूपवाइज़्/ *v.* देखभाल करना, निगरानी करना (किए जा रहे काम की या लोगों के व्यवहार की), निगरानी करना, पर्यवेक्षण करना ▸ **supervision** *n.* निरीक्षण, निगरानी, पर्यवेक्षण ▸ **supervisor** *n.* निरीक्षक, पर्यवेक्षक

supper /ˈसप(र्)/ *n.* दिन का आख़िरी भोजन (रात को सोने से पहले खाया गया शाम का मुख्य भोजन या देर में लिया गया नाश्ता)

supplant /सˈप्लान्ट्/ *v.* (विशेषकर कम शक्तिशाली या पुराना होने के कारण) हटाना, के बदले में प्रयोग में लाना

supple /ˈसप्ल्/ *adj.* लचीला, नम्य (जो आसानी से झुकाया या हिलाया जा सके), जो कड़ा या सख़्त न हो ▸ **suppleness** *n.* लचीलापन, नम्यता

supplement /ˈसप्लिमन्ट्/ *n.* अनुपूरक, परिशिष्ट, संपूरक ▸ **supplement** *v.* अनुपूरित करना, कमी पूरी करना ▸ **supplementary** *adj.* अनुपूरक

S

supplicant /ˈसप्लिकन्ट्/ *n.* (ईश्वर या सत्तासीन व्यक्ति से) याचना करनेवाला, प्रार्थी, याचक ▸ **supplicate** *v.* याचना करना, विनती करना

supply /सˈप्लाइ/ *v.* किसी वस्तु को देना या उपलब्ध कराना, मुहैया कराना, (की) आपूर्ति करना ▸ **supply** *n.* (*pl.* **supplies**) आपूर्ति, सप्लाई

support /सˈपॉट्/ *v.* **1** किसी को (सहमति के आधार पर) समर्थन देना या किसी की (धन देकर) सहायता करना **2** भोजन, कपड़ों आदि के लिए किसी को धन देना, (का) भरण-पोषण करना ▸ **support** *n.* **1** व्यक्ति या वस्तु को सहायता और प्रोत्साहन **2** टेक, थूनी, सहारा

suppose /सˈपोज़्/ *v.* **1** किसी बात को संभावित मानना **2** किसी बात के घटित या सच होने की कल्पना करना, अटकल

supposition /ˌसपˈज़िश्न्/ *n.* अप्रमाणित, परंतु सच माना गया विचार

suppress /सˈप्रेस्/ *v.* **1** बल के प्रयोग से किसी को शांत कर देना, दमन करना **2** किसी बात को प्रकट न होने देना, छिपा लेना ▸ **suppression** *n.* दमन, निग्रह

supremacy /सूˈप्रेमसि/ *n.* अधिकार में सर्वोच्चता की स्थिति

supreme /सूˈप्रीम्/ *adj.* सर्वोच्च या महान

surcharge /ˈसचाज्/ *n.* किसी बात के लिए दी गई अतिरिक्त राशि, अधिकर, अधिशुल्क

sure /शॉ(र्)/ *adj.* & *adv.* **1** किसी विषय में संशयहीन, निश्चित **2** कुछ पाने, करने या घटित होने के विषय में आश्वस्त

surely /ˈशॉलि/ *adv.* **1** निस्संदेह, बिला शक **2** किसी के विचारों, कार्यक्रमों आदि पर आश्चर्य व्यक्त करने के लिए प्रयुक्त

surf /सफ़्/ *n.* समुद्री लहरों का फेन ▸ **surf** *v.* विशेष पटरे पर खड़े होकर या लेटकर लहरों से खेलना

surface /ˈसफ़िस्/ *n.* **1** किसी वस्तु का बाहरी हिस्सा, सतह **2** पानी की सतह

▸ **surface** *v.* 1 पानी की सतह पर आना 2 कुछ समय तक छिपे रहने के बाद फिर से एकाएक प्रकट या स्पष्ट होना, उभरना
surfeit /ˈसफ़िट्/ *n.* किसी वस्तु की अत्यधिकता
surge /सज्/ *n.* 1 बहुत सारे व्यक्तियों या वस्तुओं की एक विशेष दिशा में उमड़ पड़ने की क्रिया 2 आकस्मिक भावावेश ▸ **surge** *v.* उमड़ पड़ना
surgeon /ˈसजन्/ *n.* शल्य-चिकित्सक, सर्जन
surgery /ˈसजरि/ *n.* (*pl.* **surgeries**) 1 शल्य-क्रिया, शल्य-चिकित्सा, सर्जरी (शरीर के रोगग्रस्त अंग को काटकर निकाल देना या सुधार देना) 2 डॉक्टर या दंत-चिकित्सक का परामर्श स्थल या परामर्श समय
surly /ˈसलि/ *adj.* रूखा और उजड्ड
surmise /सˈमाइज़्/ *v.* निश्चित रूप से कुछ जाने बग़ैर सच मान लेना, अंदाज़ लगाना, अनुमान करना
surmount /सˈमाउन्ट्/ *v.* समस्या या कठिनाई पर पार पाना
surname /ˈसनेम्/ *n.* कुलनाम, उपनाम
surpass /सˈपास्/ *v.* दूसरों से बेहतर या आशा से बढ़कर काम करना
surplus /ˈसप्लस्/ *n.* ज़रूरत से अधिक या अतिरिक्त मात्रा, बेशी ▸ **surplus** *adj.* अतिरिक्त, फ़ालतू, ज़रूरत पूरी होने के बाद बचा हुआ
surprise /सˈप्राइज़्/ *n.* 1 आश्चर्य, हैरानी 2 आश्चर्यजनक वस्तु या घटना ▸ **surprise** *v.* 1 किसी को आश्चर्यचकित करना 2 किसी पर एकाएक या अप्रत्याशित रूप से आक्रमण करना या किसी का एकाएक या अप्रत्याशित रूप से पता लगना
surreal /सˈरीअल्/ *adj.* अति विचित्र, जिसमें छवियों का विचित्र मिश्रण हो (जैसे स्वप्न में)
surrealism /सˈरीअलिज़म्/ *n.* बीसवीं सदी में कला एवं साहित्य के क्षेत्र में आया आंदोलन जिसमें अनियमित असंबद्ध घटनाओं एवं आकृतियों को अतार्किक रूप से मिलाकर मस्तिष्क में घटित होनेवाली घटनाओं को अभिव्यक्त करने का प्रयास किया जाता था, अतियथार्थवाद
surrender /सˈरेन्ड(र्)/ *v.* 1 लड़ना बंद कर अपनी हार मान लेना, आत्मसमर्पण कर देना 2 किसी को कुछ सौंप देना ▸ **surrender** *n.* आत्मसमर्पण
surrogate /ˈसरगट्/ *n.* & *adj.* किसी अन्य का स्थान लेने वाला, एवज़ी (व्यक्ति या वस्तु)
surround /सˈराउन्ड्/ *v.* किसी के चारों ओर होना या किसी को चारों ओर से घेरना ▸ **surrounding** *adj.* किसी के निकट या चारों ओर, आस-पास ▸ **surroundings** *n.* (*pl.*) पास-पड़ोस, प्रतिवेश, वातावरण या परिवेश, निवास-स्थल
surveillance /सˈवेलन्स्/ *n.* (अपराधियों आदि की) निगरानी
survey /ˈसवे/ *n.* 1 व्यक्तियों के किसी समूह के विचारों, आचरण आदि का अध्ययन, सर्वेक्षण 2 किसी भूक्षेत्र की जाँच कर उसका मानचित्र बनाने का कार्य, सर्वे, भूमापन तथा मानचित्र-निर्माण ▸ **survey** *v.* 1 किसी वस्तु का सामान्य रूप से सावधानी के साथ अवलोकन करना 2 सावधानी से किसी भूक्षेत्र का मापन कर मानचित्र बनाना

survive /स'व़ाइव़/ *v.* **1** कठिन या संकटपूर्ण स्थिति में या उसके बाद जीवित या अस्तित्व में बने रहना **2** किसी की मृत्यु के बाद जीवित रहना ▸ **survival** *n.* जीवित या अस्तित्व में रहने की स्थिति ▸ **survivor** *n.* दुर्घटना में बच जाने वाला व्यक्ति

susceptible /स'सेप्टबल्/ *adj.* (किसी व्यक्ति से) सरलता से प्रभावित, (रोग आदि से) क्षतिग्रस्त या आक्रांत हो जानेवाला

sushi /'सूशि/ *n.* ठंडे चावलों की गोलियों का एक जापानी भोजन (जिसमें समुद्री मछलियाँ, केकड़े आदि होते हैं, सुशी)

suspect /स'स्पेक्ट्/ *v.* **1** ऐसा मानना या विश्वास करना कि कुछ (विशेषतः अशुभ) घटित हो जाएगा या सच निकल आएगा **2** किसी पर विश्वास या किसी बात को स्वीकार करने के विषय में आश्वस्त न होना, संदेह करना ▸ **suspect** *n.* संदिग्ध अपराधी ▸ **suspect** *adj.* संभवतः असत्य या अविश्वसनीय

suspend /स'स्पेन्ड्/ *v.* **1** (किसी वस्तु को किसी अन्य वस्तु से) लटकाना **2** कुछ समय के लिए किसी वस्तु को रोक देना या उसके विषय में देरी लगाना, स्थगित करना

S

suspender /स'स्पेन्डड्(र)/ *n.* महिलाओं के लंबे मोज़े को थामने वाला फ़ीता, गेलिस

suspense /स'स्पेन्स्/ *n.* उत्कंठा या चिंता (आगे आने वाले समाचार, घटना आदि की प्रतीक्षा में)

suspension /स'स्पेन्शन्/ *n.* **1** निलंबन (किसी को अपने पद, नौकरी आदि से कुछ समय के लिए हटाने की क्रिया) (दंड के रूप में) **2** कुछ समय के लिए किसी काम में देरी करने की क्रिया, विलंबन

suspicion /स'स्पिशन्/ *n.* **1** संदेह, शक (यह भावना या धारणा कि दाल में कुछ काला है) **2** कुछ हो जाने या सच निकलने की आशंका

suspicious /स'स्पिशस्/ *adj.* **1** जिसे किसी बात के ग़लत, अनुचित या ग़ैर-क़ानूनी होने का अहसास हो, संदेही या संशयी, संदेहग्रस्त या संशयग्रस्त **2** जो (आपको) किसी बात के ग़लत, अनुचित या ग़ैर-क़ानूनी होने का अहसास कराए, संदेहास्पद, शक के घेरे में आनेवाला ▸ **suspiciously** *adv.* संदेहजनक ढंग से

sustain /स'स्टेन्/ *v.* **1** किसी को जीवित या स्वस्थ बनाए रखना **2** किसी स्थिति को देर तक अपने मूल रूप में बनाए रखना, क़ायम रखना

sustainable /स'स्टेनबल्/ *adj.* **1** पर्यावरण को हानि पहुँचाए बिना प्राकृतिक पदार्थों और ऊर्जा का उपयोग करते हुए **2** जो देर तक बना रहे या क़ायम रखा जा सके

sustenance /'सस्टनन्स्/ *n.* **1** निर्वाह एवं संपोषण के लिए आवश्यक आहार **2** कुछ क़ायम रखने की प्रक्रिया

swab /स्वॉब्/ *n.* **1** चिकित्सा में घाव आदि को साफ़ करने के लिए या जाँच के लिए प्रयुक्त मुलायम कपड़ा, फाहा, फुरेशी **2** (जाँच के लिए) फाहे से शरीर में से कुछ निकालने की क्रिया ▸ **swab** *v.* **(swabbing, swabbed) 1** फाहा आदि से घाव साफ़ करना **2** फर्श आदि पोछना, साफ़ करना

swag /स्वैग्/ *n.* **1** चोरी किया हुआ या अवैध वस्तु, चोरी का माल **2** सजावट के लिए प्रयुक्त खिड़की पर लगाया जानेवाला कपड़ा

swagger /ˈस्वैग(र्)/ *v.* अकड़कर चलना, इठलाना, इतराना ▸ **swagger** *n.* अकड़

swallow /ˈस्वॉलो/ *v.* 1 (खाद्य-पेय पदार्थों को) निगलना 2 (भय या आश्चर्य के कारण) गले में खड़खड़ाहट होना ▸ **swallow** *n.* एक बार में निगली हुई वस्तु की मात्रा, ग्रास या घूँट

swamp /स्वॉम्प्/ *n.* दलदल, अनूप भूमि ▸ **swamp** *v.* 1 पानी से भर जाना या (किसी को) भर देना 2 किसी चीज़ की भरमार कर देना (कि उससे निपटना मुश्किल हो जाए)

swan /स्वॉन्/ *n.* हंस (आकार में बड़ा प्रायः सफ़ेद रंग और काफ़ी लंबी गरदन वाला पक्षी जो झीलों और नदियों के पास रहता है)

swanky /ˈस्वैङ्कि/ *adj.* महँगा एवं आधुनिक, शानदार, भड़कीला

swap (*also* **swop**) /स्वॉप्/ *v.* (**swa<u>pp</u>ing, swa<u>pp</u>ed**) एक के बदले दूसरी चीज़ देना, (वस्तुओं का) विनिमय करना ▸ **swap** *n.* अदल-बदल, विनिमय

swarm /स्वॉम्/ *n.* 1 एक साथ चलता-फिरता, घूमता-घामता, कीड़ों का (विशेषतः मधुमक्खियों का) बड़ा झुंड 2 लोगों का बड़ा झुंड, भीड़-भाड़ ▸ **swarm** *v.* झुंड बनाकर उड़ना या घूमना

swarthy /ˈस्वॉदि/ *adj.* साँवला, श्यामवर्ण

swat /स्वॉट्/ *v.* (**swa<u>tt</u>ing, swa<u>tt</u>ed**) किसी चपटी चीज़ (जैसे फट्टी) से किसी को (विशेषतः कीड़े को) मारना

swathe /स्वेद्/ *n.* किसी वस्तु की चौड़ी पट्टी या बड़ा टुकड़ा ▸ **swathe** *v.* किसी व्यक्ति या वस्तु को किसी में लपेटना या से ढकना, पट्टी बाँधना

sway /स्वे/ *v.* 1 झूमना, डोलना (धीरे-धीरे, दाएँ-बाएँ हिलना) 2 किसी को प्रभावित करना, अपने से सहमत कराना

swear /स्वेअ(र्)/ *v.* (**swore, sworn**) 1 गाली बकना, कोसना 2 क़सम खाना, शपथ लेना

sweat /स्वेट्/ *v.* 1 (गरमी या डर के कारण) पसीना निकलना या पसीना आना 2 घोर परिश्रम करना ▸ **sweat** *n.* पसीना, स्वेद, प्रस्वेद

sweater /ˈस्वेट(र्)/ *n.* (ऊन का) स्वेटर, जर्सी (पूरी बाँहों की)

swede /स्वीड्/ *n.* ज़मीन के नीचे उगने वाली बड़ी, गोल पीली सब्ज़ी, स्वीड

sweep /स्वीप्/ *v.* (**sweeping, swept**) 1 झाड़ या ब्रश से फ़र्श आदि साफ़ करना 2 हाथ आदि से किसी वस्तु को किसी सतह से हटाना ▸ **sweep** *n.* 1 झाड़ू या ब्रश से फ़र्श या सतह की सफ़ाई 2 लंबी घुमावदार शक्ल या गति, घुमाव या मोड़

sweeping /ˈस्वीपिङ्/ *adj.* 1 (वक्तव्य आदि) अति सामान्य और पूरी तरह सही नहीं या अतिरंजित 2 बहुत असरदार या प्रभावशाली, व्यापक

sweet /स्वीट्/ *adj.* 1 मधुर, मीठा (चीनी-भरा), मीठा या मधुर लगने वाला 2 (बच्चे और छोटी चीज़ें) आकर्षक, सुंदर ▸ **sweet** *n.* 1 (पश्चिमी देशों में प्रचलित) मिठाई कैंडी (जो चीनी, चॉकलेट आदि को उबालकर बनाई जाती है और पैकेट में बिकती है) 2 भोजन के अंत में परोसी गई मीठी चीज़ (खीर आदि) ▸ **sweetness** *n.* माधुर्य, मिठास मीठी चीज़ें खाना पसंद करना

S

sweetner /'स्वीट्न(र्)/ *n.* 1 वस्तु को मीठा करना 2 (अनौपचारिक) रिश्वत
swell /स्वेल्/ *v.* **(swelled, swollen)** 1 (किसी का) फूलना या (किसी को) फुलाना 2 (संख्या या आकार में) किसी की वृद्धि होना या करना, बढ़ जाना या बढ़ा देना ▸ **swell** *n.* समुद्र तल का क्रमशः घटना-बढ़ना
swelling /'स्वेलिङ्/ *n.* 1 (चोट या बीमारी के कारण) शरीर के किसी अंग में सूजन, फुलाव, बढ़ाव, उभार 2 सूज जाने की क्रिया, सूजन, शोथ
swelter /'स्वेल्ट(र्)/ *v.* गर्मी से परेशान होना, उमस से परेशान होना
swerve /स्वव्/ *v.* अचानक दिशा बदल देना या मुड़ जाना ▸ **swerve** *n.* मोड़, घुमाव, पथ-विचलन
swift /स्वि फ़्ट्/ *adj.* द्रुत, अविलंब घटित, तेज़, शीघ्र ▸ **swiftly** *adv.* तेज़ी से, द्रुत गति से
swig /स्विग्/ *v.* बड़े-बड़े घूँट में पीना (विशेषकर बोतल से शराब), गटागट पीना, तेज़ी से पीना
swim /स्विम्/ *v.* **(swimming, swam, swum)** 1 तैरना 2 किसी वस्तु का द्रव से भर जाना, द्रव में किसी वस्तु का तैरना ▸ **swim** *n.* तैराई, तैराकी ▸ **swimmer** *n.* तैराक
swindle /'स्विन्ड्ल/ *v.* किसी से पैसा आदि ठगना या ऐंठ लेना ▸ **swindle** *n.* ठगी, धोखेबाज़ी
swine /स्वाइन्/ *n.* 1 बेहद गंदा या बुरा आदमी 2 सूअर
swing /स्विङ्/ *v.* **(swing, swung)** 1 झूलना, झुलाना 2 गोलाई में मुड़ जाना या किसी वस्तु को मोड़ देना ▸ **swing** *n.* 1 झूलने की गति, लय या उतार-चढ़ाव 2 झूला, हिंडोला
swinging /'स्विङ्इङ्/ *adj.* ज़ोरदार अथवा अत्यधिक
swipe /स्वाइप्/ *v.* 1 बाँह को घुमाकर किसी को मारना या मारने की कोशिश करना 2 कोई चीज़ चुरा लेना ▸ **swipe** *n.* बाँह घुमाकर प्रहार
swirl /स्वल्/ *v.* चक्कर खाते हुए घूमना या (किसी को) घुमाना ▸ **swirl** *n.* चक्कर
swish /स्विश्/ *v.* हवा में इस प्रकार गतिशील होना की सरसराहट की आवाज़ हो, किसी वस्तु से सरसराहट करना ▸ **swish** *n.* सरसराहट
switch /स्विच्/ *n.* 1 बिजली का बटन या स्विच (जिसे ऊपर-नीचे दबाकर बिजली जलाई-बुझाई जाती है) 2 अचानक (का) परिवर्तन ▸ **switch** *v.* 1 एक से दूसरी वस्तु में बदलना या बदला जाना, अदला-बदली करना या होना 2 पद, क्रिया-कलाप आदि में अदल-बदल या विनिमय करना
swivel /'स्विव्ल्/ *v.* **(swivelling, swivelled)** एक केंद्रीय बिंदु पर चारों ओर घूमना, किसी को इस प्रकार घुमाना
swollen /'स्वोलन्/ *adj.* सूजा हुआ, फूला हुआ या उभारदार
swoon /स्वून्/ *v.* 1 किसी व्यक्ति के प्रति (प्रायः कामुक भाव से) अत्यंत उत्तेजित या भावुक आदि होना तथा लगभग होश खो बैठना 2 मूर्छित होना ▸ **swoon** *n.* बेहोशी, ग़श
swoop /स्वूप्/ *v.* 1 झपट्टा मारना (एकाएक नीचे की ओर उड़कर आना या गति करना) 2 (विशेषतः पुलिस या सेना का) किसी पर झपटना (बिना चेतावनी

दिए किसी के पास पहुँचना या उसे पकड़ लेना) ▸ **swoop** *n.* झपट्टा

sword /सॉड्/ *n.* तलवार, कटार

sycophant /ˈसिइकफ़न्ट्/ *n.* प्रभावशाली व्यक्तियों की झूठी प्रशंसा करनेवाला (लाभ प्राप्त करने के लिए) (अमान्य) चापलूस, चाटुकार, पराश्रयी, चमचा ▸ **sycophancy** *n.* चापलूसी, चाटुकारिता, चमचागिरी

syllable /ˈसिलब्ल्/ *n.* शब्द या शब्दांश जिसमें केवल एक स्वर हो, अक्षर, सिलेबल

syllabus /ˈसिलबस्/ *n.* (*pl.* **syllabuses**) किसी पाठ्यक्रम में निर्धारित विषयों की सूची, पाठ्यक्रम-विवरण, पाठ्य-विवरण

symbiosis /ˌसिम्बाइˈओसिस्/ *n.* (*pl.* **symbioses**) **1** एक-दूसरे के निकट रहनेवाले दो भिन्न सजीवों के बीच संबंध जिसमें दोनों एक-दूसरे पर निर्भर करते हैं तथा एक-दूसरे से फ़ायदा उठाते हैं, सहजीविता, सहजीवन **2** दो व्यक्तियों, संगठनों आदि के बीच संबंध जिसमें दोनों को ही लाभ होता है ▸ **symbiotic** *adj.* सहजीवी

symbol /ˈसिम्ब्ल्/ *n.* **1** किसी का प्रतिनिधित्व करने वाला चिह्न, वस्तु आदि, प्रतीक **2** वर्ण या अक्षर, अंक या चिह्न जो किसी विशेष अर्थ को प्रकट करे, संकेत

symbolism /ˈसिम्बलिज़म्/ *n.* वस्तुओं का प्रतिनिधित्व करने के लिए प्रतीकों का प्रयोग (विशेषतः कला और साहित्य में), प्रतीकवाद, प्रतीकात्मकता

symbolize /ˈसिम्ब्लाइज़्/ *v.* किसी का प्रतीक होना

symmetry /ˈसिमट्रि/ *n.* (आकार, आकृति आदि की दृष्टि से) (एक वस्तु के) दो अधांशों का पूर्णतया एक जैसा होना या मेल खाना, सममिति, प्रतिसमता, सुडौलपन

sympathetic /ˌसिम्पˈथ़ेटिक्/ *adj.* **1** सहानुभूतिपूर्ण, हमदर्द **2** किसी से सहमत होते या उसे समर्थन देते हुए ▸ **sympathetically** *adv.* सहानुभूतिपूर्वक, हमदर्दी के साथ

sympathize (*also* **-ise**) /ˈसिम्पथ़ाइज़्/ *v.* **1** किसी के दुख में शरीक होना, (से) सहानुभूति होना, किसी की समस्याओं को समझना और समझ को व्यवहार में प्रकट करना **2** किसी को स्वीकृति या समर्थन देना

sympathy /ˈसिम्पथ़ि/ *n.* (*pl.* **sympathies**) **1** सहानुभूति, हमदर्दी (दूसरों की भावनाओं, विशेषतः समस्याओं, की समझ) **2** (*pl.* **sympathies**) समर्थन या स्वीकृति के भाव

symphony /ˈसिम्फ़नि/ *n.* (*pl.* **symphonies**) बड़े वाद्यवृंद के लिए तैयार की गई लंबी संगीत-रचना, सिंफ़नी

symposium /सिम्ˈपोज़िअम्/ *n.* (*pl.* **symposia** or **symposiums**) विशिष्ट विषय पर विशेषज्ञों द्वारा विचार-गोष्ठी, परिचर्चा, संगोष्ठी.

symptom /ˈसिम्प्टम्/ *n.* **1** रोग का चिह्न, लक्षण **2** (किसी ख़राबी का) लक्षण ▸ **symptomatic** *adj.* रोगसूचक, लक्षणात्मक

synagogue /ˈसिनगॉग्/ *n.* यहूदियों का प्रार्थना-गृह या धर्मशिक्षा-स्थल, सिनगॉग

sync /स्ङिक्/ *n.* (अनौपचारिक) एक

S

साथ अच्छा (या बुरा) काम करना, साथ-साथ करना

synchronize /ˈसिङ्क्रनाइज़्/ *v.* एक ही समय में कुछ घटित होने देना या एक ही गति से कोई काम करना, दो (या अधिक) वस्तुओं या क्रियाओं का समकालिक या समान गति वाला होना ▸ **syncronization** *n.* समकाल होना, समकालिकता

syndicate /ˈसिन्डिकट्/ *n.* विशेष लक्ष्य की प्राप्ति के लिए एक साथ काम करने वाले व्यक्तियों या कंपनियों का समूह, व्यवसाय-संघ, सिंडिकेट

syndrome /ˈसिन्ड्रोम्/ *n.* **1** किसी रोग के विशिष्ट लक्षणों का समुच्चय **2** विशिष्ट व्यक्ति, मनोवृत्ति या सामाजिक समस्या की विशिष्टता की द्योतक धारणाएँ या कार्यशैली

synergy /ˈसिनजि/ *n.* (*pl.* **synergies**) दो व्यक्तियों, संगठनों आदि के साथ मिलकर काम करने से प्राप्त सफलता, ऊर्जा या शक्ति, सहक्रिया, संयुक्त क्रिया

synonym /ˈसिननिम्/ *n.* पर्यायवाची, समानार्थी शब्द ▸ **synonymous** *adj.* पर्याय, समानार्थक

S

synopsis /सिˈनॉप्सिस्/ *n.* (*pl.* **synopses**) किसी खेल, नाटक आदि का सार या संक्षेप, रूपरेखा ▸ **synoptic** *adj.* सारपरक, संक्षेपात्मक

syntax /ˈसिन्टैक्स्/ *n.* किसी भाषा के वाक्य के रचना में निहित नियमों की व्यवस्था, भाषा की वाक्य व्यवस्था

synthesis /ˈसिन्थसिस्/ *n.* (*pl.* **syntheses**) **1** भिन्न-भिन्न विचारों, धारणाओं, शैलियों आदि को समन्वित करने का कार्य, संयोजन, संश्लेषण, (भिन्न-भिन्न) विचारों, धारणाओं, शैलियों आदि का सम्मिश्रण, या समन्वय **2** पशुओं और पौधों में किसी रासायनिक पदार्थ का प्राकृतिक रीति से उत्पादन

synthesize /ˈसिन्थसाइज़्/ *v.* **1** किसी पदार्थ को कृत्रिम विधि से तैयार करना या बनाना **2** इलेक्ट्रॉनिक उपकरणों की सहायता से ध्वनि, संगीत या भाषा की मौखिक अभिव्यक्ति को उत्पन्न या व्यक्त करना

synthesizer /ˈसिन्थसाइज़(र्)/ *n.* एक इलेक्ट्रॉनिक वाद्य जो भिन्न-भिन्न प्रकार की विविध ध्वनियों को उत्पन्न करता है, सिंथसाइज़र

synthetic /सिन्ˈथ़ेटिक्/ *adj.* रासायनिक प्रक्रिया से निर्मित, कृत्रिम ▸ **synthetically** *adv.* रासायनिक प्रक्रिया से निर्मित होकर, कृत्रिम रूप से

syphilis /ˈसिफ़िलिस्/ *n.* गरमी (यौन-संसर्ग से उत्पन्न यौन रोग), उपदंश, आतशक

syringe /सिˈरिन्ज्/ *n.* **1** प्लास्टिक या काँच से बनी सुई से युक्त एक नली, सिरिंज (इंजेक्शन लगाने के लिए प्रयुक्त) **2** प्लास्टिक या काँच की पिचकारी

syrup /ˈसिरप्/ *n.* चाशनी, शीरा

system /ˈसिस्टम्/ *n.* **1** विचारों या नियमों की व्यवस्था, कुछ करने की विशिष्ट रीति, प्रणाली **2** वस्तुओं या पुर्ज़ों का समूह जो व्यवस्थित रीति से काम करता है, प्रणाली, सिस्टम

systematic /ˌसिस्टˈमैटिक्/ *adj.* निश्चित योजना या विधि से किया गया, सुव्यवस्थित, योजनानुसार

▸ **systematically** *adv.* व्यवस्थित रीति से, योजनानुसार

systemic /सिस्टेमिक्, सिस्टीमिक्/ *adj.* **1** किसी वस्तु (विशेषतः मानव-शरीर) को उसकी पूर्णता में प्रभावित करते हुए उससे संबंधित, व्यवस्थात्मक या व्यवस्थापरक, सर्वांगी, दैहिक **2** व्यवस्थात्मक, सर्वांगी, दैहिक रसायन या औषधियाँ (जो पशुओं और पौधों के रोगोपचार के लिए प्रयुक्त होती हैं और इस प्रक्रिया में उनके सारे शरीर में फैल जाती हैं)

▸ **systemically** *adv.* सर्वांगी या व्यवस्थात्मक रीति से

S

Tt

t *abbr.* **ton, tonne** का संक्षिप्त रूप, टन
ta /टा/ *exclam.* धन्यवाद, शुक्रिया
tab /टैब्/ *n.* **1** किसी वस्तु को खोलने, पकड़ने या पहचानने के लिए उसके सिरे पर लगाया गया कपड़े, धातु या काग़ज़ का टुकड़ा **2** मदिरालय, छोटे-जलपानगृह या रेस्तराँ में खाद्य, पेय आदि की देय क़ीमत, बिल
table /ˈटेब्ल्/ *n.* **1** मेज़ **2** तथ्यों या आकृतियों की तालिका, सारणी
tableau /ˈटैब्लो/ *n.* (*pl.* **tableaux**) **1** इतिहास की घटनाओं और पात्रों को दर्शाने वाला मूक-दृश्य, जो अभिनेताओं का समूह मूक-अभिनय द्वारा प्रस्तुत करता है, झाँकी **2** कलाकृति (जन समूह, पशु समूह आदि दर्शाती हुई) विशेषतः पत्थर से तराशी हुई
tablet /ˈटैब्लट्/ *n.* दवा की गोली, टिकिया
tabloid /ˈटैब्लॉइड्/ *n.* छोटे आकार के पृष्ठों वाला अख़बार जिसमें ढेर-सारे चित्र और छोटे लेख होते हैं, लघु समाचारपत्र, टैबलॉइड
taboo /टˈबू/ *n.* (*pl.* **taboos**) निषिद्ध, वर्जित शब्द या कर्म (जो लोगों के लिए आघातकारी, अपमानजनक या कष्टप्रद हो सकते हों), वर्जना(एँ), निषेध ▸ **taboo** *adj.* निषिद्ध या वर्जित
tabular /ˈटैब्यल(र्)/ *adj.* तालिका या सारणी में प्रस्तुत या व्यवस्थित, सारणीबद्ध
tabulate /ˈटैब्यलेट्/ *v.* तथ्यों या आँकड़ों को तालिका या सारणी में क्रमबद्ध करना (ताकि उन्हें सरलता से पढ़ा जा सके) ▸ **tabulation** *n.* सारणी,
tacit /ˈटैसिट्/ *adj.* ध्वनित, व्यंजित, उपलक्षित (परोक्ष रूप से व्यक्त, न कि प्रत्यक्ष रूप से कथित) ▸ **tacitly** *adv.* सांकेतिक रूप से
taciturn /ˈटैसिटन्/ *adj.* अल्पभाषी (अमित्रवत ढंग से), कम बोलनेवाला, चुप्पा
tack /टैक्/ *n.* **1** स्थिति-विशेष से निपटने का ढंग **2** चपटे माथे की छोटी नुकीली कील, (चिपटी) बिरिंजी, कटिया ▸ **tack** *v.* **1** किसी वस्तु पर चपटी कीलें, कटिया जड़ना या ठोकना **2** कपड़े पर कच्चे टाँके लगाना
tackle /ˈटैक्ल्/ *v.* **1** कठिन स्थिति या समस्या का हल निकालने का प्रयास करना **2** (फ़ुटबॉल आदि में) विरोधी दल के खिलाड़ी से गेंद छीनने का प्रयास करना ▸ **tackle** *n.* **1** फ़ुटबॉल आदि में विरोधी खिलाड़ी से गेंद छीनने का प्रयास **2** मछली पकड़ना आदि (खेलों) में प्रयुक्त साज़-सामान
tacky /ˈटैकि/ *adj.* (**tackier, tackiest**) **1** सस्ता, हलका और/या फूहड़ **2** (पेंट आदि) जो पूरी तरह सूखा न हो, चिपचिपा
tact /टैक्ट्/ *n.* (लोगों को अपमानित या परेशान किए बिना) व्यवहार करने की योग्यता, व्यवहार-कौशल, ▸ **tactful** *adj.* व्यवहार कुशल, चतुर ▸ **tactfully** *adv.* व्यवहार-कौशलपूर्वक

▸ **tactlessly** *adv.* चतुराई से

tactic /'टैक्टिक्/ *n.* **1** कुछ प्राप्त करने के लिए अपनाया गया ख़ास तरीक़ा, दाँव-पेंच, युक्ति, चाल **2** (*pl.* **tactics**) युद्ध जीतने के लिए सैन्य दलों की कौशलपूर्ण व्यवस्था, रण-कौशल, रणनीति ▸ **tactical** *adj.* **1** कुछ प्राप्त करने के लिए अपनाई गई युक्ति से संबंधित **2** भविष्य में लाभ प्राप्ति के लिए किया या बनाया गया, योजनापूर्ण, कौशलपूर्ण ▸ **tactically** *adv.* योजनापूर्वक, कौशलपूर्वक

tactile /'टैक्टाइल्/ *adj.* **1** स्पर्श का, स्पर्श संबंधी, स्पर्शनीय **2** अन्य लोगों को स्पर्श करना पसंद करते हुए

tadpole /'टैड्पोल्/ *n.* बेंगची, मेंढक का बच्चा

tae kwon do /ˌटाइˌक्वॉन'डो/ *n.* कोरियाई मार्शल कला, ताइक्वांडो

tag /टैग्/ *n.* किसी वस्तु के साथ बाँधा गया गत्ते आदि का टुकड़ा (उसके विषय में जानकारी देने वाला), टैग, टीका, टिकड़ा, चिप्पी, लेबल ▸ **tag** *v.* (**tagging, tagged**) किसी पर टैग, चिप्पी या लेबल लगाना

tail /टेल्/ *n.* **1** पशु, पक्षी, मछली आदि की पूँछ, दुम **2** विमान, अंतरिक्ष यान आदि का पीछे का हिस्सा ▸ **tail** *v.* किसी का पीछा करना

tailor /'टेल(र्)/ *n.* दर्ज़ी, टेलर ▸ **tailor** *v.* **1** किसी विशेष व्यक्ति या अवसर के लिए कोई वस्तु तैयार या डिज़ाइन करना **2** कपड़े सीना

taint /टेन्ट्/ *n.* किसी कुत्सित या दूषित वस्तु का दूषणकारी प्रभाव, कलंक, लांछन ▸ **taint** *v.* दूषित होना या कर दिया जाना

take /टेक्/ *v.* **1** किसी को लेना या ले जाना, किसी के साथ कहीं जाना **2** किसी वस्तु को हाथ में लेकर पकड़ना या थामना (और अपनी ओर खींचना)

takeaway /'टेक्अवे/ *n.* (*US* **takeout**)**1** किसी रेस्तराँ से भोजन ख़रीद कर कहीं और जाकर खाना **2** रेस्तराँ से ख़रीदा गया ऐसा भोजन

take off *n.* **1** (विमान या विमान यात्री) आकाश में उड़ते हुए **2** विमान के उड़ान भरने की शुरुआत

takeover /'टेक्ओव(र्)/ *n.* किसी वस्तु का ग्रहण करने का कार्य, सँभालना

takings /'टेकिङ्ज़्/ *n.* (*pl.*) दुकान, थिएटर आदि को माल, टिकट आदि बेचने से हुई आमदनी, व्यापार में प्राप्ति

tale /टेल्/ *n.* **1** काल्पनिक कथा, क़िस्सा **2** कोई रिपोर्ट या विवरण (जो असत्य भी हो सकता है)

talent /'टैलन्ट्/ *n.* प्रकृति-प्रदत्त निपुणता या योग्यता ▸ **talented** *adj.* प्रतिभासंपन्न, प्रवीण

talk /टॉक्/ *v.* **1** बातचीत करना, जानकारी देने का भाव, विचार आदि व्यक्त करने के लिए बोलना, कहना या भाषण देना **2** किसी गंभीर या महत्वपूर्ण विषय पर चर्चा करना ▸ **talk** *n.* **1** बातचीत या चर्चा **2** (*pl.* **talks**) सरकारों के बीच औपचारिक बातचीत, वार्ता या विचार-विमर्श

talkative /'टॉकटिव्/ *adj.* बातूनी, वाचाल, बकवादी

tall /टॉल्/ *adj.* **1** (व्यक्ति या वस्तुएँ) औसत से अधिक लंबा, ख़ासा लंबा, छोटा नहीं **2** किसी की लंबाई का संकेत करने के लिए प्रयुक्त

tally /'टैलि/ *n.* (*pl.* **tallies**) **1** वर्तमान

स्कोर या राशि 2 *v.* (**tallying, tallied**) मुताबिक़ होना, पत्र व्यवहार करना, पूर्णयोग का हिसाब लगाना

talon /ˈटैलन्/ *n.* (कुछ) पक्षियों का पंजा, चंगुल (जिससे वे अन्य पशु-पक्षियों का शिकार करते हैं)

tamarind /ˈटैमरिंड/ *n.* 1 एशियाई पाक कला में प्रयुक्त चिपचिपा, भूरा अम्लीय गूदा जो वृक्ष (मटर परिवार का) की फली से प्राप्त होता है, इमली 2 इमली का पेड़

tambourine /ˌटैम्बˈरीन्/ *n.* हाथ से हिलाकर या बजाकर चलाया जानेवाला एक प्रकार का वाद्ययंत्र जिसका गोलाकार ढाँचा प्लास्टिक अथवा खाल से ढका होता है और इसके किनारे में चारों ओर धातु के छल्ले लगे होते हैं, डफ़ली, खँजरी

tame /टेम्/ *adj.* 1 (पशु या पक्षी) घरेलू, पालतू (न कि जंगली या लोगों से डरने वाले) 2 उबाऊ, रोचक या उत्तेजक नहीं ▸ **tame** *v.* किसी वस्तु को अपने क़ाबू में करना, किसी को पालतू बनाना

tamper /ˈटैम्प(र्)/ *v.* (**tamper with sth**) (बिना पूछे) किसी वस्तु में बदलाव करना, छेड़छाड़ करना, (विशेषतः उसे बिगाड़ने के लिए), दस्तंदाज़ी करना

tan /टैन्/ *n.* 1 (= **suntan**) धूप में तप जाना 2 ताँबे जैसा रंग ▸ **tan** *v.* (**tanning, tanned**) (व्यक्ति की त्वचा का) धूप में देर तक बैठने के कारण ताँबे जैसा रंग हो जाना या कर देना ▸ **tanned** *adj.* ताँबे जैसे रंग वाला

tandoor *n.* मध्य-पूर्व एवं दक्षिण एशिया में लोकप्रिय मिट्टी का एक बड़ा चूल्हा, तंदूर ▸ **tandoori** *adj.* तंदूरी (भारतीय भोजन) जो मिट्टी के तंदूर में पकाया जाता है तंदूरी

tang /टैङ्/ *n.* तेज़ स्वाद या गंध (प्रायः संतरे के रस की तरह रुचिकर), तीखा या चटपटा स्वाद ▸ **tangy** *adj.* तीखा, तेज़

tangent /ˈटैन्जन्ट्/ *n.* 1 स्पर्श रेखा (सीधी रेखा जो वृत्त रेखा को स्पर्श करती है परंतु उसे काटती नहीं) 2 स्पर्शज्या, किसी 90° कोण वाले त्रिकोण के सामने और बग़ल वाली (विकर्ण से भिन्न) भुजाओं की लंबाइयों का अनुपात

tangerine /ˌटैन्जˈरीन्/ *n.* 1 नारंगी, संतरा जैसा फल जिसका छिलका आसानी से उतर जाए ▸ **tangerine** *adj.* गहरे नारंगी रंग (का)

tangible /ˈटैन्जबल्/ *adj.* स्पष्ट और वास्तविक

tangle /ˈटैङ्ग्ल्/ *n.* बालों, धागों या शाखाओं आदि की उलझी हुई गुत्थी जिसे सुलझाना मुश्किल हो ▸ **tangled** *adj.* उलझा हुआ

tango /ˈटैङ्गो/ *n.* (*pl.* **tangos**) तेज़ लय और तेज़ गति वाला एक दक्षिण अमेरिकी नृत्य (जिसमें दो व्यक्ति एक दूसरे को कसकर पकड़े रहते हैं), टैंगो, टैंगो के लिए तैयार संगीत-रचना ▸ **tango** *v.* टैंगो (नृत्य) करना

tank /टैङ्क्/ *n.* 1 तरल या गैस को सुरक्षित रखने का पात्र, टंकी, हौज़, टंकी में आने वाली (किसी वस्तु की) मात्रा 2 सेना का टैंक

tanker /ˈटैङ्क(र्)/ *n.* बड़ी मात्रा में तेल, पेट्रोल आदि ले जाने वाला जहाज़ या लॉरी, टैंकर, तेल-पोत, टैंकर-लॉरी

tannery /ˈटैनरि/ *n.* (*pl.* **tanneries**) वह स्थान जहाँ पशुओं की खाल से चमड़ा तैयार किया जाता है, चर्मशोधनशाला, चमड़ा बनाने का कारख़ाना

tantalize /ˈटैन्टलाइज़/ *v.* आशा दिलाते रहना पर कमी पूरी न होने देना, इसी प्रकार सताना या तरसाना

tantamount /ˈटैन्टमाउन्ट्/ *adj.* **(tantamount to sth)** समान प्रभाव या मूल्यवाला, विशेषकर कुछ बुरा, समान, तुल्य, बराबर

tantrum /ˈटैन्ट्रम्/ *n.* एकाएक क्रोध का विस्फोट (विशेषतः बच्चे का), आवेश

tap /टैप्/ *v.* **(tapping, tapped)** **1** किसी को थपकी देना या हलके-से मारना **2** पूर्वतः विद्यमान ऊर्जा आदि के स्रोत का उपयोग करना ▸ **tap** *n.* **1** नल की टोंटी **2** थपकी

tape /टेप्/ *n.* **1** रिकॉर्डर का टेप **2** चिपकाने का टेप **3** वस्तुओं को बाँधने का या लेबल के रूप में प्रयुक्त फ़ीता ▸ **tape** *v.* **1** कैसेट की सहायता से ध्वनि, संगीत, टीवी कार्यक्रम आदि को रिकॉर्ड करना **2** किसी वस्तु पर टेप लगाना (टेप से चिपकाना या बाँधना)

taper /ˈटेप(र्)/ *v.* **1** एक सिरे की ओर पतला करना **2** **(taper off)** आहिस्ता-आहिस्ता कम करते जाना

tapestry /ˈटैपस्ट्रि/ *n.* (*pl.* **tapestries**) (परदों आदि का) भारी कपड़ा जिस पर रंगीन धागों से चित्र या डिज़ाइन सिले होते हैं, परदे आदि का बेलबूटेदार कपड़ा, टेपेस्ट्री

tapioca /ˌटैपिˈओका/ *n.* कसावा पौधे के कड़े सफ़ेद दाने जिन्हें प्रायः दूध में पकाकर मीठा व्यंजन बनाया जाता है

tar /टा(र्)/ *n.* **1** तारकोल, अलकतरा, डामर (यह कोयले से निकलता है और सड़क आदि बनाने के काम आता है) **2** तंबाकू जलाने से बना (तंबाकू जैसा) पदार्थ

tardy /ˈटॉडि/ *adj.* **(tardier, tardiest)** धीमा, सुस्त, सामान्य, निर्धारित या अपेक्षित समय के बाद होनेवाला

target /ˈटागिट्/ *n.* **1** लक्ष्य **2** गोली या आक्रमण का निशाना (कोई व्यक्ति, स्थान या वस्तु) ▸ **target** *v.* **(targeting, targeted)** समाज के विशेष वर्ग पर प्रभाव डालने का यत्न करना, किसी पर आक्रमण करने की कोशिश करना

tariff /ˈटैरिफ़्/ *n.* **1** देश में आयातित सामान पर लगने वाला कर, आयात शुल्क **2** (वस्तुओं के) मूल्यों की सूची (विशेषतः होटल में)

tarmac /ˈटामैक्/ *n.* **1** (सड़क बनाने की) तारकोली रोड़ी **2** विमान की उड़ानपट्टी या पक्की सड़क

tarnish /ˈटानिश्/ *v.* **1** (धातु आदि की) चमक घट जाना या घटा देना **2** किसी की छवि बिगाड़ना

tarot /ˈटैरो/ *n.* भविष्य बतानेवाले कार्ड, टैरो

tarpaulin /टाˈपॉलिन्/ *n.* वर्षा आदि से बचाने के लिए वस्तुओं को ढकने के लिए प्रयुक्त मोटा कपड़ा जो पानी का अवशोषण नहीं कर सकता, तिरपाल

tart /टाट्/ *n.* **1** फलों या मुरब्बे से भरी पेस्ट्री, टार्ट **2** अश्लील लगने वाले वस्त्र पहनने या अश्लील हरकतें करने वाली महिला, बाज़ारू औरत ▸ **tart** *v.* **(tart up)** किसी को सजाना और अधिक सुंदर बनाना ▸ **tart** *adj.* (विशेषतः फल) तीखा, खट्टा या तीक्ष्ण

tartan /ˈटाट्न्/ *n.* **1** चारख़ाना (स्कॉटलैंड वासियों का पारंपरिक पैटर्न) **2** चारख़ाने वाला ऊनी वस्त्र आदि

task /टास्क्/ *n.* नियत कार्य (विशेषतः अप्रिय या कठिन)

taste /टेस्ट्/ *n.* **1** अलग-अलग खाद्यों या पेयों का अपना-अपना स्वाद, ज़ायक़ा

2 खाद्यों या पेयों का ज़ायक़ा पहचानने की शक्ति ▸ **taste** *v.* 1 किसी में कोई विशेष स्वाद होना 2 किसी खाद्य या पेय के स्वाद को जानना या पहचानना

tasteful /'टेस्ट्फ़्ल्/ *adj.* (कपड़े, फ़र्नीचर, सजावटी सामान आदि) सुरुचिपूर्ण ▸ **tastefully** *adv.* सुरुचिपूर्वक

tasteless /'टेस्ट्लस्/ *adj.* 1 बेस्वाद, कम स्वाद वाला या स्वादहीन 2 कुरुचिपूर्ण, अरोचक

tasty /'टेस्टि/ *adj.* (**tastier, tastiest**) स्वादिष्ट, ज़ायक़ेदार

tattered /'टैटड्/ *adj.* फटा-पुराना, जीर्ण-शीर्ण, बुरी हालत में (*pl.* **tatters**) *n.* फटे कपड़े, चिथड़े

tattle /'टैट्ल्/ *v.* 1 विशेषकर उच्च पदस्थ व्यक्ति से किसी की शिकायत करना, चुग़ली करना 2 बक-बक करना, बेकार की बातचीत करना, गपशप करना

tattoo /ट'टू/ *n.* (*pl.* **tattoos**) शरीर पर गोदे गए चित्र या पैटर्न, टैटू ▸ **tattoo** *v.* (**tattooing, tattooed**) गोदना

taunt /टॉन्ट्/ *v.* किसी को ताना मारना, किसी पर फ़ब्ती कसना ▸ **taunt** *n.* ताना, फ़ब्ती, कटाक्ष

taut /टॉट्/ *adj.* (रस्सी, तार आदि) कसकर बाँधा गया, ढीला नहीं, कसा हुआ

tavern /'टैवन्/ *n.* शराबख़ाना, मदिरालय, मधुशाला

tawny /'टॉनि/ *adj.* पीला-भूरा या पीला नारंगी रंग का

tax /टैक्स्/ *n.* कर, टैक्स (जनसेवाओं के लिए जनता द्वारा सरकार को नियमानुसार दिया जाने वाला धन) ▸ **tax** *v.* कर लगाना ▸ **taxable** *adj.* जिस पर कर दिया जाना अपेक्षित हो ▸ **taxation** *n.* 1 जनसेवाओं के लिए सरकार द्वारा जनता से धन वसूलने की प्रणाली 2 कर के रूप में दिया जाने वाला धन

tax evasion *n.* भारित कुल कर न अदा करने का अपराध, कर चोरी, कर वंचन

tax free *n.* करमुक्त

tax haven *n.* ऐसा देश जहाँ करों की दर निम्न होती है तथा लोग अपने देश में उच्च करों से बचने के लिए वहाँ रहने का निर्णय लेते हैं या अपनी कंपनी का आधिकारिक पंजीकरण वहाँ करवाते हैं, कर आश्रय, टैक्स हैवन

taxi (or **taxicab**) /'टैक्सि/ *n.* (*pl.* **taxis**) (कहीं जाने के लिए) ड्राइवर-सहित भाड़े पर मिलने वाली कार, टैक्सी ▸ **taxi** *v.* (**taxiing, taxied**) उड़ान भरने से पहले या नीचे उतरने के बाद (विमान) का ज़मीन पर मंद गति से चलना

taxing /'टैक्सिङ्/ *adj.* कठिन, जिसके लिए अत्यधिक प्रयास अपेक्षित हो, अतिश्रमसाध्य

TB /ˌटी 'बी/ *abbr.* **tuberculosis** का संक्षिप्त रूप, तपेदिक़, क्षयरोग, टीबी

tbsp. *abbr.* **tablespoonful** का संक्षिप्त रूप, चम्मचभर

tea /टी/ *n.* 1 चाय (एक पेय के रूप में), चाय का प्याला, प्याला भर चाय 2 चाय (की) पत्ती

teach /टीच्/ *v.* (**teaching, taught**) 1 किसी को कुछ करना सिखाना, (कोई विषय) पढ़ाना 2 किसी को किसी सिद्धांत या व्यवहार की शिक्षा देना

teak /टीक्/ *n.* सागौन की लकड़ी (विशेषतः फ़र्नीचर बनाने में प्रयुक्त)

team /टीम्/ *n.* 1 खिलाड़ियों का दल, टीम 2 एक साथ काम करने वालों का

t

दल या टोली ▸ **team** *v.* (**team up**) मिलकर काम करने के लिए किसी के साथ जुड़ना

tear /टिअ (र्)/ *n.* आँसू, अश्रु ▸ **tear** *v.* (**tearing, tore, torn**) **1** किसी वस्तु को चीरकर या टुकड़े-टुकड़े कर क्षति पहुँचाना, फाड़ना, चिरना, फटना **2** ज़ोर से और जल्दी से किसी वस्तु को खींचकर निकाल देना ▸ **tear** *n.* दरार, चीर, फाड़ना

tease /टीज़्/ *v.* चिढ़ाना (किसी की हँसी उड़ाना, मित्रता की भावना से या उसे परेशान करने के लिए), छेड़ना

technical /'टेक्निक्ल्/ *adj.* **1** तकनीकी (विज्ञान और उद्योग के क्षेत्र में मशीनों, कार्यविधियों आदि के व्यावहारिक उपयोग से संबंधित) **2** विशिष्ट क्रिया-कलाप या विषय के लिए अपेक्षित निपुणता से संबंधित तकनीकी ज्ञान की अपेक्षा वाला ▸ **technically** *adv.* तकनीकी रूप से

technicality /ˌटेक्नि'कैलटि/ *n.* (*pl.* **technicalities**) विशिष्ट विषय या क्रिया-कलाप का कोई ब्योरा, तकनीकी बात

technician /टेक्'निश्न्/ *n.* व्यावहारिक कौशलों की क्षमता वाला व्यक्ति (विशेषतः उद्योग या विज्ञान के क्षेत्र में), तकनीकी कारीगर

technique /टेक्'नीक्/ *n.* **1** तकनीक, प्रविधि **2** कोई विशेष काम करने की व्यावहारिक निपुणता

technology /टेक्'नॉलजि/ *n.* (*pl.* **technologies**) विशिष्ट उद्योग आदि के लिए अपेक्षित वैज्ञानिक जानकारी और/या उपकरण, प्रौद्योगिकी/शिल्पविज्ञान और/या तकनीकी उपकरण ▸ **technological** *adj.* प्रौद्योगिकी-विषयक ▸ **technologist** *n.* प्रौद्योगिकीवेत्ता, शिल्पविज्ञानी

tedious /'टीडिअस/ *adj.* उबाऊ और (समय की दृष्टि से) लंबा

tedium /'टीडिअम्/ *n.* उबाऊपन की अवस्था, थकावट की स्थिति, उकताहट

teem /टीम्/ *v.* (*pl.* **teem with**) (किसी स्थान पर) बड़ी संख्या में व्यक्तियों या वस्तुओं का चलना-फिरना

teen /टीन्/ *adj.* **1** 13 वर्ष से 19 वर्ष तक की आयु का जीवन काल **2** (*pl.* **teens**) 13 वर्ष से 19 वर्ष तक की आयु का किशोर, किशोरावस्था ▸ **teenager** *n.* 13 वर्ष से 19 वर्ष तक की आयु का किशोर ▸ **teenage** *adj.* किशोरावस्था का, 13 से 19 वर्ष तक की आयु का

teethe /टीद्/ *v.* (बच्चे के) दूध के दाँत निकलना

teetotal /ˌटी'टोट्ल्/ *adj.* (व्यक्ति) जो कभी मदिरापान नहीं करता, अमद्यप

Teflon /'टेफ़्लॉन्/ *n.* देगची, कड़ाही आदि के भीतरी भाग में प्रयुक्त पदार्थ जिससे खाद्य पदार्थ उसमें चिपकते नहीं हैं, टेफ़लॉन

telecommunications /ˌटेलिकˌम्यूनि'केश्न्ज़्/ *n.* (*pl.*) चित्रों, संदेशों आदि को रेडियो, टेलीफ़ोन, टेलीविज़न आदि द्वारा भेजने की प्रौद्यगिकी, दूरसंचार प्रणाली

telegram /'टेलिग्रैम्/ *n.* टेलीग्राफ़ प्रणाली द्वारा किसी को भेजा गया (मुद्रित) संदेश, तार, टेलीग्राम

telegraph /'टेलिग्राफ़्/ *n.* (विद्युत-संकेतों को ले जाने वाली तारों की सहायता से) संदेशों को दूर-दूर भेजने की

प्रणाली, तार-प्रेषण-प्रणाली, टेलीग्राफ़

telepathy /टॅलेपथि/ *n.* (मौखिक, लिखित या अन्य सामान्य संप्रेषण विधियों का प्रयोग न करते हुए) व्यक्तियों के बीच मानसिक स्तर पर संदेशों का आदान-प्रदान

telephone /ˈटेलिफ़ोन/ *n.* 1 टेलीफ़ोन, फ़ोन, दूरभाष 2 टेलीफ़ोन सेट, यंत्र या उपकरण ▸ **telephone** *v.* फ़ोन करना

telephone directory *n.* फ़ोन पुस्तक (क्षेत्र-विशेष के टेलीफ़ोन धारकों के नाम, पते और फ़ोन नं. का विवरण देने वाली पुस्तक), टेलीफ़ोन निर्देशिका

telescope /ˈटेलिस्कोप्/ *n.* दूरबीन (बहुत दूर की वस्तुओं को लेंसों की सहायता से अधिक बड़ा और निकट दिखाने वाला नली के आकार का यंत्र), दूरदर्शक

televise /ˈटेलिवाइज़्/ *v.* टीवी पर दिखाना या प्रसारित करना

television /ˈटेलिविश्न्/ *n.* (*abbr.* **TV**) 1 टीवी सेट, टेलीविज़न 2 टीवी सेट पर प्रसारित कार्यक्रम

tell /टेल्/ *v.* **(telling, told)** 1 (किसी बात को) सही रूप में जानना, देखना या आँकना 2 (किसी वस्तु का) किसी को (कुछ) जानकारी देना, (किसी वस्तु से) किसी को (कुछ) जानकारी मिलना

teller /ˈटेल(र्)/ *n.* 1 (*US*) बैंक का खज़ांची, कोषपाल 2 मत गणना करने वाला व्यक्ति, मत-गणक 3 कथाकार

telling /ˈटेलिङ्/ *adj.* 1 (बिना इरादा) किसी की वास्तविकता को दिखाने वाला 2 असरदार, प्रभावकारी, ज़ोरदार, कारगर ▸ **tellingly** *adv.* प्रभावशाली ढ़ग से

temp /टेम्प्/ *n.* अस्थायी (एवज़ी, स्थानापन्न) कर्मचारी (विशेषतः किसी दफ़्तर में) ▸ **temp** *v.* तापमान

temper /ˈटेम्प(र्)/ *n.* 1 गुस्से वाला मिज़ाज, क्रोधी स्वभाव 2 किसी विशेष क्षण में मनोदशा

temperament /ˈटेम्प्रमन्ट्/ *n.* व्यक्ति का स्वभाव (विशेषतः जो उसके आचरण और सोच को प्रभावित करे)

temperamental /ˌटेम्प्रˈमेन्ट्ल्/ *adj.* अपने आचरण या सोच को प्रायः और एकाएक बदल देने वाला, अस्थिर-चित्त

temperance /ˈटेम्परन्स्/ *n.* 1 (धार्मिक या नैतिक विश्वास के कारण) शराब से परहेज़, मद्यत्याग, संयम 2 उचित ढंग से अपने विचार, आदि पर नियंत्रण

temperate /ˈटेम्परट्/ *adj.* (मौसम) न बहुत गरम न बहुत ठंडा, बीच का

temperature /ˈटेम्प्रच(र्)/ *n.* 1 तापमान, टेंपरेचर 2 (मानव-शरीर का) तापमान

tempest /ˈटेम्पिस्ट्/ *n.* तेज़ आँधी, तूफ़ान

tempestuous /टेम्ˈपेस्चुअस्/ *adj.* 1 (समय, संबंध आदि) कठिनाइयों एवं तीव्र भावनाओं से भरा 2 (समुद्र, वायु, मौसम आदि) तेज़ आँधी के कारण या प्रभावित

template /ˈटेम्प्लेट्/ *n.* 1 धातु आदि में कटी हुई, साँचे का काम करने वाली, आकृति (जिसकी सहायता से भिन्न वस्तु से वैसी ही आकृतियाँ बारंबार बनाई जा सकती हैं) 2 मॉडल के रूप में प्रयुक्त कोई वस्तु (उसी प्रकार की अन्य वस्तुएँ तैयार करने के लिए प्रयुक्त)

temple /ˈटेम्प्ल्/ *n.* 1 मंदिर, देवालय, पूजा-स्थली 2 कनपटी

tempo /ˈटेम्पो/ *n.* (*pl.* **tempos**)

1 किसी क्रिया या गतिविधि या घटना की चाल, गति, स्पीड या रफ़्तार 2 (भारत में) सामान वहन करने का तिपहिया वाहन

temporal /'टेम्परल/ *adj.* 1 वास्तविक भौतिक संसार से संबंधित न कि आध्यात्मिक मामलों से, लौकिक, सांसारिक, ऐहिक 2 समय से संबंधित, काल संबंधी, सामयिक

temporary /'टेम्प्ररि/ *adj.* अल्पकालिक, अस्थायी ▸ **temporarily** *adv.* अस्थायी रूप से

tempt /'टेम्प्ट्/ *v.* किसी कार्य को (भले ही वह ग़लत हो) करने के लिए किसी को प्रेरित या आकृष्ट करना, प्रलोभन देना, बहकाना ▸ **temptation** *n.* 1 किसी काम (भले ही ग़लत) को करने की चाह, प्रलोभन, लालच 2 प्रलोभन देने वाली या ललचाने वाली वस्तु ▸ **tempting** *adj.* प्रलोभनकारी, ललचाने वाला

ten /टेन्/ *adj. & adv.* दस (की संख्या) ▸ **tenfold** *adj. & adv.* दस गुना

tenable /'टेनब्ल्/ *adj.* 1 (सिद्धांत, विचार आदि के लिए प्रयुक्त) आलोचना आदि का सामना करने में समर्थ, तर्कसंगत, तर्कसम्मत 2 (विशेषकर विश्वविद्यालय की नौकरी) निश्चित समयावधि तक ही मान्य

tenacious /ट'नेशस्/ *adj.* आसानी से हार न मानने वाला, दृढ़निश्चय ▸ **tenacity** *n.* दृढ़ता

tenancy /'टेनन्सि/ *n.* (*pl.* **tenancies**) कमरे, फ़्लैट, भवन या भूखंड का किराया देकर उपयोग करने का कार्य, किराएदारी, (भूखंड की) पट्टेदारी

tenant /'टेनन्ट्/ *n.* कमरे, फ़्लैट, भवन या भूखंड का किराया देकर उपयोग करने वाला व्यक्ति, किराएदार, (भूखंड का) पट्टेदार, पट्टाधारी आसामी

tend /टेन्ड्/ *v.* 1 प्रायः कुछ करना या होना, प्रवृत्ति या झुकाव होना 2 नम्रतापूर्वक अपनी राय देने के लिए प्रयुक्त, (को) लगना, (का) विचार होना

tendency /'टेन्डन्सि/ *n.* (*pl.* **tendencies**) (व्यक्ति या वस्तु की) प्रवृत्ति, झुकाव, रुझान, व्यवहार करने का ढंग, आदत

tender /'टेन्ड(र्)/ *adj.* 1 सदय और स्नेहपूर्ण, कोमल 2 (खाद्य पदार्थ) नरम और आसानी से कटने या काटे जा सकने वाले, मुलायम ▸ **tender** *v.* किसी वस्तु को औपचारिक रूप से प्रस्तुत करना या देना ▸ **tender** *n.* टेंडर, निविदा (सामान पहुँचाने का प्रस्ताव)

tendon /'टेन्डन्/ *n.* मांसपेशी को हड्डी से जोड़ने वाली नस, कंडरा

tendril /'टेन्ड्रल्/ *n.* लताओं में पतले धागे या सूत का अंश (जिसके सहारे वह दीवार आदि पर चढ़ती है), तंतु, प्रतान

tenet /'टेनिट्/ *n.* सिद्धांत या अभिमत जिस पर अन्य सिद्धांत आधारित हों

tennis /'टेनिस्/ *n.* टेनिस का खेल

tenor /'टेन(र्)/ *n.* पुरुष (गायक) का उच्च स्वर, उच्च स्वर वाला पुरुष (गायक)

tense /टेन्स्/ *adj.* 1 (चिंता या परेशानी के कारण) तनावग्रस्त (व्यक्ति) 2 (मांसपेशी या शरीर का कोई अंग) खिंचा हुआ, कड़ा, तना हुआ ▸ **tense** *v.* मांसपेशियों का कड़ा पड़ जाना और तन जाना ▸ **tense** *n.* (क्रिया का) काल (भूत, वर्तमान या भविष्य में कुछ घटित होने का अर्थ देने वाला क्रियारूप)

tensile /'टेन्साइल्/ *adj.* 1 किसी चीज़ को फैलाने की अधिकतम सीमा, तन्य

2 फैलाने योग्य, लचकदार

tension /'टेन्शन्/ *n.* **1** (चिंता या परेशानी के कारण) मानसिक तनाव, उत्तेजना **2** (रस्सी, मांसपेशी आदि) कसा-खिंचा होने की स्थिति, कसाव, खिंचाव,

tent /टेन्ट्/ *n.* तंबू, टेंट

tentacle /'टेन्टक्ल्/ *n.* कुछ समुद्री जीवों का टाँग जैसा लंबा पतला कोमल अंग, स्पर्शक

tentative /'टेन्टटिव्/ *adj.* **1** (योजनाएँ आदि) अनिश्चित, कच्चा, कामचलाऊ, अंतरिम **2** (व्यक्ति या उसका आचरण) कुछ कहने या करने में आत्मविश्वास से रहित, संकोचपूर्ण ▸ **tentatively** *adv.* कामचलाऊ ढंग से, अस्थायी रूप से

tenth /टेन्थ्/ *pron.* & *det.* & *adv.* दसवाँ ▸ **tenth** *n.* भिन्न, किसी वस्तु का दसवाँ भाग (दस समान भागों में से एक)

tenuous /'टेन्युअस्/ *adj.* बहुत कमज़ोर या अनिश्चित ▸ **tenuously** *adv.* बहुत कमज़ोरी से, अनिश्चितता के साथ

term /टम्/ *n.* **1** विशिष्ट अर्थ वाला कोई शब्द या शब्दावली **2** (*pl.* **terms**) की दृष्टि से, के लिहाज़ से (किसी विषय में सोचने के विशेष ढंग या दृष्टिकोण को प्रकट करने के लिए प्रयुक्त) ▸ **term** *v.* विशिष्ट शब्द या शब्दावली की सहायता से किसी का संकेत करना, अभिहित करना

terminal /'टमिन्ल्/ *adj.* (बीमारी) (रोगी को) क्रमशः मृत्यु की ओर ले जाती हुई ▸ **terminally** *adv.* अंतिम या मरणांतक रूप से ▸ **terminal** *n.* **1** रेल, बस का बड़ा अड्डा या हवाई अड्डे का बड़ा भवन (यात्रा का आरंभ या विराम स्थल) **2** टर्मिनल (कंप्यूटर) (केंद्रीय कंप्यूटर से सूचना के आदान-प्रदान के लिए प्रयुक्त कंप्यूटर)

terminate /'टमिनेट्/ *v.* समाप्त होना या करना ▸ **termination** *n.* समाप्ति

terminology /ˌटमि'नॉलजि/ *n.* (*pl.* **terminologies**) पारिभाषिक शब्दावली (विशिष्ट व्यवसाय, विषय या क्रिया-कलाप में विशेष शब्द और अभिव्यक्तियाँ)

terminus /'टमिनस्/ *n.* (*pl.* **terminuses** or **termini**) रेल या बस का अंतिम स्टेशन

termite /'टमाइट्/ *n.* समूह में रहनेवाला छोटा कीट जो मुख्यतः गरम देशों में पाया जाता है तथा भवनों एवं वृक्ष की लकड़ियाँ खाता है, दीमक

terrace /'टेरस्/ *n.* **1** रेस्तराँ या बड़े मकान के बग़ल में फ़र्शदार जगह (जहाँ लोग खाना खाते हैं, धूप सेंकते हैं आदि), चबूतरा **2** किसी पहाड़ी के एक तरफ़ काटकर बनाए गए सीढ़ीदार खेतों की एक शृंखला (जिस पर फ़सलें उगाई जाती हैं)

terrain /ट'रेन्/ *n.* निर्दिष्ट प्रकार की भूमि

terrestrial /ट'रेस्ट्रिअल्/ *adj.* **1** भौमिक, स्थलीय **2** (पशु और पौधे) स्थलजीवी, भूवासी न कि जल या वायुवासी

terrible /'टेरब्ल्/ *adj.* **1** बहुत बुरा, भयानक, बहुत तकलीफ़ और चोट पहुँचाने वाला **2** बीमार या बहुत परेशान ▸ **terribly** *adv.* **1** अत्यधिक **2** बहुत ख़राब

terrific /ट'रिफ़िक्/ *adj.* **1** बहुत बढ़िया या अच्छा, उत्कृष्ट **2** बहुत ज़्यादा, प्रभूत ▸ **terrifically** *adv.* अत्यधिक

terrify /ˈटेरिफ़ाइ/ *v.* (**terrifying, terrified**) (किसी को) बहुत डरा देना, भयभीत कर देना

territorial /ˌटेरˈटॉरिअल/ *adj.* किसी देश के स्वामित्व वाले भू-क्षेत्र या समुद्र-क्षेत्र से संबंधित, राज्य-क्षेत्र-विषयक ▸ **territorially** *adv.* भू-क्षेत्र की दृष्टि से

territory /ˈटेरट्रि/ *n.* (*pl.* **territories**) **1** किसी देश के स्वामित्व वाला भूक्षेत्र, राज्य-क्षेत्र **2** किसी पशु का (विचरण) क्षेत्र

terror /ˈटेर(र्)/ *n.* **1** अत्यधिक भय, आतंक, दहशत, संत्रास **2** राजनीतिक कारणों से हिंसा और आम लोगों की हत्या

terrorism /ˈटेररिज़म्/ *n.* राजनीतिक कारणों से आम लोगों की हत्या, आतंकपूर्ण कार्रवाई, आतंकवाद, दहशतगर्दी ▸ **terrorist** *n.* & *adj.* आतंकवादी, आतंकी ▸ **terrorize** *v.* हिंसा के प्रयोग या धमकी से किसी को डराना, आतंक, दहशत फैलाना

terse /टस्/ *adj.* संक्षिप्त और रूखा

tertiary /ˈटशरि/ *adj.* (शिक्षा) विश्वविद्यालय या कॉलेज स्तर की

test /टेस्ट्/ *n.* **1** किसी विषय में किसी के ज्ञान या कौशल को मापने के लिए आयोजित लघु परीक्षा, परीक्षण, टेस्ट **2** किसी वस्तु की क्रियाशीलता या प्रभावोत्पादकता को परखने या उसके विषय में अधिक जानकारी पाने के लिए किया गया परीक्षण ▸ **test** *v.* **1** किसी वस्तु को सावधानी से आज़माना, इस्तेमाल करना या परखना (जानने के लिए कि वह कैसी है या क्या है) **2** किसी विषय में किसी के ज्ञान या कौशल की परीक्षा करना

testament /ˈटेस्टमन्ट्/ *n.* किसी बात के अस्तित्व में होने या सच होने का प्रमाण

testicle /ˈटेस्टिकल्/ *n.* पुरुष का अंडकोश (एक यौनांग जिसमें प्रजनन के लिए अपेक्षित वीर्य उत्पन्न होता है)

testify /ˈटेस्टिफ़ाइ/ *v.* (**testifying, testified**) गवाही या साक्ष्य देना (विशेषतः न्यायालय में)

testimonial /ˌटेस्टिˈमोनिअल्/ *n.* **1** (व्यक्ति की योग्यता, चरित्र, गुणों आदि के संबंध में) औपचारिक लिखित विवरण (प्रायः पूर्व नियोक्ता द्वारा दिया गया), प्रमाणपत्र, (सेवा, उत्पाद आदि की विशेषता के संबंध में) औपचारिक लिखित विवरण **2** प्रशंसा या धन्यवाद देने के लिए दी गई या की गई

testimony /ˈटेस्टिमनि/ *n.* (*pl.* **testimonies**) **1** किसी बात के सच होने के पक्ष में औपचारिक वक्तव्य, गवाही या साक्ष्य (विशेषतः न्यायालय में) **2** प्रमाण (जो किसी बात के अस्तित्व या सचाई को सामने लाए), सबूत

testosterone /टेˈस्टॉस्टरोन/ *n.* पुरुष के शरीर में उत्पन्न हॉर्मोन-विशेष जो पुरुष के विशिष्ट शारीरिक और लैंगिक गुणों का विकास करता है

test tube *n.* काँच की परख-नली (रासायनिक परीक्षणों में प्रयुक्त)

tetanus /ˈटेट्नस्/ *n.* धनुष टंकार, एक गंभीर रोग जिसमें मांसपेशियाँ (विशेषतः चेहरे की) अकड़ जाती हैं

tete-a-tete *n.* दो व्यक्तियों के बीच एकांत में निजी वार्तालाप

tether /ˈटेद(र्)/ *v.* पगहे (रस्सी आदि) से पशु को बाँधना ▸ **tether** *n.* पशुओं को बाँधा गया पगहा (रस्सी आदि)

text /टेक्स्ट्/ *n.* 1 किसी पुस्तक, अख़बार का मुख्य लिखित भाग (जिसमें चित्र, टिप्पणियाँ, अनुक्रमणिका आदि शामिल नहीं) 2 किसी भाषण, साक्षात्कार आदि का लिखित रूप ▸ **text** *v.* मोबाइल फ़ोन या चलभाष पर लिखित संदेश भेजना

textile /'टेक्स्टाइल/ *n.* कारख़ाने में बना कपड़ा, वस्त्र

texture /'टेक्स्च(र्)/ *n.* किसी वस्तु के स्पर्श से हुआ विशिष्ट अनुभव

than /दन्, प्रबल रूप दैन्/ *conj.* & *prep.* दो वस्तुओं की तुलना के लिए प्रयुक्त से, की अपेक्षा

thank /थैङ्क्/ *v.* किसी के प्रति आभार प्रकट करना, कृतज्ञता ज्ञापित करना ▸ **thankful** *adj.* प्रसन्न और चिंतामुक्त ▸ **thankfully** *adv.* 1 किसी अप्रिय बात के (अभी और बाद में) घटित न होने पर ख़ुशी प्रकट करने के लिए प्रयुक्त 2 प्रसन्नता के साथ या कृतज्ञतापूर्वक

that /दैट्/ *det.* & *pron.* & *conj.* & *adv.* 1 (*pl.* **those**) वह (वक्ता से दूर स्थित किसी व्यक्ति या वस्तु का निर्देश करने के लिए प्रयुक्त) 2 (*pl.* **those**) पूर्वज्ञात या पूर्व निर्दिष्ट व्यक्ति या वस्तु के विषय में चर्चा के लिए प्रयुक्त

thatch /थैच्/ *n.* (घास-फूस या नारियल के पत्तों का मकान पर) छप्पर ▸ **thatcher** *n.* छप्पर बनाने वाला, छप्परबंद

thaw /थॉ/ *v.* जमने के बाद किसी वस्तु का पिघलना या (किसी को) पिघलाना ▸ **thaw** *n.* पिघलाव

the /द, दि प्रबल रूप दी/ *adj.* 1 पूर्वज्ञात या पूर्वनिर्दिष्ट व्यक्ति या वस्तु का उल्लेख करने के लिए प्रयुक्त (निश्चायक आर्टिकल) 2 अपने ढंग की एकमात्र वस्तु का निर्देश करने के लिए प्रयुक्त

theatre /'थिअट(र्)/ (*US* **theater**) *n.* 1 रंगशाला, थिएटर 2 सभी नाटक (सामान्य रूप में), ड्रामा, नाटक ▸ **theatrical** *adj.* 1 रंगशाला-विषयक, नाटक-प्रस्तुति से संबंधित 2 (आचरण) नाटकीय और अतिरंजनापूर्ण (लोगों का ध्यान आकृष्ट करने के लिए)

theft /थेफ़्ट्/ *n.* चोरी

their /देअ(र्)/ *det.* 1 उनका (उनसे संबंधित या उनके स्वामित्व वाला) 2 या के स्थान पर प्रयुक्त ▸ **theirs** *pron.* उनका (उनसे संबंधित या उनके स्वामित्व वाला)

them / दम्, प्रबल रूप देम्/ *pron.* (किसी क्रिया या पूर्वसर्ग का कर्म, उन्हें) 1 पूर्वनिर्दिष्ट व्यक्ति या वस्तुएँ 2 उसे या उन्हें

theme /थीम्/ *n.* किसी वार्ता, रचना या कलाकृति का प्रतिपाद्य या विषयवस्तु ▸ **thematic** *adj.* किसी प्रसंग की विषयवस्तु(ओं) से संबंधित ▸ **thematically** *adv.* विषयवस्तु या प्रतिपाद्य की दृष्टि से

themselves /दम्'सेल्व्ज़्/ *pron.* 1 स्वयं, अपने आप, जब किसी क्रिया का कर्ता पर प्रभाव पड़े यह दिखाने के लिए प्रयुक्त 2 शब्द पर बल देने के लिए प्रयुक्त

then /देन्/ *adv.* 1 उस समय, तब 2 अगली, उसके बाद, तत्पश्चात्, तब

theocracy /थि'ऑक्रसि/ *n.* (*pl.* **theocracies**) धर्म पर आधारित शासन (पादरियों, पुरोहितों या मौलवियों द्वारा शासित राज्य) धर्मतंत्र

theology /थि'ऑलजि/ *n.* (*pl.* **theologies**) धर्म का अध्ययन, धर्मशास्त्र ▸ **theological** *adj.* धर्मशास्त्र-विषयक, धर्मशास्त्रीय

theorem /'थिअरम्/ *n.* सत्य सिद्ध किया जा सकने वाला नियम या सिद्धांत (विशेषतः गणित में), प्रमेय

theoretical /ˌथिअ'रटिकल्/ *adj.* **1** विचारों या कल्पनाओं और सिद्धांतों (न कि व्यावहारिक अनुभव) पर आधारित, सिद्धांत-प्रधान **2** संभावित रूप से (न कि वास्तव में) सत्य, काल्पनिक ▸ **theoretically** *adv.* सैद्धांतिक रूप से, सिद्धांततः

theorize /'थिअराइज़्/ *v.* **1** (किसी के विषय में) सिद्धांत प्रतिपादित करना **2** अव्यावहारिक व्यक्ति, कल्पना जगत में विचरने वाला ▸ **theorist** *n.* सिद्धांतवादी

theory /'थिअरि/ *n.* (*pl.* **theories**) **1** वास्तविकता की व्याख्या करने वाला विचार तत्व या विचार राशि, सिद्धांत **2** विषय-विशेष के आधारभूत सिद्धांत

therapeutic /ˌथेर'प्यूटिक्/ *adj.* **1** तनावमुक्त और बेहतर महसूस कराने वाला **2** बीमारी ठीक करने वाला, रोगोपचारक

therapy /'थेरपि/ *n.* (*pl.* **therapies**) मानसिक या शारीरिक रोगों की चिकित्सा (प्रायः बिना औषधि या शल्य-क्रिया के) ▸ **therapist** *n.* चिकित्सक

there /देअ(र्)/ *adv.* & *pron.* **1** उस विषय पर **2** वहाँ, उस स्थान में या पर

thermal /'थम्ल्/ *adj.* **1** ऊष्मा या ताप-विषयक, तापीय, ऊष्मीय **2** (कपड़े) गरम ▸ **thermal** *n.* **1** (*pl.* **thermals**) गरम कपड़े (विशेषतया अंदर पहनने के) **2** गरम हवा का झोंका

thermodynamics /ˌथमोडाइ'नैमिक्स्/ *n.* ताप एवं ऊर्जा के विभिन्न रूपों के बीच संबंध का वैज्ञानिक अध्ययन, ऊष्मा-गतिकी, तापगतिकी ▸ **thermodynamic** *adj.* ऊष्मा-गतिकी संबंधित

thermometer /थ'मॉमिट(र्)/ *n.* ज्वर या तापमान मापने का उपकरण, थर्मामीटर, तापमापी

thermos /'थमस्/ (*also* **thermosflask**) *n.* द्रव को ठंडा या गर्म रखने के लिए प्रयुक्त विशेष बोतल, थर्मस बोतल, थर्मस

thermostat /'थ़मस्टैट्/ *n.* आवश्यकतानुसार मकान या मशीन के तापमान को नियंत्रित करने वाला उपकरण, ताप स्थिरक, थर्मोस्टैट

thesaurus /थि'सॉरस्/ *n.* (*pl.* **thesauruses**) समानार्थी शब्दों और वाक्यांशों का कोश, पर्याय-कोश, पर्याय-शब्दकोश

thesis /'थ़ीसिस्/ *n.* (*pl.* **theses**) **1** विषय-विशेष पर लिखा गया शोध-प्रबंध (विश्वविद्यालय की उपाधि के लिए) **2** साक्ष्यों द्वारा समर्थित और प्रमाणित सिद्धांत

they /दे/ *pron.* **1** क्रिया का (बहुवचनांत) कर्ता, वे पूर्वनिर्दिष्ट व्यक्ति या वस्तुएँ **2** सामान्यतया सभी व्यक्ति या अपरिचित व्यक्ति

they'd /देड्/ *contr.* **they had, they would** का संक्षिप्त रूप

they'll /देल्/ *contr.* **they will** का संक्षिप्त रूप

they're /देअ(र्)/ *contr.* **they are** का संक्षिप्त रूप

they've /देव्/ *contr.* **they have** का संक्षिप्त रूप

thick /थिक्/ *adj.* **1** (ठोस वस्तु) मोटी या मोटा, पतला या बारीक़ से विपरीत **2** घना, सघन ▸ **thick** *n.* घना ▸ **thick** *adv.* सघन ▸ **thickly** *adv.* सघनता से, मोटी परत में मोटी चमड़ी वाला होना (लोगों की टिप्पणियों से जल्दी परेशान या चिंतित न होना) ▸ **thickness** *n.* मोटाई, गाढ़ापन, संघता

thicket /ˈथिकिट्/ *n.* (आस-पास) उगे हुए पेड़ों या झाड़ियों का झुंड, झुरमुट, गुल्म

thief /थीफ़्/ *n.* (*pl.* **thieves**) चोर ▸ **thieve** *v.* चोरी करना ▸ **thievery** *n.* चोरी

thigh /थाइ/ *n.* जाँघ

thin /थिन्/ *adj.* (**thinner, thinnest**) **1** (ठोस वस्तु) पतला, जो मोटा नहीं **2** दुबला-पतला, मोटा नहीं ▸ **thin** *adv.* पतला, बारीक़, महीन ▸ **thin** *v.* (**thinning, thinned**) संख्या में कम हो जाना, किसी वस्तु को अधिक पतला बनाना ▸ **thinly** *adv.* बारीक़ी से, विरलता से

thing /थिङ्/ *n.* **1** चीज़, वस्तु **2** कोई कार्य या काम, घटना, बात या वक्तव्य

think /थिङ्क्/ *v.* (**thinking, thought**) **1** किसी व्यक्ति या वस्तु के विषय में विशेष विचार या मत रखना, (कुछ) मानना **2** सोचना, विचार करना

third /थर्ड्/ *det.* & *adv.* तीसरा, तृतीय ▸ **third** *n.* **1** भिन्न किसी वस्तु का तीसरा हिस्सा (अन्य दो के बराबर) एक-तिहाई **2** विश्वविद्यालय की अंतिम परीक्षा में तृतीय श्रेणी ▸ **thirdly** *adv.* तीसरा

thirst /थर्स्ट्/ *n.* **1** (पानी आदि की) प्यास **2** किसी वस्तु की तीव्र इच्छा, लालसा ▸ **thirstily** *adv.* प्यास के मारे ▸ **thirsty** *adj.* प्यासा, उत्सुक

thirteen /ˌथ'टीन्/ *adj.* & *n.* तेरह (की संख्या) ▸ **thirteenth** *adj.* & *n.*

thirty /ˈथर्टि/ *n.* (*pl.* **thirties**) तीस (की संख्या) ▸ **thirtieth** *adj.* & *n.*

this /दिस्/ *det.* & *pron.* (*pl.* **these**) **1** यह, इस (समय या स्थान की दृष्टि से वक्ता के निकट के व्यक्ति या वस्तु का निर्देश करने के लिए प्रयुक्त) **2** पूर्वनिर्दिष्ट या पूर्वचर्चित वस्तु का उल्लेख करने के लिए प्रयुक्त ▸ **this** *adv.* इस प्रकार, तरह

thistle /ˈथिस्ल्/ *n.* भटकटैया का पौधा (जिसके फूल बैंगनी रंग के और पत्तियाँ काँटेदार होती हैं), कँटीला पौधा

thorn /थॉर्न्/ *n.* (कुछ पौधों और झाड़ियों पर उगा) काँटा, कंटक ▸ **thorny** *adj.* काँटेदार, कँटीला

thorough /ˈथरा/ *adj.* **1** सावधानी से और पूरी तरह किया गया, परिपूर्ण **2** (सब बातों पर ध्यान देते हुए) बहुत सावधानी से काम करने वाला ▸ **thoroughness** *n.* परिपूर्णता ▸ **thoroughbred** *n.* ऊँची नसल का जानवर (विशेषतः घोड़ा) ख़ालिस नसल का, जिसकी नसल में मिलावट न हो ▸ **thoroughbred** *adj.* ऊँची नसल का ▸ **thoroughfare** *n.* (शहर आदि में) मुख्य सड़क, आम रास्ता, सार्वजनिक मार्ग

though /दो/ *conj.* & *adv.* **1** किसी बात के बावजूद, यद्यपि, हालाँकि **2** परंतु, किंतु, लेकिन या मगर

thought /थॉट्/ *n.* **1** कोई विचार या मत **2** सोचने की शक्ति या प्रक्रिया, चिंतन

thoughtful /ˈथॉट्फ़ुल्/ *adj.*

1 विचारपूर्ण 2 दूसरों की इच्छा या आवश्यकता का ध्यान रखने वाला, लिहाज़ी, विचारवान, मुरौवती ▸ **thoughtfully** *adv.* विचारपूर्वक, अच्छी तरह विचार करके ▸ **thoughtfulness** *n.* विचारमग्नता, ध्यानमग्नता, भरपूर सावधानी

thoughtless /ˈथॉट्लस्/ *adj.* दूसरों की इच्छा या आवश्यकता का ध्यान न रखने वाला या अपने ऐसे व्यवहार के परिणाम के प्रति बेपरवाह, स्वार्थी या बेलिहाज़ ▸ **thoughtlessly** *adv.* विचारशून्यता से, बेलिहाज़ होकर ▸ **thoughtlessness** *n.* विचारशून्यता, बेमुरौवती

thousand /ˈथाउज़न्ड्/ *adj.* & *n.* एक हज़ार (की संख्या), दस सौ ▸ **thousandth** *adj.* & *n.* हज़ारवाँ, 1000 वाँ

thrash /थ्रैश्/ *v.* **1** (दंडस्वरूप) किसी को छड़ी से बार-बार पीटना, ख़ूब मारना (किसी की) धुनाई कर देना **2** बेतहाशा आगे बढ़ना या दौड़ना या किसी को दौड़ाना

thread /थ्रेड्/ *n.* **1** (कपास, ऊन आदि का) धागा, तागा, सूत्र (कपड़े सीने या बनाने में प्रयुक्त) **2** विचारों, कथा के अंशों आदि के बीच संबंध, विचार-सूत्र, कथा-सूत्र ▸ **thread** *v.* **1** सुई आदि (के छेद) में धागा डालना **2** फूलों आदि से माला पिरोना या गूँथना

threat /थ्रेट्/ *n.* **1** (इच्छित काम न करने पर) (चोट पहुँचाने या मार देने की) धमकी **2** कष्ट या संकट की आशंका

threaten /ˈथ्रेट्न्/ *v.* **1** (इच्छित काम न करने पर) (चोट, क्षति पहुँचाने की) धमकी देना **2** अशुभ की आशंका होना ▸ **threatening** *adj.* धमकाने वाला, धमकी-भरा ▸ **threateningly** *adv.* धमकाते हुए, धमकी-भरे ढंग से

three /थ्री/ *adj.* & *n.* **1** तीन (की संख्या) **2** बताई गई तीन वस्तुओं वाला, ती-/त्रि-

thresh /थ्रेश्/ *v.* मशीन या मूसल से कूट-पीट कर अनाज को (पौधों में से) निकालना, अनाज को गाहना ▸ **threshing** *n.* गाहने वाला

threshold /ˈथ्रेश्होल्ड्/ *n.* **1** कमरे या भवन के प्रवेश द्वार पर की भूमि, दहलीज़, देहली या देहरी **2** स्तर जहाँ से कोई चीज़ होनी शुरू हो

thrice /थ्राइस्/ *adv.* तीन बार, तिगुना

thrift /थ्रिफ़्ट्/ *n.* फ़िज़ूलख़र्च न होने का गुण, कमख़र्ची, किफ़ायत, मितव्ययिता ▸ **thrifty** *adj.* कमख़र्च, किफ़ायती, किफ़ायतशार, मितव्ययी

thrill /थ्रिल्/ *n.* एकाएक उत्पन्न हर्ष या उत्तेजना, रोमांच, पुलक ▸ **thrill** *v.* रोमांचित या पुलकित करना ▸ **thrilled** *adj.* रोमांचित, पुलकित ▸ **thrilling** *adj.* रोमांचकारी

thriller /ˈथ्रिल(र्)/ *n.* रोमांच उत्पन्न करने वाला या सनसनीख़ेज़ नाटक, फ़िल्म आदि (प्रायः अपराध कथा पर आधारित)

thrive /थ्राइव्/ *v.* (**thriving**, *pt.* **thrived** or **throve**, *pp.* **thrived** or **thriven**) सफलतापूर्वक बढ़ना या विकसित होना, फलना-फूलना ▸ **thriving** *adj.* फलता-फूलता

throat /थ्रोट्/ *n.* **1** गला, कंठ **2** श्वास और आहार की नली

throb /थ्रॉब्/ *v.* (**throbbing**, **throbbed**) धुकधुक करना, धड़कना ▸ **throb** *n.* धुकधुक, धड़कन

t

throes /थ्रोज़/ *n.* (*pl.*) (विशेषकर मृत्यु के समय) तीव्र वेदना, तीव्र पीड़ा, घोर कष्ट, व्यथा

thrombosis /थ्राम्'बोसिस्/ *n.* (*pl.* **thromboses**) हृदय या रक्त-नली में रक्त का थक्का जमने का गंभीर रोग, रक्त-जमाव, शिरावरोध

throne /थ्रोन्/ *n.* **1** राजा या रानी के बैठने की विशेष कुरसी, राजसिंहासन, राजगद्दी **2** राजा या रानी का पद

throng /थ्राङ्/ *n.* लोगों की भारी भीड़, जमावड़ा, जनसमुदाय ▸ **throng** *v.* (भारी संख्या में) (लोगों का) किसी ओर बढ़ना या कहीं जमा हो जाना, कहीं भीड़ लगना या लगाना

throttle /'थ्राट्ल्/ *v.* (किसी का) गला घोंटना ▸ **throttle** *n.* मोटरकार का विशेष वॉल्व जो इंजन में अतिरिक्त तेल प्रवाह को नियंत्रित कर (कार की) गति कम कर देता है

through /थ्रू/ *prep.* & *adv.* **1** (किसी वस्तु के) इस पार से उस पार, आर-पार **2** (किसी के) आरंभ से अंत तक

throw /थ्रो/ *v.* **1** (किसी वस्तु को) फेंकना **2** जल्दबाज़ी में या लापरवाही से किसी वस्तु को कहीं डाल देना ▸ **throw** *n.* (कुछ) फेंकने की क्रिया

thrust /थ्रस्ट्/ *v.* (**thrusting, thrust**) **1** (किसी को) अचानक या झटके से धक्का देना, दिशा-विशेष में तेज़ी से और अचानक चल देना **2** चाकू आदि घुसेड़ना ▸ **thrust** *n.* **1** किसी तर्क, नीति आदि का मुख्य अंश और बिंदु **2** धक्का

thud /थड्/ *n.* धम्म की आवाज़ (किसी भारी वस्तु के अन्य वस्तु से टकराने पर उत्पन्न) ▸ **thud** *v.* (**thudding, thudded**) धम्म की आवाज़ करना

thug /थग्/ *n.* हिंसक व्यक्ति, ठग

thumb /थम्/ *n.* **1** अँगूठा **2** दस्ताने का अँगूठा ▸ **thumb** *v.* किसी पुस्तक आदि के पन्ने जल्दी-जल्दी पलटना

thump /थम्प्/ *v.* **1** मुट्ठी से किसी को ठोकना **2** ज़ोर-ज़ोर से धड़कना या पीटना ▸ **thump** *n.* आघात, धमाका

thunder /'थन्ड(र्)/ *n.* आँधी के समय (बिजली चमकने के बाद उत्पन्न) कड़क, गरज, गड़गड़ाहट ▸ **thunder** *v.* **1** आँधी के समय आकाश में गरज या कड़क होना **2** गरजने जैसी आवाज़ करना ▸ **thunderous** *adj.* गरजदार, गरजनेवाला

Thursday /'थर्ज़्डे,-डि/ *n.* गुरुवार, वृहस्पतिवार या वीरवार

thus /दस्/ *adv.* **1** इस तरह से, इस प्रकार **2** इसके कारण या फलस्वरूप, इसलिए, अतएव

thwart /थ्वॉर्ट्/ *v.* किसी की योजना में अड़चन डालना, कुछ घटित होने से रोकना, कोई बात होने न देना

thyme /टाइम्/ *n.* अजवायन, बनजवायन

thyroid /'थाइरॉइड्/ *n.* गले के अग्र भाग में स्थित एक छोटी ग्रंथि जिससे हार्मोन निकलते हैं जो शरीर के विकास और कामकाज को प्रभावित करते हैं, अवटुग्रंथि, थाइराइड

tiara /टि'आर/ *n.* विशेषकर राजकुमारियों द्वारा सिर पर पहना जानेवाला रत्नजड़ित ताज, मुकुट

tibia /'टिबिआ/ *n.* (*pl.* **tibiae**) टाँग के नीचे की (दो हड्डियों में से) अंदर की बड़ी हड्डी, अंतजंघिका, टिबिआ

tick /टिक्/ *v.* **1** (चलती घड़ी का) टिक-टिक (आवाज़) करना **2** (किसी के नाम, सूची की वस्तु आदि के आगे) सही का चिह्न (✓) लगाना ▸ **tick** *n.* **1** सूची की वस्तु के आगे लगा सही का चिह्न (✓) **2** चलती घड़ी की टिक-टिक (की आवाज़)

ticket /ˈटिकिट्/ *n.* **1** (यात्रा या थिएटर आदि में प्रवेश का) टिकट **2** दुकान में बिक्री की वस्तुओं पर लगा लेबल (वस्तु की क़ीमत, आकार आदि दर्शाने वाला)

tickle /ˈटिक्ल्/ *v.* **1** किसी को गुदगुदाना (ताकि वह हँस पड़े) **2** शरीर के किसी अंग का चुनचुनाना (ख़ुजली और जलन-सी पैदा करना या होना) ▸ **tickle** *n.* गुदगुदी, चुनचुनाहट

tidal /ˈटाइड्ल्/ *adj.* ज्वार-भाटा-विषयक ▸ **tidal wave** *n.* समुद्र में उठनेवाली उँची लहरें, ज्वार

tidbit /ˈटिड्बिट्/ *n.* (*US* **titbit**) **1** चटपटे आहार का निवाला, मुलायम भोजन **2** छोटी किंतु चटपटी और मज़ेदार ख़बर

tide /टाइड्/ *n.* **1** चंद्रमा और सूर्य के कारण समुद्र में ज्वार-भाटा (क्रमशः लहरों का उठकर तट की ओर बढ़ना और घटकर तट से दूर जाना) **2** समय-विशेष पर किसी विषय में लोगों की ख़ास सोच या मनोदशा ▸ **tide** *v.* (**tide sb over**) कठिन समय में सहायता के रूप में (किसी को कुछ) देना

tidings /ˈटाइडिङ्ज़्/ *n.* (*pl.*) समाचार, सूचना

tidy /ˈटाइडि/ *adj.* (**tidier, tidiest**) **1** ठीक-ठाक, चुस्त-दुरुस्त, सुव्यवस्थित, साफ़-सुथरा **2** (व्यक्ति) व्यवस्था-प्रिय, सफ़ाई-पसंद, तरतीब-पसंद ▸ **tidy** *v.* (**tidying, tidied**) किसी को ठीक से सजाना, ठीक-ठाक बनाना या सुव्यवस्थित करना ▸ **tidily** *adv.* ठीक-ठाक, सुव्यवस्थित रूप से ▸ **tidiness** *n.* साफ़-सुथरापन, सुव्यवस्था

tie /टाइ/ *n.* **1** टाई (जिसे पुरुष क़मीज़ के ऊपर गले में बाँधते हैं), नेकटाई **2** लोगों या संस्थाओं के बीच गहरा संबंध ▸ **tie** *v.* (**tying, tied**) **1** (रस्सी आदि से चीज़ों को परस्पर) बाँधना, कसना, किसी चीज़ में गाँठ लगाना **2** किसी व्यक्ति की स्वतंत्रता को सीमित कर देना (कि वह मनचाहे काम न कर सके)

tied /टाइड्/ *adj.* **1** (मकान का) केवल उसका क़ब्ज़ा जो अपने मालिक के लिए काम करता है **2** (मदिरालय का) शराब के कारखाने का स्वामित्व और नियंत्रण

tier /टिअ(र्)/ *n.* ऊपर-नीचे की सीटों, क़तारों या खानों में से कोई एक ▸ **tiered** *adj.* क़तारों या ख़ानोवाले, परतदार

tiff /टिफ़्/ *n.* (प्रेमी या मित्रों के बीच) झड़प, मामूली झगड़ा, कहा-सुनी

tiffin /ˈटिफ़िन्/ *n.* जलपान या हलका नाश्ता

tiger /ˈटाइग(र्)/ *n.* बाघ

tight /टाइट्/ *adj.* & *adv.* **1** किसी स्थान पर कसकर बँधा हुआ (जिसका हिलना या जिसे हिलाना कठिन हो) **2** (कपड़े) तंग, चुस्त (और इसलिए प्रायः असुविधाजनक) ▸ **tightly** *adv.* कसकर ▸ **tightness** *n.* कसावट, तंगी

tigress /ˈटाइग्रेस्/ *n.* बाघिन, व्याघ्री

tile /टाइल्/ *n.* पकी मिट्टी का समतल और वर्गाकार खपड़ा (छतों, फ़र्शों, स्नानगृह की दीवारों आदि पर लगाने के लिए),

टाइल ▸ **tile** *v.* खपड़ा बिछाना या लगाना

till /टिल्/ *n.* (दुकान आदि में) रुपया-पैसा रखने की दराज़, गल्ला, गोलक ▸ **till** *v.* फ़सल के लिए ज़मीन जोतना, खेती करना ▸ **tiller** *n.* पतवार फेरने की मुठिया

tilt /टिल्ट्/ *v.* एक ओर झुकना या झुकाना ▸ **tilt** *n.* (एक ओर) झुकाव

timber /ˈटिम्ब(र्)/ *n.* **1** इमारती काष्ठ या लकड़ी **2** शहतीर, लट्ठा

timbre /ˈटैम्ब(र्)/ *n.* (स्वर-विशेष या वाद्य द्वारा उत्पन्न) ध्वनि का गुण, ध्वनि-स्वरूप, ध्वनि-गुणता

time /टाइम्/ *n.* **1** समय, वक़्त (मिनटों, घंटों, दिनों आदि में मापी जाने वाली अवधि) **2** घड़ी में दिखाया गया समय (घंटे और मिनट), समय जब कुछ घटित हो या होना चाहिए ▸ **time** *v.* **1** कुछ करने की व्यवस्था करना या किसी घटना के लिए समय निश्चित करना **2** किसी काम के लिए समय मापना (देखना कि किसी काम में कितना समय लगता है) ▸ **timing** *n.* समय-निर्धारण, समय

timeless /ˈटाइम्लस्/ *adj.* समय गुज़रने या फ़ैशन बदलने से अप्रभावित, हमेशा क़ायम रहने वाला

timely /ˈटाइम्लि/ *adj.* एकदम ठीक समय पर होने वाला, समयोचित

timid /ˈटिमिड्/ *adj.* जल्दी डर जाने वाला, भीरु, संकोची और जल्दी घबरा जाने वाला ▸ **timidity** *n.* भीरुता, संकोच ▸ **timidly** *adv.* डरते-डरते, संकोचपूर्वक

tin /टिन्/ *n.* **1** टिन धातु **2** टिन धातु से बना डिब्बा, टीन (जिसमें खाद्य पदार्थ, रंग आदि भरे जाते हैं, बिक्री के लिए), ऐसे डिब्बों में बंद सामान ▸ **tinned** *adj.* डिब्बाबंद

tinder /ˈटिन्ड(र्)/ *n.* आग जल्दी जलाने की सूखी सामग्री, चकमक का मसाला, चकमक की डिबिया

tinge /टिन्ज्/ *n.* किसी रंग या मनोभाव की हलकी रंगत या हलका पुट ▸ **tinged** *adj.* हलके पुट वाला, आभायुक्त

tingle /ˈटिङ्ग्ल्/ *v.* (व्यक्ति के शरीर के किसी अंग में) झुनझुनी चढ़ना (लगना कि कीलें-सी चुभ रही हैं) ▸ **tingle** *n.* झुनझुनी

tinker /ˈटिङ्क(र्)/ *v.* बिना सही अभ्यास या जानकारी के किसी चीज़ की मरम्मत करने लगना, ठोका-पीटी

tinkle /ˈटिङ्क्ल्/ *v.* छोटी घंटी की-सी आवाज़ करना, टिनटिन या टनटन करना ▸ **tinkle** *n.* टिनटिन, टनटन

tint /टिन्ट्/ *n.* किसी रंग की रंगत या हलका पुट या छींटा ▸ **tint** *v.* किसी रंग का छींटा देना

tiny /ˈटाइनि/ *adj.* (**tinier, tiniest**) बहुत छोटा, नन्हा

tip /टिप्/ *n.* **1** किसी वस्तु का पतला या नुकीला सिरा **2** व्यावहारिक उपयोग की छोटी-सी सलाह ▸ **tip** *v.* (**tipping, tipped**) **1** (किसी चीज़ का) एक ओर उठना (उस पर बोझ आने पर), (किसी चीज़ को) एक ओर उठाना **2** डिब्बे को तिरछा करके उसमें से (अंदर की) चीज़ को बाहर निकालना

tipsy /ˈटिप्सि/ *adj.* हलके नशे में, मतवाला ▸ **tipsily** *adv.* नशे के प्रभाव में, नशे के कारण

tiptoe /ˈटिप्टो/ *n.* ▸ **tiptoe** *v.* (**tiptoeing, tiptoed**) (पैर के) पंजों के बल चलना

tirade /टाइ'रेड्/ *n.* लंबा, क्रोधपूर्ण, निंदात्मक भाषण

tire /'टाइअ(र्)/ *v.* आराम या नींद की ज़रूरत महसूस होना, थकावट होना, थकना, किसी को थकाना

tired /'टाइअड्/ *adj.* थका हुआ, थका-माँदा, पस्त ▸ **tiredness** *n.* थकावट, ऊब, किसी की बातों या कामों से ऊब या गुस्सा हो जाना

tireless /'टाइअलस्/ *adj.* (किसी काम के लिए) अनथक कठोर परिश्रम की क्षमता और शक्ति से भरपूर ▸ **tirelessly** *adv.* अथक रूप से

tiresome /'टाइअसम्/ *adj.* खिझाऊ या उबाऊ, कष्टकर

tissue /'टिशू, 'टिस्यू/ *n.* **1** ऊतक (मानवों, पशुओं और वनस्पतियों की शरीर की रचना करने वाली कोशिका-समूह) **2** पतले मुलायम काग़ज़ का रुमाल

titanic /टाइ'टैनिक् / *adj.* महाकाय या भीमकाय, अत्यधिक बल या बुद्धि से संपन्न

titanium /टि'टेनिअम्/ *n.* टाइटेनियम धातु (एक कड़ी हलके स्लेटी रंग की धातु जो अन्य धातुओं के साथ मिलकर ज़ंगरोधी हो जाती है)

tit for tat *n.* जैसे को तैसा, ईंट का जवाब पत्थर

title /'टाइट्ल्/ *n.* **1** पुस्तक, नाटक, फ़िल्म, चित्र आदि का शीर्षक **2** किसी व्यक्ति के पद, व्यवसाय आदि का द्योतक शब्द, पदवी, उपाधि

titled /'टाइट्ल्ड्/ *adj.* (उच्च सामाजिक प्रतिष्ठा के द्योतक) (महाराज) आदि पदवियों से अलंकृत पदवीधारी, उपाधिप्राप्त (व्यक्ति)

titular /'टिट्युल(र्)/ *adj.* **1** (पद, दर्जा, उपाधि आदि) बिना शक्ति या अधिकार की, नाम मात्र का, **2** (नाटक, पुस्तक या फ़िल्म में) शीर्षक में उल्लिखित चरित्र

tizzy /'टिज़ि/ *n.* (*pl.* **tizzies**) (अनौपचारिक) घबराहट या चिंता की अवस्था, घबराहट

TNT /ˌटी एन्'टी/ *abbr. n.* ट्राइ नाइट्रो टालयन का संक्षिप्त रूप, एक अत्यंत विस्फोटक पदार्थ, टीएनटी

to /ट, स्वर ध्वनियों से पहले टु, प्रबल रूप टू/ *prep. & adv.* **1** की दिशा में, की ओर, जहाँ तक **2** (से) तक (वस्तु-शृंखला या समयावधि का अंत या सीमा दर्शाने के लिए प्रयुक्त)

toad /टोड्/ *n.* टोड, भेक, एक प्रकार का मेंढक (जो जल और स्थल दोनों में रहता है)

toast /टोस्ट्/ *n.* **1** डबलरोटी का सेंका हुआ टुकड़ा, टोस्ट **2** (प्रसन्नता, सफलता आदि की) शुभकामना का जाम पीने का उत्सव ▸ **toast** *v.* शुभकामना का जाम पीना

toaster /'टोस्ट(र्)/ *n.* डबलरोटी सेंकने का बिजली का उपकरण, टोस्टर

tobacco /ट'बैको/ *n.* (*pl.* **tobaccos**) तंबाकू

today /ट'डे/ *n. & adv.* **1** आज के दिन, आज **2** वर्तमान युग (में), इन दिनों, आजकल

toddler /'टॉड्ल(र्)/ *n.* नन्हा बच्चा जिसने अभी चलना सीखा हो

toe /टो/ *n.* **1** पैर की अँगुली (या अँगूठा) **2** जुराब, जूते आदि का पंजा या ढकनी ▸ **toe** *v.* ठोकर मारना, पंजे मारना

toffee /'टॉफ़ि/ *n.* टॉफ़ी (चीनी और मक्खन पकाकर बनाई गई सख़्त चिपचिपी मिठाई)

tofu /'टोफ़ू/ *n.* कुटे हुए सोयाबीन से बनाया नर्म खाद्य पदार्थ

together /ट'गेद(र)/ *adv.* **1** एक-दूसरे के साथ या निकट, साथ-साथ **2** दो या अधिक वस्तुएँ सम्मिश्रित या संयुक्त ▸ **together** *adj.* (व्यक्ति) स्वनियंत्रित, सँभला हुआ

toil /टॉइल्/ *v.* (किसी बात के लिए) कड़ा या लंबे समय तक परिश्रम करना ▸ **toil** *n.* कड़ा परिश्रम ▸ **toilsome** *adj.* थका देनेवाला, कठिन, दुष्कर

toilet /'टॉइलट्/ *n.* (मल-विसर्जन के पात्र आदि वाला) शौचस्थल, शौचगृह, शौचालय

toiletries /'टॉइलट्रिज़्/ *n.* (*pl.*) प्रसाधन सामग्री (साबुन, मंजन आदि)

token /'टोकन्/ *n.* **1** धातु या प्लास्टिक का टुकड़ा, टोकन (मशीन चलाने या भुगतान के रूप में प्रयुक्त) **2** किसी बात की प्रतीक कोई वस्तु, टोकन ▸ **token** *adj.* **1** (अल्प मात्रा में और) केवल प्रतीकात्मक (ताकि आलोचना से बचा जा सके) **2** अल्प मात्रा में परंतु सकारात्मक रूप से प्रतीकात्मक

tolerable /'टॉलरबल्/ *adj.* **1** काफ़ी अच्छा (परंतु सर्वोत्तम नहीं) **2** सहने-योग्य, सहनीय ▸ **tolerably** *adv.* ठीक-ठाक, सहनीय रूप से

tolerance /'टॉलरन्स्/ *n.* सहन करने की क्षमता, सहनशीलता, सहनशक्ति ▸ **tolerant** *adj.* सहिष्णु, सहनशील

tolerate /'टॉलरेट्/ *v.* **1** सहन या बरदाश्त करना (किसी अरुचिकर या अस्वीकार्य वस्तु को), नापसंद स्थितियों को भी बने रहने देना या उनके साथ रहना **2** बिना शिकायत किए अरुचिकर स्थिति का सामना करना या झेलना

toll /टोल्/ *n.* **1** सड़क या पुल के प्रयोग पर देय राशि, महसूल, मार्गशुल्क, राहदारी **2** क्षति की मात्रा या हताहतों की संख्या

tomato /ट'माटो/ *n.* (*pl.* **tomatoes**) टमाटर

tomb /टूम्/ *n.* मक़बरा या समाधि (प्रायः भूमि के अंदर और पत्थरों से बना बड़ा स्थान जहाँ किसी महापुरुष का शव दफ़न या सुरक्षित हो), क़ब्र

tomboy /'टॉम्बॉइ/ *n.* लड़कों जैसे खेल और क्रिया-कलाप में रुचि रखने वाली लड़की, चुलबुली या शोख़ लड़की

tombstone /'टूम्स्टोन्/ *n.* क़ब्र या समाधि के एक किनारे ज़मीन पर लगाया या खड़ा किया गया पत्थर जिसपर दिवंगत व्यक्ति का नाम, तिथि आदि अंकित होते हैं

tomfoolery /टॉम्'फूलरि / *n.* मूर्खतापूर्ण व्यवहार

tomorrow /ट'मॉरो/ *n. adv.* **1** (आने वाला) कल **2** भविष्य

tom-tom *n.* हाथ से बजाया जानेवाला एक लंबा ढोल, टमटम

ton /टन्/ *n.* **1** तोल की एक माप, टन **2** (*pl.* **tons** or **ton**) ढेर सारा

tone /टोन्/ *n.* **1** ध्वनि या किसी के स्वर का गुण (विशेषतः किसी भाव-विशेष का व्यंजक), लहजा, स्वर-शैली **2** (किसी रंग की), रंगत, आभा ▸ **tone** *v.* शरीर को अधिक सुदृढ़ बनाना (विशेषतः व्यायाम के द्वारा)

tongs /टॉङ्ज़्/ *n.* (*pl.*) क़ैंची की तरह दिखनेवाला एक उपकरण जिसका प्रयोग कुछ पकड़ने या निकालने के लिए किया जाता है, सँड़सी, चिमटा

tongue /टङ्/ *n.* **1** जीभ, जिह्वा, ज़बान **2** भाषा

tonic /'टॉनिक्/ *n.* **1** (बुलबुलेदार और कुछ कड़वा) सोडा वाटर (जो

अल्कोहलयुक्त पेयों में प्रायः मिलाया जाता है) 2 स्फूर्ति, शक्ति आदि देने वाली दवा या अन्य वस्तु, टॉनिक (विशेषतः दुर्बलता या थकावट होने पर ली जाने वाली)

tonight /ट'नाइट्/ *n.* & *adv.* आज (की) शाम या रात

tonne /टन्/ *n.* (*pl.* **tonnes** or **tonne**) तोल की एक माप, टन, 1000 किलोग्राम)

tonsil /'टॉन्सल्/ *n.* गलतुंडिका (गले में अंत की ओर कोमल मांसपिंड), टांसिल ▸ **tonsillitis** *n.* गलतुंडिका-शोथ, टांसिल में दर्द और सूजन

tonsure /'टॉन्श(र्)/ *n.* साधु, महात्मा आदि के सिर में मुंडन किया हुआ भाग, मुंडित भाग *n.* ▸ **tonsured** *adj.* मुंडित

too /टू/ *adv.* **1** अपेक्षा से अधिक **2** इसके अतिरिक्त, भी

tool /टूल्/ *n.* कारीगर का औज़ार (हथौड़ा आदि)

toot /टूट्/ *n.* कार के हॉर्न या भोंपू की आवाज़ ▸ **toot** *v.* भोंपू बजना या बजाना

tooth /टूथ्/ *n.* (*pl.* **teeth**) **1** दाँत, दंत **2** किसी वस्तु का दाँतनुमा अंग (जैसे कंघी का दाँत)

top /टॉप्/ *n.* **1** किसी वस्तु का उच्चतम अंग या बिंदु, चोटी, ऊपरी सिरा, शिखर **2** किसी वस्तु की समतल ऊपरी सतह **3** (बच्चों के खेलने का) लट्टू ▸ **top** *adj.* स्थिति या मात्रा आदि की दृष्टि से सबसे ऊपर, शीर्षस्थ (व्यक्ति), सर्वाधिक (अंक आदि) ▸ **top** *v.* (**topping, topped**) **1** मात्रा-विशेष या निर्दिष्ट मात्रा से अधिक होना **2** सबसे ऊपर पहुँचना, शिखर पर पहुँचना (महत्व, सफलता आदि के बल पर)

topaz /'टोपैज़्/ *n.* पुखराज

topic /'टॉपिक्/ *n.* बातचीत, लिखने या जानने का विषय, विचार-विषय

topical /'टॉपिक्ल्/ *adj.* सामयिक (इस समय होने वाली बात से संबंधित), वर्तमान रुचि का

topography /ट'पॉग्रफ़ि/ *n.* किसी क्षेत्र की प्राकृतिक विशेषताएँ (विशेषतः नदियों, पर्वतों आदि की स्थिति), स्थलाकृति

topping /'टॉपिङ्/ *n.* किसी खाद्य वस्तु के ऊपर लगी क्रीम या चटनी आदि (उसे सजाने या अधिक स्वादिष्ट बनाने के लिए)

topple /'टॉप्ल्/ *v.* **1** अस्थिर होकर लुढ़क जाना **2** किसी देश के नेता को सत्ता या अधिकार के पद से हटा देना

topsy-turvy /,टॉप्सि'टर्वि/ *adj.* अस्त व्यस्त, उल्टा-पुल्टा

torch /टॉच्/ *n.* **1** (बैटरी वाली) टॉर्च, चोरबत्ती **2** मशाल

torment /'टॉमेन्ट्/ *n.* तीव्र मानसिक या शारीरिक वेदना, ऐसी वेदना पहुँचाने वाला (व्यक्ति या वस्तु) ▸ **torment** *v.* तीव्र मानसिक या शारीरिक पीड़ा पहुँचाना

tornado /'टॉनेडो/ *n.* (*pl.* **tornadoes**) बवंडर, तेज़ तूफ़ान, चक्रवात

torrent /'टॉरन्ट्/ *n.* बौछार (विशेषतः पानी की) ▸ **torrential** *adj.* (वर्षा) भारी, मूसलधार

torrid /'टॉरिड्/ *adj.* **1** विशेषकर प्रेम तथा कामुकता की भावना से पूर्ण, कामुक **2** (जलवायु या देश के लिए प्रयुक्त) बहुत गरम या सूखा, उष्ण

torso /ˈटॉसो/ *n.* (*pl.* **torsos**) शरीर का मुख्य भाग (सिर, बाँहों और टाँगों को छोड़कर), धड़, कबंध

tort /टॉट्/ *n.* दीवानी अपराध (जिसके लिए मुदई हर्जाना माँग सकता है)

tortilla /टॉˈटीआ/ *n.* एक प्रकार की बहुत पतली, गोल, मेक्सिको की डबल रोटी (गोश्त, पनीर आदि भरकर प्रायः गरम खाई जाने वाली)

tortoise /ˈटॉटस्/ *n.* कछुआ, कच्छप

tortuous /ˈटॉचुअस्/ *adj.* **1** जटिल, उलझा हुआ (जो स्पष्ट और सरल नहीं) **2** (सड़क, आदि) टेढ़ी-मेढ़ी, चक्करदार

torture /ˈटॉच(र्)/ *n.* **1** (किसी को) यंत्रणा या यातना देने की क्रिया (दंडस्वरूप या आदेश के अनुसार) **2** मानसिक या शारीरिक संताप या पीड़ा ▸ **torture** *v.* (किसी को) यंत्रणा या यातना देना ▸ **torturer** *n.* यातना देने वाला, संतापक, उत्पीड़क ▸ **torturous** *adj.* दुख देनेवाला, यातना देनेवाला

toss /टॉस्/ *v.* **1** किसी वस्तु को हलके से और लापरवाही से फेंकना, उछालना **2** हवा में सिक्का उछालना और पहले से अनुमान कर बताना कि इसका कौन-सा पहलू गिरने के बाद ऊपर दिखाई पड़ेगा और उसके आधार पर फैसला करना, टॉस ▸ **toss** *n.* उछाल, टॉस (सिक्का उछालकर) सही या ग़लत अटकल लगाना

total /ˈटोट्ल्/ *adj.* सबको गिनकर या मिलाकर बनी संख्या या मात्रा, पूर्ण ▸ **total** *n.* दो या अधिक संख्याओं या मात्राओं का योग ▸ **total** *v.* (**totalling, totalled;** *US* **totaling, totaled**) दो या अधिक संख्याओं या मात्राओं का योग निकालना

totalitarian /टो ̦टैलˈटेअरिअन्/ *adj.* (देश या शासन प्रणाली के लिए प्रयुक्त) एक ही राजनीतिक दल वाला जिसके हाथ में पूर्ण सत्ता एवं नियंत्रण केंद्रित होती है, सर्वाधिकारवादी ▸ **totalitarianism** *n.* सर्वाधिकारवाद, एकदलीय शासन पद्धति

totality /टोˈटैलटि/ *n.* पूर्ण या समस्त होने की स्थिति, पूर्णता, संपूर्णता, समग्रता, कुल संख्या या कुल मात्रा

totally /ˈटोटलि/ *adv.* पूर्णतया, पूरी तरह से

totter /ˈटॉट(र्)/ *v.* (खड़े होते या चलते हुए) लड़खड़ाना (नशे में, बीमार या कमज़ोर होने के कारण)

touch /टच्/ *v.* **1** (किसी को) छूना, स्पर्श करना **2** (दो या अधिक वस्तुओं, सतहों आदि का) बहुत अधिक निकट होना या आ जाना (कि छूने लगना) ▸ **touch** *n.* **1** (किसी को) छूने की क्रिया, स्पर्श, संस्पर्श **2** स्पर्शानुभूति, स्पर्शजन्य, संवेदन

touché /ˈटूशे/ *exclam.* यह स्वीकार करने के लिए प्रयुक्त कि वाद-विवाद में (किसी के विरुद्ध) उत्तम टिप्पणी के रूप में दी गई कुशल टिप्पणी को मान लिया जाता है

touching /ˈटचिङ्/ *adj.* भाव-विह्वल कर देने वाला, दिल को छू लेने वाला, हृदयस्पर्शी

touch screen *n.* स्पर्श करने पर सूचना-सामग्री दर्शाने वाला कंप्यूटर-स्क्रीन, टच स्क्रीन

touchstone /ˈटच्स्टोन्/ *n.* **1** रवादार काला पत्थर जिसका प्रयोग सोने के मिश्रधातु की जांच करने के लिए किया जाता है, कसौटी, पारस **2** स्तर या मानक जिसके आधार पर समान वस्तुओं का

आकलन किया जाता है, पैमाना, निकष

touchy /'टचि/ *adj.* (**touchier, touchiest**) **1** जो जल्दी परेशान या नाराज़ हो जाए **2** (विषय, परिस्थिति आदि) जो लोगों को जल्दी परेशान या नाराज़ कर दे

tough /टफ़/ *adj.* **1** कठिन, समस्यापूर्ण या समस्याजनक **2** कड़ा, कठोर, किसी के प्रति नरमी न बरतने वाला ▸ **toughness** *n.* कठोरता, दृढ़ता ▸ **toughen** *v.* (किसी का) मज़बूत या सख़्त बनना या (को) बनाना

toupee /'टूपे/ *n.* सिर के नक़ली बाल, कृत्रिम केश

tour /टुअ(र्)/ *n.* **1** उल्लास-यात्रा, मौजमस्ती के लिए विभिन्न स्थानों की यात्रा, सैर-सपाटा, पर्यटन **2** किसी नगर, प्रसिद्ध इमारत आदि की संक्षिप्त यात्रा ▸ **tour** *v.* (स्थानों में) घूमना, घुमाना

tourism /'टुअरिज़म्/ *n.* पर्यटन-व्यवसाय (किसी स्थान पर आने वाले पर्यटकों को निवास आदि आवश्यक सुविधाएँ उपलब्ध कराने का व्यवसाय)

tourist /'टुअरिस्ट्/ *n.* पर्यटक, सैलानी

tournament /'टॉनमन्ट्/ *n.* खेल-प्रतियोगिता, टूर्नामेंट

tousled /'टाउज़ल्ड्/ *adj.* (बाल) बिखरे हुए, अस्त-व्यस्त (प्रायः आकर्षक प्रकार से)

tout /टाउट्/ *v.* **1** प्रशंसा द्वारा किसी व्यक्ति या वस्तु को महत्वपूर्ण और बहुमूल्य बताकर लोगों को फुसलाना या सहमत करना **2** जन साधारण के बीच जाकर ग्राहक जुटाना (प्रायः अपने माल और सेवाओं के लिए)

tow /टो/ *v.* कार या नाव को किसी वाहन से बाँधकर खींचना ▸ **tow** *n.* पीछे-पीछे ओर खींचना

towards /ट'वॉड्ज़/ *prep.* **1** किसी की ओर खींचना **2** (किसी के विषय में अपनी भावनाओं को प्रकट करते हुए प्रयुक्त) किसी के संबंध में, किसी के प्रति

towel /'टाउअल्/ *n.* तौलिया

tower /'टाउअ(र्)/ *n.* मीनार या किसी चर्च या क़िले की मीनार, टॉवर, बुर्ज

town /टाउन्/ *n.* **1** क़स्बा (गाँव से बड़ी और शहर से छोटी बस्ती), (लघु) नगर **2** क़स्बे के समस्त निवासी

toxic /'टॉक्सिक्/ *adj.* विषैला, ज़हरीला, विषाक्त

toxicology /,टॉक्सि'कॉलजि/ *n.* (विभिन्न) विषों का वैज्ञानिक अध्ययन, विष-विज्ञान ▸ **toxicological** *adj.* विष-विज्ञान-विषयक ▸ **toxicologist** *n.* विष-विज्ञानी

toxin /'टाक्सिन्/ *n.* विषैला पदार्थ (विशेषतः पौधों और पशुओं के जीवाणुओं द्वारा बनाया हुआ), जीवविष

toy /टॉइ/ *n.* बच्चों का खिलौना ▸ **toy** *v.* (**toy with sth**) किसी बात के विषय में गंभीरता से न सोचना

trace /ट्रेस्/ *n.* **1** चिह्न, कोई वस्तु या संकेत जो किसी व्यक्ति या वस्तु के अस्तित्व को या घटना के घटित होने को सूचित करे **2** किसी वस्तु की अत्यल्प मात्रा ▸ **trace** *v.* **1** किसी व्यक्ति या वस्तु का पता लगाना (चिह्नों, संकेतों या अन्य जानकारी की सहायता से) **2** पारदर्शी काग़ज़ से मानचित्र आदि की नक़ल तैयार करना

trachea /ट्र'कीआ/ *n.* (*pl.* **tracheae** or **tracheas**) श्वासनली

tracing /'ट्रेसिङ्/ *n.* पारदर्शक कागज़ पर आरेखण द्वारा खींचे गए ड्राइंग या नक़्शों की प्रतिलिपि

track /ट्रैक्/ *n.* **1** लोगों के चलने से बना रास्ता, पगडंडी या ऊबड़-खाबड़ सड़क **2** रेल की पटरी ▸ **track** *v.* किसी व्यक्ति या वस्तु का पीछा करना

track record *n.* व्यक्ति या संस्था की समस्त विगत सफलताएँ या विफलताएँ

tracksuit /'ट्रैक्सूट्/ *n.* खेल-अभ्यास के लिए प्रयुक्त गरम जोड़ा (पैंट और मेल खाती जैकेट), ट्रैकसूट

tract /ट्रैक्ट्/ *n.* विशिष्ट उद्देश्य वाले और परस्पर संबद्ध (शरीर के) अंगों और नलिकाओं की प्रणाली

tractable /'ट्रैक्टबल्/ *adj.* जिसकी व्यवस्था या नियंत्रण करना आसान हो, सुविधाजनक, प्रबंधनीय ▸ **tractability** *n.* वश्यता, क़ाबू में आनेवाला

traction /'ट्रैक्शन्/ *n.* **1** सतह पर कुछ खींचने की क्रिया, कर्षण, कर्षण में प्रयुक्त बल का प्रकार **2** वाहन के पहियों आदि को ज़मीन पर फिसलने से रोकने वाली शक्ति

tractor /'ट्रैक्ट(र्)/ *n.* भारी मशीनें खींचने के लिए खेतों में प्रयुक्त बड़ी गाड़ी, ट्रैक्टर

trade /ट्रेड्/ *n.* **1** व्यापार, लेन-देन **2** व्यापार विशेष ▸ **trade** *v.* **1** (सामान या सेवाओं का) व्यापार करना **2** एक वस्तु देकर दूसरी वस्तु लेना, वस्तु-विनिमय करना ▸ **trading** *n.* व्यापार

t

trade fair *n.* एक बड़ी घटना जिसमें बहुत सारी कंपनियाँ एक ही स्थान पर अपने उत्पाद एवं सेवाओं का प्रदर्शन करती हैं एवं उन्हें बेचने का प्रयास करती हैं, व्यापार मेला

trademark /'ट्रेड्माक्/ *n.* व्यापार-चिह्न (किसी कंपनी द्वारा अपनी वस्तुओं के लिए प्रयुक्त विशेष चिह्न, डिज़ाइन या नाम जिसका इस्तेमाल दूसरी कंपनी नहीं कर सकती), मार्का, ट्रेडमार्क

trade-off *n.* दो विपरीत वांछनीय स्थितियों, गुणों अथवा वस्तुओं के बीच संतुलन बनाना, लेन-देन, समझौता, समंजन

trader /'ट्रेड(र्)/ *n.* (कंपनी के शेयर या बाज़ार में माल बेचने वाला) व्यापारी

trade route *n.* (विगत में प्रयुक्त) स्थल या जल में वह मार्ग जिसका व्यापार करने के लिए प्रयोग किया जाता था, व्यापार मार्ग

trade secret *n.* वस्तु-विशेष की निर्माण-प्रक्रिया के विषय में निर्माता कंपनी तक सीमित जानकारी, व्यापार-रहस्य

trade union *n.* श्रमिक संघ (एक ही प्रकार के काम करने वाले श्रमिकों का संगठन जो श्रमिकों को बेहतर वेतन आदि दिलाने का प्रयत्न करता है), मज़दूर संगठन, ट्रेड यूनियन

tradition /ट्र'डिश्न्/ *n.* परंपरा (अतीत से वर्तमान तक चली आई कोई प्रथा, धारणा या कार्यशैली), परिपाटी, दस्तूर ▸ **traditional** *adj.* परंपरागत, पारंपरिक ▸ **traditionally** *adv.* परंपरा के अनुसार

traffic /'ट्रैफ़िक्/ *n.* **1** समय-विशेष पर सड़क पर आते-जाते समस्त वाहन, यातायात, ट्रैफ़िक **2** जलपोतों, विमानों आदि का आना-जाना या यातायात ▸ **traffic** *v.* अवैध व्यापार चलना या करना ▸ **trafficker** *n.* अवैध व्यापार करने वाला, अवैध व्यापारी

tragedy /'ट्रैजडि/ *n.* (*pl.* **tragedies**) **1** बहुत दुखद घटना या स्थिति (विशेषतः जिसमें मृत्यु तक हो जाए) **2** दुखांत नाटक, त्रासदी, शोकांतिका

tragic /'ट्रैजिक्/ *adj.* **1** बहुत दुख पहुँचाने वाला, अति दुखद (मृत्यु की घटना हो जाने के कारण) **2** (साहित्य के लिए प्रयुक्त) त्रासदी की तर्ज़ पर, त्रासदी का-सा ▸ **tragically** *adv.* दुखद रूप से

tragicomedy /ˌट्रैजि'कॉमडि/ *n.* (*pl.* **tragicomedies**) दुःख सुखमय (नाटक), त्रासकामदी

trail /ट्रेल्/ *n.* **1** किसी के चलने से बनी चिह्न-रेखा **2** पगडंडी ▸ **trail** *v.* **1** किसी के पीछे घिसटना, खिंचना या (किसी को पीछे से) खींचना **2** किसी दूसरे के पीछे धीरे-धीरे चलना, घिसटते हुए चलना (प्रायः थक या ऊब जाने के कारण)

trail blazer /'ट्रेलब्लेज़(र्)/ *n.* पथप्रदर्शक

trailer /'ट्रेल(र्)/ *n.* **1** किसी वाहन द्वारा खींची जाने वाली डिब्बेदार गाड़ी, अनुयान, ट्रेलर **2** किसी फ़िल्म का ट्रेलर (किसी फ़िल्म के विज्ञापन के लिए उससे लिए गए अंश)

train /ट्रेन्/ *n.* **1** रेलगाड़ी (जिसमें सवारियों के लिए डिब्बे और कोच होते हैं और माल ढोने के लिए वैगन) **2** परस्पर संबद्ध विचारों या घटनाओं की श्रृंखला ▸ **train** *v.* **1** किसी व्यक्ति को कठिन या अभ्यास की अपेक्षा वाला काम सिखाना, प्रशिक्षण देना **2** अभ्यास करते हुए तैयारी करना (विशेषतः किसी खेल-स्पर्धा की), किसी व्यक्ति या पशु को अभ्यास कराते हुए तैयार करना (खेल-स्पर्धा में भाग लेने के लिए) ▸ **training** *n.* प्रशिक्षण

trainee /ˌट्रे'नी/ *n.* प्रशिक्षणार्थी

trainer /'ट्रेन(र्)/ *n.* **1** खेल के समय या घर की पोशाक के साथ पहना जाने वाला जूता **2** प्रशिक्षक

trait /ट्रेट्/ *n.* किसी व्यक्ति के चरित्र या व्यक्तित्व की विशेषता

traitor /'ट्रेट(र्)/ *n.* देश, मित्र आदि से ग़द्दारी करने वाला, देशद्रोही, मित्रद्रोही, ग़द्दार

trajectory /ट्र'जेक्टरि/ (*pl.* **trajectories**) *n.* (प्रक्षेपित या फेंकी गई वस्तु का) वक्र पथ, प्रक्षेप पथ

tram (or **tramcar**) /ट्रैम्/ *n.* ट्रामगाड़ी (सड़क पर बिछी विशेष रेल-पटरियों पर बिजली से चलने वाली एक प्रकार की बस), ट्राम, ट्रॉली

tramp /ट्रैम्प्/ *n.* **1** मारा-मारा फिरने वाला बेघर या बेकार आदमी, आवारा **2** (लोगों के भारी या आवाज़ करते क़दमों से चलते समय होने वाली) धब-धब की ध्वनि ▸ **tramp** *v.* मंद और भारी क़दमों से चलना (विशेषतः देर तक), धब-धब करते हुए (देर तक) चलना

trample /'ट्रैम्पल्/ *v.* किसी को कुचलना, रौंदना

trance /ट्रान्स्/ *n.* सुषुप्ति की अवस्था, आत्म-विस्मृति (जिसमें व्यक्ति को पता नहीं चलता कि उसके चारों ओर क्या हो रहा है)

tranquil /'ट्रैङ्क्विल्/ *adj.* शांत, प्रशांत ▸ **tranquillity** *n.* शांति, प्रशांति, शांत अवस्था ▸ **tranquilly** *adv.* शांति से, प्रशांति से

tranquillize *v.* व्यक्ति या पशु को शांत या बेहोश करना (विशेषतः नशीली दवा देकर) ▸ **tranquillizer** *n.* व्यक्तियों को अपशमित या सुलाने वाली औषधि

trans- /ट्रैन्ज़, ट्रैन्स/ *prefix* **1** के (उस) पार, के परे **2** दूसरे स्थान पर, दूसरी अवस्था में

t

transaction /ट्रैन्ˈज़ैक्शन्/ *n.* (लोगों के बीच) लेन-देन, सौदा
transatlantic /ˌट्रैन्ज़ट्ˈलैन्टिक्/ *adj.* अटलांटिक सागर के उस पार की ओर या उस पार से, अटलांटिक सागर के आर-पार
transcend /ट्रैन्ˈसेन्ड्/ *v.* किसी वस्तु की सामान्य सीमा का अतिक्रमण करना
transcendental /ˌट्रैन्सेन्ˈडेन्ट्ल्/ *adj.* (विशेषकर धार्मिक या आध्यात्मिक रूप से) सामान्य मानव अनुभव, ज्ञान, तर्क या समझ से बाहर, भावातीत, लोकोत्तर
transcribe /ट्रैन्ˈस्क्राइब्/ *v.* **1** विचारों, भाषण या सामग्री को मौखिक से लिखित या मूल लिखित रूप से भिन्न लिखित रूप में रिकॉर्ड करना **2** ध्वनिक वर्णमाला की सहायता से भाषण-ध्वनियों को लिखित रूप में प्रस्तुत करना, (का) लिप्यंकन करना ▸ **transcription** *n.* लिप्यंतरण, प्रतिलेखन
transcript /ˈट्रैन्स्क्रिप्ट्/ *n.* भाषण आदि की लिखित या मुद्रित प्रति
transfer /ट्रैन्स्ˈफ़(र्)/ *v.* (**transferring, transferred**) **1** एक स्थान से दूसरे स्थान पर जाना या किसी को भेजना, स्थानांतरित होना या करना **2** क़ानूनी रूप से किसी वस्तु को किसी अन्य व्यक्ति के स्वामित्व या नियंत्रण में देना, हस्तांतरित करना ▸ **transferable** *adj.* हस्तांतरणीय या हस्तांतरण-योग्य ▸ **transfer** *n.* **1** किसी स्थान, नौकरी या दशा से दूसरी में जाने या भेजे जाने की क्रिया, स्थानांतरण **2** यात्रा के दौरान एक से दूसरे वाहन या मार्ग को अपनाने की क्रिया
transfix /ट्रैन्स्ˈफ़िक्स्/ *v.* (व्यक्ति या पशु) (भय या आश्चर्य के कारण) हिलने में भी असमर्थ होना, अचंभित होना, स्तंभित कर देना
transform /ट्रैन्स्ˈफ़ॉम्/ *v.* किसी व्यक्ति या वस्तु को पूरी तरह बदल देना (विशेषतया उसमें सुधार लाते हुए) ▸ **transformation** *n.* रूपांतरण
transformer /ट्रैन्स्ˈफ़ॉम(र्)/ *n.* बिजली का ट्रांसफ़ॉर्मर (किसी विद्युत उपकरण में जाने वाली विद्युत की शक्ति को घटाने या बढ़ाने वाला यंत्र)
transfusion /ट्रैन्स्ˈफ़्यूश़न्/ *n.* किसी व्यक्ति को (रोग के कारण दूषित रक्त के स्थान पर) नया रक्त चढ़ाना, रक्ताधान करना
transgender /ट्रैन्ज़्ˈजेन्ड(र्), ट्रैन्स्ˈजेन्ड(र्)/ *adj.* ऐसे व्यक्तियों से संबंधित जिन्हें यह लगता है कि उनका संबंध ग़लत लिंग से है और इसकी अभिव्यक्ति वे अपने पहनावे, रहन-सहन तथा लैंगिक आचरण के माध्यम से करते हैं, विपरीत लिंग प्रदर्शित ▸ **transgendered** *adj.* विपरीत लिंग प्रदर्शित
transgress /ट्रैन्ज़्ˈग्रेस्, ट्रैन्स्ˈग्रेस्/ *v.* सामाजिक, नैतिक या क़ानूनी रूप से स्वीकार्य सीमा से बाहर जाना, अतिक्रमण करना, उल्लंघन करना, हद पार करना, नियम भंग करना ▸ **transgression** *n.* अतिक्रमण, उल्लंघन ▸ **transgressor** *n.* उल्लंघनकर्ता, अपराधी, पापी
transient /ˈट्रैन्ज़िअन्ट्/ *adj.* **1** कुछ अवधि तक जारी रहनेवाला, क्षणिक, क्षणभंगुर, अस्थायी **2** किसी स्थान पर कुछ समय तक रुकना, काम करना तथा चले जाना, अस्थायी, अनित्य ▸ **transient** *n.* किसी निश्चित स्थान पर थोड़ी अवधि के लिए रुकने या काम

करने तथा उसके बाद चले जानेवाला, अस्थायी, क्षणिक ▸ **transience** *n.* क्षणिकता, क्षणभंगुरता, नश्वरता, अस्थायित्व

transistor /ट्रैन्ज़िस्ट(र्) -'सिस्ट्/ *n.* ट्रांसिस्टर (कंप्यूटर, रेडियो, टीवी आदि में प्रयुक्त एक छोटा इलेक्ट्रॉनिक उपकरण)

transit /'ट्रैन्ज़िट्, -'सिट्/ *n.* **1** एक स्थान से दूसरे स्थान पर भेजने या ले जाने की क्रिया, पारवहन **2** कहीं अन्यत्र जाने के दौरान किसी स्थान से गुज़रने की क्रिया

transition /ट्रैन्'ज़िशन्, -'सिशन्/ *n.* एक दशा या रूप से अन्य में परिवर्तन, संक्रमण, संक्रांति ▸ **transitional** *adj.* संक्रमण या संक्रांति-कालीन

transitory /'ट्रैन्सट्रि/ *adj.* थोड़ी अवधि के लिए ही अस्तित्व में या जारी रहनेवाला, क्षणिक, क्षणभंगुर

translate /ट्रैन्स्'लेट्, ट्रैन्ज़्/ *v.* (एक भाषा से दूसरी भाषा में) अनुवाद करना (लिखित या मौखिक अभिव्यक्ति का)
▸ **translation** *n.* अनुवाद
▸ **translator** *n.* अनुवादक

translucent /ट्रैन्स्'लूसन्ट्, ट्रैन्ज़्/ *adj.* जिसमें से प्रकाश रेखा गुज़र सके (परंतु जो पारदर्शी न हो), पारभासक
▸ **translucence** (or **translucency**) *n.* पारभासिकता

transmigration /ˌट्रैन्ज़्माइ'ग्रेशन्, ˌट्रैन्स्माइ'ग्रेशन्/ *n.* (कुछ धार्मिक मान्यताओं के अनुसार) मृत व्यक्ति की आत्मा का एक शरीर से दूसरे में जाना, देहांतरण, पुनर्जन्म

transmission /ट्रैन्स्'मिशन्, ट्रैन्ज़्/ *n.* **1** टीवी या रेडियो का कार्यक्रम **2** वाहन आदि में ऊर्जा बल को इंजन से पहियों तक पहुँचाने वाली प्रणाली

transmit /ट्रैन्स्'मिट्, ट्रैन्ज़्/ *v.* (**transmi<u>tt</u>ing, transmi<u>tt</u>ed**) **1** टीवी या रेडियो कार्यक्रमों, विद्युत संकेतों आदि को प्रसारित करना **2** एक व्यक्ति या स्थान से दूसरे को भेजना या पहुँचाना, संक्रमित करना
▸ **transmissible** *adj.* संक्रामक, छूत संबंधी

transmitter /ट्रैन्स्'मिट(र्), ट्रैन्ज़्/ *n.* विद्युत संकेतों, टीवी या रेडियो कार्यक्रमों आदि को प्रसारित करने वाला उपकरण, ट्रांसमीटर

transmute /ट्रैन्ज़्'म्यूट्, ट्रैन्स्'म्यूट्/ *v.* एक रूप, प्रकृति या पदार्थ से किसी अन्य में बदलना (प्रायः श्रेष्ठ), स्वरूप बदलना
▸ **transmutation** *n.* रूपांतरण, परिवर्तन

transparency /ट्रैन्स्'पैरन्सि/ *n.* (*pl.* **transparencies**) पारदर्शी प्लास्टिक खंड जिस पर कुछ लिखा हो, या चित्र बना हो (जिसे प्रोजेक्टर पर रोशनी डालकर देखा जा सके)

transparent /ट्रैन्स्'पैरन्ट्/ *adj.* पारदर्शी (जिसके पार की वस्तु दिखाई दे)

transpire /ट्रैन्'स्पाइअ(र्)/ *v.* **1** जानकारी में आना, सचाई का पता चलना **2** घटित होना, होना

transplant /ट्रैन्स्'प्लान्ट्, ट्रैन्ज़्/ *v.* **1** एक व्यक्ति के शरीर से किसी अंग को निकालकर दूसरे के शरीर में लगाना, मानव-अंग का प्रत्यारोपण करना **2** छोटे पौधे को एक स्थान से उखाड़कर दूसरे स्थान पर लगाना, (को) प्रतिरोपित करना
▸ **transplant** *n.* एक व्यक्ति के शरीर से किसी अंग को निकालकर दूसरे के शरीर में लगाने की शल्य-क्रिया, मानव-अंग प्रत्यारोपण (की शल्य-क्रिया)

t

transport /ˈट्रैन्स्पॉट्/ *n.* **1** लोगों या माल को ढोना, परिवहन **2** सवारी के लिए वाहन ▸ **transport** /ट्रैन्ˈस्पॉट्/ *v.* लोगों या माल को ढोना ▸ **transporter** *n.* परिवाहक, वाहक
▸ **transportation** *n.* परिवहन, ढुलाई

transpose /ट्रैन्ˈस्पोज़्/ *v.* **1** वस्तुओं के क्रम को बदलना, का क्रम-विपर्यय करना **2** किसी वस्तु को अन्य स्थान या वातावरण में ले जाना या अन्य रूप में परिवर्तित करना (वस्तु का) स्थानांतरण या रूपांतरण करना ▸ **transposition** *n.* क्रम-विपर्यय, स्वरांतरण

transsexual /ट्रैन्ज़्ˈसेक्शुअल, ट्रैन्स्ˈसेक्शुअल/ *n.* वह व्यक्ति जो मनोवैज्ञानिक एवं भावनात्मक रूप से यह महसूस करता है कि उसे विपरीत लिंग की तरह व्यवहार एवं आचरण करना चाहिए विशेषकर वे जिनका शल्य चिकित्सा द्वारा लिंग बदला गया है, पारलैंगिक, पारलिंगी, लिंगपरिवर्तित (व्यक्ति)

transverse /ˈट्रैन्ज़्वस, ˈट्रैन्स्/ *adj.* आड़ा, तिरछा कटा, अनुप्रस्थ

transvestite /ट्रैन्ज़्ˈवेस्टाइट, ट्रैन्स्ˈवेस्टाइट/ *n.* विशेषकर वह पुरुष जो महिलाओं के पारंपरिक पोशाकों को पहनकर आनंद महसूस करता है, विपरीत लिंग वस्त्र धारण करनेवाला
▸ **transvestism** *n.* विपरीत लिंग वस्त्र धारण

trap /ट्रैप्/ *n.* **1** जंतुओं को पकड़ने के लिए प्रयुक्त फंदा, जाल **2** किसी को फँसाने की योजना, फाँसा, छलछंद
▸ **trap** *v.* **(trapping, trapped)** **1** किसी को ख़तरनाक जगह पर या बुरी हालत में फँसाकर रखना **2** किसी वस्तु को पकड़कर रोक रखना या संचित कर लेना

trapdoor /ˈट्रैप्डॉ(र्)/ *n.* फ़र्श या छत में छोटा दरवाज़ा, फ़र्श-दरवाज़ा या छतद्वार, चोर-दरवाज़ा

trapeze /ट्रˈपीज़्/ *n.* (सर्कस में) क़लाबाज़ी का झूला (दो रस्सियों के सहारे हवा में लटकता लकड़ी या धातु का डंडा, क़लाबाज़ों द्वारा करतब दिखाने के लिए प्रयुक्त)

trapezium /ट्रˈपीज़िअम्/ *n.* (*pl.* **trapezia** or **trapeziums**) समलंबाभ चतुर्भुज (चार सीधी रेखाओं वाली आकृति जिसमें आमने-सामने की दो रेखाएँ समानांतर होती हैं)

trappings /ˈट्रैपिङ्ज़्/ *n.* (*pl.*) विशिष्ट सामाजिक स्थिति के द्योतक कपड़े, सामान आदि सामग्री, साज़-सामान

trash /ट्रैश्/ *n.* (*US* **rubbish**) बेकार की चीज़ें, कूड़ा-करकट ▸ **trashy** *adj.* बेकार, तुच्छ

trauma /ˈट्रॉमा/ *n.* गहरा आघात और खिन्नता की स्थिति (उत्पन्न करने वाली घटना) ▸ **traumatic** *adj.* आघातकारी
▸ **traumatize** *v.* चोट पहुँचाना, आघात पहुँचाना

travail /ˈट्रैवेल, ट्रˈवेल्/ *n.* कठोर या अप्रिय अनुभव जिसमें परिश्रम, प्रयास, पीड़ा शामिल है, कष्ट, घोर श्रम

travel /ˈट्रैव्ल्/ *v.* **(travelling, travelled;** *US* **traveling, traveled)** **1** यात्रा या सफ़र करना (विशेषतः लंबी दूरी का) **2** किसी निश्चित दूरी की यात्रा करना ▸ **travel** *n.* **1** (किसी स्थान की) यात्रा, सफ़र **2** (*pl.* **travels**) दूर-दूर की यात्राएँ

travel agency *n.* (*pl.* **travel agencies**) लोगों का यात्रा संबंधी आवश्यकताएँ (टिकट ख़रीदना, होटल

तय करना आदि) पूरी करने वाली कंपनी, यात्रा एजेंसी, ट्रैवल एजेंसी

travel agent *n.* **1** लोगों की यात्रा-संबंधी आवश्यकताएँ पूरी करने का काम करने वाला व्यक्ति, यात्रा एजेंट, ट्रैवल एजेंट **2** यात्रा एजेंट का कार्यालय

traveller /'ट्रैवल(र्)/ *n.* **1** प्रायः यात्रा करने वाला व्यक्ति, यात्री, मुसाफ़िर **2** बड़े वाहन से देश में स्थान-स्थान की यात्रा करने वाला ऐसा व्यक्ति जिसका कोई स्थायी घर नहीं, मोटर वाला बेघर सैलानी

travelogue /'ट्रैवलॉग्/ *n.* यात्रा से संबंधित किताब, लेख आदि, यात्रा वृत्तांत, सफ़रनामा

traverse /ट्रै'वर्स्/ *v.* स्थल क्षेत्र या जल क्षेत्र के आर-पार जाना, घूमना, पार करना ▸ **traverse** *n.* (पर्वतारोहण में प्रयुक्त) किनारे-किनारे चलना या तिरछी ढाल को पार करने के लिए चलना, ऐसा स्थान जहाँ यह संभव या आवश्यक है, तिरछी गति

travesty /'ट्रैवसटि/ *n.* (*pl.* **travesties**) विडंबना, अपेक्षित गुणवत्ता या महत्व के अभाव के कारण घटिया और अपमानजनक होना, प्रहसन

trawl /ट्रॉल्/ *v.* **1** किसी ख़ास व्यक्ति या वस्तु की खोज में बहुत सारी जानकारी, बहुत-से लोगों, स्थानों आदि को छान डालना **2** चौड़े मुँह वाले जाल को पानी में डालकर कुछ ढूँढ़ना ▸ **trawl** *n.* **1** बहुत सारी जानकारी, दस्तावेज़ आदि में से की गई खोज या छान-बीन **2** समुद्र की गहाराई से मछलियाँ पकड़ने के लिए प्रयुक्त चौड़े मुँह वाला बड़ा जाल, समुद्री मछलियाँ पकड़ने का महाजाल

trawler /'ट्रॉल(र्)/ *n.* मछलियाँ पकड़ने वाली नौका (जिसके पीछे जाल लगे रहते हैं), ट्रॉलर

tray /ट्रे/ *n.* **1** खाद्य और पेय पदार्थों को ले जाने के लिए प्रयुक्त लकड़ी, प्लास्टिक, धातु आदि की बड़ी तश्तरी, ट्रे, किश्ती **2** मेज़ पर काग़ज़ आदि रखने की ट्रे

treacherous /'ट्रेचरस्/ *adj.* **1** (व्यक्ति) विश्वासघाती और हानि पहुँचा सकने वाला, धोखेबाज़ **2** ख़तरनाक (यद्यपि दिखने में सुरक्षित)

tread /ट्रेड्/ *v.* (**treading, trod, trodden**) **1** (किसी चीज़ पर) चलना, पैर रखना **2** (किसी चीज़ को) कुचलना ▸ **tread** *n.* **1** पैरों की आहट, पदचाप, पगध्वनि, चलने का ढंग, चाल **2** टायर की गुड्डी (सतह पर की कुछ उठी हुई आकृति)

treason /'ट्रीज़न्/ *n.* देश से विश्वासघात (उदाहरण के लिए, शत्रुओं का साथ देना), ग़द्दारी, देशद्रोह

treasure /'ट्रेश़(र्)/ *n.* **1** सोना, चाँदी, आभूषण आदि बहुमूल्य वस्तुओं का ख़ज़ाना **2** कोई बहुमूल्य वस्तु ▸ **treasure** *v.* किसी व्यक्ति या वस्तु को मूल्यवान समझना ▸ **treasurer** *n.* (किसी क्लब या संस्था का) ख़ज़ांची, कोषपाल

treasury /'ट्रेश़रि/ *n.* (*pl.* **treasuries**) राज्य का राजस्व या निधि, राजकोष, सरकारी ख़ज़ाना

treat /ट्रीट्/ *v.* **1** किसी व्यक्ति या वस्तु के प्रति विशेष ढंग से कोई कार्य करना या उसके साथ विशेष व्यवहार करना **2** किसी वस्तु को ख़ास ढंग से लेना ▸ **treat** *n.* किसी के लिए ख़रीदी या स्वयं को दी गई विशिष्ट या आनंदप्रद

वस्तु ▸ **treatment** *n.* आचरण, इलाज, व्यवहार

treatise /ˈट्रीटिस्, ˈट्रीटिज़्/ *n.* विषय विशेष का वर्णन करनेवाला लंबा लेख या पुस्तक

treaty /ˈट्रीटि/ *n.* (*pl.* **treaties**) (देशों के बीच) औपचारिक संधि

treble /ˈट्रेबल्/ *v.* किसी वस्तु का तिगुना हो जाना या उसको तिगुना कर देना ▸ **treble** *det.* तिगुना ▸ **treble** *n.* गायक लड़के का उच्च स्वर

tree /ट्री/ *n.* वृक्ष, पेड़, दरख़्त

trek /ट्रेक्/ *n.* **1** (सामान्यतः) पर्वतों की लंबी कठोर पैदल यात्रा **2** लंबा पैदल का रास्ता ▸ **trek** *v.* (**trekking, trekked**) लंबी पैदल यात्रा करना

trellis /ˈट्रेलिस्/ *n.* बेलों को चढ़ने में सहारा देने वाली जाफ़री (एक दूसरे को काटती लकड़ी की पट्टियों से बनी), जाली

tremble /ˈट्रेम्बल्/ *v.* (ठंड, डर आदि के कारण) काँपना ▸ **tremble** *n.* कंपन

tremendous /ट्रˈमेन्डस्/ *adj.* **1** बहुत बड़ा या अधिक **2** बहुत अच्छा, असाधारण ▸ **tremendously** *adv.* अत्यधिक, प्रचंड रूप से

tremor /ˈट्रेम(र्)/ *n.* हलका कंपन

t

tremulous /ˈट्रेम्यलस्/ *adj.* घबराहट के कारण काँपता हुआ, कँपा देनेवाला, कंपायमान ▸ **tremulously** *adv.* काँपते हुए

trench /ट्रेन्च्/ *n.* **1** पानी बहने के लिए ज़मीन में लंबी तंग नली, खाई, परिखा **2** (सैनिकों के छिपने की) ख़ंदक (लंबा गहरा गड्ढा)

trend /ट्रेन्ड्/ *n.* सामान्य प्रवृत्ति ▸ **trendy** /ˈट्रेन्डि/ *adj.* (**trendier, trendiest**) फ़ैशनेबल

trepidation /ˌट्रेपिˈडेश्न्/ *n.* भय, चिंता या घबराहट (विशेषकर कुछ अप्रिय घटित होने की)

trespass /ˈट्रेस्पस्/ *v.* किसी की भूमि या (गृह) संपत्ति में अनधिकार प्रवेश करना ▸ **trespasser** *n.* किसी की भू या गृह संपत्ति में अनधिकार प्रवेश करने वाला, अतिक्रमी

tresses /ˈट्रेसिज़्/ *n.* (*pl.*) (महिला के) लंबे बाल, केश

trial /ˈट्राइअल्/ *n.* **1** मुक़दमा, न्यायालय में न्यायाधीश आदि के द्वारा साक्ष्यों की जाँच **2** किसी व्यक्ति या वस्तु की जाँच

triangle /ˈट्राइऐङ्ग्ल्/ *n.* **1** त्रिकोण (तीन सीधे पार्श्वों वाली आकृति), त्रिभुज **2** त्रिभुज की आकृति वाला एक वाद्य (जिसे धातु की छड़ी से बजाया जाता है) ▸ **triangular** *adj.* त्रिकोण या त्रिभुज की आकृति का, त्रिभुजाकार या त्रिकोणीय

tribe /ट्राइब्/ *n.* जनजाति (समान भाषा और प्रथाओं वाले लोगों का समूह जिनका कोई व्यक्ति नेता होता है), क़बीला ▸ **tribal** *adj.* जनजातीय, क़बायली

tribulation /ˌट्रिब्युˈलेश्न्/ *n.* घोर कष्ट या मुसीबत

tribunal /ट्राइˈब्यूनल्/ *n.* विशेष न्यायालय जो विशेष प्रकार के विवाद निपटाता है, अधिकरण न्यायाधिकरण

tributary /ˈट्रिब्यट्रि/ *n.* (*pl.* **tributaries**) (किसी बड़ी नदी की) सहायक नदी

tribute /ˈट्रिब्यूट्/ *n.* **1** किसी व्यक्ति या वस्तु को (विशेषतः उसकी स्मृति में) सम्मान या प्रशंसा के शब्द या कार्य **2** श्रेय

की बात, श्रेष्ठ होने का संकेत

triceps /ˈट्राइसेप्स्/ *n.* (*pl.* **triceps**) बाँह के ऊपरी भाग के पीछे की मांसपेशी, त्रिशिरस्क

trick /ट्रिक्/ *n.* **1** चाल, दाँव-पेंच या (दूसरे को बुरा लगने वाला) मज़ाक़ **2** उलझाने वाली बात (जिसके कारण ग़लती संभावित हो) ▸ **trick** *v.* किसी से छल करना

trickle /ˈट्रिक्ल्/ *v.* **1** (द्रव का) बूँद-बूँद टपकना **2** धीमी चाल से कहीं जाना ▸ **trickle** *n.* द्रव की क्षीण धारा

tricky /ˈट्रिकि/ *adj.* (**trickier, trickiest**) जटिल, पेचीदा

tricolor /ˈट्रिकल(र्)/ *n.* (तीन रंगों का) तिरंगा (झंडा)

tricycle /ˈट्राइसिक्ल्/ *n.* तीन पहियों वाली साइकिल

trifle /ˈट्राइफ़्ल्/ *n.* **1** हलका-सा, ज़रा, कुछ-कुछ **2** मूल्य या महत्व की दृष्टि से नगण्य, तुच्छ

trifling /ˈट्राइफ़्लिङ्/ *adj.* छोटा-सा या महत्वहीन, मामूली

trigger /ˈट्रिग(र्)/ *n.* **1** (बंदूक़ का) घोड़ा **2** विशेष प्रतिक्रिया या घटना (विशेषतः बुरी) का कारण बनना ▸ **trigger** *v.* अचानक कुछ करवा देना, किसी (प्रतिक्रिया को एकाएक प्रवर्तित करना)

trigonometry /ˌट्रिगˈनॉमट्रि/ *n.* त्रिकोणमिति (गणित की एक शाखा जिसमें त्रिकोण की भुजाओं और कोणों के बीच संबंध की व्याख्या की जाती है) ▸ **trigonometric** *adj.* त्रिकोणमितीय ▸ **trigonometrical** *adj.* त्रिकोणमिति-विषयक

trilateral /ˌट्राइˈलैटरल/ *adj.* **1** अंतर्निहित त्रिपक्षीय **2** त्रिभुजीय

trillion /ˈट्रिल्यन्/ *number* एक लाख करोड़/दस खरब (की संख्या)

trim /ट्रिम्/ *v.* (**trimming, trimmed**) **1** किसी चीज़ को काट-छाँट कर सँवारना **2** अनावश्यक अंश को काटकर निकाल देना ▸ **trim** *n.* काट-छाँट, छँटाई ▸ **trim** *adj.* **1** (व्यक्ति) छरहरा, स्वस्थ और आकर्षक **2** सुव्यवस्थित, साफ़-सुथरा

trimming /ˈट्रिमिङ्/ *n.* **1** (*pl.* **trimmings**) आकृति, स्वाद आदि को सुधारने के लिए प्रयुक्त अतिरिक्त वस्तुएँ, सौंदर्यवर्धक, स्वादवर्धक वस्तुएँ **2** सजावट का सामान

trinity /ˈट्रिनटि/ *n.* (*pl.* **trinities**) **1** (ईसाई मत के अनुसार) तीन व्यक्ति (पिता, पुत्र और दिव्यात्मा) एक साथ मिलकर ईश्वर का निर्माण करते हैं **2** तीन व्यक्तियों का समूह

trinket /ˈट्रिङ्किट्/ *n.* सस्ता गहना या सजावट की छोटी-मोटी चीज़

trio /ˈट्रीओ/ *n.* (*pl.* **trios**) **1** एक साथ गाने या बजाने वालों की तिकड़ी, त्रिवादक या त्रिगायक **2** त्रिवादकों या त्रिगायकों के लिए संगीत-रचना

trip /ट्रिप्/ *n.* मौजमस्ती के लिए या प्रयोजन-विशेष कहीं की यात्रा ▸ **tripper** *n.* सैलानी, पर्यटक ▸ **trip** *v.* (**tripping, tripped**) **1** (चलते हुए) किसी से ठोकर खाकर गिर जाना या गिरने लगना **2** किसी को ठोकर मारकर पूरा या लगभग गिरा देना

tripartite /ट्राइˈपाटाइट्/ *adj.* तीन भागोंवाला अथवा तीन व्यक्तियों, समूहों आदि को सम्मिलित किए हुए, त्रिपक्षीय, त्रिदलीय

t

triple /ˈट्रिप्ल्/ *adj.* त्रिपक्षीय, तिगुना या तिगुने वाला ▸ **triple** *v.* तिगुना होना या करना

triplet /ˈट्रिप्लट्/ *n.* (मनुष्य अथवा पशु) एक ही माँ के एक साथ हुए तीन बच्चों में से एक

triplicate /ˈट्रिप्लिकट्/ *n.* तीन प्रतियों में, तीन बार

tripod /ˈट्राइपॉड्/ *n.* (कैमरा आदि ऊपर रखने की) तिपाई, त्रिपाद

trite /ट्राइट्/ *adj.* (टिप्पणी, विचार आदि) उबाऊ और नीरस (प्रयुक्त होने के कारण या कई बार व्यक्त किए जाने के कारण), मौलिक नहीं, घिसा-पिटा ▸ **tritely** *adv.* नीरस ढंग से, घिसे-पीटे ढंग से ▸ **triteness** *n.* नीरसता

triumph /ˈट्राइअम्फ़्/ *n.* महान सफलता या विजय, सफलता या विजय का उल्लास ▸ **triumph** *v.* सफलता प्राप्त करना, किसी व्यक्ति या वस्तु को हराना

triumphant /ट्राइˈअम्फ़न्ट्/ *adj.* विजय या सफलता की प्राप्ति पर अत्यंत प्रसन्न, विजयोल्लसित ▸ **triumphantly** *adv.* विजयोल्लास के साथ

triumvirate /ट्राइˈअम्वरट्/ *n.* तीन शक्तिशाली लोगों का समूह, तीन संयुक्त शासकों का गण, शासकत्रयी

trivia /ˈट्रिविआ/ *n.* **1** महत्वहीन बातें, विवरण या जानकारी, तुच्छताएँ **2** विभिन्न विषयों के तथ्य जिससे खेल द्वारा लोगों का ज्ञान जाँचते हैं

trivial /ˈट्रिविअल्/ *adj.* महत्वहीन, मामूली, नगण्य, तुच्छ ▸ **triviality** *n.* (*pl.* **trivialities**) नगण्यता, तुच्छता, तुच्छ बात

troll /ट्रॉल्/ *n.* एक गंदा दैत्य या बौना

trolley /ˈट्रॉलि/ *n.* **1** सामान ढोने की हाथगाड़ी, ट्रॉली **2** (खाने-पीने का सामान ले जाने या परोसने के लिए प्रयुक्त) पहिएदार छोटी मेज़

troop /ट्रूप्/ *n.* **1** (*pl.* **troops**) सेना, फ़ौज **2** मनुष्यों या पशुओं का बड़ा दल, टोली ▸ **troop** *v.* दल, टोली बनाकर आना

trophy /ˈट्रोफ़ि/ *n.* (*pl.* **trophies**) ट्रॉफ़ी, विजयोपहार (एक बड़ा चाँदी का प्याला आदि)

tropic /ˈट्रॉपिक्/ *n.* **1** भूमध्यरेखा के 23° 27ʹ उत्तर या दक्षिण की निश्चित अक्षांश रेखा (उत्तर में कर्क रेखा तथा दक्षिण में मकर रेखा) **2** (*pl.* **tropics**) इन रेखाओं के बीच का भू-प्रदेश (जहाँ जलवायु गरम और नम होती है), उष्णकटिबंध ▸ **tropical** *adj.* उष्णकटिबंधीय

troposphere /ˈट्रॉपस्फ़िअ(र्)/ *n.* पृथ्वी के वायुमंडल (पृथ्वी की सतह से 6 से 10 किलोमीटर ऊपर तक का भाग) की निम्नतम परत, क्षोभमंडल

trot /ट्रॉट्/ *v.* (**trotting, trotted**) **1** (घोड़े और घुड़सवार का) दुलकी चाल-चलना (उछल-उछल कर मध्यम गति से चलना) **2** (व्यक्ति या पशु का) तेज़ चलना (छोटे डग भरते हुए) ▸ **trot** *n.* मध्यम गति

trouble /ˈट्रब्ल्/ *n.* **1** समस्या, कठिनाई या चिंता (उत्पन्न करने वाली स्थिति) **2** अतिरिक्त काम या प्रयास, परेशानी ▸ **trouble** *v.* **1** किसी को चिंतित, परेशान आदि कर देना **2** (नम्रतापूर्वक अनुरोध करने के लिए प्रयुक्त) किसी को कष्ट देना

troublemaker /ˈट्रब्ल्मेक(र्)/ *n.* मुसीबत पैदा करने वाला व्यक्ति, उपद्रवी

troubleshoot /ˈट्रबलशूट्/ *v.* **1** किसी संस्था की समस्याओं को हल करना **2** किसी विद्युत प्रणाली या मशीन की त्रुटि को सुधारना

▸ **troubleshooter** *n.* समस्या-निवारक या त्रुटि-सुधारक व्यक्ति

troublesome /ˈट्रब्ल्सम्/ *adj.* (लंबे समय तक) कष्टकर, पीड़ादायक

trough /ट्रॉफ़्/ *n.* **1** (पशुओं को खिलाने या पिलाने की) नाँद, कुंड, द्रोण, द्रोणिका **2** दो ऊँचे क्षेत्रों के बीच एक नीचा क्षेत्र या बिंदु, गर्त

trounce /ˈट्राउन्स्/ *v.* किसी को बुरी तरह हराना, पराजित करना

troupe /ट्रूप्/ *n.* अभिनेताओं, नृतकों, गायकों आदि की मंडली, नाटकमंडली, नर्तक मंडली

trouper /ˈट्रूप(र)/ *n.* **1** नाटक मंडली का अनुभवप्राप्त सदस्य **2** विश्वस्त व्यक्ति

trousers /ˈट्राउज़ज़्/ *n.* (*pl.*) पतलून, पैंट

trousseau /ˈट्रूसो/ *n.* (*pl.* **trousseaus** or **trousseaux**) महिला (जिसका विवाह होनेवाला है) के कपड़े एवं अन्य सामान, दुल्हन का साज़-सामान, दुल्हन के वस्त्राभूषण

trout /ट्राउट्/ *n.* (*pl.* **trout**) (नदी में रहने वाली) एक प्रकार की खाने की मछली

trowel /ˈट्राउअल्/ *n.* **1** माली द्वारा प्रयुक्त खुरपी जैसा औज़ार **2** करनी, कन्नी (राज मिस्त्री द्वारा मकान बनाने में प्रयुक्त औज़ार)

truant /ˈट्रूअन्ट्/ *n.* स्कूल से भागने वाला बच्चा, पढ़ाईचोर बालक ▸ **truancy** *n.* पलायनशीलता, स्कूल से भागे रहना, पढ़ाई-चोरी

truce /ट्रूस्/ *n.* (अस्थायी) युद्धविराम

truck /ट्रक्/ *n.* **1** ट्रक **2** सामान या पशु ले जाने वाले रेलगाड़ी के डिब्बे

trucker *n.* ट्रक चलाने वाला, ट्रक चालक

trudge /ट्रज्/ *v.* थकावट के कारण धीरे-धीरे चलना

true /ट्रू/ *adj.* **1** ठीक या सही **2** वास्तविक या प्रामाणिक

truffle /ˈट्रफ़्ल्/ *n.* **1** खुमी, कवक **2** नर्म चाकलेट की मिठाई

truism /ˈट्रूइज़म्/ *n.* घिसी-पिटी बात

truly /ˈट्रूलि/ *adv.* **1** (किसी मनोभाव और वक्तव्य पर बल देने के लिए प्रयुक्त) वस्तुतः, सचमुच, पूर्णतः, पूरी तरह से **2** किसी बात के सही या यथार्थ या सुनिश्चित होने पर बल देने के लिए प्रयुक्त

trump /ट्रम्प्/ *n.* (ताश के कुछ खेलों में) तुरूप, रंग का पत्ता (वह पत्ता जिसे अन्य पत्तों से बड़ा मान लिया जाता है)

trumpet /ˈट्रम्पिट्/ *n.* तुरही (पीतल से बना फूँक मारकर बजाया जाने वाला बाजा, जिस पर स्वर-परिवर्तन के लिए तीन बटन लगे होते हैं) ▸ **trumpet** *v.* (**trumpeting, trumpeted**) **1** तुरही बजाना **2** (सार्वजनिक रूप से) ढिंढोरा पीटना

truncate /ट्रङ्ˈकेट्/ *v.* किसी वस्तु को आकार में छोटा करना (विशेषतः आरंभिक या अंतिम अंश काटकर)

trundle /ˈट्रन्ड्ल्/ *v.* किसी भारी वस्तु का (आवाज़ करते हुए) लुढ़कना या उसे लुढ़काना

trunk /ट्रङ्क्/ *n.* **1** वृक्ष का तना **2** हाथी की सूँड़

trust /ट्रस्ट्/ *n.* **1** किसी पर विश्वास, भरोसा (उसके भला, ईमानदार आदि होने

का निश्चय) 2 न्यास (किसी अन्य व्यक्ति की संपत्ति की देखभाल के लिए, उसके बड़ा होने तक, की गई वैधानिक व्यवस्था), ट्रस्ट ▸ **trust** *v.* किसी पर विश्वास या भरोसा करना (उसके भला, ईमानदार आदि होने के विषय में निश्चित होना) ▸ **trustworthy** *adj.* विश्वसनीय, भरोसे का

trustee /ट्र'स्टी/ *n.* किसी अन्य व्यक्ति की संपत्ति की देखभाल करने वाला व्यक्ति, ट्रस्टी, न्यासी

truth /ट्रूथ्/ *n.* (*pl.* **truths**) 1 सत्य, सचाई, यथार्थता, सच्ची बातें, तथ्य 2 सत्यता, सचाई, असलियत, वास्तविकता

truthful /'ट्रूथ्फ़्ल्/ *adj.* 1 (व्यक्ति) सच्चा, सत्यवादी, सत्यनिष्ठ, ईमानदार 2 (वक्तव्य) सत्य या सही ▸ **truthfully** *adv.* सत्यनिष्ठापूर्वक, सचाई से

try /ट्राइ/ *v.* 1 (कुछ करने का) प्रयत्न करना 2 किसी चीज़ को आज़माना, परखना (कि वह कितनी अच्छी या कारगर है) ▸ **try** *n.* (*pl.* **tries**) कुछ करने का प्रयत्न, प्रयास, कोशिश

trying /'ट्राइइङ्/ *adj.* थकाऊ या खिजाऊ

tryst /ट्रिस्ट्/ *n.* पूर्व निश्चित गुप्त भेंट (प्रायः प्रेमियों की), अभिसार

tsar /ज़ा(र्)/ (or **czar**) *n.* विगत में रूस के सम्राट की पदवी, ज़ार

tsp *abbr.* **teaspoon** का संक्षिप्त रूप, चम्मच भर

tsunami /सू'नामि/ *n.* (प्रायः समुद्र में भूकंप आने से उत्पन्न) विशाल और विनाशकारी लहर, सुनामी

tub /टब्/ *n.* 1 टब (बड़ा गोल या अंडाकार पात्र) 2 खाद्य वस्तुएँ रखने का प्लास्टिक का छोटा ढक्कनदार पात्र

tube /ट्यूब्/ *n.* 1 लंबी ख़ाली नली, ट्यूब 2 मुलायम प्लास्टिक या धातु का ढक्कनदार लंबा पात्र, ट्यूब, टूथपेस्ट आदि की ट्यूब

tuber /'ट्यूब(र्)/ *n.* क़ंद (जैसे आलू) (जो ज़मीन के नीचे होता है)

tuberculosis /ट्यू,बर्क्यु'लोसिस्/ *n.* क्षय रोग, टीबी

tuck /टक्/ *v.* 1 किसी वस्तु को मोड़कर या उसकी तह बनाकर किसी अन्य वस्तु के अंदर डालना या उसके चारों ओर लपेटना (ताकि वह सँभल जाए) 2 किसी वस्तु को कहीं छिपाकर या सँभालकर रखना

Tudor /'ट्यूड(र्)/ *adj.* अंग्रेज़ शाही ख़ानदान (जिसने 1485–1603 तक शासन किया), ट्यूडर

Tuesday /'ट्यूज़्डे,-डि/ *n.* मंगलवार

tuft /टफ़्ट्/ *n.* बाल, घास आदि का गुच्छा

tug /टग्/ *v.* (**tugging, tugged**) किसी वस्तु को झटके से खींचना (प्रायः अनेक बार) ▸ **tug** *n.* 1 झटका 2 जहाज़ों को खींचकर बंदरगाह आदि पर जाने वाली छोटी शक्तिशाली नाव, कर्षण–नौका, टगबोट

tuition /ट्यु'इशन्/ *n.* किसी विषय में ट्यूशन देना, उसे पढ़ाना (विशेषतः छोटे समूह को)

tulip /'ट्यूलिप्/ *n.* वसंत ऋतु में खिलने वाला कप के आकार का चमकदार फूल, ट्यूलिप

tumble /'टम्बल्/ *v.* 1 (लड़खड़ाकर) एकाएक गिर पड़ना (बिना अधिक चोट खाए) 2 क़ीमत (का) गिर जाना या मात्रा (का) घट जाना ▸ **tumble** *n.* लड़खड़ाहट, गिरावट

tumbler /ˈटम्ब्ल(र्)/ *n.* (पानी आदि पीने का) ऊँचा गिलास (बिना मूठ का, सीधे पार्श्वों वाला)

tummy /ˈटमि/ *n.* (*pl.* **tummies**) (अनौपचारिक) पेट, तोंद

tumour /ˈट्यूम(र्)/ *n.* (*US* **tumor**) रोगाक्रांत शरीर (के किसी भाग) में ऊतकों की असामान्य वृद्धि, गाँठ, रसौली, ट्यूमर

tumult /ˈट्यूमल्ट्/ *n.* कोलाहल, हो-हल्ला ▸ **tumultous** *adj.* (गड़बड़ी या दंगे या उपद्रव से) कोलाहलपूर्ण, हुल्लड़-भरा

tuna /ˈट्यूना/ *n.* (*pl.* **tuna** or **tunas**) खाने की बड़ी समुद्री मछली, ट्यूना

tundra /ˈटन्ड्रा/ *n.* (भूगोल में) (यूरोप, एशिया और उत्तरी अमेरिका के) उत्तरी ध्रुव क्षेत्रों का वृक्षविहीन बर्फ़ीला विस्तृत प्रदेश, टुंड्रा

tune /ट्यून्/ *n.* संगीत की कोई धुन, राग ▸ **tune** *v.* **1** वाद्य यंत्र के सुर मिलाना (उसे) समस्वरित या ट्यून करना (स्वर की ऊँचाई के सही स्तर पर लाने के लिए उन्हें ठीक करना) **2** इंजन को ट्यून करना (इंजन सही ढंग से चले, इसके लिए उसे ठीक करना) ▸ **tuneful** *adj.* सुरीला

tungsten /ˈटङ्स्टन्/ *n.* टंग्स्टन (एक कड़ा हलके स्लेटी रंग का धातु, इस्पात और बिजली के बल्बों के तार बनाने में प्रयुक्त)

tunic /ˈट्यूनिक्/ *n.* **1** महिलाओं की एक पोशाक (प्रायः बिना आस्तीन की, लंबी और ढीली), ट्यूनिक **2** पुलिस अफ़सर, सैनिक आदि की वरदी के साथ की जैकेट

tunnel /ˈटन्ल्/ *n.* सुरंग, भूमिगत पथ (ज़मीन के नीचे का रास्ता) ▸ **tunnel** *v.* (**tunnelling, tunnelled**; *US* **tunneling, tunneled**) सुरंग बनना या बनाना

tunnel vision *n.* **1** ऐसी स्थिति जिसमें व्यक्ति बिलकुल अपने सामने रखी वस्तुओं को ही देख सकता है, सुरंगी दृष्टि **2** (किसी समस्या, योजना, स्थिति, विषय आदि) केवल एक-ही पक्ष को समझना, संकीर्ण दृष्टिकोण

turban /ˈटबन्/ *n.* पगड़ी, साफ़ा

turbine /ˈटबाइन्/ *n.* टरबाइन (मशीन या इंजन, जो पानी, वायु, गैस के दाब से चलने वाले पहिए से संचालित होता है)

turbulent /ˈटब्यलन्ट्/ *adj.* **1** विक्षोभपूर्ण, हंगामेदार **2** (जल या वायु) उग्र रूप से विक्षुब्ध या अशांत ▸ **turbulence** *n.* विक्षोभ, अशांति, उग्र

turf /टफ़्/ *n.* (*pl.* **turfs** or **turves**) टर्फ़, मिट्टी की परत पर लगाई गई छोटी घनी घास (का मैदान) ▸ **turf** *v.* ज़मीन पर घास लगाना

turgid /ˈटजिड्/ *adj.* **1** फूला हुआ, सूजा हुआ **2** (भाषा) शब्दाडंबर ▸ **turgidity** *n.* फुलाव, सूजन

Turk /टक्/ *n.* तुर्की का निवासी, तुर्की, तुर्क

turkey /ˈटकि/ *n.* (*pl.* **turkeys**) एक बड़ी चिड़िया, पीरू (इसे ब्रिटेन में क्रिसमस और अमेरिका में थैंक्स-गिविंग के पर्व पर खाया जाता है)

turmeric /ˈटमरिक्/ *n.* दक्षिण एशियाई पाक कला में प्रयुक्त एक मसाला जिससे खाद्य पदार्थ में पीला रंग आता है, हल्दी, हरिद्रा

turmoil /ˈटमॉइल्/ *n.* शोरगुल या खलबली या अनिश्चितता की स्थिति

turn /टन्/ *v.* **1** (किसी वस्तु का उसके मध्य बिंदु के चारों ओर) घूमना या (को) घुमाना **2** मुँह आदि अंग का घूम जाना या (को) घुमाना ▸ **turn** *n.* **1** किसी वस्तु को घुमाने की क्रिया, घुमाव **2** (वाहन में) दिशा-परिवर्तन

turncoat /ˈटन्कोट्/ *n.* राजनीतिक दल, धार्मिक समूह आदि को छोड़कर भिन्न विचारधारा वाले समूह से जुड़ जानेवाला, पक्ष बदलनेवाला

turning /ˈटनिङ्/ *n.* किसी सड़क पर ऐसा स्थान जहाँ से दूसरी सड़क निकले, मोड़

turning point *n.* समय जब (किसी से) कोई बड़ा (और प्रायः अनुकूल) परिवर्तन घटित हो, (का) निर्णायक क्षण

turnip /ˈटनिप्/ *n.* शलजम (सब्जी), शलग़म

turn-off *n.* अधिक बड़ी और मुख्य सड़क पर ऐसा स्थान जहाँ से कोई और (छोटी) सड़क निकले, मुख्य सड़क पर शाखा-मार्ग का आरंभ-बिंदु

turnout /ˈटनाउट्/ *n.* किसी सभा आदि में उपस्थित लोगों की संख्या, उपस्थिति, जमावड़ा

turnover /ˈटनोव(र्)/ *n.* **1** एक निश्चित अवधि में कंपनी की कुल बिक्री **2** किसी कंपनी में नौकरी छोड़ने वालों के स्थान पर नई नियुक्तियों की दर, किसी कंपनी में श्रम-शक्ति परिवर्तन की दर

turpentine /ˈटपन्टाइन्/ *n.* तारपीन का तेल (पेंट साफ़ करने तथा पेंट को पतला करने में प्रयुक्त)

turquoise /ˈटक्वॉइज़्/ *adj.* & *n.* **1** फ़ीरोज़ा (नग) **2** फ़ीरोज़ी रंग (का)

turret /ˈटरट्/ *n.* छोटा बुर्ज, (किसी बड़ी इमारत के शिखर पर), कंगूरा

turtle /ˈटट्ल्/ *n.* समुद्री कछुआ

turtleneck /ˈटट्लनेक्/ *n.* **1** बंद गले का स्वेटर, टटलनेक **2** विशिष्ट पोशाक के गले को मोड़ने से बना ऊँचा, गोल कॉलर, इस तरह के गलेवाली पोशाक

tusk /टस्क्/ *n.* हाथी का (लंबा नुकीला) दाँत

tussle /ˈटस्ल्/ *n.* एक ही वस्तु के लिए लोगों के बीच संघर्ष, हाथापाई

tutelage /ˈट्यूटलिज्/ *n.* **1** अध्यापन, सलाह या दिशा-निर्देश **2** (किसी अन्य व्यक्ति, देश या संगठन द्वारा) संरक्षित या नियंत्रित

tutor /ˈट्यूट(र्)/ *n.* **1** (एक व्यक्ति या बहुत छोटे समूह को पढ़ाने वाला व्यक्ति) निजी शिक्षक, (प्राइवेट) ट्यूटर, अनुशिक्षक **2** स्कूल, कॉलेज या विश्वविद्यालय में छोटे छात्र-समूह का प्रभारी शिक्षक, (छात्रों को पढ़ाई और उनकी निजी समस्याओं के मामले में परामर्श देने वाला) स्कूल, कॉलेज या विश्वविद्यालय का ट्यूटर

tutorial /ट्यूˈटॉरिअल्/ *n.* कॉलेज या विश्वविद्यालय में अकेले छात्र या छोटे छात्र-समूह को पढ़ाया गया पाठ, अनुशिक्षण-कक्ष

tuxedo /टक्ˈसीडो/ *n.* (*pl.* **tuxedos** or **tuxedoes**) (पुरुष का) औपचारिक रात्रि भोज के समय पहने जाने वाला जैकेट, डिनर-जैकट, भोजकोट

twang /ट्वैङ्/ *n.* तने हुए फ़ीते, तार या इलास्टिक को खींचकर छोड़ देने से उत्पन्न ध्वनि, झंकार, टंकार ▸ **twang** *v.* झंकारना, टंकारना

tweak /ट्वीक्/ *v.* **1** अचानक खींचना या मरोड़ना **2** मशीन आदि की कार्य प्रणाली को सुधारने के लिए हलका-फुल्का

बदलाव लाना, सुधार करना ▸ **tweak** *n.* 1 तेज़ झटका या मरोड़ 2 मशीन आदि की कार्य-प्रणाली में सुधार लाने के लिए हलका-फुल्का बदलाव, सुधार

tweed /ट्वीड्/ *n.* खुरदरी-सी सतह वाला मोटा गरम कपड़ा (जिससे कोट आदि बनते हैं), ट्वीड

tweet /ट्वीट्/ *n.* 1 चिड़ियाँ का चहचहाना, चींचीं 2 ट्वीट्र सोशल नेटवर्किंग सेवा पर विज्ञापित संदेश ▸ **tweet** *v.* 1 चिड़ियाँ की तरह चहचहाना 2 सोशल नेटवर्किंग साइट ट्वीटर के माध्यम से संदेश विज्ञापित करना

tweezers /ˈट्वीज़ज़्/ *n.* (*pl.*) चिमटी (इस चिमटी से बहुत छोटी चीजों को पकड़कर हटाया जा सकता है)

twelfth /ट्वेल्फ़्थ्/ *det.* & *adv.* बारहवाँ ▸ **twelve** *adj.* & *n.* बारह (की संख्या)

twenty /ˈट्वेन्टि/ *adj.* & *n.* बीस (की संख्या)

twice /ट्वाइस्/ *adv.* दो बार, दो गुना

twiddle /ˈट्विड्ल्/ *v.* बेचैनी या ऊब के कारण कुछ अमेठना, घुमाना

twig /ट्विग्/ *n.* किसी पेड़ या झाड़ी की छोटी पतली शाखा, टहनी

twilight /ˈट्वाइलाइट्/ *n.* संध्या का प्रकाश, थोड़ा-थोड़ा अँधेरा, झुटपुटा

twin /ट्विन्/ *n.* 1 जुड़वाँ बच्चों में से एक 2 एक जैसी दो चीज़ों में से एक, जोड़े में से एक

twine /ट्वाइन्/ *n.* मज़बूत रस्सी, डोरी ▸ **twine** *v.* ऐंठना, मरोड़ना, लपेटना

twinge /ट्विन्ज्/ *n.* 1 (शरीर में) अचानक उठा दर्द, टीस 2 मन में अचानक उत्पन्न वेदना

twinkle /ˈट्विङ्क्ल्/ *v.* 1 टिमटिमाना 2 (आँखों का) ख़ुशी के मारे चमकना ▸ **twinkle** *n.* टिमटिमाती रोशनी, आँखों की चमक

twirl /ट्वल्/ *v.* तेज़ी से घूमना या चक्कर खाना, (किसी वस्तु को) तेज़ी से घुमाना या चक्कर खिलाना

twist /ट्विस्ट्/ *v.* 1 (सिर के बाल या कुछ) बटना, गूँथना, (टखना) मरोड़ना, ऐंठना, मरोड़ खा जाना, ऐंठ जाना 2 शरीर के केवल एक अंग का घूमना या उसे घुमाना ▸ **twist** *n.* 1 (किसी वस्तु को) मरोड़ने या ऐंठने की क्रिया 2 किसी कहानी या परिस्थिति में कोई अप्रत्याशित बदलाव या घटना

twit /ट्विट्/ *n.* बेवक़ूफ़ आदमी

twitch /ट्विच्/ *v.* फड़कना, झटका मारना, झटकारना, (किसी को) झटका देना, झटकारना, फड़काना ▸ **twitch** *n.* झटका, मरोड़, खिंचाव, फड़क

twitter /ˈट्विट(र्)/ *v.* (चिड़ियों का) चहकना या चहचहाना ▸ **twitter** *n.* ट्वीटर सोशल नेटवर्किंग सेवा पर विज्ञापित संदेश

two /टू/ *n.* & *adj.* दो (की संख्या)

two-dimensional *adj.* 1 समतल या दो आयामोंवाला (प्राय: लंबाई और चौड़ाई या लंबाई और ऊँचाई), द्वि-आयामी, द्वि-विम 2 विशेषकर नाटक, फ़िल्म, किताब आदि में ऐसे चरित्र के लिए प्रयुक्त जो वास्तविक मनुष्य की तरह प्रतीत नहीं होता है

two-faced *adj.* बेईमान, धोखेबाज़, जिसकी कथनी और करनी में अंतर हो, पाखंडी, दुरंगा, एक ही मुद्दे पर अलग-अलग लोगों को अलग-अलग बातें कहने वाला, ढोंगी

twofold /ˈटूफ़ोल्ड्/ *adj.* **1** दो भागों में, दोहरा **2** (मात्रा, संख्या आदि का) दुगुना, दोहरा ▸ **twofold** *adv.* दोबारा, दोहरा

two-way *adj.* **1** दो अलग दिशाओं में जाने वाला, जो किसी वस्तु को दो अलग दिशाओं में जाने दे **2** (संचार, लोगों में बातचीत) पारस्परिक (दोनों ओर से होने वाला)

tycoon /टाइˈकून्/ *n.* धनी तथा शक्तिशाली व्यापारी या उद्योगपति, धनी-मानी व्यक्ति

type /टाइप्/ *n.* **1** समान विशेषताओं वाले व्यक्तियों या वस्तुओं का समूह (जो अपने से बड़े समूह का भाग हो), प्रकार या क़िस्म **2** मुद्रण या टंकण का टाइप या अक्षर ▸ **type** *v.* टंकण, टाइप या मुद्रण करना (टाइपराइटर या वर्डप्रोसेसर की सहायता से) ▸ **typing** *n.* टंकण (क्रिया)

typecast /ˈटाइप्कास्ट्/ *v.* अभिनेता को एक ही प्रकार की भूमिका देना, प्ररूप में ढालना

typeface /ˈटाइप्फ़ेस्/ *n.* टाइप-फ़ेस, मुद्री-रूप (मुद्रण-कार्य में प्रयुक्त विशेष डिज़ाइन के अक्षर, अंक आदि)

typescript /ˈटाइप्स्क्रिप्ट्/ *n.* टंकित प्रति (दस्तावेज़, मूल ग्रंथ आदि)

typewriter /ˈटाइप्राइट(र्)/ *n.* टाइप करने की मशीन, टाइपराइटर ▸ **typewritten** *adj.* टाइपराइटर या कंप्यूटर की सहायता से लिखा हुआ, टंकित या कंप्यूटर-मुद्रित

typhoid /ˈटाइफ़ॉइड्/ *n.* आंत्र-ज्वर (दूषित भोजन या जल से होने वाला रोग जो घातक भी हो सकता है), टाइफ़ाइड ज्वर

typhoon /टाइˈफ़ून्/ *n.* प्रचंड तूफ़ान, टाइफ़ून

typical /ˈटिपिक्ल्/ *adj.* **1** विशेष व्यक्ति, वस्तु या प्रकार की सामान्य विशेषताओं से युक्त, (किसी का) प्रतिनिधिक **2** ठेठ, विशेषतासूचक

typify /ˈटिपिफ़ाइ/ *v.* (**typifying, typified**) किसी व्यक्ति या वस्तु का प्रतीकी चिह्न या उदाहरण होना, प्रतीक होना, मिसाल होना

typist /ˈटाइपिस्ट्/ *n.* टंकण या टाइप करने वाला व्यक्ति, टंकक, टाइपिस्ट

typography /टाइˈपॉग्रफ़ि/ *n.* लिखित पाठ्य सामग्री को पुस्तक आदि रूप में तैयार करने की कला, मुद्रण कला ▸ **typographical** *adj.* छापने का, मुद्रण का ▸ **typographically** *adv.* मुद्रित रूप से

tyranny /ˈटिरनि/ *n.* (*pl.* **tyrannies**) जनता पर ज़ुल्म, अत्याचार (किसी व्यक्ति या समूह द्वारा किसी देश या राज्य पर अधिकार करने के लिए निर्मम और अन्यायपूर्ण बलप्रयोग) ▸ **tyrannical** *adj.* अत्याचारी, ज़ालिम ▸ **tyrannize** (or **-ise**) *v.* (पर) अत्याचार करना, ज़ुल्म करना

tyrant /ˈटाइरन्ट्/ *n.* अत्याचारी शासक, ज़ालिम हाकिम, तानाशाह

tyre /ˈटाइअ(र्)/ *n.* (*US* **tire**) (कार आदि के) पहिए का टायर

Uu

U /यू/ *abbr.* (ऐसी फ़िल्म के लिए प्रयुक्त जिसे बच्चे और बड़े सब देख सकें), यूनिवर्सल

ubiquitous /यू'बिक्विटस्/ *adj.* एक ही समय में सर्वत्र या अनेक स्थानों पर विद्यमान लगने वाला, यत्र-तत्र, सर्वत्र दृश्यमान, बहुत आम

ugly /'अग्लि/ *adj.* (**uglier, ugliest**) **1** भद्दा (देखने या सुनने में), कुरूप, बदसूरत **2** (स्थिति) ख़तरनाक या भयावह ▸ **ugliness** *n.* भद्दापन, कुरूपता

ulcer /'अल्स(र्)/ *n.* फोड़ा, व्रण, नासूर

ulterior /अल्'टिअरिअ(र्)/ *adj.* छिपाकर रखा गया, गूढ़ या गुप्त

ultimately /'अल्टिमट्लि/ *adv.* **1** अंततोगत्वा, आख़िरकार **2** आधारभूत रूप से, मूलतः, सर्वाधिक महत्वपूर्ण रूप से

ultra- /'अल्ट्रा/ *prefix* अत्यधिक, अति-

ultrasound /'अल्ट्रासाउन्ड्/ *n.* **1** ऐसी ध्वनि जो मानव की श्रवण-क्षमता से परे हो, पराध्वनि **2** शरीर के आंतरिक भाग का चित्र प्रस्तुत करने वाली डॉक्टरी प्रक्रिया, अल्ट्रासाउंड

ultraviolet /ˌअल्ट्रा'वाइअलट्/ *adj.* (प्रकाश) जिससे व्यक्ति की त्वचा काली पड़ जाए और जिसकी अधिक मात्रा ख़तरनाक होती है, पराबैंगनी

umbilical cord /अम्ˌबिलिकल् 'कॉड्/ *n.* नाभि-रज्जु (गर्भस्थ शिशु को माँ से जोड़ने वाली नली), नाल, नाभि-नाड़ी

umbrella /अम्'ब्रेˌला/ *n.* छाता, छतरी

umpire /'अम्पाइअ(र्)/ *n.* टेनिस या क्रिकेट में अम्पायर (वह व्यक्ति जो खेल के नियमों के पालन पर निगाह रखता है) ▸ **umpire** *v.* (किसी मैच में) अम्पायर होना, अम्पायर के रूप में कोई मैच खिलाना

UN /ˌयूˈएˌन्/ *abbr.* **the United Nations** का संक्षिप्त रूप, यूएन, संयुक्त राष्ट्र संघ

un- /अन्/ *prefix* **1** नकारात्मक अर्थ में, अ-/अन-, के विपरीत या विरुद्ध **2** क्रिया से पहले विपरीत कार्य सूचक उपसर्ग

unable /अन्'एबल्/ *adj.* जिसके पास कोई विशेष काम करने के लिए अपेक्षित समय, ज्ञान, कौशल आदि का अभाव हो, अक्षम, कोई विशेष काम करने में असमर्थ, अशक्त

unacceptable /ˌअनक्'सेˌप्टबल्/ *adj.* जो स्वीकार्य या अनुमति देने योग्य न हो, अस्वीकार्य, अग्राह्य

unaffected /ˌअन'फ़ेˌक्टिड्/ *adj.* **1** (किसी से) अप्रभावित **2** (आचरण) जिसमें सहजता हो, (व्यक्ति) सहज रूप से व्यवहार करने वाला, दिखावा न करने वाला, आडंबरहीन

unaffordable /ˌअन'फॉडबल्/ *adj.* इतना महंगा कि ख़रीदने में असमर्थ, वहन करने में असमर्थ

unanimous /यु'नैनिमस्/ *adj.* **1** (व्यक्तियों का समूह) किसी बात पर

एकमत 2 (निर्णय आदि) सर्वसम्मत
unarmed /ˌअन्ˈआम्ड्/ *adj.* (स्थिति) जिसमें शस्त्र का प्रयोग अपेक्षित न हो, (व्यक्ति) निशस्त्र, निहत्था
unavoidable /ˌअनˈव़ॉइडब्ल्/ *adj.* जिससे बचना या जिसे रोकना संभव न हो, अपरिहार्य, अनिवार्य
unaware /ˌअनˈवेअ(र्)/ *adj.* जिसे किसी व्यक्ति या वस्तु की जानकारी न हो या कोई दिखाई न दे, अनजान, अनभिज्ञ, बेख़बर
unbelievable /ˌअन्बिˈलीव़ब्ल्/ *adj.* अत्यंत आश्चर्यजनक, ग़ज़ब का, अविश्वसनीय
unborn /ˌअन्ˈबॉन्/ *adj.* अजन्मा (जिसका अभी जन्म नहीं हुआ)
uncanny /अन्ˈकैनि/ *adj.* विलक्षण, हैरतंगेज़, रहस्यमय
uncertain /अन्ˈसट्न्/ *adj.* 1 अनिश्चित, संशययुक्त, निश्चय करने में असमर्थ, ढुलमुल, अनिश्चयी 2 जिसकी स्पष्ट जानकारी न हो, अजाना या अनिश्चित, डाँवाँडोल
uncle /ˈअङ्कल्/ *n.* चाचा या मामा, फूफा या मौसा
unclean /ˌअन्ˈक्लीन्/ *adj.* 1 गंदा, मैला 2 बुरा, अनैतिक या अपवित्र (धार्मिक मत में) और अतएव छूने या खाने योग्य नहीं
uncomfortable /अन्ˈकम्फ़्टबल्/ *adj.* 1 (पहनने, (पर) बैठने, सोने आदि में) आरामदेह नहीं असुविधाजनक, कष्टप्रद 2 चिंता या संकोच अनुभव या उत्पन्न करने वाला, चिंतित या संकोचपूर्ण
uncommon /अन्ˈकॉमन्/ *adj.* असाधारण, ग़ैर-मामूली
unconcerned /ˌअन्कन्ˈसन्ड्/ *adj.* किसी बात में रुचि या चिंता से विमुख, उदासीन
unconditional /ˌअन्कन्ˈडिशन्ल्/ *adj.* बिना रोक, प्रतिबंध या बिना शर्त के
unconscious /अन्ˈकॉन्शस्/ *adj.* 1 (चोट या बीमारी के कारण) बेहोश, बेसुध, अचेत 2 किसी बात से अनजान, किसी बात से बेख़बर
uncover /अन्ˈकव़(र्)/ *v.* 1 किसी (डिब्बे आदि) का ढक्कन खोलना, निरावरण करना, अनावृत करना 2 किसी बात का पता चलना या उसे खोज लेना, रहस्य या भेद पाना
uncultured /ˌअन्ˈकल्चड्/ *adj.* शिक्षा एवं शिष्टाचार की कमी, अशिष्ट, असभ्य, गँवार (कला, साहित्य आदि समझने में असमर्थ)
undeniable /ˌअन्डिˈनाइअब्ल्/ *adj.* स्पष्ट, सच या अनिश्चित (जिसे नकारा न जा सके), अकाट्य
under /ˈअन्ड(र्)/ *prep. & adv.* 1 (किसी के) नीचे, नीचे से 2 किसी वस्तु की सतह के नीचे, किसी वस्तु से ढका हुआ या जिसके ऊपर कोई और वस्तु हो 3 किसी के शासन या नियंत्रण में
under- /ˈअन्ड(र्)/ *prefix* 1 नीचे का, अधः, अव- 2 कम आयु, स्तर या पद का, अवर-, उप-
undercook /ˌअन्डˈकुक्/ *v.* भोजन को पूरा न पकाना, अधपका छोड़ देना
undercover /ˌअन्डˈकव़(र्)/ *adj.* चोरी-छिपे करने या होने वाला, गुप्त
undercurrent /ˈअन्डकरन्ट्/ *n.* प्रच्छन्न या गुप्त मनोभाव (विशेषतः नकारात्मक और हलके असर वाला)
underdog /ˈअन्डडॉग्/ *n.* दूसरों से कमज़ोर और हारने की संभावना वाला

व्यक्ति, दल आदि, गौण प्रतियोगी

underestimate /ˌअन्डर्ˈएस्टिमेट्/ *v.* **1** किसी वस्तु की मात्रा आदि को वास्तविकता से कम आँकना **2** किसी की शक्ति, गुणवत्ता आदि को वास्तविकता से कम समझना

▸ **underestimate** *n.* कम अंदाज़ा, न्यून प्राक्कलन

undergo /ˌअन्डˈगो/ *v.* **(undergoes, undergoing, underwent,** *pp.* **undergone)** कठिन या अप्रिय स्थिति से गुज़रना, कठिन या अप्रिय स्थिति को झेलना

undergraduate /ˌअन्डˈग्रैजुअट्/ *n.* विश्वविद्यालय में स्नातक कक्षा का छात्र

underline /ˌअन्डˈलाइन्/ *v.* **1** किसी शब्द आदि के नीचे रेखा खींचना, (को) रेखांकित करना **2** किसी बात को साफ़ तौर पर बताना या किसी बात पर बल देना

underneath /ˌअन्डˈनीथ्/ *prep. & adv.* के तले, के नीचे

underprivileged /ˌअन्डˈप्रिव़लिज्ड्/ *adj.* शोषित, अल्प अधिकार वाला (समाज के अन्य सदस्यों की अपेक्षा जिसके पास धन, अधिकार, अवसर आदि कम हों)

underscore /ˌअन्डˈस्कॉ(र्)/ *v.* नीचे लकीर खींचना, अधोरेखांकित करना

understaffed /ˌअन्डˈस्टाफ़्ट्/ *adj.* पर्याप्त कामगारों या निर्धारित संख्या से कम कर्मचारियोंवाला

understand /ˌअन्डˈस्टैन्ड्/ *v.* **(understanding, understood)** **1** किसी बात का अर्थ समझना (उसे जानना या महसूस करना) **2** कोई क्रिया कैसे या क्यों होती है या क्यों महत्वपूर्ण है, इस बात की जानकारी होना

understate /ˌअन्डˈस्टेट्/ *v.* किसी वस्तु के आकार या महत्व को वास्तविकता से काफ़ी कम बताना

▸ **understatement** *n.* खामोशी, चुप्पी, न्यूनोक्ति

undertaker /ˈअन्डटेक(र्)/ *n.* अंत्येष्टि प्रबंधक (शवों के अंत्येष्टि संस्कार का प्रबंध करने वाला व्यक्ति), दायित्व लेने वाला, प्रतिभू

underwater /ˌअन्डˈवॉट(र्)/ *adj. & adv.* पानी के नीचे या जल के अंदर स्थित होने वाला या प्रयोग में आने वाला, अंतर्जलीय, अधोजल

underwear /ˈअन्डवेअ(र्)/ *n.* अंदर पहनने के कपड़े (बनियान, जाँघिया आदि)

underweight /ˌअन्डˈवल्ड्/ *adj.* सामान्य या सही से कम वज़न का

underworld /ˌअन्डˈवेट्/ **1** अपराधियों या अव्यवस्थित अपराधों का संसार **2** चमलोक

undeserved /ˌअनडिˈज़व्ड्/ *adj.* अयोग्य, अनर्जित, अपात्र

undesirable /ˌअनडिˈज़ाइअरब्ल्/ *adj.* अप्रिय या अवांछित, जो समस्याएँ पैदा कर सकता हो

undisclosed /ˌअनडिस्ˈक्लोज़्ड्/ *adj.* (सूचना, समाचार आदि के लिए प्रयुक्त) ज्ञात नहीं या बताया नहीं गया, अज्ञात, गुप्त, गोपनीय

undiscovered /ˌअनडिस्ˈकव़ड्/ *adj.* न पता लगाया हुआ, न खोजा हुआ, अनाविष्कृत, अप्राप्त, अज्ञात

undisputed /ˌअनडिˈस्प्यूटिड्/ *adj.* **1** निर्विवाद (संदेह से परे या प्रमाणित सत्य), अविवादित (विवाद या मतभेद से परे) **2** सर्वमान्य

undo /अन्ˈडू/ *v.* **1** (बाँधी गई गाँठ या

बंद किए गए बटन को) खोलना 2 किए हुए को बिगाड़ देना, व्यर्थ कर देना

undoubted /अन्ˈडाउटिड्/ *adj.* निश्चित, संदेह से मुक्त, जिसे सच मान लिया गया है

undue /ˌअन्ˈड्यू/ *adj.* आवश्यक या उचित मात्रा से अधिक, अत्यधिक ▸ **unduly** *adv.* अत्यधिक

undying /अन्ˈडाइइङ्/ *adj.* शाश्वत, अमर, अंतहीन, अनंत

unearth /अन्ˈअथ्/ *v.* खोदकर कुछ निकालना, छिपी हुई वस्तु को खोज लेना

uneasy /अन्ˈईज़ि/ *adj.* (**uneasier, uneasiest**) 1 चिंतित, फ़िक्रमंद, तनावभरा या बेआराम, बेचैन 2 डाँवाँडोल, डगमग, अस्थिर, अस्थायी, टिकाऊ नहीं

uneducated /अन्ˈएजुकेटिड्/ *adj.* थोड़ा या न के बराबर औपचारिक शिक्षा प्राप्त, अशिक्षित, अनपढ़

unemployed /ˌअनिम्ˈप्लॉइड्/ *adj.* जिसके पास कोई काम-धंधा नहीं, जिसकी नौकरी जाती रही, बेरोज़गार

unemployment /ˌअनिम्ˈप्लॉइमन्ट्/ *n.* 1 बेरोज़गारी, नौकरी न मिलने की स्थिति 2 बेरोज़गार लोगों की संख्या, बेरोज़गार

UNESCO /यूˈनेˌस्को/ *abbr.* **United Nations Educational, Scientific and Cultural Organization** का संक्षिप्त रूप, यूनेस्को, संयुक्त राष्ट्र शैक्षणिक, वैज्ञानिक, तथा सांस्कृतिक संगठन

unethical /अन्ˈएˌथिक्ल्/ *adj.* अनैतिक, बेईमानीवाला

uneven /अन्ˈईव्न्/ *adj.* 1 छोटा-बड़ा, असमान, ऊबड़-खाबड़, खुरदरा, असमतल 2 स्तर या गुणवत्ता की दृष्टि से असमान

unexpected /ˌअनिक्ˈस्पेˌक्टिड्/ *adj.* अप्रत्याशित अतएव आश्चर्यजनक

unfair /ˌअन्ˈफ़ेअ(र्)/ *adj.* 1 जो यथायोग्य व्यवहार वाला नहीं, अन्यायपूर्ण, जिसमें लोगों को बराबर नहीं माना जाता, भेदभावपूर्ण 2 नियमों को ताक़ पर रखकर (केवल) एक व्यक्ति, दल आदि को लाभ पहुँचाने वाला, पक्षपातपूर्ण

unfaithful /अन्ˈफ़ेथ्फ़्ल्/ *adj.* पति-पत्नी के संबंध में निष्ठारहित, बेवफ़ा

unfamiliar /ˌअन्फ़ˈमिलिअ(र्)/ *adj.* 1 जिसे हम अच्छी तरह नहीं जानते, अपरिचित, अनजान 2 (से) अनभिज्ञ (किसी बात की जानकारी या अनुभव से रहित)

unfinished /अन्ˈफ़िनिश्ट्/ *adj.* अपूर्ण, असमाप्त

unfit /अन्ˈफ़िट्/ *adj.* 1 अनुपयुक्त या अयोग्य 2 (पर्याप्त व्यायाम के अभाव में पूर्णतः) स्वस्थ नहीं, अनफ़िट

unfold /अन्ˈफ़ोल्ड्/ *v.* 1 किसी वस्तु का खुलकर फैल जाना, तह लगी वस्तु को खोलना 2 थोड़ा-थोड़ा करके विदित होना या प्रकट करना

unforeseen /ˌअन्फ़ॉˈसीन्/ *adj.* अप्रत्याशित, पूर्वतः अज्ञात, आकस्मिक

unfortunate /अन्ˈफ़ॉचनट्/ *adj.* 1 (स्थिति) दुर्भाग्यपूर्ण (व्यक्ति) दुर्भाग्यशाली, अभागा 2 अफ़सोसनाक, खेदजनक ▸ **unfortunately** *adv.* दुर्भाग्य से

unfurl /ˌअन्ˈफ़ल्/ *v.* फहराना, तह खोलना, खोलना

ungrammatical /ˌअनग्रˈमैटिक्ल्/ *adj.* व्याकरण के नियमों पर आधारित

नहीं, अव्याकरणिक

ungrateful /अन्'ग्रेट्फ़ल्/ *adj.* उपकार न मानने वाला, अकृतज्ञ, कृतघ्न, एहसानफ़रामोश

unhappy /अन्'हैपि/ *adj.* (**unhappier, unhappiest**) **1** दुखी, खिन्न या उदास, दुखभरा, दुर्भाग्यपूर्ण **2** असंतुष्ट या नाराज़, दुखी, परेशान

unharmed /अन्'हाम्ड्/ *adj.* बिना चोट खाए या नुक़सान के, सकुशल, सही-सलामत

unhealthy /अन्'हे,ल्थि/ *adj.* (**unhealthier, unhealthiest**) **1** अस्वस्थ, बीमार-सा **2** अस्वाभाविक, असामान्य

unheard /अन्'हड्/ *adj.* जो सुना नहीं गया, अनसुना या जिस पर ध्यान नहीं दिया गया, जान-बूझ कर उपेक्षित

unholy /अन्'होलि/ *adj.* **1** धर्म विशेष के नियमों का सम्मान न करनेवाला, अपावन **2** ख़तरनाक, अशुभ

unhurt /अन्'हट्/ *adj.* बिना चोट खाए, बेचोट या बिना क्षति के, अक्षत

unhygienic /,अन्हाइ'जीनिक्/ *adj.* गंदा एवं अस्वास्थ्यकर, स्वास्थ्य एवं सफ़ाई को प्रभावित करनेवाला

unicorn /'यूनिकॉन्/ *n.* (केवल कथाओं में कल्पित) सफ़ेद रंग के घोड़े जैसा पशु जिसके माथे पर एक सींग होता है, एकशृंगी, इकसिंगा

unidentified /,अन्आइ'डे,न्टिफ़ाइड्/ *adj.* जिसकी पहचान न हुई हो, अज्ञात

uniform /'यूनिफ़ॉम्/ *n.* एक जैसी पोशाक, वरदी (जिसे कुछ संस्थाओं या समूहों के सदस्य और अकसर स्कूली बच्चे पहनते हैं) ▸ **uniform** *adj.* जो बदलता नहीं, अविकारी, अपरिवर्ती, सब स्थितियों या समय में एक-सा, एकरूप

unify /'यूनिफ़ाइ/ *v.* अलग-अलग अंशों को मिलाकर एक कर देना या उन्हें एक जैसा कर देना

unilateral /,यूनि'लैट्रल्/ *adj.* एकपक्षीय, इकतरफ़ा (किसी उभयपक्षीय स्थिति में दूसरे पक्ष या व्यक्ति की सहमति के बिना एक पक्ष या व्यक्ति द्वारा किया गया)

unimaginable /,अनि'मैजिनबल्/ *adj.* जिसकी कल्पना करना कठिन या असंभव हो, अकल्पनीय, कल्पनातीत

unimportant /,अनिम्'पॉट्न्ट्/ *adj.* महत्वहीन, तुच्छ

uninhibited /,अनिन्'हिबिटिड्/ *adj.* (दूसरों की प्रतिक्रिया की चिंता किए बिना) मुक्त और सहज भाव से आचरण करने वाला, स्वच्छंद, उन्मुक्त

unintelligible /,अनिन्'टे,लिजबल्/ *adj.* जो समझ में न आ सके, दुर्बोध

unintentional /,अनिन्'टेन्शनल्/ *adj.* अनजाने में किया गया, अनभिप्रेत, अज्ञानकृत, अप्रत्याशित

uninterested /अन्'इन्ट्रस्टिड्/ *adj.* (किसी व्यक्ति या वस्तु में) रुचिहीन, (से) उदासीन, विमुख

uninterrupted *adj.* लगातार, निरंतर, निर्विघ्न, बाधारहित, निर्बाध

uninvited /,अनिन्'वाइटिड्/ *adj.* (विशेषकर जब कोई आपको पसंद नहीं करता है) अनामंत्रित, अनिमंत्रित, बिना बुलाया हुआ

union /'यूनिअन्/ *n.* **1** मिलने की क्रिया, मिलन या मिलन हो जाने की स्थिति, संयोग **2** राज्यों या देशों का संघ, यूनियन (उनका मिलकर एक इकाई बन जाना)

unique /यू'नीक्/ *adj.* **1** जिसके समान

दूसरा नहीं, अनन्य, अद्वितीय, बेजोड़, अपनी तरह का अकेला, एकल **2** केवल एक स्थान, व्यक्ति या वस्तु से संबंधित

unit /ˈयूनिट्/ *n.* **1** अकेली वस्तु जो अपने में पूर्ण हो यद्यपि वह अपने से बड़ी वस्तु का भाग भी हो सकती है, इकाई **2** माप के मानक के रूप में प्रयुक्त एक निश्चित मात्रा या संख्या, इकाई, मात्रक

unite /यु'नाइट्/ *v.* **1** जुड़ जाना और मिलकर काम करना, (को) जोड़ देना और मिला देना **2** विशेष प्रयोजन से एक हो जाना

unity /ˈयूनटि/ *n.* (*pl.* **unities**) एकता, एका (ऐसी स्थिति जिसमें लोग सहमतिपूर्वक मिल-जुलकर काम करते हैं)

universal /ˌयूनिˈवसल्/ *adj.* सार्वभौमिक, विश्व में या किसी समूह में प्रत्येक व्यक्ति से संबंधित, द्वारा किया गया या प्रभावित करने वाला, सर्विक, सार्वत्रिक

university /ˌयूनिˈवसटि/ *n.* (*pl.* **universities**) शैक्षिक अनुसंधान एवं उच्चतम स्तर की शिक्षा प्रदान करनेवाला संस्थान, विश्वविद्यालय

unkind /ˌअन्ˈकाइन्ड्/ *adj.* बुरा लगने वाला और अमैत्रीपूर्ण, रूखा और निष्ठुर

unknown /ˌअन्ˈनोन्/ *adj.* **1** वह बात जो किसी को मालूम न हो, अज्ञात बात, बिना (किसी को) बताए, बिना किसी की जानकारी के **2** जो जाना-माना या परिचित न हो, अप्रसिद्ध या अपरिचित

unlawful /अन्ˈलॉफ़ल्/ *adj.* ग़ैर-क़ानूनी, अवैधानिक

unleash /अन्ˈलीश्/ *v.* तीव्र बल, भावना आदि के प्रवाह को उन्मुक्त कर देना या उसके असर को अनुभव कराना

unless /अन्ˈलेˌस्/ *conj.* यदि … नहीं, तब तक नहीं जब तक

unlike /ˌअन्ˈलाइक्/ *adj. & prep.* **1** के वैषम्य में, के विपरीत, से भिन्न **2** किसी के स्वभाव के प्रतिकूल, किसी के लिए असामान्य

unlimited /अन्ˈलिमिटिड्/ *adj.* असीमित, जिसकी सीमा न हो, अपरिमित, अत्यधिक, असीम

unload /ˌअन्ˈलोड्/ *v.* **1** वाहन में लदा सामान उतारना **2** (वाहन को) ख़ाली करना (उस पर लदा सामान उतारकर)

unlock /ˌअन्ˈलॉक्/ *v.* (चाबी से) ताला खोलना, चाबी से खुलना (दरवाज़े आदि का)

unlucky /अन्ˈलकि/ *adj.* (**unluckier, unluckiest**) अभागा, बदक़िस्मत या अशुभ

unmistakable /ˌअन्मिˈस्टेकब्ल्/ *adj.* भ्रमरहित, स्पष्ट, आसानी से पहचाना जाने वाला

unnatural /अन्ˈनैच्रल्/ *adj.* अस्वाभाविक या अप्रत्याशित

unnecessary /ˌअन्ˈनेˌससरि/ *adj.* ग़ैर-ज़रूरी, अनावश्यक या अनपेक्षित, व्यर्थ का

unnerve /ˌअन्ˈनव्/ *v.* किसी को घबराहट में डाल देना, डरा देना या हतोत्साहित कर देना

unofficial /ˌअनˈफ़िश्ल्/ *adj.* बिना अधिकारी की स्वीकृति या अनुमोदन के, अनधिकृत, ग़ैर-सरकारी

unpack /ˌअन्ˈपैक्/ *v.* थैले, सूटकेस आदि को खोलना (और उसमें से सामान निकालना)

unpaid /ˌअन्ˈपेड्/ *adj.* **1** जिसका अभी भुगतान नहीं हुआ, अदत्त **2** (व्यक्ति) अवैतनिक (बिना वेतन काम करने वाला)

unparalleled /अन्'पैरलेल्ड्/ *adj.* अतुलनीय, अनुपम, लाजवाब, बेजोड़, बेमिसाल, अनूठा, अद्वितीय

unplanned /ˌअन्'प्लैन्ड्/ *adj.* अनियोजित, योजनारहित

unpleasant /अन्'प्लेज़न्ट्/ *adj.* **1** अप्रीतिकर (कटु भाव उत्पन्न करने वाला), अरुचिकर **2** अमैत्रीपूर्ण, रूखा, अशिष्ट, दुर्विनीत

unpopular /अन्'पॉप्यल(र्)/ *adj.* जो अधिकतर लोगों को पंसद नहीं, अलोकप्रिय

unprepared /ˌअन्प्रि'पेअड्/ *adj.* बिना तैयार हुआ, बेतैयार

unpretentious /ˌअन्'प्रिन्टेशस्/ *adj.* (मान्य) अनाडंबरी, अमहत्वाकांक्षी

unprintable /ˌअन्प्रि'टेनब्ल्/ *adj.* जो शब्द या टिप्पणी मुद्रण करने योग्य नहीं है, अनमुद्रणीय, घोर अश्लील

unqualified /ˌअन्'क्वॉलिफ़ाइड्/ *adj.* **1** किसी काम के लिए अपेक्षित जानकारी या शैक्षिक योग्यता से रहित, अयोग्य, अनर्ह **2** पूर्ण, समग्र, परिपूर्ण, संपूर्ण

unquestionable /अन्'क्वे सचनबल्/ *adj.* निश्चित, असंदिग्ध, निर्विवाद

unreal /ˌअन्'रिअल्/ *adj.* **1** अवास्तविक, बहुत विचित्र और स्वप्न जैसा **2** असलियत से दूर, अयथार्थ

unrealistic /ˌअन्रिअ'लिस्टिक्/ *adj.* अव्यावहारिक, वास्तविकता के स्पर्श से अछूता

unreasonable /अन्'रीज़नबल्/ *adj.* अनुचित, असंगत, बहुत अधिक आशा करते हुए

unrelated /ˌअन्रि'लेटिड्/ *adj.* **1** असंबद्ध, जुड़ा हुआ नहीं **2** (व्यक्ति, पशु आदि के लिए प्रयुक्त) असंबंधित, एक ही परिवार से नहीं

unreliable /ˌअन्रि'लाइअब्ल्/ *adj.* जिस पर विश्वास या भरोसा न किया जा सके, अविश्वसनीय या ग़ैर-भरोसेमंद

unrest /अन्'रेस्ट्/ *n.* अशांति, असंतोष, उपद्रव

unrivalled /अन्'राइवल्ड्/ *adj.* जिसका कोई सानी नहीं, बेजोड़, अप्रतिम

unruly /अन्'रूलि/ *adj.* (**unrulier, unruliest**) बेक़ाबू, बेलगाम, अनुशासनहीन, उच्छृंखल

unsafe /अन्'सेफ़्/ *adj.* **1** (वस्तु, स्थान या क्रिया-कलाप) असुरक्षित, ख़तरनाक **2** (व्यक्ति) ख़तरे में, असुरक्षित

unsaid /अन्'सेड्/ *adj.* अनकहा (केवल मन में रहा)

unsaturated /अन्'सैचरेटिड्/ *adj.* (आहार में प्रयुक्त चरबी) जिसे शरीर आसानी से पचा ले (उसकी रासायनिक संरचना की अनुकूलता के कारण), सुपाच्य

unseen /ˌअन्'सीन्/ *adj.* **1** जो दिखाई न पड़े, बिना दिखे, अनदेखा **2** जो पहले से न दिखे, अलक्षित

unselfish /अन्'सेल्फ़िश्/ *adj.* निःस्वार्थ

unsettle /ˌअन्'सेट्ल्/ *v.* किसी को परेशानी या चिंता में डाल देना (विशेषतः स्थिति बदल जाने के कारण) अस्थिर कर देना

unshaven /ˌअन्'शेव्न्/ *adj.* बेहजामत, जिसकी दाढ़ी अभी नहीं बनी

unskilled /ˌअन्'स्किल्ड्/ *adj.* जिसके पास विशेष कौशल नहीं या जिसे प्रशिक्षण की अपेक्षा नहीं, अकुशल, अदक्ष या अप्रशिक्षित

unsocial /ˌअन्'सोशल्/ *adj.* **1** किसी

अन्य की संगति में रहने का अनिच्छुक, असामाजिक **2** (काम के घंटों के लिए प्रयुक्त) (विशेषकर रात में या सुबह सवेरे) काम के सामान्य घंटों के अलावा

unspecified /ˌअन्ˈस्पेसिफ़ाईड्/ *adj.* स्पष्ट रूप से निर्दिष्ट नहीं, अनिर्दिष्ट

unspoken /ˌअन्ˈस्पोकन्/ *adj.* जिसे कहा नहीं गया, अनकहा, अकथित, जो शब्दों में व्यक्त नहीं (परंतु जिसे लोग समझते या मानते हैं), मौन

unstable /अन्ˈस्टेबल्/ *adj.* **1** जो कभी भी गिर या हिल सकता है, अस्थिर, जो मज़बूती से स्थापित नहीं, ढुलमुल **2** जो कभी भी बदल या गिर सकता है, डाँवाँडोल, अस्थिर

unsuccessful /ˌअन्सक्ˈसे ˌसफ़ल्/ *adj.* असफल, विफल, वांछित वस्तु की प्राप्ति में असमर्थ

unsuitable /अन्ˈसूटबल्/ *adj.* (किसी व्यक्ति या वस्तु के लिए) अनुपयुक्त या जो सही न हो

unsure /ˌअन्ˈशॉ(र्)/ *adj.* **1** अपने विषय में अनिश्चित, जिसे अपने ऊपर भरोसा न हो, आत्मविश्वासहीन **2** अनिश्चित, संदेही, संशययुक्त

unsuspecting /ˌअनस्ˈस्पेक्टिङ्/ *adj.* ख़तरे से अनजान

untangle /ˌअन्ˈटैङ्ग्ल्/ *v.* उलझे हुए धागों को सुलझाना

untapped /ˌअन्ˈटैप्ट्/ *adj.* (संसाधन, मेधा आदि के लिए प्रयुक्त) उपलब्ध लेकिन प्रयुक्त नहीं, अप्रयुक्त

unthinkable /अन्ˈथिङ्कबल्/ *adj.* जिसके विषय में सोचा या जिसे माना न जा सके, कल्पनातीत या अव्यावहारिक, अविचार्य

until /अन्ˈटिल्/ *prep. & conj.* निर्दिष्ट समय या घटना के होने तक

untimely /अन्ˈटाइम्लि/ *adj.* **1** अपेक्षित या सामान्य समय से पहले, असामयिक **2** अनुपयुक्त समय या स्थिति में होना

untold /ˌअन्ˈटोल्ड्/ *adj.* बहुत अधिक, बेइनतहा, अपार, असीम

untouchable /अन्ˈटचबल्/ *adj.* **1** अपने ओहदे के कारण अदंडनीय या अनालोचनीय **2** अपरिवर्तनीय

untoward /ˌअनट्ˈवॉड्/ *adj.* (घटना आदि) अप्रत्याशित और अप्रिय

untried /ˌअन्ˈट्राइड्/ *adj.* विशेष कार्य अनुभव लिए बिना, अपरीक्षित, अनुभवहीन

unused /ˌअन्ˈयूज़्ड्/ *adj.* जिसका इस्तेमाल नहीं हुआ, अप्रयुक्त

unusual /अन्ˈयूझुअल्, -झ़ल्/ *adj.* **1** अप्रत्याशित या असामान्य **2** (कुछ अलग होने से) रोचक, अनोखा, ग़ैर-मामूली

unusually /अन्ˈयूझुअलि, -झ़लि/ *adv.* **1** असाधारण तरीक़े से, स्वभाव के विपरीत **2** प्रचलित से भिन्न, सामान्य से हटकर, अत्यधिक

unveil /ˌअन्ˈवेल्/ *v.* सार्वजनिक रूप से किसी वस्तु को प्रथम बार प्रदर्शित करना, किसी वस्तु का अनावरण करना

unwanted /ˌअन्ˈवॉन्टिड्/ *adj.* अवांछित, अनचाहा

unwelcome /अन्ˈवेल्कम्/ *adj.* अवांछित, अरुचिकर

unwell /अन्ˈवेल्/ *adj.* अस्वस्थ, बीमार

unwilling /अन्ˈविलिङ्/ *adj.* (कोई विशेष काम करने का) अनिच्छुक (परंतु उसे करने पर प्रायः विवश किया गया)

unwise /ˌअन्ˈवाइज़्/ *adj.* नासमझ, अविवेकी, मूर्ख, बेवक़ूफ़

unwrap /अन्ˈरैप्/ *v.* (**unwrapping, unwrapped**) किसी वस्तु पर चढ़े काग़ज़ आदि को हटाना

unwritten /ˌअन्ˈरिट्न्/ *adj.* **1** (क़ानून, नियम, समझौता आदि के लिए प्रयुक्त) अधिकारिक नहीं लेकिन सर्वज्ञात एवं सभी को स्वीकार्य, मौखिक **2** (पुस्तक) लिखित या मुद्रित नहीं, अलिखित

unzip /ˌअन्ˈज़िप्/ *v.* (**unzipping, unzipped**) थैले, कपड़े आदि के ज़िप को खोलना

up /अप्/ *prep. & adv.* **1** किसी स्तर या स्थिति पर या उसके ऊपर या अधिक ऊपर **2** खड़ी स्थिति में

up- /अप्/ *prefix* अधिक ऊँचा, ऊपर की ओर, किसी के शिखर की ओर

upbeat /ˈअप्बीट्/ *adj.* जोशीला, उत्साही, आशावादी

upbringing /ˈअप्ब्रिङ्इङ्/ *n.* (माता-पिता द्वारा) बच्चे का लालन-पालन और उसे सिखाना-पढ़ाना, पालन-पोषण

upcoming /ˈअपकमिङ्/ *adj.* घटित होने वाला, शीघ्र होने वाला

update /ˌअप्ˈडेट्/ *v.* **1** (किसी को) अद्यतन करना, नवीनतम स्तर तक लाना **2** (किसी वस्तु में) नवीनतम सूचना भरना, (किसी को) नवीनतम सूचना देना ▸ **update** *n.* अद्यतन स्थिति, नवीनतम जानकारी

upgrade /ˌअप्ˈग्रेड्/ *v.* किसी वस्तु के स्तर को उन्नत करना या का स्तरोन्नयन करना, सुधार करना ▸ **upgrade** *n.* स्तरोन्नयन, सुधार, तरक्क़ी

uphold /अप्ˈहोल्ड्/ *v.* (**upholding, upheld**) किसी निर्णय आदि का समर्थन करना (विशेषतः उसका विरोध होने पर)

upkeep /ˈअप्कीप्/ *n.* **1** किसी वस्तु का रख-रखाव (उसे सही हालत में रखने का ख़र्च या प्रक्रिया) **2** बच्चों या पशुओं के पालन-पोषण का व्यय या प्रक्रिया

upload /ˌअप्ˈलोड्/ *v.* कंप्यूटर फ़ाइल को अपलोड करना (छोटे कंप्यूटर से बड़े में प्रतिलिपि करना) ▸ **upload** *n.* कंप्यूटर फ़ाइल को अपलोड करने (छोटे कंप्यूटर से बड़े में प्रतिलिपि करने) का कार्य या प्रक्रिया

upon /अˈपॉन्/ *prep.* पर, ऊपर

upper /ˈअप(र्)/ *adj.* किसी अन्य वस्तु से अधिक ऊँचा या ऊपर का, किसी वस्तु के ऊपर स्थित, ऊपरी

upright /ˈअप्राइट्/ *adj. & adv.* **1** खड़ी स्थिति में, खड़ा, सीधा **2** ईमानदार और ज़िम्मेदार, खरा, सच्चा

uprising /ˈअप्राइज़िङ्/ *n.* (देश में) विद्रोह (सत्ताधारी वर्ग के विरुद्ध किसी टोली द्वारा संघर्ष आरंभ कर देने की स्थिति), बग़ावत

uproar /ˈअपरॉ(र्)/ *n.* हंगामा, हुल्लड़, किसी मुद्दे पर गरमागरम बहस

uproot /ˌअपˈरूट्/ *v.* पौधे को जड़ से उखाड़ना

upset /ˌअपˈसेट्/ *v.* (**upsetting, upset**) **1** (किसी को) चिंतित या परेशान कर देना **2** (किसी को) गड़बड़ा देना ▸ **upset** *adj.* **1** चिंतित और परेशान **2** हलका अस्वस्थ ▸ **upset** *n.* **1** अप्रत्याशित समस्याओं या कठिनाइयों वाली स्थिति, उलट-फेर **2** चिंता और परेशानी पैदा करने वाली स्थिति

upstairs /ˌअप्ˈस्टेअज़्/ *adv.* (भवन की) ऊपरी मंज़िल पर

upstart /ˈअपस्टाट्/ *n.* पद एवं महत्व आदि में अचानक वृद्धि के कारण अहंकारी व्यवहार, घमंडी

up to date *adj.* **1** आधुनिक **2** अद्यतन, नवीनतम जानकारी रखने वाला

upturn /ˈअप्टन्/ *n.* (किसी वस्तु में) सुधार, बढ़त, बेहतरी

uranium /युˈरेनिअम्/ *n.* यूरेनियम (धातु) परमाणु-ऊर्जा उत्पन्न करने में प्रयुक्त

urban /ˈअबन्/ *adj.* नगर या क़सबे से संबंधित, शहरी

urea /युˈरीआ/ *n.* मूत्र में पाया जाने वाला एक रंगहीन पदार्थ, यूरिया

urge /अज्/ *v.* **1** किसी व्यक्ति को कुछ करने के लिए समझाना या प्रबल रूप से प्रेरित करना **2** दिशा-विशेष में जाने के लिए (किसी व्यक्ति या वस्तु को) बाध्य करना, हाँकना ▸ **urge** *n.* तीव्र आवश्यकता या इच्छा

urgent /ˈअजन्ट्/ *adj.* जिस पर तुरंत ध्यान देना अपेक्षित है, तुरंत कार्रवाई की अपेक्षा वाला, अत्यावश्यक, बहुत ज़रूरी

urine /ˈयुअरिन्/ *n.* मूत्र, पेशाब

URL /ˌयू आर् ˈए ल्/ *abbr.* यूआरएल (किसी वेबसाइट का पता)

urn /अन्/ *n.* **1** भस्मकलश (मृत व्यक्ति के पार्थिव अवशेष रखने का पात्र), अस्थिकलश **2** चाय या कॉफ़ी बनाने और उसे गर्म रखने का धातु निर्मित बड़ा पात्र, बड़ी केतली

U

us /अस्, प्रबल रूप अस्/ *pron.* (किसी क्रिया के कर्म के रूप में या के बाद प्रयुक्त) हम (मैं और दूसरा या दूसरे व्यक्ति, मैं और तुम या आप)

USA /ˌयू एॅस् ˈए/ *abbr.* **United States of America** का संक्षिप्त रूप यूएसए, संयुक्त राज्य अमेरिका

usable /ˈयूज़बल्/ *adj.* जो प्रयोग में आ सके, प्रयोगार्ह, इस्तेमाल होने के लायक़

usage /ˈयूसिज्/ *n.* किसी वस्तु का प्रयोग (प्रयुक्त होने का ढंग), प्रयुक्त हुई वस्तु की मात्रा

use /यूज़्/ *v.* **1** विशेष प्रयोजन से किसी मशीन आदि से कोई काम करना, (का) प्रयोग करना **2** किसी चीज़ की ज़रूरत होना या उसे लेना

useful /ˈयूस्फ़ल्/ *adj.* उपयोगी, सहायक

useless /ˈयूस्लस्/ *adj.* **1** अनुपयोगी, बेकार (जो ठीक से काम न करे, जिससे कोई काम न सधे जो किसी काम का न हो) **2** दुर्बल या किसी काम में अक्षम, निकम्मा

user /ˈयूज़(र्)/ *n.* किसी सेवा, मशीन, स्थान आदि का उपयोग करने वाला, उपयोगकर्ता, उपभोक्ता

usher /ˈअश(र्)/ *n.* प्रवेशक (वह व्यक्ति जो थिएटर, चर्च आदि में लोगों को उनका स्थान बताता है ▸ **usher** *v.* किसी को (अंदर) ले जाना या गंतव्य स्थान दिखाना या जगह पर पहुँचाना

usual /ˈयूझुअल्,-झ़ल्/ *adj.* बहुधा होने या प्रयोग में आने वाला, हमेशा वाला ▸ **usually** *adv.* हमेशा के ढंग से, बहुधा, सामान्यतया

usurp /यूˈज़प्/ *v.* किसी के पद और या शक्ति को हड़प लेना

utensil /यूˈटे न्सल्/ *n.* (घर में इस्तेमाल का) बरतन-भाँडा

uterus /ˈयूटरस्/ *n.* (*pl.* **uteruses** or **uteri**) स्त्री या मादा पशु का गर्भाशय (वह अंग जहाँ जन्म से पूर्व शिशु या शावक पलता है)

utilitarian /ˌयूटिलिˈटेअरिअन्/ *adj.* **1** व्यावहारिक एवं उपयोगी न कि आकर्षक, उपयोगी **2** उपयोगितावाद के सिद्धांत पर आधारित

utility /यूˈटिलटि/ *n.* (*pl.* **utilities**) **1** जनता के लिए जल, गैस या बिजली की आपूर्ति की सेवाएँ, जनोपयोगी सेवाएँ **2** उपयोगिता

utilize /ˈयूटलाइज़्/ *v.* किसी वस्तु को काम में लाना, (का) उपयोग करना

utmost /ˈअट्मोस्ट्/ *adj.* अधिकतम, सर्वाधिक ▸ **utmost** *n.* यथासंभव अधिकतम

utter /ˈअट(र्)/ *adj.* परम, पूरा, पूर्ण, निरा, पक्का, निपट ▸ **utter** *v.* कुछ कहना या आवाज़ निकालना

U-turn *n.* **1** सड़क पर वाहन को ऐसे मोड़ना कि उसी दिशा में चलने लगे जिस दिशा से आया था, उलट-घुमाव, यू-टर्न **2** किसी योजना या नीति में अकस्मात् पूर्ण परिवर्तन

UV *adj. & abbr.* **ultraviolet** का संक्षिप्त रूप, (प्रकाश) जिससे व्यक्ति की त्वचा काली पड़ जाए और जिसकी अधिक मात्रा ख़तरनाक होती है, पराबैंगनी (किरणें)

Vv

v *abbr.* 1 बनाम, के विरुद्ध 2 वोल्ट

vacancy /ˈव़ेकन्सि/ *n.* (*pl.* **vacancies**) 1 किसी के लिए उपलब्ध कोई नौकरी, रिक्ति 2 होटल में उपलब्ध या ख़ाली कमरा

vacant /ˈव़ेकन्ट्/ *adj.* 1 (मकान, होटल का कमरा आदि) जो इस्तेमाल में नहीं आ रहा, ख़ाली 2 बुद्धि या समझ न दिखाते हुए, भावशून्य

vacate /व़ेˈकेट्, व़ˈक–/ *v.* दूसरे के लिए (मकान, सीट आदि) ख़ाली करना, (अपना स्थान या पद) छोड़ना

vacation /व़ˈकेश्न्/ *n.* 1 (विश्वविद्यालय या न्यायालय में) लंबी छुट्टी, विश्रामावकाश 2 छुट्टी, अवकाश

vaccinate /ˈव़ैक्सिनेट्/ *v.* टीका लगाकर किसी व्यक्ति या पशु को रोग से सुरक्षित करना, टीकाकरण करना
▸ **vaccine** *n.* किसी रोग के प्रति प्रतिरक्षा के उद्देश्य से मनुष्य अथवा पशु के रक्त में सुई की सहायता से डाला जानेवाला उसी रोग के कीटाणु (कमज़ोर रूप में), टीके की दवा, वैक्सीन

vacillate /ˈव़ैसलेट्/ *v.* (विचार या मत में) ढुलमुल होना, डाँवाँडोल होना, प्रायः खीजते हुए आगा–पीछा करना
▸ **vacillation** *n.* अस्थिरता, आगा–पीछा

vacuous /ˈव़ैक्युअस्/ *adj.* 1 बुद्धि या भावनाओं की कमी, मूढ़, भावशून्य, विचारशून्य 2 ख़ाली

vacuum /ˈव़ैक्युअम्/ *n.* (*pl.* **vacuums** or **vacua**) 1 पूर्णतः रिक्त स्थान, शून्य, निर्वात 2 किसी वस्तु की अनुपस्थिति या न्यूनता से उत्पन्न रिक्तता
▸ **vacuum** *v.* वैक्यूम क्लीनर से किसी स्थान या वस्तु की सफ़ाई करना

vagabond /ˈव़ैगबॉन्ड्/ *n.* आवारा, घुमक्कड़ व्यक्ति, घुमक्कड़

vagary /ˈव़ेगरि/ *n.* (*pl.* **vagaries**) परिवर्तन जिसके बारे में पहले कुछ नहीं कहा जा सकता, परिवर्तनशीलता

vagina /व़ˈजाइना/ *n.* मादा पशु या स्त्री की योनि

vagrant /ˈव़ेग्रन्ट्/ *n.* आवारा (बेकार और बेघर तथा दूसरों से पैसा माँगते रहने वाला व्यक्ति), घुमक्कड़

vague /व़ेग्/ *adj.* 1 अस्पष्ट या अनिश्चित 2 (व्यक्ति) जिसकी सोच या समझ में स्पष्टता नहीं, संदिग्ध

vain /व़ेन्/ *adj.* 1 व्यर्थ, बेकार, निष्फल, बेनतीजा 2 (व्यक्ति) अपनी अक़्ल और शक्ल को लेकर घमंडी, दंभी

valediction /ˌव़ैलिˈडिक्श्न्/ *n.* विदाई, औपचारिक विदाई भाषण
▸ **valedictory** *adj.* विदाई भाषण संबंधी

valentine /ˈव़ैलन्टाइन्/ *n.* 1 प्रेमी को भेजा जाने वाला कार्ड (जिस पर प्रायः प्रेषक का नाम नहीं होता), गुमनाम प्रेम–कार्ड 2 व्यक्ति जिसे यह कार्ड भेजा जाता है

valet /ˈव़ैले, ˈव़ैलिट्/ *n.* 1 होटल या रेस्तराँ में आनेवाले लोगों की गाड़ियाँ

खड़ी करनेवाला, सेवक, ख़िदमतगार 2 होटल में रुकनेवाले लोगों के कपड़े साफ़ करनेवाला, परिचारक, नौकर ▸ **valet** *v.* विशेषकर कार के भीतरी भाग की अच्छी तरह सफ़ाई करना, सेवा देना

valiant /ˈवैलिअन्ट्/ *adj.* साहसी और निर्भीक

valid /ˈवैलिड्/ *adj.* **1** वैधानिक या अधिकारिक रूप से मान्य, विधिमान्य **2** तर्कसंगत या सत्य, स्वीकार करने योग्य, मान्य

validate /ˈवैलिडेट्/ *v.* **1** किसी बात को सत्य सिद्ध करना **2** किसी बात को क़ानूनन मान्य या विधिमान्य करना

valley /ˈवैलि/ *n.* (*pl.* **valleys**) दो पर्वतों या पहाड़ों के बीच की नीची भूमि प्रायः जिससे होकर नदी बहती है, घाटी, वादी

valour /ˈवैल(र्)/ *n.* (*US* **valor**) महान साहस और निर्भीकता (विशेषतः युद्ध में)

valuable /ˈवैल्युअब्ल्/ *adj.* **1** बहुत महँगा, बहुमूल्य, क़ीमती **2** बहुत उपयोगी, बहुमूल्य, मूल्यवान

valuation /ˌवैल्युˈएश्न्/ *n.* किसी वस्तु का मूल्य-निर्धारण

value /ˈवैल्यू/ *n.* **1** (किसी वस्तु का) मूल्य, क़ीमत **2** किसी वस्तु का महत्व, उपादेयता **3** (*pl.* **values**) अच्छे और बुरे के विषय में लोगों की धारणाएँ, मूल्य, नैतिक सिद्धांत ▸ **value** *v.* **1** किसी व्यक्ति या वस्तु को महत्वपूर्ण या मूल्यवान मानना **2** किसी वस्तु की क़ीमत या मूल्य निर्धारित करना

valve /वैल्व्/ *n.* **1** नल या नली का वॉल्व (एक उपकरण जो वायु, द्रव या गैस को नियंत्रित कर उसे केवल एक दिशा में जाने देता है) **2** हृदय या नस का वॉल्व

vampire /ˈवैम्पाइअ(र्)/ *n.* (संत्रास कथाओं में) रात के समय जीवितों का ख़ून पीने वाला भूत, रक्तपिपासु प्रेत

van /वैन्/ *n.* माल ढोने वाली (बंद) मोटर गाड़ी, वैन

vandal /ˈवैन्ड्ल्/ *n.* जान-बूझ कर और व्यर्थ में दूसरों की संपत्ति नष्ट करने वाला व्यक्ति, संपत्ति-विध्वंसक, बर्बर व्यक्ति ▸ **vandalize** *v.* (**vandalizes**, **vandalizing**, **vandalized**) जान-बूझ कर दूसरों की संपत्ति या सार्वजनिक संपत्ति नष्ट करना, उपद्रव मचाना, तहस-नहस करना, तोड़-फोड़ करना

vanguard /ˈवैन्गाड्/ *n.* **1** (राजनीति, कला, उद्योग आदि के क्षेत्र में) आंदोलन के नेतागण, कर्णधार **2** युद्ध में सेना की अग्रिम की टुकड़ी, सेनामुख, हरावल

vanilla /वˈनिला/ *n.* आइस्क्रीम आदि मीठे खाद्य पदार्थ को अधिक स्वादिष्ट बनाने वाला एक पदार्थ, वनीला

vanish /ˈवैनिश्/ *v.* **1** एकाएक ग़ायब हो जाना (ऐसे कि पता न चले), ओझल हो जाना **2** लुप्त हो जाना, समाप्त हो जाना, मिट जाना

vanity /ˈवैनटि/ *n.* (*pl.* **vanities**) घमंड, दंभ (अपनी अक़्ल या शक्ल का)

vanquish /ˈवैङ्क्विश्/ *v.* (स्पर्धा या युद्ध में) परास्त करना, अभिभूत करना

vantage point /ˈवान्टिज् पॉइन्ट्/ *n.* स्थान जहाँ से कोई वस्तु अच्छी तरह दिखाई दे, अनुकूल प्रेक्षण-स्थान

vapid /ˈवैपिड्/ *adj.* बिना रुचि या बुद्धि के, नीरस, अरुचिकर, फीका

vaporize (or **ise**) /ˈवेपराइज़्/ *v.* किसी वस्तु का भाप बन जाना, किसी वस्तु को बदल देना, वाष्पीकृत करना

vapour /ˈव़ेप(र्)/ *n.* (*US* **vapor**) भाप, वाष्प

variable /ˈव़ेअरिअब्ल्/ *adj.* जो यथावत न रहे, परिवर्तनशील ▸ **variable** *n.* परिवर्तित हो सकने या की जा सकने वाली स्थिति, संख्या या मात्रा, चर

variance /ˈव़ेअरिअन्स्/ *n.* (किसी वस्तु में) बदलाव का (किसी वस्तु से) भिन्नता की मात्रा ▸ **variant** *n.* किसी वस्तु का अंशतः भिन्न रूप या प्रकार

variation /ˌव़ेअरिˈएश्न्/ *n.* **1** किसी वस्तु की मात्रा या स्तर में परिवर्तन या भिन्नता, परिवर्तन या भिन्नता की मात्रा या स्तर **2** किसी वस्तु का उसी वर्ग की अन्य वस्तु से अंशतः भिन्न रूप

varied /ˈव़ेअरिड्/ *adj.* (वस्तुएँ या गतिविधियाँ) जिनमें विविधता हो, वैविध्यपूर्ण

variegated /ˈव़ेअरिअगेटिड्/ *adj.* **1** (धब्बे, निशान आदि) विभिन्न रंगों में, रंग-बिरंगा, चितकबरा **2** अनेक विभिन्न प्रकार की वस्तुओं या व्यक्तियों से बना

variety /व़ˈराइअटि/ *n.* (*pl.* **varieties**) **1** एक ही वस्तु के विभिन्न प्रकार **2** (वस्तुओं के होने या काम करने में) विविधता

various /ˈव़ेअरिअस्/ *adj.* विभिन्न, विविध

varnish /ˈव़ानिश्/ *n.* किसी कड़ी सतह (विशेषतः लकड़ी) को चमकाने का एक रंगहीन द्रव, वार्निश ▸ **varnish** *v.* किसी वस्तु को वार्निश से चमकाना

vary /ˈव़ेअरि/ *v.* **1** (एक ही प्रकार की वस्तुओं के समूह का) एक-दूसरे से भिन्न होना **2** स्थिति आदि के अनुसार भिन्न होना या बदलना

vascular /ˈवैस्क्यल(र्)/ *adj.* शिरा का या शिरा-संबंधी

vase /व़ाज़्/ *n.* पुष्प-पात्र (पात्र जिसमें फूल काट-छाँट कर रखे जाते हैं) गुलदान

vast /व़ास्ट्/ *adj.* बहुत बड़ा, विशाल, विस्तृत

VAT /ˌव़ी ए ˈटी, वैट्/ *abbr.* **value added tax** का संक्षिप्त रूप, मूल्य संवर्धित कर, वैट

vat /वैट्/ *n.* कुंड, टंकी (प्रायः द्रवों के लिए) विशेषतः औद्योगिक प्रक्रियाओं में प्रयुक्त

vault /व़ॉल्ट्/ *n.* **1** बैंक आदि में धन तथा अन्य क़ीमती वस्तुएँ सुरक्षित रखने का कमरा (जिसकी दीवारें मोटी और दरवाज़ा मज़बूत होता है), वॉल्ट **2** चर्च के अंतर्गत शव कोष्ठ (जिसमें शव दफ़न रहते हैं) ▸ **vault** *v.* (हाथ या लंबे डंडे के सहारे) एक ही बार में किसी वस्तु पर या पर से छलांग लगाना, लाँघना, फलाँगना

vaunted /ˈव़ॉन्टिड्/ *adj.* अत्यधिक प्रशंसित (जिसका वह पात्र नहीं)

veal /व़ील्/ *n.* बछड़े का मांस

vector /ˈव़ेक्ट(र्)/ *n.* **1** एक माप या मात्रा (जिसका आकार और दिशा दोनों होते हैं), सदिश, वेक्टर **2** संक्रमण-क्रिया से किसी विशेष रोग का वाहक कीटाणु, कीड़ा आदि

Veda /ˈवेद/ *n.* अत्यंत प्राचीन हिंदू धर्मग्रंथ, वेद

veer /व़िअ(र्)/ *v.* (वाहन का) अचानक मुड़ जाना

vegetable /ˈव़ेज्टब्ल्/ *n.* सब्ज़ी, तरकारी, भाजी ▸ **vegetation** *n.* वनस्पति, क्षेत्र-विशेष में उगने वाले सब प्रकार के पौधे

vegetarian /ˌव़ेजˈटेअरिअन्/ *n.* शाकाहारी व्यक्ति

V

vegetate /ˈवेजटेट्/ *v.* **1** पेड़-पौधे की तरह बढ़ना **2** निष्क्रिय और नीरस जीवन बिताना

vehement /ˈव़ीअमन्ट्/ *adj.* (भावना, विशेषतः क्रोध की दृष्टि से) प्रचंड, उग्र

vehicle /ˈव़ीअकल्/ *n.* **1** (कार, साइकिल, लॉरी, बस आदि) वाहन **2** (विशेष विचारों या धारणाओं की) अभिव्यक्ति का माध्यम

veil /व़ेल्/ *n.* (स्त्रियों का) परदा, घूँघट, बुरक़ा

vein /व़ेन्/ *n.* **1** शरीर के अन्य भागों से हृदय को रक्त पहुँचानेवाली नलिका, रुधिरवाहिनी शिरा, नस **2** विशेष शैली या गुण

velocity /व़ˈलॉसटि/ *n.* (*pl.* **velocities**) वेग (किसी वस्तु के दिशा-विशेष में गति की रफ़्तार)

velvet /ˈव़ेल्व़िट्/ *n.* मख़मल (सूत्र या अन्य सामग्री से बना एक प्रकार का कपड़ा जिसका एक पार्श्व नरम मोटी सतह का होता है)

vendetta /व़ेनˈडेटा/ *n.* दो व्यक्तियों या परिवारों आदि के बीच लंबा विवाद या कलह, ख़ानदानी झगड़ा, कुल-वैर

vending machine *n.* सिक्के डालकर पेय पदार्थ, सिगरेट आदि प्राप्त करने की मशीन, वेंडिंग मशीन

vendor /ˈव़ेन्ड(र्)/ *n.* बेचने वाला व्यक्ति, विक्रेता

veneer /वˈनिअ(र्)/ *n.* **1** पतली परत की बढ़िया लकड़ी या प्लास्टिक जिसे मामूली लकड़ी आदि की सतह पर सजावट के लिए चिपकाया जाता है, वेनियर, मुलम्मा चढ़ाना **2** असली स्वभाव को ढकने वाला ऊपरी नम्रतापूर्ण आचरण

venerable /ˈव़ेनरबल्/ *adj.* (व्यक्ति) (आयु, व्यक्तित्व, स्थिति या ज्ञान के कारण) सम्मान्नीय, आदरणीय, श्रद्धेय

venerate /ˈव़ेनरेट्/ *v.* किसी पुरातन, पवित्र या अत्यंत महत्वपूर्ण व्यक्ति या वस्तु के प्रति श्रद्धा होना और श्रद्धापूर्वक व्यवहार करना ▸ **veneration** *n.* श्रद्धा

venereal disease /व़ˌनिअरिअल् डिˈज़ीज़्/ *n.* यौन-संसर्ग से उत्पन्न रोग, यौन-रोग, गुप्त रोग

venetian blind /व़ˌनीशन् ˈब्लाइन्ड्/ *n.* झिलमिली, झिलमिल परदा (समतल प्लास्टिक की लंबी पत्तियों से बना खिड़की का परदा)

vengeance /ˈव़ेन्जन्स/ *n.* प्रतिशोध, बदला ▸ **vengeful** *adj.* (किसी क्षति के लिए) बदले की प्रवृति, बदल या प्रतिशोध लेनेवाला, प्रतिशोधी, बदला लेनेवाला

venial /ˈव़ीनिअल्/ *adj.* (पाप या ग़लती) गंभीर नहीं अतएव क्षम्य, मामूली

Venn diagram /ˈव़ेन् डाइग्रैम्/ *n.* एक आरेख जो गणितीय समुच्चयों के बीच संबंध दिखाने के लिए अधिव्याप्त चक्रों का प्रयोग करता है, वेन डाइग्राम

venom /ˈव़ेनम्/ *n.* **1** (साँप आदि का) विष, ज़हर **2** तीव्र क्रोध या घृणा और किसी को आहत करने की इच्छा

vent /व़ेन्ट्/ *n.* कमरे या मशीन में बना छेद, सूराख़ (वायु के प्रवेश और धुएँ आदि के निकास के लिए)

ventilate /ˈव़ेन्टिलेट्/ *v.* किसी कमरे या भवन से हवा को मुक्त रूप से आने देना ▸ **ventilation** *n.* वायु का मुक्त संचार, संवातन, हवादारी

ventilator /ˈव़ेन्टिलेट(र्)/ *n.* **1** रोशनदान, वातायन **2** (अस्पताल में)

साँस लेने में सहायक मशीन, वेंटिलेटर

ventricle /'वेन्ट्रिकल्/ *n.* **1** हृदय में नीचे के दो छिद्रों में से एक, निलय **2** शरीर के किसी अंग में (विशेषतः मस्तिष्क में) रिक्त स्थान, निलय

venture /'वेन्च(र्)/ *n.* नई और कुछ जोखिम-भरी परियोजना (क्योंकि सफलता निश्चित नहीं) ▶ **venture** *v.* कोई नया और जोखिम-भरा काम करना या किसी नई जगह जाना (प्रायः जब यह ज्ञात न हो कि आगे क्या होगा)

venue /'वेन्यू/ *n.* स्थान जहाँ लोग आयोजित कार्यक्रम (संगीत-सभा या खेल) के लिए एकत्र हों, कार्यक्रम-स्थल

veracity /व'रैसटि/ *n.* सत्य या सही होने का गुण, सच, सत्यता, सच बोलने की आदत, सत्यवादिता, यथातथ्यता

veranda /व'रैन्डा/ *n.* बरामदा

verb /वब्/ *n.* क्रिया (ऐसा शब्द या वाक्यांश जो किसी घटना के घटने या किसी वस्तु के अस्तित्व में होने का अर्थ दे

verbal /'वब्ल्/ *adj.* **1** शब्द या शब्द प्रयोग से संबंधित, शाब्दिक **2** मौखिक (न कि लिखित) **3** क्रिया या क्रिया-प्रयोग से संबंधित, क्रियागत

verbatim /व'बेटिम्/ *adj.* & *adv.* जैसा बोला या लिखा गया ठीक वैसा, शब्दशः

verbose /व'बोस्/ *adj.* आवश्यकता से अधिक शब्दों से युक्त, शब्दबहुल, शब्दाडंबरपूर्ण

verdict /'वडिक्ट्/ *n.* **1** न्यायालय का निर्णय (जूरी द्वारा तय किया गया) **2** परीक्षण या गंभीर सोच-विचार के बाद किया गया या व्यक्त किया गया निर्णय, अभिमत

verge /वज्/ *n.* सड़क, रास्ते आदि के किनारे की घास की पट्टी ▶ **verge** *v.* (**verge on sth**) किसी स्थिति या दशा की चरम अवस्था के बहुत निकट होना, कगार पर होना

verify /'वेरिफ़ाइ/ *v.* (**verifying, verifies, verified**) किसी बात की सत्यता को जाँचकर प्रमाणित करना

verily /'वेरिलि/ *adv.* वस्तुतः, सचमुच

verisimilitude /ˌवेरिसि'मिलिट्यूड्/ *n.* सही या सत्य प्रतीत होना, सत्य का आभास, सत्याभास

veritable /'वेरिटब्ल्/ *adj.* वास्तविक, खरा, सच्चा (अन्य से तुलना में किसी पर बल देने के लिए प्रयुक्त

vermicelli /ˌवमि'चेलि/ *n.* सेवई

vermilion /व'मिलिअन् / *n.* सिंदूरी रंग

vermin /'वमिन्/ *n.* पौधों और आहार को रोगाक्रांत कर हानि पहुँचाने वाले छोटे-छोटे जंगली जीव (जैसे चूहे)

vernacular /व'नैक्यल(र्)/ *n.* क्षेत्र-विशेष या वर्ग-विशेष में प्रचलित भाषा (विशेषतः जो प्रशासनिक या औपचारिक प्रयोग में नहीं आती), स्थानिक भाषा, देशी भाषा

versatile /'वसटाइल्/ *adj.* **1** (वस्तु) अनेक कामों के लिए प्रयुक्त, बहु-उद्देश्यीय, बहु-हेतुक **2** (व्यक्ति) अनेक तरह के काम कर लेने वाला, बहुकर्मी, बहुमुखी प्रतिभावाला

verse /वस्/ *n.* **1** निश्चित लय तथा प्रायः उसी स्वर में समाप्त होनेवाली व्यवस्थित पंक्तियाँ, तुकांत रचना, पद्य **2** पद, छंद (पद्य का) चरण

versed /वस्ट्/ *adj.* प्रवीण और कुशल

version /'वशन्/ *n.* **1** (किसी वस्तु का) रूपांतर (मूल से भिन्न रूप में प्रस्तुति

यद्यपि अंतर्वस्तु वही) **2** किसी व्यक्ति द्वारा (किसी घटना का) बयान, विवरण

verso /'वेसो/ *n.* (*pl.* **versos**) (खुली पुस्तक का) बायाँ पृष्ठ

versus /'व़सस्/ *prep.* (*abbr.* **vs**) **1** (खेल में) प्रतिद्वंद्वी खिलाड़ी या दलों को दर्शाने के लिए प्रयुक्त, बनाम **2** दो विचारों या वस्तुओं के बीच चयन की दृष्टि से विरोध की स्थिति दिखाने के लिए प्रयुक्त

vertebra /'व़टिब्रा/ *n.* (*pl.* **vertebrae**) रीढ़ की हड्डी की गुर्री (का एक अंश), कशेरुका

vertebrate /'व़टिब्रट्/ *n.* रीढ़ की हड्डी वाला जीव (पशु, पक्षी या मछली), मेरुदंडी या कशेरुकी जीव

vertex /'व़टेक्स्/ *n.* (*pl.* **vertices** or **vertexes**) **1** वह बिंदु जहाँ दो रेखाएँ मिलती हैं और कोण बनाती हैं विशेषकर शंकु या त्रिभुज में आधार के विपरीत बिंदु, त्रिभुज का शीर्ष या सिरा **2** उच्चतम बिंदु, शीर्ष

vertical /'व़टिक्ल्/ *adj.* खड़ा, सीधा, लंबवत, अनुलंब

vertigo /'व़टिगो/ *n.* ऊँचाई से देखने पर चक्कर आना और संतुलन खोने का भय होना, घुमरी, (सिर में आनेवाला) चक्कर

verve /व़व्/ *n.* ऊर्जा, उत्तेजना या जोश

very /'व़ेरि/ *adv.* अत्यधिक, बहुत, बड़ी मात्रा में ▸ **very** *adj.* **1** यही, वही (न कि कोई और) (व्यक्ति-विशेष की पहचान पर बल देने के लिए प्रयुक्त) **2** एकदम

vessel /'व़ेस्ल्/ *n.* **1** जहाज़ या बड़ी नाव **2** द्रव का पात्र (जैसे बोतल, प्याला या कटोरा)

vest /व़ेस्ट्/ *n.* बनियान, गंजी आदि (अंदर पहनने का वस्त्र)

vested interest /ˌव़ेस्टिड् 'इन्ट्रेस्ट्/ *n.* निहित स्वार्थ (निजी लाभ, जैसे धन या सत्ता की प्राप्ति के लिए कुछ करने का सशक्त और प्रायः गुप्त कारण)

vestige /'व़ेस्टिज्/ *n.* किसी स्थिति का अवशेष, निशानी

vet /व़ेट्/ *n.* (*US* **veterinarian**) पशु चिकित्सक, जानवरों का डॉक्टर ▸ **vet** *v.* (**vetting, vetted**) किसी व्यक्ति या वस्तु की बारीक़ी से और चुपचाप जाँच करना (उसकी उपयुक्तता के विषय में निर्णय करने से पहले)

veteran /'व़ेटरन्/ *n.* **1** अनुभवी सैनिक (विशेषतः युद्ध का अनुभव प्राप्त), पुराना सिपाही **2** (कार्य-विशेष में) दक्ष व्यक्ति (उसमें लंबा अनुभव होने के कारण)

veterinarian /ˌव़ेटरि'नेअरिअन्/ *n.* पशुचिकित्सक ▸ **veterinary** *adj.* रोगी या घायल पशुओं की चिकित्सा से संबंधित, पशु चिकित्सा-विषयक

veto /'व़ीटो/ *v.* (**vetoing, vetoes, vetoed**) किसी कार्य या योजना को (आम सहमति के बावजूद) अस्वीकृत कर देना ▸ **veto** *n.* (*pl.* **vetoes**) अस्वीकृति, निषेध

vex /व़ेक्स्/ *v.* खिझाना, तंग करना, विक्षुब्ध करना

VHF /ˌवी एच् 'एफ़्/ *abbr.* **very high frequency** का संक्षिप्त रूप, वीएचएफ, अत्युच्च आवृत्ति, उच्च गुणवत्ता के संकेत भेजने के लिए प्रयुक्त रेडियो तरंगों की परास

via /'व़ाइआ/ *prep.* **1** कहीं से होकर, के मार्ग से, बरास्ता **2** के माध्यम से, के द्वारा, किसी की सहायता से

viable /'व़ाइअब्ल्/ *adj.* जो किया जा सके या संभव हो, व्यवहार्य, जो अपने

बूते बढ़ सके, विकासक्षम, जीवनक्षम

vial /ˈवाइअल्/ *n.* (दवा की) छोटी शीशी

vibe (or **vibes**) /वाइब्/ *n.* व्यक्ति, वस्तु या स्थान द्वारा बनाया गया वातावरण या मनोदशा

vibrant /ˈवाइब्रन्ट्/ *adj.* **1** जीवंत और उत्साहपूर्ण, उत्तेजक **2** (रंग) चटकीला और पक्का

vibrate /वाइˈब्रेट्/ *v.* दोलन करना, दोलायमान होना (एक ओर से दूसरी ओर निरंतर तीव्र और संक्षिप्त गति करना)

vicar /ˈविक(र्)/ *n.* (इंग्लैंड के चर्च में) पादरी (जो चर्च और साथ लगे क्षेत्र के निवासियों का ध्यान रखता है)

vicarious /विˈकेअरिअस्/ *adj.* दूसरे व्यक्ति की (न कि अपनी) उपलब्धि से प्रभावित (उसे उपलब्धि करता देखकर या उसके विषय में पढ़कर)

vice /वाइस्/ *n.* **1** अपराधी कृत्य (यौन-संबंधों या नशीले पदार्थों के सेवन से संबंधित), दुराचार **2** नैतिक दुर्बलता पापाचार या बुरी आदत, व्यसन

vice- /वाइस्/ *comb. form* निर्दिष्ट से ठीक नीचे के पद पर आसीन, उप-

vice versa /ˌवाइस् ˈवसा/ *adv.* अभी जो कहा उससे उलटे, विपरीत क्रम से, इसके विपरीत

vicinity /वˈसिनटि/ *n.* (*pl.* **vicinities**) स्थान विशेष के आसपास का क्षेत्र, पड़ोस

vicious /ˈविशस्/ *adj.* **1** निर्मम, कटु, द्वेषपूर्ण (व्यक्ति या वस्तु को चोट पहुँचाने के लिए किया गया) **2** (पशु) ख़तरनाक, किसी को चोट पहुँचा सकने वाला

vicissitude /विˈसिसिट्यूड्/ *n.* (*pl.* **vicissitudes**) (जीवन या स्थिति में) बदलाव, परिवर्तन, उतार-चढ़ाव

victim /ˈविक्टिम्/ *n.* किसी व्यक्ति या वस्तु द्वारा घायल किया गया, मारा या चोट पहुँचाया गया व्यक्ति या पशु, शिकार, पीड़ित या उत्पीड़ित

victimize (or **-ise**) /ˈविक्टिमाइज़्/ *v.* किसी को दंडित करना या अनुचित रूप से सताना, शिकार बनाना ▸ **victimization** *n.* उत्पीड़न

victor /ˈविक्ट(र्)/ *n.* विजेता (किसी खेल, स्पर्धा, युद्ध आदि में विजय प्राप्त करने वाला व्यक्ति), विजयी, फ़तहमंद

Victorian /विक्ˈटॉरिअन्/ *adj.* **1** ब्रिटिश महारानी विक्टोरिया (1837-1901) के शासनकाल से संबंधित, विक्टोरिया-कालीन **2** महारानी विक्टोरिया के समय में प्रचलित सोच वाला, पुराने ढंग का ▸ **Victorian** *n.* विक्टोरिया-कालीन व्यक्ति, विक्टोरियन

victorious /विक्ˈटॉरिअस्/ *adj.* युद्ध, खेल, स्पर्धा आदि में जीतने वाला, विजयी, फ़तहमंद ▸ **victory** *n.* (*pl.* **victories**) युद्ध, खेल, स्पर्धा आदि में सफलता, विजय, जीत, फ़तह

video /ˈविडिओ/ *n.* (*pl.* **videos**) **1** कैमरे से सचल चित्रों या दृश्यों और ध्वनि को रिकॉर्ड करने तथा उसे (टीवी से जुड़े) वीडियो रिकॉर्डर की सहायता से प्रदर्शित करने की प्रणाली, **2** टेप या कैसेट जिस पर सचल चित्र, दृश्य और ध्वनि या फ़िल्म, टीवी कार्यक्रम रिकॉर्ड किए गए हों ▸ **video** *v.* प्रसारण हेतु दृश्य-चित्रण करना

vie /वाइ/ *v.* (**vying, vied**) से आगे बढ़ने की कोशिश करना, होड़ करना, स्पर्धा करना

view /व्यू/ *n.* **1** (किसी के विषय में)

राय या सोचने का विशेष ढंग, विचार 2 स्थान-विशेष से किसी वस्तु को देख सकना या उसका दिखाई देना, दृष्टि, नज़र ▸ **view** *v.* **1** किसी स्थिति या वस्तु के विषय में विशेष प्रकार से सोचना **2** किसी वस्तु पर ग़ौर करना या उसे देखना

vigil /ˈविजिल्/ *n.* विशेष प्रयोजन से रात-भर जागते रहने की अवधि, रात्रि-जागरण, रतजगा ▸ **vigilant** *adj.* सतर्क, सावधान

vigour /ˈविग(र्)/ *n.* (*US* **vigor**) शक्ति या ऊर्जा, बल, उत्साह, जोश

vile /वाइल्/ *adj.* बहुत ख़राब या अप्रिय

vilify /विलिफ़ाइ/ *v.* (**vilifying, vilified**) बदनाम करना, तिरस्कार करना, निंदा करना ▸ **vilification** *n.* निंदा, मानहानि, तिरस्कार

villa /ˈविला/ *n.* **1** छुट्टी बिताने के लिए किराए पर लिया गया मकान **2** देहात में बड़ा मकान, गाँव की बड़ी हवेली (विशेषतः दक्षिणी यूरोप में)

village /ˈविलिज्/ *n.* **1** गाँव, ग्राम, मौज़ा (यह क़स्बे से छोटा होता है) **2** गाँव के सब निवासी, समुदाय के रूप में ग्रामवासी

villain /ˈविलन्/ *n.* **1** दुष्ट व्यक्ति (विशेषतः किसी पुस्तक, फ़िल्म या नाटक में), खलनायक **2** अपराधी, गुंडा

vindicate /ˈविन्डिकेट्/ *v.* **1** कुछ उचित ठहराना या न्यायसंगत सिद्ध करना **2** निर्दोष साबित करना ▸ **vindication** *n.* औचित्य साधन, दोष-निवारण

vindictive /विन्ˈडिक्टिव्/ *adj.* अकारण किसी को पीड़ित करने का इच्छुक या उसके लिए प्रयासरत, प्रतिकारी, अकारण-द्वेषी

vine /वाइन्/ *n.* अंगूर की बेल

vinegar /ˈविनिग(र्)/ *n.* शराब से तैयार अत्यंत तीव्र स्वाद वाला एक द्रव जिसका प्रयोग सलाद में किया जाता है, सिरका

vintage /ˈविन्टिज्/ *n.* विशेष वर्ष में तैयार की गई (अंगूरी) शराब ▸ **vintage** *adj.* **1** पुरानी शराब (इसलिए उत्कृष्ट) **2** (वाहन) 1917 से 1930 के बीच बनी, अपनी विशिष्ट आकृति के लिए प्रशंसित

vinyl /ˈवाइन्ल्/ *n.* एक प्रकार का मज़बूत लचीला प्लास्टिक जिसे दीवारों और फ़र्श पर लगाया या चिपकाया जाता है, वीनाइल, वीनायल

viola /विˈओला/ *n.* वॉयलिन के आकार का बड़ा वाद्य (जिसे ठोड़ी के नीचे रखकर गज से बजाया जाता है), बड़ा वॉयलिन

violate /ˈवाइअलेट्/ *v.* **1** (नियम, समझौते आदि का) उल्लंघन करना **2** किसी के विषय में मर्यादा का पालन न करना, (किसी का) तिरस्कार या उपेक्षा करना

violence /ˈवाइअलन्स्/ *n.* **1** किसी व्यक्ति या वस्तु को भौतिक रूप से हानि पहुँचाने वाला आचरण, हिंसा **2** अत्यधिक शक्ति या ऊर्जा, उग्रता, प्रबलता, प्रचंडता

violent /ˈवाइअलन्ट्/ *adj.* **1** जिसमें किसी को चोट पहुँचाने या मारने के लिए भौतिक शक्ति का प्रयोग हो, हिंसक, हिंसात्मक, हिंसापूर्ण **2** प्रचंड और बेक़ाबू

violet /ˈवाइअलट्/ *n.* **1** जंगलों या बग़ीचों में उगने वाला एक छोटा पौधा (जिसमें बैंगनी या सफ़ेद रंग के सुगंधित फूल खिलते हैं) **2** नीलाभ, बैंगनी रंग

violin /ˌवाइअˈलिन्/ *n.* तारों वाला एक वाद्ययंत्र जिसे ठोड़ी के नीचे रखकर गज से बजाया जाता है, वायलिन (वाद्य)

VIP /ˌव़ी आइ ˈपी/ *abbr.* वीआईपी, बड़ी हस्ती, अत्यंत महत्वपूर्ण व्यक्ति

viper /ˈव़ाइप(र्)/ *n.* एक प्रकार का छोटा ज़हरीला साँप

virago /वि़ˈरागो/ *n.* (*pl.* **viragos** or **viragoes**) चिड़चिड़ी लड़ाका महिला, कर्कशा

viral /ˈव़ाइरल्/ *adj.* वायरस का, विषाणुक

virgin /ˈव़जिन्/ *n.* कुमार या कुमारी, अक्षतवीर्य या अक्षतयोनि (पुरुष या स्त्री जिसने किसी से कभी भी यौन-संबंध स्थापित नहीं किया), कौमार्य ▸ **virgin** *adj.* अभी तक अप्रयुक्त, अछूता, अक्षत आदि

virile /ˈवि़राइल्/ *adj.* (पुरुष) हृष्ट-पुष्ट और वीर्यवान ▸ **virility** *n.* पुरुष की यौन शक्ति और ऊर्जा, पौरुष, पुरुषत्व

virtual /ˈव़चुअल्/ *adj.* **1** लगभग या क़रीब-क़रीब **2** कंप्यूटर द्वारा आभासी या प्रतीयमान रूप में सृजित ▸ **virtually** *adv.* लगभग, वास्तव में

virtue /ˈव़चू/ *n.* **1** उच्च नैतिकता (वाला आचरण) **2** सद्गुण या सत्प्रवृत्ति

virtuous /ˈव़चुअस्/ *adj.* सदाचारी, सद्गुणी, गुणवान

virulent /ˈवि़रलन्ट्, ˈवि़र्यलन्ट्/ *adj.* **1** (विष या रोग) बहुत तीव्र, गंभीर और ख़तरनाक **2** उग्र और क्रोधपूर्ण, कटु, द्वेषपूर्ण

virus /ˈव़ाइरस्/ *n.* (*pl.* **viruses**) **1** (मनुष्यों, पशुओं और पौधों में) रोग उत्पन्न करने वाले सूक्ष्म (विषाक्त) जीवाणु, विषाणु, वाइरस **2** कंप्यूटर का वाइरस (कंप्यूटर प्रोग्राम में डाला गया निर्देश जिसके प्रभाव से कंप्यूटर काम करना बंद कर देता है और संचित सूचना नष्ट हो जाती है

visa /ˈव़ीज़ा/ *n.* वीज़ा, अन्य देशों में आने, जाने या उसमें से गुज़रने की शासकीय अनुमति (पत्र या चिह्न के रूप में)

visage /ˈवि़ज़िज्/ *n.* व्यक्ति का चेहरा

vis-à-vis /ˌव़ीज़् आ ˈव़ी/ *prep.* **1** के संबंध में **2** की तुलना में, के बनाम

viscera /ˈवि़सर/ *n.* (*pl.*) शरीर के भीतर बड़े आंतरिक अंग जैसे हृदय, फेंफड़े तथा आमाशय, विसरा ▸ **visceral** *adj.* शरीर के आंतरिक अंग

viscous /ˈवि़स्कस्/ *adj.* (द्रव) गाढ़ा और लेसदार या चिपचिपा, जो तेज़ी से नहीं बहता ▸ **viscosity** *n.* गाढ़ापन, लसीलापन

visibility /ˌवि़ज़ˈबिलटि/ *n.* रोशनी या मौसम की विशेष स्थिति में व्यक्ति की देख सकने वाली दूरी, दृश्यता, दृश्यता-परास

visible /ˈवि़ज़िब्ल्/ *adj.* जो दिखाई पड़े, दृश्य, दृष्टिगोचर या जिस पर ध्यान जाए, स्पष्ट, प्रकट

vision /ˈवि़श़न्/ *n.* **1** देखने की क्षमता, दृष्टि, नज़र **2** कल्पना में बना चित्र, मानसिक प्रतिबिंब, आकृति या मनोरूप

visionary /ˈवि़श़न्रि/ *adj.* (*pl.* **visionaries**) भविष्य के लिए बड़ी योजनाएँ बनाने वाला, भविष्यदर्शी

visit /ˈवि़ज़िट्/ *v.* (कुछ समय के लिए) किसी व्यक्ति से मिलने जाना या कहीं पर (भ्रमण के लिए) जाना ▸ **visit** *n.* भ्रमण, दौरा ▸ **visitor** *n.* आगंतुक

visor (or **vizor**) /ˈव़ाइज़(र्)/ *n.* **1** हेलमेट का अग्रभाग (जिसे झुकाकर आँखों या चेहरे को ढका जाता है उन्हें बचाने के लिए), वाइज़र **2** हैट का अग्रभाग या कार में लगा प्लास्टिक आदि का टुकड़ा (जो आँखों को धूप से बचाता है)

visual /ˈविशुअल्/ *adj.* दृष्टि-संबंधी, चाक्षुष, दृश्य

visualize (or **-ise**) /ˈविशुअलाइज़्/ *v.* किसी व्यक्ति या वस्तु की कल्पना करना या मन में उसका चित्र बनाना

vital /ˈवाइटल्/ *adj.* **1** बहुत महत्वपूर्ण या आवश्यक **2** ऊर्जा से भरा हुआ, जीवंत, ज़िंदादिल

vitalize (or **-ise**) /ˈवाइट्लाइज़्/ *v.* नए जीवन का संचार करना, रूह फूँकना

vitamin /ˈविटमिन्/ *n.* विटामिन, खाद्योज (शरीर के स्वास्थ्य और वृद्धि के लिए आवश्यक तत्व, विशेष प्रकार के आहार में उपलब्ध)

vitiate /ˈविशिएट्/ *v.* दूषित करना, विकृत करना, निरस्त करना, रद्द करना

vitreous /ˈविट्रिअस्/ *adj.* कठोर, चमकीला एवं पारदर्शी, शीशे का बना

vitriolic /ˌविट्रिˈआलिक्/ *adj.* (लेख, भाषा, टिप्पणी आदि) घृणा एवं क्रोध से भरा, कटु

vivacious /विˈवेशस्/ *adj.* (व्यक्ति, प्रायः महिला) स्वस्थ, ज़िंदादिल और ख़ुशमिज़ाज

viva voce /ˌवाइवा ˈवोचि/ *n.* मौखिक परीक्षा (विशेषतः भारतीय या ब्रिटिश विश्वविद्यालयों में)

vivid /ˈविविड्/ *adj.* **1** सजीव और सुस्पष्ट (प्रभाव होने व उत्पन्न करने वाला) **2** (प्रकाश या रंग) तेज़ और बहुत चमकीला या चटकीला

vixen /ˈविक्सन्/ *n.* मादा लोमड़ी

viz. /विज़्/ *abbr.* (वाचन में प्रायः) अर्थात्, कहने का तात्पर्य है कि, दूसरे शब्दों में

vocabulary /वˈकैब्यलरि/ *n.* (*pl.* **vocabularies**) **1** (किसी पुस्तक, विषय आदि का) शब्दसंग्रह, शब्दावली **2** किसी भाषा के समान शब्द, भाषा का शब्दभंडार

vocal /ˈवोकल्/ *adj.* **1** कंठस्वर से संबंधित, स्वरीय **2** अपनी धारणाओं या विचारों को ऊँचे स्वर में या खुलकर प्रकट करते हुए, मुखर

vocalist /ˈवोकलिस्ट्/ *n.* गायक (विशेषतः बैंड पार्टी में)

vocation /वोˈकेशन्/ *n.* विशेषतः अपने लिए उपयुक्त प्रतीत होने वाला व्यवसाय या जीवन बिताने का ढंग

vocational /वोˈकेशनल्/ *adj.* विशेष कार्य को करने के लिए अपेक्षित कौशल, ज्ञान आदि से संबंधित, व्यावसायिक

vociferous /वˈसिफ़रस्/ *adj.* अपनी भावनाओं या विचारों को ज़ोरदार और गंभीर ढंग से व्यक्त करते हुए ▸ **vociferously** *n.* चिल्लाते हुए

vodka /ˈवॉड्का/ *n.* वोदका, एक तेज़ रूसी शराब

vogue /वोग्/ *n.* (किसी बात का) फ़ैशन या प्रचलन

voice /वॉइस्/ *n.* **1** बोलते या गाते समय निकलने वाला कंठस्वर, आवाज़, वाणी, ध्वनियाँ उत्पन्न करने की क्षमता, वाक्‌शक्ति **2** अपनी बात (कहने का अधिकार) ▸ **voice** *v.* अपने विचार या भावनाएँ प्रकट करना, उन्हें अभिव्यक्ति देना

void /वॉइड्/ *n.* शून्य, ख़ालीपन ▸ **void** *adj.* **1** (टिकट, अनुबंध, निर्णय आदि) निष्प्रभावी, अमान्य, अवैध **2** किसी बात से पूर्णतया रहित

volatile /ˈवॉल्टाइल/ *adj.* **1** (स्थिति) जो अचानक और अप्रत्याशित रूप से बदल जाए, अस्थिर, (व्यक्ति) चंचल

2 (पदार्थ) जो सहज ही गैस या वाष्प बन जाए

volcano /वॉल्ˈकेनो/ *n.* (*pl.* **volcanoes, volcanos**) पर्वत जिसके शिखर पर एक छिद्र होता है जिससे प्रायः भाप, गरम पिघली चट्टान बाहर निकलती है, ज्वालामुखी

volition /व़ˈलिशन्/ *n.* स्वतंत्र रूप से कोई काम आदि चुनने या अपने निर्णय स्वयं करने की शक्ति, चयन-क्षमता, निर्णय-क्षमता

volley /ˈव़ॉलि/ *n.* (*pl.* **volleys**) 1 (टेनिस, फुटबॉल आदि में) (टप्पा खाने से पहले) उड़ते गेंद की मार, वॉली 2 पत्थरों, गोलियों आदि की बौछार 3 (एक व्यक्ति पर एक-के-बाद एक) प्रश्नों, अपमानजनक टिप्पणियों आदि की झड़ी ▸ **volley** *v.* उड़ते गेंद को मारना

volt /व़ोल्ट्/ *n.* वोल्ट, विद्युत शक्ति को मापने की इकाई ▸ **voltage** *n.* वोल्टों से मापी गई विद्युत शक्ति, वोल्टता, वोल्टेज

volte-face /ˌव़ॉल्ट् ˈफ़ास/ *n.* (नीति या विचार आदि में) पूर्ण परिवर्तन, पक्ष परिवर्तन

volume /ˈव़ॉल्यूम्/ *n.* (*abbr.* **vol**) 1 आयतन (किसी वस्तु द्वारा घेरे गए स्थान का परिमाण) 2 आवाज की ऊँचाई, ध्वनि की प्रबलता

voluminous /व़ˈलूमिनस्/ *adj.* 1 (पोशाक) लंबी-चौड़ी, भारी-भरकम, जिसमें बहुत कपड़ा लगा हो 2 (कोई कृति, पुस्तक आदि) बहुत बड़ी और विस्तृत

voluntary /ˈव़ॉलन्ट्रि/ *adj.* 1 अपनी इच्छा से (न कि विवशता से) किया या दिया गया, स्वैच्छिक 2 बिना वेतन के किया गया या काम करते हुए, स्वयंसेवी

volunteer /ˌवॉलन्ˈटिअ(र्)/ *n.* 1 स्वयंसेवक (बिना किसी शुल्क अथवा दबाव के कुछ करने को तैयार) 2 स्वयंसेवक सैनिक (बिना आदेश के सेना में सम्मिलित होनेवाला) ▸ **volunteer** *v.* 1 स्वेच्छा से सेवा समर्पित करना या कोई काम करना 2 स्वेच्छा से सेना में भरती होना

voluptuous /व़ˈलप्चुअस्/ *adj.* (स्त्री) विलासप्रिय और कामुक

vomit /ˈव़ॉमिट्/ *v.* (**vomiting, vomited**) क़ै, उलटी, वमन होना या करना ▸ **vomit** *n.* वमन, क़ै, उलटी

voracious /व़ˈरेशस्/ *adj.* 1 भुक्खड़, खाऊ, पेटू, उदरपिशाच 2 प्रचुर मात्रा में नई जानकारी और ज्ञान प्राप्त करने का इच्छुक, ज्ञानपिपासु

vortex /ˈव़ॉर्टेक्स्/ *n.* (*pl.* **vortexes** or **vortices**) (पानी का) भँवर, जलावर्त, (हवा का) बवंडर, वातावर्त

votary /ˈव़ोटरि/ *n.* (*pl.* **votaries**) 1 व्यक्ति, जिसने अपने-आप को ईश्वर की उपासना में लगा दिया है, (ईश्वर का) भक्त 2 एक निष्ठावान अनुयायी

vote /व़ोट्/ *n.* 1 चुनाव या सभा में मतदान (किसी व्यक्ति या वस्तु के पक्ष या विपक्ष में) 2 किसी मुद्दे के पक्ष या विपक्ष में मतदान (लोगों की इच्छा जानने के लिए) ▸ **vote** *v.* 1 (किसी के साथ या विपक्ष में) मत देना, वोट डालना 2 स्थान या पुरस्कार-विशेष के लिए किसी व्यक्ति को चुनना

vouch /व़ाउच्/ *v.* (**vouch for sb/sth**) किसी व्यक्ति के ईमानदार या भला होने का आश्वासन देना या किसी वस्तु के सही या प्रमाणिक होने का ज़िम्मा लेना

V

voucher /ˈवाउच(र्)/ *n.* कुछ ख़रीदने के लिए (रोकड़ के स्थान पर) प्रयुक्त परचा, वाउचर

vouchsafe /ˌवाउच्ˈसेफ़्/ *v.* कुछ कृपापूर्वक देना या कहना (विशेषतः प्राधिकार स्वरूप)

vowel /ˈवाउअल्/ *n.* स्वर (जैसे अंग्रेज़ी में)

voyage /ˈवॉइइज्/ *n.* लंबी समुद्री यात्रा या अंतरिक्ष यात्रा

voyeur /व्वाइˈअ(र्), वॉइˈअ(र्)/ *n.* **1** गुप्त रूप से दूसरों को समागम करते देख आनंद लेनेवाला **2** दूसरों की समस्याओं तथा उनके निजी जीवन से आनंद लेनेवाला

vulgar /ˈवल्ग(र्)/ *adj.* **1** जिस व्यक्ति में किसी वस्तु के आकर्षक या उपयुक्त होने का विवेक दिखाई न पड़े, सुरुचिहीन, अशिष्ट, अभद्र **2** अश्लील

vulnerable /ˈवल्नरब्ल्/ *adj.* दुर्बल और नाज़ुक (जिसे आसानी से शारीरिक या मानसिक आघात पहुँचाया जा सके), असुरक्षित, सुभेद्य, आघात योग्य

vulture /ˈवल्च(र्)/ *n.* गिद्ध, (एक बड़ा पक्षी जिसके सिर या गले पर पंख नहीं होते तथा जो मृत पशुओं को खाता है) गीध, गृध्र

V

Ww

W *abbr.* **1** वाट **2** पश्चिमी
wacky /ˈवैकि/ *adj.* (*also* **whacky**) (**wackier, wackiest**) मसख़रा, मज़ाक़िया
wad /वॉड्/ *n.* **1** काग़ज़ों, नोटों आदि की गड्डी **2** गद्दी, छेद भरने या किसी चीज़ को कहीं टिकाए रखने के लिए प्रयुक्त मुलायम सामग्री
waddle /ˈवॉड्ल्/ *v.* बतख़ की तरह चलना (शरीर को दाएँ-बाएँ हिलाते हुए छोटे-छोटे डग भरना)
wade /वेड्/ *v.* (काफ़ी गहरे पानी, कीचड़ आदि को) बड़ी मेहनत से पैदल पार करना, पार करना
wafer /ˈवेफ़(र्)/ *n.* वेफ़र, बहुत पतला प्रायः आइस्क्रीम के साथ खाया जाने वाला सूखा बिस्कुट
waffle /ˈवॉफ़्ल्/ *n.* एक प्रकार का चपटा केक जिस पर चौख़ाने बने होते हैं (प्रायः सिरप लगाकर खाया जाता है), पतली मीठी रोटी ▸ **waffle** *v.* निरर्थक या शब्दाडंबरपूर्ण बात कहना या लिखना, गप लड़ाना
waft /वॉफ़्ट्/ *v.* हवा में उड़ा ले जाना या बिखेरना
wag /वैग्/ *v.* (**wagging, wagged**) अग़ल-बग़ल या ऊपर-नीचे हिलना या (किसी वस्तु को) हिलाना
wage /वेज्/ *n.* (*pl.* **wages**) वेतन, मज़दूरी (काम करने के लिए प्राप्त नियमित धनराशि) ▸ **wage** *v.* (युद्ध, आंदोलन आदि) छेड़ना और फिर उसे जारी रखना ▸ **wager** *n.* शर्त, बाज़ी
wagon (or **waggon**) /ˈवैगन्/ *n.* मालगाड़ी का खुला डिब्बा, वैगन
waif /वेफ़्/ *n.* दुबला-पतला, छोटा, बेघर व्यक्ति (प्रायः बच्चा)
wail /वेल्/ *v.* **1** बिलख-बिलख कर रोना (दुख में या दर्द के मारे), विलाप करना **2** (वस्तुओं का) विलाप की-सी ध्वनि करना ▸ **wail** *n.* विलाप, क्रंदन, रुदन, साँय-साँय (की आवाज़)
waist /वेस्ट्/ *n.* **1** कमर, कटि **2** पोशाक का वह भाग जो कमर के चारों ओर होता है
waistcoat /ˈवेस्कोट्/ *n.* वास्कट (मरदाने सूट में कमीज़ और जैकेट के बीच पहनी जाने वाली आगे से बटनदार बिना आस्तीन की पोशाक), फतूही
waistline /ˈवेस्ट्लाइन्/ *n.* **1** (व्यक्ति की) कमर का माप, कमर का घेरा (जिससे उसका मोटापा मापा जाता है) **2** पतलून आदि की कमर
wait /वेट्/ *v.* **1** (किसी की) प्रतीक्षा या इंतज़ार करना **2** बाद के लिए छोड़ देना या उसमें देरी करना ▸ **wait** *n.* प्रतीक्षा, इंतज़ार
waiter /ˈवेट(र्)/ *n.* रेस्तराँ आदि में वेटर, बैरा
waiting list *n.* प्रतीक्षा सूची (किसी काम जैसे सेवा आदि के लिए प्रतीक्षा कर रहे लोगों की सूची)
waiting room *n.* प्रतीक्षालय, प्रतीक्षा-कक्ष (रेलगाड़ी के आने या

डॉक्टर से मिलने की प्रतीक्षा करने वालों के लिए कक्ष)

waitress /'वेट्रस्/ *n.* रेस्तराँ आदि में महिला वेटर

waive /वेव्/ *v.* किसी नियम आदि के पालन पर आग्रह न करना, किसी बात पर दावा या अधिकार छोड़ देना

wake /वेक्/ *v.* (**waking, woke,** *pp.* **woken**) जागना, जाग जाना, किसी को जगाना, जगा देना ▸ **wake** *n.* **1** किसी व्यक्ति की मृत्यु पर अंतिम संस्कार से पूर्व रात्रि-जागरण **2** पानी में जहाज़ के चलने से बनी रेखा, पनरेख, अनुजल

walk /वॉक्/ *v.* **1** (व्यक्ति का) चलना **2** (व्यक्ति का) टहलना (व्यायाम के रूप में या मज़े के लिए) ▸ **walk** *n.* कहीं पैदल चलकर जाने की क्रिया (आनंद के लिए, व्यायाम के रूप में आदि), पैदल, सैर, भ्रमण, हवाख़ोरी

walkie-talkie /ˌवॉकि 'टॉकि/ *n.* संदेश भेजने या प्राप्त करने का छोटा रेडियो (जिसे साथ लेकर चलते हैं), सुवाह्य रेडियो, वॉकी-टॉकी

walking stick *n.* (*also* **stick**) (चलते समय सहारा देने वाली) छड़ी

walkover /'वॉक्ओव़(र्)/ *n.* खेल या प्रतिस्पर्धा में आसान जीत

wall /वॉल्/ *n.* **1** दीवार, दीवाल (किसी को दूसरे से अलग करने या उसकी सुरक्षा के लिए उसके चारों ओर बनाई गई) **2** छत से फ़र्श तक की किसी कमरे या इमारत की दीवार, भित्ति या भीत

wallaby /'वॉलबि/ *n.* (*pl.* **wallabies**) छोटे कँगारू जैसा एक ऑस्ट्रेलियाई पशु जो अपने बच्चे को शरीर के अगले भाग में बने थैले में रखती है, वॉलबि

wallet /'वॉलिट्/ *n.* मुड़ने वाला चपटा जेबी बटुआ, पर्स

wallop /'वॉलप्/ *v.* (**walloping, walloped**) किसी को कसकर पीटना

wallow /'वॉलो/ *v.* **1** (मनुष्यों और बड़े पशुओं का) पानी आदि में लोटना, लोट लगाना या लोट-पोट होना (ठंडक के लिए मौज में आकर) **2** (किसी मनोभाव, स्थिति आदि में) आनंद अनुभव करना, सुख पाना

wally /'वॉलि/ *n.* (*pl.* **wallies**) मूर्ख व्यक्ति

walnut /'वॉल्नट्/ *n.* **1** अख़रोट (का फल) **2** अख़रोट की लकड़ी (फ़र्नीचर बनाने में प्रयुक्त)

walrus /'वॉल्रस/ *n.* दरियाई घोड़ा (उत्तर ध्रुव में पाया जाने वाला सील मछली जैसा एक बड़ा समुद्री जानवर जिसके दो लंबे दाँत बाहर को निकले होते हैं), वॉलरस

waltz /वॉल्स्/ *n.* तीन ताल की लय वाले संगीत की धुन पर जुगलबंदी में होने वाला एक सुंदर नृत्य, वॉल्स, वॉल्स के साथ बजने वाला संगीत ▸ **waltz** *v.* **1** वॉल्स नृत्य करना **2** बड़े भरोसे के साथ कहीं जाना

wan /वॉन्/ *adj.* (व्यक्ति) पीला पड़ा हुआ और बीमार या थका हुआ

wand /वॉन्ड्/ *n.* जादूगर की छड़ी

wander /'वॉन्ड(र्)/ *v.* **1** इधर-उधर (निष्प्रयोजन) घूमना, भटकना, मारा-मारा फिरना **2** (व्यक्ति का मन, विचार आदि) किसी बात से ध्यान हट जाना, चर्चा के विषय को छोड़कर दूसरे पर जाना, विषयांतर करना

wane /वेन्/ *v.* **1** क्षीण होना, कम हो जाना **2** (चंद्रमा) आकार में कम हो

जाना, घट जाना ▸ **wane** *n.* अवनति, पतन

wangle /ˈवैङ्ग्ल्/ *v.* चापलूसी से या तिकड़म रचाकर किसी से कुछ प्राप्त कर लेना, गाँठ लेना

want /वॉन्ट्/ *v.* **1** कुछ चाहना या (किसी की) इच्छा रखना **2** (की) ज़रूरत पड़ना, आवश्यकता होना ▸ **want** *n.* **1** (*pl.* **wants**) आवश्यकता, ज़रूरत या इच्छा, चाहत **2** (किसी चीज़ की) कमी, अभाव

wanting /ˈवॉन्टिङ्/ *adj.* **1** (का) काफ़ी न होना, (की) कमी होना **2** अपर्याप्त नाकाफ़ी, जो अपेक्षा या प्रत्याशा से कम हो

wanton /ˈवॉन्टन्/ *adj.* (कोई कार्य) अकारण किसी को तकलीफ़ या हानि पहुँचाने के लिए किया गया

WAP /वैप्/ *abbr.* 'वायरलेस एप्लीकेशन प्रोटोकॉल' का संक्षिप्त रूप, मोबाइल फ़ोनों को इंटरनेट से जोड़ने की प्रौद्योगिकी, इसमें इंटरनेट पर उपलब्ध सूचनाओं के बदलने के नियम होते हैं ताकि उन्हें छोटे स्क्रीन पर दिखाया जा सके

war /वॉ(र्)/ *n.* **1** (देशों में या देश के भीतर गुटों में) लड़ाई, युद्ध (जिसमें आवश्यकतानुसार सेना और शस्त्रों का प्रयोग हो) **2** प्रबल प्रतियोगिता, कड़ी प्रतिस्पर्धा (व्यक्ति-समूहों, कंपनियों, देशों आदि में)

warble / ˈवॉब्ल्/ *v.* सतत परिवर्तित सुरों के साथ गाना

ward /वॉड्/ *n.* **1** (अस्पताल में) एक ही प्रकार के रोगियों के लिए पृथक विभाग या कक्ष, वॉर्ड **2** (शहर का) वॉर्ड, हल्का (चुनावों या सामान्य प्रशासन की दृष्टि से) ▸ **ward** *v.* (**ward sb/sth off**) किसी संकट, रोग, आक्रमण आदि से अपना बचाव करना

warden /ˈवॉड्न्/ *n.* **1** नियमों के पालन या स्थान-विशेष के लोगों की देखभाल पर ध्यान देने का काम करने वाला व्यक्ति, अभिरक्षक, वॉर्डन (छात्रावास का, यातायात का) **2** जेल का वॉर्डन, कारापाल

warder /ˈवॉड(र्)/ *n.* क़ैदियों का रक्षक, जेल का वॉर्डर, पहरेदार या चौकीदार

wardrobe /ˈवॉड्रोब्/ *n.* **1** कपड़े रखने या टाँगने की अलमारी **2** व्यक्ति के निजी कपड़ों का संग्रह

ware /वेअ(र्)/ *n.* **1** (विशेष प्रकार की सामग्री से या विशेष प्रयोग के लिए) बना माल, निर्मित वस्तुएँ **2** (*pl.* **wares**) बिक्री के लिए प्रस्तुत वस्तुएँ, सौदा, माल

warm /वॉम्/ *adj.* **1** (ठंडे और गरम के बीच का सुहावना तापमान) शरीर को भाने वाली गरमाहट से युक्त **2** मैत्रीपूर्ण, स्नेहमय और मनभावन ▸ **warm** *v.* (सुखद रूप से) गरम हो जाना या (किसी व्यक्ति या वस्तु को) गरम कर देना

warm-blooded *adj.* (प्राणी) नियततापी (जिनके रक्त का तापमान नियत या स्थिर रहता है, परिवेश के तापमान में परिवर्तन के बावजूद)

warm-hearted *adj.* दयालु और सहृदय, मेहरबान

warmth /वॉम्थ्/ *n.* **1** गरमाहट, उष्णता, ऊष्मा (विशेषतः सुखद) **2** स्नेहमयता और हार्दिकता

warn /वॉन्/ *v.* **1** (किसी व्यक्ति को) आसन्न, विद्यमान प्रतिकूलता या ख़तरे की पूर्वसूचना देना, (से) सचेत करना **2** (किसी को किसी बात से) सावधान

करना, आगाह करना

warning /ˈवॉनिङ्/ *n.* (प्रायः अशुभ स्थिति से) सतर्क करने वाली बात, पूर्वसूचना, चेतावनी

warp /वॉप्/ *v.* **1** (आधार-प्रकार का) टेढ़ा-मेढ़ा हो जाना, बिगड़ जाना, (आकार को) टेढ़ा-मेढ़ा कर देना, बिगाड़ देना **2** किसी बात का ऐसा प्रभाव होना कि व्यक्ति का व्यवहार विकृत या असामान्य हो जाए ▸ **warped** *adj.* विकृत, टेढ़ा-मेढ़ा

warrant /ˈवॉरन्ट्/ *n.* (किसी काम को करने की) आधिकारिक अनुमति, वॉरंट, अधिपत्र, आज्ञापत्र ▸ **warrant** *v.* ऐसा आचरण करना कि कोई बात सही या आवश्यक लगे, किसी बात का पात्र होना

warranty /ˈवॉरन्टि/ *n.* (*pl.* **warranties**) किसी वस्तु को ख़रीदते समय लिखित आश्वासन कि टूट जाने या काम न करने की दशा में उसे ठीक कर या बदल दिया जाएगा, वारंटी

warren /ˈवॉरन्/ *n.* खरगोशों के बिलों के परस्पर संपर्क का जाल, खरगोशों का बाड़ा

warrior /ˈवॉरिअ(र्)/ *n.* योद्धा, सैनिक, सिपाही

wart /वॉट्/ *n.* (चेहरे पर या शरीर में कहीं हो जाने वाला) मस्सा ▸ **warty** *adj.* मस्सेवाला, मस्सेदार

warthog /ˈवॉट्हॉग्/ *n.* खाँगदार जंगली सूअर (ऐसा जंगली सूअर जिसके बाहर को निकले दो दाँत और चेहरे पर गूमड़ होते हैं)

wary /ˈवेअरि/ *adj.* (**warier, wariest**) सावधान (किसी व्यक्ति या वस्तु के प्रति अनिश्चय या भय के कारण), सतर्क, चौकन्ना, ख़बरदार

was /वज़्, प्रबल रूप वॉज़्/ **be** देखिए

wash /वॉश्/ *v.* **1** (अपनी, दूसरे की या वस्तु की) सफ़ाई करना विशेषतः पानी और साबुन से धोना **2** (पानी का) बहना या वस्तु या व्यक्ति को (निर्दिष्ट दिशा में) बहाकर ले जाना ▸ **wash** *n.* **1** पानी से साफ़ करने, धोने या साफ़ किए जाने, धुलने की क्रिया, धुलाई, स्नान **2** जलपोत के चलने से उत्पन्न लहरें

washable /ˈवॉशब्ल्/ *adj.* जो धोने पर ख़राब न हो, धुलाई योग्य

washbasin /ˈवॉशबेसिन्/ *n.* वॉशबेसिन

washer /ˈवॉश(र्)/ *n.* वॉशर, रबर, धातु या प्लास्टिक का छल्ला (जिससे दो वस्तुएँ सतह पर जुड़कर पक्की हो जाती हैं)

washing /ˈवॉशिङ्/ *n.* **1** धुलाई के कपड़े (कपड़े जो अभी धुलने हैं या अब धुल रहे हैं) **2** (पानी से) कपड़ों आदि की धुलाई

washing machine *n.* कपड़े धोने की बिजली की मशीन, वॉशिंग मशीन

washing powder *n.* कपड़े धोने का पाउडर, वॉशिंग पाउडर

washout /ˈवॉशआउट्/ *n.* पूर्णतया विफल कार्यक्रम (विशेषतः वर्षा के कारण), वॉशआउट

washroom /ˈवॉशरूम्, -रुम्/ *n.* शौचालय (विशेषतः सार्वजनिक भवन में), वॉशरूम

wasp /वॉस्प्/ *n.* बर्र, ततैया, भिड़

wastage /ˈवेस्टिज्/ *n.* किसी वस्तु की बरबादी, बरबाद हुई वस्तु की मात्रा

waste /वेस्ट्/ *v.* **1** किसी वस्तु की बरबादी करना (लापरवाही से या बिना ज़रूरत उसे इस्तेमाल या ख़र्च करना) **2** किसी वस्तु की बेक़द्री करना (उसे

अपात्र को देकर) ▸ **waste** *n.* 1 (किसी वस्तु की) बरबादी 2 बेकार सामान, रद्दी माल, अपशिष्ट सामग्री ▸ **waste** *adj.* 1 (भूमि) परती या ऊसर, बंजर, अनुपजाऊ 2 बेकार, रद्दी, बाहर फेंका हुआ, उपेक्षित

wasteful /ˈवेस्ट्फ़ल्/ *adj.* फ़ज़ूलख़र्च, अपव्ययी, उड़ाऊ, ख़र्चीला ▸ **wastefully** *adv.* अपव्ययी ढंग से

watch /वॉच्/ *v.* 1 (किसी व्यक्ति या वस्तु को) ध्यान से देखना 2 (किसी चीज़ की) रखवाली करना, चौकसी करना ▸ **watch** *n.* 1 हाथ-घड़ी, रिस्ट-वॉच 2 निगरानी, सतर्कता (संभावित ख़तरे या मुसीबत को देखते हुए) ▸ **watchful** *adj.* जागरूक, सतर्क

water /ˈवॉट(र्)/ *n.* 1 पानी, जल, नीर 2 जलराशि (विशेषतः झील, नदी या समुद्र की) ▸ **water** *v.* 1 पौधों को सींचना 2 आँखों से पानी निकलना या मुँह में पानी भर आना

waterborne /ˈवॉटबॉन्/ *adj.* 1 (रोगों का) जल के द्वारा फैलने वाला 2 (सामान) नावों या जहाज़ द्वारा परिवाहित

water buffalo *n.* गाय परिवार का एक विशाल पशु जो खेती आदि के उपकरण ढुलाई के काम आता है, भैंसा

watercolour /ˈवॉटकल(र्)/ *n.* 1 (*pl.* **watercolours**) पानी से (न कि तेल से) मिलाकर प्रयुक्त रंग, जलरंग, वॉटरकलर 2 जलरंगनिर्मित चित्र

W

waterfall /ˈवॉटफ़ॉल्/ *n.* झरना, जलप्रपात (ऊँची खड़ी चट्टान या पहाड़ी आदि से नीचे गिरने वाली जलधारा)

waterfront /ˈवॉटफ्रन्ट्/ *n.* समुद्र, नदी या झील की ओर का नगर-भाग या कोई क्षेत्र, तटीय नगर-भाग या क्षेत्र

waterhole /ˈवाटहोल्/ *n.* जलगर्त, पानी का गड्ढा (गरम देशों में जानवरों के लिए पानी से भरा गड्ढा)

waterlogged /ˈवॉटलॉग्ड्/ *adj.* 1 (मैदान) जिसमें जलभरा हो, जल-जमाव वाला 2 (नौका) जिसमें पानी भर गया हो और जो कभी भी डूब सकती है, जलाक्रांत

watermark /ˈवॉटमाक्/ *n.* जलांक (कुछ प्रकार के काग़ज़ों में अंकित चिह्न या डिज़ाइन जो काग़ज़ को रोशनी के सामने लाने पर दीखने लगता है) जलचिह्न, वॉटरमार्क

watermelon /ˈवॉटमेलन्/ *n.* तरबूज़

waterproof /ˈवॉटप्रूफ़्/ *adj.* जिसमें से होकर पानी न जा सके, जलरुद्ध, वॉटरप्रूफ़

watershed /ˈवॉटशेड्/ *n.* ऐसी घटना जो इसलिए महत्वपूर्ण है कि उससे स्थिति में कोई नया मोड़ आया, नव-प्रवर्तन से उत्पन्न घटना, वॉटरशेड

watertight /ˈवॉटटाइट्/ *adj.* 1 जलरोधी (जल को अंदर आने या बाहर जाने से रोकने वाला) 2 (बहाना, राय आदि) जिसे ग़लत सिद्ध न किया जा सके, त्रुटिहीन

water vapour *n.* पानी अथवा बर्फ़ को गरम करने से प्राप्त जल की गैसीय अवस्था, जलवाष्प

watery /ˈवॉटरि/ *adj.* 1 जिसमें पानी अधिक हो, पनीला, पानी जैसा 2 दुर्बल और निर्जीव-सा

watt /वॉट्/ *n.* विद्युत शक्ति की इकाई, वाट ▸ **wattage** *n.* वाट्स में व्यक्त विद्युत शक्ति की मात्रा

wave /वेव्/ *n.* 1 लहर, तरंग (विशेषतः समुद्र में) 2 लोगों या वस्तुओं की बाढ़

(एकाएक बड़ी संख्या में कहीं पर पहुँच जाना या दिखाई देने लगना) ▸ **wave** *v.* **1** हाथ हिलाना (प्रायः किसी का ध्यान आकृष्ट करने के लिए या किसी से मुलाक़ात करते या विदा लेते समय) **2** किसी वस्तु को हवा में लहराना

wavelength /'वेव्लेङ्थ्/ *n.* **1** दो ध्वनि-तरंगों के बीच की दूरी, वेवलेंथ **2** तरंगदैर्ध्य, वेवलेंथ (तरंग की लंबाई जिस पर कोई रेडियो स्टेशन अपने कार्यक्रम प्रसारित करता है)

waver /'वेव(र्)/ *v.* **1** अनिश्चय की स्थिति में होना, हिचकिचाना (विशेषतः कोई निर्णय या विकल्पों में से चयन करते समय) **2** काँपना, डगमगाना, डाँवाँडोल होना

wavy /'वेवि/ *adj.* घुँघराला, लहरदार या लहरियादार

wax /वैक्स्/ *n.* **1** वसा या तेल से बना पदार्थ जो जल्दी पिघल जाता है और उससे मोमबत्ती, पॉलिश आदि बनती है, मोम **2** कान की मैल, खूँट ▸ **wax** *v.* **1** मोम से (किसी वस्तु को) चमकाना **2** मोम लगाकर (शरीर के किसी अंग के) बाल साफ़ करना

way /वे/ *n.* **1** कुछ करने की विशेष विधि, तरीक़ा या ढंग **2** (कहीं पहुँचने का) रास्ता, मार्ग, बिना रुके कहीं पहुँचने का रास्ता, के रास्ते में ▸ **way** *adv.* बहुत दूर, बहुत अधिक

waylay /वे'ले/ *v.* आक्रमण करने या बातचीत करने के उद्देश्य से किसी को कहीं जाने से रोकना, रास्ता रोकना, रास्ता रोक कर बात करना

wayward /'वेवड्/ *adj.* ज़िद्दी, हठी, निरंकुश

we /वी/ *pron.* हम (किसी क्रिया का कर्ता)

weak /वीक्/ *adj.* (शरीर) दुर्बल, कमज़ोर, निर्बल, अशक्त

weakling /'वीक्लिङ्/ *n.* (व्यक्ति या पशु) शारीरिक रूप से कमज़ोर, दुर्बल आदमी या पशु

weakness /'वीक्नस्/ *n.* **1** दुर्बलता, कमज़ोरी, निर्बलता, अशक्तता **2** किसी व्यक्ति या वस्तु के लिए ख़ास तरह की चाहत (प्रायः बेमतलब)

wealth /वेल्थ्/ *n.* **1** (किसी की) धन-संपत्ति, ज़मीन-जायदाद, संपन्नता **2** प्रचुरता, बड़ी संख्या या मात्रा ▸ **wealthy** *adj.* धनी, अमीर, संपन्न

wean /वीन्/ *v.* (छोटे बच्चे का) धीरे-धीरे माँ का दूध छुड़ाना (और उसे ठोस आहार देना शुरू करना)

weapon /'वेपन्/ *n.* अस्त्र, शस्त्र, हथियार

wear /वेअ(र्)/ *v.* **(wearing, wore,** *pp.* **worn) 1** (कपड़े, गहने आदि) पहनना, धारण करना **2** घिस जाना, छीजना, जीर्ण हो जाना या (किसी वस्तु को) घिसा देना, जीर्ण कर देना (प्रायः अधिक इस्तेमाल या उसके रगड़ खाने के कारण) ▸ **wear** *n.* **1** पहनने की क्रिया, पहनाई या पहने होने की अवस्था, पहनाव, पोशाक के रूप में **2** विशेष प्रयोजन से या अवसर पर पहनने के कपड़ों के लिए प्रयुक्त शब्द (विशेषतः दुकानों पर) (जैसे कैज़ुअल-विअर)

weary /'विअरि/ *adj.* थका-माँदा (विशेषतः किसी काम को देर तक करते रहने के कारण)

weasel /'वीज़ल्/ *n.* लंबे-पतले शरीर, छोटे टांगों तथा लाल-भूरे रोएँवाला एक छोटा जंगली जानवर जो छोटे-छोटे जीवों को खाता है, वीज़ल

weather /ˈवे्द(र्)/ *n.* मौसम, ऋतु (किसी समय, किसी स्थान का तापमापन, पवन-गति, वर्षा-मात्रा, आर्द्रता आदि) ▸ **weather** *v.* **1** धूप, वायु या हवा के कारण रंग, शक्ल का बदलना या किसी का रंग या शक्ल बदल देना **2** कठिन समय या अनुभव में से सही-सलामत निकल आना, को झेल लेना

weave /वीव्/ *v.* (**weaving, wove,** *pp.* **woven** or **wove**) **1** (कपड़ा आदि) बुनना, बुनाई करना **2** दाएँ-बाएँ चलना, टेढ़े-मेढ़े चलना

web /वे्ब्/ *n.* **1** मकड़ी का जाला **2** (**the Web**) इंटरनेट की सहायता से सूचना प्राप्त करने की प्रणाली

website /ˈवे्ब्साइट्/ *n.* वेबसाइट, इंटरनेट पर किसी कंपनी, संस्था आदि का सूचना केंद्र

wed /वे्ड्/ *v.* (**we<u>dd</u>ing, we<u>dd</u>ed** or **wed**) **1** विवाह करना **2** दो वांछित तत्वों को मिलाना

wedding /ˈवे्डिङ्/ *n.* विवाह समारोह (संस्कार और भोज का कार्यक्रम)

wedge /वे्ज्/ *n.* फन्नी, पच्चर (V के आकार का धातु या लकड़ी का टुकड़ा जो वस्तुओं को अलग रखने के लिए उनके बीच में फँसा दिया जाता है) ▸ **wedge** *v.* **1** फन्नी या पच्चर फँसाकर वस्तुओं को अलग-अलग करना, उन्हें हिलने से रोकना या एक स्थान पर जमा देना **2** किसी व्यक्ति या वस्तु को तंग जगह पर घुसा देना या फँसा देना

W

Wednesday /ˈवे्न्ज़्डे, -डी/ *n.* (*abbr.* **Wed.**) बुधवार

weed /वीड्/ *n.* **1** बग़ीचे में उग आने वाला एक हानिकर जंगली पौधा, (यह दूसरे पौधों को बढ़ने नहीं देता और इसलिए उसे निकाल दिया जाता है), ख़रपतवार, अपतृण **2** तालाब, पोखर आदि में तैरता छोटे-छोटे हरे पौधों का गुच्छा ▸ **weed** *v.* खेत आदि से खर-पतवार निकालना, निराई करना

week /वीक्/ *n.* **1** सात दिनों की अवधि (विशेषतः सोमवार से शनिवार या रविवार से शनिवार तक), सप्ताह, हफ़्ता **2** सप्ताह का वह अंश (प्रायः सोमवार से शुक्रवार तक) जिसमें लोग काम पर जाते हैं, कार्य-सप्ताह

weekday /ˈवीक्डे/ *n.* शनिवार या रविवार को छोड़कर कोई दिन, कार्य-सप्ताह का कोई दिन, कार्य-दिवस

weekend /ˌवीक्ˈएन्ड्/ *n.* शनिवार और रविवार, सप्ताहांत

weekly /ˈवीक्लि/ *adj.* & *adv.* साप्ताहिक, हफ़्तावार, प्रति सप्ताह, हर हफ़्ते ▸ **weekly** *n.* (*pl.* **weeklies**) साप्ताहिक समाचार-पत्र या पत्रिका

weep /वीप्/ *v.* (**weeping, wept**) आँसू बहाना, विलाप करना, रोना, ज़ोर-ज़ोर से रोना

weight /वेट्/ *n.* **1** भार, वज़न, तोल, भारी या वज़नदार होने की स्थिति **2** कोई वज़नदार या भारी वस्तु ▸ **weight** *v.* **1** वज़नदार चीज़ बाँधकर किसी वस्तु को लटकाना **2** व्यक्ति-विशेष या समूह के प्रति पक्षपातपूर्ण या भेदभावपूर्ण तरीक़े से कोई व्यवस्था करना

weightlifting /ˈवेट्लिफ़्टिङ्/ *n.* वज़नदार धातु-निर्मित वस्तुएँ उठाने का खेल या क्रिया, भारोत्तोलन ▸ **weightlifter** *n.* भारोत्तोलक

weighty /ˈवेटि/ *adj.* (**weightier, weightiest**) गंभीर और महत्वपूर्ण

weird /विअड्/ *adj*. विचित्र और असामान्य, अनोखा और अलौकिक

welcome /ˈवेल्कम्/ *v*. **1** (अतिथि का) स्वागत करना, अगवानी करना **2** कुछ प्राप्त या स्वीकार कर प्रसन्न होना, ख़ुशी से ग्रहण करना ▸ **welcome** *n*. स्वागत, अभिनंदन ▸ **welcome** *adj*. **1** सहर्ष स्वागत, हर्षप्रद, सुखद **2** सहर्ष कुछ करने की अनुमति

weld /वेल्ड्/ *v*. धातु के दो खंडों को गरम कर एक साथ दबाते हुए जोड़ देना, झलाई करना, वेल्ड करना ▸ **welder** *n*. जोड़नेवाला

welfare /ˈवेल्फ़ेअ(र्)/ *n*. **1** (व्यक्ति, पशु या समूह का) कुशल-क्षेम, हित, भलाई, ख़ैरियत **2** (स्वास्थ्य आदि की समस्याओं से ग्रस्त व्यक्तियों की) कल्याणकारी सहायता, कल्याण-कार्य

well /वेल्/ *adv*. (**better, best**) **1** भली-भाँति, संतोषजनक ढंग से **2** पूरी तरह से या अच्छी तरह से ▸ **well** *adj*. (**better, best**) **1** स्वस्थ, ठीक, अच्छा, चंगा, भला-चंगा **2** ठीक-ठाक

well balanced *adj*. **1** (व्यक्ति) शांत और समझदार **2** (आहार, आदि) जिसमें स्वास्थ्य-रक्षक या वर्धक तत्व उचित मात्रा में हों, संतुलित

well behaved *adj*. सभ्य, सुशील, शिष्ट

well-being *n*. स्वस्थ और प्रसन्न होने की स्थिति, कुशल-क्षेम, ख़ैरियत

well built *adj*. **1** (व्यक्ति) हृष्ट पुष्ट, सुगठित **2** (भवन या मशीन) मज़बूत, टिकाऊ

well established *adj*. सफलता, प्रसिद्धि आदि के कारण सम्मानित स्थिति, सुस्थापित

well fed *adj*. नियमित रूप से अच्छी ख़ुराक लेने वाला, हृष्ट-पुष्ट

well informed *adj*. किसी एक या अनेक विषयों की प्रचुर जानकारी रखने वाला, बहुविज्ञ, बहुश्रुत

well kept *adj*. जिसकी देख-रेख अच्छे ढंग से हो रही है ताकि वह सुंदर दिखे, सुसंरक्षित

well known *adj*. लोगों के बीच जाना-माना, प्रसिद्ध, मशहूर, प्रतिष्ठित

well mannered *adj*. शिष्ट, तमीज़दार, कुलीन

well meaning *adj*. (व्यक्ति) सदाशय, भला चाहने वाला (परंतु प्रायः अभीष्ट प्रभाव से वंचित)

well off *adj*. धनी, समृद्ध, ख़ुशहाल

well read *adj*. बहुपठित और बहुविज्ञ

well-to-do *adj*. समृद्ध, ख़ुशहाल, धनी

were /व(र्)/ **be** देखिए

west /वेस्ट्/ *n*. **1** पश्चिम दिशा, कुतुबनुमा या दिग्दर्शक पर पश्चिम दिशा दर्शाने वाला बिंदु **2** पश्चिमी यूरोप और उत्तरी अमेरिका के देश, पश्चिमी देश, पश्चिम ▸ **west** *adj*. & *adv*. पश्चिम में, को या की ओर

western /ˈवेस्टन्/ *adj*. **1** पश्चिम में या पश्चिमी **2** विश्व के पश्चिमी भाग (विशेषतः यूरोप या उत्तर अमेरिका) का या उससे संबंधित, पश्चिमी ▸ **westernize** *v*. देशों या लोगों को पाश्चात्य ढंग का बना देना, (उन्हें) पाश्चात्य रंग में रँग देना

wet /वेट्/ *adj*. (**wetter, wettest**) **1** (पानी या अन्य द्रव से) गीला, तर, भीगा हुआ, आर्द्र, नम **2** (मौसम आदि) बरसाती ▸ **wet** *v*. (**wetting, wetted**) **1** (किसी वस्तु को) गीला करना, तर

करना 2 (छोटे बच्चों द्वारा) अपने कपड़ों, बिस्तर आदि को गीला कर देना (प्रायः पेशाब करके)
whale /वेल्/ *n.* ह्वेल मछली, तिमिंगल
wharf /वॉफ़्/ *n.* (*pl.* **wharves**) घाट (नदी के किनारे पत्थरों या लकड़ी से बना चबूतरा जहाँ नावें या जहाज़ बाँधे जाते हैं), नावघाट, जहाज़-घाट
what /वॉट्/ *det. & pron.* 1 (प्रश्न पूछने के लिए प्रयुक्त) क्या 2 (पूर्व-वर्णित वस्तु का निर्देश करने वाला शब्द) जो
wheat /वीट्/ *n.* 1 गेहूँ 2 गेहूँ का पौधा
wheel /वील्/ *n.* 1 (कार, साइकिल आदि का) पहिया, चक्का 2 (**steering wheel**) वाहन की दिशा को नियंत्रित करनेवाला पहिया स्टियरिंग व्हील ▸ **wheel** *v.* 1 पहिएदार वस्तु को खींचना, ठेलना, पहिएदार वस्तु में या पर (बैठाकर) किसी को खींचना, ठेलना 2 अचानक घूम जाना
wheeze /वीज़्/ *v.* घरघर करते हुए साँस लेना
when /वेन्/ *adv. & conj.* 1 कब, किस समय 2 जब, जिस समय या वक़्त
whence /वेन्स्/ *adv.* जहाँ (से)
where /वेअ(र्)/ *adv. & conj.* 1 कहाँ (से), कौन-सी जगह (पर) या स्थिति (में) 2 जहाँ (बताए गए स्थान या स्थिति में या पर)
whet /वेट्/ *v.* (**whetting, whetted**) 1 धार तेज़ करना 2 किसी वस्तु के प्रति चाह को बढ़ाना, उद्दीप्त करना
whether /'वेद(र्)/ *conj.* 1 दो या अधिक संभावनाओं के बीच संदेह या विकल्प व्यक्त करने के लिए प्रयुक्त 2 पूछताछ करने के लिए प्रयुक्त
whey /वे/ *n.* छेने या दही द्वारा छोड़ा गया पानी, छेने या दही का पानी, तोड़
which /विच्/ *det. & pron.* 1 (अनेक व्यक्तियों या वस्तुओं में बिल्कुल सही को चुनने के लिए प्रयुक्त) कौन-सा 2 जो, जो कि (बिलकुल सही वस्तु या वस्तुओं का निर्देश करने के लिए प्रयुक्त)
whiff /विफ़्/ *n.* गंध का झोंका, महक
while /वाइल्/ *conj.* 1 उस समय जब, जब 2 (दो स्थितियों में वैषम्य या अंतर दिखाने के लिए प्रयुक्त) जबकि ▸ **while** *n.* समय की अवधि (प्रायः छोटी), क्षणभर ▸ **while** *v.* (**while sth away**) बेफ़िक्री से समय बिताना, मटरगश्ती करना
whim /विम्/ *n.* सनक, झक, मौज, लहर (कुछ असाधारण या अनावश्यक करने की)
whimper /'विम्प(र्)/ *v.* मंद स्वर में रोना (विशेषतः डर या दर्द के कारण), पिनपिनाना, ठुनकना, बिसूरना ▸ **whimper** *n.* पिनपिनाहट, ठुनक
whimsical /'विम्ज़िकल्/ *adj.* असामान्य तथा गंभीर नहीं, झक्की, वहमी, मनमौजी
whimsy /'विम्ज़ि/ *n.* 1 एकाएक उठने वाला विचार, मन की मौज, (मन में उठी) तरंग 2 सनक, वहम
whine /वाइन्/ *v.* 1 बुरी लगती रोती-सी आवाज़ में किसी बात की शिकायत करना 2 दर्द या दुख के कारण कराहना, चीख़ना-चिल्लाना ▸ **whine** *n.* कराहट
whip /विप्/ *n.* कोड़ा, चाबुक, हंटर ▸ **whip** *v.* (**whipping, whipped**) 1 चाबुक, कोड़े या हंटर से किसी मनुष्य या जानवर को पीटना 2 तेज़ी से अचानक या झटके से निकलना

whirl /वल्/ *v.* तेज़ी से चक्कर खाना या खिलाना ▸ **whirl** *n.* **1** किसी वस्तु के तेज़ी से घूमते जाने की क्रिया या आवाज़, घुमाव, घूर्णन **2** विभ्रम या उत्तेजना (की स्थिति)

whirlwind /ˈवल्विन्ड्/ *n.* चक्रवात, बवंडर, वातावर्त

whisk /विस्क्/ *n.* अंडे, क्रीम आदि फेंटने का (मथानी जैसा) उपकरण, फेंटनी ▸ **whisk** *v.* **1** (फेंटनी या काँटे से) अंडे, क्रीम आदि को फेंटना **2** (व्यक्ति या वस्तु को) फुरती से कहीं ले जाना

whisker /ˈविस्क(र्)/ *n.* चूहे, बिल्ली आदि के मुँह पर का लंबा बाल, गलमुच्छा

whisky /ˈविस्कि/ *n.* (*US* **whiskey**) (*pl.* **whiskies**) **1** अनाज से बनी एक तेज़ शराब, ह्विस्की **2** गिलास-भर ह्विस्की

whistle /ˈविस्ल्/ *n.* **1** सीटी (जिसे मुँह से फूँक कर बजाया जाता है) **2** सीटी की आवाज़ या मुँह से निकाली गई सीटी जैसी आवाज़ ▸ **whistle** *v.* **1** मुहँ से सीटी जैसी आवाज़ निकालना या सीटी बजाना **2** सीटी जैसी आवाज़ करते हुए तेज़ी से निकल जाना

white /वाइट्/ *adj.* **1** सफ़ेद या श्वेत रंग का (ताज़े हिम या दुग्ध के समान), सफ़ेद, श्वेत, चिट्टा **2** (व्यक्ति) डर या बीमारी के कारण जो बहुत पीला पड़ गया है, विवर्ण ▸ **white** *n.* **1** सफ़ेद रंग (ताज़े हिम या दुग्ध जैसा बहुत हलका रंग), धवल, शुभ्रवर्ण **2** सफ़ेद त्वचा वाली जाति का सदस्य, गोरा आदमी

whitewash /ˈवाइट्वॉश्/ *n.* **1** पुताई की गीली सफ़ेदी **2** व्यक्ति या वस्तु के दोषों पर परदा डालने की कोशिश, लीपा-पोती ▸ **whitewash** *v.* **1** दीवार पर सफ़ेद पुताई करना **2** अपने किए (ख़राब या ग़लत काम) पर परदा डालना

whizz /विज़्/ *v.* सनसनाते हुए तेज़ी से निकल जाना ▸ **whizz** *n.* किसी काम में माहिर (और सफल) व्यक्ति

who /हू/ *pron.* **1** (व्यक्ति का नाम आदि पूछने के लिए प्रश्नसूचक वाक्यों में प्रयुक्त), कौन **2** (विशेष या विशेष प्रकार के व्यक्ति का निर्देश करने वाला शब्द), जो

whole /होल्/ *adj.* **1** पूरा, पूर्ण, सारा-का-सारा, समग्र **2** अखंड, अविकल, समूचा (जो टूटा या कटा न हो) ▸ **whole** *n.* **1** संपूर्ण, पूर्णता **2** (कोई वस्तु) सारी-की-सारी, पूरी-की-पूरी, जितनी है सब

wholesale /ˈहोल्सेल्/ *adv.* & *adj.* **1** थोक के भाव से, बड़ी मात्रा में लाभ कमाने के लिए दुबारा बेचने के उद्देश्य से, थोक **2** (प्रायः कोई निंदनीय बात) बहुत अधिक, बेतहाशा, अंधाधुंध, बड़े पैमाने पर

wholesome /ˈहोल्सम्/ *adj.* **1** शारीरिक स्वास्थ्य के लिए हितकर, स्वास्थ्यवर्धक, पुष्टिकर, पौष्टिक **2** हितकारी (नैतिक स्वास्थ्य के लिए हितकर)

wholly /ˈहोल्लि/ *adv.* पूरी तरह, पूर्णतया, सर्वथा

whom /हूम्/ *pron.* जिसे, जिसको (पूर्वसर्ग या किसी के कर्म के रूप में 'who' के स्थान पर प्रयुक्त)

whore /हॉ(र्)/ *n.* वेश्या, छिनाल

whorl /वल्/ *n.* **1** (पौधे की डंडी के इर्द-गिर्द) पत्तों, फूलों आदि का चक्कर **2** घुमावदार या कुंडलाकार में वस्तु का प्रत्येक चक्कर

whose /हूज़्/ *det.* & *pron.* 1 ('किसका है' यह पूछने के लिए प्रश्नसूचक वाक्यों में प्रयुक्त) किसका 2 जिस (व्यक्ति) का, जिस (वस्तु) का

why /वाइ/ *adv.* 1 क्यों, किस कारण, किस कारण से, किसलिए 2 जिस लिए, जिस कारण से, यही कारण है (कारण बताने या स्पष्टीकरण देने के लिए प्रयुक्त)

wick /विक्/ *n.* मोमबत्ती का धागा (जो जलता है)

wicked /ˈविकिड्/ *adj.* 1 चरित्रहीन, भ्रष्ट, बुरा, दुष्ट, पापी 2 शरारत-भरा (कुछ बुरा लगने वाला मगर मज़ाक़िया और मनभावन)

wicker /ˈविक(र्)/ *n.* टोकरी, फ़र्नीचर आदि बुनने के काम में आने वाली खपची या तीली

wicket /ˈविकिट्/ *n.* 1 (क्रिकेट में) विकेट (लकड़ी का डंडा, तीन-तीन के दो सेटों में से कोई एक) 2 दोनों ओर के विकेटों के बीच की भूमि, खेल-पट्टी, विकेट

wide /वाइड्/ *adj.* 1 चौड़ा, विस्तीर्ण 2 विशाल, व्यापक (जिसमें तरह-तरह के बहुत सारे लोग या चीज़ें हों), लंबा-चौड़ा, विस्तृत ▸ **wide** *adv.* (यथासंभव) अधिक-से-अधिक, पूरी तरह से, पूर्णतया

widow /ˈविडो/ *n.* विधवा, बेवा

widower /ˈविडोअ(र्)/ *n.* विधुर (पुरुष)

width /विड्थ्,विट्थ्/ *n.* 1 चौड़ाई (कमरे, वस्तु आदि की) 2 तरणताल की एक छोर से दूसरे छोर तक की दूरी, चौड़ाई

wield /वील्ड्/ *v.* 1 शक्ति, अधिकार आदि रखना और उनका प्रयोग करना 2 हथियार पास रखना और उसे इस्तेमाल करने के लिए तैयार रहना

wife /वाइफ़्/ *n.* (*pl.* **wives**) पत्नी, धर्मपत्नी, सहधर्मिणी, बीवी

wig /विग्/ *n.* बालों की टोपी (असली या नक़ली बालों से बनी), विग

wiggle /ˈविग्ल्/ *v.* तेज़ी से हिलना-डुलना, तेज़ी से (किसी को) हिलाना-डुलाना ▸ **wiggle** *n.* हिलने-डुलने या हिलाने-डुलाने की क्रिया ▸ **wiggly** *adj.* (रेखा) टेढ़ी-मेढ़ी, घुमावदार

wild /वाइल्ड्/ *adj.* 1 (पशु या पौधे) जंगली (प्राकृतिक अवस्थाओं में रहने या उगने वाले), वन्य 2 (व्यक्ति, उसका आचरण या मनोभाव) उच्छृंखल, निरंकुश, कुछ सनकी या झक्की ▸ **wildly** *adv.* उच्छृंखलतापूर्वक ▸ **wildness** *n.* उच्छृंखलता ▸ **wild** *n.* 1 (जंगल, वन) मनुष्य से अनियंत्रित प्राकृतिक क्षेत्र, (जंगल, अरण्य) 2 (*pl.* **the wilds**) (शहरों से दूर) निर्जन प्रदेश

wilderness /ˈविल्डनस्/ *n.* 1 बंजर भूमि (जहाँ न कभी कोई निमार्ण कार्य हुआ न खेती), उजाड़ इलाक़ा 2 (लोगों की उपेक्षा के कारण) उजाड़ पड़ गया इलाक़ा, घास-फूस और झाड़-झंखाड़ भरा इलाक़ा

wildlife /ˈवाइल्ड्लाइफ़्/ *n.* वन्य जीवन, वन्य, वनस्पति और जीवजन्तु, प्राकृतिक परिवेश में होने वाली वनस्पतियाँ या रहने वाले पशु-पक्षी

wilful /ˈविल्फ़्ल्/ *adj.* (*US* **willful**) 1 जान-बूझ कर किया गया (कुकर्म) 2 मनमानी करने वाला, ज़िद्दी, हठी, दुराग्रही

will /विल्/ *modal v.* 1 भविष्य काल बनाने में प्रयुक्त (सहायक क्रिया) 2 किसी को कुछ पेश करना या कुछ

W

करने का इच्छुक होना या किसी वस्तु का कुछ करना ▸ **will** *n.* **1** इच्छाशक्ति, संकल्पशक्ति **2** स्थिति विशेष में किसी की विशेष इच्छा

willing /ˈविलिङ्/ *adj.* **1** राज़ी, तैयार **2** स्वतः इच्छुक, उत्साहित, तत्पर

willow /ˈविलो/ *n.* बेंत, सरपत

willy-nilly /ˌविलि ˈनिलि/ *adv.* **1** बिना सोचे-समझे **2** चाहे-अनचाहे, ज़बरदस्ती

wilt /विल्ट्/ *v.* (पौधे या फूल का) मुरझाना, कुम्हलाना (पानी की कमी या गरमी के कारण)

wily /ˈवाइलि/ *adj.* चालाक, धूर्त, चंट, काइयाँ

wimp /विम्प्/ *n.* मन से कमज़ोर व्यक्ति ▸ **wimpish** *adj.* मन से कमज़ोर

win /विन्/ *v.* **1** जीतना, विजय प्राप्त करना (दौड़, खेल, प्रतियोगिता आदि में) **2** परिश्रम, बहुत प्रयास आदि करके कुछ प्राप्त करना ▸ **win** *n.* जीत, विजय

wince /विन्स्/ *v.* चेहरे का ऐंठ जाना या सिकुड़ जाना (दर्द या शर्म के कारण)

winch /विन्च्/ *n.* मोटी ज़ंजीर, रस्सी आदि से भारी वस्तुओं को उठाने या खींचने वाली मशीन, विंच मशीन ▸ **winch** *v.* विंच मशीन से किसी को उठाना या खींचना

wind /विन्ड्/ *n.* **1** हवा, वायु, वात, पवन **2** व्यायाम करने या वाद्य यंत्र बजाने के लिए अपेक्षित श्वास, सहारा देने वाला साँस ▸ **wind** *v.* (**winding, wound**) **1** साँस लेने में कठिनाई उत्पन्न करना **2** हवा या वायु ख़ारिज करने में बच्चे की मदद करना, बच्चे का अफारा शांत करना (हलके से पीठ को ठोककर या उस पर हाथ फेरते हुए)

windcheater /ˈविन्ड्चीट(र्)/ *n.* हवा से सुरक्षा के लिए पहना जानेवाला एक प्रकार का जैकेट या कोट, विंडचीटर

wind chimes /ˈविंड् चाइम्ज़्/ *n.* (*pl.*) तार अथवा धागे से लटकते (विभिन्न आकृतियों में) धातु, लकड़ी, शीशे आदि के छोटे-छोटे टुकड़े जो हवा से हिलते हैं तथा जिनसे मधुर आवाज़ निकलती है, विंड चाइम

windfall /ˈविन्ड्फ़ॉल्/ *n.* अचानक मिला धन, अप्रत्याशित लाभ

window /ˈविन्डो/ *n.* **1** (इमारत, कार आदि की) खिड़की **2** कंप्यूटर की विंडो (कंप्यूटर के परदे पर एक फ्रेम के भीतर एक विशेष स्थान जहाँ कोई विशेष कार्यक्रम चलता है या विशेष प्रकार की जानकारी उपलब्ध होती है)

windowpane /ˈविन्डोपेन्/ *n.* खिड़की में लगा काँच का पल्ला, खिड़की का शीशा

window-shopping *n.* दुकान की खिड़कियों में सजी वस्तुओं को यों ही निहारना, विंडो शॉपिंग करना

window sill *n.* खिड़की के नीचे का तंग ख़ाना (अंदर या बाहर की ओर)

windpipe /ˈविन्ड्पाइप्/ *n.* श्वासनली

windscreen /ˈविन्ड्स्क्रीन्/ *n.* (*US* **windshield**) कार आदि का सामने का शीशा या हवा-रोक शीशा, विंडस्क्रीन

wine /वाइन्/ *n.* अंगूर की (या कभी दूसरे फल से बनी) शराब, वाइन

wing /विङ्/ *n.* **1** पक्षी आदि का डैना, पर या पंख **2** विमान का पंख या डैना

wink /विङ्क्/ *v.* जल्दी-जल्दी पलक झपकना या आँख मिचमिचाना (प्रायः किसी को इशारे के रूप में) ▸ **wink** *n.* आँख मिचमिचाना

winner /ˈविन(र्)/ *n.* **1** (प्रतियोगिता आदि में) विजयी व्यक्ति या पशु, विजेता **2** सफलता प्राप्त करने वाली बात या वस्तु

winnings /ˈविनिङ्ज़्/ *adj.* जुए आदि से जीता गया धन

winnow /ˈविनो/ *v.* अनाज पछारना, फटकना, ओसाना

winsome /ˈविन्सम्/ *adj.* (व्यक्ति या उनका आचरण) चित्ताकर्षक, मनमोहक, मनोमुग्धकारी ▸ **winsomely** *adv.* आकर्षक ढंग से, मनमोहक ढंग से

winter /ˈविन्ट(र्)/ *n.* जाड़ा, जाड़े का मौसम, शीत ऋतु, सरदी (शरद, हेमंत)

wipe /वाइप्/ *v.* **1** कपड़े आदि से साफ़ करना या पोंछना **2** पोंछकर साफ़ करना, रगड़कर मिटाना, पोंछ डालना ▸ **wipe** *n.* **1** पोंछने की क्रिया, सफ़ाई **2** पानी में भिगोकर साफ़ करने के लिए प्रयुक्त काग़ज़ या कपड़े का टुकड़ा, पोंछा, पोंछन

wire /ˈवाइअ(र्)/ *n.* **1** तार, तार का टुकड़ा **2** बिजली का तार, विद्युत वाली तार ▸ **wire** *v.* **1** तार की सहायता से किसी वस्तु को बिजली के किसी उपकरण से जोड़ना **2** इलेक्ट्रॉनिक प्रणाली द्वारा बैंक खाते में पैसा जमा करना

wireless /ˈवाइअलस्/ *n.* **1** संचार की एक प्रणाली जिसमें रेडियो तथा सूक्ष्म तरंगों के माध्यम से संदेश भेजे या प्राप्त किए जाते हैं, बेतार, वायरलेस **2** रेडियो ▸ **wireless** *adj.* तार के बिना, बिना तार का, बेतार

W

wiring /ˈवाइअरिङ्/ *n.* किसी भवन के कमरों में बिजली की तारों की व्यवस्था, बिजली के तार

wiry /ˈवाइअरि/ *adj.* (**wiries, wiriest**) (व्यक्ति) दुबला-पतला परंतु बलशाली

wisdom /ˈविज़्डम्/ *n.* (ज्ञान या अनुभव के आधार पर) विवेकपूर्ण निर्णय लेने की क्षमता, समझदारी, बुद्धिमानी, अक़्लमंदी

wise /वाइज़्/ *adj.* बुद्धिमान, समझदार या अक़्लमंद व्यक्ति (विवेकपूर्ण निर्णय लेने के लिए अपेक्षित ज्ञान या अनुभव से संपन्न)

wish /विश्/ *v.* **1** किसी वस्तु की चाह रखना, किसी वस्तु को चाहना (ऐसी इच्छा रखना जो न अब पूरी हो सकती है और संभवतः न भविष्य में) **2** किसी के लिए कोई अनुकूल कामना व्यक्त करना (शुभकामना देना आदि) ▸ **wish** *n.* **1** इच्छा, चाह, अभिलाषा, कामना, आकांक्षा **2** (किसी चीज़ की) मन्नत (विशेषतः कहानियों में, प्रायः जादू से पूरी होने वाली), मनौती, मुराद, इच्छापूर्ति, कामना

wishful /ˈविशफ़ुल्/ *adj.* तथ्यों के बजाय अव्यावहारिक शुभकामनाओं पर आधारित इच्छामूलक, इच्छाजनित (धारणा)

wishful thinking *n.* जैसा चाहना कि वैसा ही हो, ख्याली पुलाव

wisp /विस्प्/ *n.* **1** बालों की लट **2** धुँए का लच्छा ▸ **wispy** *adj.* लटदार, लच्छेदार

wistful /ˈविस्ट्फ़्ल्/ *adj.* उदासी भरा, चिंतातुर, उद्विग्न (अभीष्ट वस्तु की प्राप्ति न होने से)

wit /विट्/ *n.* **1** वाग्वैदग्ध्य, वाक्चातुर्य, हाज़िरजवाबी **2** (*pl.* **wits**) चतुराई, सूझ-बूझ, युक्तिकौशल

witch /विच्/ *n.* पूर्व समय और कहानियों में) जादूगरनी, टोनहाई या जादू-टोना करने वाली स्त्री

with /विद्, विथ्/ *prep.* **1** (व्यक्ति या वस्तु) के पास, (व्यक्ति या वस्तु) के साथ **2** किसी वस्तु को साथ लिए, –वाला, –युक्त (पर स्वामित्व की विशेषता के अर्थ में)

withdraw /विद्'ड्रॉ/ *v.* (**withdrawing, withdrew, withdrawn**) **1** कहीं से (पीछे या दूर) हट जाना या किसी को हटा देना **2** वापस लेना (प्रस्ताव या बयान)

wither /'विद(र्)/ *v.* **1** (पौधों का) मुरझा जाना, कुम्हला जाना, पौधे को सुखाकर मार देना, मुरझा देना **2** क्षीण होते–होते समाप्त हो जाना

withhold /विद्'होल्ड्/ *v.* (**withholding, withheld**) किसी वस्तु से कोई वस्तु रोक रखना (देने से इनकार कर देना)

within /वि'दिन्/ *prep. & adv.* **1** (समयावधि की सीमा) के अंदर **2** किसी स्थान आदि से विशेष दूरी के भीतर या अंदर

withstand /विद्'स्टैन्ड्/ *v.* (**withstanding, withstood**) सहन या बरदाश्त कर सकना

witness /'विट्नस्/ *n.* **1** घटना का साक्षी, गवाह **2** (न्यायालय में) घटना का प्रत्यक्षदर्शी, साक्षी, चश्मदीद गवाह ▸ **witness** *v.* **1** किसी घटना का गवाह या साक्षी होना **2** सरकारी दस्तावेज़ की अनुप्रति हस्ताक्षरित करना, सत्यापित करना

witty /'विटि/ *adj.* (**wittier, wittiest**) चतुराई–भरा और विनोदपूर्ण, मज़ेदार, वाक्चातुर्य प्रदर्शित करते हुए

wizard /'विज़ड्/ *n.* (कहानियों में) जादूगर, ओझा, अभिचारक, टोनहाया

woe /वो/ *n.* **1** (*pl.* **woes**) परेशानी, मुसीबत, संकट **2** घोर कष्ट, दुख, पीड़ा

wolf /वुल्फ़्/ *n.* (*pl.* **wolves**) भेड़िया

woman /'वुमन्/ *n.* (*pl.* **women**) स्त्री, औरत, महिला, नारी

womanizing /'वुमनाइज़िङ्/ *n.* अनेक भिन्न महिलाओं से यौन–संबंध रखना, व्यभिचार, छोकरीबाज़ी

womb /वूम्/ *n.* स्त्री या मादापशु का गर्भाशय, बच्चेदानी, कोख

wonder /'वन्ड(र्)/ *v.* **1** कुछ जानना चाहना, कुछ जानने को उत्सुक होना **2** शिष्टतापूर्वक पूछने या अनुरोध करने के लिए प्रयुक्त शब्द ▸ **wonder** *n.* **1** आश्चर्य और आदर का भाव **2** आश्चर्यजनक या प्रशंसनीय वस्तु

wonderful /'वन्डफ़्ल्/ *adj.* अत्युत्तम, बहुत बढ़िया, आश्चर्यजनक, अद्‌भुत

wondrous /'वन्ड्रस्/ *adj.* सुंदर एवं प्रभावशाली, अद्भुत, आश्चर्यजनक

wont *n.* **1** आपका सामान्य व्यवहार, अभ्यास **2** *adj.* आदी, अभ्यस्त

woo /वू/ *v.* **1** स्त्री का प्यार पाने का प्रयास करना **2** समर्थन प्राप्त करने के लिए आग्रह करना

wood /वुड्/ *n.* **1** लकड़ी, काठ, काष्ठ **2** (*pl.* **woods**) छोटा जंगल ▸ **wooden** *adj.* लकड़ी का या से बना, काष्ठनिर्मित

woodcutter /'वुड्कट(र्)/ *n.* लकड़हारा

woodwork /'वुड्वक्/ *n.* **1** इमारत में लकड़ी का काम (दरवाज़े, सीढ़ियाँ आदि), काष्ठकर्म **2** काष्ठशिल्प (लकड़ी से वस्तुएँ बनाना या बनाने का कौशल), काष्ठकला

woof /वुफ़्/ *n.* कुत्ते के भौंकने की आवाज़

wool /वुल्/ *n.* 1 ऊन 2 ऊनी धागा या ऊनी कपड़ा ▸ **woollen** *adj.* (*US* **woolen**) ऊनी, ऊन का ▸ **woolly** *adj.* (*US* **wooly**) ऊन जैसा या ऊन से बना, ऊनी

word /वड्/ *n.* 1 शब्द, लफ़्ज़, पद 2 वादा, वचन, क़ौल, आश्वासन ▸ **word** *v.* विशिष्ट शब्दों में व्यक्त करना

wordy /वडि/ *adj.* आवश्यकता से अधिक शब्दों का प्रयोग करने वाला, वाचाल

wording /ˈवडिङ्/ *n.* शब्दप्रयोग, शब्दचयन और शब्दविन्यास

work /वक्/ *v.* 1 काम करना, शारीरिक या मानसिक श्रम करना 2 किसी से (घोर) परिश्रम करवाना ▸ **work** *n.* 1 काम, नौकरी (विशेषतः धनार्जन के लिए), नौकरी करने की जगह, कार्य-स्थल (दफ़्तर या फ़ैक्टरी आदि) 2 (विशेष लक्ष्य को प्राप्त करने के लिए) शारीरिक या मानसिक श्रम की अपेक्षा वाली कोई वस्तु या काम

worker /ˈवक(र्)/ *n.* 1 कार्यकर्ता, कर्मी (विशेष प्रकार का काम करने वाला व्यक्ति) 2 मज़दूर, कामगार, श्रमिक

work experience *n.* 1 अब तक किया गया काम, कार्यानुभव 2 (विशेषकर युवा या विद्यार्थी के रूप में) प्रशिक्षण के रूप में कंपनी में किए गए काम की अवधि

workforce /ˈवक्फ़ॉस्/ *n.* 1 कंपनी, फ़ैक्टरी आदि के कुल कर्मचारी, कर्मचारीगण 2 (किसी देश में) काम करने के योग्य व्यक्तियों की कुल संख्या, कार्यक्षम जनसंख्या

working /ˈवकिङ्/ *adj.* 1 कहीं नियुक्त, सेवारत, नौकरी वाला 2 काम या नौकरी से संबंधित

workload /ˈवक्लोड्/ *n.* (आपके) काम का भार या विस्तार, करणीय काम की मात्रा

world /वल्ड्/ *n.* 1 विश्व, जगत, संसार, दुनिया 2 लोगों का जीवन और उनके कामकाज, लोगों का अनुभव ▸ **worldly** *adj.* 1 भौतिक, सांसारिक, दुनियावी (न कि आध्यात्मिक) 2 जीवन और लोगों के विषय में बहुत जानकारी और अनुभव रखने वाला, दुनियादार

worm /वम्/ *n.* 1 कीड़ा, कृमि 2 (*pl.* **worms**) मनुष्य या पशु के शरीर में रहने वाले रोग-कारक कृमि या कीड़े ▸ **worm** *v.* निर्दिष्ट दिशा में धीमी गति या कठिनाई से चलना, कीड़े के समान रेंगते हुए चलना

worrisome /ˈवरिसम् / *adj.* चिंताजनक, कष्टप्रद

worry /ˈवरि/ *v.* (**worrying, worried**) 1 किसी दुर्घटना की आशंका से चिंतित होना, फ़िक्रमंद होना 2 किसी का ध्यान बँटाना, किसी को कष्ट देना, परेशान करना ▸ **worry** *n.* (*pl.* **worries**) 1 (किसी बात की) चिंता, फ़िक्र 2 चिंताजनक वस्तु या स्थिति, समस्या ▸ **worried** *adj.* (किसी आशंका से) चिंतित, फ़िक्रमंद

worse /वस्/ *adj.* & *adv.* 1 बदतर, और बुरा, और ख़राब 2 और बीमार, जिसकी हालत या दशा अच्छी नहीं ▸ **worse** *n.* बदतर स्थिति, समस्या आदि को और बिगाड़ देना, दुर्दशाग्रस्त

worship /ˈवशिप्/ *v.* (**worshipping, worshipped**) 1 (की) पूजा करना (परमेश्वर या किसी देवता से विनती करना या उसके प्रति सम्मान प्रदर्शित करना),

W

आराधना करना 2 व्यक्ति या वस्तु से अत्यधिक प्रेम करना या उसकी प्रशंसा तथा आदर करना, (को) पूजना ▸ **worship** *n.* पूजा, आराधना, अर्चना, उपासना, इबादत ▸ **worshipper** *n.* पुजारी, आराधक

worst /वर्स्ट्/ *adj. & adv.* सबसे बुरा या सबसे ख़राब, बदतरीन ▸ **worst** *n.* सबसे बुरी बात या स्थिति

worth /वर्थ्/ *adj.* **1** किसी विशेष मूल्य वाला, क़ीमत का **2** करने (आदि) के योग्य (जैसे देखने योग्य) (सिफ़ारिश या सलाह देने के लिए प्रयुक्त) ▸ **worth** *n.* **1** किसी व्यक्ति या वस्तु का महत्व, किसी व्यक्ति या वस्तु की उपयोगिता **2** ख़ास क़ीमत देकर प्राप्त किसी वस्तु की मात्रा

worthy /ˈवर्दि/ *adj.* (**worthier, worthiest**) **1** कुछ धारण करने के योग्य **2** सम्मान, समर्थन, प्रशंसा पाने योग्य, माननीय, आदरणीय या प्रशंसनीय

worthless /ˈवर्थ्लस्/ *adj.* **1** बेकार, किसी काम (या दाम) का नहीं, व्यर्थ का **2** (व्यक्ति) निकम्मा

worthwhile /ˌवर्थ्ˈवाइल्/ *adj.* अपनी क़ीमत और (प्राप्त करने में) लगे श्रम के अनुसार आनंदप्रद, उपयोगी या संतोषजनक, लाभप्रद, सार्थक

would /वुड्, वड् / *modal v.* **1** काल्पनिक घटना के परिणाम के वर्णन में (प्रयुक्त) **2** नम्र अनुरोध में, नम्रतापूर्ण व्यवहार में प्रयुक्त

wound /वून्ड्/ *n.* घाव, ज़ख़्म, क्षत ▸ **wound** *v.* **1** हथियार से किसी के अंग को चोट पहुँचाना, घायल करना **2** किसी की भावनाओं को गहरी ठेस पहुँचाना ▸ **wounded** *adj.* घायल, ज़ख़्मी

wow /वाउ/ *exclam.* वाह-वाह (प्रशंसा और आश्चर्य व्यक्त करने के लिए प्रयुक्त अभिव्यक्ति)

wrangle /ˈरैङ्ग्ल्/ *n.* नोक-झोंक, कहा-सुनी वाली या पेचीदा विवाद ▸ **wrangle** *v.* पेचीदा विवाद में पड़ना, झगड़ा करना

wrap /रैप्/ *v.* (**wrapping, wrapped**) **1** किसी वस्तु पर काग़ज़ चढ़ाना या किसी व्यक्ति पर कपड़ा लपेटना **2** किसी वस्तु या अंग के चारों ओर (क्रमशः) काग़ज़ या कपड़ा लपेटना या बाँधना

wrath /रॉथ्/ *n.* तीव्र रोष, तेज़ गुस्सा या क्रोधोन्माद

wreak /रीक्/ *v.* किसी व्यक्ति या वस्तु को बहुत क्षति या हानि पहुँचाना

wreath /रीथ्/ *n.* (*pl.* **wreaths**) (फूलों और पत्तियों का) पुष्पचक्र, मालाचक्र (विशेषतः शव पर चढ़ाई या अर्पित की गई)

wreck /रेक्/ *n.* **1** (प्रायः दुर्घटना में) बुरी तरह क्षतिग्रस्त कार, विमान आदि **2** दुर्दशा को प्राप्त व्यक्ति या वस्तु ▸ **wreckage** *n.* मलबा, विनष्ट वस्तु के अवशेष

wrench /रेन्च्/ *v.* **1** व्यक्ति या वस्तु को ज़ोर से और झटका देकर खींचना या मरोड़ना **2** शरीर को झटके से मरोड़कर चोट खा जाना ▸ **wrench** *n.* **1** तेज़ झटका या मोच **2** बिछड़ने की पीड़ा या व्यथा

wrestle /ˈरेस्ल्/ *v.* **1** (किसी से) कुश्ती लड़ना, मल्लयुद्ध करना **2** किसी समस्या से जूझना

wretch /रेच्/ *n.* ग़रीब उदास व्यक्ति, अभागा इंसान

wretched /ˈरेचिड्/ *adj.* **1** बहुत दुखी, शोकसंतप्त **2** कमीना (क्रोधावेश में प्रयुक्त)

wriggle /ˈरिग्ल्/ *v.* **1** छटपटाना, तड़पना, कुलबुलाना, टेढ़े-मेढ़े घुमाना **2** टेढ़े-मेढ़े घूमना, रेंगना

wring /रिङ्/ *v.* **(wringing, wrung)** किसी वस्तु को दबाकर उसका पानी निचोड़ना

wrinkle /ˈरिङ्क्ल्/ *n.* झुर्री (विशेषतः चेहरे पर) ▸ **wrinkle** *v.* चेहरे पर या कपड़े में शिकन डालना या लाना ▸ **wrinkled** *adj.* झुर्रीदार, शिकनदार

wrist /रिस्ट्/ *n.* कलाई

writ /रिट्/ *n.* न्यायालय द्वारा जारी वैधानिक आदेश, परमादेश, न्यायादेश, रिट

write /राइट्/ *v.* **(writing, wrote, written) 1** लिखना (काग़ज़ पर क़लम या पेंसिल से) **2** कोई पुस्तक, कहानी आदि लिखना, (की) रचना करना

writhe /राइद्/ *v.* (पीड़ा से) छटपटाना, तड़पना

writing /ˈराइटिङ्/ *n.* **1** लिखित या मुद्रित शब्द, किसी व्यक्ति की लिखावट, हस्तलिपि **2** लेखन-कौशल या लेखन-क्रिया

wrong /रॉङ्/ *adj.* & *adv.* **1** अशुद्ध, ग़लत, जो सही या शुद्ध नहीं **2** ख़राब, सदोष, अनुपयुक्त ▸ **wrong** *n.* **1** अनैतिक या अनुचित बातें **2** ग़लत काम या बात ▸ **wrong** *v.* किसी के प्रति ग़लत काम या अनुचित बात करना, अन्याय या अहित करना

wrongdoing /ˈरॉङ्डूइङ्/ *n.* **1** कुकर्म, दुष्कर्म **2** अवैध या बेईमानी-भरा व्यवहार

wrongful /ˈरॉङ्फ़ुल्/ *adj.* अनुचित, अवैधानिक या अनैतिक

wrought /रॉट्/ *adj.* (धातु) हथोड़े मार कर आकार देना

wry /राइ/ *adj.* **(wryer, wryest, wrier, wriest)** जिसमें निराशा के साथ विनोद का भाव भी हो

WWW /ˌडब्ल्यू डब्ल्यू ˈडब्ल्यू/ *abbr.* डब्ल्यू डब्ल्यू डब्ल्यू, वर्ल्ड वाइड वेब या विश्वव्यापी जाल

X *n.* 1 अंग्रेज़ी वर्णमाला का चौबीसवाँ वर्ण, प्रथम अज्ञात राशि 2 अज्ञात वस्तु या व्यक्ति (Mr. X)

X chromosome *n.* मादा कोशिकओं में युग्मों में तथा नर कोशिकओं में स्वतंत्र रूप से विद्यमान गुणसूत्र का भाग, एक्स-गुणसूत्र, एक्स-क्रोमोसोम

xenon /ˈज़ीनॉन्, ˈज़ेन्-/ *n.* वायु में उपस्थित एक गैस जिसका प्रयोग कभी-कभी बिजली के लैंपों में होता है, ज़ीनॉन

xenophobia / ज़ेन्ˈफ़ोबिआ/ *n.* विदेशी समाज और संस्कृति के प्रति भय या घृणा का भाव, विदेशी-भीति और विदेशी-द्वेष ▸ **xenophobic** *adj.* विदेशी-भीति या द्वेष से संबंधित

Xerox /ˈज़िअरॉक्स्/ *n.* यंत्र में काला या रंगदार पाउडर छिड़ककर बिजली के द्वारा प्रतिलिपि बनाना, विद्युत्प्रतिलेख, ज़ीरॉक्स (करना)

XL *abbr.* **'extra large'** का संक्षिप्त रूप, सबसे बड़ा (आकार)

Xmas /ˈक्रिस्मस्, ˈएक्स्मस्/ *n.* 'क्रिसमस' का संक्षिप्त रूप, लिखित भाषा में प्रयुक्त

XML / एक्स् एम् ˈएल् / *abbr.* 'एक्सटेंसिबल मार्क-आप लैंगवेज' का संक्षिप्त रूप (कंप्यूटर पर पाठ्य सामग्री का ढाँचा अंकन करने की प्रणाली, उदाहरण के लिए वेबसाइट पेज बनाते समय), एक्सएमएल

X-ray *n.* 1 एक्स-किरण (एक प्रकार का प्रकाश जिसकी सहायता से ठोस वस्तु जैसे मानव शरीर के अंदर के भाग को देखना, उसकी जाँच करना और फ़ोटो लेना संभव होता है), एक्स-रे 2 एक्स-रे मशीन से लिया गया फ़ोटो ▸ **X-ray** *v.* एक्स-रे मशीन से किसी अंग आदि का फ़ोटो लेना

xylophone /ˈज़ाइलफ़ोन्/ *n.* एक वाद्य यंत्र जिसमें लकड़ी की छोटी-बड़ी डंडियों की दो पंक्तियाँ होती हैं जिन पर दो छोटी हथौड़ियों से आघात करते हुए यंत्र को बजाया जाता है, काष्ठतरंग

Yy

yacht /यॉट्/ *n.* **1** जल-विहार की पाल वाली नाव, क्रीड़ा-नौका, यॉट **2** जल-विहार की मोटरयुक्त बड़ी नाव, केलिपोत, क्रीड़ा-नौका, यॉट

yak /यैक्/ *n.* मध्य एशिया का एक गोवंशी प्राणी (जिसके सींग और बाल लंबे होते हैं), तिब्बती साँड़, सुरागाय, चमर, याक

yam /यैम्/ *n.* घुइयाँ, रतालू, एक प्रकार की शकरकंद

yank /यैङ्क्/ *v.* झटके के साथ खींचना (तेज़ी से और ज़ोर लगाते हुए) ▸ **yank** *n.* झटका

yap /यैप्/ *v.* (**yapping, yapped**) (कुत्ते का, विशेषतः पिल्लों का) भौंकना या चीख़ना

yard /याड्/ *n.* **1** अहाता, (भवन के बाहर स्थित) प्रांगण, बाड़ा **2** लंबाई की एक माप, गज़, 0.914 मीटर, एक गज़ में 3 फ़ीट होते हैं

yarn /यान्/ *n.* **1** धागा (प्रायः ऊन या सूत का) **2** मनगढ़ंत क़िस्सा

yashmak /'यैश्मैक्/ *n.* चेहरा ढकने वाला बुरक़ा, प्रायः मुस्लिम महिलाओं द्वारा प्रयुक्त, नक़ाब, यैशमैक

yawn /यॉन्/ *v.* जँभाई लेना (थकने या ऊबने पर) ▸ **yawn** *n.* जँभाई

Y chromosome *n.* नर कोशिका में स्वतंत्र रूप से विद्यमान गुणसूत्र का भाग, वाइ-क्रोमोसोम, वाइ-गुणसूत्र

yd *abbr.* (*pl.* **yds**) गज़, लंबाई की एक माप

year /यिअ(र्),य(र्)/ *n.* **1** 52 सप्ताहों, 12 महीनों या 365 या 366 दिनों में विभाजित 1 जनवरी से 31 दिसंबर तक का समय, साल, संवत्सर **2** बारह महीने की अवधि (किसी भी तारीख़ से आरंभ), वर्ष ▸ **yearly** *adj. & adv.* वार्षिक, सालाना

yearn /यन्/ *v.* (किसी दुर्लभ वस्तु के लिए) ललकना, लालायित होना, लालसा होना ▸ **yearning** *n.* ललक, लालसा

yeast /यीस्ट्/ *n.* ख़मीर, (शराब आदि बनाने, रोटी को फूलने के लिए प्रयुक्त) यीस्ट

yell /येल्/ *v.* (गुस्से में, उत्तेजना या दर्द के कारण) ज़ोर से चिल्लाना, चीख़ना ▸ **yell** *n.* चिल्लाहट, चीख़

yellow /'येलो/ *n. & adj.* पीला रंग, पीले रंग का ▸ **yellowish** *adj.* पीला-सा

yelp /येल्प्/ *v.* चीख़ना (विशेषतः दर्द के कारण) ▸ **yelp** *n.* चीख़

yeoman /'योमन्/ *n.* (*pl.* **yeomen**) **1** (विगत में, ब्रिटेन में) छोटा कृषक **2** अमेरिकी नौसेना का कार्यालय, अधिकारी

yes /येस्/ *exclam.* **1** (सहमति सूचक) हाँ **2** जी हाँ (किसी के द्वारा पुकारने पर उत्तर देने या दिए गए आदेश का पालन करने के लिए प्रयुक्त) ▸ **yes** *n.* (*pl.* **yeses**) सहमति, हाँ में उत्तर

yesterday /'येस्टडे, 'येस्टडि/ *adv. & n.* (बीता हुआ) कल

yet /येट्/ *adv. & conj.* **1** अभी तक (निषेध व्यंजक क्रियाओं या प्रश्नों के साथ प्रयुक्त, प्रत्याशित बात के तब तक घटित न होने का संकेत करने के लिए) **2** (निषेधवाचक क्रियाओं के साथ प्रयुक्त) अब, अभी

yeti /'येटि/ *n.* भालू या मानव की तरह का बालोंवाला विशाल जंतु (लोगों का विश्वास है कि यह हिमालय क्षेत्र में पाया जाता है), हिममानव, येति

yew /यू/ *n.* एक सदाबहार वृक्ष (गहरे हरे पत्तों और छोटे लाल बेरों वाला एक छोटा पेड़), यू

yield /यील्ड्/ *v.* **1** फ़सल या उपज, लाभ या परिणाम देना, उपलब्ध कराना **2** किसी के सामने झुक जाना, किसी की बात मान लेना ▸ **yield** *n.* उपज, उत्पादन, पैदावार

yob (or **yobbo**) /यॉब्/ *n.* अक्खड़ बड़बोला लड़का या युवक (कभी-कभी झगड़ने पर उतारू)

yoga *n.* **1** योग (श्वास-नियंत्रण तथा शारीरिक व्यायाम या कसरत जिससे मन प्रफुल्ल या शांत रहता है) **2** योग (हिंदू शास्त्र में) विश्वात्मा से स्वयं का संयोग करने का लक्ष्य

yogurt (*also* **yoghurt**) *n.* दही, दधि

yoke /योक्/ *n.* **1** (हल आदि का) जुआ या जूआ **2** दासता, पराधीनता, गुलामी

yolk /योक्/ *n.* अंडे की ज़रदी (पीला भाग)

you /य, यू/ *pron.* **1** तू, तुम, आप **2** किसी को किसी शब्द से निर्दिष्ट करते हुए संज्ञा, विशेषण या वाक्यांश के साथ प्रयुक्त

young /यङ्/ *adj.* उम्र में छोटा ▸ **young** *n.* (*pl.*) **1** जानवरों के बच्चे **2** युवा वर्ग

youngster /'यङ्स्ट(र्)/ *n.* छोकरा या छोकरी, बच्चा, बालक, कुमार

your /य(र्), यॉ(र्)/ *det.* **1** तेरा, तुम्हारा, आपका **2** लोगों का या लोगों से संबंधित

you're /यॉ(र्), युअ(र्)/ **you are** का संक्षिप्त रूप

yours /यॉज़्/ *pron.* **1** तेरा, तुम्हारा, आपका **2** पत्र के अंत में प्रयुक्त, 'आपका', 'भवदीय'

yourself /यॉ'सेल्फ़, य'सेल्फ़/ *pron.* (*pl.* **yourselves**) **1** तू, तुम या आप, स्वयं, खुद, ही **2** किसी बात पर बल देने के लिए प्रयुक्त

youth /यूथ्/ *n.* (*pl.* **youths**) **1** किशोरावस्था, कैशोर्य, उठती जवानी **2** युवावस्था, यौवन, तरुणाई, जवानी

youthful /'यूथ्फ़्ल्/ *adj.* **1** युवकोचित, जवानों जैसा **2** तरुणवत, जवान-सा, यौवनसंपन्न (अपनी वास्तविक आयु से छोटा लगने वाला)

yo-yo *n.* (*pl* **yo-yos**) यो-यो नामक खिलौना (लकड़ी या प्लास्टिक का गोल खिलौना जिसके मध्य भाग में बँधी डोरी को उंगली से लपेटकर ऊपर-नीचे झुलाया जाता है)

yummy /'यमि/ *adj.* (**yummier, yummiest**) खाने में अच्छा, स्वादिष्ट, ज़ायक़ेदार

Zz

zany /ˈज़ेनि/ *adj.* **(zanier, zaniest)** अजीबो-गरीब और सनकी

zap /ज़ैप्/ *v.* **(zapping, zapped)** 1 किसी को नष्ट कर देना, चोट पहुँचाना या मार देना (प्रायः बंदूक या दूसरे हथियार से) 2 (रिमोट कंट्रोल की सहायता से टीवी कार्यक्रमों को जल्दी-जल्दी बदलना)

zeal /ज़ील्/ *n.* अत्यधिक ऊर्जा या उत्साह ▸ **zealous** *adj.* उत्साही, सरगर्म ▸ **zealously** *adv.* उत्साह के साथ, सरगर्मी से

zealot /ˈज़ेलट्/ *n.* विशेषकर धर्म एवं राजनीति के विषय में अतिउत्साही, कट्टरपंथी, हिमायती, समर्थक

zealous /ˈज़ेलस्/ *adj.* ऊर्जावान या ऊर्जापूर्ण, उत्साही, उत्साहपूर्ण ▸ **zealously** *adv.* उत्साहपूर्वक

zebra /ˈज़ेब्रा/ *n.* (*pl.* **zebra** or **zebras**) ज़ेबरा (घोड़े जैसा और सफ़ेद-काला धारीदार एक अफ़्रीकी वन्य पशु), चित्रगर्दभ

zebra crossing *n.* ज़ेबरा-पट्टी (पैदल सड़क पार करने वाले व्यक्तियों के लिए), धारीदार पैदल पारपथ (बड़ी सड़कों पर सफ़ेद-काली पट्टियाँ जो पैदल-चलने वालों को सड़क पार करने का प्रथमाधिकार देती हैं)

Zen /ज़ेन्/ *n.* बौद्धधर्म का जापानी रूप, ज़ेन

zenith /ˈज़ेनिथ्/ *n.* आकाश का वह बिंदु जो ठीक सिर के ऊपर हो, शिरोबिंदु, खमध्य

zephyr /ˈज़ेफ़(र्)/ *n.* मंद पवन, हलकी हवा

zero /ˈज़िअरो/ *n.* 1 शून्य, सिफ़र, निम्नतम बिंदु, ज़ीरो, जमाव-बिंदु, हिमांक, सेल्सियस

zero gravity *n.* ऐसी स्थिति जिसमें गुरुत्वाकर्षण का प्रभाव नहीं होता है, उदाहरण के लिए अंतरिक्ष, शून्य गुरुत्वाकर्षण

zero hour *n.* वह समय जब कोई महत्वपूर्ण कार्य जैसे आक्रमण, आदि शुरू करना नियोजित है, शून्यकाल, आक्रमण वेला

zero tolerance *n.* क़ानून का कठोरता से पालन (छोटे-मोटे अपराधों के लिए भी सज़ा का प्रावधान) शून्य स्तर की सहिष्णुता, पूर्ण असहिष्णुता

zest /ज़ेस्ट्/ *n.* आनंद, उत्तेजना और उत्साह की भावना, ख़ुशीभरा जोश

zigzag /ˈज़िग्ज़ैग्/ *n.* & *adj.* टेढ़ा-मेढ़ा, चक्करदार, सर्पिल ▸ **zigzag** *v.* **(zigzagging, zigzagged)** सर्पिल गति से चलना, टेढ़-मेढ़े ढंग से चलना

zinc /ज़िङ्क्/ *n.* जस्ता, ज़िंक (लोहे और इस्पात को ज़ंग से बचाने वाली धातु)

zip /ज़िप्/ *n.* (*US* **zipper**) ज़िप (कपड़े थैले आदि के दो हिस्सों को चिपकाने या पास लाने वाली चेन)

zodiac /ˈज़ोडिऐक्/ *n.* आकाशमंडल का काल्पनिक चक्र जो 12 समान भागों में विभक्त है और हर भाग राशि कहलाता है, राशिचक्र

zombie /ˈज़ॉम्बि/ *n.* **1** जादू द्वारा मृत शरीर में पुनः जान फूँकना, अनुप्राणित शव **2** नीरस व्यक्ति (घटित घटनाओं के प्रति कोई रुचि नहीं)

zone /ज़ोन/ *n.* विशेष स्थिति या क्रिया से संबंधित क्षेत्र, क्षेत्र-विशेष

zoo /ज़ू/ *n.* (*pl.* **zoos**) चिड़ियाघर, जंतुशाला

zoology /ज़ोऑलजि, ज़ुऑल्/ *n.* जंतुविज्ञान, प्राणिविज्ञान ▸ **zoological** *adj.* प्राणिविज्ञान से संबंधित ▸ **zoologist** *n.* जंतुविज्ञानी, जंतुशास्त्री

zoom /ज़ूम्/ *v.* बहुत तेज़ी से जाना या गुज़रना

zoom lens *n.* ज़ूम लैंस (कैमरे के इस विशेष लैंस से व्यक्ति या वस्तुएँ धीरे-धीरे अधिक छोटी या बड़ी लगने लगती हैं और फलस्वरूप अधिक दूर या पास लगती हैं)

Zoroaster (*also* **Zarathustra**) *n.* पुरातन ज़रदुश्त संत एवं ज़रदुश्त धर्म के संस्थापक, ज़ॉरोएस्टर

Zoroastrian *n.* पारसी या ज़रदुश्ती धर्म का अनुयायी व्यक्ति ▸ **Zoroastrian** *adj.* पारसी या ज़रदुश्ती, ज़रदुश्त धर्म विषयक ▸ **Zoroastrianism** *n.* एक ईश्वर और अच्छाई तथा बुराई के बीच निरंतर संघर्ष के विचारों को मान्यता देने वाला पारसी धर्म, ज़रदुश्त धर्म

zucchini /ज़ुˈकीनि/ *n.* (*pl.* **zucchini** or **zucchinis**) अंदर से सफ़ेद गहरे हरे छिलकेवाली एक सब्ज़ी, ज़ुकीनी

zygote /ˈज़ाइगोट्/ *n.* पुरुष और स्त्री की कोशिकाओं के जुड़ने से बने गर्भस्थ शिशु के निर्माण की प्रक्रिया को आरंभ करने वाली कोशिका, युग्मनज

APPENDIX

Irregular verbs (अनियमित क्रियाएँ)

इस परिशिष्ट में ऐसी कुछ क्रियाओं की सूची दी गई है जिनके अनियमित रूप होते हैं। लेकिन इनमें वे क्रियाएँ शामिल नहीं हैं जो हाइफ़न के साथ उपसर्ग लगा कर बनती हैं तथा वृत्तिवाचक क्रियाएँ (उदाहरण—can, must)। क्रियाओं के वे अनियमित रूप जो किसी विशिष्ट अर्थों में ही प्रयुक्त होते हैं उन्हें इस सूची में तारांकित (उदाहरण—*abode) कर दिया गया है।

Infinitive	Past tense	Past participle	Infinitive	Past tense	Past participle
abide	abided,	abided,	draw	drew	drawn
	*abode	*abode	dream	dreamt, dreamed	dreamt, dreamed
arise	arose	arisen	drink	drank	drunk
awake	awoke	awoken	drive	drove	driven
babysit	babysat	babysat	eat	ate	eaten
bear	bore	borne	fall	fell	fallen
beat	beat	beaten	feed	fed	fed
become	became	become	feel	felt	felt
beget	begot, *begat	begot, *begotten	fight	fought	fought
begin	began	begun	find	found	found
bend	bent	bent	fit	fitted	fitted
beset	beset	beset		(*AmE* fit)	(*AmE* fit)
bet	bet	bet	flee	fled	fled
bid[1]	bid	bid	fling	flung	flung
bid[2]	bade, bid	bidden, bid	fly	flew, *flied	flown, *flied
bind	bound	bound	forecast	forecast,	forecast,
bite	bit	bitten		forecasted	forecasted
bleed	bled	bled	forget	forgot	forgotten
blow	blew	blown, *blowed	forgive	forgave	forgiven
break	broke	broken	forgo	forwent	forgone
breed	bred	bred	forsake	forsook	forsaken
bring	brought	brought	freeze	froze	frozen
broadcast	broadcast	broadcast	get	got	got (*AmE*,
build	built	built			*spoken* gotten)
burn	burnt, burned	burnt, burned	give	gave	given
burst	burst	burst	go	went	gone, *been
bust	bust, busted	bust, busted	grind	ground	ground
buy	bought	bought	grow	grew	grown
cast	cast	cast	hang	hung, *hanged	hung, *hanged
catch	caught	caught	hear	heard	heard
choose	chose	chosen	heave	heaved, *hove	heaved, *hove
cling	clung	clung	hide	hid	hidden
come	came	come	hit	hit	hit
cost	cost, *costed	cost, *costed	hold	held	held
cut	cut	cut	hurt	hurt	hurt

Infinitive	Past tense	Past participle	Infinitive	Past tense	Past participle
deal	dealt	dealt	input	input, inputted	input, inputted
dig	dug	dug	interweave	interwove	interwoven
dive	dived	dived	overtake	overtook	overtaken
	(*AmE* dove)		overthrow	overthrew	overthrown
do	did	done	overwrite	overwrote	overwritten
keep	kept	kept	partake	partook	partaken
kneel	knelt	knelt	pay	paid	paid
	(*AmE* kneeled)	(*AmE* kneeled)	plead	pleaded	pleaded
knit	knitted, *knit	knitted, *knit		(*AmE* pled)	(*AmE* pled)
know	known	known	preset	preset	preset
lay	laid	laid	prove	proved	proved
lead	led	led			(*AmE* proven)
lean	leaned	leaned	put	put	put
	(*BrE* leant)	(*BrE* leant)	quit	quit	quit
leap	leapt, leaped	leapt, leaped		(*BrE* quitted)	(*BrE* quitted)
learn	learnt, learned	learnt, learned	read /ri:d/	read /red/	read /red/
leave	left	left	redo	redid	redone
lend	lent	lent	redraw	redrew	redrawn
let	let	let	rend	rent	rent
lie	lay	lain	reset	reset	reset
light	lit, *lighted	lit, *lighted	retake	retook	retaken
lose	lost	lost	retell	retold	retold
make	made	made	rid	rid	rid
mean	meant	meant	ride	rode	ridden
meet	met	met	ring	rang	rung
mislay	mislaid	mislaid	rise	rose	risen
misspell	misspelled,	misspelled,	run	ran	run
	misspelt	misspelt	saw	sawed	sawn
mistake	mistook	mistaken			(*AmE* sawed)
misunderstand	misunderstood	misunderstood	say	said	said
mow	mowed	mown, mowed	see	sawed	seen
offset	offset	offset	seek	sought	sought
outgrow	outgrew	outgrown	sell	sold	sold
output	output	output	send	sent	sent
outrun	outran	outrun	set	set	set
overcome	overcame	overcome	sew	sewed	sewn, sewed
overdraw	overdrew	overdrawn	shake	shook	shaken
overeat	overate	overeaten	shear	sheared	shorn, sheared
overfeed	overfed	overfed	shed	shed	shed
overhear	overheard	overheard	shine	shone, *shined	shone, *shined
overlay	overlaid	overlaid	shit	shit, shat	shit, shat
overpay	overpaid	overpaid		(*BrE* shitted)	(*BrE* shitted)
overspend	overspent	overspent	shoot	shot	shot
sink	sank, *sunk	sunk	show	showed	shown, *showed
sit	sat	sat	shrink	shrank, shrunk	shrunk
slay	slew	slain	shut	shut	shut

Infinitive	Past tense	Past participle	Infinitive	Past tense	Past participle
sleep	slept	slept	sing	sang	sung
slide	slid	slid	swell	swelled	swollen, swelled
sling	slung	slung	swim	swam	swum
slink	slunk	slunk	swing	swung	swung
slit	slit	slit	take	took	taken
smell	smelled	smelled	teach	taught	taught
	(*BrE* smelt)	(*BrE* smelt)	tear	tore	torn
sow	sowed	sown, sowed	tell	told	told
speak	spoke	spoken	think	thought	thought
speed	speeded, *sped	speeded, *sped	throw	threw	thrown
spell	spelt, spelled	spelt, spelled	thrust	thrust	thrust
spill	spilled	spilled	tread	trod	trodden, trod
	(*BrE* spilt)	(*BrE* spilt)	typecast	typecast	typecast
spin	spun	spun	undercut	undercut	undercut
spit	spat (*AmE* spit)	spat (*AmE* spit)	underpay	underpaid	underpaid
split	split	split	underwrite	underwrote	underwritten
spoil	spoiled	spoiled	unwind	unwound	unwound
	(*BrE* spoilt)	(*BrE* spoilt)	uphold	upheld	upheld
spread	spread	spread	upset	upset	upset
spring	sprang	sprung	wake	woke	woken
	(*AmE* sprung)		waylay	waylaid	waylaid
stand	stood	stood	wear	wore	worn
steal	stole	stolen	weave	wove, *weaved	woven, *weaved
stick	stuck	stuck	wed	wedded, wed	wedded, wed
sting	stung	stung	weep	wept	wept
stink	stank, stunk	stunk	wet	wet, wetted	wet, wetted
strew	strewed	strewed, strewn	win	won	won
strike	struck	struck	wind /waɪnd/	wound /waʊnd/	wound /waʊnd/
		(*AmE* stricken)	withdraw	withdrew	withdrawn
string	strung	strung	wring	wrung	wrung
strive	strove, *strived	striven, *strived	write	wrote	written
sublet	sublet	sublet	swear	swore	sworn